國家圖書館普通古籍總目

第五卷　傳記門

國家圖書館普通古籍組編

國家圖書館出版社

總　　　編　　張志清　蘇品紅

副 總 編　　林世田　謝冬榮

本卷主編　　劉家平

顧　　問　　薛　英

封面題字　　啓　功

前　言

　　現在奉獻給大家的這部目錄是國家圖書館館藏全部普通古籍的目錄,全書共十五卷,將陸續刊行。

　　本書著錄的古籍,主要是 1911 年之前以古典裝幀形式出現的寫本和印本圖書,同時也包括 1911 年後以古典裝幀形式出現、內容與中國古代文化有關的圖書。雖是古典裝幀而內容與中國古代文化無關,或內容雖古但非古典裝幀的圖書,均不在其列。所謂“普通”則是與“善本”相對而言的。

　　普通古籍和善本古籍一樣,都是我館建館伊始的基礎館藏。1909 年籌建京師圖書館時,由清政府陸續撥交的內閣大庫、翰林院和國子監南學的部分舊藏中,就包括目下稱之爲“普通古籍”的圖書,當時名爲“觀覽類”圖書,數量不大,1913 年的統計是 41504 册。經過近百年的積累,迄今我館的普通古籍已經達到 180 萬册左右,形成了體系完整、學科齊全、品種繁多、內容豐富,爲學術界所重視的普通古籍府庫。

　　在館藏普通古籍中,有不少著名藏書家的藏書和知名學者的用書,如清李慈銘困學樓藏書,歸安姚觀元、姚慰祖父子兩代人的藏書,延古堂李氏、積學齋徐氏、約園張氏以及近人鄭振鐸(西諦)和陳垣先生的藏書。從版本年代說,可上溯到明代中晚期,而以清版書數量最多。就版本類型而言,多爲刻本,鈔本、稿本也佔有一定的比重。

　　這部目錄的分類法使用的是 1929 年劉國鈞先生編製的《北京圖書館中文普通綫裝書分類表》。每卷前均附有十五類的卷次、名稱及該卷的分類表。此分類法在我館沿用已久,如若改換,必將牽動全庫架次,工程浩大,絕非短期內所能完成。同時,“四部法”的類目如何增刪改併才能恰當地容納全部普通古籍,也是一件很繁雜的事情。所以,我們仍然保持了原來的“十五大類”分類法。

　　1987 年 1 月 3 日,國家標準局發佈了《古籍著錄規則》,並於同年 10 月 1 日起實施。這部目錄就是按照這一規則著錄的。在使用《規則》時,可能還存在着一些值得探討的問題,我們希望在實踐的過程中逐步加以解決。

　　這部目錄原名《北京圖書館普通古籍總目》,不過北京圖書館已於 1998 年 12

月更名為國家圖書館,所以,從第五卷傳記門開始,目錄的名稱改為《國家圖書館普通古籍總目》。另外,這部目錄的原書名是启功先生所題,由於启功先生已於2005年逝世,因此新書名中"國家"兩字是從先生書法作品中輯出的。

我們從1983年起編《北京圖書館普通古籍總目》,到1988年先後出版了目錄門、古器物門、自然科學門、文字學門、地誌門等卷,至今已有二十年。這部目錄與1987年出版的《北京圖書館古籍善本書目》合為姊妹篇,完整反映了今天國家圖書館古籍藏書的全貌,在圖書館界、學術界必將發揮其應有的作用。由于編目人員力量所限,不可能在短期內將《國家圖書館普通古籍總目》一次出齊,只能分批陸續出版,我們爭取儘快把全目奉獻給讀者。

國家圖書館普通古籍組

1988年12月

2008年7月修訂

編　例

一、本目錄所收爲國家圖書館所藏普通古籍,共十五卷。

二、書目正文按劉國鈞先生 1929 年編制的《北京圖書館中文普通線裝書分類表》分類。

三、著錄規則依據國家標準 GB3792.7—87《古籍著錄規則》。

四、每條款目編有順序號,每卷各爲起訖。

五、順序號後標明"＊"號者,爲 1911 年以後出版的線裝書。

六、每卷後附《四角號碼綜合索引》及《筆畫檢字表》。

七、款目中"西諦藏書"指鄭振鐸先生捐獻之書,"陳垣贈書"指陳垣先生贈送之書。其他書源則依各自情況著錄。

八、館藏複本數量超過五部者一般謹著錄五部。

九、每條款目後注明該書之索書號。

十、著錄內容及識別字號的樣式如下:

順序號
　　書名(題名)　卷數/著者.—版本.—載體形態.—(叢書).—附注.—裝訂
　　複本記錄　　　　　　　　　　　　　　　　　　　索書號

使用本目錄時,可以參考以上格式。茲舉三例,以見一斑:

例一:

1303 ＊

孔氏祖庭廣記　十二卷/(金)孔元措輯.—民國 17 年(1928)商務印書館上海影印本.—4 册:圖及像.—(續古逸叢書).—(春秋)孔丘(前 551—前 479),字仲尼,魯國人;書名頁題蒙古本孔氏祖庭廣記　　　　　　　　　124188

例二：

6809

蕭氏五修族譜　十六卷/蕭春陔等修；蕭澍生等纂.—清光緒三十二年(1906)
涓江祠木活字本.—18冊：圖.—湖南湘潭、寧鄉、湘鄉、善化蕭氏；書名據版心及書
名頁題　　　　　　　　　　　　　　　　　　　　　　　　　傳 776.51/896

例三：

3642

延平四先生年譜　四種/(清)毛念恃編.—清乾隆十年(1745)滏陽張坦刻
本.—2冊.—書名頁題延平楊羅李朱四先生年譜，書簽題閩四先生年譜；御書閣
藏版

子目

1. 宋儒龜山楊先生年譜　一卷
2. 豫章羅先生年譜　一卷
3. 延平李先生年譜　一卷
4. 紫陽朱先生年譜　一卷　　　　　　　　　　　　　　　　傳 600.5/827

總　目

第 一 卷　　目錄門

第 二 卷　　經籍門

第 三 卷　　史乘門

第 四 卷　　地誌門

第 五 卷　　傳記門

第 六 卷　　古器物學門

第 七 卷　　社會科學門

第 八 卷　　哲學門

第 九 卷　　宗教門

第 十 卷　　文字學門

第十一卷　　文學門

第十二卷　　藝術門

第十三卷　　自然科學門

第十四卷　　應用科學門

第十五卷　　總記門

第五卷　傳記門

傳記門編輯說明

　　本卷所收傳記門書，共 8042 種 11469 部 63180 冊。其中出版於 1911 年以前的有 4380 種 6080 部 32543 冊又 42 幅，出版於 1911 年以後的有 3662 種 5389 部 30637 冊又 83 幅 4 卷。

　　先後參加本卷編目工作的同志除本卷主編外，還有鮑國強、楊晏平、蘇曉君、寒冬虹、張廷銀、吳澍時諸同志。先後參加本卷編目校對的同志除本卷主編外，還有謝冬榮、石光明、蘇曉君、張傑、楊靖、杜海華、田曉春、謝萬幸、孫婠、阿不來提‧托合提、竇紅玉諸同志。劉家平、謝冬榮、石光明、蘇曉君、楊靖、李慧諸同志參加了本卷書目、索引的編輯及校對工作。本卷主編除參加上述工作外，同時負責全書書稿的統稿以及索引的終校工作。

目　次

總論 ·················· (1)

傳11　姓氏 ·················· (1)
　　12　姓名 ·················· (5)
　　15　字號 ·················· (9)
　　17　生卒 ·················· (10)
　　19　其他 ·················· (12)

總傳 ·················· (12)

傳100　全國、歷代· ·················· (12)
傳110～190　斷代 ·················· (30)
　　110　先秦 ·················· (30)
　　120　兩漢三國 ·················· (31)
　　130　晉及南北朝 ·················· (32)
　　140　唐代 ·················· (32)
　　150　宋代 ·················· (32)
　　160　元代 ·················· (35)
　　170　明代 ·················· (36)
　　180　清代 ·················· (44)
　　190　民國 ·················· (57)
傳212～240　各地 ·················· (58)
傳212　天津 ·················· (58)
　　213　河北 ·················· (58)
　　214　山東 ·················· (59)
　　215　河南 ·················· (60)
　　216　山西 ·················· (60)
　　217　陝西 ·················· (61)
　　218　甘肅 ·················· (61)
　　221　上海 ·················· (61)
　　222　江蘇 ·················· (62)
　　223　安徽 ·················· (65)
　　224　浙江 ·················· (66)
　　225　江西 ·················· (70)
　　226　湖北 ·················· (70)
　　227　湖南 ·················· (71)
　　228　四川 ·················· (71)
　　231　福建 ·················· (72)
　　233　廣東 ·················· (72)
　　234　廣西 ·················· (73)

　　235　雲南 ·················· (73)
　　236　貴州 ·················· (74)
　　240　東北三省 ·················· (74)

列女 ·················· (75)

傳300　列女 ·················· (75)

分傳 ·················· (81)
傳500　別傳 ·················· (81)
傳600　年譜合譜、叢書 ·················· (230)
傳611—695　個人年譜 ·················· (236)

氏族譜 ·················· (320)

傳710　皇室、宗室譜系 ·················· (320)
傳720　合譜 ·················· (321)
傳770　族譜、家乘 ·················· (324)
　　772.01　卞氏 ·················· (324)
　　772.03　應氏 ·················· (324)
　　772.05　麋氏 ·················· (324)
　　772.07　奕氏 ·················· (325)
　　772.09　顏氏 ·················· (325)
　　772.11　龔氏 ·················· (325)
　　772.13　謝氏 ·················· (326)
　　772.15　於氏 ·················· (328)
　　772.17　卜氏 ·················· (328)
　　772.21　宗氏 ·················· (329)
　　772.23　馮氏 ·················· (329)
　　772.25　顧氏 ·················· (330)
　　772.27　浦氏 ·················· (331)
　　772.29　漆氏 ·················· (332)
　　772.31　洪氏 ·················· (332)
　　772.33　涂氏 ·················· (332)
　　772.35　榮氏 ·················· (332)
　　772.37　康氏 ·················· (333)
　　772.39　秘氏 ·················· (333)
　　772.41　訥音富察氏 ·················· (333)
　　772.43　海氏 ·················· (333)
　　772.45　竇氏 ·················· (333)
　　773.01　童氏 ·················· (333)

773.02	賴氏	(334)		773.91	閔氏	(357)
773.03	龐氏	(334)		773.93	桑氏	(358)
773.05	鹿氏	(334)		773.95	姜氏	(358)
773.07	高氏	(334)		773.97	曾氏	(358)
773.09	唐氏	(335)		773.99	諸葛氏	(359)
773.11	黃氏	(337)		774.01	齊氏	(360)
773.13	宦氏	(337)		774.02	湛氏	(360)
773.15	諸氏	(337)		774.03	席氏	(360)
773.17	祖氏	(337)		774.04	冀氏	(360)
773.19	施氏	(337)		774.05	章氏	(360)
773.21	貢氏	(338)		774.06	諶氏	(362)
773.23	賈氏	(338)		774.07	譚氏	(362)
773.25	項氏	(338)		774.09	龍氏	(362)
773.27	孫氏	(339)		774.11	郭氏	(363)
773.29	強氏	(341)		774.13	許氏	(364)
773.31	宣氏	(341)		774.15	王氏	(366)
773.33	宮氏	(342)		774.17	霍氏	(376)
773.35	江氏	(342)		774.19	聶氏	(376)
773.36	汝氏	(343)		774.21	石氏	(376)
773.37	汪氏	(343)		774.23	雷氏	(376)
773.39	潘氏	(346)		774.25	孔氏	(377)
773.41	沈氏	(347)		774.27	碧魯氏	(378)
773.43	溫氏	(350)		774.29	孟氏	(378)
773.45	祝氏	(350)		774.33	胥氏	(378)
773.47	游氏	(350)		774.35	司馬氏	(378)
773.49	壽氏	(350)		774.37	虞氏	(378)
773.51	尤氏	(351)		774.39	吳氏	(379)
773.53	博爾濟吉忒氏	(351)		774.41	寧氏	(384)
773.55	裘氏	(351)		774.45	祁氏	(384)
773.57	戴氏	(351)		774.47	左氏	(384)
773.59	封氏	(352)		774.49	查氏	(384)
773.63	樊氏	(353)		774.51	李氏	(385)
773.65	賀氏	(353)		774.52	李佳氏	(391)
773.67	梅氏	(354)		774.53	吉氏	(391)
773.71	惠氏	(354)		774.55	柏氏	(392)
773.73	秦氏	(354)		774.57	蔣氏	(392)
773.75	戈氏	(355)		774.59	芮氏	(394)
773.77	成氏	(355)		774.61	萬氏	(394)
773.79	臧氏	(355)		774.63	葛氏	(394)
773.81	戚氏	(355)		774.65	甘氏	(395)
773.83	費氏	(355)		774.67	黃氏	(395)
773.85	操氏	(356)		774.69	蔡氏	(401)
773.87	馬氏	(356)		774.71	杜氏	(402)
773.89	馬佳氏	(357)		774.73	樓氏	(402)

目　次

774.75	胡氏	(402)
774.77	趙氏	(405)
774.79	盛氏	(408)
774.81	曹氏	(408)
774.83	陸氏	(410)
774.85	屠氏	(411)
774.87	關氏	(411)
774.89	鄭氏	(411)
774.91	惲氏	(413)
774.93	鄺氏	(413)
774.95	貝氏	(413)
774.96	巫氏	(413)
774.97	習氏	(413)
774.98	房氏	(413)
774.99	辛氏	(414)
775.01	廖氏	(414)
775.02	方氏	(414)
775.03	丁氏	(416)
775.04	干氏	(418)
775.05	平氏	(418)
775.06	于氏	(418)
775.07	阮氏	(418)
775.08	鄧氏	(418)
775.09	酈氏	(420)
775.10	邢氏	(420)
775.11	邵氏	(420)
775.12	焦氏	(421)
775.13	奚氏	(421)
775.14	上官氏	(421)
775.15	盧氏	(421)
775.16	須氏	(422)
775.17	熊氏	(422)
775.18	豐氏	(423)
775.19	崔氏	(423)
775.20	魏氏	(423)
775.21	傅氏	(424)
775.23	黎氏	(425)
775.24	徐氏	(425)
775.25	湯氏	(432)
775.27	柯氏	(433)
775.28	姚氏	(433)
775.29	靳氏	(435)
775.30	斯氏	(435)
775.31	董氏	(435)
775.32	藍氏	(436)
775.33	范氏	(436)
775.34	莊氏	(437)
775.35	薩克達氏　薩氏	(437)
775.36	韓氏	(437)
775.37	茹氏	(438)
775.38	郁氏	(438)
775.39	郝氏	(438)
775.40	都氏	(438)
775.41	韋氏	(439)
775.42	柳氏	(439)
775.43	車氏	(439)
775.44	田氏	(439)
775.46	呂氏	(440)
775.47	冒氏	(441)
775.49	羅氏	(441)
775.50	瞿氏	(443)
775.52	路氏	(443)
775.53	厲氏	(443)
775.54	匡氏	(443)
775.55	陶氏	(443)
775.56	屈氏	(444)
775.58	滕氏	(444)
775.59	余氏	(445)
775.60	錢氏	(446)
775.61	尚氏	(448)
775.62	納喇氏	(448)
775.63	勞氏	(448)
775.64	佘氏	(449)
775.65	納氏	(449)
775.67	婁氏	(449)
775.69	圖門氏	(449)
775.70	符氏	(449)
775.71	富察氏	(449)
775.73	苟氏	(450)
775.75	昌氏	(450)
776.01	慶氏	(450)
776.05	尹氏	(450)
776.07	喬氏	(451)
776.09	季氏	(451)
776.11	白氏	(451)
776.13	伍氏	(451)
776.15	卓氏	(451)
776.17	經氏	(452)

776.19	任氏	(452)	777.21	歸氏	(490)
776.21	他塔喇氏	(452)	777.23	倪氏	(490)
776.23	儲氏	(452)	777.25	解氏	(491)
776.25	生氏	(452)	777.27	鄒氏	(491)
776.27	程氏	(453)	777.29	包氏	(492)
776.29	向氏	(455)	777.31	袁氏	(492)
776.31	詹氏	(455)	777.33	來氏	(493)
776.33	鮑氏	(455)	777.35	茅氏	(494)
776.35	魯氏	(456)	777.37	林氏	(494)
776.37	紀氏	(456)	777.39	易氏	(495)
776.39	宋氏	(456)	777.41	劉氏	(495)
776.41	凌氏	(457)	777.43	陳氏	(501)
776.43	梁氏	(458)	777.45	闕氏	(511)
776.45	彭氏	(458)	777.47	闞氏	(511)
776.47	荊氏	(459)	777.49	歐陽氏	(512)
776.49	花氏	(459)	777.51	俞氏	(512)
776.51	蕭氏	(459)	777.53	饒氏	(513)
776.53	華氏	(461)	777.55	舒氏	(513)
776.55	薛氏	(462)	777.57	牛氏	(514)
776.57	楊氏	(463)	777.59	岳氏	(514)
776.59	申氏	(467)	777.67	鄔氏	(514)
776.63	畢氏	(467)	777.69	木氏	(514)
776.65	喻氏	(468)	778.01	裴氏	(514)
776.67	周氏	(468)	778.03	柴氏	(515)
776.69	金氏	(474)	778.05	伊爾根覺羅氏	(515)
776.71	谷氏	(475)	778.07	繆氏	(515)
776.73	鍾氏	(476)	778.09	蘇氏	(516)
776.75	鈕氏	(477)	778.11	莫氏	(516)
776.77	簡氏	(477)	778.13	葉氏	(516)
776.79	管氏	(477)	778.15	葉赫那拉氏	(518)
776.81	常氏	(478)	778.17	史氏	(518)
776.83	朋氏	(478)	778.19	嚴氏	(519)
776.85	丘氏	(478)	778.21	翁氏	(520)
776.87	文氏	(478)	779.01	朱氏	(520)
777.01	夏氏	(478)	779.03	練氏	(525)
777.03	張氏	(479)	779.05	侯氏	(525)
777.05	耿氏	(486)	779.07	邊氏	(526)
777.07	毛氏	(486)	779.09	瓜爾佳氏	(526)
777.09	何氏	(487)	779.11	殷氏	(526)
777.11	衛氏	(489)	779.13	段氏	(527)
777.13	岑氏	(489)	779.15	欽氏	(527)
777.15	嵇氏	(489)	779.17	皮氏	(527)
777.17	仲氏	(489)	傳 790	其他氏族史料	(527)
777.19	邱氏	(489)			

外國人傳記……………………(534)

傳 920　總傳………………………(534)

傳 930　別傳………………………(538)

四角號碼書名索引…………………(1)

四角號碼著者索引……………………(117)

四角號碼傳主譜主索引…………(201)

筆畫檢字表………………………(1)

總　論

傳11　姓氏

0001

元和姓纂　十卷/(唐)林寶撰.—清嘉慶七年
(1802)刻嘉慶間重修本.—4 册　　　122400
　部二　4 册　　　　　　　　　　　　122401
　部三　8 册　　　　　　　　　　　　122402
　部四　6 册　有墨筆眉批　　　　　　122403

0002

元和姓纂　十卷/(唐)林寶撰.—清光緒六年
(1880)金陵書局南京刻本.—4 册.—有墨筆眉批校
字;陳垣贈書　　　　　　　　　　　　122404
　部二　4 册　　　　　　　　　　　　122405
　部三　4 册　　　　　　　　　　　　122431

0003

元和姓纂　十卷/(唐)林寶撰.—清抄本.—5 册
　　　　　　　　　　　　　　　　　　122406

0004*

元和姓纂　十卷/(唐)林寶撰.—1986 年掃描油印
本.—2 册.—據清光緒六年(1880)金陵書局南京刻本
掃描油印　　　　　　　　　　　　　　122407
　部二　2 册　　　　　　　　　　　　122408
　部三　2 册　　　　　　　　　　　　122409

0005*

元和姓纂校勘記　二卷/羅振玉撰.—民國 4 年
(1915)鉛印本.—1 册.—(雪堂叢刻)　122464

0006

姓解　三卷/(宋)邵思纂.—清光緒間遵義黎氏刻
本.—1 册.—(古逸叢書).—卷 1 有缺頁;有硃墨筆眉
批校字　　　　　　　　　　　　　　　122410

0007

姓解　三卷/(宋)邵思纂.—清光緒間遵義黎氏刻
本.—1 册.—書名頁題影北宋本姓解.—古逸叢書單
行本　　　　　　　　　　　　　　　　122432

0008

姓氏急就篇　二卷/(宋)王應麟撰.—明萬曆間刻
明崇禎清康熙乾隆間遞修本.—1 册　　122412

0009

姓氏急就篇　二卷/(宋)王應麟撰.—清刻本.—2
册　　　　　　　　　　　　　　　　　122411

0010

姓氏急就篇　二卷/(宋)王應麟撰.—清抄本.—2
册　　　　　　　　　　　　　　　　　122413

0011

姓觿　十卷附錄一卷/(明)陳士元撰.—清道光十
三年(1833)應城吳毓梅刻本.—5 册.—(歸雲別
集).—寶善堂藏板　　　　　　　　　　122415

0012*

姓觿　十卷附錄一卷/(明)陳士元撰.—民國間刻
朱印本.—2 册.—有硃墨筆眉批　　　　122428

0013

姓氏譜纂/(明)李日華輯.—清朱絲欄抄本.—1
册.—書名據書衣題　　　　　　　　　　122417

0014

古今萬姓統譜　一百四十卷/(明)凌迪知纂.—明
萬曆間刻本.—18 册.—有墨筆抄配;與歷代帝王姓
系譜、氏族博考合印　　　　　　　　　122422
　部二　26 册　與歷代帝王姓系譜、氏族博考
合印　　　　　　　　　　　　　　　　122419
　部三　38 册　缺 30 卷:卷 5—6、19—26、75—76、
85—88、103—106、120—123、128—134;與歷代帝王
姓系統譜合印　　　　　　　　　　　　122421

0015

古今萬姓統譜　一百四十卷/(明)凌迪知纂.—日
本寬文十二年(1672)刻本.—25 册.—書名頁及版心
題萬姓統譜;卷末有墨筆抄配;與歷代帝王姓系統譜、
氏族博攷合印　　　　　　　　　　　　122425

0016

歷代帝王姓系統譜　六卷/(明)凌迪知纂.—明萬
曆間刻本.—18 册.—與古今萬姓統譜、氏族博考合印
122422

　部二　26 册　與古今萬姓統譜、氏族博考合印
122419

　部三　21 册　與古今萬姓統譜、氏族博考合印
142531

　部四　38 册　與古今萬姓統譜合印　122421

0017

歷代帝王姓系統譜　六卷/(明)凌迪知纂.—日本
寬文十二年(1672)刻本.—25 册.—蟲蛀殘損；與古今
萬姓統譜、氏族博考合印　122425

0018

氏族博考　十四卷/(明)凌迪知纂.—明萬曆間刻
本.—18 册.—與歷代帝王姓系統譜、古今萬姓統譜合
印　122422

　部二　26 册　與歷代帝王姓系統譜、古今萬姓統譜
合印　122419

0019

氏族博考　十四卷/(明)凌迪知纂.—日本寬文十
二年(1672)刻本.—25 册.—與古今萬姓統譜、歷代帝
王姓系統譜合印　122425

0020*

奇姓通　十四卷/(明)夏樹芳輯.—民國 22 年
(1933)陶社木活字本.—4 册　122426

0021

奇姓通　十四卷/(明)夏樹芳輯.—清抄本.—12
册.—著者據序題；據明天啓四年(1624)江陰夏氏宛
委堂刻本抄　122427

0022

汪氏原姓篇/(清)汪氏撰.—清刻本.—1 册　122429

0023

姓氏鈔　五卷.—清烏絲欄抄本.—2 册.—西諦藏
書　XD9369

0024

姓氏類書　一百十一卷/(清)周之翰撰.—清抄
本.—100 册.—部分頁有殘缺；書名著者據自序等題
122434

0025*

萬光泰雜著/(清)萬光泰撰.—1981 年遼寧省圖書
館瀋陽靜電複印本.—3 册.—書名據書簽題；據清抄
本複印　122435

　部二　3 册　122436

　部三　3 册　122437

0026

姓氏綴吟　一卷/(清)章履仁撰.—清乾隆二十年
(1755)刻本.—6 册.—漱藝堂藏板；與姓史人物考
合印　122438

0027

姓史人物考　十五卷/(清)章履仁輯.—清乾隆二
十年(1755)刻本.—6 册.—與姓氏綴吟合印　122438

0028

急就章姓氏補注　六卷/(清)吳省蘭撰.—清嘉慶
間刻本.—2 册.—卷端下題聽彝堂偶存稿；與河源紀
略承修稿、續通志誳略合印　122439

0029

欽定全唐文姓氏韻編/(清)董浩等編.—清刻本.—
1 册　122440

　部二　1 册　陳垣贈書　111422

　部三　1 册　122441

0030

欽定全唐文姓氏韻編/(清)董浩等編.—清抄本.—
1 册　87215

0031

增廣姓氏志略/(清)姜炳然編注.—清道光四年
(1824)刻本.—1 册.—書衣有清道光十年昌平王北堂
硃筆題記；述古草堂藏板　122442

　部二　2 册　122443

0032

增注千姓連珠　四卷/(清)潘紉佩撰；(清)楊宗楷

増注.—清道光十二年（1832）刻本.—4 冊.—書名頁
題千姓連珠；拙園藏板　　　　　　　　122444
　　部二　4 冊　　　　　　　　　　　122445

0033
　姓氏類纂韻編/（清）李毅輯.—清抄本.—6 冊
　　　　　　　　　　　　　　　　　122446

0034
　姓氏解紛　十卷/（清）黄本驥編訂.—清道光二十
六年（1846）湘陰蔣環刻本.—2 冊.—（三長物齋叢書）
　　　　　　　　　　　　　　　　　122447

0035
　姓氏濬源/（清）熊世鴻撰.清烏絲欄抄本.—5
冊.—著者據序題　　　　　　　　　　122448

0036
　太平圖話姓氏綜　二卷/（清）任若海撰；（清）任連
叔箋補.—清道光二十一年（1841）刻本.—2 冊.—書
籤題太平圖話；武陟觀我堂藏板　　　122450
　　部二　4 冊　　　　　　　　　　　122449

0037
　姓氏尋源　四十五卷/（清）張澍纂.—清道光十八
年（1838）刻本.—12 冊.—棗華書屋藏版；陳垣贈書
　　　　　　　　　　　　　　　　　128077
　　部二　12 冊　　　　　　　　　　122456
　　部三　15 冊　　　　　　　　　　122452
　　部四　8 冊　缺 3 卷：卷 43—45　122455

0038
　姓氏辯誤　三十卷/（清）張澍纂.—清道光間刻
本.—6 冊.—棗華書屋藏板　　　　　122453
　　部二　4 冊　　　　　　　　　　　122454
　　部三　6 冊　陳垣贈書　　　　　　128257

0039*
　歷代名人姓氏全編　三十二卷/佚名編.—民國間
有正書局上海石印本.—24 冊　　　　122457
　　部二　24 冊　122458
　　部三　24 冊　122459
　　部四　24 冊　148420
　　部五　24 冊　西諦藏書　　　　　XD11260

0040
　明詩綜姓氏表.—清朱絲欄抄本.—2 冊.—西諦藏
書　　　　　　　　　　　　　　　　XD9980

0041*
　姓氏族譜補遺箋釋　二十六卷/蔣謙光撰.—民國
元年（1912）抄本.—7 冊　　　　　　122462

0042
　御制百家姓[圖解]/（清）清聖祖御制.—清康熙三
十年（1691）刻本.—1 冊：圖及像.—西諦藏書
　　　　　　　　　　　　　　　　　XD10839

0043
　百家姓考略/（清）王相輯.—清道光三年（1823）觀
生閣刻本.—1 冊.—書名頁題百家姓訓詁　144043
　　部二　1 冊　有硃筆圈點　　　　144044

0044
　百家姓考略/（清）王相輯.—清歙西徐士業大道堂
刻本.—1 冊.—西諦藏書　　　　　　XD10758
　　部二　1 冊　　　　　　　　　　144038

0045
　百家姓考略/（清）王相輯.—清末南京李光明莊刻
本.—1 冊.—陳垣贈書　　　　　　　128063

0046
　別本百家姓/（清）黄周星編.—清末抄本.—1 冊.—
書衣題黄九煙朱王萬壽百家姓.—毛裝　144034

0047*
　重編百家姓/（清）黄周星編.—民國間抄本.—1
冊.—書衣題黄九煙尚慕隆古百家姓　144035

0048
　百家姓郡.—清末文順慶記刻本.—1 冊.—平裝
　　　　　　　　　　　　　　　　　144037

0049*
　増補百家姓.—民國間聚善堂刻本.—1 冊　148788

0050
　宋本百家姓.—清末抄本.—1 冊.—書衣題宋本趙

錢孫李百家姓. —毛裝　　　　　　　　144039

**0051*

增補百家姓考略/(清)徐士業增補. —民國間上海
會文堂新記書局石印本. —1 册. —書名據書名頁題,
版心題百家姓考略　　　　　　　　　144041

**0052*

增補百家姓考略/(清)徐士業增補. —民國間吳縣
朱記榮石印本. —1 册. —書名據書名頁題,版心題百
家姓考略　　　　　　　　　　　　　144042

**0053*

繪圖百家姓. —民國間上海良友圖書局石印本. —1
册. —書名頁題繪圖詳注百家姓;啓蒙小學用書
　　　　　　　　　　　　　　　　　143951

**0054

重訂百家姓注略/(清)熊峻運編;(清)李東苑補
注. —清同治十二年(1873)周口廣盛成、水砦協盛隆、
商水裕盛昶刻本. —1 册. —書名頁題百家姓注略;徐
溝映奎家塾藏板　　　　　　　　　144020

**0055

百家姓帖. —清末刻本. —1 册　　　144040

**0056

外百家姓. —清咸豐十一年(1861)永興堂刻本. —1
册. —書名頁題新刻外百家姓增補復姓. —毛裝
　　　　　　　　　　　　　　　　　53562

**0057*

拼音百家姓. —198[?] 鉛印本. —1 册. —有硃筆
校改　　　　　　　　　　　　　　　144036

**0058

千里知姓. —清末刻本. —1 册. —書名據首頁題. —
平裝　　　　　　　　　　　　　　　152501

**0059

如意. —清末刻本. —1 册. —書名據首頁題. —平裝
　　　　　　　　　　　　　　　　　152502

**0060

代北姓譜　二卷/(清)周春撰. —清抄本. —1 册. —
與遼金元姓譜合抄　　　　　　　　　127885

**0061

遼金元姓譜/(清)周春撰. —清抄本. —1 册. —與代
北姓譜合抄　　　　　　　　　　　　127885

**0062*

風俗通姓氏篇校補　一卷/陳漢章撰. —民國 25 年
(1936)鉛印本. —1 册. —(綴學堂叢稿初集). —西諦
藏書;與崇文總目輯繹補正合訂　　XD8633

**0063

樞垣爵里姓氏考/(清)吳孝銘輯. —清道光八年
(1828)刻本. —1 册. —著者據跋題　127618

**0064*

莆田姓氏錄/張治如編. —民國 38 年(1949)翁炳燊星
樓硃格抄本. —1 册. —書名及著者據書衣題　128876

**0065*

西夏姓氏錄　一卷/(清)張澍撰. —民國 4 年
(1915)上虞羅振玉鉛印本. —1 册. —(雪堂叢刻)
　　　　　　　　　　　　　　　　128604

**0066

重訂排韻男女氏族合璧全譜　十集二十八卷/(清)
湯榮誥編. —清乾隆五十九年(1794)瀏南四香書屋刻
本. —10 册. —書名頁題重訂排韻男女氏族合璧,編者
據凡例題;四香書屋藏板　　　　　127634

**0067

新纂氏族箋釋　八卷/(清)熊峻運撰. —清刻本. —
4 册. —書名頁題增補姓氏族譜箋釋,版心題增補氏族
箋釋;裕元堂藏板　　　　　　　　124105

**0068

新纂氏族箋釋　八卷/(清)熊峻運撰. —清刻本. —
4 册. —書名頁題增補姓氏族譜箋釋,版心題增補氏族
箋釋;三讓堂藏板　　　　　　　　124114

**0069

新纂氏族箋釋　八卷/(清)熊峻運撰;(清)楊煌義

編.—清刻本.—8 册.—書名頁題增補姓氏族譜箋釋，版心題增補氏族箋釋;經元堂藏板　　127821

0070

新纂氏族箋釋　八卷/(清)熊峻運撰.—清刻本.—4 册.—書名頁題增補姓氏族譜箋釋，版心題增補氏族箋釋　　128202

0071*

古今氏族雜證　二卷/(清)趙佑撰.—民國 31 年(1942)四明張壽鏞烏絲欄抄本.—1 册.—有民國 31 年張壽鏞墨筆題記　　128454

0072*

金文世族譜　四卷/吳其昌撰.—民國 25 年(1936)商務印書館上海石印本.—2 册:表.—國立中央研究院歷史語言研究專刊之十二　　122465

部二　2 册　　128695
部三　2 册　西諦藏書　　XD9069
部四　2 册　西諦藏書　　XD11258

0073*

殷契姓纂/楊祚職輯.—1984 年江蘇泰州新華書店古舊部藍絲欄抄本.—1 册.—陳垣贈書　　128502

0074

三古君臣世譜　二卷補遺一卷/(清)鄭淑詹輯.—清光緒十七年(1891)刻本.—2 册　　127633

傳 12　姓名

0075

古今同姓名錄　二卷/(梁)梁元帝撰;(唐)陸善經續;(元)葉森補.—清刻本.—1 册　　122466

0076

古今同姓名錄　三卷/(梁)梁元帝撰;(唐)陸善經續;(元)葉森補.—清道光十九年(1839)木活字本.—1 册.—品石山房存板　　122467

0077

名疑集　四卷/(明)陳士元撰.—清道光十三年

(1833)刻本.—2 册.—(歸雲別集).—存 2 卷:卷 1—2;寶善堂藏板　　122468

0078

同姓名錄/(明)余寅撰.—清抄本.—1 册.—本書係臺灣商務印書館影印文淵閣四庫全書本同姓名錄之卷 12，內容略有不同，前冠周應賓所撰總記，與明王廷燦輯同姓名錄合抄　　122474

0079

古人姓名考逸　五卷/(清)福申撰.—清末抄本.—12 册.—附奇姓名錄、改姓名錄、姓名對語、同名字錄　　122469

0080

陸典/(清)佚名輯.—清抄本.—1 册.—有硃筆校補　　122470

0081

歷朝人物名字錄　八卷/(清)佚名輯.—清抄本.—8 册　　122471

0082

理學姓氏/(清)佚名輯.—清抄本.—6 册.—書名據目錄題;有硃筆圈點　　122472

0083*

廿五史標傳人名考/(清)佚名撰.—民國間抄本.—2 册.—存上、去二韻　　122473

0084

宮閨小名錄　四卷/(清)尤侗纂.—清康熙間刻本.—1 册.—(西堂餘集).—與宮閨小名後錄合印　　122479

部二　2 册　　122480
部三　2 册　　128469
部四　1 册　　142642

0085

宮閨小名錄　六卷目錄二卷/(清)尤侗纂.—清刻本.—4 册.—前冠西堂詩鈔小傳　　127850

0086

宮閨小名後錄　一卷/(清)余懷輯.—清康熙間刻

本.—1 冊.—(西堂餘集).—與宮閨小名錄合印

　　　　　　　　　　　　　　　　　122479

　　部二　1 冊　　　　　　　　　122480

　　部三　1 冊　　　　　　　　　128469

　　部四　1 冊　　　　　　　　　142642

0087

　　同姓名錄　八卷/(清)王廷燦輯.—清抄本.—2 冊.—有硃筆校補;與(明)余寅撰同姓名錄合抄　122474

0088*

　　歷代不知姓名錄　十卷/(清)李清撰.—民國間北京圖書館烏絲欄抄本.—8 冊.—存 8 卷:卷 1—8　122475

0089*

　　西漢書姓名韻/(清)傅山編.—民國 25 年(1936)山西書局太原鉛印本.—10 冊　　　122476

0090*

　　東漢書姓名韻/(清)傅山編.—民國 25 年(1936)山西書局太原鉛印本.—20 冊　　　122477

0091

　　談氏名人錄/(清)談香輯.—清末抄本.—1 冊.—著者據序題;有硃墨筆校補　　　　122478

0092

　　史姓韻編　六十四卷/(清)汪輝祖輯.—清乾隆五十五年(1790)刻本.—32 冊.—有墨筆增補批校;雙節堂藏版　　　　　　　　　　　　　　122484

　　部二　11 冊　　缺 1 卷:卷 64　122485

0093

　　史姓韻編　六十四卷/(清)汪輝祖輯.—清同治九年(1870)金陵書局木活字本.—24 冊　122486

　　部二　24 冊　　　　　　　　　122487

　　部三　24 冊　　　　　　　　　122488

　　部四　24 冊　　　　　　　　　122489

　　部五　24 冊　　西諦藏書　　　XD9370

0094

　　史姓韻編　二十四卷/(清)汪輝祖輯;(清)馮祖憲重校.—清光緒二十九年(1903)文瀾書局石印本.—8 冊　　　　　　　　　　　　　　　122494

　　部二　8 冊　　　　　　　　　122495

　　部三　8 冊　內有多處硃墨筆圈刪增改　122496

　　部四　8 冊　　　　　　　　　122497

　　部五　6 冊　　缺 6 卷:卷 1—3、22—24;西諦藏書

　　　　　　　　　　　　　　　　　XD9371

0095

　　史姓韻編　六十四卷/(清)汪輝祖輯;(清)馮祖憲重校.—清光緒間石印本.—12 冊　122499

　　部二　12 冊　　　　　　　　　122500

0096

　　史姓韻編　六十四卷/(清)汪輝祖輯;(清)馮祖憲重校.—清光緒間上海中西書局石印本.—4 冊.—書名頁題二十四史姓氏韻編　　　　46141

　　部二　3 冊　陳垣贈書　　　　77393

0097

　　史姓韻編　六十四卷/(清)汪輝祖輯;(清)馮祖憲重校.—清光緒十年(1884)慈溪馮祖憲耕餘樓鉛印本.—16 冊　　　　　　　　　　　123181

　　部二　16 冊　　　　　　　　　123180

　　部三　16 冊　　　　　　　　　123182

0098

　　九史同姓名略　七十二卷補遺四卷/(清)汪輝祖撰.—清乾隆五十六年(1791)蕭山汪氏刻本.—16 冊.—雙節堂藏板　　　　　　　　　122501

0099

　　九史同姓名略　七十二卷補遺四卷/(清)汪輝祖撰.—清光緒二十三年(1897)廣雅書局刻本.—16 冊

　　　　　　　　　　　　　　　　　122502

　　部二　12 冊　　　　　　　　　122503

　　部三　12 冊　　　　　　　　　122504

　　部四　12 冊　　　　　　　　　122505

　　部五　12 冊　陳垣贈書　　　　122507

0100

　　三史同名錄　四十卷/(清)汪輝祖撰;(清)汪繼培補.—清光緒間廣雅書局刻本.—6 冊.—(廣雅書局叢書).—陳垣贈書　　　　　　　　　　122508

　　部二　6 冊　　　　　　　　　122509

　　部三　6 冊　　　　　　　　　122510

0101

左傳人名辨異　三卷/(清)程廷祚撰.—清光緒二十四年(1898)江寧傅氏晦齋刻本.—1冊.—(金陵叢刻).—書名頁題春秋人名辨異;陳垣贈書　122511

0102

歷代諱名考　一卷/(清)劉錫信撰.—清光緒五年(1879)定州王氏謙德堂刻本.—1冊.—(畿輔叢書)　122527

0103

齊名紀數　六卷/(清)王承烈輯.—清嘉慶十八年(1813)刻本.—6冊.—環山樓藏板　122523

0104

齊名紀數　十二卷/(清)王承烈輯.—清嘉慶十八年(1813)刻嘉慶十八至二十三年增刻本.—6冊　127699

　部二　10冊　有殘缺　122522

0105

齊名紀數　十二卷集對一卷/(清)王承烈輯.—清嘉慶十八年(1813)刻嘉慶十八至二十三年間增刻嘉慶二十三年(1818)補刻本.—4冊.—環山樓藏板;西諦藏書　XD8

0106

齊名紀數　十二卷/(清)王承烈輯.—清光緒二十五年(1899)大石館主人抄本.—4冊　41295

0107

古同姓名攟略　十五卷/(清)王澍編輯.—清道光二十一年(1841)刻本.—6冊.—菜根香館藏板;陳垣贈書　122521

0108

經史避名彙考　四十六卷/(清)周廣業撰.—清抄本.—16冊　124099

0109

復社姓氏錄　一卷/(清)吳翮輯.—清道光十一年(1831)禾郡文蔚齋吳懋堂刻本.—4冊.—南陔堂藏版　123169

　部二　4冊　123214

　部三　1冊　有蟲蛀殘缺　123211

0110

歷代同姓名錄　二十三卷卷首一卷/(清)劉長華纂輯.—清光緒五年(1879)刻本.—6冊.—蔡照軒藏板　122513

　部二　6冊　122514

　部三　6冊　122516

　部四　4冊　西諦藏書　XD9372

0111

歷代同姓名錄　二十三卷卷首一卷/(清)劉長華纂輯.—清光緒五年(1879)刻民國15年(1926)重印本.—6冊.—(崇川劉氏叢書).—海寧陳氏慎初堂藏版　122518

　部二　2冊　122517

　部三　6冊　122519

0112

詞人姓名爵里考略/(清)葉申薌撰.—清光緒二十六年(1900)綠絲欄抄本.—1冊.—書衣題稿本歷代詞人姓名爵里考略夢蜨屬湟生題.—毛裝　122524

0113*

明畫姓氏編韻/(清)陳豫鍾集.—民國21年(1932)國立北平圖書館抄本.—3冊.—據清華圖書館藏舊鈔本抄　16797

0114

宮閨聯名譜　二十二卷/(清)董恂撰;(清)陸繼補輯.—清光緒間申報館上海鉛印本.—10冊　124100

　部二　10冊　127993

0115

重建昭忠祠爵秩姓名錄　六卷附一卷/(清)鹿傳霖纂.—清光緒三十四年(1908)刻本.—6冊.—書名據版心及書簽題　122525

　部二　6冊　142210

0116

交遊新記.—清末抄本.—1冊　41767

0117*

前清祀典姓名別錄/佚名輯.—民國間油印本.—1

冊.一有缺頁;附校勘記.一毛裝　　　　123243

0118*

前清祀典姓名別錄/佚名輯.一民國間油印本.一1
冊.一前清名宦鄉賢忠孝節義會典准在京師或各地方
建立專祠或附祀者及校勘記爲重新編頁;附校勘記
　　　　　　　　　　　　　　　　　　122529

0119*

[清歷代皇子名錄]/佚名輯.一民國間抄本.一1
冊.一毛裝　　　　　　　　　　　　123489

0120*

城南詩社齒錄/佚名輯.一民國28年(1939)油印
本.一1冊　　　　　　　　　　　　122530

0121*

說諢　六卷卷首一卷/柴連復撰.一民國13年
(1924)上海石印本.一1冊　　　　　122531

0122*

畿輔先哲祠崇祀先哲牌位/姚彤章輯.一民國25年
(1936)河北博物院鉛印本.一1冊.一附錄唱讚儀節
等.一毛裝　　　　　　　　　　　　122532
　　部二　1冊　　　　　　　　　　122533
　　部三　1冊　　　　　　　　　　124025

0123*

清人名刺彙訂/侯植忠輯.一民國28年(1939)稿
本.一5冊.一粘貼名刺原件;附小傳　122535

0124*

歷代諱字譜　二卷/張惟驤輯.一民國21年(1932)
武進張氏小雙寂庵刻本.一2冊.一(小雙寂庵叢
書).一與家諱考合印　　　　　　　122534
　　部二　2冊　西諦藏書　　　　　XD2049

0125*

家諱考　一卷/張惟驤輯.一民國21年(1932)武進
張氏小雙寂庵刻本.一1冊.一(小雙寂庵叢書).一與
歷代諱字譜合印　　　　　　　　　122534
　　部二　1冊　西諦藏書　　　　　XD2049

0126*

全上古三代秦漢三國六朝文作者韻編　五卷/関孫
奭編.一民國20年(1931)江都関氏刻本.一2冊.一版
心題全文作者韻編　　　　　　　　122540
　　部二　2冊　　　　　　　　　　122541
　　部三　1冊　　　　　　　　　　122536
　　部四　1冊　　　　　　　　　　122537
　　部五　1冊　　　　　　　　　　122538

0127*

清代琴譜著見琴人名錄/中國音樂研究所,北京古
琴研究會編.一1965年中國音樂研究所北京古琴研究
會油印本.一2冊.一平裝　　　　　　122542

0128*

清代耆獻類徵[名錄]/佚名輯.一民國間抄本.一1
冊.一按姓名、時代、官階、地名摘抄耆獻類徵初編中
的儒行、文藝、卓行、隱逸、方技等類.一毛裝　153853

0129*

清代閨閣詩人徵略索引/佚名輯.一民國間國立北
平圖書館抄本.一1冊　　　　　　　124085

0130*

清畿輔閨秀詩人姓名錄/王祖繹編.一民國間油印
本.一1冊　　　　　　　　　　　　128601

0131*

敦煌殘卷.一民國36年(1947)國立北平圖書館抄
本.一1冊　　　　　　　　　　　　153847

0132

明人藝林名譜　八集/(日)玉置清編.一日本明治
二十年(1887)碧雲山房刻本.一15冊　127621

0133

熙朝儒林姓名錄/(日)永忠原輯.一日本明和六年
(1771)平安書林載文堂文錦堂刻本.一1冊　142425

0134

明治文雅都鄙人名錄/(日)岡田良策編.一日本明
治十四年(1881)刻本.一1冊　　　　127901

傳 15　字號

0135
　　自號錄　一卷/（宋）徐光溥編.—清光緒間歸安陸心源十萬卷樓刻本.—2 冊.—（十萬卷樓叢書）122543
　　部二　1 冊　西諦藏書　　　　　　　　XD9985

0136
　　自號錄　一卷/（宋）徐光溥編.—日本享和三年（1803）明善館刻本.—1 冊　　　　　122544
　　部二　1 冊　　　　　　　　　　　　122545

0137*
　　古賢小字錄　二卷/（宋）陳思纂.—民國間蟫隱廬抄本.—2 冊　　　　　　　　　　122546

0138*
　　小字錄/（宋）陳思纂.—民國 24 年（1935）商務印書館上海影印本.—1 冊.—（四部叢刊三編）.—據明活字本影印　　　　　　　　　　　　　122547
　　部二　1 冊　書衣有硃筆題記　　　　155669

0139*
　　別號錄　九卷/（清）葛萬里撰.—民國間抄本.—1冊.—有硃筆批校　　　　　　　　122548

0140
　　異號類編　二十卷/（清）史夢蘭輯.—清同治四年（1865）刻本.—4 冊.—陳垣贈書　　122563
　　部二　4 冊　　　　　　　　　　　　122558
　　部三　4 冊　　　　　　　　　　　　122557
　　部四　4 冊　陳垣贈書　　　　　　　122556
　　部五　4 冊　　　　　　　　　　　　122559

0141
　　異號類編　二十卷/（清）史夢蘭輯.—清同治四年（1865）刻五年（1866）重印本.—4 冊.—有陳乃乾墨筆題跋　　　　　　　　　　　　　122562
　　部二　4 冊　有硃筆圈點　　　　　　122560
　　部三　4 冊　　　　　　　　　　　　122561

0142*
　　異號類編　二十卷/（清）史夢蘭輯.—1990 年江蘇廣陵古籍刻印社揚州影印本.—4 冊.—据清同治四年（1865）刻本影印　　　　　　　　　141478

0143*
　　別號索引/ 陳乃乾輯；陶毓英編.—民國 25 年（1936）海寧陳乃乾共讀樓上海鉛印本.—1 冊
　　　　　　　　　　　　　　　　　　122564
　　部二　1 冊　　　　　　　　　　　　122565
　　部三　1 冊　西諦藏書　　　　　　　XD10385
　　部四　1 冊　　　　　　　　　　　　128588

0144*
　　別號索引/陳乃乾輯；陶毓英編.—民國 30 年（1941）海寧陳乃乾共讀樓上海鉛印本.—1 冊.—第 3 次印行　　　　　　　　　　　　122566
　　部二　1 冊　　　　　　　　　　　　150001
　　部三　2 冊　與室名索引合印　　　　144123
　　部四　2 冊　與室名索引合印　　　　128589
　　部五　2 冊　與室名索引合印　　　　128594

0145*
　　別號索引/陳乃乾編.—民國 32 年（1943）海寧陳乃乾共讀樓上海鉛印本.—2 冊.—書簽及版權頁題增訂別號索引；與室名索引合函　　　　　128595

0146*
　　室名索引/陳乃乾輯；陶毓英編.—民國 22 年（1933）海寧陳乃乾共讀樓上海鉛印本.—1 冊；圖.—陳垣贈書　　　　　　　　　　　　122567
　　部二　1 冊　　　　　　　　　　　　128586
　　部三　1 冊　有墨筆題記　　　　　　128527
　　部四　1 冊　　　　　　　　　　　　128587
　　部五　1 冊　　　　　　　　　　　　8038

0147*
　　室名索引/陳乃乾輯；陶毓英編.—民國 23 年（1934）海寧陳乃乾共讀樓上海鉛印本.—1 冊.—再版；共讀樓叢書之一　　　　　　　　128591
　　部二　1 冊　　　　　　　　　　　　8039
　　部三　1 冊　西諦藏書　　　　　　　XD10386

0148*

室名索引/陳乃乾輯；陶毓英編．—民國 30 年
(1941)海寧陳乃乾共讀樓上海鉛印本．—1 冊．—第 3
次印行　　　　　　　　　　　　　　　　128593

　部二　2 冊　與別號索引合印　　　　　144123
　部三　2 冊　與別號索引合函　　　　　128595
　部四　2 冊　與別號索引合印　　　　　128594
　部五　2 冊　與別號索引合印　　　　　128589

0149

如不及齋別號錄　四十八卷/(日本)鈴木汪等
編．—日本文政十年(1827)明德館刻本．—20 冊．—版
心題別號錄；粘貼楊守敬照片 1 幅　　　122549

　部二　20 冊　　　　　　　　　　　　122552
　部三　18 冊　缺 4 卷：卷 1—4　　　　122550
　部四　15 冊　缺 9 卷：卷 1、15—19、38—40 122551

傳 17　生卒

0150

行年錄/(清)魏方泰纂輯．清乾隆間活字本．—24
冊　　　　　　　　　　　　　　　　　　122555

0151

疑年錄　四卷/(清)錢大昕編．—清同治元年
(1862)福山王氏天壤閣刻本．—1 冊．—(天壤閣叢書)
　　　　　　　　　　　　　　　　　　　122569

0152

疑年錄　四卷/(清)錢大昕編．—清同治十三年
(1874)虞山顧氏刻本．—1 冊．—(小石山房叢書)
　　　　　　　　　　　　　　　　　　　122570

　部二　1 冊　　　　　　　　　　　　　122571
　部三　1 冊　　　　　　　　　　　　　122572
　部四　1 冊　西諦藏書　　　　　　　　XD9373

0153

疑年錄　四卷/(清)錢大昕編．—清光緒十年
(1884)長沙龍氏家塾刻本．—1 冊．—(嘉定錢氏潛研
堂全書)．—陳垣贈書　　　　　　　　　128007

0154

疑年錄　四卷/(清)錢大昕編．—清刻本．—1 冊．—
與續疑年錄合印　　　　　　　　　　　122574

　部二　2 冊　有殘缺，有補抄序，手抄續疑年錄補；
西諦藏書　　　　　　　　　　　　　　XD9377

0155

疑年錄　四卷/(清)錢大昕編．—清張氏清河古州
車倉烏絲欄抄本．—4 冊．—有約園題記；與續疑年錄
合抄　　　　　　　　　　　　　　　　122576

0156

續疑年錄　四卷/(清)吳修編．—清同治元年
(1862)福山王氏天壤閣刻本．—1 冊．—(天壤閣叢書)
　　　　　　　　　　　　　　　　　　　122577

0157

續疑年錄　四卷/(清)吳修編．—清同治十三年
(1874)虞山顧氏刻本．—1 冊．—(小石山房叢書)
　　　　　　　　　　　　　　　　　　　122578

　部二　1 冊　　　　　　　　　　　　　122579
　部三　1 冊　　　　　　　　　　　　　122580
　部四　1 冊　　　　　　　　　　　　　122581
　部五　1 冊　西諦藏書　　　　　　　　XD9376

0158

續疑年錄　四卷/(清)吳修編．—清刻本．—1 冊．—
與疑年錄合印　　　　　　　　　　　　122574

　部二　2 冊　手抄續疑年錄補；西諦藏書　XD9377
　部三　1 冊　缺疑年錄　　　　　　　　122582

0159

續疑年錄　四卷/(清)吳修編．—清張氏清河古州
車倉烏絲欄抄本．—4 冊．—有約園題記；與疑年錄合
抄　　　　　　　　　　　　　　　　　122576

0160

續疑年錄　四卷/(清)吳修編．—清抄本．—1 冊．—
毛裝　　　　　　　　　　　　　　　　122584

0161

補疑年錄　四卷/(清)錢椒編．—清光緒六年
(1880)吳興陸氏刻本．—1 冊．—書名頁題錢氏補疑
年錄　　　　　　　　　　　　　　　　122586

部二　1 册　　　　　　　　　　　122587

部三　1 册　　　　　　　　　　　122588

部四　2 册　陳垣贈書　　　　　　122589

0162

　四史疑年錄　七卷/(清)劉文如撰.—清嘉慶二十三年(1818)刻本.—2 册.—書名據書名頁題.—(清)劉文如,阮元妻

　　子目

　　1.漢書疑年錄　一卷

　　2.後漢書疑年錄　一卷

　　3.三國魏志疑年錄　一卷

　　4.三國蜀志疑年錄　一卷

　　5.三國吳志疑年錄　一卷

　　6.晉書疑年錄　二卷　　　　　122590

部二　2 册　　　　　　　　　　　122591

0163

　四史疑年錄　七卷/(清)劉文如撰.—清宣統元年(1909)刻本.—2 册.—(清)劉文如,阮元妻

　　子目

　　1.漢書疑年錄　一卷

　　2.後漢書疑年錄　一卷

　　3.三國魏志疑年錄　一卷

　　4.三國蜀志疑年錄　一卷

　　5.三國吳志疑年錄　一卷

　　6.晉書疑年錄　二卷　　　　　122592

0164

　慶誕記　二卷/(清)張邦伸纂輯;(清)張懷洵補注.—清道光二十八年(1848)廣漢張氏刻本.—2册.—敦彝堂藏板　　　　　　　　　　　123578

0165

　[順治元年至道光十六年名人科名升轉生卒年月考].—清朱絲欄稿本.—1 册.—毛裝　　123577

0166

　三續疑年錄　十卷/(清)陸心源編.—清光緒五年(1879)吳興陸氏刻本.—3 册.—卷 4—9 附補遺;潛園總集存齋雜纂之四　　　　　　　　122595

部二　4 册　缺補遺　　　　　　　122593

部三　2 册　缺補遺　　　　　　　122594

部四　3 册　缺補遺　　　　　　　122597

部五　1 册　存 4 卷:卷 1—4　　122596

0167

　春秋疑年錄　一卷/(清)錢保塘編.—清光緒二十一年(1895)海寧錢氏清風室刻本.—1 册.—(清風室叢刊).—與辨名小記合印　　　122604

部二　1 册　西諦藏書　　　　　　XD9375

0168*

　歷代名人生卒錄　八卷/(清)錢保塘編.—民國 25 年(1936)海寧錢氏清風室鉛印本.—8 册.—(清風室叢刊)　　　　　　　　　　　122615

0169

　疑年賡錄　二卷/(清)張鳴珂編.—清光緒二十四年(1898)嘉興張氏刻本.—1 册.—(寒松閣集).—寒松閣藏板;西諦藏書　　　XD2016

部二　1 册　西諦藏書　　　　　　XD9410

部三　1 册　陳垣贈書　　　　　　122609

部四　1 册　　　　　　　　　　　122607

部五　1 册　有硃筆眉批　　　　　122606

0170*

　藝林彙譜　一卷補一卷/(清)翁覃溪輯.—民國間抄本.—1 册.—始於蘇文忠公生,終於陸清獻公殉,計 657 年;(清)翁方綱,號覃溪　　124104

0171*

　五續疑年錄　五卷附錄二卷/関爾昌編.—民國 10 年(1921)江都関爾昌京師刻本.—2 册　　99627

部二　2 册　朱印本　　　　　　　122598

部三　2 册　　　　　　　　　　　122599

部四　2 册　　　　　　　　　　　122600

部五　2 册　　　　　　　　　　　122601

0172*

　疑年錄彙編　十六卷補錄一卷分韻人表一卷/張惟驤增輯.—民國 14 年(1925)武進張氏小雙寂庵刻本.—8 册.—(小雙寂庵叢書)　　　122618

部二　8 册　　　　　　　　　　　122619

部三　8 册　　　　　　　　　　　122620

部四　8 册　　　　　　　　　　　122622

部五　8 册　　　　　　　　　　　122625

0173*

　疑年録彙編　十六卷分韻人表一卷/張惟驤增輯.—民國 14 年(1925)武進張氏小雙寂庵刻本.—8冊　　　　　　　　　　　　　　　122617
　　部二　8冊　　　　　　　　　　122623
　　部三　8冊　西諦藏書　　　　　XD9379
　　部四　10冊　與歷代帝王疑年録合印　122627
　　部五　8冊　有墨筆眉批　　　　122626

0174*

　歷代帝王疑年録　一卷/張惟驤編.—民國 15 年(1926)武進張氏小雙寂庵刻本.—1冊　127628
　　部二　1冊　　　　　　　　　　122628
　　部三　1冊　　　　　　　　　　122629
　　部四　1冊　　　　　　　　　　122630
　　部五　10冊　與疑年録彙編合印　122627

0175*

　名人生日表/孫雄輯；張惟驤增補.—民國 16 年(1927)武進張氏小雙寂庵刻本.—1冊.—西諦藏書　　　　　　　　　　　　　　XD9378
　　部二　1冊　　　　　　　　　　128119
　　部三　1冊　　　　　　　　　　122610
　　部四　1冊　　　　　　　　　　122611
　　部五　1冊　　　　　　　　　　122612

0176*

　名人生日表/孫雄輯；張惟驤增補.—民國 16 年(1927)武進張氏小雙寂庵刻本.—1冊.—(小雙寂庵叢書)　　　　　　　　　　　　122613

0177*

　歷代名人生卒年表補編/梁廷燦編.—民國間新會梁廷燦硃格稿本.—1冊　　　122616

傳 19　其他

0178*

　人名住址/(清)佚名編.—民國間硃格稿本.—1冊.—書名據書衣題　　　　　122632

0179

　萬壽國號皇陵忌辰單/(清)佚名編.—清宣統間刻本.—1冊.—平裝　　　　　　122631

0180*

　丁卯上巳天津禊集題名.—民國 16 年(1927)影印本.—1幀　　　　　　　　　　152509
　　部二　1幀　　　　　　　　　　152510
　　部三　1幀　　　　　　　　　　152511
　　部四　1幀　　　　　　　　　　152512
　　部五　1幀　　　　　　　　　　152513

0181*

　唐宋元明清書畫家人名辭書　七卷/(日本)中山梨軒編.—日本昭和七年(1932)東京染香書院石印本.—7冊：圖.—書名頁題唐宋元明清書畫人名辭書，一名支那書畫名家姓名字號捷覽　　　122568
　　部二　7冊　西諦藏書　　　　　XD1468

總　　　傳

傳100　全國、歷代

0182*

　循吏列傳/(漢)司馬遷等撰.—民國間油印本.—1冊　　　　　　　　　　　　122905

0183

　聖賢高士傳贊/(魏)嵇康撰；(清)嚴可均輯.—清光緒二十七年(1901)關陽唐鴻學刻本.—1冊　128863

0184

　聖賢高士傳贊　三卷/(魏)嵇康撰.—清抄本.—1冊　　　　　　　　　　　　122645

0185*

　聖賢高士傳贊　三卷/(魏)嵇康撰.—民國間抄本.—1冊.—與虞氏高士傳合抄　　122644

0186

　高士傳　三卷/(晉)皇甫謐撰；(清)任熊繪.—清咸豐八年(1858)蕭山王氏養龢堂刻光緒三年(1877)重

印本.—2冊:像　　　　　　　　　122635

部二　2冊　　　　　　　　　　122636

部三　2冊　　　　　　　　　　122637

部四　2冊　　　　　　　　　　122639

部五　2冊　　西諦藏書　　　　XD9374

0187

高士傳　三卷/(晉)皇甫謐撰.—清光緒三年(1877)湖北崇文書局刻本.—1冊　　　122640

0188*

高士傳　三卷/(晉)皇甫謐撰.—民國元年(1912)湖北鄂官書處刻本.—1冊　　　122641

0189*

高士傳　一卷/(晉)皇甫謐撰;羅振玉輯.—民國4年(1915)鉛印本.—1冊　　　　122642

0190*

高士傳　六卷/(晉)皇甫謐撰.—民國間抄本.—2冊.—與逸士傳合抄　　　　　122643

0191*

逸士傳　一卷/(晉)皇甫謐撰.—民國間抄本.—2冊.—與高士傳合抄　　　　　122643

0192*

虞氏高士傳　一卷/(晉)虞盤佐撰.—民國間抄本.—1冊.—與聖賢高士傳贊合抄　122644

0193

群輔錄　一卷/(晉)陶潛撰.—清抄本.—1冊　　　　　　　　　　　　122646

0194

紹陶錄　二卷/(宋)王質撰.—清光緒間歸安陸氏十萬卷樓刻本.—1冊.—(十萬卷樓叢書).—書中有栗里譜、華陽譜等　　　　122649

部二　2冊　　　　　　　　　　122981

部三　1冊　缺10頁:卷上第2—11頁　127972

0195*

紹陶錄　二卷/(宋)王質撰.—民國12年(1923)沔陽盧氏慎始基齋影印本.—1冊.—(湖北先正遺

書).—據清光緒間歸安陸氏十萬卷樓刻本影印　　　　　　　　　　　　　　122650

0196

紹陶錄　二卷/(宋)王質撰.—清抄本.—1冊　　　　　　　　　　　　122982

0197

紹陶錄　二卷/(宋)王質撰.—清抄本.—1冊　　　　　　　　　　　　122651

0198

益州名畫錄　三卷/(宋)黃休復纂.—明刻本.—1冊.—與畫鑒、貞觀公私畫史合印　18457

0199*

益州名畫錄　三卷/(宋)黃休復纂.—民國4年(1915)存古書局成都刻本.—1冊.—附蜀畫史稿　　　　　　　　　　　　　　60758

部二　1冊　　　　　　　　　　58806

0200*

益州名畫錄　三卷/(宋)黃休復纂.—民國12年(1923)沔陽盧靖慎始基齋影印本.—1冊.—(湖北先正遺書).—據明嘉靖間刻本影印;與書品、畫史合印　　　　　　　　　　　61244

0201*

新刊名臣碑傳琬琰集　上集二十七卷中集五十五卷下集二十五卷/(宋)杜大珪編.—1988年江蘇廣陵古籍刻印社揚州影印本.—12冊.—版心題名臣碑傳琬琰集　　　　　　　　122648

部二　12冊　　　　　　　　　141521

0202

新刊官板批評正百將傳　十卷/(宋)張預集;(明)趙光裕評.—朝鮮刻本.—6冊.—缺4卷:卷1、4、6、9;版心題正百將傳評林,書衣題百將傳　11673

0203

新刻批評百將傳正集　十卷續集四卷/(宋)張預集;(明)何喬新續輯;(明)趙光裕評.—明天啓四年(1624)武林啓秀堂刻本.—5冊.—版心題百將兵法列傳　　　　　　　　　　　　　XD10353

0204

　　百將傳．—清抄本．—2 册　　　　　　　49158

0205

　　百將圖傳　二卷/(清)丁日昌編．—清同治八年
(1869)江蘇書局刻本．—2 册：圖．—書名據書名頁等
題，編者據序題；西諦藏書　　　　　XD10384
　　　部二　2 册　　　　　　　　　　　11680
　　　部三　2 册　　　　　　　　　　　11681
　　　部四　2 册　　　　　　　　　　　11682
　　　部五　1 册　　　　　　　　　　　46646

0206

　　古今將略　四卷/(明)馮時寧輯．—明西陵在茲堂
刻本．—8 册．—書名頁題古今百將傳；西諦藏書
　　　　　　　　　　　　　　　　　XD9995

0207

　　古今將略　四卷/(明)馮時寧輯．—明服古堂刻
本．—4 册．書名頁題歷朝名將傳　　　　13017

0208

　　口筆刀圭/(明)毛起輯．—明刻本．—1 册．—原書卷
數不詳，存 5 卷：卷 5—9；版心題口筆刀圭錄；西諦藏
書　　　　　　　　　　　　　　　XD10001

0209

　　棲真志　四卷/(明)夏樹芳輯．—清抄本．—2 册．—
缺 2 卷：卷 2—3　　　　　　　　　　122654

0210*

　　小隱書/(明)敬虛子撰．—民國間抄本．—1 册
　　　　　　　　　　　　　　　　　122655

0211*

　　[**歷代聖賢像傳**]．—民國間石印本．—1 册：像
　　　　　　　　　　　　　　　　　153803

0212*

　　歷代古人像贊/(明)佚名繪；鄭振鐸編．—1958 年古
典文學出版社上海影印本．—3 册：像．—據明成化十
一年(1475)刻本影印；中國古代版畫叢刊初編第六
種．—蝴蝶裝　　　　　　　　　　　18941

0213

　　歷代聖賢圖像/(明)佚名繪撰．—明彩繪本．—2 册：
像．—西諦藏書．—經摺裝　　　　　XD9381

0214

　　正祀考集．—明刻本．—1 册．—原書卷數不詳，存 1
卷：卷 2；西諦藏書　　　　　　　　XD10026

0215

　　忠傳　二卷/(明)解縉等輯．—清光緒三十二年
(1906)寶研齋石印本．—1 册：圖．—據永樂大典卷
485—486 石印　　　　　　　　　122660

0216

　　歷代臣鑒　三十七卷/(明)明宣宗編．—清木活字
本．—8 册　　　　　　　　　　　122661
　　　部二　8 册　　　　　　　　　　122662

0217

　　聖賢像贊　三卷/(明)呂維祺編；(清)孔憲蘭重
修．—清光緒四年(1878)刻本．—4 册：像．—板藏曲阜
會文堂　　　　　　　　　　　　122710
　　　部二　4 册　　　　　　　　　　122711
　　　部三　4 册　　　　　　　　　　122709

0218

　　聖賢像贊　三卷/(明)呂維祺編．—清刻本．—3 册：
像．—缺 1 卷：卷 3，其他卷有缺頁；西諦藏書；附聖迹
圖　　　　　　　　　　　　　　　XD9976

0219

　　聖賢像贊　三卷/(明)呂維祺編．—清刻本．—4 册：
像　　　　　　　　　　　　　　　122707
　　　部二　4 册　　缺 1 卷：卷 3　　122708

0220*

　　聖賢像贊　二卷/(明)呂維祺編．—2000 年學苑出
版社北京影印本．—4 册：像．—据明崇禎五年(1632)
刻本影印　　　　　　　　　　　141886

0221

　　聖賢像傳．—明拓本．—2 册：像．—書名據序題；西
諦藏書．—經摺裝　　　　　　　　XD9382

0222

聖賢像贊　四卷．—清同治三年（1864）積賢書舫補刻本．—2 冊：像．—缺 1 卷：卷 1；西諦藏書；附孝子傳
XD10124

0223

聖賢像贊．—清光緒十六年（1890）刻本．—2 冊：像．—書名據版心題，書名頁題御制聖賢序贊；版心下題三余書屋叢書
124258

0224

聖賢像贊．—清刻本．—3 冊：像．—殘缺；西諦藏書
XD9975

0225

貧士傳　二卷／（明）黃姬水撰．—明刻本．—1 冊．—毛裝
122663

0226*

古今人物志略　十二卷／（明）何壁撰．—1985 年遼寧省圖書館影印本．—4 冊．—書簽題古今人物志；據明嘉靖四十四年（1565）刻本影印
122665

　部二　4 冊　　　　　　　　122666
　部三　4 冊　　　　　　　　122667

0227

古先君臣圖鑒／（明）潘巒編．—清抄本．—1 冊：像．—西諦藏書
XD9380

0228

鹽梅志　二十卷／（明）李茂春纂．—明萬曆間刻本．—3 冊．—存 3 卷：卷 1—3　　122690

0229

安危注　四卷／（明）吳姓辑．—清刻本．—4 冊
122732

　部二　4 冊　　　　　　　　122669

0230

尚友錄　二十二卷／（明）廖用賢編纂；（清）張伯琮補輯．—清康熙五年（1666）刻本．—11 冊．—書名頁題增補尚友錄；有墨筆批校
122670

　部二　12 冊　　　　　　　122671

0231

尚友錄　二十二卷／（明）廖用賢編纂；（清）張伯琮補輯．—清康熙五年（1666）刻重印本．—24 冊．—書名頁題增補尚友錄；古婺正業堂藏板
122676

0232

尚友錄　二十二卷／（明）廖用賢編纂；（清）張伯琮補輯．清康熙五年（1666）刻重印本．—22 冊—書名頁題增補尚友錄
122687

　部二　12 冊　有墨筆校記；陳垣贈書　128013

0233

尚友錄　二十二卷／（明）廖用賢編纂．—清雍正四年（1726）刻本．—12 冊．—書名頁題萬姓統譜；三瑞堂藏板
122688

　部二　22 冊　　　　　　　122689

0234

尚友錄　二十二卷／（明）廖用賢編纂；（清）張伯琮補輯．清光緒十二年（1886）暢懷書屋銅活字本．—6 冊．—書名頁題增補尚友錄
122690

0235

尚友錄　二十二卷／（明）廖用賢編纂；（清）張伯琮補輯．—清光緒十四年（1888）著易堂銅活字本．—6 冊．—書名頁題增補尚友錄
122691

0236

尚友錄　二十二卷／（明）廖用賢編纂；（清）張伯琮補輯．—清光緒十六年（1890）掃葉山房銅活字本．—6 冊．—書名頁題增補尚友錄
122685

　部二　6 冊　陳垣贈書　　　122686

0237

尚友錄　二十二卷／（明）廖用賢編纂；（清）張伯琮補輯．—清光緒十四年（1888）點石齋上海石印本．—7 冊．—書簽題正續尚友錄；與尚友錄續集合印　154316

0238

校正尚友錄　二十二卷／（明）廖用賢編纂；（清）張伯琮補輯．—清光緒二十五年（1899）上海益記書莊石印本．—5 冊．—書名頁題校正增補尚友錄　122692

　部二　2 冊　存 8 卷：卷 1—4、19—22　147613

0239

校正尚友錄　二十二卷/(明)廖用賢編纂;(清)張伯琮補輯.—清光緒二十九年(1903)上海寶善齋石印本.—6冊.—書名頁題校正尚友錄全編,又題增補校正尚友錄　　　122677

0240*

增廣尚友錄統編　十六卷/(明)廖用賢編;(清)張伯琮補輯;(清)思退主人續編;倉山主人再纂編.—民國16年(1927)錦章圖書局上海石印本.—16冊.—卷端題增廣廿四史尚友錄;續編者思退主人一作退思主人　　　122683
　　部二　16冊　　　122684

0241

尚友錄續集　二十二卷/(清)退思主人編纂.—清光緒十四年(1888)點石齋上海石印本.—7冊.—缺6卷:卷17—22;書簽題正續尚友錄;與尚友錄合印　　　154316

0242

校正尚友錄續集　二十二卷/(清)退思主人編纂.—清光緒二十二年(1896)上海書局石印本.—5冊.—版心題尚友錄續集　　　122672

0243

校正尚友錄續集　二十二卷/(清)退思主人編纂.—清光緒二十五年(1899)上海益記書莊石印本.—5冊.—版心題尚友錄續集　　　122673

0244

校正尚友錄續集　二十二卷/(清)退思主人編纂.—清光緒二十八年(1902)上海寶善齋石印本.—6冊.—版心題校正尚友錄　　　122674

0245

校正尚友錄三集　十卷.—清光緒二十九年(1903)上海寶善齋石印本.—4冊.—版心題校正尚友錄;與尚友錄四集合印　　　122675

0246

尚友錄四集　八卷.—清光緒二十九年(1903)上海寶善齋石印本.—4冊.—書名頁題校正尚友錄四集,版心題校正尚友錄;與校正尚友錄三集合印　　　122675

0247

增廣尚友錄統編　二十二卷/應祖錫編.—清光緒二十八年(1902)鴻寶齋石印本.—12冊　　　122694
　　　　　　　　　　　　　　　　122696
　　部二　12冊　　　122696
　　部三　12冊　　　122695

0248

增廣尚友錄統編　二十二卷/應祖錫編.—清光緒二十八年(1902)鴻寶齋石印本.—14冊.—卷2題校正尚友錄.—袖珍本　　　127816
　　部二　13冊　缺1卷:卷17　　　149675

0249

校正尚友錄統編　二十四卷/錢湖釣徒編.—清光緒二十九年(1903)通文書局石印本.—16冊　　122697

0250*

校正尚友錄統編　二十四卷/錢湖釣徒編;張元聲輯.—民國7年(1918)上海國學圖書局石印本.—12冊　　　122679
　　部二　12冊　　　122680
　　部三　12冊　　　122681
　　部四　12冊　　　122678
　　部五　12冊　　　122682

0251*

校正增廣尚友錄統編　二十四卷/錢湖釣徒編.—民國間文瑞樓鴻章書局上海石印本.—16冊.—卷端題校正尚友錄統編　　　122693

0252

[歷代河神傳]/(明)徐渭等撰.—清抄本.—1冊.—金龍四大王謝緒等人、靈佑襄濟王黃守才、助順永寧侯朱之錫　　　123084

0253

古今長者錄　八卷/(明)丁蓮侶撰;(明)黃文焴補編.—清道光二十六年(1846)藍絲欄抄本.—4冊　　　122703

0254

古今廉鑒　八卷/(明)喬懋編.—明萬曆9年(1581)閩中刻本.—6冊　　　122699

0255

　　逸民史　二十二卷/(明)陳繼儒輯.—明萬曆間刻本.—4冊　　　　　　　　　　122701

0256

　　靳史　三十卷/(明)查應光撰.—明天啓間刻本.—3冊.—存8卷：卷1—2、13—15、28—30；有硃筆校字；西諦藏書　　XD10010

0257*

　　聖學宗傳　十八卷/(明)周汝登編.—民國20年(1931)鴻寶齋書局上海影印本.—8冊　122698
　　部二　8冊　　　　　　　　　　122705
　　部三　8冊　　　　　　　　　　122706
　　部四　8冊　　　　　　　　　　128825
　　部五　8冊　　　　　　　　　　128826

0258

　　明漳浦黃忠端公懿畜編/(明)黃道周撰.—清抄本.—6冊.—本書分前後編　　122714

0259

　　注釋評點古今名將傳　十七卷附錄一卷/(明)陳元素評點.—明天啓間刻本.—14冊：圖.—書中多處有殘缺字；版心題古今名將傳；有明天啓三年陳元素自序　　　　　　　　　　11677

0260

　　新鐫繡像旁批詳注總斷廣百將傳　二十卷/(明)陳元素原本；(明)黃道周注斷；(明)周亮輔增補.—明崇禎間刻本.—8冊：圖.—書名頁及版心題廣百將傳　　　　　　　　　　11678

0261

　　新鐫繡像旁批詳注總斷廣百將傳　二十卷/(明)陳元素原本；(明)黃道周注斷；(明)周亮輔增補.—明崇禎間刻本.—12冊：圖.—書名頁題增補繡像廣百將全傳，版心題廣百將傳；本立堂藏板　49434

0262

　　新鐫旁批詳注總斷廣名將譜　二十卷/(明)陳元素原本；(明)黃道周注斷.—明崇禎間刻本.—8冊.—版心題廣名將譜　　　　　　　　　11679

0263

　　新鐫旁批詳注總斷廣名將譜　二十卷/(明)陳元素原本；(明)黃道周注斷.—明崇禎間刻本.—6冊.—書名頁題廣名將傳，版心題廣名將譜；崇善堂藏板　　　　　　　　　45720

0264

　　象名錄/(清)方景潮纂輯；(清)汪鳴鑾增訂.—清抄本.—4冊.—陳垣贈書　　128392

0265*

　　勾章摭逸　十卷/(清)鄭辰編.—民國間慈溪葉意深烏絲欄抄本.—4冊.—有硃筆批校　122803

0266

　　歷代先賢圖像題贊/(清)董天工輯.—清刻本.—1冊.—經摺裝　　　　　　　122887

0267

　　帝系考/(清)魏博色編.—清慎思堂刻本.—2冊　　　　　　　　　　122726

0268*

　　圖繪寶鑒/(清)藍瑛，(清)謝彬輯.—民國間抄本.—1冊.—與清代進士題名錄合抄　153864

0269

　　全史吏鑒　十卷/(清)張祥雲輯.—清嘉慶八年(1803)刻本.—10冊.—鑒湖亭藏版　55653
　　部二　4冊　　　　　　　　　　122725

0270*

　　全史吏鑒　十卷/(清)張祥雲輯.—1990年江蘇廣陵古籍刻印社揚州影印本.—6冊.—據清嘉慶八年(1803)刻本影印　　　　　　141543

0271

　　[明清畫傳]/(清)張繼銘輯.—清抄本.—2冊　　　　　　　　　　123999

0272

　　古人幾部　六卷/(清)陳允衡撰.—清刻本.—2冊　　　　　　　　　　122940

0273

　　增補四書人物聚考　二十二卷/(清)佚名撰.—清活字本.—12册.—有缺頁；　　122948

0274

　　永安耆獻狀.—清道光間李玉麟刻本.—1册　　144395

0275

　　人物圖/(清)佚名撰.—清刻本.—2册：圖.—書名據書衣題；西諦藏書　　XD9385

0276

　　六世像贊.—清硃格稿本.—1册.—毛裝　　127647

0277

　　詩紀傳錄.—清抄本.—4册.—與唐人小傳、宋人小傳合抄　　122652

0278

　　詩巢附祀諸賢考次　四卷/(清)佚名撰.—清會稽董氏行餘學舍抄本.—1册.—毛裝　　122718

0279

　　求志齋雜鈔.—清抄本.—2册　　38194

0280

　　歷代功臣傳/(清)佚名撰.—清抄本.—6册　　122721

0281

　　道學源流　六卷/(清)佚名撰.—清抄本.—1册.—存3卷：卷1—3　　122728

0282

　　[名人傳記]/(清)佚名撰.—清灰絲欄抄本.—1册　　122722

0283

　　志草鈔存/(清)佚名撰.—清末烏絲欄抄本.—1册.—毛裝　　122719

0284

　　顯微野史/(清)又一村人編.—清末抄本.—1册　　122720

0285

　　[孔廟附祀列傳]　六卷.—清末抄本.—1册.—存3卷：卷4—6　　155588

0286*

　　[明清人物傳記]/佚名撰.—民國間抄本.—1册.—毛裝　　122727

0287

　　孝譜　八卷/(清)張逸評輯.—清順治間古棣張爲仁刻本.—4册　　16701

0288

　　南陵無雙譜排律/(清)王言撰.—清道光十七年(1837)刻本.—1册　　122836

0289

　　古歡錄　八卷/(清)王士禛撰.—清康熙三十九年(1700)快宜堂刻本.—2册.—有硃筆圈點　　44423
　　　部二　2册　　42373
　　　部三　2册　　122735
　　　部四　1册　西諦藏書　　XD10352
　　　部五　2册　西諦藏書　　XD11269

0290

　　成仁譜　二十六卷/(清)盛敬輯.—清道光二十五年(1845)邗江活字本.—12册　　122739
　　　部二　8册　　127966

0291

　　晚笑堂竹莊畫傳/(清)上官周撰並繪.—清五車樓刻本.—6册：像.—附明太祖功臣圖　　18133
　　　部二　1册　有缺頁；西諦藏書　　XD9974

0292

　　晚笑堂竹莊畫傳/(清)上官周撰並繪.—清刻本.—2册：像.—附明太祖功臣圖　　18134
　　　部二　2册　　127910
　　　部三　2册　　128692
　　　部四　2册　有缺頁；西諦藏書　　XD10382

0293

　　晚笑堂竹莊畫傳/(清)上官周撰並繪.—清刻本.—
2冊:像.—附明太祖功臣圖　　　　　127970

0294

　　晚笑堂竹莊畫傳/(清)上官周撰並繪.—清末影印
本.—2冊:像.—附明太祖功臣圖　　　18135
　　部二　2冊　　　　　　　　　　　59226

0295

　　聖學知統錄　二卷/(清)魏裔介撰.—清康熙間刻
本.—2冊　　　　　　　　　　　　57019

0296

　　聖學知統錄　二卷/(清)魏裔介撰;(清)魏荔彤
編.—清龍江書院刻本.—4冊.—與聖學知統翼錄
合印　　　　　　　　　　　　　　55934
　　部二　2冊　存1卷:卷上;有墨筆圈點　122740

0297

　　聖學知統翼錄　二卷/(清)魏裔介撰;(清)魏荔彤
編.—清龍江書院刻本.—4冊.—與聖學知統錄合印
　　　　　　　　　　　　　　　　55934
　　部二　2冊　存1卷:卷上　　　　122740

0298

　　賴古堂別集印人傳　三卷/(清)周亮工撰;(清)周
在浚編.—清康熙十二年(1673)刻本.—3冊.—版心
題印人傳;附印人姓氏　　　　　　19074

0299

　　印人傳　三卷/(清)周亮工撰.—清嘉慶間刻本.—
1冊.—附印人姓氏　　　　　　　128181
　　部二　1冊　　　　　　　　　　58543

0300

　　印人傳　三卷/(清)周亮工撰.—清宣統間神州國
光社鉛印本.—2冊.—西諦藏書;與周櫟園讀畫錄合
印　　　　　　　　　　　　　　XD1331

0301

　　正學續　四卷/(清)陳遇夫撰.—清刻本.—4冊
　　　　　　　　　　　　　　　　122741

0302

　　希賢錄　五卷/(清)朱顯祖輯.—清康熙間刻本.—
8冊　　　　　　　　　　　　　　122742

0303

　　守中子成人集　五卷/(清)胡瀛撰.—清雍正六年
(1728)刻本.—1冊　　　　　　　122743

0304

　　文廟賢儒功德錄　二卷/(清)張俣輯.—清雍正間
刻本.—1冊　　　　　　　　　　122744

0305

　　歷代名賢齒譜　九卷/(清)易宗淵輯.—清雍正間
刻本.—11冊.—書名頁題歷代男齒譜;賜書堂藏板;
陳垣贈書;與歷代名媛齒譜合印　　128067
　　部二　20冊　有硃筆圈點　　　　7128
　　部三　20冊　　　　　　　　　38761

0306

　　齒譜　九卷/(清)易宗淵輯.—清雍正間刻本.—8
冊.—書名頁題歷代名賢齒譜;賜書堂藏板　7127

0307

　　高安三傳合編/(清)朱軾,(清)蔡世遠輯.—清光緒
二十一年(1895)江蘇書局刻本.—24冊
　　子目
　　1.歷代名儒傳　八卷
　　2.歷代名臣傳　三十五卷卷首一卷續編五卷
　　3.歷代循吏傳　八卷　　　　　122755
　　部二　24冊　　　　　　　　　122756
　　部三　24冊　　　　　　　　　122757
　　部四　24冊　　　　　　　　　122758

0308

　　重刻朱文端公三傳/(清)朱軾,(清)蔡世遠輯.—清
古唐朱黔刻本.—24冊
　　子目
　　1.歷代名儒傳　八卷卷首一卷
　　2.歷代名臣傳　三十五卷卷首一卷
　　3.歷代循吏傳　八卷　　　　　122750
　　部二　24冊　　　　　　　　　122751
　　部三　36冊　　　　　　　　　122752

0309

歷代循吏傳　八卷/(清)朱軾,(清)蔡世遠輯.—清
雍正七年(1729)刻本.—4 冊　　　　　　　122745
　部二　4 冊　　　　　　　　　　　　　122760

0310

歷代循吏傳　八卷卷首一卷/(清)朱軾,(清)蔡世
遠輯.—清同治三年(1864)刻本.—32 冊.—書名頁題
循吏傳;與歷代名儒傳、歷代名臣傳合印　　122754

0311

歷代循吏傳　八卷/(清)朱軾,(清)蔡世遠輯.—清
刻本.—4 冊　　　　　　　　　　　　　　122761

0312

歷代名臣傳　三十五卷卷首一卷續編五卷/(清)朱
軾,(清)蔡世遠輯.—清雍正七年(1729)刻本.—20 冊
　　　　　　　　　　　　　　　　　　　　122747

0313

歷代名臣傳　三十五卷卷首一卷續編五卷/(清)朱
軾,(清)蔡世遠輯.—清雍正七年(1729)刻重印本.—
24 冊.—附歷代名儒傳、歷代循吏傳　　　　122748

0314

歷代名臣傳　三十五卷卷首一卷續編五卷/(清)朱
軾,(清)蔡世遠輯.—清同治三年(1864)刻本.—32
冊.—書名頁題名臣傳;與歷代名儒傳、歷代循吏傳合
印　　　　　　　　　　　　　　　　　　　122754

0315

歷代名臣傳　三十五卷續編五卷/(清)朱軾,(清)
蔡世遠輯.—清抄本.—12 冊.—缺 2 卷:卷 25—26
　　　　　　　　　　　　　　　　　　　　122749

0316

歷代名儒傳　八卷/(清)朱軾,(清)蔡世遠輯.—清
雍正七年(1729)刻本.—4 冊　　　　　　　122753

0317

歷代名儒傳　八卷/(清)朱軾,(清)蔡世遠輯.—清
同治三年(1864)刻本.—32 冊.—書名頁題儒林傳;與
歷代名臣傳、歷代循吏傳合印　　　　　　　122754

0318*

歷代名儒傳　八卷/(清)朱軾,(清)蔡世遠輯.—民
國 4 年(1915)廣益書局上海石印本.—4 冊　122759

0319*

歷代耆考名臣錄/(清)洪梧編.—民國間蘇州文學
山房刻本.—4 冊　　　　　　　　　　　　122481
　部二　1 冊　　　　　　　　　　　　　　122804
　部三　4 冊　　　　　　　　　　　　　　122807

0320

雪蕉酒趣　二卷/(清)汪瑇輯.—清乾隆間中峰寺
刻本.—2 冊　　　　　　　　　　　　　　122762
　部二　1 冊　西諦藏書　　　　　　　　　XD10347

0321

繪林伐材　十卷/(清)王宸編.—清乾隆間刻本.—
4 冊　　　　　　　　　　　　　　　　　　15238

0322

洛學編　六卷/(清)湯斌輯.—清道光三十年
(1850)浚義田倣刻本.—2 冊.—與北學篇合訂
　　　　　　　　　　　　　　　　　　　　65604

0323

北學編　四卷/(清)魏一鼇輯;(清)尹會一訂.—清
道光二十四年(1844)刻本.—4 冊.—附補遺　13714
　部二　2 冊　　　　　　　　　　　　　　57424
　部三　2 冊　與洛學編合訂　　　　　　　65604

0324

北學編　四卷/(清)魏一鼇輯;(清)尹會一訂.—清
同治七年(1868)刻本.—2 冊　　　　　　　56461
　部二　2 冊　　　　　　　　　　　　　　55833
　部三　1 冊　缺 2 卷:卷 3—4　　　　　122765

0325

守令垂範儒牧　二卷/(清)屈天成輯.—清乾隆二
十二年(1757)刻本.—10 冊.—與守令垂範循牧合印
　　　　　　　　　　　　　　　　　　　　122768

0326

守令垂範循牧　十二卷/(清)屈天成輯.—清乾隆
二十二年(1757)刻本.—10 冊.—與守令垂範儒牧

合印　　　　　　　　　　　122768

0327
　歷代名賢列女氏姓譜　一百五十七卷/(清)蕭智漢纂.—清嘉慶二十年(1815)刻本.—100 冊.—書名頁題乾隆壬子歲鐫聽濤山房藏板　　　122771
　　部二　160 冊　　　　　　122772
　　部三　120 冊　　　　　　122774
　　部四　120 冊　　　　　　128151
　　部五　141 冊　缺 15 卷:卷 1—2、69—70、91、100、117—119、125—126、138—140、146;西諦藏書
　　　　　　　　　　　　　　XD9386

0328
　歷代名賢列女氏姓譜　一百五十七卷/(清)蕭智漢纂.—清嘉慶二十年(1815)刻本.—120 冊.—牌記題乾隆壬子歲鐫聽濤山房藏板　　　122770
　　部二　119 冊　缺 1 卷:卷 119　122769

0329
　古今孝友傳　十五卷/(清)劉青蓮撰.—清乾隆間刻本.—2 冊.—存 7 卷:卷 1—3、8—11,卷 3、8、11 殘
　　　　　　　　　　　　　　122802

0330
　古品節錄　六卷/(清)松筠撰.—清嘉慶四年(1799)刻本.—6 冊.—有硃筆句讀　122799
　　部二　6 冊　　　　　　　122806

0331
　古品節錄　六卷/(清)松筠撰.—清嘉慶四年(1799)刻本.—4 冊.—與 122799 版框字體不一
　　　　　　　　　　　　　　122800

0332
　古品節錄　六卷/(清)松筠撰.—清嘉慶十六年(1811)江西刻本.—4 冊　　　122801

0333
　湖海詩傳小傳　六卷/(清)王昶撰.—清光緒四年(1878)上海淞隱閣鉛印本.—2 冊.—西諦藏書
　　　　　　　　　　　　　　XD7259
　　部二　2 冊　　　　　　　127985

0334
　兩浙防護陵寢祠墓錄/(清)阮元輯.—清嘉慶七年(1802)撫浙使者阮元刻本.—6 冊.—書名頁題兩浙防護錄　　　　　　　　　　　124053

0335
　兩浙防護陵寢祠墓錄/(清)阮元輯.—清光緒十五年(1889)浙江書局刻本.—2 冊.—書名頁題兩浙防護錄　　　　　　　　　　　124052
　　部二　2 冊　　　　　　　124056
　　部三　2 冊　　　　　　　124057

0336
　兩浙防護陵寢祠墓錄/(清)阮元輯.—清會稽董氏取斯家塾活字本.—4 冊.—版心題兩浙防護錄
　　　　　　　　　　　　　　124054
　　部二　6 冊　　　　　　　124055

0337
　廿二史言行略　四十二卷/(清)過元玟輯.—清嘉慶四年(1799)刻本.—12 冊　122809

0338
　廿二史言行略　四十二卷/(清)過元玟輯.—清嘉慶十五年(1810)刻本.—8 冊.—有硃筆圈點;拜經齋藏板　　　　　　　　　　　122808

0339
　歷代名臣言行錄　二十四卷/(清)朱桓編.—清嘉慶十二年(1807)刻本.—36 冊　122779

0340
　歷代名臣言行錄　二十四卷/(清)朱桓編.—清嘉慶十二年(1807)刻本.—48 冊　122780

0341
　歷代名臣言行錄　二十四卷/(清)朱桓編.—清嘉慶間刻本.—32 冊.—聚賢堂藏板　122791
　　部二　31 冊　缺卷 2 下;有硃墨筆圈點　122788

0342
　歷代名臣言行錄　二十四卷/(清)朱桓編.—清同治四年(1865)刻本.—32 冊　122781
　　部二　32 冊　　　　　　122782

部三　32 册　缺 2 卷:卷 15、20　　122783

部四　20 册　缺 2 卷:卷 1、10　　122784

0343

歷代名臣言行錄　二十四卷/(清)朱桓編.—清光緒元年(1875)刻本.—16 册.—湖北文源堂藏板

122787

部二　36 册　　122786

0344

歷代名臣言行錄　二十四卷/(清)朱桓編.—清光緒十八年(1892)務本書局刻本.—24 册　　122785

0345

歷代名臣言行錄　二十四卷/(清)朱桓編.—清光緒二十六年(1900)湖南書局刻本.—24 册　　122789

0346

歷代名臣言行錄　二十四卷/(清)朱桓編.—清光緒二十六年(1900)湖南書局刻本.—34 册.—與122789 書名頁、牌記不同　　122790

0347

歷代名臣言行錄　二十四卷/(清)朱桓編.—清光緒二十三年(1897)上海宏文閣石印本.—5 册.—存16 卷:卷 1—16(上)　　122793

0348

歷代名臣言行錄　二十四卷/(清)朱桓編.—清光緒二十八年(1902)雙桂軒上海石印本.—8 册

127817

0349

歷代名臣言行錄　二十四卷/(清)朱桓編.—清光緒二十八年(1902)萃文齋石印本.—8 册　　122795

0350

歷代名臣言行錄　二十四卷/(清)朱桓編.—清光緒二十九年(1903)經藝齋石印本.—8 册　　122805

0351

歷代名臣言行錄　二十四卷/(清)朱桓編.—清光緒二十九年(1903)上海醉六堂石印本.—10 册

122794

部二　10 册　　122792

0352

歷代名臣言行錄　二十四卷卷首一卷/(清)朱桓編.—清光緒三十一年(1905)育文書局石印本.—4 册.—缺 12 卷:卷 13—24　　122798

0353

歷代名臣言行錄　二十四卷/(清)朱桓編.—清光緒間石印本.—1 册.—存 3 卷:卷 22—24　　152182

0354

歷代名臣言行錄　二十四卷/(清)朱桓編.—清光緒間鉛印本.—2 册　　153114

0355*

歷代名臣言行錄　二十四卷/(清)朱桓編.—民國15 年(1926)錦章圖書局上海石印本.—8 册　　122797

0356

扢雅軒雜文偶鈔.—清嘉慶二年(1797)抄本.—2 册

38195

0357

聖廟祀典圖考　五卷卷首一卷/(清)顧沅輯.—清道光六至十年(1826—1830)刻本.—16 册:像.—附孔孟聖迹圖　　122813

部二　6 册　　122815

部三　6 册　　122816

部四　6 册　缺卷首　　122812

部五　6 册　缺卷首;書衣有墨筆題字　　122811

0358

聖廟祀典圖考　五卷卷首一卷/(清)顧沅輯.—清咸豐元年(1851)桂林會文堂刻本.—6 册:像.—附孔孟聖迹圖　　122817

0359

聖廟祀典圖考　三卷卷首一卷/(清)顧沅輯.—清光緒間同文書局上海影印本.—4 册:像.—據清刻本影印;附孔孟聖迹圖　　122818

0360*

聖廟祀典圖考　五卷/(清)顧沅輯.—1996 年線裝

書局北京影印本.—6 冊：像.—据清道光間長洲顧氏
刻本影印；附孔孟聖迹圖　　　　　　　　141561

0361

　　古聖賢像傳略　十六卷/(清)顧沅輯.—清道光十
年(1830)刻本.—10 冊：像.—附聖廟祀典圖考
　　　　　　　　　　　　　　　　　　　122810
　　部二　6 冊　西諦藏書　　　　　　　XD10413
　　部三　6 冊　西諦藏書　　　　　　　XD10420
　　部四　8 冊　　　　　　　　　　　　142565

0362

　　歷代畫家姓氏便覽　六卷卷首一卷/(清)馮津
編.—清道光六年(1826)桐鄉馮氏刻本.—6 冊.—聚
德堂藏板；西諦藏書　　　　　　　　　XD1395
　　部二　6 冊　西諦藏書　　　　　　　XD10902
　　部三　12 冊　　　　　　　　　　　　18360
　　部四　6 冊　　　　　　　　　　　　122820
　　部五　6 冊　　　　　　　　　　　　18361

0363

　　印識　一卷補遺一卷國朝印識二卷近編一卷/(清)
馮承輝撰.—清道光十七年(1837)刻本.—1 冊
　　　　　　　　　　　　　　　　　　　61233
　　部二　1 冊　　　　　　　　　　　　19075

0364

　　聖廟祀典考　八卷卷首一卷/(清)邱希浚編.—清
光緒二十五年(1899)汀郡蔣步雲軒刻本.—12 冊：圖
　　　　　　　　　　　　　　　　　　　13450
　　部二　4 冊　　　　　　　　　　　　122819

0365

　　聖域述聞　二十八卷/(清)黃本驥編.—清道光二
十七年(1847)刻本.—6 冊.—(三長物齋叢書)122823
　　部二　6 冊　　　　　　　　　　　　122822

0366*

　　聖域述聞　二十八卷/(清)黃本驥編.—民國 25 年
(1936)周氏師古堂刻.—4 冊　　　　　　122824

0367*

　　聖域述聞續編/范迪襄編.—民國 23 年(1934)周氏
師古堂刻本.—1 冊.—有墨筆校改　　　128602

　　部二　1 冊　有墨筆校改　　　　　　128534
　　部三　1 冊　　　　　　　　　　　　122918

0368

　　讀史任子自鏡錄　二十二卷卷首一卷/(清)胡季堂
編.—清道光元年(1821)胡氏培蔭軒刻本.—24 冊
　　　　　　　　　　　　　　　　　　　122825
　　部二　12 冊　　　　　　　　　　　　74822

0369

　　玉臺畫史　五卷別錄一卷/(清)湯漱玉輯.—清道
光十七年(1837)錢塘汪氏振綺堂刻本.—1 冊　60060
　　部二　1 冊　　　　　　　　　　　　58933

0370

　　歷代畫史彙傳　七十二卷卷首一卷附錄二卷目錄
三卷引證書目一卷/(清)彭蘊璨編.—清道光五年
(1825)吳門彭氏尚志堂刻本.—32 冊　　58533
　　部二　32 冊　　　　　　　　　　　　58567
　　部三　24 冊　西諦藏書　　　　　　　XD1137

0371

　　歷代畫史彙傳　七十二卷卷首一卷目錄三卷引證
書目一卷/(清)彭蘊璨編；(清)邱步洲重輯.—清同
治十三年(1874)三楚邱氏耕餘堂刻本.—25 冊
　　　　　　　　　　　　　　　　　　　59580

0372

　　歷代畫史彙傳　七十二卷卷首一卷附錄二卷目錄
三卷引證書目一卷/(清)彭蘊璨編；(清)邱步洲重
輯.—清同治十三年(1874)邱氏耕餘草堂刻本.—20
冊　　　　　　　　　　　　　　　　　60164

0373

　　歷代畫史彙傳　七十二卷卷首一卷附錄二卷目錄
三卷引證書目一卷/(清)彭蘊璨編.—清光緒五年
(1879)京都善成堂刻本.—24 冊　　　　18346
　　部二　32 冊　　　　　　　　　　　　18345

0374

　　歷代畫史彙傳　七十二卷卷首一卷附錄二卷目錄
三卷引證書目一卷/(清)彭蘊璨編.—清光緒八年
(1882)掃葉山房上海刻本.—24 冊　　　18342
　　部二　24 冊　　　　　　　　　　　　18340

部三　24 册　　　　　　　　　58906

0375

　　歷代畫史彙傳　七十二卷卷首一卷附錄二卷目錄三卷引證書目一卷/(清)彭蘊璨編;(清)邱步洲重輯.—清光緒八年(1882)刻本.—32 册　　122939

0376

　　歷代畫史彙傳　七十二卷卷首一卷附錄二卷/(清)彭蘊璨編.—清刻本.—20 册.—西諦藏書　　XD1426

0377

　　歷代畫史彙傳　七十二卷卷首一卷附錄二卷目錄三卷引證書目一卷/(清)彭蘊璨編.—清刻本.—26 册
　　　　　　　　　　　　　　　　18341

0378

　　歷代畫史彙傳　七十二卷卷首一卷附錄二卷目錄一卷引證書目一卷/(清)彭蘊璨編.—清宣統二年(1910)文瑞樓書局上海石印本.—12 册　　18344

0379*

　　歷代畫史彙傳　二十四卷卷首一卷附錄一卷/(清)彭蘊璨編.—民國 6 年(1917)掃葉山房上海石印本.—12 册　　　　　　　　　128520

0380*

　　歷代畫史彙傳　二十四卷卷首一卷附錄一卷目録一卷/(清)彭蘊璨編.—民國 9 年(1920)掃葉山房上海石印本.—3 册　　　　　　　61093

0381*

　　歷代畫史彙傳　二十四卷卷首一卷附錄一卷目録一卷/(清)彭蘊璨編.—民國 13 年(1924)掃葉山房上海石印本.—12 册　　　　　　59280

0382*

　　歷代畫史彙傳　七十二卷卷首一卷附錄二卷目錄一卷引證書目一卷/(清)彭蘊璨編.—民國 11 年(1922)錦章圖書局上海石印本.—12 册　　58564

0383*

　　歷代畫史彙傳　七十二卷卷首一卷附錄二卷目錄一卷引證書目一卷/(清)彭蘊璨編.—民國間錦章圖

書局上海石印本.—12 册.—牌記題上海錦章圖書局石印　　　　　　　　　　　　59078

0384*

　　歷代畫史彙傳　七十二卷卷首一卷附錄二卷目錄一卷引證書目一卷/(清)彭蘊璨編.—民國間錦章圖書局上海石印本.—12 册.—牌記題上海錦章圖書局石印本局分設北京漢口成都廣州　　60254

0385

　　歷代畫史彙傳　七十二卷卷首一卷附錄二卷引證書目一卷/(清)彭蘊璨編.—清朱絲欄抄本.—14 册
　　　　　　　　　　　　　　　　18339

0386

　　宋元以來畫人姓氏錄　三十六卷卷首一卷/(清)魯駿編.—清道光間刻本.—14 册.—西諦藏書　　XD1467
　　部二　16 册　　　　　　　　16791

0387

　　宋元以來畫人姓氏錄　三十六卷卷首一卷/(清)魯駿編.—清道光間刻清末重印本.—20 册.—有斷版殘缺模糊字,有缺頁;附宋元以來畫人姓氏錄徵引書目
　　　　　　　　　　　　　　　　58765
　　部二　20 册　　　　　　　　60159
　　部三　20 册　　　　　　　　16793
　　部四　20 册　　　　　　　　58851
　　部五　20 册　　西諦藏書　　XD1213

0388

　　宋元以來畫人姓氏續錄/(清)魯照編.—清末抄本.—4 册.—有硃墨筆校補　　16799

0389

　　倫風　十六卷/(清)向廷賡編.—清道光二十六年(1846)刻本.—4 册.—采輯歷代人物之敦於倫而可風者,分臣、子、弟、友、婦職、妻范等十類　　15385

0390

　　道齋正軌　二十卷/(清)鄒鳴鶴纂.—清道光三十年(1850)刻本.—8 册　　　　　　122858

0391

　　七十二子列傳　一卷/(清)寇宗編.—清光緒九年

(1883)樂道齋刻本．—1 册．—與孔子年譜、孔子暨七
十二子贊合印　　　　　　　　　　傳 616.11/853

0392

　孔子暨七十二子贊　一卷/（清）王昶輯．—清光緒
九年(1883)樂道齋刻本．—1 册．—與孔子年譜、七十
二子列傳合印　　　　　　　　　　傳 616.11/853

0393

　孔門實紀　十二卷卷首一卷/（清）邱慶善，（清）黎
定攀輯．—清道光二十二年(1842)刻本．—6 册．—養
真園藏板；有硃筆圈點　　　　　　　　122840
　　部二　6 册　有缺頁　　　　　　　122841

0394

　希有錄　八卷/（清）朱稑輯．—清道光十五年
(1835)刻本．—6 册．—有破損缺字；有硃筆圈點
　　　　　　　　　　　　　　　　　122843

0395

　儒林正紀　三卷/（清）蔣寶素撰．清咸豐間刻
本．—1 册　　　　　　　　　　　　122848
　　部二　1 册　　　　　　　　　　122849

0396

　碧血錄　五卷/（清）莊仲方撰．—清光緒二十七年
(1901)順德龍氏刻本．—2 册　　　　122853

0397

　碧血錄　五卷/（清）莊仲方撰．清咸豐間活字
本．—10 册：圖　　　　　　　　　　122852

0398

　碧血錄　五卷/（清）莊仲方撰．—清光緒八年
(1882)同文書局上海石印本．—5 册：圖　122851
　　部二　5 册　　　　　　　　　　122854
　　部三　5 册　西諦藏書　　　　　XD10367
　　部四　5 册　　　　　　　　　　127799
　　部五　3 册　存 3 卷：卷 1、3、5,卷 1 爲墨筆抄配
　　　　　　　　　　　　　　　　　147645

0399

　歷代儒學存真錄　十卷/（清）田伾輯．—清咸豐七
年(1857)浚儀晚悔室刻本．—4 册　　122845

0400

　歷代賢儒景行錄　二卷/（清）邊鳴珂撰．—清咸豐十
年(1860)刻本．—2 册．—書名據書名頁題　122842
　　部二　2 册　　　　　　　　　　127975

0401***

　曾文正聖哲畫像記/（清）曾國藩輯．—民國間國群
鑄—社京師石印本．—2 册：像　　　122859
　　部二　2 册　　　　　　　　　　122860
　　部三　2 册　　　　　　　　　　122861
　　部四　1 册　存 1 册：下册；有硃筆圈點　154334

0402

　學宮譜　二卷/（清）孫錫疇撰；（清）孫篤之補．—清
同治十一年(1872)常州顧氏刻本．—2 册．—附前賢
考論　　　　　　　　　　　　　　122862

0403

　學宮譜　二卷/（清）孫錫疇撰．—清光緒十三年
(1887)刻本．—1 册．—耕心堂韓氏家藏板　46226

0404

　學宮譜　二卷/（清）孫錫疇撰．—清光緒十三年
(1887)刻本．—2 册．—韓氏家藏　　47219

0405

　鼎甲徵信錄　八卷/（清）閻湘蕙編輯；（清）張椿齡
增訂．—清同治三年(1864)刻本．—4 册．—書名據書
名頁題　　　　　　　　　　　　　124032

0406

　歷代名臣傳節錄　三十卷/（清）蕭培元輯；（清）崇
厚增輯．—清同治九年(1870)刻本．—10 册　122865

0407***

　歷代名臣傳節錄　三十卷/（清）蕭培元輯；（清）崇
厚增輯．—1987 年江蘇廣陵古籍刻印社揚州影印
本．—10 册．—據清同治九年(1870)刻本影印
　　　　　　　　　　　　　　　　141432

0408

　歷代循良能吏列傳彙鈔　二十卷/（清）喬用遷
編．—清道光二十四年(1844)有恒齋刻本．—4 册
　　　　　　　　　　　　　　　　122839

0409

文廟通考　六卷卷首一卷/(清)牛樹梅撰.—清同治八年(1869)刻本.—4冊.—有墨筆抄配、圈點

122866

0410

文廟通考　六卷卷首一卷/(清)牛樹梅撰.—清同治十一年(1872)浙江書局刻本.—2冊　122868

　部二　2冊　　　　　　　　　　122869

　部三　2冊　　　　　　　　　　122870

　部四　2冊　　　　　　　　　　122867

　部五　1冊　存3卷:卷4—6　　155732

0411

文廟通考　六卷卷首一卷/(清)牛樹梅撰.—清光緒十四年(1888)岐山學署刻本.—4冊

122881

0412＊

清逸錄　一卷/(清)洪恩寀撰.—民國21年(1932)鉛印本.—1冊.—書名據版心及書簽等題　22133

0413

澤宮序次舉要　二卷附錄一卷/(清)洪恩波編.—清光緒二十三年(1897)刻本.—2冊　122873

0414

澤宮序次舉要　二卷附錄一卷/(清)洪恩波編.—清光緒二十五年(1899)刻本.—2冊　122871

0415

正氣集　十卷/(清)王式纂.—清宣統三年(1911)不讀非道書齋鉛印本.—4冊　　122877

0416

歷代詩人祠堂記　一卷/(清)李恩綬撰.—清宣統元年(1909)皖垣刻本.—1冊.—冬心齋叢書第九種;附潘四農先生論詩十則　　　　122876

0417

歷代名將事略　一卷/(清)陸軍部鑒定.—清光緒三十四年(1908)甘肅官報書局鉛印本.—1冊.—附演淺說　　　　　　　　　　　11683

0418

良貴錄　四卷/(清)李受彤輯.—清光緒二十六年(1900)羊城刻本.—2冊　　　122879

0419

歷代畫像傳　四卷/(清)丁善長繪.—清光緒二十二年(1896)刻本.—4冊:像　　122885

　部二　4冊　　　　　　　　　　122886

　部三　4冊　　　　　　　　　　127597

0420

船山師友記　十七卷卷首一卷/(清)羅正鈞纂.—清光緒三十三年(1907)刻本.—4冊.—西諦藏書

XD9388

　部二　4冊　　　　　　　　　　128117

　部三　4冊　有墨筆圈點　　　　122891

　部四　4冊　　　　　　　　　　122883

　部五　4冊　　　　　　　　　　122890

0421

歷代奸庸殷鑒錄　三十二卷卷首一卷/(清)開智書局輯.—清光緒三十年(1904)上海開智書局石印本.—8冊　　　　　　　　　　122884

0422＊

歷代奸庸殷鑒錄　三十二卷卷首一卷/(清)開智書局輯.—1990年江蘇廣陵古籍刻印社揚州影印本.—8冊.—據清光緒三十年(1904)上海開智書局石印本影印　　　　　　　　　　141488

0423＊

百歲敘譜　六卷/(清)丁文策,(清)陳師錫輯.—民國11年(1922)中華書局上海鉛印本.—6冊　37530

　部二　6冊　　　　　　　　　　41896

　部三　6冊　　　　　　　　　　37913

0424＊

百歲敘譜　六卷/(清)丁文策,(清)陳師錫輯.—民國20年(1931)中華書局上海鉛印本.—6冊.—再版

48517

0425

[任渭長四種]/(清)任熊繪;(清)王齡輯.—清光緒三年(1877)張牧九刻本.—8冊:圖.—原缺2種;劍俠

傳、列仙酒牌，高士傳原缺圖卷中、下兩卷

　子目

　1.於越先賢像傳贊　二卷/（清）王齡撰；（清）任熊繪

　2.高士傳　三卷/（晉）皇甫謐撰；（清）任熊繪　16885

0426

任渭長先生畫傳四種/（清）任熊繪；（清）王齡輯.—
清光緒十二年（1886）上海同文書局石印本.—4 冊：
圖.—書名據書名頁題

　子目

　1.高士傳/（晉）皇甫謐撰；（清）任熊繪

　2.於越先賢傳/（清）王齡撰；（清）任熊繪

　3.列仙酒牌　一卷/（清）任熊繪

　4.劍俠傳　一卷續劍俠傳一卷/（清）任熊繪

　　　　　　　　　　　　　　　　　　148516

　部二　1 冊　存 1 種：於越先賢傳　　123763

0427*

任渭長先生畫傳四種/（清）任熊繪；（清）王齡輯.—
民國 4 年（1915）上海錦文堂書局石印本.—6 冊：
圖.—書名據書名頁題

　子目

　1.高士傳　一卷補一卷/（晉）皇甫謐撰；（清）任
熊繪

　2.於越先賢傳　一卷/（清）王齡撰；（清）任熊繪

　3.列仙酒牌　一卷/（清）任熊繪

　4.劍俠傳　一卷續劍俠傳一卷/（清）任熊繪　16898

　部二　6 冊　　　　　　　　　　　　16899

0428

文廟賢儒景行錄　六卷/（清）周家楣輯；（清）鄭沂
補輯.—清光緒十一年（1885）刻本.—6 冊.—板存順
天府學　　　　　　　　　　　　　　122888

0429

晉儒備考卷首序論　一卷/（清）楊廷棟輯.—清光
緒二十四年（1898）刻本.—1 冊.—西諦藏書；與濂洛
書堂著述卷目合印　　　　　　　　　　XD9360

　部二　1 冊　　　　　　　　　　　　58219

0430

歷代節義名臣錄　十卷/（清）陳炳纂.—清光緒十
二年（1886）金陵刻本.—10 冊　　　　122856

0431

文廟新輯　二卷/（清）劉壽康輯.—清光緒九年
（1883）羊城刻本.—2 冊.—有藍筆題記圈點　122938

0432

歷代名將事略/（清）陳光憲編.—清光緒間北洋陸
軍教練處木活字本.—2 冊　　　　　　127830

0433

歷代名將事略/（清）陳光憲編.—清光緒三十年
（1904）四川官報書局鉛印本.—2 冊　　11684

0434

文廟思源錄/（清）葉慶禔撰.—清同治九年（1870）
雪溪縣署刻本.—1 冊　　　　　　　　122863

0435

文廟思源錄考/（清）葉慶禔原錄；（清）麻兆慶考.—
清光緒二十年（1894）燕平書院刻本.—2 冊：圖

　　　　　　　　　　　　　　　　　　122889

0436

文廟思源錄考/（清）葉慶禔原錄；（清）麻兆慶考.—
清光緒二十年（1894）燕平書院刻民國 23 年（1934）重
印本.—2 冊：圖　　　　　　　　　　13447

0437*

重印河大王將軍紀略/（清）朱壽鏞輯.—民國 12 年
（1933）商務印刷所石印本.—2 冊.—與河大王將軍畫
像合印　　　　　　　　　　　　　　128683

0438*

河大王將軍畫像/（清）朱壽鏞輯.—民國 12 年
（1933）商務印刷所石印本.—2 冊：像.—與重印河大
王將軍紀略合印　　　　　　　　　　128683

0439

學宮志/（清）佚名撰.—清光緒二十五年（1899）溧
陽志書局活字本.—1 冊　　　　　　　122928

0440*

中華作家考略/李厚祺撰.—民國間北京大學油印
本.—1 冊.—史地学会演讲稿　　　　　122910

　部二　1 冊　　　　　　　　　　　　122911

0441

從祀賢儒/(清)茹芳編．—清抄本．—4 册．—書簽題
雲石山房文鈔　　　　　　　　　　　149448

0442*

繪圖少年模範/佚名編．—民國間世界書局上海石
印本．—1 册：圖．—書名據書名頁題　　122936

0443*

中國機器家考/佚名撰．—民國間朱絲欄抄本．—1
册．—與古今習語考、西藏民族源流考合抄　122931

0444*

歷代名人小傳/佚名撰．—民國間朱絲欄稿本．—1
册　　　　　　　　　　　　　　　　147233

0445*

經濟思想史名人小傳/佚名撰．—民國間朱絲欄抄
本．—1 册　　　　　　　　　　　　153832

0446*

挽聯存稿/佚名輯．—民國間綠格抄本暨鉛印粘貼
本．—1 册　　　　　　　　　　　　96152

0447*

義勇小史釋廣/馮煥章撰．—民國 8 年(1919)活字
本．—1 册　　　　　　　　　　　　122907

0448*

名儒言行錄　二卷/寶鎮輯．—民國 13 年(1924)活
字本．—2 册．—與寶氏名人言行合印　122906

0449*

名賢畫像傳/王念典撰．—民國 3 年(1914)國群鑄
一社京師石印本．—2 册：像．—西諦藏書　XD9391
　　部二　2 册　　　　　　　　　　122932
　　部三　2 册　　　　　　　　　　122933
　　部四　2 册　　　　　　　　　　122934
　　部五　2 册　　　　　　　　　　128714

0450*

古孝彙傳　二卷/黃任恒輯．—民國 14 年(1925)鉛
印本．—1 册．—述巢雜纂之一　　　　42591

0451

歷代都江堰功小傳　二卷/錢茂撰．—清宣統三年
(1911)成都刻本．—2 册　　　　　　123832
　　部二　2 册　　　　　　　　　　123833
　　部三　1 册　　　　　　　　　　123834
　　部四　1 册　　　　　　　　　　123835
　　部五　1 册　西諦藏書　　　　　XD9999

0452

群儒考略/姚永樸輯．—清末鉛印本．—4 册．—存內
篇韓愈等 41 人考略；安徽高等學堂課本　122482

0453*

先民美譚/曹振勳輯．—民國 3 年(1914)國群鑄一
通俗講演社京师石印本．—8 册．—平裝　122483

0454*

歷代名將言行錄　四十卷/北洋政府陸軍訓練總監
處軍學編輯局編．—民國間北洋政府陸軍訓練總監處
軍學編輯局鉛印本．—10 册　　　　　47680

0455*

歷代名將言行錄　四十卷/北洋政府陸軍訓練總監
處軍學編輯局編．—1988 年中國人民解放軍國防大學
圖書館影印本．—10 册．—據民國間北洋政府陸軍訓
練總監處軍學編輯局鉛印本影印　　　122926
　　部二　10 册　　　　　　　　　122927

0456*

歷代循吏題詞/牛爾裕撰．—民國 7 年(1918)鉛印
本．—1 册：像　　　　　　　　　　122903
　　部二　1 册　　　　　　　　　　103200

0457

敬修堂諸子出處偶記．—清宣統三年(1911)費寅抄
本．—1 册　　　　　　　　　　　　124048

0458*

文廟續通考/孫樹義輯．—民國 23 年(1934)中華書
局上海鉛印本．—1 册　　　　　　　122912
　　部二　1 册　　　　　　　　　　122913
　　部三　1 册　　　　　　　　　　122914
　　部四　1 册　　　　　　　　　　122915

0459*

　　吏範　一卷補遺一卷附錄一卷/鄭裕孚輯.—民國
32 年(1943)鉛印本.—1 冊　　　　　　　　16621
　　部二　1 冊　　　　　　　　　　　　　　122908
　　部三　1 冊　　　　　　　　　　　　　　122909

0460*

　　四明叢書作者列傳/李續川撰.—民國間四明張氏
約園抄本.—1 冊.—毛裝　　　　　　　　　122904

0461

　　侯度錄　三卷/(清)黃鳳岐輯.—清光緒二十一年
(1895)京都刻本.—1 冊.—附通侯雜述　　　40354
　　部二　1 冊　　　　　　　　　　　　　　37041

0462*

　　中國藝術家徵略　五卷/李放纂.—民國 4 年
(1915)義州李放析津鉛印本.—2 冊:像.—本書又名
中國美術史;陳垣贈書　　　　　　　　　　122894
　　部二　2 冊　　　　　　　　　　　　　　15211
　　部三　2 冊　　　　　　　　　　　　　　59995
　　部四　1 冊　存 3 卷:卷 3—5　　　　　128496
　　部五　1 冊　存 3 卷:卷 3—5　　　　　128497

0463*

　　中國藝術家徵略　六卷/李放纂;魏文厚補輯.—民
國間刻本.—4 冊.—本書又名中國美術史;魏文厚補
輯卷 6;西諦藏書　　　　　　　　　　　　XD9389
　　部二　4 冊　　　　　　　　　　　　　　15212
　　部三　4 冊　　　　　　　　　　　　　　58749
　　部四　2 冊　　　　　　　　　　　　　　59355
　　部五　1 冊　存 1 卷:卷 1　西諦藏書　XD10022

0464*

　　丁丑劫餘印存小傳　二十卷/丁仁等輯.—民國 28
年(1939)鉛印本.—1 冊　　　　　　　　　122916

0465*

　　中華列聖紀/徐相任輯.—民國 19 年(1930)中華書
局上海鉛印本.—1 冊:像.—本書又名中華名人傳紀
讀本　　　　　　　　　　　　　　　　　　128561
　　部二　1 冊　　　　　　　　　　　　　128613
　　部三　1 冊　　　　　　　　　　　　　122917

0466*

　　讀正氣歌圖史集/白堅輯.—民國 28 年(1939)鉛印
本.—1 冊:圖　　　　　　　　　　　　　　122919

0467*

　　扇面大觀略傳　四集/廉泉編.—民國 4 年(1915)
中華書局鉛印本.—1 冊.—卷端題扇面大觀　122902
　　部二　1 冊　西諦藏書　　　　　　　　XD1480
　　部三　1 冊　　　　　　　　　　　　　61751
　　部四　1 冊　　　　　　　　　　　　　60065

0468*

　　歷代人物像.—1935 年大英博物院倫敦攝影本.—1
冊:像.—收:漢、唐、清帝后及清都司、千總像.—平裝
　　　　　　　　　　　　　　　　　　　　122930

0469*

　　中國歷史上之民族英雄/劉覺撰.—民國 27 年
(1938)成都維新印刷局鉛印本.—1 冊.—原書卷數不
詳,存 1 卷:上卷　　　　　　　　　　　　128475

0470

　　廣印人傳　十六卷補遺一卷/葉銘輯.—清宣統間
西泠印社刻本.—4 冊:像.—印學叢書之一　19078
　　部二　4 冊　　　　　　　　　　　　　59776
　　部三　4 冊　　　　　　　　　　　　　59844

0471*

　　中國文學者生卒考/鄭振鐸撰.—民國間鉛印本.—
1 冊.—有缺頁,有墨筆校改;西諦藏書.—毛裝
　　　　　　　　　　　　　　　　　　　XD10025

0472

　　涵芬樓古今文鈔小傳　四卷卷首一卷附錄一卷/商
務印書館編譯所編.—清宣統三年(1911)商務印書館
上海鉛印本.—1 冊　　　　　　　　　　　122900
　　部二　1 冊　　　　　　　　　　　　　128122

0473*

　　涵芬樓古今文鈔小傳　四卷卷首一卷附錄一卷/商
務印書館編譯所編.—民國 5 年(1916)商務印書館上
海鉛印本.—1 冊.—再版　　　　　　　　　122897

0474*

涵芬樓古今文鈔小傳　四卷卷首一卷附錄一卷/商
務印書館編譯所編.—民國 14 年(1925)商務印書館
上海鉛印本.—1 冊.—五版;西諦藏書　　　XD7257

部二　1 冊　　　　　　　　　　　　　122898
部三　1 冊　　　　　　　　　　　　　128505
部四　1 冊　　　　　　　　　　　　　122899
部五　1 冊　有缺頁　　　　　　　　　113366

0475*

歷代琴人傳/中國音樂研究所北京古琴研究會
編.—1965 年中國音樂研究所北京古琴研究會北京油
印本.—6 冊　　　　　　　　　　　　122925

0476*

歷代詞人姓氏　十卷/夏仁虎編.—民國間長沙楊
氏鉛印本.—6 冊.—枝巢叢書之一;與歷代詞話合印
　　　　　　　　　　　　　　　　　127813

0477

元明清書畫人名錄　二卷/(日)彭真淵纂.—日本
安永六年(1777)刻本.—2 冊　　　　　　15219

0478*

宋元明清儒學年表/(日)今關壽麿編.—日本大正
八年(1919)東京神田印刷所鉛印本.—1 冊.—西諦藏
書.—平裝　　　　　　　　　　　　　　XD9390

傳 110～190　斷代
傳 110　先秦

0479

孔門弟子傳略　二卷/(明)夏洪基編.—明崇禎間
刻清康熙間重修本.—4 冊.—書名頁題孔子先賢傳略
　　　　　　　　　　　　　　　　　122945

0480

[孔子及其弟子傳]/(清)佚名輯.—清朱絲欄抄
本.—1 冊.—摘錄自明陳士元論語類考卷 6 及清熊賜
履學統卷 1、10—15、33　　　　　　　122949

0481

弟子列傳考　一卷/(清)鄭環撰.—清嘉慶八年
(1803)刻本.—1 冊　　　　　　　　　122956
部二　4 冊　與孔子世家考、歷代典禮考合印
　　　　　　　　　　　　　　　　　124217
部三　4 冊　與孔子世家考合印　　　　124219

0482

孔門師弟年表　一卷後說一卷/(清)林春溥編.—
清嘉慶二十一年(1816)侯官林春溥竹柏山房刻本.—
2 冊:表.—(竹柏山房十五種).—與孟子時事年表
合印　　　　　　　　　　　　　　　122951
部二　1 冊　　　　　　　　　　　　122950

0483

周列士傳　一卷/(清)顧壽楨撰.—清同治五年
(1866)見素抱樸齋刻本.—1 冊　　　　122952
部二　1 冊　　　　　　　　　　　　122953
部三　1 冊　　　　　　　　　　　　122954

0484

皇朝聖師考　七卷卷首一卷/(清)鄭曉如撰.—清
同治八年(1869)華文堂廣州刻本.—4 冊　122880
部二　6 冊　　　　　　　　　　　　122960

0485

孔子門人考　一卷補遺一卷存疑一卷正誤一卷/
(清)費崇朱撰.—清同治間浦陽費崇朱稿本.—1
冊.—毛裝　　　　　　　　　　　　122955

0486

孔子門人考　一卷補遺一卷存疑一卷正誤一卷/
(清)費崇朱撰.—清光緒二十二年(1896)長洲江澄刻
本.—1 冊　　　　　　　　　　　　122957
部二　1 冊　　　　　　　　　　　　122958
部三　1 冊　　　　　　　　　　　　122959

0487

孔孟志略　三卷/(清)張承燮纂.—清光緒二十七
年(1901)聽雨何時軒膠州刻本.—3 冊　　122937
部二　3 冊　　　　　　　　　　　　122963

0488

聖門諸賢輯傳/(清)查光泰輯.—清光緒間刻本.—

1 册　　　　　　　　　　　　　　　　122962

　部二　1 册　　　　　　　　　　　　122961

　部三　1 册　　　　　　　　　　　　122983

0489[*]

　孔氏弟子籍/袁嘉穀輯.—民國 20 年(1931)崇文印
書館雲南石印本.—1 册　　　　　　122920

　部二　1 册　　　　　　　　　　　　122964

0490[*]

　孔孟紀年.—民國間朱絲欄抄本.—1 册.—與杜少
陵年譜、唐李白小傳、唐李益小傳合訂.—毛裝
　　　　　　　　　　　　　　　　　　122947

0491[*]

　師古錄/[?]公茂輯.—民國間朱絲欄抄本.—1
册.—原書卷數不詳,存 1 卷:卷 1　　122968

0492[*]

　孔孟聖迹圖鑒/(日)馬場春吉編.—日本昭和十五
年(1940)田中鐵次郎東京影印本.—1 册:圖及像＋孔
孟聖迹圖(1 幅).—西諦藏書　　　　XD10362

0493

　春秋諸名臣傳　十三卷/(明)邵寶纂;(明)姚咨
補.—清抄本.—4 册.—抄自明隆慶五年(1571)安紹
芳刻本;纂者據四庫全書總目題　　　122969

0494

　春秋列傳　五卷/(明)劉節編.—明刻本.—6 册
　　　　　　　　　　　　　　　　　　122946

傳 120　兩漢、三國

0495

　漢名臣言行錄　十二卷/(清)夏之芳輯.—清乾隆
十七年(1752)刻本.—4 册.—積翠軒藏板　122965

　部二　8 册　　　　　　　　　　　　122966

　部三　12 册　　　　　　　　　　　122967

0496[*]

　雲臺二十八將　一卷/(清)張鞠如繪.—1999 年中

國書店影印本.—1 册:像　　　　　　14546

0497[*]

　兩漢學風/江謙編.—民國 8 年(1919)江蘇省教育
會鉛印本.—1 册.—三版;實用教育叢書第一種
　　　　　　　　　　　　　　　　　　122973

0498

　後漢儒林傳補逸　一卷/(清)田普光輯.—清光緒
二十二年(1896)南陵徐氏積學齋刻本.—1 册.—(鄦
齋叢書).—與續後漢儒林傳補逸合印　73186

0499

　續後漢儒林傳補逸　一卷/徐乃昌輯.—清光緒二
十二年(1896)南陵徐氏積學齋刻本.—1 册.—(鄦齋
叢書).—與後漢儒林傳補逸合印　　　73186

0500

　續後漢儒林傳補逸　一卷/徐乃昌輯.—清光緒二
十二年(1896)南陵徐氏積學齋刻民國 4 年(1915)重
印本.—1 册.—(隨盦所著書)　　　　69354

　部二　1 册　　　　　　　　　　　　71008

　部三　1 册　　　　　　　　　　　　74510

　部四　1 册　　　　　　　　　　　127683

0501[*]

　雲臺像印彙輯/李濬之編.—民國 23 年(1934)寧津
李濬之君子館磚館北京影印本.—1 册:像
　　　　　　　　　　　　　　　　　　122974

　部二　1 册　　　　　　　　　　　　122975

　部三　1 册　　　　　　　　　　　128503

0502

　明良志略　一卷/(清)劉沅撰.—清同治八年
(1869)致福樓刻本.—1 册.—(槐軒全書)　122976

　部二　1 册　　　　　　　　　　　123884

0503

　明良志略　一卷/(清)劉沅撰.—清同治十二年
(1873)西充鮮于氏特園刻本.—1 册.—西諦藏書
　　　　　　　　　　　　　　　　　　XD9996

傳 130　晉及南北朝

0504

懷古錄　三卷/（元）謝應芳編.—清光緒六年（1880）刻本.—1 册.—書名頁題先賢謝龜巢先生懷古錄;毗陵顧孝子祠明發堂藏板　　　122979

0505

懷古錄　三卷/（元）謝應芳編.—清光緒六年（1880）刻重印本.—1 册.—（酌古准今）.—書名頁題先賢謝龜巢先生懷古錄　　　122980

傳 140　唐代

0506

唐才子傳　十卷/（元）辛文房撰.—清嘉慶十年（1805）蕭山陸芝榮三間草堂刻本.—1 册.—存 5 卷:卷 1—5　　　127932

0507

唐才子傳　十卷/（元）辛文房撰;（清）孫鴻雲補正.—清光緒十二年（1886）東冶馮立基昧根齋刻本.—1 册.—存 1 卷:卷 1;書名頁題唐代詩人傳略　　　151891

傳 150　宋代

0508

宋名臣言行錄/（宋）佚名輯.—明安福張鰲山刻本.—12 册.—書名據總目題

子目

1. 五朝名臣言行錄　十卷/（宋）朱熹纂
2. 三朝名臣言行錄　十四卷/（宋）朱熹纂
3. 宋名臣言行錄續集　八卷/（宋）李幼武纂
4. 宋名臣言行錄別集　二十六卷/（宋）李幼武纂
5. 宋名臣言行錄外集　十七卷/（宋）李幼武纂

122993

0509

宋名臣言行錄/（宋）佚名輯;（明）張采評.—明崇禎十一年（1638）古吳陳長卿刻本.—16 册.—書名據總目題

子目

1. 宋朱晦庵先生名臣言行錄前集　十卷/（宋）朱熹纂
2. 宋朱晦庵先生名臣言行錄後集　十四卷/（宋）朱熹纂
3. 宋名臣言行錄續集　八卷/（宋）李幼武纂
4. 宋名臣言行錄別集　二十六卷/（宋）李幼武纂
5. 宋名臣言行錄外集　十七卷/（宋）李幼武纂

122991

部二　16 册　西諦藏書　　　XD10354

部三　5 册　存宋朱晦庵先生名臣言行錄前集卷 1—10、後集卷 1—6　　　122992

0510

宋名臣言行錄/（宋）佚名輯.—清初閩縣林雲銘刻本.—16 册.—書名據目錄題

子目

1. 八朝宋名臣言行錄前集　十卷/（宋）朱熹纂
2. 八朝宋名臣言行錄後集　十四卷/（宋）朱熹纂
3. 宋名臣言行錄續集　八卷/（宋）李幼武纂
4. 宋名臣言行錄別集　二十六卷/（宋）李幼武纂
5. 宋朝道學名臣言行錄外集　十七卷/（宋）李幼武纂

123013

0511

宋名臣言行錄/（宋）佚名輯.—清道光元年（1821）歙續學堂洪氏刻本.—12 册.—書名據總目題;牌記題道光元年歙續學堂洪氏校刊

子目

1. 五朝名臣言行錄　十卷/（宋）朱熹纂
2. 三朝名臣言行錄　十四卷/（宋）朱熹纂
3. 皇朝名臣言行續錄　八卷/（宋）李幼武纂
4. 四朝名臣言行錄　二十六卷/（宋）李幼武纂
5. 皇朝道學名臣言行外錄　十七卷/（宋）李幼武纂

123009

部二　12 册　　　123010

部三　12 册　　　123008

部四　12 册　　　122994

部五　5 册　存皇朝道學名臣言行外錄卷 1—13

128434

0512

宋名臣言行錄/(宋)佚名輯. —清道光元年(1821)
歙績學堂洪氏刻道光二十二年(1842)丹徒包氏重修
本. —16 册. —書名據目錄題
　子目
　1. 五朝名臣言行錄　十卷/(宋)朱熹纂
　2. 三朝名臣言行錄　十四卷/(宋)朱熹纂
　3. 皇朝名臣言行續錄　八卷/(宋) 李幼武纂
　4. 四朝名臣言行錄　二十六卷/ (宋)李幼武纂
　5. 皇朝道學名臣言行外錄　十七卷/(宋)李幼武
纂　　　　　　　　　　　　　　　　　123016
　部二　12 册　　　　　　　　　　　123007

0513

宋名臣言行錄/(宋)佚名輯. —清道光元年(1821)
歙績學堂洪氏刻道光二十二年(1842)丹徒包氏重修
同治七年(1868)臨川桂氏遞修本. —14 册. —書名據
書名頁題
　子目
　1. 五朝名臣言行錄　十卷/(宋)朱熹纂
　2. 三朝名臣言行錄　十四卷/(宋)朱熹纂
　3. 皇朝名臣言行續錄　八卷/(宋) 李幼武纂
　4. 四朝名臣言行錄　二十六卷/(宋)李幼武纂
　5. 皇朝道學名臣言行外錄　十七卷/(宋)李幼武
纂　　　　　　　　　　　　　　　　　123015
　部二　12 册　　　　　　　　　　　123012
　部三　11 册　　缺 7 卷:缺四朝名臣言行錄卷 7—13
　　　　　　　　　　　　　　　　　　123011

0514

宋名臣言行錄/(宋)佚名輯. —清道光十年(1830)
南豐劉斯嵋昆陽李文耕刻本. —20 册. —書名據總
目題
　子目
　1. 宋朱晦庵先生名臣言行錄前集　十卷/(宋)朱
熹纂
　2. 宋朱晦庵先生名臣言行錄後集　十四卷/(宋)
朱熹纂
　3. 宋名臣言行錄續集　八卷/(宋)李幼武纂
　4. 宋名臣言行錄別集　二十六卷/(宋)李幼武纂
　5. 宋名臣言行錄外集　十七卷/(宋)李幼武纂
　　　　　　　　　　　　　　　　　123006
　部二　5 册　存宋名臣言行錄外集　122995

0515*

宋名臣言行錄/(宋)佚名輯. —1987 年江蘇廣陵古
籍刻印社揚州影印本. —16 册. —據清同治七年
(1868)臨川桂氏遞修本影印
　子目
　1. 五朝名臣言行錄　十卷/(宋)朱熹纂
　2. 三朝名臣言行錄　十四卷/(宋)朱熹纂
　3. 皇朝名臣言行續錄　八卷/(宋) 李幼武纂
　4. 四朝名臣言行錄　二十六卷/(宋)李幼武纂
　5. 皇朝道學名臣言行外錄　十七卷/(宋)李幼武
纂　　　　　　　　　　　　　　　　　123018
　部二　16 册　　　　　　　　　　　141422

0516

宋名臣言行錄/(宋) 佚名輯. —朝鮮顯宗七年
(1666)刻本. —20 册. —書名據總目題
　子目
　1. 宋朱晦庵先生名臣言行錄前集　十卷/(宋)朱
熹纂
　2. 宋朱晦庵先生名臣言行錄後集　十四卷/(宋)
朱熹纂
　3. 宋名臣言行錄續集　八卷/(宋)李幼武纂
　4. 宋名臣言行錄別集　二十六卷/(宋)李幼武纂
　5. 宋名臣言行錄外集　十七卷/(宋)李幼武纂
　　　　　　　　　　　　　　　　　123017

0517

五朝名臣言行錄　十四卷/(宋)朱熹纂. —明建昌
郡齋刻本. —1 册. —存 3 卷:卷 1—3 及補遺、正誤;西
諦藏書　　　　　　　　　　　　　　XD9392

0518*

五朝名臣言行錄　十卷/(宋)朱熹纂. —民國 8 年
(1919) 商務印書館上海影印本. —6 册. —(四部叢
刊). —牌記題上海涵芬樓借海鹽張氏涉園藏宋刊本
景印原書版匡高營造尺六寸六分寬四寸九分　124068
　部二　6 册　　　　　　　　　　　128349

0519*

五朝名臣言行錄　十卷/(宋)朱熹纂. —民國 25 年
(1936) 商務印書館上海影印本. —1 册. —(四部叢
刊). —牌記題商務印書館縮印海鹽張氏涉園藏宋本;
與三朝名臣言行錄、吳越春秋、越絕書、華陽國志合
訂. —精裝
　　　　　　　　　　　　　　　　　142443

0520 *

三朝名臣言行錄 十四卷/(宋)朱熹纂.—民國8年(1919)商務印書館上海影印本.—8冊.—(四部叢刊).—牌記題上海涵芬樓借海鹽張氏涉園藏宋刊本景印原書版匡高營造尺六寸六分寬四寸九分

124069

    部二 8冊 128333

0521 *

三朝名臣言行錄 十四卷/(宋)朱熹纂.—民國間商務印書館上海影印本.—1冊.—(四部叢刊).—牌記題商務印書館縮印海鹽張氏涉園藏宋本.與五朝名臣言行錄、吳越春秋、越絕書、華陽國志合訂.—精裝

142443

0522 *

琬琰集刪存 三卷/(宋)杜大珪輯.—民國27年(1938)燕京大學圖書館引得編纂處北平鉛印本.—3冊.—附引得 128782

    部二 3冊 122986

    部三 3冊 128640

    部四 3冊 西諦藏書 XD9977

0523

名臣經世輯要 三卷卷末一卷/(元)李好文輯.—清抄本.—8冊 123021

0524

草莽私乘/(明)陶宗儀輯.—清抄本.—1冊.—原書卷數不詳,存1卷:卷1.—毛裝 123022

0525

宋遺民錄 十五卷/(明)程敏政輯.—清朱絲欄抄本.—6冊 123026

0526

宋遺民錄 十五卷/(明)程敏政輯.—清光緒間藍絲欄抄本.—2冊.—西諦藏書 XD9394

0527

宋遺民錄/(明)程敏政輯.—清末焦氏抄本.—1冊 123028

0528

濂洛關閩六先生傳/(清)羅惇衍輯.—清道光間羊城學源堂刻本.—1冊 128163

    部二 1冊 127890

0529

宋傳 八卷/(明)歐志學撰.—清末藍絲欄抄本.—2冊.—卷8有缺頁 123029

0530

宋詩紀事小傳/(清)厲鶚,(清)馬曰琯輯.—清末快閣師石山房藍絲欄抄本.—1冊 123030

0531

濂洛關閩六先生傳/(清)羅惇衍編.—清道光間刻本.—1冊 127890

    部二 1冊 128163

0532

宋十賢傳/(清)陳世佶編.—清刻本.—1冊 123031

0533

宋賢從祀錄/(清)培仁輯.—清抄本.—2冊.—書衣有培仁墨筆題記.—毛裝 122988

0534

元祐黨人傳 十卷/(清)陸心源纂.—清光緒間烏程李宗蓮刻本.—4冊.—(潛園總集).—有楊峴清光緒十五年序 123033

    部二 3冊 陳垣贈書 123032

    部三 2冊 123034

    部四 4冊 123035

    部五 1冊 存3卷:卷1—3;西諦藏書 XD10021

0535 *

元祐黨人傳 十卷/(清)陸心源纂.—1987年江蘇廣陵古籍刻印社揚州影印本.—4冊.—據清光緒間烏程李宗蓮刻本影印 123036

    部二 4冊 141461

0536

宋詩紀事小傳補正 四卷/(清)陸心源纂.—清末刻本.—1冊 123038

部二　1 冊　西諦藏書　　　　　　　XD10455

0537*
韓王二公遺事/〔周学熙〕輯.—民國 23 年(1934)周
氏師古堂刻藍印本.—1 冊
子目
1. 韓忠獻公遺事/(宋)強至撰
2. 王文正公遺事/(宋)王素撰　　　 128346
部二　1 冊　陳垣贈書　　　　　　 128750
部三　1 冊　　　　　　　　　　　 128581

0538*
紹興徐社紀事/紹興徐社編.—民國 6 年(1917)紹
興印刷局鉛印本.—1 冊:照片.—平裝　 148830

0539
宋人小傳.—清抄本.—1 冊.—與詩紀傳錄、唐人小
傳合訂　　　　　　　　　　　　　　122652

0540
〔宋名賢畫像〕.—清繪本.—34 幅:像.—西諦藏
書.—散頁　　　　　　　　　　　　 XD9396

0541
北宋名人論.—清抄本—1 冊.—有殘缺;附南宋中
興名將約編　　　　　　　　　　　 127766

0542
重刊宋朝南渡十將傳　十卷/(宋)章穎纂.—清抄
本.—2 冊.—有硃筆校改　　　　　　 11672

0543
重刊宋朝南渡十將傳　十卷/(宋)章穎纂.—清抄
本.—2 冊.—存 2 卷:卷 2—4　　　 123020

0544
重刊宋朝南渡十將傳　十卷/(宋)章穎纂.—清末
繆荃孫烏絲欄抄本.—2 冊.—有硃筆校改　 123019

0545
東萊呂紫微師友雜誌/(宋)呂本中撰.—清光緒三
年(1877)吳興陸氏十萬卷樓刻本.—1 冊.—(十萬卷
樓叢書)　　　　　　　　　　　　　 122985
部二　1 冊　與東萊呂紫微雜說合訂　 128168

0546
南宋院畫錄　八卷卷首一卷/(清)厲鶚輯.—清光
緒十年(1884)錢塘丁氏竹書堂刻本.—4 冊.—(武林
掌故叢編).—缺 1 卷:卷首;西諦藏書　 XD1237
部二　8 冊　　　　　　　　　　　 16777
部三　4 冊　　　　　　　　　　　 16778
部四　4 冊　　　　　　　　　　　 60110
部五　4 冊　　　　　　　　　　　 59293

0547
昭忠錄/(宋)佚名撰.—清道光二十四年(1844)金
山錢氏刻本.—1 冊.—(守山閣叢書)　 122999

0548
昭忠錄/(宋)無名氏撰.—清道光三十年(1850)南
海伍氏刻本.—2 冊.—(粵雅堂叢書)　 122997
部二　1 冊　　　　　　　　　　　 122998

傳 160　元代

0549
元朝名臣事略　十五卷/(元)蘇天爵輯.—清乾隆
四十二年(1777)福建刻道光二十七年(1847)陳慶偕
重修本.—4 冊.—(閩刻武英殿聚珍版全書)　123040
部二　4 冊　　　　　　　　　　　 123041
部三　4 冊　　　　　　　　　　　 123042

0550
元朝名臣事略　十五卷/(元)蘇天爵輯.—清光緒
五年(1879)定州王氏謙德堂刻本.—4 冊.—(畿輔叢
書)　　　　　　　　　　　　　　　 123043

0551
元朝名臣事略　十五卷/(元)蘇天爵輯.—清抄
本.—6 冊　　　　　　　　　　　　 123044

0552
元朝名臣事略　十五卷/(元)蘇天爵輯.—清抄
本.—8 冊.—有硃筆校補　　　　　　 123045

0553*
元朝名臣事略　十五卷/(元)蘇天爵輯.—1962 年

中華書局北京影印本. —3 册. —書名據書名頁題,卷端題國朝名臣事略;據元元統三年(1335)余志安勤有書堂刻本影印　　　　　　　　123047

　　部二　3 册　　　　　　　　123048
　　部三　3 册　　　　　　　　123046

0554

　　稗史集傳　一卷/(元)徐顯撰. —明刻本. —1 册. —西諦藏書　　　　　　　　XD10013

0555

　　元儒考略　四卷/(明)馮從吾撰. —清光緒十八年(1892)順德龍氏知服齋刻本. —1 册. —(知服齋叢書)　　　　　　　　123050

　　部二　1 册　　　　　　　　123051

0556

　　元儒考略　四卷/(明)馮從吾撰. —清抄本. —1 册　　　　　　　　123052

0557

　　青玉館集　一卷/(清)凌遂知編;(清)凌景曦注. —清道光間吳興凌氏刻本. —2 册. —(凌氏傳經堂叢書)　　　　　　　　123053

0558*

　　元逸民畫傳/水竹村人輯. —民國 14 年(1925)退耕堂刻本. —1 册. —水竹村人,徐世昌號　　　　　　　　127695

　　部二　1 册　　　　　　　　127696

0559*

　　元代八百遺民詩詠　八卷/張其淦撰;祁正注. —民國 21 年(1932)鉛印本. —2 册　　　　123054

　　部二　2 册　　　　　　　　123055
　　部三　2 册　　　　　　　　123056
　　部四　2 册　　陳垣贈書　　128377
　　部五　2 册　　　　　　　　100443

傳 170　明代

0560

　　靖難功臣錄　一卷/(明)佚名撰. —清刻本. —1

册. —(說纂). —與備遺錄合印　　　123106

0561

　　皇明開國功臣錄　三十二卷/(明)黃金撰. —明正德二年(1507)刻本. —1 册. —存 4 卷:卷 18—21;西諦藏書　　　　　　　　XD9984

0562

　　天下文恪公筆記/(明)王鏊撰. —清抄本. —1 册. —有陳乃乾硃筆題校　　　　　　　　123081

0563

　　明狀元圖考　四卷/(明)顧鼎臣撰;(明)黃應澄繪圖;(明)黃應纘書考. —清康熙間刻本. —4 册:圖. —缺 2 卷:卷 3—4;西諦藏書　　　　XD939

0564

　　明狀元圖考　三卷/(明)顧鼎臣撰;(明)黃應澄繪圖;(明)黃應纘書考. —清咸豐六年(1856)福元書室刻本. —4 册:圖. —附三元喜讌詩　　123074

　　部二　4 册　　　　　　　　123075
　　部三　1 册　　缺附　　　　123072
　　部四　3 册　　缺附　　　　123073

0565*

　　明狀元圖考　五卷/(明)顧鼎臣撰;(明)黃應澄繪圖;(明)黃應纘書考. —1999 年中國書店出版社北京影印本. —5 册:圖. —據明萬曆三十五年(1607)刻本影印　　　　　　　　2499

0566

　　建三家世典/(明)郭勳輯. —清末抄本. —1 册
　　　　　　　　128109

0567

　　備遺錄　一卷/(明)張芹編. —清刻本. —1 册. —(說纂). —與靖難功臣錄合印　　　123106

0568*

　　皇明名臣琬琰錄　二十四卷後錄二十二卷續錄八卷/(明)徐紘撰;(清)王元續錄. —1988 年江蘇廣陵古籍刻印社揚州影印本. —8 册. —書名頁題明名臣琬琰錄;據清宣統二年(1910)武進盛氏刻本影印;附恩卹諸公志略等　　　　　　　　123067

部二　8冊　　　　　　　　　　　123068

0569

皇明名臣言行錄　前集十四卷續集八卷/(明)徐咸
輯.—明嘉靖間刻本.—4冊.—存16卷:前集卷1—
12,續集卷1—4,有缺頁;有墨筆題記　　123077

　部二　1冊　存6卷:前集卷1—6　　123080

0570

皇明名臣言行錄/(明)徐咸輯.—明嘉靖間刻本.—
1冊.—存4卷:前集卷9—12　　　　123078

0571

皇明名臣言行錄　十四卷/(明)徐咸輯.—明嘉靖
間刻本.—6冊　　　　　　　　　123079

0572

皇明名臣記　三十卷/(明)鄭曉撰.—明刻本.—2
冊.—(鄭端簡公全集).—存7卷:卷13—16、22—24
　　　　　　　　　　　　　　153458

0573*

皇明名臣墓銘　四集/(明)朱大韶輯.—民國間四
明張氏約園抄本.—4冊　　　　　　123657

0574

今獻備遺　四十二卷/(明)項篤壽纂.—明刻本.—
4冊.—存24卷:卷19—42;西諦藏書　XD10017

0575

嘉靖以來首輔傳　八卷/(明)王世貞撰.—清道光
三年(1823)上海陳氏刻本.—3冊.—(澤古齋重鈔)
　　　　　　　　　　　　　　123660

0576

嘉靖以來首輔傳　八卷/(明)王世貞撰.—清光緒
間刻本.—4冊.—(螺樹山房叢書)　　123659

0577*

嘉靖以來首輔傳　八卷/(明)王世貞撰.—民國36
年(1947)藍格抄本.—2冊　　　　　123661

0578

鍥兩狀元編次皇明要考　六卷/(明)焦竑撰.—明

萬曆二十二年(1594)三衢舒承溪刻本.—8冊.—版心
題皇明人物考;附黃河考、南倭考、北虜考等
　　　　　　　　　　　　　　123082

0579*

皇明輔世編　六卷/(明)唐鶴徵撰.—民國37年
(1948)鉛印本.—3冊　　　　　　　123658

0580

皇明遜國臣傳　五卷卷首一卷/(明)朱國楨輯.—清
刻本.—2冊.—有缺頁;書名頁題遜國臣傳　123086

0581*

皇明遜國臣傳　五卷卷首一卷/(明)朱國楨輯.—
民國間抄本.—2冊　　　　　　　　123087

0582*

皇明遜國臣傳　四卷卷首一卷/(明)朱國楨輯.—
民國23年(1934)田昌孝抄本.—3冊　123095

0583*

皇明遜國臣傳　五卷卷首一卷/(明)朱國楨輯.—
1988年江蘇廣陵古籍刻印社揚州影印本.—3冊
　　　　　　　　　　　　　　123088

　部二　3冊　　　　　　　　　　123089
　部三　3冊　　　　　　　　　　123090

0584

皇明開國臣傳　十三卷/(明)朱國楨輯.—明刻
本.—3冊.—書名頁題開國臣傳　　　123091

0585*

皇明開國臣傳　十三卷/(明)朱國楨輯.—1988年
江蘇廣陵古籍刻印社揚州影印本.—10冊　123092

　部二　10冊　　　　　　　　　　123093
　部三　10冊　　　　　　　　　　123094

0586

遜國神會錄　二卷/(明)黃士良撰;(明)楊思本
評.—清抄本.—1冊.—有倫明硃筆眉批及評語
　　　　　　　　　　　　　　123096

0587*

　皇明郡牧廉平傳　十卷/(明)王昌時評輯.—196[?]年揚州古舊書店揚州油印本.—10册　　123097

0588

　國朝內閣名臣事略　十六卷/(明)吳伯與輯.—明崇禎間刻本.—1册.—存2卷：卷1—2；西諦藏書
　　　　　　　　　　　　　XD10361

0589

　皇明將略　二卷/(明)顧少軒纂；(明)李同芳縮編.—明天啓間茅氏刻朱墨套印本.—2册.—目錄題皇明將略錄　　　　　11676

0590

　皇朝經世文編姓氏爵里/(明)陳子龍撰.—明崇禎間平露堂刻本.—1册.—有墨筆題識　　123222

0591*

　皇明表忠記　十卷卷首一卷附錄一卷/(明)錢士升撰.—196[?]年揚州古舊書店揚州抄本.—6册　123098

0592*

　崇禎內閣行略/(明)陳盟撰.—民國間抄本.—1册：表格.—一卷末題崇禎閣臣行略；附崇禎閣臣年表
　　　　　　　　　　　　　123223

0593

　無聲詩史　七卷/(清)姜紹書輯.—清光緒十六年(1890)刻本.—2册.—(藏修堂叢書).—西諦藏書
　　　　　　　　　　　　　XD1259

0594

　無聲詩史　七卷/(清)姜紹書輯.—清錦江葉氏刻本.—3册.—西諦藏書　　　XD1384

0595

　無聲詩史　七卷/(清)姜紹書輯.—清宣統二年(1910)杭州雲林閣石印本.—6册　　59713
　　部二　6册　　　　　　　58740
　　部三　6册　　　　　　　60151
　　部四　6册　西諦藏書　　XD1378

0596

　明文百家萃小傳/(清)王介錫撰.—清刻本.—2册.—有墨筆抄配　　123104

0597

　續表忠記　八卷/(清)趙吉士撰；(清)盧宜彙輯.—清刻本.—4册.—有墨筆抄補　123109

0598*

　[明史稿列傳]/(清)萬斯同撰.—民國間抄本.—8册.—此書係抄錄明史稿之傳記　123113

0599

　明畫錄　八卷/(清)徐沁撰.—日本文化十四年(1817)刻本.—2册　　61365

0600

　祖孫殉忠錄/(清)金遜遠等輯.—清康熙間刻本.—1册　　124637

0601*

　東林別乘/(清)錢人麟撰.—197[?]年油印本.—1册　　123099
　　部二　1册　　　　　　　123100
　　部三　1册　　　　　　　123102
　　部四　1册　　　　　　　123103

0602

　四朝成仁錄　三卷/(清)屈大均撰.—清末抄本.—3册.—本書即皇明四朝成仁錄.—毛裝　73162

0603*

　四朝成仁錄　二卷/(清)屈大均撰.—民國35年(1946)抄本.—2册.—本書即皇明四朝成仁錄　123119

0604*

　四朝成仁錄/(清)屈大均撰.—民國間抄本.—3册.—本書即皇明四朝成仁錄　　123117

0605*

　皇明四朝成仁錄　十二卷/(清)屈大均撰.—民國間抄本.—8册.—附索引、年表、屈翁山先生年譜
　　　　　　　　　　　　　123114

0606*

皇明四朝成仁錄　十五卷/(清)屈大均撰.—民國間綠格暨朱絲欄抄本.—8册.—毛裝　　123115

0607*

皇明四朝成仁錄　七卷/(清)屈大均撰.—民國間朱絲欄抄本.—7册.—毛裝　　123116

0608*

皇明四朝成仁錄　七卷/(清)屈大均撰.—民國間抄本.—4册.—有倫明硃筆校記　　123118

0609*

皇明四朝成仁錄/(清)屈大均撰.—民國間朱格抄本.—1册.—存2卷:卷4—5.—毛裝　　123127

0610*

皇明四朝成仁錄/(清)屈大均撰.—民國間朱格抄本.—3册.—存9卷:卷6—14.—毛裝　　123131

0611*

皇明四朝成仁錄　十二卷/(清)屈大均撰.—1989年江蘇廣陵古籍刻印社揚州影印本.—8册.—據民國37年(1948)影印本影印　　76625

　部二　8册　　76626

0612*

皇明四朝成仁錄補編　四卷/(清)屈大均撰.—民國間朱絲欄抄本.—1册.—毛裝　　123123

0613*

皇明四朝成仁錄重編正目　十五卷補遺一卷初稿目十五卷/(清)屈大均撰;張炳翔輯.—民國間綠格抄本.—3册.—毛裝　　123124

0614

列朝詩集小傳　六集/(清)錢謙益撰.—清康熙三十七年(1698)刻本.—10册.—誦芬堂藏板;西諦藏書　　XD3028

　部二　16册　有抄補　　102071

0615

列朝小傳/(清)錢謙益撰.—清朱墨抄本.—2册.—本書即列朝詩集小傳,所抄爲丁集　　123201

0616*

國初群雄事略　十二卷/(清)錢謙益撰.—民國2年(1913)烏程張氏刻1992年文物出版社北京重印本.—4册　　141613

0617*

國初群雄事略　十二卷/(清)錢謙益撰.—1981年江蘇廣陵古籍刻印社揚州影印本.—6册.—據民國2年(1913)烏程張氏刻本影印　　123128

　部二　6册　　123129

0618*

明末忠烈紀實　二十卷/(清)徐秉義撰.—民國21年(1932)抄本.—10册.—有朱希祖校記　　123130

0619*

明末忠烈紀實　二十卷/(清)徐秉義撰.—民國間抄本.—10册.—有朱希祖校記　　123134

0620*

明末忠烈紀實/(清)徐秉義撰.—民國間抄本.—4册　　123133

0621*

明末忠烈紀實　五卷/(清)徐秉義撰.—民國間抄本.—2册　　123132

0622

江人事　四卷卷首一卷卷末一卷/(清)宋俊撰;(清)吳啓楠補.—清咸豐二年(1852)南昌萬垣刻本.—2册.—(清)宋俊原名之盛;乙藜齋藏版　　123135

　部二　4册　　123136

0623

江人事　四卷卷首一卷卷末一卷/(清)宋俊撰;(清)吳啓楠補.—清抄本.—2册　　123137

0624

明賢蒙正錄　二卷/(清)彭定求纂輯.—清同治九年(1870)刻本.—1册　　55364

　部二　1册　　57676

　部三　1册　　123138

0625

明賢蒙正錄　二卷/(清)彭定求纂輯.—清刻本.—
1冊　　　　　　　　　　　　　　　　　　　128052

0626

東林列傳　二十四卷卷末二卷/(清)陳鼎輯.—清
康熙五十年(1711)刻本.—6冊.—本書主要以明人爲
主,卷1有宋人傳　　　　　　　　　　　　　123141
　　部二　8冊　　　　　　　　　　　　　　123142
　　部三　8冊　　　　　　　　　　　　　　123143

0627*

東林列傳　二十四卷卷末二卷/(清)陳鼎輯.—
1983年江蘇廣陵古籍刻印社揚州影印本.—16冊
　　　　　　　　　　　　　　　　　　　　123145

0628*

東林列傳　二十四卷卷末二卷/(清)陳鼎輯.—
1988年江蘇廣陵古籍刻印社揚州影印本.—16冊
　　　　　　　　　　　　　　　　　　　　　2062

0629

史外　三十二卷/(清)汪有典撰.—清乾隆十三年
(1748)刻本.—10冊.—本書又名前明忠義別傳
　　　　　　　　　　　　　　　　　　　　123147
　　部二　1冊　存3卷:卷1—3　　　　　　123159

0630

史外　三十二卷/(清)汪有典撰.—清乾隆十九年
(1754)刻本.—5冊.—本書又名前明忠義別傳
　　　　　　　　　　　　　　　　　　　　123149

0631

史外　八卷/(清)汪有典撰.—清同治三年(1864)
刻本.—8冊.—本書又名前明忠義別傳　　　123150
　　部二　7冊　缺1卷:卷7　　　　　　　　123151

0632

史外　八卷/(清)汪有典撰.—清同治四年(1865)
刻本.—8冊.—本書又名前明忠義別傳　　　123153

0633

史外　八卷/(清)汪有典撰.—清同治六年(1867)
刻本.—8冊.—本書又名前明忠義別傳　　　123154

0634

史外　八卷/(清)汪有典撰.—清同治九年(1870)
刻本.—8冊.—本書又名前明忠義別傳　　　123152
　　部二　7冊　缺1卷:卷8　　　　　　　　123148

0635

史外　八卷/(清)汪有典撰.—清光緒三年(1877)
刻本.—8冊.—本書又名前明忠義別傳;風露清吟館
主人圈閱　　　　　　　　　　　　　　　　123155
　　部二　8冊　　　　　　　　　　　　　　123156
　　部三　8冊　　　　　　　　　　　　　　123157
　　部四　1冊　存1卷:卷1　　　　　　　　123158

0636

前明忠義別傳　三十二卷/(清)汪有典撰.—清道
光二十五年(1845)木活字本.—8冊.—本書又名史外
　　　　　　　　　　　　　　　　　　　　123175
　　部二　10冊　西諦藏書　　　　　　　　XD9399

0637

史外　二十四卷/(清)汪有典撰.—清抄本.—4
冊.—本書又名前明忠義別傳　　　　　　　123160

0638

明忠義別傳節錄/(清)汪有典輯.—清吟雪山房抄
本.—1冊　　　　　　　　　　　　　　　　124064

0639*

晴江閣文鈔/(清)何栔撰.—民國19年(1930)石印
本.—1冊.—附校勘記　　　　　　　　　　123685
　　部二　2冊　　　　　　　　　　　　　　123686
　　部三　1冊　缺校勘記　　　　　　　　　123146

0640

欽定勝朝殉節諸臣錄　十二卷卷首一卷/(清)國史
館撰.—清嘉慶二年(1797)刻本.—8冊　　　123162
　　部二　10冊　　　　　　　　　　　　　123163
　　部三　5冊　　　　　　　　　　　　　　123164
　　部四　5冊　　　　　　　　　　　　　　123165
　　部五　12冊　　　　　　　　　　　　　123166

0641

明高士傳　二卷/(清)侯登岸撰.—清末抄本.—1
冊.—毛裝　　　　　　　　　　　　　　　　123167

0642*

明高士傳　二卷/(清)侯登岸撰.—民國間抄本.—
1 册.—毛裝　　　　　　　　　　　　123168

0643

擬明代人物志　十卷/(清)劉青芝撰.—清乾隆十
七年(1752)刻本.—4 册　　　　　　123170

0644*

擬明代人物志　十卷/(清)劉青芝撰.—民國間抄
本.—4 册　　　　　　　　　　　　123171

0645

白沙門人考　一卷/(清)阮榕齡撰.—清道光間刻
朱印本.—4 册.—陳垣贈書　　　　　128008

0646

白沙門人考　一卷/(清)阮榕齡撰.—清咸豐間新
會阮氏夢菊堂刻本.—4 册.—潭溪阮氏夢菊堂藏版；
與編次陳白沙先生年譜、白沙叢考合刻
　　　　　　　　　　　　傳 673.04/874

0647

表忠錄/(清)繆敬持輯.—清道光五年(1825)江陰
葉廷甲刻本.—2 册.—本書收東林同難錄、東林同難
列傳、東林同難附傳　　　　　　　　2847
　　部二　1 册　存東林同難錄,東林同難列傳殘
　　　　　　　　　　　　　　　　128438

0648*

東林同難錄　一卷/(清)繆敬持輯.—民國 23 年
(1934)陶社鉛印本.—1 册.—與東林同難列傳、東林
同難附傳合印　　　　　　　　　　70150

0649*

東林同難列傳　一卷/(清)繆敬持輯.—民國 23 年
(1934)陶社鉛印本.—1 册.—與東林同難錄、東林同
難附傳合印　　　　　　　　　　　70150

0650*

東林同難附傳　一卷/(清)繆敬持輯.—民國 23 年
(1934)陶社鉛印本.—1 册.—與東林同難錄、東林同
難列傳合印　　　　　　　　　　　70150

0651

東林同難錄　一卷/(清)繆敬持輯.—清末抄本.—
1 册.—與東林同難列傳合抄　　　　128152

0652

東林同難列傳　一卷/(清)繆敬持輯.—清末抄
本.—1 册.—與東林同難錄合抄　　　128152

0653*

啓禎遺詩小傳/(清)陳濟生撰.—民國間藍絲欄抄
本.—1 册.—李椈藏書　　　　　　　111848

0654*

啓禎遺詩小傳　八卷/(清)陳濟生撰.—民國間藕
香簃烏絲欄抄本.—2 册.—缺 1 卷：卷 2；有陳乃乾硃
筆題記；西諦藏書　　　　　　　　XD10015

0655

明詩紀事小傳/(清)陳田輯.—清末民國間抄本.—
4 册　　　　　　　　　　　　　　142575

0656*

[祁彪佳等傳].—民國間抄本.—1 册　　127915

0657

抄建文君從亡列傳/(清)佚名抄.—清抄本.—1
册.—西諦藏書　　　　　　　　　　XD2096

0658

明太祖功臣圖/(清)上官周編繪.清乾隆間刻
本.—2 册：像.—與晚笑堂竹莊畫傳合刻
　　　　　　　　　　　　　　　　128692
　　部二　2 册　西諦藏書　　　　XD10382

0659

明太祖功臣圖/(清)上官周編繪.—清同治二年
(1863)石印本.—1 册：像　　　　　123200

0660

明太祖功臣圖/(清)上官周編繪.—清刻本.—1 册：
像.—西諦藏書；與晚笑堂畫傳合刻　XD9974

0661*

成化間蘇材小纂　六卷/(明)祝允明撰.—1997 年

華寶齋書社有限公司香港影印本.—1冊.—版心題蘇
材小篆;據明成化間抄本影印.—經摺裝　　　2098

0662*

陳張事略　一卷/(明)吳國倫撰.—民國9年
(1920)上海博古齋影印本.—1冊.—(借月山房彙
鈔).—據清嘉慶間虞山張海鵬刻本影印;與端巖公年
譜合印　　　　　　　　　　　　　傳674.18/757

0663

恩卹諸公志略/(明)孫慎行撰.—清末刻本.—1冊
　　　　　　　　　　　　　　　　　127892

0664

崇禎忠節錄　三十二卷/(明)高承埏撰.—清烏絲
欄抄本.—10冊　　　　　　　　　　123220

0665

自靖錄考略　八卷外編一卷/(清)高承埏撰;(清)
高佑䰄補;(清)王逢辰考證.—清咸豐八年(1858)嘉
興竹里王氏槐華吟館刻本.—6冊　　　128342

0666*

崇禎閣臣事略/(明)陳盟撰.—民國間抄本.—1冊
　　　　　　　　　　　　　　　　　123221

0667*

崇禎五十宰相傳/(清)曹溶撰.—民國4年(1915)
新昌胡思敬南昌刻本.—1冊.—(問影樓叢刻初編)
　　　　　　　　　　　　　　　　　123224
　　部二　1冊　　　　　　　　　　123225

0668

崇禎五十宰相傳/(清)倦圃老人撰.—清宣統三年
(1911)上海國學扶輪社鉛印本.—1冊.—(清)曹溶,
號倦圃老人;版心題張氏適園叢書　　123226

0669

崇禎五十宰相傳/(清)倦圃老人撰.—清抄本.—2
冊.—(清)曹溶號,倦圃老人;附初稿　123250

0670

復社姓氏傳略　十卷卷首一卷/(清)吳山嘉纂

輯.—清道光十二年(1832)震澤吳山嘉刻本.—4
冊.—南陔堂藏版;附復社姓氏錄　　　123169
　　部二　4冊　　　　　　　　　　123218

0671

復社姓氏傳略　十卷卷首一卷續輯一卷/(清)吳山
嘉纂輯.—清抄本.—4冊.—有朱希祖校補
　　　　　　　　　　　　　　　　　123202

0672*

復社姓氏傳略　十卷卷首一卷續輯一卷/(清)吳山
嘉纂輯.—民國間北平圖書館抄本.—4冊
　　　　　　　　　　　　　　　　　123219

0673*

甲申十同年圖/陳鎮基撰.—民國間鉛印本.—1冊:
圖　　　　　　　　　　　　　　　　123212

0674

明季烈臣傳/(清)佚名撰.—清抄本.—36冊
　　　　　　　　　　　　　　　　　123108

0675

[明末忠義錄]/(清)佚名輯.—清朱絲欄抄本.—1
冊　　　　　　　　　　　　　　　　123107

0676*

彭孫貽羿仁甲申後亡臣表/(清)彭孫貽撰.—民國
間朱絲欄抄本.—1冊.—毛裝　　　　152153

0677

明季南都殉難記/(清)屈大均撰.—清光緒三十三
年(1907)上海均益圖書公司鉛印本.—1冊.—國學叢
書第四種.—平裝　　　　　　　　　123217

0678

明臣殉節事迹/(清)丁克昌撰.—清光緒間刻本.—
1冊.—有硃筆圈點、墨筆題識　　　　123251

0679*

[南明宗室傳]/佚名撰.—民國間鋼筆稿本.—1
冊.—缺92—100頁.—毛裝　　　　128507

0680*

明遺民錄　四十八卷/民史氏撰.—民國元年
(1912)上海新中華圖書館上海鉛印本.—12 冊.—孫
靜庵,號民史氏　　　　　　　　　　123178
　部二　12 冊　　　　　　　　　123179
　部三　12 冊　　　　　　　　　123000
　部四　12 冊　　　　　　　　　128473
　部五　12 冊　　　　　　　　　128448

0681*

明代千遺民詩詠　十卷/張其淦撰;祁正注.—民國
18 年(1929)鉛印本.—2 冊:像.—書名頁題明代千遺
民詩詠初編　　　　　　　　　　123001
　部二　2 冊　　　　　　　　　123002
　部三　2 冊　　　　　　　　　123003
　部四　2 冊　　　　　　　　　123183
　部五　2 冊　　　　　　　　　123199

0682*

明代千遺民詩詠二編　十卷/張其淦撰;祁正注.—
民國間鉛印本.—2 冊　　　　　　123187
　部二　2 冊　　　　　　　　　123188
　部三　2 冊　　　　　　　　　123189
　部四　2 冊　　　　　　　　　123190
　部五　2 冊　　　　　　　　　123191

0683*

明代千遺民詩詠三編/張其淦撰;祁正注.—民國 19
年(1930)鉛印本.—1 冊.—只选印卷 1;與洪範微合
印　　　　　　　　　　　　　　123196
　部二　1 冊　　　　　　　　　123197
　部三　1 冊　　　　　　　　　　3055
　部四　1 冊　　　　　　　　　111764
　部五　1 冊　　　　　　　　　111842

0684*

明代千遺民詩詠三編　十卷/張其淦撰;祁正注.—
民國 21 年(1932)鉛印本.—2 冊　123192
　部二　2 冊　　　　　　　　　123193
　部三　2 冊　　　　　　　　　123194
　部四　2 冊　　　　　　　　　123195

0685*

荆川弟子考　一卷補遺一卷/唐鼎元輯.—民國 23

年(1934)鉛印本.—1 冊.—書籤題唐荆川公弟子考;
附荆川學脈表、清大司馬薊門唐公年譜
　　　　　　　　　　　　　　123883

0686*

嘉善孫氏殉難記/周乃勳撰.—民國間平川期頤堂
油印本.—1 冊.—記明末清初孫元璘、孫鉅父子事
　　　　　　　　　　　　　　125676

0687*

南都殉國臣傳　二卷/田昌孝撰.—民國 23 年
(1934)田昌孝稿本.—2 冊　　　123596

0688*

明宰相世臣傳/羅繼祖撰.—民國 25 年(1936)墨緣
堂石印本.—1 冊　　　　　　　123882

0689*

南明忠烈傳　二編/蘇雪林撰.—民國 30 年(1941)
國民圖書出版社鉛印本.—1 冊.—本書又名滄海同深
錄　　　　　　　　　　　　　123253
　部二　2 冊　有缺頁;西諦藏書　XD9402

0690*

皇明遺民傳　七卷/(朝)佚名撰.—民國 19 年
(1930)國立北平圖書館抄本.—3 冊　123105

0691*

皇明遺民傳　七卷/(朝)佚名撰.—民國間抄本.—
3 冊　　　　　　　　　　　　127736

0692*

皇明遺民傳　七卷/(朝)佚名撰.—民國 25 年
(1936)國立北京大學影印本.—3 冊.—據朝鮮抄本影
印;西諦藏書　　　　　　　　　XD9997
　部二　3 冊　　　　　　　　　123101

0693*

皇明遺民傳　七卷/(朝)佚名撰.—1991 年江蘇廣
陵古籍刻印社揚州影印本.—3 冊.—版權頁誤題魏建
功撰;據民國 25 年(1936)國立北京大學影印本影印
　　　　　　　　　　　　　　141511

傳 180　清代

0694

國朝河臣集略/(清)定軒氏輯.—清抄本.—1冊.—書名著者據書衣題　　　　123228

0695

白山詩鈔詩人小傳/(清)伊福訥輯.—清朱格抄本.—1冊　　　　123309

0696

白山詩鈔詩人小傳/(清)伊福訥輯.—清朱絲欄抄本.—1冊.—附白山詩介詩人姓名、白山詩抄　123308

0697

吳耿尚孔四王合傳/(清)佚名撰.—清刻本.—2冊.—書名據版心題;明季野史彙編之一　　123245

0698

吳耿尚孔四王合傳/(清)佚名撰.—清刻本.—1冊.—缺吳三桂傳;書名據版心題　　123248

0699

四王合傳/(清)佚名撰.—清刻本.—1冊　123247

0700

四王傳　二卷附錄一卷/(清)佚名撰.—清木活字本.—2冊　　　　72946

0701

入祀昭忠祠功臣列傳/(清)佚名輯.—清朱絲欄抄本.—6冊.—書名據目錄題　　123231

0702

[清十八人行狀]/(清)佚名撰.—清刻本.—18冊　　　　124117

0703

[古爾布希等列傳]/(清)佚名編.—清朱絲欄抄本.—1冊　　　　123244

0704

國朝藩封列傳　四卷/(清)佚名撰.—清末抄本.—1冊.—書名據目錄題　　　　123249

0705

[昭代名人小傳]/(清)佚名輯.—清抄本.—12冊　　　　123257

0706

思舊錄/(清)黃宗羲撰.—清末餘姚黃氏五桂樓刻本.—1冊　　　　123258
　部二　1冊　　　　123259
　部三　1冊　　　　123260

0707

黃梨洲先生思舊錄/(清)黃宗羲撰.—清刻本.—1冊　　　　123261
　部二　1冊　　　　123262

0708 *

思舊錄詩人小傳.—民國間朱絲欄抄本.—1冊　　　　123488

0709

禮府家傳/(清)[椿泰]撰.—清乾隆間刻本.—2冊.—書名據書籤題;與友竹軒遺稿、南征圖詩合印　　　　127693

0710

[朱澤澐王懋竑行狀]/(清)王箴傳等撰.—清乾隆間刻本.—1冊.—與王懋竑之孫王希伊行狀合訂　　　　128419

0711 *

故知錄　二卷/(清)徐本仙撰.—民國4年(1915)蘄水湯氏長沙刻本.—1冊.—附徐本仙傳　123916

0712

宗室王公功績表傳　五卷/(清)允祕等撰.—清乾隆間武英殿刻本.—7冊.—附譜系表　　123306

0713

名臣事狀　五卷/(清)彭紹升撰.—清烏絲欄抄本.—2冊　　　　123304

0714

　大清國史宗室列傳/(清)〔張廷玉〕等撰.—清乾隆三年(1738)宗人府抄本.—4冊.—又名宗室列傳

123307

0715

　大清國史宗室列傳/(清)〔張廷玉〕等撰.—清朱絲欄抄本.—5冊.—書名據書籤題　　123288

0716*

　畫徵錄　三卷續錄二卷/(清)張庚撰.—民國間朝記書莊上海鉛印本.—2冊.—目錄等題清朝畫徵錄

58572

　　部二　1冊　　　　　　　　　　　59386

　　部三　1冊　　　　　　　　　　　58634

　　部四　2冊　　　　　　　　　　149409

0717*

　畫徵錄　三卷續錄二卷/(清)張庚撰.—民國8年(1919)有正書局上海鉛印本.—2冊.—附明人錄

123299

0718

　賢良祠王大臣小傳　二卷/(清)佚名編.—清刻本.—1冊.—書名據目錄題,書名頁題國史賢良祠王大臣小傳　　　　　　　　　　　　　　123241

　　部二　1冊　　西諦藏書　　　XD9401

0719*

　朋舊及見錄/(清)法式善輯.—民國間打印本.—1冊.—書簽題法祭酒朋舊及見錄　　123311

0720

　朋舊及見錄/(清)法式善輯.—清末民國間抄本.—1冊　　　　　　　　　　　　123311

0721*

　法梧門祭酒朋舊及見錄家數/(清)法式善輯.—民國間藍絲欄抄本.—1冊.—書衣題朋舊及見錄家數

128542

0722

　昭代名人尺牘小傳　二十四卷/(清)吳修輯.—清道光六年(1826)刻本.—2冊　　122828

　　部二　4冊　　陳垣贈書　　　128363

　　部三　6冊　　　　　　　　　122832

0723

　昭代名人尺牘小傳　二十四卷/(清)吳修輯.—清光緒七年(1881)刻本.—2冊　　122829

　　部二　2冊　　　　　　　　　122835

　　部三　2冊　　　　　　　　　122830

0724

　昭代名人尺牘小傳　二十四卷/(清)吳修輯.—清光緒三十四年(1908)西泠印社石印本.—2冊　122826

　　部二　2冊　　　　　　　　　122827

　　部二　1冊　存14卷:卷11—24　152544

0725

　昭代名人尺牘小傳　二十四卷/(清)吳修輯.—清朱絲欄抄本.—4冊.—與龔安節先生畫訣、畫筌合抄

127671

0726*

　昭代名人尺牘小傳索引/(清)佚名輯.—民國間北海圖書館綠絲欄抄本.—1冊　　122833

0727*

　昭代名人尺牘小傳索引/(清)佚名輯.—民國間北海圖書館綠絲欄抄本.—1冊　　122834

0728

　國朝名人傳略　二十四卷/(清)吳修編.—清光緒十一年(1885)滬江文海堂刻本.—4冊.—版心下題藏修書屋　　　　　　　　　　　　123333

　　部二　4冊　　　　　　　　　123334

0729

　國朝名人傳略/(清)吳修編;(清)莊毓鋐節錄.—清光緒十一年(1885)抄本.—1冊.—毛裝　152357

0730

　袁太史高文良黃文襄傳/(清)袁枚撰.—清抄本.—1冊.—書名據書衣題.—毛裝　　128026

0731

　大臣傳　十二卷/(清)佚名輯.—清末抄本.—12

册.—書名據目錄題；前冠何紹基清同治三年(1864)手書序文　　　123236

0732
　　國朝漢學師承記　八卷/(清)江藩撰.—清嘉慶二十三年(1818)刻本.—2册.—附國朝經師經義目錄　　123319
　　部二　4册　　　127891
　　部三　4册　　　127625

0733
　　國朝漢學師承記　八卷/(清)江藩撰.—清咸豐四年(1854)南海伍氏刻本.—4册.—(粵雅堂叢書).—附國朝經師經義目錄、國朝宋學淵源記　　123323

0734
　　國朝漢學師承記　八卷/(清)江藩撰.—清咸豐間刻本.—2册.—附國朝經師經義目錄、國朝宋學淵源記　　　123327

0735
　　國朝漢學師承記　八卷/(清)江藩撰.—清光緒九年(1883)山西書局刻本.—4册　　123321
　　部二　3册　　　123322
　　部三　4册　　　55569

0736
　　國朝漢學師承記　八卷/(清)江藩撰.—清光緒十一年(1885)掃葉山房刻本.—4册.—附國朝經師經義目錄、國朝宋學淵源記　　123324

0737
　　國朝漢學師承記　八卷/(清)江藩撰.—清光緒十二年(1886)刻本.—4册.—附國朝經師經義目錄、國朝宋學淵源記　　123325

0738
　　國朝漢學師承記　八卷/(清)江藩撰.—清光緒十三年(1887)刻本.—4册.—附國朝經師經義目錄、國朝宋學淵源記　　127895
　　部二　1册　存3卷：卷1—3　　128105

0739
　　國朝漢學師承記　八卷/(清)江藩撰.—清光緒二十二年(1896)成都志古堂刻本.—6册.—附國朝經師經義目錄、國朝宋學淵源記　　123326

0740
　　國朝漢學師承記　八卷/(清)江藩撰.—清光緒二年(1876)木活字本.—2册.—附國朝經師經義目錄　　123320

0741
　　國朝院畫錄　二卷/(清)胡敬輯.—清道光二十二年(1842)崇雅堂刻本.—1册　　59772

0742
　　國朝院畫錄　二卷/(清)胡敬輯.—清道光二十三年(1843)崇雅堂刻本.—2册.—陳垣贈書　　42900

0743
　　政學錄初稿　八卷/(清)陸言撰.—清道光十二年(1832)無錫鄒鳴鶴刻本.—8册　　123335
　　部二　8册　　　123336

0744
　　碑傳集　一百六十卷卷首二卷卷末二卷/(清)錢儀吉纂輯.—清光緒十九年(1893)江蘇書局刻本.—60册　　123353
　　部二　50册　　　123354
　　部三　60册　陳垣贈書　　123355
　　部四　60册　西諦藏書　　XD9404
　　部五　60册　　　123341

0745*
　　碑傳集　一百六十卷卷首二卷卷末二卷/(清)錢儀吉纂輯.—1984年揚州古籍書店影印本.—60册.—據清光緒十九年(1893)江蘇書局刻本影印　　123356

0746
　　衍石齋續良吏錄/(清)錢儀吉撰.—清光緒三年(1877)嘉興錢氏羊城刻本.—2册.—書名據書名頁題，目錄題續良吏述；版心下題衍石齋合稿之十四　　123340
　　部二　1册　　　123338

0747
　　良吏述補/(清)錢儀吉撰.—清刻本.—1册.—書名

據書名頁題，版心下題衍石齋合稿之十四　　123339

0748

　　文獻徵存錄　十卷/（清）錢林輯；（清）王藻編.—清
咸豐八年（1858）刻本.—10 冊.—有嘉樹軒藏板
　　　　　　　　　　　　　　　　　　　　123358
　　部二　10 冊　　　　　　　　　　　　128132
　　部三　10 冊　　　　　　　　　　　　123360
　　部四　10 冊　陳垣贈書　　　　　　　128364
　　部五　10 冊　西諦藏書　　　　　　　XD10007

0749*

　　文獻徵存錄　十卷/（清）錢林輯；（清）王藻編.—
1987 年江蘇廣陵古籍刻印社揚州影印本.—10 冊.—
據清咸豐八年（1858）刻本影印　　　　　144306

0750

　　文獻徵存錄/（清）錢林輯.—清光緒間抄本.—1 冊
　　　　　　　　　　　　　　　　　　　　152360

0751

　　師友集　十卷/（清）梁章鉅撰.—清道光二十六年
（1846）福州梁章鉅北東園刻本.—2 冊　　123318
　　部二　6 冊　　　　　　　　　　　　123362

0752

　　敏求軒述記　十六卷/（清）陳世箴輯.—清道光二
十八年（1848）刻本.—8 冊.—有道光三十年胡焞序
　　　　　　　　　　　　　　　　　　　　123363
　　部二　6 冊　　　　　　　　　　　　123364
　　部三　8 冊　西諦藏書　　　　　　　XD10357
　　部四　8 冊　　　　　　　　　　　　41256

0753*

　　敏求軒述記　十六卷/（清）陳世箴輯.—民國 4 年
（1915）掃葉山房上海石印本.—4 冊　　　123365

0754

　　國朝詩人徵略　六十卷/（清）張維屏輯.—清道光
十年（1830）刻本.—10 冊.—西諦藏書　　XD3056
　　部二　9 冊　缺 6 卷：卷 35—40　　　127709

0755

　　國朝詩人徵略　六十卷二編六十四卷/（清）張維屏

輯.—清道光十年（1830）刻二十二年（1842）增刻
本.—16 冊　　　　　　　　　　　　　　123366
　　部二　16 冊　　　　　　　　　　　　123375
　　部三　16 冊　　毛裝　　　　　　　　123376
　　部四　6 冊　　存二編 64 卷　　　　　127822
　　部五　8 冊　　存二編，缺 13 卷：卷 16、18、24、28—
32、52、54、59—60、63；西諦藏書　　　XD3057

0756*

　　詩人徵略索引/國立北平圖書館索引組編.—民國
19 年（1930）國立北平圖書館抄本.—1 冊　123391

0757

　　從政觀法錄　三十卷/（清）朱方增輯.—清道光十
年（1830）刻本.—8 冊　　　　　　　　　123370
　　部二　12 冊　　　　　　　　　　　　123371
　　部三　8 冊　　　　　　　　　　　　123372
　　部四　8 冊　　　　　　　　　　　　123369

0758

　　欽定續纂外藩蒙古回部王公傳　十二卷表十二卷/
（清）佚名撰.—清刻本.—24 冊　　　　　123292
　　部二　24 冊　　　　　　　　　　　　123293

0759

　　欽定續纂外藩蒙古回部王公表　十二卷/（清）佚名
撰.—清刻本.—2 冊：表　　　　　　　　123294

0760*

　　欽定續纂外藩蒙古回部王公傳　十二卷/（清）佚名
撰.—1986 年內蒙古語委古籍辦公室影印本.—4
冊.—據清道光間刻本影印　　　　　　　123295
　　部二　4 冊　　　　　　　　　　　　123296
　　部三　6 冊　　　　　　　　　　　　123297
　　部四　4 冊　　　　　　　　　　　　123298

0761

　　欽定外藩蒙古回部王公表傳　十八卷卷首一卷/
（清）佚名輯.—清抄本.—1 冊.—存 12 卷：卷首、3—
11、17—18　　　　　　　　　　　　　　123303

0762

　　熙朝宰輔錄/（清）潘世恩撰.—清道光十八年
（1838）刻本.—1 冊.—思補軒藏板　　　123329

部二　1 冊　　　　　　　123330
部三　1 冊　　　　　　　44616

0763
　熙朝宰輔錄/(清)潘世恩撰.—清道光二十八年
(1848)刻本.—1 冊.—陳垣贈書　　　128369
　　部二　1 冊　　　　　　127666
　　部三　1 冊　　　　　　48033

0764
　熙朝宰輔錄/(清)潘世恩撰.—清咸豐七年(1857)
刻本.—1 冊.—有李慈銘手注批語及補錄　123331

0765
　熙朝宰輔錄/(清)潘世恩撰.—清光緒三年(1877)
刻本.—1 冊　　　　　　　127670
　　部二　1 冊　　　　　　47920

0766
　熙朝宰輔錄/(清)潘世恩撰;(清)麟書續編.—清光
緒二十二年(1896)刻本.—1 冊　　47684

0767
　師友淵源記/(清)陳奐撰.—清光緒十二年(1886)
錢塘汪氏函雅堂刻本.—1 冊.—卷端下題函雅堂叢書
　　　　　　　　　　　123374

0768
　師友淵源記/(清)陳奐撰.—清稿本.—1 冊
　　　　　　　　　　　123373

0769
　尚友記　二卷/(清)汪喜孫輯.—清咸豐五年
(1855)烏絲欄抄本.—2 冊　　　123377

0770
　尚友記/(清)汪喜孫輯.—清末烏絲欄抄本.—1 冊
　　　　　　　　　　　123378

0771
　梓里表忠錄　四卷卷首一卷/(清)恒柃撰.—清同
治八年(1869)避熱窩刻本.—4 冊　123383
　　部二　4 冊　　　　　　123385
　　部三　4 冊　　　　　　123384

部四　4 冊　　　　　　　53600
部五　4 冊　　　　　　　53601

0772
　國朝名臣言行錄　十六卷/(清)王炳燮撰.—清光
緒十一年(1885)津河廣仁堂刻本.—6 冊.—(津河廣
仁堂所刻書)　　　　　　123381
　　部二　6 冊　　　　　　123380
　　部三　6 冊　　　　　　123379

0773
　鑒舊齋書畫識　十二卷/(清)李育根撰.—清末抄
本.—4 冊　　　　　　　123382

0774
　向張二公傳忠錄/(清)過鑄輯.—清梁溪過氏刻
本.—1 冊:像　　　　　　123386
　　部二　1 冊　　　　　　123387

0775
　欽定國史循吏列傳　六卷/(清)佚名編.—清末紫
格抄本.—6 冊.—書名據書簽題　　123246

0776*
　國朝名人赤牘小傳/褚松窓輯.—民國間綠絲欄稿
本.—1 冊.—褚松窓,名德彝;書名據書衣題　123389

0777
　國朝先正事略　六十卷/(清)李元度纂.—清同治
五年(1866)循陔草堂刻本.—24 冊.—有同治八年曾
國藩序　　　　　　　　123393
　　部二　24 冊　　陳垣贈書　　123397
　　部三　24 冊　　　　　123392
　　部四　24 冊　　　　　123394
　　部五　24 冊　　　　　123395

0778
　國朝先正事略　六十卷/(清)李元度纂.—清光緒
八年(1882)蛟川方氏刻本.—24 冊　123400

0779
　國朝先正事略　六十卷卷首一卷/(清)李元度
纂.—清光緒十二年(1886)鉛印本.—10 冊　123402
　　部二　10 冊　　　　　123403

0780

國朝先正事略　六十卷/(清)李元度纂.—清光緒二十五年(1899)上海圖書集成印書局鉛印本.—8冊
123404

部二　8冊　　123405

0781

國朝先正事略　六十卷/(清)李元度纂.—清光緒間山東官印書局鉛印本.—10冊　123406

0782

國朝先正事略　六十卷/(清)李元度纂.—清光緒十三年(1887)點石齋上海石印本.—8冊　123407

0783

國朝先正事略　六十卷/(清)李元度纂.—清光緒二十一年(1895)文盛書局上海石印本.—8冊
123408

0784

國朝先正事略　六十卷/(清)李元度纂.—清光緒二十二年(1896)文盛書局上海石印本.—8冊
123409

0785

國朝先正事略　六十卷/(清)李元度纂.—清光緒二十四年(1898)上海書局石印本.—8冊　127814

0786

國朝先正事略　正編八卷續編四卷/(清)李元度纂;朱孔彰續編.—清光緒二十八年(1902)廣益書局上海石印本.—8冊　123411

0787

國朝先正事略　六十卷卷首一卷/(清)李元度纂.—清光緒二十八年(1902)石印本.—8冊.—西諦藏書　XD9405

0788

國朝先正事略續編　四卷/朱孔彰編.—清光緒二十八年(1902)石印本.—2冊　123508

0789*

先正事略索引/國立北平圖書館索引組編.—民國19年(1930)國立北平圖書館抄本.—1冊　123391

0790

藝林悼友錄　二集/(清)郭容光撰.—清光緒十八年(1892)刻本.—2冊.—版心下題鐵如意室藏本;西諦藏書　XD1286

部二　1冊　西諦藏書　XD1330

部三　1冊　西諦藏書　XD1448

0791

國朝耆獻類徵初編　四百八十四卷卷首二百四卷目錄二十卷通檢十卷/(清)李桓撰.—清光緒十至十六年(1884—1890)湘陰李氏刻本.—294冊　123415

部二　294冊　　123416

部三　294冊　　123417

0792

國朝耆獻類徵初編　四百八十四卷卷首二百四卷目錄二十卷通檢十卷賢媛類徵十二卷/(清)李桓撰.—清光緒十至十六年(1884—1890)湘陰李氏刻光緒十七年(1891)增刻本.—300冊.—陳垣贈書　123422

部二　300冊　　123418

部三　300冊　　123419

部四　300冊　　123421

部五　300冊　　123423

0793*

耆獻類徵索引/國立北平圖書館索引組編.—民國19年(1930)國立北平圖書館烏絲欄抄本.—1冊.—此書按姓氏筆畫排列　123431

0794*

國朝耆獻類徵初編人名索引/民族圖書館編.—1984年民族圖書館北京油印本.—5冊　142001

部二　5冊　　142002

0795

忠孝節義見聞紀略/(清)趙嘉肇撰.—清光緒十六年(1890)渭南縣署四槐堂刻本.—1冊　123432

0796

望社姓氏考/(清)李元庚輯.—清光緒間抄本.—1冊.—毛裝　127672

0797

　國朝名臣言行錄　三十卷卷首一卷/（清）董壽纂
輯.—清光緒二十九年（1903）順成書局上海石印
本.—8 冊　　　　　　　　　　　　　　123443
　　部二　4 冊　　　　　　　　　　　123442
　　部三　3 冊　　　　　　　　　　　123441

0798

　小腆紀傳補遺/（清）徐承禮撰.—清光緒十四年
（1888）刻本.—2 冊　　　　　　　　　123426
　　部二　1 冊　　　　　　　　　　　123425

0799

　[國史四傳]　四種/（清）國史館編.—清刻本.—4
冊　　　　　　　　　　　　　　　　　123301
　　部二　4 冊　　　　　　　　　　　123300
　　部三　4 冊　存 2 種:國史文苑傳、國史儒林傳
　　　　　　　　　　　　　　　　　　127894
　　部四　4 冊　存 2 種:國史文苑傳、國史儒林傳
　　　　　　　　　　　　　　　　　　123302
　　部五　2 冊　存 1 種:國史文苑傳　123238

0800

　欽定宗室王公功績表傳　十二卷卷首一卷/（清）國
史館編.—清京都琉璃廠榮錦書屋刻本.—86 冊.—書
名頁題宗室王公表傳;與滿洲名臣傳、漢名臣傳合印
　　　　　　　　　　　　　　　　　123279
　　部二　6 冊　　　　　　　　　　　123287
　　部三　8 冊　　　　　　　　　　　123289

0801

　欽定宗室王公功績表傳　十二卷卷首一卷/（清）國
史館編.—清朱絲欄抄本.—4 冊　　　123291

0802

　欽定宗室王公功績表傳　十二卷/（清）國史館
編.—清朱絲欄抄本.—10 冊　　　　　123290

0803

　滿漢名臣傳　八十卷/（清）國史館編.—清菊花書
屋刻本.—80 冊.—書名據書名頁題　123277
　　部二　81 冊　　　　　　　　　　123278

0804

　滿洲名臣傳　四十八卷/（清）國史館編.—清京都
琉璃廠榮錦書屋刻本.—86 冊.—與欽定宗室王公功
績表傳、漢名臣傳合印　　　　　　　123279
　　部二　81 冊　與漢名臣傳合印　　123280
　　部三　48 冊　　　　　　　　　　123281
　　部四　33 冊　存 17 卷:卷 1—17　123282
　　部五　1 冊　存 1 卷:卷 4　　　　154080

0805

　漢名臣傳　三十二卷/（清）國史館編.—清京都琉
璃廠榮錦書屋刻本.—86 冊.—與欽定宗室王公功績
表傳、滿洲名臣傳合印　　　　　　　123279
　　部二　81 冊　與滿洲名臣傳合印　123280
　　部三　32 冊　　　　　　　　　　123283
　　部四　33 冊　存 16 卷:卷 1—16　123282

0806

　貳臣傳　八卷/（清）國史館編.—清菊花書屋刻
本.—8 冊　　　　　　　　　　　　　123176

0807

　貳臣傳　八卷/（清）國史館編.—清京都榮錦書坊
刻本.—8 冊　　　　　　　　　　　　123267

0808

　貳臣傳　十二卷/（清）國史館編.—清刻本.—4
冊.—與逆臣傳合印　　　　　　　　　123255
　　部二　4 冊　　　　　　　　　　　123266
　　部三　16 冊　　　　　　　　　　123256
　　部四　8 冊　　　　　　　　　　　123265

0809

　貳臣傳　十二卷/（清）國史館編.—清刻本.—8
冊.—與逆臣傳合印　　　　　　　　　123264

0810

　貳臣傳　二十卷/（清）國史館編.—清木活字本.—
10 冊　　　　　　　　　　　　　　　123268

0811*

　貳臣傳　十二卷/（清）國史館編.—民國 25 年
（1936）鉛印本.—2 冊.—與逆臣傳合印　123269

0812

貳臣傳　八卷/（清）國史館編.—清抄本.—12 冊
123270

0813

貳臣傳　八卷/（清）國史館編.—清抄本.—16
冊.—書名據書衣及目錄題　　　123271

0814

貳臣傳　二卷/（清）國史館編.—清抄本.—6 冊.—
書名據目錄題　　　123254

0815

國史貳臣傳/（清）國史館編.—清烏絲欄抄本.—3
冊.—書名據目錄題　　　4642

0816

逆臣傳　四卷/（清）國史館編.—清都城琉璃廠半
松居士刻本.—2 冊.—總目版心下題雙桂書屋
123434

0817

逆臣傳　二卷/（清）國史館編.—清京都榮錦書坊
刻本.—2 冊　　　123427

0818

逆臣傳　四卷/（清）國史館編.—清刻本.—4 冊.—
與貳臣傳合印　　　123255
　　部二　16 冊　　　123256
　　部三　8 冊　　　123265

0819

逆臣傳　四卷/（清）國史館編.—清刻本.—8 冊.—
與貳臣傳合印　　　123264

0820

逆臣傳　四卷/（清）國史館編.—清木活字本.—6
冊　　　123435

0821*

逆臣傳　四卷/（清）國史館編.—民國 25 年（1936）
鉛印本.—2 冊.—與貳臣傳合印　　　123269

0822

國史逆臣傳/（清）國史館編.—清烏絲欄抄本.—3
冊　　　4643

0823

逆臣傳/（清）國史館編.—清抄本.—6 冊　　　123429

0824

逆臣傳　四卷/（清）國史館編.—清朱絲欄抄本.—
4 冊　　　123428

0825

逆臣傳/（清）國史館編.—清抄本.—2 冊　　　123436

0826

逆臣傳　四卷/（清）國史館編.—清抄本.—4 冊
123437

0827

［清初名臣列傳］/（清）國史館編.—清朱絲欄抄
本.—6 冊　　　4646

0828

國史稿大臣列傳/（清）國史館編.—清朱絲欄抄
本.—6 冊　　　4644

0829

中興名將傳略/（清）彭鴻年輯；（清）吳嘉猷等繪.—
清光緒二十七年（1901）上海點石齋石印本.—1 冊；圖
及像.—書名據書簽題；本書輯有紫光閣功臣小像、湘
軍平定粵匪戰圖　　　123452
　　部二　1 冊　　　123459

0830

崇祀名宦合錄/（清）佚名撰.—清光緒間刻本.—1
冊　　　128194

0831

［碑文錄］/（清）佚名輯.—清光緒間抄本.—1 冊.—
附廣西桂林省八旗奉直會館記　　　127931

0832

程氏三世言行錄　一卷/（清）程鼎芬撰.—清同治
十三年（1874）刻本.—1 冊　　　127598

0833

張奚兩先生合傳/(清)談震臨撰；(清)孫道毅寫石.—清宣統間影印本.—1冊.—(清)張珩,別字瑤圃,江西宜黃人；(清)奚麟,字襄卿,江寧秣陵人
123445

0834

忠義紀聞錄　三十卷/(清)陳繼聰撰.—清光緒八年(1882)刻本.—8冊　　123450
部二　8冊　　　　　　　123449

0835

圖詠遺芬　六卷/(清)俞旦編.—清光緒二十一年(1895)婺源俞氏清蔭堂刻本.—1冊：圖　124120

0836

國朝經學名儒記　一卷/(清)張星鑒輯.—清光緒六至八年(1880—1882)刻本.—1冊.—有清光緒九年朱以增跋　　　　　　　　　　127640

0837

國朝經學名儒記　一卷/(清)張星鑒輯.—清末石印本.—1冊　　　　　　123237
部二　1冊　西諦藏書　　XD10373

0838

續南遊日記　四卷/(清)張維烺撰.—清宣統元年(1909)刻本.—1冊.—存1卷：卷1　123447

0839*

清代學者象傳第一集/(清)葉衍蘭纂繪；葉恭綽輯.—民國19年(1930)商務印書館上海影印本.—4冊.—據葉氏手繪影印；西諦藏書　XD8162
部二　4冊　毛裝　　　123456
部三　4冊　陳垣贈書　　61550
部四　4冊　毛裝　　　123453
部五　4冊　毛裝　　　123454

0840*

清代學者象傳第二集/(清)葉衍蘭纂繪；葉恭綽輯.—1953年影印本.—1冊：像.—據葉氏手繪影印；陳垣贈書　　　　　　　　　　61551
部二　1冊　　　　　　123460
部三　1冊　　　　　　123461

0841*

[清王曾孫王壽同等人事蹟]/(清)佚名編.—民國間抄本.—1冊　　　　124116

0842

[長白瓜爾佳氏三忠傳]/(清)佚名輯.—清光緒間刻本.—1冊　　　　128177

0843

楚壨三文忠傳/(清)佚名撰.—清末刻本.—1冊.—書名據書名頁題　　128036

0844*

清代國史館列傳/佚名撰.—民國間朱絲欄抄本.—70冊.—原書卷數不詳,存63卷：卷5—9、10—14、20—23、25—27、30—39、44、48、55—56、61—66、68—69、72—73、85—86、88、91—97、99—112、114—115、117—119；書名據書衣題　　69826

0845*

清代名人錄/佚名輯.—民國間抄本.—1冊.—書名據書衣題；附歷代帝王年號表　　123487

0846*

貪官汙吏傳　一卷/老吏撰；新中國圖書局編.—民國元年(1912)廣益書局上海鉛印本.—1冊.—與奴才小史合印　　　　　　　　　　110666
部二　1冊　　　　　　123466

0847*

奴才小史　一卷/老吏撰；新中國圖書局編.—民國元年(1912)廣益書局上海鉛印本.—1冊.—與貪官汙吏傳合印　　　　　　　　123466
部二　1冊　　　　　　110666

0848*

梁溪旅稿　二卷/李法章撰.—民國10年(1921)無錫錫成公司鉛印本.—1冊　　123481
部二　1冊　　　　　　128612

0849*

右史新編　二卷/趙曾望撰.—民國5年(1916)石印本.—2冊.—書名據書籤題　　123486

0850*

清代名人軼事　十六卷/葛虛存撰.—民國9年(1920)會文堂書局上海石印本.—6冊.—第四版
123477

部二　6冊　　　　　　　　　　　123478

0851*

清代名人軼事　十六卷/葛虛存撰.—1996年中國書店北京影印本.—4冊.—據民國間石印本影印
141843

0852*

留芬集/柳逢原輯.—民國9年(1920)抄本.—1冊.—毛裝　　　　　　　　　　　　　127656

0853*

前清十一朝皇帝真像/有正書局編.—民國5年(1916)有正書局上海影印本.—1冊:像.—據清畫像影印;西諦藏書　　　　　　　　　XD899

部二　1冊　　　　　　　　　　　123494

部三　1冊　　　　　　　　　　　123495

0854

國朝書人輯略　十一卷卷首一卷/震鈞輯.—清光緒三十四年(1908)金陵刻本.—8冊　　15611

部二　8冊　　　　　　　　　　　15613

部三　8冊　　　　　　　　　　　15614

部四　8冊　　　　　　　　　　　123448

部五　4冊　　　　　　　　　　　128012

0855

國朝文苑傳　一卷/易順鼎撰.—清末刻本.—1冊.—版心題哭盦叢書、慕皋盧雜刻;西諦藏書;與國朝孝子小傳合印　　　　　　　XD9982

0856

國朝孝子小傳　一卷/易順鼎撰.—清末刻本.—1冊.—西諦藏書;與國朝文苑傳合印　XD9982

0857

續碑傳集　八十六卷卷首二卷/繆荃孫纂.—清宣統二年(1910)江楚編譯書局刻本.—24冊　123496

部二　24冊　　西諦藏書　　　　XD9407

部三　24冊　　　　　　　　　　124455

部四　24冊　　　　　　　　　　123501

部五　24冊　　　　　　　　　　123503

0858*

續碑傳集　八十六卷卷首二卷/繆荃孫纂.—1984年江蘇廣陵古籍刻印社揚州影印本.—24冊.—據清宣統二年(1910)江楚編譯書局刻本影印　123505

0859*

續碑傳集索引/佚名編.—民國間國立北平圖書館抄本.—1冊　　　　　　　　　　124121

0860

中興將帥別傳　三十卷/朱孔彰撰.—清光緒二十三年(1897)江寧刻本.—10冊　　123464

部二　8冊　　　　　　　　　　　123463

部三　12冊　　　　　　　　　　123465

部四　9冊　　缺3卷:卷1—3　　127708

0861

中興將帥別傳　三十卷續編六卷/朱孔彰撰.—清光緒三十二年(1906)江寧刻本.—12冊　123462

部二　12冊　　陳垣贈書　　　　128015

0862

中興名臣事略　八卷/朱孔彰撰.—清光緒二十五年(1899)上海圖書集成印書局鉛印本.—4冊.—書名頁及書簽題續先正事略;陳垣贈書　　127903

部二　4冊　　　　　　　　　　　123467

部三　4冊　　　　　　　　　　　123468

0863

中興名臣事略　八卷/朱孔彰撰.—清光緒間山東官印書局鉛印本.—4冊.—本書又名續先正事略
123506

0864

中興名臣事略　八卷/朱孔彰撰.—清光緒二十四年(1898)上海書局石印本.—4冊　　123471

0865

續先正事略　八卷/朱孔彰撰.—清光緒二十七年(1901)文盛書局上海石印本.—4冊.—書名頁及書簽題國朝先正事略續編　　　　123469

0866

咸豐以來功臣別傳　三十卷/朱孔彰撰.—清光緒
二十四年(1898)元和胡氏漸學廬石印本.—6 册.—
(漸學廬叢書)　　　　　　　　　　　123510
　部二　6 册　　　　　　　　　　　123451
　部三　6 册　　　　　　　　　　　127608

0867*

清國史三十一大臣傳/佚名編.—民國間吳興錢恂
藍絲欄抄本.—1 册.—書名據書衣題.—毛裝
　　　　　　　　　　　　　　　　123235

0868

國朝書畫家筆錄　四卷/竇鎮輯.—清宣統三年
(1911)文學山房蘇州木活字本.—8 册.—陳垣贈書
　　　　　　　　　　　　　　　　128076
　部二　8 册　西諦藏書　　　　　　XD1156
　部三　8 册　西諦藏書　　　　　　XD1469
　部四　8 册　　　　　　　　　　　152040
　部五　8 册　　　　　　　　　　　15241

0869*

清朝書畫家筆錄　四卷/竇鎮輯.—民國 12 年
(1923)朝記書莊鉛印本.—4 册.—書籤題清朝書畫錄
　　　　　　　　　　　　　　　　59164

0870*

清朝書畫錄　四卷/竇鎮輯.—民國 9 年(1920)進
化書局上海石印本.—4 册.　　　　　58582

0871*

[清史列傳底稿]/清史館編.—民國間清史館朱格
暨朱絲欄抄本.—6 册　　　　　　　123240

0872*

胡林翼官文列傳/清史館撰.—民國間清史館朱絲
欄抄本.—1 册.—毛裝　　　　　　　123491

0873*

魏默深師友記　二卷/李柏榮撰.—民國 25 年
(1936)大展紙業印刷局鉛印本.—1 册.—目錄頁版心
題魏默深先生師友記　　　　　　　123512

0874*

清代帝后像　四輯/北平故宮博物院編輯.—民國
間故宮博物院北平影印本.—4 册:像.—西諦藏書
　　　　　　　　　　　　　　　　XD9419
　部二　2 册　存 3—4 輯;西諦藏書　XD8180
　部三　2 册　存 1—2 輯　　　　　17576
　部四　2 册　存 1—2 輯　　　　　123514
　部五　1 册　存第 2 輯　　　　　　58586

0875*

舊聞隨筆　四卷/姚永樸撰.—民國 14 年(1925)鉛
印本.—1 册　　　　　　　　　　　123475
　部二　1 册　　　　　　　　　　　123474
　部三　1 册　　　　　　　　　　　123473
　部四　1 册　　　　　　　　　　　123476
　部五　1 册　　　　　　　　　　　128800

0876*

[范氏家傳]/范迪章編.—民國間范迪章朱絲欄稿
本.—1 册.—毛裝　　　　　　　　　152888

0877*

朱李二先生傳/尹炎武撰.—民國間鉛印本.—1
册.—朱孔彰、李詳二先生傳記　　　123515
　部二　1 册　陳垣贈書　　　　　　128753
　部三　1 册　　　　　　　　　　　128572
　部四　1 册　　　　　　　　　　　128741
　部五　1 册　　　　　　　　　　　128785

0878*

清代徵士記　三卷/袁丕元撰.—民國 23 年(1934)
石印本.—1 册　　　　　　　　　　123479
　部二　1 册　　　　　　　　　　　123480

0879*

感舊集小傳拾遺　四卷/陳衍撰.—民國間刻本.—
1 册　　　　　　　　　　　　　　123484
　部二　1 册　　　　　　　　　　　123485
　部三　1 册　西諦藏書　　　　　　XD10356

0880*

碑傳集補　六十卷卷首二卷卷末一卷/閔爾昌
纂.—民國 21 年(1932)燕京大學國學研究所北平鉛
印本.—24 册.—西諦藏書　　　　　XD2416

部二　24册　陳垣贈書　123521
部三　24册　123517
部四　24册　123519
部五　24册　123520

0881*

碑傳集補　六十卷卷首二卷卷末一卷/閔爾昌纂.—1984年江蘇廣陵古籍刻印社揚州影印本.—24册.—據民國21年(1932)燕京大學國學研究所北平鉛印本影印　123522

0882*

清代徵獻類編　五種/嚴懋功編.—民國21年(1932)梁溪嚴懋功鉛印本.—8册　9436
部二　8册　9435
部三　8册　9434
部四　8册　9433
部五　8册　45699

0883

國朝畫家書小傳　四卷/葉銘輯.—清宣統元年(1909)西泠印社鉛印本.—1册.—西諦藏書;附荔香室小傳　XD1409

0884*

清代的幾個思想家/容肇祖撰.—民國24年(1935)北京大學出版組鉛印本.—1册.—中國思想史參考資料之一;陳垣贈書　57894
部二　1册　123482
部三　1册　13726

0885*

金石家書畫集小傳/西泠印社纂輯.—民國間西泠印社鉛印本.—1册.—西諦藏書　XD1354
部二　1册　124082

0886*

滿漢大臣列傳　八十卷/羅振玉輯.—民國間東方學會鉛印本.—20册.—(六經堪叢書).—書名頁題國史列傳;西諦藏書　XD1947
部二　20册　123317
部三　20册　123313
部四　20册　123314
部五　20册　123315

0887*

滿漢大臣列傳　八十卷/羅振玉輯;中國民族圖書館整理.—199[?]年天津古籍出版社掃描油印本.—20册.—書名頁題國史列傳;據民國間東方學會鉛印本掃描油印　141649

0888*

清史列傳　八十卷/中華書局編.—民國17年(1928)中華書局上海鉛印本.—80册　4648
部二　80册　4647
部三　80册　69027
部四　80册　71619
部五　78册　存78卷:卷3—80　150716

0889*

清史列傳樣本/中華書局編.—民國間中華書局上海鉛印本.—1册　155860

0890*

道咸以來梨園繫年小錄/周明泰輯.—民國21年(1932)商務印書館北平鉛印本.—1册.—幾禮居戲曲叢書之一;西諦藏書　XD5666
部二　1册　18588
部三　1册　60367
部四　1册　128556
部五　1册　142814

0891*

道咸以來梨園繫年小錄/周明泰輯.—民國間幾禮居稿本.—2册　18589

0892

吴果壯公蘇勤僖公行述/(清)蘇完尼撰.—清抄本.—1册.—(清)吴拜(1596—1665),謚果壯;(清)苏拜(?—1664),谥勤僖;書名據書衣題　124670

0893

國初忠勇超群記/(清)富察誠斌撰.—清道光間刻本.—2册　123328
部二　1册　127832

0894*

嘆逝編/(清)陸昆曾撰;(清)陸鉽編.—民國間抄本.—1册　124256

0895*

嘆逝編/(清)陸昆曾撰;(清)陸鉽編.—民國間抄本.—1冊 124257

0896*

清初三大詩家 四卷/陳靜秋編.—民國13年(1924)中華印刷局北京鉛印本.—2冊.—附然燈紀聞、談龍錄、紅豆集草 123483

0897*

師友淵源錄 二十八卷/(清)嚴長明,(清)嚴觀輯.—民國31年(1942)四明張氏約園烏絲欄抄本.—8冊.—毛裝 123310

0898

庚辛之間亡友列傳/(清)章學誠撰.—清末虞山周氏鴿峰草堂烏絲欄抄本.—1冊 123527

0899*

窮交十傳 一卷/(清)團維墉撰.—民國5年(1916)刻本.—1冊 123528

0900

傳錄匯存/(清)佚名輯.—清道光間刻本.—1冊.—書名據書衣題.—毛裝 123529

0901

世篤忠貞錄/(清)榮祿等輯.—清光緒間刻本.—1冊.—書名據書簽題 123438

部二 2冊 123439

部三 2冊 123530

部四 2冊 147269

部五 1冊 殘缺 127916

0902

昭忠錄 九十卷補遺二卷再續九卷三續五卷/(清)忠義局編.—清同治四年至光緒二年(1865—1876)江蘇省忠義局刻本.—48冊:表 123532

0903

義舉合祀彙編/(清)胡光國輯.—清光緒三十四年(1908)愚園刻本.—1冊.—書名頁題義舉合祀題詠彙編 127632

0904

江表忠略 二十卷/陳澹然撰.—清光緒二十八年(1902)桐城陳氏長沙刻本.—6冊 6101

部二 6冊 123446

部三 6冊 127717

部四 4冊 128033

0905

兩江忠義傳/陳澹然撰.—清光緒間綠絲欄抄本.—1冊 123390

0906*

[太平天國九王傳]/清史館撰.—民國間清史館朱絲欄及朱格稿本.—3冊 4686

0907

昭忠錄前編 六卷/(清)佚名編.—清末刻本.—4冊:表 123234

0908

昭忠錄補遺 二卷三續五卷前編補遺續一卷/(清)佚名編.—清光緒三年(1877)刻本.—2冊:表.—書名頁題昭忠錄補遺三續 123531

0909

李滔肅武滔二公父子列傳/(清)佚名撰.—清光緒二十九年(1903)金陵刻本.—1冊 127739

部二 1冊 128054

0910

東軒吟社畫像/(清)費丹旭繪;(清)黃士珣記;(清)諸可寶傳.—清光緒二年(1876)錢塘汪氏振綺堂刻本.—2冊.—書名據書名頁題 16872

部二 1冊 西諦藏書 XD10018

部三 1冊 西諦藏書 XD10139

部四 1冊 62867

部五 1冊 58895

0911

鞠臺集秀錄/(清)佚名撰.—清光緒二十二年(1896)刻本.—1冊 147559

0912*

[清末進士小傳]/佚名編.—民國間鉛印本.—1冊:

像.—間有殘缺　　　　　　　153104

0913

　　［訃文粘存］/（清）佚名輯.—清光緒間粘貼本.—1
冊　　　　　　　　　　　　154217

0914*

　　辛亥殉難記　六卷卷首一卷/吳自修撰.—民國間
鉛印本.—2冊.—附西安駐防殉難職官兵丁表等
　　　　　　　　　　　　　123533
　　　部二　2冊　　　　　　XD2167
　　　部三　1冊　　　　　　75862
　　　部四　1冊　　　　　　128447
　　　部五　1冊　　　　　　123536

0915*

　　辛亥殉難表/吳自修撰.—民國間鉛印本.—1冊.—
書名據版心題　　　　　　　123534
　　　部二　1冊　　　　　　123535
　　　部三　1冊　　　　　　74951

0916*

　　辛亥殉節錄　六卷/羅正鈞輯.—民國9年（1920）
湘潭羅氏養正齋刻本.—2冊　　128500
　　　部二　2冊　　　　　　123540

0917*

　　庚子辛亥忠烈像贊/馮恕輯.—民國間影印本.—1
冊:像.—西諦藏書　　　　　　XD9408
　　　部二　1冊　　　　　　123542
　　　部三　1冊　　　　　　123543
　　　部四　1冊　　　　　　123544

0918*

　　章太炎復馮自由書/章炳麟撰.—民國間鉛印本.—
1幅　　　　　　　　　　　152177

傳190　民國

0919*

廖平林損劉師培田桐鄒容劉貞一曹亞伯禹之謨張

森楷傳草稿/莊桓撰.—民國間抄本.—1冊.—毛裝
　　　　　　　　　　　　　128711

0920*

　　民國俠烈傳/何勁編.—民國元年（1912）湖南演說
科長沙鉛印本.—1冊.—西諦藏書　　XD10024

0921*

　　著涒社同人小傳/張文森撰.—民國3年（1914）影
印本.—1冊.—書名頁題著涒吟社同人小傳.—平裝
　　　　　　　　　　　　　124083

0922*

　　當代名人事略　二卷/佚名編.—民國間鉛印本.—
1冊.—西諦藏書　　　　　　XD9409

0923*

　　城南詩社小傳/馬仲塋編.—民國18年（1929）馬仲
塋稿本.—1冊.—毛裝　　　　124024

0924*

　　［張勳康有為傳］/張伯楨撰.—民國間鉛印本.—1
冊.—清史稿·列傳第260卷　　123516

0925*

　　壺中九老圖題記/楊建綸輯.—民國21年（1932）鉛
印本.—1冊　　　　　　　　123548
　　　部二　1冊　　　　　　123549
　　　部三　1冊　　　　　　128443
　　　部四　1冊　　　　　　128557

0926*

　　菊部人部志/仲塋輯.—民國18年（1929）抄本.—1
冊.—毛裝　　　　　　　　　128472

0927*

　　涇原故舊記/于右任撰.—民國間鉛印本.—1冊
　　　　　　　　　　　　　128479

0928*

　　于右任書墓誌墓表　二十一件/陝西省地方誌編纂
委員會編.—1985年三秦出版社陝西影印本.—21冊
十出版說明（1冊）.—書名據版權頁題　　61812

**0929*

楊振鴻張文光合刊/佚名輯.—民國間抄本.—1
冊.—書名據書衣題.—毛裝　　　　　128698

**0930*

宋漁父林頌亭書牘及事略/姜泣群編.—民國 2 年
(1913)中華藝文社上海鉛印本.—1 冊.—書名、編者
據版權頁題　　　　　　　　　　123550

**0931*

碧血黃花集　三卷/林森編.—民國 8 年(1919)鉛
印本.—1 冊:圖　　　　　　　123552
　部二　1 冊　西諦藏書　　　　XD2018

**0932*

孝子節婦傳贊/孫斯久編.—民國 23 年(1934)鉛印
暨影印本.—1 冊:照片.—書名據書簽題　128811
　部二　1 冊　　　　　　　　128812

**0933*

江南遊學記/洪健撰.—民國 25 年(1936)明善書局
上海鉛印本.—1 冊.—附洪祖邁等撰附錄　41959

**0934*

金融人物志/中國金融年鑒社編.—民國 37 年
(1948)中國金融年鑒社上海鉛印本.—1 冊:像.—11
月版　　　　　　　　　　　123553

**0935*

金融人物志/中國金融年鑒社編.—民國 37 年
(1948)鉛印本.—1 冊:像.—12月版　123548

**0936*

四聯總處中國交通農民三行及中信局派赴平津搭
機殉職人員事蹟/佚名編.—民國間鉛印本.—1 冊.—
書名據書簽題　　　　　　　　123554
　部二　1 冊　　　　　　　　123555
　部三　1 冊　　　　　　　　123556

**0937*

張鶴峰趙鐵山陳芷莊三先生殉國紀念匯刊/佚名
輯.—民國間鉛印本.—1 冊:照片.—書名據目錄及書
簽題　　　　　　　　　　　128539

傳 212～240　各地
傳 212　天津

**0938

天津名伶小傳/(清)劍影客撰.—清宣統元年
(1909)鉛印本.—1 冊　　　　　59606

傳 213　河北

**0939

畿輔人物志　二十卷/(清)孫承澤撰.—清順治間
刻本.—4 冊　　　　　　　　123558

**0940

畿輔人物考　八卷/(清)孫奇逢輯;(清)高鐈,(清)
孫立雅編.—清同治八年(1869)刻本.—8 冊.—兼山
堂藏板　　　　　　　　　　123561
　部二　8 冊　　　　　　　　123562
　部三　8 冊　　　　　　　　123563
　部四　8 冊　　　　　　　　123564
　部五　4 冊　缺 3 卷:卷1—3　128888

**0941*

畿輔人物考　八卷/(清)孫奇逢輯;(清)高鐈,(清)
孫立雅編.—1990 年江蘇廣陵古籍刻印社揚州影印
本.—8 冊.—據清同治八年(1869)刻本影印　141615
　部二　8 冊　　　　　　　　141616

**0942

皇朝畿輔三賢傳/(清)范鳴鳳輯.—清光緒十年
(1884)刻本.—1 冊　　　　　124020

**0943*

大清畿輔先哲傳　四十卷/徐世昌撰.—民國間天
津徐氏刻本.—22 冊.—附大清畿輔列女傳　123565
　部二　22 冊　　　　　　　123566
　部三　22 冊　　　　　　　123568
　部四　22 冊　　　　　　　123569
　部五　22 冊　　　　　　　123574

0944*

　　[大清畿輔先哲傳]　四十卷/[徐世昌]撰.—民國間天津徐世昌稿本.—267 册.—缺 8 卷:卷 10、12、13、16—19、列女傳卷 1,所存各卷中亦有缺失傳記;附大清畿輔列女傳.—毛裝　　　　　　152811

0945*

　　畿輔死事傳.—民國間朱絲欄抄本.—1 册.—毛裝
　　　　　　　　　　　　　　　　　123557

0946

　　名宦傳　二卷/(清)黃恩彤輯.—清道光二十五年(1845)刻本.—1 册.—板存燕濟會館　　124019

0947

　　節烈事實錄/(清)畢荊亭撰.—清光緒十九年(1893)刻本.—1 册　　　　　　124031

0948

　　瘦史　一卷/(清)梁清遠撰.—清順治間刻咸豐六年(1856)正定府署重印本.—1 册　　123559
　　部二　1 册　　　　　　　　　　123110
　　部三　5 册　　與雕丘雜錄合印　　7662

0949

　　瘦史/(清)梁清遠撰.—清抄本.—1 册　　123560

0950

　　東安人物志/馬鍾琇輯.—清宣統三年(1911)鉛印暨油印本.—1 册　　　　　　76076

0951*

　　固安文獻志　二十卷/賈廷林編.—民國 16 年(1927)固安公署鉛印本.—8 册:像　　124026
　　部二　10 册　　　　　　　　　124027
　　部三　8 册　　　　　　　　　124028
　　部四　8 册　　　　　　　　　124029
　　部五　8 册　　　　　　　　　128631

0952

　　文安縣張氏傳志/(清)張箴等撰.—清紫格抄本.—2 册.—毛裝　　　　　　124023

傳 214　　山東

0953

　　海岱史略　一百四十卷/(清)王馭超編.—清光緒二十三年(1897)安邱王氏刻本.—24 册　　123579
　　部二　24 册　　　　　　　　　123580
　　部三　24 册　　　　　　　　　123581

0954

　　海岱傳人集/(清)佚名輯.—清抄本.—4 册.—有硃筆圈點;西諦藏書　　　　　XD9411

0955

　　北海耆舊傳　十一卷/(清)張昭潛撰.—清同治七年(1868)北海張昭潛無爲齋稿本.—4 册.—附北海耆舊藝文考、北海劉昶世次圖、北海王猛世次圖　　123595

0956*

　　北海人範/丁啓喆撰.—民國 26 年(1937)濰縣同志畫社石印本.—2 册:像　　　　123594

0957*

　　濰縣鄉賢傳　四卷/丁錫田撰.—民國間石印本.—1 册.—有粘貼修改;十笏園叢刊之一　　123593

0958

　　[諸城李氏家傳]/(清)張履撰.—清刻本.—1 册.—收諸城李宜芳、李宜蕃、李林及李梴四人傳記.—毛裝　　　　　　　　　　　128735

0959

　　安丘縣學崇祀鄉賢小傳　一卷續安丘鄉賢小傳一卷/(清)張貞撰.—清康熙間刻本.—1 册.—版心題安丘鄉賢小傳.—毛裝　　　　123582

0960

　　安丘縣學崇祀鄉賢小傳　一卷續安丘鄉賢小傳一卷/(清)張貞撰.—清康熙間刻清雍正八年(1730)增刻本.—1 册:像.—版心題安丘鄉賢小傳;附續安丘鄉賢小傳/(清)張在辛輯　　　127879

0961*

掖邑鄉賢考記/(清)毛式玉編輯.—民國 25 年
(1936)東萊趙永厚堂鉛印本.—1 冊　　　123583

0962

琅邪詩人小傳　一卷/(清)佚名撰.—清抄本.—1
冊.—有硃筆校改;與僑寓傳合抄　　　123584

0963

僑寓傳　一卷/(清)佚名撰.—清抄本.—1 冊.—有
硃筆校改;與琅邪詩人小傳合抄　　　123584

傳 215　河南

0964

中州人物考　八卷/(清)孫奇逢輯;(清)王元鑪,
(清)孫立雅編.—清道光二十四年(1844)刻本.—6
冊.—有硃筆圈點　　　　　　　　　123585
　部二　8 冊　　　　　　　　　　　123586
　部三　8 冊　　　　　　　　　　　123587
　部四　8 冊　　　　　　　　　　　123588

0965*

中州人物考　八卷/(清)孫奇逢輯;(清)王元鑪,
(清)孫立雅編.—1990 年江蘇廣陵古籍刻印社揚州影
印本.—6 冊.—據清道光二十四年(1844)刻本影印
　　　　　　　　　　　　　　　　123589
　部二　6 冊　　　　　　　　　　　141489

0966

中州朱玉錄　二卷/(清)耿興宗輯.—清咸豐二年
(1852)刻本.—1 冊.—賜綺堂藏板　　123592

0967*

河南人物小樂府　二卷/(清)衛濟世撰.—民國 4
年(1915)石印本.—1 冊.—序題重印中州人物小樂
府,版心題小樂府　　　　　　　　　100048

0968*

中州先哲傳　三十七卷/李時燦等編.—民國間開
封經川圖書館刻本.—18 冊.— 缺 2 卷:卷 21—22;中
州文獻彙編之一　　　　　　　　　123590

0969*

精忠祠與中州先哲祠說略/陳銘鑒輯.—民國間西
平陳銘鑒朱絲欄稿本.—1 冊　　　123591

傳 216　山西

0970

三立祠傳　二卷附錄一卷/(明)袁繼咸纂;(清)劉
梅重訂;(清)和其衷重編.—清乾隆間刻本.—4 冊.—
目錄等題重編三立祠列傳,凡例題重刊三立祠名賢
傳;西諦藏書　　　　　　　　　　XD9986

0971

三立祠傳　二卷附錄一卷/(明)袁繼咸纂;(清)劉
梅重訂;(清)和其衷重編.清乾隆間刻道光間增刻
本.—4 冊.—目錄題重編三立祠列傳,凡例題重刊三
立祠名賢傳　　　　　　　　　　123605

0972*

山西獻徵　八卷/常贊春纂輯;賈耕鑒定.—民國 25
年(1936)山西省文獻委員會鉛印本.—6 冊　123607
　部二　6 冊　　　　　　　　　　　123608
　部三　6 冊　　　　　　　　　　　123609
　部四　6 冊　　　　　　　　　　　123610

0973*

山西名賢輯要　八卷/胡春霖輯.—民國 27 年
(1938)鉛印本.—5 冊　　　　　　　42107

0974*

山西省鄉賢傳/張赤幟輯.—民國間鉛印本.—2 冊
　　　　　　　　　　　　　　　　123600
　部二　2 冊　　　　　　　　　　　123601
　部三　2 冊　　　　　　　　　　　123602
　部四　1 冊　　存第 1 冊　　　　123603

0975*

清代山右碑傳錄/田玉霖編.—民國間田玉霖稿
本.—6 冊　　　　　　　　　　　123604

傳 217　陝西

0976*

蒲城獻徵錄　二卷補遺一卷/周爰諏輯.—民國間刻本.—1 冊.—書名頁題蒲城文獻徵錄;與蒲城文獻續錄合訂　　　　　123615

0977*

蒲城文獻續錄　一卷/周爰諏輯.—民國間鉛印本.—1 冊.—與蒲城獻徵錄合訂;附文獻徵錄勘補　　　　　123615

傳 218　甘肅

0978*

甘肅人物志　二十四卷/張維等撰.—民國 15 年(1926)隴右樂善書局鉛印本.—8 冊:表　　　123617

0979*

甘肅人物志　二十四卷/張維等撰.—民國間稿本.—26 冊.—存 18 卷:卷 1、4—20　　　128712

0980*

甘肅人物志　二十四卷/張維等撰.—民國間朱格抄本.—8 冊:表　　　　　123618

0981*

隴右民族英雄集/鄒光魯撰.—民國 31 年(1942)鉛印本.—1 冊.—附抗敵民族英雄歌、初刊校餘識言、隴右古今縣名對照表　　　　　123624
　部二　1 冊　　　　　123623

0982*

隴右民族英雄集/鄒光魯撰.—民國 28 年(1939)油印本.—1 冊.—附抗敵民族英雄歌　　　123625

0983*

襄武人物志　二卷/(清)吳之珽撰.—民國 5 年(1916)首陽舊縣刻本.—2 冊.—板藏同人堂　123612

　部二　2 冊　有墨筆校改　　　　　123613

0984

武威耆舊傳　四卷/(清)潘挹奎撰.—清刻本.—2冊　　　　　123620
　部二　1 冊　　　　　123621
　部三　1 冊　　　　　123622

傳 221　上海

0985

南湖舊話　六卷/(清)李延昰撰;(清)李尚綱補撰;(清)李漢徵引釋.—清嘉慶二十二年(1817)雲間張慎餘刻本.—6 冊.—書三昧樓藏板　　　123680

0986*

南吳舊話錄　二十四卷補遺一卷附錄一卷/(清)西園老人口授;(清)李尚綱補撰;(清)李漢徵引釋.—民國 4 年(1915)鉛印本.—6 冊.—西園老人即(清)李延昰　　　　　123675
　部二　6 冊　　　　　128884
　部三　6 冊　卷末有知堂墨筆題記　42305

0987

雲間孝悌錄/(清)胡瀾輯.—清道光十三年(1833)刻本.—1 冊　　　　　123648

0988

練川名人畫象　四卷附二卷續編三卷/(清)程祖慶編.—清光緒四年(1878)刻本.—2 冊:像　127929
　部二　2 冊　西諦藏書　　　XD10374
　部三　2 冊　西諦藏書　　　XD10376
　部四　1 冊　缺 3 卷:續編卷 1—3;西諦藏書　　　　　XD10375
　部五　2 冊　　　　　61804

0989

華亭節孝家傳/(清)姜坌等撰.—清烏絲欄抄本.—1 冊.—書名據書衣題.— 平裝　　123633

0990*

　金山衛佚史/姚光輯.—民國初鉛印本.—1冊
　　　　　　　　　　　　　　　　　123785

傳222　江蘇

0991

　京口耆舊傳　九卷/(宋)佚名撰.—清抄本.—4冊
　　　　　　　　　　　　　　　　　123616

0992*

　潤州先賢錄　六卷/(明)姚堂等編.—民國22年
(1933)南京國學圖書館影印本.—2冊：像.—據明天
順間刻本影印　　　　　　　　　　　123682
　　部二　2冊　　　　　　　　　　123683

0993

　同里先哲志　一卷/(明)吳驥輯.—清抄本.—1
冊.—與續同里先哲志、同里闇德志合抄　123684

0994

　姑蘇名賢小記　二卷/(明)文震孟編.—清光緒八
年(1882)長洲蔣氏心榘齋刻本.—2冊.—(心矩齋叢
書)　　　　　　　　　　　　　　　123644
　　部二　2冊　西諦藏書　　　　　XD9414

0995

　姑蘇名賢小記　二卷/(明)文震孟編.—清光緒九
年(1883)長洲蔣氏心榘齋刻本.—1冊.—長洲蔣氏刻
書三種之一；書衣有墨筆題記　　　　123642
　　部二　2冊　　　　　　　　　　123643

0996

　姑蘇名賢小記　二卷/(明)文震孟編.—清光緒宣
統間抄本.—1冊.—有翁斌孫民國10年墨筆題記.—
毛裝　　　　　　　　　　　　　　　123646

0997*

　姑蘇名賢續記　一卷/(明)文秉編.—民國23年
(1934)鉛印本.—1冊.—(甲戌叢編).—西諦藏書
　　　　　　　　　　　　　　　　　XD9412

0998*

　毗陵人品記　十卷/(明)毛憲初編；(明)葉金纂輯；
(明)吳亮增修.—民國25年(1936)毗陵毛氏木活字
本.—4冊.—本書書名頁、牌記與123672均不同
　　　　　　　　　　　　　　　　　123671

0999*

　毗陵人品記　十卷/(明)毛憲初編；(明)葉金纂輯；
(明)吳亮增修.—民國25年(1936)毗陵毛氏木活字
本.—4冊.—本書書名頁、牌記與123671均不同
　　　　　　　　　　　　　　　　　123672

1000

　梅花草堂集　十一卷/(明)張大復撰；(清)汪中鵬
補訂.—清雍正間刻本.—6冊.—收昆山人物傳、名
宦傳　　　　　　　　　　　　　　　123667
　　部二　4冊　有抄配　　　　　　123668
　　部三　4冊　卷末缺頁　　　　　123669

1001

　松窗快筆　一卷/(明)龔立本撰.—清同治十三年
(1874)虞山顧氏刻本.—1冊.—(小石山房叢書)
　　　　　　　　　　　　　　　　　123121
　　部二　1冊　與吳門耆舊記合印　123649

1002*

　江陰節義略　一卷/(明)張佳圖撰.—民國12年
(1923)木活字本.—5冊.—(名山叢書).—與名山三
集、謫星說詩、謫星筆談、謫星詞、課徒續草合印
　　　　　　　　　　　　　　　　　39885

1003

　續吳先賢讚　十五卷/(明)劉鳳撰.—明刻本.—4
冊.—存10卷：卷3—12　　　　　　123628
　　部二　1冊　存2卷：卷11—12；西諦藏書
　　　　　　　　　　　　　　　　　XD9413

1004

　紀善錄/(明)杜瓊輯.—清抄本.—1冊.—與洪武聖
政記合抄　　　　　　　　　　　　　123726

1005

　山陽錄　一卷/(清)陳貞慧輯.—清光緒間宜興陳
氏清芬草堂刻本.—1冊.—(陳定生先生遺書三

種).—與秋園雜佩合印　　　　　　　39627

1006

松陵文獻　十五卷/(清)潘檉章撰.—清康熙間刻本.—3 冊　　　　　　　142320

1007

蘇州府微顯志　八卷/(清)蕭翀輯.—清乾隆間刻本.—2 冊.—版心題青楊草堂稿　123647

1008

虞邑先民傳略　十六卷/(清)陶貞編.—清嘉慶二十年(1815)刻本.—1 冊.—書名頁題虞邑先民傳;西諦藏書　　　　　　　　　　　XD9993

1009*

虞邑先民傳略　十六卷/(清)陶貞編.—民國間常熟縣圖書館藍絲欄抄本.—1 冊　123679

1010

續同里先哲志　二卷/(清)章夢陽輯.—清抄本.—1 冊.—與同里先哲志、同里闓德志合抄　　123684

1011

江陰忠義恩旌錄　六卷/(清)高觀瀾撰.—清道間刻本.—1 冊.—有缺頁　　　123678

1012

吳郡名賢圖傳贊　二十卷/(清)顧沅輯;(清)孔繼堯繪.—清道光間長洲顧氏刻本.—8 冊:圖及像.—左圖右文　　　　　　　　　123638
部二　20 冊　　　　　　　123639
部三　8 冊　西諦藏書　　　XD9416
部四　4 冊　　　　　　　123641
部五　10 冊　存 10 卷:卷 1—10　149501

1013

吳郡名宦先賢遺像/(清)顧沅輯;(清)孔繼堯繪.—清拓本.—10 冊.—書名據跋題.—經摺裝　123676

1014

吳郡名宦先賢遺像/(清)顧沅輯;(清)孔繼堯繪.—清拓本.—8 冊.—有殘缺;書名據跋題.—經摺裝
　　　　　　　　　　　123653

部二　7 冊　有缺頁　　　151866

1015

吳地名賢像贊/(清)石韞玉撰.—清刻本.—2 冊.—版心題吳地名賢贊　　　124006

1016

江震人物續志　十卷補遺一卷/(清)趙蘭佩輯.—清道光二十一年(1841)秀水計光炘刻本.—6 冊.—有墨筆題記　　　　　　　123635
部二　8 冊　　　　　　　123636
部三　3 冊　缺補遺　　　123637

1017

吳門耆舊記　一卷/(清)顧承撰.—清同治十三年(1874)虞山顧氏刻本.—1 冊.—(小石山房叢書).—與松窗快筆合印　　　　123649

1018

海虞畫苑略　一卷補遺一卷/(清)魚翼輯.—清同治十三年(1874)虞山顧氏刻本.—1 冊.—(小石山房叢書).—西諦藏書　　　　XD1364

1019

旌表事實姓氏錄/(清)彭福保等編.—清同治七年(1868)採訪局活字本.—4 冊.—書名據書名頁及版心題;有清同治八年序　123652

1020

崇川書香錄/(清)袁景星,(清)劉長華輯.—清同治七年(1868)刻本.—4 冊　　　123677
部二　4 冊　西諦藏書　　　XD3896

1021

忠貞錄/(清)顧雲輯.—清光緒間刻本.—1 冊.—記江蘇江寧府上元縣顧長庚父女忠貞事迹　123388

1022

朱方先民事略殘編/(清)姚文馥撰;姚錫光編校.—清末抄本.—1 冊.—毛裝　　　123782

1023

江陰忠義錄/(清)季念詒輯.—清光緒四年(1878)木活字本.—14 冊.—書名頁題江陰縣忠義錄　123681

1024

　邗江鍾毓/（清）詹坦編.—清光緒二十九年（1903）揚州府學木活字本.—1 冊.—有光緒三十年徐兆英序
　　　　　　　　　　　　　　150129

1025

　金陵文徵小傳彙刊/（清）張熙亭撰；（清）張沂元續撰.—清光緒二年（1876）夏家鎬京師刻本.—1 冊
　　　　　　　　　　　　　　123670
　部二　1 冊　　　　　　　123305

1026

　桑梓潛德錄　五卷/（清）劉芳等纂修.—清光緒六年（1880）活字本.—4 冊.—與桑梓潛德續錄、桑梓潛德錄三集合印
　　　　　　　　　　　　　　123687
　部二　6 冊　　　　　　　123688

1027

　桑梓潛德續錄　四卷/（清）畢應箕等纂修.—清光緒六年（1880）活字本.—4 冊.—與桑梓潛德錄、桑梓潛德錄三集合印
　　　　　　　　　　　　　　123687
　部二　6 冊　　　　　　　123688

1028

　桑梓潛德錄三集　六卷/（清）湯成烈等纂修.—清光緒六年（1880）活字本.—4 冊.—與桑梓潛德錄、桑梓潛德續錄合印
　　　　　　　　　　　　　　123687
　部三　6 冊　　　　　　　123688

1029

　留溪外傳　十八卷/（清）陳鼎撰.—清光緒二十四年（1898）武進盛氏刻本.—4 冊.—（常州先哲遺書）
　　　　　　　　　　　　　　41673

1030

　金陵先正言行錄　六卷/陳作霖纂.—清光緒間江楚書局刻本.—1 冊.—養和軒全集之一　123664
　部二　1 冊　　　　　　　123665
　部三　1 冊　西諦藏書　　XD9415

1031

　國朝昆新青衿錄/（清）朱以增輯.—清光緒間刻本.—2 冊.—記事至光緒三十年（1904）　124008
　部二　2 冊　記事至光緒三十一年（1905）　54333

1032

　金陵通傳　四十五卷補遺四卷/陳作霖纂.—清光緒三十年至宣統元年（1904—1909）江寧陳氏瑞華館刻本.—10 冊.—附陳詒紱輯金陵通傳姓名韻編
　　　　　　　　　　　　　　123690
　部二　10 冊　　　　　　123691
　部三　10 冊　　　　　　128150

1033　*

　金陵通傳　四十五卷補遺四卷/陳作霖纂.—清光緒三十年至宣統元年（1904—1909）江寧陳氏瑞華館刻民國 8 年（1919）增刻本.—12 冊.—附陳詒紱輯金陵通傳姓名韻編一卷、續金陵通傳一卷補傳一卷、陳作霖編輯金陵通紀十卷、國朝金陵通紀四卷金陵通紀補一卷
　　　　　　　　　　　　　　123689
　部二　10 冊　缺金陵通紀十卷、國朝金陵通紀四卷金陵通紀補一卷　123692

1034　*

　金陵通傳　四十五卷補遺四卷/陳作霖纂.—1986 年江蘇廣陵古籍刻印社揚州影印本.—12 冊.—據清光緒三十年至宣統元年（1904—1909）江寧陳氏瑞華館刻民國 8 年（1919）增刻本影印；附陳詒紱葺金陵通傳姓名韻編一卷、續金陵通傳一卷補傳一卷　123693

1035

　金陵通傳姓名韻編　一卷/陳詒紱輯.—清光緒三十年至宣統元年（1904—1909）江寧陳氏瑞華館刻本.—10 冊.—金陵通傳附　123690
　部二　10 冊　　　　　　123691
　部二　10 冊　　　　　　128150

1036　*

　金陵通傳姓名韻編　一卷/陳詒紱輯.—清光緒三十年至宣統元年（1904—1909）江寧陳氏瑞華館刻民國 8 年（1919）增刻本.—12 冊.—金陵通傳附　123689
　部二　10 冊　　　　　　123692

1037　*

　金陵通傳姓名韻編　一卷/陳詒紱輯.—1986 年江蘇廣陵古籍刻印社揚州影印本.—12 冊.—金陵通傳附；據清光緒三十年至宣統元年（1904——1909）江寧陳氏瑞華館刻民國 8 年（1919）增刻本影印　123693

1038*

　續金陵通傳　一卷補傳一卷/陳詒紱纂.—民國 8
年(1919)江寧陳氏瑞華館刻本.—12 冊.—金陵通傳
附
　　　　　　　　　　　　　　　　　　　123689
　部二　10 冊　　　　　　　　　　　　123692

1039*

　續金陵通傳　一卷補傳一卷/陳詒紱纂.—1986 年
江蘇廣陵古籍刻印社揚州影印本.—12 冊.—金陵通
傳附；據民國 8 年(1919)江寧陳氏瑞華館增刻本影印
　　　　　　　　　　　　　　　　　　　123693

1040*

　常熟書畫史彙傳　一卷附二卷/龐士龍輯.—民國
19 年(1930)常熟龐氏蘭石軒鉛印本.—1 冊　　15214
　部二　1 冊　西諦藏書　　　　　　　XD1314

1041*

　費氏先德錄/費廷琛等編.—民國 11 年(1922)鉛印
本.—1 冊　　　　　　　　　　　　　128852

1042*

　婁東書畫見聞錄　四卷/汪曾武編.—1960 年嚴瀛
朱絲欄抄本.—1 冊　　　　　　　　　124565

1043*

　錫山秦氏後雙孝徵文彙錄/秦中毅輯.—民國 9 年
(1920)無錫秦氏鉛印本.—1 冊：像　　128844

1044*

　廣陵私乘　一卷/湯寅臣撰.—1989 年江蘇廣陵古
籍刻印社揚州影印本.—1 冊.—撰者據自序題；據民
國間鉛印本影印　　　　　　　　　　141407

1045*

　錢汪二先生行述/姚光輯.—民國 21 年(1932)金山
姚氏復廬鉛印本.—1 冊.—書名據書簽題，版心下題
復廬叢書；收錢大昕、汪喜荀二先生行述　128484
　部二　1 冊　有墨筆校改　　　　　　128606
　部三　1 冊　　　　　　　　　　　　128744
　部四　1 冊　陳垣贈書　　　　　　　124863

1046*

　錫金遊庠同人自述彙刊/蔣士棟等編.—民國 20 年

(1931)蔣士棟等鉛印本.—2 冊：像.—有民國 21 年序
　　　　　　　　　　　　　　　　　　　123654
　部二　2 冊　　　　　　　　　　　　123655

1047

　國朝昆山詩人小傳　二卷/彭治校輯.—清末抄
本.—2 冊.—書衣題昆山詩人小傳　　123229

1048

　錫金四喆事實彙存/楊模輯.—清宣統二年(1910)
鉛印本.—1 冊：像.—四喆：華蘅芳、華世芳、徐壽、徐
建寅　　　　　　　　　　　　　　　124548
　部二　1 冊　　　　　　　　　　　　124549
　部三　1 冊　　　　　　　　　　　　124550
　部四　1 冊　　　　　　　　　　　　124551
　部五　1 冊　陳垣贈書　　　　　　　124552

1049*

　蘇州五奇人傳/金天翮撰.—民國 22 年(1933)鉛印
本.—1 冊.—著者據版權頁題，卷端著者題金天羽
　　　　　　　　　　　　　　　　　　　123663

1050*

　太倉鄉先賢畫像/凌祖詒輯.—民國 36 年(1947)嘉
定吳拯寰上海鉛印本.—1 冊　　　　　123662
　部二　1 冊　　　　　　　　　　　　61790

傳 223　安徽

1051

　桐彝　三卷續二卷/(明)方學漸撰.—清光緒九年
(1883)皖垣鉛印本.—1 冊　　　　　　123695

1052*

　桐彝　三卷續二卷/(明)方學漸撰.—民國 14 年
(1925)桐城官紙印刷所石印本.—1 冊　123696
　部二　1 冊　　　　　　　　　　　　123697

1053

　邇訓　二十卷/(明)方學漸纂.—清光緒九年
(1883)鉛印本.—3 冊.—附方明善先生行狀　85978
　部二　3 冊　　　　　　　　　　　　100700

1054 *

邁訓　二十卷/(明)方學漸纂.—民國 14 年(1925)桐城官紙印刷所石印本.—3 冊.—附方明善先生行狀　　　123698

　　部二　3 冊　　　123699

1055

祁門紀變錄　三卷/(清)饒恕良,(清)徐永濤輯.—清同治二年(1863)刻本.—1 冊.—同善局藏板　　　123702

1056

龍眠風雅小傳/(清)河墅先生撰.—清抄本.—1 冊.—西諦藏書　　　XD10346

1057

皖學編　十三卷卷首三卷/(清)徐定文纂輯.—清宣統元年(1909)春明萬卷樓刻本.—6 冊.—徐氏家藏版　　　123706

　　部二　6 冊　　　54552

　　部三　6 冊　　　55769

　　部四　6 冊　　　57079

1058 *

安徽石埭縣崇祀鄉賢祠諸先生事略/桂紹烈撰.—民國 11 年(1922)天津社會教育辦事處鉛印本.—1 冊.—平裝　　　123707

　　部二　1 冊　　　123708

　　部三　1 冊　　　123709

1059 *

皖志列傳稿　九卷/金天翮撰.—民國 25 年(1936)蘇州中國國學會蘇州鉛印本.—8 冊　　　123717

　　部二　8 冊　　　123718

　　部三　8 冊　　　123719

　　部四　8 冊　　　123720

　　部五　8 冊　　　42331

1060 *

皖志列傳選/金天羽撰.—民國間油印本.—1 冊.—書名據自序題,金天羽即金天翮;有金天翮鈐印　　　123600

　　部二　1 冊　　　123673

1061

桐城耆舊傳　十二卷/馬其昶撰.—清宣統三年(1911)刻本.—6 冊　　　128180

　　部二　6 冊　　　123710

　　部三　6 冊　　　123713

　　部四　6 冊　有硃筆圈點　　　123714

　　部五　6 冊　西諦藏書　　　XD9418

傳 224　浙江

1062

會稽典錄　二卷/(晉)虞預撰.—清抄本.—1 冊.—附存疑　　　70003

1063

錢塘先賢傳贊　一卷附錄一卷/(宋)袁韶撰.—清乾隆至道光間長塘鮑氏知不足齋刻本.—1 冊.—(知不足齋叢書)　　　123722

1064 *

敬鄉錄　十四卷/(元)吳師道撰.—民國 3 年(1914)烏程張氏刻本.—4 冊.—(適園叢書)　　　98980

1065

浦陽人物記　二卷/(明)宋濂撰.—清乾隆至道光間長塘鮑氏知不足齋刻本.—1 冊.—(知不足齋叢書)　　　123723

1066

浦陽人物記　二卷/(明)宋濂撰.—清同治八年(1869)永康胡氏退補齋刻本.—1 冊.—(金華叢書)　　　123725

　　部二　1 冊　　　123724

1067

婺書　八卷/(明)吳之器撰.—清光緒間刻本.—4 冊　　　123739

　　部二　4 冊　　　123740

1068

兩浙名賢錄　六十二卷/(明)徐象梅撰.—清光緒二十六年(1900)浙江書局刻本.—62 冊　　　123736

部二　62 冊　　　　　　　　　　123737

部三　62 冊　西諦藏書　　　　　XD9422

1069

明鄞獻表　二卷/(明)薛岡編. —清綠絲欄抄本. —
1 冊. —毛裝　　　　　　　　　　123741

1070

三不朽圖贊/(清)張岱撰. —清乾隆五年(1740)刻
本. —2 冊:像. —書名據書名頁題,序題越人三不朽圖
贊;南澗恒德堂藏板,版心下題鳳嬉堂　　123727

1071

三不朽圖贊/(清)張岱撰. —清乾隆二十年(1755)
刻本. —4 冊:像. —書名據書名頁題,序題越人三不朽
圖贊,總目題於越有明一代三不朽圖贊;鳳嬉堂家藏
　　　　　　　　　　　　　　　　123728

部二　1 冊　存理學至清介;西諦藏書　XD9421

1072

有明於越三不朽名賢圖贊/(清)張岱撰. —1 冊:
像. —清光緒十四年(1888)刻本. —書名據目錄題,書
名頁題明於越三不朽名賢圖贊　　　123730

部二　1 冊　　　　　　　　　　123732

部二　1 冊　西諦藏書　　　　　XD9417

1073*

越中三不朽圖贊/(清)張岱撰. —民國 7 年(1918)
紹興印刷局鉛印本. —1 冊:像. —有周作人墨筆題記
　　　　　　　　　　　　　　　　123733

1074*

三不朽圖贊/(清)張岱撰. —民國間鉛印本. —1
冊. —書簽題有明於越三不朽名賢圖贊　123735

部二　1 冊　　　　　　　　　　123734

1075

永康縣儒學志　八卷/(清)沈藻輯. —清康熙間刻
本. —1 冊:像. —存 4 卷:卷 1—4;西諦藏書

　　　　　　　　　　　　　　　　XD10377

1076

金華徵獻略　二十卷/(清)王崇炳撰. —清雍正十
年(1732)刻本. —8 冊. —(率祖堂叢書). —婺東藕塘

賢祠藏板　　　　　　　　　　　123745

部二　10 冊　　　　　　　　　　123746

部三　8 冊　西諦藏書　　　　　XD2391

1077

諸暨賢達傳　八卷/(清)郭世勳輯. —清乾隆三年
(1738)刻本. —2 冊　　　　　　123749

1078

越蔭錄　一卷/(清)杜甲輯. —清刻本. —1 冊:
像. —西諦藏書;與傳芳錄合印　　XD10383

1079

傳芳錄　一卷/(清)杜甲輯. —清乾隆十四年
(1749)刻本. —1 冊:像. —有知堂題記　123161

1080

傳芳錄　一卷/(清)杜甲輯. —清刻本. —1 冊:
像. —西諦藏書;與越蔭錄合印　　XD10383

1081*

越蔭傳芳錄合刻/(清)杜甲輯. —民國 28 年(1939)
鉛印本. —1 冊:像. —書名據書簽題

子目

1.越蔭錄　一卷

2.傳芳錄　一卷　　　　　　　　123748

1082

越畫見聞　三卷/(清)陶元藻撰;(清)陶軒編. —清
刻本. —2 冊. —與鳧亭詩話合印　94623

1083*

越畫見聞　三卷/(清)陶元藻撰;(清)陶軒編. —民
國 3 年(1914)山陰吳隱西泠印社木活字本. —3 冊. —
(遁盦叢編). —西諦藏書　　　　XD1151

部二　3 冊　西諦藏書　　　　　XD1449

部三　4 冊　與須靜齋雲煙過眼錄合印　59364

1084*

越畫見聞　三卷/(清)陶元藻撰;(清)陶軒編. —
1990 年江蘇廣陵古籍刻印社揚州影印本. —據民國 3
年(1914)山陰吳隱西泠印社木活字本影印. —1 冊

　　　　　　　　　　　　　　　　141640

1085

　竹人錄　二卷/(清)金元鈺撰.—清嘉慶十二年(1807)刻本.—1册.—有缺頁　　　　123751

1086[*]

　竹人錄　二卷附錄一卷/(清)金元鈺撰.—民國11年(1922)嘉定張氏鉛印本.—1册　　123634

　部二　1册　　　　　　　　　123752

1087[*]

　竹人錄　二卷/(清)金元鈺撰.—民國27年(1938)鄞縣秦氏鉛印本.—1册.—有秦彥沖墨筆題字123753

　部二　1册　西諦藏書　　　　XD1357

1088[*]

　竹人錄　二卷附錄一卷/(清)金元鈺撰.—1983年杭州古舊書店掃描油印本.—1册.—據民國11年(1922)嘉定張氏鉛印本掃描油印　　113447

1089

　甬上族望表　二卷/(清)全祖望撰.—清嘉慶十九年(1814)刻本.—2册.—與句余土音合印　25584

　部二　1册　陳垣贈書　　　　122633

　部三　4册　與句余土音合印　　95434

　部四　1册　　　　　　　　　123750

　部五　1册　　　　　　　　　124005

1090

　鄉先賢事實徵略/(清)宗績辰等輯.—清道光十年(1830)刻本.—1册.—書名頁題山會先賢事實,書籤題山會先賢事實徵略,版心題山會先賢錄;記山陰、會稽兩地人物事迹;睎賢閣藏版　　123754

1091

　武林人物新志　六卷/(清)施朝干輯.—清道光十五年(1835)刻本.—4册　　　　　123768

　部二　1册　　　　　　　　　123769

1092

　金華耆舊補　二十八卷/(清)樓上層輯;(清)徐啓豐編.—清道光十一年(1831)刻本.—8册.—讀書樓藏板　　　　　　　　　　　　123747

1093[*]

　嘉禾徵獻錄　五十卷外紀六卷/(清)盛楓撰.—民國25年(1936)嘉興金氏刻本.—8册.—(檇李叢書)　　　　　　　　　　　123743

1094[*]

　嘉禾徵獻錄　五十卷外紀六卷/(清)盛楓輯.—1989年江蘇廣陵古籍刻印社揚州影印本.—10册.—據清刻本影印　　　　　　　123111

　部二　10册　　　　　　　　123112

1095

　溪上遺聞集錄　十卷別錄二卷/(清)尹元煒輯.—清道光二十八年(1848)刻本.—6册.—抱珠樓藏板　　　　　　　　　　　123767

　部二　5册　　　　　　　　　123764

　部三　5册　　　　　　　　　123765

　部四　5册　　　　　　　　　41111

　部五　4册　有缺頁　　　　　123766

1096

　於越先賢像傳贊　二卷/(清)任熊繪;(清)王齡撰.清咸豐六年(1856)刻本.—4册:像.—有清同治九年(1870)王煒昌跋,有錢玄同墨筆題識　123756

　部二　4册　西諦藏書　　　　XD9424

1097

　於越先賢像傳贊　二卷/(清)任熊繪;(清)王齡撰.—清咸豐六年(1856)刻光緒三年(1877)重印本.—2册:像.—冠清光緒三年長洲沙家英識　123757

　部二　2册　　　　　　　　　123758

　部三　2册　　　　　　　　　123759

　部四　2册　　　　　　　　　123760

　部五　2册　　　　　　　　　123761

1098

　於越先賢像傳贊　二卷/(清)任熊繪;(清)王齡撰.—清光緒五年(1879)上海點石齋石印本.—2册:像　　　　　　　　　　123762

1099[*]

　於越先賢傳　二卷/(清)任熊繪;(清)王齡撰.—1995年文物出版社浙江影印本.—2册:像.—目錄等處題於越先賢像傳贊,書名頁題任渭長人物版畫四種

之一　141459

1100*
武林明季傳忠集　二卷/（清）丁丙編.—民國間抄本.—1冊.—有羅玉貞硃筆校記.—毛裝　128517

1101
四明人鑒/（清）虞謙薰撰.—清光緒間石印本.—6冊：圖　123778
部二　4冊　123779

1102
浙江忠義錄　十卷續編二卷/（清）張景祁等纂輯.—清同治至光緒間浙江採訪忠義總局刻本.—32冊：表格.—本書內容複雜，卷內編排不統一，除忠義錄十卷續編二卷外，還有駐防表、軍功表等諸表　4078
部二　4冊　缺2卷：續編卷1—2　4079

1103
西湖三祠名賢考略　三卷卷首一卷/（清）戴啓文纂輯.—清光緒三十年（1904）刻本.—3冊　123771
部二　2冊　123773
部三　2冊　123650
部四　4冊　123772
部五　2冊　123651

1104
剡源先正祠全祿　二卷卷首一卷/（清）趙霈濤輯.—清光緒二十九年（1903）活字本.—1冊　123781

1105
甌海軼聞　五十八卷補遺一卷/（清）孫衣言輯.—清光緒間瑞安孫氏刻本.—16冊.—有殘缺挖改；西諦藏書　XD264

1106
甌海軼聞　五十八卷補遺一卷/（清）孫衣言輯.—清光緒間瑞安孫氏刻重印本.—20冊.—有殘缺挖改　123775

1107
甌海軼聞　五十八卷補遺一卷/（清）孫衣言輯.—清光緒間瑞安孫氏刻1963年杭州古籍書店重印本.—20冊.—有殘缺挖改　123776

1108
前徽錄　一卷/（清）姚世錫撰.—清光緒九年（1883）歸安姚覲元咫進齋刻本.—1冊.—（咫進齋叢書）.—西諦藏書　XD10372

1109
國朝天臺耆舊傳　八卷/（清）金文田輯.—清光緒間活字本.—2冊　102682

1110
越中感舊錄/（清）陳錦編輯.—清光緒九年（1883）刻本.—1冊.—橘蔭軒藏版　123790

1111
會稽先賢祠傳贊　二卷/（清）佚名撰.—清抄本.—1冊.—與四明十二先生贊合印.—毛裝　123742

1112
四明十二先生贊/（清）佚名撰.—清抄本.—1冊.—與會稽先賢祠傳贊合印.—毛裝　123742

1113*
成仁祠備錄重編　六卷卷首一卷/孫爾瓚編.—民國25年（1936）定海中央印書館鉛印本.—1冊：像.—書名頁題定海成仁祠備錄重編　123803

1114*
竹人續錄/褚德彝輯.—民國19年（1930）鉛印本.—1冊.—附竹尊宦竹刻脞語　123005

1115*
竹人續錄/褚德彝輯.—1983年杭州古舊書店影印本.—1冊.—據民國19年（1930）鉛印本影印；附竹尊宦竹刻脞語　113448
部二　1冊　123801
部三　1冊　123802

1116*
永康人物記　五卷/胡宗楙輯.—民國21年（1932）永康胡氏夢選樓刻本.—1冊　123789

1117*
兩浙耆獻傳略　三十二卷/陸懋勳輯.—民國間烏絲欄抄本.—32冊　123804

1118*

南潯擷秀錄/周慶雲編.—民國 8 年(1919)刻藍印
本.—1 冊.—西諦藏書　　　　　　　XD10070

1119*

歴代兩浙詞人小傳　十六卷/周慶雲纂.—民國 11
年(1922)烏程周氏夢坡室刻本.—5 冊:像　123793
　部二　5 冊　藍印本　　　　　　　127818
　部三　5 冊　　　　　　　　　　　123795
　部四　5 冊　　　　　　　　　　　128115
　部五　5 冊　西諦藏書　・　　　　XD9425

1120*

歴代兩浙詞人小傳　十六卷/周慶雲纂.—1988 年
江蘇廣陵古籍刻印社揚州影印本.—7 冊.—據民國
11 年(1922)烏程周氏夢坡室刻本影印　　123798
　部二　7 冊　　　　　　　　　　　123799
　部三　7 冊　　　　　　　　　　　123800

1121*

檇李高逸傳/金蓉鏡等編輯.—民國初鉛印本.—1
冊　　　　　　　　　　　　　　　128708

1122*

鴛湖求舊錄　四卷/朱福清撰.—民國 8 年(1919)
刻本.—2 冊.—(最樂亭三種).—西諦藏書
　　　　　　　　　　　　　　　　XD10020
　部二　4 冊　與求舊續錄合印　　128831

1123*

鴛湖求舊錄　四卷/朱福清撰.—民國 8 年(1919)
刻本.—2 冊.—板存嘉興北門內楊載興刻字店
　　　　　　　　　　　　　　　　123509
　部二　2 冊　　　　　　　　　　123788
　部三　2 冊　西諦藏書　　　　　XD2423

1124*

求舊續錄　四卷/朱福清撰.—民國 12 年(1923)刻
本.—2 冊.—(最樂亭三種).—有民國 13 年陶葆廉序
　　　　　　　　　　　　　　　　128432
　部二　4 冊　與鴛湖求舊錄合印　128831

1125*

海鹽畫史/朱端纂.—民國 25 年(1936)鉛印本.—1

冊　　　　　　　　　　　　　　　18317
　部二　1 冊　　　　　　　　　　18318
　部三　1 冊　西諦藏書　　　　　XD9453

傳 225　江西

1126

豫章十代文獻略　五十二卷卷首一卷/(清)王謨
撰.—清乾隆五十三年(1788)刻本.—20 冊.—缺 2
卷:卷 51—52;汝麋藏板　　　　　123808

1127

江西忠義錄　六十卷卷首一卷/(清)沈葆楨等修;
(清)何應祺等纂.—清同治十二年(1873)刻本.—4
冊.—目錄題全書六十卷,卷十三以下未刻　4077

傳 226　湖北

1128

重校襄陽耆舊傳　二卷/(晉)習鑿齒撰;(?)佚名續
撰.—清抄本.—2 冊.—序題襄陽耆舊傳　123825

1129

楚寶　四十卷外篇五卷/(明)周聖楷輯纂.—清道
光九年(1829)刻本.—30 冊　　　122717
　部二　18 冊　　　　　　　　　123816
　部三　26 冊　　　　　　　　　123817
　部四　20 冊　　　　　　　　　123818
　部五　22 冊　　　　　　　　　42290

1130*

楚寶　四十卷外篇五卷/(明)周聖楷輯纂.—1988
年江蘇廣陵古籍刻印社揚州影印本.—26 冊.—據清
道光九年(1829)刻本影印　　　　123819
　部二　26 冊　　　　　　　　　123820
　部三　26 冊　　　　　　　　　123821

1131

湖北節義錄　十二卷補遺一卷/(清)黃昌輔編;
(清)陳瑞珍纂.—清同治九年(1870)湖北崇文書局刻

本.—12 册　　　　　　　　　123823

1132
　湖北詩徵傳略　四十卷/(清)丁宿章輯.—清光緒
七年(1881)孝感丁氏涇北草堂刻本.—20 册.—有硃
墨筆圈點　　　　　　　　　　81273
　　部二　20 册　　　　　　　93429
　　部三　16 册　　　　　　　123822
　　部四　20 册　　　　　　　128086

1133*
　湖北人物志略/佚名輯.—民國間朱絲欄抄本.—3
册　　　　　　　　　　　　　123824

1134*
　楚師儒傳　八卷/甘鵬雲編.—民國 23 年(1934)崇
雅堂刻朱印本.—4 册.—卷端下題崇雅堂叢書124014

傳 227　湖南

1135
　湘中耆英圖/(清)陳本欽輯;(清)黃維高繪圖;(清)
汪蔚刻石.—清道光間拓本.—1 册;像.—書名據書簽
題;西諦藏書　　　　　　　　XD9426

1136
　巴陵人物志　十五卷/(清)杜貴墀撰.—清光緒二
十八年(1902)長沙刻本.—2 册.—(桐華閣叢書)
　　　　　　　　　　　　　　123811

1137
　湘鄉易氏世孝錄　二卷/(清)易堂蔭,(清)易棟鄂
輯.—清光緒三十二年(1906)刻本.—2 册.—書名據
書名頁題　　　　　　　　　　128738

1138*
　湖南歷代鄉賢事略/佚名輯.—民國間鉛印本.—1
册　　　　　　　　　　　　　123815

1139*
　湘陰人物傳/左欽敏撰.—民國 4 年(1915)刻本.—
1 册.—版心下鐫尚志齋藏書　　123814

傳 228　四川

1140*
　益部耆舊傳/(晉)陳壽撰.—民國 4 年(1915)四川
存古書局刻本.—1 册　　　　　123828
　　部二　1 册　　　　　　　123829

1141*
　益部耆舊傳　二卷/(晉)陳壽撰.—民國 4 年
(1915)四川存古書局刻本.—1 册.—與艮岳記合印
　　　　　　　　　　　　　　123830

1142
　梓潼士女志　一卷/(晉)常璩撰.—清初刻本.—1
册.—與青樓集、漢中士女志合印　34788

1143
　西州後賢志　一卷/(晉)常璩撰.—清抄本.—1
册.—與序志合抄　　　　　　　127788

1144
　序志　一卷/(晉)常璩撰.—清抄本.—1 册.—卷末
題士女志;與西州後賢志合抄　127788

1145*
　華陽國志巴郡士女逸文　一卷/(晉)常璩撰;繆荃
孫輯.—民國間江陰繆氏刻本.—1 册.—(藝風堂讀書
志).—與建炎以來朝野雜記佚文、宋校勘五經正義奏
請雕版表合印　　　　　　　　72619

1146*
　蜀雅小傳/(清)李調元輯.—民國間鉛印本.—1 册
　　　　　　　　　　　　　　123831
　　部二　1 册　西諦藏書　　XD9990

1147
　敘州府節孝錄　十一卷附錄一卷/(清)李壽萱
編.—清光緒十二年(1886)戎州學署明倫堂刻本.—4
册.—書名頁題敘州府明倫堂節孝錄,版心題節義錄;
勵節堂藏板　　　　　　　　　127988

1148

全蜀節孝錄　四卷/(清)羅定昌纂;(清)李瓊芳輯;
(清)熊漢鼎編.—清光緒十七年(1891)刻十八年
(1892)增刻本.—4册　　　　　　　　　123827

1149

全蜀節孝錄　五卷/(清)羅定昌纂;(清)李瓊芳輯;
(清)熊漢鼎編;卓垣焯等續編.清光緒十七年
(1891)刻十八年(1892)增刻宣統二年(1910)再增刻
本.—5册　　　　　　　　　　　　123826

1150*

川劇人物小識/唐幼峰編.—民國27年(1938)鉛印
本.—1册:像　　　　　　　　　　　60961

1151*

華陽人物志　十六卷附錄一卷/林思進撰.—民國
21年(1932)成都美學林成都鉛印本.—2册.—卷端
下鐫清寂堂集之三　　　　　　　　123838
　部二　2册　　　　　　　　　　128217

傳231　福建

1152

東越文苑　六卷/(明)陳鳴鶴輯撰;(清)郭柏蒼增
訂.—清同治十二年(1873)刻本.—4册　123721
　部二　4册　　　　　　　　　　124648
　部三　1册　　　　　　　　　　128889

1153

東越儒林後傳　一卷/(清)陳壽祺撰.—清嘉慶道
光間刻本.—1册.—(左海全集).—與東越文苑後傳
合刻　　　　　　　　　　　　　124649
　部二　1册　　　　　　　　　　127680

1154

東越文苑後傳　一卷/(清)陳壽祺撰.—清嘉慶道
光間刻本.—1册.—(左海全集).—與東越儒林後傳
合刻　　　　　　　　　　　　　124649
　部二　1册　　　　　　　　　　127680
　部三　1册　缺東越儒林後傳　　　147445

1155

全閩道學總纂　三十八卷/(清)陳祚康撰.—清同
治十二年(1873)閩中陳氏刻本.—12册　124650

1156

莆畫錄/(清)劉尚文輯.—清光緒三十年(1904)刻
本.—1册　　　　　　　　　　　　123841

1157*

續莆陽比事/(清)黃海撰.—民國38年(1949)翁炳
燊朱格抄本.—1册.—原書卷數不詳,存3卷:卷6—
8　　　　　　　　　　　　　　　149301

1158

縣誌稿/(清)上官承祐撰.—清光緒二十二年
(1896)刻本.—1册　　　　　　　　107694

1159*

福建循吏傳.—民國間刻本.—1册.—原書卷數不
詳,存2卷:卷2—3;西諦藏書　　　　XD9428

傳233　廣東

1160

廣州人物傳　二十四卷/(明)黃佐撰.—清道光同
治間刻本.—4册.—(嶺南遺書)　　　123843
　部二　4册　　　　　　　　　　123844

1161

廣州鄉賢傳　四卷續二卷卷首一卷/(清)潘梅元
纂輯;(清)譚瑩續輯.—2册.—清同治間刻本.—書名
頁題廣州先賢傳;丹桂堂藏板　　　123845
　部二　2册　　　　　　　　　　123846

1162

粤東名儒言行錄　二十四卷/(清)鄧淳輯.—清道
光十一年(1831)汗青齋刻本.—1册.—養拙山房藏
板;西諦藏書　　　　　　　　　　XD2387
　部二　6册　　　　　　　　　　128116
　部三　6册　　　　　　　　　　123847
　部四　6册　　　　　　　　　　123848
　部五　6册　　　　　　　　　　123849

1163

嶺南道學錄/(清)楊世勳輯.—清道光間刻本.—1
冊　　　　　　　　　　　　　　　　　123850

1164*

元廣東遺民錄　二卷附錄一卷/清溪漁隱輯.—民
國 11 年(1922)刻本.—1 冊.—汪兆鏞,晚號清溪漁
隱;陳垣贈書　　　　　　　　　　　　123853
　部二　2 冊　　　　　　　　　　　　123852
　部三　1 冊　　　　　　　　　　　　123851

1165*

廣東通志列傳　四卷/溫廷敬纂輯.—民國間國立
中山大學廣州鉛印本.—4 冊.—陳垣贈書　128309
　部二　4 冊　　　　　　　　　　　　123854
　部三　4 冊　　　　　　　　　　　　123855

1166*

廣東文徵作者考　十二卷/吳道鎔纂.—民國間鉛
印本.—29 冊.—陳垣贈書　　　　　　　44159

1167*

廣東文徵作者考/吳道鎔纂;廣東省中山圖書館參
考研究部改編.—1958 年油印本.—2 冊　123861
　部二　2 冊　　　　　　　　　　　　123862

1168*

宋東莞遺民錄　二卷補遺一卷/九龍真逸輯.—民
國 5 年(1916)東莞陳氏刻本.—2 冊.—(聚德堂叢
書).—陳伯陶,號九龍真逸;真逸寄廬藏板;西諦藏書
　　　　　　　　　　　　　　　　　XD2472
　部二　2 冊　有陳伯陶墨筆題識　　123863
　部三　2 冊　陳垣贈書　　　　　　123865
　部四　7 冊　　　　　　　　　　　128164
　部五　8 冊　　　　　　　　　　　123872

1169*

勝朝粵東遺民錄　二卷補遺一卷/九龍真逸輯.—
民國 5 年(1916)東莞陳氏刻本.—5 冊.—(聚德堂叢
書).—陳伯陶,號九龍真逸;真逸寄廬藏板;西諦藏書
　　　　　　　　　　　　　　　　　XD9429
　部二　5 冊　陳垣贈書　　　　　　123876
　部三　5 冊　　　　　　　　　　　123877
　部四　8 冊　　　　　　　　　　　123872

　部五　7 冊　　　　　　　　　　　128164

1170*

明季東莞五忠傳　二卷/九龍真逸撰.—民國間養
和書局東莞鉛印本.—4 冊.—陳伯陶,號九龍真逸
　　　　　　　　　　　　　　　　　123867
　部二　1 冊　　　　　　　　　　　128573
　部三　1 冊　陳垣贈書　　　　　　123869
　部四　1 冊　　　　　　　　　　　123868
　部五　1 冊　　　　　　　　　　　123870

1171*

潮州先賢像傳/吳長坡纂;饒宗頤撰.—民國 36 年
(1947)汕頭市立民衆教育館汕頭鉛印本.—1 冊:
像.—書名據書簽題　　　　　　　　　123878

1172*

嶺南三忠傳/張伯楨撰.—民國 25 年(1936)番禺汪
氏北平刻本.—5 冊.—三忠即:袁崇煥、張家玉、陳第
三人;本書僅收袁、張兩傳;版心下題滄海叢書 123879

1173*

廣東文獻輯覽/黃梓林選輯.—民國間黃立德堂鉛
印本.—1 冊.—書名據目錄及版心題　　123860

傳 234　廣西

1174

廣西昭忠錄　八卷卷首一卷/(清)蘇鳳文撰.—清
光緒十五年(1889)刻本.—4 冊　　　　123904

傳 235　雲南

1175

東皋印人傳　二卷/(清)黃學圯輯.—清道光十七
年(1837)刻本.—1 冊　　　　　　　　128172

1176

彩雲百詠　二卷/(清)張履程撰.—清刻本.—1 冊;
存 1 卷:卷下　　　　　　　　　　　　123840

1177[*]

　　雲南碑傳集　十二卷/佚名輯.—民國間朱格抄本.—書名據目錄題.—12 冊　　　　128699

1178[*]

　　明季滇南遺民錄　二卷補遺一卷/秦光玉輯.—民國 22 年(1933)呈貢秦光第刻本.—1 冊　　123901
　　部二　1 冊　　　　　　　　　　128661
　　部三　1 冊　　　　　　　　　　123900
　　部四　1 冊　　　　　　　　　　123902
　　部五　1 冊　　陳垣贈書　　　　123903

1179

　　滇粹　一卷/呂志伊,李根源輯.—清宣統元年(1909)鉛印本.—1 冊　　　　148924
　　部二　2 冊　　　　　　　　　　123899
　　部三　1 冊　　　　　　　　　　123896
　　部四　1 冊　　　　　　　　　　123897
　　部五　1 冊　　　　　　　　　　123898

1180[*]

　　[**滇南碑傳集補**]/李根源輯.—民國間朱格抄本.—1 冊　　　　　　　　　　　128792

1181[*]

　　滇賢生卒考　一卷/方樹梅撰.—民國 25 年(1936)晉寧方氏南荔草堂刻本.—1 冊.—盤龍山人叢書之一　　　　　　　　　　123891
　　部二　1 冊　　陳垣贈書　　　　123892

1182[*]

　　滇賢象傳初集　二卷/方樹梅撰.—民國 25 年(1936)晉寧方氏南荔草堂刻本.—1 冊：像.—盤龍山人叢書之一　　　　　　　　123893
　　部二　1 冊　　　　　　　　　　123894
　　部三　1 冊　　陳垣贈書　　　　123895

1183[*]

　　滇南碑傳集　三十二卷卷末一卷/方樹梅輯.—民國間開明書店上海鉛印本.—6 冊　　123885
　　部二　6 冊　　西諦藏書　　　　XD9430
　　部三　6 冊　　　　　　　　　　123887
　　部四　6 冊　　　　　　　　　　123888
　　部五　6 冊　　　　　　　　　　123889

1184[*]

　　雲南孝節錄　二卷卷首一卷卷末一卷/郭燮熙輯.—民國 23 年(1934)鉛印本.— 2 冊　　128794

傳 236　貴州

1185

　　黔省功德名臣考/(清)潘文芮撰.—清抄本.—1 冊.—與黔省開闢考合印　　　　75799

1186

　　黔省功德名臣考/(清)潘文芮撰.—清抄本.—1 冊.—與黔省開闢考合抄.—毛裝　　75852

1187[*]

　　貴州鄉賢崇拜錄　三卷/楊述震輯.—民國間抄本.—2 冊.—缺 1 卷：卷上　　123905

1188[*]

　　遵義夷牢溪謂墓記/凌惕安撰.—民國間貴州文獻徵輯館鉛印本.— 1 冊　　　128339
　　部二　1 冊　　　　　　　　　　128746

傳 240　東北三省

1189

　　先德哀榮忠節錄/保如等輯.—清宣統三年(1911)朱絲欄抄本.—1 冊.—(清)倭仁(1804—1871);(清)福咸(? —1860)　　　　　　125263

1190[*]

　　遼東四傳/金毓黻撰.—民國間藍絲欄抄本.—1 冊.—書名據書衣題;收張作霖、王永江、楊宇霆、袁金鎧別傳　　　　　　　　　　123906

1191[*]

　　吉林先哲祠題名傳/徐鼐霖輯.—民國 18 年(1929)文楷齋印刷局石印本.—1 冊.—書名據書籤題　　　　　　　　　　123907

1192

黑水先民傳　二十四卷/黃維翰撰.—民國間崇仁
黃氏刻本.—6 冊.—崇仁黃氏叢刻之三　　123908
　　部二　6 冊　　　　　　　　　　　123909
　　部三　6 冊　　　　　　　　　　　123910
　　部四　9 冊　　陳垣贈書;與稼溪文存合印　111227
　　部五　6 冊　　　　　　　　　　　128264

列　　女

傳 300　列女

1193

古列女傳　八卷/(漢)劉向撰.—明靜壽堂刻本.—
1 冊.—有殘缺;西諦藏書　　　　　　XD9420

1194

古列女傳　八卷/(漢)劉向撰.—清嘉慶元年
(1796)元和顧之逵刻本.—2 冊.—缺顧抱沖小傳;小
讀書堆藏版;附列女傳考證　　　　　123927
　　部二　2 冊　　　　　　　　　　　123928

1195

古列女傳　八卷/(漢)劉向撰;(明)黃魯曾贊.—清
光緒元年(1875)湖北崇文書局刻本.—2 冊.—(崇文
書局彙刻書).—目錄題劉向古列女傳,版心題列女傳
　　　　　　　　　　　　　　　　　123959

1196

古列女傳　八卷/(漢)劉向撰;(明)黃魯曾贊.—清
光緒元年(1875)湖北崇文書局刻光緒三年(1877)重
印本.—4 冊.—(崇文書局彙刻書).—目錄題劉向古
列女傳,版心題列女傳　　　　　　　123960

1197

劉向古列女傳　八卷/(漢)劉向撰.—民國 8 年
(1919)商務印書館上海影印本.—3 冊:圖.—(四部叢
刊).—書名頁題古列女傳;據長沙葉氏觀古堂藏明刻
本影印　　　　　　　　　　　　　　123969

1198

劉向古列女傳　八卷/(漢)劉向撰.—民國 18 年
(1929)商務印書館上海影印本.—3 冊:圖.—(四部叢
刊).—書名頁題古列女傳;據長沙葉氏觀古堂藏明刻
本影印　　　　　　　　　　　　　　123968

1199

新刊古列女傳　八卷/(漢)劉向撰;(晉)顧凱之
繪.—清道光五年(1825)揚州阮福刻本.—6 冊:圖.—
書名頁題顧虎頭畫列女傳　　　　　123930
　　部二　4 冊　　西諦藏書;經摺裝　　XD9432
　　部三　4 冊　　　　　　　　　　　123932
　　部四　4 冊　　　　　　　　　　　123934
　　部五　2 冊　　　　　　　　　　　123937

1200

新刊古列女傳　八卷/(漢)劉向撰;(晉)顧凱之
繪.—清道光五年(1825)揚州阮福刻道光二十二年
(1842)儀徵阮亨重印本.—4 冊:圖.—(文選樓叢
書).—書名頁題顧虎頭畫列女傳　　123929
　　部二　4 冊　　西諦藏書　　　　　XD9433

1201

新刊古列女傳　八卷/(漢)劉向撰;(晉)顧凱之
繪.—清末刻本.—4 冊:圖.—書名頁題顧虎頭畫列
女傳;據清道光五年(1825)揚州阮福刻本翻刻
　　　　　　　　　　　　　　　　　123935
　　部二　2 冊　　　　　　　　　　　123936

1202

新刊古列女傳　八卷/(漢)劉向撰;(晉)顧凱之
繪.—民國 11 年(1922)古書流通處上海影印本.—2
冊:圖.—書名頁題顧虎頭畫列女傳;據清道光五年
(1825)揚州阮福刻本影印　　　　　123966
　　部二　2 冊　　　　　　　　　　　123967

1203

列女傳　十六卷/(漢)劉向撰;(明)汪氏增輯;(明)
仇英繪.—明萬曆間刻清乾隆間知不足齋重印本.—8
冊:圖.—書名據書名頁題　　　　　123919
　　部二　16 冊　　　　　　　　　　123920
　　部三　24 冊　　　　　　　　　　123921
　　部四　16 冊　　　　　　　　　　123922
　　部五　20 冊　　西諦藏書　　　　XD9969

1204

歷代名媛圖說　二卷/(漢)劉向撰；(明)汪氏增輯；
(明)仇英繪.—清光緒五年(1879)點石齋上海鉛印暨
影印本.—2 冊：圖.—書名據書名頁題,本書即列女傳
123993

部二　2 冊　　　　　　　　　　　123994

部三　2 冊　　　　　　　　　　　127718

1205

列女傳　十六卷/(漢)劉向撰；(明)汪氏增輯；(明)
仇英繪.—1991 年中國書店北京影印本.—8 冊：
圖.—書簽題仇畫列女傳；據明萬曆間刻清乾隆間知
不足齋重印本影印　　　　　　　　141699

1206

列女傳　二卷/(漢)劉向撰；(明)汪氏增輯；(明)仇
英繪.—2003 年江蘇古籍出版社南京影印本.—2 冊：
圖.—本書原名仇十洲繡像列女傳；據民國 35 年
(1946)上海同文書局石印本影印　　155447

1207

列女傳　十六卷/(漢)劉向撰；(明)汪氏增輯；(明)
仇英繪圖.—日本大正十二至十四年(1923—1925)東
京圖本叢刊會影印本.—10 冊：圖.—缺 6 卷：卷 11—
16；據明萬曆間刻清乾隆間知不足齋重印本影印
123961

1208

新刊古列女傳　八卷/(漢)劉向撰；(明)仇英繪.—
民國間廣雅書局、啓新圖書局上海石印本.—4 冊：
圖.—書名頁題仇十洲繪像列女傳,書簽題仇十洲繪圖
列女傳　　　　　　　　　　　　　123965

1209

古今列女傳　四卷/(漢)劉向撰；(明)解縉補.—清
刻本.—2 冊.—目錄係抄配；有硃筆圈點、校注123996

1210

列女傳補注　八卷敘錄一卷校正一卷/(漢)劉向
撰；(清)王照圓補注.—清嘉慶十七年(1812)棲霞郝
氏曬書堂刻本.—4 冊　　　　　　　123953

部二　4 冊　　　　　　　　　　　123958

部三　2 冊　　　　　　　　　　　123956

1211

列女傳補注　八卷敘錄一卷校正一卷/(漢)劉向
撰；(清)王照圓補注.—清嘉慶十七年(1812)棲霞郝
氏曬書堂刻光緒八年(1882)重印本.—5 冊.—(郝氏
遺書).—與列仙傳校正、列仙贊、夢書合函　127865

部二　5 冊　與列仙傳校正、列仙贊、夢書合函
142445

部三　4 冊　　　　　　　　　　　123957

部四　4 冊　　　　　　　　　　　123954

部五　4 冊　　　　　　　　　　　123955

1212

列女傳　八卷/(漢)劉向撰；(清)梁端校注.—清道
光十三年(1833)錢塘汪遠孫振綺堂刻本.—1 冊.—書
名頁題列女傳校讀本；牌記題道光丁卯秋七月錢塘汪
氏振綺堂開雕　　　　　　　　　　123938

部二　2 冊　　　　　　　　　　　123939

1213

列女傳　八卷/(漢)劉向撰；(清)梁端校注.—清道
光十三年(1833)錢塘汪遠孫振綺堂刻同治十三年
(1874)汪曾學粵東補刻本.—2 冊.—書名頁題列女傳
校讀本；有清光緒元年吳縣潘介繁跋　123940

部二　2 冊　　　　　　　　　　　123941

部三　2 冊　書衣有潛江甘鵬雲墨筆題記　123942

部四　2 冊　　　　　　　　　　　123943

部五　4 冊　　　　　　　　　　　123944

1214

列女傳　八卷/(漢)劉向撰；(清)梁端校注.—民國
8 年(1919)鑄記書局上海石印本.—4 冊.—書名頁題
廣列女傳校注；據錢塘汪氏振綺堂藏本校正　123962

1215

列女傳　八卷/(漢)劉向撰；(清)梁端校注.—民國
間錦章圖書局上海石印本.—4 冊.—書名頁題校正列
女傳讀本　　　　　　　　　　　　123963

1216

列女傳　八卷/(漢)劉向撰；(清)梁端校注.—民國
間廣益書局上海石印本.—1 冊.—書名頁題女子模範
列女傳,書簽題精校列女傳讀本；仿泉唐汪氏刊本印
123964

1217

　　列女傳集注　八卷補遺一卷/(漢)劉向撰；(清)蕭道管集注.—清光緒三十四年(1908)侯官陳衍刻本.—4 册　　　　　　　　　　　　123949

　　　部二　4 册　　　　　　　　123950

　　　部三　4 册　書衣有梁啓超墨筆題記　123951

　　　部四　2 册　　　　　　　　123952

1218

　　典故列女傳　四卷/(明)解縉撰.—清光緒九年(1883)掃葉山房刻本.—4 册.—書名頁題新刻典故古列女傳　　　　　　　　　127635

1219

　　典故列女全傳　四卷/(明)解縉撰.—清李光明莊南京刻本.—4 册.—書名頁題列女傳　123970

　　　部二　4 册　　　　　　　　123971

1220

　　列女傳典故　六卷/(明)解縉撰.—清末文樂齋成都刻本.—4 册.—書名頁題古今列女傳讀本　123926

1221

　　女範編　四卷.—明刻本.—3 册；像.—缺 1 卷：卷1；書名據目錄題；西諦藏書　　XD10379

1222

　　女範編　四卷.—明黃應泰刻本.—2 册；像.—缺 2卷：卷 1—2,卷 4 末有缺頁；書名據目錄題；西諦藏書　　　　　　　　　　XD10380

1223

　　丹徒縣節孝列女傳略　四卷/(清)馮錫宸輯.—清乾隆五十九年(1794)刻本.—4 册.—書名頁題丹徒縣節孝傳略；恭壽堂藏板　　　　　　123991

1224

　　新安女史徵　/(清)汪洪度撰.—清乾隆三十七年(1772)歙汪淳修五世讀書園刻本.—4 册.—五世讀書園藏板　　　　　　　　　123995

1225

　　長元節孝祠志　九卷/(清)汪縉輯；(清)王煦補輯.—清乾隆六十年(1795)刻本.—4 册　127605

1226

　　雙節堂贈言續集　二十二卷卷首一卷卷末一卷附錄一卷附訂一卷/(清)汪輝祖輯.—清乾隆間刻本.—4 册　　　　　　　　　　128037

1227

　　越女表微錄　五卷/(清)汪輝祖纂.—清乾隆四十五年(1780)刻本.—2 册.—雙節堂藏版　123972

　　　部二　1 册　　　　　　　　123973

1228

　　越女表微錄　五卷/(清)汪輝祖纂.—清光緒十八年(1892)杭州刻本.—1 册.—浙江學院藏版　123974

　　　部二　1 册　　　　　　　　123975

　　　部三　1 册　　　　　　　　123976

　　　部四　1 册　　　　　　　　123977

1229

　　句無幽芳集/(清)章陶撰.—清乾隆間刻本.—1册.—版心題幽芳集　　　　　　127743

1230

　　女教史傳通纂　十二卷/(清)任啓運撰.—清乾隆間刻本.—4 册.—書名頁題女史通纂；敬身軒藏板　　　　　　　　　　　　124001

　　　部二　2 册　缺 6 卷：卷 7—12　124002

1231

　　皇恩欽賜兩世建坊崇祀旌節錄.—清乾隆間刻本.—1 册.—書名據書籤題　　　124003

1232

　　查氏一門烈女編/(清)查禮編.—清嘉慶二年(1797)宛平查淳京口刻本.—1 册　　127802

1233

　　查氏一門烈女編/(清)查禮編.—清道光十一年(1831)宛平查林雲南刻本.—1 册　　124004

1234

　　華氏貞節略/(清)華文杏編.—清嘉慶十八年(1813)鵝湖慎修堂刻本.—1 册.—江蘇無錫華氏；書名頁題華氏貞節略稿　　　　傳 796.53/85

1235

女士奇行傳/(清)陰振猷撰.—清道光二十年(1840)刻本.—1冊.—板存奉天復州學署　　124113

1236

西洞庭節孝貞烈志略　三卷/(清)蔡九齡編.—清道光二年(1822)刻本.—3冊:圖.—以"冊"分卷　　124009

1237

西洞庭芳徽集　二卷/(清)蔡九齡等輯.—清道光二年(1822)刻本.—2冊　　124011

1238

蘭閨寶錄　六卷/(清)惲珠輯.—清道光十一年(1831)刻本.—6冊.—紅香館藏版　　112224

部二　6冊　　123998

部三　8冊　　127800

部四　6冊　　123997

部五　4冊　　127596

1239

丹徒縣節孝祠譜　五卷/(清)茅元鉻等輯.—清道光十一年(1831)刻本.—4冊.—版心題節孝祠譜;與丹徒縣節孝冊案、節孝餘錄合印　　124041

1240

丹徒縣節孝冊案　一卷/(清)茅元鉻等輯.—清道光十一年(1831)刻本.—4冊.—書名據書名頁題,版心題節孝冊案;與丹徒縣節孝祠譜、節孝餘錄合印　　124041

1241

節孝餘錄　一卷/(清)茅元鉻等輯.—清道光十一年(1831)刻本.—4冊.—書名頁題丹徒縣節孝餘錄;與丹徒縣節孝祠譜、丹徒縣節孝冊案合印　　124041

1242

賢母錄　四卷/(清)黃本驥撰.—清道光二十八年(1848)寧鄉黃本驥三長物齋刻本.—2冊.—(三長物齋叢書).—穀詒堂藏板;附旌節錄　　124095

1243

廣列女傳　二十卷附錄一卷/(清)劉開纂.—清道光二十六年(1846)刻本.—8冊　　123979

1244

廣列女傳　二十卷附錄一卷/(清)劉開纂.—清同治八年(1869)新建吳坤修皖江撫署刻本.—6冊.—(半畝園叢書)　　123978

1245

廣列女傳　二十卷附錄一卷/(清)劉開纂.—清光緒十年(1884)皖城刻本.—6冊.—牌記題光緒十年歲在甲申重刊于皖城俞越記　　123980

部二　3冊　　123981

1246

廣列女傳　二十卷附錄一卷/(清)劉開纂.—清光緒十年(1884)皖城刻本.—6冊.—牌記題光緒甲申重刻於皖城楊峴題　　123982

部二　6冊　書衣有周作人墨筆題記　　123983

部三　8冊　　123984

1247

彤史闡幽錄　二卷/(清)陶應榮等撰.—清道光十八年(1838)刻本.—1冊　　106113

1248

彤史闡幽錄　一卷/(清)許喬林等輯.—清道光間刻本.—2冊　　124080

1249

成華節孝錄　四卷卷首一卷卷末一卷/(清)王煦編.—清咸豐元年(1851)刻本.—4冊.—成華即成都、華陽;版心下鐫讀我書齋,崇善堂藏板　　128043

1250

雙仙小志/(清)謝祖芳輯.—清光緒二十八年(1902)木活字本.—2冊　　127704

1251

杭女表微錄　十六卷卷首一卷/(清)孫樹禮輯.—清光緒三十二年(1906)刻本.—8冊　　124012

部二　4冊　缺9卷:卷8—16　　124013

1252

婦人集注　一卷/(清)陳維崧撰;(清)冒褒注.—清

光緒間如皋冒氏刻本.—1 册.—(如皋冒氏叢書).—
書名頁及書籤題婦人集;與婦人集補合印　　124101
　部二　1 册　　　　　　　　　　　　　127748
　部三　1 册　　　　　　　　　　　　　128605

1253
　婦人集補　一卷/(清)冒丹書撰.—清光緒間如皋
冒氏刻本.—1 册.—(如皋冒氏叢書).—與婦人集注
合印　　　　　　　　　　　　　　　　124101
　部二　1 册　　　　　　　　　　　　　127748
　部三　1 册　　　　　　　　　　　　　128605

1254
　婦人集　一卷/(清)陳維崧撰;(清)陳履端輯;(清)
冒襃注;(清)王士祿評.—民國 24 年(1935)劍閣主人
中州綠絲欄抄本.—1 册.—附婦人集補　　127933

1255
　武陽庚申義貞節烈錄　正編一卷總編二卷/(清)湯
成烈編.—清光緒二年(1876)刻本.—1 册.—武陽指
武進、陽湖　　　　　　　　　　　　　124118

1256
　蘭因集　二卷/(清)頤道居士輯.—清光緒七年
(1881)錢唐丁氏嘉惠堂刻本.—1 册.—(武林掌故叢
編).—頤道居士,(清)陳文述號　　　　127908

1257
　國朝江西節孝錄　八十七卷/(清)江西通志局
編.—清光緒五年(1879)江西書局刻本.—40 册
　　　　　　　　　　　　　　　　　123985

1258
　女英傳　四卷/(清)清風室主編.—清同治十年
(1871)刻本.—1 册.—(清風室叢刊).—清風室主,
(清)錢保塘別號　　　　　　　　　　127960
　部二　1 册　　　　　　　　　　　　　127971
　部三　1 册　西諦藏書　　　　　　　XD10003

1259
　越郡闡幽丁錄/(清)孫道乾輯.—清同治十二年
(1873)刻本.—2 册.—書名據目錄題　　127611

1260
　湘潭縣節孝志　四卷/(清)唐昭儉編.—清同治十
三年(1874)刻本.—4 册.—版心及書名頁題湘潭節孝
志;版存節孝總祠　　　　　　　　　　124033

1261
　燕臺花事錄　三卷/(清)蜀西樵也撰.—清光緒三
年(1877)申報館上海鉛印本.—1 册.—(申報館叢
書).—蜀西樵也,(清)王增祺號　　　　96299

1262
　奇烈編/(清)張起麟輯;(清)吳履剛重編.—清光緒
十五年(1889)刻本.—1　　　　　　　124036

1263
　國朝賢媛類徵初編　十二卷/(清)李桓輯.—清光
緒十七年(1891)湘陰李氏刻本.—6 册　124122
　部二　6 册　　　　　　　　　　　　128197

1264
　曇陽遺韻　六卷卷首一卷/(清)梁煥奎,(清)湯蒜
仙編.—清光緒十七年(1891)刻本.—2 册.—蒜仙,
(清)湯濂號　　　　　　　　　　　　62972
　部二　2 册　　　　　　　　　　　　124007

1265
　冰梅詞/(清)夏慎大輯.—清光緒二十九年(1903)
刻本.—1 册.—書名據版心題　　　　　124038
　部二　1 册　　　　　　　　　　　　124039

1266
　皇朝貞孝節烈文編　六卷/(清)汪正編.—清刻
本.—6 册.—版心題貞孝節烈文編;版心下鐫香溪節
烈祠　　　　　　　　　　　　　　　124089
　部二　6 册　　　　　　　　　　　　150308

1267
　蔚思堂女史/(清)應曙霞輯.—清刻本.—2 册.—原
書卷數不詳,存 8 卷:卷 5—12　　　　127702

1268
　歷代后妃紀略/(清)汪沅編.—清抄本.—2 册.—原
書卷數不詳,存 6 卷:卷 4—9　　　　　124098

1269

劉室雙節傳/(清)陳震撰.—清抄本.—1 册
127721

1270

南皮張氏兩烈女碑/徐世昌撰；華世奎書.—民國 9 年(1920)瑞文龍書局北京影印本.—1 册　59686

1271

吳門百艷圖　五卷/鄒弢編.—清光緒六年(1880)雪祿軒刻本.—2 册　127994
　　部二　1 册　127963

1272

繡像古今賢女傳　九卷/息園撰.—清光緒三十四年(1908)石印本.—8 册：圖及像　124043
　　部二　8 册　缺目錄等　124044
　　部三　2 册　存 3 卷：卷 1—3　124045

1273

旌表錫金兩縣孝貞節烈婦女姓氏錄/(清)佚名輯.—清光緒元年(1875)木活字本.—1 册.—錫金即無錫、金匱二縣　127857

1274

人倫坊表/(清)佚名輯.清光緒十年(1884)刻本.—1 册.—原書卷數不詳，存 1 卷：卷 1；書名據書名頁題　128418

1275

賢媛圖說/(清)佚名輯.—清光緒三十二年(1906)刻本.—1 册：圖.—書名據書名頁題；天津延古齋藏板　128126
　　部二　1 册　128127

1276

女史分類節要/冷方升撰.—民國 7 年(1918)吳佩孚鉛印本.—1 册.—目錄題女史節要　57218
　　部二　1 册　124086
　　部三　1 册　124087
　　部四　1 册　124088
　　部五　1 册　124096

1277

歷代女鑒　四卷補遺一卷/馬太元輯.—民國 25 年(1936)新平馬太元石印本.—2 册　124000

1278

清代閨閣詩人徵略　十卷補遺一卷/施淑儀輯.—民國 11 年(1922)崇明女子師範講習所鉛印本.—4 册.—西諦藏書　XD6529
　　部二　4 册　西諦藏書　XD9998
　　部三　4 册　有硃墨筆批註　124094
　　部四　4 册　128121
　　部五　4 册　128455

1279

中國女史大義　二十編/王嘉誥撰；王劍閣輯.—民國 9 年(1920)石印本.—5 册　127697

1280

正定王氏雙節永慕錄/王士珍編.—民國 13 年(1924)鉛印本.—2 册：圖　128791

1281

錫山二母遺範錄　三卷補遺一卷/胡雨人編.—民國 8 年(1919)鉛印本.—1 册：像.—附繼配周修輝夫人行略　128596
　　部二　1 册　128638

1282

京師女伶百詠　一卷/燕石撰.—民國 6 年(1917)鉛印本.—1 册.—書名頁題北京女伶百詠　19384
　　部二　1 册　61465
　　部三　1 册　99781
　　部四　1 册　103760
　　部五　1 册　107615

1283

甲乙之際宮閨錄　十卷/丁傳靖輯.—民國 23 年(1934)刻藍印本.—2 册.—板藏白雪庵；附清副貢丁君闇公墓誌銘　128494
　　部二　2 册　128553

1284

甲乙之際宮閨錄　十卷/丁傳靖輯.—民國 23 年(1934)刻 198[?]中國書店北京重印本.—2 册.—附

清副貢丁君闇公墓誌銘　　　　　128854
　部二　2 冊　　　　　　　　　128855

1285
祖國女界文豪譜/咀雪子編.—清宣統元年(1909)
京華印書局京師鉛印本.—1 冊：像　　124049
　部二　1 冊　　　　　　　　　124050
　部三　1 冊　　　　　　　　　127991

1286
古黌雙芳錄/關卓然撰.—民國 16 年(1927)華以慧
津門抄本.—1 冊　　　　　　　124125

1287
懿範聞見錄/錢單士釐輯.—民國 22 年(1933)鉛印
本.—1 冊.—單士釐,錢恂妻　　　128335

1288
中國女史　二十一卷/金炳麟,王以銓輯.—清宣統
元年(1909)中合公司杭州鉛印本.—6 冊　127701
　部二　6 冊　　　　　　　　　127900

1289
休寧率溪程氏烈婦合傳/程錫祥輯.—民國 10 年
(1921)率溪程氏鉛印本.—1 冊.—版心題程氏六烈婦
傳　　　　　　　　　　　　　124081

1290
列女傳斠注　三卷/陳漢章撰.—民國間鉛印本.—
1 冊.—有民國 24 年(1935)自序　　123986
　部二　1 冊　　　　　　　　　123987
　部三　1 冊　　　　　　　　　123988
　部四　1 冊　　　　　　　　　123989

1291
女紅傳徵略　一卷/朱啓鈐輯.—民國間紫江朱氏
存素堂鉛印本.—1 冊.—哲匠錄之一　124077
　部二　1 冊　　　　　　　　　124078
　部三　1 冊　　　　　　　　　128751
　部四　1 冊　　　　　　　　　128783
　部五　1 冊　　　　　　　　　128784

1292
古今女將傳贊/朱孔彰編.—民國 26 年(1937)茹古

書局成都刻本.—1 冊　　　　　124035
　部二　1 冊　　陳垣贈書　　　128389

1293
日照李氏節孝徵文.—民國間鉛印本.—1 冊.—書
名據書衣題　　　　　　　　　128554

1294
[歷代烈女傳]—民國間抄本.—2 冊　124079

1295
女鑒—民國間朱絲欄抄本.—1 冊.—毛裝　53484

1296
國朝閨閣詩鈔小傳—民國間朱絲欄抄本.—1 冊.—
附履園叢話閨秀詩　　　　　　124106

1297
鏡影簫聲　初集/(清)城北生繪圖；(清)不過分齋
主人輯豔；(清)司花老人填詞.—清光緒十三年
(1887)日本刻本.—1 冊：像.—書名據版心題；本書原
名萬豔圖傳；搿花館主人藏版　　124074
　部二　1 冊　　　　　　　　　124075

1298
列女傳拾遺　三卷/(日)三枝子章撰.—日本抄
本.—2 冊.—(日)三枝斐,字子章、號清風；有日本寬
政八年土屋溫直序　　　　　　123990

分　　傳

傳 500　別傳

1299
至德誌　十卷/(清)吳鼎科輯.—清光緒二年
(1876)刻本.—4 冊：圖.—(商)泰伯,一作太伯,周代
吳國之始祖　　　　　　　　　124182

1300*
伊尹事錄　一卷/(清)文廷式輯.—民國間知論物
齋藍格抄本.—1 冊.—(商)伊尹,商初大臣,卒於沃丁
時　　　　　　　　　　　　　124183

1301

　東野誌　二卷/(明)呂化舜輯;(清)黏本盛補輯.—
清刻本.—4册:圖及像.—(周)姬旦,又稱叔旦,因采
邑在周,亦稱周公　　　　　124175

　部二　4册　　　　　124176

　部三　4册　　　　　124177

　部四　4册　　　　　124178

1302*

　祭尹公吉甫文/陳矩撰.—民國間石印本.—1册:
圖.—(周)尹吉甫,即兮伯吉父,周宣王時大臣,生卒
年不詳;與漢孝女先絡廟續修祀典碑合訂　　127999

1303*

　孔氏祖庭廣記　十二卷/(金)孔元措輯.—民國17
年(1928)商務印書館上海影印本.—4册:圖及像.
—(續古逸叢書).—(春秋)孔丘(前551—前479),字
仲尼,魯國人;書名頁題蒙古本孔氏祖庭廣記　124188

1304

　東家雜記　二卷/(宋)孔傳輯.—清烏絲欄抄本.—
2册:圖　　　　　124184

1305

　東家雜記　二卷/(宋)孔傳輯.—清抄本.—2册:圖
　　　　　124185

1306

　東家雜記　二卷/(宋)孔傳輯.—清抄本.—2册:圖
　　　　　127938

1307

　聖迹圖/(元)王孤雲繪;(元)俞紫芝題.—清光緒三
十四年(1908)上海神州國光社影印本.—1册:圖.—
神州國光集增刊之二　　　　124187

1308

　聖迹圖/(明)佚名繪.—清刻本.—2册:圖　124189

1309*

　聖迹圖/(明)佚名繪.—民國4年(1915)財政部印
刷局影印本.—1册:圖.—據明刻本影印　124202

1310

　闕里誌　二十四卷/(明)陳鎬撰;(清)孔胤植補.—
清刻本.—10册:圖及像　　　124190

　部二　10册　陳垣贈書　　　124191

　部三　10册　　　　　127967

　部四　7册　缺11卷:卷1—11　　124192

1311

　增修孔庭纂要　十卷/(明)佚名撰.—明正德間刻
本.—1册.—西諦藏書　　　　XD9437

1312

　至聖先師孔子刊定世家　七卷/(明)馮烶輯.—明
萬曆間刻本.—7册　　　　124194

1313

　聖迹圖/(明)孔對寰繪.—明崇禎二年(1629)刻
本.—1册:圖　　　　　124199

　部二　1册　西諦藏書　　　　XD9438

　部三　1册　西諦藏書　　　　XD9439

1314

　闕里誌　十二卷/(明)孔貞叢撰.—明刻藍印本.—
3册.—存4卷:卷10—13　　　124197

　部二　1册　存2卷:卷2—3　　124198

1315

　闕里誌　十二卷/(明)孔貞叢撰.—明刻本.—8册:
圖及像　　　　　127995

1316

　闕里誌　十二卷/(明)孔貞叢撰.—日本寬文二十
年(1680)洛陽書林刻本.—6册:圖　　128029

1317

　聖迹全圖.—清刻本.—1册:圖.—書名據版心題;
西諦藏書　　　　　XD9443

1318

　聖迹圖/(清)佚名繪.—清刻本.—1册:圖及像.—
西諦藏書　　　　　XD9440

　部二　1册　西諦藏書　　　XD9441

1319

聖迹圖/(清)佚名繪.—清刻本.—2册.—圖.—與孟子聖迹圖合訂　　　　　　　　　　124203

1320

聖繪全圖.—清刻本.—1册:圖.—六逸書屋藏板;西諦藏書　　　　　　　　　　　　XD9447
部二　2册　西諦藏書　　　　　　　XD9444

1321

闕里文獻考　一百卷卷首一卷卷末一卷/(清)孔繼汾撰.—清乾隆二十七年(1762)刻本.—8册　124206
部二　8册　　　　　　　　　　　124207
部三　8册　　　　　　　　　　　124208
部四　8册　　　　　　　　　　　124209

1322

闕里文獻考　一百卷卷首一卷卷末一卷/(清)孔繼汾撰.—清光緒十七年(1891)湘陰李氏刻本.—12册
　　　　　　　　　　　　　　　127716
部二　12册　　　　　　　　　　124211
部三　12册　缺1卷:卷2　　　　124210

1323

闕里廣誌　二十卷/(清)宋際等撰.—清同治九年(1870)刻本.—10册:圖及像　　　124212
部二　12册　　　　　　　　　　124213

1324

大成通志　十八卷卷首二卷/(清)楊慶撰.—清康熙八年(1669)刻本.—20册:圖及像　124214
部二　20册　　　　　　　　　　124215
部三　10册　缺10卷:卷9—18;包背裝　124216

1325

至聖編年世紀　二十四卷/(清)李灼,(清)黃晟輯.—清乾隆十六年(1751)刻本.—24册　124227
部二　8册　　　　　　　　　　　124228

1326

孔子紀年備考　二卷/(清)周鳴鸞輯;(清)周光林,(清)周光楚編.—清乾隆四十二年(1777)文德堂刻本.—2册　　　　　　　　　　124244

1327

孔子世家考　二卷/(清)鄭環輯.—清嘉慶八年(1803)刻本.—4册.—與弟子列傳考、歷代典禮考合訂　　　　　　　　　　　　124217
部二　4册　缺弟子列傳考、歷代典禮考　124218
部三　4册　缺歷代典禮考　　　　124219
部四　2册　缺弟子列傳考、歷代典禮考　124220

1328

孔志　四卷/(清)龔景瀚編;(清)林昌彝補箋.—清光緒二十七年(1901)武陵龔鴻義大通樓刻本.—4册
　　　　　　　　　　　　　　　124221

1329

孔子世家補訂/(清)林春溥撰.—清道光十四年(1834)刻本.—1册.—(竹柏山房十五種).—與孟子列傳纂合印　　　　　　　　122857
部二　1册　　　　　　　　　　124222

1330

闕里述聞　十四卷/(清)鄭曉如撰.—清同治七年(1868)廣州華文堂刻本.—8册:像　124223
部二　8册　　　　　　　　　　124224
部三　8册　　　　　　　　　　124225
部四　8册　　　　　　　　　　124226

1331

聖迹圖/(清)孔憲蘭摹.—清同治十三年(1874)山東曲阜孔氏刻本.—1册:圖　　　124246
部二　1册　　　　　　　　　　124247
部三　1册　　　　　　　　　　124248
部四　1册　　　　　　　　　　124249
部五　1册　　　　　　　　　　124250

1332

先聖生卒年月日考　二卷/(清)孔廣牧撰.—清光緒四年(1878)刻本.—1册　　　124229
部二　1册　　　　　　　　　　124230
部三　1册　　　　　　　　　　124284

1333

先聖生卒年月日考　二卷/(清)孔廣牧撰.—清光緒十五年(1889)廣雅書局刻本.—1册.—(廣雅叢書)
　　　　　　　　　　　　　　　124231

部二　1册	124232
部三　1册	124233
部四　1册	124237

1334

先聖生卒年月日考　二卷/(清)孔廣牧撰.—清光緒十九年(1893)浙江書局刻本.—1册　124234
部二　1册	124235
部三　1册	124236

1335

孔子生卒考/(清)孔繼藩撰.—清光緒十六年(1890)刻本.—1册　124239

1336

聖迹圖/(清)孔慶塘輯.—清宣統元年(1909)石印本.—1册:圖及像　124252
部二　1册	124253

1337

至聖先師世系考/陳敬基輯.清宣統元年(1909)石印本.—1册　124240
部二　1册	124241
部三　1册	124242
部四　1册	124243
部五　1册	122941

1338

據書明孔.—清抄本.—6册.—書名據書名頁題　124259

1339

據書明孔.—清抄本.—6册.—書名據書名頁題;有硃筆校改　124260

**1340*　**

聖迹圖/孫毓修輯;甘作霖譯述.—民國9年(1920)商務印書館上海鉛印本.—1册:圖　124264

**1341*　**

聖迹圖.—民國間影印本.—4册:圖.—經摺裝　124266
部二　4册	124267

**1342*　**

聖迹圖聯吟集　二卷/潘守廉輯.—民國25年(1936)天津華新印刷局鉛印本.—1册:圖　124272
部二　1册	124261

**1343*　**

孔子聖迹圖/李炳衛鑒定.—民國24年(1935)北平民社影印本.—1册:圖　124275
部二　1册	124276

**1344*　**

孔子大事類編/李鎮藩編.—民國18年(1929)上海宏大善書局石印本.—1册:像　124352

**1345*　**

東魯雜記/陳崇一撰.—民國間紹興華芳印務局石印本.—1册　124277

1346

孔子行狀圖解/(日)高圓乘編.—日本寬政元年(1789)東都嵩山房刻本.—1册:圖　124278

**1347*　**

孔子實紀　四卷/(朝)元泳義輯.—民國元年(1912)鉛印本.—1册:像　124265

**1348*　**

至聖文宣王/(日)宇野哲人序文;(日)中山久四郎解說.—日本昭和九年(1934)東京春秋會影印本.—1册:像　143213

**1349*　**

至聖文宣王/(日)斯文會編.—日本昭和十三年(1938)東京東方文化學會影印本.—1册:像　149947

1350

陋巷志　八卷/(明)呂兆祥撰.—明萬曆二十九年(1601)刻本.—4册:圖及像.—(春秋)顏回(前521—前490),字子淵,春秋末年魯國人　124179
部二　4册　西諦藏書	XD9435
部三　3册　存5卷:卷1—5	124180

1351

宗聖志　二十卷/(清)王定安輯.—清光緒十六年

(1890)金陵刻本.—8 册：圖及像.—(春秋)曾參(前
505—前 436)，字子輿，春秋末鄒國人，後世尊爲"宗
聖"　　　　　　　　　　　　　　124279
　部二　7 册　缺 2 卷：卷 19—20　　124280
　部三　1 册　存 2 卷：卷 1—2　　124281

1352
　芋蘿集　二卷/(清)趙弘基輯.—清康熙間灑雪居
刻本.—2 册：圖及像.—(春秋)西施(約前 508—約前
472)，一作先施，春秋末年越國苧蘿人　　106873

1353 *
　述聖圖/(清)孔毓埏撰.—民國間影印本.—1 册：圖
及像.—(春秋)孔伋(前 483—前 402)，即子思，孔子
之孫　　　　　　　　　　　　　124282

1354 *
　史記扁鵲倉公傳補注　三卷/(漢)司馬遷撰；(南
朝宋)裴駰集解；(唐)司馬貞索隱；(唐)張守節正義；
張驥補注.—民國 22 年(1933)成都張氏義生堂刻
本.—1 册.—(戰國)扁鵲，姓秦，名越人，渤海郡人；汲
古醫學叢書之一　　　　　　　　127986
　部二　3 册　　　　　　　　　128345

1355
　扁鵲倉公傳並彙考/(日)丹波元簡定本；(日)堀川
濟考異.—日本嘉永三年(1850)存誠藥室刻本.—4
册.—書名據書名頁題；有硃墨筆眉批
　子目
　1.扁鵲倉公列傳/(漢)司馬遷撰
　2.扁鵲倉公傳彙考/(日本)丹波元簡撰
　3.影宋本扁鵲倉公傳考異　　　127856
　部二　4 册　　　　　　　　　129623

1356
　孟子聖迹圖/(清)佚名編.—清刻本.—1 册：圖.—
(戰國)孟子(約前 372—前 289)，名軻，字子輿，鄒人；
與聖跡圖合訂　　　　　　　　　124203

1357
　三遷志　十二卷/(清)王特選增纂.—清康熙六十
一年(1722)刻本.—4 册：圖及像　　124268
　部二　4 册　　　　　　　　　124269

1358
　三遷志　十二卷/(清)王特選增纂.—清刻本.—4
册：圖及像.—西諦藏書　　　　　XD9445

1359
　孟子事實錄　二卷/(清)崔述撰.—清道光二年
(1822)刻本.—2 册.—(崔東壁遺書).—遺經樓藏板
　　　　　　　　　　　　　　　149320

1360
　孟子遊歷考/(清)潘眉撰.—清末抄本.—1 册
　　　　　　　　　　　　　　　124298

1361
　閑道集　四卷卷首一卷/(清)孟經國輯.—清道光
十二年(1832)木活字本.—1 册　　124293
　部二　1 册　　　　　　　　　58112

1362
　孟子列傳纂　一卷/(清)林春溥撰.—清道光十四
年(1834)刻本.—1 册.—(竹柏山房十五種).—與孔
子世家補訂合印　　　　　　　　122857
　部二　1 册　　　　　　　　　124222

1363
　孟子編略　六卷/(清)孫葆田輯.—清光緒十六年
(1890)刻本.—1 册：表格　　　　124290
　部二　1 册　　　　　　　　　124291
　部三　1 册　　　　　　　　　124292

1364
　孟子編略　五卷卷末一卷/(清)孫葆田輯.—清光
緒十四年(1888)木活字本.—1 册：表　124288
　部二　2 册　　　　　　　　　124289

1365
　孟志編略　五卷卷末一卷/(清)孫葆田撰.—清光
緒間抄本.—1 册　　　　　　　　122874

1366
　重纂三遷志　十卷卷首一卷/(清)孟廣均輯；(清)
陳錦，(清)孫葆田重輯.—清光緒十三年(1887)山東
書局刻本.—6 册：圖、像及表格　　124294
　部二　6 册　　　　　　　　　124295

部三　6 册　124296

部四　5 册　124297

1367*

三閭彙考　六卷/（清）屈貝復輯.—民國 12 年（1923）鉛印本.—1 册：圖及像.—（戰國）屈原（約前340—前 278），名平，戰國楚人，曾爲三閭大夫　124299

部二　1 册　124300

1368*

伏乘　十九卷/陳蛰聲輯.—民國間丁氏十笏園石印本.—5 册：圖.—（戰國）伏生，亦稱伏勝，濟南人　124270

部二　5 册　124271

1369*

故司隸校尉犍爲楊君頌.—民國間上海有正書局石印本.—1 册.—（漢）楊氏，生卒年不詳　128882

1370

司馬相如傳拾遺/（梁）吳均撰.—清抄本.—1 册.—（漢）司馬相如（前 179—前 117），字長卿，蜀郡成都人　124311

1371*

漢太中大夫東方先生畫贊.—民國間上海藝苑真賞社影印本.—1 册.—（漢）東方朔（前 154—前 93），字曼倩；書簽題東方朔象贊；據古鑒閣藏宋拓本影印　128092

1372*

漢孝女先絡廟續修祀典碑/陳矩撰.—民國間影印本.—1 册.—（漢）先絡（103—127），生平不詳；與祭尹公吉甫文合訂　127999

1373

純德彙編　七卷卷首一卷續刻一卷/（清）董華鈞重訂.—清嘉慶二十三年（1818）刻本.—4 册：圖及像.—（漢）董黯，生於建武中，北宋時賜號純德徵君　124312

部二　4 册　124313

部三　4 册　124314

1374

鄭學錄　四卷/（清）鄭珍撰.—清同治四年（1865）刻本.—1 册.—（漢）鄭玄（127—200），字康成，北海高密人　124315

部二　1 册　124316

部三　1 册　124318

1375

鄭學錄　四卷/（清）鄭珍撰.—清同治五年（1866）成山唐氏刻本.—2 册　124317

1376*

北海三考　六卷/（清）胡元儀撰.—民國 15 年（1926）湖南叢書處刻本.—3 册.—（湖南叢書）124319

1377

關聖帝君聖蹟圖誌全集　五卷卷首一卷/（清）盧湛輯.—清康熙三十二年（1693）刻乾隆二十一年（1756）重印本.—5 册：圖.—（蜀）關羽（160—220），字雲長，謚壯繆；西諦藏書　XD9446

1378

關聖帝君聖蹟圖誌全集　五卷卷首一卷/（清）盧湛輯.—清康熙三十二年（1693）刻嘉慶二年（1797）吉州蘭第錫重印本.—5 册　124325

1379

關聖帝君全集　四卷/（清）盧湛輯.—清嘉慶二十五年（1820）合敬堂刻本.—4 册：像　124327

1380

關聖帝君聖蹟圖誌全集　五卷卷首一卷/（清）盧湛輯.—清光緒九年（1883）刻本.—6 册　124321

1381

關聖帝君聖蹟圖誌全集　五卷/（清）盧湛輯.—清宣統元年（1909）紹城許模記刻本.—5 册：圖　124324

1382

關聖帝君聖蹟圖誌全集　五卷卷首一卷/（清）盧湛輯.—清光緒二年（1876）朝鮮刻本.—5 册：圖　124328

1383

聖迹圖誌　十四卷/（清）葛崞輯.—清雍正十一年（1733）刻本.—1 册：圖.—西諦藏書　XD9450

1384

聖蹟纂要/(清)徐觀海輯.—清乾隆二十九年(1764)刻本.—1册　　　　124330

1385

關帝誌　四卷/(清)張鎮編.—清乾隆二十一年(1756)刻本.—4册:圖及像　　　　124329

1386

關帝誌　四卷/(清)張鎮編.—清光緒十年(1884)刻本.—4册:圖及像.—解梁大廟藏板　　124333

1387*

關帝誌　四卷/(清)張鎮編.—清乾隆二十一年(1756)刻民國18年(1929)陽曲張氏增刻本.—4册:圖及像　　　　124340

1388

關帝聖蹟圖誌全集　十卷/(清)王玉樹輯.—清嘉慶十二年(1807)刻本.—4册:圖及像　　124345

1389*

武聖關壯繆遺蹟圖誌全集　十卷/(清)王玉樹輯.—民國10年(1921)鉛印本.—4册.—書名頁題武聖關壯繆遺跡圖志　　　　124341

　部二　4册　　　　124342

1390

漢關侯事蹟彙編　八卷附錄四卷/(清)萬之蘅,(清)吳寶韡輯.—清嘉慶間刻本.—4册　124334

　部二　4册　　　　124335

1391

漢漢壽亭侯關侯世家/(清)鄭環撰.—清嘉慶間刻本.—1册　　　　124331

1392

關帝事蹟徵信編　三十卷卷首一卷卷末一卷/(清)周廣業,(清)崔應榴纂輯.—清乾隆四十年(1775)刻本.—6册.—參和堂藏板　　　　124336

1393

關帝事蹟徵信編　三十卷卷首一卷卷末一卷/(清)周廣業,(清)崔應榴纂輯.—清道光四年(1824)周氏

書林刻本.—6册.—公義堂藏板　　124337

　部二　6册　　　　124338

1394

關帝事蹟徵信編　三十卷卷首一卷卷末一卷/(清)周廣業,(清)崔應榴纂輯.—清光緒八年(1882)武清侯邦典刻本.—6册　　　　124339

1395

漢關聖世系續集合刻/(清)蕭光浩輯.—清道光二年(1822)知言山房刻本.—2册

　子目

　1. 漢關聖世系續考/(清)蕭光浩輯

　2. 義勇武安王續集/(清)李倚江編　124320

1396*

關帝史略演詞/佚名撰.—民國間鉛印本.—1册:地圖及像　　　　124346

　部二　1册　　　　148689

1397

關帝遺事輯/(清)王仁俊輯.—清光緒間朱絲欄抄本.—1册　　　　124347

1398*

關侯文翰故事　六卷/李天根輯.—民國20年(1931)西昌李時品鉛印本.—1册.—書名頁題漢關侯文翰故事;附歷代封號考/胡琦撰、世系考/甘雨施撰
　　　　124343

　部二　1册　　　　124344

1399*

關夫子聖蹟圖考　正編四卷續編四卷/凌企曾輯.—民國22年(1933)貽燕山房鉛印本.—8册:圖及像　　　　124348

1400*

關壯繆侯事蹟　八卷附錄一卷/韓組康撰.—民國37年(1948)鉛印本.—4册　　124349

　部二　3册　陳垣贈書　　124351

　部三　4册　西諦藏書　　XD9449

1401

關將軍傳/(日)秋以正子撰.—日本永治章子燦刻

本.—1冊:像　　　　　　　　124332

1402

漢丞相諸葛忠武侯傳/(宋)張栻撰.—清同治間刻本.—1冊.—(蜀)諸葛亮(181—234),諡忠武

124353

1403*

漢丞相諸葛忠武侯傳/(宋)張栻撰.—民國12年(1923)商務印書館上海影印本.—1冊.—(續古逸叢書).—據宋刻本影印　　　　124354

部二　1冊　　　　　　　　124355

1404*

漢丞相諸葛忠武侯傳/(宋)張栻撰.—民國23年(1934)商務印書館上海影印本.—1冊.—(四部叢刊續編).—據宋刻本影印　　　124356

部二　1冊　　　　　　　　124357

1405

漢丞相諸葛忠武侯傳/(宋)張栻撰.—清末藍絲欄抄本.—1冊　　　　　　　124358

1406

忠武誌　八卷/(清)張鵬翮輯.—清康熙間刻本.—10冊.—冰雪堂藏板;與卧龍崗誌合訂　　124363

1407

忠武誌　十卷/(清)張鵬翮輯.—清嘉慶十九年(1814)麻城周畹蘭刻本.—4冊:圖　　124359

部二　6冊　　　　　　　　124360

部三　4冊　　　　　　　　124361

1408

忠武誌　十卷/(清)張鵬翮輯.—清刻本.—6冊:圖及像.—書名頁題諸葛忠武誌　　　124362

部二　6冊　西諦藏書　　　XD10019

1409

諸葛忠武侯故事　五卷/(清)張澍輯.—清道光間刻本.—4冊:圖及像.—與諸葛忠武侯文集合印

124364

1410

山公佚事/(清)劉肇隅撰.—清光緒二十六年(1900)刻本.—1冊.—(晉)山濤(205—283),字巨源,河內懷縣人　　　　　　　127645

1411

傅子本傳　一卷附錄一卷/(清)錢保塘輯.—清光緒八年(1882)海寧錢保塘清風室刻本.—2冊.—(清風室叢刊).—(晉)傅玄(217—278),字休奕,北地泥陽人;與物理論合印　　　　　　7500

1412

孫夫人考/(清)路朝霖撰.—清光緒十一年(1885)刻本.—1冊.—(漢)孫氏(?—223),劉備夫人124365

1413

忠義集　八卷/(清)周之冕輯.—清嘉慶二十年(1815)刻本.—4冊:圖及像.—(晉)周處(240—299),字子隱,義興陽羨人　　　　　124366

部二　4冊　　　　　　　　124367

部三　4冊　西諦藏書　　　XD5493

1414*

陸士衡史/李澤仁編.—民國23年(1934)志景書塾鉛印本.—1冊:表.—(晉)陸機(261—303),字士衡;附年譜　　　　　　　　124368

1415*

[晉太傅謝文靖公遺像贊]/陳重威撰.—民國29年(1940)影印本.—1冊:像.—(晉)謝安(320—385),字安石,諡文靖,陳郡陽夏人　　　124369

部二　1冊　　　　　　　　124370

1416

申范/(清)陳澧撰.—清光緒十八年(1892)刻本.—1冊.—(南朝宋)范曄(398—445),字蔚宗,順陽人;菊坡精舍藏版　　　　　　124371

1417

昭明太子事實　二卷/(宋)方懋撰.—清末藍絲欄抄本.—1冊.—(梁)蕭統(501—531),字德施,梁武帝長子,諡昭明,世稱昭明太子,南蘭陵人　124373

1418*

陳司徒公忠孝錄　二卷/陳漢章輯.—民國 9 年
(1920)德星堂木活字本.—1 冊.—(隋)陳杲仁(549—
620),隋大業五年(609)拜大司徒　　　　124374
　　部二　1 冊　　　　　　　　　　　　124375

1419

魏鄭公諫錄　五卷/(唐)王方慶輯;(清)王先恭校
注.—清光緒九年(1883)長沙王氏刻本.—2 冊.—(王
益吾所刻書).—(唐)魏徵(580—643),字玄成,封鄭
國公,諡文貞,館陶人　　　　　　　　　124377
　　部二　2 冊　　　　　　　　　　　　124378

1420

魏鄭公諫錄　五卷/(唐)王方慶輯.—清刻本.—2
冊.—有缺頁　　　　　　　　　　　　　124379

1421

魏鄭公諫錄　五卷/(唐)王方慶輯.—日本文正十
二年(1830)刻本.—2 冊　　　　　　　　124381

1422

魏鄭公諫錄　五卷/(唐)王方慶輯.—日本享和二
年(1802)木活字本.—2 冊　　　　　　　124380

1423

魏鄭公諫續錄　二卷/(元)翟思忠撰.—清乾隆間
刻本.—1 冊　　　　　　　　　　　　　124383
　　部二　1 冊　　　　　　　　　　　　124384
　　部三　1 冊　　　　　　　　　　　　124385

1424

魏鄭公諫續錄　二卷/(元)翟思忠撰.—清同治十
三年(1874)江西書局刻本.—1 冊　　　　124386
　　部二　1 冊　　　　　　　　　　　　124387

1425

魏鄭公諫續錄　二卷/(元)翟思忠撰.—清光緒九
年(1883)長沙王氏刻本.—1 冊.—(王益吾所刻書)
　　　　　　　　　　　　　　　　　　124388
　　部二　1 冊　　　　　　　　　　　　124389

1426

魏鄭公諫續錄　二卷/(元)翟思忠撰.—清光緒十

四年(1888)廣雅書局刻本.—1 冊　　　　53598

1427

魏鄭公諫續錄　二卷/(元)翟思忠撰.—清刻本.—
1 冊.—西諦藏書　　　　　　　　　　　XD7060

1428

魏鄭公諫續錄　二卷/(元)翟思忠撰.—清刻本.—
1 冊　　　　　　　　　　　　　　　　124382

1429

魏鄭公諫續錄　二卷/(元)翟思忠撰.—清刻本.—
2 冊　　　　　　　　　　　　　　　　75742

1430

魏鄭公諫續錄　二卷/(元)翟思忠撰.—清抄本.—
1 冊　　　　　　　　　　　　　　　　124390

1431

魏文貞公故事拾遺　三卷/(清)王先恭輯.—清光
緒九年(1883)長沙王氏刻本.—2 冊.—(王益吾所刻
書).—與魏文貞公年譜合印　　　　　　124391
　　部二　2 冊　　　　　　　　　　　　124392

1432

唐書魏鄭公傳注　一卷/王先謙注.—清光緒九年
(1883)長沙王氏刻本.—1 冊.—(王益吾所刻書)
　　　　　　　　　　　　　　　　　　124393
　　部二　1 冊　　　　　　　　　　　　124394

1433*

文中子述略/汪吟龍撰.—民國間石印本.—1 冊.—
(隋)王通(584—617),門人私諡文中子　124395

1434

崔府君實錄/(明)楊貴誠撰;(清)陳敬基訂.—清光
緒三十一年(1905)保定刻本.—1 冊.—(唐)崔珏
(585—648),字子玉,祁州古城縣附郭村人;板存磁州
本廟　　　　　　　　　　　　　　　　128025

1435

木蘭將軍集　三卷卷首一卷/(清)涂華遠輯.—清
光緒三年(1877)刻本.—1 冊.—(唐)木蘭,唐初人
　　　　　　　　　　　　　　　　　　124397

1436＊

唐賀監紀略　四卷/(明)閔性善考訂；(明)閔性道彙纂.—民國 30 年(1941)四明張氏約園抄本.—1 册：像.—(唐)賀知章(659—744),曾官秘書監；據紹興沈氏粹芬閣舊抄本抄；有民國 32 年張壽鏞墨筆題記

124400

1437＊

李白集傳/莊楷撰.—民國間朱絲欄抄本.—1 册.—(唐)李白(701—762),字太白.—毛裝　　124402

1438＊

唐李白小傳.—民國間朱絲欄抄本.—1 册.—與孔孟紀年、杜少陵年譜、唐李益小傳合訂.—毛裝

122947

1439

安祿山事迹　三卷/(唐)姚汝能撰.—清宣統三年(1911)長沙葉氏刻本.—1 册.—(唐開元小說六種).—(唐)安祿山(703—757)；附安祿山事迹校記

76473

部二　1 册　　　　　　　　124403

1440

安祿山事迹　三卷/(唐)姚汝能撰.—清末徐乃昌積學齋綠絲欄抄本.—1 册.—據秦敦夫石研齋抄本抄.—毛裝　　　　　　　　　　124404

1441

湖南平江縣重修唐杜左拾遺工部員外郎墓並建祠請祀集刊/(清)李宗蓮編.—清光緒十年(1884)活字本.—1 册：圖及像.—(唐)杜甫(712—770),字子美,祖籍襄陽,曾官左拾遺、檢校工部員外郎　124446

1442＊

唐李益小傳.—民國間朱絲欄抄本.—1 册.—(唐)李益(748—827),字君虞；與孔孟紀年、杜少陵年譜、唐李白小傳合訂.—毛裝　　　　122947

1443＊

唐樊諫議附祀西湖白文公祠詩/陶鏞撰.—民國間石印本.—1 册.—(唐)樊宗師(?—約 821),官至諫議大夫　　　　　　　　　　111165

部二　1 册　　　　　　　　124447

1444

誠應武肅王集/(清)錢槐等輯.—清嘉慶十六年(1811)刻本.—3 册：圖及像.—(五代)錢鏐(852—932),諡武肅；原書卷數不詳,存卷首、卷 1、卷末 1,3；金匱錢王祠藏板　　　　　　　124450

1445＊

南陽張延綬別傳/(唐)張氏撰.—民國 2 年(1913)上虞羅振玉影印暨鉛印本.—1 册.—(鳴沙石室佚書).—(唐)張延綬,唐僖宗時人；書簽題張延綬別傳；附張義潮傳；與春秋後語卷背記合訂　124407

1446

查忠烈公考略/(清)查雲川輯.—清光緒十七年(1891)刻本.—1 册.—(唐)查城(?—880),諡忠烈；有清光緒二十三年查宗仁跋；附鄭公國泰傳略/(清)查鍾泰撰　　　　　　　　124406

1447

范文正公鄱陽遺事錄/(宋)陳貽範撰.—明刻本.—1 册.—(宋)范仲淹(989—1052),諡文正；西諦藏書；與言行拾遺事錄、遺迹、建立義莊規矩等合訂

XD3284

1448

范文正公鄱陽遺事錄/(宋)陳貽範撰.—清刻本.—1 册　　　　　　　　　　124409

1449

范文正公言行錄　四卷/(清)崔廷璋輯.—清光緒十三年(1887)刻本.—1 册.—書名頁題宋范文正公言行錄　　　　　　　　　　124410

部二　1 册　　　　　　　　124411

1450

忠獻韓魏王家傳　十卷/(宋)韓忠彥撰.—明正德九年(1514)安陽張士隆刻本.—4 册.—(宋)韓琦(1008—1075),封魏國公,諡忠獻；有抄配；與忠獻韓魏王別錄、忠獻韓魏王遺事合訂　124412

部二　2 册　卷 1 缺第 1 頁；西諦藏書　XD10004

1451

忠獻韓魏王別錄　三卷/(宋)王巖叟撰.—明正德九年(1514)安陽張士隆刻本.—4 册.—與忠獻韓魏王

家傳、忠獻韓魏王遺事合訂　　　　124412
　部二　2冊　西諦藏書　　　　　XD10004

1452

忠獻韓魏王遺事/(宋)強至編.—明正德九年
(1514)安陽張士隆刻本.—4冊.—與忠獻韓魏王家
傳、忠獻韓魏王別錄合訂　　　　　　124412
　部二　2冊　西諦藏書　　　　　XD10004

1453

韓魏公言行錄/(清)崔廷瑋編.—清光緒十三年
(1887)刻本.—1冊.—書名頁題宋韓魏公言行錄

　　　　　　　　　　　　　　　　124413
　部二　1冊　　　　　　　　　　　124414

1454

蔡福州外紀　十卷附錄一卷/(明)徐火勃編；(清)陳
甫伸訂補.—清同治二年(1863)刻本.—2冊.—(宋)
蔡襄(1012—1067)，字君謨，福建仙遊人。宋仁宗天
聖八年(1030)進士，歷任西京留守推官、福建路轉運
使、起居舍人、龍圖閣直學士、三司使等職，諡忠惠；石
經山房藏板　　　　　　　　　　　124417
　部二　2冊　　　　　　　　　　　124415
　部三　1冊　　　　　　　　　　　128030
　部四　2冊　　　　　　　　　　　124416

1455

宋蔡忠惠公別紀補遺　二卷/(明)徐火勃編；(明)宋
珏增補.—清蔡仕舢、蔡廷魁刻本.—2冊.—卷下有缺
頁；版心下鐫遜敏齋　　　　　　　124418

1456

濂溪志　十卷/(明)胥從化，(明)謝陛編.—明萬曆
二十一年(1593)刻本.—4冊:圖及像.—(宋)周敦頤
(1017—1073)，道州營道人，諡元公，世稱濂溪先生；
缺4卷:卷3—6　　　　　　　　　124419

1457

宋濂溪周元公先生集　十卷/(明)劉汝章輯.—明
萬曆二十七年(1599)谷陽劉觀文刻本.—4冊:圖及像
　　　　　　　　　　　　　　　　15904

1458

宋濂溪周元公先生集　十三卷/(明)李嶸慈等

輯.—明天啓四年(1624)刻本.—10冊:圖及像
　　　　　　　　　　　　　　　　124422

1459

道國元公濂溪周夫子志　十五卷卷首一卷/(清)吳
大鎔修；(清)常在編.—清康熙二十四年(1685)吳大
鎔刻本.—5冊:圖及像.—凝翠軒藏板　124423

1460

濂溪志　七卷/(清)周誥輯.—清道光十七年
(1837)道州周氏刻本.—4冊:圖及像.—愛蓮堂藏板；
附濂溪遺芳集　　　　　　　　　　124420
　部二　4冊　缺濂溪遺芳集　　　　124421

1461

希賢錄　二卷/(清)彭玉麟輯.—清光緒九年
(1883)刻本.—1冊:圖　　　　　　124424
　部二　1冊　　　　　　　　　　　124425

1462*

豐清敏公遺事　一卷附錄一卷/(宋)李樸撰.—民
國間抄本.—1冊.—(宋)豐稷(1033—1107)，諡清敏；
據小萬卷樓叢書本抄　　　　　　　124426

1463

東坡烏臺詩案/(宋)朋九萬編.—清乾隆間刻本.—
1冊.—(宋)蘇軾(1036—1101)，號東坡居士　112821

1464

烏臺詩案　一卷/(宋)朋九萬撰.—清光緒十二年
(1886)山陰宋澤元懺花盦刻本.—1冊.—(懺花盦叢
書).—附雜記　　　　　　　　　　100346

1465

烏臺詩案　一卷/(宋)朋九萬撰.—清末元和江氏
京師刻本.—1冊.—跋誤題著者爲明九萬；據吳枚庵
手鈔青芝山堂藏花山馬氏本刊；書衣有墨筆題記
　　　　　　　　　　　　　　　　94408
　部二　1冊　　　　　　　　　　　94597
　部三　1冊　　　　　　　　　　　99839

1466

蘇長公外紀　十六卷/(明)王世貞編.—明萬曆二
十六年(1598)玉峰沈麟嘉刻本.—2冊:像.—缺書名

頁和總目　　　　　　　　　　　124429

1467

東坡先生別傳　四卷/(清)黃觀編.—清乾隆四十四年(1779)翠香堂刻本.—4 冊.—附東坡先生瑣言別集　　　　　　　　　　　124430

1468

東坡事類　二十二卷/(清)梁廷枏纂.—清道光十年(1830)刻本.—10 冊.—(藤花亭十七種).—陳垣贈書　　　　　　　　　　　124433
　部二　12 冊　　　　　　　　124432

1469

東坡事類　二十二卷/(清)梁廷枏纂.—清光緒五年(1879)順德馮兆年刻本.—12 冊　　124434
　部二　8 冊　　　　　　　　124436
　部三　8 冊　　　　　　　　124437
　部四　10 冊　　　　　　　124435

1470

坡仙遺事　一卷/(清)黃輝輯.—清抄本.—2 冊
　　　　　　　　　　　　　　124431

1471*

東坡逸事/沈宗元編.—民國 7 年(1918)商務印書館上海鉛印本.—1 冊　　　　124439

1472

宜州乙酉家乘　一卷/(宋)黃庭堅撰.—清乾隆五十九年(1794)長塘鮑氏知不足齋刻本.—1 冊.—(知不足齋叢書).—(宋)黃庭堅(1045—1105),字魯直,號山谷道人、涪翁,洪州分寧人;日記起宋崇寧四年(1105)正月,迄同年八月二十九日,有間斷;書名頁題宜州家乘;與吳船錄合印　　124061

1473

宜州乙酉家乘　一卷/(宋)黃庭堅撰.—清乾隆五十九年(1794)長塘鮑氏知不足齋刻重印本.—1 冊.—(知不足齋叢書).—書名頁題宜州家乘;與吳船錄合印　　　　　　　　　　　124062

1474*

陳用之公文獻彙鈔/陳守治編.—1950 年鉛印本.—

1 冊.—(宋)陳祥道(1053—1093),字用之;南平樟湖阪陳氏家乘之一　　　　124442

1475*

清真先生遺事　一卷/王國維撰.—民國 16 年(1927)海寧王氏鉛印本.—1 冊.—(海寧王忠愨公遺書).—(宋)周邦彥(1056—1121),晚號清真居士;附年表;與耶律文正年譜合印　　124463

1476

宋陳忠肅公言行錄　八卷/(明)陳載興編.—清光緒十五年(1889)陳紹泉木活字本.—6 冊.—(宋)陳瓘(1057—1122),字瑩中,號了齋,諡忠肅;翠竹山房藏板　　　　　　　　　　　124443

1477

思賢錄　八卷/(元)謝應芳編;(明)謝量增訂;(清)謝蘭生補遺.清光緒十年(1884)刻本.—2 冊.—(宋)鄒浩(1060—1111)　　　124475

1478*

東林山回仙觀沈東老傳/(元)趙孟頫撰並書.—民國間影印本.—1 冊.—(宋)沈思,生卒年不詳,活動於宋熙寧間,號東老.—經摺裝　　128689

1479*

張邦昌事略/(宋)王稱撰.—民國 21 年(1932)忍齋氏抄本.—1 冊.—(宋)張邦昌(1081—1127);據修知不足齋抄本抄　　　　　124464

1480

宋李忠定行狀　三卷/(宋)李綸撰.—清湘鄉愛日堂刻本.—1 冊.—(宋)李綱(1083—1140),字伯紀,號梁溪居士,諡忠定　　　　124473

1481

梁溪先生文集附錄/(宋)李大有等撰.—清抄本.—4 冊.—含年譜、行狀、祭文等　　88175

1482*

宋滕忠節公使金本末　一卷/(明)宋濂撰;(清)滕如瑞注.—民國 24 年(1935)寶山滕氏鉛印本.—1 冊:像.—(宋)滕茂實(1089—1128),諡忠節;附滕忠節公遺詩　　　　　124465

部二　1 册　陳垣贈書　　　　　　　124470
部三　1 册　西諦藏書　　　　　　　XD2003
部四　1 册　　　　　　　　　　　　128519
部五　1 册　　　　　　　　　　　　128816

1483

　韓忠武王祠墓誌　六卷/（清）顧沅輯．—清道光十三年（1833）刻本．—2 册：圖．—（宋）韓世忠（1089—1151），謚忠武；書末有墨筆題字　　　124471

1484*

　屏山志略　二卷/詹繼良纂．—民國 11 年（1922）鉛印本．—1 册：圖及像．—（宋）劉子翬（1101—1147），學者稱屏山先生　　　　　　　　124476

1485*

　宋胡忠簡公經筵玉音問答　一卷/（宋）胡銓撰．—民國間抄本．—1 册．—（宋）胡銓（1102—1180），謚忠簡；書名頁題經筵玉音問答；有張壽鏞墨筆題識，過錄鄧邦述題跋　　　　　　　　　　74475

1486

　鄂國金佗稡編　二十八卷續編三十卷/（宋）岳珂編．—明嘉靖間刻本．—24 册．—（宋）岳飛（1103—1142），謚忠武，追封鄂王；版心題金佗稡編　124480

1487

　鄂國金佗稡編　二十八卷續編三十卷/（宋）岳珂編．清光緒九年（1883）浙江書局刻本．—12 册．—版心題金佗稡編　　　　　　　　　　124481
部二　12 册　　　　　　　　　　124482
部三　12 册　　　　　　　　　　124483
部四　12 册　　　　　　　　　　42273

1488

　岳鄂王金陀稡編　二十卷卷首一卷續編八卷/（宋）岳珂編；（清）岳士景重訂．—清乾隆間刻本．—8 册：表．—書名頁題宋岳忠武王金陀全編，版心題金陀稡編；卷首有增訂忠武王年譜，附新增王昭忠錄拾遺　　　　　　　　　　　　　　124484

1489*

　忠文王紀事實錄　五卷/（宋）謝起嚴撰．—1987 年中華書局北京影印本．—2 册：像．—（古逸叢書三編）．—據國家圖書館藏南宋咸淳七年（1271）吳安朝等刻明洪武印本影印　　　　　　43999
部二　2 册　　　　　　　　　　44209

1490

　金陀祠事錄　八卷卷首二卷/（清）岳鑑輯．—清嘉慶二十三年（1818）刻本．—6 册：圖及像．—宋嘉定中，岳飛之孫領嘉興事，遂定居於金陀坊，明萬歷時又建金陀祠；敦倫堂藏板　　　　　　124485

1491

　岳忠武王初瘞墓祠記．—清同治十三年（1874）刻本．—1 册　　　　　　　　　　124478

1492

　昭忠錄　一卷續一卷/（清）岳觀承輯．—清抄本．—2 册．—版心題江邑岳氏族譜　　　124477

1493*

　岳王史略演詞．—民國間鉛印本．—1 册：像 112900
部二　1 册　　　　　　　　　　124486
部三　1 册　毛裝　　　　　　　124487

1494*

　岳忠武事略．—民國間國群鑄一社石印本．—1 册．—國群鑄一通俗講演社演詞　　　124488

1495*

　魏文節公事略/魏頌唐編．—民國 25 年（1936）鉛印本．—1 册：圖及像．—（宋）魏杞（1121—1184），謚文節；書簽題宋丞相魏文節公事略　124499
部二　1 册　　　　　　　　　　124500

1496*

　魏文節公事略/魏頌唐編．—1982 年杭州古舊書店油印本．—1 册．—書簽題增訂宋丞相魏文節公事略　　　　　　　　　　　　　124501
部二　1 册　　　　　　　　　　124502

1497

　朱子行狀/（宋）黃幹撰；（清）薛於瑛評注．—清光緒十四年（1888）宛平楊氏刻本．—1 册．—（宋）朱熹（1130—1200）；書簽題朱子行狀評注總論　124508

1498

朱子行狀/(宋)黃幹撰;(朝)李滉輯注. —日本文化元年(1804)刻本. —1册　　　124507

1499

朱子實紀　十二卷/(明)戴銑輯. —明正德八年(1513)鮑雄刻本. —1册. —存3卷:卷5—7;輯者和版本參考四庫全書存目叢書子目朱子實紀題;西諦藏書　　　XD9451

1500

考訂朱子世家/(清)江永撰. —清同治五年(1866)望三益齋刻本. —1册　　　124510
部二　1册　　　124511

1501

考訂朱子世家/(清)江永撰. —清同治六年(1867)涇縣黃田朱氏刻本. —1册　　　124513
部二　1册　　　128135

1502

考訂朱子世家/(清)江永撰. —清同治十三年(1874)涇縣黃田朱氏刻本. —1册　　　124512

1503*

考訂朱子世家/(清)江永撰. —民國間掃葉山房石印本. —1册. —毛裝　　　152429

1504

補宋潛溪唐仲友補傳　一卷/(清)張作楠輯. —清道光間刻本. —1册. —(宋)唐仲友(1136—1188),字與政;版心題補唐仲友補傳　　　124514

1505

補宋潛溪唐仲友補傳　一卷/(清)張作楠輯. —清光緒二十四年(1898)金華倪氏刻本. —1册. —版心題補唐仲友補傳　　　124515

1506

宋東萊呂成公外錄　四卷/(明)阮元聲輯. —明崇禎五年(1632)婺州呂光祖等刻本. —2册:圖及像. —(宋)呂祖謙(1137—1181),學者稱東萊先生,諡成公;缺1卷:卷1;版心題東萊外錄　　　124516

1507

宋忠定趙周王別錄　八卷附刻一卷/葉德輝輯. —清光緒三十四年(1908)長沙葉氏刻本. —4册. —(別本觀古堂彙刻書). —(宋)趙汝愚(1140—1196),諡忠定　　　70031
部二　4册　　　128048

1508

支那帝國主人第一人成吉思汗少年史/(日)阪口瑛次郎撰;(清)吳檮譯. —清光緒二十九年(1903)上海人演譯社鉛印本. —1册. —(元)成吉思汗(1162—1227);書名頁題成吉思汗少年史　　　124518

1509

象臺首末　七卷/(宋)胡知柔編;(清)胡宗元重編. —清同治間刻本. —4册:圖及像. —(宋)胡夢昱(1185—1226);書名頁題象臺首末重編　　　88171
部二　4册　　　90664

1510

宋左丞相陸公全書　八卷續編二卷/(清)王夢熊編;(清)陶性堅續編. —清道光十五至十六年(1835—1836)刻本. —1册:像. —(宋)陸秀夫(1236—1279),官至左丞相;書名頁題陸忠烈公全書;鹽瀆五柳堂藏板　　　124496

1511*

文文山傳信錄　十二卷/許浩基編. —民國21年(1932)吳興許氏杏蔭堂刻本. —6册:像. —(宋)文天祥(1236—1283),初名雲孫,字天祥,後以字爲名,號文山;與文文山年譜合訂　　　124493
部二　4册　缺文文山年譜　　　124489
部三　4册　缺文文山年譜　　　124490
部四　4册　缺文文山年譜　　　124491
部五　4册　缺文文山年譜　　　124492

1512

宋少保右丞相兼樞密使信國公文天祥傳. —清抄本. —1册. —與廷試策題合訂　　　124495

1513

思忠錄/金武祥編. —清光緒三十二年(1906)江陰金氏粟香室刻本. —1册. —(粟香室叢書). —(宋)王安節(?　—1275)　　　127703

1514

　　重修元遺山先生墓記略/(清)汪本直等撰. —清嘉慶元年(1796)刻本. —1 冊：圖. —(金)元好問(1190—1257)，號遺山；書名據書簽題　　　124519

1515*

　　咸陽王撫滇功績/(清)劉發祥輯. —民國間鉛印本. —1 冊. —(元)賽典赤瞻思丁(1211—1279)，贈咸陽王；書名據書簽題，書名頁題咸陽王撫滇績　124521

1516

　　客杭日記　　一卷/(元)郭畀撰. —清光緒七年(1881)錢塘丁氏刻本. —1 冊. —(元)郭畀(1280—1335)；日記起元至大元年(1308)九月，迄二年(1309)二月，有間斷；西諦藏書　　　　　XD9452

1517

　　客杭日記　　一卷/(元)郭畀撰. —清乾隆間長塘鮑氏知不足齋刻本. —1 冊. —(知不足齋叢書). —與涉史隨筆合印　　　　　　　　　124456
　　部二　1 冊　　　　　　　　　127757
　　部三　1 冊　書衣有墨筆題字　　72487
　　部四　1 冊　　　　　　　　　72489

1518*

　　蓋喀圖補傳/柯劭忞撰. —民國間刻本. —1 冊. —(元)蓋喀圖(? —1295)；書名據書簽題；譯史補卷 1
　　　　　　　　　　　　　　　124524

1519

　　龜巢先生崇祀錄　　四卷/(清)謝蘭生輯. —清道光間木活字本. —1 冊：像. —(元)謝應芳(1296—1392)，號龜巢；書名頁題先賢謝龜巢先生崇祀錄
　　　　　　　　　　　　　　　124528

1520*

　　秦景容先生事迹考/秦錫田輯. —民國 22 年(1933)鉛印本. —1 冊：图及像. —(元)秦裕伯(1296—1373)，字景容；附上海縣城隍神靈異記　　124529

1521

　　清賢紀　　六卷/(明)尤鎧輯. —明天啓三年(1623)刻本. —2 冊. —(元)倪瓚(1301—1374)，私諡清賢
　　　　　　　　　　　　　　　142553

1522

　　清賢紀　　六卷/(明)尤鎧輯. —清宣統三年(1911)上海國學扶輪社鉛印本. —2 冊. —(張氏適園叢書). —書名頁題清賢記　　　　　　42228
　　部二　2 冊　　　　　　　　　127867
　　部三　2 冊　　　　　　　　　124525

1523*

　　清賢紀　　六卷/(明)尤鎧輯. —民國 4 年(1915)中國圖書公司和記上海鉛印本. —2 冊. —書名頁題清賢記，書簽題精刊清賢記，版心下題張氏適園叢書
　　　　　　　　　　　　　　　124526
　　部二　2 冊　　　　　　　　　124527

1524*

　　清閩閣志　　十二卷/(清)楊殿奎輯. —民國 6 年(1917)木活字本. —4 冊. —有硃墨筆校改字　124530

1525

　　雁門集別錄/(清)薩龍光輯. —清嘉慶十二年(1807)刻本. —1 冊：像. —(元)薩都拉(1308—?)；西諦藏書；與雁門集合印　　　　　XD7540

1526

　　雁門集別錄/(清)薩龍光輯. —清宣統二年(1910)薩嘉曦刻本. —1 冊：像. —與雁門集合印　102202
　　部二　1 冊　　　　　　　　　95799

1527

　　潛溪錄　　六卷卷首一卷/(清)丁立中編輯；(清)孫鏘增補. —清宣統二年(1910)四明孫氏七千卷樓成都刻本. —6 冊：圖像及表. —(明)宋濂(1310—1381)，字景濂，號潛溪，諡文憲；有清宣統三年序　124531
　　部二　6 冊　　　　　　　　　124532

1528

　　[誠意伯劉公傳]. —清抄本. —1 冊. —(明)劉基(1311—1375)，封誠意伯；殘缺. —毛裝　147392

1529*

　　方貞惠公潛德錄/方崇義輯. —民國 14 年(1925)鉛印本. —1 冊. —(明)方克勤(1326—1376)，字去矜，諡貞惠；書名據版心及書簽題；有墨筆題字　124533

1530

　明氏實錄/(明)楊學可編.—清抄本.—1 册.—(元)明玉珍(1331—1366)　　　　124534

1531

　希忠錄　四卷卷首一卷/(清)鄭梾編.—清道光三十年(1850)義門醉墨軒木活字本.—1 册.—(明)鄭洽,約生於元順帝年間,卒於明永樂帝年間　124535

1532

　流芳錄/(明)閔珪編.—清乾隆五十三年(1788)鳳林嚴氏刻本.—2 册.—(明)嚴震直(1344—1402);書名據版心及目錄題　　　　124537

1533

　惠烈錄　六卷/(明)青宗益,(明)青宗堯編.—清乾隆間大寧青氏刻本.—4 册：像.—(明)青文勝(1359—1391),謚惠烈;書名據版心題　　124539

1534

　黃文貞公忠節紀略　四卷卷首一卷/(清)柯自遂輯;(清)劉瑞芬重編.—清光緒元年(1875)皖上刻本.—2 册.—(明)黃觀(1364—1402),謚文貞　124540
　部二　4 册　　　　124546

1535

　致身錄　一卷附編二卷/(明)史仲彬撰.—清烏絲欄抄本.—1 册.—(明)史仲彬(1366—1427)　124538

1536*

　重修明贈郎中思齊龔公墓塋錄/龔超輯.—民國 24 年(1935)昆山縣平民工藝廠鉛印本.—1 册：图.—(明)龔賢(1386—1433),字思齊　　　　124542

1537

　薛文清公行實錄　五卷/(明)周德恭輯.—明萬曆十六年(1588)刻本.—4 册.—(明)薛瑄(1389—1464);謚文清　　　　124543

1538

　顯忠錄　二卷/(明)程樞輯;(明)程應階訂補.—清嘉慶十一年(1806)刻本.—1 册：图.—(明)程通(?—1402);謙德堂藏板;與續顯忠錄合印　124545

1539

　續顯忠錄/(明)程邦瑞輯.—清嘉慶十一年(1806)刻本.—1 册：图.—謙德堂藏板;與顯忠錄合印　　　　124545

1540

　[萬里志]　一卷附錄一卷/(明)張弼撰;(清)張世綏輯.—清康熙間刻本.—1 册.—(明)張弼(1425—1487);書名據序等題　　　　124459

1541

　劉忠宣公誥敕碑文/(明)孫羽侯等撰.—清刻本.—1 册.—(明)劉大夏(1437—1516),謚忠宣;書名據書籤題　　　　127906

1542

　王光祿正統殉難事略/(清)王梓材輯.—清末朱絲欄抄本.—1 册.—(明)王通(?—1449);與世本集覽提綱說、世本集覽條例說合印　　　　124472

1543

　陶恭介公像贊/(明)馬理撰.—明刻本.—1 册：像.—(明)陶琰(1449—1532),謚恭介;書名據書籤題,版心題陶恭介公贊　　　　124462

1544*

　楊文襄公事略/(明)謝純撰;(清)朱淳增輯.—民國 11 年(1922)雲南叢書處刻本.—1 册：像.—(雲南叢書).—(明)楊一清(1454—1530),謚文襄;雲南圖書館藏板　　　　124559

1545

　撫孤錄/(清)高叢雲編.—清道光間刻本.—1 册.—(明)高妙青(1466—1553);書簽題高義姑撫孤錄　　　　124556

1546

　明新建伯王文成公傳本　二卷附刻一卷/(清)毛奇齡撰.—清同治三年(1864)長沙余氏明辨齋刻本.—1 册.—(明辨齋叢書).—(明)王守仁(1472—1529),謚文成,封新建伯,世稱陽明先生;書名頁題王文成傳本　　　　128131

1547

　　王陽明先生遺像冊/(明)張岱等撰．—清光緒間影印本．—1冊：像．—書名據書名頁題,書簽題陽明先生遺像冊;據原手稿等影印　　　　124558

1548*

　　桂坡安徽君傳/(明)黃省曾撰．—民國間藍絲欄抄本．—1冊．—(明)安國(1481—1534),字民泰,號桂坡　　　　124561

1549

　　顯忠集　四卷/(明)常三省輯;(清)李枝芃重輯．—清乾隆十一年(1746)刻本．—1冊．—(明)李紹賢(1481—1519);腴道堂藏板;有硃筆標點　124562

1550*

　　子宿府君家傳/汪兆鏞纂．—民國間刻本．—1冊．—(明)汪應軫(1490—1547),字子宿;卷端題明江西提學僉事子宿府君家傳,書簽題明江西提學僉事汪青湖先生家傳;陳垣贈書;青湖文集卷首　124568

1551

　　金氏世德紀/(清)[金應麟]輯．—清道光間刻本．—1冊．—(明)金應奎(1504—1574),字拱宸;書名據版心題;版心下題吉雲草堂　　　　124610

1552

　　金氏世德紀　二卷/(清)金應麟輯．—清光緒二十二年(1896)錢塘丁氏嘉惠堂刻本．—2冊．—(武林掌故叢編)　　　　124569
　　部二　2冊　　　　124619

1553

　　孝行錄/(清)王聲鏻輯．—清道光四年(1824)霸州王苞林廣晉學署刻本．—1冊．—(清)王原,約生於明正德中,清初卒,年84歲;書名據版心及書簽題　124554

1554*

　　揚州唐襄文公崇祀錄/(清)唐鼎元編．—民國間鉛印本．—1冊．—(明)唐順之(1507—1560),諡襄文;書簽題揚州唐襄文公祠記　124570
　　部二　1冊　西諦藏書　XD9455

1555

　　忠敬堂彙錄　八卷新編一卷/(明)胡煜編;(清)胡嗣運續編．—清光緒十三年(1887)績溪胡氏刻本．—2冊．—(明)胡宗憲(1512—1565)　124572

1556*

　　南通平潮市曹公亭詩/張謇等撰．—民國10年(1921)鉛印本．—1冊：圖．—(明)曹頂(1514—1557),南通人;本書爲紀念明嘉靖間曹氏抗倭所立亭之眾人題詠　124601

1557*

　　顧伯子葬記　一卷/(明)顧祖訓輯．—1986年遼寧省圖書館掃描油印本．—1冊：像．—(明)顧起經(1515—1569),家行一,稱伯子;書名據書簽題;據明隆慶三年(1569)顧氏玄玉齋刻本掃描油印　124573
　　部二　1冊　　　　124574

1558

　　楊忠湣公遺書/(明)楊繼盛撰．—清同治五年(1866)木樨山房刻本．—1冊：像．—(明)楊繼盛(1516—1555),諡忠湣;內有自著年譜等　124575

1559

　　楊忠湣公全書/(明)楊繼盛撰．—清光緒七年(1881)廣東刻本．—1冊：像．—書名據書名頁題,書簽題表忠錄;板藏粵城聚德堂;內有行狀、年譜等　124576

1560*

　　楊忠湣公傳家寶書/(明)楊繼盛撰．—民國9年(1920)宏大善書局石印本．—1冊　58395

1561*

　　楊忠湣公傳家寶書/(明)楊繼盛撰．—民國15年(1926)美大善書流通處北京石印本．—1冊．—書簽題楊椒山公傳家寶書;內容包括:靈驗記、椒山先生自著年譜、遺囑　124581

1562*

　　楊繼盛列傳．—民國間朱絲欄抄本．—1冊．—附原稿．—毛裝　124580

1563*

　　李時珍傳記選/張梁森編．—1991年中國醫藥科技

出版社湖北鉛印本.—1 册：像.—(明)李時珍
(1518—1593)　　　　　　　　　　141813
　部二　1 册　　　　　　　　　　141814
　部三　1 册　　　　　　　　　　141815

1564
　宮保大司空潘公傳/(明)申時行撰.—清道光二十
年(1840)王蘭蓀抄本.—1 册.—(明)潘季馴(1521—
1595)；書衣題潘公季馴傳略；有王蘭蓀、韓仲文硃筆
校字　　　　　　　　　　　　　　124584

1565
　後泉公墓祭事宜譜/(清)章必淳等輯.—清道光間
貴池章氏刻本.—1 册：圖.—(明)章庭(1521—
1618)，號後泉；附祠産名目等　　　124583

1566
　歷仕錄/(明)王之垣撰.—清王氏家塾刻本.—1
册.—(明)王之垣(1527—1604)，號見峰　124585

1567*
　李見羅先生行略/(明)李穎撰.—民國 11 年(1922)
刻本.—1 册：像.—(明)李材(1529—1606)，字孟誠，
號見羅；李見羅全集之一　　　　　124586

1568
　錫山攬袂集　二卷卷首一卷附錄一卷/(清)黃師謙
等輯.—清道光七年(1827)刻本.—1 册.—(明)王其
勤(1531—？)，明嘉靖時任官無錫；本書收贊頌王氏德
政之詩文；西諦藏書　　　　　　　XD3926

1569*
　錫山攬袂集　二卷卷首一卷/(清)黃師謙等輯.—
民國 23 年(1934)無錫黃氏譜局活字本.—1 册124587

1570*
　錫山攬袂集　二卷卷首一卷/(清)黃師謙等輯.—
民國 36 年(1947)藝海美術印書館無錫鉛印本.—1
册.—有民國 37 年(1948)序文；與松滋王公祠廟記合
印　　　　　　　　　　　　　　108440
　部二　1 册　　　　　　　　　　124588

1571*
　松滋王公祠廟記　一卷/(清)黃師謙等編輯.—民

國 36 年(1947)藝海美術印書館無錫鉛印本.—1
册.—與錫山攬袂集合印　　　　　108440
　部二　1 册　　　　　　　　　　124588

1572
　觀我圖册彙編　五卷卷首一卷卷末一卷/(明)朱勳
等編.—清乾隆間馮浩抄本.—5 册.—(明)馮孜
(1536—？)　　　　　　　　　　124589

1573*
　清澄海宇册/趙琪輯.—民國 23 年(1934)影印
本.—1 册：圖及像.—(明)趙耀(1539—1609)；據吳鬱
生等手迹影印　　　　　　　　　124590
　部二　1 册　　　　　　　　　　124591
　部三　1 册　　　　　　　　　　128271
　部四　1 册　　　　　　　　　　128272

1574
　尊腰館壽言/(明)范異羽輯.—明崇禎間刻本.—4
册.—(明)范應龍(1544—？)，范異羽之父；書名據書
簽題　　　　　　　　　　　　　124592

1575*
　王象乾傳.—民國間詠蘭堂朱絲欄抄本.—1 册.—
(明)王象乾(1546—1629)，字子廓.—毛裝　124593

1576*
　王象乾傳.—民國間朱絲欄抄本.—1 册.—毛裝
　　　　　　　　　　　　　　　124594

1577
　快雪堂日記/(明)馮夢禎撰.—清抄本.—3 册.—
(明)馮夢禎(1548—1605)，堂號快雪堂；日記起明萬
曆十八年(1590)，迄二十四年(1596)，有間斷　124596

1578
　保孤記/(明)周宗正等撰.—清抄本.—1 册.—(明)
夏先承(1548—？)；附吳學愚與夏少洲書等　124595

1579
　先君趙塚宰忠毅公行述/(明)趙清衡撰.—清道光
間刻本.—1 册.—(明)趙南星(1550—1627)，字夢白，
號儕鶴，諡忠毅　　　　　　　　124597
　部二　1 册　附鐵如意考　　　　124599

1580

先君趙塚宰忠毅公行述/(明)趙清衡撰.—清道光間刻光緒間增刻本.—1 冊.—附鐵如意考、趙清衡爲其父"冤對難忘"上書　　　124598

1581

趙公行狀/(明)趙清衡撰.—清烏絲欄抄本.—1 冊.—卷端題明故榮祿大夫吏部尚書贈太子太保諡忠毅趙公行狀,書簽題高邑趙忠毅公行狀　　　124600

1582

先考從齋府君行略/(明)黃胤星等撰.—明崇禎間刻本.—1 冊.—(明)黃崇翰(1555—1632),字翰甫,號從齋　　　124606

1583*

舊鈔董宦事實/(明)佚名輯.—民國 13 年(1924)崑山趙氏又滿樓刻本.—1 冊.—(明)董其昌(1555—1636),字玄宰,號思白、香光居士;卷端題民抄董宦事實　　　124607

　　部二　1 冊　　　124609

1584*

舊鈔董宦事實/(明)佚名輯.—民國 13 年(1924)崑山趙氏又滿樓刻 14 年(1925)補刻本.—1 冊.—(又滿樓叢書).—卷端題民抄董宦事實;附校記　　　124608

　　部二　1 冊　西諦藏書　　　XD11265

1585*

寒山三種　/(明)馮元成等撰.—民國 3 年(1914)雙照樓刻朱印本.—1 冊.—(明)趙宦光(1559—1625),字凡夫,結廬寒山;內有趙凡夫先生傳、趙凡夫自敍、先考凡夫府君行實以及附錄等　　　124602

　　部二　1 冊　　　124603
　　部三　1 冊　　　124604
　　部四　1 冊　　　124605

1586

衍慶錄　十卷/(清)愛必達纂.—清乾隆間刻本.—4 冊.—(明)額宜都(1562—1621),鈕祜祿氏,諡弘毅　　　124611

　　部二　2 冊　　　124612
　　部三　2 冊　　　124613

1587

衍慶錄　十卷/(清)愛必達纂.—清嘉庆六年(1801)刻本.—4 冊.—附弘毅公戰功行略　　　124614

　　部二　4 冊　　　124615
　　部三　4 冊　　　128887

1588

弘毅公戰功行略/(清)愛必達纂.—清嘉慶六年(1801)刻.—1 冊.—書名據書簽題;衍慶錄附　　　124614

　　部二　1 冊　　　124615
　　部三　1 冊　　　128887

1589

[高忠憲公墓志行述]/(明)高世儒等撰.—明崇禎間刻本.—2 冊:像.—(明)高攀龍(1562—1626),字存之,諡忠憲　　　124616

1590

文定公事略/(清)徐驥輯.—清抄本.—1 冊.—(明)徐光啓(1562—1633),字子先,號玄扈,諡文定;書名據總目題.—毛裝　　　124617

1591

表忠錄.—清康熙間刻本.—1 冊.—(明)繆昌期(1562—1626),字當時,號西溪,諡文貞;有殘缺　　　124618

1592*

味水軒日記　八卷/(明)李日華撰.—民國 8 年(1919)吳興劉氏嘉業堂刻本.—4 冊.—(明)李日華(1565—1635),日記起明萬曆三十七年(1609),迄四十四年(1616);原存 4 卷:卷 2—4、8;書名頁及書簽題味水軒日記殘本,卷端下題嘉業堂叢書　　　124624

1593*

味水軒日記　八卷/(明)李日華撰.—民國 8 年(1919)吳興劉氏嘉業堂刻十二年(1923)補刻本.—8 冊.—(嘉業堂叢書)　　　124620

　　部二　6 冊　　　124621
　　部三　6 冊　　　124622
　　部四　6 冊　西諦藏書　　　XD1219
　　部五　6 冊　西諦藏書　　　XD9456

1594

　雲麓行狀/（清）馬尊德撰.—清光緒二十二年（1896）清河馬氏刻本.—1 册.—（明）馬逢臯（1567—1633），字千里，號雲麓；書名據書名頁及版心題，卷端題明中憲大夫南京吏部主事前巡按直隸廣西道監察御史雲麓馬公行狀，書簽題馬雲麓先生行狀　　124625

1595

　袁石公遺事錄　七卷/（清）袁照輯.—清同治八年（1869）公安袁氏刻本.—2 册.—（明）袁宏道（1568—1610），號石公　　124626

1596*

　勺園圖錄考/（明）米萬鍾繪；洪業等編.—民國 22 年（1933）燕京大學引得編纂處北平鉛印暨影印本.—1 册：圖.—（明）米萬鍾（1570—1628），號勺園主人　　124627

　　部二　1 册　　　　　　　　124628
　　部三　1 册　陳垣贈書　　　124629
　　部四　1 册　　　　　　　　128843
　　部五　1 册　西諦藏書　　　XD967

1597

　楊大洪先生忠烈實錄/（明）胡繼先編；（明）毛鳳苞訂.—清世美堂刻本.—1 册.—（明）楊漣（1572—1625），字文孺，號大洪，謚忠烈；與楊忠烈文集、忠烈實錄合印　　124631

1598

　表忠錄/（明）陳仁錫等撰.—清刻本.—2 册.—書名據目錄及版心題　　124630

1599

　阮大鋮本末小紀.—清抄本.—1 册.—（明）阮大鋮，生卒年不詳，約明萬曆間生人；與閹黨逆案、弘光南都治從賊之獄一百二十人合抄　　124788

1600*

　明季吳中文豪馮夢龍/容肇祖，汪正禾撰.—民國 32 年（1943）油印文獻叢書社蘇州油印本.—1 册.—（明）馮夢龍（1574—1646）；西諦藏書　　XD10141

1601*

　雁澤先府君行述/（清）曹孟善撰.—民國間福州烏山圖書館藍絲欄抄本.—1 册.—（明）曹學佺（1574—1646），號雁澤；卷端題明殉節榮祿大夫太子太保禮部尚書雁澤先府君行述　　124636

1602

　考恭肅府君［傳］.—清末烏絲欄抄本.—1 册.—（明）喬若雯（1578—1638），字章甫；版心下題括齋王氏藏本；附墓誌銘、元配魏氏傳　　127809

1603

　周惠姬傳/（明）陳繼儒撰.—清初刻本.—1 册.—（明）周惠姬（1578—1618），（明）杜登益之妻；與周孺人行略合印　　124640

1604

　周孺人行略/（明）杜登益撰.—清初刻本.—1 册.—與周惠姬傳合印　　124640

1605*

　玉塵錢公神道表/（清）全祖望撰.—民國間輔仁大學北京鉛印本.—1 册.—（明）錢敬忠（1581—1645），號玉塵；卷端及書簽題全謝山明直隸寧國知府玉塵錢公神道表；陳垣贈書　　124641
　　部二　1 册　陳垣贈書　　　124642
　　部三　1 册　陳垣贈書　　　124643
　　部四　1 册　陳垣贈書　　　124644
　　部五　1 册　陳垣贈書　　　124645

1606

　古井遺忠集/（清）陳坤輯.—清同治八年（1869）刻本.—2 册：像.—（明）黃安（1582—1644），字定公，號石泉，又號岩泉；本書記其殉節事　　124647

1607*

　絳雲樓逸事/孫冀預輯.—民國間新湘印刷公司鉛印本.—1 册.—（清）錢謙益（1582—1664），字受之，號牧齋，藏書處名絳雲樓；版心題醒園叢書；與芙蓉莊紅豆錄合印　　125674

1608

　孫徵君日譜錄存　三十六卷/（清）孫奇逢撰.—清康熙間刻道光至光緒間遞修本.—26 册：像.—（孫夏峰全集）.—（清）孫奇逢（1584—1675），字啓泰，號鍾員，學者稱夏峰先生，兩朝徵聘不就，人稱徵君；日記起清順治六年(1649)，迄康熙十四年(1675)，有間斷；
兼山堂藏板；與遊譜、徵君孫先生年譜、孝友堂家規合
印　　　　　　　　　　　　　　　　124634
　　部二　24 冊　　　　　　　　　　124633

1609
　　夏峰日譜/(清)孫奇逢撰.—清容城孫氏抄本.—19
冊.—毛裝　　　　　　　　　　　　128262

1610
　　日譜/(清)孫奇逢撰.—清抄本.—8 冊.—與徵君孫
先生年譜、歲寒居答問合訂　　　　　傳 676.13/823

1611
　　遊譜/(清)孫奇逢撰；(清)馬爾楹，(清)孫望雅
編.—清康熙間刻本.—1 冊.—譜起清順治十一年
(1654)二月，迄同年五月；與譜餘錄合印　　124665
　　部二　1 冊　有硃墨筆眉批圈點　　153672

1612
　　遊譜/(清)孫奇逢撰；(清)馬爾楹，(清)孫望雅
編.—清康熙間刻道光至光緒間遞修本.—1 冊.—(孫
夏峰全集)　　　　　　　　　　　　125678
　　部二　26 冊　與孫徵君日譜錄存、徵君孫先生年
譜、孝友堂家規合印　　　　　　　　124634
　　部三　6 冊　與徵君孫先生年譜、中州人物考、孝友
堂家規、乙丙紀事、答問合印　　　傳 676.13/825

1613*
　　孫夏峰先生事略/王念典撰.—民國 3 年(1914)國
群鑄—通俗講演社石印本.—1 冊：像.—平裝 125677

1614
　　[袁督師傳文合錄]/(清)佚名撰.—清嘉慶間刻
本.—1 冊.—(明)袁崇煥(1584—1630)，字元素，一字
自如，廣東東莞人；陳垣贈書　　　　125682

1615
　　袁督師事迹　一卷/(清)佚名撰.—清道光三十年
(1850)南海伍氏粵雅堂刻本.—1 冊.—(嶺南遺書)
　　　　　　　　　　　　　　　　125681

1616*
　　袁督師遺稿遺事彙輯　六卷/張江裁纂錄.—民國

30 年(1941)拜袁堂鉛印本.—1 冊：像.—版心下題拜
袁堂叢書　　　　　　　　　　　　91234
　　部二　1 冊　書衣有張江裁墨筆題字　125679
　　部三　1 冊　　　　　　　　　　125680

1617*
　　東莞袁崇煥督遼餞別圖詩.—民國間影印本.—1
冊：圖.—書名據書簽題　　　　　　128429
　　部二　1 冊　有張江裁墨筆題字　128883

1618*
　　袁崇煥傳.—民國間朱絲欄稿本.—1 冊.—毛裝
　　　　　　　　　　　　　　　　125683

1619*
　　袁崇煥傳.—民國間朱絲欄稿本.—1 冊.—新明史
列傳之一.—毛裝　　　　　　　　　125684

1620
　　汪忠烈文行錄　二卷卷首一卷/(清)洪錫光，(清)
方夢麟輯；(清)丁樾編.—清咸豐元年(1851)刻光緒
十四年(1888)增修本.—4 冊：像.—(明)汪喬年
(1585—1642)，字歲星，諡忠烈；書名頁題明汪忠烈公
文行錄　　　　　　　　　　　　　124632

1621*
　　徐霞客先生逝世三百周年紀念刊/國立浙江大學
編.—民國 31 年(1942)國立浙江大學文科研究所史
地學部石印本.—1 冊.—(明)徐霞客(1586—1641)；
國立浙江大學文科研究所史地學部叢刊第 4 號
　　　　　　　　　　　　　　　　124666
　　部二　1 冊　　　　　　　　　　124667

1622
　　孤兒籲天錄/(清)楊山松撰.—清藍絲欄抄本.—9
冊.—(明)楊嗣昌(1588—1641)，楊山松之父；原書卷
數不詳，存 10 卷：卷 3—4、6—7、9—10、12—13、18—
19　　　　　　　　　　　　　　　124652

1623*
　　孤兒籲天錄　十六卷卷末一卷/(清)楊山松撰.—
民國間國立北平圖書館抄本.—8 冊　　124651

1624

策眉九十翁行狀/(清)小師真燦錄.—清初刻本.—
1冊.—(清)策眉(1588—1675);書名據書簽題,卷端
題遵義府禹門寺策眉九十翁行狀　　　147970

1625

旌忠錄　五卷/(清)陳祖確輯.—清光緒五年
(1879)四明倉基陳氏活字本.—2冊:圖.—(明)陳良
謨(1589—1644),字士亮　　　124653

1626*

甲行日注　八卷/(明)木拂纂.—民國2年(1913)
吳興劉氏刻本.—2冊.—(嘉業堂叢書).—(明)葉紹
袁(1589—1648),号天寥道人;日記起清順治二年
(1645),迄五年(1648);木拂即(明)葉紹袁　124655

1627*

瞿式耜/張全泰撰.—民國25年(1936)鉛印本.—1
幅.—(清)瞿式耜(1590—1650);大公報·史地週刊
第67期　　　124656

1628*

馬閣老洗冤錄　二卷/姚大榮撰.—民國23年
(1934)蟄廬鉛印本.—1冊:像.—（清）馬士英
(1591—1646);惜道味齋雜綴之一　　　124657
　　部二　1冊　　　124658
　　部三　1冊　　　124659
　　部四　1冊　　陳垣贈書　　　124660
　　部五　1冊　　　124661

1629*

馬閣老洗冤錄　二卷/姚大榮撰.—民國31年
(1942)紫江朱氏存素堂鉛印本.—1冊:像.—與永城
紀略、永牘合訂　　　124662
　　部二　1冊　　　124663

1630

明七省督師孫大司馬列傳/(清)孫爾桂輯.—清乾
隆間刻本.—1冊.—(明)孫傳庭(1593—1643),字伯
雅,號白穀;有硃筆校記;與孫大司馬靖節傳合印
　　　124664

1631

孫大司馬靖節傳/(清)王弘撰撰.—清乾隆間刻

本.—1冊.—與明七省督師孫大司馬列傳合印
　　　124664

1632

樓山遺事　一卷/(清)佚名輯.—清同治六年
(1867)永寧官廨刻本.—1冊.—(明)吳應箕(1594—
1645),字次尾,號樓山;忠節吳次尾先生年譜附
　　　傳676.22/897

1633

漁樵話/(清)張夏編.—清朱絲欄抄本.—1冊.—
(明)鄭鄤(1594—1639),字謙正,號峚陽;書名據目錄
題.—毛裝　　　127927

1634

陳忠潔公殉難錄　四卷/(清)周墭等輯.—清嘉慶
二十四年(1819)零陵周東郊刻道光咸豐間增刻本.—
2冊.—(明)陳純德(1594—1644),謚忠潔;書名頁題
忠潔錄　　　127588

1635*

楊忠文先生實錄　五卷/(清)陳希恕輯.—民國16
年(1927)鉛印本.—1冊:像.—(清)楊廷樞(1595—
1647),字維斗,謚忠文　　　124669

1636*

明蘇爵輔事略/蘇澤東輯.—民國8年(1919)刻二
十一年(1932)東官博物圖書館重印本.—1冊:像.—
(明)蘇觀生(1597—1647),字宇森　　　124671
　　部二　2冊　　陳垣贈書　　　124672

1637

吳公墓誌銘/(清)漆嘉祉撰.—清刻本.—1冊.—
(明)吳甘來(1599—1644),字節之,別號葦庵,謚忠
節、莊介;卷端題前贈大詧寺卿謚忠節今謚莊介吳公
墓誌銘;與先大夫葦庵府君行述合印　　　124674

1638

先大夫葦庵府君行述/(清)吳家仲等撰.—清刻
本.—1冊.—與前贈大詧寺卿謚忠節今謚莊介吳公墓
誌銘合印　　　124674

1639

明督師盧忠肅公燼玉雙印記/(清)錢綺撰.—清光

緒間刻本. —1 册. —(明)盧象昇(1600—1638)，謚忠
肅；與送盧忠肅公遺印歸祠記合印　　　124675

1640
　送盧忠肅公遺印歸祠記/(清)陳任暘撰. —清光緒
間刻本. —1 册. —與明督師盧忠肅公燬玉雙印記合印
　　　　　　　　　　　　　　　124675

1641
　周忠武公實記/(清)佚名輯. —清末藍絲欄抄本. —
1 册. —(明)周遇吉(1601—1644)，謚忠武　124677

1642
　忠烈朱公盡節錄　二卷/(清)朱繟，(清)朱之璉等
輯. —清康熙間澹寧堂刻本. —4 册. —(明)朱廷煥
(1601—1644)，字中白，謚忠烈；卷端題明誥封中憲大
夫大名兵備道副使贈都察院右都御史忠烈朱公盡
節錄　　　　　　　　　　　127876
　部二　1 册　存 1 卷：卷下　　　124792

1643*
　祁忠敏公日記/(明)祁彪佳撰. —民國 26 年(1937)
紹興縣修志委員會鉛印本. —6 册：像. —(明)祁彪佳
(1602—1645)，字虎子、幼文、宏吉，號世培，謚忠敏；
日記起明崇禎四年(1630)，迄清順治二年(1645)；與
祁忠敏公年譜合印　　　　　　124678
　部二　6 册　　　　　　　124679

1644*
　祁忠敏公日記/(明)祁彪佳撰. —1982 年杭州古舊
書店掃描油印本. —10 册：像. —據民國 26 年(1937)
紹興縣修志委員會鉛印本掃描油印；與祁忠敏公年譜
合印　　　　　　　　　　　124680

1645
　李元仲別傳/(清)佚名撰. —清藍絲欄抄本. —1
册. —(清)李世熊(1602—1686)，字元仲. —毛裝
　　　　　　　　　　　　　124765

1646*
　龍山楊公墓誌銘/王熙撰. —民國間刻本. —1 册. —
(清)楊文啓(1603—1665)，號龍山；卷端題清故誥贈
榮祿大夫鎮守四川川北等處地方總兵官都督同知世
襲三等阿達哈哈番龍山楊公墓誌銘　124681

1647
　平南王元功垂範　二卷/(清釋)今釋撰. —清乾隆
間刻本. —3 册. —(清)尚可喜(1604—1675)，封平南
王；與續元功垂范合印　　　　124682

1648
　平南王元功垂範　二卷/(清)尹源進撰. —清刻
本. —3 册. —撰者應爲(清釋)今釋；與續元功垂范合
印　　　　　　　　　　　　124683
　部二　3 册　　　　　　　124684

1649*
　平南王元功垂範　二卷/(清)尹源進撰. —1957 年
廣東中山圖書館油印本. —2 册. —撰者應爲(清釋)
今釋　　　　　　　　　　　124685

1650
　續元功垂範　一卷/(清)張允格編. —清乾隆間刻
本. —3 册. —與平南王元功垂範合印　124682

1651
　續元功垂範　一卷/(清)張允格編. —清刻本. —3
册. —與平南王元功垂範合印　　124683
　部二　3 册　　　　　　　124684

1652*
　黃忠節公甲申日記/(明)黃淳耀撰. —民國 14 年
(1925)吳興劉氏留餘草堂刻本. —1 册. —(留餘草堂
叢書). —(明)黃淳耀(1605—1645)，謚忠節；日記起
明崇禎十七年(1644)正月，迄同年三月　124687
　部二　1 册　　　　　　　124688

1653
　抄錄明御史陸清原行狀傳志/(清)佚名輯. —清抄
本. —1 册. —(明)陸清原(1605—1646)，字嗣白，號岫
青，官御史；書名據書衣題
　子目
　1. 侍御岫青陸公行狀/(清)沈胤培撰
　2. 僉都御史陸公傳/(清)馬嘉植撰
　3. 陸侍御公傳/(清)施洪烈撰
　4. 陸侍御傳略/(清)施洪烈撰　　124686

1654*
　熊興麟傳/張介祉輯. —民國 18 年(1929)長沙刻

本.—1册.—(明)熊興麟(1606—1694),字石兒;詹忠
節公傳並題贈詩詞附　　　　　　　　　128344

1655*

　李鍾英先生碑文/李根源輯.—民國間京華印書局
京師鉛印本.—1册.—(明)李正雄(1607—1668),字
鍾英;書簽題明遺老騰沖指揮僉事李鍾英先生碑文
　　　　　　　　　　　　　　　　124825

1656

　許太夫人傳略/(比)柏應理撰;(清)許采白譯.—清
光緒八年(1882)上海徐滙益聞館鉛印本.—1册.—
(清)徐氏(1608—1680),許纘曾之母,徐光啓之孫女;
陳垣贈書　　　　　　　　　　　　　124690

1657

　永言　十七卷卷首一卷/(清)趙端輯.—清刻本.—
4册.—(清)趙時腴(1608—1677),字味玄,號介庵
　　　　　　　　　　　　　　　　124691

1658

　至誼堂實紀　二卷/(清)李鍾寧等輯.—清康熙間
清溪李氏刻本.—2册.—(清)李日燦(1609—1696),
字葆甫　　　　　　　　　　　　　124692

1659

　明懿安皇后外傳　一卷/(清)紀昀撰.—清宣統三
年(1911)新陽趙詒琛刻本.—1册.—明熹宗張皇后
(約 1609—1644),尊號懿安皇后　　　69015
　部二　1册　　　　　　　　　　127792

1660

　志學錄　一卷/(清)陸世儀撰.—清光緒二十五年
(1899)太倉唐受祺京師刻本.—1册.—(陸桴亭先生
遺書).—(清)陸世儀(1611—1672),號桴亭;日記起
明崇禎十四年(1641)三月,迄同年十二月　124693

1661*

　[孫武公傳]/陳澹然等撰.—民國 2 年(1913)華新
印刷局天津鉛印本.—1册.—(清)孫臨(1611—
1646),字武公,謚節湣;本書收孫武公傳、節湣公傳等
十七篇,附題辭、序、跋等　　　　　124694

1662*

　多爾袞攝政日記　一卷/(清)李若琳等記.—民國
22 年(1933)故宮博物院北平鉛印本.—1册.—(清)
多爾袞(1612—1650),封攝政王;日記起清順治二年
(1645)五月,迄同年七月,有間斷;与司道職名册合印
　　　　　　　　　　　　　　　　5247
　部二　1册　陳垣贈書　　　　　　76711
　部三　1册　　　　　　　　　　105399
　部四　1册　陳垣贈書　　　　　　124697
　部五　1册　　　　　　　　　　124698

1663

　攝政親王起居注/(清)李若琳等記.—清寶應劉氏
食舊德齋藍絲欄抄本.—1册.—書名據書簽題,套簽
題攝政王多爾袞開國起居注　　　　124696

1664

　宋柴雪先生行狀/(清)計東撰.—清刻本.—1册.—
(清)宋之繩(1612—1669),號柴雪;卷端題清故江西
布政使司右參議分守南昌道前日講官右春坊右中允
兼內翰林院國史院編修宋柴雪先生行狀,書衣題江西
南昌道宋之繩行狀　　　　　　　　124695

1665*

　顧先生祠會祭題名弟一卷子.—民國初影印本.—1
册;像.—(清)顧炎武(1613—1682),字寧人,學者稱
亭林先生　　　　　　　　　　　　53752
　部二　1册　　　　　　　　　　124708
　部三　1册　　　　　　　　　　124709
　部四　1册　　　　　　　　　　127922

1666

　碻庵府君先妣姚恭人行述/(清)葛承暉等撰.—清
康熙間刻本.—1册.—(清)姚氏(1611—1681),葛世
振之妻;卷端題皇清兩朝征辟前賜進士及第朝議大夫
左春坊左諭德翰林院侍讀學士經筵日講官兼國子監
祭酒先考碻庵府君先妣姚恭人行述　124701

1667

　[葛碻庵墓銘]/(清)劉明孝撰.—清康熙間刻本.—
1册.—(清)葛世振(1613—1682),字全果,號碻庵,別
號寒鐵道人;有約園題跋　　　　　124702

1668

　　志矩齋讀書圖/(清)彭定求編.—清光緒三年(1877)刻本.—1 冊:像.—(清)彭瓏(1613—1689),字雲客;書名頁題彭雲客先生志矩齋讀書圖;附南昀續稿　　　　　　　　　　　　124700
　　部二　1 冊　　　　　　　　　　100479

1669

　　章教授墓誌銘家傳/(清)邵嘉,(清)曹禾撰.—清抄本.—1 冊.—(清)章耿光(1614—1677),字子覬,號腹庵;書名據書衣題　　　　　124703

1670

　　諭賜祭文.—清抄本.—1 冊.—(清)張勇(1616—1684),諡襄壯.—平裝　　　　　106693

1671*

　　疏香閣附集/(明)葉紹袁輯.—民國間疏香閣刻本.—1 冊.—(明)葉小鸞(1616—1632),字瓊章;與窈聞、續窈聞合印　　　　　　　　124704
　　部二　1 冊　陳垣贈書　　　　　124705
　　部三　1 冊　　　　　　　　　　124706

1672*

　　疏香閣遺錄　四卷/葉德輝輯.—民國間刻本.—2 冊:圖及像.—(郋園先生全書)　　91737
　　部二　2 冊　　　　　　　　　　100623
　　部三　4 冊　　　　　　　　　　124707
　　部四　3 冊　　　　　　　　　　124732
　　部五　1 冊　存 3 卷:卷 1—3　　　94548

1673*

　　司石磐先生殉節實錄/司毓驊輯.—民國 36 年(1947)抄本.—1 冊.—(明)司邦基(1617—1645),字石磐;書籤題明司石磐先生殉節實錄　124710

1674*

　　司石磐先生殉節實錄/司毓驊輯.—民國間烏絲欄抄本.—1 冊.—書籤及目錄題明司石磐先生殉節實錄　　　　　　　　　　124713

1675

　　柳如是事輯/(清)懷圃居士輯.—清光緒二十九年(1903)刻本.—1 冊.—(清)柳是(1618—1664),字蘼

蕪、如是,人稱河東君,(清)錢謙益妾;書名頁題河東君事輯　　　　　　　　　　124714
　　部二　1 冊　　　　　　　　　　124716
　　部三　1 冊　　　　　　　　　　124717
　　部四　1 冊　西諦藏書　　　　XD9454

1676*

　　柳如是事輯/(清)懷圃居士輯.—民國 19 年(1930)文字同盟社鉛印本.—3 冊.—陳垣贈書;與讀騷大例、讀諸子劄記合函　　　　　　　　111248
　　部二　1 冊　　　　　　　　　　124719
　　部三　1 冊　　　　　　　　　　124720
　　部四　1 冊　有硃筆校字　　　124718

1677

　　河東君傳/(清)顧苓撰.—清末石印本.—1 冊:像　　　　　　　　　　　　　　124712
　　部二　1 冊　　　　　　　　　　124711

1678*

　　亂離見聞錄　三卷/(清)陳舜系撰;(清)陳景廉輯;(清)吳宣崇補證.—民國間抄本.—1 冊.—(清)陳舜系(1618—1679),號華封;版心下題高凉耆舊遺書　　　　　　　　　　　　　　128265

1679

　　東石澗日記/(清)董說撰.—清末抄本.—1 冊.—(清)董說(1620—1686),字若雨;日記起清康熙十四年(1675)十二月,迄十五年(1676)六月.—毛裝　　　　　　　　　　　　　　124725

1680

　　東石澗日記/(清)董說撰.—清末抄本.—1 冊　　　　　　　　　　　　　　124726

1681

　　張公神道碑銘/(清)全祖望撰.—清道光二十九年(1849)四明盛氏刻本.—1 冊.—(明)張煌言(1620—1664),字玄箸,一字蒼水;卷端題明故權兵部尚書兼翰林院侍講學士鄞張公神道碑銘　124729

1682*

　　富順縣誌陳盟傳補遺　二卷卷首一卷/陳澤翔編纂.—民國元年(1912)石印本.—1 冊.—(明)陳盟,字

無盟,號雪灘,一作雪齋,生卒年不詳,明天啓二年
(1622)進士.—平裝　　　　　　　　　　124727

1683
　萬里尋親錄/(清)劉贄,(清)劉資深輯.—清乾隆間
刻本.—1册.—(清)劉弘甲(1623—1729),字天繩
　　　　　　　　　　　　　　　　　　124730

1684
　王魯闇先生傳/(清)陳錫嘏撰;(清)顧元熙書.—清
嘉慶十六年（1811）寫本.—1册.—(清)王又曾
(1624—?),字亦沂,號魯闇;末有落拓生跋語.—經摺
裝　　　　　　　　　　　　　　　　　124742

1685
　崇祀錄　二卷/(清)黃之麟,(清)黃之鳳彙輯.—清
康熙間刻本.—2册.—(清)黃虞再(1624—1676),字
字九,號泰升　　　　　　　　　　　　124738

1686
　鄭成功傳/(清)鄭亦鄒撰.—清抄本.—1册.—(明)
鄭成功(1624—1662),字明儼,初名森,字大木,封延
平郡王;書衣題鄭白麓撰偽鄭傳　　　　124734

1687
　白麓藏書鄭成功傳　二卷/(清)鄭亦鄒撰.—清綠
絲欄抄本.—1册.—存1卷:卷上　　　　124736

1688
　白麓藏書鄭成功傳　二卷/(清)鄭亦鄒撰.—日本
安永三年(1774)大阪刻本.—1册.—西諦藏書
　　　　　　　　　　　　　　　　　XD9457

1689
　臺灣鄭氏紀事　三卷/(日)川口長孺纂.—日本文
政十一年(1828)刻本.—3册.—版心題臺灣紀事
　　　　　　　　　　　　　　　　　124737
　　部二　3册　　　　　　　　　　　127742

1690
　閩頌彙編/(清)佚名輯.—清康熙間刻本.—1册:
圖.—(清)姚啓聖(1624—1684),字熙止;有缺頁有抄
配;西諦藏書　　　　　　　　　　　　XD144
　　部二　1册　存平海圖;西諦藏書　　XD145

1691
　[汪母程太夫人莫章]　四卷/(清)佚名輯.—清康
熙間刻本.—4册.—(清)程氏(1624—1687)　124744

1692
　靈征錄/(清)劉毓奇,(清)趙蔭萱輯.—清光緒二十
年(1894)刻本.—1册:像.—(明)劉朝宇(?—1627),
字濟宇,號雲山;常州陽邑廟神醫殿藏板　　124787

1693
　戊北樓耐苦志/(明)孫繩武撰.—清抄本.—1册.—
(明)孫繩武,生卒年不詳,字率先,號福齋,約爲明天
啓崇禎間人　　　　　　　　　　　　124747

1694
　陸清獻公日記　十卷卷首一卷/(清)陸隴其撰.—
清道光二十一年(1841)吳江柳樹芳刻本.—4册.—
(清)陸隴其(1630—1692),字稼書,諡清獻;日記起清
順治十四年(1657),迄康熙三十一年(1692)　124757

1695
　三魚堂日記　十卷/(清)陸隴其撰.—清同治九年
(1870)浙江書局刻本.—4册.—日記起清康熙五年
(1666),迄三十一年(1692)　　　　　　124796
　　部二　4册　　　　　　　　　　　127926

1696
　陸清獻公莅嘉遺迹　三卷/(清)黃維玉輯.—清道
光二十一年(1841)嘉邑曹氏刻本.—1册　124763

1697
　陸清獻公莅嘉遺迹　三卷/(清)黃維玉輯.—清同
治六年(1867)上海道署刻本.—1册　　　41360
　　部二　1册　　　　　　　　　　　124758
　　部三　1册　　　　　　　　　　　124759
　　部四　1册　　　　　　　　　　　124760
　　部五　1册　　　　　　　　　　　124761

1698
　景陸粹編　八卷卷首一卷卷末一卷/(清)許仁沐纂
輯.—清光緒間刻本.—6册:像　　　　　124766
　　部二　6册　缺1卷:卷3　　　　　124767

1699*

蒲留仙傳/劉階平撰.—1970年臺灣學生書局臺北鉛印本.—3冊:圖及像.—(清)蒲松齡(1630—1715),字留仙、劍臣,號柳泉,亦稱柳泉居士　　124768

1700

家乘　二卷/(清)宋和等撰.—清抄本.—2冊.—(清)張瑾(1630—1693),字子瑜,一字去瑕,號滌園　　127723

1701*

奉先思孝/朱詒彬輯.—民國18年(1929)鉛印本.—3冊:圖及像.—(清)朱漸儀(1630—1715),字羽吉;書名據書衣題,首頁版心上題重印旌孝公遺籍;內收戴天恨述略、孝義贈言、陰陽判傳奇等六種　　124754

1702

表忠錄/(清)胡長新輯.—清同治元年(1862)黎郡刻本.—2冊:圖及像.—(明)朱萬年(? —1632),字鶴南,卒於明崇禎五年;有胡長新清同治二年序;與蓮花山紀略合印　　128103

1703

漁洋先生生日修祀詩/(清)仲湘輯.—清咸豐四年(1854)刻本.—1冊.—(清)王士禎(1634—1711),字子真,一字貽上,號阮亭,又號漁洋山人　　124773

1704

蓮花山紀略/(清)陳文政輯;(清)胡長新等重輯.—清同治元年(1862)黎郡刻本.—2冊:圖及表.—(明)董三謨(? —1634),字羽皇;黎陽書院藏板;與表忠錄合印　　128103

部二　2冊　有硃筆圈點　　124772

1705*

顏元傳/趙子凡撰.—民國間油印本.—1冊.—(清)顏元(1635—1704),字渾然,人稱習齋先生;有墨筆題識　　124776

1706

雪棠懿迹　前編一卷後編一卷/(清)范琳輯.—清同治十一年(1872)刻本.—2冊.—(清)范氏(1635—1652),字於易;書名據書簽題　　124775

1707

范忠貞公難中自序/(清)范承謨撰.—清抄本.—1冊.—(清)范承謨(1635—1675),謚忠貞.—毛裝　　124777

1708

[吳文端公崇祀錄]/(清)佚名輯.—清康熙間刻本.—1冊.—(清)吳琠(1637—1705),謚文端　　124778

1709*

建修萬季野先生祠墓紀念刊/建修萬季野先生祠墓事務所輯.—民國26年(1937)建修萬季野先生祠墓事務所寧波鉛印本.—1冊:圖及像.—(清)萬斯同(1638—1702),字季野,號石園,私謚貞文　　124780

部二　1冊　　124781
部三　1冊　　124782
部四　1冊　　124783
部五　1冊　　128516

1710*

建修萬季野先生祠墓捐冊/建修萬季野先生祠墓事務所輯.—民國間建修萬季野先生祠墓事務所寧波鉛印本.—1冊:圖及像.—書名據書簽題;陳垣贈書　　124774

部二　1冊　　124784
部三　1冊　　128696
部四　1冊　　53584
部五　1冊　　53732

1711

抱樹圖題辭　六卷/(清)文燦等輯.—清道光二十五年(1845)刻本.—4冊.—(明)張氏(? —1638),文燦太祖母;附潭邑雞足山前明節烈文母張太孺人墓地紀源　　124779

1712

明郝太仆褒忠錄　六卷卷首一卷卷末一卷/(清)郝明龍輯.—清道光間刻本.—1冊:地圖及像.—(明)郝景春(? —1639),字和滿,贈太仆寺卿;書名頁題褒忠錄;與蕭氏旌孝錄合印　　124786

部二　1冊　　127793
部三　4冊　　127934
部四　1冊　　128348

1713

萱圖錄/(清)汪天與編. —清康熙五十年(1711)汪氏家塾刻本. —1 册. —(清)吳氏(1642—?),汪天與之母　　124789

1714*

明鄉賢湖廣巡按米脂李公表忠錄/高增爵等輯. —民國間鉛印本. —1 册. —(明)李振聲(?—1643),生卒年不詳,约生於明萬曆間　　125675

　部二　1 册　附徵文啓等　　124791

1715

蕭氏旌孝錄/(清)黄文暘等撰. —清道光間刻本. —1 册. —(清)蕭日曠(1643—1668),字毅庵;書名據版心題,書名頁題旌孝錄;與明郝太仆褒忠錄合印

　　124786

　部二　1 册　　127793

　部三　4 册　　127934

　部四　1 册　　128348

1716*

[劬思先生傳]/(明)馮祖望等撰. —民國間鉛印本. —1 册. —(明)劉熙祚(?—1643),字仲緝,號劬思;版心題明季劉氏三忠傳　　124790

1717*

雲郎小史/冒廣生撰. —民國間刻本. —1 册. —(清)徐紫雲(1644—1675),字九青,號曼殊;卷端下題冒氏叢書　　124793

1718*

雲郎小史/冒廣生撰. —民國 17 年(1928)無錫楊壽枏鉛印本. —1 册. —(雲在山房叢書)　　42250

　部二　1 册　　124794

　部三　1 册　　95568

1719

周昌母祭文底稿/(清)周昌撰. —清末抄本. —1 幅. —(清)孫氏,周昌之母,生卒年不詳;满汉对照

　　151209

1720

錢志泗祭文稿/(清)佚名撰. —清末抄本. —1 幅. —(清)錢志泗,生卒年不詳,原江西興國縣典史;满汉

对照　　151204

1721*

武母郭夫人墓表/陳榮昌撰並書. —民國間影印本. —1 册. —郭從善,字貞吉,生卒年不詳　　36822

1722

孝義贈言/(清)張體銓輯. 清乾隆間刻本. —4 册. —(清)雷顯宗,字鳳羽,號梅隱,生於清順治初年;書名頁題淮寧梅隱雷鳳羽先生孝義贈言　　126129

1723

綸音憲牘/(清)牛應徵輯. —清順治間刻本. —1 册. —(清)牛應徵,清初人;書名據書簽題　　126138

1724

不護錄/(清)彭紹升輯. —清光緒七年(1881)刻本. —1 册. —(清)彭定求(1645—1719)　　126141

1725

歸安姚方伯傳略　一卷/(清)姚文田輯. —清道光間刻本. —1 册. —(清)姚延著,清順治六年(1649)進士;書名據書衣題　　126137

1726*

楊大瓢日記/(清)楊賓撰. —1963 年知堂藍格抄本. —1 册. —(清)楊賓(1650—?),號大瓢;日記起清康熙四十六年(1707)正月,迄同年十二月　　124813

1727*

詹忠節公傳並題贈詩詞/張介祉輯. —民國 18 年(1929)長沙刻本. —1 册. —(明)詹天顏(?—1651),號儀伍,諡忠節　　128344

1728

于公德政錄/(清)戴兆祚輯. —清康熙間抄本. —1 册. —(清)于宗堯(1652—1699)　　75640

1729

尋樂堂日錄　二十五卷/(清)竇克勤撰. —清康熙六十一年(1722)刻本. —16 册. —(清)竇克勤(1653—1708),室名尋樂堂;日記起清順治十年(1653),迄康熙四十七年(1708),有間斷　　124801

1730

尋樂堂日錄　二十五卷/(清)竇克勤撰.—清康熙六十一年(1722)刻光緒四年(1878)重修本.—16册.—日記起清順治十年(1653),迄康熙四十七年(1708),有間斷　　　　　124802

1731

崇祀鄉賢錄/(清)王乘六等輯.—清乾隆間刻本.—1册.—(清)胡煦(1654—1736)　　　124803

1732

世德堂家乘　六卷/(清)王槼輯.—清乾隆十六年(1751)綠綺書屋刻本.—6册.—(清)王沛憻(1656—1732),室名世德堂　　　　　124804

1733

魏公崇祀鄉賢錄/(清)佚名輯.—清乾隆間刻本.—1册.—(清)魏方泰(1657—1728),號魯峰;附魯峰魏公传、魏公墓志铭　　　　　124805

1734

粵閩巡視紀略/(清)杜臻撰.—清刻本.—1册.—(清)杜臻,生卒年不詳,清順治十五年(1658)進士;原書卷數不詳,存卷下及附紀　　　　53849

1735

粵閩巡視紀略　六卷/(清)杜臻撰.—清抄本.—6册;地图.—記事起清康熙二十二年(1683)十一月,迄二十三年(1684)五月;有殘缺字　　124749

1736

蘭水同聲錄/(清)黃起有等撰.—清刻本.—1册.—(清)康廉采,生卒年不詳,順治十六年(1659)進士　　　　　　　　124728

1737

霜筠錄/(清)許起昆輯.—清康熙五十三年(1714)刻本.—1册.—(清)吳氏(1660—1701),許起昆之母;西諦藏書　　　　　XD6399

1738

霜筠錄/(清)許起昆輯.—清康熙間刻本.—2册　　　　　　　　　　　124809

1739

求可堂自記/(清)廖冀亨撰.—清光緒間永定廖氏刻本.—1册.—(清)廖冀亨(1660—?),室名求可堂;附求可堂家训　　　　　124806

部二　1册　　　　　124807

部三　1册　　　　　124808

1740

御制董皇后行狀　一卷/(清)清世祖撰.—清光緒間刻本.—1册.—(清)董鄂氏(?—1660),清世祖之孝獻皇后;書名據序題;版心題董皇后行狀;與影梅庵忆语合印　　　　　124810

1741*＊

孝獻莊和至德宣仁溫惠端敬皇后行狀　一卷/(清)清世祖撰.—民國5年(1916)仁和吳昌綬雙照樓刻本.—1册.—附傳　　　　　124811

部二　1册　　　　　124785

1742*＊

孝獻莊和至德宣仁溫惠端敬皇后行狀　一卷/(清)清世祖撰.—民國7年(1918)仁和吳昌綬雙照樓刻本.—1册.—(松鄰叢書).—附傳　　124812

1743

松籠府君行述/(清)謝光綖等撰.—清雍正間刻藍印本.—1册.—(清)謝乃果(1661—1733),字松籠;卷端題皇清賜進士奉直大夫吏部文選清吏司主事加一級紀錄十八次顯考松籠府君行述　124934

1744

客路紀程/(清)金璿撰.—清抄本.—1册.—(清)金璿,生卒年不詳,約爲清康熙間生人;日記起雍正六年(1728)三月,迄七年(1729)五月　124815

1745

張弘綱事實文書合錄/(清)張弘綱撰.—清抄暨刻本.—1册.—(清)張弘綱,生卒年不詳,約爲清康熙間生人;書名據書衣題　　　124814

1746

定海縣闔邑士民留葬實錄/(清)黃灝等撰.—清康熙間刻本.—2册.—(清)繆燧(?—1716),生年不詳,約爲清康熙間生人;附籲祀名宦摘錄　124850

1747
繆公遺愛錄/(清)陳翼輯.—清嘉慶間刻本.—1 册：
像　　　　　　　　　　　　　　　124817

1748
棠蔭會編　四卷卷首一卷/(清)王謙志等輯.—清
康熙間刻本.—4 册.—(清)馬得禎,生年不詳,約卒於
清康熙間;殘破　　　　　　　　124555

1749*
曼殊留影/(清)張曼殊繪;(清)毛奇齡輯.—1 册：
像.—民國 19 年(1930)商務印書館上海影印本.—
(清)張曼殊(1662—1685)　　　124821
　　部二　1 册　　　　　　　　124822

1750
蔡氏旌孝錄/(清)夏嘉穀輯.—清同治間刻本.—1
册.—(清)蔡蕙(1663—1690);有墨筆抄配、硃筆題記
　　　　　　　　　　　　　　　124818

1751*
周桐埜彙志　四編/龍汝鈞輯.—民國 30 年(1941)
鉛印本.—1 册.—(清)周起渭(1665—1714),字桐埜;
内有周桐埜評傳、周桐埜年表、讀桐埜詩劄記、桐埜詩
選四編　　　　　　　　　　　　124819

1752
可亭府君行述/(清)朱必堦等撰.—清乾隆間刻
本.—1 册.—(清)朱軾(1665—1736),號可亭;卷端題
皇清誥授光祿大夫太子太傅文華殿大學士兼吏部尚
書加五級世襲拜他喇布勒哈番太傅文端顯考可亭府
君行述　　　　　　　　　　　　124820
　　部二　1 册　　　　　　　　124823
　　部三　1 册　附墓誌銘等　　127590

1753
[敬庵石公祭文墓誌挽詩]/(清)石爲龍等輯.—清
乾隆二十年(1755)續邑石氏二南堂刻本.—1 册.—
(清)石如金(1667—1746),號敬庵　124824

1754
慕莘府君行述/(清)張鴻運等輯.—清雍正間刻藍
印本.—1 册.—(清)張大有(1670—1732),號慕莘;卷
端題皇清賜進士出身誥授光祿大夫禮部尚書署理兵

部尚書事顯考慕莘府君行述　　　124826

1755
旌孝錄　四卷/(清)韓明焜撰.—清咸豐九年
(1859)刻本.—4 册:像.—(清)韓其煌(1672—1759),
字輝衢　　　　　　　　　　　　127627

1756
馬文毅公事迹/(清)佚名撰.—清鑲紅旗漢軍都統
署抄本.—1 册.—(清)馬雄鎮(? —1673),諡文毅;有
破損;書名據書衣題　　　　　　124827

1757
惠獻貝子忠定錄　八卷跋一卷頌言一卷/(清)德沛
輯.—清乾隆間刻本.—4 册.—(清)福喇塔(? —
1676),諡惠獻　　　　　　　　124828

1758
壽言聚錦　二卷/(清)陳上齡輯.—清乾隆間刻本.—1
册.—(清)林氏(1679—?),陳上齡之母　124829

1759
壽詩彙集　二卷/(清)沈德潛等撰.—清乾隆間刻
本.—1 册.—(清)章氏(1680—?),徐天錫之母
　　　　　　　　　　　　　　　124830

1760
傅弘烈傳/(清)夏之蓉撰.—清抄本.—1 册.—(清)
傅弘烈(? —1680)　　　　　　124831

1761
西林鄂文端公出身/(清)佚名撰.—清抄本.—1
册.—(清)鄂爾泰(1680—1745),諡文端;書名據書衣
題.—毛裝　　　　　　　　　　127978

1762
審源府君行述/(清)顏鳳麟等撰.—清乾隆間稿
本.—1 册.—(清)顏清如(1684—1764),字審源;卷端
題皇清誥授榮祿大夫原任湖廣提督顯考審源府君
行述　　　　　　　　　　　　124836

1763
吳南溪自敍文/(清)吳煒撰.—清乾隆間刻本.—1
册.—(清)吳煒(1685—?)　　　124835

1764

甲初日記/（清）胡具慶撰.—清朱格抄本.—2 冊.—
（清）胡具慶（1685—1749）；日記起清康熙五十三年
（1714），迄乾隆四年（1739），有間斷　　　　124837

1765

庚復日記/（清）胡具慶撰.—清朱格抄本.—10
冊.—日記起清乾隆五年（1740），迄十四年（1749）
　　　　　　　　　　　　　　　　　　　124953

1766

名宦錄/（清）佚名輯.—清抄本.—1 冊.—（清）顏敦
（？—1686），清順治五年（1648）舉人　　　124838

1767

楊廷璋列傳/（清）佚名撰.—清乾隆五十七年（1792）
抄本.—1 冊.—（清）楊廷璋（1689—1770）；卷末有乾隆
五十八年其孫楊沆墨筆題識.—毛裝　　　　124839

1768

汪雙池先生行狀墓表/（清）余元遴等撰.—清乾隆
間刻本.—1 冊.—（清）汪烜（1692—1759），又名紱，號
雙池；書名據書簽題　　　　　　　　　　124840

1769

天鑒錄/（清）黃貞固輯.—清雍正間刻本.—1 冊.—
（清）黃奎（？—1693）；有抄配；書名據書簽題　124797

1770

張太夫人行述/（清）孫孝則撰.—清乾隆間刻藍印
本.—1 冊.—（清）張氏（1697—1772），孫孝則之母；卷
端題皇清誥封一品夫人顯妣張太夫人行述　124841

1771

吳紹詩列傳/（清）佚名撰.—清朱絲欄抄本.—1
冊.—（清）吳紹詩（1699—1776）；附吳垣、吳壇傳
　　　　　　　　　　　　　　　　　　　124842

1772

厲烈婦考/（清）張鵬翮等撰.—清抄本.—1 冊.—
（清）厲觀（1699—1727）；蟲蛀殘缺.—毛裝　124843

1773

祭挽分編　十四卷/（清）佚名輯.—清乾隆間刻

本.—8 冊.—（清）徐士修（1706—1756）　　124844

1774

［牛運震日記］/（清）牛運震撰.—清抄本.—2
冊.—（清）牛運震（1706—1758）；日記起清雍正十三
年（1735）正月，迄同年七月.—毛裝　　　　124845

1775

凝靜府君暨配那拉氏太夫人盧佳氏太夫人行狀/
（清）福廉等撰.—清光緒間朱格抄本.—1 冊.—（清）
依蘭泰（1711—1794），號凝靜；卷端題皇清誥授榮祿
大夫予告內閣學士兼禮部侍郎正白旗蒙古鑲黃旗漢
軍副都統清字經館副總裁光祿寺卿兵科掌印給事中
刑科給事中江南江西道監察御史上書房滿洲諳達公
中佐領清字經館總纂繕書房纂修刑部四川司郎中掌
湖廣四川司印湖廣司員外郎禮部堂主事詹事府右春
坊右贊善乙丑科進士辛酉科舉人顯考凝靜府君暨配
誥贈一品夫人顯妣那拉氏太夫人誥封一品夫人顯妣
盧佳氏太夫人行狀　　　　　　　　　　　127860

1776*

餘冬瑣錄　二卷/（清）徐堅撰.—民國 32 年（1943）
合衆圖書館石印本.—1 冊.—（合衆圖書館叢書）.—
（清）徐堅（1712—1798），字孝先，號友竹；陳垣贈書
　　　　　　　　　　　　　　　　　　　43116

1777

先六世祖館卿公遺像手卷緣起/（清）吳葆調等
撰.—清宣統元年（1909）鉛印本.—1 冊.—（清）吳廷
揆，號湄州，清康熙五十二年（1713）進士；書簽題雲間
吳湄州先生遺像緣起　　　　　　　　　　127790

1778

遺像題詞　六卷/（清）王掞等撰.—清刻本.—2
冊.—（清）溫達（？—1715）　　　　　　　124846

1779

隨園八十壽言　六卷/（清）袁枚輯.—清刻本.—2
冊.—（清）袁枚（1716—1797），人稱隨園先生　124849

1780*

隨園軼事　六卷/（清）蔣敦復編.—民國元年
（1912）上海國學扶輪社石印本.—2 冊.—附隨園姬人
姓氏譜、隨園女弟子姓氏補
　　　　　　　　　　　　　　　　　　　124847

1781*

隨園軼事　六卷/（清）蔣敦復編．—民國間抄本．—
2冊．—附隨園姬人姓氏譜、隨園女弟子姓氏補
　　　　　　　　　　　　　　　　　　124848

1782

隱谷孫公墓誌銘/（清）梁同書撰．—清末石印本．—
1冊．—（清）孫宗濂（1717—1760），字隱谷；卷端題皇
清誥贈中議大夫孝廉隱谷孫公墓誌銘　　124851

1783

阿文成公行述/（清）王昶撰．—清嘉慶間刻本．—1
冊．—（清）阿桂（1717—1797），謚文成　　124852
　　部二　1冊　　　　　　　　　　　128098

1784

相國三文敬公傳/（清）聶銑敏撰．—清刻本．—1
冊．—（清）三寶（1718—1784），謚文敬　　124853

1785

鶴窗府君行述/（清）馮宗峼等撰．—清乾隆間刻藍
印本．—1冊．—（清）馮履咸（1719—1767），號鶴窗；卷
端題皇清敕授文林郎直隸順天府南路廳文安縣知縣
加五級紀錄八次顯考鶴窗府君行述　　124854

1786

汾陽曹氏志傳合刻/（清）朱筠等撰．—清嘉慶間刻
本．—4冊．—（清）曹學閔（1719—1787），字孝如，號慕
堂，山西汾陽人；卷末有墨筆抄配；與紫雲山房詩鈔、
紫雲山房文鈔、翠微山房試律合刻　　127754
　　部二　1冊　　　　　　　　　　　128041
　　部三　1冊　　　　　　　　　　　128414

1787*

蔣春農舍人行狀/（清）蔣秬撰．—民國25年（1936）
趙鴻謙貞元石齋影印本．—1冊．—（清）蔣宗海
（1720—1796），號春農；書名據書籤題，卷端題皇清敕
授文林郎內閣中書軍機處行走加一級顯考春農府君
行狀；陳垣贈書；與丹徒趙芸浦給諫行述合印　124855
　　部二　1冊　　　　　　　　　　　124115

1788

鄧公崇祀名宦祠錄/（清）朱勳等撰．—清嘉慶間刻
本．—1冊．—（清）鄧夢琴（1723—1808）；卷端題皇清
誥授朝議大夫陝西漢中府知府前商州直隸州知州洵
陽寶雞兩縣知縣鄧公崇祀名宦祠錄　　124856

1789

霽軒府君行述/（清）蔡鉅觀等撰．—清刻本．—1
冊．—（清）蔡封（1725—1791），號霽軒；卷端題皇清賜
進士出身誥授朝議大夫直隸正定府知府加三級又隨
帶加一級紀錄五次顯考霽軒府君行述　　124857

1790

劉府君行述/（清）劉台拱等撰．—清嘉慶間刻本．—
1冊．—（清）劉世蕃（1725—1801），劉台拱之父；卷端
題皇清敕封承德郎工部營繕司額外主事前靖江縣儒
學訓導加二級劉府君行述　　　　　　124858

1791

彤管流芳　二卷/（清）章天垣輯．—清乾隆間刻
本．—2冊．—（清）殷氏（1726—1742）；附殷烈婦傳、烈
婦殷氏傳　　　　　　　　　　　　124859

1792

茂園府君行述/（清）康亮鈞撰．—清嘉慶間刻本．—
1冊．—（清）康基田（1728—1813），號茂園；卷末有殘
缺；卷端題皇清賜同進士出身誥授資政大夫賞戴花翎
予告太仆寺少卿恩加三品卿銜重預嘉慶癸酉科順天
鄉試鹿鳴宴前兵部侍郎兼都察院右副都御史總督河
東江南河道巡撫江蘇等處地方總理糧儲提督軍務顯
考茂園府君行述　　　　　　　　　124865
　　部二　1冊　書衣有墨筆題記　　124866

1793

竹汀日記　一卷/（清）錢大昕撰．—清光緒三十三
年（1907）江陰繆氏刻本．—1冊．—（清）錢大昕
（1728—1804），號竹汀；日記起清乾隆四十三年
（1778）正月，迄同年四月；與刑統賦合印　124864

1794*

錢竹汀先生行述/（清）錢東壁等撰．—民國21年
（1932）金山姚氏復廬鉛印本．—1冊．—錢汪二先生行
述之一　　　　　　　　　　　　　128606

1795

揚芬集　十卷/（清）陶欽輯．—清嘉慶十四年
（1809）刻本．—4冊．—（清）陳氏（1729—1793），陶欽

之母;經鉏山堂藏板　　　　　　　　124867
　　部二　4册　西諦藏書　　　　　　XD9458

1796[*]

　　南澗先生易簣記/(清)李文藻口授;(清)蔣器記.—
民國23年(1934)瑞安陳氏襄殿堂鉛印本.—1册:
像.—(山左先哲遺書).—(清)李文藻(1730—1778),
號南澗　　　　　　　　　　　　　　42379
　　部二　1册　　　　　　　　　　124872
　　部三　1册　　　　　　　　　　128633
　　部四　1册　　　　　　　　　　128685

1797

　　冬集紀程/(清)周廣業撰.—清道光二十年(1840)
刻本.—1册.—(清)周廣業(1730—1798),字耕厓;記
事起清乾隆四十八年(1783)十二月,迄四十九年
(1784)二月;種松書塾藏板;西諦藏書　　XD11266

1798

　　耕厓先生傳/(清)吳騫撰.—清抄本.—1册
　　　　　　　　　　　　　　　　　124870

1799

　　夢痕錄節鈔/(清)汪輝祖撰;(清)何士祁節抄.—清
嘉慶間刻本.—1册.—(清)汪輝祖(1731—1807)
　　　　　　　　　　　　　　　　　124874

1800

　　閨範詩集/(清)張崇本輯.—清嘉慶間刻本.—1
册.—(清)常氏(1732—1796),賈宗彥之妻.—經摺裝
　　　　　　　　　　　　　　　　　124873

1801

　　吳兔床日記/(清)吳騫撰.—清抄本.—5册.—(清)
吳騫(1733—1813),號兔床;日記起清乾隆四十五年
(1780),迄嘉慶十七年(1812),有間斷　　124876

1802

　　吳兔床先生日譜/(清)吳騫撰.—清費寅抄本.—4
册.—日記起清乾隆五十五年(1790),迄嘉慶五年
(1800)
　　　　　　　　　　　　　　　　　124877

1803[*]

　　武林遊記/(清)吳騫撰.—民國間抄本.—1册
　　　　　　　　　　　　　　　　　124875

1804

　　仁圃府君暨金太淑人行述/(清)英貴撰.—清刻
本.—1册.—(清)德元(1734—1813),號仁圃;卷端題
皇清例授通議大夫誥授中憲大夫特賜三品卿銜內務
府郎中顯考仁圃府君暨皇清例封淑人誥封恭人顯妣
金太淑人行述
　　　　　　　　　　　　　　　　　124878

1805

　　秋浦府君行述/(清)魏成憲等撰.—清嘉慶間刻
本.—1册.—(清)魏銀河(1734—1800),號秋浦;卷端
題皇清誥封奉直大夫刑部陝西清吏司主事晉封朝議
大夫刑部廣東清吏司郎中江南揚州府知府誥贈中憲
大夫江南江安督糧道歲貢生候選訓導顯考秋浦府君
行述.—毛裝
　　　　　　　　　　　　　　　　　124879

1806

　　奏祀段懋堂先生鄉賢錄/(清)鄭鍾祥輯.—清光緒
二十八年(1902)刻本.—1册.—(清)段玉裁(1735—
1815),號懋堂
　　　　　　　　　　　　　　　　　124880

1807

　　夢迹圖/(清)寶琳繪.—清光緒元年(1875)上海點
石齋石印本.—1册:圖.—(清)寶琳,生卒年不詳,乾
隆間生人
　　　　　　　　　　　　　　　　　124882
　　部二　1册　　　　　　　　　　112382
　　部三　1册　　　　　　　　　　61463
　　部四　2册　　　　　　　　　　62945

1808[*]

　　夢迹圖/(清)寶琳繪.—民國12年(1923)石印
本.—1册:圖
　　　　　　　　　　　　　　　　　124883

1809

　　東行雜誌/(清)佚名撰.—清嘉慶九年(1804)稿
本.—1册.—毛裝
　　　　　　　　　　　　　　　　　125016

1810

　　赴滇紀程/(清)博明撰.—清烏絲欄抄本.—1册.—
(清)博明,生卒年不詳,乾隆間人;紀程起清乾隆三十
三年(1768)四月,迄同年六月;陳垣贈書;附赴鳳行

紀等　　　　　　　　　　　　124885

1811

茂苑日記/(清)茂苑居士撰.—清嘉慶二年(1797)
稿本.—1 册.—(清)茂苑居士,生卒年不詳,乾隆至嘉
慶間人;日記起清嘉慶二年(1797)六月,迄同年十月
　　　　　　　　　　　　124042

1812

巴邱贈言/(清)陳嘉穀等撰.—清道光九年(1829)
刻本.—1 册.—(清)蕭玉初,生卒年不詳,乾隆間人
　　　　　　　　　　　　124932

1813

黎川贈言/(清)王有成等撰.—清刻本.—1 册.—有
缺頁　　　　　　　　　　　124933

1814

曾祖王父鞠叟公行略/(清)陳豪撰.—清刻本.—1
册.—(清)陳杞,生卒年不詳,乾隆間生人,號鞠叟;書
簽題鞠叟公行略　　　　　124888

1815*

楓階先生載書歸里圖/陳籛輯.—民國間影印本.—
1 册;圖.—(清)陳宸書,生卒年不詳,乾隆間人,號楓
階;書名據書簽題　　　　124887

1816

春敷府君行述/(清)王宗誠撰.—清嘉慶間刻本.—
1 册.—(清)王懿修(1736—1816),號春甫,晚號春敷;
卷端題皇清誥授光祿大夫經筵講官太子少保禮部尚
書加一級賜諡文僖顯考春敷府君行述　124892

1817

[王春甫墓誌銘]/(清)鐵保撰.—清末民國間拓
本.—1 册—經摺裝　　　128018

1818

成仁集　二卷續一卷/(清)沈朝棟輯.—清嘉慶間
刻本.—2 册.—(清)李氏(1736—1760),沈朝棟之母
　　　　　　　　　　　　124890

1819

大學士白公家傳/(清)李紱撰.—清乾隆間刻本.—

1 册.—(清)白潢(？—1738)　　124894

1820

金粟逸人逸事　一卷/(清)朱琰撰.—清乾隆三十
三年(1768)錢人龍刻本.—1 册;像.—(清)張燕昌
(1738—1814),號金粟山人　127980
　部二　1 册　　　　　　124893

1821

崔東壁先生行略/(清)陳履和撰.—清道光間刻
本.—1 册.—(清)崔述(1740—1816),號東壁;卷端題
敕授文林郎福建羅源縣知縣崔東壁先生行略　124895

1822*

楊桂林太守歷官紀事詩/(清)楊楷甫撰.—民國 17
年(1928)雲南大華石印館石印本.—1 册.—(清)楊楷
甫(1741—?),字桂林　　　124896

1823

霜哺遺音　七卷/(清)袁廷檮輯.—清嘉慶間刻
本.—1 册.—(清)韓氏(1742—1781),袁廷檮之母;臥
雪草堂藏板　　　　　　　124891

1824*

晴川先生事略/樊鎮輯.—民國間紹興樊氏鉛印
本.—1 册.—(清)孫之騄(？—1744),號晴川
　　　　　　　　　　　　124898
　部二　1 册　　　　　　124899

1825*

岱巖訪古日記/(清)黃易撰.—民國 10 年(1921)山
陰吳氏活字本.—1 册.—(遯盦金石叢書).—(清)黃
易(1744—?);日記起清嘉慶二年(1797)正月,迄同年
二月　　　　　　　　　　124900

1826

詔舉孝廉方正錄/(清)佚名輯.—清刻本.—1 册;
圖.—(清)錢大昭(1744—1813);書簽題孝廉方正錄;
附對床風雨圖　　　　　　75010

1827

不啞筆記/(清)蕭應登撰.—清嘉慶二十五年
(1820)刻本.—1 册.—(清)蕭應登(1744—1801)
　　　　　　　　　　　　124897

1828

府君澹人公行略/(清)夏齊林等撰. —清道光間刻本. —1 册. —(清)夏味堂(1745—1825),號澹人

124902

1829

洪稚存先生事蹟/(清)李兆洛等撰. —清同治十二年(1873)陽湖洪氏刻本. —1 册. —(清)洪亮吉(1746—1809),字稚存　　　　124907

1830

有正味齋日記/(清)吳錫麒撰. —清末上海申報館鉛印本. —1 册. —(清)吳錫麒(1746—1818);日記起清乾隆五十八年(1793),迄嘉慶二年(1797),有間斷;卷端題有正味齋文集　　　　124913

　部二　2 册　西諦藏書　　　　XD9459

1831

鏡亭軼事/(清)程世基撰. —清道光間刻本. —1 册. —(清)程世基(1746—?),號鏡亭　　　124911

1832

鏡亭軼事/(清)程世基撰. —清光緒四年(1878)鉛印本. —1 册. —(申報館叢書)　　　124912

1833

崇祀錄/(清)紀運曥等輯. —清刻本. —1 册:像. —(清)紀大奎(1746—1825),號慎齋;書名據書名頁題;附皇清敕授文林郎誥授奉政大夫原任四川重慶府合州知州先祖考紀公慎齋府君行述　　124905

　部二　1 册　　　　124904
　部三　1 册　　　　124903
　部四　1 册　存附　　　124906

1834

海峰府君行述/(清)龔式穀等撰. —清嘉慶間刻本. —1 册. —(清)龔景瀚(1747—1802),號海峰;有缺頁;卷端題皇清賜同進士出身誥授朝議大夫賞戴花翎甘肅蘭州府知府隨帶軍功加六級紀錄二十四次顯考海峰府君行述　　　124901

1835

玉亭府君行述/(清)穆克德起撰. —清道光間刻本. —1 册. —(清)伯麟(1747—1824),號玉亭;卷端題

皇清誥授光祿大夫晉贈太子太保致仕大學士賜謚文慎顯考玉亭府君行述　　　124915

1836

劉松齋先生傳/(清)劉熾昌輯. —清同治十二年(1873)廣順楊蔚本刻本. —1 册. —(清)劉清(1747—1828),號松齋;版藏龍文齋　　124916

　部二　1 册　　　　124917

1837

[劉松齋先生傳]/(清)劉熾昌輯. —清光緒五年(1879)廣順劉熾昌鉛印本. —1 册　　124918

1838

達河朱先生墓表/(清)宋湘撰. —清光緒間刻本. —1 册. —(清)朱澧(1747—1815),號達河;卷端題皇清敕授修職郎嘉應州長樂學教諭達河朱先生墓表;附子夢齡、孫猷章墓誌銘　　124914

1839

午晴府君行述/(清)項銓恩撰. —清道光間刻本. —1 册. —(清)項應蓮(1748—1824),號午晴;卷端題皇清誥授朝議大夫例晉通奉大夫貴州思南府知府覃恩加四級顯考午晴府君行述　　124919

1840

樹藩王君墓誌/(清)陶澍撰. —清道光間刻本. —1 册. —(清)王之屏(1748—1810),號樹藩;卷端題敕授文林郎晉奉直大夫知山西定襄縣浙江景寧縣事樹藩王君墓誌;附周秦名字解故附錄　　128057

1841*

樹藩王君墓誌/(清)陶澍撰. —民國間北平人文科學研究所灰絲欄抄本. —1 册. —卷端題敕授文林郎晉奉直大夫知山西定襄縣浙江景寧縣事樹藩王君墓誌;附周秦名字解故附錄　　124921

1842

先祖考遠謨府君剛卽事略/(清)蔣光焴撰. —清刻本. —1 册. —(清)蔣開基(1748—1821),字遠謨

124922

1843

攀轅紀略/(清)汪庚輯. —清嘉慶間刻本. —1 册. —

(清)百齡(1748—1816) 124920

1844

曦亭府君行述/(清)張洵等撰.—清道光間海豐張
氏刻藍印本.—1冊.—(清)張映斗(1749—1823),號
曦亭;卷端題皇清貤封光祿大夫刑部右侍郎加二級誥
授奉政大夫福建特用知州借補泉州府馬家港通判顯
考曦亭府君行述 124923

1845

盛世良圖紀/(清)廣玉撰.—清道光間刻本.—1冊:
圖.—(清)廣玉(1750—?);附湖山送別詩册、桂亭公
餘小草 124927

  部二 1冊 124928
  部三 1冊 毛裝 124926
  部四 1冊 缺附 124924
  部五 1冊 缺附;西諦藏書 XD9460

1846

盛世良圖紀/(清)廣玉撰.—清刻本.—1冊:圖.—
有缺頁 124929

1847

盛世良圖紀/(清)廣玉撰.—清朱格抄本.—1冊
124930

1848

武威韓氏忠節錄 二卷/(清)張澍輯.—清道光間
武威韓氏刻本.—2冊.—(清)韓嘉業(1750—1799)
124931

1849

和珅列傳.—清積跬步齋烏絲欄抄本.—1冊.—
(清)和珅(1750—1799);附豐紳殷德列傳、和琳列傳
123880

1850

劉端臨先生行狀/(清)朱彬撰.—清嘉慶間刻本.—
1冊.—(清)劉台拱(1751—1805),字端臨 124945

1851

先大夫抑莊府君行述/(清)吳西隆撰;(清)吳祖昌
輯.—清咸豐十一年(1861)南海吳氏刻本.—1冊.—
(清)吳西隆(1752—1831),號抑莊;附誥贈中憲大夫

抑莊府君年譜、粵西潯城紫滿塘吳氏本支宗譜
123881

1852

謝薌泉先生崇祀鄉賢錄/(清)謝興嶢等輯.—清道
光間刻本.—1冊.—(清)謝振定(1753—1809),號薌
泉;卷端題皇清誥授朝議大夫禮部員外郎加二級前翰
林院編修江南道監察御史謝薌泉先生崇祀鄉賢錄;附
墓表、墓誌銘、行狀 124942

1853

高寶仁公行狀/(清)高楷撰.—清光緒間刻本.—1
冊.—(清)高位富(1753—1834),字寶仁;卷端題覃恩
貤贈奉政朝議中憲大夫高寶仁公行狀 124943

1854

華生府君行述/(清)蔡鴻燮撰.—清道光間刻本.—
1冊.—(清)蔡鑾坡(1753—1819),號華生;卷端題皇
清敕授承德郎河南歸德府儀睢通判加二級又軍功隨
帶加一級顯考華生府君行述,書衣題先中河公年譜
124941

1855

[許氏壽李光邦序]/(清)許乃普撰.—清道光間刻
本.—1冊.—(清)李光邦(1754—1833);附乞言引
124946

1856

鏡西公行述/(清)岑廷雲編.—清抄本.—1冊.—
(清)岑振祖(1754—1839),字端書,號鏡西,晚號壺中
老人;附先府君傳略.—毛裝 124944

1857

舫齋府君行述/(清)祖瓊林撰.—清嘉慶間刻本.—
1冊.—(清)祖之望(1755—1814),號舫齋;卷端題皇
清賜進士出身誥授光祿大夫刑部尚書加一級顯考舫
齋府君行述 124948

1858

儷笙府君行述/(清)曹恩澃等撰.—清道光間刻
本.—1冊.—(清)曹振鏞(1755—1835),字儷笙;卷端
題皇清誥授光祿大夫經筵日講起居注官太傅武英殿
大學士管理工部事務翰林院掌院學士入直南書房上
書房總師傅軍機大臣賜諡文正入祀賢良祠顯考儷笙

府君行述　　　　　　　　124947

1859

仁圃府君行述/(清)宋鑒等撰.—清道光間刻本.—
1册.—(清)宋如林(1755—1826),號仁圃;卷端題皇
清誥授通議大夫貴州按察使顯考仁圃府君行述
　　　　　　　　　　　　　　124950

1860

喆人府君暨侯孺人行述/(清)邊印金撰.—清道光
間刻本.—1册.—(清)邊士峻(1755—1841),號喆人,
其妻邊侯氏(1754—1829);卷端題皇清敕授文林郎河
南商水縣知縣顯考喆人府君封七品孺人顯妣侯孺人
行述　　　　　　　　　　　128165

1861

義烈公列傳/(清)佚名撰.—清末鉛印本.—1册.—
(清)班第(? —1755),諡義烈　　124949

1862

壽母小記/(清)姚瑩等撰.—民國間七略盦抄本.—
1册.—(清)朱氏(1756—?),汪喜孫之母;附汪喜孫年
譜　　　　　　　　　　　　124889

1863

李夫人行略/(清)韓鼎晉撰.—清道光間刻本.—1
册.—(清)李氏(1758—1824),韓鼎晉之妻;卷端題皇
清誥封夫人元配李夫人行略　　124952

1864

畿輔紀略/(清)董淳撰.—清抄本.—1册.—(清)董
淳(1759—?);附重涖錦江紀略、歸田紀略　124954

1865

[張蒔塘事狀輓言]/(清)張光熊等輯.—清道光間
刻本.—1册:像.—(清)張吉安(1759—1829),號蒔
塘;卷末有殘缺　　　　　　　124955

1866

芸浦府君行述/(清)趙志彤,(清)趙珥彤撰.—民國
25年(1936)趙鴻謙貞元石齋影印本.—1册.—(清)
趙佩湘(1760—1816),號芸浦;卷端題皇清誥授朝議
大夫例晉中議大夫禮科掌印給事中加五級紀錄六次
又軍功加二級顯考芸浦府君行述;書簽題丹徒趙芸浦

給諫行述;陳垣贈書;與蔣春農舍人行狀合印　124855
　　部二　1册　　　　　　　124115

1867

澧浦謝公府君行述/(清)謝念功等撰.—清光緒八
年(1882)抄本.—1册.—(清)謝蘭生(1760—1831),
號澧浦;卷端題皇清敕授文林郎翰林院庶吉士加一級
顯考澧浦謝公府君行述.—毛裝　　154463

1868

楊時齋宮保中外勤勞錄/(清)楊芳撰.—清刻本.—
1册.—(清)楊遇春(1761—1837),字時齋,諡忠武
　　　　　　　　　　　　　　124956
　　部二　1册　　　　　　　124968

1869

楊時齋宮保中外勤勞錄/(清)楊芳撰.—清刻本.—
1册　　　　　　　　　　　124967

1870

楊忠武侯宣勤積慶圖/(清)楊光圻輯.—清光緒十
一年(1885)石印本.—1册:圖及像　124957

1871

楊忠武公記事錄/楊永澍撰.—清宣統三年(1911)
寶環堂鉛印本.—1册　　　　124958
　　部二　1册　　　　　　　124959
　　部三　1册　　　　　　　124960

1872

非石日記鈔/(清)鈕樹玉撰.—清光緒二年(1876)
刻本.—1册.—(清)鈕樹玉(1760—1827),字非石;日
記起清乾隆五十六年(1791),迄嘉慶四年(1799),有
間斷;書名頁及書簽題鈕非石日記　143996

1873

非石日記鈔/(清)鈕樹玉撰.—清光緒八年(1882)
彊學簃刻本.—1册.—日記起清乾隆五十六年
(1791),迄嘉慶四年(1799),有間斷　124961

1874

望之府君行述/(清)史丙榮等撰.—清道光間刻
本.—1册.—(清)史致儼(1760—1838),號望之;卷端
題皇清誥授光祿大夫贈太子太保經筵講官刑部尚書

顯考望之府君行述;附史桂材傳、王太夫人墓誌銘等

124962

1875

少僊府君行述/(清)朱蘭等撰.—清道光間刻本.—
1 冊.—(清)朱文治(1760—1845),號少僊;
卷端題皇清敕授修職郎例授文林郎大挑知縣改就浙江杭州府
海寧州學正卓異候升敕封儒林郎晉封承德郎翰林院
編修國史館協修湖北提督學政誥贈奉政大夫翰林院
侍講加一級顯考少僊府君行述　　　124963

1876

唐孝女傳/(清)許喬林等撰.—清道光間刻本.—2
冊.—(清)唐惠觀,唐鑑之女;與金淑人割臂奉翁合印

124964

1877

強忠烈公遺墨題辭　四卷卷首一卷/(清)黃邦彥
輯.—清同治間刻本.—1 冊.—(清)強克捷(1761—
1813),諡忠烈　　　　　　　　124965

1878

勿庵府君行狀/(清)王景瀛撰.—清道光間刻本.—
1 冊.—(清)王以衡(1761—1824),號勿庵;卷端題皇
清誥授光祿大夫禮部右侍郎加三級隨帶加二級顯考
勿庵府君行狀.—毛裝　　　　　124966

1879

金淑人割臂奉翁/(清)楊正等輯.—清道光間刻
本.—2 冊.—(清)金氏(1761—1811),楊警齋之妻,封
淑人;與唐孝女傳合印　　　　　124964

1880*

張溟洲先生祠祀錄　二卷/方樹梅編.—民國 20 年
(1931)晉寧張氏鉛印本.—1 冊.—(清)張鵬昇
(1761—1819),字溟洲　　　　　128215

1881

雲柯府君行狀/(清)陳遹曾等撰.—清道光間刻
本.—1 冊.—(清)陳桂生(1761—1840),號雲柯;卷端
題皇清誥授資政大夫兵部侍郎兼都察院右副都御史
巡撫江蘇等處地方提督軍務糧餉三品京堂覃恩加封
文林郎翰林院編修顯考雲柯府君行狀　　124969

1882

莫公事略/(清)張穆撰.—清道光間刻本.—1 冊.—
(清)莫晉(1761—1826);書名據版心題,卷端題清故
內閣學士前倉場侍郎會稽莫公事略;有硃筆校注

124970

1883

[宗牧厓南歸日記]/(清)宗德懋撰.—清道光十年
(1830)朱絲欄稿本.—1 冊.—(清)宗德懋(1763—?),
號牧厓;日記起清道光十年(1930)八月,迄同年十月;
卷末有庞士龍墨筆題識　　　　　124972

1884

藝齋府君行述/(清)王憲正等撰.—清道光間刻
本.—1 冊.—(清)王家相(1762—1838),號藝齋;卷端
題皇清誥授中憲大夫例晉通議大夫河南分巡南汝光
道署理河南按察使司按察使前吏科掌印給事中掌江
西道監察御史翰林院編修隨帶加二級顯考藝齋府君
行述　　　　　　　　　　　　124971

1885

趙文恪公行狀/(清)姚瑩撰.—清光緒四年(1878)
武陵趙氏刻本.—1 冊.—(清)趙慎畛(1762—1826),
諡文恪,湖南武陵人;書名據書名頁題,卷端題皇清誥
授榮祿大夫兵部尚書都察院右都御史總督雲貴等處
地方軍務兼理糧餉鹽課晉贈太子少保諡文恪武陵趙
公行狀　　　　　　　　　　　124973
　部二　1 冊　　　　　　　　124974

1886

家蔭堂一瞬錄　一卷/(清)周際華撰.—清道光十
九年(1839)黔筑周氏刻本.—1 冊.—(清)周際華
(1762—?);家蔭堂藏板;附家蔭堂來西錄　　125026
　部二　1 冊　　　　　　　　127688
　部三　1 冊　　西諦藏書　　XD7506

1887

平泉府君行述/(清)陸恩綏等撰.—清道光間刻
本.—1 冊.—(清)陸以莊(1763—1827),號平泉;卷端
題皇清誥授光祿大夫經筵講官工部尚書兼管順天府
府尹事務國史館副總裁隨帶加三級賜諡文恭顯考平
泉府君行述　　　　　　　　　124979

1888

先府君事略/（清）焦廷琥撰．—清道光八年（1828）刻本．—1册．—（清）焦循（1763—1820）；受古書店藏板；附詩品/（唐）司空圖撰　　　124980

　　部二　1册　缺書名頁及附　　　124982

　　部三　1册　缺書名頁及附　　　124981

1889

莫公行狀/（清）莫希芝等撰．—清道光間刻本．—1册．—（清）莫與儔（1763—1841），字猶人、傑夫，晚號壽民；卷端題清故授文林郎翰林院庶吉士四川鹽源縣知縣貴州遵義府教授顯考莫公行狀；附清故例授孺人顯妣莫母李孺人行狀/（清）莫友芝等撰　　　124978

1890

莫猶人先生墓表/（清）曾國藩撰並書．—清同治七年（1868）獨山莫氏刻本．—1册．—書名據書簽題，卷端題翰林院庶吉士遵義府學教授莫君墓表，書衣題莫傑夫先生墓表　　　124976

　　部二　1册　　　124975

　　部三　1册　　　124977

1891 *

湖山杖屨錄/（清）潘世璜撰．—民國間長洲章氏算鶴量鯨室藍格抄本．—1册．—（清）潘世璜（1764—1829）．—毛裝　　　124985

1892 *

騰越李府君墓碑銘/孫光庭撰；秦恩述書．—民國間石印本．—1册．—（清）李穎檜（1764—1853）　124986

1893

勺湖草堂圖詠/（清）王太岳等撰．—清乾隆間刻本．—1册：圖．—（清）阮學浩（？ —1764），號裴園，勺湖草堂爲其講堂　　　124984

1894

徐夫人行略/（清）韓克均撰．—清道光間刻本．—1册．—（清）徐氏（1764—1828），韓克均之妻；卷端題皇清誥封夫人元配徐夫人行略　　　124988

1895

［那文毅公世系官階］/（清）容安輯．—清道光間刻本．—1册．—（清）那彥成（1764—1833），謚文毅；那文

毅公奏議卷1　　　124987

1896

［劉太夫人祭文墓誌］/（清）祁寯藻等撰．—清抄本．—1册．—（清）劉氏（1764—1834），祁寯藻之母．—毛裝　　　127712

1897

伯申府君行狀/（清）王壽昌等撰．—清抄本．—1册．—（清）王引之（1766—1834），字伯申；卷端題皇清誥授光祿大夫經筵講官工部尚書加二級紀錄十次賜祭葬謚文簡伯申府君行狀；有硃筆校改．—毛裝　　　124994

1898

霽峰府君行述/（清）吳曾愉撰．—清道光間刻本．—1册．—（清）吳邦慶（1766—1848），號霽峰；卷端題皇清誥授振威將軍資政大夫河東河道總督翰林院編修顯祖考霽峰府君行述　　　124996

1899

史太君行述/（清）李湘荃等撰．—清道光間刻本．—1册．—（清）史氏（1766—1844），李湘荃繼母；卷端題皇清敕封孺人誥封太夫人例晉一品太夫人顯繼妣史太君行述　　　124995

1900

那公行狀/（清）英和撰．—清道光間刻本．—1册．—（清）那清安（1767—1833）；卷端題皇清誥授光祿大夫兵部尚書鑲藍旗漢軍都統特贈太子太保謚恭勤那公行狀　　　124997

1901

家居自述/（清）查廷華撰．—清道光間刻本．—1册．—（清）查廷華（1768—1841），又名崇華　124999

　　部二　1册　　　5239

1902

青霞府君行述/（清）徐根等撰．—清道光間刻本．—1册．—（清）徐玉舉（1768—1845），字青霞；卷端題皇清誥授中憲大夫刑部湖廣司郎中記名知府加二級紀錄五次嘉慶癸酉科舉人顯考青霞府君行述　　　125000

1903

夏輔堂先生墓誌銘/(清)莫友芝撰.—清光緒間刻
朱印本.—1 冊.—(清)夏鴻時(1768—1852),號輔堂;
書名據書簽題,卷端題皇清誥授奉直大夫陝西洛川縣
知縣夏公墓誌銘　　　　　　　　　　　　　　125001

1904

檢身冊　一卷後錄一卷綴說一卷/(清)時齋氏
撰.—清咸豐五年(1855)刻本.—1 冊.—(清)時齋氏
(1769—?)　　　　　　　　　　　　　　　125002

1905

磨盾餘談/(清)張炳撰.—清末藏珍閣刻本.—1
冊.—(清)白鎔(1769—1842),曾任工部尚書;記白鎔
及其夫人劉氏軼事　　　　　　　　　　　　127882

1906

磨盾餘談/(清)張炳撰.—清刻本.—1 冊.—有周作
人墨筆題記　　　　　　　　　　　　　　　124989

1907

磨盾餘談/(清)張炳撰.—清刻本.—1 冊　124990

1908

磨盾餘談/(清)張炳撰.—清宣統元年(1909)潞河
白氏石印本.—2 冊　　　　　　　　　　　　124992

1909*

磨盾餘談/(清)張炳撰.—民國 14 年(1925)潞河白
氏鉛印本.—1 冊.—有墨筆眉批　　　　　　124991

1910

養穌齋筆記/(清)霍樹清撰.—清光緒間朝邑霍氏
刻本.—1 冊.—(清)霍樹清(1770—1839);附名宦錄
　　　　　　　　　　　　　　　　　　　125003

部二　1 冊　　　　　　　　　　　　　125004

1911

巴祿列傳/(清)佚名撰.—清末鉛印本.—1 冊.—
(清)巴祿(?—1770);書簽及版心題巴公列傳
　　　　　　　　　　　　　　　　　　　125005

1912

南厓府君家傳/(清)魏承柄等撰.—清道光間刻

本.—1 冊.—(清)魏瀚(1770—1815),號南厓,其妻魏
左氏(1770—1833);書名據書簽題,卷端題敕授文林
郎知武鄉縣事顯考南厓府君暨例贈七品孺人顯妣左
太孺人合傳　　　　　　　　　　　　　　　128167

1913

養亭府君行述/(清)張琴撰.—清道光間刻本.—1
冊.—(清)張元直(1770—1843),號養亭;卷端題皇清
誥授武顯將軍福建漳州鎮總兵養亭府君行述　125006

部二　1 冊　　　　　　　　　　　　　127919

1914

一鐙課讀圖題冊　二卷/(清)林昌彝輯.—清同治
九年(1870)廣州刻本.—1 冊:圖.—(清)吳桂(1771—
1823),林昌彝之母　　　　　　　　　　　125014

1915

蓉湖草堂贈言錄/(清)麟慶輯.—清道光間刻本.—
2 冊.—(清)惲珠(1771—1833),晚年號蓉湖散人,麟
慶之母;附先姚惲太夫人言行略、先太夫人逸事隨憶
錄　　　　　　　　　　　　　　　　　　125007

部二　2 冊　　　　　　　　　　　　　125008

部三　2 冊　　　　　　　　　　　　　125009

部四　2 冊　　　　　　　　　　　　　125012

部五　2 冊　　　　　　　　　　　　　125010

1916

徵詩啓/(清)程熒鍔等撰輯.—清抄本.—1 冊.—毛
裝　　　　　　　　　　　　　　　　　　154435

1917

五輩太福晉傳/(清)佟佳氏撰.—清乾隆間抄本.—
2 冊.—(清)佟佳氏(?—1771),正黃旗漢軍;附五輩
太福晉詩　　　　　　　　　　　　　　　128094

1918

旭林府君行述　一卷/(清)馮喜庚等撰.—清道光
十六年(1836)光州馮氏木活字本.—2 冊.—(清)馮春
暉(1772—1836),字麗天,號旭林;卷端題皇清誥授朝
議大夫山東東昌府知府致仕顯考旭林府君行述;基福
堂藏板,椿影集之一;與馮旭林先生年譜合印

傳 684.372/864

1919

桃江日記　二卷/(清)武穆淳撰.—清道光十三年(1833)偃師武氏刻本.—1冊.—(清)武穆淳(1772—1833);日記起清道光十一年(1831)九月,迄十二年(1832)五月;書名頁題偃師金石遺文補錄　　125017

1920

松谷府君行述/(清)鄭世倌等撰.清道光間刻本.—1冊.—(清)鄭鵬程(1772—1821),號松谷;卷端題皇清賜同進士出身誥授朝議大夫湖南常德府知府護岳常澧道先考松谷府君行述　　125019

1921

絳雲小錄/(清)陳大文編.清嘉慶四年(1799)吳門陳大文刻本.—2冊:像.—(清)田絳雲(1772—1791),陳大文侍妾　　155465

1922

崇祀鄉賢錄/(清)吳元炳等撰.—清光緒間刻本.—1冊.—(清)陶樑(1772—1857)　　125020

1923

何文安公行述/(清)何紹基撰.—清光緒間刻本.—1冊.—(清)何凌漢(1772—1840),諡文安;書名據書籤題,卷端題皇清誥授光祿大夫經筵講官戶部尚書晉贈太子太保予諡文安先府君行述;附祭文等　　125023

部二　1冊　書衣有墨筆題記　　125022

部三　1冊　存附　　125021

1924

文安先府君行述/(清)何紹基撰.—清光緒間刻本.—1冊.—卷端題皇清誥授光祿大夫經筵講官戶部尚書晉贈太子太保予諡文安先府君行述;附祭文　　125024

1925

莘農府君行述/(清)桂忻等撰.—清道光間刻本.—1冊.—(清)伊里布(1772—1843),字莘農;卷端題誥授光祿大夫例授振威將軍欽差大臣廣州將軍賜諡文敏顯考莘農府君行述　　125018

1926＊

孫君夫人墓誌銘/(清)郭麐撰;(清)陳鴻壽書.—民國15年(1926)西泠印社上海影印本.—1冊.—(清)

查有蕙(1773—1814),孫古雲夫人;卷端題皇清誥封一品夫人孫君夫人墓誌銘,版權頁及書籤題陳曼生書孫夫人墓誌　　128669

1927

禮部題請端木國瑚入祀鄉賢祠事實冊/(清)禮部撰.—清道光間刻本.—1冊.—(清)端木國瑚(1773—1837);書名據書衣題　　125025

1928

宦遊紀略　二卷/(清)高廷瑤撰.—清同治十二年(1873)成都刻本.—2冊:像.—(清)高廷瑤(1774—1830);附誥授朝議大夫廣東廣州府知府高公家傳/(清)唐樹義撰　　125027

部二　3冊　　125028

1929

宦遊紀略　二卷/(清)高廷瑤撰.—清光緒九年(1883)資中官廨刻本.—1冊.—附誥授朝議大夫廣東廣州府知府高公家傳　　125031

部二　1冊　　125032

部三　1冊　　125033

1930

宦遊紀略　二卷/(清)高廷瑤撰.—清光緒二十六年(1900)貴筑高氏詒硯堂湖北刻本.—2冊.—附誥授朝議大夫廣東廣州府知府高公家傳/(清)唐樹義撰　　125038

部二　1冊　　36902

部三　1冊　　44742

部四　1冊　朱印本　　125034

部五　1冊　朱印本　　125035

1931

宦遊紀略　二卷/(清)高廷瑤撰.—清光緒間桐鄉嚴錫康刻本.—2冊.—附林文忠公告示等　　125029

部二　2冊　　125030

1932

宦遊紀略纂要　二卷/(清)高廷瑤撰;(清)劉藻纂.—清光緒十二年(1886)瀘州官舍刻本.—1冊　　124951

1933

耘渠府君行述/(清)鄧瑤等撰.—清道光間刻本.—
1冊.—(清)鄧顯鶴(1774—1841),字耘渠;卷端題皇
清優行縣學附生例贈文林郎先考耘渠府君行述

125039

1934

論德錄/(清)鄧瑤輯.—清刻本.—1冊　　148471

1935

[陳勉齋德政譜]/(清)葉覲儀輯.—清道光二十三
年(1843)刻本.—1冊.—(清)陳步賢(1774—?),號勉
齋　　　　　　　　　　　　　　　　125041

1936

先兄太學君行實/(清)翁心存撰.—清刻本.—1
冊.—(清)翁人鏡(1774—1844)　　125040

1937

涔南府君行述/(清)郭夢齡等撰.—清道光間刻
本.—1冊.—(清)郭衍汾(1775—1831),字涔南;卷端
題皇清敕授登仕郎翰林院待詔加一級貤封奉政大夫
順天府南路同知嘉慶丁卯科順天舉人顯考涔南府君
行述;附皇清敕封九品孺人貤贈宜人顯妣張宜人行述

125044

1938

羅公崇祀名宦錄/(清)佚名輯.—清宣統間鉛印
本.—1冊.—(清)羅河嶽(1775—1838);書簽題贈資
政大夫前舒城縣知縣羅公崇祀名宦錄,書名頁題崇祀
名宦錄　　　　　　　　　　　　125042
　　部二　1冊　　　　　　　　125043

1939*

清芬世守錄/(清)羅肇輝等輯撰.—民國間鉛印
本.—1冊　　　　　　　　　　　125045

1940

朗甫府君行述/(清)張方泳等撰.—清道光間刻
本.—1冊.—(清)張廷鑑(1775—1823),字朗甫;卷端
題皇清例授徵仕郎晉贈文林郎候選內閣中書前翰林
院庶吉士顯考朗甫府君行述　　125046

1941

簾舫府君行述/(清)劉良驥等撰.—清道光間刻
本.—1冊.—(清)劉衡(1775—1841),字簾舫;卷端題
皇清分巡河南開歸陳許等處兵備河務道誥授中憲大
夫庚申科副榜顯考簾舫府君行述　　125048
　　部二　1冊　　　　　　　　125049

1942

[劉簾舫傳]/(清)朱鳳標等撰.—清同治間刻本.—
1冊.—附循吏劉公家傳等　　　125053

1943

簾舫先生事蹟/(清)郭尚先輯.—清末鉛印本.—1
冊　　　　　　　　　　　　　125047

1944

[王文莊日記]/(清)王際華撰.—清乾隆間朱絲欄
稿本.—2冊.—(清)王際華(?—1776),諡文莊;日記
起清乾隆三十五年(1770)一月,迄同年九月、乾隆三
十九年(1774)一月,迄同年十二月,有間斷;西諦藏書

XD9907

1945

東雲府君行述/(清)李祐等撰.—清道光間刻本.—
1冊.—(清)李恩繹(1776—1846),號東雲;卷端題皇
清例授通奉大夫貤封朝議大夫原任江西廣西布政使
顯考東雲府君行述　　　　　　125051

1946

表忠錄　四卷/(清)佚名輯.—清咸豐二年(1852)
刻本.—4冊;像.—(清)陳化成(1776—1842),諡忠愍

125054
　　部二　4冊　　　　　　　　125055

1947

提軍陳忠愍公殉節始末記/(清)黃樹滋撰.—清朱
格抄本.—1冊　　　　　　　　125050

1948

貞孝錄/(清)佚名輯.—清道光間刻本.—1冊.—
(清)張月姑(1777—?),張寶次女　　125057

1949

石舫府君行述/(清)崇恩撰.—清道光十七年

(183?)刻本. —1 册. —(清)舒敏(1777—1803)，別號
石舫；卷端題誥贈奉政大夫吏部考功司員外郎兼文選
司行走掌稽勳司印加一級石舫府君行述　　　125056

1950
　汪太夫人行狀/(清)潘儀鳳等撰. —清咸豐間刻
本. —1 册. —(清)汪氏(1778—1854)，潘儀鳳祖母；卷
端題皇清覃恩誥封一品夫人累封一品夫人顯繼祖妣
汪太夫人行狀　　　　　　　　　　　　125062
　　部二　1 册　　　　　　　　　　　125063

1951
　壽萱集　二卷/(清)陸日愛輯. —清咸豐三年
(1853)刻本. —1 册. —(清)沈氏(1778—?)，陸日愛之
母　　　　　　　　　　　　　　　　125064

1952
　懷忠錄　六卷卷首一卷卷末一卷/(清)湯成烈
輯. —清末刻本. —2 册：像. —(清)湯貽汾(1778—
1853)　　　　　　　　　　　　　　125065

1953
　[張公崇祀名宦錄]/(清)張貽琯輯. —清光緒間刻
本. —1 册. —(清)張於荃(1778—1860)　　125066

1954
　樸園府君行述/(清)粟烜等撰. —清道光間刻本. —
1 册. —(清)粟毓美(1778—1840)，號樸園；卷端題皇
清誥授光祿大夫晉加太子太保衛賜諡恭勤兵部侍郎
兼都察院右副都御史總督河南山東河道提督軍務加
六級顯考樸園府君行述　　　　　　　　125058
　　部二　1 册　　　　　　　　　　　125059
　　部三　1 册　　　　　　　　　　　125060
　　部四　1 册　　書衣有墨筆題記　　125061

1955*
　福慧雙修庵小記/丁傳靖輯. —民國間鉛印本. —1
册. —(清)王淨蓮(1779—1827)，號韻香，又號玉井道
人　　　　　　　　　　　　　　　　125068
　　部二　1 册　　　　　　　　　　　125069
　　部三　1 册　　　　　　　　　　　125067

1956
　陶宮保履歷並請假還鄉文/(清)陶澍等撰. —清朱

格抄本. —1 册. —(清)陶澍(1779—1839)　　125070

1957
　德政頌言/(清)楊清輪等撰. —清道光間刻本. —1
册. —(清)程鍾齡(1779—?)；有缺頁；附蘭陵留別詩/
(清)程鍾齡撰　　　　　　　　　　　　125071

1958
　蒼溪倪公崇祀鄉賢錄. —清同治七年(1868)刻
本. —1 册. —(清)倪承弼(1779—1847)　　125072

1959*
　關天培事迹彙考/(清)丁晏等撰. —196[?]年揚州
古舊書店朱絲欄抄本. —1 册. —(清)關天培(1780—
1841)　　　　　　　　　　　　　　125073

1960
　桂遊日記　三卷/(清)張維屏撰. —清道光十七年
(1837)刻本. —1 册. —(清)張維屏(1780—1859)；日
記起清道光十七年(1837)二月二十八日，迄同年五月
九日；聽松廬藏板　　　　　　　　　　125075

1961
　先考陳公府君行述/(清)陳泰初撰. —清道光間刻
本. —1 册. —(清)陳仲良(1780—1845)　　125074

1962
　潯陽紀程/(清)何汝霖撰. —清咸豐四年(1854)刻
本. —1 册. —(清)何汝霖(1781—1853)；日記起清道
光九年(1829)八月十八日，迄同年十月二十三日
　　　　　　　　　　　　　　　　　125076

1963
　仲雲公行略/(清)陳子犖等撰. —清道光間刻本. —
1 册. —(清)陳嘉樹(1782—1841)，號仲雲；卷端題誥
授通奉大夫江西承宣布政使司布政紀錄十六次先
考仲雲公行略　　　　　　　　　　　　125077

1964
　甕芳錄/(清)高德泰輯. —清同治十三年(1874)刻
光緒六年(1880)補刻本. —1 册：像. —(清)高熊舉
(1783—1853)　　　　　　　　　　　125079

1965

甄芳錄/(清)高德泰輯.—清同治十三年(1874)刻
光緒六年(1880)補刻光緒十一年(1885)重修本.—1
冊:像　　　　　　　　　　　　　　　　　125078

1966

符卿府君行述/(清)孫毓汶等撰.—清咸豐間刻
本.—1冊.—(清)孫瑞珍(1783—1858),號符卿;卷端
題皇清誥授光祿大夫經筵日講起居注官戶部尚書翰
林院掌院學士上書房總師傅贈太子太保予謚文定顯
考符卿府君行述　　　　　　　　　　　125081
　　部二　1冊　　　　　　　　　　　　125082

1967

賜壽謝摺/(清)卓秉恬撰.—清道光二十二年
(1842)刻本.—1冊.—(清)卓秉恬(1783—1855);書
名據書簽題　　　　　　　　　　　　　126055

1968

龍夫人事略/(清)佚名撰.—清刻本.—1冊.—(清)
龍氏(1784—?);有缺頁;卷端題皇清誥贈果勇侯妻一
品夫人繼配龍夫人事略　　　　　　　　128436

1969

祭鄭太君文/(清)龔自閎撰.—清刻本.—1冊.—
(清)鄭氏(1783—1839),龔自閎之母;有墨筆眉批
　　　　　　　　　　　　　　　　　　125080

1970

天階馬公崇祀鄉賢祠錄/(清)佚名輯.—清光緒間
刻本.—1冊.—(清)馬騰蛟(1784—1853);卷端題誥
贈中議大夫庠生天階馬公崇祀鄉賢祠錄　125084

1971

小谷口紀事畫引/(清)鄭祖琛撰.—清道光二十七
年(1847)桂林官廨刻本.—1冊.—(清)鄭祖琛
(1784—?)　　　　　　　　　　　　　125083
　　部二　4冊　　　　　　　　　　　　128111
　　部三　3冊　有殘缺　　　　　　　　128435

1972

宦遊紀略　六卷續一卷/(清)桂超萬撰.—清同治
三年(1864)刻本.—4冊.—(清)桂超萬(1784—
1863),字丹盟　　　　　　　　　　　　125086

　　部二　3冊　缺1卷:續1卷　　　　　125087
　　部三　4冊　　　　　　　　　　　　125085

1973

丹盟府君行述/(清)桂連珵等撰.—清同治間刻
本.—1冊.—卷端題皇清誥授中憲大夫賜進士出身署
福建按察使司按察使前汀漳龍道顯考丹盟府君行述
　　　　　　　　　　　　　　　　　　125088
　　部二　1冊　　　　　　　　　　　　125089

1974

伯山日記　一卷/(清)姚柬之撰.—清道光二十八
年(1848)刻本.—1冊.—(清)姚柬之(1785—1847),
字伯山;日記起清道光十二年(1832)十二月二十三
日,迄十三年(1833)二月十四日　　　　125091

1975

蕉溪揚芬錄　二卷卷首一卷卷末一卷/(清)沈知蕭
輯.—清道光三十年(1850)柬暘沈氏樂耕堂刻本.—2
冊.—(清)詹氏(1785—?),沈知蕭之母　125090

1976

張溫和公列傳.—清末刻本.—1冊.—(清)張祥河
(1785—1862),謚溫和;書簽題張溫和公傳;附祭文等
　　　　　　　　　　　　　　　　　　125094
　　部二　1冊　　　　　　　　　　　　125095

1977

[林則徐]本傳/(清)國史館撰.—清末刻本.—1
冊.—(清)林則徐(1785—1850)　　　　125093

1978

孟慈府君行述/(清)汪保和撰.—清烏絲欄抄本.—
1冊.—(清)汪喜荀(1786—1847),字孟慈;卷端題皇
清誥授中憲大夫覃恩例晉通奉大夫欽加道銜河南懷
慶府知府加三級紀錄四次顯考孟慈府君行述.—毛裝
　　　　　　　　　　　　　　　　　　125097

1979*

汪孟慈先生行述/(清)汪保和等撰.—民國21年
(1932)金山姚氏復廬鉛印本.—1冊.—錢汪二先生行
述之一　　　　　　　　　　　　　　　128606

1980

程玉才先生家傳/（清）程守謙輯.—清咸豐十一年（1861）刻本.—1 册.—（清）程兆棟（1786—1853），字玉才；附程乂庭傳/（清）許宗衡撰　　125096

1981

苕南府君行略/（清）林詒薰撰.—清末朱格抄本.—1 册.—（清）林召棠（1786—1872），字苕南；卷端題先考翰林院修撰苕南府君行略.—毛裝　　125099

1982

名宦鄉賢錄/（清）佚名輯.—清光緒十四年（1888）都門刻本.—1 册.—（清）陳鑾（1786—1839）　　125098

1983

先考翠嶺府君事略/（清）沈人傑等撰.—清光緒間刻本.—1 册.—（清）沈梿悳（1787—1853），字翠嶺；附沈中堅及其妻彭氏事略等　　125100

1984

丹林公行述/（清）沈葆楨等撰.—清同治間刻本.—1 册.—（清）沈廷楓（1787—1870），號丹林；卷端題誥封光祿大夫先考丹林公行述　　125101

1985

許珊林傳贊事實/（清）譚獻等撰.—清光緒間刻本.—1 册.—（清）許槤（1787—1862），號珊林；書名據書衣題　　125102

1986

旭齋府君行述/（清）喻懷信撰.—清咸豐間刻本.—1 册.—（清）喻元升（1787—1850），號旭齋；卷端題皇清誥授朝議大夫欽加知府銜順天府治中顯考旭齋府君行述；附皇清誥封恭人顯妣呂恭人行述　　125103

1987

周節母許太孺人墓誌銘/張彦昭撰；浦文球書.—清宣統三年（1911）石印本.—1 册.—（清）許氏（1788—1862），周世勳之母；書名頁題周節母墓誌銘；與周節母許太孺人記略合印　　125104

1988

周節母許太孺人記略/周衡香撰；秦寶瓚書.—清宣統三年（1911）石印本.—1 册.—書名頁題周節母事略；與周節母許太孺人墓誌銘合印　　125104

1989

［祁泰紹贈蔭議恤各事宜］/（清）孫爾准等撰.—清抄本.—1 册.—（清）祁泰紹（1789—1828）；書衣題福建拿口巡檢祁泰紹外洋遭風淹歿奏奉恩旨贈蔭議恤各事宜　　125107

1990

［祁泰紹贈蔭議恤各事宜］/（清）孫爾准等撰.—清抄本.—1 册.—毛裝　　125109

1991

［祁泰紹事實］/（清）佚名輯.—清抄本.—1 册.—毛裝　　125108

1992

先考明經公言行略/（清）黃以周輯.—清光緒間刻本.—1 册：像.—（清）黃式三（1789—1862）　　125106

1993

丁太夫人行述/（清）楊沂孫等撰.—清同治間刻本.—1 册.—（清）丁氏（1789—1869），楊沂孫之母；卷端題誥封夫人顯妣丁太夫人行述　　125110

1994

壽山太府君行述/（清）呂鍾峆等撰.—清末刻本.—1 册.—（清）呂恒安（1789—1866），字壽山；卷端題皇清誥授振威將軍福建臺灣挂印總鎮加一級顯祖考壽山太府君行述　　125105

1995

子蔚府君行述/（清）李德溶撰.—清同治十一年（1872）刻本.—1 册.—（清）李世彬（1790—1861），號子蔚；卷端題皇清誥授朝議大夫四川候補知府顯考子蔚府君皇清誥封恭人顯妣許太恭人行述　　128141

1996

先母許太夫人行述/（清）翁同龢等撰.—清同治間刻本.—1 册.—（清）許氏（1790—1871），翁同龢之母；附先母年譜　　125117

部二　1 册　有缺頁；毛裝　　125118

1997*

崇祀名宦錄/(清)佚名輯.—民國間鉛印本.—1
冊.—(清)吳其昌(1790—1857)　　125116

1998

蔭圃小草續鈔　二卷/(清)趙亨鈐撰.—清道光二
十六年(1846)刻本.—2冊.—(清)趙亨鈐(1790—:?);
日記起清道光二十三年(1843)閏七月十二日,迄二十
四年(1844)十二月十三日;本書即鉛差日記;蘇園念
昔軒藏板　　125114
　部二　2冊　　125115

1999

越臺輿頌/(清)梁廷枏輯.—清末刻本.—2冊:
圖.—(清)耆英(1790—1858)　　125121
　部二　1冊　　80602
　部三　1冊　　125120

2000*

郭節母廖太夫人清芬錄/郭兆霖輯.—民國間鉛印
本.—4冊:圖及像.—(清)廖氏(1790—1863),郭鴻初
之母　　125111
　部二　4冊　　125112
　部三　4冊　　125113

2001

畢太夫人行述/(清)孔繁灝撰.—清道光間刻本.—
1冊.—(清)畢氏(1790—1847),孔繁灝之母;卷端題
皇清誥封衍聖公夫人顯妣畢太夫人行述　　125122

2002

漢屋高公崇祀鄉賢祠錄.—清同治十年(1871)刻
本.—1冊.—(清)高建瓴(1791—1862);卷端題皇清
誥授奉直大夫原任廣東連平州知州漢屋高公崇祀鄉
賢祠錄　　125149

2003

甦餘日記/(清)蔣階撰;(清)吳涑輯.—清末刻
本.—1冊.—(清)蔣階(1791—?);日記起清道光九年
(1829),迄十三年(1833),有間斷;西諦藏書　XD2021

2004

扈行雜記/(清)[麟慶]撰.—清嘉慶八年(1803)稿
本.—1冊.—(清)麟慶(1791—1846),完顏氏,字振

祥,號見亭;附易水紀行.—毛裝　　125015

2005

見亭府君行述/(清)崇實等撰.—清道光間刻本.—
1冊.—卷端題皇清誥授榮祿大夫江南河道總督庫倫
辦事大臣候補四品京堂顯考見亭府君行述　　125142
　部二　1冊　　125143
　部三　1冊　　125144
　部四　1冊　　125145
　部五　1冊　　125146

2006

辛庵府君行述/(清)徐元錫等撰.—清同治間刻
本.—1冊.—(清)徐士芬(1791—1848),號辛庵;卷端
題皇清誥授光祿大夫經筵講官戶部右侍郎兼管錢法
堂事務加三級顯考辛庵府君行述　　125151

2007*

徐呈五公殉難詩文集/徐之琛等輯.—民國22年
(1933)鉛印本.—1冊.—(清)徐允福(1791—1859),
字呈五　　125152

2008

感遇錄　一卷/(清)季芝昌編.—清咸豐十一年
(1861)江陰季氏刻本.—1冊.—(清)季芝昌(1791—
1861),別署丹魁堂主人;與丹魁堂自訂年譜合刻
　部二　1冊　　傳684.566/876

2009

感遇錄　一卷/(清)季芝昌編.—清咸豐十一年
(1861)江陰季氏刻同治三年(1864)江陰季氏重印
本.—1冊.—與丹魁堂自訂年譜合印
　部二　1冊
　部三　1冊
　部四　1冊　　傳684.566/876.1

2010

硯培楊公傳/(清)祁寯藻撰.—清末刻本.—1冊.—
(清)楊希鈺(1791—1865),字硯培;卷端題皇清誥封
通奉大夫太常寺少卿硯培楊公傳,書簽題誥封通奉大
夫楊公傳　　125153

2011*

劉府君行狀/(清)劉恭璧等撰.—民國間抄本.—1

册.—(清)劉寶楠(1791—1855);卷端題清故敕授文林郎三河縣知縣先考劉府君行狀　125154

2012

先文端公行述/(清)翁同書等撰.—清同治間刻本.—1册.—(清)翁心存(1791—1862),謚文端　125150

2013

滌甫府君行述/(清)宗能徵等撰.—清光緒二十三年(1897)刻本.—1册.—(清)宗稷臣(1792—1867),字滌甫;卷端題誥授中議大夫晉贈資政大夫累贈榮祿大夫鹽運使銜山東全省運河兵備道兼管河庫事務崇祀鄉賢顯考滌甫府君行述　125156

2014

萱庭壽言/(清)史夢蘭輯.—清光緒三年(1877)刻本.—1册.—(清)王氏(1792—?),史夢蘭之母;止園藏板　125157

部二　1册　125158

2015

名宦錄/(清)鄭業敬等輯.—清光緒十六年(1890)羊城刻本.—2册.—(清)鄭敦允(1792—1832);書簽題鄭芷泉先生名宦錄;下册爲朱格抄呈　125159

2016

崇祀名宦錄　一卷/(清)佚名輯.—清咸豐十年(1861)刻本.—1册.—(清)徐榮(1792—1855);附墓誌銘、咨稿等　125160

2017

嗤嗤先生傳/(清)蕭德宣撰.—清同治四年(1865)漢陽蕭書刻本.—1册.—(清)蕭德宣(1792—?),自號嗤嗤先生　125155

2018

張君石樵家傳/(清)鄭雲官撰.—清同治間刻本.—1册.—(清)張安保(1792—?),號石樵;卷端題封翰林院編修張君石樵家傳　125161

2019

孝慧汪宜人傳/(清)陳文述撰.—清道光間刻本.—1册.—(清)汪端(1793—1838);陳文述子陳裴之妻　125167

2020

古墟府君行狀/(清)馬徵麐撰.—清光緒間刻本.—1册.—(清)馬守愚(1793—1863),字古墟;卷端題皇清誥授奉政大夫誥贈中議大夫咸豐制科選舉孝廉方正先考古墟府君行狀;附皇清誥封宜人晉封淑人先母王太淑人行略　125165

部二　1册　125166

2021

裕謙列傳/(清)佚名撰.—清末鉛印本.—1册.—(清)裕謙(1793—1841),謚靖節;版心題靖節公列傳　125163

部二　1册　125164

2022

靄山府君行述/(清)李應燉,(清)李應莘撰.—清末刻本.—1册.—(清)李宗沅(1793—1874),字相臣,別字靄山;卷端題皇清誥授光祿大夫頭品頂戴鹽運使銜前廣東候補道顯考靄山府君行述　125170

2023

蔚亭府君行狀/(清)蔣常授等撰.—清咸豐間刻本.—1册.—(清)蔣文慶(1793—1853),號蔚亭;卷端題皇清誥授資政大夫振威將軍兵部侍郎都察院右副都御史安徽巡撫兼提督銜顯考蔚亭府君行狀;附神道碑　125171

部二　1册　125172

部三　1册　125173

部四　1册　125174

部五　1册　125175

2024

黄府君行狀/(清)黄彭年撰.—清末刻本.—1册.—(清)黄輔相(1793—1856);卷端題皇清誥授中憲大夫記名道廣西鎮安府知府署右江兵備道敕祀昭忠祠伯父黄府君行狀,書簽題皇清誥授中憲大夫記名道廣西鎮安府知府署右江道敕祀昭忠祠黄公行狀　125169

2025

駱文忠公行狀/(清)李光廷撰.—清同治間刻本.—1册.—(清)駱秉章(1793—1868),名俊,字秉章,以字

行,謚文忠;卷端題誥授光祿大夫太子太傅四川總督
協辦大學士世襲一等輕車都尉駱文忠公行狀;附駱文
忠公神道碑銘　　　　　　　　　　　　　125168

2026
　姜太夫人行述/(清)毛昶熙撰.—清光緒間刻本.—
1冊.—(清)姜太夫人(1793—1878),毛昶熙之母;卷
端題皇清誥封夫人晉封一品太夫人顯妣姜太夫人行
述　　　　　　　　　　　　　　　　　125162

2027
　濟剛節公表忠錄/(清)莊山等撰.—清光緒間刻
本.—1冊.—(清)濟昌(1794—1855),謚剛節
　　　　　　　　　　　　　　　　　125183

2028
　蘭卿府君行狀/(清)李宜麟撰.—清道光間刻本.—
1冊.—(清)李彥章(1794—1836),字蘭卿;卷端題皇
清誥授中議大夫山東鹽運使司鹽運使顯考蘭卿府君
行狀　　　　　　　　　　　　　　　125181

2029
　邵陽魏府君事略/(清)魏耆撰.—清末刻本.—1
冊.—(清)魏源(1794—1857),湖南邵陽人　125176
　部二　1冊　　　　　　　　　　　125177
　部三　1冊　　　　　　　　　　　125178
　部四　1冊　西諦藏書　　　　　　XD9299
　部五　1冊　　　　　　　　　　　125180

2030
　慰農瑞公行略/(清)謝祖源撰.—清末刻本.—1
冊.—(清)瑞春(1794—1864),字慰農;卷端題皇清誥
授中憲大夫晉贈通議大夫花翎道員用原任浙江湖州
府知府字慰農瑞公行略　　　　　　　125182

2031
　紀貞詩存/(清)楊兆李等撰.—清光緒十八年
(1892)黔陽楊氏益清堂刻本.—1冊.—(清)楊貞女
(1794—?);附不垂楊傳奇　　　　　　124302
　部二　1冊　西諦藏書　　　　　　XD5808

2032
　陳母夏孺人節孝詩/(清)徐圓成輯.—清光緒十三
年(1887)刻本.—1冊.—(清)夏氏(1794—?),陳汝寬

之妻;書名頁題欽旌陳母夏孺人節孝詩　124303

2033
　吳公崇祀名宦錄/(清)佚名輯.—清同治十二年
(1873)成都刻本.—1冊.—(清)吳應連(1795—
1854);卷端題皇清誥授奉政大夫晉贈通奉大夫欽加
同知銜賞戴花翎四川成都府彭縣知縣吳公崇祀名宦
錄　　　　　　　　　　　　　　　　125195

2034
　甥女曹學妤傳/(清)張之鎮撰.—清汲修齋綠絲欄
抄本.—1冊.—(清)曹學妤(1795—?);版心題曹少家
傳.—毛裝　　　　　　　　　　　　　125189

2035
　葉爾羌參贊大臣壁昌履歷/(清)壁昌撰.—清抄
本.—1冊.—(清)壁昌(1795—?),壁當作璧;書名據
書衣題,書衣又題星泉履歷.—毛裝　　124376

2036
　張公襄理軍務紀略　六卷/(清)丁運樞等編.—清
宣統元年(1909)石印本.—6冊:像.—(清)張錦文
(1795—?)　　　　　　　　　　　　125184
　部二　6冊　　　　　　　　　　　125185
　部三　6冊　　　　　　　　　　　125186

2037
　陳公墓誌銘/(清)俞樾撰.—清光緒間石印本.—1
冊.—(清)陳炘煜(1795—1865),字夢石;卷端題皇清
誥贈光祿大夫清溪縣知縣陳公墓誌銘　125201

2038
　青南輿頌　六卷卷首一卷續刻一卷/(清)鐘斯盛等
編.—清刻本.—8冊:圖.—(清)馮筱雲,生卒年不詳,
約嘉慶間生人　　　　　　　　　　　125191
　部二　1冊　存圖;西諦藏書　　　　XD9936

2039
　蓼莪子雜識/(清)俞興瑞撰.—清嘉慶間刻本.—1
冊.—(清)俞興瑞,號蓼莪子,清嘉慶間人;日記起清
嘉慶二十二年(1817)九月,迄二十五年(1820)七月,
有間隔　　　　　　　　　　　　　　126132

2040

孫梧江廉訪傳　一卷/(清)黃恩彤撰.—清刻本.—
1 册.—(清)孫毓淮,字梧江,生卒年不詳,約嘉慶間生
人;與靜岩孫公傳略合刻　　　　　　　124010

2041

科布多巡邊日記/(清)慧成撰.—清刻本.—1 册.—
(清)慧成,生卒年不詳,約嘉慶間生人;日記起清道光
二十九年(1849)四月,迄同年五月,有間斷;有恩華等
人墨筆題識　　　　　　　　　　　125192

2042

寶安贈言集/(清)佚名輯.—清道光二十九年
(1849)刻本.—1 册.—(清)郭汝誠,生卒年不詳,約嘉
慶間生人,寶安縣令　　　　　　　　125194

2043

[雨生日記]/(清)[吳師祁]撰.—清光緒間抄本.—
5 册.—(清)吳師祁,生卒年不詳,約嘉慶間生人;日記
起清光緒四年(1878)十月,迄七年(1881)六月.—毛
裝　　　　　　　　　　　　　　125193

2044

子苾府君行述/(清)吳重周等撰.—清刻本.—1
册.—(清)吳式芬(1796—1856),字子苾;卷端題皇清
誥授光祿大夫内閣學士兼禮部侍郎加三級顯考子苾
府君行述;與顯妣劉太君行述合撰　　　125198

2045

滋園府君行述/(清)李德良撰.—清刻本.—1 册.—
(清)李菡(1796—1863),號滋園,謚文恪;卷端題皇清
誥授光祿大夫經筵講官工部尚書實錄館稿本總裁予
謚文恪滋園府君行述　　　　　　　　125199
　　部二　1 册　　　　　　　　　　125200

2046

賢母錄/(清)黃彭年等撰.—清同治二年(1863)刻
本.—1 册.—(清)左氏(1796—1860),黃彭年之母
　　　　　　　　　　　　　　　　125196

2047

山陰姚貞女詩傳册/(清)朱錫穀等撰.—清道光二
十一年(1841)廣東刻本.—1 册.—(清)姚氏貞女
(1796—1810);書名據書名頁題　　　128158

2048

張保祿行略/(清)佚名撰.—清光緒三十一年
(1905)鉛印本.—1 册.—(清)張保祿(1796—1867)
　　　　　　　　　　　　　　　　125202
　　部二　1 册　　　　　　　　　　125203

2049

李文恭公行述/(清)李概等撰.—清咸豐元年
(1851)刻本.—1 册.—(清)李星沅(1797—1851),謚
文恭;書名據書簽題,卷端題皇清誥授榮祿大夫欽差
大臣太子太保前兵部尚書兼都察院右都御史兩江總
督諭賜祭葬予謚文恭先府君行述　　　125209

2050

文恭先府君行述/(清)李概等撰.—清咸豐間刻
本.—1 册.—卷端題皇清誥授榮祿大夫欽差大臣太子
太保前兵部尚書兼都察院右都御史兩江總督諭賜祭
葬予謚文恭先府君行述　　　　　　　125206

2051

賜恤綸言/(清)佚名輯.—清咸豐間刻本.—1 册
　　　　　　　　　　　　　　　　125204
　　部二　1 册　　　　　　　　　　125205

2052*

李文清公日記　十六卷/(清)李棠階撰.—民國間
石印本.—16 册.—(清)李棠階(1797—?),謚文清;日
記起清道光十四年(1834)二月,迄同治四年(1865)十
月;書名據總目題　　　　　　　　　124301
　　部二　16 册　　　　　　　　　　125210
　　部三　16 册　　　　　　　　　　125211
　　部四　16 册　　　　　　　　　　125212
　　部五　16 册　　　　　　　　　　125213

2053

芷湘日譜/(清)管庭芬撰.—清末抄本.—15 册.—
(清)管庭芬(1797—1880),字芷湘;日記起清道光三
十年(1850),迄同治三年(1864)　　　125207

2054*

紀之公事略/(清)侯祖望撰.—民國間木活字本.—
1 册.—(清)侯晸(1797—1877),字紀之;卷端題清故
中議大夫浙江建德安吉縣知縣先太府君紀之公事略;
與蔡太恭人事略合印　　　　　　　　125208

2055

文與府君行述/(清)郭襄之撰.—清咸豐間刻本.—
1冊.—(清)郭夢齡(1798—1854),字文與、號小房;卷
端題皇清贈進士出身誥授通奉大夫山西布政使署理
山西巡撫軍功賞戴花翎顯考文與府君行述　　125190

2056

王靖毅公列傳　一卷/(清)薛斯來撰.—清同治間
刻本.—6冊.—(清)王懿德(1798—1861),諡靖毅;與
王靖毅公年譜、先靖毅公行述、鄉會試硃卷、公餘瑣言
合印

　　部二　6冊

　　部三　6冊

　　部四　6冊

　　部五　6冊　　　　　　　　　傳685.034/884

2057

先靖毅公行述　一卷/(清)王守愚等撰.—清同治
間刻本.—6冊.—與王靖毅公年譜、王靖毅公列傳、鄉
會試硃卷、公餘瑣言合印

　　部二　6冊

　　部三　6冊

　　部四　6冊

　　部五　6冊　　　　　　　　　傳685.034/884

2058

子懷府君行狀/(清)王銘詔等撰.—清刻本.—1
冊.—(清)王茂蔭(1798—1865),號子懷;卷端題皇清
誥授光祿大夫吏部右侍郎加二級諭賜祭葬顯考子懷
府君行狀　　　　　　　　　　　125218

2059

特詔嘉獎循良錄/(清)黃彭年輯.—清同治間刻
本.—1冊.—(楓林黃氏家乘).—(清)黃輔辰(1798—
1866)　　　　　　　　　　　　125219

　　部二　1冊　　　　　　　　　125245

2060

崇祀鄉賢錄/(清)黎培敬等撰.—清光緒間刻本.—
1冊　　　　　　　　　　　　　125220

2061

崇祀鄉賢錄/(清)黎培敬等撰.—清光緒間抄本.—
1冊.—毛裝　　　　　　　　　　125221

2062

節孝錄/(清)蔣光焴輯.—清咸豐間刻本.—1冊.—
(清)徐安人(1798—1853),蔣光焴之繼母　　125222

2063

孝女苕仙傳/陳文述撰.—清道光間刻本.—1冊.—
(清)陳麗娜(1798—1843),號苕仙　　　　125223

2064

先府君恪齋公行狀/(清)朱百遂等撰.—清光緒間
刻本.—1冊.—(清)朱士恭(1798—1870),字恪齋

　　　　　　　　　　　　　　　125224

2065

崇祀鄉賢錄/(清)王傳喬輯.—清光緒十二年
(1886)監利王氏刻本.—1冊.—(清)王柏心(1799—
1873)　　　　　　　　　　　　125228

　　部二　1冊　　　　　　　　　125229

2066

愛山府君行述/(清)金鎧等撰.—清道光間刻本.—
1冊.—(清)托渾布(1799—1843),別號愛山;卷端題
皇清誥授資政大夫振威將軍兵部侍郎都察院右副都
御史山東巡撫兼提督軍務管理鹽政顯考愛山府君
行述　　　　　　　　　　　　　125231

2067

先府君行狀/(清)李闓等撰.—清同治間刻本.—1
冊.—(清)李賽臣(1799—1869)　　　　　125230

2068

燕窗閒話　二卷/(清)鄭經撰.—清光緒十七年
(1891)刻本.—2冊.—(清)鄭經(1799—1874)109895

　　部二　2冊　　　　　　　　　125227

2069

先學士公日記/(清)丁嘉保撰.—清朱格抄本.—1
冊.—(清)丁嘉保(1799—?);日記起清道光二十六年
(1846),迄二十八年(1848),有間斷;書名據書名頁題

　　　　　　　　　　　　　　　125232

2070

鄧忠武公榮哀錄/(清)佚名輯.—清同治間刻本.—
1冊.—(清)鄧紹良(1799—1856),諡忠武　　125225

部二　1冊　　　　　　　　　　125623

豐五年(1855),迄六年(1856);版心下題明齋叢刻

5727

2071

問山府君行述/(清)陳玉章撰. —清末刻本. —1
冊. —(清)陳克讓(1799—1853),號問山;卷端題皇清
誥授中憲大夫督理江安徽寧池太廬鳳淮揚十府糧儲
道崇祀昭忠祠顯考問山府君暨誥封恭人顯妣李恭人
行述　　　　　　　　　　　　　　　　127752

部二　1冊　　　　　　　　　　5728
部三　1冊　　　　　　　　　　5729
部四　1冊　　　　　　　　　　70236
部五　1冊　　陳垣贈書　　　　125241

2079*

汪悔翁乙丙日記糾繆/(清)汪士鐸撰,張爾田評. —
民國間鉛印本. —1冊　　　　　128684
部二　1冊　　　　　　　　　　125242
部三　1冊　　陳垣贈書　　　　125243

2072

延陵崇祀鄉賢錄/(清)佚名輯. —清光緒間刻本. —
1冊. —(清)吳仁榮(1800—1863)　125233
部二　1冊　　　　　　　　　　125234

2080

武公墓誌銘/(清)賀瑞麟撰. —清光緒間寫本. —1
冊. —(清)武錫廣(1802—1878),號藹堂;卷端題皇清
誥封中議大夫四川雷波廳通判歷任南充石泉知縣藹
堂武公墓誌銘. —經摺裝　　　　125246

2073

怡山府君歷年行述/(清)趙嘉勳等撰. —清刻本. —
1冊. —(清)趙長齡(1800—1874),字怡山;卷端題皇
清誥授光祿大夫振威將軍賞戴花翎兵部侍郎都察院
右副都御史山西巡撫提督軍門兼理鹽政隨帶加三級
顯考怡山府君歷年行述暨顯妣誥贈一品夫人孫縈高
張太君行略　　　　　　　　　　125237

2081

春舫府君行述/(清)王澤撰. —清刻本. —1冊. —
(清)王者政(1802—1862),號春舫;卷端題皇清誥授
朝議大夫四川寧遠府知府鄉謚孝敏顯考春舫府君行
述　　　　　　　　　　　　　　　125248

2074

重刻勁節樓圖記　三卷卷首一卷卷末一卷/(清)徐
憙原輯. —清光緒十年(1884)楓江徐氏刻本. —2冊:
圖及像. —(清)陸氏(1800—1841),徐憙原之母
　　　　　　　　　　　　　　　　125235

2082

李剛烈公碧血錄　二卷/(清)李鎮衡等輯. —清同
治十二年(1873)刻本. —1冊. —(清)李福培(1802—
1854),謚剛烈　　　　　　　　　125247

2075

悼儷集/(清)陸鑌輯. —清刻本. —1冊. —(清)沈貞
婉(1801—1853),陸鑌之妻　　　　125239

2083

文節公殉難事迹/(清)佚名輯. —清光緒間刻本. —
1冊. —(清)陶恩培(1802—1855),謚文節　125249

2076

全慶列傳/(清)佚名撰. —清紫格抄本. —1冊. —
(清)全慶(1801—1882),葉赫那拉氏,滿洲正黃旗人
　　　　　　　　　　　　　　　　125238

2084

植厚堂壽言　二卷/(清)歐陽烜輯. —清光緒九年
(1883)刻本. —1冊. —(清)歐陽仙根(1802—?)
　　　　　　　　　　　　　　　　125250

2077

悔翁先生行狀/(清)甘元煥撰. —清刻本. —1冊. —
(清)汪士鐸(1802—1889),號悔翁　125244

2085

芳山府君行述/(清)梅震煦等撰. —清刻本. —1
冊. —(清)梅錦堂(1803—1878),字芳山;卷端題誥授
通議大夫三品封典道銜四川補用知府顯考芳山府君
行述　　　　　　　　　　　　　125251

2078*

汪悔翁乙丙日記　三卷/(清)汪士鐸撰,鄧之誠輯
錄. —民國25年(1936)鉛印本. —1冊. —日記起清咸

2086

　朝鮮紀程/（清）倭什訥撰．—清稿本．—1 册．—（清）倭什訥（1803—?）；日記起清道光十五年（1835）三月，迄同年六月；書名據書簽題；陳垣贈書．—毛裝　　125252

2087

　子蘭府君行狀/（清）王恩錫等撰．—清刻本．—1 册．—（清）王壽同（1805—1852），號子蘭；卷端題皇清賜進士出身誥授中憲大夫湖北漢黄德道尃署按察使司加五級紀録十二次特旨加一等賜卹建立專祠入祀京師昭忠祠恩賞騎都尉世職御賜祭葬子蘭府君行狀　　125226

2088

　忠孝録/（清）王庭楨輯．—清同治七年（1868）漢陽官廨刻本．—2 册．—（清）王恩綬（1804—1855）　　125257

2089

　忠孝録/（清）王庭楨輯．—清同治七年（1868）刻同治十三年（1874）漢陽官廨增刻本．—2 册：圖　　125256

2090

　精忠録　二卷/（清）吴熙等撰．—清光緒二年（1876）刻本．—1 册．—（清）吴熊（1804—1860）　　125258

2091

　趨庭記述　二卷/（清）經元善輯．—清光緒二十三年（1897）上虞經氏刻暨石印本．—2 册：圖及像．—（清）經緯（1804—1865）　　125264

　　部二　2 册　　125265

2092

　六吉公行述/（清）世勣等撰．—清光緒間刻本．—1 册．—（清）文謙（1804—1877），字六吉；卷端題誥授光禄大夫予諡誠靖頭品頂帶馬蘭鎮總兵兼總管内務府大臣顯考六吉公行述　　125259

　　部二　1 册　　125260

　　部三　1 册　　125261

2093

　[倭艮峰日記摘鈔]/（清）倭仁撰．—清抄本．—1 册．—（清）倭仁（1804—1871），字艮峰　　125262

2094

　徐珥珊先生傳/（清）王儒行撰．—清刻本．—1 册．—

（清）徐籛齡（1805—1848），字珥珊　　125267

　　部二　1 册　　125268

2095

　先府君行略/（清）周銑詒等輯．—清刻本．—1 册．—（清）周昺奎（1805—1882）；卷端題誥授朝議大夫晉封通奉大夫知府銜加四級升用直隸州知州特授四川江津縣知縣先府君行略　　125266

2096

　新建夏公行狀/（清）曹光詔撰．—清同治間刻本．—1 册．—（清）夏廷樾（1805—1858），字春岩，號鶴汀，江西新建人；卷端題皇清誥授通奉大夫原任湖北布政使司布政使新建夏公行狀　　125270

2097

　珠城紀迹/（清）張百祥輯．—清光緒二十七年（1901）長白虎爾哈氏刻本．—1 册：圖．—（清）音春橋（1806—1847）　　125273

2098

　王南軒先生紀事詩文彙刻/（清）王權等撰．—清光緒十二年（1886）刻本．—1 册．—（清）王汝楑（1806—1865），號南軒　　125274

2099

　鄭徵君行述/（清）鄭知同撰．—清宣統元年（1909）鉛印本．—1 册．—（清）鄭珍（1806—1864），字子尹；書名據書簽題，卷端題敕授文林郎徵君顯考尹府君行述；有硃墨筆批註　　125271

2100*

　子尹府君行述/（清）鄭知同撰．—民國 34 年（1945）宜賓黌汝僖抄本．—1 册．—卷端題敕授文林郎徵君顯考子尹府君行述．—毛裝　　125272

2101

　湟中公餘日記/（清）莊俊元撰．—清緑絲欄抄本．—1 册．—（清）莊俊元（1806—?），日記起清道光二十四年（1844）七月，迄二十九年（1849）四月，有間斷；書名據書衣題　　125275

2102*

　羅宿堂節孝集/吴寶炬輯．—民國間武昌印書館鉛

印本.—1册.—(清)陳氏(1806—1892),吳寶炬之曾
祖母　　　　　　　　　　　　　　　　　125276

2103

佩蘅府君行述/(清)景灃撰.—清光緒間刻本.—1
册.—(清)寶鋆(1807—1891),號佩蘅,謚文靖;卷端
題誥授光祿大夫致仕太子太傅武英殿大學士賞食全
俸贈太保予謚文靖顯考佩蘅府君行述　　125280

2104

優詔褒忠錄/(清)王用臣等撰.—清同治十二年
(1873)刻本.—1册.—(清)王肇謙(1807—1857)
　　　　　　　　　　　　　　　　　　125277
　部二　1册　　　　　　　　　　　　125278

2105

伯蔭府君行述/(清)吳濤撰.—清抄本.—1册.—
(清)吳鏑(1807—1871),號伯蔭;卷端題誥授通奉大
夫布政使銜雲南迤東兵備道伯蔭府君行述　125281

2106

葛君墓表/(清)俞樾撰.—清光緒間石印本.—1
册.—(清)葛肇基(1807—1880);卷端題清故中議大
夫候選同知葛君墓表　　　　　　　　128142

2107*

蔡太恭人事略/(清)侯祖望撰.—民國間木活字
本.—1册.—(清)蔡氏(1807—1911),侯祖望祖母;卷
端題清封恭人旌表壽婦給建坊銀先祖妣蔡太恭人事
略;與紀之公事略合印　　　　　　　125208

2108

洪山羅祠紀事/(清)佚名輯.—清光緒間湖北官刷
印局鉛印本.—1册.—(清)羅澤南(1807—1856);書
名據書籤題　　　　　　　　　　　125282

2109

麗崧府君行狀/(清)彭樹森等撰.—清刻本.—1
册.—(清)彭申甫(1807—1893),字麗崧;卷端題誥封
朝議大夫顯考麗崧府君年八十有七行狀;書籤題誥封
朝議大夫顯考麗崧府君行狀　　　　　125283

2110

康齋府君行略/(清)鄒鍾俊撰.—清同治間刻本.—

1册.—(清)鄒祖堂(1807—1852),字錫蕃,號康齋;卷
端題皇清敕授登仕郎安徽廣德直隸州建平縣梅渚巡
檢加四級晉贈奉政大夫同知銜賞戴花翎安徽寧國府
太平縣知縣顯考康齋府君行略,書籤題皇清敕授登仕
郎晉贈奉政大夫顯考康齋府君行略　　125285
　部二　1册　　　　　　　　　　　　125286

2111

伊壯湣公事實　四卷卷首一卷/(清)盛福輯.—清
同治五年(1866)刻本.—2册.—(清)伊興額(1807—
1861),謚壯湣　　　　　　　　　　　125279
　部二　2册　　　　　　　　　　　　125287
　部三　2册　　　　　　　　　　　　128093

2112

星齋府君行述/(清)潘祖同等撰.—清光緒間刻
本.—1册.—(清)潘曾瑩(1808—1878),號星齋;卷端
題誥授光祿大夫賜進士出身吏部左侍郎加五級紀錄
十四次先考星齋府君暨誥封一品夫人先妣陸太夫人
行述;附陸太夫人行述　　　　　　　125291

2113

溫壯勇公六合殉難事略/(清)周長森等撰.—清光
緒間鉛印本.—1册.—(清)溫紹原(1808—1868),封
壯勇公;書名據書籤題　　　　　　　125217

2114*

于鍾岳別傳/邢端輯.—民國32年(1943)紫江朱氏
鉛印本.—1册.—(黔南叢書).—(清)于鍾岳(1808—
1854);與伯英遺稿合印　　　　　　　128856

2115

懷舊雜記　三卷/(清)張文虎撰.—清光緒十九年
(1893)刻本.—2册:像.—(清)張文虎(1808—1885);
與楹聯偶記合印　　　　　　　　　　99410
　部二　1册　西諦藏書　　　　　　XD4120

2116

悼亡錄/(清)張曜孫輯.—清謹言慎好之居刻本.—
1册.—(清)包令媞(1808—1844),張曜孫之妻;書名
據書名頁等題　　　　　　　　　　125292

2117

劉柏源觀察名宦鄉賢錄/(清)劉啓翰等輯.—清光

緒十八年（1892）鉛印本.—1 册.—（清）劉拱宸
（1808—1871），號柏源；書名據書簽題　　125288

2118

劉柏源觀察名宦鄉賢錄/（清）劉啓翰等輯.—清光
緒間鉛印本.—1 册.—書名據書簽題　　125298

2119

河南南陽陳州府名宦江西鄉賢祠合錄/（清）劉啓翰
等輯.—清光緒間鉛印本.—1 册.—書名據書簽題
125289

部二　1 册　　125290
部三　1 册　　125799
部四　1 册　　127614

2120

瓜爾佳氏傳/（清）魁齡輯.—清朱絲欄抄本.—1
册.—（清）瓜爾佳氏（1808—1864），魁齡之姊　125293

2121

澄泉府君行述/（清）懷塔布等撰.—清刻本.—1
册.—（清）瑞麟（1809—1874），字澄泉；卷端題誥授光
祿大夫晉贈太保賜謚文莊文華殿大學士兵部尚書兼
都察院右都御史總督廣東廣西等處地方提督軍務兼
理量餉顯考澄泉府君行述　　125295
部二　1 册　　125296

2122

徐子遠先生傳略/黃質撰.—清末民國間石印本.—
1 册.—（清）徐灝（1809—1879），字子遠；書名據書名
頁題　　125294

2123

從征圖記/（清）唐訓方撰.—清同治六年（1867）刻
本.—2 册：圖.—（清）唐訓方（1810—1877），字義渠；
書名據書名頁題　　125300
部二　4 册　　125301

2124

從征圖記/（清）唐訓方撰.—清光緒十七年（1891）
刻本.—1 册：圖.—書名據書名頁題　　125305

2125

蘭檢府君行述/（清）孫登瀛等撰.—清湯漱芳齋蘇

城刻本.—1 册.—（清）孫銘恩（1810—1854），號蘭檢；
卷端題皇清誥授資政大夫晉封光祿大夫前兵部右侍
郎降補三四品京堂提督安徽全省學政隨帶加六級紀
錄二十八次歿王事特旨從優賜卹加內閣學士銜恩襲
騎都尉以恩騎尉世襲罔替御賜祭葬卹賞銀兩敕建專
祠入祀京師昭忠祠及江蘇安徽各府城昭忠祠予謚文
節顯考蘭檢府君行述　　125306

2126

友梅府君行述/（清）戴燮元等撰.—清刻本.—1
册.—（清）戴肇辰（1810—1890），字友梅；卷端題皇清
誥授資政大夫覃恩晉封榮祿大夫三品銜廣東補用道
加七級先考友梅府君行述　　125303

2127

賀壽慈列傳/（清）鹿傳霖撰.—清抄本.—1 册.—
（清）賀壽慈（1810—1891）.—毛裝　　125304

2128

晼清府君行述/（清）吳承森等撰.—清刻本.—1
册.—（清）吳端甫（1810—1860），號晼清；卷端題皇清
誥授中憲大夫例晉通奉大夫候選道署浙江臺州府知
府隨帶加四級紀錄七次前內閣中書定遠縣訓導癸卯
科舉人晼清府君行述　　125307

2129

崇祀名宦錄/（清）佚名輯.—清光緒間刻本.—1
册.—（清）吳昌壽（1810—1867）；版心上題吳氏家乘；
與崇祀鄉賢錄合印　　128204
部二　2 册　　125308

2130

崇祀鄉賢錄/（清）佚名輯.—清光緒間刻本.—1
册.—與崇祀名宦錄合印　　128204
部二　2 册　　125308

2131

之純府君行狀/（清）蔣澤澐等撰.—清光緒間刻
本.—1 册.—（清）蔣凝學（1810—1878），號之純；卷端
題誥授光祿大夫頭品頂戴陝西布政使司布政使贈內
閣學士先考之純府君行狀　　125310

2132*

半巖廬日記　五卷/（清）邵懿辰撰.—民國 20 年

（1931）刻朱印本.—1 册.—（清）邵懿辰（1810—
1861），室名半巖廬；日記起清道光二十三年（1843）九
月，迄同年十二月　　　　　　　　　　　　　125311

2133

家岳慶禮庭先生行述/（清）慶嶽撰.清光緒間抄
本.—1 册.—（清）慶嶽（1810—?），號禮庭；書簽題慶
禮庭觀察行述；附仕學堂退食草　　　　　　125315

2134

子年太府君行述/（清）鮑惟鑣撰.—清光緒間刻
本.—1 册.—（清）鮑康（1810—1878），字子年；卷端題
皇清誥授中憲大夫晉授通奉大夫候選道四川夔州府
知府內閣侍讀加三級隨帶加一級先祖考子年太府君
行述　　　　　　　　　　　　　　　　　　125314

2135

津門客話/（清）何秋濤撰.清末民國間鉛印本.—
1 册；像.—（清）陳景光（1810—?）　　　　125299
　部二　1 册　　　　　　　　　　　　　　125302

2136

虎臣陳公行述/（清）陳夑坤撰.—清光緒間刻本.—
1 册.—（清）陳艾（1810—1896），字虎臣；卷端題皇清
誥授中憲大夫晉封通議大夫道銜分省補用知府顯祖
考虎臣太府君行述，書簽題誥授中憲大夫顯祖虎臣陳
公行述　　　　　　　　　　　　　　　　　125316

2137

先文勤公行述/（清）翁增源等撰.—清刻本.—1
册.—（清）翁同書（1810—1865），諡文勤；書衣有墨筆
題字　　　　　　　　　　　　　　　　　　125312
　部二　1 册　　　　　　　　　　　　　　125313

2138

琴舫廉公傳略/（清）王瑔撰.—清光緒間刻本.—1
册.—（清）廉兆綸（1811—1867），號琴舫；卷端題皇清
誥授光祿大夫總督倉場戶部侍郎琴舫廉公傳略
　　　　　　　　　　　　　　　　　　　　125355
　部二　1 册　　　　　　　　　　　　　　125356
　部三　1 册　　　　　　　　　　　　　　125357
　部四　1 册　　　　　　　　　　　　　　125358

2139

曾文正公榮哀錄　四卷/（清）佚名輯.—清同治十
二年（1873）湖南鄧聚文堂刻本.—4 册；像.—（清）曾
國藩（1811—1872），室名求闕齋，諡文正；卷數據總目
題　　　　　　　　　　　　　　　　　　　125350

2140

曾文正公榮哀錄　一卷/（清）黃翼升等撰.—清光
緒三十一年（1905）商務印書館上海鉛印本.—1 册
　　　　　　　　　　　　　　　　　　　　153438

2141

［曾國藩訃告]/（清）曾紀澤等撰.—清同治間刻藍
印本.—1 册.—毛裝　　　　　　　　　　　125317

2142

曾文正公事略　四卷卷首一卷附一卷/（清）王定安
撰.—清光緒元年（1875）都門刻本.—2 册　125339
　部二　4 册　　　　　　　　　　　　　　125495

2143

曾文正公大事記　四卷/（清）王定安撰.—清光緒
二年（1876）傳忠書局刻本.—2 册　　　　125341
　部二　4 册　　　　　　　　　　　　　　125342

2144

曾文正公大事記　四卷/（清）王定安撰.—清光緒
二年（1876）申報館上海鉛印本.—2 册.—（申報館叢
書）　　　　　　　　　　　　　　　　　　125344
　部二　2 册　西諦藏書　　　　　　　XD9874

2145

曾文正公大事記　四卷/（清）王定安撰.—清光緒
三十一年（1905）商務印書館上海鉛印本.—1 册
　　　　　　　　　　　　　　　　　　　　125343

2146

曾相六十壽文　二卷/（清）李鴻章等撰.—清光緒
二年（1876）上海醉六堂刻本.—2 册　　　125340

2147

求闕齋弟子記　三十三卷/（清）王定安撰.—清光
緒二年（1876）刻本.—16 册　　　　　　　125334
　部二　16 册　　　　　　　　　　　　　125335

部三　16 冊	125336
部四　16 冊	125337
部五　16 冊	125338

2148

求闕齋日記類鈔　二卷/(清)曾國藩撰；(清)王啓原輯.—清光緒二年(1876)傳忠書局刻本.—2 冊.—(曾文正公全集)　　　　　　　　125326

部二　2 冊　　　　　　　　125327

部三　1 冊　存1卷：卷下　　39742

2149

求闕齋日記類鈔　二卷/(清)曾國藩撰；(清)王啓原輯.—清光緒間河南官印刷局鉛印本.—1 冊.—書籤題曾國藩日記　　　　　　　　125328

2150 *

求闕齋日記類鈔　二卷/(清)曾國藩撰；(清)王啓原輯.—民國 6 年(1917)南通翰墨林書局鉛印本.—1 冊　　　　　　　　125329

部二　1 冊　　　　　　　　125330

2151 *

求闕齋日記類鈔　二卷/(清)曾國藩撰；(清)王啓原輯.—民國間朝記書莊上海鉛印本.—1 冊　42641

2152 *

求闕齋日記類鈔　二卷/(清)曾國藩撰；(清)王啓原輯.—民國 9 年(1920)朝記書莊上海鉛印本.—1 冊.—再版　　　　　　　　125331

部二　1 冊　　　　　　　　125332

2153 *

求闕齋日記類鈔　二卷/(清)曾國藩撰；(清)王啓原輯.—民國 11 年(1922)中華圖書館上海鉛印本.—1 冊　　　　　　　　125333

2154

題江南曾文正公祠百詠/朱孔彰撰.—清光緒十三年(1887)金陵刻本.—1 冊　　　　125351

部二　1 冊　　　　　　　　125352

2155

題江南曾文正公祠百詠/朱孔彰撰.—清光緒十三

年(1887)金陵刻民國 24 年(1935)長洲朱師轍補刻本.—1 冊.—陳垣贈書　　　　　111297

部二　1 冊　　　　　　　　29852

部三　1 冊　　　　　　　　125353

2156

曾文正公手書日記/(清)曾國藩撰.—清宣統元年中國圖書公司上海(1909)石印本.—40 冊：像.—日記起清道光二十一年(1841)正月,迄同治十一年(1872)二月；書名據書名頁題　　　　125318

部二　40 冊　　　　　　　　125319

部三　40 冊　　　　　　　　125320

部四　40 冊　　　　　　　　125321

部五　40 冊　　　　　　　　125322

2157

曾公七十開一壽序/(清)佚名輯.—清末刻本.—1 冊.—卷端題欽差大臣太子太保一等毅勇侯兩江總督曾公七十開一壽序；與李公五十壽序、左公六十壽序合印　　　　　　　　127798

2158

蘇公仁軒褒忠崇祀圖/(清)劉福姚撰.—清光緒十九年(1893)刻本.—1 冊：圖及像.—(清)蘇保德(1811—1851),字仁軒；卷端題誥贈光祿大夫永安蘇公仁軒褒忠崇祀圖,書名頁題褒忠崇祀圖　125359

2159

先繼妣顏札太夫人行述/(清)榮祿撰.—清光緒間刻本.—1 冊.—(清)顏札氏(1812—1876),榮祿之繼母；書籤題誥封一品夫人先繼妣顏札一品太夫人行述　　　　　　　　125367

2160 *

涂公朗軒府君行述/涂習恪撰.—民國 9 年(1920)蕪湖江東印書館鉛印本.—2 冊.—(清)涂宗瀛(1812—1894),號朗軒；卷端題皇清誥授光祿大夫振威將軍兵部尚書湖廣總督顯考涂公朗軒府君行述；與涂大司馬年譜合印　　　　傳 685.172/892

部二　1 冊　　　　　　　　125363

部三　1 冊　　　　　　　　125364

部四　1 冊　　　　　　　　125362

2161*

六安涂公崇祀鄉賢錄.—民國間鉛印本.—1 冊.—
書名據書簽題　　　　　　　　　　　　　125366

2162*

六安涂尚書公墓誌銘/（清）陳寶箴撰.—民國間石
印本.—1 冊.—書名據書簽題,卷端題清故光祿大夫
兵部尚書湖廣總督涂公墓誌銘　　　　　125365

2163

江忠烈公行狀/（清）左宗棠,（清）郭嵩燾撰.—清末
刻本.—1 冊.—（清）江忠源（1812—1853）,謚忠烈;書
名據書簽題,卷端題皇清誥授榮祿大夫兵部侍郎兼督
察院右副都御史安徽巡撫兼提督軍門霍隆武巴圖魯
追贈總督照總督例賜卹予謚忠烈新寧江公行狀;附新
寧江君行狀　　　　　　　　　　　　　125368

2164

江忠烈公行狀/（清）左宗棠,（清）郭嵩燾撰.—清末
刻本.—1 冊.—書名據書簽題,卷端題皇清誥授榮祿
大夫兵部侍郎兼督察院右副都御史安徽巡撫兼提督
軍門霍隆武巴圖魯追贈總督照總督例賜卹予謚忠烈
新寧江公行狀;附江忠濟行狀　　　　　125371
　部二　1 冊　　　　　　　　　　　　125370

2165

吳柳堂先生誄文/（清）傅岩霖輯.—清光緒六年
（1880）刻本.—1 冊:像.—（清）吳可讀（1812—1879）,
字柳堂;書名據書名頁等處題　　　　　112566

2166

吳柳堂先生誄文正續合編/（清）傅岩霖輯.—清光
緒九年（1883）刻本.—4 冊:像.—書名據書名頁等處
題;京都榮錄堂藏板　　　　　　　　　125381

2167

孤忠錄　二卷/（清）袁祖志輯.—清光緒十二年
（1886）萬選樓刻本.—1 冊.—西諦藏書　　XD2104
　部二　1 冊　　　　　　　　　　　　　6030

2168

孤忠錄　二卷/（清）袁祖志輯.—清光緒十二年
（1886）上海文瑞樓刻本.—2 冊　　　　125377

2169

孤忠錄　二卷/（清）袁祖志輯.—清光緒十二年
（1886）上海還讀樓刻本.—2 冊.—附誄文　125378

2170

左文襄公輓聯/（清）佚名輯.—清光緒十二年
（1886）刻本.—1 冊.—（清）左宗棠（1812—1885）,謚
文襄;書名據書名頁題　　　　　　　　125375

2171

［左宗棠榮哀錄]/（清）佚名輯.—清末刻本.—1
冊.—殘缺　　　　　　　　　　　　　125376

2172

左公六十壽序/（清）佚名輯.—清末刻本.—1 冊.—
卷端題欽差大臣太子太保一等恪靖伯陝甘總督左公
六十壽序;與曾公七十開一壽序合印　　127798

2173

旌表孝子李茂才歸喪記/（清）李慎修輯.—清光緒
二十四年（1898）刻本.—1 冊.—（清）李學侗（1812—
1874）;書名據書簽題　　　　　　　　125372
　部二　1 冊　　　　　　　　　　　　125373
　部三　1 冊　　　　　　　　　　　　125374

2174

胡文忠公撫鄂記　三卷/（清）汪士鐸輯.—清末朱
絲欄抄本.—3 冊.—（清）胡林翼（1812—1861）,謚文
忠　　　　　　　　　　　　　　　　　125360

2175

胡文忠公撫楚記　四卷/（清）汪士鐸輯.—清末朱
格抄本.—3 冊.—毛裝　　　　　　　　125361

2176

穆堂府君行述/（清）鮑孝光等撰.—清末刻本.—1
冊.—（清）鮑源深（1812—1884）,號穆堂;卷端題賜進
士出身翰林院編修上書房行走皇清誥授光祿大夫振
威將軍兵部侍郎都察院右副都御史巡撫山西太原等
處兼管提督鹽政印務節制太原城守尉顯考穆堂府君
行述;附先妣陳太夫人行述　　　　　　125384

2177

庸閑老人自敘/（清）陳其元撰.—清光緒間刻本.—

1 册. —(清)陳其元(1812—1881),號庸閑;冠墓誌銘
125386

　　部二　1册　有墨筆題記 125385

2178

半園志/(清)史傑撰. —清光緒間石印本. —1册:
圖. —(清)史傑(1812—?) 125387

2179

馬平楊公墓表/(清)王拯撰. —清刻本. —1册. —
(清)楊廷理(?—1813),字清和,柳州馬平人;卷端題
皇清誥授中憲大夫臺灣府知府前臺澎兵備道加按察
使銜兼提督學政馬平楊公墓表 125392

2180

馬平楊公墓誌銘/(清)孫衣言撰. —清刻本. —1
册. —卷端題皇清誥授中憲大夫臺灣府知府前臺澎兵
備道兼提督學政加按察司銜馬平楊公墓誌銘
125393

2181

李剛介公傳忠錄/(清)佚名輯. —清同治七年
(1868)刻本. —1册. —(清)李樹(1813—1853),諡剛
介;書名據書簽題,書名頁及版心題傳忠錄 125389

　　部二　1册 128147

2182

慈籚文錄/(清)佚名輯. —清光緒十八年(1892)山
東鹽運使署刻本. —1册. —(清)李氏(1813—?),趙延
年之母 125388

2183

徐勇烈公行狀/(清)徐宗亮撰. —清光緒間刻本. —
1册. —(清)徐豐玉(1813—1853),號石民,諡勇烈;書
名據書簽題,卷端題皇清誥授中憲大夫例晉通議大夫
按察使銜湖北督量道顯考石民府君行狀 125390

　　部二　1册 125391

2184

君梅府君行述/(清)季綸全等撰. —清光緒間刻
本. —1册. —(清)季念詒(1813—1886),字君梅;卷端
題誥授通奉大夫四品卿銜翰林院編修先考君梅府君
暨誥封夫人旌表孝行先姚蘇太夫人行述 127774

2185

史夢蘭傳/(清)佚名撰. —清末紫格抄本. —1册. —
(清)史夢蘭(1813—1898),字香崖,號硯農 125394

2186*

史夢蘭/(清)佚名撰. —民國間朱格抄本. —1册
125395

2187

澹靜齋巡輯百日記/(清)吳傑撰. —清道光三十年
(1850)刻本. —1册. —(清)吳傑,清嘉慶十九年
(1814)進士,道光間卒;日記起道光八年(1828)七月,
迄同年十月 128360

　　部二　1册 126135

2188

陽穀殉難事實/(清)趙文龍輯. —清光緒十九年
(1893)襄平趙氏刻本. —1册. —(清)趙文穎(1814—
1854),字魯齋;書名據書簽題 125399

　　部二　1册 125400

2189

陽穀殉難事實/(清)趙文龍輯. —清光緒三十四年
(1908)襄平趙氏祠堂刻本. —1册. —書名據書名頁
題,卷端題追贈朝議大夫原任山東陽穀縣知縣文公魯
齋家傳 128100

　　部二　1册 125401

　　部三　1册 125402

　　部四　1册 125403

2190

陽穀殉難事實/(清)趙文龍輯. —清光緒三十三年
(1907)石印本. —1册. —書名頁題追贈朝議大夫誥封
光祿大夫建威將軍文公魯齋陽穀殉難事實 125404

　　部二　1册 125405

　　部三　1册 125406

　　部四　1册 125407

　　部五　1册 125408

2191

文穎傳/(清)李佩銘等輯. —清光緒間國史館朱絲
欄抄本. —2册 127595

2192

旭人府君行述/盛宣懷,盛善懷撰.—清光緒二十八年(1902)石印本.—1冊.—(清)盛康(1814—1902),號旭人;卷端題誥授資政大夫誥封光祿大夫特賞侍郎衛正一品封典布政使銜湖北鹽法武昌道浙江候補道顯考旭人府君行述　　　　　153726

部二　1冊　　　　　153727

2193

順德羅公行狀　一卷/(清)方濬師撰.—清光緒間順德羅氏增刻本.—1冊.—(清)羅惇衍(1814—1874),字椒生,諡文恪;卷端題誥授光祿大夫經筵講官戶部尚書予諡文恪順德羅公行狀;與羅文恪公年譜合訂　　　　　傳685.195/885.1

2194

北行日記/(清)薛寶田撰.—清光緒間刻本.—2冊.—(清)薛寶田(1814—?);日記起清光緒六年(1880)六月,迄同年十月　　　　　125396

部二　1冊　　　　　125398

2195

楊村草堂日記/(清)潘基泰撰.—清同治元年(1862)稿本.—1冊.—(清)潘基泰(1815—?);日記起清同治元年(1862)正月,迄同年十二月;書名據書衣題　　　　　125415

2196

峻峰府君行述/(清)成厚等撰.—清光緒間鉛印本.—1冊.—(清)崇保(1815—1905),字峻峰;卷端題誥授光祿大夫太子少保尚書銜頭品頂戴山東布政使先考峻峰府君行述　　　　　125409

2197

少白府君行略/(清)李時燦撰.—清同治間抄本.—1冊.—(清)李安瀾(1815—1873),號少白;卷端題敕授修職郎例贈中憲大夫鄢陵縣教諭先大父少白府君行略.—經摺裝　　　　　148100

2198

錢母蒯太淑人傳/(清)俞樾撰.—清同治元年(1862)朱絲欄抄本.—1冊.—(清)蒯太淑人(1815—1862),錢子方之母　　　　　152375

2199

崇祀鄉賢錄/(清)譚瑛等撰.—清同治間刻本.—1冊.—(清)李森(1815—1851)　　　　　125410

2200

綏庭府君行狀/(清)耆安等撰.—清刻本.—1冊.—(清)福興(1816—1887),號綏庭;卷端題誥授建威將軍先考綏庭府君行狀　　　　　125412

部二　1冊　　　　　125413

部三　1冊　　　　　125414

2201 *

蒯公子範歷任治所崇祀錄/程先甲編.—民國18年(1929)合肥蒯氏江寧刻本.—1冊.—(蒯氏家集).—(清)蒯德模(1816—1877),字子範　　　　　125411

2202

黃花晚節圖題詞　一卷續輯一卷/黃榮康輯.—清光緒二十八年(1902)刻民國11年(1922)補刻本.—1冊.—(清)陸氏(1816—1906),黃榮康祖母;書名頁題黃花晚節圖詩冊　　　　　125416

2203

幼冰府君像贊銘傳祭文狀述/(清)余恩詒等輯.—清末刻本.—1冊;像.—(清)余光倬(1816—1877),字幼冰;書簽題皇清誥授中憲大夫賜進士出身刑部直隸司郎中加二級顯考幼冰府君像贊銘傳祭文狀述;附周恭人行略　　　　　125417

2204

彭剛直公榮哀錄/(清)佚名撰.—清光緒十六年(1890)衡州茹古齋刻本.—2冊;像.—(清)彭玉麟(1816—1890),諡剛直;書名據書名頁題　　　　　125419

部二　1冊　　　　　125421

2205

衡陽彭剛直行狀/王闓運撰.—清末刻本.—1冊.—書名據版心題,卷端題誥授光祿大夫太子少保兵部尚書詳勇巴圖魯世襲一等輕車都尉欽差巡視長江水師贈太子太保衡陽彭公年七十有五行狀　　　　　125422

部二　1冊　　　　　125423

部三　1冊　　　　　125424

部四　1冊　　　　　125425

部五　1冊　　　　　125426

2206

彭剛直公神道碑文/(清)俞樾撰.—清光緒間鉛印本.—1冊　125418

2207*

節孝姜母楊太孺人墓誌銘/陳榮昌撰.—民國9年(1920)石印本.—1冊.—(清)楊氏(1816—1890),姜思孝祖母;書簽題旌表節孝姜母楊太孺人墓誌銘　125428

2208*

金剛滑公表忠錄/(清)金頤增輯;金鉞重輯.—民國12年(1923)天津金氏刻本.—1冊.—(屏廬叢刻).—(清)金光筋(1816—1857),諡剛滑　125427

2209

郝母劉太淑人傳/(清)諸葛樟撰.—清光緒間刻本.—1冊.—(清)劉氏(1816—1889),郝廷珍之母;卷端題皇清誥封淑人晉封夫人郝母劉太淑人傳　125429

2210

劉公玖石府君行狀/(清)劉名譽撰.—清光緒間刻本.—1冊.—(清)劉榘(1816—1894),字玖石;卷端題誥授朝議大夫賞戴花翎署雲南府知府升用知府雲南威遠廳同知誥封中議大夫前翰林院編修廣東瓊州府知府加三級道光癸卯科舉人顯考劉公玖石府君行狀　125430

2211

伯偉府君行述/(清)曾慶溥等撰.—清光緒間刻本.—1冊.—(清)曾觀文(1817—1890),號伯偉;卷端題誥授奉政大夫五品銜國子監助教誥封奉直大夫侍讀銜內閣中書晉封通議大夫四品銜直隸州知州先考伯偉府君行述　125435

2212

苑史先生行狀/(清)霍爲棥撰.—清同治十三年(1874)刻本.—1冊.—(清)霍爲棻(1817—1874),字苑史;卷端題賜進士出身誥授朝議大夫知府銜四川邛州直隸州知州苑史先生行狀　125436

2213

次山府君行述/(清)惲桂孫等撰.—清末蘇城徐元圃刻本.—1冊.—(清)惲世臨(1817—1871),號次山;卷端題皇清誥授資政大夫湖南巡撫顯考次山府君行述　125437

2214

偉侯府君行狀/徐致靖撰.—清光緒二十三年(1897)魁元齋北京刻本.—1冊.—(清)徐家傑(1817—1895),號偉侯;卷端題皇清誥授朝議大夫晉封資政大夫知府銜特用同知直隸州知州山東益都縣知縣顯考偉侯府君行狀　125438

部二　1冊　125439

2215

何公行狀/(清)何耀章等撰.—清光緒間刻本.—1冊.—(清)何璟(1817—1888),字伯玉;卷端題皇清賜進士出身誥授榮祿大夫振威將軍晉授光祿大夫兵部尚書都察院右都御史閩浙總督翰林院編修先考何公行狀　125440

2216

多忠勇公勤勞錄　四卷/(清)雷正綰撰.—清光緒元年(1875)固原提督署刻本.—4冊.—(清)多隆阿(1817—1864),諡忠勇　125431

部二　4冊　125432
部三　4冊　125433
部四　4冊　125434

2217

湘颿紀程　四卷/(清)王金策撰.—清道光元年(1821)諸城王氏刻本.—4冊.—(清)王金策,清嘉慶二十二年(1817)進士;紀程起嘉慶二十四年(1819)九月,迄二十五年(1820)三月;香杜花軒存板　128359

2218

奉使還鄉日記/(清)毛昶熙撰.—清末朱絲欄抄本.—1冊.—(清)毛昶熙(1817—1882);日記起清咸豐十年(1860)五月十一日,迄同年六月十四日;附致實鏊書1通　155910

2219

[洪敬傳行述]/(清)洪衍慶撰.—清同治間刻本.—1冊.—(清)洪昌燕(1818—1869),字敬傳　125447

2220

薇研府君行述/(清)童德厚等撰.—清光緒十五年

(1889)刻本. —1 册. —（清）童華（1818—1889），號薇研；卷端題誥授光祿大夫御賜祭葬頭品頂戴禮部右侍郎上書房行走國史館副總裁稽查左翼宗學紫禁城騎馬都察院左都御史顯考薇研府君行述　125448

　部二　1 册　125449

2221

挽詞彙編　三卷/（清）龔尚毅，（清）郭兆芳輯. —清光緒十九年（1893）養知書屋刻本. —1 册. —（清）郭嵩燾（1818—1891），號玉池老人　125454

　部二　1 册　125455

2222

李忠武公事實/（清）王必達輯. —清同治十二年（1873）江西糧署刻本. —1 册. —（清）李續賓（1818—1858），諡忠武　125460

2223

哀節錄/（清）曾國藩等撰. —清光緒十七年（1891）甌江巡署刻本. —1 册　125459

2224

昌岐府君行述/（清）黃宗炎等撰. —清光緒間刻本. —1 册. —（清）黃翼升（1818—1894），字昌岐；書根題盡勳錄；冠國史本傳，附碑銘等　125452

　部二　1 册　125453

2225

旌表烈婦吳胡氏事述/（清）丁焞等撰. —清末刻本. —1 册. —（清）胡氏（1818—1853），吳彭年之妻　125450

2226

方柏堂先生事實考略　五卷/（清）陳澹然等撰. —清光緒間木活字本. —8 册. —（清）方宗誠（1818—1888），學者稱柏堂先生　125461

2227

壽蓀府君行述/（清）田兆林撰. —清光緒間刻本. —1 册. —（清）田祚（1818—1884），號壽蓀；卷端題皇清誥授通議大夫晉通奉大夫賞戴花翎欽加三品衔江蘇候補知府顯考壽蓀府君行述　125462

2228

文文忠公事略　四卷/（清）佚名輯. —清光緒八年（1882）刻本. —4 册. —（清）文祥（1818—1876），諡文忠　125441

　部二　4 册　125442

　部三　4 册　125443

　部四　4 册　125444

　部五　2 册　125445

2229

劉武慎公行狀/（清）王定安撰. —清光緒十六年（1890）金陵刻本. —1 册. —（清）劉長佑（1818—1887），諡武慎；書名據書名頁題，卷端題皇清誥授光祿大夫兵部尚書兼都察院右都御史雲貴總督予諡武慎劉公行狀　125464

2230

李母遲太夫人墓表/（清）趙熙撰. —清末精華齋京師石印本. —1 册. —（清）遲氏（1818—1893），李正榮之母；卷端題誥封恭人晉贈二品夫人李母遲太夫人墓表　125463

2231

秀東高公家傳/（清）王柏心等撰. —清末刻本. —1 册. —（清）高以莊（1819—1869），字秀東；卷端題皇清誥授奉政大夫晉贈通奉大夫原任同知衔四川雲陽縣知縣秀東高公家傳　125466

2232

沈文節公事實/（清）沈守廉輯. —清光緒八年（1882）京師刻本. —1 册. —（清）沈炳垣（1819—1857），諡文節　125468

　部二　1 册　125469

　部三　1 册　125470

　部四　1 册　125471

　部五　1 册　125472

2233*

馬公梯月傳/朱炳册撰. —民國間鉛印本. —1 册. —（清）馬青雲（1819—1889），字梯月；卷端題記名提督雲南騰越鎮總兵強都巴圖魯馬公梯月傳，書簽題記名提督強都巴圖魯馬公梯月傳　125467

2234

[李鴻藻行狀]/(清)吏部撰.—清末綠絲欄寫本.—1冊.—(清)李鴻藻(1820—1897);附訃告等.—經摺裝　　　　125489

2235

李恭人行略/(清)何維棣撰.—清光緒間刻本.—1冊.—(清)李楣(1819—1883),字月堂,何維棣之母;卷端題誥封恭人先母李恭人行略;與誥授中憲大夫刑部郎中先府君行略合印　　　　125527

2236*

三願堂日記/(清)趙彥俌撰.—民國間影印本.—1冊.—(清)趙彥俌(1819—1881);日記起清道光二十九年(1849)正月,迄同年十二月;據清道光二十九年(1849)趙彥俌手稿影印　　　　125473

　　部二　1冊　　　　125474
　　部三　1冊　　　　125475

2237

靜海徐相國傳/(清)佚名撰.—清末鉛印本.—1冊.—(清)徐桐(1819—1900)　　　　126149

2238

芍亭府君行述/(清)彭虞孫撰.—清光緒間刻本.—1冊.—(清)彭祖賢(1819—1885),號芍亭;卷端題誥授光祿大夫頭品頂戴兵部侍郎都察院右副都御史湖北巡撫諭賜祭葬先考芍亭府君行述　　　　125479

　　部二　1冊　　　　125480
　　部三　1冊　　　　125481

2239*

彭公墓誌銘/(清)衛榮光撰.—民國24年(1935)沔陽盧氏木齋圖書館石印本.—1冊.—卷端題誥授光祿大夫頭品頂戴兵部侍朗都察院右副都御史湖北巡撫彭公墓誌銘　　　　125482

2240*

四知堂誦芬錄/楊鴻年輯.—民國16年(1927)丹徒楊氏鉛印本.—1冊.—(清)楊廷彥(1819—1858)　　　　125483

2241

[劉貞介公事略]/(清)左宗棠撰.—清光緒間刻

本.—1冊.—(清)劉典(1819—1879?),諡貞介　　　　125484

2242

善化汪君家傳/(清)李桓撰.—清末刻本.—1冊.—(清)汪蔯(1820—1864);卷端題誥授奉政大夫同知銜山東齊河縣知縣善化汪君家傳　　　　125487

2243

沈文肅公事略/(清)李元度撰.—清光緒間刻本.—1冊.—(清)沈葆楨(1820—1879),諡文肅　　　　125485

2244

[王東雲日記]/(清)王惠霖撰.—清光緒間壽恩朱絲欄抄本.—2冊.—(清)王惠霖(1820—?),號東雲;日記起清咸豐八年(1858)正月初一日,迄十一年(1861)十二月三十日　　　　126531

2245

馬恩溥日記/(清)馬恩溥撰.—清同治五至十二年(1866—1873)藍絲欄稿本.—1冊.—(清)馬恩溥(1820—?);日記起清同治五年(1866),迄十二年(1873),有間斷;書名據書衣題　　　　125486

2246

紀恩錄/(清)馬文植撰.—清光緒十八年(1892)刻本.—1冊.—(清)馬文植(1820—1903);日記起清光緒六年(1880)七月,迄七年(1881)四月　　　　125488

2247

先妣行狀/孫寶琦撰.—清光緒間鉛印本.—1冊.—(清)朱氏(1820—1888),孫寶琦之母;與皇清誥授光祿大夫戶部左侍郎先考子授府君行狀合印　　　　125621

2248

丁公墓誌銘/(清)閻敬銘撰;(清)王仁堪書.—清光緒間石印本.—1冊.—(清)丁寶楨(1820—1886),字稚璜,諡文誠;卷端題皇清誥授光祿大夫頭品頂帶太子少保兵部尚書都察院右都御史四川總督贈太子太保諡文誠丁公墓誌銘　　　　154514

2249

輔庭府君行述/(清)徐培元等撰.—清光緒間刻本.—1冊.—(清)徐達邦(1820—1890),號輔庭;卷端

題誥授資政大夫晉封榮祿大夫賞戴花翎賞加布政使
銜貴州遇缺儘先題奏道顯考輔庭府君行述　　125491

2250*

竹庭金公遺像/金鞏伯輯.—民國間石印本.—1冊：
像.—(清)金桐(1820—1887),字竹庭;書名據書籤題
125492

2251

體齋府君行述/(清)朱壽祥撰.—清光緒四年
(1878)刻本.—1冊.—(清)朱根仁(1820—1878),號
體齋;卷端題皇清誥授奉政大夫晉授中議大夫同知銜
安徽全椒縣知縣加三級廩貢生顯考體齋府君行述
125494

2252*

家慈高太夫人八十正壽徵詩文啓/張允慶等撰.—
民國間法輪星記印刷局朱印鉛印本.—1冊.—高氏,
生卒年不詳,清道光間生人,張允慶之母　　125505

2253*

黃宜雙先生暨德配陳夫人八秩雙壽徵文啓/黃琴
撰.—民國間南京黃氏朱印鉛印本.—1冊.—黃宜雙
及夫人,生於清道光間　　　　　　　　　　149562

2254*

張母胡太夫人挽詞彙錄.—民國間石印本.—1
冊.—胡氏,約生於清道光間;書籤題固始張侍郎德配
胡太夫人挽詞　　　　　　　　　　　　　125509
部二　1冊　　　　　　　　　　　　　126547

2255*

種萱府君行述/郭金壽等撰.—民國間鉛印本.—1
冊.—郭文燾,字種萱,約生於清道光間;卷端題清授
通議大夫晉封資政大夫直隸補用知府先考種萱府君
行述,書籤題清授通議大夫晉封資政大夫直隸補用知
府郭府君行述　　　　　　　　　　　　　126299

2256

翁羽巢日記/(清)沈寶昌撰.—清末朱絲欄抄本.—
1冊.—(清)沈寶昌,生卒年不詳,道光間生人;日記所
記年代不詳,起七月十日,迄同年十一月二日;有殘
缺;著者見八月二十一日日記　　　　　　125503

2257

賀振麒列傳/(清)佚名撰.—清末稿本.—1冊.—
(清)賀振麒,生卒年不詳,道光間生人.—毛裝
125506

2258

瀛海攀轅錄/(清)佚名輯.—清道光二十六年
(1846)醉經樓刻本.—2冊：圖.—(清)李箬汀,生卒年
不詳,道光間官于惠州、潮州等地　　　　125508
部二　2冊　　　　　　　　　　　　　110318

2259

[徐迪惠日記]/(清)徐迪惠撰.—清道光間朱絲欄
稿本.—6冊.—(清)徐迪惠,生卒年不詳,道光間人;
日記起清道光五年(1825)一月,迄七年(1827)七月;
西諦藏書　　　　　　　　　　　　　　XD9930

2260*

無影先生傳贊/(清)佚名撰.—民國間石印本.—1
冊.—無影先生,生卒年不詳,清道光間生人,有浮籤
題"或云無影先生傳贊係儀徵舉人陳霞章自著霞章後
改名止"　　　　　　　　　　　　　　125517

2261*

[彭氏]哀啓/彭書年撰.—民國間朱絲欄稿本.—1
冊.—彭氏,生卒年不詳,清道光間生人,彭書年之父;
附傳.—毛裝　　　　　　　　　　　　　125513

2262*

嬰碪課讀圖/(清)王錫振輯.—民國6年(1917)神
州國光社上海石印本.—1冊：圖.—(清)劉氏,生卒年
不詳,道光間生人,王錫振之姊　　　　　125522

2263

養福齋日札/(清)陳文騄撰.—清光緒間朱絲欄稿
本.—4冊.—(清)陳文騄,生卒年不詳,道光間生人,
字仲英;日記起清光緒二十五年(1899)六月,迄二十
六年(1900)十二月,有間斷;與讀有用書齋日札、陳仲
英家信合函　　　　　　　　　　　　　125518

2264

讀有用書齋日札/(清)陳文騄撰.—清光緒間朱絲
欄稿本.—4冊.—日記起清光緒十二年(1886)十月,
迄十三年(1887)八月,有間斷;與養福齋日札、陳仲英

家信合函　　　　　　　　　　　125518

2265

[己酉日記]/(清)陳[?]撰.—清道光二十九年
(1849)稿本.—1冊.—傳主姓陳,生卒年不詳,清道光
間人;日記起清道光二十九年(1849)九月九日,迄同
年十一月十六日　　　　　　　　　125525

2266*

朱秀坤先生家傳/唐文治撰.—民國間鉛印本.—1
冊.—(清)朱道懷,生卒年不詳,道光間生人,字秀坤;
書簽題崇明朱秀坤先生家傳　　　　125526

2267

黃君行狀/(清)黃維申撰.—清光緒間刻本.—1冊;
像.—(清)黃式度(1821—1878),字蘭丞;卷端題誥授
通議大夫鹽運使銜補用道湖北德安府知府黃君行狀
　　　　　　　　　　　　　　　　125528

2268

伯源府君行略/何維樸撰.—清光緒間刻本.—1
冊.—(清)何慶涵(1821—1892),字伯源;卷端題誥授
中憲大夫刑部郎中先府君行略　　　125527

2269

惠耆錄/(清)俞樾輯.—清光緒二十九年(1903)刻
本.—1冊.—(清)俞樾(1821—1907)　　125529

2270

陳公崇祀名宦鄉賢錄/(清)佚名輯.—清宣統元年
(1909)鉛印本.—1冊.—(清)陳夢蘭(1821—1872);
書簽題皇清誥封通奉大夫原任湖北荊州府知府咸豐
壬子科翰林陳公崇祀名宦鄉賢錄　　125532

2271*

湘鄉謝栗夫先生鄉賢錄/周先質等撰.—民國間湘
鄉咸通石印局石印本.—1冊.—(清)謝寶鏐(1822—
1876),號栗夫　　　　　　　　　　125533

2272

[趙忠節傳]/(清)國史館撰.—清末刻本.—1冊.—
(清)趙景賢(1822—1863),諡忠節　　125534

2273

秋坪府君行狀(清)顏札治麟等撰.—清光緒間刻
本.—1冊.—(清)顏札景廉(1823—1885),號秋坪;卷
端題誥授光祿大夫建威將軍賜進士出身翰林院編修
內閣學士兼禮部侍郎銜先考秋坪府君行狀　125536

部二　1冊　　　　　　　　　　　125537
部三　1冊　　　　　　　　　　　125538
部四　1冊　書衣有墨筆題記　　　125539
部五　1冊　　　　　　　　　　　127795

2274

蓉舫府君行述/(清)江福棳撰.—清光緒間刻本.—
1冊.—(清)江人鏡(1823—1900),字蓉舫;卷端題皇
清誥授光祿大夫頭品頂戴二品銜賞戴花翎兩淮都轉
鹽運使司鹽運使隨帶加七級顯考蓉舫府君行述
　　　　　　　　　　　　　　　　125540

2275*

紹興王臥山先生百齡追紀徵文集/王家襄等輯.—
民國12年(1923)鉛印本.—2冊.—(清)王臥山
(1823—1879)　　　　　　　　　　125585

部二　2冊　　　　　　　　　　　125586
部三　2冊　　　　　　　　　　　128269

2276*

春帆府君行述/吳學廉撰.—民國間石印本.—1
冊.—(清)吳贊誠(1823—1884),號春帆;卷端題清誥
授資政大夫署福建巡撫光祿寺卿春帆府君行述;與清
誥封夫人先妣徐夫人行述合印　　　125584

2277*

吳光祿家傳/鄭孝胥撰並書.—民國間吳學芳影印
本.—1冊.—卷端題清署理福建巡撫光祿寺卿吳公家
傳　　　　　　　　　　　　　　　128278

2278

文泉府君行略/(清)王延綸撰.—清光緒間石印
本.—1冊.—(清)王灝(1823—1888),字文泉;書簽題
皇清誥授中憲大夫顯考文泉府君行略,卷端題先府君
行略　　　　　　　　　　　　　　125581
部二　1冊　　　　　　　　　　　125582

2279

李公五十壽序/(清)佚名輯.—清末刻本.—1冊.—

（清）李鴻章（1823—1901），諡文忠；卷端題欽差大臣太子太保協辦大學士一等肅毅伯直隸總督李公五十壽序；與曾公七十開一壽序合訂　　　127798

2280
　合肥相國七十賜壽圖/（清）羅豐祿等輯.—清光緒間海軍石印書局石印本.—6册:圖　　　125560
　　部二　6册　　　　　　　　　　125562
　　部三　6册　　　　　　　　　　125563
　　部四　6册　　西諦藏書　　　　XD9931
　　部五　6册　　　　　　　　　　125561

2281
　肅毅伯李公七帙壽序/（清）張之洞撰.—清光緒十八年（1892）石印本.—1册.—卷端題恭祝誥授光祿大夫宮太傅中堂一等肅毅伯七帙壽序　　125567

2282
　［李文忠公七旬壽詩］/（清）戴作乂等撰.—清光緒十八年（1892）戴作乂等泥金寫本.—1册.—經摺裝
　　　　　　　　　　　　　　　　125549

2283
　李鴻章榮哀錄/李經方等輯.—清光緒間刻本.—1册.—書名據書衣題；西諦藏書　　　XD9932
　　部二　1册　　　　　　　　　　125570

2284
　［御制李鴻章祭文］/（清）清德宗撰.—清光緒間朱絲欄抄本.—1册　　　　　　　　125566

2285
　記李中堂遇刺事/（清）佚名輯.—清光緒間刻本.—1册:像　　　　　　　　　　125569

2286
　節相壯遊日錄　　二卷/（清）桃溪漁隱,（清）惺新盦主輯.—清光緒二十二年（1896）刻本.—1册.—（清）方受毅,號桃溪漁隱；日記起清光緒二十二年（1896）正月,迄同年九月,有間斷；天津絳雪齋藏板　125541
　　部二　1册　　　　　　　　　　125542
　　部三　2册　　　　　　　　　　125543
　　部四　2册　　　　　　　　　　125544
　　部五　2册　　　　　　　　　　125545

2287
　節相壯遊日錄　　二卷/（清）桃溪漁隱,（清）惺新盦主輯.—清光緒二十三年（1897）上海石印本.—2册.—日記起清光緒二十二年正月,迄同年九月,有間斷；書名頁題傅相遊歷各國日記　　　125547

2288
　李傅相歷聘歐美記　　二卷/（美國）林樂知（Allen, Y.）彙譯.—清光緒二十五年（1899）上海廣學會譯著圖書集成局鉛印本.—2册:圖及像　　125568

2289
　李文忠公事略/（清）吳汝綸撰.—清光緒二十八年（1902）北洋官報局鉛印本.—1册:像　　125550
　　部二　1册　　　　　　　　　　125551

2290
　李文忠公事略　　一卷/（清）吳汝綸撰.—日本明治三十五年（1902）東京三省堂書店鉛印本.—1册:像
　　　　　　　　　　　　　　　　142306
　　部二　1册　　　　　　　　　　125552
　　部三　1册　　　　　　　　　　125553
　　部四　1册　　　　　　　　　　125554
　　部五　1册　　　　　　　　　　125555

2291
　李鴻章　　十二章/飲冰室主人撰.—清末刻本.—1册:像.—梁啓超,號飲冰室主人　　　125572
　　部二　1册　　　　　　　　　　125573
　　部三　1册　　　　　　　　　　125577
　　部四　1册　　　　　　　　　　125578

2292
　李鴻章　　十二章/飲冰室主人撰.—清末刻本.—1册:像　　　　　　　　　　125576

2293
　李鴻章　　十二章/飲冰室主人撰.—清光緒間鉛印本.—1册:像　　　　　　　　125574
　　部二　1册　　　　　　　　　　125575

2294
　李鴻章　　十二章/梁啓超撰.—清光緒間石印本.—

1冊:像.—本書又名四十年來大事記;西諦藏書
　　　　　　　　　　　　　　　　　　　XD9933

2295

李鴻章　十二章/梁啓超撰.—清光緒間石印本.—
1冊:像.—存1—7章;本書又名四十年來大事記;西
諦藏書　　　　　　　　　　　　　　　　XD9934

2296

德化李大中丞行狀/李盛鐸撰.—清光緒間鉛印
本.—1冊:像.—(清)李明墀(1823—1886),字玉階;
書名據書名頁及書籤題,卷端題皇清誥授榮祿大夫兵
部侍郎都察院右副都御史湖南巡撫顯考玉階府君行
狀　　　　　　　　　　　　　　　　　　125583
　　部二　1冊　　　　　　　　　　　　125535

2297

紫泥日記/(清)黃彭年撰.—清光緒十五年(1889)
貴筑黃氏刻本.—1冊.—(陶樓雜著).—(清)黃彭年
(1823—1890);日記起清光緒十五年(1889)七月二十
四日,迄同年八月三十日　　　　　　　　125587
　　部二　1冊　　　　　　　　　　　　125588
　　部三　1冊　西諦藏書　　　　　　　XD6998

2298

禹生府君行狀/(清)丁惠衡等撰.—清末抄本.—1
冊.—(清)丁日昌(1823—1882),字禹生;卷端題皇清
誥授光祿大夫建威將軍賞戴花翎正一品封典總督銜
會辦南洋大臣兼理各國事務大臣節制南洋沿海水師
欽差船政大臣幫辦北洋大臣日本國換約大臣秘魯國
換約大臣查辦烏石山事件大臣福建巡撫提督臺灣學
政兵部侍郎都察院右副都御史江蘇巡撫兼理江蘇織
造江蘇布政使司布政使兩淮鹽運使司鹽運使江蘇蘇
松太兵備道兼管海關江西儘先補用知府補用直隸州
知州萬安縣知縣廬陵縣知縣廣東瓊州府學訓導廩貢
生顯考禹生府君行狀.—毛裝　　　　　　125590

2299

禹生府君行狀/(清)丁惠衡等撰.—清末抄本.—1
冊.—卷端題皇清誥授光祿大夫建威將軍賞戴花翎正
一品封典總督銜會辦南洋大臣兼理各國事務大臣節
制南洋沿海水師欽差船政大臣幫辦北洋大臣日本國
換約大臣秘魯國換約大臣查辦烏石山事件大臣福建
巡撫提督臺灣學政兵部侍郎都察院右副都御史江蘇
巡撫兼理江蘇織造江蘇布政使司布政使兩淮鹽運使
司鹽運使江蘇蘇松太兵備道兼管海關江西儘先補用
知府補用直隸州知州萬安縣知縣廬陵縣知縣廣東瓊
州府學訓導廩貢生顯考禹生府君行狀　　125591

2300

禹生府君行狀/(清)丁惠衡等撰.—清末抄本.—1
冊.—卷端題皇清誥授光祿大夫建威將軍賞戴花翎正
一品封典總督銜會辦南洋大臣兼理各國事務大臣節
制南洋沿海水師欽差船政大臣幫辦北洋大臣日本國
換約大臣秘魯國換約大臣查辦烏石山事件大臣福建
巡撫提督臺灣學政兵部侍郎都察院右副都御史江蘇
巡撫兼理江蘇織造江蘇布政使司布政使兩淮鹽運使
司鹽運使江蘇蘇松太兵備道兼管海關江西儘先補用
知府補用直隸州知州萬安縣知縣廬陵縣知縣廣東瓊
州府學訓導廩貢生顯考禹生府君行狀.—卷末缺頁
　　　　　　　　　　　　　　　　　　125592

2301

辛酉記/(清)張光烈撰.—清光緒六年(1880)錢塘
刻本.—1冊.—(清)姚氏(1823—1861),張光烈之母
　　　　　　　　　　　　　　　　　　125593

2302

羅公行狀/(清)羅正鈞撰.—清光緒間刻本.—1
冊.—(清)羅逢元(1823—1876);卷端題皇清誥授建
威將軍賞戴花翎賞穿黃馬褂記名提督遇缺儘先題奏
總兵雲騎尉世職展勇巴圖魯羅公行狀;附別傳、墓誌
銘等　　　　　　　　　　　　　　　　125589

2303

繼忠錄/(清)程端本等撰.—清咸豐間由溪程氏刻
本.—1冊.—(清)程懋恩(1823—1856);版藏由溪程
氏宗祠　　　　　　　　　　　　　　　125594

2304

張忠武事錄　四卷/(清)陳慶年編.—清光緒三十
二年(1906)刻本.—4冊:圖.—(清)張國樑(1823—
1860),謚忠武;書名頁題張忠武公事錄,書籤題張忠
武公事蹟彙錄;鎮江打索街善化堂藏版　　125596

2305

闡幽詩萃/(清)王在田輯.—清道光二十九年
(1849)刻本.—1冊.—(清)王次素(1824—1844),王

在田之女　　　　　　　　　　　125595

2306
　[杜貴墀事略]/(清)佚名輯. —清末刻本. —1 冊. —
(清)杜貴墀(1824—1901)　　　　125597

2307
　[杜貴墀事略]/(清)佚名輯. —清末刻本. —1 冊. —
與 125597 相比略有增補;有墨筆句讀　　125598

2308
　丹徒姚元懿先生家傳/陳澹然撰. —清宣統元年
(1909)桐城陳澹然朱格稿本. —1 冊. —(清)姚文馥
(1824—1894),私諡元懿. —毛裝　　　125599

2309
　曦初府君行狀/(清)梁春元等撰. —清光緒間石印
本. —1 冊. —(清)梁景先(1824—1881),字曦初;卷端
題皇清誥授中憲大夫晉授通議大夫福建興化府知府
顯考曦初府君行狀　　　　　　　　125602

2310
　雲貴總督劉公藎臣序頌/(清)劉律樵輯. —清末木
活字本. —1 冊. —(清)劉岳昭(1824—1883),字藎臣
　　　　　　　　　　　　　　　　125604

2311
　陳巡撫行狀/王闓運撰. —清光緒間刻本. —1 冊. —
(清)陳士杰(1824—1892)　　　　125603

2312
　張太淑人行述/(清)鍾濂撰. —清同治三年(1864)
刻本. —1 冊. —(清)張氏(1824—1864),鍾濂之母;卷
端題皇清誥封淑人顯妣張太淑人行述　126714

2313
　敖公紀述　二卷/(清)陳翼亮纂. —清光緒二十年
(1894)凱軍防次刻本. —2 冊. —(清)敖公印
(1824—?),字輔丞;書名據書名頁及版心題,卷端題
誥授振威將軍敖公輔丞大總戎紀述　　125605

2314
　宗月鋤先生日記墨迹/(清)宗廷輔撰. —清咸豐十
至十一年(1860—1861)藍絲欄稿本. —1 冊. —(清)宗

廷輔(1825—?);日記起清咸豐十年(1860)十月,迄十
一年(1861)一月　　　　　　　　125607

2315*
　賀蘇生先生墓誌銘/吳闓生撰. —民國間北京文益
印刷局鉛印本. —1 冊. —(清)賀錫璜(1825—1913),
字蘇生;書名據書籤題,卷端題清封中憲大夫故城縣
訓導賀蘇生先生墓誌銘;與王考蘇生府君行述合印
　　　　　　　　　　　　　　　　125606

2316*
　王考蘇生府君行述/賀葆真撰. —民國間北京文益
印刷局鉛印本. —1 冊. —與賀蘇生先生墓誌銘合印
　　　　　　　　　　　　　　　　125606

2317
　賢母錄/(清)李鴻章等撰. —清光緒二十八年
(1902)石印本. —1 冊. —李氏(1825—1867),李鴻章
之妹,張士珩之母;書名據書衣題. —經摺裝　128148

2318
　孝行錄/(清)濮文暹等撰. —清光緒間刻本. —1
冊. —(清)胡恩變(1825—1892)　　125609

2319
　增益川公大事本末記/(清)崇雯輯. —清宣統二年
(1910)崇雯朱格抄本. —1 冊. —(清)增保(1825—
1868),字益川. —毛裝　　　　　　125610

2320
　廉讓間居日記/(清)范壽枬撰. —清光緒十至二十
四年(1884—1898)范壽枬稿本. —5 冊. —(清)范壽枬
(1825—?);日記起清光緒十年(1884)六月,迄二十四
年(1898)三月　　　　　　　　　　125611

2321
　調甫府君行述/(清)錢溯耆,(清)錢溯時撰. —清光
緒間刻本. —1 冊. —(清)錢鼎銘(1825—1875),號調
甫;卷端題誥授光祿大夫振威將軍諭賜祭葬特恩蔭岫
賞戴花翎兵部侍郎都察院右副都御史巡撫河南等處
地方督理河道兼管提督節制各鎮並駐防滿營官兵加
二級軍功隨帶加一級覃恩加二級道光丙午科舉人顯
考調甫府君行述　　　　　　　　　125612

2322

　幼宣府君行述/鮑心增等撰.—清光緒三十四年(1908)刻本.—1冊.—(清)鮑上傳(1825—1907),字幼宣;卷端題皇清誥封中憲大夫吏部文選司主事加四級特恩晉封通議大夫吏部驗封司郎中顯考幼宣府君行述　　　　　　　　　　　125613

2323

　冠卿府君行述/(清)葉元琦等撰.—清光緒間刻本.—1冊.—(清)葉伯英(1825—1888),號冠卿;卷端題誥授光祿大夫御賜祭葬賞戴花翎欽差陝西閱兵大臣兵部侍郎都察院右副都御史欽命頭品頂帶陝西巡撫顯考冠卿府君行述　　　　　　　125608

2324

　展卿府君行述/(清)顧璜等撰.—清光緒間石印本.—1冊.—(清)顧大成(1826—1903),字展卿;卷端及書簽題誥封光祿大夫顯考展卿府君行述　125618
　部二　1冊　　　　　　　　　　　125620

2325

　子授府君行狀/孫寶琦撰.—清光緒間鉛印本.—1冊.—(清)孫詒經(1826—1890),字子授;卷端題皇清誥授光祿大夫戶部左侍郎先考子授府君行狀;與先妣行狀合印　　　　　　　　　　125621

2326[*]

　孟公曉墀百年經過史/孟繼元輯.—民國16年(1927)北华印刷局鉛印本.—1冊:圖及像.—(清)孟傳真(1826—1886),字曉墀　　　　　133921
　部二　1冊　　　　　　　　　　　125614

2327[*]

　孟公曉墀百年經過史/孟繼元輯.—民國24年(1935)鉛印本.—1冊:圖及像.—附續編　125615
　部二　1冊　　　　　　　　　　　125616
　部三　1冊　　　　　　　　　　　125617

2328

　念昔齋痏言圖纂/(清)黃雲鵠撰.—清光緒元年(1875)建南官廨刻本.—4冊:圖.—(清)黃雲鵠(1826—?);書名據書名頁題　　　125619

2329

　念惜齋痏言圖纂/(清)黃雲鵠撰.—清光緒十二年(1886)蘄春黃雲鵠成都刻本.—2冊:圖.—書名據目錄題　　　　　　　　　　　傳586.06/89

2330

　筱雲徐公家傳/(清)錢應溥撰.—清光緒間刻本.—1冊.—(清)徐用儀(1826—1900),號筱雲;卷端題誥授光祿大夫太子少保兵部尚書筱雲徐公家傳;附墓誌銘等　　　　　　　　　　　125626

2331[*]

　徐夫人行述/吳學廉撰.—民國間石印本.—1冊.—徐氏(1826—1891),吳學廉之母;卷端題清誥封夫人先妣徐夫人行述;與清誥授資政大夫署福建巡撫光祿寺卿春帆府君行述合印　　　　125584

2332

　張勇烈公列傳/(清)國史館撰.—清同治間刻本.—1冊.—(清)張樹珊(1826—1866),諡勇烈;書名據書簽題　　　　　　　　　125631

2333

　張公行狀/(清)錢鼎銘撰.—清同治間刻本.—1冊.—卷端題誥授振威將軍記名提督廣西右江鎮總兵捍勇巴圖魯追贈太子少保衛予諡勇烈敕建專祠世襲騎都尉兼雲騎尉張公行狀　　　125632

2334

　勇烈張公墓表/(清)陳澧撰;(清)張裕釗書.—清末影印本.—1冊:像.—卷端題皇清誥授建威將軍贈太子少保記名提督廣西右江鎮總兵勇烈張公墓表　　　61363

2335[*]

　萱庭壽言二編　四卷/史履晉輯.—民國5年(1916)京華印書局北京鉛印本.—1冊.—田氏(1826—?),史履晉之母　　　　　125624
　部二　1冊　　　　　　　　　　　125625

2336

　鷗堂日記　三卷/(清)周星譽撰.—清光緒十二年(1886)江陰金氏刻本.—1冊.—(清)周星譽(1826—1884);日記起清咸豐五年(1855)正月,迄九年(1859)九月,有間斷　　　　　　　　　125630

2337

鐵嶺申君傳/(清)童葉庚撰.—清光緒間武林任有
容齋刻本.—1 册.—(清)金申祜(1826—1890),號錫
之;陳垣贈書;與申錫之傳略合印　　　　125628

　　部二　1 册　缺申錫之傳略　　　　125629

2338

申錫之傳略/(清)湯佶昭撰.—清光緒間武林任有
容齋刻本.—1 册.—陳垣贈書;與鐵嶺申君傳合印

　　　　　　　　　　　　　　　　　125628

2339

笏山府君行狀/易順鼎等撰.—清光緒間刻朱印
本.—1 册.—(清)易佩紳(1826—1906),字笏山;卷端
題皇清誥授光祿大夫頭品頂戴賞戴花翎原任江蘇布
政使司布政使先府君行狀　　　　125633

2340

濟寧孫駕航都轉事略/(清)陳兆奎撰.—清光緒間
朱格抄本.—1 册.—(清)孫楫(1827—?),號駕航

　　　　　　　　　　　　　　　　　125638

2341

太傅孫文正公手書遺摺稿/(清)孫家鼐撰.—清宣
統元年(1909)影印本.—1 册.—(清)孫家鼐(1827—
1909),謚文正　　　　　　　　61228

　　部二　1 册　　　　　　　　69631

　　部三　1 册　　　　　　　　75045

　　部四　1 册　　　　　　　　125637

　　部五　1 册　　　　　　　　76080

2342 *

翰林王邦璽事狀等件/佚名輯.—民國間朱格抄
本.—1 册.—(清)王邦璽(1827—1893);書名據書衣
題.—毛裝　　　　　　　　125622

2343

子明太府君行狀/(清)錢承緒撰.—清光緒間石印
本.—1 册.—(清)錢誦清(1827—1900),字子明;卷端
題皇清誥授中憲大夫誥封資政大夫三品銜候選道廣
東即補府海豐縣知縣隨帶加三級紀錄十次先祖考子
明太府君行狀　　　　　　　125646

2344 *

竇如田生前戰功事蹟清册/佚名輯.—民國間朱絲
欄抄本.—1 册.—(清)竇如田(1828—1891);書衣題
前清記名提督原任浙江處州鎮總兵竇如田生前戰功
事蹟清册.—毛裝　　　　　　　125645

2345 *

寸草盧贈言　十卷/(清)張嘉祿輯.—民國間刻
本.—2 册.—(清)李氏(1828—1866),(清)張福祐之
妻、(清)張嘉祿之母　　　　　113390

　　部二　2 册　　　　　　　　113389

2346 *

寸草盧贈言/(清)張嘉祿輯.—民國間影印本.—2
册.—據民國 23 年(1934)抄本影印　　125644

2347 *

楊公萠綬墓誌銘/廖襲華撰.—民國間石印本.—1
册.—(清)楊有林(1828—1898),字萠綬;卷端題清贈
中憲大夫楊公萠綬墓誌銘;與清故楊太恭人墓誌銘合
印　　　　　　　　　　　125647

2348 *

金學士國史循吏傳稿　三卷/金兆蕃輯.—民國 17
年(1928)思貽堂刻本.—1 册.—(清)金福曾(1828—
1890)　　　　　　　　　　125649

　　部二　1 册　　　　　　　　125651

　　部三　1 册　　　　　　　　125666

　　部四　1 册　　　　　　　　125655

　　部五　1 册　　　　　　　　125650

2349 *

潘冲穆先生事略/潘覺彌輯.—民國 25 年(1936)鉛
印本.—1 册:像.—潘宰英(1829—1913),私謚冲穆先
生;書名據書簽題　　　　　　125727

　　部二　1 册　　　　　　　　125726

　　部三　1 册　　　　　　　　128830

　　部四　1 册　　　　　　　　125728

　　部五　1 册　　　　　　　　125729

2350 *

闡潛錄甲編/潘佛陀輯.—民國 9 年(1920)鉛印
本.—1 册:像.—含墓誌、碑傳等　　125730

2351*

湘潭王尊浦先生遺事集/王家枌輯.—民國 31 年
(1942)湘潭王氏影印本.—1 册：圖及像.—(清)王時
邁(1829—1910)，字尊浦；據民國間手稿等影印；附陳
太夫人墓誌、行述等　　　　　　　　　　125731
　　部二　1 册　　　　　　　　　　　　125732
　　部三　1 册　　　　　　　　　　　　125733
　　部四　1 册　　　　　　　　　　　　125734
　　部五　1 册　　　　　　　　　　　　125735

2352

止止水齋歲時記/(清)查如濟撰.—清光緒間石印
本.—1 册.—(清)查如濟(1829—?)；記事起清道光九
年(1829)，迄清光緒十九年(1893)　　　　125699

2353*

越縵堂日記補/(清)李慈銘撰.—民國 25 年(1936)
商務印書館上海影印本.—13 册.—(清)李慈銘
(1829—1895)，堂號越縵堂；日記起清咸豐四年
(1854)三月，迄清同治二年(1863)三月；據撰者手稿
影印；陳垣贈書　　　　　　　　　　　125692
　　部二　13 册　　　　　　　　　　　125688
　　部三　13 册　　　　　　　　　　　125685
　　部四　13 册　　　　　　　　　　　125690
　　部五　13 册　　　　　　　　　　　125691

2354

越縵堂日記鈔/(清)李慈銘撰.—清朱絲欄稿本.—
1 册　　　　　　　　　　　　　　　　125695

2355

越縵堂日記鈔/(清)李慈銘撰.—清同治三年
(1864)山陰平步青朱格抄本.—1 册　　　125696

2356

越縵堂日記節鈔/(清)李慈銘撰.—清末民初綠絲
欄抄本.—2 册.—書名據書名頁題　　　147969

2357*

越縵堂日記/(清)李慈銘撰.—民國 9 年(1920)浙
江公會北京影印本.—51 册.—日記起清同治二年
(1863)，迄清光緒十五年(1889)；據著者手稿影印
　　　　　　　　　　　　　　　　　128880
　　部二　51 册　陳垣贈書　　　　　　125664

　　部三　51 册　　　　　　　　　　　125661
　　部四　51 册　　　　　　　　　　　125662
　　部五　51 册　　　　　　　　　　　125663

2358*

郇學齋日記　五集/(清)李慈銘撰.—1988 年燕山
出版社北京影印本.—9 册.—日記起清光緒十五年
(1889)七月，迄二十年 (1894)一月　　　125693

2359*

越縵堂詹詹錄/(清)李慈銘撰.—民國 22 年(1933)
李文糺鉛印本.—2 册.—此書輯錄清同治光緒間李慈
銘日記片斷　　　　　　　　　　　　　125712
　　部二　2 册　　　　　　　　　　　125711
　　部三　2 册　　　　　　　　　　　125710

2360*

日記之模範/(清)李慈銘撰.—民國 22 年(1933)上
海影印本.—1 册.—此書爲越縵堂日記之精華節錄；
據著者手稿影印；有墨筆題識　　　　　125694

2361

恕皆李公行略/(清)彭澤柳撰.—清同治間刻本.—
1 册.—(清)李文森(1829—1867)，字恕皆；卷端題誥
授通議大夫安徽鳳陽兵備道兼鳳陽關部署按察使司
徽寧池泰廣道雲南委用道恕皆李公行略　125720

2362

撝叔府君行略/趙壽佺等撰.—清光緒間刻本.—1
册.—(清)趙之謙(1829—1884)，字撝叔；卷端題皇清
誥授奉政大夫晉朝議大夫同知銜江西議敘知縣先考
撝叔府君行略　　　　　　　　　　　　127324

2363

從軍紀略　二卷/(清)楊玉科撰.—清光緒十八年
(1892)刻本.—2 册.—(清)楊玉科(1829—1885)；書
籤題楊武滑公從軍紀略　　　　　　　　125697

2364

毛克寬傳/(清)佚名撰.—清末抄本.—1 册.—(清)
毛克寬(1829—1861)；殘破.—毛裝　　　125698

2365

岑府君行述/(清)岑春榮等撰.—清光緒間刻本.—

1 冊. —(清)岑毓英(1829—1889),諡襄勤;卷端題誥
授光祿大夫太子太保兵部尚書雲貴總督賞戴花翎賞
穿黃馬褂世襲一等輕車都尉加一雲騎尉贈太子太傅
予諡襄勤顯考岑府君行述　　　　　　　　125713

　　部二　1 冊　　　　　　　　　　　　125714
　　部三　1 冊　　　　　　　　　　　　125715
　　部四　1 冊　　　　　　　　　　　　125716
　　部五　1 冊　　　　　　　　　　　　125717

2366

襄勤公勳德介福圖/(清)包家吉等輯. —清光緒十
七年(1891)上海石印本. —1 冊:圖及像. —書名據書
名頁題　　　　　　　　　　　　　　125721

　　部二　1 冊　　　　　　　　　　　　125722
　　部三　1 冊　　　　　　　　　　　　125723
　　部四　1 冊　　　　　　　　　　　　125724

2367*

徐母葉太夫人九十壽辰徵文啓/徐紹榘等撰. —民
國 7 年(1918)鉛印本. —1 冊. —葉氏(1829—?),徐紹
榘之母;書名據書衣題　　　　　　　　149954

2368

翁蘭畦先生神道碑/(清)李元度撰. —清末朱格抄
本. —1 冊. —(清)翁學本(1829—1882),字蘭畦;書名
據書簽題,卷端題皇清誥授資政大夫二品銜賞換花翎
福建都轉鹽法道署福建按察使司按察使翁君神道碑
銘　　　　　　　　　　　　　　　　125703

2369

英果敏公行狀/(清)英壽輯. —清光緒十年(1884)
刻本. —5 冊. —(清)英翰(1829—1877),諡果敏;書名
據書名頁題,卷端題誥授光祿大夫烏魯木齊都統世襲
二等輕車都尉英翰公行狀;附祭文、碑文等　125700

　　部二　1 冊　存行狀　　　　　　　　125701
　　部三　2 冊　存行狀、遺疏　　　　　　125702

2370

國史館英果敏公傳/(清)檀機撰. —清光緒間. —刻
本. —1 冊　　　　　　　　　　　　　125657

2371*

先宮少保行略/唐益公撰. —民國間鉛印本. —1
冊. —(清)唐炯(1829—1908),字鄂生,曾任太子太

保;與唐母馬夫人墓表合印　　　　　　　125718

2372

虁石太府君手訂履歷/(清)王文韶撰. —清宣統至
民國初年王鈺孫朱絲欄抄本. —1 冊. —(清)王文韶
(1830—1908),諡文勤,號虁石;書簽題先祖考太保文
勤公虁石太府君手訂履歷　　　　　　　125708

2373

海城李公勤王紀略/(清)朱祖懋撰. —清光緒間鉛
印本. —1 冊. —(清)李秉衡(1830—1900)　　127357

　　部二　1 冊　　　　　　　　　　　　127358

2374*

吳興周母董太夫人經塔題詠　二卷/周慶雲輯. —
民國 5 年(1916)烏程周慶雲夢坡室刻本. —1 冊. —董
氏(1830—1883),周慶雲之母;書名頁題吳興周母董
夫人經塔題詠　　　　　　　　　　　125736

2375

[扁舟子]日記簿/ (清)范寅撰. —清同治七年
(1868)朱絲欄稿本. —1 冊. —(清)范寅(1830—?),號
扁舟子;日記起清同治七年(1868)元旦,迄同年五月
　　　　　　　　　　　　　　　　125269

2376

程公方忠府君行狀/程建勳撰. —清光緒間刻本. —
1 冊. —(清)程學啟(1830—1864),字方忠,諡忠烈;卷
端題皇清誥授建威將軍晉授榮祿大夫太子太保銜遇
缺題奏提督江西南贛鎮總兵勃勇巴圖魯世襲三等男
爵予諡忠烈顯考程公方忠府君行狀　　　125738

　　部二　1 冊　　　　　　　　　　　　125739

2377*

宮太保忠烈程公遺像/程建勳輯. —民國 10 年
(1921)桐城程建勳甘肅石印本. —1 冊:像. —書簽題
宮太保程忠烈公遺像　　　　　　　　　125737

2378

健公詩影　一卷/楊季鹿輯. —清光緒二十九年
(1903)刻本. —1 冊:圖及像. —(清)楊浚(1830—?);
記事止於清光緒九年(1883)　　　　　　125768

2379

錫三府君行狀/（清）林開章等撰.—清光緒五年（1879）刻本.—1册.—（清）林天齡（1830—1878），字錫三；卷端題皇清誥授中憲大夫晉封資政大夫弘德殿行走日講起居注官提督江蘇學政翰林院侍讀學士先考錫三府君行狀　　　　　　　125752

2380

張公奎垣軍門行狀/（清）張焯奎撰.—清光緒二十三年（1897）刻本.—1册.—（清）張其光（1830—1895），號奎垣；卷端題誥授建威將軍浙江提督張公奎垣軍門行狀，書簽題浙江提督張奎垣軍門行狀　　　　　　　125750

2381

新寧劉宮保七旬賜壽圖/（清）恩壽等輯.—清光緒間點石齋上海石印本.—8册：圖.—（清）劉坤一（1830—1902），謚忠誠；書名據書名頁及書簽題　　　　　　　125740

部二　8册　　　　　　　125741
部三　8册　書頁殘破　　　125742

2382

劉坤一/佚名撰.—清光緒間鉛印本.—1册：像.—書名據書衣題.—平裝　　　　　　　125743

2383

劉坤一/佚名撰.—清光緒二十九年（1903）石印本.—1册：像.—書簽題劉忠誠事略　　125744

部二　1册　　　　　　　125745
部三　1册　　　　　　　125746
部四　1册　　　　　　　125747

2384

劉宮太保大事記/佚名撰.—清宣統間石印本.—1册：像　　　　　　　125748

2385

劉方伯事實記/（清）曾希文撰.—清光緒二十五年（1899）鉛印本.—1册.—（清）劉嶽晙（1830—?）　　　　　　　125751

2386

右銘先府君行狀/（清）陳三立撰.—清光緒間刻本.—1册.—（清）陳寶箴（1830—1900），字右銘；卷端題皇授光祿大夫頭品頂戴賞戴花翎原任兵部侍郎都察院右副都御史湖南巡撫先府君行狀　　　125749

2387

南山佳話　二卷/鄔慶時輯.—清光緒三十四年（1908）羊城刻本.—1册.—（清）鄔吉人（1830—?），記鄔吉人暨其夫人事；耕雪別墅藏板　　125705

部二　1册　　　　　　　125706

2388***

翁文恭公日記/（清）翁同龢撰.—民國14年（1925）商務印書館上海影印本.—40册：像.—（清）翁同龢（1830—1904），謚文恭；日記起清咸豐八年（1858）六月，迄光緒三十年（1904）五月；據著者手稿影印
　　　　　　　125757

部二　40册　　　　　　　125753
部三　40册　　　　　　　125754
部四　40册　　　　　　　125755
部五　40册　　　　　　　125756

2389***

翁文恭公軍機處日記/（清）翁同龢撰.—民國28年（1939）燕京大學圖書館北京影印本.—2册.—日記起清光緒九年（1883）二月，迄十年（1884）三月，有間斷；據著者手稿影印　　　　　　　125758

部二　2册　　　　　　　125759
部三　2册　　　　　　　75837
部四　1册　殘缺　　　　　125760

2390

［翁同龢訃告］/（清）翁之廉撰.—清光緒三十年（1904）刻本.—1幅　　　　　128207

2391

馬公玉山府君行狀/（清）馬吉森等撰.—清光緒間石印本.—1册.—（清）馬丕瑤（1831—1895），字玉山；卷端題皇清誥授光祿大夫賜進士出身頭品頂戴兵部侍郎兼都察院右副都御史廣東巡撫安陽馬公玉山府君行狀　　　　　　　125762

2392

馬公神道碑銘/（清）李秉衡撰；（清）崇綺書.—清光緒間石印本.—1册.—卷端題皇清誥授光祿大夫頭品

頂戴兵部侍郎兼都察院右副都御史廣東巡撫馬公神
道碑銘;與馬丕瑤列傳合印　　　　　　　125764

2393

馬丕瑤列傳/馬吉樟撰. —清光緒間石印本. —1
冊. —與馬公神道碑銘合印　　　　　　　125764

2394

瀜風集/(清)張模輯. —清宣統三年(1911)孝感徐
氏安節堂木活字本. —1冊: 圖. —(清)饒氏(1831—
1910),徐國珩之母;有傳記、墓誌、誄辭、詩等　125761
　　部二　1冊　　　　　　　　　　　　125766

2395

病榻述舊錄　一卷/(清)陳湜撰. —清光緒十一年
(1885)願聞吾過之軒刻本. —1冊. —(清)陳湜
(1831—1896)　　　　　　　　　　　　125765

2396

亮生府君行述/(清)朱焴正撰. —清光緒間刻本. —
1冊. —(清)朱采(1831—1899),字亮生;卷端題誥授
資政大夫晉封榮祿大夫二品銜分巡廣東雷瓊兵備道
先考亮生府君行述　　　　　　　　　　125767

2397*

彤美集　二卷/許國鳳編. —民國10年(1921)鉛印
本. —1冊. —許氏(1832—1915),許國鳳之姑母
　　　　　　　　　　　　　　　　　　125789
　　部二　1冊　　　　　　　　　　　　125790
　　部三　1冊　　　　　　　　　　　　125791
　　部四　1冊　　　　　　　　　　　　125788

2398*

湘綺樓日記/王闓運撰. —民國16年(1927)商務印
書館上海鉛印本. —32冊. —王闓運(1832—1916),字
壬秋;日記起清同治八年(1869)正月,迄民國5年
(1916)7月　　　　　　　　　　　　　125783
　　部二　32冊　　　　　　　　　　　125784
　　部三　32冊　　　　　　　　　　　125785
　　部四　32冊　　　　　　　　　　　125786
　　部五　32冊　　　　　　　　　　　125787

2399

劭方府君行述/崔向源撰. —清光緒間刻本. —1

冊. —(清)崔志道(1832—1908),字劭方;卷端題皇清
誥授中議大夫翰林院編修癸酉科廣西鄉試正主考三
品銜軍機處存記四川雅州府知府劭方府君行述,書簽
題誥授中議大夫三品銜四川雅州府知府劭方府君行
述　　　　　　　　　　　　　　　　125793

2400

羅府君行狀/(清)羅仰懷等撰. —清光緒間刻本. —
1冊. —(清)羅孝連(1832—1899),諡武勤;卷端題皇
清誥授光祿大夫建威將軍花翎品頂戴貴州提督業
普肯巴圖魯賞加尚書銜予諡武勤顯考羅府君行狀,書
簽題誥授光祿大夫建威將軍尚書銜貴州提督諡武勤
顯考羅府君行狀　　　　　　　　　　　125794

2401*

余公神道碑/馮煦撰. —民國間影印本. —1冊. —余
德銓(1832—1916);卷端題大清誥封光祿大夫望江余
公神道碑,書簽題趙世駿書余公神道碑　　125795

2402*

百齡冥紀追慶錄/錢文選輯. —民國間鉛印本. —1
冊. —錢林富(1832—?);書簽題錢公林富配戴太夫人
百齡冥紀追慶錄　　　　　　　　　　　128632
　　部二　1冊　　　　　　　　　　　　125792

2403

[兩負堂札記]/(清)平步青撰. —清藍絲欄稿本. —
2冊. —(清)平步青(1832—1896),室名兩負堂;札記
起清道光二十九年(1849),迄咸豐七年(1857)125796

2404

接護越南貢使日記/(清)賈臻撰. —清咸豐間故城
賈氏躬自厚齋刻本. —1冊. —(賈氏叢書甲集). —
(清)賈臻,道光十二年(1832)進士,生卒年不詳;日記
起清道光二十九年(1849)五月,迄同年七月,有間斷
　　　　　　　　　　　　　　　　　124884

2405

高仲新傳/(清)李宏謨撰. —清同治間刻本. —1
冊. —(清)高文銘(1833—1866),字仲新;書簽題高儀
部傳　　　　　　　　　　　　　　　　125800
　　部二　1冊　　　　　　　　　　　　125801

2406

銅官感舊集　四卷/章同,章華輯.—清宣統二年
(1910)長沙章氏石印本.—2 冊:圖.—(清)章壽麟
(1833—1887);書名據版心題　　　　　　　125804
　部二　2 冊　　　　　　　　　　　　　125803
　部三　2 冊　　　　　　　　　　　　　125802

2407**

洞庭席㙍卿先生言行録　四集/阮成孚等輯.—民
國 7 年(1918)石印本.—4 冊:圖及像.—席素煊
(1833—1917),號㙍卿　　　　　　　　　125805

2408**

窳櫎日記鈔　三卷/(清)周星詒撰.—民國 24 年
(1935)鉛印本.—1 冊.—(清)周星詒(1833—1904);
日記起清光緒十年(1884)閏五月,迄二十四年(1898)
七月,有間斷　　　　　　　　　　　　　125798
　部二　1 冊　　　　　　　　　　　　　125797

2409

劉太夫人行述　一卷墓表一卷/徐世昌等撰.—清
宣統三年(1911)緑格抄本.—1 冊.—劉氏(1833—
1896),徐世昌之母;卷端題皇清旌表節孝誥封宜人晉
贈一品夫人劉太夫人行述;與少珊徐府君行略合抄
　　　　　　　　　　　　　　　　　　　125865

2410**

陳公墓碑/(清)吳汝綸撰.—民國間石印本.—1
冊.—(清)陳黌舉(1833—1883),字序賓;卷端題清贈
道員直隸知府陳公墓碑,書簽題石埭陳公墓碑
　　　　　　　　　　　　　　　　　　　125812
　部二　1 冊　　　　　　　　　　　　　125813

2411**

石埭陳序賓先生襃榮録/陳一甫輯.—民國間鉛印
本.—1 冊.—本書與 128645 序略有不同　125814
　部二　1 冊　　　　　　　　　　　　　128644
　部三　1 冊　　　　　　　　　　　　　125830

2412**

石埭陳序賓先生襃榮録/陳一甫輯.—民國間鉛印
本.—1 冊.—本書與 125814 言敦源序略有不同
　　　　　　　　　　　　　　　　　　　128645

2413**

石埭陳序賓先生百齡紀念徵文啓/陳惟庚等輯.—
民國間鉛印暨石印本.—1 冊:圖.—書名據書簽題
　　　　　　　　　　　　　　　　　　　125825
　部二　1 冊　　　　　　　　　　　　　125826
　部三　1 冊　　　　　　　　　　　　　125827
　部四　1 冊　　　　　　　　　　　　　125828
　部五　1 冊　　　　　　　　　　　　　125829

2414

朔漠紀程/(清)博迪蘇撰.—清光緒三十三年
(1907)日本鉛印本.—1 冊:像.—(清)博迪蘇,道光十
三年(1833)進士;紀程起光緒三十三年三月十八日,
迄同年六月二十九日　　　　　　　　　126122

2415

上元宗公行狀/(清)秦賓瑌撰.—清末石印本.—1
冊.—(清)宗源翰(1834—1897);卷端題誥授通奉大
夫賞戴花翎二品銜署浙江溫處兵備道上元宗公行狀
　　　　　　　　　　　　　　　　　　　125815
　部二　1 冊　　　　　　　　　　　　　125816

2416**

文誠李公行狀/李淵碩撰.—民國 7 年(1918)鉛印
本.—1 冊:像.—(清)李文田(1834—1894),謚文誠;
書簽題順德李文誠公行狀;卷端題賜進士及第誥授光
祿大夫賞戴花翎經筵講官禮部右侍郎兼署工部右侍
郎兼管錢法堂事務管理戶部三庫事物南書房翰林追
謚文誠李公行狀　　　　　　　　　　　125818

2417**

李文田事略/徐甘棠撰.—民國間藍絲欄抄本.—1
冊.—抄自廣東通志稿·列傳;陳垣贈書.—毛裝
　　　　　　　　　　　　　　　　　　　125819

2418**

陸公墓誌銘/(清)俞樾撰.—民國間石印本.—1
冊.—(清)陸心源(1834—1894);有殘缺字;卷端題清
故誥授資政大夫誥封榮祿大夫二品頂戴賞戴花翎廣
東分巡高廉兵備道陸公墓誌銘,書名頁題清故榮祿大
夫二品頂戴廣東高廉道陸公墓誌銘;陳垣贈書
　　　　　　　　　　　　　　　　　　　125820

2419*
　方眉峰公永思錄/方宗勳編.—民國 19 年(1930)普
寧德鄰園鉛印本.—1 冊：像.—(清)方美和(1834—
1905)，字眉峰　　　　　　　　　　　　　125821

2420
　石阡鄧將軍戰功紀略/(清)杜輝撰.—清光緒二十
二年(1896)武陵刻本.—1 冊.—鄧第武(1834—?)
　　　　　　　　　　　　　　　　　125823

2421*
　思哀錄　二卷/藍輝輯.—民國間上海鉛印本.—1
冊.—藍炳滇(1834—1915)　　　　　　125822

2422
　壯勤公事略/程恩培等撰.—清宣統間石印本.—1
冊：像.—(清)程文炳(1834—1910)，諡壯勤；卷端題
誥授建威將軍封光祿大夫先大父壯勤公事略；與先壯
勤公遺摺合印　　　　　　　　　　　　125824

2423
　安陽朱公行狀/(清)李秉衡撰.—清光緒間石印
本.—1 冊.—(清)朱靖旬(1834—1895)；卷端題資政
大夫二品頂戴賞戴花翎署直隸布政使司布政使按察
使司按察使安陽朱公行狀　　　　　　　125831

2424*
　張氏旌節錄/張懷德輯.—民國 9 年(1920)刻本.—
1 冊.—(清)費氏(1835—1893)，張懷德之母　125835
　部二　1 冊　　　　　　　　　　　　125836

2425*
　皇華紀程/(清)吳大澂撰.—民國 19 年(1930)鉛印
本.—1 冊.—(清)吳大澂(1835—1902)；日記起清光
緒十二年(1886)正月，迄同年九月　　　125842
　部二　1 冊　陳垣贈書　　　　　　　125851
　部三　1 冊　　　　　　　　　　　　128597
　部四　1 冊　　　　　　　　　　　　125844
　部五　1 冊　　　　　　　　　　　　125843

2426
　吳太夫人榮哀錄/周學熙輯.—清宣統間石印本.—
1 冊.—吳氏(1835—1907)，周學熙之母；書簽題誥封
一品夫人周母吳太夫人榮哀錄　　　　　125845

2427
　錫山李閣學政績錄/(清)李澍恩輯.—清宣統元年
(1909)吉林印書館鉛印本.—1 冊：像.—(清)李金鏞
(1835—1890)，詔贈內閣學士；書名據書簽題，書名頁
題李閣學政績錄　　　　　　　　　　　125837

2428*
　黃公嘯山事略/謝成釗撰.—民國 14 年(1925)石印
本.—1 冊.—(清)黃虎臣(1835—1873)，字嘯山；卷端
題欽命頭品頂戴賞戴花翎賞穿黃馬褂記名遇缺簡放
提督西林巴圖魯黃公嘯山事略，書名頁及書簽題清提
督黃公嘯山事略　　　　　　　　　　　125838
　部二　1 冊　　　　　　　　　　　　125839
　部三　1 冊　　　　　　　　　　　　125840
　部四　1 冊　　　　　　　　　　　　125841

2429
　乃秋府君行述/(清)徐誦芳撰.—清末石印本.—1
冊.—(清)徐兆豐(1835—1908)，字乃秋；卷端題皇清
誥授資政大夫二品頂戴賞戴花翎福建延建邵兵備道
顯考乃秋府君行述　　　　　　　　　　125846
　部二　1 冊　　　　　　　　　　　　125847

2430
　方之府君行述/(清)陶葆廉等撰.—清光緒間刻
本.—1 冊：像.—(清)陶模(1835—1902)，字方之；卷
端題皇清誥授光祿大夫贈太子少保予諡勤肅頭品頂
戴兵部尚書都察院右都御史兩廣總督顯考方之府君
行述　　　　　　　　　　　　　　　　125850
　部二　1 冊　書衣有墨筆題字　　　　125834
　部三　1 冊　　　　　　　　　　　　125833
　部四　1 冊　　　　　　　　　　　　125848
　部五　1 冊　　　　　　　　　　　　125849

2431
　鹿文端公榮哀錄　八卷/佚名輯.—清宣統三年
(1911)天津華新印刷局鉛印本.—2 冊：像.—鹿傳霖
(1836—1910)，諡文端　　　　　　　　125855
　部二　1 冊　西諦藏書　　　　　　　XD9935
　部三　1 冊　存 2 卷：卷 1—2　　　128715

2432*
　孫公熙庭暨德配劉太恭人榮哀錄　十卷/孫榮
編.—民國 10 年(1921)鉛印本.—1 冊.—孫應焜

(1836—1918),字熙庭;書名據書簽題　　　125852

2433

先考朝議府君事略/章鈺撰.—清宣統三年(1911)
鉛印本.—1 冊.—(清)章瑞徵(1836—1886),字蘭舟;
附先姚劉太恭人事略、母弟亮之家傳、元配胡恭人家
傳　　　　　　　　　　　　　　　　　　127592
　　部二　1 冊　　　　　　　　　　　　　128420

2434

息園舊德錄/(清)胡念修輯.—清光緒二十六年
(1900)刻本.—1 冊.—(清)胡裕燕(1836—1891),号
息园;書名據書名頁題;刻鵠齋藏板　　　125856

2435

揚芬錄/(清)高繼珩等輯.—清咸豐八年(1858)刻
本.—1 冊.—(清)楊氏(1836—1855),吳世珍之未婚
妻,殉夫;書名據版心題　　　　　　　　125857

2436

瓜爾佳文忠公行狀/陳夔龍撰.—清末朱格抄本.—
2 冊.—(清)榮祿(1836—1903),謚文忠;卷端題贈太
傅晉封一等男爵文華殿大學士瓜爾佳文忠公行狀;與
瓜爾佳文忠公墓誌銘合抄　　　　　　　125853

2437

瓜爾佳文忠公墓誌銘/(清)俞樾撰.—清末朱格抄
本.—2 冊.—卷端題贈太傅晉封一等男爵文華殿大學
士瓜爾佳文忠公墓誌銘;與瓜爾佳文忠公行狀合抄
　　　　　　　　　　　　　　　　　　125853

**2438*

寶山袁霓孫先生事略/袁希濤撰.—民國間石印
本.—1 冊.—(清)袁鎮嵩(1836—1902),號霓孫.—平
裝　　　　　　　　　　　　　　　　　　125863

2439

[劉壯肅公傳志]/(清)佚名輯.—清末京華印書局
北京鉛印本.—1 冊.—(清)劉銘傳(1836—1895),謚
壯肅;有硃筆圈點,陳垣贈書;與劉壯肅公奏議敘合印
　　　　　　　　　　　　　　　　　　125859
　　部二　1 冊　　　　　　　　　　　　125860
　　部三　1 冊　　　　　　　　　　　　125861
　　部四　1 冊　　　　　　　　　　　　125858

**2440*

劉壯肅公家傳/程先甲撰.—民國 8 年(1919)鉛印
本.—1 冊　　　　　　　　　　　　　　125862

**2441*

[左寶貴四十週年忌辰紀念錄]/滿洲伊斯蘭協會奉
天分會輯.—民國間鉛印本.—1 冊:像.—(清)左寶貴
(1837—1894)　　　　　　　　　　　　125867

**2442*

平湖葛毓珊先生小影題詠/葛詞蔚輯.—民國間石
印本.—1 冊:像.—(清)葛金烺(1837—1890),號毓珊
　　　　　　　　　　　　　　　　　　128681
　　部二　1 冊　　　　　　　　　　　　125866

2443

少珊徐府君行略/徐世昌撰.—清光緒間刻本.—1
冊.—(清)徐嘉賢(1837—1861),字少珊,徐世昌之
父;卷端題先考行略,書簽題皇清誥贈奉政大夫少珊
徐府君行略　　　　　　　　　　　　　125868

2444

[少珊徐府君行略]/徐世昌等撰.—清宣統三年
(1911)綠格抄本.—1 冊.—卷端題先考行略;與皇清
旌表節孝誥封宜人晉贈一品夫人劉太夫人行述合抄
　　　　　　　　　　　　　　　　　　125865

**2445*

仁山居士事略/陳西安撰.—民國間刻本.—1 冊.—
(清)楊文會(1837—1911),號仁山　　　125879

**2446*

楊仁山居士事略/陳西安撰.—1955 年刻本.—1 冊
　　　　　　　　　　　　　　　　　　149502

**2447*

楊仁山居士事略/陳西安撰.—民國間鉛印本.—1
冊.—有墨筆題字　　　　　　　　　　　125875
　　部二　1 冊　　　　　　　　　　　　128462
　　部三　1 冊　　　　　　　　　　　　128461
　　部四　1 冊　　　　　　　　　　　　128799
　　部五　1 冊　　　　　　　　　　　　128804

2448[*]

楊仁山居士別傳/張爾田撰. —民國間刻本. —1 冊
125872

部二　1 冊　　　　　　　　　　　125873

部三　1 冊　書衣有墨筆題字;毛裝　125874

2449[*]

楊氏重闈紀念集/楊祖賢輯. —民國間鉛印本. —1
冊:像. —(清)楊岐珍(1837—1902)　125881

部二　1 冊　缺像;附燕居小志　125880

2450[*]

周愨慎公祀典錄　五卷/佚名輯. —民國間鉛印
本. —1 冊. —周馥(1837—1921),字玉山,謚愨慎
125892

部二　1 冊　　　　　　　　　　　125893

部三　1 冊　　　　　　　　　　　125894

2451

建德尚書七十賜壽圖/劉文鳳等輯. —清光緒三十
三年(1907)石印本. —2 冊:圖. —書名據書名頁及書
簽題;附壽言　　　　　　　　　　125882

部二　2 冊　　　　　　　　　　　125883

部三　2 冊　　　　　　　　　　　125884

部四　2 冊　　　　　　　　　　　125885

部五　2 冊　　　　　　　　　　　125886

2452[*]

周愨慎公榮哀錄/佚名輯. —民國間鉛印本. —4 冊
125887

部二　4 冊　　　　　　　　　　　125888

部三　4 冊　　　　　　　　　　　125889

部四　4 冊　　　　　　　　　　　125890

部五　4 冊　　　　　　　　　　　125891

2453[*]

玉山府君行狀/周學熙等撰. —民國間鉛印本. —1
冊:像. —卷端題清授光祿大夫建威將軍頭品頂戴陸
軍部尚書都察院都御史兩廣總督予謚愨慎先考玉山
府君行狀;書簽題清授光祿大夫建威將軍頭品頂戴陸
軍部尚書都察院都御史兩廣總督周愨慎公行狀
125899

部二　1 冊　　　　　　　　　　　125896

部三　1 冊　　　　　　　　　　　125897

部四　1 冊　　　　　　　　　　　125898

部五　1 冊　　　　　　　　　　　128868

2454

慈闈瑣記　二卷/(清)孫仁撰. —清光緒三十三年
(1907)刻本. —1 冊. —(清)鍾氏(1837—1907),孫仁
之母　　　　　　　　　　　　　　125871

部二　1 冊　書衣有墨筆題字　　125869

部三　1 冊　　　　　　　　　　　125870

2455[*]

夏府君年七十行述/夏壽田撰. —民國間烏絲欄抄
本. —1 冊. —(清)夏時(1837—1906),湖南桂陽人;卷
端題清授光祿大夫兼建威將軍兵部侍郎都察院右副
都御史江西陝西巡撫桂陽夏府君年七十行述　125514

2456

三洲日記　八卷/(清)張蔭桓撰. —清光緒二十二
年(1896)京都刻本. —8 冊. —(清)張蔭桓(1837—
1900);日記起清光緒十二年(1886)二月,迄十五年
(1889)十一月　　　　　　　　　　125904

2457

三洲日記　八卷/(清)張蔭桓撰. —清光緒間刻
本. —20 冊. —日記起清光緒十二年(1886)二月,迄十
五年(1889)十一月;粵東新館藏板　　125905

2458

三洲日記　八卷/(清)張蔭桓撰. —清光緒三十二
年(1906)上海石印本. —8 冊. —日記起清光緒十二年
(1886)二月,迄十五年(1889)十一月　125906

2459

張公事狀/(清)蔡乃煌撰. —清光緒間石印本. —1
冊. —卷端題故光祿大夫尚書銜戶部左侍郎南海張公
事狀　　　　　　　　　　　　　　125912

部二　1 冊　　　　　　　　　　　125913

2460

張文襄公榮哀錄　十卷/(清)佚名輯. —清宣統間
北京集成圖書公司鉛印本. —4 冊. —(清)張之洞
(1837—1909),謚文襄,室名抱冰堂　125914

部二　4 冊　　　　　　　　　　　125915

部三　4 冊　　　　　　　　　　　125916

部四　4册　125917
部五　4册　125918

2461

［張之洞六秩壽言］/（清）佚名輯.—清光緒間刻本.—1册.—版心下題漸西村舍　125920

2462

廣雅公六帙壽序/（清）童樹棠撰.—清光緒二十二年（1896）刻朱印本.—1册.—卷端題恭祝誥授光祿大夫頭品頂戴兵部尚書湖廣總督廣雅公六帙壽序,書簽題廣雅尚書張公六帙壽序;有墨筆圈點題記　125808

2463

張太夫子花甲賜壽/（清）楊文勳撰.—清光緒間刻朱印本.—1册.—卷端題恭祝誥授光祿大夫廣雅尚書制憲張太夫子花甲賜壽　125809

2464

抱冰堂弟子記/（清）張之洞撰.—清光緒間武昌文藻齋鉛印本.—1册.—有硃筆校字　69511

2465

抱冰堂弟子記/（清）張之洞撰.—清光緒間鉛印本.—1册　125806
部二　1册　74407
部三　1册　陳垣贈書　77155

2466

抱冰堂弟子記/（清）張之洞撰.—清末朱絲欄抄本.—1册　125807

2467

新出張文襄公事略/（清）佚名輯.—清宣統間石印本.—1册:像　125811

2468*

張文襄公治鄂記/張繼煦輯.—民國36年（1947）湖北通志館鉛印本.—1册.—鄂故叢書之一　53074
部二　1册　52031
部三　1册　125919
部四　1册　147840
部五　1册　49845

2469*

清故楊太恭人墓誌銘/秦樹聲撰.—民國間石印本.—1册.—（清）張氏（1837—1903）,楊國柄之母;與清贈中憲大夫楊公芾綏墓誌銘合印　125647

2470

黑旗劉大將軍事實/（清）管斯駿撰.—清光緒二十一年（1895）管可壽齋刻本.—1册.—劉永福（1837—1917）,字淵亭　125864

2471*

劉永福傳/佚名撰.—民國間朱絲欄稿本.—1册.—毛裝　125922

2472*

劉永福傳/佚名撰.—民國間朱絲欄抄本.—1册.—毛裝　125923

2473*

劉淵亭大帥大事記/佚名撰.—民國間石印本.—1册.—書名據書簽題,版心題劉大帥事記　155998

2474

伯平府君行述/（清）陳冕撰.—清光緒間刻本.—1册.—（清）陳恩壽（1837—1883）,字伯平,卷端題誥授中憲大夫四品銜河南候補知府顯考伯平府君行述　125902

2475

慶雲公行述/（清）陳澤霖撰.—清光緒間刻本.—1册.—（清）陳國瑞,字慶雲（1837—1882）;卷端題誥授振威將軍叔父慶雲公行述,書簽題誥授振威將軍正黃旗頭等侍衛欽差幫辦軍務前浙江處州總鎮陳公慶雲行述　125921

2476

陳將軍歸骨記/（清）尹琳基撰.—清光緒十五年（1889）刻本.—1册.—寡過未能齋雜著之一　125911

2477*

雨生府君行述/陳詒紱等撰.—民國間湯明林刷印局南京石印本.—1册:像.—陳作霖（1837—1920）,字雨生;卷端題清封文林郎三品封典貤封通贈大夫先考雨生府君行述　128805

**2478*

哀思錄/陳詒紱輯. —民國間刻本. —1 冊. —西諦藏書　　　　　　　　XD10448

2479

退廬老人隨筆記/(清)退廬老人撰. —清光緒間朱絲欄抄本. —1 冊. —(清)退廬老人(1837—?);日記起清光緒二十二年(1896)三月,迄二十四年(1898)三月;書名據書簽題　　　　　125903

2480

朱太宜人生西瑞應/歐陽柱撰. —清宣統間石印本. —1 冊:像. —(清)朱賴(1837—1909),歐陽柱之母;書簽題歐陽母朱太宜人生西瑞應;附題辭等
　　　　　　　　　　　　　　125927

2481*

梓楨朱公清芬錄　四卷/朱士煥輯. —民國 2 年(1913) 石印本. —1 冊:像. —朱慶元(1837—1913),字梓楨. —書簽題朱使君清芬錄　125926

2482*

[馬玉崑]行述/馬廉德撰. —民國間石印本. —1 冊:像. —(清)馬玉崑(1838—1908);附榮哀錄等 125938
　部二　1 冊　缺像　　　　　125937

2483*

武義士興學始末記/(清)羅正鈞輯. —民國 14 年(1925)萬國道德會籌備總處鉛印本. —1 冊. —(清)武訓(1838—1897);書名據書簽題,版心題武訓全傳
　　　　　　　　　　　　　　125924
　部二　1 冊　　　　　　　　125930

2484*

義學症武七先生外傳/楊汝泉撰. —民國 26 年(1937) 鉛印本. —1 冊:像. —有墨筆題字 125933

2485*

武訓全傳　四卷/程介三輯. —民國 29 年(1940) 鉛印本. —1 冊:圖及像. —書名據書簽等題 125931
　部二　1 冊　　　　　　　　125932

2486*

武訓先生畫傳/段承澤撰. —民國 33 年(1944)生活

教育社重慶鉛印本. —1 冊:圖及像. —書名據書簽等題;再版　　　　　　　　125934
　部二　1 冊　　　　　　　　125935
　部三　1 冊　　　　　　　　125936
　部四　1 冊　　　　　　　　147606
　部五　1 冊　　　　　　　　147607

2487*

姜君墓誌銘/陳榮昌撰並書. —民國間石印本. —1 冊. —(清)姜九齡(1838—1905);書簽題前清例贈承德郎姜公諱九齡府君墓誌銘　　125939

2488

吳君墓表/(清)吳汝綸撰. —清光緒間石印本. —1 冊. —(清)吳康之(1838—1889);卷端題從兄鄲城知縣吳君墓表,書簽題桐城吳康之先生墓表　125925
　部二　1 冊　　　　　　　　125940

2489

菘耘府君行述/惲毓良,惲毓珂撰. —清末刻本. —1 冊. —(清)惲祖翼(1838—1902),字菘耘;卷端題皇清誥授光祿大夫花翎頭品頂戴兵部尚書都察院右都御史浙江巡撫兼理鹽政兼總理各國事務大臣顯考菘耘府君行述　　　　　　　　125941

2490

府君行述節略/(清)于翰篤撰. —清光緒間刻本. —1 冊. —(清)于蔭霖(1838—1904);卷端題誥授光祿大夫顯考府君行述節略,書簽題皇清誥授光祿大夫建威將軍顯考府君行述　　　　　125928

2491

古稀自述/(清)鄧復興撰. —清宣統元年(1909)南京印書館鉛印本. —1 冊. —(清)鄧復興(1838—?)
　　　　　　　　　　　　　　125942
　部二　1 冊　　　　　　　　112820

2492*

述德徵言/姚梓芳等輯. —民國間鉛印本. —1 冊. —(清)姚良材(1838—1909),姚夫人(1845—1924);姚氏學苑叢刊之七　　　　　　　128598

2493*

姚太恭人家傳/姚筠撰. —民國間石印本. —1 冊:

像.—姚氏(1838—1913),范公詒之母;卷端及書簽題
清封恭人范母姚太恭人家傳　　　　　　125943

2494
　廣甫府君行述/(清)瞿世璟等述.—清光緒間安慶
正誼書局木活字本.—1 冊.—(清)瞿廷韶(1838—
1903),字廣甫;卷端題皇清誥授光祿大夫花翎頭品頂
戴湖北布政使司布政使顯考廣甫府君行述　　125944

2495
　任學士功績錄/(清)黎庶昌等撰.—清光緒二十一
年(1895)刻本.—2 冊:像.—(清)任蘭生(1838—
1888);書名據書名頁題　　　　　　125954

2496
　出使英法義比四國日記　六卷/(清)薛福成撰.—
清光緒間刻本.—4 冊.—(清)薛福成(1838—1894);
日記起清光緒十六年(1890)一月,迄十七年(1891)二
月,有間斷;版心題出使日記　　　　　125945

2497
　出使英法義比四國日記　六卷/(清)薛福成撰.—
清光緒二十二年(1896)上海圖書集成印書局鉛印
本.—3 冊.—日記起清光緒十六年(1890)一月,迄十
七年(1891)二月,有間斷　　　　　125947
　部二　3 冊　　　　　　127631

2498
　出使英法義比四國日記　六卷/(清)薛福成撰.—
清光緒間鉛印本.—4 冊.—日記起清光緒十六年
(1890)一月,迄十七年(1891)二月,有間斷　125948

2499
　出使英法義比四國日記　六卷/(清)薛福成撰.—
清光緒十八年(1892)石印本.—3 冊.—日記起清光緒
十六年(1890)一月,迄十七年(1891)二月,有間斷
　　　　　　125949
　部二　3 冊　有墨筆圈點　　　　125950
　部三　3 冊　　　　　　125951
　部四　3 冊　　　　　　125946

2500*
　出使英法義比四國日記　六卷/(清)薛福成撰.—
民國間曬印本.—3 冊.—日記起清光緒十六年(1890)

一月,迄十七年(1891)二月,有間斷　　125952

2501
　出使日記續刻　十卷/(清)薛福成撰.—清光緒二
十七年(1901)石印本.—10 冊.—日記起清光緒十七
年(1891)三月,迄二十年(1894)五月,有間斷;書名頁
及版心題出使日記續編　　　　　125953

2502*
　袁君墓誌銘/(清)羅文彬撰.—民國間影印本.—1
冊.—(清)袁思韠(1838—1888),字錫臣;卷端題清故
誥授中議大夫鹽運使銜廣西補用知府袁君墓誌銘,書
名頁題中議大夫鹽運使銜廣西補用知府袁君墓誌名,
書簽題清授中議大夫袁公錫臣墓誌銘;據清光緒間拓
本影印　　　　　　125955
　部二　1 冊　　　　　　61330

2503*
　陳太夫人挽詞彙編/佚名輯.—民國 5 年(1916)鉛
印本.—1 冊.—陳氏(1838—1914)　　125957

2504*
　劉恭甫先生行狀/(清)刘贵曾等撰.—民國間北平
人文科學研究所藍絲欄抄本.—1 冊.—(清)劉壽曾
(1838—1882),字恭甫;卷端題誥授奉政大夫同知銜
候選知縣副榜貢生伯兄恭甫先生行狀　　125956

2505
　馮母俞太恭人七十壽言/(清)馮恕輯.—清光緒三
十四年(1908)鉛印本.—1 冊.—(清)俞氏(1838—?),
馮恕之母　　　　　　125958

2506*
　清苑樊府君墓表/王樹柟撰.—民國間拓本.—1
冊.—(清)樊達彙(1839—1912);有民國 4 年墨筆題
記.—經摺裝　　　　　　125967

2507
　仲仁府君行述/(清)廷棟撰.—清光緒間刻本.—1
冊.—(清)裕厚(1839—1882),字仲仁;卷端題誥授通
議大夫欽加鹽運使銜賞戴花翎記名道先考仲仁府君
行述;附誥封淑人先妣兀札拉太淑人行述　　125966

2508

濠洲去思集/趙贊元輯.—清光緒間鉛印本.—1 册：
像　　　　　　　　　　　　　　　　　　126640

2509

太守裕公去思碑文/(清)趙允元撰；(清)郭長慶
書.—清末民國間拓本.—1 册.—書簽題裕公去思碑；
據清光緒三十一年(1904)碑刻拓印　　　11736

2510

庫雅拉氏啓公事略/(清)顏札氏撰.—清光緒間刻
本.—1 册.—(清)啓秀(1839—1901)；卷端題誥授光
祿大夫建威將軍賞戴花翎原任軍機大臣禮部尚書鑲
白旗滿洲都統庫雅拉氏啓公事略；附恩賞等　125973
　　部二　1 册　　　　　　　　　　　　125971
　　部三　1 册　　　　　　　　　　　　125974
　　部四　1 册　　　　　　　　　　　　125972

2511

曾惠敏公榮哀錄/(清)聶緝槼撰.—清光緒間抄
本.—1 册.—(清)曾紀澤(1839—1890)，謚惠敏.—毛
裝　　　　　　　　　　　　　　　　　　125963

2512

曾公行狀/(清)劉麒祥撰.—清光緒十七年(1891)
刻本.—1 册.—卷端題誥授光祿大夫建威將軍追贈太
子少保衡戶部右侍郎承襲一等毅勇侯謚惠敏曾公行
狀　　　　　　　　　　　　　　　　　　125968

2513*

［趙毓楠自傳］/趙毓楠撰.—民國間抄本.—1 册.—
趙毓楠(1839—?).—毛裝　　　　　　　125969

2514

先妣劉太恭人事略/章鈺撰.—清宣統三年(1911)
鉛印本.—1 册.—(清)劉氏(1839—1906)，章鈺之母；
與先考朝議府君事略合印　　　　　　　127592

2515

子可方府君徵哀錄/方賓穆等輯.—清光緒間刻
本.—1 册.—(清)方楷(1839—1891)，字子可；書簽題
皇清例授修職佐郎國子監典簿衡顯考子可方府君徵
哀錄；附方氏遺書目錄　　　　　　　　125965

2516*

挽詞叢錄/邵仁溥輯.—民國 6 年(1917)鉛印本.—
1 册：像.—邵國霖(1839—1917)　　　113604

2517*

姚節母何太君家传　一卷墓誌銘一卷/姚後超
輯.—民國 5 年(1916)刻本.—1 册.—(清)何氏
(1839—1912)，姚裕謙之母，姚後超之祖母　125984
　　部二　1 册　　　　　　　　　　　　125983

2518*

姚節母何太君事述/姚裕謙輯.—民國間松江新華
印刷公司刻本.—1 册：像　　　　　　　125989
　　部二　1 册　　　　　　　　　　　　125990

2519

董恭人家傳/(清)齊長鴻撰.—清光緒間京都龍雲
齋刻本.—1 册.—(清)董茗芬(1839—1877)，齊長鴻
之妻；卷端題誥封恭人元配董恭人家傳　125970

2520*

先考屏周府君行述/華世奎撰.—民國間石印本.—
1 册：像.—華承彥(1839—1916)，字屏周；與先妣田太
夫人行述合印　　　　　　　　　　　　128274

2521*

楚航府君事略/張慶開撰.—民國間鉛印本.—1
册.—(清)張廷湘(1839—1909)，字楚航；卷端題清封
奉政大夫楚航府君事略；附張楚航先生墓碑、楚航先
生墓誌銘　　　　　　　　　　　　　　125975

2522

洪節母張太宜人徵詩啓/(清)洪熙輯.—清光緒間
鉛印本.—1 册.—(清)張氏(1839—1890)，洪熙之母；
書簽題洪節母徵詩啓；附行略等　　　　125985

2523*

林社二十五年紀念册/林社輯.—民國 14 年(1925)
鉛印本.—1 册：圖及像.—(清)林啓(1839—1900)；附
高嘯桐先生傳　　　　　　　　　　　　125980
　　部二　1 册　　　　　　　　　　　　125979
　　部三　1 册　　　　　　　　　　　　125981

2524*

林社二十五週年紀念徵文/林社輯.—民國 14 年(1925)鉛印本.—1 冊:圖及像.—書名據書簽題;附高嘯桐先生傳　　　　　　　　　125982

2525

藍洲府君事略/陳漢第撰.—清宣統間刻本.—1冊.—(清)陳豪(1839—1910),字藍洲;卷端題顯考藍洲府君事略,書簽題誥封通議誥授奉政大夫顯考藍洲府君事略　　　　　　　125959

2526*

梅母陳太君八十壽言/梅蘭芳輯.—民國 8 年(1919)鉛印本.—1 冊:圖及像.—陳氏(1839—?);梅蘭芳之祖母　　　　　　　　　125976

部二　1 冊　　　　　　　　125977

部三　1 冊　　　　　　　　125978

2527*

志哀/佚名輯.—民國 2 年(1913)石印本.—1 冊:像.—沈家本(1840—1913)　　125997

部二　1 冊　　　　　　　　125998

部三　1 冊　　　　　　　　125999

部四　1 冊　　　　　　　　126000

2528

[錢孺人訃告]/(清)馮熙成等撰.—清光緒十七年(1891)刻本.—1 幅.—(清)錢孺人(1840—1891)馮熙成之妻;殘缺　　　　　　　152377

2529

沈宜人墓誌/(清)陳豪撰.—清光緒間刻本.—1冊.—(清)沈氏(1840—1896),陳豪之妻;書名據書簽題　　　　　　　　　126002

2530*

周王運新先生家傳/周輝述.—民國間鉛印本.—1冊:像.—王南成(1840—1916),號運新,周輝之母　　　　　　　　　125993

部二　1 冊　　　　　　　　125994

2531*

馬相伯先生九十晉八大壽徵文啓/林森等撰.—民國 26 年(1937)鉛印本.—1 冊.—馬相伯(1840—

1939);陳垣贈書　　　　　　125992

2532

先府君事略/吳啓孫撰.—清光緒二十九年(1903)木活字本.—1 冊.—(清)吳汝綸(1840—1903)125991

2533

吳先生行狀/(清)賀濤等撰.—清光緒三十年(1904)王恩綬刻本.—1 冊.—桐城吳先生全書之一　　　　　　　　　　125986

部二　1 冊　　　　　　　　125987

部三　1 冊　　　　　　　　125988

部四　1 冊　　　　　　　　127753

2534*

桐城吳先生日記　十六卷/(清)吳汝綸撰.—民國 17 年(1928)桐城吳氏刻朱印本.—11 冊　　8920

2535*

桐城吳先生日記　十六卷/(清)吳汝綸撰.—民國 17 年(1928)蓮池書社刻本.—10 冊　125995

部二　10 冊　　　　　　　128780

部三　10 冊　　　　　　　128841

部四　10 冊　　　　　　　128648

2536*

桐城吳先生日記　十六卷/(清)吳汝綸撰;吳闓生編.—198[?]年中國書店北京影印本.—10 冊.—據民國 17 年(1928)蓮池書社刻本影印　　44313

2537

湘陰吳君行述/陳三立撰.—清光緒間刻本.—1冊.—(清)吳光堯(1840—1886);書名據書簽題,卷端題清故湘陰縣廩貢生吳君行述　　　125996

2538

追憶陷賊紀略/(清)黃力田撰.—清宣統三年(1911)濟南日報館印刷所石印本.—1 冊.—(清)黃力田(1840—?);序及書簽題追憶陷寇紀略　　126001

2539*

劉公茂春傳/王化東撰.—民國間鉛印本.—1 冊.—(清)劉廣盛(1840—1909),字茂春;書簽題劉茂春先生傳　　　　　　　　　126003

2540*

先考茂春府君暨先妣焦太君行述/劉興源撰. —民國 22 年(1933)鉛印本. —1 冊. —與劉公茂春傳合訂
126004

2541*

章邱劉公茂春傳/劉興源輯. —民國 22 年(1933)鉛印本. —1 冊. —書名據書簽題;與先考茂春府君暨先妣焦太君行述合訂
126004

2542*

春暉追痛錄/秦權輯. —民國 37 年(1948)無錫民生印書館鉛印本. —1 冊. —(清)莫氏(1840—1892),秦權之母;附胞兄麟祥行略
126005
　部二　1 冊
126006

2543

叔惠府君行述/馮敦幹等撰. —清宣統二年(1910)中國圖書公司石印本. —1 冊:像. —(清)馮光元(1841—1908),字叔惠;卷端題誥授資政大夫二品頂帶鹽運使銜河南彰衛懷兵備道顯考叔惠府君行述
126008

2544

黃厚吾先生行狀/(清)黃鴻壽撰. —清光緒間木活字本. —1 冊. —(清)黃袁(1845—1900),字厚吾;書名據書簽題,卷端題皇清誥授資政大夫二品封典花翎鹽運使銜新疆補用道遇缺儘先題奏知府前署阿克蘇兵備道英吉沙爾直隸撫彝同知本生顯考厚吾府君行狀
126174

2545

黃君傳/(清)沈同芳撰. —清宣統二年(1910)鉛印本. —1 冊. —卷端題新疆特用道英吉沙爾直隸同知黃君傳;有墨筆題記
126007

2546

元和相國七袠雙慶壽言/(清)蔣尊褘等輯. —清宣統二年(1910)京華印書局京師鉛印本. —1 冊. —(清)陸潤庠(1841—1915),諡文端;吳氏(1841—?),陸潤庠之妻
126011

2547*

陸文端公行狀/吳郁生撰. —民國間刻本. —1 冊. —卷端題賜進士及第誥授光祿大夫太保晉贈太傅東閣大學士陸文端公行狀,書簽題誥授光祿大夫太保晉贈太傅東閣大學士陸文端公行狀
126012
　部二　1 冊
126013

2548*

陸文端公榮哀錄/何實睿輯. —民國 5 年(1916)鉛印本. —1 冊
126014

2549

珠泉草廬日記/(清)廖樹蘅撰. —清宣統間抄本. —1 冊. —(清)廖樹蘅(1841—?);日記起清宣統元年(1909)七月,迄同年十二月. —毛裝
126017

2550*

陸母錢太夫人訃告/陸長佑撰. —民國 24 年(1935)鉛印本. —1 冊. —錢氏(1841—1934),陸長佑之母;附哀啓
126015
　部二　1 冊
126016

2551*

仲立府君行述/程祖福,程生福撰. —民國間石印本. —1 冊:像. —(清)程卓山(1841—1911),字仲立;卷端題清故中憲大夫封榮祿大夫廣東知府顯考仲立府君行述
126020

2552*

振六府君行述/程乾一撰. —民國間刻本. —1 冊. —程人鵠(1841—1916),字振六;卷端題清授奉政大夫光緒戊子科舉人湖北大挑知縣加三級顯考振六府君行述,書簽題清授奉政大夫湖北大挑知縣加三級顯考程公諱人鵠府君行述
126018

2553*

粟香八十自述詩/金武祥撰. —民國間鉛印本. —1 冊:像. —金武祥(1841—1925),號粟香;書名據書簽題;附粟香六十自述、粟香七十自述
126019

2554*

高母張太夫人八十壽言/高步瀛輯. —民國 9 年(1920)北京鉛印本. —1 冊:像. —張氏(1841—?),高步瀛之母
126031
　部二　1 冊
126030
　部三　1 冊
126029

2555*

高母張太夫人九十壽言集/高步瀛輯.—民國 20 年
(1931)鉛印本.—1 冊　　　　　　　126034
　　部二　1 冊　　　　　　　　　　128492
　　部三　1 冊　有硃筆題字　　　　126033
　　部四　1 冊　陳垣贈書　　　　　126056
　　部五　1 冊　　　　　　　　　　126032

2556

圖開勝蹟　六卷/(清)佚名輯.—清光緒元年至二
年(1875—1870)負米山房刻本.— 8 冊:圖及像.—
(清)劉厚基(1841—1877);附紀恩慕義、戰功紀略;西
諦藏書　　　　　　　　　　　　　XD9942
　　部二　8 冊　　　　　　　　　　126027

2557

劉公事寔彙編/佚名輯.—清光緒間上海點石齋石
印本.—1 冊.—(清)劉含芳(1841—1898);卷端題皇
清誥授資政大夫贈內閣學士國史館立傳二品衛原任
山東登萊青道劉公事寔彙編　　　126022
　　部二　1 冊　　　　　　　　　　126023
　　部三　1 冊　　　　　　　　　　126024
　　部四　1 冊　　　　　　　　　　126025
　　部五　1 冊　有墨筆題識　　　　126021

2558*

劉公暨德配郝夫人合祀事迹彙編/周學熙輯.—民
國 12 年(1923)石印本.—2 冊:圖.—書簽題清贈內閣
學士山東登萊青道劉公暨德配郝夫人合祀事蹟彙編;
附清贈內閣學士登萊青道劉公暨德配郝夫人合祠傳
記圖詠　　　　　　　　　　　　　126026
　　部二　1 冊　　　　　　　　　　128617
　　部三　1 冊　　　　　　　　　　128621
　　部四　1 冊　　　　　　　　　　128647

2559

[清同治年日記]/(清)佚名撰.—清同治間藍絲欄
稿本.—2 冊.—著者真實姓名不詳(1841—?);日記起
清同治十年(1871)一月,迄同年八月,又起十二年
(1873)七月,迄同年十二月;西諦藏書　　XD9943

2560*

潘幹臣先生象傳遺畫集/潘景鄭輯.—民國間影印
本.—1 冊:圖及像.—(清)潘祖楨(1841—1857),字子

固,號幹臣,潘景鄭之祖父　　　　62969
　　部二　1 冊　　　　　　　　　　126009
　　部三　1 冊　西諦藏書　　　　　XD9941

2561

引年珠玉編/王振聲輯.—清宣統三年(1911)京華
印書局京師鉛印本.—1 冊:像.—王振聲(1842—?);
書名據書簽題　　　　　　　　　　126047
　　部二　1 冊　　　　　　　　　　128676

2562

心清室日記/王振聲撰.—清光緒至民國間朱絲欄
稿本.—15 冊.—日記起清光緒二十九年(1903)正月,
迄民國 12 年(1923)1 月,有間斷　　153344

2563*

文貞王先生行狀/唐文治撰.—民國間刻本.—1
冊.—王祖畬(1842—1918),號紫翔,私諡文貞;附王
紫翔先生事略、上清史館呈文　　　126037

2564*

王烈婦題詞集　三卷/邱樾輯.—民國 19 年(1930)
蘇州利蘇印書社鉛印本.—1 冊:圖及像.—(清)王氏
(? —1842),王懋德之妻;書簽題巴城王烈婦題辭
　　　　　　　　　　　　　　　　126036

2565

清甲午陣歿李將軍傳志/李寅賓輯.—清光緒間安
徽官紙局鉛印本.—1 冊.—(清)李世鴻(1842—
1894);附張夫人事略　　　　　　XD9946

2566*

李將軍傳志彙編/李寅賓等輯.—民國間鉛印本.—
1 冊.—書簽及目錄題清甲午中東之役戰歿李將軍傳
志彙編;附張夫人事略　　　　　　126038
　　部二　1 冊　　　　　　　　　　126039
　　部三　1 冊　　　　　　　　　　126040
　　部四　1 冊　　　　　　　　　　126041

2567*

萬母王太夫人八旬晉八壽言/張學良等撰.—民國
間鉛印本.—4 冊:像.—王氏(1842—?),萬福麟之母;
書名據書簽題,第 4 冊書簽題萬母王太夫人八旬晉九
壽言　　　　　　　　　　　　　　126045

2568*

萬太夫人壽言錄/佚名輯.—民國 20 年(1931)鉛印
本.—4 冊:像.—書名據書簽題　　　　126043

部二　4 冊　　　　　　　　　　126044

2569*

謝母黃太夫人赴告/謝永錫等撰.—民國 20 年
(1931)上海石印本.—1 冊:像.—黃氏(1842—?),謝
永錫之母;書名據書簽題　　　　　126046

2570*

家君八十壽辰徵言/傅增湘等撰.—民國 10 年
(1921)刻朱印本.—1 冊.—傅申甫(1842—?);書簽題
誥封通奉大夫江安傅申甫先生八十壽辰徵文啓.—平
裝　　　　　　　　　　　　　　126048

2571*

家獻/姚鋆輯.—民國 6 年(1917)刻本.—1 冊.—姚
源清(1842—?);書名據目錄及書簽題　　126049

部二　1 冊　　　　　　　　　　128128

2572*

先妣田太夫人行述/華世奎撰.—民國間石印本.—
1 冊:像.—田氏(1842—1919),華承彥妻;與先考屏周
府君行述合印　　　　　　　　　128274

2573*

錢太夫人事略/金兆蕃撰.—民國間京華印書局京
師鉛印本.—1 冊.—錢卿文(1842—1920),金兆蕃之
母;卷端及書簽題先本生妣錢太夫人事略　126050

2574*

伍秩庸博士哀思錄/佚名輯.—民國間鉛印本.—1
冊:圖及像.—伍廷芳(1842—1922),號秩庸;書名據
書衣題　　　　　　　　　　　　126052

部二　1 冊　　　　　　　　　　126053

部三　1 冊　　　　　　　　　　126051

2575*

馮蒿庵師遺囑/馮熙撰.—民國間影印本.—1 冊.—
馮熙(1843—1924),號蒿庵;書名據書簽題;據原稿影
印　　　　　　　　　　　　　　126058

2576

會稽王烈婦孫宜人哀辭/(清)郭傅璞等撰.—清光
緒元年(1875)刻本.—1 冊.—(清)孫氏(1843—1861)
　　　　　　　　　　　　　　126059

2577

會稽王氏銀管錄/(清)王繼香輯.—清光緒四年
(1878)刻本.—1 冊　　　　　　　126060

部二　1 冊　　　　　　　　　　126061

2578*

榮哀錄/姜瑞鑫等輯.—民國間鉛印本.—2 冊:
像.—姜桂題(1843—1921);書名據書簽題　126062

2579

㟁生府君事略/(清)沈廷鏞等撰.—清光緒間刻
本.—1 冊.—(清)沈中堅(1843—1897),號㟁生;卷端
題例授通議大夫三品銜候選郎中國學生顯考㟁生府
君事略;附例封淑人顯妣彭淑人事略　　126063

2580*

故出使義國大臣許公行狀/劉嘉斌撰.—民國間油
印本.—1 冊.—許玨(1843—1916);書名據書衣題
　　　　　　　　　　　　　　152040

2581*

東萊祥齋趙公墓表/吳郁生撰.—民國間石印本.—
1 冊.—(清)趙連吉(1843—1904),字祥齋;書名頁及
書簽題東萊祥齋趙公墓碑　　　　　126064

部二　1 冊　　　　　　　　　　126065

2582

奇明保列傳/(清)佚名撰.—清朱格稿本.—1 冊.—
(清)奇明保(?—1843).—毛裝　　　126066

2583*

鹽豐王貞婦貞節詩彙刊/王之臣輯.—民國 14 年
(1925)石印本.—1 冊:像.—張氏(1843—1924),王之
臣之母　　　　　　　　　　　　126057

部二　1 冊　　　　　　　　　　126068

2584*

劉古愚先生沒後二十七周年學說紀念文/張鵬一
撰.—民國間鉛印本.—1 冊.—(清)劉光蕡(1843—

1903),號古愚;書衣題古愚先生沒後二十七周年學說
紀念文　　　　　　　　　　　　　　126067

2585*
　朴公家傳/恩豐撰.—民國間石印本.—1冊.—朴興
文(1844—1917),字翰臣;與[朴興文]年譜、養拙山館
詩集合印　　　　　　　　　　　126072

2586
　郭公行述/(清)郭振墉撰.—清光緒間刻本.—1
冊.—(清)郭慶藩(1844—1896);卷端題誥授資政大
夫晉授榮祿大夫賞戴花翎二品頂戴軍功隨帶加三級
江蘇侯補道先府君郭公行述　　　　126145

2587*
　李君墓誌銘/秦樹聲撰.—民國間石印本.—1冊.—
(清)李文瀾(1844—1883);卷端題清故中憲大夫安陽
李君墓誌銘,書名頁題清授中憲大夫戶部郎中李君墓
誌銘;附清授中憲大夫戶部郎中李府君繼室齊恭人之
墓誌銘　　　　　　　　　　　126143
　　部二　1冊　　　　　　　　126144

2588*
　高節孝李太夫人哀思錄/高燮輯.—民國18—19年
(1929—1930)聚珍仿宋印書局鉛印本.—2冊:圖及
像.—李氏(1844—1928),高燮之母;書簽題節孝高母
李太夫人哀思錄　　　　　　　126069
　　部二　2冊　　　　　　　　126070
　　部三　2冊　　　　　　　　126071

2589*
　無補老人哀挽錄/佚名輯.—民國間鉛印本.—1冊:
像.—趙爾巽(1844—1927),號無補;西諦藏書
　　　　　　　　　　　　　　XD9944
　　部二　1冊　書衣有墨筆題記　128845
　　部三　1冊　　　　　　　　126075
　　部四　1冊　　　　　　　　126076
　　部五　1冊　　　　　　　　126077

2590*
　杏蓀府君行述/盛重頤等撰.—民國間石印本.—1
冊:像.—盛宣懷(1844—1916),字杏蓀,號愚齋;卷端
題誥授光祿大夫太子少保郵傳大臣顯考杏蓀府君行
述,書簽題誥授光祿大夫太子少保郵傳大臣愚齋盛公

行述　　　　　　　　　　　　126073
　　部二　1冊　　　　　　　　126074

2591*
　永哀錄/蔡寶善等輯.—民國6年(1917)白門鉛印
本.—1冊.—鄭氏(1844—1917),蔡寶善之母　126147

2592
　[羅長祜戰績事實]/(清)劉錦棠撰.—清光緒間活
字本.—1冊.—(清)羅長祜(1844—1879);與哭大兄
病歿西域六首合印　　　　　　　126148

2593
　哭大兄病歿西域六首/(清)羅錫疇撰.—清光緒間
活字本.—1冊.—與羅長祜戰績事實合印　126148

2594*
　三水梁太公重遊泮水徵詩文啓/梁志文,梁啓超
撰.—民國16年(1927)鉛印本.—1冊.—梁保三
(1844—?);書名據書簽題　　　　126152

2595*
　紹棠家伯七十壽辰徵文略言/周自齋撰.—民國2
年(1913)石印本.—1冊.—周紹堂(1844—?);陳垣贈
書　　　　　　　　　　　　　126153

2596*
　吳母仇太夫人哀挽錄/吳葆誠輯.—民國間財政部
印刷局北京鉛印本.—1冊:像.—仇氏(1844—1922),
吳葆誠之母　　　　　　　　　126163

2597
　劉襄勤史傳稿/何維樸輯.—清宣統間石印本.—1
冊.—(清)劉錦棠(1844—1894),諡襄勤　126158
　　部二　1冊　　　　　　　　126159

2598
　青巖御寇錄　三卷/(清)沈懷珠輯.—清光緒間刻
本.—1冊.—陳真卿(1844—?)　　　126154

2599
　湘水懷清集/(清)佚名輯.—清光緒二十九年
(1903)刻本.—1冊.—俞廉三(1844—?);書名據書簽
題　　　　　　　　　　　　　126155

部二　1 册　　　　　　　　　　　　126156
部三　1 册　　　　　　　　　　　　126157

2600*

藝風府君行述/繆祿保等撰. —民國間鉛印本. —1
册. —繆荃孫(1844—1919),號藝風;卷端及書簽題誥
授中憲大夫四品卿銜學部候補參議翰林院編修顯考
藝風府君行述　　　　　　　　　　126161

2601*

藝風府君行述/繆祿保等撰. —民國 19 年(1930)國
立北平圖書館影印本. —1 册. —卷端及書簽題誥授中
憲大夫四品卿銜學部候補參議翰林院編修顯考藝風
府君行述;據民國間鉛印本影印　　　126162

2602*

頤園壽言集/葉謙丞輯. —民國 4 年(1915)石印
本. —1 册:像. —葉壽堂(1844—?)　　126160

2603*

竹洲淚點圖題詠/吳瑞汾輯. —民國間鉛印本. —1
册:圖. —洪氏(1845—1912),吳祥鉞之妻　126164

2604*

汪經巢君行狀/汪榮基撰. —民國間活字本. —1
册. —(清)汪肇鎔(1845—1912),號經巢;與先嚴經巢
府君行事節略合印　　　　　　　　　126165

2605*

先嚴經巢府君行事節略/汪繹清撰. —民國間活字
本. —1 册. —與汪經巢君行狀合印　　126165

2606*

李惺園先生哀挽錄/李杜名輯. —民國 20 年(1931)
鉛印本. —1 册. —李惺園(1845—1931)　125490

2607*

[沈鏡軒先生哀挽錄]/沈澤春輯. —民國 8 年
(1919)上海聚珍倣宋印書局鉛印本. —1 册:像. —沈
晉恩(1845—1917),號鏡軒　　　　　126171

2608*

朱母梅太夫人哀挽錄/佚名輯. —民國間鉛印本. —
1 册:像. —梅氏(1845—1936),朱士煥之母;卷端題清
封一品夫人朱母梅太夫人哀挽錄;附朱室梅夫人哀挽
錄　　　　　　　　　　　　　　　　126167

2609*

無錫王伯淵先生八秩壽言錄/佚名輯. —民國間鉛
印本. —1 册:像. —王伯淵(1845—?)　126173

2610*

王君錦銓家傳/陳寶琛,郭曾炘撰. —民國間鉛印
本. —1 册. —(清)王錦銓(1845—1920);西諦藏書
　　　　　　　　　　　　　　　　　XD9929

2611

許文肅公日記/(清)許景澄撰. —清末民國間鉛印
本. —1 册. —(清)許景澄(1845—1900),諡文肅;日記
起清光緒七年(1881)四月,迄二十六年(1900)六月,
有間斷;西諦藏書　　　　　　　　　　XD9945
部二　1 册　　　　　　　　　　　　126166

2612*

寄彝表舊表/李思敬撰. —民國間抄本. —1 册. —李
思敬(1845—?)　　　　　　　　　　126170

2613*

怙德錄/黃任恒編. —民國 8 年(1919)保粹堂刻
本. —1 册:圖及像. —黃元康(1845—1913)　126169
部二　1 册　　　　　　　　　　　　126168

2614*

月鋤老人八十生日倡和詩/吳善蔭等編. —民國間
鉛印本. —1 册. —陸太夫人(1845—?),號月鋤老人;
書簽題吳母陸太夫人八十壽詩　　　　128881

2615

丁女貞孝錄/(清)丁承衍輯. —清光緒二十七年
(1901)毗陵活字本. —1 册. —(清)丁畹芬(1845—
1861),字靜蘭;書名頁題特旌孝烈丁女靜蘭貞孝錄,
書簽題特旌孝烈毗陵丁女靜蘭貞孝錄　126175
部二　1 册　　　　　　　　　　　　126176

2616*

季垂府君行述/鄧邦述等撰. —民國間石印本. —1
册:像. —鄧嘉縝(1845—1915),字季垂;卷端題清封
光祿大夫奉天巡警道先考季垂府君行述　126178

2617*

羅氏椿庭萱壽集/羅兆鳳輯.—民國 13 年(1924)志成印書館鉛印本.—1 册.—羅代純(1845—?),字椿庭
　　　　　　　　　　　　　　　126177

2618

[周宜人行狀]/(清)[?]世英撰.—清光緒間刻本.—1 册.—(清)周氏(1845—1876),[?]世英之妻
　　　　　　　　　　　　　　　126179

2619*

餘生紀略/(清)劉貴曾撰.—196[?]年 揚州古舊書店揚州抄本.—1 册.—(清)劉貴曾(1845—?)
　　　　　　　　　　　　　　　126180

2620*

四川提督馬果肅公傳/佚名撰.—民國間石印本.—1 册:像.—(清)馬維騏(1846—1910),諡果肅
　　　　　　　　　　　　　　　126184
部二　1 册　　　　　　　　　126185

2621*

庸叟日記菁華　三卷卷首一卷/賴清鍵撰.—民國間潮安麗新鉛印本.—1 册:像.—賴清鍵(1846—1927),號庸叟;日記起清光緒十二年(1886)九月,迄民國元年(1912)十二月,有間斷　　　126186

2622

星源善公事略/(清)管鳳龢等撰.—清末朱絲欄抄本.—1 册.—(清)善聯(1846—1900),字星源;附哀挽文　　　　　　　　　　　　　126187

2623

先考誼卿府君行述/(清)譚新嘉撰.—清光緒間慎遠義莊刻本.—1 册.—(清)譚日鈞(1846—1902),號誼卿;與先叔問梅公事略合訂　　　126190

2624*

觀城王蘊山公傳記/王澤澄輯.—民國 7 年(1918)財政部印刷局北京鉛印本.—1 册.—(清)王衍謙(1846—1897),字蘊山;附年譜　　126196
部二　1 册　　　　　　　　　126194
部三　1 册　　　　　　　　　126195

2625*

長樂李星冶先生八十徵詩文啓/嚴修等撰.—民國 15 年(1926)鉛印本.—1 册:像.—李兆珍(1846—1927),字星冶　　　　　　　　126192

2626*

[李星冶先生]哀啓/李鎮中等撰.—民國 16 年(1927)鉛印本.—1 册:像.—附訃告　126191

2627

靖道府君行狀/黃慶曾撰.—清宣統三年(1911)石印本.—1 册:像.—(清)黃嗣東(1846—1910),私諡靖道先生;卷端題皇清誥授資政大夫晉封榮祿大夫署陝西陝安兵備道顯考靖道府君行狀　126193

2628

有泰日記/(清)有泰撰.—清光緒二十一年至宣統元年(1895—1909)稿本.—32 册.—(清)有泰(1846—1910);日記起清光緒二十一年(1895)七月,迄宣統元年(1909)二月　　　　　　　　　126188

2629*

有泰駐藏日記　十六卷/(清)有泰撰.—1988 年中國藏學出版社北京影印本.—16 册.—日記起清光緒二十八年(1902)十一月,迄光緒三十四年(1908)三月;據吳豐培抄本影印;中國藏學史料叢刊之一
　　　　　　　　　　　　　　　126189

2630

伊甫府君行述/(清)錢振聲撰.—清光緒間刻本.—1 册.—(清)錢志澄(1846—1904),字伊甫;卷端題皇清誥授榮祿大夫賞戴花翎一品封典二品頂戴記名簡放江蘇儘先補用道代理蘇州關監督顯考伊甫府君行述　　　　　　　　　　　　　126197
部二　1 册　　　　　　　　　126198

2631*

愛日草堂壽言/黃芝畦編.—民國 10 年(1921)鉛印本.—1 册:像.—周氏(1846—?),黃芝畦之母
　　　　　　　　　　　　　　　126200

2632*

[管廷獻崇祀鄉賢錄]/柯劭忞等撰.—民國 12 年(1923)刻本.—1 册.—管廷獻(1846—1914)　126202

2633*

哀思紀實/何湛霖等撰.—民國間光東書局鉛印本.—1冊:像.—何淞(1846—1925),何湛霖之父
　　　　　　　　　　　　　126201

2634

爽秋府君行略/袁允櫆等撰.—清光緒三十一年(1905)石印本.—1冊:像.—(清)袁昶(1846—1900),字爽秋,號毗邪台山散人;卷端題皇清誥授榮祿大夫二品銜總理各國事務大臣太常寺卿顯考爽秋府君行略,書名頁題太常袁公行略　　　　126181
　　部二　1冊　　　　　　　　126182

2635*

袁爽秋京卿日記/(清)袁昶撰.—民國間朱絲欄抄本.—1冊.—日記起清光緒二十六年(1900)五月二十八日,迄同年六月二十二日;書名頁題袁京卿日記
　　　　　　　　　　　　　127981

2636*

毗邪台山散人日記/(清)袁昶撰.—民國間抄本.—24冊.—日記起清同治六年(1867),迄光緒二十三年(1897),有間斷.—毛裝　　　　126183

2637*

[蓉曙府君訃告]/陳訥等撰.—民國間鉛印本.—1冊:像.—陳遹聲(1846—1920),字蓉曙;書名據書衣題　　　　　　　　　　126203

2638

鯉庭獻壽圖題詠集　二卷/(清)蘇輿輯.—清光緒三十一年(1905)平江蘇氏刻朱印本.—1冊.—(清)蘇淵泉(1846—?)　　　　　126204

2639

[朱一新]行述/(清)朱萃祥撰.—清光緒間刻本.—1冊.—(清)朱一新(1846—1894)　　126205

2640*

竇叔英先生暨德配楊夫人八秩壽言/竇梁汾輯.—民國15年(1926)鉛印本.—1冊.—竇叔英(1847—?),字廣文;書名頁題錫山竇叔英廣文暨德配楊夫人八秩壽言錄,書簽題竇叔英廣文暨德配楊夫人八十雙慶壽言錄　　　　　126206

部二　1冊　　　　　　　126207

2641*

先妣事略/袁思亮撰.—民國間鉛印本.—1冊.—唐舜卿(1847—1932),袁思亮之母　126210

2642*

無錫唐桐卿先生專祠文錄/張文藻輯.—民國11年(1922)鉛印本.—2冊:像.—唐錫晉(1847—1912),字桐卿,晚號潛叟　　　　　126213
　　部二　2冊　　　　　　　126214

2643*

唐氏哀感錄/唐宗愈,唐宗郭輯.—民國13年(1924)聽雨草堂刻本.—1冊:像.—卷端題清故長洲縣教諭唐氏哀感錄　　　　126212

2644*

潛叟先生行狀/唐宗愈等撰.—民國間鉛印本.—1冊:像.—附墓碑、墓誌銘　　126215
　　部二　1冊　　　　　　　126216

2645*

汪茂萱先生九十壽辰徵文啟/傅增湘等撰.—民國25年(1936)鉛印本.—1冊.—汪茂萱(1847—?)
　　　　　　　　　　　　　126209

2646*

對鳧緣影/潘守廉撰.—民國23年(1934)鉛印本.—1冊:像.—潘守廉(1847—?),號對鳧　126208

2647*

先德榮哀錄/錢文選輯.—民國19年(1930)鉛印本.—1冊.—(清)戴氏(1847—1890),錢文選之母;書簽題廣德錢誦芬堂先德榮哀錄　　126211

2648

再送越南貢使日記/(清)馬先登撰.—清同治十一年(1872)刻本.—2冊.—(清)馬先登,清道光二十七年(1847)進士;日記起清同治十年(1871)十二月十六日,迄同月二十九日;附詩文,與護送越南貢使日記合印　　　　　　　　　　　5388
　　部二　1冊　西諦藏書　　XD10067
　　部三　1冊　有殘;有硃筆圈點　125502

部四　2 冊　　　　　　　　　　　　　125501

2649*
　蔣君傳/馮煦撰.—民國 15 年(1926)江寧蔣氏樂安
堂石印本.—1 冊.—(清)蔣師轍(1847—1904),字紹
由;卷端題安徽無爲州知州蔣君傳,書名頁題蔣紹由
先生傳;附州祠碑文　　　　　　　　126218

2650
　蔣無爲史館奏牘/(清)吳煦等撰;(清)蔣味霞輯.—
清宣統間鉛印本.—1 冊:像.—書名據書簽題 126217

2651
　旌表烈婦錄　四卷/(清)佚名輯.—清同治間刻
本.—1 冊.—(清)胡品霞(1847—1867)　　126219

2652*
　南通孫氏念萱堂題詠集　四卷/孫雄編.—民國間
鉛印本.—1 冊.—(清)曹氏(1847—1889);書名頁題
念萱堂題詠集　　　　　　　　　　　126220
　部二　1 冊　　　　　　　　　　　126221

2653
　詒煒集/(清)許振褘輯.—清光緒二十三年(1897)
廣州節署刻本.—2 冊.—(清)梁氏(1847—1891),許
振褘側室;與侍香集合印　　　　　　126222
　部二　2 冊　　　　　　　　　　　126223

2654
　追悼張文達公祭文挽詞彙志/(清)許炳榛辑.—清
光緒三十三年(1908)廣東學務公所鉛印本.—1 冊.—
(清)張百熙(1847—1909),諡文達,號潛齋;書簽題追
悼長沙張文達公祭文詩聯彙志　　　　127782

2655
　長沙張文達公榮哀錄　四卷/(清)陳毅輯.—清光
緒三十四年至宣統元年(1908—1909)北京德興堂印
字局鉛印本.—1 冊:像　　　　　　　126224
　部二　1 冊　　　　　　　　　　　126226
　部三　1 冊　　　　　　　　　　　126227
　部四　1 冊　　　　　　　　　　　126228
　部五　1 冊　　　　　　　　　　　126225

2656
　潛齋尚書六十賜壽圖　四卷/(清)李實輯.—清光
緒三十三年(1907)京師官書局鉛印本.—1 冊:圖及
像.—書名頁題潛齋尚書賜壽圖,書名據書簽題
　　　　　　　　　　　　　　　　126229

2657*
　邵母劉太君墓表/姚永樸撰.—民國間鉛印本.—1
冊.—劉葆貞(1847—1913),邵章之母;王蔭泰先生贈
書;與邵氏節母劉太君墓誌銘、邵節婦家傳合印
　　　　　　　　　　　　　　　　126235
　部二　1 冊　　　　　　　　　　　126234

2658*
　邵氏節母劉太君墓誌銘/馬其昶撰.—民國間鉛印
本.—1 冊.—與邵母劉太君墓表、邵節婦家傳合印
　　　　　　　　　　　　　　　　126235
　部二　1 冊　　　　　　　　　　　126234

2659*
　邵節婦家傳/姚永概撰.—民國間鉛印本.—1 冊.—
與邵氏節母劉太君墓誌銘、邵母劉太君墓表合印
　　　　　　　　　　　　　　　　126235
　部二　1 冊　　　　　　　　　　　126234

2660*
　先妣劉太君事略/邵章撰.—民國間刻本.—1 冊
　　　　　　　　　　　　　　　　126236
　部二　1 冊　　　　　　　　　　　126237

2661*
　邢母劉太夫人墓表/王樹枏撰.—民國間石印本.—
1 冊.—劉氏(1847—1932),邢端之母　　126230
　部二　1 冊　　　　　　　　　　　126231
　部三　1 冊　　　　　　　　　　　126232
　部四　1 冊　　　　　　　　　　　126233

2662*
　亦千公事狀/孫蓉鏡撰.—民國間鉛印本.—1 冊.—
孫峻均(1848—1925),字亦千;卷端題先府君亦千公
事狀　　　　　　　　　　　　　　126245

2663*
　簡太夫人哀思錄/簡照南輯.—民國 9 年(1920)鉛

印暨石印本. —2 冊:像. —潘氏(1848—1920),簡照南
之母　　　　　　　　　　　　　　　　125496

2664*

簡太夫人哀思錄　五卷/簡照南輯. —民國 9 年
(1920)上海聚珍仿宋印書局鉛印暨石印本. —6 冊:
像. —與金剛經線說合印　　　　　　128470

2665*

張母章太夫人榮哀錄/張概撰. —民國間鉛印本. —
1 冊:像. —章氏(1848—1927),張概之母;書名據書衣
題;附謝帖　　　　　　　　　　　　126254

2666*

王公可莊崇祀名宦並前邑侯王公伯芳附祀公牘/
(清)佚名輯. —民國 11 年(1922)鉛印本. —1 冊. —
(清)王仁堪(1848—1893),字可莊;書簽題前鎮
江太守閩縣王公可莊崇祀名宦並前邑侯王公伯芳
附祀公牘　　　　　　　　　　　　126253

2667

王仁堪傳/(清)劉坤一撰. —清光緒間石印本. —1
冊　　　　　　　　　　　　　　　126267

2668*

蓮堂府君行述/王祖緯等撰. —民國間鉛印本. —1
冊. —王佑曾(1848—1932),字蓮堂;卷端題誥授中議
大夫花翎三品封典安徽銅陵縣知縣先考蓮堂府君行
述,書簽題先嚴蓮堂府君行述　　　　126244
　部二　1 冊　　　　　　　　　　126243
　部三　1 冊　　　　　　　　　　128476
　部四　1 冊　　　　　　　　　　126242

2669

庚子十二月赴行在日記/吳慶坻撰. —清光緒間鉛
印本. —1 冊. —吳慶坻(1848—1924),字子修;日記起
清光緒二十六年(1900)十二月,迄二十七年(1901)元
月　　　　　　　　　　　　　　　126250
　部二　1 冊　　　　　　　　　　126251

2670*

吳府君之墓志銘/姚詒慶撰. —民國間鉛印本. —1
冊. —卷端題清故光祿大夫賜進士出身賞戴花翎頭品
頂戴湖南提學使翰林院編修吳府君之墓志銘;附吳

花夫人傳　　　　　　　　　　　　126252

2671*

先兄公度先生事實述略/黃遵楷撰. —民國間亞東
製版印刷局鉛印本. —1 冊:像. —(清)黃遵憲(1848—
1905),字公度　　　　　　　　　　126246
　部二　1 冊　　　　　　　　　　126247
　部三　1 冊　　　　　　　　　　126248
　部四　1 冊　　陳垣贈書　　　　128074

2672*

丁淑人行述/王祖繩等撰. —民國間鉛印本. —1
冊. —丁氏(1848—1921),王祖繩之母;卷端題誥封淑
人先妣丁淑人行述　　　　　　　　126255
　部二　1 冊　　　　　　　　　　126256
　部三　1 冊　　　　　　　　　　126257
　部四　1 冊　　　　　　　　　　128749

2673*

錢處士行狀/金澤榮撰. —民國間石印本. —1 冊. —
錢鶴鳴(1848—1919)　　　　　　　126258

2674*

嘉興錢公行狀/孫雄撰. —民國間石印本. —1 冊. —
錢駿祥(1848—1930),字新甫;卷端題清授光祿大夫
頭品頂戴日講起居注官翰林院侍讀嘉興錢公行狀
　　　　　　　　　　　　　　　　126259
　部二　1 冊　　　　　　　　　　126260

2675*

嘉興錢新甫先生暨德配周夫人七十雙壽徵文啟/錢
錦孫等輯. —民國間硃格抄本. —1 冊　　128618

2676*

潤于日記/(清)張佩綸撰. —民國間豐潤張氏潤于
草堂影印本. —14 冊. —(清)張佩綸(1848—1903),字
簣齋;日記起清光緒四年(1878)十月,迄二十一年
(1895)五月,有間斷;書名據書簽及版心題;據著者手
稿影印;含簣齋日記、嘉禾鄉人日記、出塞日記等
　　　　　　　　　　　　　　　　126264
　部二　14 冊　　陳垣贈書　　　　126262
　部三　14 冊　　　　　　　　　126263
　部四　14 冊　　　　　　　　　126265
　部五　14 冊　　　　　　　　　126261

2677*

先祖中卿公行述/劉瓊等撰. —民國 4 年(1915)石印本. —1 冊. —劉心源(1848—1915);書籤題特授少卿追贈中卿劉府君行述　　125771

2678*

文忠太傅先府君行述/陳懋復等撰. —民國間福州大华印书局鉛印本. —1 冊:像. —陳寶琛(1848—1935),諡文忠;卷端題誥授光祿大夫晉贈太師特諡文忠太傅先府君行述,書籤題誥授光祿大夫贈太師先文忠公行述　　125769

2679*

[陳寶琛赴告]/陳懋復等撰. —民國 24 年(1935)鉛印本. —1 幅. —附哀啓 1 幅　　125770

2680*

[張少玉傳]. —民國間鉛印本. —1 冊. —(清)張仁黼(1848—1908),字少玉;本書截取自清史列傳卷 64;陳垣贈書. —毛裝　　128073

2681

康府君行狀/康寶忠撰. —清宣統三年(1911)鉛印本. —1 冊. —(清)康壽桐(1849—1911);卷端題皇清誥授通議大夫誥封通奉大夫候補同知直隸州原任四川彭山縣知縣先考府君行狀,書籤題皇清誥封大夫康府君行狀　　125773

2682*

宣付史館錄/陳明等輯. —民國 10 年(1921)鉛印本. —1 冊. —(清)唐成烈(1849—1906);書衣有墨筆題字;收唐成烈居官政績事實等　　125777

2683*

先考松坡府君行述/賀葆真等撰. —民國間鉛印本. —1 冊. —賀濤(1849—1912),字松坡;書名據書籤題　　125774

2684*

佩鶴公行狀/秦曾潞撰. —民國間嘉定秦氏鉛印本. —1 冊. —秦綬章(1849—1925),字佩鶴;卷端題賜進士出身誥授光祿大夫兵部左侍郎建威將軍鑲黃旗滿洲副都統先叔考佩鶴公行狀,書籤題賜進士出身誥授光祿大夫兵部左侍郎建威將軍鑲黃旗滿洲副都統翰林院編修先叔考佩鶴公行狀;附手抄詩文等 3 紙　　125778

2685

[閔蘿姑輓集]/(清)沈秉成等撰. —清抄本. —1 冊. —(清)閔蘿姑(1849—1868),(清)馮賦唐之妻　　125776

2686*

曾氏壽漁堂家祠落成紀念册/方經輯. —民國 8 年(1919)鉛印暨石印本. —1 冊:圖及像. —(清)曾鑄(1849—1908),號壽漁;書名據書籤題　　125775

2687*

戩穀辭　二卷/涂鳳書輯. —民國 17 年(1928)文嵐簃印書局鉛印本. —1 冊:像. —吳氏(1849—?),涂鳳書之母;此書輯多人所撰慶吳氏八十壽辭　　125779

2688*

李子香先生七十壽言錄　三卷/李頌臣輯. —民國間天津鉛印本. —4 冊:圖及像. —李士銘(1849—?),字子香,民國 7 年(1918)爲其七十壽誕;書名據書籤題　　126266

部二　4 冊　　126249

2689

先府君行略/(清)黃厚成撰. —清光緒間抄本. —1 冊. —(清)黃國瑾(1849—1891)　　125772

2690*

奮威將軍丁公衡三行狀/丁樹年等撰. —民國 24 年(1935)石印本. —1 冊:像. —丁槐(1849—1935),字衡三;書名據書籤題　　126270

部二　1 冊　　126271

2691*

馮母徐太夫人七十壽徵詩文啓/馮祥光等撰. —民國 7 年(1918)鉛印本. —1 冊. —徐氏(1849—?),馮祥光之母　　126273

2692

國史羅閣學公列傳/(清)國史館撰. —清光緒間刻本. —1 冊. —(清)羅長祐(1849—1884);書名據書籤題　　126269

部二　1 冊　　126268

2693*

李母錢太夫人訃告/李鍾良等撰.—民國 23 年
(1934) 鉛印暨石印本.—1 册：像.—錢氏(1849—
1934),李鍾良之母；書名據書籤題　　　126272

2694*

石埭徐楊賢證居士遺徽集/徐國治等輯.—民國 19
年(1930) 徐氏鉛印本.—1 册：圖及像.—楊芳相
(1849—1924),徐國治之母；書名據書籤題　　126277
　　部二　1 册　　　　　　　　　　　　126278
　　部三　1 册　　　　　　　　　　　　126279
　　部四　1 册　　　　　　　　　　　　126280

2695*

清故譚室金恭人家傳/(清)張礽杰撰.—民國初年
烏絲欄抄本.—1 册.—(清)金氏(1849—1894),譚光
熙之妻,譚新嘉之母　　　　　　　　　126281

2696*

江寧濮友松先生象贊/濮齊政輯.—民國 14 年
(1925) 王吉源南京石印本.—1 册：像.—濮宗柏
(1849—1925),字友松；書名據書籤題；據民國間手稿
影印；附哀啓爲鉛印　　　　　　　　　126274

2697

[感懷身世詩百韻]/(清)文悌撰.—清光緒間刻
本.—1 册.—(清)文悌(1849—1900),蘇完瓜爾佳氏
　　　　　　　　　　　　　　　　　126275
　　部二　1 册　　　　　　　　　　　　126276

2698*

袁君墓志銘/黃家琮撰.—民國間影印本.—1 册.—
(清)袁照蓉(1849—1909)；卷端題清故誥授奉政大夫
晉封資政大夫同知銜雲南麗江縣知縣袁君墓志銘,書
簽題清故雲南麗江縣知縣袁君墓志銘　　126319

2699*

林文直公行述/林葆恒撰.—民國 5 年(1916) 刻
本.—1 册：像.—林紹年(1849—1916),謚文直；書簽
題皇清誥授光祿大夫頭品頂戴經筵講官弼德院顧問
大臣林文直公行述　　　　　　　　　126282
　　部二　1 册　　　　　　　　　　　　126283
　　部三　1 册　　　　　　　　　　　　126284

2700*

林文直公榮哀錄/林葆恒輯.—民國間鉛印本.—1
册：像　　　　　　　　　　　　　　　126285
　　部二　1 册　　　　　　　　　　　　126286
　　部三　1 册　　　　　　　　　　　　126287

2701*

[劉嶽雲傳志]/唐文治等撰.—民國間刻本.—1
册.—劉嶽雲(1849—1917)；食舊德齋全集之附錄
　　　　　　　　　　　　　　　　　126288

2702*

緣督廬日記鈔　十六卷/葉昌熾撰；王季烈輯.—民
國 22 年(1933)上虞羅氏蟬隱廬上海石印本.—16
册.—葉昌熾(1849—1917),號緣督廬主人；日記起清
同治九年(1870)閏十月,迄民國 6 年(1917) 9 月,有間
斷；西諦藏書　　　　　　　　　　　XD9948
　　部二　16 册　　　　　　　　　　　126239
　　部三　16 册　　　　　　　　　　　126240
　　部四　16 册　　　　　　　　　　　128629
　　部五　16 册　　　　　　　　　　　126238

2703*

緣督廬日記/葉昌熾撰.—1990 年江蘇廣陵古籍刻
印社揚州影印本.—48 册.—日記起清同治九年閏十
月,迄民國 6 年 9 月；據原稿本影印　　141494

2704*

張母高太夫人訃告/張軼歐撰.—民國 23 年(1934)
張氏南京鉛印本.—1 册：像.—高氏(1850—1934),張
軼歐之母；書名據書籤題；附哀啓、行述等　126292

2705*

載都統穆殉難事實/汪家聲等撰.—民國間朱格抄
本.—1 册.—(清)載穆(1850—1911)；書名據書衣題；
附祭傅張二公文　　　　　　　　　　126290

2706*

載都統事實集錄/楊邦彥輯.—民國 10 年(1921)丹
徒楊邦彥鎮江鉛印本.—1 册.—書名據目錄及版心
題,書簽題京口副都統載公事實集錄　　126291

2707*

婺源吳調卿先生七秩壽言錄/孫寶琦等輯.—民國

間天津華新印刷局鉛印本.—1冊:圖及像.—吳懋鼎
(1850—1927),字調卿,江西婺源人　　　128795

2708*

慰藁錄　二卷/涂鳳翥等輯.—民國間鉛印本.—2
冊.—吳氏(1850—?),涂鳳翥之母;記事至民國8年
(1919);書簽題涂母吳太夫人七十慰藁錄　　126296
　　部二　2冊　江安傅氏捐書　　126297

2709*

柯鳳孫追悼會紀錄/柯昌泗等輯.—民國間北京鉛
印本.—1冊:圖及像.—柯劭忞(1850—1933),字鳳
孫;書名據書簽及版心題　　126293
　　部二　1冊　　126294

2710*

[柯劭忞]哀啓/柯昌泗等撰.—民國間鉛印本.—1
幅　　128622

2711*

瞿文慎公行狀/余肇康撰.—民國間聚珍仿宋印書
局上海鉛印本.—1冊.—瞿鴻機(1850—1918),諡文
慎;卷端題清故誥授光祿大夫經筵講官軍機大臣協辦
大學士外務部尚書瞿文慎公行狀　　126295

2712*

朱信魚先生七秩壽言彙編/朱孝思等輯.—民國10
年(1921)蛟川朱氏鎮江鉛印本.—1冊:像.—朱中孚
(1850—?),字信魚;記事至民國10年(1921)
　　　　126298

2713

甲辰考察日本商務日記/(清)許炳榛撰.—清光緒
三十年(1904)鉛印本.—1冊.—許炳榛,清末人;日記
起清光緒三十年(1904)八月十三日,迄同年十月十三
日　　127630

2714*

家慈王太夫人八十正壽徵文啓/黃家璘撰.—民國
間鉛印本.—1冊.—王氏,黃家璘之母,約生於清咸豐
間　　127418

2715

羊城西關紀功錄/(清)佚名輯.—清咸豐五年
(1855)刻本.—2冊:圖.—(清)黃賢彪,生卒年不詳;
西諦藏書　　XD10012
　　部二　2冊　缺圖　　126385

2716*

顧伯潛先生輓聯/黃明發,顧樂森輯.—民國12年
(1923)顧氏湘陰木活字本.—1冊.—顧伯潛(1851—
1922);附哀啓　　126310

2717

[潛雲堂日記]/[恩光]撰.—清宣統元年至民國2
年(1909—1913)恩光朱絲欄稿本.—4冊.—恩光
(1851—?),室名潛雲堂;日記起清宣統元年(1909),
迄民國2年(1913)　　126344

2718*

桐孫府君行述/王祖綱等撰.—民國初刻本.—1
冊.—王福曾(1851—1917),字桐孫;卷端題清誥授奉
政大夫花翎同知銜山東堂邑縣知縣先考桐孫府君行
述　　126311

2719*

故新疆布政使王公行狀/尚秉和撰.—民國間鉛印
本.—1冊.—王樹枏(1851—1936)　　126312
　　部二　1冊　　126313
　　部三　1冊　　126314
　　部四　1冊　有計照硃墨筆眉批　　126315
　　部五　1冊　　128674

2720*

[吳蔭培]哀啓/吳銘常撰.—民國間石印本.—1
幅.—吳蔭培(1851—1919)　　126318

2721

循陔贈言/王人文,李根源輯.—清宣統間石印
本.—1冊.—趙藩(1851—1927),字介庵　　126320
　　部二　1冊　　126321
　　部三　1冊　　92867

2722*

介庵先生事略/周鍾嶽撰.—民國間鉛印本.—1冊:
像　　126322
　　部二　1冊　　126323
　　部三　1冊　　126324

部四　1 册　缺像　　　　　　　126325

2723*
　介庵先生事略/周鍾嶽撰. —民國間抄本. —1 册. —
毛裝　　　　　　　　　　　　126326

2724*
　蟹山老人輓詞/趙啓霖等撰. —民國 19 年(1930)湘
潭方氏鉛印本. —1 册:像. —方宗翰(1851—1930),晚
號蟹山老人;附家傳、墓誌銘;陳垣贈書　　126328

2725*
　朱母田太夫人訃告/朱文若等撰. —民國 24 年
(1935)鉛印本. —1 册:像. —田氏(1851—1935),朱文
若祖母;附先妣事略　　　　　　　126327

2726*
　蘇常日記/(清)瞿元霖撰. —民國 22 年(1933)長沙
瞿氏北平鉛印本. —1 册. —(長沙瞿氏叢刊). —(清)
瞿元霖,生卒年不詳,咸豐元年中擧;日記起清咸豐七
年(1857)八月,迄八年(1858)四月　　128216
　部二　1 册　　　　　　　　128578
　部三　1 册　　　　　　　　128716
　部四　1 册　　　　　　　　128802
　部五　1 册　　　　　　　　128832

2727*
　任君墓誌銘/惲彥彬撰. —民國間拓本. —1 幅. —任
錫汾(1851—1918);額題清故光祿大夫頭品頂戴四川
東道重慶關監督任君墓誌銘　　　　153502

2728*
　楊穌甫先生家傳/李岳瑞撰. —民國間石印本. —1
册. —(清)楊調元(1851—1911),號穌甫　　126330

2729*
　徐母周太夫人訃告/徐善慶,徐善祥撰. —民國 25
年(1936)徐氏上海鉛印本. —1 册:像. —周氏(1851—
1936),徐善慶、徐善祥之母　　　　126329

2730*
　先師張肇益先生暨配楊孺人合葬墓誌銘/郭尺巖
撰. —民國間影印本. —1 册. —張森運(1851—1924),
字肇益　　　　　　　　　　　126333

2731*
　古稀錄/鄒廷廉撰. —民國 9 年(1920)鉛印本. —1
册:照片. —鄒廷廉(1851—?)　　　　126334

2732*
　袁公仲青行述/袁祚廙撰. —民國間鉛印本. —1
册. —袁照藜(1851—1919),字仲青;卷端題清授資政
大夫顯考袁府君行述,書名頁題清授資政大夫
　　　　　　　　　　　　　126332

2733*
　先考陳公衡山府君行述/陳鼎元撰. —民國間鉛印
本. —1 册. —陳矩(1851—1938),字衡山　　126331

2734*
　黻唐陳老先生訃告/佚名撰. —民國 20 年(1931)鉛
印本. —1 册:像. —陳黻唐(1851—1931);附哀啓
　　　　　　　　　　　　　150271

2735*
　齊眉介觥集. —民國間北京士寶齋影印本. —2 册:
照片. —馬海樓(1851—?);套簽題遼陽馬海樓先生齊
眉介觥集　　　　　　　　　　128877

2736*
　賀母蘇太夫人八十徵壽集　二十二卷續編一卷附
目一卷/賀葆真,賀葆良輯. —民國 20 年(1931)交河
賀氏北平刻朱印本. —4 册:圖. —蘇氏(1851—?),賀
葆真之母　　　　　　　　　　126308
　部二　4 册　　　　　　　　126309

2737*
　家慈蘇太夫人八十壽徵文啓/賀葆真等撰. —民國
19 年(1930)交河賀氏北平鉛印本. —1 册　126307

2738
　高給諫城南先生行狀/(清)高楷撰. —清光緒間石
印本. —1 册. —(清)高枏(1852—1903),字城南;書名
據書簽題,卷端題誥授通奉大夫城南高公行狀 126339
　部二　1 册　　　　　　　　126340
　部三　1 册　　　　　　　　126341
　部四　1 册　　　　　　　　126342
　部五　1 册　　　　　　　　127668

2739

　高給諫晉郵日記/(清)高枏撰.—清光緒間清翰堂刻本.—1册.—日記起清光緒十九年(1893)七月十八日,迄同年十月二十八日　　　　　　124799

2740*

　曾母尤太夫人訃告/曾樸等撰.—民國 23 年(1934)曾氏常熟鉛印暨影印本.—1册:像.—尤氏(1852—1934),曾樸之母　　　　　　126343

2741*

　吳母郭太孺人訃空/吳庠等撰.—民國 20 年(1931)吳氏上海鉛印本.—1册.—郭氏(1852—1931),吳庠之母　　　　　　126345

2742

　險異錄圖說合覽/(清)豫師撰;(清)錢寶書繪.—清光緒間石印本.—2册:圖.—(清)豫師,清咸豐二年(1852)進士;書名據書簽題,版心題險異圖略

　　　　　　125519
　　部二　2册　　　　　　125520
　　部三　2册　　　　　　125521

2743

　愍孝錄/(清)王繼香輯.—清光緒十年(1884)刻本.—1册.—(清)王繼穀(1852—1880)　　126316
　　部二　1册　　　　　　126317
　　部三　1册　　　　　　148440

2744*

　家嚴官職政績社會事實避地旅居概略/蔣隆垓等撰.—民國 20 年(1931)鉛印本.—1册:像.—蔣德鈞(1852—?)　　　　　　126362

2745*

　六譯先生追悼錄/佚名輯.—民國 22 年(1933)成都鉛印本.—1册:圖及像.—廖平(1852—1932),號六譯
　　　　　　126335
　　部二　1册　　　　　　126336
　　部三　1册　西諦藏書　　XD9949
　　部四　1册　　　　　　126337

2746*

　倦塵老人七十壽言集/方仁元等輯.—民國 10 年

(1921)石川方氏鉛印本.—2 册:圖及像.—方政(1852—?),號倦塵老人　　　　　　126346

2747*

　呂公行狀/呂吉甫撰.—民國間鉛印本.—1 册:像.—(清)呂珮芬(1852—1910);卷端題清資政大夫二品銜總理永定河道先府君行狀,書名頁題清資政大夫總理永定河道呂公行狀　　　126348
　　部二　1 册　　　　　　128352
　　部三　1 册　　　　　　126349

2748*

　蛻農府君事略/鮑長棟撰.—民國 10 年(1921)鉛印本.—1 册.—鮑心增(1852—1920),號蛻農;卷端題皇清賜進士出身誥授朝議大夫特恩誥封通議大夫山東青州府知府顯考蛻農府君事略　　　126353
　　部二　1 册　　　　　　126354

2749*

　符公卓卿先生符母楊太夫人墓碑銘/符定一撰.—民國間鉛印本.—1 册.—符義玉(1852—1917),字卓卿,符定一之父;楊氏(1852—1904),符定一之母
　　　　　　126358

2750*

　心葵金府君傳狀碑誌/[金其堡]輯.—民國間朱絲欄抄本.—1 册.—(清)金忠燮(1852—1906),號心葵
　　　　　　126350

2751

　循孝錄/(清)張宗瑛輯.—清光緒間鉛印本.—1 册.—(清)張元翰(1852—1904)　　　126351
　　部二　1 册　　　　　　126352

2752*

　陳玉蒼尚書七十正壽徵詩文啓/錢葆青等撰.—民國 10 年(1921)鉛印本.—1 册.—陳璧(1852—1928),字玉蒼　　　　　　126355

2753*

　[陳玉蒼]哀啓/陳綸等撰.—民國 17 年(1928)鉛印本.—1 幅　　　　　　126357

2754*

　　昭雪/劉冠雄等撰. —民國間鉛印本. —1 冊

　　　　　　　　　　　　　　　　　　126356

2755*

　　貞烈集　二卷/蘭維毅輯. —民國 4 年(1915)滄州
蘭氏刻本. —1 冊. —(清)蘭氏(1852—1873)，蘭維毅
之妹；師竹友石山房藏版　　　　　　　126359

2756

　　[劉仲渠劉少渠行狀]/(清)劉篤敬撰. —清光緒間
刻本. —1 冊. —(清)劉篤信(1852—1884)，號仲渠；卷
端題誥授奉政大夫陝西試用府同知增貢生仲弟仲渠
乙亥恩科舉人季弟少渠行述　　　　　　127777

2757

　　壯敏福公暨弟壯武列傳附公次子益謙殉難事實/
(清)佚名撰. —清宣統三年(1911)影印本. —1 冊. —
(清)福珠、(清)福成(? —1853)；書名頁題贈太子少
保予諡壯敏福公暨弟壯武列傳附公次子益謙殉難事
實　　　　　　　　　　　　　　　　　127862
　　部二　1 冊　　　　　　　　　　　128179
　　部三　1 冊　　　　　　　　　　　128337

2758

　　謝忠滑公死事狀/(清)李榕撰. —清咸豐間刻本. —
1 冊. —(清)謝子澄(? —1853)，諡忠滑　　126360

2759*

　　奉化王母施太夫人七秩壽言/楊祖琛輯. —民國 12
年(1923)鉛印本. —2 冊：圖及像. —施氏(1853—?)，
王正庸之母　　　　　　　　　　　　　126446
　　部二　2 冊　　　　　　　　　　　126447

2760*

　　孫家泰家傳並事略/(清)佚名撰. —民國間朱絲欄
抄本. —1 冊. —(清)孫家泰(? —1853)；書名據書衣
題　　　　　　　　　　　　　　　　　126608

2761

　　[沈曾桐]履歷/(清)沈曾桐撰. —清光緒間稿本. —
1 冊. —(清)沈曾桐(1853—1921)；與聯堃履歷合併粘
貼. —毛裝　　　　　　　　　　　　　127853

2762*

　　嵊縣趙詩高公紀念集/趙觀濤輯. —民國 21 年
(1932)嵊縣趙氏影印本. —1 冊：圖及像. —趙鴻翔
(1853—1927)，字詩高　　　　　　　　126361

2763*

　　崇明錢樂村先生哀輓錄/錢應清輯. —民國間鉛印
本. —1 冊. —錢嘉福(1853—1923)，字樂村　126347

2764*

　　豐城任仞千先生哀榮錄徵詩文啓/華世奎等撰. —
民國間豐城任氏鉛印本. —1 冊. —任鳳翔(1853—
1928)，字仞千；附行述　　　　　　　　126365

2765*

　　榆盦七十自述/楊楳撰. —民國間無錫楊氏鉛印
本. —1 冊. —楊楳(1853—?)，字石漁，號榆盦老人；書
簽題楊石漁先生七豑自述　　　　　　　126364

2766*

　　鄧川周鳳山先生哀思錄/周淦輯. —民國 21 年
(1932)鄧川周氏鉛印本. —1 冊：像. —周建歧(1853—
1932)，號鳳山　　　　　　　　　　　126363

2767*

　　先嚴鳳山府君行述/周銘，周淦撰. —民國間鄧川周
氏油印本. —1 冊　　　　　　　　　　126370

2768*

　　張謇日記/張謇撰. —1962 年江蘇人民出版社影印
本. —15 冊. —張謇(1853—1926)；日記起清光緒九年
(1883)，迄民國 15 年(1926)，有間斷；據清光緒至民
國間南通張氏手稿影印　　　　　　　　126366
　　部二　15 冊　　　　　　　　　　126367
　　部三　15 冊　　　　　　　　　　126368

2769*

　　鄭母張夫人墓誌銘/鄭孝胥撰並書. —民國間影印
本. —1 冊. —張素琴(1853—1932)，鄭裕孚之母；據民
國間鄭孝胥手書影印　　　　　　　　　127332

2770*

　　鄭母張太夫人順寧錄/鄭裕孚輯. —民國間鉛印
本. —1 冊：像　　　　　　　　　　　127333

部二　1 册　　　　　　　127334

2771*

嚴君墓誌銘/陳寶琛撰；鄭孝胥書.—民國間影印本.—1 册.—嚴復(1853—1921)；卷端題清故資政大夫海軍協都統嚴君墓誌銘　　　　126371

部二　1 册　　　　　　　126372
部三　1 册　西諦藏書　　　XD9950

2772*

龍陵朱太翁榮哀錄/朱倫等撰.—民國間石印本.—1 册：像.—朱學恭(1853—1928)　　126373

2773*

庾樹廷先生暨德配李太夫人合墓表/庾恩榮等輯.—民國 3 年(1914)啓文局雲南影印本.—1 册：圖.—(清)庾國清(1854—1894)，字樹廷；書籤題他郎庾樹廷先生暨德配李太夫人合墓表　　128483

2774

國史儒林黃仲弢先生傳/(清)伍銓萃撰.—清光緒間刻本.—1 册.—(清)黃紹箕(1854—1907)，字仲弢　　　　　　　　　　126146

2775

小螺盦病榻憶語　一卷/(清)孫道乾輯.—清同治十三年(1874)刻本.—1 册.—(清)孫芳祖(1854—1872)，孫道乾之女　　　　126380

2776

小螺盦病榻憶語　一卷/(清)孫道乾輯.—清同治十三年(1874)刻光緒元年(1875)增刻本.—1 册.—增刻題詞至 22 頁、閨秀題詞 4 頁　　126383

2777

小螺盦病榻憶語　一卷/(清)孫道乾輯.—清同治十三年(1874)刻光緒二年(1876)增刻本.—1 册.—增刻題詞至 25 頁、閨秀題詞至 6 頁　　126381

2778

小螺盦病榻憶語　一卷/(清)孫道乾輯.—清同治十三年(1874)刻光緒間增刻本.—1 册.—增刻像贊、題詞至 34 頁　　　　　126382

2779*

[沈雨辰訃告]/沈東生撰.—民國 7 年(1918)石印本.—1 册：像.—沈雲沛(1854—1918)，字雨辰；附哀啓　　　　　　　　　　126386

2780*

深縣封竹軒先生八旬晉一壽言集/封心傳輯.—民國間鉛印本.—4 册：圖及像.—封竹軒(1854—?)　　　　　　　　　　126379

部二　4 册　　　　　　　128853

2781*

[馬頡雲輓詞]/王守恂等撰.—民國間抄本.—1 册.—馬頡雲(1854—1930).—毛裝　　126436

2782*

王太翁香圃先生暨德配周太夫人七秩雙慶壽言錄/王忠厚堂輯.—民國 13 年(1924)鉛印本.—4 册：圖及像.—王蘭芬(1854—?)　　　128697

2783*

劉母方太夫人赴告/劉成禺輯.—民國 22 年(1933)鉛印本.—1 册：像.—方氏(1854—1933)，劉成禺之母；書名據書籤題；附事略、哀啓　126384

2784

崔大同傳/(清)佚名撰.—清末紫格抄本.—1 册.—(清)崔大同(?—1854).—毛裝　　148077

2785*

王母陶太夫人赴告/王承傳撰.—民國 22 年(1933)鉛印本.—1 册：像.—陶氏(1854—1933)，王承傳之母；附先妣陶太夫人行略　　126387

部二　1 册　　　　　　　126433
部三　1 册　　　　　　　126434

2786*

[彭太夫人訃告]/袁復禮撰.—民國 25 年(1936)刻本.—1 幅.—彭氏(1854—1936)，袁復禮之祖母　　　　　　　　　　126388

2787*

張封翁以柏公榮哀錄/張載陽輯.—民國 13 年(1924)鉛印本.—1 册.—張以柏(1854—1924)，張載

陽之父　　　　　　　　　　　126390

2788*

張以柏封翁暨德配王太夫人七秩雙慶壽言/周辨西等輯.—民國間鉛印本.—2 冊:像.—王氏(1864—?),張以柏之妻;新昌張九如堂藏版　　126713

2789*

松壽老人自敍/張勳撰.—民國間刻本.—1 冊.—張勳(1854—1923),號松壽老人,謚忠武　126374
　　部二　1 冊　　　　　　　126375

2790*

奉新張忠武公哀挽錄　八卷/佚名輯.—民國 13 年(1924)津門鉛印本.—4 冊:像　126376
　　部二　4 冊　陳垣贈書　　126377

2791*

奉新張忠武公墓誌銘/陳三立撰;趙世駿書.—民國間石印本.—1 冊.—書名據書簽題,卷端題皇清誥授光祿大夫建威將軍兩江總督世襲二等輕車都尉張忠武公墓誌銘　　　　　　　　126378

2792*

鄒徵君傳稿/鄒永修撰.—民國 11 年(1922)石印本.—1 冊.—(清)鄒代鈞(1854—1908)　126392
　　部二　1 冊　　　　　　　126393

2793*

[劉宣甫訃告]/劉忠業等撰.—民國 20 年(1931)鉛印本.—1 冊:像.—劉宣甫(1854—1931);附哀啓
　　　　　　　　　　　　　126389

2794*

鷺汀府君行狀/洪子靖撰.—民國間鉛印本.—1 冊:像.—洪爾振(1856—1916),字鷺汀;卷端題清授資政大夫先考鷺汀府君行狀　　126397
　　部二　1 冊　　　　　　　126398

2795*

顯考子均府君行述/沈步洲等撰.—民國間石印本.—1 冊:像.—沈保衡(1855—1914),字子均;附沈君穆堂家傳、沈公子均家傳　126402

2796*

昆明姜孝子傳/陳榮昌書.—民國間影印本.—1 冊.—(清)姜朝相(?—1855);卷端題昆明縣志姜孝子傳;書名據書簽題.—平裝　　124800

2797*

瓜園延慶錄/曾恕傳等輯.—民國 15 年(1926)筇連曾氏都門鉛印本.—1 冊:圖及像.—曾肇熀(1855—1927),室名瓜園　　　　126400

2798*

曾府君墓表/徐珂撰.—民國間石印本.—1 冊.—卷端題四川永寧州學正曾府君墓表　　126401

2799*

邴廬日記/[郭曾炘]撰.—民國間朱絲欄抄本.—8 冊.—郭曾炘(1855—1929),字春榆,室名邴廬;日記起民國 16 年(1927)正月 11 日,迄 17 年(1928)11 月 24 日　　　　　　　　126410

2800*

郭春榆宗伯六十雙壽徵文啓/王繼曾等撰.—民國 4 年(1915)鉛印本.—1 冊.—附徵文事略　126411

2801*

[郭曾炘訃告]/郭則澐撰.—民國 18 年(1929)刻本.—2 冊.—附哀啓　　126409

2802

聶府君行述/(清)聶其傑等撰.—清宣統三年(1911)鉛印本.—1 冊:像.—(清)聶緝槼(1855—1911);卷端題皇清誥授光祿大夫特旨旌獎賜卹頭品頂戴兵部侍郎都察院副都御史浙江巡撫聶府君行述
　　　　　　　　　　　　　126413

2803*

聶公墓誌銘/陳三立撰;汪詒書書.—民國間影印本.—1 冊.—卷端題誥授光祿大夫頭品頂戴浙江巡撫聶公墓誌銘,書簽題清浙江巡撫聶公墓誌銘　126395
　　部二　1 冊　　　　　　　126396
　　部三　1 冊　　　　　　　126414

2804

吳貞女女貞集/(清)梅文明輯.—清光緒十七年

(1891)刻本. —2 册. —(清)吳氏(1855—?),劉世榕聘
妻;序題吳貞女女貞錄　　　　　　　126642

2805*

先叔問梅公事略/(清)譚新嘉撰. —清光緒間慎遠
義莊刻本. —1 册. —(清)譚日襄(1855—1894),號問
梅;與先考誼卿府君行述合訂　　　　126190

2806*

李映川先生燕喜錄/李獻廷輯. —民國 11 年(1922)
崇文印書館雲南石印本. —6 册:圖及像. —李映川
(1855—?)　　　　　　　　　　　　126412
　　部二　6 册　　　　　　　　　　128656

2807*

簫韓慈暉/沈澤春輯. —民國 16 年(1927)鉛印
本. —1 册:像. —丁氏(1855—1925),沈澤春之母;書
名據書籤題　　　　　　　　　　　126301

2808*

介三先生哀輓錄/祝君堯輯. —民國間鉛印本. —1
册:像. —姚介山(1855—1921);版心題介山先生哀輓
錄. —平裝　　　　　　　　　　　126415

2809

寓無竟室悼亡草　一卷/(清)陳三立撰. —清光緒
七年(1881)大梁刻本. —1 册. —(清)羅氏(1855—
1880),陳三立之妻　　　　　　　　127791

2810*

牧九先生行狀/宋庚蔭等撰. —民國間鉛印本. —1
册:像. —宋運貢(1855—1916),字牧九;附墓誌、家傳
　　　　　　　　　　　　　　　126418
　　部二　1 册　　　　　　　　　　126419
　　部三　1 册　　　　　　　　　　126420
　　部四　1 册　　　　　　　　　　126421
　　部五　1 册　　　　　　　　　　128491

2811*

浙嘉金升卿先生七旬壽言錄/金崧壽等輯. —民國
15 年(1926)鉛印本. —2 册:圖及像. —金猷大
(1855—?),字升卿　　　　　　　　126416

2812*

何肖雅先生家傳/張壽鏞撰. —民國間鉛印本. —1
册. —何剛德(1856—1935),號肖雅　　126427

2813*

[肖雅何公訃告]/何聖祐撰. —民國 24 年(1935)刻
本. —1 幅　　　　　　　　　　　126417

2814*

趙母張太夫人行述/趙法治等撰. —民國 22 年
(1933)鉛印本. —1 册:像. —張氏(1855—1930),趙法
治之母　　　　　　　　　　　　126428

2815*

陳君墓誌銘/陳三立撰. —民國間影印本. —1 册. —
(清)陳瀚(1855—1896);卷端題清故廩貢生陳君墓誌
銘;與陳母左老太君家傳合印　　　　126422

2816*

宛溪叟傳/趙熙撰;蒲殿俊書. —民國間影印本. —1
册:像. —陳開沚(1855—1926),字宛溪　　126423

2817*

陳文良哀思錄/佚名撰. —民國間石印本. —1 册:圖
及像. —陳伯陶(1855—1930),號九龍真逸,諡文良;
書名據書衣題　　　　　　　　　　126424
　　部二　1 册　　　　　　　　　　126425

2818*

九龍真逸七十述哀詩册/九龍真逸撰. —民國間鉛
印本. —1 册　　　　　　　　　　　126426

2819

濫觴筆錄/(清)佚名撰. —清咸豐六年(1856)稿
本. —1 册. —記清咸豐六年(1856)五月至八月由貴州
至成都事. —毛裝　　　　　　　　　126306

2820*

古餘府君事略/李遂賢等撰. —民國間鉛印本. —1
册. —李濱(1856—1916),字古餘;卷端題清儒士曲阜
經學會講師顯考古餘府君事略　　　　126403
　　部二　1 册　　　　　　　　　　126404
　　部三　1 册　　　　　　　　　　126405
　　部四　1 册　　　　　　　　　　126406

部五　1 册　　　　　　　　　　126407

2821*

先考古餘府君輓詞初編　三卷/李遂賢,李齊賢輯.—民國間石印本.—1 册.—附清儒士曲阜經學會講師李府君墓誌、先兄頌處壙志　　　126408

2822

輿誦錄存　一卷/施啓宇輯.—清光緒二十八年(1902)刻本.—1 册.—施啓宇(1856—1918),字稚桐,江蘇崇明人　　　　　　　　　126430

2823*

還讀廬春酒集　二卷/汪丙炎輯.—民國間石印本.—2 册.—汪雲龍(1856—?)　　126399

2824*

齊太翁孟芳先生六旬晉六壽言錄　十三卷卷首一卷/齊太和堂輯.—民國 11 年(1922)上海鉛印本.—10 册:像.—齊孟芳(1856—?)　　126432

2825*

龍溪王徵君宗敬先生墓誌銘/曹典初撰.—民國 37 年(1948)影印本.—1 册.—王履亨(1856—1940),人稱宗敬先生　　　　　　　　　147352

2826*

[李維楨訃告]/李文郁等撰.—民國 22 年(1933)鉛印本.—1 册.—李維楨(1856—1933)　　126437

2827*

周母李太夫人八旬晉二壽辰徵文啓/秦德純等撰.—民國 26 年(1937)鉛印本.—1 册.—李氏(1856—?),周履安之母　　　　126440

2828*

黃公介臣八秩誕辰紀念刊/黃氏輯.—民國 24 年(1935)鉛印本.—1 册:圖及像.—(清)黃藩之(1856—1911),號介臣;西諦藏書　　XD8018

2829*

豫材封翁哀思錄/曹汝霖輯.—民國 14 年(1925)鉛印本.—1 册:圖及像.—曹成達(1856—1922),字豫材　　　　　　　　　　　126431

2830*

觀貞老人壽序錄/李根源輯.—民國 14 年(1925)騰沖李氏吳縣刻朱印本.—1 册.—闕氏(1856—1927),李根源之母;板存蘇州闕園　　126429

2831*

桐鄉盧蓉裳先生哀輓錄/盧學溥輯.—民國間鉛印本.—1 册:像.—盧福基(1856—1919),字蓉裳　　　　　　　　　　126441

2832

[姚錫光日記]/姚錫光撰.—清光緒二十一至二十二年(1895—1896)姚錫光稿本.—4 册.—姚錫光(1856—?);日記起清光緒二十一年(1895)十月十二日,迄二十二年(1896)九月二十日　　126442

2833*

冰芳集　二卷卷首一卷/趙鐵撐輯.—民國 10 年(1921)寶慶趙氏楚善堂木活字本.—2 册.—凌氏(1856—?),趙鐵撐之母;書名頁題趙母凌太夫人節壽詩　　　　　　　　　　　　　126303

2834*

[全耀東先生訃告]/全紹清等撰.—民國 26 年(1937)鉛印本.—2 幅.—全耀東(1856—1937);附全老先生喪儀禮單　　　　　　126443

2835*

金君墓誌銘/陳寶琛撰;鄭孝胥書.—民國間影印本.—1 册.—金燾(1856—1914);額題清授奉直大夫晉封通奉大夫大理院推事加五級中書科中書金君墓誌銘　　　　　　　　　128532

2836*

烈婦詩徵　六卷卷首一卷/何楚枬輯.—民國 10 年(1921)麟山官校刻本.—4 册.—(清)何蘋(1856—1887),尊稱藻姑　　　　　　126445

2837*

何烈婦詩/(清)何楚枬輯.—民國間抄本.—1 册.—原卷數不詳,存 1 卷:卷 1　　126439

2838

[粟廣笣日記]　十五卷/(清)粟奉之撰.—清光緒

二至十六年(1876—1890)長沙粟奉之稿本.—8册.—
(清)粟奉之(1856—?);日記起清光緒二年(1876),迄
十六年(1890);缺1卷:卷3;包括丁丑會試日記、庚辰
會試日記、滇南日記、蒼洱日記、癸未會試日記、金陵
日記、山左日記、閩海日記、丙戌會試日記、東遊日記、
海南日記、己丑會試日記、蜀都日記.—毛裝

126448

2839

齊安山永慕圖題詠集/林華輯.—民國 32 年(1943)
北平一燈樓鉛印本.—1 册.—林金秀(1856—1915),
林華之父;閩縣林氏一燈樓叢書之四;與林母寒燈課
子圖題詠集、補柳堂詞鈔合訂　　　　　127484
　　部二　1 册　　　　　　　　　　　　109127

2840

劉雨亭先生事略/雷演雲撰.—民國 6 年(1917)王
用中等石印本.—1 册:像.—劉凌霄(1856—?),字雨
亭　　　　　　　　　　　　　　　　　126489

2841

陳劭吾先生事略/陳汝熙等撰.—民國 4 年(1915)
鉛印本.—1 册.—陳惟庚(1856—?);書名據書衣題

126451

2842

先父國士府君行述/白佩華撰.—民國間鉛印本.—
1 册.—白俊彥(1856—1922),字國士;書簽題白公國
士行述　　　　　　　　　　　　　　126812

2843

史公其濬家傳/史寶安撰.—民國間鉛印本.—1
册.—史其濬(1856—1918),字哲臣;書名據書名頁
題,卷端題先兄洛陽郡庠生哲臣史公其濬家傳

126452

2844

覲侍府君行述/嚴啓豐撰.—清光緒三十四年
(1908)鉛印本.—1 册.—(清)嚴以盛(1856—1908),
號覲侍;卷端題誥授中憲大夫誥封通奉大夫賞戴花翎
在任候補知府遵化直隸州知州顯考覲侍府君行述

126453
　　部二　1 册　　　　　　　　　　　126454

2845

思親記/孫性之撰;胡行之輯.—1962 年上海油印
本.—1 册.—孫德昭(1857—1920)　　　126464

2846

[江叔海訃告]/江庸等撰.—民國 25 年(1936)鉛印
本.—1 册.—江瀚(1857—1935),字叔海;附哀啓

126462

2847

[江叔海先生遺像等四種]/江庸輯.—民國間影印
本.—4 幅:像.—據江瀚手稿影印　　　126461

2848

富陽潘菊潭先生六十壽言/佚名輯.—民國間鉛印
本.—1 册.—潘菊潭(1857—?)　　　　126460

2849

馬將軍古稀榮慶錄　二卷/盧景貴輯.—民國間鉛
印本.—2 册:圖及像.—馬龍潭(1857—?);書簽題襄
威將軍古稀榮慶錄　　　　　　　　　126463

2850

陳母左老太君家傳/柯劭忞撰.—民國間影印本.—
1 册.—左氏(1857—1918),(清)陳瀚之妻;與陳君墓
誌銘合印　　　　　　　　　　　　　126422

2851

蔣鹿苹先生七秩晉七榮慶壽言錄/蔣壽錢等輯.—
民國 22 年(1933)鉛印本.—1 册:圖.—蔣方夔
(1857—?),字鹿苹　　　　　　　　126466

2852

家君七秩晉七誕辰徵文啓/蔣壽錢等撰.—民國 22
年(1933)鉛印本.—1 册.—書簽題蔣鹿苹先生七秩晉
七誕辰徵文啓　　　　　　　　　　　126465

2853

吳伯母杜太夫人訃告/吳貫因等撰.—民國 24 年
(1935)鉛印本.—1 册:像.—杜氏(1857—1935),吳貫
因之母;附哀啓;陳垣贈書　　　　　126468

2854

先考小坡府君行述/鄭復培撰.—民國 8 年(1919)

鉛印本. —1 册. —鄭文焯(1857—1918),字小坡

126467

2855*

[徐友梅訃告]/徐緒正等撰. —民國 18 年(1929)刻本. —3 幅. —徐世光(1857—1929),字友梅,私諡貞惠,徐世昌弟

154128

2856*

[友梅府君]哀啓/徐緒正等撰. —民國間鉛印本. —1 册:像

149112

2857*

貞惠先生逝世三周紀念徵文啓/陳寶琛等撰. —民國 21 年(1932)鉛印本. —1 册:像. —附碑誌傳述

126469

部二　1 册　126471
部三　1 册　126470
部四　1 册　126472
部五　1 册　126473

2858*

貞惠先生碑/吳闓生撰. —民國間鉛印本. —1 册

126456

2859

隨軺日記/韓國鈞撰. —清光緒二十五年(1899)刻本. —1 册:地圖. —韓國鈞(1857—1942);日記起清光緒十六年(1890)七月十六日,迄十七年(1891)三月七日

126474

2860*

退思齋主人五世同堂五十六十七十八十壽文錄/田寶榮輯. —民國 27 年(1938)鉛印本. —1 册. —田寶榮(1857—?),室名退思齋

127490

2861*

屈子建先生訃告/屈映光撰. —民國 20 年(1931)石印本. —1 册:像. —屈振華(1857—1931),字子建;附家傳、哀啓

126476

部二　1 册　126477
部三　1 册　128219

2862*

[聯祐先生日記]/聯祐撰. —民國 2—18 年(1913—1929)滿洲聯祐稿本. —2 册. —聯祐(1857—?),字瑞芝;日記起民國 2 年(1913),迄 5 年(1916),又起民國 12 年(1923)正月,迄 18 年(1929)8 月

126302

2863*

[程良馭先生行述]/程學鑾撰. —民國間鉛印本. —1 册. —程良馭(1857—1938)

126444

2864*

先母事略/周作人撰. —民國 32 年(1943)鉛印本. —1 幅. —魯瑞(1857—1943),魯迅、周作人之母

126479

2865*

蒯君行狀/李詳撰. —民國間積學齋藍絲欄抄本. —1 册. —(清)蒯光典(1857—1910);卷端題大清誥授通奉大夫開缺淮揚海兵備道候補四品京堂京師督學局局長翰林院檢討蒯君行狀

126478

2866*

綿竹楊先生事略/黃尚毅撰. —民國間石印本. —1 册. —(清)楊銳(1857—1898),字叔嶠;書名據書籤題,卷端題前清四品卿銜軍機章京參預新政事宜內閣侍讀楊叔嶠先生事略. —平裝

126455

部二　1 册　126457
部三　1 册　126459

2867*

金君仍珠家傳/葉景葵撰;顧廷龍書. —民國間影印本. —1 册. —金還(1857—1930),字仍珠;陳垣贈書

126481

部二　1 册　126480

2868*

[陳介石先生訃告]/陳麟書等撰. —民國 6 年(1917)石印本. —1 册:像. —陳黻(1857—1917),字介石;附哀啓. —毛裝

126490

2869*

陳介石先生哀輓錄/陳同等輯. —民國間浙甌務本公司石印本. —1 册. —書籤題瑞安先生哀輓錄

126581

2870*

庸庵尚書重賦鹿鳴集錄/陳夔龍輯.—民國 23 年
(1934)中華書局上海鉛印本.—4 冊:圖.—陳夔龍
(1857—1948),號庸庵　　　　　　　　　126488

2871*

水流雲在軒圖記/陳夔龍撰.—民國間鉛印本.—1
冊.—本書即水流雲在圖記　　　　　　　126484
　　部二　1 冊　　　　　　　　　　　　126485

2872*

水流雲在圖記　二卷/陳夔龍撰.—民國間石印
本.—2 冊:圖及像.—序題水流雲在軒圖記　126483
　　部二　2 冊　　　　　　　　　　　　126482

2873

貴陽陳中丞夫婦五秩雙慶壽言/佚名輯.—清光緒
三十三年(1907)鉛印本.—1 冊　　　　　127976

2874*

貴陽陳庸庵尚書七帙壽言/陳昌豫輯.—民國間鉛
印本.—4 冊　　　　　　　　　　　　　126487
　　部二　4 冊　　　　　　　　　　　　126486
　　部三　4 冊　　　　　　　　　　　　128514

2875*

彊村先生哀輓錄/彊村先生治喪處輯.—民國 21 年
(1932)彊村先生治喪處鉛印本.—1 冊:圖及像.—朱
祖謀(1857—1931),號彊村　　　　　　　126494
　　部二　1 冊　　　　　　　　　　　　126491
　　部三　1 冊　　　　　　　　　　　　126492
　　部四　1 冊　　　　　　　　　　　　126493

2876*

［劉母朱太夫人訃告］/劉大鈞等撰.—民國 22 年
(1933)鉛印本.—1 冊:像.—朱含元(1857—1933),劉
大鈞之母　　　　　　　　　　　　　　126495

2877*

左公暨王夫人行述/左念貽等撰.—民國間鉛印
本.—1 冊.—左孝同(1857—1924);書衣題清江蘇布
政使左公暨王夫人行述　　　　　　　　128130

2878

李觀察國史館忠義傳/(清)國史館編.—清光緒間
刻本.—1 冊.—(清)李淮(? —1858);西諦藏書
　　　　　　　　　　　　　　　　　　XD1996

2879*

河間馮公榮哀錄/馮國璋治喪處輯.—民國 9 年
(1920)馮國璋治喪處鉛印本.—4 冊.—馮國璋
(1858—1920),河北河間人　　　　　　　126459
　　部二　4 冊　　　　　　　　　　　　126535
　　部三　4 冊　　　　　　　　　　　　126536

2880*

故代理大總統馮公事狀/張一麐撰.—民國間鉛印
本.—1 冊:像　　　　　　　　　　　　126537

2881*

康南海先生戊戌輪舟中與徐君勉書及丁巳跋後/康
有爲撰.—民國 6 年(1917)石印本.—1 冊.—康有爲
(1858—1927),廣東南海人;陳垣贈書　　52533

2882*

南海康先生傳/張伯楨撰.—民國 21 年(1932)刻
本.—1 冊:图及像.—(滄海叢書).—西諦藏書
　　　　　　　　　　　　　　　　　　XD9952
　　部二　1 冊　　　　　　　　　　　128803
　　部三　1 冊　缺图及像、跋等;陳垣贈書　126511
　　部四　1 冊　缺图及像、跋等　　　　126508
　　部五　1 冊　缺图及像、跋等　　　　126509

2883*

南海先生傳　上編/陸乃翔等撰.—民國 18 年
(1929)萬木草堂鉛印本.—1 冊.—附刻南海先生所著
書目　　　　　　　　　　　　　　　　126504
　　部二　1 冊　　　　　　　　　　　126505
　　部三　1 冊　　　　　　　　　　　126506
　　部四　1 冊　　　　　　　　　　　126507

2884*

康南海先生戊戌遺筆/康有爲撰.—民國間影印
本.—1 冊.—書名據書衣題　　　　　　126498
　　部二　1 冊　　　　　　　　　　　126499
　　部三　1 冊　　　　　　　　　　　126500
　　部四　1 冊　　　　　　　　　　　148595

2885

媿室先生哀輓錄/高而謙,高鳳謙輯. —清宣統間鉛印本. —1冊:圖及像. —(清)高鳳岐(1858—1909),室名媿室;西諦藏書　　　　　　　XD10450

2886

媿室先生事略/高而謙,高鳳謙撰. —清宣統間石印本. —1冊　　　　　　　　　　　127447
　部二　1冊　陳垣贈書　　　　　128310
　部三　1冊　　　　　　　　　　126513
　部四　1冊　　　　　　　　　　126514
　部五　1冊　　　　　　　　　　128710

2887*

嘉興沈稚嚴先生哀輓錄/沈授祺輯. —民國10年(1921)鉛印本. —1冊:像. —沈進忠(1858—1921),字稚嚴　　　　　　　　　　　126538

2888*

家祖母賀太淑人八旬正壽徵文啓/宗壽勳撰. —民國26年(1937)鉛印本. —1冊. —賀氏(1858—?),宗壽勳之祖母,武強賀濤之妹;書簽題宗母賀太淑人八旬正壽徵文啓　　　　　　　126516

2889*

徐母席夫人哀輓錄/許彥輯. —民國19年(1930)通致堂鉛印本. —1冊. —席氏(1858—1930),許彥之外姑　　　　　　　　　　　　127485
　部二　1冊　　　　　　　　　　127486

2890*

[張太夫人]哀啟/張毓書撰. —民國初鉛印本. —1幅. —張氏(1858—1919在世),張毓書之母. —經摺裝　　　　　　　　　　　　　148099

2891*

王莊惠公家傳/秦樹聲撰;朱孝臧書. —民國14年(1925)影印本. —1冊. —王裕承(1858—1918),私謚莊惠;書簽題阜陽王莊惠公家傳;朱祖謀原名孝臧　　　　　　　　　　　　　126496

2892*

[蔡母王太夫人榮哀錄]/何鍵等輯. —民國24年(1935)鉛印本. —1冊:像. —王氏(1858—1935),蔡鍔之母　　　　　　　　　　　127483

2893*

楊母孔太夫人赴告/楊樹穀等撰. —民國24年(1935)鉛印本. —1冊. —孔氏(1858—1935),楊樹穀之母;陳垣贈書;附哀啓　　　　　127487

2894*

林母寒燈課子圖題詠集/林華輯. —民國32年(1943)北平鉛印本. —1冊:圖及像. —孟氏(1858—1942),林華之母;閩縣林氏一燈樓叢書之四;與齊安山永慕圖題詠集、補柳堂詞鈔合訂　　127484
　部二　1冊　　　　　　　　　　109127

2895*

玉泉尋夢圖記/吳兆元撰. —民國間石印本. —1冊:圖. —吳兆元(1858—?)　　　　126517
　部二　1冊　　　　　　　　　　94202

2896*

黃公諱曾源行狀/吳郁生撰. —民國間鉛印本. —1冊. —黃曾源(1858—1936);卷端題誥授資政大夫欽加二品銜在任候補道山東濟南府知府翰林院編修黃公諱曾源行狀　　　　　　　126518
　部二　1冊　　　　　　　　　　126519
　部三　1冊　　　　　　　　　　128865

2897

鑄鐵盦隨筆/縷馨仙史撰. —清光緒十八至二十年(1892—1894)蔡爾康朱絲欄稿本. —3冊. —蔡爾康(1858—約1923),號縷馨仙史,室名鑄鐵盦;日記起清光緒十八年(1892),迄二十年(1892),有間斷　　　　　　　　　　　　126520

2898*

趙曉因先生訃告/趙廷炳等撰. —民國25年(1936)鉛印本. —1冊:像. —趙楨(1858—1936),號曉因;附行述　　　　　　　　　　　126521

2899*

盧錦堂先生哀輓錄/盧祖蔭等輯. —民國間鉛印本. —1冊:圖及像. —盧正衡(1858—1930),字錦堂　　　　　　　　　　　127491

2900

[范贊臣日記]/ 范迪襄撰. —清同治十三年至民國24 年（1874—1935）稿本. —52 册. —（清）范迪襄（1858—?），字贊臣；日記起清同治十三年（1874），迄民國 24 年（1935），有間斷　　　　　127494

2901

粵學日記　四卷/（清）徐琪撰. —清末抄本. —1册. —徐琪（1858—1918）；日記起清光緒十七年（1891）八月，迄同年十月. —毛裝　　　126475

2902*

張母徐太夫人七旬晉一徵文啓/許同莘撰. —民國間許同莘朱絲欄稿本. —1 册. —徐氏（1858—?），嘉應張榕軒之妻　　　　　152045

2903*

張伯母徐太夫人七旬晉一壽序/許同莘撰. —民國間許同莘朱絲欄稿本. —1 册　　　152046

2904*

張母徐太夫人七十晉一徵文啓/許同莘撰. —民國間朱絲欄抄本. —1 册. —毛裝　　152047

2905*

[柴母徐太夫人訃告]/柴俊篪撰. —民國 25 年（1936）石印本. —1 幅. —徐氏（1858—1936），柴俊篪之母　　　　　127493

2906*

漢陽田公哀輓錄　四卷/佚名輯. —民國間鉛印本. —1 册：圖及像. —田文烈（1858—1924），湖北漢陽人　　　　　127492

2907*

余姚毛母余太夫人賢孝徵文錄　二集/毛希蒙等輯. —民國 16 年（1927）鉛印本. —4 册：圖及像. —（清）余氏（1858—1902），毛希蒙之母；餘姚毛濟美堂藏版　　　　　127489
　部二　4 册　　　　　127488

2908*

[宋育仁先生訃告]/宋維彝等撰. —民國 20 年（1931）鉛印本. —1 册：像. —宋育仁（1858—1931）　　　　　126522

2909

戊申日記/易順鼎撰. —清宣統間鉛印本. —1 册. —易順鼎（1858—1920）；日記起清光緒三十四年（1908）八月，迄同年九月十九日　　　126528
　部二　1 册　　　　　126529

2910

己酉日記/易順鼎撰. —清宣統間鉛印本. —1 册. —日記起清宣統元年（1909）八月二十一日，迄同月三十日；卷端下題端州叢書第一種；陳垣贈書；附己酉詩磚集　　　　　126530

2911*

嗚呼易順鼎/易順鼎撰. —民國間鉛印本. —1 册. —琴志樓叢書小說院本類；附哭庵碎語　　126527
　部二　1 册　　　　　126523
　部三　1 册　　　　　126524
　部四　1 册　　　　　126525
　部五　1 册　　　　　126526

2912*

[汪伯唐訃告]/汪庚撰. —民國 18 年（1929）刻本. —1 幅. —汪大燮（1859—1929），字伯唐，浙江杭縣人　　　　　126552

2913*

錢唐汪公哀輓錄/汪庚編. —民國間鉛印本. —1 册：像. —版心題汪公哀輓錄　　　126541
　部二　1 册　　　　　126548
　部三　1 册　　　　　126540
　部四　1 册　　　　　126549
　部五　1 册　　　　　126550

2914*

前國務總理伯唐汪公行狀/邵章撰. —民國間刻本. —1 册. —書簽題前國務總理杭縣汪公行狀　　　　　126553
　部二　1 册　　　　　126554
　部三　1 册　　　　　126555
　部四　1 册　　　　　126556

2915*

馬公行狀/陳銘鑒撰.—民國 20 年(1931)鉛印
本.—1 册.—馬吉樟(1859—1931);卷端題湖北提法
使翰林院侍讀馬公行狀,書簽題安陽馬積生先生行
狀;附訃告、哀啓　　　　　　　　　　　　　126539

2916*

錫嘏堂壽言/謝天錫輯.—民國 7 年(1918)西泠印
社木活字本.—1 册:圖及像.—王氏(1859—1926),謝
天錫之母　　　　　　　　　　　　　　　　126557

2917*

謝母王太夫人赴告/謝天賜撰.—民國 15 年(1926)
鉛印本.—1 册:像　　　　　　　　　　　　126534

2918*

今生自述/吳桐林撰;楊仁山評.—民國 13 年
(1924)鉛印本.—1 册:像.—吳桐林(1859—?);楊文
會字仁山　　　　　　　　　　　　　　　　126545

2919*

高要陳母壽言/陳煥章輯.—民國 18 年(1929)鉛印
本.—1 册.—李氏(1859—?),陳煥章之母;包括七十
晉一壽言和六十壽言　　　　　　　　　　　126559

2920*

舒城黃峙青夫子訃告/黃伯度等撰.—民國 22 年
(1933)鉛印本.—1 册:像.—黃書霖(1859—1932),字
峙青;附行狀、哀啓　　　　　　　　　　　　126558

2921*

[蔡述堂先生訃告]/蔡國藻等撰.—民國 22 年
(1933)刻本.—1 册.—蔡逸麟(1859—1933),字述堂
　　　　　　　　　　　　　　　　　　　　126561
　　部二　1 册　　　　　　　　　　　　　126600

2922*

[述堂左丞哀啓]/蔡國藻等撰.—民國 22 年(1933)
鉛印本.—1 册:像　　　　　　　　　　　　126562
　　部二　1 册　　　　　　　　　　　　　126599

2923*

趙公墓表/陳繼訓撰.—民國間鉛印本.—1 册.—趙

啓霖(1859—1935);卷端題清四川提學使趙公墓表
　　　　　　　　　　　　　　　　　　　　126544

2924*

曹公行述/曹楨撰.—民國間鉛印本.—1 册.—曹廣
權(1859—1935);書簽題誥授資政大夫典禮院直學士
曹公行述　　　　　　　　　　　　　　　　126542
　　部二　1 册　　　　　　　　　　　　　126543

2925*

金華黃母曹太夫人八秩壽辰徵文啓/黃人望,黃人
瑋撰.—民國間鉛印本.—1 册.—曹氏(1859—?),黃
人望、黃人瑋之母　　　　　　　　　　　　126560

2926*

海軍總長程君之碑/章炳麟撰.—民國間影印本.—
1 册.—程璧光(1859—1918);卷端題贈勳一位海軍上
將前海軍總長程君碑　　　　　　　　　　　126609

2927*

金堂周節母梁太夫人六十榮慶錄/周吉珊輯.—民
國間鉛印本.—1 册:像.—梁氏(1859—?),周駿之母;
周駿字吉珊　　　　　　　　　　　　　　　126563
　　部二　1 册　　　　　　　　　　　　　126564

2928*

翰仙府君行述/楊樹達撰.—民國 38 年(1949)抄
本.—1 册.—楊孝秩(1859—1938),字翰仙;卷端題清
中書科中書銜候選訓導先考翰仙府君行述;附楊母孔
太夫人傳、楊孝敏私諡議等.—毛裝　　　　149760

2929*

吳江楊粹卿先生赴告/楊天驥等輯.—民國 17 年
(1928)鉛印本.—1 册:像.—楊敦頤(1860—1928),字
粹卿;書名據書簽題;西諦藏書;附哀啓等　XD9968

2930*

先考煥亭楊府君行狀/楊永興撰.—民國間鉛印
本.—1 册:像.—楊振彩(1859—1935),字煥亭;附楊
振彩家書節影　　　　　　　　　　　　　　126567
　　部二　1 册　　　　　　　　　　　　　128664

2931*

先慈楊太夫人四十年日記摘錄/曾彝進輯.—民國

間鉛印本. —1 册. —楊氏(1859—1921),曾彝進之母;日記起清光緒六年(1880),迄民國 10 年(1921),有間斷. —平裝　　　　　　126304

部二　1 册　　　　　　126305

2932*

[高母張太夫人訃告]/高廷雋輯. —民國 31 年(1942)鉛印本. —1 册:像. —張氏(1859—1942),高廷雋之母;附哀啓　　　　　　126584

2933

袁世凱之新出現　六集/(清)金陵中立雟漢撰. —清宣統三年(1911)光明書社上海石印本. —1 册:圖及像. —袁世凱(1859—1916)　　　　　　126578

2934*

容庵弟子記　四卷/沈祖憲,吳闓生編. —民國 2 年(1913)鉛印本. —1 册:像. —陳垣贈書　　　　　　126571

部二　1 册　西諦藏書　　　　　　XD9953

部三　1 册　　　　　　126569

部四　1 册　　　　　　126572

部五　1 册　　　　　　126575

2935*

袁世凱軼事　十二章/野史氏編. —民國 5 年(1916)上海文藝編譯社鉛印本. —1 册. —西諦藏書　　　　　　XD9967

2936*

雪禪府君行狀/劉孚淦撰. —民國 21 年(1932)慶元劉氏鉛印本. —1 幅. —劉嘉斌(1859—1932),字蔚如,號雪禪;卷端題清賜同進士出身誥授資政大夫法部右參議加四級署左參議顯考雪禪府君行狀　　　　　　128646

2937*

宦蜀紀略　三卷/劉端棻撰. —民國間鉛印本. —1 册. —劉端棻(1859—?),記事自清光緒三十四年至宣統三年(1908—1911);附房湖鴻詠　　　　　　126579

部二　1 册　　　　　　126580

2938

先妣劉恭人事略/黃樹成等撰. —清光緒間刻本. —1 册. —(清)劉氏(1859—1905),黃樹成之母;書簽題誥封恭人先妣劉恭人事略　　　　　　126583

2939*

[牟同明先生訃告]/牟仲泉等撰. —民國 21 年(1932)鉛印本. —2 册:像. —牟同明(1859—1932);附哀啓　　　　　　126582

2940*

李節母朱太夫人榮慶錄/李寂庵編. —民國間鉛印本. —1 册. —朱氏(1859—?),李寂庵之母　　　　　　126607

2941*

書荆室謝宜人事略/吳葆森撰. —民國 3 年(1914)石印本. —1 册. —(清)謝氏(1860—1911),吳葆森妻;附悼亡詩及挽聯　　　　　　126587

2942*

高東園先生哀挽錄　三編/高健國輯. —民國 23 年(1934)鉛印本. —3 册. —高葆如(1860—1934),號東園　　　　　　126590

2943*

汪穰卿先生傳記　七卷卷首一卷/汪詒年纂輯. —民國 27 年(1938)鉛印本. —1 册:像. —(清)汪康年(1860—1911),字穰卿,浙江錢塘人　　　　　　126588

部二　1 册　　　　　　128837

部三　1 册　　　　　　89483

2944*

先考熙臣府君行述/賀德沈等撰. —民國間鉛印本. —1 册. —賀嘉楨(1860—1919),字熙臣　　　　　　126591

2945*

郭君墓誌銘/陳三立撰. —民國間鉛印本. —1 册. —郭顯球(1860—1915)　　　　　　126592

2946*

涇南大康村王傑甫俊人七十自述/王傑甫撰. —民國 18 年(1929)油印本. —1 册. —王傑甫(1860—?)　　　　　　126300

2947*

程母胡太夫人訃告/程其昌撰. —民國 33 年(1944)鉛印本. —1 册. —胡氏(1860—1943),程其昌曾祖母;附行述　　　　　　126593

2948*

[鄭孝胥先生訃告]/佚名撰.—民國 27 年(1938)刻暨鉛印本.—2 幅.—鄭孝胥(1860—1938);附哀啓

126589

2949

[魏承禧京寓日記]/(清)魏承禧撰.—清道光三十年至咸豐三年(1850—1853)稿本.—2 册.—(清)魏承禧(？—1860),日記起清道光三十年(1850)二月二十五日,迄咸豐三年(1853)三月十八日;書衣有徐益藩墨筆題記

126595

2950*

疢存山人周石君傳/周偉等撰.—民國 13 年(1924)鉛印本.—1 册.—周宗麟(1860—？),字石君,晚號疢存山人;版心題疢存山人傳

126585

　　部二　1 册　　126586

2951*

[張天懶居士訃告]/張一鳴等撰.—民國 15 年(1926)鉛印本.—1 册.—張熊(1860—1926),自號天懶居士;附哀啓

126598

2952*

[張憨伯先生訃告]/張謙等撰.—民國 24 年(1935)鉛印本.—1 册:像.—張蔭棠(1860—1935),字憨伯;附哀啓

126596

2953

劉德亮傳/(清)佚名撰.—清末紫絲欄抄本.—1册.—(清)劉德亮(？—1860);與覺羅豫立傳、廖宗元傳、永陞傳合抄.—毛裝

127940

2954*

陳主欽先生行略/何振岱等撰.—民國 21 年(1932)鉛印本.—1 册:像.—陳明(1860—1932),字主欽;書籤題桐鄉陳主欽先生事略

126601

2955*

蟫香館別記/陳中嶽撰.—民國 22 年(1933)鉛印本.—1 册:像.—嚴修(1860—1929),字范孫,室名蟫香館;小字本

126602

　　部二　1 册　　126603

　　部三　1 册　　128747

　　部四　1 册　　128775

　　部五　1 册　　128777

2956*

蟫香館別記/陳中嶽撰.—民國 22 年(1933)鉛印本.—1 册:像.—大字本

126604

　　部二　1 册　　91633

2957*

蟫香館使黔日記/嚴修撰.—民國 24 年(1935)影印本.—9 册:像.—日記起清光緒二十年(1894),迄二十四年(1898);據著者手稿影印

126605

　　部二　9 册　　126606

　　部三　9 册　　128222

2958*

天津嚴公范孫墓碑銘/趙芾撰.—民國間油印本.—1 册　　126929

2959*

固始秦宥橫先生事略/任企幸撰.—民國間鉛印本.—1 册:像.—秦樹聲(1861—1926),字宥橫

126610

　　部二　1 册　　126611

2960*

秦宥橫先生鄉謚議/張嘉謀等撰.—民國間鉛印本.—1 幅　　126612

2961

覺羅豫立傳/(清)佚名撰.—清末紫絲欄抄本.—1册.—(清)豫立(？—1861);與廖宗元傳、劉德亮傳、永陞傳合抄.—毛裝

127940

2962*

章夫人事略/饒延年撰.—民國間鉛印本.—1 册.—章氏(1861—1920);書名據書籤題,卷端題亡妻章夫人行略;附先慈章夫人言行記/饒孟任等撰

126594

2963*

德威上將軍正定王公行狀/尚秉和撰.—民國間刻藍印本.—1 册:像.—王士珍(1861—1930),河北正定人　　126617

　　部二　1 册　　126618

部三　1冊　　　　　　　　　　126619
部四　1冊　　　　　　　　　　126620
部五　1冊　　　　　　　　　　128866

**2964*

[雷補同先生哀啓]/雷棣揚等撰.—民國間鉛印本.—1冊.—雷補同(1861—1930)　　126616

2965*

林太夫人桃觴集/林公任等輯.—民國22年(1933)廣東惠來靖海林長春堂鉛印本.—1冊:圖及像.—元氏(1861—?),林公任之母　　　126636
部二　1冊　　　　　　　　　　126655

2966

嚴先生祠堂附祀前嚴州府知府李公記/(清)丁壽昌撰.—清末抄本.—1冊.—(清)李文瀛(?—1861).—摺裝　　　　　　　　　　　　152963

2967*

秦母李太夫人八旬大慶徵文啓/仵墉等撰.—民國29年(1940)鉛印本.—1冊.—李氏(1861—?),秦駿英之母;附家慈事略　　　　150270

2968*

先考耀堂蔡府君哀啓/蔡伯康,蔡勝康輯.—民國23年(1934)鉛印本.—1冊:像.—蔡廷幹(1861—1934),字耀堂　　　　　　　　　　　126621
部二　1冊　　　　　　　　　　126622
部三　1冊　　　　　　　　　　126623

2969*

[匋齋殉難資料並時人書劄]/佚名輯.—清末民初抄暨稿本.—1冊.—(清)端方(1861—1911),字匋齋
　　　　　　　　　　　　　　126614

2970

廖宗元傳/(清)佚名撰.—清末紫絲欄抄本.—1冊.—(清)廖宗元(?—1861);與覺羅豫立傳、劉德亮傳、永陞傳合抄.—毛裝　　127940

2971*

先考子餘府君行狀/傅作義撰.—民國26年(1937)

鉛印本.—1冊.—傅慶泰(1861—1922),字子餘
　　　　　　　　　　　　　　128871

2972*

徐固卿先生訃告/徐承庶等撰.—民國25年(1936)鉛印本.—1冊:像.—徐紹楨(1861—1936);附哀啓、行述　　　　　　　　　　　　126626
部二　1冊　　　　　　　　　　126627

2973

瑞昌列傳/(清)佚名撰—清末刻本.—1冊.—(清)瑞昌(?—1861)　　　　　　　126625

2974*

屠母佘太夫人訃告/屠振鵠等輯.—民國23年(1934)鉛印本.—1冊:像.—佘氏(1861—1934),屠振鵠之母;附哀啓　　　　　　　126624

2975*

詹眷誠技監建設銅像碑文史傳事實/佚名輯.—民國8年(1919)鉛印本.—1冊:像.—詹天佑(1861—1919),字眷誠　　　　　　　　　126630

2976*

[顧祖妣凌太夫人訃告]/顧長立等撰.—民國23年(1934)刻本.—1幅.—凌氏(1861—1934),顧長立之祖母　　　　　　　　　　　　126632
部二　1幅　　　　　　　　　　126633

2977*

文烈士煥章哀思錄/佚名輯.—民國18年(1929)鉛印本.—2冊:圖及像.—文煥章(1861—1916);書名據書簽題;西諦藏書　　　　　XD9954
部二　2冊　　　　　　　　　　126628

2978*

[鄒母雒太夫人訃告]/鄒致鈞等撰.—民國19年(1930)鉛印本.—1冊:像.—雒氏(1861—1930),鄒致鈞之母;附哀啓　　　　　126631

2979

永陞傳/(清)佚名撰.—清末紫絲欄抄本.—1冊.—(清)永陞(?—1861);附雙福等傳;與覺羅豫立傳、廖宗元傳、劉德亮傳合抄.—毛裝　　127940

2980*

[岑雲階先生訃告]/岑延仁等撰.—民國 22 年
(1933)刻本.—1 幅.—岑春萱(1861—1933),字雲階

126635

2981*

岑春萱　十九章/世次郎撰.—民國間鉛印本.—1
冊

126634

2982*

[閻子明府君哀啓]/閻錫山撰.—民國 23 年(1934)
鉛印本.—1 冊:像.—閻書堂(1861—1934),字子明,
閻錫山之父

126613

2983*

閻子明先生奉葬實錄/閻子明先生奉葬實錄編輯會
輯.—民國 25 年(1936)鉛印本.—6 冊:圖.—與伯川
先生廬墓治學錄合訂

126615

2984*

趙母方太夫人六十晉九壽辰徵文啓/葉楚傖等
撰.—民國間鉛印本.—1 冊.—方氏,趙冕瞻之母,清
同治初年生

126641

2985*

郭母王太夫人七秩壽辰徵文啓/郭則澐等撰.—民
國間鉛印本.—1 冊.—(清)王氏,生卒年不詳,郭則澐
之母,約爲同治間生人;書簽題誥封一品夫人郭母王
太夫人七秩壽辰徵文啓

126645

2986*

吳逸凡先生哀挽錄/吳士彬等撰.—民國間廣州鉛
印本.—1 冊:像.—吳楚翹(？—1934),字逸凡,生年
不詳,約爲同治間生人;書名據目次等題,書簽題恩平
吳逸凡先生哀挽錄;陳垣贈書

126646

2987*

魏塘去思錄/佚名輯.—民國 4 年(1915)鉛印本.—
1 冊.—李楚珩,生卒年不詳,約爲同治間生人,民國 4
年在世

126647

2988*

卓母曹太夫人八十正壽徵文啓/熊希齡等撰.—民
國間和記印書館鉛印本.—1 冊.—曹氏,生卒年不詳,
卓定謀之母,約爲同治間生人;與家慈曹太夫人八秩
正壽徵文事略合印

126643

2989*

家慈曹太夫人八秩正壽徵文事略/卓定謀等撰.—
民國間和記印書館鉛印本.—1 冊.—與卓母曹太夫人
八十正壽徵文啓合印

126643

2990*

陶母關太夫人哀挽錄　二卷/陶明浚輯.—民國間
鉛印本.—1 冊.—關氏,生卒年不詳,陶明浚之母,約
爲同治間生人;書名據書簽等處題

126648

2991

輿誦集/(清)佚名輯.—清光緒十八年(1892)刻
本.—1 冊.—(清)駱慕韶,生卒年不詳,約爲同治間生
人;書名據書名頁及版心題

128205

2992

始康庚子記/(清)黎承禮撰.—清光緒間朱絲欄稿
本.—8 冊.—(清)黎承禮,生卒年不詳,約爲同治間生
人;記事自清光緒十九年(1900)四月至十月;與合陽
箋略、辛丑日記、壬寅日記、甲辰日記等合抄

87225

2993

辛丑日記/(清)黎承禮撰.—清光緒間朱絲欄稿
本.—8 冊.—記事自清光緒二十七年(1901)一月至三
月;與始康庚子記、合陽箋略、壬寅日記、甲辰日記等
合抄

87225

2994

壬寅日記/(清)黎承禮撰.—清光緒間朱絲欄稿
本.—8 冊.—記事自清光緒二十八年(1902)四月至清
光緒二十九年(1903)正月;與始康庚子記、合陽箋略、
辛丑日記、甲辰日記等合抄

87225

2995

甲辰日記/(清)黎承禮撰.—清光緒間朱絲欄稿
本.—8 冊.—記事自清光緒二十九年(1903)九月至十
二月;與始康庚子記、合陽箋略、辛丑日記、壬寅日記
等合抄

87225

2996

日記簿/(清)嘯風撰.—清同治七年(1868)稿本.—
1册.—(清)嘯風,生卒年不詳,同治間人　150881

**2997*

蘭溪劉治襄先生行述/趙祖望等撰.—民國間鉛印
本.—1册.—劉焜(?—1927在世),字治襄,號㜀園,
約爲同治間生人;書名據書籤題　128742

**2998*

[梁母葉夫人哀啓]/梁敬錞撰.—民國間鉛印本.—
1幅.—(清)葉氏,生卒年不詳,約爲同治間生人,梁敬
錞之繼母　126651

**2999*

家慈翁太夫人七十正壽徵詩文啓/沈元鼎撰.—民
國間鉛印本.—1册.—翁氏,生卒年不詳,沈元鼎之
母,約爲同治間生人;書籤題沈母翁太夫人七旬正壽
徵詩文啓　126644
　　部二　1册　126650

**3000*

追往述來記/朱哲臣撰.—民國間朱絲欄抄本.—1
册.—朱哲臣,生卒年不詳,約爲同治間生人　127642

**3001*

唐母李太夫人行述/唐繼堯撰;陳榮昌書.—民國間
影印本.—1册:像.—(清)李氏(1862—1912),唐繼堯
之母;書籤題民國勳二位元開武唐將軍之母李太夫人
行述;據手書影印　128657

**3002*

私諡貞肅萬公澤甫墓誌銘/梁時憲撰.—民國間石
印本.—1册:像.—萬瀛(1862—1933),字澤甫,一字
松樞;附顯考鄉諡貞肅澤甫府君行述　126658

**3003*

顯考鄉諡貞肅澤甫府君行述/萬大章撰.—民國間
石印本.—1册.—私諡貞肅萬公澤甫墓誌銘附
　126658

**3004*

潛江甘藥樵先生行狀/甘永惇撰.—民國30年
(1941)鉛印本.—1册:像.—甘鵬雲(1862—1940),字

翼父,號藥樵,別號耐公,晚年自署息園居士;書名據
書籤題,卷端題清授通議大夫黑龍江吉林清理財政監
理官王考息園太府君行狀　126659

**3005*

曹錕歷史/競智圖書館編輯部編.—民國12年
(1923)競智圖書館石印本.—1册:像.—曹錕(1862—
1938),字仲珊,直隸天津人;西諦藏書　XD9955

**3006*

瞿母傅太夫人赴告/瞿宣樸等撰.—民國19年
(1930)鉛印本.—2幅.—傅幼瓊(1862—1930),瞿宣
樸之母;附哀啓　126660
　　部二　1幅　存哀啓　126661

**3007*

瞿母傅太夫人行述/朱啓鈐撰.—民國19年(1930)
鉛印本.—1册:像　126662
　　部二　1册　126663
　　部三　1册　126664
　　部四　1册　陳垣贈書　126665
　　部五　1册　126666

**3008*

[伯強府君訃告]/梁上楹等撰.—民國13年(1924)
鉛印本.—1册:像.—梁善濟(1862—1924),字伯強
　126669

**3009*

宗雅先生訃狀/蕭品益等撰.—民國22年(1933)鉛
印本.—1册:像.—蕭文彬(1862—1933),字宗雅,號
儒卿;書籤題蕭宗雅先生訃告;附行述　126667
　　部二　1册　陳垣贈書　126668

**3010*

楊公諱士琦行狀/袁思亮撰.—民國間鉛印本.—1
册.—楊士琦(1862—1918)　128872
　　部二　1册　128873

**3011*

楊杏城先生墓誌銘/樊增祥撰.—民國間石印本.—
1册.—楊士琦(1862—1918),號杏城;陳垣贈書
　126670
　　部二　1册　126671

3012*

貴陽式如文先生哀挽錄/文宗潞撰.—民國 17 年
(1928)鉛印本.—1 冊:像.—文明鈺(1862—1929),字
式如,私謚孝康;書籤題貴陽文式如先生哀挽錄

126672

3013*

海鹽朱節母生壙銘並題詠/朱立成輯.—民國間影
印本.—1 冊:像.—張氏(1862—?),朱立成之母;書名
據書衣題

126676

3014*

邱振鑣先生挽聯錄/邱庸等輯.—民國間鉛印本.—
1 冊.—邱如鑾(1862—1928),字振鑣;附事略　126673

部二　1 冊　　　　　　　　　　　　　　126674

3015

義民包立身事略/包祖清輯.—清宣統三年(1911)
鉛印本.—1 冊.—(清)包立身(? —1862)　126653

部二　1 冊　　　　　　　　　　　　　　126654

部三　1 冊　有周作人墨筆題識　　　　126652

3016*

王母劉太夫人赴告/王伯群撰.—民國間鉛印本.—
1 冊:像.—劉氏(1862—1934),王伯群之母;書名據書
籤題;附行述、謝函

126677

3017*

陳橫山先生訃告/陳裕菁等撰.—民國間鉛印本.—
1 冊:像.—陳慶年(1862—1929),字善餘,晚號橫山;
陳垣贈書;附行述及哀啓

126675

3018*

霸縣邊節母崔恭人七旬壽言/呂式斌等撰.—民國
20 年(1931)鉛印本.—1 冊.—崔氏(1862—?),邊錫
紳之妻;書名據書籤題

126681

3019*

霸縣邊節母崔恭人褒詞暨頌文頌詩/劉培極等
撰.—民國間鉛印本.—1 冊.—書名據書籤題　126680

3020*

壽言彙刻/[殷葆誠]輯.—民國 20 年(1931)鉛印
本.—1 冊:像.—殷葆誠(1862—?),號亦畢;書名據書

衣題　　　　　　　　　　　　　　　　126679

3021*

追憶錄　一卷續錄一卷/殷葆誠撰.—民國間殷承
志堂鉛印本.—1 冊.—與蚤吟室詩草合印　128485

3022

悔初日記/(清)魏[?]撰.—清同治間朱絲欄稿
本.—1 冊.—日記起清同治元年(1862)十月,迄同治
二年十一月;撰者係魏源之侄

126657

3023*

謝母孫太夫人赴告/謝家賓等撰.—民國 26 年
(1937)鉛印本.—1 冊:像.—孫氏(1863—1937),謝家
賓之母;書名據書籤題

126691

3024*

貞孝錄/王永通等撰.—民國間鉛印本.—1 冊:
像.—王婉珍(1863—1942),字清麗;書名據書籤題

126682

3025*

顧母蔣太夫人赴告/顧維鈞等撰.—民國 19 年
(1930)鉛印本.—1 冊.—蔣福安(1863—1930),顧維
鈞之母;書名據書籤題;附哀啓

126686

3026*

武清趙公鏡波行狀/熊炳琦,姚寶來撰.—民國 25
年(1936)鉛印本.—1 冊:像.—趙俊卿(1863—1936),
字鏡波;書名據書籤題,卷端題將軍府將軍前直隸政
務廳長代行省長職務勳五位武清趙公行狀　126687

3027*

薇孫府君行狀/惲寶惠撰.—民國間刻本.—1 冊:
像.—(清)惲毓鼎(1863—1918),字薇孫,又字澄齋;
卷端題清授資政大夫贈頭品頂戴原任日講起居注官
二品銜翰林院侍讀學士先考薇孫府君行狀　126683

部二　1 冊　　　　　　　　　　　　　　126684

部三　1 冊　　　　　　　　　　　　　　126685

3028

[瑞澂居官事迹]/瑞澂撰.—清光緒三十年(1904)
朱絲欄抄本.—1 卷.—瑞澂(1863—1915).—卷軸裝

126690

3029*

　胡公井銘/王闓運撰.—民國間影印本.—1 册.—（清）胡國瑞（1863—1912），投井而死.—毛裝　154471

3030*

　寶臣府君行述/魁瀛撰.—民國間刻本.—1 册.—鐵良（1863—1938），字寶臣，一字少亭，別號抱默；卷端題誥授光祿大夫建威將軍原任江寧將軍予謚莊靖先考寶臣府君行述　126688

3031*

　［楊恭人訃告］/孫雄等撰.—民國 16 年（1927）鉛印本.—1 册.—楊照虹（1863—1927），字宛芬，孫雄之妻　126692

3032*

　陳母文夫人哀挽錄/陳輔臣輯.—民國 13 年（1924）石印本.—1 册：像.—文氏（1863—1924），卒年約 62 歲，陳輔臣之妻　127417

3033*

　愧餘生自紀/葉瀚撰.—民國間綠格抄本.—1 册.—葉瀚（1863—1933），字浩吾；陳垣贈書；與葉浩吾先生遺稿目合抄.—毛裝　128069

3034*

　［王書衡訃告］/王蔭泰等撰.—民國 20 年（1931）刻暨鉛印本.—2 幅.—王式通（1864—1931），字書衡，號志盦，別號鄹廬、儀通，附哀啓　126699

　部二　2 幅　126700

　部三　1 幅　存哀啓　152516

3035*

　［王仁安訃告］/王貽濬等撰.—民國 25 年（1936）北京石印本.—1 幅.—王守恂（1864—1936），字仁安　154495

3036*

　家祥人壽集/李祖蔭輯.—民國 14 年（1925）京華印書局北京鉛印本.—1 册：圖及像.—李承陽（1864—?），字秉公，號竹石主人　126770

3037*

　蔣季和先生哀思錄/蔣頌堯等輯.—民國間鉛印本.—1 册：圖及像.—蔣炳章（1864—1930），字季和；書名據書簽題　126702

3038*

　［盛伯光哀挽錄］/羅開榜等撰.—民國間鉛印本.—1 册：像.—盛本傑（1864—1918），字伯光　127577

3039*

　玉研老人七十自述/曹玉研撰；曹景熙等編.—民國間鉛印本.—1 册.—曹玉研（1864—1938），號玉研老人；陳垣贈書.—經摺裝　126701

3040*

　故大總統黎公墓誌銘/金天翮撰.—民國間抄本.—1 册.—黎元洪（1864—1928），字宋卿，曾任北洋政府總統；與善章草王魯生墓表、林屋山人步君墓誌銘合抄　128530

3041*

　慈淑太君行述/（英國）喬治·哈同等述.—民國間鉛印本.—1 册：像.—羅迦陵（1864—1941），父法國人，母福建人，姓沈，從父姓"羅絲"簡爲羅姓，原名儷蕤，一作儷穗，號迦陵，以號行；書名據書簽題　126689

3042*

　先妣王太夫人事略/蔣中正撰；于右任書.—民國間石印本.—1 册.—王采玉（1864—1921）　128486

　部二　1 册　128487

3043*

　鮑咸昌先生哀挽錄/鮑府治喪事務所編.—民國間鉛印本.—1 册：圖及像.—鮑咸昌（1864—1929），字仲言；書名據書簽題　126710

　部二　1 册　126711

3044

　［楊贊同日記］/楊贊同撰.—清光緒至民國間當塗楊氏綠絲欄暨朱絲欄抄本.—4 册.—楊贊同（1864—?）；日記分別起清光緒二十八年（1903）二月十二日，迄三月初五日、起宣統二年（1910）元月，迄民國元年（1912）二月初五日、起民國 6 年（1917）十一月，迄十四年（1925），有間斷.—毛裝　127587

3045*

新疆省政府主席蒙自楊公行狀/金樹仁撰. —民國間鉛印本. —1 冊. —楊增新(1864—1928),字鼎臣,雲南蒙自人;書簽題新疆省政府主席楊公行狀　126693

　　部二　1 冊　　　　　　　　　　　126694

　　部三　1 冊　　　　　　　　　　　126695

　　部四　1 冊　　　　　　　　　　　126696

　　部五　1 冊　　　　　　　　　　　126697

3046*

吳興周夢坡先生赴告/周延礽輯. —民國 23 年(1934)上海影印暨鉛印本. —4 冊:像. —周慶雲(1864—1933),字湘舲,一字夢坡,附墓表、墓誌銘、吳興周夢坡先生年譜、夢坡畫史　126705

　　部二　4 冊　　　　　　　　　　　126706

　　部三　4 冊　　　　　　　　　　　126707

3047*

吳興周夢坡先生哀思錄/周延礽輯. —民國 24 年(1935)吳興周氏鉛印本. —2 冊　　126708

3048*

[周敬甫先生訃告及行狀]/周昭儁等撰. —民國 23 年(1934)鉛印本. —1 冊. —周仁壽(1864—1934),字敬甫　　　　　　　　　　　　　　149956

3049*

襄陽朱母單太夫人七十壽辰徵文啓/朱綏光等撰. —民國間鉛印本. —1 冊. —單氏(約 1864—?),朱綏光之母;書名據書衣題　　126712

3050*

文卿府君行述/蘇宗仁等撰. —民國 20 年(1931)鉛印本. —1 冊. —蘇國華(1864—1931),字文卿;卷端題誥授通議大夫賞戴花翎三品銜河南鞏縣顯考文卿府君行述　　　　　　　126715

3051*

郋園六十自敍/葉德輝撰. —民國間鉛印本. —1 冊. —葉德輝(1864—1927),字奐彬,號郋園,湖南湘潭人;書衣有墨筆題字;附朱錫梁撰宴集序又金天翮撰六十壽言　　　　　　　126716

　　部二　1 冊　　　　　　　　　　　126717

3052*

楊華堂老先生六秩晉七楊母南太夫人五秩晉四雙壽徵文啟/楊蔭慶輯. —民國 19 年(1930)鉛印本. —1 冊. —楊華堂(1864—?)　　124108

3053*

宗公子戴之赴告/宗惟恭等撰. —民國 22 年(1933)博古集珍版仿宋印刷社鉛印本. —1 冊. —宗子戴(1865—1933);書名據書簽題　　126719

3054*

娛堂集　二編/賈士毅輯. —民國 13 年(1924)鉛印本. —2 冊. —孫氏(1865—?),賈士毅之母;書名據目錄等題　　　　　　　　　　126718

3055

紀宗室伯茀太史壽富殉節始末/高鳳岐等撰. —清光緒二十六年(1900)石印暨鉛印本. —1 冊. —(清)壽富(1865—1900),字伯茀　　　　126720

3056*

獄中日記/聶守仁撰. —民國間稿本. —1 冊. —聶守仁(1865—1936),字景陽;日記分別起民國 3 年(1914)9 月,迄 4 年(1915)8 月、起民國 18 年(1929)1 月,迄同年 10 月　　　　　126731

3057*

[景陽日記]/聶守仁撰. —民國間朱絲欄稿本. —4 冊. —日記起民國 21 年(1932)8 月,迄 24 年(1935)9 月,有間斷;附陳炳華履歷　　126730

3058*

吳向之先生六十徵文啓/吳光瀏等撰. —民國間鉛印本. —1 冊. —吳廷燮(1865—1947),號向之,晚號景牧;書名據書簽題　　126729

3059*

黃鏡堂先生赴告/黃學周等撰. —民國 25 年(1936)鉛印本. —1 冊:像. —黃鏡堂(1865—1936)　126698

3060*

[壹修府君訃告]/胡敦復撰. —民國 20 年(1931)鉛印本. —1 冊. —胡爾平(1865—1931),字壹修

　　　　　　　　　　　　　　126721

3061*

胡壹修先生行述/胡敦復撰.—民國間鉛印本.—1
冊;像.—平裝　　　　　　　　　126722

3062*

母德錄/王澤畋撰.—民國間鉛印本.—1冊:圖.—
趙蓉軒(1865—1932);附衙恤日記　　126726
　部二　1冊　　　　　　　　　　126727

3063*

桂通敏公死事錄/柏鋦輯.—民國25年(1936)鉛印
本.—1冊.—(清)桂蔭(1865—1911),字集五,號福
庭,諡通敏　　　　　　　　　　126723
　部二　1冊　　　　　　　　　　126724
　部三　1冊　　　　　　　　　　126725

3064

先妣事略/(清)龍啓瑞撰.—清同治五年(1866)刻
本.—1冊.—(清)陶氏(?—1865),龍啓瑞之母
　　　　　　　　　　　　　　　149246

3065*

寧河邵孝子行略/劉宗誠撰.—民國間鉛印本.—1
冊.—邵斌綬(1865—1920),字蔭卿　126732

3066*

章母魯太夫人赴告/章錫琛等撰.—民國37年
(1948)鉛印本.—1冊:像.—魯氏(1865—1948),章錫
琛之母　　　　　　　　　　　　126734

3067*

至德周止庵先生紀念冊/周明泰等輯.—民國36年
(1947)鉛印本.—1冊.—周學熙(1865—1947),字緝
之,又字止庵;書名據書簽題　　　126733

3068*

壽護錄/季新益等輯.—民國15年(1926)鉛印
本.—1冊.—茅氏(1865—?),季新益之母　127579

3069*

謝母林太夫人訃告/謝璜麟等撰.—民國22年
(1933)石印暨鉛印本.—1冊;像.—林氏(1865—
1933),謝璜麟之母;書名據書簽題;附行述
　　　　　　　　　　　　　　　126735

3070*

賀縣林次煌先生七十介壽徵文啓/陳寶琛等撰.—
民國23年(1934)鉛印本.—1冊.—林世燾
(1865—?),字次煌　　　　　　　127578

3071*

[鈍盦日記]　五卷/陳炳華撰.—民國間稿本.—5
冊＋陳炳華履歷1頁.—陳炳華(1865—1924);號鈍
庵;日記起民國2年(1913),迄6年(1917),有間
斷.—毛裝　　　　　　　　　　　126737

3072*

陳烈士芷江先生事略彙志/杜關等撰.—民國間大
昌公司鉛印本.—1冊:像.—陳先沅(1865—1913),字
芷江,號均靈;書名據書簽題　　　126738
　部二　1冊　　　　　　　　　　126739
　部三　1冊　　　　　　　　　　126740

3073*

[哀啓]/陳鍾壽撰.—民國間朱格稿本.—1冊.—陳
鍾壽之祖父(1865—?).—毛裝　　126736

3074*

段總長五十壽言彙輯/佚名輯.—民國3年(1914)
鉛印本.—1冊.—段祺瑞(1865—1936),原名啓瑞,字
芝泉,安徽合肥人;書名據書簽題　127582
　部二　1冊　　　　　　　　　　127583

3075*

合肥段氏延慶錄/段駿良等輯.—民國13年(1924)
京華印書局北京鉛印本.—2冊:像.—書簽題段氏延
慶錄　　　　　　　　　　　　　127584

3076*

段合肥之三不可及/黃盛元撰.—民國間石印本.—
1冊.—附軼事　　　　　　　　　127581

3077

[聯塈]履歷/(清)聯塈撰.—清宣統間稿本.—1
冊.—(清)聯塈(1865—?);與沈曾桐履歷合併粘
貼.—毛裝　　　　　　　　　　　127853

3078

彌壽日記/(清)彌壽撰.—清同治間稿本.—1冊.—

日記起清同治四年(1865)六月,迄同年十月;書名據
書衣題　　　　　　　　　　　　　　126656

3079*

　家慈高太夫人六十壽辰乞言事略/葉於沅等撰. —
民國 14 年(1925)鉛印本. —1 冊. —高氏(1866—?),
葉於沅之母　　　　　　　　　　　126760

3080*

　唐恭人哀辭/曹元弼撰. —民國初刻本. —1 冊. —唐
淑貞(1866—1913),曹元弼妻;卷端題皇清誥封宜人
晉封恭人先室唐恭人哀辭　　　　　126758

3081*

　哀思錄　三編十五卷/孫中山先生葬事籌備處
編. —民國 14 年(1925)鉛印本. —3 冊:圖及像＋總理
靈櫬恭移經過北平市路線圖等(5 件). —孫中山
(1866—1925),名文,字德明,號日新,改號逸仙,後化
名中山樵,廣東香山人　　　　　　126743
　　部二　3 冊　　　　　　　　　126742
　　部三　3 冊　　　　　　　　　126741
　　部四　3 冊　　　　　　　　　126744
　　部五　3 冊　　　　　　　　　126745

3082*

　哀思錄　三編十五卷/孫中山先生葬事籌備處
編. —影印本. —3 冊:圖及像. —據民國 14 年(1925)
鉛印本影印　　　　　　　　　　　141703
　　部二　3 冊　　　　　　　　　141704

3083*

　新中華民國大總統孫中山大事記初集/佚名輯. —
民國間新漢守培書局石印本. —1 冊:像. —西諦藏書
　　　　　　　　　　　　　　　　XD11268

3084*

　總理奉安實錄/總理奉安專刊編纂委員會輯. —民
国 38 年(1949)鉛印本. —2 冊　　126748
　　部二　2 冊　　　　　　　　　126749
　　部三　2 冊　　　　　　　　　126751
　　部四　1 冊　　　　　　　　　126752
　　部五　2 冊　　　　　　　　　50178

3085*

　總理奉安實錄/總理奉安專刊編纂委員會輯. —民
國間鉛印本. —1 冊:圖及像. —存圖像部分,且本書圖
像邊框與民國 38 年本不同　　　　126750

3086*

　孫文小史/佚名撰. —民國間鉛印本. —1 冊　126753
　　部二　1 冊　西諦藏書　　　　XD9957

3087*

　國父之大學時代/羅香林撰. —民國 34 年(1945)獨
立出版社重慶鉛印本. —1 冊　　　126755
　　部二　1 冊　　　　　　　　　126756

3088*

　世紀偉人孫中山生平史迹畫卷/南京孫中山臨時大
總統辦公室舊址紀念館. —2001 年南京出版社膠印
本. —1 卷:圖及像. —附孫中山先生年表. —卷軸裝
　　　　　　　　　　　　　　　　141589
　　部二　1 卷　　　　　　　　　141590
　　部三　1 卷　　　　　　　　　141591

3089*

　汪鶴舲先生暨德配潘夫人訃告/汪希董等撰. —民
國 23 年(1934)鉛印本. —1 冊:像. —汪鶴舲(1866—
1934),潘夫人(1867—1934),汪希董之父母;書名據
書簽題;附哀啓　　　　　　　　　127585

3090*

　浙江省長沈公叔詹行狀/邵章撰. —民國間鉛印
本. —1 冊. —沈金鑒(1866—1925),字叔詹,號午盦
　　　　　　　　　　　　　　　　126768
　　部二　1 冊　　　　　　　　　126769

3091*

　宋太夫人七旬壽言彙編/宋哲元輯. —民國 24 年
(1935)北平文嵐簃古宋印書局鉛印本. —4 冊:圖及
像. —沈氏(1866—?),宋哲元之母　　126759

3092*

　[費景韓先生訃告]/費國祥等撰. —民國 21 年
(1932)油印本. —1 冊. —費景韓(1866—1932)126766

3093*

　[王之杰訃告]/王本中撰.—民國 22 年(1933)刻本.—1 幅.—王之杰(1866—1933),字彥侯;有殘
126438

3094*

　嚴母王恭人哀思錄/嚴昌堉編.—民國 24 年(1935)上海春華堂鉛印本.—1 册.—王宗儀(1866—1933),嚴昌堉之母
126765

3095*

　[王紫珊先生行述]/王競宜等述.—民國 24 年(1935)鉛印本.—1 册:像.—王金綬(1866—1935),字紫珊
126728

3096*

　吳縣王扞鄭先生傳略/闞鐸撰.—民國間鉛印本.—1 册.—王仁俊(1866—1913),字扞鄭、感尊　126767

3097*

　[孟憲彝日記]/孟憲彝撰.—民國間稿本.—23 册.—孟憲彝(1866—1924),日記起清宣統二年(1910),迄民國 12 年(1923),另有民國 3—4 年呈文
126800

3098*

　葛幕川先生訃告/葛悟非等撰.—民國間鉛印本.—1 册:像.—葛文浚(1866—1930),字幕川;書名據書簽題;附行實
126761

3099*

　黄溪濂先生七十壽辰暨繼妃陳夫人五十壽辰徵文啓/文朝籍等撰.—民國 24 年(1935)鉛印本.—1 册.—黄冀周(1866—?),字溪濂,號白沙;附事略
126831

3100*

　南通徐希穆先生暨德配錢太夫人哀挽錄/徐爾瑛等輯.—民國 13 年(1924)鉛印本.—1 册.—徐宜麐(1866—1913),字慕蕙,號希穆;書名據書簽題
126774

3101*

　武進莊思緘先生訃告/莊摯等撰.—民國間鉛印

本.—1 册.—莊蘊寬(1866—1932),字思緘;書名據書簽題;附行述、謚議
126772

　部二　1 册
126773

3102*

　[羅雪堂]訃告/羅福成等撰.—民國 29 年(1940)鉛印本.—1 册.—羅振玉(1866—1940),字叔蘊,一字叔言,號雪堂,浙江上虞人
126775

　部二　1 册
126776

3103*

　[羅雪堂]哀啓/羅福成等撰.—民國 29 年(1940)鉛印本.—1 册
126777

　部二　1 册
126778

　部三　1 册
126779

3104*

　先考光廷府君行述/凌鍾釗等撰.—民國間鉛印本.—1 册:像.—凌煒(1866—1940),字彤軒,號光廷;書簽題凌光廷先生行述
126780

3105*

　[張蔚西先生訃告]/張星烺撰.—民國 22 年(1933)鉛印本.—1 册.—張相文(1866—1933),字蔚西;附哀啓.—平裝
126781

3106*

　張仙舫運使哀挽錄　三編/袁金鎧等撰.—民國間奉天文華閣石印暨鉛印本.—3 册:圖及像.—張之漢(1866—1931),字仙舫,號方舟山人、遼海畫禪;書簽題石琴都轉哀輓錄
126782

3107

　潘文慎公列傳/(清)潘慶瀾錄.—清末抄本.—1 册.—(清)潘錫恩(?—1867),安徽涇縣人,嘉慶辛未科進士,謚文慎.—經摺裝
147897

3108*

　大興馮公度先生七秩壽辰徵詩文啓/馮大可等輯.—民國間公慎書局鉛印本.—1 册.—馮恕(1867—?),號公度;附事略
126785

　部二　1 册
127591

3109*

鄭母洪太夫人墓表/陳寶琛撰;鄭孝胥書.—民國 19
年(1930)影印本.—1 册.—(清)洪氏(1867—1901),
鄭玉書之母　　　　　　　　　　　　　　126786
　　部二　1 册　　　　　　　　　　　　126787
　　部三　1 册　　　　　　　　　　　　126638
　　部四　1 册　　　　　　　　　　　　126639

3110*

[孫寶琦]哀啓/孫用時等撰.—民國間鉛印本.—1
册.—孫寶琦(1867—1931)　　　　　　　126795

3111*

先府君行實/汪國垣撰.—民國間石印本.—1 册.—
汪鴻遇(1867—1915),字際虞　　　　　　126796

3112*

戴邃庵先生訃告/戴修驊等撰.—民國間鉛印本.—
1 册:像.—戴展誠(1867—1931),字邃庵;書名據書
簽題　　　　　　　　　　　　　　　　　126798

3113*

南通費鑒清先生哀思錄/[費師洪]輯.—民國間南
通平瀚市經社鉛印本.—1 册:像.—費啓豐(1867—
1912),字鑒清　　　　　　　　　　　　126788
　　部二　1 册　　　　　　　　　　　　126789

3114*

南通費鑒清先生哀思錄/費師洪輯.—民國間南通
翰墨林書局鉛印本.—1 册:像　　　　　126790

3115*

南通費君贊/章炳麟撰.—民國間影印本.—1 册
　　　　　　　　　　　　　　　　　　126791
　　部二　1 册　　　　　　　　　　　　126792

3116*

[費鑒清墓誌表傳]/陳衍等撰.—民國 23 年(1934)
上海鴻寶齋影印本.—1 册　　　　　　　126793
　　部二　1 册　　　　　　　　　　　　126794

3117*

樹恒自述/樹恒撰.—民國間鉛印本.—1 册.—樹恒
(1867—?),自述至民國 21 年(1932)　　126797

3118

母弟亮之家傳/章鈺撰.—清宣統三年(1911)鉛印
本.—1 册.—(清)章鑒(1867—1911),字亮之;先考朝
議府君事略之附錄　　　　　　　　　　127592

3119*

趙母郭夫人傳/趙蒨撰.—民國間石印本.—1 册.—
郭氏(1867—1929)　　　　　　　　　　126805
　　部二　1 册　　　　　　　　　　　　126806
　　部三　1 册　　　　　　　　　　　　126807

3120*

王均卿先生訃告/王宏毅等撰.—民國間鉛印本.—
1 册;像.—王文濡(1867—1935),字均卿;書名據書
題;附行述、哀啓　　　　　　　　　　　126783

3121*

孟省吾七十正壽自述/孟繼曾撰.—民國間鉛印
本.—1 册.—孟繼曾(1867—?);書名據書簽題;附祝
壽詞　　　　　　　　　　　　　　　　　126799

3122*

吳先生行述/劉朝敘撰.—民國 12 年(1923)鉛印
本.—1 册.—吳鼎雲(1867—1922),字曾父　128869

3123

陳侍郎側室李恭人行狀/王闓運撰.—清光緒十九
年(1893)刻本.—1 册.—(清)李氏(1867—1893),陳
士傑之妾　　　　　　　　　　　　　　126804

3124*

六朝民肖影題辭/李鏡燧輯.—民國 22 年(1933)鉛
印本.—1 册:像.—李鏡燧(1867—?)　　126808

3125*

壽言彙輯/陳翰輯.—民國 16 年(1927)鉛印本.—1
册.—葛稚川(1867—?);書名據書簽題　126810

3126*

葛稚威先生行略/葛昌棟等撰.—民國間石印本.—
1 册.—葛嗣澎(1867—1935),字稚威、詞蔚,別號水西
居士;書名據書簽題,卷端題清授通議大夫晉授通奉
大夫二品封典三品銜分部郎中法部主事編置司行走
優廩貢生顯考稚威府君行略　　　　　　126803

3127

元配胡恭人家傳/章鈺撰.—清宣統三年(1911)鉛印本.—1冊.—(清)胡氏(1867—1900),章鈺之妻;先考朝議府君事略之附錄 127592

3128*

武進趙劍秋先生訃告/趙維伯等撰.—民國31年(1942)鉛印本.—1冊.—趙椿年(1867—1942),字劍秋、春木,晚號坡隣;書名據書簽題;附行狀 126802

3129*

永春鄭公淵如墓誌銘/吳增祺撰;寶熙書;喻長霖篆蓋.—民國間石印本.—1冊.—鄭渭年(1867—1925),字世得,號淵如 126801

3130*

[斗瞻太府君哀啓暨訃告]/阮永裕撰.—民國6年(1917)天津鑒古堂石印局石印本.—1冊:像.—阮忠樞(1867—1917),字斗瞻;附國民政府任命狀 126809

3131*

霆威將軍海城鮑公行狀/鍾廣生撰.—民國間刻本.—1冊:像.—鮑貴卿(1867—1934),字廷九 126784

部二 1冊 126811

3132*

雲間張嘯嵋先生訃告/張應齡等撰.—民國間石印暨鉛印本.—1冊:像.—張開圻(1867—1943),字嘯嵋;附像贊、行述 126814

部二 1冊 126815

3133*

劉治襄先生訃告/劉同律等撰.—民國20年(1931)石印暨鉛印本.—1冊:像.—劉治襄(1867—1931);書名據書簽題 128218

3134*

歐公景星哀思錄/歐炳光等輯.—民國14年(1925)鉛印本.—1冊:圖及像.—歐亮(1867—1925),字景星;書名據書簽題 126813

3135*

[瑞臣府君訃告]/志庚等撰.—民國31年(1942)鉛

印本.—1冊.—寶熙(1868—1942),字瑞臣 126821

3136*

顧夫人訃告/楊壽枬撰並輯.—民國27年(1938)天津鉛印暨石印本.—1冊:像.—顧氏(1868—1938),楊壽枬之妻;書簽題清封夫人元配顧夫人訃告 126822

3137

[童氏訃告]/丁逢元等輯.—清光緒十七年(1891)刻本.—1幅.—(清)童氏(1868—1891),丁逢元之妻 152376

3138*

龐芝符先生赴告/龐祖垚等撰.—民國22年(1933)鉛印本.—1冊.—龐樹典(1868—1932),字芝符;書名據書簽題;與龐映湖訃告合印 126823

3139*

唐母馬夫人墓表/葉恭綽撰.—民國間鉛印本.—1冊.—馬菊英(1868—1942),唐炯之妻;與先宮少保行略合印 125718

3140*

善章草王魯生墓表/金天翮撰.—民國間抄本.—1冊.—王世鏜(1868—1933),字魯生;與故大總統黎公墓誌銘、林屋山人步君墓誌銘合抄 128530

3141*

絅齋府君行狀/吳秉澄等撰.—民國22年(1933)鉛印本.—1冊.—吳士鑒(1868—1933),字絅齋,號公詧,晚號式谿;卷端題清故光祿大夫頭品頂戴翰林院侍讀先考絅齋府君行狀;附哀啓 126830

部二 1冊 平裝 126829

3142*

松鄰挽詞/佚名輯.—民國間刻本.—1冊.—吳昌綬(1868—1924),字伯宛,號松鄰、印丞等 126832

部二 1冊 109570

3143*

吳芝瑛傳/惠毓明編.—民國25年(1936)鉛印本.—1冊:像.—吳芝瑛(1868—1934),號萬柳夫人;書名據書名頁題,本書又名萬柳一角 126838

3144*

李玕甫先生家傳　一卷/翁廉撰.—民國間石印本.—1 册.—李廷琳(1868—1932),字玕甫;與李母陶夫人家傳合印　　　　　　126837

3145*

內子黃君淑齋六秩加一誕期壽言/張肇崧撰.—民國 17 年(1928)廣州越華印務局鉛印本.—1 册:像.—黃淑齋(1868—?),張肇崧之妻;版心等題壽妻駢言　　　　　　126835

3146*

潢川縣知事西平趙君傳/陳銘鑒撰.—民國間鉛印本.—1 册:像.—趙麟紱(1868—1928),字銘閣,河南西平人　　　　　　126824

3147*

趙幼梅先生七秩壽言/佚名輯.—民國 27 年(1938)鉛印本.—1 册.—趙元禮(1868—?),字幼梅;書名據書簽題　　　　　　126833

3148*

趙幼梅先生哀挽錄/佚名輯.—民國間鉛印本.—1 册.—書名據書簽題;附哀啓、墓表　　126834

3149*

國民哀悼會紀事錄/李升培等輯.—民國 2 年(1913)龍泉孤兒院石印科石印本.—1 册:圖及像.—隆裕皇后(1868—1913),葉赫那拉氏,清光緒帝后　　　　　　126825

　　部二　1 册　　　　　　　126826
　　部三　2 册　　　　　　　126827

3150*

大清孝定景皇后事略　一卷/紹英撰.—民國 7 年(1918)仁和吳氏雙照樓刻本.—1 册.—(松鄰叢書)　　　　　　126828

3151

彤史貞孝錄/(清)佚名輯.—清光緒二十年(1894)京師刻本.—1 册.—(清)鄧聯姑(1868—1893)126841

3152

[董春膏事略]/(清)董士佐輯.—清光緒間刻本.—

1 册.—(清)董士仁(1868—1901),字春膏　　126840

3153*

趨庭隅錄/楊景煃等輯.—民國 30 年(1941)鉛印本.—1 册.—楊壽栴(1868—1938),字味雲;與楊味雲先生創興棉業記合印　　　　　　44283

　　部二　1 册　　　　　　　126842

3154*

石蓮居士六旬眉壽贈言第二輯/佚名輯.—民國間石印本.—1 册:圖.—管洛聲(1868—?),號石蓮居士;書簽題石蓮居士六十壽言　　　　126843

　　部二　1 册　　　　　　　128694

3155*

帆影樓紀事/吳芝瑛輯.—民國間影印本.—1 册:圖及像.—廉泉(1868—1932)　　　　　126816

　　部二　1 册　陳垣贈書　　　126817
　　部三　1 册　　　　　　　126818
　　部四　1 册　西諦藏書　　　XD1349
　　部五　1 册　西諦藏書　　　XD1458

3156*

荆母夏太夫人訃告/荆有年等撰.—民國 23 年(1934)鉛印本.—1 册:像.—夏氏(1868—1934),荆有年之母;書名據書簽題;附哀啓　　126845

3157*

甘肅張致堂先生七旬晉八大壽徵文啓/邵力子等撰.—民國間朱絲欄抄本.—1 册.—張致堂(1868—?);附同內容之鉛字朱印徵文啓　127543

3158*

孫母劉太夫人七十壽徵詩文啓/顧祖彭撰.—民國 26 年(1937)鉛印本.—1 册.—劉氏(1868—?),孫學曾之母;書名據書簽題,卷端題節孝孫母劉太君七十慈壽徵文啓;附行略　　　　　126846

3159*

劉公幼雲府君行狀/劉希亮撰.—民國間鉛印本.—1 册.—劉廷琛(1868—1922),字幼雲,晚號潛樓老人;書簽題誥授光祿大夫學部副大臣翰林院編修顯考劉公幼雲府君行狀　　　　　126847

　　部二　1 册　　　　　　　126891

部三　1 册　西諦藏書　　　　　　　　XD9958

3160*

[陳簡持哀啓]/陳同軾等撰.—民國 3 年(1914)石
印本.—1 册:像.—陳昭常(1868—1914),字簡持

126844

3161*

[陳子和先生訃告]/陳家祿等撰.—民國 22 年
(1933)刻本.—1 幅.—陳家禮(1868—1933),字子和

127542

3162*

陶廬优儷五十壽言/朱榮溥等輯.—民國 8 年
(1919)鉛印本.—2 册:圖及像.—朱念陶(1868—?),
室名陶廬　　　　　　　　　　　　　126849

3163*

合肥龔仙舟先生訃告/龔理和等撰.—民國 32 年
(1943)鉛印本.—1 册.—龔心湛(1869—1943),字仙
舟;書名據書簽題;附哀啓　　　　　126852

3164*

秦璞庵先生七十四歲自述/秦光玉撰.—民國 31 年
(1942)石印本.—1 册.—秦光玉(1869—1948),字璞
庵　　　　　　　　　　　　　　　　126868

3165*

六十贈言集/潘樹聲等撰.—民國間鉛印本.—1
册.—費師洪(1869—?)　　　　　　127325

3166*

[袁妻閔夫人訃告]/袁乃寬撰.—民國 25 年(1936)
石印本.—1 幅＋謝函(4 頁).—閔氏(1869—1936),
袁乃寬之妻　　　　　　　　　　　126869

3167*

周甲贈言/言敦源輯.—民國間鉛印本.—1 册.—言
敦源(1869—1932),字仲遠　　　　126864
　部二　1 册　　　　　　　　　　126865
　部三　1 册　　　　　　　　　　126866
　部四　1 册　　　　　　　　　　126867

3168*

常熟言仲遠先生哀挽錄/言雍時等輯.—民國 22 年
(1933)鉛印本.—1 册:像.—書名據書簽題　126859
　部二　1 册　　　　　　　　　　126860
　部三　1 册　　　　　　　　　　126861
　部四　1 册　　　　　　　　　　126862
　部五　1 册　　　　　　　　　　126863

3169*

先考仲遠府君行述/言雍時等撰.—民國 22 年
(1933)鉛印本.—1 册.—書簽題常熟言仲遠先生行述

126858

3170*

余杭章先生行實學術紀略/李植,龐俊撰.—民國 25
年(1936)鉛印本.—1 册.—章炳麟(1869—1936),字
枚叔,別號太炎;書名據書簽題　　　126851

3171*

王紹文先生逝世三周年紀念册/張元亨等輯.—民
國 25 年(1936)臨清汶衛印刷公司鉛印本.—1 册:圖
及像.—王不顯(1869—1933),字紹文　126870

3172*

隨軺日記/(清)蔣大鏞撰.—民國 10 年(1921)鉛印
本.—1 册.—(清)蔣大鏞(?—1869),日記起清同治
三年(1864)十月,迄四年(1865)三月　126873

3173*

直廬日記/胡嗣瑗撰.—1986 年遼寧省圖書館瀋陽
掃描油印本.—5 册.—胡嗣瑗(1869—?),日記起民國
20 年(1931)正月,迄同年 9 月;據胡氏手稿本掃描
油印　　　　　　　　　　　　　126871
　部二　5 册　　　　　　　　　　126872

3174*

言母丁太夫人榮哀錄/言雍時等輯.—民國 12 年
(1923)天津華新印刷局鉛印本.—1 册:圖.—丁毓英
(1869—1923),字韞如;書名據書簽題　126874

3175*

李母陶夫人家傳　一卷/翁廉撰.—民國間石印
本.—1 册.—陶倉(1869—1928),李廷琳之妻;與李玕
甫先生家傳合印　　　　　　　　　126837

3176[*]

前國務總理幹臣錢公行狀/曹秉章撰. —民國間刻本. —1冊. —錢能訓(1869—1924),字幹臣;書籤題前國務總理嘉善錢公行狀　　　126876

　　部二　1冊　　　　　　　　126877

　　部三　1冊　　　　　　　　126878

3177[*]

［杭辛齋赴告］/杭安定等撰. —民國13年(1924)石印暨鉛印本. —1冊:像. —杭慎修(1869—1924),字辛齋,以字行　　　　　　　　126875

　　部二　1冊　西諦藏書　　　XD10456

3178[*]

亡室凌夫人悼啓/傅增湘撰. —民國間京華印書局北京鉛印本. —1冊. —凌萬鑰(1869—1928),字序珊,傅增湘之妻. —平裝　　　126879

　　部二　1冊　　　　　　　　126880

　　部三　1冊　　　　　　　　126881

3179[*]

家嚴家慈六十雙壽徵文啓/梁定蓟等撰. —民國17年(1928)北華印刷局鉛印本. —1冊. —梁士詒(1869—1933),號燕孫,梁定蓟之父;書名據書籤題

　　　　　　　　　　　　　　126882

3180[*]

三水梁燕孫先生赴告/梁定蓟等撰. —民國22年(1933)鉛印本. —1冊:像. —書名據書籤題;附哀啓

　　　　　　　　　　　　　　126853

　　部二　1冊　　　　　　　　126854

　　部三　1冊　　　　　　　　126855

　　部四　1冊　　　　　　　　126856

　　部五　1冊　　　　　　　　126857

3181[*]

［子廙府君訃告］/周綸岐撰. —民國12年(1923)刻本. —3幅. —周自齋(1869—1923),字子廙;附哀啓、誦經目錄　　　　　　　　　126883

3182[*]

［孫母張太夫人訃告］/孫用時等撰. —民國23年(1934)鉛印本. —2幅. —張氏(1869—1934),孫用時之母;附哀啓　　　　　　　126884

3183[*]

宋母倪太夫人訃告/宋子文等撰. —民國20年(1931)鉛印暨影印本. —1冊:像. —倪珪貞(1869—1931),宋子文之母;書名據書籤題　126885

3184[*]

陳少白先生哀思錄/陳德芸輯. —民國24年(1935)鉛印本. —1冊:圖及像. —陳聞韶(1869—1934),號夔石,後改少白;書名據書籤題　　126886

　　部二　1冊　　　　　　　　126887

　　部三　1冊　　　　　　　　126888

　　部四　1冊　　　　　　　　126889

3185[*]

江都殷楫臣先生赴告/殷適等撰. —民國23年(1934)鉛印本. —1冊. —殷楫臣(1869—1934);書名據書籤題　　　　　　　126904

3186[*]

顧子虯先生暨德配宋夫人六十雙壽徵文啓/顧頡剛撰輯. —民國18年(1929)鉛印本. —1冊. —顧柏年(1869—?);書名據書籤題　　124109

3187[*]

颿輪日記　二卷/(清)屋滋撰. —民國間影印本. —2冊. —日記起清同治九年(1870)閏十月,迄十年(1871)三月　　　　　　　126123

3188[*]

高楚秋先生訃告/高清等撰. —民國25年(1936)南通翰墨林鉛印本. —1冊:像. —高湘(1870—1936),字楚秋;附傳略、哀啓　　　　126893

3189[*]

天津溫支英先生訃告/溫祖蔭撰. —民國間刻暨石印本. —1冊:像. —溫世霖(1870—1934),字支英;書名據書籤題;附哀啓　　126894

3190[*]

［彭母馬太夫人訃告］/彭壽彭撰. —民國間石印本. —1冊:像. —馬氏(1870—1942),彭壽彭之母;附哀啓　　　　　　　　128781

3191*

任母胥太夫人赴告/任師尚撰.—民國 24 年(1935)
鉛印本.—1 冊：像.—胥氏(1870—1935)，任師尚之
母；書名據書籤題；附哀啓　　　　　　126898

3192*

霸縣節婦邊左氏事實清冊/孔令熙撰.—民國 12 年
(1923)抄本.—1 冊＋公函等（6 頁）.—左氏
(1870—?)，邊實泉之妾；書名據書衣題.—毛裝
　　　　　　　　　　　　　　　　126899

3193*

費母李太夫人傳/方廌撰；姜殿揚書.—民國 36 年
(1947)影印本.—1 冊：圖及像.—李氏(1870—1943)，
費師洪之母　　　　　　　　　　126895

3194*

[紹聞府君訃告]/李大鈞等撰.—民國 22 年(1933)
鉛印本.—1 冊.—李丕基(1870—1933)，字紹聞；附哀
啓.—平裝　　　　　　　　　　126896

3195*

[丁闇公訃告]/丁沂等撰.—民國 19 年(1930)天津
文嵐簃古宋印書局鉛印本.—1 冊.—丁傳靖(1870—
1930)，號闇公；附哀啓　　　　　　126900
　　部二　　1 冊　　　　　　　126901

3196*

益威上將軍臨榆田公家傳/劉朝望撰；沈曾邁書.—
民國間石印本.—1 冊.—田中玉(1870—1935)，字輻
山　　　　　　　　　　　　　126903

3197*

鐵梅七十自述詩/慶珍撰.—民國間鉛印本.—1
冊.—慶珍(1870—?)，滿洲正藍旗人，字博如，號鐵梅
　　　　　　　　　　　　　　108610

3198*

鐵梅七十自述詩/慶珍撰.—民國間鉛印本.—1
冊.—附壽詩、壽聯等　　　　　　126906
　　部二　　1 冊　　　　　　　126907
　　部三　　1 冊　　　　　　　128665

3199*

湯母楊太夫人訃告/湯鎮等撰.—民國 22 年(1933)
文華堂鉛印本.—1 冊：像.—楊氏(1870—1933)，湯鎮
之母；書名據書籤題；附哀啓　　　　126902

3200*

簡君照南哀挽錄/簡日華等輯.—民國 12 年(1923)
石印本.—3 冊：像.—簡耀登(1870—1923)，字肇章，
號照南　　　　　　　　　　　126905

3201*

傭廬壽言　四卷附錄一卷/袁金鎧輯.—民國 19 年
(1930)東北大學工廠印刷係鉛印本.—2 冊：圖及
像.—袁金鎧(1870—1947)，號傭廬　　125497
　　部二　　2 冊　　　　　　　125498

3202*

[仲怡府君訃告]/林兆璋撰.—民國 22 年(1933)石
印本.—1 冊.—林仲怡(1870—1933)；附哀啓.—毛裝
　　　　　　　　　　　　　　126915

3203*

陳一甫先生六秩壽言/陳汝良輯.—民國 22 年
(1933)影印本.—1 冊：圖及像.—陳惟壬(1870—?)，
字一甫；書名據書衣題　　　　　126911
　　部二　　1 冊　　　　　　　126912
　　部三　　1 冊　　　　　　　126913
　　部四　　1 冊　　　　　　　126914

3204*

張母段太夫人榮哀錄　三卷/張制輯.—民國 24 年
(1935)山東省政府印刷局鉛印暨影印本.—3 冊＋謝
函(2 頁)：圖及像.—段氏(1870—1935)，張制之母；書
名據書籤題　　　　　　　　　126916

3205*

董節母傳/馮貞胥撰.—民國間石印本.—1 冊.—馮
氏(1871—1941)，董舜年之妻，董維城之母　128464

3206*

陸軍部協參領顧君事略/商衍瀛撰.—民國間鉛印
本.—1 冊.—顧臧(1871—1926)，字君用　126937
　　部二　　1 冊　　　　　　　126938

3207*

許稻蓀先生紀念冊/許受培等輯.—民國間許氏永
錫堂鉛印本.—1 冊:像.—許嘉穀(1871—1925),字稻
蓀
　　　　　　　　　　　　　　　　　　　126918

3208*

伽禪老人紀念集/李猷輯.—民國 36 年(1947)常熟
李氏油印本.—1 冊:像.—李鋿(1871—1941),字楞
莊,號楞伽,晚年自稱伽禪;書名據版心題,書名頁題
伽禪老人白花卷題詠稀齡介壽集合刊　　126939
　　部二　1 冊　　　　　　　　　　　126940

3209

[李家駒日記]/李家駒撰.—清光緒二十四至二十
九年(1898—1903)朱絲欄暨朱格稿本.—3 冊.—李家
駒(1871—1938);日記起清光緒二十四年(1898)七
月,迄二十九年(1903)六月,有間斷;與有正業齋雜記
合抄
　　　　　　　　　　　　　　　　　　126924

3210

[李家駒日記]/李家駒撰.—清光緒二十六至二十
八年(1900—1902)朱絲欄稿本.—1 冊.—日記起清光
緒二十六年(1900)正月,迄二十八年(1902)六月,有
間斷
　　　　　　　　　　　　　　　　　　126923

3211*

[胡心畊日記]/胡心畊撰.—民國 27—32 年
(1938—1943) 朱絲欄稿本.—8 冊.—胡心畊
(1871—?),日記起民國 27 年(1938),迄 32 年(1943),
有間斷
　　　　　　　　　　　　　　　　　　126917

3212*

蒼梧關太史行述/關祖章等撰.—民國 22 年(1933)
鉛印本.—2 冊:像.—關冕鈞(1871—1933),字伯珩,
廣西蒼梧人;書名據書簽題;附訃告　　126919
　　部二　2 冊　　　　　　　　　　　126921
　　部三　1 冊　　　　　　　　　　　126920
　　部四　1 冊　　　　　　　　　　　126922

3213*

姚母高太君哀挽錄/姚竹心等撰.—民國間鉛印
本.—1 冊:像.—高氏(1871—1922),姚竹心之母
　　　　　　　　　　　　　　　　　　128635

3214*

張節母傳/孫朧暖撰;張鑒書.—民國 19 年(1930)
商務印書館上海石印本.—1 冊.—董氏(1871—
1926),張鑒之母　　　　　　　　　126925
　　部二　1 冊　　　　　　　　　　　126926

3215*

程一夔先生哀思錄/程德耆輯.—民國 22 年(1933)
鉛印本.—1 冊:像.—程先甲(1871—1932),字鼎丞,
一字一夔,晚號百花仙子,私諡懿文　　126936

3216*

毛母周太夫人六十壽辰徵文啓/佚名輯.—民國間
鉛印本.—1 冊.—周氏(1871—?),毛群麟之母;附
節略　　　　　　　　　　　　　　　126928

3217*

[金宜人訃告]/李家滇撰.—民國 22 年(1933)鉛印
本.—2 冊.—金氏(1871—1933),李盛鐸之妾;附哀啓
　　　　　　　　　　　　　　　　　　126927

3218*

文府君壙記/文素松撰;譚澤闓書.—民國間石印
本.—1 冊.—(清)文翰驊(1871—1901),號湘漁;書簽
題萍鄉文府君壙記　　　　　　　　　126958

3219*

顧竹侯先生訃告/顧翊辰等撰.—民國 25 年(1936)
鉛印暨石印本.—1 冊:像.—顧震福(1872—1936),字
竹侯;書名據書簽題;附行述　　　　　126933

3220*

吳興許母沈太夫人六秩壽言/許博明輯.—民國 20
年(1931)蘇州利蘇印書社鉛印本.—1 冊:圖.—沈氏
(1872—?),許博明之母　　　　　　　126944

3221*

惠興女士徵文事略/金梁等撰.—民國間鉛印本.—
1 冊.—(清)惠興(1872—1905),滿族,姓瓜爾佳氏
　　　　　　　　　　　　　　　　　　126934

3222*

默戇傳何內務部總長奉天省長勳三位王公神道碑/
王樹枏撰;成多祿書.—民國間東北大學石印本.—1

册.—王永江(1872—1927),字岷源;書簽題成澹堪書
王岷源省長神道碑原迹　　　　　　　　　　126942
　　部二　1 册　　　　　　　　　　　　　126943

3223*

先府君行述/李葆光撰.—民國間鉛印本.—1 册.—
李剛己(1872—1914)　　　　　　　　　　126941

3224*

金陵張甘氏傳貞錄/周葵輯.—民國間鉛印本.—1
册.—(清)甘氏(1872—1900),張德勳之妻　126962

3225*

聖餘胡公行述/胡美成撰.—民國間鉛印本.—1
册.—胡希林(1872—1933),字聖餘;書簽題清授資政
大夫二品銜候補道聖餘胡公行述　　　　　126935

3226*

丁小川先生訃告暨行狀/丁緒鴻等撰.—民國間鉛
印本.—1 册:像.—丁開嶂(1872—1945),初名作霖,
字小川,後更名開嶂;書名據書簽題　　　　126956

3227*

藏園居士六十自述/傅增湘撰.—民國 20 年(1931)
石印本.—1 册.—傅增湘(1872—1949),字叔和,後改
字沅叔,號潤元,自署藏園居士、雙鑒樓主人;陳垣
贈書　　　　　　　　　　　　　　　　　　126945
　　部二　1 册　　　　　　　　　　　　　126946
　　部三　1 册　　　　　　　　　　　　　126947
　　部四　1 册　　　　　　　　　　　　　126948
　　部五　1 册　　　　　　　　　　　　　126949

3228*

藏園居士七十自述/傅增湘撰.—民國 30 年(1941)
石印本.—1 册　　　　　　　　　　　　　126950
　　部二　1 册　　　　　　　　　　　　　126951
　　部三　1 册　　　　　　　　　　　　　126952
　　部四　1 册　　包背裝　　　　　　　　126953
　　部五　1 册　　　　　　　　　　　　　128524

3229*

瘄陶去職實錄/范之傑撰.—民國間鉛印本.—1
册.—范之傑(1872—1957),字瘄陶　　　　126955

3230*

松鶴山莊詩文楹聯彙存/佚名輯.—民國間鉛印
本.—1 册:圖及像.—莊珣(1872—?),字韻香,號松鶴
主人;書簽題松鶴山莊詩文楹聯彙錄　　　126954

3231

紹衣錄/(清)羅長裿撰.—清光緒間刻本.—1 册.—
(清)羅信南(? —1872),字雲浦,號陶龕,學者稱陶龕
先生　　　　　　　　　　　　　　　　　　128113

3232*

李節母紀太夫人六秩榮誕徵文事略/何應欽等
撰.—民國間鉛印本.—1 册.—紀氏(1872—?),李軌
之母;書名據書簽題;附事略　　　　　　　126957

3233*

週甲詩記/金保權撰.—民國間鉛印本.—1 册.—金
保權(1872—?);有著者墨筆題字　　　　　126960
　　部二　1 册　　　　　　　　　　　　　31237
　　部三　1 册　　　　　　　　　　　　　31238

3234*

張適園先生哀挽錄/張乃熊等輯.—民國 17 年
(1928)鉛印本.—1 册.—張鈞衡(1872—1927),字石
銘,號適園　　　　　　　　　　　　　　　126961
　　部二　1 册　　　　　　　　　　　　　127430

3235*

袁屏山傳記/張希魯輯.—民國 28 年(1939)石印
本.—1 册:像.—袁嘉穀(1872—1937),字樹五,號澍
圃,晚號屏山　　　　　　　　　　　　　　92448
　　部二　1 册　　　　　　　　　　　　　126932

3236*

袁屏山先生紀念刊　六卷卷首一卷/李士厚等
輯.—民國 29 年(1940)鉛印本.—2 册:圖及像126930
　　部二　2 册　　　　　　　　　　　　　126931

3237*

友聲集　五卷/晦庵輯.—民國 24 年(1935)鉛印
本.—1 册:圖.—丘復(1872—?),別號金城寓公;書簽
題金城寓公六十壽言友聲集　　　　　　　126959

**3238*

病驥五十無量劫反省詩/侯鴻鑒撰.—民國間鉛印本.—1 冊：像.—侯鴻鑒(1872—1961)，字葆三，一作保三，乳名小春，號夢獅，又號病驥；書簽題病驥五十無量劫反省草　126963

**3239*

悲回風/玄嬰等撰.—民國 21 年(1932)浙江省立圖書館鉛印本.—1 冊.—馮开(1873—1931)，字君木　113287

　部二　1 冊　112892

**3240*

高保卿先生訃告/高崇正撰.—民國 25 年(1936)石印暨鉛印本.—1 冊：像.—高祖佑(1873—1936)，字保卿；書名據書簽題；附哀啓　126968

**3241*

海寧王藹香先生赴告/王清照撰.—民國 23 年(1934)石印暨鉛印本.—1 冊：像.—王克楨(1873—1934)，字韻蘭，號藹香；書名據書簽題；附行狀　126973

**3242*

[吳懷久先生訃告]/吳貴蓀撰.—民國 8 年(1919)石印本.—1 冊：像.—吳馨(1873—1919)，字畹九，號懷久；附哀啓　126970

**3243*

吳公懷久哀輓錄　七輯/吳貴蓀輯.—民國 9 年(1920)上海吳太和堂鉛印本.—1 冊　126971

**3244*

陸母吳太夫人訃告/陸鴻漸等撰.—民國間鉛印暨石印本.—1 冊：像.—吳燮(1873—1932)，陸鴻漸之母；書名據書簽題　126969

**3245*

李登輝先生哀思錄/李老校長紀念工作委員會編.—民國間鉛印本.—1 冊：像.—李登輝(1873—1947)，字騰飛　126972

**3246*

李節母家傳/曹文麟撰.—民國間石印本.—1 冊：圖

十寒燈課子圖徵文啓(1 頁).—李氏(1873—1921)，李曾廉之母；附思母篇　126974

**3247*

酉山焦公傳/述樵居士撰.—民國間刻朱墨套印本.—1 冊.—焦天福(1873—1942)，字酉山　126975

3248

新出繪圖皖案徐錫麟/佚名撰.—清光緒三十三年(1907)石印本.—1 冊：像.—(清)徐錫麟(1873—1907)，字伯蓀　126965

　部二　1 冊　126966

　部三　1 冊　126967

　部四　1 冊　毛裝　126964

**3249*

何母韓太夫人訃告/何章海撰.—民國間鉛印本.—1 冊.—韓氏(1873—1947)，何章海之母；書名據書簽題；附述略　147927

**3250*

常熟瞿君墓誌銘/張鴻撰；蕭蛻篆蓋；姜殿揚書.—民國間拓本.—2 幅.—瞿啓甲(1873—1939)，字良士　154515

**3251*

侯官龔母六秩設帨之辰/龔鉞輯.—民國間鉛印本.—1 冊：圖及像.—楊韻芳(1873—?)，龔鉞之母；書名據書簽題　126978

**3252*

暄初先生六十壽言/姜履輯.—民國間刻本.—1 冊：像.—張戴陽(1873—?)，字春曦，一字暄初　126980

**3253*

[少泉府君訃告]/林隆起等撰.—民國 15 年(1926)北京刻本.—1 冊：像.—林白水(1873—1926)，號少泉　126985

**3254*

天津模範小學校長劉君碑記/盧靖撰.—民國間刻本.—1 冊：圖.—劉寶慈(1873—1941)，字掃雲，號竹生　126981

　部二　1 冊　126982

3255*
平湖陳翀若先生墓誌銘/金間洙撰;胡士瑩書.—民國間石印本.—1 册.—陳翰(1873—1928),字翀若
126983

　部二　1 册　　　　　　　126984

3256*
追悼俞翿梧先生暨德配張夫人紀事/佚名輯.—民國間鉛印本.—1 册:像.—俞人鳳(1873—1944),字翿梧;張夫人(?—1944);書名據書簽題　128603

3257*
蘇州朱梁任父子葬事募捐册/佚名輯.—民國間鉛印本.—1 册 ＋ 啓事(2 張).—朱錫梁(1873—1932),字梁任;書名據書簽題;附朱梁任先生事略　126976

　部二　1 册　　　　　　　126977

3258*
[賀葆真日記]/賀葆真撰.—民國間抄本.—16 册.—賀葆真(1874—?);日記起清光緒十六年(1890)元月,迄民國 19 年(1930)12 月,缺民國 9—18 年(1920—1929)日記　142582

3259*
[洪悌丞先生事略]/洪汝閣等撰.—民國間揚州漢文印務局刻本.—1 册.—洪汝怡(1874—1936),字悌丞　126994

3260*
汪漢溪先生哀挽錄/佚名輯.—民國 16 年(1927)鉛印本.—1 册:像.—汪龍標(1874—1924),字漢溪;書名據目録等題　126995

3261*
余覺沈壽夫婦痛史/余覺撰.—民國 15 年(1926)石印本.—1 册:圖及像.—沈壽(1874—1921),字雪君,余覺(約 1857—1937),原名兆熊,字冰臣、思雪,別號鷓口孤鶖;書名據書簽題;附題詠　126997

3262*
先業師王公孟謙家傳/嚴昌堉撰.—民國間石印本.—1 册.—(清)王慶福(1874—1906),字孟謙;書簽題南匯王孟謙先生傳　127000

3263*
三合胡節母徵詩文集　二集/胡鬻輯.—民國間洪江熙和書局鉛印本.—1 册.—王氏(1874—1922),胡鬻之母　126996

3264*
六十感言/雷飈撰.—民國間鉛印本.—1 册.—雷飈(1874—?);書名據書簽題　126998

　部二　1 册　　　　　　　126999

3265*
黃興小史/佚名撰.—民國初鉛印本.—1 册.—黃興(1874—1916),原名軫,字堇午,後改克强;西諦藏書.—平裝　XD9981

3266*
[先室鄭蘭真夫人訃告]/曹元森撰.—民國 20 年(1931)鉛印本.—1 册:圖.—鄭道馥(1874—1931),字蘭真,曹元森之妻;附行述　128743

3267*
[湯濟武訃告]/湯聘莘等撰.—民國 7 年(1918)鉛印本.—1 册:像.—湯化龍(1874—1918),字濟武,湖北蘄水縣人;有墨筆題記;附行狀.—毛裝　127002

　部二　1 册　　　　　　　127003

3268*
蘄水湯先生遺念錄/佚名輯.—民國 8 年(1919)鉛印本.—1 册:像.— 書名據書簽題　127004

　部二　1 册　　　　　　　127005

　部三　1 册　　有墨筆題字　41278

3269*
錢士青都轉六秩壽言徵錄/錢文選輯.—民國 22 年(1933)刻本.—2 册.—錢文選(1874—1953),字士青;書名據書簽題　126991

　部二　2 册　　　　　　　126992

　部三　2 册　　　　　　　126993

3270*
錢士青先生六秩大慶徵詩文啓/張戴陽等撰.—民國 22 年(1933)鉛印本.—1 册.—書簽題錢士青都轉六秩榮慶徵詩文啓　126986

　部二　1 册　　　　　　　126987

3271*

錢士青都轉七秩壽言彙編　三卷卷首一卷/佚名
輯.—民國 31 年(1942)鉛印本.—1 冊:圖　　126988
　部二　1 冊　　　　　　　　　　　　　126989
　部三　1 冊　　　　　　　　　　　　　126990

3272*

枝巢六十自述詩/夏仁虎撰.—民國間鉛印本.—1
冊.—夏仁虎(1874—1963),字蔚如,號枝巢;書名據
書簽題　　　　　　　　　　　　　　　127007
　部二　1 冊　　　　　　　　　　　　　128864

3273*

枝巢九十回憶篇/夏仁虎口述;夏承棟筆錄.—1963
年香港鉛印本.—1 冊.像.—書名據書簽等題,卷端題
枝巢回憶篇;陳垣贈書　　　　　　　　　128078
　部二　1 冊　陳垣贈書　　　　　　　　　128079
　部三　1 冊　陳垣贈書　　　　　　　　　128080
　部四　1 冊　陳垣贈書　　　　　　　　　128081
　部五　1 冊　陳垣贈書　　　　　　　　　128082

3274*

張孝達公哀挽錄/張根培輯.—民國 22 年(1933)石
印本.—1 冊:像.—張惺(1874—1931),字德慧,號穎
悟,私謚孝達;書簽題張孝達先生哀挽錄　　127011

3275*

張鼎丞將軍赴告/張文棟等撰.—民國 28 年(1939)
鉛印本.—1 冊.—張鼎丞(1874—1939)　　127097

3276*

[張亞農先生訃告]/張實等撰.—民國間石印暨鉛
印本.—1 冊:像.—張伯烈(1874—1934),號亞農;附
像贊、哀啓　　　　　　　　　　　　　127012

3277*

吳江陳氏褒揚後錄/陳綿祥,陳綿幹輯.—民國間鉛
印本.—1 冊:圖.—陳去病(1874—1933),字巢南、佩
忍等;書名據書簽題　　　　　　　　　　127010

3278*

林屋山人步君墓誌銘/金天翮撰.—民國間抄本.—1
冊.—步翔棻(1874—1933),字彰五,號林屋山人;與故
大總統黎公墓誌銘、善章草王魯生墓表合抄　128530

3279

丁丑寓保日記/(清)宗婉撰.—清光緒間烏絲欄抄
本.—1 冊.—(清)宗婉,生卒年不詳,光緒間卒;日記
起清光緒三年(1877)元月,迄同年十二月　　127014

3280*

保山王府君墓誌銘/趙藩撰書.—民國間影印本.—
1 冊.—(清)王量寬,卒於光緒間,雲南保山人;卷端題
清故奉政大夫候選同知保山王府君墓誌銘　128493

3281

[庚辛顧氏日記]/(清)顧忞齋撰.—清光緒二十六
至二十七年(1900—1901)稿本.—1 冊.—(清)顧忞
齋,生卒年不詳,清末江蘇人;日記起清光緒二十六年
(1900)十二月,迄二十七年(1901)十二月,有間斷
　　　　　　　　　　　　　　　　　127030

3282*

[唐淑人]悼啓/周登皡撰.—民國間鉛印本.—1
幅.—唐氏,生卒年不詳,清光緒間生人,周登皡之妻
　　　　　　　　　　　　　　　　　127020

3283

西征日記/(清)汪筱村撰.—清光緒二十六年
(1900)刻本.—1 冊.—(清)汪筱村,生卒年不詳,光緒
間人;日記起清光緒三年(1877)三月,迄四年(1878)
三月,有間斷;西諦藏书　　　　　　　　XD11267

3284

魯歸紀程/(清)沈嘉澍撰.—清光緒十七年(1891)
刻本.—1 冊.—(清)沈嘉澍,生卒年不詳,光緒間人;
紀程起清光緒十六年(1890)十月,迄同年十一月;西
諦藏書　　　　　　　　　　　　　　　XD9960

3285*

費紫蓮先生暨德配許夫人六秩雙慶徵文啓/費祝鈞
等撰.—民國間鉛印本.—1 冊.—費紫蓮,生卒年不
詳,清光緒間生人　　　　　　　　　　　127018

3286

[姜天敘日記]/(清)姜禮撰.—清光緒間稿本.—2
冊.—(清)姜禮,字天敘,生卒年不詳,清光緒間人
　　　　　　　　　　　　　　　　　128097

3287

學拙山房日記/(清)松膚道人撰.—清光緒二十八年(1902)稿本.—1冊.—(清)松膚道人,生卒年不詳,清末人;日記起光緒二十八年(1902)正月十三日,迄同年四月十一日　　　　127015

3288

[圖門赫舍里氏壽言].—清光緒間朱絲欄抄本.—1冊.—(清)赫舍里氏,真實姓名及生卒年不詳,清光緒間人　　　　127803

3289

燕都投贈錄/(清)戴鴻慈等撰.—清光緒間鉛印本.—1冊.—(清)譚彤士,生卒年不詳,光緒間人　　　　125507

3290*

黎母吳太夫人行略/(清)黎紹芬等撰.—民國間鉛印本.—1冊.—吳氏,生卒年不詳,清光緒間生人,黎元洪之妻,黎紹芬之母;書名據書簽題　　　　127051

3291

李成芳祭文稿/(清)佚名撰.—清光緒十五年(1889)抄本.—2幅.—(清)李成芳,生卒年不詳,清光緒間人　　　　151208

3292

遊歷日本考查農務日記/(清)黃璟撰.—清光緒二十八年(1902)鉛印本.—1冊.—(清)黃璟,生卒年不詳,清光緒間人;日記起清光緒二十八年(1902)六月,迄同年九月;書名頁題東遊日記;附考查北海道農務日記　　　　127022

　　部二　1冊　　　　132097

3293

誓天紀實/蔡鈞撰.—清光緒三十三年(1907)稿本.—1冊.—蔡鈞,生卒年不詳,清光緒間人.—經摺裝　　　　152326

3294

蘇園日記/(清)亞壺公撰.—清光緒十七至十八年(1891—1892)稿本.—1冊.—(清)亞壺公,生卒年不詳,光緒間人,又名仰曦主人;日記起清光緒十七年(1891),迄十八年(1892),有間斷.—毛裝　　　　127023

3295*

鄭貞女挽詩　二卷/潘炳年等撰.—民國間鉛印本.—(清)鄭玉釵,生卒年不詳,清末人,卒年26歲　　　　127024

3296*

鐵盦甲申日記/(清)鐵齡撰.—民國15年(1926)吳保琳抄本.—1冊.—(清)鐵齡,生卒年不詳,同治十二年(1873)舉人,卒年41歲;日記起清光緒十年(1884)正月,迄同年三月.—毛裝　　　　127028

3297

彭氏家難紀實/彭樹森等撰.—清末刻本.—1冊.—(清)彭詒生,生卒年不詳,清同治光緒間人　　　　127031

3298

彭嫣別傳/陳澹然撰.—清宣統元年(1909)鉛印本.—1冊:像.—(清)彭嫣,生卒年不詳,清光緒間人　　　　127025

　　部二　1冊　　　　127026
　　部三　1冊　　　　127027

3299

湘影歷史/(清)鐵獅道人撰.—清宣統三年(1911)刻本.—1冊.—(清)周挂帆,字湘影;生卒年不詳,清末人　　　　127032

　　部二　1冊　　　　127033

3300

寄齋日記/(清)常稷笙撰;(清)吳汝綸評.—清光緒間稿本.—1冊.—(清)常稷笙,生卒年不詳,光緒間人;日記記清光緒間事　　　　127029

3301*

賓川張靜軒先生懿行錄/施勳編.—民國4年(1915)雲南開智公司鉛印本.—1冊:像.—張憲,字靜軒,生卒年不詳,清末民初人　　　　127043

3302

思過錄/(清)張上達撰輯.—清光緒二十三年(1897)刻本.—1冊.—(清)張上達,生卒年不詳,光緒間人　　　　76222

　　部二　1冊　　　　127044

3303

易母輓詞　二卷/易順鼎等輯．—清光緒二十年
(1894)刻本．—1册．—(清)易氏,易順鼎之母,光緒間
卒;牌記題甲午仲春女瑜署檢　　　　　　　125515

3304

易母輓詞　二卷/易順鼎等輯．—清光緒二十年
(1894)刻本．—1册．—牌記題甲午仲春塙琮署檢,有
硃筆圈點　　　　　　　　　　　　　　　125516

3305*

劉菊仙集/郭渫史輯．—民國 5 年(1916)鉛印本．—
1 册:像．—劉菊仙,生卒年不詳,清光緒間生人
　　　　　　　　　　　　　　　　　　148782

3306

甲辰歲日記/(清)陳孝起撰．—清光緒三十年
(1904)朱絲欄稿本．—1 册．—陳孝起,生卒年不詳,清
末人;日記起清光緒三十年(1904)正月,迄同年八月,
有間斷　　　　　　　　　　　　　　　127042

3307*

述德筆記　八卷/(清)十丈愁城主人撰．—民國 10
年(1921)鉛印本．—4 册．—(清)毓朗,生卒年不詳,清
光緒間人　　　　　　　　　　　　　　127037
　部二　4 册　　　　　　　　　　　　127038
　部三　1 册　　　　　　　　　　　　127039
　部四　2 册　　陳垣贈書　　　　　　127040
　部五　4 册　　　　　　　　　　　　127041

3308

瑛棨傳/(清)佚名撰．—清光緒間朱格稿本．—1
册．—(清)瑛棨,生卒年不詳,光緒間卒　127016

3309

塤水餘波/(清)采青撰．—清光緒十八至十九年
(1892—1893)稿本．—1 册．—(清)采青,生卒年不詳,
清光緒間人;日記起清光緒十八年(1892),迄十九年
(1893),有間斷;書名、撰者據書衣題　　128095

3310

京旋途記/(清)佚名撰．—清光緒八年(1882)稿
本．—1 册．—傳主生卒年不詳,清光緒間人;日記起清
光緒八年(1882)七月,迄同年八月　　　127052

3311

好學深思之齋日記/(清)佚名撰．—清光緒十五年
(1889)朱絲欄稿本．—1 册．—傳主姓名及生卒年不
詳,清光緒間人;日記起清光緒十五年(1889)四月二
十六日,迄同年十月十九日;書名據書衣題　125704

3312*

[庚子正月日記]/(清)佚名撰．—民國間朱絲欄抄
本．—1 册．—傳主姓名及生卒年不詳,清光緒間人;日
記起清光緒二十六年(1900)正月一日,迄同月二十二
日　　　　　　　　　　　　　　　　127054

3313

舊榭日記/(清)佚名撰．—清光緒三十至三十一年
(1904—1905)烏絲欄稿本．—1 册．—傳主姓名及生卒
年不詳,清光緒間人;日記起清光緒三十年(1904)八
月,迄三十一年(1905)十二月,有間斷;書名頁題蟄翠
齋日記　　　　　　　　　　　　　　127053

3314*

先考玉潛府君訃告/馮啓鏐等撰．—民國 21 年
(1932)石印本．—1 册:像．—馮玉潛(1875—1932);附
哀啓　　　　　　　　　　　　　　　127056

3315*

厚厂先生六十自述/涂鳳書撰．—民國 30 年(1941)
鉛印本．—1 册．—涂鳳書(1875—?),號厚厂;附涂鳳
書信劄 1 通　　　　　　　　　　　　127057
　部二　1 册　　　　　　　　　　　　127058

3316*

夏君繼室左淑人墓誌銘/陳三立撰;鄭孝胥書．—民
國間影印本．—1 册．—(清)左又宜(1875—1911),夏
敬觀之繼室　　　　　　　　　　　　　61235

3317*

江右題襟集/李純輯．—民國 7 年(1918)江蘇省立
官紙印刷廠鉛印本．—1 册:像．—李純(1875—1920),
字秀山　　　　　　　　　　　　　　127063

3318*

秀山先兄紀念/李馨輯．—民國間影印本．—1 册:像
　　　　　　　　　　　　　　　　　127064

3319*

李頌君先生五十壽言/吳毓麟等輯.—民國 13 年
(1924)北洋印刷局鉛印本.—1 冊：像.—李頌臣
(1875—?)　　　　　　　　　　　127061

3320*

天津李頌臣都護六十壽言錄/吳毓麟等輯.—民國
23 年(1934)美文齋南紙印刷局鉛印本.—2 冊：圖
及像　　　　　　　　　　　　　127062

3321*

李烈士策安先生事略/李成駒等輯.—民國 23 年
(1934)石印本.—1 冊：圖及像.—李馥(1875—1917)，
字策安　　　　　　　　　　　　127055

3322*

曹實卿先生赴告/曹枚等撰.—民國 24 年(1935)鉛
印本.—1 冊：像.—曹祖蕃(1875—1935)，字實卿
　　　　　　　　　　　　　　127060

3323*

程篤原傳/洪汝怡撰.—民國間油印本.—1 冊.—程
炎震(1875—1922)，字篤原.—平裝　　127065

3324*

艮廬自述詩/張茂炯撰.—民國間石印本.—1 冊.—
張茂炯(1875—?)，室名艮廬　　　　127066

3325*

張大元帥哀輓錄/佚名編.—民國 17 年(1928)鉛印
本.—1 冊：圖及像.—張作霖(1875—1928)　127072

部二　1 冊　　　　　　　　　　127073
部三　1 冊　　　　　　　　　　127075
部四　1 冊　　　　　　　　　　127076

3326*

周甲集　三卷/袁德宣輯.—民國 23 年(1934)鉛印
本.—1 冊：像.—袁德宣(1875—?)　　127070

3327*

述懷集/陳時利撰.—民國 23 年(1934)符節陳氏遊
悔廬刻本.—1 冊.—陳時利(1875—?)，室名遊悔廬；
書簽題遊悔廬六十初度詩；附五十自述並和作
　　　　　　　　　　　　　　127067

3328*

遊悔廬自述詩/陳時利撰.—民國間鉛印本.—1 冊
　　　　　　　　　　　　　　127068
部二　1 冊　　　　　　　　　　127069

3329*

遊悔廬自述詩/陳時利撰.—民國間鉛印本.—1
冊.—有藍印校字；附次韻四弟遊悔廬自述詩十八首
　　　　　　　　　　　　　　30589

3330*

丹徒陳受之先生赴告/陳顯仁輯.—民國間鉛印
本.—1 冊：像.—陳揚祐(1875—1935)，字受之；附受
之陳君傳　　　　　　　　　　　127071

3331*

無錫沈伯偉先生哀挽錄　二卷卷首一卷卷末一卷/
俞槃輯.—民國間中華書局上海鉛印本.—1 冊：像.—
沈祖藩(1875—1918)，字伯偉　　　　127059

3332*

鑒湖女俠秋君墓表/徐自華撰；吳芝瑛書.—清光緒
三十四年(1908)悲秋閣影印本.—1 冊：像.—(清)秋
瑾(1875—1907)，號鑒湖女俠；附西泠十字碑、西報事
略、廉夫人吳芝瑛傳　　　　　　　128687
部二　1 冊　西諦藏書　　　　　XD10371

3333*

馬雲亭先生榮哀錄/馬鴻逵等輯.—民國 21 年
(1932)鉛印本.—2 冊：像.—馬福祥(1876—1932)，字
雲亭　　　　　　　　　　　　　127084

3334*

五十自述記/陸宗輿撰.—民國 14 年(1925)北京日
報社鉛印本.—1 冊.—陸宗輿(1876—1941)
　　　　　　　　　　　　　　127085
部二　1 冊　西諦藏書　　　　　XD9959

3335*

五十自述記/陸宗輿撰.—民國間北京文楷齋鉛印
本.—1 冊.—陳垣贈書　　　　　　127087

3336

韜厂蹈海錄　四卷/徐良弼等撰.—清宣統間鉛印

本.—1 冊:像.—(清)陸仁熙(1876—1909),號韜厂
127088

3337*

繼配于夫人行述/朱啓鈐撰.—民國間石印本.—1
冊.—于寶珊(1876—1927),朱啓鈐之妻;書籤題朱母
于夫人行述　　　　　　　　　　　　　　127082
部二　1 冊　　　　　　　　　　　　127083

3338*

沔陽盧慎之先生六十雙壽序/傅汝勤撰.—民國間
鉛印本.—1 幅.—盧弼(1876—1967),字慎之,號慎園
154123

3339*

慎始基齋校書圖題詞/盧弼輯.—民國間鉛印本.—
1 冊.—陳垣贈書　　　　　　　　　　　127091
部二　1 冊　　　　　　　　　　　　127092

3340*

慎始基齋校書圖續題詞暨慎園伉儷六十壽言合冊/
佚名輯.—民國間油印本.—1 冊.—毛裝　　128823

3341*

室人傅夫人六十壽序/盧弼撰.—民國間鉛印本.—
1 幅.—傅氏(1876—?),盧弼之妻　　　　154124

3342*

[姚華訃告]/ 姚鋆等撰.—民國 19 年(1930)鉛印
本.—1 冊.—姚華(1876—1930)　　　　　127093

3343*

先兄靜生先生行述/范銳撰.—民國間京華印書局
北京鉛印本.—1 冊.—范源濂(1876—1927),字靜生;
書籤題范靜生先生行述　　　　　　　　127089
部二　1 冊　　　　　　　　　　　　127090

3344*

張公約園逝世周年紀念冊/張康源等輯.—民國 35
年(1946)鉛印本.—1 冊.—張壽鏞(1876—1945),別
署約園　　　　　　　　　　　　　　127094
部二　1 冊　　　　　　　　　　　　127095
部三　1 冊　西諦藏書　　　　　　　XD9961

3345*

[林長民先生訃告]/ 林徽音等撰.—民國 14 年
(1925)鉛印本.—1 冊:像.—林長民(1876—1925).—
毛裝　　　　　　　　　　　　　　　127098

3346*

倫達如先生訃告/倫學圃等撰.—民國 25 年(1936)
鉛印本.—1 冊:像.—倫敘(1876—1936),號達如
127079

3347

四郡驪唱集/(清)陳燦輯.—清光緒二十年(1894)
滇南經正書院刻本.—1 冊.—(清)陳燦,清光緒三年
(1877)進士　　　　　　　　　　　　126134

3348*

長壽無量録/佚名輯.—民國 25 年(1936)天津國華
印字館鉛印本.—2 冊:像.—孫鴻猷(1877—?),字
仲山　　　　　　　　　　　　　　　127104

3349*

馬夫人哀挽録/陳宗蕃輯.—民國間鉛印本.—1
冊.—馬毓秀(1877—1934)　　　　　　　127105
部二　1 冊　　　　　　　　　　　　127106

3350*

陳嫂馬夫人赴告/陳宗蕃等撰.—民國 23 年(1934)
鉛印本.—1 冊　　　　　　　　　　　127107
部二　1 冊　　　　　　　　　　　　127108

3351

麥龍韜列傳/(清)佚名撰.—清光緒間稿本.—1
冊.—(清)麥龍韜(?—1877).—毛裝　　　125504

3352*

[逸塘日記]/ 王揖唐撰.—民國間抄本.—7 冊.—
王揖唐(1877—1948),號逸塘;日記起民國 15 年
(1926)11 月,迄 16 年(1927)7 月.—毛裝　127116

3353*

王忠愨公哀挽録/王高明等輯.—民國 16 年(1927)
定海王氏鉛印本.—1 冊:像.—王國維(1877—1927),
謚忠愨　　　　　　　　　　　　　　127099
部二　1 冊　　　　　　　　　　　　127100

部三　1 冊　　　　　　127101

部四　1 冊　　　　　　127102

部五　1 冊　　　　　　127103

3354

歸安孝女趙瓊卿事略/(清)趙元錕撰. —清光緒間木活字本. —1 冊. —(清)趙巧(1877—1900),字瓊卿;書名據書籤題. —平裝　　　　　　127117

3355*

錢母丁夫人榮哀錄/錢文選輯. —民國間鉛印本. —1 冊:像. —丁憲貞(1877—1932)　　　　　　127118

部二　1 冊　　　　　　127119

3356*

錢君琳叔傳/蔣維喬撰. —民國間石印本. —1 冊. —錢以振(1877—1943),字琳叔　　　　　　127120

部二　1 冊　　　　　　127121

3357*

[趙母宋太夫人行略]/趙廷鐸輯. —民國間鉛印本. —1 冊:像. —宋氏(1877—?),趙廷鐸之母　　　　　　127126

3358*

薛松坪先生訃告/薛雷撰. —民國 22 年(1933)鉛印本. —1 冊. —薛之珩(1877—1933),字松坪　　127125

3359*

前衆議院議員遵義蹇公行狀/任可澄撰. —民國 20 年(1931)鉛印本. —1 冊. —蹇念益(1877—1930)　　　　　　127114

3360*

天荒地老錄/廉泉輯. —民國間京師良公祠鉛印本. —1 冊:圖及像. —良弼(1877—1912);附兩重虛齋百詠　　　　　　127109

部二　1 冊　　　　　　127110

部三　1 冊　　　　　　127111

部四　1 冊　　　　　　127112

部五　1 冊　　　　　　127113

3361*

籍公行狀/常堉璋撰. —民國間鉛印本. —1 冊. —

(清)籍忠寅(1877—1903),字亮儕;書名頁題籍亮儕先生行狀　　　　　　127122

部二　1 冊　　　　　　127123

部三　1 冊　　　　　　128867

3362*

[劉夫人]悼啓/袁世傳撰. —民國間石印本. —1 冊. —劉氏(1877—1918),袁世傳繼室. —毛裝
　　　　　　127124

3363*

[陳夫人訃告]/沈祚延等撰. —民國間鉛印本. —1 冊:像. —陳氏(1877—1946),沈祚延之妻　　127127

3364*

錢母高太夫人五十壽言/錢季寅輯. —民國 18 年(1929)鉛印本. —1 冊:圖. —高氏(1878—?),錢季寅之母　　　　　　124935

3365*

[汪榮寶]哀啓/汪延熙等撰. —民國間鉛印本. —1 幅. —汪榮寶(1877—?)　　　　　　125500

3366*

陳莼衷先生生壙志暨德配馬毓秀夫人墓誌/黄襄成,陳宗蕃撰. —民國間影印本. —1 幅. —陳宗蕃(1878—?);書名據書衣題;據拓片影印　　124107

3367*

董母王太夫人訃告/董人驥等撰. —民國 26 年(1937)鉛印本. —1 冊. —王淑卿(1878—1936),董人驥之母　　　　　　124936

3368*

追悼吳烈士大會紀念冊/旅京安徽同鄉會輯. —民國元年(1912)京華印書局京師鉛印本. —1 冊:像. —(清)吳樾(1878—1905)　　　　　　124937

3369*

吳樾傳/莊棫撰. —民國 36 年(1947)莊去病朱絲欄抄本. —1 冊. —毛裝　　　　　　124938

3370*

湯爾和先生悼會記事/東亞文化協定會輯. —民國

30 年(1941)鉛印本. —1 冊：像. —湯爾和(1878—
1940)；卷端題前會長故湯爾和先生悼會記事,書簽題
前會長故湯爾和先生追悼錄；中日文對照　　127326

　　部二　1 冊　　　　　　　　　　　　127327

　　部三　1 冊　　　　　　　　　　　　127328

　　部四　1 冊　　　　　　　　　　　　127329

　　部五　1 冊　　　　　　　　　　　　127330

3371*

　　錢公行狀/徐沅撰；李誐書. —民國間石印本. —1
冊. —錢錦孫(1878—1937)；卷端題原任全國煙酒事
務署署長嘉興錢公行狀　　　　　　　127586

3372

　　定府隨侍瑞拜唐阿斌庚子殉難記/(清)余癡生
撰. —清末刻本. —1 冊. —(清)瑞斌(1878—1900)
　　　　　　　　　　　　　　　　　124939

3373*

　　秀水金頌清先生赴告/金禮和等撰. —民國 30 年
(1941)秀水金氏鉛印本. —1 冊：像. —金興祥(1878—
1941),字頌清；附先考頌清府君行狀　　152553

3374*

　　六十自述/金梁撰. —民國 26 年(1937)鉛印本. —2
幅：像. —金梁(1878—1962)　　　　　124940

3375*

　　[何景齊赴告]/何芑等撰. —民國 21 年(1932)鉛印
本. —1 冊. —何景齊(1878—1932)　　123805

3376*

　　滬軍都督陳公英士行狀/邵元沖撰. —民國間鉛印
本. —1 冊：像. —陳其美(1878—1916),字英士
　　　　　　　　　　　　　　　　　123806

　　部二　1 冊　　　　　　　　　　　123807

3377*

　　陳英士先生紀念全集　九卷/何仲簫輯. —2 冊：圖
及像. —民國 19 年(1930)鉛印本　　124451

　　部二　2 冊　　　　　　　　　　　124453

　　部三　2 冊　　　　　　　　　　　124454

3378

　　大學生余姚馬君步青之紀念錄/(清)蔣夢桃等
輯. —清光緒三十四年(1908)鉛印本. —1 冊. —(清)
馬步青(1879—1907)；書名據書衣題　　125780

3379*

　　李印泉先生傳/楊瓊輯. —民國 2 年(1913)鉛印
本. —1 冊：像. —李根源(1879—1965),字印泉,號疊
翁；陳垣贈書　　　　　　　　　　　125909

　　部二　1 冊　　　　　　　　　　　125907

　　部三　1 冊　　　　　　　　　　　125908

　　部四　1 冊　　　　　　　　　　　128748

3380*

　　李印泉先生病疸記/尹明德撰. —民國 17 年(1928)
鉛印本. —1 冊　　　　　　　　　　　128659

　　部二　1 冊　　　　　　　　　　　128660

3381*

　　疊翁行踪錄　二集/李根源撰. —1975 年滇雲曲石
精廬油印本. —1 冊　　　　　　　　　125910

3382*

　　六十年之我/黃遵庚撰. —民國 32 年(1943)饒平黃
氏鉛印本. —1 冊. —黃遵庚(1879—？),字友圃
　　　　　　　　　　　　　　　　　125781

3383*

　　清南昌熊季廉解元墓誌銘/陳三立撰. —民國間石
印本. —1 冊. —(清)熊元鍔(1879—1906),字季廉；附
熊生季廉傳　　　　　　　　　　　　127131

　　部二　1 冊　　　　　　　　　　　127132

　　部三　1 冊　　　　　　　　　　　127133

3384*

　　呂壽生先生哀輓錄/樊增祥等撰. —民國間鉛印
本. —1 冊：像. —呂壽生(1879—1925)　127134

3385

　　楊重雅列傳/(清)國史館撰. —清光緒間石印本. —
1 冊. —(清)楊重雅(？—1879),清道光二十一年
(1841)進士；書簽題國史館楊重雅傳　　127135

3386

西林岑德固殉母事狀/(清)張之洞等撰.—清光緒
間刻本.—1册.—(清)岑德固(1879—1902)

127137

部二　1册　　　　　　　　　　　　127138

3387[*]

[俞雪潭訃告]/俞繼賢等撰.—民國 26 年(1937)鉛
印本.—1 幅.—俞雪潭(1879—1936)　　127136

3388[*]

十八年日記/朱希祖撰.—民國 18 年(1929)朱絲欄
稿本.—1 册＋宏遠堂書賬(1 頁).—朱希祖(1879—
1944),字逷先;日記起民國 18 年(1929)1 月 1 日,迄
同年 3 月 25 日　　　　　　　　　　152032

3389[*]

朱逷先先生訃告/朱偰等撰.—民國 33 年(1944)鉛
印本.—1 册　　　　　　　　　　　127140

3390[*]

關城日記/(清)柳琳軒撰.—民國間油印本.—1
册.—日記起清光緒六年(1880)元旦,迄同年六月三
十日;書衣題柳京卿關城日記　　　　126130

3391[*]

龍沙萬將軍鐃吹辭/陳默撰.—民國 19 年(1930)朱
印鉛印本.—1 册.—萬福麟(1880—1951),字壽山

127151

3392[*]

黃膺白先生故舊感憶錄/黃膺白先生紀念刊編輯委
員會輯.—民國 26 年(1937)上海鉛印本.—1 册;圖及
像.—黃郛(1880—1936),字膺白　　　127146

部二　1册　　　　　　　　　　　　127147
部三　1册　　陳垣贈書　　　　　　127148
部四　1册　　　　　　　　　　　　127153
部五　1册　　　　　　　　　　　　128582

3393[*]

黃膺白先生家傳/沈六雲撰.—民國 34 年(1945)杭
縣黃氏鉛印本.—1 册　　　　　　　127149
部二　1册　　　　　　　　　　　　127150

3394[*]

陶盦鴻雪圖/陶俊人撰;張晉福繪.—民國 20 年
(1931)影印及鉛印本.—1 册:圖及像.—陶俊人
(1880—?),別號陶盦;序題陶盦鴻雪圖詩草　127152

3395

望杏樓志痛編/(清)錢福蓀輯.—清光緒間木活字
本.—1 册:圖.—(清)錢夢鯉(1880—1892)　127141

3396[*]

談丹崖先生訃告/談光曾撰.—民國 22 年(1933)鉛
印本.—1 册;像.—談荔蓀(1880—1933),字丹崖

127142

部二　1册　　　　　　　　　　　　127143
部三　1册　　　　　　　　　　　　127144
部四　1册　　　　　　　　　　　　127145

3397[*]

東遊日記/周肇祥撰.—民國間京華印書局鉛印
本.—1 册.—周肇祥(1880—1954);日記起民國 15 年
(1926)6 月,迄同年 7 月　　　　　127154

3398[*]

陳援庵先生六十壽序/沈兼士撰;余嘉錫書.—民國
28 年(1939)石印本.—1 册.—陳垣(1880—1971),字
援庵　　　　　　　　　　　　　　127155
部二　1册　　書衣有墨筆題字　　　127156
部三　1册　　陳垣贈書　　　　　　128387

3399[*]

史量才先生赴告/史必恕輯.—民國 23 年(1934)石
印暨鉛印本.—1 册:像.—史量才(1880—1934),名家
修,以字行　　　　　　　　　　　127157
部二　1册　　　　　　　　　　　　128280

3400[*]

馬君武先生紀念册/馬君武先生紀念册編纂委員會
輯.—民國間鉛印本.—1 册:像.—馬君武(1881—
1940)　　　　　　　　　　　　　127160

3401[*]

趙伯先傳/柳詒徵撰.—民國間鉛印本.—1 册:
像.—(清)趙聲(1881—1911),字伯先;書簽題趙伯先
先生傳　　　　　　　　　　　　　127161

部二　1 册　　　　　　　　127162

3402*

陸稚勤先生哀悼錄/陸元浩輯. —民國 14 年(1925)
鉛印本. —1 册:像. —陸世鳌(1881—1925),字稚勤
　　　　　　　　　　　　　　127163

3403*

劉室傅夫人行述/劉存厚撰並書. —民國間石印
本. —1 册:像. —傅元貞(1881—1939),劉存厚之妻
　　　　　　　　　　　　　　127164

3404*

披縣徐程九先生訃告/徐日澂撰. —民國間鉛印
本. —1 册:像. —徐鵬志(1881—1946),字程九;書名
據書簽題　　　　　　　　　　127166
部二　1 册　　　　　　　　127165

3405*

懿宣先生逝世紀念册　二集/任必溫等輯. —民國
31 年(1942)石印暨鉛印本. —2 册:圖及像. —任秉彝
(1881—1942),私謚懿宣　　　127159

3406*

楊淑人墓誌/左念康撰並書. —民國間石印本. —1
册. —楊筠貞(1881—1915),左念康之妻;卷端題清故
淑人元配楊淑人墓誌,書簽題左君元配楊淑人墓誌銘
　　　　　　　　　　　　　　127168

3407

北塘陳烈婦傳略　一卷續編一卷/(清)高賡恩
輯. —清宣統間陝西圖書館鉛印本. —2 册. —(清)劉
氏(1881—1904),陳學講之妻;書簽題烈婦陳劉氏遺
迹　　　　　　　　　　　　　127167

3408

西行日記/(清)陳斐然撰. —清光緒七年(1881)南
海馮瑞光刻本. —1 册. —陳斐然,清末至民國間人;日
記起清光緒三年(1877)三月,迄四年(1878)三月,有
間斷　　　　　　　　　　　　127169
部二　1 册　　　　　　　　127170

3409*

秋林感逝錄/葉希明輯. —民國 25 年(1936)新州葉

氏鉛印本. —1 册:圖及像. —朱滌(1884—1934),葉希
明之妻　　　　　　　　　　　127171
部二　1 册　　　　　　　　128634

3410*

懷椿閣紀念集　八卷附錄二卷/顧毓琦等輯. —民
國 20 年(1931)鉛印本. —1 册:圖及像. —顧廥明
(1882—1916),字晦農　　　　127174

3411*

孫烈士竹丹遺事/柳棄疾等輯. —民國 6 年(1917)
鉛印本. —1 册:像. —(清)孫元(1882—1911),字竹
丹;柳棄疾即柳亞子　　　　　127202
部二　1 册　西諦藏書　　　XD9978

3412

桑文恪傳/(清)國史館撰. —清光緒間刻本. —1
册. —(清)桑春榮(?—1882),謚文恪　　127189

3413*

譚慕平先生榮哀錄/梅友卓等輯. —民國 33 年
(1944)三民晨報鉛印本. —1 册:像. —譚贊(1882—
1944),號慕平. —平裝　　　　127179

3414*

[郭則澐訃告]/郭可詵等撰. —民國 36 年(1947)鉛
印本. —1 册. —郭則澐(1882—1947). —平裝
　　　　　　　　　　　　　　127180

3415*

罌芳寫夢圖/郭則澐撰. —民國間朱絲欄稿本. —1
册　　　　　　　　　　　　　127182

3416*

先室王糾思夫人行略/黃抱一撰. —民國間鉛印
本. —1 册:像. —王夫人(1882—1940),字糾思,黃抱
一之妻;書衣題黃王糾思夫人行略　127183

3417*

蔣伯器先生赴告/蔣薊等撰. —民國間石印暨鉛印
本. —1 册:像. —蔣尊簋(1882—1931),字伯器
　　　　　　　　　　　　　　127181

3418*

蔣先烈慕譚殉國紀略/蔣光坤輯.—民國 26 年 (1937)鉛印本.—1 册：像.—(清)蔣健(1882—1910)，字慕譚，原名文慶　　　　　　　127184

3419*

蔡松坡先生榮哀錄/劉達武等輯.—民國 24 年 (1935)鉛印本.—1 册：圖及像.—蔡鍔(1882—1916)，字松坡　　　　　　　127178

3420*

犬臆/覺奴撰.—民國間昌福公司鉛印本.—1 册：像　　　　　　　127177

3421*

文學羅君家傳/羅承僑輯.—民國間刻本.—1 册.—羅崐琦(1882—1918)；附事略、墓誌銘詩　　　127186

3422

羅棣珊女士哀輓錄/(清)胡永瑞輯.—清宣統二年 (1910)利華五彩石印局石印本.—1 册：像.—(清)羅鞾(1882—1910)，字棣珊　　　　　127187

3423*

一品夫人巴岳特夫人五十壽言/金梁撰.—民國 20 年(1931)鉛印本.—1 幅.—巴岳特(1882—?)，金梁之妻　　　　　　　127185

3424*

我之歷史　六卷/宋教仁撰.—民國 9 年(1920)桃源三育乙種農校石印本.—6 册.—宋教仁(1882—1913)，號漁父；記事起清光緒三十年(1904)，迄三十三年(1907)，有間斷　　　　127172

3425*

何成濬/陳秋舫撰.—民國 24 年(1935)實報出版部鉛印本.—1 册：像.—何成濬(1882—1961)　127188

3426*

詩人謝邁度先生五十畫象徵文啓/謝銘勳撰.—民國 20 年(1931)鉛印本.—1 册.—謝銘勳(1883—?)，字邁度；書名據書籤題，卷端題五十歲畫象徵詩文書畫啓　　　　　　　127175

3427*

沈定一先生被難哀啓/沈定一先生雪憾治喪委員會編.—民國 17 年(1928)鉛印本.—1 册：像.—沈定一 (1883—1928)　　　　　　　127190

3428*

汪精衛先生庚戌蒙難實錄/張江裁撰.—民國 29 年 (1940)燕歸來簃鉛印本.—1 册.—汪兆銘(1883—1944)，號精衛；版心題燕歸來簃叢書　　127193
　　部二　1 册　書衣有張江裁墨筆題記　127194
　　部三　1 册　　　　　　　127195
　　部四　1 册　陳垣贈書　　　127196

3429*

汪精衛先生庚戌蒙難別錄/張江裁編撰.—民國 30 年(1941)雙肇樓鉛印本.—1 册：圖.—版心題雙肇樓叢書；書衣有張江裁墨筆題記；附汪精衛先生自述、秋庭晨課圖記　　　　　　　127198

3430*

汪兆銘庚戌被逮供詞/張伯楨錄.—民國 21 年 (1932)東莞張氏刻本.—1 册.—(滄海叢書)　　　　　　　128439

3431*

汪精衛先生行實錄/張江裁編.—民國 32 年(1943)東莞張氏拜袁堂鉛印本.—1 册.—版心題拜袁堂叢書　　　　　　　127199

子目：
1. 汪精衛先生年譜
2. 汪精衛先生著述年表
3. 汪精衛先生庚戌蒙難實錄
4. 北京銀錠橋史迹志
5. 汪精衛先生行實錄
　　部二　1 册　　　　　　　127200
　　部三　1 册　　　　　　　128770

3432*

戴致君先生壽詩/佚名輯.—民國間石印本.—1 册.—戴致君(1884—?)；書簽題金成生書戴致君先生壽詩　　　　　　　128682

3433*

馬素吾先生赴告/馬平撰.—民國 20 年(1931)鉛印

本. —1 册:像. —馬素(1883—1931),字素吾;書名據
書簽題　　　　　　　　　　127201

3434*
　周王佩珍夫人十週紀念錄/周承恩輯. —民國 12 年
(1923)鉛印暨石印本. —1 册:像. —王佩珍(1883—
1912),周承恩之妻;書後有英文紀念文章　　127207

3435*
　吳烈士暘谷革命事略/佚名撰. —民國間鉛印本. —
1 册:像. —(清)吳春陽(1883—1911),字暘谷　127204
　部二　1 册　　　　　　　　　　127205

3436*
　長兄孟曦公行述/黃大遂撰. —民國間鉛印本. —1
册. —黃大遷(1883—1917),號孟曦　　127203

3437*
　景耀月先生傳/佚名撰. —民國間稿本. —1 册. —景
耀月(1883—1944),字瑞星. —毛裝　　127206

3438*
　傅鈍安先生哀輓錄/袁家普等撰. —民國 20 年
(1931)鉛印本. —1 册:像. —傅熊湘(1883—1930),號
鈍安;書衣及版心題鈍安哀輓錄　　　127208
　部二　1 册　　　　　　　　　　127209
　部三　1 册　　　　　　　　　　127210

3439*
　屈映光/越史氏輯. —民國間鉛印本. —1 册. —屈映
光(1883—1973);本書又名屈映光之醜狀　127211

3440*
　畢生小記述/張明淮撰. —民國間稿本. —1 册. —張
明淮(1883—1927)　　　　　　　127212

3441*
　先府君事略/朱明中等撰. —民國 25 年(1936)鉛印
本. —1 幅. —朱培元(1883—1936)　　127213

3442*
　費君仲深家傳/張一麐撰. —民國 24 年(1935)蘇州
鉛印本. —1 册. —費樹蔚(1884—1935),字仲深;書簽
題費仲深先生家傳;附哀啓　　　　127214

部二　1 册　　　　　　　　　　127215

3443*
　曾君運乾傳/楊樹達撰. —民國間石印本. —1 册. —
曾運乾(1884—1945),字星笠;書簽題曾星笠先生傳
　　　　　　　　　　　　　127216

3444*
　王明宇先生哀輓錄　二集/王大春等撰. —民國間
鉛印暨石印本. —2 册:圖及像. —王鏡寰(1884—
1935),字明宇　　　　　　　　127219

3445*
　吳邵田女士事略/吳仲成輯. —民國間油印本. —1
册. —吳邵田(1884—1913),吳仲成之妻　　127218

3446*
　師室李夫人哀輓錄/師景雲輯. —民國間鉛印本. —
1 册. —李紉蘭(1884—1927),師景雲之妻　127217

3447*
　周烈婦傳贊/周繼源輯. —民國初年石印本. —1 册:
像. —(清)蔡氏(1884—1910),周繼源之母　127221

3448*
　范上將鴻仙先烈安葬通告/范先烈鴻仙先生葬事籌
備委員會輯. —民國 25 年(1936)南京鉛印本. —1 册:
圖及像. —范光啓(1884—1914),字鴻仙;附告窆
　　　　　　　　　　　　　127220

3449
　石屏張鏡溪紀念錄/張士麟等輯. —清宣統間京華
印書局鉛印本. —1 册:像. —(清)張注東(1884—
1908),字鏡溪　　　　　　　　127222
　部二　1 册　　　　　　　　　　127223
　部三　1 册　　　　　　　　　　127224

3450*
　[張志潭訃告]/ 張允俁等撰. —民國 24 年(1935)石
印本. —1 幅. —張志潭(1884—1935);附哀啓 1 幅
　　　　　　　　　　　　　127225

3451*
　契園五十自述詩/劉文嘉撰. —民國 23 年(1934)

北平鉛印本. —1 册. —劉文嘉(1884—1962)，號契園
老人；　　　　　　　　　　　　　　　　127226

3452*

劉先生行述/陳鍾凡撰. —民國間鉛印本. —1 册. —
劉師培(1884—1919)；書籤題儀徵劉先生行述；西諦
藏書. —平裝　　　　　　　　　　　　XD9962

3453*

沈步洲先生訃告/沈克藩撰. —民國 21 年(1932)北
平鉛印本. —1 册：像. —沈聯(1885—1932)，字步洲，
以字行；附行略　　　　　　　　　　　127231

3454*

毅芳紀/趙仲樓輯. —民國間大公報館鉛印本. —1
册. —趙惠芬(1885—1914)，字毅芳，趙仲樓之妹
　　　　　　　　　　　　　　　　　127230

3455*

亡室曹夫人悼述/惲寶惠撰. —民國 20 年(1931)鉛
印本. —1 幅. —曹恭采(1885—1931)，惲寶惠之妻
　　　　　　　　　　　　　　　　　127232

3456*

寄心瑣語/余其鏘撰. —民國 7 年(1918)鉛印本. —
1 册：像. —胡恕(1885—1915)，余其鏘之妻　127233
　部二　1 册　　　　　　　　　　　　127234

3457*

芝園六十自述/鄧萃英撰. —民國間鉛印本. —1
册. —鄧萃英(1885—1972)，字芝園；書籤題鄧芝園先
生六十自述　　　　　　　　　　　　127235

3458*

羅君之墓表/趙啓霖撰，何維樸書. —民國間拓
本. —1 册. —(清)羅正鈞，字順循，清光緒十一年
(1885)舉人，卒年 65 歲；卷端題清故山東提學使羅君
之墓表　　　　　　　　　　　　　　61382

3459*

衡山正氣集/佚名輯. —民國間石印本. —1 册：
像. —(清)劉道一(1885—1906)，湖南衡山人
　　　　　　　　　　　　　　　　　124051

3460*

尹太昭小傳/幼銘撰. —民國間鉛印本. —1 册. —尹
昌衡(1886—1953)，号太昭；孫曜，字幼銘；附尹昌衡
詩文　　　　　　　　　　　　　　　127241

3461*

尹昌衡/佚名輯. —民國間鉛印本. —1 册　127239
　部二　1 册　陳垣贈書　　　　　　　127240

3462*

蘭嬰小傳/王乃徵撰. —民國 8 年(1919)石印本. —
1 册. —陶蘭嬰(1886—1919)，王乃徵之妾　127237

3463*

楊勉齋先生榮哀錄/郭涵等撰. —民國 8 年(1919)
河南商務印刷所鉛印本. —1 册. —楊源懋(1886—
1912)，字勉齋　　　　　　　　　　　127238

3464*

幽居十日記/劉景向撰. —民國 20 年(1931)鉛印
本. —1 册：像. —劉景向(1886—?)；邃廬叢刊之一
　　　　　　　　　　　　　　　　　127242

3465*

鎮海賀德鄰先生赴告/賀師俊等撰. —民國 36 年
(1947)上海鉛印暨石印本. —1 册：像. —賀得霖
(1887—1947)，字德鄰；陳垣贈書　　　127245

3466*

[王五樓追悼會彙錄]/佚名編. —民國間鉛印本. —
1 册：像. —王鳳岐(1887—1914)，字五樓　127246

3467*

民國 15 年以前之蔣介石先生　八編/毛思誠輯. —
民國 26 年(1937)鉛印本. —20 册：像. —蔣中正
(1887—1975)，字介石　　　　　　　　128456
　部二　20 册　　　　　　　　　　　128457
　部三　9 册　存 2 編：第 7—8 編　　　128458
　部四　16 册　缺第 1—2、7、18 册　　128459

3468*

黃理傳/佚名撰. —民國 37 年(1948)去病抄本. —1
册. —黃理(1887—1928). —毛裝　　　　127247

3469[*]

秦嫂廖夫人赴告/秦曾鉥撰.—民國 25 年(1936)鉛印本.—1 册:像.—廖世勃(1887—1936),秦曾鉥之妻
　　　　　　　　　　　　　　127244

3470[*]

錢玄同先生紀念集/黎錦熙等撰.—民國間鉛印本.—1 册:像.—錢玄同(1887—1939)　　127249
　　部二　1 册　　　　　　　127250

3471[*]

伍梯雲博士哀思錄/陶履謙輯.—民國 24 年(1935)鉛印本.—1 册:圖及像.—伍朝樞(1887—1934),字梯雲　　　　　　　　　　127252

3472[*]

伍梯雲先生訃告/伍競仁等撰.—民國 23 年(1934)石印本.—1 册:像　　　　　127253
　　部二　1 册　　　　　　　127254

3473[*]

魯詠安先生榮哀錄　二輯/邵力子等撰.—民國間鉛印本.—1 册:圖及像.—魯滌平(1887—1935),字詠安;存上輯　　　　　　　127255

3474[*]

張苣衡女士事略/張樞衡輯.—民國間鉛印暨石印本.—1 册.—(清)張苣衡(1887—1910)　127257

3475[*]

張中將義安事略.—民國間鉛印本.—1 册:照片.—張養誠(1887—1918),字義安,陸軍中將　　128282

3476[*]

陸軍上將總參謀長劉公蘭江訃告/劉建勳等撰.—民國間鉛印本.—1 册:像.—劉郁芬(1887—1943),字蘭江　　　　　　　　　127256

3477

劉蘭洲方伯誄詞/(清)王棻等撰.—清光緒十四年(1888)岳陽黃奎文堂木活字本.—1 册.—(清)劉璈(? —1887),字蘭洲　　　　　127243

3478[*]

四十年來之中國與我/吳鐵城撰.—1957 年臺灣鉛印本.—1 册.—吳鐵城(1888—?);書衣題吳鐵城先生回憶錄　　　　　　　　　127264
　　部二　1 册　　　　　　　127265

3479[*]

杜月笙先生紀念集　初集/恒社輯.—1952 年臺灣鉛印本.—1 册:像.—杜鏞(1888—1951),字月笙
　　　　　　　　　　　　　　127258

3480[*]

姬佛陀先生五旬壽辰徵詩文啓/夏寅官等撰.—民國 26 年(1937)石印本.—1 册.—姬覺彌(1888—約1964),字佛陀,本名潘林　　127260
　　部二　1 册　　　　　　　127261

3481[*]

陳敬賢先生紀念刊/陳敬賢校主追悼會辦事處編.—民國 25 年(1936)鉛印暨石印本.—1 册:圖及像.—陳敬賢(1888—1936)　　127262
　　部二　1 册　　　　　　　127263

3482

回驪日記/(清)陳春瀛撰.—清光緒二十一年(1895)鉛印本.—1 册.—(清)陳春瀛,清光緒十五年(1889)進士;日記起清光緒二十年(1894)八月,迄同年九月　　　　　　　126133
　　部二　1 册　　　　　　　127036

3483[*]

謝琅書先生長校三十週年紀念特刊/雲南省立曲靖中學成立三十周年紀念籌備處編輯.—民國 32 年(1943)雲南鉛印本.—1 册:像.—謝顯琳(1889—?),號琅書　　　　　　　　　127268

3484[*]

高奇峰先生榮哀錄　第一輯/中國圖書大辭典編輯館輯.—民國 23 年(1934)鉛印本.—1 册:圖及像.—高奇峰(1889—1933);書後有英文介紹　　127266
　　部二　1 册　　陳垣贈書　127267

3485[*]

孫獻廷先生訃告/劉玉珠等撰.—民國 25 年(1936)

鉛印暨石印本. —1 册:像. —孫國封(1889—1936),字
獻廷　　　　　　　　　　　　　　127269

3486*
[章警秋哀啓及訃告]/劉天放等撰. —民國 37 年
(1948)鉛印本. —1 册:像. —章桐(1889—1945),字
警秋　　　　　　　　　　　　　　154021

3487*
哀絃集/姚後超輯. —民國 24 年(1935)鉛印本. —1
册:圖及像. —王粲君(1889—1933),姚後超之妻
　　　　　　　　　　　　　　　127270

3488*
莊敬生先生墓誌銘/鄭守堪撰;莊去病注. —民國間
朱絲欄抄本. —1 册. —莊以臨(1889—1943),字敬生;
附莊敬生先生事略. —毛裝　　　　149151

3489*
革命綴言/楊虎撰. —民國 32 年(1943)桂林力報館
鉛印本. —1 册. —楊虎(1889—?)　　149950

3490
曇花集/(清)陳庸盦等撰. —清光緒間鉛印本. —1
册. —(清)陳昌紋(1889—1905),陳夔龍之女;陳庸盦
即陳夔龍　　　　　　　　　　　127271
　部二　1 册　有硃筆句讀;西諦藏書　　XD3758

3491
似昇長生册/周嵩堯輯撰. —清宣統三年(1911)刻
本. —2 册. —(清)趙鳳(1890—1911),字似昇,周嵩堯
之妻;書籤等題趙似昇長生册;附似昇所收書畫錄
　　　　　　　　　　　　　　127272
　部二　2 册　　　　　　　　　127273
　部三　2 册　　　　　　　　　61106

3492*
趙似昇女士長生册/周嵩堯輯撰. —民國間石印
本. —2 册　　　　　　　　　　127274

3493*
趙似昇女士長生册/周嵩堯輯撰. —民國間京華印
書局京師石印暨鉛印本. —2 册. —附似昇所收書畫錄
　　　　　　　　　　　　　　127275

3494*
陸廣南先生赴告/陸榮光等撰. —民國間鉛印暨石
印本. —1 册:像. —陸樹棠(1890—1932),號廣南
　　　　　　　　　　　　　　127276

3495*
董峰仙先生訃告/董雄等撰. —民國 26 年(1937)鉛
印本. —1 册:像. —董登山(1890—1937),字峰仙
　　　　　　　　　　　　　　127277

3496*
寒雲日記/袁克文撰. —民國 25 年(1936)嘉興劉秉
義影印本. —2 册:圖. —袁克文(1890—1931),號寒
雲;日記起民國 15 年(1926),迄 16 年(1927)
　　　　　　　　　　　　　　127278
　部二　2 册　　　　　　　　　127279
　部三　2 册　西諦藏書　　　　XD9963

3497*
寒雲日記/袁克文撰. —1998 年江蘇廣陵古籍刻印
社影印本. —1 册:圖. —版權頁及書根題袁寒雲日記;
據民國 25 年(1936)嘉興劉秉義影印本影印　　2045

3498*
[劉夫人]悼啓/金殿選撰. —民國 18 年(1929)鉛印
本. —1 册:像. —劉氏(1890—1928),金殿選之妾
　　　　　　　　　　　　　　127281

3499*
馬公雲峰傳/朱炳册撰. —民國間鉛印本. —1 册. —
(清)馬如龍(?—1891),號雲峰;卷端題原任湖南提
督馬公雲峰傳,書籤題清原任湖南提督馬公雲峰
傳. —平裝　　　　　　　　　　127282

3500*
貞孝襃揚錄/龍雲輯. —民國間雲南財政廳印刷局
石印本. —4 册:像. —龍志楨(1891—1935),龍雲之
妹;書籤題昭通龍志楨貞孝襃揚錄　　127283

3501*
過母胡夫人赴告/過南田等撰. —民國 25 年(1936)
南京鉛印暨石印本. —1 册:像. —胡競英(1891—
1936),過南田之母　　　　　　　127284

3502*
　吳君藹宸事略/孫似樓撰.—1962 年鉛印本.—1
册.—吳藹宸(1891—?);書簽題吳藹宸先生事略
　　　　　　　　　　　　　　　　　　　127285

3503
　李承先傳/(清)佚名撰.—清末民國間抄本.—1
册.—(清)李承先(?—1891).—毛裝　　127286

3504*
　[芝符太君]訃告/龐宗垚等撰.—民國 22 年(1933)
鉛印本.—1 册.—龐映湖(1891—1932),字芝符;與龐
芝符先生赴告合印　　　　　　　　　　126823

3505*
　簡園日記存鈔/劉賾撰.—1954 年石印本.—1
册.—劉賾(1891—1978),室名簡園;日記起民國 36
年(1947),迄 1953 年　　　　　　　　　127291
　部二　1 册　　　　　　　　　　　　　127292

3506*
　劉半農博士訃告/朱惠等撰.—民國 23 年(1934)鉛
印本.—1 册:像.—劉復(1891—1934),字半農;卷端
題國立北京大學故教授劉半農博士訃告;附半農著作
目錄　　　　　　　　　　　　　　　　　127287
　部二　1 册　　　　　　　　　　　　　127289
　部三　1 册　　　　　　　　　　　　　127290

3507*
　焦夫人龍九經女士訃告/焦易堂撰.—民國 22 年
(1933)鉛印本.—1 册:像.—龍與祥(1892—1933),字
九經,焦易堂之妻　　　　　　　　　　　127294

3508*
　胡笠僧將軍遺事/佚名編.—民國間鉛印暨石印
本.—1 册:圖及像.—胡景翼(1892—1925),號笠僧
　　　　　　　　　　　　　　　　　　　127295
　部二　1 册　　　　　　　　　　　　　127296

3509*
　[胡上將軍笠僧]哀啓/胡希仲撰.—民國 14 年
(1925)鉛印本.—1 册:像.—毛裝　　　　127297

3510*
　先室胡夫人事略/樊光撰.—民國間綠格抄本.—1
册.—胡淑瑗(1892—1937),原名鳳雲,樊光之妻;書
簽題樊胡夫人事略　　　　　　　　　　127298

3511*
　清平山人哀輓錄/洪凌源等輯.—1983 年油印本.—
1 册:像.—徐映璞(1892—1981),號清平山人
　　　　　　　　　　　　　　　　　　　127300

3512*
　賢婦傳/蕭瑜撰輯.—民國間鉛印本.—1 册:圖及
像.—康寧(1893—1930),蕭瑜之妻　　　127305

3513*
　孫仿魯將軍/佚名撰.—民國間油印本.—1 册.—孫
連仲(1893—1990),字仿魯　　　　　　　127306

3514*
　吳孝女記/戴錫章輯.—民國間鉛印本.—1 册:
圖.—(清)吳孝女(1893—1905),吳芬之女　127302
　部二　1 册　　　　　　　　　　　　　127303
　部三　1 册　　　　　　　　　　　　　127304
　部四　1 册　　西諦藏書　　　　　　　XD3762

3515*
　鶯僧軼事彙編/熊賓輯.—民國間鉛印本.—2 册:
像.—熊春煦(1893—1918),書簽題鶯僧軼集
　　　　　　　　　　　　　　　　　　　127310

3516*
　廣德錢孝女徵文錄/錢文選輯.—民國間鉛印本.—
1 册:圖.—(清)錢福弟(1893—1911),錢文選之女
　　　　　　　　　　　　　　　　　　　127307
　部二　1 册　　　　　　　　　　　　　127308

3517*
　[楊夫人訃告]/饒孟任撰.—民國 24 年(1935)鉛印
本.—1 册.—楊競詩(1893—1935),字菊影,饒孟任之
妻.—毛裝　　　　　　　　　　　　　　127311

3518*
　菊影殘餘日記稿/楊競詩撰.—民國間鉛印本.—1
册.—日記起民國 4 年(1915)4 月,迄 7 年(1918)12

月，有間斷　　　　　　　　　　127309

3519

周德潤列傳/(清)佚名撰. —清末抄本. —1 册. —
(清)周德潤(？ —1893). —毛裝　　　127301

3520*

張潤墓表/趙藩撰. —民國 31 年(1942)抄本. —1
册. —(清)張潤(？ —1893). —毛裝　　127312

3521*

更生記/冼玉清撰. —民國 37 年(1948)鉛印本. —1
册. —冼玉清(1894—1965)；版心下題琅玕館叢書
　　　　　　　　　　　　　　　　127314

　　部二　1 册　陳垣贈書　　　　127315

3522*

百一齋斷簡/尹昌衡編. —民國 8 年(1919)燕北清
河鎮陸軍學校鉛印本. —1 册：像. —吳重夑(1894—
1919)；內含吳氏日記　　　　　　127313

3523*

[陳深訃告]/陳心萱撰. —民國間石印本. —1 册：
像. —陳深(1894—1927)　　　　　127316

3524

客韓筆記/(清)許寅輝撰. —清光緒三十二年
(1906)長沙刻本. —1 册. —(清)許寅輝，生卒年不詳；
筆記起清光緒二十年(1894)三月，迄二十一年(1895)
八月　　　　　　　　　　　　　　126124

　　部二　1 册　　　　　　　　126125

3525*

鵝恨集　二卷/程學恂輯. —民國 13 年(1924)刻
本. —1 册：像. —潘小紅(1895—1923)，程學恂之妾
　　　　　　　　　　　　　　　　127317

3526*

繼室李夫人行狀/溫雄飛撰. —民國 23 年(1934)鉛
印本. —1 幅. —李聯群(1895—1934)，溫雄飛之妻
　　　　　　　　　　　　　　　　127318

3527*

褚嫂田夫人訃告/褚鳳章等撰. —民國間鉛印本. —

1 册：像. —田節筠(1895—1930)，褚鳳章之妻
　　　　　　　　　　　　　　　　127319

3528*

萬安蕭雲帆之夫人陳定元女士墓誌銘/徐英撰. —
民國間油印本. —1 幅. —陳家英(1895—1936)，字定
元　　　　　　　　　　　　　　　150194

　　部二　1 幅　　　　　　　　150195
　　部三　1 幅　　　　　　　　150196
　　部四　1 幅　　　　　　　　150197

3529*

朱星叔先生赴告/朱昌敏等撰. —民國 20 年(1931)
鉛印本. —1 册：像. —朱世昀(1895—1931)，字星叔
　　　　　　　　　　　　　　　　127321

3530*

曾仲鳴先生殉國週年紀念册/中央宣傳部輯. —民
國 29 年(1940)香港南華日報館上海中華日報館鉛印
暨影印本. —1 册：圖及像. —曾仲鳴(1896—1939)
　　　　　　　　　　　　　　　　127323

3531*

陸小曼抄徐志摩日記/徐志摩撰；陸小曼抄. —民國
間常州陸小曼藍絲欄抄本. —1 册＋哈代詩(3 頁). —
徐志摩(1896—1931)　　　　　　148557

3532*

楊靜秋女士行述　一卷/曹仲淵撰. —民國 25 年
(1936)鉛印本. —1 册：像. —楊靜秋(1896—1936)，曹
仲淵之妻　　　　　　　　　　　127335

　　部二　1 册　　　　　　　　127336

3533*

先祖父事略/[?]符乾撰. —民國間抄本. —1 册. —
(清)[?]鵬翔(？ —1896)　　　　127322

3534*

王大覺先生追悼錄/王德錡等撰. —民國 17 年
(1928)鉛印本. —1 册. —王德鍾(1897—1927)，號
大覺　　　　　　　　　　　　　127348

3535*

成都追悼吳碧柳先生紀念刊/悼吳大會籌備會

輯.—民國 21 年(1932)悼吳大會籌備會鉛印本.—1
冊.像.—吳芳吉(1897—1932),字碧柳;版心題吳碧
柳紀念刊　　　　　　　　　　　　　　127338
　部二　1 冊　　　　　　　　　　　127339

3536*

耕齋日記/李慎言撰;譚廷英,裴文中輯.—民國 12
年(1923)鉛印本.—1 冊:像.—李慎言(1897—1921),
號耕齋;日記起民國 5 年(1916),迄 10 年(1921),有
間斷;附哀輓錄　　　　　　　　　　　127340

3537*

退庵夢憶/葉恭綽撰.—民國 5 年(1916)鉛印本.—
1 冊.—玉真(1897—1916),葉恭綽之妾　　　127341

3538*

曾嫂張夫人訃告/曾以鼎撰.—民國 23 年(1934)鉛
印本.—1 冊:像.—張玲璉(1897—1934),曾以鼎之妻
　　　　　　　　　　　　　　　　127343

3539*

王烈婦劉乃祺徵文啓/張壽等撰.—民國間鉛印
本.—1 冊.—劉乃祺(1897—1938)　　　　127342

3540*

段公承澤傳略/佚名撰.—民國間鉛印本.—1 冊:
像.—段承澤(1897—1939)　　　　　　　127344

3541*

[童年回憶錄稿]/佚名撰.—民國間朱格稿本.—2
冊.—撰者姓名不詳,生於清光緒二十三年(1897).—
毛裝　　　　　　　　　　　　　　　127345

3542*

孫景楊先生赴告/孫世長撰.—民國 25 年(1936)杭
州孫氏鉛印本.—1 冊.—孫景楊(1898—1936)
　　　　　　　　　　　　　　　　127350

3543*

周子悼亡錄/周郁清輯.—民國間平湖浙江印刷所
鉛印本.—1 冊:圖及像.—褚圭秀(1898—1930),周郁
清之妻　　　　　　　　　　　　　　127353

3544*

菏澤馬君瀛岑傳略/王一葉撰.—民國間鉛印本.—
1 冊.—馬登洲(1898—1943),字瀛岑;書簽題馬瀛岑
先生傳略.—平裝　　　　　　　　　　127351

3545*

[龍雨蒼先生赴告]/龍雲翼等撰.—民國 24 年
(1935)崇文印書館鉛印本.—1 冊:像.—龍雨蒼
(1898—1935)　　　　　　　　　　　127352

3546*

錢三英先生紀念集/錢文炯,錢文耀輯.—民國 18
年(1929)山東鉛印暨石印本.—1 冊.—錢文燦
(1898—1929),字三英　　　　　　　　127346
　部二　1 冊　　　　　　　　　　　127347

3547*

貞一女士遺墨/耿淑田撰.—民國 11 年(1922)沭陽
耿天適鉛印本.—1 冊.—耿淑田(1898—1916),字貞
一;日記起民國 4 年(1915)9 月,迄 5 年(1916)1 月,
另有書信及詩文　　　　　　　　　　127354

3548

赴陝紀程/(清)邊寶泉撰.—清光緒間朱絲欄及綠
絲欄稿本.—2 冊.—(清)邊寶泉(?—1898);記事起
清光緒三年(1877),迄六年(1880),有間斷;書名據書
衣題　　　　　　　　　　　　　　　125523

3549

東徼紀行/(清)李樹棠撰.—清光緒二十九年
(1903)鉛印本.—1 冊.—日記起清光緒二十四年
(1898)十一月,迄二十五年(1899)四月　　126126
　部二　1 冊　　　　　　　　　　　126127

3550

[戊戌日記]/(清)佚名撰.—清光緒間朱絲欄稿
本.—1 冊.—日記起清光緒二十四年(1898)三月初九
日,迄同年四月二十日;書衣誤題李文田日記
　　　　　　　　　　　　　　　　126136

3551

許文敏公易名恩榮錄/(清)楊捷三等撰.—清宣統
間石印本.—1 冊.—(清)許振禕(?—1899),諡文敏
　　　　　　　　　　　　　　　　127356

3552*

可愛的中國/方志敏撰.—1954 年人民文學出版社
北京影印本.—1 冊.—方志敏(1899—1935);據方志
敏原稿影印　　　　　　　　　　　　　　127361
　　部二　1 冊　　　　　　　　　　　　127362
　　部三　1 冊　　　　　　　　　　　　127363
　　部四　1 冊　　　　　　　　　　　　127364
　　部五　1 冊　　　　　　　　　　　　127365

3553*

陳公覺生紀念冊/陳正大等撰.—民國 27 年(1938)
鉛印本.—1 冊:圖及像.—陳覺生(1899—1937)
　　　　　　　　　　　　　　　　　　127355

3554*

林門聘婦謝貞女題辭　二卷/韓國鈞等撰.—民國
間鉛印本.—1 冊:像.—謝繼媛(1900—1922),林祥應
之未婚妻　　　　　　　　　　　　　　127359
　　部二　1 冊　　　　　　　　　　　　127360

3555*

蔗盦痛心錄/李霖撰.—民國間鉛印本.—1 冊.—晏
瑱(1900—1925),李霖之妻　　　　　　　127367

3556*

南通季銘盤先生緋謳錄/楊家駿等撰.—民國 15 年
(1926)南洋印刷所鉛印本.—1 冊:像.—季德馨
(1900—1925),字銘盤　　　　　　　　　127368
　　部二　1 冊　　　　　　　　　　　　127369
　　部三　1 冊　　　　　　　　　　　　128552

3557

大義從軍躬行記/(清)紹元撰.—清光緒二十六年
(1900)朱絲欄稿本.—1 冊.—(清)紹元,生卒年不詳;
記事起清光緒二十六年(1900)七月十六日,迄同年八
月二十一日;書衣題勉下學齋躬行記　　126131

3558

署理黑龍江將軍壽公家傳/(清)佚名撰.—清末石
印本.—1 冊:像.—(清)袁壽山(? —1900);書簽題壽
將軍家傳;附遺摺原稿、遺摺書後　　　126597

3559

效先公爵闔門殉難哭悼誄句/(清)韓景瀾撰.—清

光緒二十六年(1900)抄本.—1 冊.—(清)葆初(? —
1900),號效先.—毛裝　　　　　　　　　127889

3560*

梁丁追悼錄/梁治華等撰.—民國 11 年(1922)鉛印
本.—1 冊:圖及像.—丁淑貞(1901—1922),梁德潛
之妻　　　　　　　　　　　　　　　　127372
　　部二　1 冊　　　　　　　　　　　　127373

3561*

徐公叔雨遺愛錄/德安沈毅學校輯.—民國 12 年
(1923)德安沈毅學校石印本.—1 冊:像.—(清)徐嘉
霖(? —1901),號叔雨,曾任德安知縣;版心題遺愛錄
　　　　　　　　　　　　　　　　　　127370

3562

吳貴傳/(清)周善培撰.—清光緒三十年(1904)刻
本.—1 冊.—(清)吳貴(? —1902)　　　　127374

3563*

鹽城文學士祁君碩陶哀輓錄/張璧等撰.—民國 18
年(1929)中華書局上海鉛印本.—1 冊:圖及像.—祁
鴻鈞(1902—1927),字碩陶;版心題祁碩陶哀輓錄
　　　　　　　　　　　　　　　　　　127375
　　部二　1 冊　　　　　　　　　　　　127376

3564

李經述列傳/(清)佚名撰.—清末民國間石印本.—
1 冊.—(清)李經述(? —1902),李鴻章之子,約生於
清道光末年　　　　　　　　　　　　　127371

3565*

悼亡集/蔡真輯.—民國 14 年(1925)鉛印本.—1
冊:圖及像.—黃珍珠(1902—1924),蔡真之妻;附紅
榴閣遺稿/黃珍珠撰　　　　　　　　　　30095

3566*

喬松茂蔭慈竹春暉二圖徵文/趙錫恩輯.—民國 28
年(1939)石印本.—2 冊:圖.—(清)葉氏(? —1902),
趙淦之妻,趙錫恩之母　　　　　　　　　128838

3567*

朱子元先生追悼會紀念刊/翁文灝等撰.—民國間

石印本.—1 册.—朱子元(1902—1942).—毛裝

127377

言書.—民國 20 年(1931)上海石印本.—1 册:像.—
王在沼(1905—1931)

127389

3568*

鶴慶蔣壯勤公勳蹟錄/趙耀基等撰.—民國間影印
本.—3 册:圖及像.—(清)蔣宗漢(？—1903),謚壯勤

128662

3576*

紀念霍雨痕/戴民等撰.—民國 19 年(1930)鉛印
本.—1 册:像.—霍沾霖(1905—1930),號雨痕

127394

3569*

廣安胡叔潛君元配周女士小傳/胡光廉等撰.—民
國 12 年(1923)鉛印本.—1 册.—周德粹(1903—
1922),胡光廉之妻

127380

3577*

胡伯玄先生赴告/胡允恭撰.—民國 24 年(1935)中
國仿古協記印書局鉛印本.—1 册:像.—胡遂(1905—
1935),字伯玄

127384

3570*

懷蘭集/馮肇桂輯.—民國 23 年(1934)桂秀蘭芬樓
鉛印本.—1 册:圖及像.—張志蘭(1903—1933),馮肇
桂之妻

127378

　　部二　1 册

127379

3578

君去有家歸詩册/黎廷輔輯.—清末鉛印本.—1
册.—(清)黎家崧(？—1905);書名據書簽題

126150

　　部二　1 册

126151

3571*

吳博士魯強行狀/鄒魯等撰.—民國 26 年(1937)鉛
印本.—1 册:像.—吳魯強(1904—1937);書簽題國立
中山大學教授吳魯強博士行狀

127382

　　部二　1 册

127383

3579

常州錢烈婦舜華受辱絕命述冤篇/(清)夏鐵弇
撰.—清光緒三十二年(1906)活字本.—1 册.—(清)
錢舜華(？—1906)

127937

3572

哀蟬吟/趙惟熙撰.—清光緒三十年(1904)刻本.—
1 册.—(清)吳氏(？—1904),趙惟熙之妻

127381

3580*

悼亡散記/錢渭漁撰.—民國 32 年(1943)能史閣鉛
印本.—1 册:像.—楊芳(1906—1935),錢渭漁之妻

127396

3573*

霜杰集/金兆棪輯.—民國 15 年(1926)商務印書館
上海鉛印本.—2 册:像.—程豔秋(1904—1958),號玉
霜,別署玉霜簃主

127385

　　部二　2 册

127386

　　部三　2 册

127388

　　部四　2 册

147363

　　部五　2 册　西諦藏書

XD3782

3581

子嘉府君行述/劉汝冕撰.—清光緒宣統間石印
本.—1 册.—(清)劉永亨(？—1907),字子嘉;卷端題
誥授光祿大夫賞戴花翎總督倉場侍郎顯考子嘉府君
行述

127398

　　部二　1 册

127399

3574*

傷兵自傳/秦德君撰.—1950 年朱格稿本.—1
册.—秦德君(1905—？)

148389

3582*

陳君華壬追悼集/陳定求等撰.—民國 9 年(1920)
鉛印本.—1 册:像.—陳華壬(1907—1920);有英文內
容介紹

127395

3575*

王先生在沼之墓碑/上海群治大學同學會撰;陳嘉

3583*

七奇老人傳/張輪遠編.—1989 年天津影印本.—1
册.—曹秉璋(1909—1990 在世),字潔如;附生平快事

紀實　　　　　　　　　　　141630

3584

[劉士驥]哀啓/劉作楫撰輯.—清宣統間鉛印本.—
1 册.—(清)劉士驥(?—1909);附日記、函電

127397

3585

康梁徐謀財害命鐵證書/劉作楫輯.—清宣統間影
印本.—1 册.—據清末手書原件影印　　127400
　部二　1 册　　　　　　　　　　127401
　部三　1 册　　　　　　　　　　127402
　部四　1 册　　　　　　　　　　127403

3586*

思玄集　一卷/姚後超等撰.—民國 11 年(1922)鉛
印本.—1 册:像.—姚昆璧(1910—1919),姚後超之子

89577

　部二　1 册　　　　　　　　　　110860

3587*

安大學生胡君泓艇紀念册/李夢樵輯.—民國 21 年
(1932)安徽大學鉛印本.—1 册:像.—胡泓艇(1911—
1932)　　　　　　　　　　　　　127404

3588*

士厚三十五自述/卜士厚撰.—民國 35 年(1946)姚
安簡報社油印本.—1 册.—卜士厚(1911—?)

127405

3589*

書鎮簟遊擊楊公死難事/景禔撰.—民國間朱格抄
本.—1 册.—(清)楊讓梨(?—1911);附楊公上周總
兵稟稿.—毛裝　　　　　　　　　127406

3590*

冲穆潘先生纂傳徵文啓/王揖唐等撰.—民國間鉛
印本.—1 幅.—潘冲穆,生卒年不詳,民國間人

149755

3591*

太古通州輪船遇盜日記/徐貞孺撰.—民國間財政
部印刷局鉛印本.—1 册.—徐貞孺,生卒年不詳,民國
間人;記事年不詳,記事月日爲 10 月 29 日至 11 月

9 日　　　　　　　　　　　　　128564

3592*

南歸志/陳中嶽撰.—民國間鉛印本.—1 册.—陳中
嶽,生卒年不詳,民國間人;日記起民國 15 年(1926),
迄 16 年(1927),有間斷　　　　　127045
　部二　1 册　　　　　　　　　　127046
　部三　1 册　　　　　　　　　　127047
　部四　1 册　　　　　　　　　　127048
　部五　1 册　　　　　　　　　　127049

3593*

[王母哀啓]/王克敏等撰.—民國間鉛印本.—1
册.—王克敏之母(?—1925)　　　127416

3594*

[袁母于太夫人哀啓]/袁克定撰書.—民國間影印
本.—1 幅.—于氏,袁克定之母,民國間卒於天津

126649

3595*

常俊卿先生挽詞鈔/易順鼎等撰.—民國間朱絲欄
抄本.—1 册.—常俊卿,生卒年不詳,約卒於民國初年

127034

3596*

三天日記/佚名撰.—民國 4 年(1915)抄本.—1
册.—傳主爲民國前期人,生卒年不詳;日記起民國 4
年(1915)元月,迄同年 12 月;與東華日記合抄.
—毛裝　　　　　　　　　　　　152289

3597*

東華日記/佚名撰.—民國 7 年(1918)抄本.—1
册.—傳主爲民國前期人,生卒年不詳;日記起民國 7
年(1918)元月,迄同年 11 月;與三天日記合抄.
—毛裝　　　　　　　　　　　　152289

3598*

旅行日記/佚名撰.—民國 7 年(1918)朱絲欄稿
本.—1 册.—傳主爲民國前期人,生卒年不詳;日記起
民國 7 年(1918)1 月,迄同年 7 月　127407

3599*

己未八月入粤記/佚名撰.—民國 8 年(1919)稿

本.—1 册.—傳主爲民國前期人,生卒年不詳;日記記
民國 8 年作者在廣東之事.—毛裝　　　　128466

3600*

[販書日記]/佚名撰.—民國間藍絲欄稿本.—1
册.—傳主爲民國前期人,生卒年不詳;日記記民國初
年事,具體年不詳.—毛裝　　　　　　127408

3601*

我的終身事業/楊家駱撰.—民國 25 年(1936)中國
辭典館南京鉛印本.—1 册.像.—楊家駱(1912—?);
辭典館月刊第 2—3 期合刊專號;陳垣贈書　127409
部二　1 册　　　　　　　　　　　127410

3602*

我的終身事業/楊家駱撰.—民國 26 年(1937)中國
辭典館南京鉛印本.—1 册:像　　　　127411

3603*

馬祥麟專刊/吳子通輯.—民國間天津吳子通鉛印
本.—2 册:圖及像.—馬祥麟(1913—?)　127571

3604*

先資政公挽言錄/馬貞榆等撰.—民國間刻本.—1
册.—楊裕芬(? —1914)　　　　　　127412

3605*

南海關德禪女士哀輓錄/馮汝琪等輯.—民國 29 年
(1940) 鉛印本.—1 册:圖及像.—關德禪(1918—
1939)　　　　　　　　　　　　127413

3606*

牛君墓誌銘/尚秉和撰.—民國間稿本.—1 册.—牛
蘊璋(? —1920),清同治十二年(1873)舉人;卷端題
清封中議大夫撫寧縣教諭牛君墓誌銘.—經摺裝
　　　　　　　　　　　　　　　127414

3607*

亡室王夫人象贊/康有爲等撰;韓國鈞輯.—民國間
影印本.—1 册:像.—王氏(? —1923),韓國鈞之妻
　　　　　　　　　　　　　　　127429

3608*

鄒司馬淑人傳/費堯勳等撰.—民國 24 年(1935)無

錫鄒氏影印本.—1 册.—司馬氏(? —1924),鄒子蓮
之妻;書籤題鄒子蓮先生德配司馬淑人傳　127415

3609*

西湖消夏錄/官道尊撰.—民國 17 年(1928)四川協
昌印刷公司鉛印本.—1 册.—官道尊,卒於民國 17 年
(1928)以後;日記起民國 11 年(1922)6 月,迄同年
11 月　　　　　　　　　　　　127422

3610*

[王叔均先生]哀啓/王恩東,王恩源撰.—民國間鉛
印本.—1 册.—王叔均,卒於民國 20 年(1931)以
後.—平裝　　　　　　　　　　127423

3611*

[邊母王氏]哀啓/邊學沂等撰.—民國間抄本.—1
册.—王氏,卒於民國 22 年(1933)以後,邊學沂之
母.—毛裝　　　　　　　　　　127419

3612*

[陸母吳夫人]哀啓/陸麟仲撰.—民國間鉛印本.—
1 册.—吳氏,卒於民國 20 年(1931)以后,陸麟仲之
母.—摺裝　　　　　　　　　　125511

3613*

[呂公]哀啓/呂震等撰.—民國間藍色鉛印本.—2
幅.—呂公,約卒於民國 17 年(1928)以後,呂震之父;
與[全述昭]哀啓合函　　　　　　127420

3614*

東槎廿日記/錢謙撰.—民國 28 年(1939)鉛印
本.—1 册.—錢謙,生卒年不詳,民國間人;日記起民
國 28 年(1939)10 月 23 日,迄同年 11 月 12 日
　　　　　　　　　　　　　　　128489

3615*

[全述昭]哀啓/呂震等撰.—民國間鉛印本.—1
幅.—全述昭,約卒於民國 17 年(1928)以後,呂震之
母;與[呂公]哀啓合函　　　　　127420

3616*

[張母劉夫人]哀啓/張志強等撰.—民國間鉛印
本.—1 册.—劉氏,卒於民國 18 年(1929)以後,張志
強之母　　　　　　　　　　　127050

3617*

[林任寰]日記/林任寰撰.—民國間朱絲欄稿本.—
2 册.—林任寰,生卒年不詳,民國間人;記豫豐紗廠勞
資糾紛事,起民國 20 年(1931)1 月,迄 22 年(1933)10
月,有間斷.—毛裝　　　　　　　　　　　127425

3618*

林公修竹小傳/申丙撰.—民國 17 年(1928)鉛印
本.—1 册.—林修竹,字茂泉,生卒年不詳;記事至民
國 17 年(1928)　　　　　　　　　　　127424

3619

[豫敬]日記/豫敬撰.—清宣統至民國間朱絲欄暨
綠絲欄稿本.—6 册.—豫敬,生卒年不詳,清末民國間
人;日記起清宣統元年(1909)1 月,迄民國 27 年
(1938)2 月,有間斷　　　　　　　　　127426

3620*

賀母蘇太恭人輓詞/崔家焜輯.—民國 33 年(1944)
抄本.—1 册.—蘇氏(? —1944?)　　　　127421

3621*

[日記]/佚名撰.—民國 34 至 35 年(1945—1946)
稿本.—13 册.—傳主姓名及生卒年不詳,民國間人;
日記起民國 34 年(1945)元月,迄 35 年(1946)元月
　　　　　　　　　　　　　　　　　　127427

3622*

韓齋尚書悼慧淨夫人詩册/張絜撰.—民國 18 年
(1929)上海張氏石印本.—1 册.—慧淨夫人(? —
1928),張絜之妻;張絜,字韓齋　　　　　127432

3623*

李氏復仇實錄/李贊皋撰.—民國 24 年(1935)遼陽
李氏鉛印本.—1 册:像.—李贊皋(清光緒初年—
1928);版心題復仇實錄　　　　　　　　127431
部二　1 册　　　　　　　　　　　　　128442

3624*

亡室周夫人行略/錢駿祥撰.—民國 19 年(1930)錢
駿祥鉛印本.—1 册.—周學洙(? —1930),錢駿祥
之妻　　　　　　　　　　　　　　　　127433

3625*

[龔心銘]哀啟/龔安東撰.—民國間石印本.—1 册:
像.—龔心銘(? —1931),龔安東之父　　127434

3626*

林振翰傳/莊以臨撰.—民國間朱絲欄復寫本.—1
册.—林振翰(? —1932),字蔚文.—毛裝　127437

3627*

永川遇匪記/林振翰撰.—民國 9 年(1920)鉛印
本.—1 册.—记民国 9 年(1920)3 月事　127438

3628*

林蔚文永川遇匪始末記/林振翰撰.—民國間石印
本.—1 册.—記民國 9 年(1920)事　　　127439

3629*

君子館日記　八卷/毛昌傑撰.—民國 27 年(1938)
鉛印本.—4 册.—毛昌傑(? —1932);日記起民國 7
年(1918)3 月 21 日,迄 21 年(1932)5 月 28 日,有間
斷;版心題君子館類稿　　　　　　　　127428

3630*

二十年來同懷回憶錄/王真撰.—民國 24 年(1935)
鉛印本.—1 册.—王邁(? —1933),王真之弟
　　　　　　　　　　　　　　　　　　127440

3631*

劉母胡太夫人哀思錄/劉濯清等輯.—民國間鉛印
本.—2 册:圖及像.—胡氏(? —1933),劉峙之母
　　　　　　　　　　　　　　　　　　127435

傳 600　年譜合譜、叢書

3632*

七真年譜　一卷/(元)李道謙編.—民國間商務印
書館上海影印本.—1 册.—(道藏).—據明正統間刻
本影印　　　　　　　　　　　　　傳 600/684

3633

孔孟年譜　二卷/(明)包大爟編;(清)甘紱校定.—
清刻本.—1 册.—書名據書衣題　　　傳 600/767

3634

　　瑯琊鳳麟兩公年譜合編　一卷/（清）王瑞國編.—清光緒二十八年（1902）江陰繆朝荃東倉書庫刻本.—1冊.—（東倉書庫叢刻初編）.—（明）王世貞（1526—1590），號鳳洲、（明）王世懋（1536—1588），號麟洲；版心題鳳麟兩公年譜

　　部二　1冊　　　　　　　　　　傳 600/824

3635

　　歷代名人年譜　十卷附一卷/（清）吳榮光編.—清咸豐間南海吳氏刻本.—10冊　　　傳 600/864

　　部二　10冊　西諦藏書　　　　　XD11270

3636

　　歷代名人年譜　十卷附一卷/（清）吳榮光編.—清咸豐間刻本.—10冊.—牌記題北京琉璃廠內晉華書局藏板，書名頁題信都萬忍堂藏板　　傳 600/864.1

3637

　　歷代名人年譜　十卷附一卷/（清）吳榮光編.—清光緒元年（1875）南海張蔭桓刻本.—5冊.—樵山草堂藏板；有墨筆批註；陳垣贈書

　　部二　10冊　　　　　　　　　傳 600/864.2

3638

　　歷代名人年譜　十卷附一卷/（清）吳榮光編.—清光緒二年（1876）京都寶經書坊刻本.—10冊.—天祿閣藏板

　　部二　10冊
　　部三　10冊　　　　　　　　　傳 600/864.3

3639＊

　　廬江錢氏年譜　六卷續篇六卷/（清）錢儀吉編.—民國7年（1918）廬江錢氏鉛印本.—12冊

　　部二　12冊　　　　　　　　　傳 600/865

3640

　　廬江錢氏年譜　六卷續編六卷/（清）錢儀吉編.—清抄本.—2冊.—存2卷：正編卷6、續編卷1.—毛裝

　　　　　　　　　　　　　　　　153031

3641

　　鄭大司農蔡中郎年譜合表　一卷/（清）林春溥編.—清光緒九年（1883）侯官楊浚冠悔堂刻本.—1

冊.—（漢）鄭玄（127—200）、（漢）蔡邕（132—192）；版心題鄭蔡年譜合表

　　部二　1冊　　　　　　　　　傳 600/887

3642

　　延平四先生年譜　四種/（清）毛念恃編.—清乾隆十年（1745）滏陽張坦刻本.—2冊.—書名頁題延平楊羅李朱四先生年譜，書籤題閩四先生年譜；御書閣藏版

　　子目

　　1.　宋儒龜山楊先生年譜　一卷
　　2.　豫章羅先生年譜　一卷
　　3.　延平李先生年譜　一卷
　　4.　紫陽朱先生年譜　一卷　　傳 600.5/827

3643

　　宋本韓柳二先生年譜　二種/（清）馬曰璐輯.—清雍正七年（1729）廣陵馬氏小玲瓏山館刻本.—4冊.—書名據叢書綜錄補；有清雍正八年長洲陳景雲跋；卷末有小蓮墨筆題記

　　子目

　　1.　韓文類譜　七卷/（宋）魏仲舉輯
　　（1）韓吏部文公集年譜　一卷/（宋）呂大防編
　　（2）韓文西曆官記　一卷/（宋）程俱編
　　（3）韓子年譜　五卷/（宋）洪興祖編
　　2.　柳先生年譜　一卷/（宋）文安禮編

　　　　　　　　　　　　　　　傳 600.5/843

3644

　　韓柳年譜　二種/（清）馬曰璐輯.—清咸豐五年（1855）南海伍崇曜粵雅堂刻本.—1冊.—（粵雅堂叢書）

　　子目

　　1.　韓文類譜　七卷/（宋）魏仲舉輯
　　（1）韓吏部文公集年譜　一卷/（宋）呂大防編
　　（2）韓文西曆官記　一卷/（宋）程俱編
　　（3）韓子年譜　五卷/（宋）洪興祖編
　　2.　柳先生年譜　一卷/（宋）文安禮編

　　部二　2冊　　　　　　　　　傳 600.5/843.1

3645

　　韓柳年譜　二種/（清）馬曰璐輯.—清光緒元年（1875）隸釋齋金陵刻本.—1

　　子目

1. 韓文類譜　七卷/(宋)魏仲舉輯
(1)韓吏部文公集年譜　一卷/(宋)呂大防編
(2)韓文西曆官記　一卷/(宋)程俱編
(3)韓子年譜　五卷/(宋)洪興祖編
2. 柳先生年譜　一卷/(宋)文安禮編
部二　1册　　　　　　　　　傳 600.5/843.2

3646

韓柳年譜　二種/(清)馬曰璐輯.—清光緒元年
(1875)隸釋齋金陵刻重印本.—1册
子目
1. 韓文類譜　七卷/(宋)魏仲舉輯
(1)韓吏部文公集年譜　一卷/(宋)呂大防編
(2)韓文西曆官記　一卷/(宋)程俱編
(3)韓子年譜　五卷/(宋)洪興祖編
2. 柳先生年譜　一卷/(宋)文安禮編
部二　4册　　　　　　　　　傳 600.5/843.3

3647

孱守齋所編年譜　五種/(清)錢大昕編.—清嘉慶
間嘉興郡齋刻本.—1册
子目
1. 洪文惠公年譜　一卷.—清嘉慶八年(1803)刻
2. 洪文敏公年譜　一卷.—清嘉慶八年(1803)刻
3. 陸放翁先生年譜　一卷.—清嘉慶八年(1803)刻
4. 深寧先生年譜　一卷.—清嘉慶十二年(1807)刻
5. 弇州山人年譜　一卷.—清嘉慶十二年(1807)刻
部二　2册
部三　1册　缺1種:洪文惠公年譜　傳 600.5/855

3648

[**孱守齋所編年譜**]五種/(清)錢大昕編.—清刻
本.—1册
子目
1. 陸放翁先生年譜　一卷
2. 洪文惠公年譜　一卷
3. 洪文敏公年譜　一卷
4. 深寧先生年譜　一卷
5. 弇州山人年譜　一卷　　　傳 600.5/855.1

3649

程子年譜　二種卷首一卷卷終一卷/(清)池生春,
(清)諸星杓編.—清咸豐五年(1855)刻本.—5册.—
味經室藏板

子目
1. 道先生年譜　五卷
2. 伊川先生年譜　七卷　　　傳 600.5/864

3650*

程子年譜　二種卷首一卷卷終一卷/(清)池生春,
(清)諸星杓編.—1981年北京圖書館靜電復製本.—8
册.—據清咸豐五年(1855)刻本靜電復製
子目
1. 明道先生年譜　五卷
2. 伊川先生年譜　七卷　　　傳 600.5/864.1

3651

[**顧閻年譜**]　二種/(清)張穆編.—清道光間刻
本.—2册:像
子目
1. 顧亭林先生年譜.—清道光二十四年(1844)刻
2. 閻潛丘先生年譜.—清道光二十七年(1847)刻
部二　2册
部三　2册　　　　　　　　　傳 600.5/867

3652

金山赫舍里氏淵源　二十種/(清)穆精額編.—清
道光間稿本.—2册.—第2册爲滿文
子目
1. 烏拉哈噠貝勒幹達善年譜　一卷
2. 哈噠色勒貝勒年譜　一卷
3. 色勒福晉覺羅氏年譜　一卷
4. 哈噠貝勒法克產年譜　一卷
5. 哈噠貝勒順克夷巴克什蘇三音年譜　一卷
6. 達爾漢貝勒巴彥攝津年譜　一卷
7. 貝子銜按班章京牛錄額鎮拜音岱年譜　一卷
8. 頭等侍衛莫爾歡年譜　一卷
9. 正前鋒章京瑪拉渾年譜　一卷
10. 山西太原城守尉兆寶善年譜　一卷
11. 誥封通議大夫色爾古德年譜　一卷
12. 世承佐領色爾布年譜　一卷
13. 原任參將色爾福年譜　一卷
14. 世承佐領色勤年譜　一卷
15. 誥封昭武大夫色敏年譜　一卷
16. 內閣中書保存年譜　一卷
17. 世承佐領慶安年譜　一卷
18. 世承佐領明安年譜　一卷
19. 翻譯生員翻譯官教習福祝隆阿年譜　一卷

20. 穆精額年譜　一卷　　　　　　　傳 600.5/868

3653

孔孟編年　二種/(清)狄子奇編.—清光緒十三年(1887)浙江書局刻本.—2冊

子目

1. 孔子編年　四卷
2. 孟子編年　四卷

部二　4冊　　　　　　　　　　　　傳 600.5/869

部三　2冊　陳垣贈書　　　　　　　57883

部四　1冊　存孟子編年　　　　　　傳 617.08/869

3654

孔孟編年　二種/(清)狄子奇編.—清光緒十三年(1887)浙江書局刻重印本.—2冊

子目

1. 孔子編年　四卷
2. 孟子編年　四卷

部二　2冊　　　　　　　　　　　　傳 600.5/869.1

部三　1冊　存孔子編年;西諦藏書　　XD10393

部四　1冊　存孔子編年　　　　　　傳 616.11/869

部五　1冊　存孟子編年　　　　　　傳 617.08/869.1

3655

孔孟編年　二種/(清)狄子奇編.—清光緒十三年(1887)浙江書局刻重印本.—2冊.—各卷末無刊校人員姓名

子目

1. 孔子編年　四卷
2. 孟子編年　四卷　　　　　　　　傳 600.5/869.2

3656

四洪年譜　四種/(清)洪汝奎編.—清宣統二至三年(1910—1911)漢陽洪氏晦木齋刻本.—4冊.—(洪氏晦木齋叢書).—書名頁題涇舟老人年譜附,原缺;晦木齋藏版

子目

1. 洪忠宣公年譜　一卷/(清)洪汝奎編
2. 洪文惠公年譜　一卷/(清)錢大昕編;(清)洪汝奎增訂
3. 洪文安公年譜　一卷/(清)洪汝奎編
4. 洪文敏公年譜　一卷/(清)錢大昕編;(清)洪汝奎增訂

部二　4冊

部三　4冊

部四　4冊

部五　4冊　　　　　　　　　　　　傳 600.5/892.1

3657

頤志齋四譜　四種/(清)丁晏編.—清道光二十三年(1843)山陽丁晏刻同治元年(1862)重印本.—2冊.—(頤志齋叢書)

子目

1. 漢鄭君年譜　一卷
2. 魏陳思王年譜　一卷
3. 晉陶靖節年譜　一卷
4. 唐陸宣公年譜　一卷

部二　1冊

部三　1冊

部四　1冊

部五　1冊　有缺頁　　　　　　　　傳 600.5/895

3658*

十五家年譜叢書　十五種/(清)楊希閔編.—清光緒間新城楊希閔福州刻 1980 年江蘇廣陵古籍刻印社揚州重印本.—16冊

子目

1. 漢徐徵士年譜　一卷
2. 漢諸葛忠武侯年譜　一卷
3. 晉陶徵士年譜　一卷
4. 唐李鄴侯年譜　一卷
5. 唐陸宣公年譜　一卷
6. 歐陽文忠公年譜　一卷
7. 宋韓忠獻公年譜　一卷
8. 王文公年譜考略節要　四卷附存二卷/(清)蔡上翔編;(清)楊希閔節錄並撰附存
9. 曾文定公年譜　一卷
10. 黃文節公年譜　一卷
11. 李忠定公年譜　一卷附錄一卷
12. 陸文安公年譜　二卷
13. 吳聘君年譜　一卷
14. 胡文敬公年譜　一卷
15. 明王文成公年譜節鈔　二卷/(明)錢德洪編;(清)楊希閔節抄

部二　16冊　　　　　　　　　　　傳 600.5/896

3659

四朝先賢六家年譜　六種/(清)楊希閔編.—清光

緒四年(1878)新城楊希閔福州刻本. —7 册：圖

子目

1. 漢諸葛忠武侯年譜　一卷

2. 唐李鄴侯年譜　一卷

3. 唐陸宣公年譜　一卷

4. 宋韓忠獻公年譜　一卷

5. 李忠定公年譜　一卷附錄一卷

6. 明王文成公年譜節鈔　二卷/(明)錢德洪編；(清)楊希閔節抄

部二　6 册

部三　6 册

部四　2 册　存 2 種：宋韓忠獻公年譜、李忠定公年譜　　　　　　　傳 600.5/89605

部五　1 册　存 1 種：漢諸葛忠武侯年譜　　　　　　　傳 625.35/837

3660

四朝先賢六家年譜　六種/(清)楊希閔編. —清光緒四年(1878)新城楊希閔福州刻本. —5 册：圖. —書名頁題四朝先賢六家年譜，小字題本十三家先刻六家

子目

1. 漢諸葛忠武侯年譜　一卷

2. 唐李鄴侯年譜　一卷

3. 唐陸宣公年譜　一卷

4. 宋韓忠獻公年譜　一卷

5. 李忠定公年譜　一卷附錄一卷

6. 明王文成公年譜節鈔　二卷/(明)錢德洪編；(清)楊希閔節抄

部二　7 册　　　　　　傳 600.5/89605.1

3661

豫章先賢九家年譜　九種/(清)楊希閔編. —清光緒四年(1878)刻本. —12 册

子目

1. 漢徐徵士年譜　一卷

2. 晉陶徵士年譜　一卷

3. 歐陽文忠公年譜　一卷

4. 曾文定公年譜　一卷

5. 王文公年譜考略節要　四卷附存二卷/(清)蔡上翔編；(清)楊希閔節錄並撰附存

6. 黃文節公年譜　一卷

7. 陸文安公年譜　二卷

8. 吳聘君年譜　一卷

9. 胡文敬公年譜　一卷

部二　13 册

部三　10 册

部四　7 册　　　　　　傳 600.5/89607

部五　1 册　存漢徐徵士年譜、晉陶徵士年譜　　　　　　　傳 624.04/896

部六　8 册　西諦藏書　　　　　XD10391

3662

歸顧朱三先生年譜合刻　三種/(清)金吳瀾輯. —清光緒六年(1880)嘉興金吳瀾刻本. —6 册：像. —附觀復堂稿略

子目

1. 歸震川先生年譜　一卷世系一卷/(清)孫岱編

2. 顧亭林先生年譜　一卷附一卷/(清)吳映奎編；(清)潘道根校

3. 朱柏廬先生編年毋欺錄　三卷補遺一卷附一卷/(清)朱用純編；(清)金吳瀾補編

部二　6 册

部三　6 册　　　　　　傳 600.5/8964

部四　6 册　　　　　　傳 600.5/8964.1

3663

先三鄉賢年譜　三種/黃佛頤編；黃映奎輯. —清光緒二十九年(1903)香山黃氏純淵堂刻本. —1 册：像. —黃氏家乘續編卷首

子目

1. 雙槐公年譜　一卷

2. 粤洲公年譜　一卷

3. 文裕公年譜　一卷

部二　1 册

部三　1 册　　　　　　傳 600.5/914

3664*

先三鄉賢年譜　三種/黃佛頤編；黃映奎輯. —民國間朱絲欄抄本. —1 册

子目

1. 雙槐公年譜　一卷

2. 粤洲公年譜　一卷

3. 文裕公年譜　一卷　　　　傳 600.5/914.1

3665*

煙畫東堂四譜　四種/繆荃孫編. —民國間南陵徐氏刻本. —1 册. —書名據部二書衣題

子目

1. 孔北海年譜　一卷
2. 魏文靖公年譜　一卷
3. 韓翰林詩譜略　一卷
4. 補輯李忠毅公年譜　一卷
部二　2 冊
部三　1 冊　　　　　　　　　　傳 600.5/918

3666*

　金稷山段氏二妙年譜　二種二卷/孫德謙編.—民國間吳興劉氏刻本.—1 冊.—(求恕齋叢書).—書名頁題稷山段氏二妙年譜,版心題二妙年譜
　子目
　1. 遯庵先生年譜　一卷
　2. 菊軒先生年譜　一卷
　部二　1 冊
　部三　1 冊
　部四　1 冊
　部五　1 冊　　　　　　　　　　傳 600.5/923

3667*

　南唐二主年表　二種/唐圭璋編.—民國 25 年(1936)上海正中書局鉛印本.—1 冊.—南唐二主詞彙箋之附
　子目
　1. 〔南唐〕中主年表　一卷
　2. 〔南唐〕後主年表　一卷　　　傳 600.5/9234

3668*

　關中三李年譜　三種/吳懷清編.—民國 17 年(1928)山陽吳懷清默存齋京師刻本.—4 冊.—書名頁及書簽題關中三李先生年譜;卷末有民國 18 年跋,有墨筆眉批;卷末附補遺
　子目
　1. 二曲先生年譜　二卷附錄二卷
　2. 雪木先生年譜　一卷附錄一卷
　3. 天生先生年譜　二卷附錄一卷
　部二　4 冊
　部三　4 冊
　部四　4 冊　　　　　　　　　　傳 600.5/924

3669*

　關中三李年譜　三種/吳懷清編.—民國 17 年(1928)山陽吳懷清默存齋京師刻中國書店北京重印本.—4 冊.—書名頁及書簽題關中三李先生年譜;卷

末附補遺
　子目
　1. 二曲先生年譜　二卷附錄二卷
　2. 雪木先生年譜　一卷附錄一卷
　3. 天生先生年譜　二卷附錄一卷
　部二　4 冊　　　　　　　　　　傳 600.5/924.1

3670*

　關中三李年譜　三種/吳懷清編.—民國 25 年(1936)陝西通志館鉛印本.—3 冊.—(關中叢書).—缺 1 種:天生先生年譜;書名頁、版心及書簽題三李年譜
　子目
　1. 二曲先生年譜　二卷附錄二卷
　2. 雪木先生年譜　一卷附錄一卷　傳 600.5/924.2

3671*

　高郵王氏父子年譜　二種/閔爾昌編.—民國間刻本.—1 冊.—陳垣贈書
　子目
　1. 王石臞先生年譜　一卷
　2. 王伯申先生年譜　一卷
　部二　1 冊
　部三　1 冊　　　　　　　　　　傳 600.5/927

3672*

　高郵王氏父子年譜　二種/閔爾昌編.—民國間刻後補刻本.—1 冊.—王伯申先生年譜增加補遺一卷
　子目
　1. 王石臞先生年譜　一卷
　2. 王伯申先生年譜　一卷補遺一卷
　　　　　　　　　　　　　　　　傳 600.5/927.1

3673*

　顧亭林先生年譜　三種/北京圖書館出版社輯.—1997 年北京圖書館出版社北京影印本.—4 冊:像.—據清光緒二十三年(1934)徐氏味靜齋刻本影印;附顧亭林先生詩譜
　子目
　1. 顧亭林先生年譜　一卷附錄二卷/(清)吳映奎,(清)車持謙編;(清)錢邦彥校補
　2. 顧亭林先生年譜　一卷/(清)張穆編
　3. 三補顧亭林年譜　一卷/倫明編
　　　　　　　　　　　　　　　　傳 600.5/955

3674*

王船山楊升庵先生年譜五種/北京圖書館出版社輯.—1997年北京圖書館出版社北京影印本.—4册：像.—據清道光光緒間刻本影印

子目

1. 王船山先生年譜　二卷/(清)劉毓崧編
2. 先船山公年譜　前編一卷後編一卷/(清)王之春輯
3. 升庵先生年譜　一卷/(清)李調元編
4. [楊文憲公升庵先生]年譜　一卷(明)簡紹芳編；(清)程封改輯；(清)孫錤補訂
5. 明修撰楊升庵先生年譜　一卷/(清)程封編

傳600.5/95504

3675*

明人年譜十種/北京圖書館出版社輯.—1997年北京圖書館出版社北京影印本.—7册：圖及像.—據明清刻本影印

子目

1. 陽明先生年譜　一卷卷首一卷/(清)劉原道編
2. 王陽明年譜傳習錄節本　一卷/陳筑山編
3. 王文成公年紀　一卷/陳澹然編
4. 弇州山人年譜　一卷/(清)錢大昕編
5. 王父雲塘先生年譜　一卷/(明)郭子章編
6. 黃忠端公年譜　二卷年譜舊本一卷(清)黃炳垕編
7. 太常公年譜　一卷/(清)錢泰吉編
8. 唐一庵先生年譜　一卷/(明)李樂編；(清)王表正重編；(清)許正綬三編
9. 吳疏山先生年譜　一卷(明)吳尚志，(明)吳梅編
10. 周吏部年譜　一卷(明)殷獻臣編

傳600.5/95505

3676*

朱程段三先生年譜　三種/羅繼祖編.—民國23年(1934)上虞羅氏墨緣堂石印本.—1册.—牌記題康德元年秋庫籍整理處校印；陳垣贈書

子目

1. 朱笥河先生年譜　一卷
2. 程易疇先生年譜　一卷
3. 段懋堂先生年譜　一卷

部二　1册

部三　1册　散頁；陳垣贈書

部四　1册　　傳600.5/9555

3677*

錢氏五王年表　五種/錢文選編.—民國間抄本.—1册.—毛裝

子目

1. 武肅王年表　一卷
2. 文穆王年表　一卷
3. 忠獻王年表　一卷
4. 忠遜王年表　一卷
5. 忠懿王年表　一卷　　傳600.5/9556

3678*

三曾年譜　三種/周明泰編.—民國21年(1932)秋浦周明泰文嵐簃北平鉛印本.—1册

子目

1. 曾子固年譜稿　一卷
2. 曾子宣年譜稿　一卷
3. 曾子開年譜稿　一卷

部二　1册

部三　1册

部四　1册　　傳600.5/956

傳611—695　個人年譜

3679*

舜年表　一卷/(清)徐時棟編.—民國17年(1928)鄞縣徐氏蓬學齋鉛印本.—1册.—(上古)姚重華，生卒年不詳，有虞氏，史稱虞舜；煙嶼樓讀書志卷1

傳612.05/885

3680

周公年表　一卷/(清)牟庭編.—清同治十年(1871)刻本.—1册.—(周)姬旦(殷帝乙十二祀—周成王三十五年)，因采邑在周，又稱周公

部二　1册

部三　1册　　傳614.29/847

3681

周公年表　一卷/(清)牟庭編.—清光緒五年(1879)張氏受經堂刻本.—1册　　傳614.29/847.1

3682

周公年表　一卷/(清)牟庭編.—清光緒間貴池劉

世珩刻本.—1 册.—(聚學軒叢書)
　　　　　　　　　　　　傳 614.29/847.2

3683
　孔子編年　五卷/(宋)胡仔編;(清)胡培翬校注.—
清嘉慶二十三年(1818)續溪胡氏家祠刻本.—1 册.—
(春秋)孔丘(前 551—前 479);序後題金紫家祠藏版
旌德湯庭光鐫
　　部二　2 册　　　　　　　　　　傳 616.11/556

3684
　孔子編年　五卷/(宋)胡仔編;(清)胡培翬校注.—
清同治九年(1870)續溪胡湛京都刻本.—2 册.—書末
鐫京都墨文齋雕版
　　部二　2 册
　　部三　2 册
　　部四　2 册　　　　　　　　　　傳 616.11/556.1
　　部五　2 册　陳垣贈書　　　　　　　　57885

3685
　孔子編年　五卷/(宋)胡仔編;(清)胡培翬校注.—
朝鮮蠹營彰烈祠木活字本.—2 册　傳 616.11/556.2

3686
　孔子編年　五卷/(宋)胡仔編;(清)胡培翬校注.—
朝鮮晉州硯山道統祠刻本.—1 册.—本書爲孔子編
年、朱子年譜、安子年譜合刻本之一
　　　　　　　　　　　　傳 616.11/556.3

3687
　孔子年譜　一卷/(明)沈繼震,(清)張次仲編.—清
康熙三十一年(1692)海寧張韌一經堂刻本.—1 册.—
附孔子世系、書後等　　　　　傳 616.11/783

3688
　孔子年譜綱目　一卷或問一卷/(明)夏洪基編.—
明崇禎十七年(1644)南京刻本.—2 册.—有殘缺字
　　　　　　　　　　　　傳 616.11/787

3689
　孔子年譜綱目　一卷或問一卷/(明)夏洪基編;
(清)夏之芳校.—清刻本.—1 册.—首尾殘破
　　　　　　　　　　　　傳 616.11/787.1

3690
　孔子年譜綱目　一卷或問一卷/(明)夏洪基編;
(清)夏之芳校.—清康熙間高郵夏之芳刻本.—3
册.—書名頁題先聖年譜綱目;十八鶴草堂藏板;附孔
門弟子傳略、孔廟正位圖;孔廟正位圖係配補,爲清同
治間刻　　　　　　　　　　傳 616.11/787.2

3691
　孔子年譜綱目　一卷或問一卷/(明)夏洪基編.—
清同治間刻本.—3 册.—附孔廟正位圖
　　部二　2 册　　　　　　　　　傳 616.11/787.3

3692
　孔子年譜輯注　一卷/(清)江永編;(清)黃定宜輯
注.—清道光二十七年(1847)萍鄉文晟刻本.—1
册.—書名據書名頁題,卷端題孔子年譜
　　部二　1 册
　　部三　1 册
　　部四　1 册　　　　　　　　　傳 616.11/833

3693
　至聖年表正訛　一卷至聖像記一卷/(清)[姜兆錫]
編.—清刻本.—1 册.—有硃筆圈點,書後有墨筆題
識;孔子家語卷前　　　　　　傳 616.11/843

3694
　孔子年譜　一卷/(清)[杜詔]等編.—民國間抄
本.—1 册.—書名據書衣題;錄自乾隆山東通志
　　　　　　　　　　　　傳 616.11/844

3695
　至聖先師孔子年譜　三卷卷首一卷卷尾一卷/(清)
楊方晃編.—清雍正十二年至乾隆二年(1734—1737)
磁州楊方晃存存齋刻本.—8 册:圖及像.—書名頁及
版心題聖師年譜　　　　　　傳 616.11/846

3696
　孔子年譜　一卷/(清)寇宗編.—清光緒八至九年
(1882—1883)樂道齋刻本.—1 册.—與七十二子列
傳、孔子暨七十二子贊合印　　傳 616.11/853

3697
　孔子年譜　一卷/(清)鄭環編.—清嘉慶八年

(1803)刻本.—1 册.—有殘缺字;孔子世家考之一
　　　　　　　　　　　　　　　傳 616.11/8544

3698
　先聖年譜考　二卷/(清)黃位清編.—清道光二十七年(1847)刻本.—1 册.—西諦藏書;與孟子時事考合印　　　　　　　　　　　　　　　　XD10392

3699
　至聖譜考　一卷/(清)徐慎安編.—清光緒三年(1877)木活字本.—1 册.—有蟲蛀　傳 616.11/895

3700*
　孔子繫年　一卷/佚名編.—民國間稿本.—2 册.—書名據書衣題;有硃藍筆圈點校改.—毛裝
　　　　　　　　　　　　　　　傳 616.11/919

3701*
　孔子年譜　一卷/石榮暲編.—民國 17 年(1928)鉛印本.—1 册.—尊孔史之一　傳 616.11/924

3702
　[顓孫師年表]　一卷/(清)馮雲鵷編.—清道光間崇川馮雲鵷刻本.—1 册.—(聖門十六子書).—(戰國)顓孫師(前 503—前 445);顓孫子書之附
　　　　　　　　　　　　　　　傳 616.14/862

3703*
　卜子年譜　二卷/(清)陳玉澍編.—民國 4 年(1915)上虞羅氏鉛印本.—1 册.—(雪堂叢刻).—(春秋)卜商(前 507—?),字子夏
　部二　1 册　　　　　　　　傳 616.144/897

3704
　[孟子年譜]　一卷/(清)趙大浣編.—清同治四年(1865)刻本.—1 册.—(戰國)孟軻(前 372—前 289);蘇批孟子之附　　　　　　傳 617.08/804

3705*
　孟子時事略　一卷/(清)任兆麟編.—民國間抄本.—1 册.—毛裝　　　　　傳 617.08/846

3706
　孟子年譜　二卷/(清)曹之升編.—清嘉慶十一年

(1806)刻本.—2 册　　　　　傳 617.08/854

3707
　孟子年譜　二卷/(清)曹之升編.—清嘉慶十八年(1813)刻本.—2 册.—遂初堂藏板
　　　　　　　　　　　　　　傳 617.08/854.1

3708
　孟子年譜　二卷/(清)曹之升編.—清道光九年(1829)安康張鵬昐來鹿堂刻本.—2 册
　部二　4 册　　　　　　　傳 617.08/854.2

3709
　孟子時事考徵　四卷/(清)陳寶泉編.—清嘉慶間刻本.—1 册.—版心下鐫萃經堂　傳 617.08/857

3710
　孟子時事年表　一卷後說一卷/(清)林春溥編.—清嘉慶二十一年(1816)侯官林春溥竹柏山房刻本.—2 册:表.—(竹柏山房十五種).—與孔門師弟年表合印　　　　　　　　　　　　　　122951
　部二　1 册　　　　　　　　　　　122950

3711
　孟子年譜　一卷/(清)黃本驥編.—清道光間刻本.—1 册.—(三長物齋叢書).—嶰山甜雪卷 1
　　　　　　　　　　　　　　傳 617.08/864

3712
　孟子章句考年　五卷卷首一卷/(清)蔣一鑒編.—清道光十七年(1837)刻本.—4 册:表　124286

3713
　孟子章句考年　五卷卷首一卷/(清)蔣一鑒編.—清末民國間抄本.—2 册:表　　　　124287

3714*
　孟子年譜　一卷/(清)黃玉蟾編.—民國間抄本.—1 册.—有硃筆校字　傳 617.08/8643

3715
　孟子年譜　一卷/(清)管同編.—清嘉慶間上元管氏刻本.—1 册　　　　　傳 617.08/866

3716

　　孟子年譜　一卷/(清)管同編.—清抄本.—1册.—有墨筆校改及硃墨筆眉批　　　　　　　傳 617.08/866.1

3717

　　孟子時事考　二卷/(清)黃位清編.—清道光二十七年(1847)刻本.—1册.—西諦藏書;與先聖年譜考合印　　　　　　　　　　　　　　　　XD10392

3718

　　孟子年表　一卷年表考五篇/(清)魏源編.—清光緒四年(1878)刻本.—1册.—卷末缺5頁;古微堂外集卷2　　　　　　　　　　　　　　傳 617.08/875

3719*

　　孟子年譜　一卷/(清)馬徵麐編.—民國間鉛印本.—1册.—(馬鍾山遺書)　　　傳 617.08/893

3720*

　　孟子年略　一卷/易順豫編.—民國14年(1925)山西宗孟學社鉛印本.—1册.—與孟子發微合印
　　　　　　　　　　　　　　　　傳 617.08/927

　　部二　1册　無孟子發微
　　部三　1册　無孟子發微
　　部四　1册　無孟子發微　　　傳 617.08/927.1

3721*

　　先儒年表　一卷/陳蜚聲編.—民國14年(1925)濰縣丁氏十笏園石印本.—1册.—(漢)伏生(前260—?),一稱伏勝,字子賤;伏乘卷1;版心下題十笏園叢刊　　　　　　　　　　傳 617.12/917

3722*

　　[**賈誼**]**年表**/(清)汪中撰.—民國間石印本.—1册.—(漢)賈誼(前200—前168);述學內篇卷3
　　　　　　　　　　　　　　　　151785

3723

　　董子年表　一卷/蘇輿編.—清宣統二年(1910)刻本.—1册.—(漢)董仲舒(前179—前104);春秋繁露義證卷首　　　　　　　　傳 621.04/914

3724*

　　太史公年譜　一卷附錄一卷/張鵬一編.—民國22年(1933)富平張氏在山草堂刻本.—1册:圖.—(關隴叢書).—(漢)司馬遷(前145—前74),官任太史令

　　部二　1册
　　部三　1册
　　部四　1册
　　部五　1册　　　　　　　　傳 621.05/917
　　部六　1册　西諦藏書　　　XD10394
　　部七　1册　西諦藏書　　　XD10395

3725*

　　太史公疑年考　一卷/張惟驤撰.—民國17年(1928)武進張氏小雙寂庵刻本.—1册.—(小雙寂庵叢書)

　　部二　1册　　　　　　　　傳 621.05/927
　　部三　1册　西諦藏書　　　XD2017
　　部四　1册　西諦藏書　　　XD2020

3726*

　　許君疑年錄　一卷/(清)諸可寶編.—民國8年(1919)天津金鉞屏廬北平刻本.—1册.—(許學四種).—(漢)許慎(約58—約147)　傳 624.02/893

3727

　　許君疑年錄　一卷/(清)諸可寶編.—清光緒二十年(1894)堅孟綠格抄本.—1册.—毛裝
　　　　　　　　　　　　　　　　傳 624.02/893.1

3728

　　許君疑年錄　一卷/(清)[諸可寶]編.—清抄本.—1册　　　　　　　　　　　　傳 624.02/893.2

3729

　　許君年表　一卷年表考一卷/(清)陶方琦編.—清光緒十二年(1886)元和江標師郘室刻本.—1册.—師郘室刊書之一　　　　　傳 624.02/895

3730

　　許君年表　一卷年表考一卷/(清)陶方琦編.—清光緒間刻本.—1册.—版心下題忍庵校本　154462

3731

　　鄭司農年譜　一卷/(清)孫星衍編;(清)阮元增補.—清嘉慶十四年(1809)揚州阮氏刻本.—1册.—

(漢)鄭玄(127—200),字康成,官大司農
　　　　　　　　　　　　　傳 624.07/853

3732

　[鄭司農]年譜　一卷/(清)孫星衍編;(清)阮元增
補.—清道光間甘泉黃氏刻光緒間印本.—1 册.—(漢
學堂叢書).—書衣題鄭康成年譜　傳 624.07/853.1

3733

　鄭康成年譜　一卷/(清)沈可培編.—清道光二十
四年(1844)吳江沈楙德世楷堂刻本.—1 册.—(昭代
叢書)　　　　　　　　　　　傳 624.07/8535

3734

　鄭康成年譜　一卷/(清)沈可培編.—清抄本.—
1 册　　　　　　　　　　　　傳 624.07/8535.1

3735

　鄭君紀年　一卷/(清)陳鱣編;(清)袁鈞訂正.—清
光緒十四年(1888)浙江書局刻本.—1 册.—(鄭氏
佚書)　　　　　　　　　　　傳 624.07/857

3736

　漢大司農康成鄭公年譜　一卷/(清)侯登岸編.—
清道光二十一年(1841)刻本.—1 册.—附軼事、著書
目錄等
　　部二　1 册　　　　　　　傳 624.07/869
　　部三　1 册　西諦藏書　　　XD10396

3737

　[蔡中郎]年表　一卷/(清)王昶編.—清刻本.—1
册.—(漢)蔡邕(133—192),官中郎將;蔡中郎集卷末
　　　　　　　　　　　　　傳 624.074/854

3738*

　蔡中郎年譜時事表　一卷/佚名編.—民國間烏絲
欄稿本.—1 册.—書名據書根題　傳 624.074/929

3739*

　漢管處士年譜　一卷/(清)管世駿編.—民國間南
林劉氏求恕齋刻本.—1 册.—(求恕齋叢書).—(魏)
管寧(158—241)
　　部二　1 册
　　部三　1 册

　　部四　1 册　　　　　　　傳 625.12/896

3740*

　關王事迹/(元)胡琦編.—民國間烏絲欄抄本.—1
册:圖及像.—(蜀)關羽(160—220),字雲長,河東解
縣人,諡壯繆;存卷 2 之 17—26 頁及卷 3;書衣題關王
事迹圖　　　　　　　　　　傳 625.14/664

3741

　[關聖帝君]年表　一卷/(清)張鎮編.—清乾隆間
刻本.—1 册.—關帝志卷 1　　傳 625.14/847

3742

　關帝年譜　一卷/(清)柯汝霖編.—清同治八年
(1869)刻本.—1 册　　　　　傳 625.14/884

3743*

　關夫子編年集注　一卷/(清)張耀曾編;張人駿鑒
定.—民國 14 年(1925)石印本.—1 册.—書名頁題關
子年譜
　　部二　1 册
　　部三　1 册　　　　　　　傳 625.14/897

3744*

　諸葛忠武侯年譜　一卷/(明)楊時偉編.—民國間
朱絲欄抄本.—1 册.—(蜀)諸葛亮(181—234),諡忠
武;書名據書衣題;諸葛忠武侯書卷 1
　　　　　　　　　　　　　傳 625.35/766

3745

　諸葛忠武侯年表　一卷/(清)張鵬翻編.—清刻
本.—1 册.—忠武志卷 1　　傳 625.35/837

3746*

　諸葛忠武侯年譜　一卷/古直編.—民國 18 年
(1929)中華書局上海鉛印本.—1 册.—(層冰草堂
叢書)　　　　　　　　　　傳 625.35/954

3747*

　潘岳年譜　一卷.—民國間朱絲欄稿本.—1 册.—
(晉)潘岳(247—300),本譜記潘氏生於三国·魏正始
八年(247),卒於晋太安二年(303);與江文通年譜合
抄.—毛裝
　　　　　　　　　　　　　147610

3748

　孝侯公年譜　一卷/(清)周湛霖輯注.—清光緒七年(1881)宜興周氏木活字本.—1 冊.—(晉)周處(242—297),謚孝;與簡惠公年譜合印

　　　　　　　　　　　　　傳 629.21/896

3749*

　[陸士衡]年譜/ 李澤仁編.—民國 23 年(1934)志景書塾鉛印本.—1 冊:表.—(晉)陸機(261—303),字士衡;陸士衡史附　　　　　124368

3750

　右軍年譜　一卷/(清)魯一同編.—清咸豐六年(1856)刻本.—1 冊.—(晉)王羲之(307—365),曾官右軍將軍;通甫類稿之一

　部二　2 冊
　部三　1 冊
　部四　1 冊
　部五　1 冊　陳垣贈書　　傳 630.43/886

3751*

　右軍年譜　一卷/(清)魯一同編.—民國間抄本.—1 冊.—附叢談.—毛裝　　傳 630.43/886.1

3752*

　王羲之年譜　一卷/麥華三編.—1950 年番禺麥華三油印本.—1 冊:像　　傳 630.43/957

3753*

　慧遠大師年譜　一卷/陳統編.—民國 25 年(1936)燕京大學哈佛燕京學社北平鉛印本.—1 冊.—(晉釋)慧遠(333—416);燕京大學史學年報第 2 卷第 3期.—平裝　　　　　　　傳 631.03/927

3754

　陶靖節先生年譜　一卷/(宋)吳仁傑編.—清光緒二十四年(1898)貴陽陳矩成都刻本.—1 冊.—(靈峰草堂叢書).—(晉)陶潛(365—427),私謚靖節;與春秋左傳杜注校勘記合印　　傳 631.06/574.1

3755

　陶靖節先生年譜　一卷/(宋)吳仁傑編.—清光緒間刻本.—1 冊.—(靈峰草堂叢書)　傳 631.06/574

3756

　柳村譜陶　一卷/(清)顧易編.—清雍正間刻本.—1 冊　　　　　　　　傳 631.06/832

3757

　靖節先生年譜考異　二卷/(清)陶澍編.—清刻本.—2 冊　　　　　　　傳 631.06/865

3758*

　陶靖節年譜/古直編.—民國 15 年(1926)聚珍仿宋書局鉛印本.—2 冊.—(隅樓叢書)　94403

3759*

　陶靖節年譜　一卷附錄一卷/古直編.—民國 15 年(1926)中華書局廣州鉛印本.—1 冊.—(隅樓叢書)

　部二　1 冊
　部三　1 冊　　　　　　傳 631.06/954

3760*

　陶靖節年譜　一卷附錄一卷/古直編.—民國 16 年(1927)中華書局上海鉛印本.—1 冊.—(隅樓叢書).—再版

　部二　1 冊
　部三　1 冊
　部四　1 冊　　　　　　傳 631.06/954.1

3761*

　陶靖節年譜　一卷/古直編.—民國 24 年(1935)中華書局上海鉛印本.—1 冊.—(層冰堂五種)

　　　　　　　　　　　　傳 631.06/954.2

3762*

　江文通年譜　一卷.—民國間朱絲欄稿本.—1冊.—(梁)江淹(444—505),字文通;與潘岳年譜合抄.—毛裝　　　　　　　147610

3763*

　昭明太子年譜　一卷附錄一卷/胡宗楙編.—民國 21 年(1932)永康胡宗楙夢選樓刻本.—1 冊.—(梁)蕭統(501—531),謚昭明

　部二　1 冊　　　　　　傳 634.23/924

3764

　魏文貞公年譜　一卷/(清)王先恭編.—清光緒九

年(1883)長沙王氏刻本.—1 册.—(唐)魏徵(580—
643),謚文貞　　　　　　　　　　　傳 638.24/894

3765

魏文貞公年譜　一卷/(清)王先恭編.—清光緒九
年(1883)長沙王氏刻本.—2 册.—(王益吾所刻
書).—與魏文貞公故事拾遺合刊　　　124391
　部二　　　　　　　　　　　　　　　124392

3766*

唐玄奘法師年譜　一卷/劉汝霖編.—民國間鉛印
本.—1 册.—(唐釋)玄奘(602—664),俗姓陳名褘,世
稱三藏法師;女師大學術季刊第 1 卷第 3 期及續第 1
卷第 3 期.—平裝　　　　　　　　傳 640.22/927

3767

右丞年譜　一卷/(清)趙殿成編.—清刻本.—1
册.—(唐)王維(699—759),唐乾元中任尚書右丞,世
稱王右丞,此譜謂王維唐長安元年(701)生,唐上元二
年(761)卒;王右丞集卷末　　　　傳 643.50/844

3768*

唐王右丞年譜　一卷/(明)顧起經編.—民國間抄
本.—1 册.—錄自王右丞集　　　傳 643.50/752

3769

李翰林年譜　一卷/(宋)薛仲邕編.—明刻本.—1
册.—(唐)李白(699—762),天寶初供奉翰林.—與杜
工部年譜合印　　　　　　　　　傳 643.504/505

3770

顏魯公年譜　一卷/(宋)留元剛編.—清道光間刻
本.—1 册.—(三長物齋叢書).—(唐)顏真卿(709—
785),世稱顏魯公　　　　　　　傳 643.60/596

3771

顏魯公年譜　一卷/(清)黃本驥編.—清道光間刻
本.—1 册.—(三長物齋叢書)　　傳 643.60/864

3772

杜工部年譜　　一卷/(宋)黃鶴編.—明刻本.—1
册.—(唐)杜甫(712—770),字子美,官工部員外郎,
自號少陵野老;與李翰林年譜合印　傳 643.504/505

3773*

杜工部年譜　　一卷/(宋)趙子櫟編.—民國 3 年
(1914)天津華新印刷局鉛印本.—1 册.—與(宋)魯訔
編杜工部詩年譜合印
　部二　1 册
　部三　1 册　　　　　　　　　　傳 644.01/557

3774*

杜工部詩年譜　一卷/(宋)魯訔編.—民國 3 年
(1914)天津華新印刷局鉛印本.—1 册.—與(宋)趙子
櫟編杜工部年譜合印
　部二　1 册
　部三　1 册　　　　　　　　　　傳 644.01/557

3775*

杜工部詩年譜　　一卷/(宋)魯訔編.—民國間商務
印書館上海影印本.—1 册.—(四部叢刊).—與(宋)
呂大防編杜工部年譜、(宋)蔡興宗編杜工部年譜合印
　　　　　　　　　　　　　　　　傳 644.01/545

3776*

杜工部年譜　　一卷/(宋)呂大防編.—民國間商務
印書館上海影印本.—1 册.—(四部叢刊).—與(宋)
魯訔編杜工部詩年譜、(宋)蔡興宗編杜工部年譜合印
　　　　　　　　　　　　　　　　傳 644.01/545

3777*

杜工部年譜　　一卷/(宋)蔡興宗編.—民國間商務
印書館上海影印本.—1 册.—(四部叢刊).—與(宋)
呂大防編杜工部年譜、(宋)魯訔編杜工部詩年譜合印
　　　　　　　　　　　　　　　　傳 644.01/545

3778

杜子美年譜　　一卷/(清)顧宸編.—清康熙間刻
本.—1 册　　　　　　　　　　　傳 644.01/812

3779

少陵先生年譜　　一卷/(清)錢謙益編.—清康熙六
年(1667)泰興季振宜靜思堂刻本.—1 册
　　　　　　　　　　　　　　　　傳 644.01/825

3780

少陵先生年譜　　一卷/(清)錢謙益編.—清抄本.—
1 册　　　　　　　　　　　　　傳 644.01/825.1

3781

　杜工部年譜　一卷/(清)張遠編.—清康熙二十七年(1688)蕭山張氏蕉圃刻本.—1冊　傳644.01/827

3782

　杜工部年譜　一卷/(清)朱鶴齡編;(清)仇兆鼇訂.—清康熙三十二年(1693)刻本.—1冊

　　　　　　　　　　　　傳644.01/829

3783

　杜工部年譜　一卷/(清)楊倫編.—清同治十一年(1872)盱眙吳氏望三益齋刻本.—1冊.—杜詩鏡銓之一

　　　　　　　　　　　　傳644.01/856

3784*

　少陵新譜　六卷/李春坪編.—民國24年(1935)來薰閣北平書店鉛印本.—1冊:像

　　部二　1冊
　　部三　1冊
　　部四　1冊　　　　　傳644.01/924

3785*

　杜少陵年譜.—民國間朱絲欄抄本.—1冊.—與孔孟紀年、唐李白小傳、唐李益小傳合訂.—毛裝

　　　　　　　　　　　　　　122947

3786*

　岑參年譜　一卷/賴義輝編.—民國19年(1930)鉛印本.—1冊.—(唐)岑參(718—769);嶺南學報第1卷第2期　　　　　　傳644.07/923

3787

　唐李鄴侯年譜　一卷/(清)楊希閔編.—清光緒四年(1878)新城楊希閔福州刻本.—1冊.—(四朝先賢六家年譜).—(唐)李泌(722—789),封鄴侯

　　　　　　　　　　　　傳644.11/896

3788*

　唐孟郊年譜　一卷附錄一卷/華忱之編.—民國29年(1940)國立北京大學圖書館鉛印本.—(唐)孟郊(751—814),字東野

　　部二　1冊
　　部三　1冊
　　部四　1冊

　　部五　1冊　　　　　傳644.40/925

3789*

　孟東野詩文系年考證　一卷/華忱之編.—民國30年(1941)大興華忱之油印本.—1冊

　　部二　1冊　　　　　傳644.40/925＝1

3790

　陸宣公年譜集略　一卷/(清)耆英增編.—清刻本.—1冊.—(唐)陸贄(754—805),諡宣

　　　　　　　　　　　　傳644.43/874

3791

　唐陸宣公年譜　一卷/(清)楊希閔編.—清光緒四年(1878)新城楊希閔福州刻本.—1冊.—(四朝先賢六家年譜)　　　　傳644.43/896

3792*

　韓文類譜/(宋)呂大防等編.—民國元年(1912)商務印書館上海影印本.—4冊.—(唐)韓愈(768—824),諡文,昌黎人,世稱韓昌黎　　傳645.07/545

3793

　昌黎先生年譜　一卷/(清)顧嗣立編.—清康熙三十八年(1699)長洲顧氏秀野草堂刻本.—1冊

　　　　　　　　　　　　傳645.07/822

3794*

　昌黎先生詩文年譜　一卷/(清)方成珪編.—民國15年(1926)瑞安陳氏湫漻齋鉛印本.—1冊

　　　　　　　　　　　　傳645.07/865

3795*

　白香山年譜　一卷/(清)汪立名編.—民國25年(1936)中華書局上海鉛印本.—1冊.—(四部備要).—(唐)白居易(771—846),號香山居士

　　　　　　　　　　　　傳645.10/823

3796*

　白香山年譜舊本　一卷/(清)汪立名編.—民國25年(1936)中華書局上海鉛印本.—1冊.—(四部備要)

　　　　　　　　　　　　傳645.10/823.1

3797*

微之年譜　一卷/(宋)趙令畤編.—民國間抄本.—
1 册.—(唐)元稹(779—831),字微之

傳 645.18/564

3798

李義山詩譜　一卷/(清)朱鶴齡編.—清順治間刻
本.—1 册　　　　傳 646.08/829

3799

重訂李義山年譜　一卷/(清)程夢星編.清乾隆
九年(1744)江都汪增寧刻本.—1 册

傳 646.08/846

3800

玉谿生年譜　一卷/(清)馮浩編.—清乾隆四十五
年(1780)刻本.—1 册.—(唐)李商隱(813—約 858),
字義山,別號玉谿生　　　傳 646.08/852

3801

玉谿生年譜訂誤　一卷/(清)錢振倫編.—清同治
五年(1866)盱眙吳氏望三益齋刻本.—1 册

傳 646.08/852＝1

3802*

玉谿生年譜會箋　四卷卷首一卷/張采田編.—民
國 6 年(1917)南林劉氏求恕齋刻本.—4 册:像.—(求
恕齋叢書)
部二　4 册　　　　傳 646.08/927

3803*

玉谿生年譜會箋　四卷卷首一卷/張采田編.—民
國 6 年(1917)南林劉氏求恕齋刻本.—4 册:像.—書
衣有吳梅墨筆題識
部二　4 册
部三　4 册
部四　4 册
部五　4 册　　　　傳 646.08/927.1

3804*

胡正惠公年譜　一卷附錄一卷/胡宗楙編.—民國
21 年(1932)永康胡氏夢選樓刻本.—1 册.—(宋)胡
則(963—1039),字子正,謚正惠,婺州永康人

傳 651.04/914

3805*

范文正公年譜　一卷補遺一卷/(宋)樓鑰編;(宋)
范之柔補遺.—民國間商務印書館上海影印本.—1
册.—(四部叢刊).—(宋)范仲淹(989—1052),字希
文,蘇州吳縣人,謚文正;據明翻元天曆刻本影印;范
文正公集之一　　　　傳 651.30/584

3806

宛陵先生年譜　一卷/(元)張師曾編.—清道光十
年(1830)山右梁中孚刻本.—1 册.—(宋)梅堯臣
(1002—1060),字聖俞,世稱宛陵先生,宣州宣城人;
宛陵詩集之一　　　　傳 652.05/687

3807*

廬陵歐陽文忠公年譜　一卷/(宋)胡柯編.—民國
間商務印書館上海影印本.—1 册:像.—(四部叢
刊).—(宋)歐陽修(1007—1072),字永叔,號醉翁,晚
號六一居士,吉州永豐人,謚文忠;據元刻本影印;歐
陽文忠公集之一　　　　傳 652.10/584

3808

增訂歐陽文忠公年譜　一卷/(清)華孳亨編.—清
道光十四年(1834)吳江沈氏世楷堂刻本.—1 册.—
(昭代叢書)　　　　傳 652.10/846

3809

歐陽文忠公年譜　一卷/(清)楊希閔編.—清光緒
四年(1878)新城楊希閔福州刻本.—1 册.—(豫章先
賢九家年譜)　　　　傳 652.10/896

3810

宋韓忠獻公年譜　一卷/(清)楊希閔編.—清光緒
四年(1878)新城楊希閔福州刻本.—1 册.—(四朝先
賢六家年譜).—(宋)韓琦(1008—1075),字稚圭,相
州安陽(今屬河南)人,謚忠獻　　傳 652.11/896

3811*

趙清獻公年譜　一卷/(清)羅以智編.—民國 22 年
(1933)鉛印本.—1 册.—(宋)趙抃(1008—1084),字
閱道,號知非子,衢州西安人,謚清獻;趙清獻公集
之一　　　　傳 652.11/875

3812*

直講李先生年譜　一卷/(宋)陳次公編.—民國間

商務印書館上海影印本.—1 册.—(四部叢刊).—
(宋)李覯(1009—1059),字泰伯,世稱盱江先生,建昌
軍南城(今屬江西)人;直講李先生集之一

傳 652.12/507

3813*

[道國元公濂溪周夫子]年表行實志　一卷/(清)吳
大鏐修;(清)常在編.—民國間朱絲欄抄本.—1 册.—
(宋)周敦頤(1017—1073),哲學家,字茂叔,道州營道
(今湖南道縣)人,封道國公,謚元,學者稱濂溪先生;
錄自道國元公濂溪周夫子志　　　傳 652.20/804

3814*

石室先生年譜　一卷/(宋)家誠之編.—民國間商
務印書館上海影印本.—1 册.—(四部叢刊).—(宋)
文同(1018—1079),詩人,字與可,號笑笑居士,人稱
石室先生,梓州梓潼人;丹淵集之一　　傳 652.21/506

3815

溫公年譜　六卷/(明)馬巒編.—明萬曆四十六年
(1618)夏縣司馬露刻本.—2 册.—(宋)司馬光
(1019—1086),北宋史學家、散文家,字君實,號迂夫,
晚號迂叟,陝州夏縣涑水鄉人,世稱涑水先生,封溫國
公,謚文正
　部二　4 册　　　　　　　　　　傳 652.22/753

3816*

司馬太師溫國文正公年譜　八卷卷末一卷遺事一
卷/(清)顧棟高編.—民國 6 年(1917)南林劉承幹求
恕齋刻本.—4 册:像.—(求恕齋叢書)
　部二　4 册
　部三　4 册
　部四　4 册　　　　　　　　　　傳 652.22/842

3817

司馬太師溫國文正公年譜　八卷卷末一卷遺事一
卷/(清)顧棟高編.—清乾隆間錫山顧棟高稿本.—4
册:像.—書衣有羅振玉題識　　　傳 652.22/842.1

3818

宋司馬文正公年譜　一卷/(清)陳弘謀編.—清乾
隆六年(1741)桂林陳氏培遠堂刻本.—1 册.—司馬溫
正公傳家集之一　　　　　　　　傳 652.22/847

3819

宋司馬文正公年譜　一卷/(清)陳宏謀編.—清乾
隆間刻本.—1 册　　　　　　　　傳 652.22/847.1

3820

南豐年譜　一卷/(清)姚范編.—清道光十六年
(1836)桐城姚瑩淮南監掣官署刻本.—1 册.—(宋)曾
鞏(1019—1083),散文家,字子固,建昌南豐(今屬江
西)人,世稱南豐先生,謚文定;卷末缺頁;援鶉堂筆記
卷 45　　　　　　　　　　　　　傳 652.223/845

3821

曾南豐年譜　一卷/(清)孫葆田編.—清榮成孫葆
田稿本.—1 册　　　　　　　　　傳 652.223/893

3822

曾文定公年譜　一卷/(清)楊希閔編.—清光緒四
年(1878)新城楊希閔福州刻本.—1 册.—(豫章先賢
九家年譜)　　　　　　　　　　傳 652.223/896

3823*

曾南豐先生年譜　一卷/王煥鑣編.—民國 20 年
(1931)公孚印書局鉛印本.—1 册　傳 652.223/924

3824

張子年譜　一卷/(清)武澄編.—清光緒間刻本.—
1 册.—(宋)張載(1020—1078),字子厚,學者稱橫渠
先生;張子全書卷 15　　　　　　傳 652.23/863

3825*

王荊國文公年譜　三卷卷末一卷遺事一卷/(清)顧
棟高編.—民國 6 年(1917)南林劉承幹求恕齋刻
本.—2 册:像.—(求恕齋叢書).—(宋)王安石
(1021—1086),政治家、思想家,字介甫,晚號半山,封
荊國公,謚文,撫州臨川(今屬江西)人
　部二　2 册
　部三　2 册
　部四　2 册　　　　　　　　　　傳 652.24/842

3826

王荊公年譜考略　二十五卷卷首三卷雜錄二卷附
錄一卷/(清)蔡上翔編.—清嘉慶九年(1804)金溪蔡
氏存是樓木活字本.—8 册.—存是樓藏板
　部二　8 册　卷首多爲抄配　　　傳 652.24/854

**3827*

　王荆公年譜考略　二十五卷卷首三卷雜錄二卷附
錄一卷/(清)蔡上翔編.—民國 19 年(1930)燕京大學
國學研究所北平鉛印本.—6 册.—與王文公年譜考略
節要附存合印
　　部二　6 册
　　部三　6 册
　　部四　6 册　　　　　　　　　傳 652.24/854.1

**3828*

　王文公年譜考略節要附存　二卷/(清)楊希閔
編.—民國 19 年(1930)燕京大學國學研究所北平鉛
印本.—6 册.—含年譜推論、熙豐知遇錄;與王荆公年
譜考略合印
　　部二　6 册
　　部三　6 册
　　部四　6 册　　　　　　　　　傳 652.24/854.1

3829

　王文公年譜考略節要　四卷附存二卷/(清)蔡上翔
編;(清)楊希閔節要並撰附存.—清光緒四年(1878)
新城楊希閔福州刻本.—5 册.—(豫章先賢九家年譜)
　　　　　　　　　　　　　　傳 652.24/854+6

3830

　宋孫莘老先生年譜　一卷/(清)茆泮林編.—清道
光二十五年(1845)湘鄉左暉春詠史精廬刻本.—2
册.—(宋)孫覺(1028—1090),北宋經學家,字莘老,
高郵(今江蘇高郵)人,私諡節孝先生;高郵甘雨亭
藏板　　　　　　　　　　　　　傳 653.06/866

3831

　宋孫莘老先生年譜　一卷補遺一卷/(清)茆泮林
編;(清)陳奏平補.—清道光二十五年(1845)刻清末
增刻本.—1 册.—高郵甘雨亭藏板
　　　　　　　　　　　　　　　傳 653.06/866.1

3832

　宋孫莘老先生年譜　一卷補遺一卷/(清)茆泮林
編;(清)陳奏平補.—清道光二十五年(1845)刻清末
增刻重印本.—1 册　　　　　　　傳 653.06/866.2

**3833*

　宋程純公年譜　一卷/(清)楊希閔編.—民國 23 年
(1934)燕京大學圖書館鉛印本.—1 册.—(宋)程顥
(1032—1085),哲學家,理學奠基者,字伯淳,學者稱
明道先生,河南洛陽人,諡純公;燕京大學圖書館叢書
之一;與明薛文清公年譜合印
　　部二　1 册
　　部三　1 册
　　部四　1 册　　　　　　　　　傳 653.10/896

3834

　東坡先生紀年錄　一卷/(宋)傅藻編.—明刻本.—
1 册.—(宋)蘇軾(1037—1101),文學家、書畫家,字子
瞻,一字和仲,號東坡居士,眉州眉山人,諡文忠;有陳
乃乾硃筆批校　　　　　　　　　傳 653.15/505

3835

　東坡先生年譜　一卷/(宋)王宗稷編.—明天啓元
年(1621)刻本.—1 册.—文盛堂藏板;東坡詩選之一
　　部二　1 册　　　　　　　　　傳 653.15/584
　　部三　1 册　西諦藏書　　　　　XD10397

3836

　東坡先生年譜　一卷/(宋)王宗稷編.—明崇禎間
刻本.—1 册.—有殘損;東坡先生文集之一
　　　　　　　　　　　　　　　傳 653.15/584.1

3837

　東坡先生年譜　一卷/(宋)王宗稷編;(清)邵長蘅
重訂.—清康熙間刻本.—1 册　　傳 653.15/584.2

3838

　東坡先生年表　一卷/(宋)王宗稷編;(清)查慎行
補注.—清乾隆二十六年(1761)海寧查氏香雨齋刻
本.—1 册.—有墨筆眉批圈點;蘇詩補注之一
　　部二　1 册　　　　　　　　　傳 653.15/584.3

3839

　王宗稷編蘇文忠公年譜　一卷/(宋)王宗稷編;
(清)馮應騮注.—清刻本.—1 册.—像.—此本取王宗稷
所編年譜、傅藻所撰紀年錄、查慎行所編年表合注而
成傳;蘇文忠詩合注卷首　　　　傳 653.15/584.4

3840

　蘇潁濱年表　一卷/(宋)孫汝聽編.—清宣統元年
(1909)江陰繆氏刻本.—1 册.—(藕香零拾).—(宋)

蘇轍(1039—1112),散文家,字子由,一字同叔,晚號
穎濱遺老,眉州眉山人
　　部二　1册
　　部三　1册
　　部四　1册　　　　　　　　　傳 653.17/503

3841

重刻山谷先生年譜　十四卷/(宋)黃㽦編.一清刻
本.一2册.一(宋)黃庭堅(1045—1105),書法家、文學
家,字魯直,號山谷道人、涪翁,洪州分寧(今江西修
水)人,謚文節;山谷詩集之一　　　傳 653.23/584

3842＊

山谷先生年譜　三十卷/(宋)黃㽦編.一民國 3 年
(1914)烏程張氏刻本.一3 册.一(適園叢書)
　　　　　　　　　　　　　　傳 653.23/584.1

3843

黃文節公年譜　一卷/(清)楊希閔編.一清光緒四
年(1878)新城楊希閔福州刻本.一1 册.一(豫章先賢
九家年譜)　　　　　　　　　傳 653.23/896

3844

淮海先生年譜　一卷/(清)秦鏞編;(清)秦瀛重
編.一清嘉慶間刻本.一1 册.一(宋)秦觀(1049—
1100),詞人,字少遊,世稱淮海先生,高郵人;世恩堂
藏板　　　　　　　　　　　傳 653.27/817

3845

淮海先生年譜　一卷/(清)秦鏞編;(清)秦瀛重編;
(清)秦清錫重訂.一清同治十二年(1873)刻本.一1
册.一淮海集卷首　　　　　　傳 653.27/817.1

3846

重編淮海先生年譜節要　一卷/(清)秦瀛編;(清)
王敬之節要.一清道光間刻本.一1 册.一淮海集之一
　　　　　　　　　　　　　傳 653.27/863＋4

3847

米海岳年譜　一卷/(清)翁方綱編.一清嘉慶二十
三年(1818)刻本.一1 册.一(宋)米芾(1052—1107),
書畫家,初名黻,字元章,號襄陽漫士、鹿門居士、海岳
外史等,因曾官禮部員外郎,世稱米南宮
　　部二　1册　　　　　　　傳 653.30/858

3848

米海岳年譜　一卷/(清)翁方綱編.一清咸豐五年
(1855)南海伍崇曜刻本.一1 册.一(粵雅堂叢書)
　　　　　　　　　　　　　傳 653.30/858.1

3849

宋楊文靖公龜山先生年譜　二卷/(清)張夏補
編.一清康熙間刻本.一1 册:像.一(宋)楊時(1053—
1135),北宋教育家、學者,字中立,學者稱龜山先生,
南劍州將樂人,謚文靖;有硃筆圈點;東林道南祠藏板
　　　　　　　　　　　　　傳 653.31/827

3850

宋儒龜山楊先生年譜　一卷/(清)毛念恃編.一清
光緒二年(1876)會稽張其曜刻光緒五年(1879) 重印
本.一1 册.一有墨筆圈點　　　傳 653.31/8275

3851＊

張文潛先生年譜　一卷/(清)邵祖壽編.一民國 18
年(1929)淮安刻本.一1 册.一(宋)張耒(1054—
1114),詩人,字文潛,號柯山,人稱宛丘先生;柯山集
之一　　　　　　　　　　　傳 653.32/895

3852＊

陳了翁年譜　一卷/(元)陳澤編.一民國 25 年
(1936)海寧陳乃乾烏絲欄抄本.一1 册.一(宋)陳瓘
(1057—1122),字瑩之,以字行,號硏軒、了翁,永嘉
人,謚忠肅;卷端處有陳乃乾墨筆題丙子三月從永樂
大典錄出世無刊本　　　　　傳 653.35/697

3853＊

宋陳忠肅公年譜　一卷/(明)陳載興編.一民國間
朱絲欄抄本.一1 册.一錄自宋陳忠肅公言行錄.一
毛裝　　　　　　　　　　　傳 653.35/757

3854＊

清真居士年譜　一卷大鶴山人鄭文焯校記一卷/
陳思編 ;鄭文焯校記.一民國間遼海書社鉛印本.一1
册.一(遼海叢書).一(宋)周邦彥(1058—1123),詞
人,字美成,晚號清真居士,錢塘人;與稼軒先生年譜
合印
　　部二　1册　　　　　　　傳 653.36/927

3855

忠簡公年譜　一卷/(宋)喬行簡編.—清光緒二十四年(1898)刻本.—1冊.—(宋)宗澤(1060—1128),字汝霖,婺州義烏人,諡忠簡;宗忠簡集之一

傳 653.37/596

3856*

宗忠簡公年譜　二卷/宗嘉謨編.—民國6年(1917)常熟宗氏桐柏山莊鉛印本.—1冊:像

傳 653.37/912

3857

道鄉公年譜　一卷/(清)李兆洛編.—清道光十三年(1833)武進鄒禾刻本.—1冊:像.—(宋)鄒浩(1060—1111),字志完,自號道鄉,常州晉陵人;道鄉公文集之一

部二　1冊　　　　　　　傳 653.38/864

3858

石林先生兩鎮建康紀年略　一卷/(清)葉廷管編.—清道光二十四年(1844)刻本.—1冊.—(宋)葉夢得(1077—1148),詞人,字少蘊,蘇州吳縣人,自號石林居士;建康集之一　　　傳 654.14/808

3859

胡少師年譜　二卷/(清)胡培翬編;(清)胡培系補編.—清光緒十年(1884)績溪胡廷楨刻本.—1冊:像.—(宋)胡舜陟(1084—1143),字汝明,晚號三山老人,績溪人

部二　1冊　有墨筆題記　傳 654.20/864

3860

[梁溪先生年譜]　一卷/(宋)李綸編.—清抄本.—1冊.—(宋)李綱(1083—1140),政治家、文學家,字伯紀,號梁溪居士,邵武人,諡忠定;錄自梁溪先生文集

傳 654.204/504

3861

李忠定公年譜　一卷/(清)楊希閔編.—清同治五年(1866)福州刻本.—1冊.—退憩山房藏板

傳 654.204/896

3862

李忠定公年譜　一卷/(清)楊希閔編.—清光緒四

年(1877)新城楊希閔福州刻本.—1冊.—(四朝先賢六家年譜)

傳 654.204/896.1

3863

大慧普覺禪師年譜　一卷/(宋釋)祖詠編;(宋釋)宗演改訂.—明萬曆間刻本.—1冊:圖.—(宋釋)宗杲(1089—1163),賜大慧,諡普覺　傳 654.26/503

3864*

宣撫資政鄭公年譜　一卷/(宋)鄭世成編.—民國間朱絲欄抄本.—1冊.—(宋)鄭剛中(1089—1154),字亨仲,一字漢章,號北山,又號觀如,婺州金華人,官宣撫資政;錄自北山文集　　傳 654.264/504

3865*

簡齋先生年譜　一卷/(宋)胡穉編.—民國間影印本.—1冊.—(宋)陳與義(1090—1138),字去非,號簡齋,洛陽人　　　　　　　　152456

3866

簡惠公年譜　一卷/(清)周湛霖輯注.—清光緒七年(1881)宜興周氏木活字本.—1冊.—(宋)周葵(1098—1174),諡簡惠;與孝侯公年譜合印

傳 629.21/896

3867

宋少保岳鄂王行實編年　二卷/(宋)岳珂編.—清同治二年(1863)長沙余肇鈞明辨齋刻本.—1冊.—(明辨齋叢書).—(宋)岳飛(1103—1142),歷史名將,字鵬舉,相州湯陰人,授少保,追封鄂王,諡忠武

部二　1冊　　　　　　　傳 655.03/597

3868

[岳鄂王]行實編年　六卷/(宋)岳珂編.—清光緒間浙江書局刻本.—1冊.—卷1有抄補;錄自鄂國金佗粹編卷4至卷9　　　　　傳 655.03/597.1

3869

岳武穆王年表　一卷/(明)張應登,(明)鄭懋泂編.—清乾隆間刻本.—1冊.—有抄補;湯陰精忠廟志之一　　　　　　　　　　傳 655.03/707

3870

岳忠武王年譜　一卷遺事一卷/(清)黃邦寧編.—

清道光咸豐間宜黃黃氏刻暨木活字本. —1 冊. —(遜
敏堂叢書). —有墨筆圈點　　　　　傳 655.03/804

3871

　增訂忠武王年譜　　一卷附一卷/(清)岳士景編. —
清乾隆間刻本. —1 冊. —金陀粹編之一
　　　　　　　　　　　　　　　　傳 655.03/807

　部二　8 冊　　　　　　　　　　　124484

3872*

　宋岳鄂王年譜　　六卷卷首一卷卷末一卷/錢汝雯
編. —民國 13 年(1924)鉛印本. —6 冊. —與宋岳鄂王
文集合印
　部二　6 冊
　部三　4 冊　缺文集
　部四　4 冊　缺 4 卷：卷 4—6、卷末
　　　　　　　　　　　　　　　　傳 655.03/915

3873*

　岳武穆年譜　　一卷附錄五卷附編一卷/李漢魂
編. —民國 35 年(1946)吳川李漢魂朱絲欄稿本. —6
冊：圖. —毛裝　　　　　　　　　傳 655.03/954

3874

　梅溪王忠文公年譜　　一卷墓誌銘一卷/(清)徐烱文
編. —清雍正六年(1728)刻本. —1 冊. —(宋)王十朋
(1112—1171)，字龜齡，樂清人，號梅溪，諡忠文：宋王
忠文公集之一　　　　　　　　　傳 655.12/825

3875

　洪文惠公年譜　　一卷/(清)錢大昕編. —清嘉慶十
二年(1807)長沙龍氏家塾刻本. —1 冊. —(潛研堂全
書). —(宋)洪適(1117—1184)，字景伯，饒州鄱陽人，
諡文惠；與洪文敏公年譜合印　　傳 655.17/855

3876

　洪文安公年譜　　一卷/(清)洪汝奎編. —清宣統元
年(1910)漢陽洪氏晦木齋刻朱印本. —1 冊. —(四洪
年譜). —(宋)洪遵(1120—1174)，字景嚴，號小隱，鄱
陽人，諡文安；晦木齋藏板　　　傳 655.20/892

3877

　洪文敏公年譜　　一卷/(清)錢大昕編. —清嘉慶十
二年(1807)長沙龍氏家塾刻本. —1 冊. —(潛研堂全

書). —(宋)洪邁(1123—1202)，諡文敏；與洪文惠公
年譜合印　　　　　　　　　　　傳 655.17/855

3878

　陸放翁先生年譜　　一卷/(清)錢大昕編. —清嘉慶
十二年(1807)長沙龍氏家塾刻本. —1 冊. —(潛研堂
全書). —(宋)陸遊(1125—1210)，南宋詩人，字務觀，
號放翁，越州山陰人；與深寧先生年譜合印
　　　　　　　　　　　　　　　　傳 655.25/855

3879

　周益國文忠公年譜　　一卷/(宋)周綸編. —清道光
二十八年(1848)廬陵歐陽棨瀛塘別墅刻本. —1 冊. —
(宋)周必大(1126—1204)，政治家、文學家，字子充、
洪道，自號平園老叟，廬陵人，封益國公，諡文忠；益國
周文忠公集卷首　　　　　　　　傳 655.26/586

3880

　文公朱夫子年譜　　一卷/(清)高愈編. —清同治八
年(1869)江蘇書局刻本. —1 冊. —(宋)朱熹(1130—
1200)，哲學家、教育家、文學家，字元晦、仲晦，號晦
庵、晦翁、考亭先生、雲谷老人、滄洲病叟、遯翁等，徽
州婺源人，生於南劍州尤溪，人稱紫陽朱夫子，諡文；
小學纂注卷首　　　　　　　　　傳 656.04/823

3881

　朱子年譜　　一卷附錄一卷/(清)黃中編. —清康熙
二十九年(1690)刻本. —1 冊：像
　部二　1 冊　附錄缺末頁　　　傳 656.04/824

3882

　紫陽朱夫子年譜　　三卷/(清)何可化等編；(清)朱
烈訂. —清康熙間婺源朱烈刻本. —2 冊：像
　　　　　　　　　　　　　　　　傳 656.04/827

3883

　重訂朱子年譜　　一卷/(清)褚寅亮編. —清乾隆四
十七年(1782)長洲褚寅亮刻本. —1 冊
　　　　　　　　　　　　　　　　傳 656.04/843

3884

　子朱子爲學次第考　　三卷/(清)童能靈編. —清乾
隆間刻本. —1 冊. —書名頁題朱子爲學考；冠豸山
藏版　　　　　　　　　　　　　傳 656.04/8436

3885

　朱子年譜　四卷考異四卷附錄二卷/(清)王懋竑編.—清乾隆間寶應王氏白田草堂刻本.—4 册.—白田草堂藏板　　　　　　傳 656.04/844

3886

　朱子年譜　四卷考異四卷附錄二卷/(清)王懋竑編.—清乾隆間寶應王氏白田草堂刻重印本.—4 册　　　　　　　　　　　傳 656.04/844.1

3887

　朱子年譜　四卷考異四卷附錄二卷/(清)王懋竑編.—清乾隆間寶應王氏白田草堂刻清浙江書局重印本.—4 册

　部二　4 册
　部三　4 册
　部四　4 册　　　　　　　　傳 656.04/844.2

3888

　朱子年譜　四卷考異四卷附錄二卷/(清)王懋竑編.—清咸豐三年(1853)南海伍崇曜刻本.—7 册.—(粤雅堂叢書)

　部二　5 册　缺卷 1 及附錄　傳 656.04/844.3

3889

　朱子年譜　四卷考異四卷附錄二卷校勘記三卷/(清)王懋竑編.—清光緒九年(1883)武昌書局刻本.—4 册.—版心題白田草堂

　部二　4 册
　部三　4 册　　　　　　　　傳 656.04/844.4

3890

　朱子年譜　四卷考異四卷附錄二卷/(清)王懋竑編.—日本文政七年(1824)刻本.—7 册
　　　　　　　　　　　　　　　傳 656.04/844.5

3891

　朱子年譜　四卷考異四卷附錄二卷/(清)王懋竑編.—日本文政七年(1824)刻重印本.—7 册
　　　　　　　　　　　　　　　傳 656.04/844.6

3892

　朱夫子年譜　一卷前錄二卷行狀一卷後錄二卷/(清)朱欽紳編.—清乾隆二年(1737)南昌楊雲服榮河

郭鐏刻本.—3 册:圖及像　　　傳 656.04/849

3893

　朱子年譜綱目　十二卷卷首一卷卷末一卷/(清)李元祿編.—清嘉慶七年(1802)敬修齋刻本.—8 册:像
　　　　　　　　　　　　　　　傳 656.04/874

3894

　朱子年譜　一卷/(清)鄭士範編.—清光緒六年(1880)鳳翔周氏正誼堂刻本.—1 册　傳 656.04/894
　部二　1 册　　　　　　　　　88162

3895

　朱子年譜　一卷/(清)鄭士範編.—清光緒六年(1880)鳳翔周氏正誼堂刻重印本.—1 册
　部二　1 册　卷末缺頁　　　傳 656.04/894.1

3896*

　張宣公年譜　二卷附錄二卷/胡宗楙編.—民國 21年(1932)永康胡氏夢選樓刻本.—2 册.—(宋)張栻(1133—1180),字敬夫,號南軒,祖籍綿竹,寓居長沙,諡宣
　部二　2 册　　　　　　　　傳 656.07/924

3897

　東萊呂成公年譜　一卷/(明)阮元聲,(明)史繼任編.—明崇禎五年(1632)刻本.—1 册.—(宋)呂祖謙(1137—1181),字伯恭,學者稱東萊先生,婺州人,諡成;東萊外錄之一　　　　　傳 656.11/785

3898*

　陳文節公年譜　一卷/(清)孫鏘鳴編.—民國 18 年(1930)永嘉黃氏鉛印本.—1 册.—(敬鄉樓叢書).—(宋)陳傅良(1138—1203),南宋理學家,字君舉,號止齋,學者稱止齋先生,溫州瑞安人,諡文節
　　　　　　　　　　　　　　　傳 656.117/893

3899

　象山先生年譜　三卷/(宋)袁爕,(宋)傅子雲編;(宋)李子願彙編 ;(清)李紱增訂.—清雍正十年(1732)清風園刻本.—2 册.—(宋)陸九淵(1139—1193),哲學家,字子靜,號存齋、象山翁,學者稱象山先生
　　　　　　　　　　　　　　　傳 656.13/587

3900

象山先生年譜　三卷/(宋)袁燮,(宋)傅子雲編;
(宋)李子願彙編;(清)李紱增訂.—清雍正十年
(1732)清風園刻清重印本.—1冊.—清風園藏板
　　部二　1冊　　　　　　　　　　傳656.13/587.1

3901*

[象山先生]年譜　一卷/(宋)袁燮,(宋)傅子雲編;
(宋)李子願彙編.—民國間鉛印本.—1冊.—有墨筆
過錄(清)李紱增訂、(清)周毓齡批校;象山先生全集
卷36　　　　　　　　　　　　　　　　149643

3902*

陸象山先生年譜節要　一卷/(清)方宗誠編.—民
國間朱絲欄抄本.—1冊.—毛裝
　　　　　　　　　　　　　　　傳656.13/895+4

3903*

稼軒先生年譜　一卷/陳思編.—民國間遼海書社
鉛印本.—1冊.—(遼海叢書).—(宋)辛棄疾(1140—
1207),號稼軒居士;與清真居士年譜合印
　　部二　1冊　　　　　　　　　傳656.14/927

3904

慈湖先生年譜　二卷慈湖先生世系一卷/(清)馮可
鏞,(清)葉意深編.—清光緒間慈溪馮可鏞毋自欺齋
刻民國19年(1930)寧波林集虛大西山房重印本.—1
冊.—(宋)楊簡(1141—1226),南宋哲學家,字敬仲,
學者稱慈湖先生,慈溪人;慈湖先生遺書之一
　　　　　　　　　　　　　　　傳656.15/892

3905*

白石道人年譜　一卷/陳思編.—民國22年(1933)
遼海書社鉛印本.—1冊.—(遼海叢書).—(宋)姜夔
(約1155—約1221),南宋文學家、書法家,字堯章,鄱
陽人,號白石道人,又號石帚
　　　　　　　　　　　　　　　傳656.29/927

3906*

白石道人年譜　一卷/陳思編.—民國間抄本.
—4冊　　　　　　　　　　　　傳656.29/927.1

3907*

白石道人詩詞年譜/況周頤編.—民國間刻本.—1

冊.—(蕙風叢書).—毛裝　　　　　　154660

3908

西山真文忠公年譜　一卷/(清)真采編.—清乾隆
二十九年(1764)刻本.—2冊:像.—(真西山全集)
.—(宋)真德秀(1178—1235),南宋學者,字景元,一
字希元,後改景希,號西山,學者稱西山先生,諡文忠
　　　　　　　　　　　　　　　傳657.16/843

3909

杜清獻公年譜　一卷/(清)王棻編.—清同治九年
(1870)吳興孫氏九峰書院刻光緒六年(1880)重印
本.—1冊.—(宋)杜範(1182—1245),字成已,學者稱
立齋先生,黃岩人,諡清獻;杜清獻公集之一
　　　　　　　　　　　　　　　傳657.20/894

3910*

宋舒岳祥年譜　一卷卷首一卷雜錄一卷/于人俊
編.—民國間油印本.—1冊.—(宋)舒岳祥(1219—
1298),字舜侯,以舊字景薛行,寧海人,學者稱閬風先
生;書簽題宋舒閬風年譜　　　　傳658.25/925

3911

深寧先生年譜　一卷/(清)錢大昕編.—清嘉慶十
二年(1807)長沙龍氏家塾刻本.—1冊.—(潛研堂全
書).—(宋)王應麟(1223—1296),南宋學者,字伯厚,
號深寧居士,慶元人;與陸放翁先生年譜合印
　　　　　　　　　　　　　　　傳655.25/855

3912

王深寧先生年譜　一卷附錄一卷/(清)陳僅,(清)
張恕編.—清道光間葉熊刻本.—1冊:像
　　　　　　　　　　　　　　　傳658.29/867
　　部二　1冊　　　　　　　　　　　122352

3913

王深寧先生年譜　一卷附錄一卷/(清)陳僅,(清)
張恕編.—清道光二十五年(1845)刻本.—1冊:像.—
四明繼雅堂藏板
　　部二　1冊　　　　　　　　　傳658.29/867.1

3914*

王深寧先生年譜　一卷附錄一卷/(清)陳僅,(清)
張恕編.—民國間四明張壽鏞約園抄本.—1冊:像.—

有硃筆批校　　　　　　　　傳 658.29/867.2

3915

　王深寧先生年譜　一卷/(清)張大昌編.—清光緖
十六年(1890)浙江書局刻本.—1 册:像.—(玉海)
　部二　1 册
　部三　1 册　　　　　　　　　傳 658.29/897

3916

　宋仁山金先生年譜　一卷/(明)徐袍編.—清乾隆
九年(1744)金華金氏刻光緖十三年(1887)鎭海謝駿
德補刻本.—1 册.—(率祖堂叢書).—(宋)金履祥
(1232—1303),字吉父,學者稱仁山先生,婺州人;郡
東藕塘賢祠義學藏版
　部二　1 册　　　　　　　　　傳 659.08/755

3917＊

　宋少保右丞相兼樞密使信國公文山先生紀年錄
一卷/(宋)文天祥編.—民國18 年(1929)海寧陳乃乾
愼初堂烏絲欄抄本.—1 册.—(宋)文天祥(1236—
1283),政治家、文學家,字天祥,吉州吉水人;有硃筆
批校;錄自文山先生全集卷 17　　傳 659.12/676

3918＊

　文文山年譜　一卷/許浩基編.—民國21 年(1932)
吳興許浩基杏蔭堂刻本.—1 册.—(杏蔭堂彙刻)
　部二　1 册
　部三　1 册
　部四　1 册　　　　　　　　　傳 659.12/924

3919＊

　文文山年譜　一卷/許浩基編.—民國21 年(1932)
吳興許氏杏蔭堂刻本.—6 册.—本書爲杏蔭堂彙刻樣
本;與文文山傳信錄合訂　　　　　　　124493

3920＊

　文文山年譜　一卷/許浩基編.—民國16 年(1927)
商務印書館上海鉛印本.—1 册
　部二　1 册
　部三　1 册
　部四　1 册
　部五　1 册　　　　　　　　　傳 659.12/924.1

3921＊

　陸忠烈公年譜　一卷/蔣逸雪編.—民國18 年
(1929)鹽城光華印務局鉛印本.—1 册:像.—(宋)陸
秀夫(1238—1279),字君實,鹽城人,徙居鎭江,謚
忠烈
　部二　1 册　　　　　　　　　傳 659.14/924

3922

　謝皋羽年譜　一卷/(清)徐沁編.—清康熙三十六
年(1697)新安張氏刻本.—1 册.—(昭代叢書).—
(宋)謝翶(1249—1295),字皋羽,自號晞髮子,長溪人
　　　　　　　　　　　　　　　傳 659.25/825

3923

　定宇先生年表　一卷/(清)陳嘉基編.—清康熙三
十五年(1696)刻本.—1 册.—(元)陳櫟(1252—
1334),經學家,字壽翁,號定宇;陳定宇先生文集之一
　　　　　　　　　　　　　　　傳 659.28/827

3924＊

　[王黃華先生年譜]　一卷/金毓黻編.—民國間遼
海書社鉛印本.—1 册.—(遼海叢書).—(金)王庭筠
(1151—1202),號黃華山主;黃華集卷 8
　　　　　　　　　　　　　　　傳 663.37/956

3925

　閑閑老人年譜　二卷/王樹枬編.—清光緖十三年
(1887)新城王氏文莫室刻本.—1 册.—(陶廬叢
刻).—(金)趙秉文(1159—1232),字周臣,號閑閑老
人;閑閑老人詩集附　　　　　　傳 663.45/924

3926

　閑閑老人年譜　二卷/王樹枬編.—清光緖十三年
(1887)新城王氏文莫室刻重修本.—1 册
　　　　　　　　　　　　　　傳 663.45/924.1

3927

　元遺山先生年譜　二卷/(清)凌廷堪編.—清道光
二十九年(1849)刻本.—1 册.—(元)元好問(1190—
1257),字裕之,號遺山　　　　　傳 664.01/856

3928

　元遺山先生年譜　二卷/(清)凌廷堪編.—清光緖
三十年(1904)靈石楊氏陽泉山莊刻本.—1 册.—與元

遺山先生年譜/(清)翁方綱編、元遺山先生年譜/(清)施國祁編合印　　　　傳 664.01/856.1

3929

元遺山先生年譜　三卷附錄一卷/(清)翁方綱編.—清咸豐五年(1855)南海伍崇曜粤雅堂刻本.—1冊：圖.—(粤雅堂叢書).—書名頁題元遺山年譜
　　　　　　　　　　　　傳 664.01/858

3930

元遺山先生年譜　一卷/(清)翁方綱編.—清光緒三十年(1904)靈石楊氏陽泉山莊刻本.—1冊.—與元遺山先生年譜/(清)凌廷堪編、元遺山先生年譜/(清)施國祁編合印　　傳 664.01/856.1

3931

元遺山先生年譜　一卷附錄一卷/(清)翁方綱編.—清刻本.—1冊.—有硃筆批校
　　　　　　　　　　　　傳 664.01/858.1

3932[*]

元遺山先生年譜　一卷附錄一卷/(清)翁方綱編.—民國13年(1924)博古齋影印本.—1冊.—(蘇齋叢書).—據清乾隆嘉慶間刻本影印
　　　　　　　　　　　　傳 664.01/858.2

3933

元遺山先生年譜　一卷附錄一卷/(清)翁方綱編.—清道光二十三年(1843)河曲黃宅中抄本.—1冊.—書簽題道光乙巳惺齋題簽,有清咸豐五年(1855)、十一年(1861)黃宅中墨筆題記
　　　　　　　　　　　　傳 664.01/858.3

3934

元遺山先生年譜　一卷/(清)施國祁編.—清光緒三十年(1904)靈石楊氏陽泉山莊刻本.—1冊.—與元遺山先生年譜 二卷/(清)凌廷堪編、元遺山先生年譜/(清)翁方綱編合印　傳 664.01/856.1

3935

廣元遺山年譜　二卷/(清)李光廷編.—清同治五年(1866)番禺李光廷刻本.—2冊
部二　2冊　書衣有矩菴墨筆題字
　　　　　　　　　　　　傳 664.01/884

3936

廣元遺山年譜　二卷/(清)李光廷編.—清同治五年(1866)番禺李光廷刻重印本.—2冊
部二　2冊　　　　　　傳 664.01/884.1

3937[*]

廣元遺山年譜　二卷/(清)李光廷編.—民國5年(1916)烏程張鈞衡刻本.—2冊.—(適園叢書)
　　　　　　　　　　　　傳 664.01/884.2
部二　1冊　存1卷：卷上;西諦藏書　XD10398

3938[*]

耶律文正公年譜　一卷餘記一卷/王國維編.—民國16年(1927)海寧王氏鉛印本.—1冊.—(海寧王忠慤公遺書).—(元)耶律楚材(1190—1244),號湛然居士,謚文正;書名頁題耶律文正年譜;與清真先生遺事合印　　　　　　　　124463

3939[*]

耶律文正公年譜　一卷餘記一卷/王國維編.—民國間東方文化事業委員會打字油印本.—1冊.—毛裝
　　　　　　　　　　　　傳 664.015/924

3940[*]

湛然居士年譜　一卷世系雜考一卷/張慰西編.—民國10年(1921)鉛印本.—1冊.—張相文,字慰西;地學叢書之一　　　傳 664.015/927

3941

[許文正公考歲略續]　一卷/(元)耶律有尚編.—清乾隆五十五年(1790)刻本.—1冊.—(元)許衡(1209—1281),字平仲,號魯齋,謚文正;許文正公遺書卷首　　　　　　傳 666.04/685

3942

許魯齋先生年譜　一卷/(清)鄭士範編.—清光緒六年(1880)鳳翔周宗剑正誼堂刻本.—1冊.—附魯齋心法約編
部二　1冊
部三　1冊　　　　　　傳 666.04/884

3943[*]

段遯庵先生年譜　一卷/孫德謙編.—民國25年(1936)山西書局太原鉛印本.—1冊.—(金)段克己

(1196—1254),字復之,號遯庵;二妙集之一

傳 664.07/923

3944*

〔牧庵年譜〕　一卷/(元)劉致編.—民國間商務印
書館上海影印本.—1 册.—(四部叢刊).—(元)姚燧
(1238—1313),號牧庵;據清乾隆間武英殿刻本影印;
牧庵集附錄

傳 666.33/697

3945

水村先生年譜　一卷/(清)龔望曾編.—清道光十
年(1830)南豐劉斯嵋刻本.—1 册.—(元)劉壎
(1240—1319),字起潛,號水雲村人;水雲村吟稿卷末

傳 666.35/864

3946

臨川吳文正公年譜　一卷/(明)危素編.—明成化
間刻本.—1 册.—(元)吳澄(1249—1333),字伯清,諡
文正,追封臨川郡公;臨川吳文正公集之一

傳 666.44/717

3947

臨川吳文正公年譜　一卷/(明)危素編.—清乾隆
二十一年(1756)萬璜刻本.—1 册.—草廬吳文正公集
卷首

傳 666.44/717.1

3948*

楚國文憲公雪樓程先生年譜　一卷/(元)程世京
編.—民國 18 年(1929)海寧陳乃乾慎初堂烏絲欄抄
本.—1 册.—(元)程文海(1249—1318),字鉅夫,諡文
憲,人稱雪樓先生,追封楚國公　傳 666.446/696

3949

虞文靖公年譜　一卷附錄一卷/(清)翁方綱編.—
清嘉慶十一年(1806)刻本.—1 册.—(元)虞集
(1272—1348),字伯生,諡文靖;賞雨茆屋藏板;虞文
靖公詩集之一

傳 667.13/858

3950

倪高士年譜　一卷/(清)沈世良編.—清宣統元年
(1909)番禺沈氏刻本.—2 册.—(元)倪瓚(1301—
1374),字元鎮,別號雲林居士;書名頁題倪雲林年譜;
有硃筆點校

傳 668.07/884

3951

倪高士年譜　一卷/(清)沈世良編.—清宣統元年
(1909)番禺沈氏刻本.—1 册　傳 668.07/884.1

3952*

宋文憲公年譜　二卷附錄一卷/(清)朱興悌,(清)
戴殿江編;孫鏘增輯.—民國 5 年(1916)奉化孫鏘刻
本.—1 册.—(明)宋濂(1310—1381),字景濂,諡文
憲;書名據書名頁題;宋文憲公全集卷 81—83

部二　1 册
部三　1 册

傳 668.16/859

3953*

劉文成公年譜　二卷/劉耀東編.—民國 28 年
(1939)南田山啓後亭鉛印本.—1 册:圖.—(明)劉基
(1311—1375),字伯溫,諡文成　傳 668.17/927

3954

明翰林學士當塗陶主敬先生年譜　一卷/(清)夏炘
編.—清咸豐三年(1853)刻本.—1 册.—(景紫堂全
書).—(明)陶安(1312—1368),字主敬;版心題陶主
敬年譜

傳 668.18/887

3955

青邱高季迪先生年譜　一卷/(清)金檀編.—清刻
本.—1 册.—(明)高啓(1336—1374),字季迪,號青
邱子

傳 669.04/846

3956

方正學先生年譜　一卷方氏本末紀略一卷/(明)盧
演編.—清同治十二年(1873)武林任有客齋刻本.—1
册:像.—(明)方孝孺(1357—1402),室名正學,學者
稱正學先生

傳 669.25/715

3957

太師楊文貞公年譜　一卷 /(明)楊思堯,(明)楊汝
敬編.—清光緒二年(1876)泰和楊覲光刻本.— 1
册.—(明)楊寓(1365—1444),字士奇,以字行,諡
文貞

傳 669.33/776

3958

〔曹月川先生年譜〕　一卷/(明)張信民編.—清正
誼堂刻本.—1 册.—(明)曹端(1376—1434),號月川;
曹月川先生集之一

傳 671.09/787

3959

曹月川先生年譜　一卷/(明)張信民編;(清)張璟
裁定.—清刻本.—1冊　　　傳671.09/787.1

3960

建文年譜　四卷辨疑一卷提綱一卷問答一卷後事
一卷/(明)趙士喆編;(清)趙瀚,(清)趙濤音注.—清
道光二十九年(1849)李文瀚味塵軒木活字本.—4
冊.—(明)朱允炆(1377—1440),年號建文,世稱建文
帝;版心題味塵軒叢書;書末有清光緒二十五年葉德
輝手書跋語
　　部二　2冊　有硃筆批校
　　部三　2冊　有墨筆批校　　　傳671.10/794

3961

建文年譜　四卷辨疑一卷提綱一卷問答一卷後事
一卷/(明)趙士喆編;(清)趙瀚,(清)趙濤音注.—清
咸豐四年(1854)三水唐鴻刻本.—4冊.—古閟習勤堂
藏板　　　　　　　　　　　　　傳671.10/794.1

3962

建文年譜　二卷提綱一卷辨疑一卷問答一卷後事
一卷附一卷/(明)趙士喆編;(清)趙瀚,(清)趙濤音
注.—清刻暨抄本.—4冊.—上卷係墨筆抄配,卷首有
民國16年哲儒氏手書題識,有硃筆圈點
　　　　　　　　　　　　　　　傳671.10/794.2

3963*

建文年譜　二卷辨疑一卷提綱一卷問答一卷後事
一卷/(明)趙士喆編.—民國24年(1935)東萊趙琪永
厚堂青島鉛印本.—1冊.—(東萊趙氏楹書叢刊)
　　部二　1冊　　　　　　　　　傳671.10/794.3
　　部三　1冊　　　　　　　　　　　　　128509

3964*

龔安節先生年譜　一卷/(明)龔紱編.—民國9年
(1920)昆山趙詒琛刻本.—1冊.—(又滿樓叢書).—
(明)龔詡(1382—1469),謚安節
　　部二　1冊　與校正萬古愁合印
　　　　　　　　　　　　　　　傳671.15/742

3965

況太守年譜　一卷/(清)況廷秀編.—清道光二十
九年(1849)蘇州胡容本刻本.—1冊.—(明)況鍾

(1383—1443),官太守;況太守集卷首
　　　　　　　　　　　　　　　傳671.16/844

3966

芳洲先生年譜　一卷/(明)王翔編.—明萬曆間刻
本.—1冊:像.—(明)陳循(1386—1462),字德遵,號
芳洲;版心題芳洲年譜;芳洲文集附錄
　　　　　　　　　　　　　　　傳671.18/734

3967

薛文清公年譜　一卷/(明)楊鶴,(明)楊嗣昌編.—
清康熙五十二年(1713)河津薛氏刻本.—1冊.—(明)
薛瑄(1392—1464),字德溫,謚文清
　　部二　1冊　有墨筆批校　　　傳671.22/786

3968*

明薛文清公年譜　一卷/(清)楊希閔編.—民國23
年(1934)燕京大學圖書館鉛印本.—1冊.—此譜考證
薛瑄生於公元1389年;版心題燕京大學圖書館叢書;
與宋程純公年譜合印
　　部二　1冊
　　部三　1冊
　　部四　1冊　　　　　　　　　傳653.10/896

3969

吳聘君年譜　一卷/(清)楊希閔編.—清光緒四年
(1878)新城楊希閔福州刻本.—1冊.—(豫章先賢九
家年譜).—(明)吳與弼(1392—1469),字子傅,號康
齋;書名頁題吳康齋先生年譜;與胡文敬公年譜合印
　　　　　　　　　　　　　　　傳671.24/896

3970

杜東原先生年譜　一卷/(明)沈周編.—清光緒間
刻本.—1冊.—(明)杜瓊(1397—1474),號東原;過雲
樓書畫記畫四　　　　　　　　　傳671.29/743

3971

呆齋公年譜　一卷/(清)劉作梁編.—清刻本.—1
冊.—(明)劉定之(1410—1469),字主靜,號呆齋,謚
文安;劉文安公策略之一　　　　傳672.07/837

3972

段容思先生年譜紀略　一卷/(明)彭澤編.—清道
光三年(1823)刻本.—1冊.—(明)段堅(1419—

1484)，字可久，號容思

部二　2 册　　　　　　　　　傳 672.17/756

3973

　段容思先生年譜紀略　一卷/（明）彭澤編.—清道
光三年（1823）刻同治六年（1867）蘭州段維翰重印
本.—1 册　　　　　　　　　傳 672.17/756.1

3974

　邱文莊公年譜　一卷/（清）王國棟編.—清光緒二
十四年（1898）犖經書院刻本.—1 册.—（明）邱濬
（1421—1495），字仲深，號深庵，謚文莊；附邱文莊自
著書目　　　　　　　　　　傳 672.19/894

3975*

　邱文莊公年譜　一卷/（清）王國棟編.—1 册.—民
國間朱絲欄抄本.—書衣題丘文莊公年譜，附邱文莊
自著書目　　　　　　　　　傳 672.19/894.1

3976*

　雲東逸史年譜　一卷/（清）沈銘彝編.—民國 3 年
（1914）上虞羅振玉日本京都東山橋舍影印本.—1
册.—（雲窗叢刻）.—（明）姚綬（1422—1495），晚號雲
東逸史；據原稿本影印　　　　傳 672.20/863

3977

　秦襄毅公年譜　一卷/（明）秦紘編.—明嘉靖十七
年（1538）單縣秦學書刻隆慶天啓間遞修清道光十五
年（1835）重印本.—1 册：像.—（明）秦紘（1426—
1505），謚襄毅；書名據卷末題　　傳 673.02/747

3978

　秦襄毅公年譜　一卷/（明）秦紘編.—清抄本.—1
册：像.—書名據卷末題　　　　傳 673.02/747.1

3979

　編次陳白沙先生年譜　二卷/（清）阮榕齡編.—清
咸豐間新會阮氏夢菊堂刻本.—4 册.—（明）陳獻章
（1428—1500），世稱白沙先生；潭溪阮氏夢菊堂藏版；
與白沙叢考、白沙門人考合刻　　傳 673.04/874

3980*

　編次陳白沙先生年譜　二卷/（清）阮榕齡編.—民
國間抄本.—1 册.—存 1 卷：卷 1；書衣題抄錄咸豐元

年新會阮氏夢菊堂雕本　　　　傳 673.04/874.1

3981

　白沙叢考　一卷/（清）阮榕齡編.—清咸豐間新會
阮氏夢菊堂刻本.—4 册.—潭溪阮氏夢菊堂藏版；與
編次陳白沙先生年譜、白沙門人考合刻
　　　　　　　　　　　　　傳 673.04/874

3982

　胡文敬公年譜　一卷/（清）楊希閔編.—清光緒四
年（1878）新城楊希閔福州刻本.—1 册.—（豫章先賢
九家年譜）.—（明）胡居仁（1434—1484），字叔心，號
敬齋，謚文敬；與吳聘君年譜合印　傳 671.24/896

3983

　楓山章文懿公年譜　二卷/（明）阮鶚編.—清光緒
二十六年（1900）常熟丁秉衡烏絲欄抄本.—1 册.—
（明）章懋（1437—1522），字德懋，號闇然，人稱楓山先
生，謚文懿；版心下題常熟丁氏類鈔.—毛裝
　　　　　　　　　　　　　傳 673.12/754

3984

　劉忠宣公年譜　二卷/（明）劉世節編.—清光緒元
年（1875）華容劉氏刻本.—1 册.—（明）劉大夏
（1437—1516），字時雍，謚忠宣；劉忠宣公遺集之一
　　　　　　　　　　　　　傳 673.13/757

3985

　[李文正公]年譜　一卷/（清）朱景英編.—清嘉慶
八年（1803）刻本.—1 册.—（明）李東陽（1447—
1516），字賓之，號西涯，謚文正；懷麓堂全集之一
　　　　　　　　　　　　　傳 673.23/849

3986

　明李文正公年譜　五卷/（清）法式善編；（清）唐仲
冕補編.—清嘉慶八年（1803）長洲王芑孫樗園揚州刻
本.—1 册　　　　　　　　　傳 673.23/852

3987

　明李文正公年譜　七卷/（清）法式善編；（清）唐仲
冕補編.—清嘉慶九年（1804）蒙古法式善詩龕京師刻
本.—2 册.—有民國 28 年知堂墨筆題識

部二　2 册　卷 1 缺第 1—2 頁

部三　2 册　卷 1 缺第 1—2 頁

部四　2册　卷1缺第1—2頁
部五　2册　卷1缺第1—2頁　　傳673.23/852.1

3988

明李文正公年譜　七卷/(清)法式善編;(清)唐仲冕補編.—清嘉慶十四年(1809)臨川李宗瀚刻本.—2册
部二　4册
部三　2册　　　　　　　　　　傳673.23/852.2

3989

文正謝公年譜　一卷/(明)倪宗正編;(清)謝鍾和重編.—清康熙間刻本.—1册:像.—(明)謝遷(1450—1531),字于喬,諡文正;歸田集之一
　　　　　　　　　　　　　　傳673.25/756

3990

文正謝公年譜　一卷/(明)倪宗正編;(清)謝鍾和重編.—清抄本.—1册　　　傳673.25/756.1

3991*

王恭襄公年譜　一卷附錄一卷/張友椿編.—民國25年(1936)太原王惠齊芳堂鉛印本.—1册:照片.—(明)王瓊(1459—1532),字德華,號晉溪,諡恭襄
部二　1册　　　　　　　　　傳673.35/927

3992*

邵文莊公年譜　一卷/(明)邵曾,(明)吳道成編.—民國間朱絲欄抄本.—1册.—(明)邵寶(1460—1527),字國賢,號二泉,諡文莊;書衣題錄自錫山先哲叢刊三輯　　　　　　　　傳673.36/765

3993*

王陽明先生圖譜　一卷/(明)鄒守益編.—民國30年(1941)程守中影印本.—1册:圖.—(明)王守仁(1472—1529),字伯安,諡文成,人稱陽明先生;書名據書簽題;據明嘉靖三十六年(1557)抄本影印
部二　1册　　　　　　　　　傳674.08/757

3994

陽明先生年譜　二卷/(明)李贄編.—清刻本.—1册
部二　1册　　　　　　　　　傳674.08/764

3995*

王文成公年譜節略　一卷/(明)錢德洪編;(日)三輪希賢節略.—民國間抄本.—1册.—書衣題錄自日本版傳習錄　　　　　　　　傳674.08/765+4

3996

明王文成公年譜節鈔　二卷/(明)錢德洪編;(清)楊希閔節抄.—清光緒四年(1878)新城楊希閔福州刻本.—2册.—(四朝先賢六家年譜).—書名頁題王文成公年譜
部二　2册　　　　　　　　　傳674.08/765+6

3997

陽明先生年譜　一卷/(明)施邦曜編.—清刻本.—1册.—陽明先生集要三編之一　　傳674.08/783

3998

王文成公年紀　一卷/(清)陳澹然編.—清光緒間石印本.—1册　　　　　　傳674.08/897

3999

陽明先生年譜　一卷/(清)劉原道編.—清光緒三十二年(1906)鉛印本.—1册:像.—陽明先生集要三編卷首　　　　　　　　傳674.08/8973

4000*

王陽明年譜傳習錄節本/陳築山編.—民國22年(1933)中華平民教育促進會北平鉛印本.—1册:像.—修養集第1种　　　傳674.08/927+7

4001*

陽明先生年譜校記/毛春翔撰.—民國間浙江省立圖書館鉛印本.—1册.—浙江省立圖書館館刊第1卷第5期.—毛裝　　　　　　　150378

4002

[桂古山先生]年譜　一卷/(明)桂尊編.—清乾隆間刻本.—1册.—(明)桂華(1476—1522),字子朴,號古山;古山集附　　　　傳674.12/754

4003

陳紫峰先生年譜　二卷/(明)陳敦豫,(明)陳復編.—清乾隆二十二年(1757)晉江陳元錫刻本.—1册:像.—(明)陳琛(1477—1545),字思獻,號紫峰;版

心題紫峰年譜;紫峰集附　　　　　傳 674.13/757

4004*

端巖公年譜　一卷/(明)張文麟編.—民國 9 年
(1920)上海博古齋影印本.—1 册.—(借月山房彙
抄).—(明)張文麟(1482—1548),號端巖;據清嘉慶
間虞山張海鵬刻本影印;與陳張事略合印
　　　　　　　　　　　　　　　傳 674.18/757

4005*

吉水毛襄懋先生年譜　一卷/(明)毛棟編.—民國
間朱絲欄抄本.—1 册.—(明)毛伯溫(1482—1545),
字汝厲,諡襄懋;錄自毛襄懋全集　傳 674.187/757

4006

[夏桂洲先生年譜]　一卷/(明)佚名編.—明末刻
清康熙五十八年(1719)鄺溪吳橋重修本.—1 册:
像.—(明)夏言(1482—1548),字公謹,號桂洲;夏桂
洲先生文集卷首　　　　　　　　傳 674.1873/709

4007*

何大復先生年譜　一卷附錄三卷/劉海涵編.—民
國 11 年(1922)刻本.—2 册.—(龍潭精舍叢刻).—
(明)何景明(1483—1521),字仲默,號大復山人
　　　　　　　　　　　　　　　傳 674.19/917

4008

[蓉川公]年譜　一卷/(明)齊祖名編.—清光緒二
十三年(1897)桐城徐氏刻本.—1 册.—(明)齊之鸞
(1483—1534),字瑞卿,別號蓉川;蓉川集卷首
　　　　　　　　　　　　　　　傳 674.194/753

4009

霍文敏公石頭錄　八卷卷首一卷/(明)霍韜編;
(明)霍與瑕手輯;(明)霍尚守注.—清同治元年
(1862)石頭書院刻本.—2 册:像.—(明)霍韜(1487—
1540),字渭先,諡文敏,居址稱石頭;卷 1 爲前編,卷
2—7 爲原編,卷 8 爲後編;書名據卷 2 卷端題;霍文敏
公全集之一　　　　　　　　　　傳 674.23/754

4010

楊文憲升庵先生年譜　一卷/(明)簡紹芳編;(清)
程封改輯;(清)孫鎮補訂.—清道光間鵝溪孫氏刻
本.—1 册:像.—(古棠書屋叢書).—(明)楊慎

(1488—1559),字用修,別號升庵,諡文憲;書名據卷
末題　　　　　　　　　　　　　傳 674.24/756

4011

升庵先生年譜　一卷/(清)李調元編.—清乾隆間
綿州李氏萬卷樓刻道光五年(1825)綿州李朝夔補刻
本.—1 册.—(函海)　　　　　　傳 674.24/854

4012

明修撰楊升庵先生年譜　一卷/(清)程封編.—清
道光二十四年(1844)刻本.—1 册.—版心題升庵年
譜,新都縣誌卷 18　　　　　　　傳 674.24/866

4013*

龍峰先生年譜　一卷/(清)徐堂編.—民國間朱絲
欄抄本.—1 册.—(明)吳子孝(1496—1563),字純叔,
晚號龍峰;錄自玉函堂詩選　　　　傳 674.32/865

4014

王父雲塘先生年譜　一卷/(明)郭子章編.—明萬
曆間泰和郭子雍刻本.—1 册.—(明)郭奇美(1496—
1573),字雲塘　　　　　　　　　傳 674.324/764

4015

唐一庵先生年譜　一卷/(明)李樂編;(清)王表正
重編;(清)許正綏三編.—清咸豐四年(1854)刻本.—
1 册:像.—(明)唐樞(1497—1575),字子鎮,號一庵
部二　 1 册　　　　　　　　　　傳 674.33/764

4016

太常公年譜　一卷/(清)錢泰吉編.—清光緒三十
年(1904)海鹽錢志澄刻本.—2 册.—(明)錢薇
(1502—1554),字懋垣,贈太常少卿
部二　 1 册
部三　 1 册
部四　 1 册　　　　　　　　　　傳 674.38/885

4017

吳疏山先生年譜　一卷/(明)吳尚志,(明)吳梅
編.—清刻本.—1 册:像.—(明)吳悌(1502—1568),
字思誠,號疏山;附本傳、行狀;吳疏山先生遺集卷
9—12　　　　　　　　　　　　　傳 674.384/764

4018*

王一庵先生年譜紀略　一卷/(明)佚名編.—民國元年(1912)東台袁承業鉛印本.—1 冊.—(明)王棟(1503—1581),字隆吉,號一庵;王一庵先生遺集之一

傳 674.39/709

4019

次川年譜　一卷/(明)譚大初編.—明萬曆間刻本.—1 冊.—(明)譚大初(1504—1580),號次川;書名據版心題

傳 674.40/764

4020

歸震川先生年譜　一卷/(清)孫岱編.—清光緒六年(1880)嘉興金氏刻本.—1 冊.—像.—(歸顧朱三先生年譜合刻).—(明)歸有光(1507—1571),字熙甫,別號震川

部二　1 冊　　　　　　　　　傳 674.43/863

4021*

明歸震川先生年譜　一卷/張近凡編.—民國 23 年(1934)報紙剪貼本.—1 冊.—書衣題張近凡名聯駿;附清黃岡知縣李公傳

傳 674.43/927

4022*

明唐荊川先生年譜　八卷卷首一卷/唐鼎元編.—民國間武進唐氏鉛印本.—5 冊.—像.—(明)唐順之(1507—1560),字應德,號荊川　傳 674.433/923

4023

文靖公年譜　一卷/(清)嚴炳,(清)嚴燮編;(清)嚴士美重訂.—清光緒九年(1883)常熟嚴鍾瑞木活字本.—1 冊.—像.—(明)嚴訥(1511—1584),諡文靖;書名頁及版心題嚴文靖公年譜;書後有漱石主人墨筆題識

部二　1 冊　　　　　　　　　傳 674.47/816

部三　1 冊　西諦藏書　　　　　　XD10399

4024

[王東厓先生]年譜紀略　一卷/(明)王元鼎編.—明三塘程氏刻本.—1 冊.—(明)王褧(1511—1587),字宗順,號東厓;新鐫東厓王先生遺集卷上

傳 674.474/764

4025*

[王東厓先生]年譜紀略　一卷/(明)王元鼎編;袁承業輯.—民國元年(1912)東台袁承業鉛印本.—1 冊.—明儒王東厓王先生遺集卷首

傳 674.474/764.1

4026*

幻迹自警　一卷/(明)殷邁編.—民國間海寧陳乃乾慎初堂烏絲欄抄本.—1 冊.—(明)殷邁(1512—1581),字時訓,號白野居士　　傳 674.48/769

4027

海忠介公年譜　一卷/(清)王國憲編.—清宣統元年(1909)瓊山篯經書院刻本.—1 冊.—(明)海瑞(1514—1587),字汝賢,一字剛峰,諡忠介;版心題海公年譜

傳 674.49/894

4028

海忠介公年譜　一卷/(清)王國憲編.—清浣雪齋綠絲欄抄本.—2 冊　　　　傳 674.49/894.1

4029

海忠介公年譜　一卷/(清)王國憲編.—清抄本.—2 冊　　　　　　　　　　傳 674.49/894.2

4030

[楊忠湣公]自著年譜/(明)楊繼盛編.—清光緒三十年(1904)刻本.—1 冊:像.—(明)楊繼盛(1516—1555),號椒山,諡忠湣;德星堂藏板;與楊忠湣公遺訓合印　　　　　　　　　　　　　124578

部二　1 冊　　　　　　　　　　124579

4031*

椒山先生自著年譜/(明)楊繼盛編.—民國 9 年(1920)上海宏大善書總發行所石印本.—1 冊.—書名頁題楊忠湣公傳家寶書;楊忠湣公傳家寶書附錄

傳 674.52/756

4032

楊忠湣公自著年譜　一卷/(明)楊繼盛編.—清光緒十一年(1885)童斐抄本.—1 冊.—與堵文襄公年譜合抄　　　　　　　　　　傳 674.52/756.1

4033*

陳士元先生年譜/胡鳴盛編. —民國18年(1929)鉛
印本. —1冊. —(明)陳士元(1516—1597),字心叔,號
養吾;國立北平圖書館月刊第3卷第5號;與石隱山
人自訂年譜合印　　　　　　　　傳 684.53/879

4034*

三一教主夏午尼林子本行實錄　一卷/(清)陳衷瑜
編. —民國28年(1939)錦江尚陽書院鉛印本. —1冊:
像. —(明)林兆恩(1517—1598),學者稱三一教主,又
稱夏午尼氏;書名頁及版心題林子本行實錄
　　部二　1冊　　　　　　　　傳 674.53/817

4035

太史來瞿唐先生年譜　一卷/(明)古之賢等編. —
清道光十一年(1831)端州區拔熙梁山縣署刻本. —1
冊. —(明)來知德(1525—1604),字矣鮮,號瞿唐;書
名頁及版心題瞿唐先生年譜
　　部二　2冊　　　　　　　　傳 675.04/764

4036

太史來瞿唐先生年譜　一卷附建坊崇祀一卷/(明)
古之賢等編. —清光緒七年(1881)桂香書院刻本. —
1冊
　　部二　1冊　有硃筆圈點　　傳 675.04/764.1

4037

弇州山人年譜　一卷/(清)錢大昕編. —清嘉慶十
二年(1807)長沙龍氏刻本. —1冊. —(潛研堂全
書). —(明)王世貞(1526—1590),字元美,別號弇州
山人;書名頁題王弇州年譜　　傳 675.05/855

4038

戚少保年譜耆編　十二卷卷首一卷/(明)戚祚國
編. —清道光二十七年(1847)刻本. —6冊:圖. —(明)
戚繼光(1528—1587),字元敬,號南塘,官少保;版心
題戚少保年譜;仙遊崇勳祠藏版
　　部二　6冊　書衣有墨筆題字　傳 675.07/763

4039

戚少保年譜耆編　十二卷卷首一卷/(明)戚祚國
編. —清道光二十七年(1847)刻光緒四年(1878)重修
本. —12冊:圖　　　　　　　　傳 675.07/763.1

4040*

戚少保年譜耆編　十二卷卷首一卷/(明)戚祚國
編. —1997年北京圖書館出版社北京影印本. —6冊:
圖. —據清道光二十七年(1847)刻本影印
　　　　　　　　　　　　　　　傳 675.07/763.2

4041

戚少保年譜節要　六卷/(明)戚祚國編;(清)佚名
節要. —清光緒十七年(1891)山東書局刻本. —4
冊. —書名頁題明戚少保年譜節要
　　　　　　　　　　　　　　　傳 675.07763＋9

4042

王文肅公年譜　二卷/(明)王衡編;(清)王時敏續
編. —清光緒十九年(1893)太倉王恂長沙刻本. —1
冊. —(明)王錫爵(1534—1611),字元馭,號荊石,謚
文肅　　　　　　　　　　　　　傳 675.13/764

4043

王文肅公年譜　一卷/(明)王衡編;(清)王時敏續
編. —清光緒二十五年(1899)太倉王宗愈刻本. —1冊
　　部二　1冊　有缺頁、校字　傳 675.13/764.1

4044

顧襄敏公年譜　一卷/(清)楊廷撰編. —清刻本. —
1冊. —(明)顧養謙(1537—1604),字益卿,號沖庵,謚
襄敏;版心題一經堂;五山耆舊集卷7
　　　　　　　　　　　　　　　傳 675.16/866

4045

景素公自敍年譜　一卷/(明)于孔兼編. —清抄
本. —1冊. —(明)于孔兼(1538—1615),字元時,號景
素. —毛裝　　　　　　　　　　傳 675.17/765

4046

何伯子自註年譜　一卷/(明)何出圖編. —清乾隆
十八年(1753)扶溝何功璜刻本. —1冊. —(明)何出圖
(1539—1616),字啓文,號伯子;版心及書籤題職方公
年譜;雲藜稿家集之一
　　部二　1冊　　　　　　　　傳 675.18/767

4047*

資德大夫兵部尚書郭公青螺年譜　一卷/(明)郭孔
延編. —民國間朱絲欄抄本. —1冊. —(明)郭子章

(1543—1618),字相奎,號青螺;錄自郭青螺先生遺書

傳 675.21/764

4048

憨山老人年譜自敍實錄　二卷/(明釋)德清編;(明釋)福善記錄;(清釋)福徵述疏.—清順治間刻本.—2册:像.—(明釋)德清(1546—1623),字澄印,號憨山老人;附曹溪中興憨山肉祖後事因緣、東遊集法語三則　　　　　　　　　　　　　傳 675.25/775

　部二　4册　　　　　　　　　　　　　　20408

　部三　1册　殘存1卷:卷下　　　　　　153815

4049

憨山老人年譜自敍實錄　二卷/(明釋)德清撰;(明釋)福善記錄;(清釋)福徵述疏.—清光緒十七年(1891)刻本.—2册:像.—紅螺山存板;附肉身古佛中興曹溪憨山嗣祖三十六頌、曹溪中興憨山肉祖後事因緣等　　　　　　　　　　　　140787

4050*

憨山老人年譜自敍實錄疏　二卷卷首一卷/(明釋)德清編;(明釋)福善記錄;(清釋)福徵述疏.—民國23年(1934)蘇州弘化社上海鉛印本.—1册:像.—附肉身古佛中興曹溪憨山嗣祖三十六頌、曹溪中興憨山肉祖後事因緣等.—平裝　　　　　　　20430

　部二　1册　　　　　　　　　　　　　　20431

　部三　1册　　　　　　　　　　　　　　20432

4051*

憨山老人年譜自敍實錄疏　二卷卷首一卷/(明釋)德清編;(明釋)福善續編;(清釋)福徵述疏.—1985年南天竺寺香港影印本.—1册:像.—書簽題憨山大師年譜疏;據民國23年(1934)蘇州弘化社上海鉛印本影印;附肉身古佛中興曹溪憨山嗣祖三十六頌、曹溪中興憨山肉祖後事因緣等　　　　　　14573

4052

顧端文公年譜　二卷譜前一卷譜後一卷/(清)顧與沐記略;(清)顧樞編;(清)顧貞觀訂補.—清光緒三年(1877)涇里顧氏宗祠刻本.—1册.—(明)顧憲成(1550—1612),字叔時,諡端文;顧端文公遺書附

傳 675.29/822

4053

眉公府君年譜　一卷/(明)陳夢蓮編.—明崇禎間刻本.—1册.—(明)陳繼儒(1558—1639),字仲醇,號眉公　　　　　　　　　　　　　　　傳 675.37/787

4054

眉公府君年譜　一卷/(明)陳夢蓮編.—清駕說軒朱絲欄抄本.—1册.—附國朝人物考名目/(明)薛應旂輯　　　　　　　　　　　　　　　傳 675.37/787.1

4055*

籧編　二十卷/(明)葉向高編;(明)葉益蕃續補.—民國14年(1925)海寧陳乃乾共讀樓烏絲欄抄本.—2册.—(明)葉向高(1559—1627),字進卿,號臺山;有陳乃乾硃筆題識及校改　　　　　　傳 675.38/778

4056

理學張抱初先生年譜　一卷/(明)馮奮庸編;(清)張宏文續編.—清雍正間刻乾隆間增刻本.—1册:像.—(明)張信民(1563—1633),字孚若,號抱初

傳 675.41/782

4057

高忠憲公年譜　一卷/(明)華允誠編.—清光緒二年(1876)無錫高氏刻本.—1册.—(明)高攀龍(1562—1626),字存之,號景逸,諡忠憲;版心題高子年譜;卷端有硃筆題識;高子遺書之一

　部二　1册　　　　　　　　　　　　傳 675.413/796

4058

高忠憲公年譜　一卷/(明)華允誠編.—清抄本.—1册　　　　　　　　　　　　　　傳 675.413/796.1

4059

高忠憲公年譜　二卷/(清)高世寧編;(清)高世泰訂.—清康熙間刻本.—3册:像.—卷下缺字

傳 675.413/813

4060

文貞公年譜　一卷/(清)繆之鎔編.—清同治十三年(1874)刻本.—1册:像.—(明)繆昌期(1562—1626),字當時,號西谿,諡文貞;版心題實園藏書;與從野堂外集合印　　　　　　　傳 675.418/828

4061

高陽太傅孫文正公年譜　五卷/(明)孫銓編；(清)孫奇逢訂正.—清乾隆間高陽孫爾然刻本.—6冊：像.—(明)孫承宗(1563—1638),字稚繩,號愷陽,謚文正；師儉堂藏版

部二　4冊

部三　4冊

部四　4冊

部五　5冊　　　　　　　　　傳675.42/783

4062

高陽太傅孫文正公年譜　五卷/(明)孫銓編；(清)孫奇逢訂正.—清乾隆間高陽孫爾然刻重修本.—5冊：像

部二　5冊　　　　　　　　　傳675.42/783.1

4063

安我素先生年譜　一卷/(清)安紹傑編.—清乾隆五十九年(1794)無錫安氏刻本.—1冊：像.—(明)安希范(1564—1621),字小范,號我素

　　　　　　　　　　　　　傳675.43/843

4064*

袁中郎年譜　一卷/佚名編.—民國間朱絲欄抄本.—1冊.—(明)袁宏道(1568—1610),字中郎,號石公；書名據書衣題,版心題小梁子文通制

　　　　　　　　　　　　　傳675.47/909

4065

楊忠烈公年譜　一卷/(清)[楊徵午]編.—清道光十三年(1833)刻本.—1冊.—(明)楊漣(1571—1625),字文儒,號大洪,謚忠烈；楊忠烈公文集卷末

　　　　　　　　　　　　　傳675.50/806

4066

海澄周忠惠公自敘年譜　一卷/(明)周起元編；(清)王煥,(清)王如補編.—清同治十一年(1872)刻本.—1冊.—(明)周起元(1572—1626),字仲先,謚忠惠；版心及書名頁題周忠惠公年譜；板存澄邑三都金沙鄉書屋　　　　　　　傳675.51/776

4067*

三峰和尚年譜　一卷/(清釋)弘儲編.—民國間刻本.—1冊.—(明釋)法藏(1573—1635),又稱三峰和

尚；陳垣贈書　　　　　　　　　　　133341

4068*

三峰和尚年譜　一卷/(清釋)弘儲編.—民國間影印本.—1冊

部二　1冊　　　　　　　　傳676.012/823

4069

[魏廓園先生]自譜　一卷/(明)魏大中編；(明)魏學洢補編.—明崇禎元年(1628)刻本.—1冊.—(明)魏大中(1575—1625),號廓園　　　傳676.03/775

4070*

魏廓園先生自訂年譜　一卷/(明)魏大中編；(明)魏學洢補編.—民國間抄本.—1冊

　　　　　　　　　　　　　傳676.03/775.1

4071

鹿忠節公年譜　二卷/(清)陳鋐編.—清康熙六年(1667)刻本.—2冊.—(明)鹿善繼(1575—1636),謚忠節；書名據書簽題；版心鐫尋樂堂

部二　2冊　卷1卷端缺1頁　傳676.033/827

4072

鹿忠節公年譜　二卷/(清)陳鋐編.—清道光間刻本.—2冊.—版心鐫尋樂堂；有墨筆眉批

部二　1冊　附鹿久徵等人事傳

部三　2冊

部四　2冊　　　　　　　　傳676.033/827.1

4073

鹿忠節公年譜　二卷/(清)陳鋐編.—清光緒五年(1879)定州王氏謙德堂刻本.—1冊.—(畿輔叢書)

　　　　　　　　　　　　　傳676.033/827.2

4074*

真隱先生年譜　一卷/(明)張有譽編；(明)劉之勃注.—民國33年(1944)南通馮雄抄本.—1冊.—(明)范鳳翼(1575—1655),號真隱　　傳676.034/797

4075

左忠毅公年譜　二卷/(清)左宰編.—清乾隆四年(1739)桐城左氏刻本.—2冊：像.—(明)左光斗

(1575—1625),謚忠毅；左忠毅公集之一
傳 676.034/844

4076

左忠毅公年譜　二卷/(清)左宰編.—清道光二十
九年(1849)湘鄉左輝春刻本.—1 册
傳 676.034/844.1

4077

左忠毅公年譜　一卷/(清)左宰編.—清唻椒堂刻
本.—1 册.—書名據版心題；附御朝疏、移宮疏
傳 676.034/844＋9

4078

左忠毅公年譜定本　二卷/馬其昶編.—清光緒三
十年(1904)合肥李國松集虛草堂刻本.—1 册.—(集
虛草堂叢書甲集)　　　　　傳 676.034/923
部二　1 册　　　　　　　　　　　3336

4079*

左忠毅公年譜定本　二卷/馬其昶編.—民國 14 年
(1925)蓬萊慕元輔京師刻本.—1 册
部二　1 册　　　　　　傳 676.034/923.2
部三　1 册　朱印 陳垣贈書　傳 676.034/923.1
部四　1 册　朱印　　　傳 676.034/923.1/部二

4080*

劉職方公年譜　一卷/(清)劉穎編.—民國間朱絲
欄抄本.—1 册.—(明)劉永澄(1576—1612),官兵部
職方司主事.—毛裝　　　　傳 676.04/847

4081

先君子蕺山先生年譜　二卷/(清)劉汋編.—清乾
隆四十二年(1777)山陰劉毓德刻本.—2 册.—(明)劉
宗周(1578—1645),號念台,家於蕺山,又稱蕺山先
生,謚忠介；書名頁等題劉忠介公年譜
部二　2 册　　　　　　　傳 676.06/827

4082

先君子蕺山先生年譜　二卷/(清)劉汋編.—清乾
隆三十九年(1774)刻道光十一年(1831)增刻本.—2
册.—書名頁題劉念臺先生年譜,版心題劉蕺山先生
年譜；證人堂藏板　　　　　傳 676.06/827.1

4083

蕺山先生年譜　二卷/(清)劉汋編.—清光緒二十
三年(1897)海天旭日硯齋刻本.—2 册.—書名頁及版
心題蕺山年譜
部二　2 册　　　　　　　傳 676.06/827.2

4084

錢牧翁先生年譜　一卷/(清)彭城退士編.—清宣
統三年(1911)國學扶輪社上海鉛印本.—1 册.—(清)
錢謙益(1582—1664),號牧齋,或稱牧翁；版心題牧齋
年譜；附牧齋晚年家乘文　　傳 676.10/805
部二　1 册 陳垣贈書　　　　　111629

4085

[牧翁先生年譜]　一卷/(清)葛萬里編.—清宣統
二年(1910)鉛印本.—1 册.—有墨筆批校；國粹學報
第 65 期　　　　　　　　　傳 676.10/844

4086

牧齋先生年譜　一卷/(清)葛萬里編.—清翁斌孫
笏齋綠絲欄抄本.—1 册.—有硃筆校字
傳 676.10/844.1

4087*

錢牧齋先生年譜　一卷附錄一卷/金鶴沖編.—民
國 21 年(1932)鉛印本.—1 册：圖及像.—卷末附東澗
遺老錢公別傳
部二　1 册
部三　1 册
部四　1 册
部五　1 册　　　　　　　傳 676.10/926

4088*

錢牧齋先生年譜　一卷附錄一卷/金鶴沖編.—民
國 30 年(1941)廣德錢文選鉛印本.—1 册：圖及像.—
卷末附東澗遺老錢公別傳
部二　1 册
部三　1 册　　　　　　　傳 676.10/926.1

4089*

清錢牧齋先生年譜　一卷/張近凡編.—民國間報
紙剪貼本.—1 册.—作者原題張聯駿,字近凡；附剪貼
尊聞集雜俎　　　　　　　傳 676.10/927

4090

周吏部年譜 一卷/(明)殷獻臣編.—清康熙四十年(1701)刻本.—1 冊:像.—(明)周順昌(1584—1626),諡忠介,官吏部員外郎;有抄配;版心題忠介年譜;附傳記家書等 傳 676.12/789

4091

黃忠端公年譜 二卷年譜舊本一卷/(清)黃炳垕編.—清光緒二十五年(1899)餘姚黃炳垕留書種閣刻本.—1 冊:圖及像.—(留書種閣集).—(明)黃尊素(1584—1626),諡忠端

部二 1 冊

部三 1 冊 傳 676.124/894

4092

徵君孫先生年譜 二卷(清)湯斌,(清)魏一鼇等編;(清)方苞訂正.—清康熙間刻道光至光緒間遞修本.—26 冊.—(孫夏峰全集).—(清)孫奇逢(1584—1675),字啟泰,號鐘員,學者稱夏峰先生,兩朝徵聘不就,人稱徵君;與孫徵君日譜錄存、遊譜、孝友堂家規合印 124634

4093

徵君孫先生年譜 二卷/(清)湯斌等編;(清)方苞訂正.—清乾隆間刻光緒間重印本.—6 冊:像.—(孫夏峰全集).—與中州人物考、遊譜、孝友堂家規、乙丙紀事、答問合印

部二 4 冊 與孝友堂家規、答問合印

部三 4 冊 與遊譜、答問合印

部四 2 冊

部五 2 冊 傳 676.123/825

4094

漳浦黃先生年譜 二卷/(明)莊起儔編;(清)陳壽祺輯校.—清道光九年(1829)刻本.—1 冊:像.—(明)黃道周(1585—1646),號石齋,諡忠端,漳浦人;黃漳浦集之一 傳 676.134/795

4095

黃忠端公年譜 四卷補遺一卷/(明)莊起儔編;(清)蔡世遠校.—清道光九年(1829)刻本.—2 冊

部二 2 冊

部三 1 冊 傳 676.134/795.1

4096

黃子年譜 一卷/(明)洪思編;(清)林廣獲校.—清道光二十四年(1844)龍溪曾省林廣邁刻本.—1 冊

部二 1 冊

部三 2 冊 傳 676.134/792

4097

黃子年譜 一卷/(明)洪思編.—清三山陳氏抄本.—1 冊.—有朱岳欽硃筆錄補,卷末有清光緒八年(1882)蔣鳳藻題識;附論方一藻疏、請絕北使議 傳 676.134/792.1

4098

呂明德先生年譜 四卷/(清)施化遠等編.—清康熙二年(1663)新安呂氏刻本.—4 冊.—(明)呂維祺(1587—1641),號明德

部二 4 冊

部三 2 冊 傳 676.15/823

4099

范文忠公年譜 一卷/(清)王孫錫編.—清康熙間刻本.—1 冊.—(明)范景文(1587—1644),諡文忠;版心題思仁堂;范文忠公初集之一 傳 676.155/824

4100*

蒼雪大師行年考略 一卷/陳乃乾編.—民國 29 年(1940)鉛印本.—1 冊.—(清釋)讀徹(1588—1656),字蒼雪;陳垣贈書

部二 1 冊 傳 676.16/957

4101

豫如府君年譜 二卷卷首一卷/(清)華衷黃編;(清)張夏參訂;(清)華王澄補編.—清道光二十八年(1848)刻本.—1 冊:像.—(明)華允誠(1588—1648),號豫如、鳳超,清諡節湣;卷端題奉直大夫吏部員外郎豫如府君年譜

部二 1 冊 傳 676.166/826

4102

節湣華公年譜 二卷卷首一卷卷末一卷/(清)華衷黃編;(清)張夏參訂;(清)華王澄補編.—清光緒八年(1882)無錫華氏活字本.—1 冊:像.—書名頁題華鳳超先生年譜;版心題存裕堂 傳 676.166/826.1

4103*

　葉天寥自撰年譜　一卷續譜一卷別記一卷甲行日注八卷/(明)葉紹袁編.—民國2年(1913)南林劉承幹求恕齋刻朱印本.—3冊.—(明)葉紹袁(1589—1648),號天寥;書名頁及書簽題葉天寥年譜

　　部二　3冊
　　部三　3冊
　　部四　1冊　缺甲行日注　　　傳676.17/818

4104*

　葉天寥自撰年譜　一卷續譜一卷別記一卷甲行日注八卷/(明)葉紹袁編.—民國2年(1913)吳興劉承幹嘉業堂刻本.—4冊.—(嘉業堂叢書)

　　部二　4冊
　　部三　3冊　　　　　　　傳676.17/818.1

4105*

　葉天寥自撰年譜　一卷續譜一卷/(明)葉紹袁編.—民國間抄本.—2冊　　傳676.17/818.2

4106

　邢孟貞先生年譜　一卷/(清)湯之孫編.—清光緒十八年(1892)刻本.—1冊:像.—(清)邢昉(1590—1653),字孟貞　　　　傳676.18/815

4107*

　侯忠節公年譜　三卷卷首一卷/(清)侯玄淨編.—民國22年(1933)鉛印本.—1冊:像.—(明)侯峒曾(1591—1645),諡忠節　　傳676.19/829

4108*

　李厔園先生年譜　一卷附錄一卷厔園集拾遺一卷/羅繼祖編.—民國25年(1936)上虞羅氏墨緣堂石印本.—1冊.—(願學齋叢刊).—(清)李確(1591—1672),學者稱厔園先生　　傳676.194/955

4109

　奉常公年譜　四卷/(清)王寶仁編.—清道光十八年(1838)太倉王氏刻本.—1冊.—(清)王時敏(1592—1680),號煙客;舊香居藏版　傳676.20/874

4110*

　王煙客年譜　一卷/(清)王寶仁編.—民國23年(1934)海寧陳乃乾共讀樓烏絲欄抄本.—1冊
　　　　　　　　　　　　　傳676.20/874＋2

4111

　先忠節公年譜略　一卷/(清)吳蕃昌編.—清初刻本.—1冊.—(明)吳麟徵(1593—1644),諡忠節
　　　　　　　　　　　　　傳676.21/814

4112*

　洪文襄公年譜　一卷/(清)法式善編.—民國25年(1936)北平洪文襄公宗祠打字油印本.—1冊.—(清)洪承疇(1593—1665),諡文襄

　　部二　1冊
　　部三　1冊
　　部四　1冊　缺第33頁　　　傳676.212/852

4113

　洪文襄公承疇年譜　一卷/(清)法式善編.—清抄本.—2冊　　　　　　傳676.212/852.1

4114

　倪文正公年譜　四卷/(清)倪會鼎編.—清咸豐四年(1854)南海伍崇曜刻本.—1冊:像.—(粵雅堂叢書).—(明)倪元璐(1594—1644),諡文正
　　　　　　　　　　　　　傳676.217/827

4115

　倪文正公年譜　四卷/(清)倪會鼎編.—清抄本.—1冊:像.—蟲蛀殘損　　傳676.217/827.1

4116

　天山自敍年譜　一卷/(明)鄭鄤編.—清宣統二年(1910)武進盛宣懷刻本.—1冊.—(明)鄭鄤(1594—1639),號天山;陳垣贈書

　　部二　1冊　　　　　　傳676.22/784.1
　　部三　1冊　朱印　　　傳676.22/784

4117*

　天山自敍年譜　二卷/(明)鄭鄤編.—民國2年(1913)鉛印本.—1冊.—卷1有殘;版心題鄭鄤事迹
　　　　　　　　　　　　　傳676.22/784.2

4118

　忠節吳次尾先生年譜　一卷/(清)夏燮編.—清同

治六年(1867)永寧官廨刻本.—1 冊.—(明)吳應箕
(1594—1645),字次尾,諡忠節;與吳次尾先生遺事
合印

部二 1 冊 缺遺事 傳 676.22/897

4119

吳先生年譜 一卷吳氏世表一卷/劉世珩編.—清
光緒二十六年(1900)貴池劉氏唐石簃刻本.—1 冊.—
(貴池先哲遺書) 傳 676.22/927

4120

張忠敏公年譜 一卷/(清)張振珂編.—清光緒五
年(1879)江蘇書局刻本.—1 冊.—(明)張國維
(1595—1646),諡忠敏;張忠敏公遺集卷 10

傳 676.23/876

4121*

鄭桐庵先生年譜 二卷/(清)徐雲祥,(清)鄭敷教
編;(清)沈明揚輯.—民國 23 年(1934)鉛印本.—1
冊.—(甲戌叢編).—(清)鄭敷教(1596—1675),號桐
庵;版心題桐庵年譜 傳 676.24/825

4122*

金正希先生年譜 一卷附錄一卷/(清)程錫類
編.—民國 17 年(1928)思貽堂刻本.—1 冊.—(明)金
聲(1598—1645),字正希

部二 1 冊
部三 1 冊
部四 1 冊
部五 1 冊 傳 676.26/806

4123

金正希先生年譜 一卷/(清)程錫類編;(清)劉洪
烈注.—清光緒二十三年(1897)兩湖書院木活字
本.—1 冊.—有墨筆批校,硃筆圈點;陳垣贈書

部二 1 冊 有硃墨筆批校
部三 1 冊 傳 676.26/80606

4124

金正希先生年譜 一卷/(清)程錫類編;李宗焆重
編.—清抄本.—1 冊.—有硃墨筆批校

傳 676.26/894

4125

劉先生年譜 一卷世表一卷/劉世珩編.—清光緒
二十六年(1900)刻本.—1 冊.—(貴池先哲遺書).—
(清)劉城(1598—1650),字伯宗,私諡文貞

傳 676.26/927

4126*

徐闇公先生年譜 一卷附錄一卷/陳乃乾,陳洙
編.—民國 15 年(1926)金山姚氏懷舊樓刻本.—1 冊:
像.—(清)徐孚遠(1599—1665),字闇公;釣璜堂存稿
之一 傳 676.27/927

4127*

蘀石先生年譜 一卷/(清)左輝春編.—民國間朱
絲欄抄本.—1 冊.—(明)左懋第(1601—1646),號蘀
石;書衣題錄自左忠貞公集 傳 676.29/804

4128

堵文襄公年譜 一卷/(明)堵胤錫編;(清)吳騫續
編.—清光緒十一年(1885)童斐抄本.—1 冊.—(明)
堵胤錫(1601—1649),字錫君,號牧遊,諡文忠、文襄,
改諡忠肅;與楊忠湣公自著年譜合抄

傳 674.52/756.1

4129

堵文忠公年譜 一卷/(清)張夏編.—清道光二十
三年(1823)錫山潘氏刻本.—1 冊.—版心題堵文忠年
譜;靜日軒藏版 傳 676.294/827

4130

堵文忠公年譜 一卷/(清)張夏編.—清同治十三
年(1874)木活字本.—1 冊.—版心題堵文忠年譜;蜀
山書院藏版

部二 1 冊 傳 676.294/827.1

4131

堵文忠公年譜 一卷/(清)周同編.—清光緒十三
年(1887)刻本.—1 冊.—堵文忠公集之一

傳 676.294/896

4132*

查東山先生年譜 一卷附一卷/(清)沈起編;(清)
張濤,(清)查穀注.—民國間吳興劉氏嘉業堂刻綠印

本.—1 册.—(清)查繼佐(1601—1676),別號東山

傳 676.2946/823

4133*

查東山先生年譜　一卷附一卷/(清)沈起編;(清)張濤,(清)查穀注.—民國 5 年(1916)吳興劉氏嘉業堂刻本.—1 册.—(嘉業堂叢書)

部二　1 册
部三　1 册
部四　1 册
部五　1 册　　　　　　　傳 676.2946/823.1

4134*

陶密庵先生年譜　一卷/梅英傑編.—民國 10 年(1921)潙嶠遺書館刻本.—1 册.—(清)陶汝鼐(1601—1683),號密庵;陶密庵先生遺集之一

部二　1 册　　　　　　　傳 676.295/923

4135*

王崇簡年譜　一卷/(清)王崇簡編.—民國間抄本.—1 册.—(清)王崇簡(1602—1678),字敬哉,室名青箱堂;書衣題錄自青箱堂文集　　傳 676.30/824

4136

李寒支先生歲紀　一卷/(清)李世熊編;(清)李子權續編.—清道光間刻本.—1 册.—(清)李世熊(1602—1686),號寒支;版心題寒支歲紀;寒支二集卷首　　　　　　　　　　傳 676.304/824

4137

葛中翰年譜　一卷/(清)葛曎,(清)葛暐編.—清光緒十六年(1890)湘鄉葛培義刻本.—1 册.—(明)葛麟(1602—1645),授中書舍人;葛中翰遺集卷首

傳 676.3044/824

4138*

祁忠敏公年譜/(清)王思任編;(清)梁廷柟,(清)龔沆補編.—民國 26 年(1937)紹興縣修志委員會鉛印本.—6 册.—(明)祁彪佳(1602—1645),字虎子、幼文、宏吉,號世培,謚忠敏;與祁忠敏公日記合印

124678

部二　6 册　　　　　　　　　　　124679

4139*

祁忠敏公年譜/(清)王思任編;(清)梁廷柟,(清)龔沆補編.—1982 年杭州古舊書店掃描油印本.—10 册.—據民國 26 年(1937)紹興縣修志委員會鉛印本掃描油印;與祁忠敏公日記合印　　　　124680

4140*

張溥年譜/蔣逸雪編.—民國 35 年(1946)朱絲欄抄本.—1 册.—(明)張溥(1602—1641),字天如

152152

4141*

萬年少先生年譜　一卷附錄一卷/羅振玉編.—民國 8 年(1919)鉛印本.—1 册.—(清)萬壽祺(1603—1652),字年少;附隰西草堂集拾遺、隰西草堂集續拾、補正

部二　1 册
部三　1 册
部四　1 册
部五　1 册　　　　　　　　傳 676.31/925

4142

白耷山人年譜　一卷/(清)魯一同編.—清光緒十九年(1893)鉛印本.—1 册.—(小方壺齋叢書).—(清)閻爾梅(1603—1679),號白耷山人;與山陽河下園亭記合印　　　　　　　傳 676.314/886

4143*

白耷山人年譜　一卷附寅賓錄一卷/(清)魯一同編.—民國 4 年(1915)吳興劉氏嘉業堂刻本.—1 册.—(嘉業堂叢書).—書簽題閻古古年譜

部二　1 册
部三　1 册
部四　1 册
部五　1 册　　　　　　　傳 676.314/886.1

4144*

白耷山人年譜　二卷/張相文編.—民國 11 年(1922)中國地學會北京鉛印本.—1 册:像.—閻古古全集卷 1　　　　　　　　傳 676.314/927

4145*

陳乾初先生年譜　二卷/(清)吳騫編.—民國 4 年(1915)鉛印本.—1 册.—(雪堂叢刻).—(清)陳確

(1604—1677),字乾初　　　　　　傳 676.32/854

4146

　陶庵先生年譜　一卷/(清)陳樹德編;(清)宋道南
重訂.—清光緒間刻本.—1册:像.—(明)黃淳耀
(1605—1645),號陶庵;陶庵集卷首　傳 676.33/827

4147*

　公他先生年譜略　一卷/(清)張廷鑒編.—民國間
朱絲欄抄本.—1册.—(清)傅山(1607—1690),字青
主,別署公他;書衣題錄自仙儒外紀　傳 676.35/827

4148

　傅青主先生年譜　一卷/丁寶銓編.—清宣統三年
(1911)刻本.—1册
　部二　1册
　部三　1册
　部四　1册
　部五　1册　　　　　　　　　　　傳 676.35/915

4149

　姜貞毅先生自著年譜　一卷續編一卷/(明)姜采
編;(清)姜安節續編.—清光緒十五年(1889)山東書
局刻本.—1册:像.—(明)姜采(1607—1673),私諡
貞毅　　　　　　　　　　　　傳 676.353/823

4150*

　錢忠介公年譜　一卷/馮貞群編.—民國 23 年
(1934)四明張氏約園刻本.—1册.—(四明叢書).—
(明)錢肅樂(1607—1648),諡忠介　傳 676.355/922

4151*

　天然和尚年譜　一卷/汪宗衍編.—民國 32 年
(1943)鉛印本.—1册:像.—(清釋)函昰(1608—
1685),別字天然;附著述考
　部二　1册　　　　　　　　　　傳 676.36/923

4152

　陳忠裕年譜　三卷/(明)陳子龍編;(清)王沄續編;
(清)王昶輯.—清嘉慶八年(1803)刻本.—2册:像.—
(明)陳子龍(1608—1647),追諡忠裕;陳忠裕全集
之一
　部二　2册　　　　　　　　　　傳 676.367/817

4153

　吳梅村先生年譜　四卷/(清)顧師軾編.—清道光
間刻本.—1册.—(清)吳偉業(1609—1672),號梅村;
有宋清壽硃筆題識　　　　　　　傳 676.37/862

4154

　吳梅村先生年譜　四卷/(清)顧師軾編.—清光緒
三年(1877)太倉吳氏刻本.—1册　傳 676.37/862.1

4155

　吳梅村先生年譜　四卷/(清)顧師軾編.—清光緒
三年(1877)太倉吳氏刻光緒二十三年(1897)重印
本.—1册
　部二　1册　　　　　　　　　　傳 676.37/862.2

4156*

　吳梅村先生年譜　一卷/(日)鈴木虎雄編.—民國
間抄本.—1册　　　　　　　　　傳 676.37/995

4157

　先太高祖別駕公年譜　一卷/(清)宋瀠編.—清嘉
慶二十五年(1820)刻本.—1册.—(清)宋之韓
(1610—1669),官別駕;海沂詩集卷首
　　　　　　　　　　　　　　　傳 676.38/846

4158

　黃黎洲先生年譜　三卷/(清)黃炳垕編.—清同治
十二年(1873)餘姚黃氏刻本.—1册:像.—(清)黃宗
羲(1610—1695),號黎洲;牌記題同治癸酉秋刊留書
種閣藏版　　　　　　　　　　　傳 676.384/894

4159

　黃黎洲先生年譜　三卷/(清)黃炳垕編.—清同治
十二年(1873)餘姚黃氏刻本.—1册:像.—牌記題同
治十二年秋雕朱衍緒署檢
　部二　1册
　部三　1册　　　　　　　　　　傳 676.384/894.1

4160

　尊道先生年譜　一卷/(清)凌錫祺編.—清光緒二
十六年(1900)刻本.—1册.—(清)陸世儀(1611—
1672),私諡尊道;桴亭先生遺書附　傳 676.39/826

4161*

冒巢民先生年譜 一卷/冒廣生編.—民國 12 年 (1923)如皋冒氏刻本.—1 册.—(如皋冒氏叢書).—(清)冒襄(1611—1693),號巢民

部二 1 册 傳 676.395/955

4162

楊園張先生年譜 一卷/(清)姚夏編.—清乾隆十八年(1753)寧化雷鋐刻本.—1 册.—(清)張履祥 (1611—1674),號楊園

部二 1 册 傳 676.397/825

4163

張楊園先生年譜 四卷附錄一卷/(清)姚夏編;(清)陳梓訂補.—清道光十四年(1834)平湖沈維鐈刻本.—1 册

部二 1 册 傳 676.397/825.1

4164

張楊園先生年譜 一卷附錄一卷/(清)蘇惇元編.—清道光二十三年(1843)桐城蘇氏刻本.—1 册.—(清)張履祥(1611—1674),號楊園

部二 1 册
部三 1 册
部四 1 册 缺附錄 傳 676.397/878

4165

張楊園先生年譜 一卷附錄一卷/(清)蘇惇元編.—清同治三年(1864)錢塘丁氏刻本.—1 册.—(當歸草堂叢書)

部二 1 册
部三 1 册
部四 1 册 傳 676.397/878.1

4166*

周櫟園先生年譜 一卷/(清)周在浚編.—民國間朱絲欄抄本.—1 册.—(清)周亮工(1612—1672),號櫟園;賴古堂集附錄 傳 676.40/826

4167

錢公飲光府君年譜 一卷/(清)錢撝祿編.—清宣統二年(1910)木活字本.—1 册.—(清)錢澄之(1612—1693),字飲光,自號田間老人;書名頁題錢飲光先生年譜,版心題田間年譜 傳 676.405/825

4168

先公田間府君年譜 一卷/(清)錢撝祿編.—清宣統三年(1911)鉛印本.—1 册.—國粹學報第 75—79 期 傳 676.405/825.1

4169

先公田間府君年譜 一卷/(清)錢撝祿編.—清末抄本.—1 册.—有硃筆批校 傳 676.405/825.2

4170*

柴雪年譜 一卷/(清)宋之繩編.—民國間海寧陳乃乾共讀樓烏絲欄抄本.—1 册.—(清)宋之繩 (1612—1672),號柴雪 傳 676.406/826

4171

顧亭林先生年譜 一卷/(清)顧衍生編;(清)吳映奎重編;(清)車持謙增纂.—清道光十九年(1839)上元車氏刻本.—1 册:像.—(清)顧炎武(1613—1682),號亭林

部二 1 册 傳 676.41/822

4172*

顧亭林先生年譜 一卷/(清)顧衍生編;(清)吳映奎重編;(清)車持謙增纂.—民國間朱格抄本.—1 册.—有硃筆校改 傳 676.41/822.1

4173

顧亭林先生年譜 一卷/(清)吳映奎編.—清光緒六年(1880)嘉興金吳瀾刻本.—1 册:像.—(歸顧朱三先生年譜合刻)

部二 1 册
部三 1 册 傳 676.41/864

4174*

顧亭林先生年譜 一卷附錄二卷/(清)吳映奎,(清)車持謙編;(清)錢邦彥校補.—民國間商務印書館上海鉛印本.—1 册:像.—(四部叢刊三編).—版心題校補亭林年譜 傳 676.41/864—2

4175

顧亭林先生年譜 一卷/(清)張穆編.—清道光二十四年(1844)刻本.—1 册

部二 1 册
部三 1 册

部四　1 册
部五　1 册　　　　　　　　　　傳 676.41/867

4176

顧亭林先生年譜　四卷附錄一卷/(清)張穆編.—
清咸豐三年(1853)南海伍崇曜刻本.—4 册.—(粵雅
堂叢書)
部二　2 册
部三　1 册　　　　　　　　　　傳 676.41/867.1

4177*

顧亭林先生年譜　一卷校補一卷/(清)張穆編;繆
荃孫校補.—民國 7 年(1918)吳興劉承幹嘉業堂刻
本.—1 册.—(嘉業堂叢書).—書名頁題顧亭林年譜
部二　1 册
部三　1 册
部四　1 册
部五　1 册　　　　　　　　　　傳 676.41/867.2

4178

顧亭林先生詩譜　一卷/(清)徐嘉編.—清光緒二
十三年(1897)山陽徐氏味靜齋刻本.—1 册.—顧亭林
先生詩箋注附　　　　　　　　　傳 676.41/915

4179

黃山年略　一卷/(清)法若真編;(清)法輝祖校
定.—清乾隆十六年(1751)刻本.—1 册.—(清)法若
真(1613—1693),號黃山
部二　1 册　　　　　　　　　　傳 676.412/822

4180*

歸玄恭先生年譜　一卷/趙經達編.—民國 13 年
(1924)昆山趙氏又滿樓刻本.—1 册.—(又滿樓叢
書).—(清)歸莊(1613—1673),字玄恭;與校正萬古
愁合印
部二　1 册　缺校正萬古愁
部三　1 册　缺校正萬古愁
部四　1 册　缺校正萬古愁
部五　1 册　缺校正萬古愁　　　傳 676.416/924

4181*

歸玄恭先生年譜　一卷/歸曾祁編.—民國間常熟
歸曾祁藍格稿本.—1 册.—附歸玄恭公著述目.
—毛裝　　　　　　　　　　　　傳 676.416/927

4182

安道公年譜　二卷/(清)陳溥編.—清光緒十九年
(1893)太倉繆氏刻本.—1 册.—(東倉書庫叢刻初
編).—(清)陳瑚(1613—1675),私謚安道;書名頁題
陳安道先生年譜
部二　1 册
部三　1 册
部四　1 册
部五　1 册　　　　　　　　　　傳 676.417/847

4183*

安道公年譜　二卷/(清)陳溥編.—民國 16 年
(1927)太倉圖書館刻本.—1 册.—(東倉書庫叢刻初
編).—書名頁題安道先生年譜　　傳 676.417/847.1

4184

大覺普濟能仁國師年譜　二卷/(清釋)超琦編.—
清同治十三年(1874)刻本.—1 册.—(清釋)通琇
(1614—1675),號能仁,封大覺普濟國師
　　　　　　　　　　　　　　　傳 676.42/824

4185*

大覺普濟能仁國師年譜　二卷/(清釋)超琦編.—
民國間抄本.—1 册　　　　　　　傳 676.42/824.1

4186

魏貞庵先生年譜　一卷/(清)魏荔彤編.—清光緒
五年(1879)定州王氏謙德堂刻本.—1 册.—(畿輔叢
書).—(清)魏裔介(1616—1686),號貞庵;與瓊琚佩
語合印　　　　　　　　　　　　傳 676.44/825

4187

程山謝明學先生年譜　一卷/(清)謝鳴謙編.—清
刻本.—1 册.—(清)謝文洊(1616—1682),學者稱程
山先生,又稱明學先生　　　　　　傳 676.442/842

4188

寒松老人年譜/(清)魏象樞口授;(清)魏學誠等
編.—清乾隆六年(1741)蔚州魏氏寒松堂刻本.—2
册.—(清)魏象樞(1617—1687),號寒松老人,謚敏
果;寒松堂集之一　　　　　　　　傳 676.45/825

4189

寒松老人年譜　一卷/(清)魏象樞口授;(清)魏學

誠等編.—清嘉慶十六年(1811)儀徵阮元刻本.—1
册.—寒松堂全集之一

　　部二　1册　　　　　　　　傳 676.45/825.1

4190

　　魏敏果公年譜　一卷/(清)魏象樞口授;(清)魏學
誠等編.—清光緒五年(1879)定州王氏謙德堂刻
本.—1册.—(畿輔叢書)　　　傳 676.45/825.2

4191

　　[壯悔堂]年譜　一卷/(清)侯洵編.—清抄本.—1
册.—(清)侯方域(1618—1654),字朝宗,室名壯悔堂
　　　　　　　　　　　　　　傳 676.46/809

4192

　　悔庵年譜　二卷年譜圖詩一卷小影圖贊一卷/(清)
尤侗編.—清康熙間刻本.—2册:圖及像.—(清)尤侗
(1618—1704),號悔庵;有補配;有硃筆圈點;西堂全
集之一

　　部二　1册　殘缺　　　　傳 676.463/823.1
　　部三　1册　西諦藏書　　　　　　XD10407

4193*

　　吳嘉紀年譜/蔡觀明編.—1964 年東台蔡觀明油印
本.—1册.—(清)吳嘉紀(1618—1684)

　　　　　　　　　　　　　　傳 676.464/954

4194*

　　紫雲先生年譜　一卷/錢聚仁編.—清光緒十三年
(1887)海盐錢發榮刻民國 7 年(1918)重印本.—1
册.—(清)錢汝霖(1618—1689),號商隱,學者稱紫雲
先生

　　部二　1册
　　部三　1册　　　　　　　傳 676.465/875

4195

　　申鳧盟先生年譜略　一卷/(清)申涵煜,(清)申涵
盼編.—清康熙十六年(1677)刻本.—1册.—(清)申
涵光(1620—1677),字孚孟,號鳧盟,晚號臥樗老人

　　部二　1册　殘缺　　　　傳 676.47/826

4196

　　申鳧盟先生年譜　一卷/(清)申涵煜,(清)申涵盼
編.—清光緒五年(1879)定州王氏謙德堂刻本.—1

册.—(畿輔叢書).—陳垣贈書　傳 676.47/826.1

4197

　　施愚山先生年譜　四卷/(清)施念曾編.—清乾隆
間刻本.—1册:像.—(施愚山先生全集).—(清)施閏
章(1619—1683),號愚山;與施氏家風述略合印

　　　　　　　　　　　　　　傳 676.473/843

4198

　　施愚山先生年譜　四卷/(清)施念曾編.—清乾隆
間刻本.—1册.—與施氏家風述略合印

　　　　　　　　　　　　　　傳 676.473/843.1

4199

　　施愚山先生年譜　四卷/(清)施念曾編.—清末木
活字本.—1册.—與施氏家風述略合印

　　部二　1册
　　部三　1册　　　　　　　傳 676.473/843.2

4200

　　王船山先生年譜　二卷/(清)劉毓崧編.—清光緒
十五年(1889)江南書局刻本.—2册.—(清)王夫之
(1619—1692),字而農,別號薑齋,世稱船山先生

　　部二　2册
　　部三　2册
　　部四　2册
　　部五　1册　　　　　　　傳 676.474/887

4201

　　王船山先生年譜　二卷/(清)王之春編.—清光緒
十九年(1893)刻本.—2册.—書名頁及版心題船山公
年譜,書簽題王船山公年譜;附船山著述目錄

　　部二　1册
　　部三　2册　　　　　　　傳 676.474/894

4202

　　先船山公年譜　二卷/(清)王之春編.—清光緒十
九年(1893)鄂藩使署刻 1974 年衡陽市博物館重印
本.—2册.—書名頁等題船山公年譜;附船山著述
目錄

　　部二　2册
　　部三　2册
　　部四　2册　　　　　　　傳 676.474/894.1

4203*

先船山公年譜　二卷/(清)王之春編.—民國間朱絲欄抄本.—2 册　　　　　傳 676.474/894.2

4204*

王船山先生行迹圖/佚名編；李世琠繪.—民國 22 年(1933)鴻飛印刷局長沙影印本.—1 册：圖及像.—書名據書簽題,目錄題船山先生行迹圖,版權頁題衡陽王船山先生行迹圖　　　　　124721

　部二　1 册　　　　　　　　　　124722
　部三　1 册　　　　　　　　　　124723

4205

陸辛齋先生年譜擬稿/(清)王簡可編；(清)崔以學補編.—清抄本.—1 册.—(清)陸嘉淑(1620—1689),字孝可,號射山,晚號辛齋；有硃墨筆批校
　　　　　　　　　　　　　傳 676.48/894

4206*

陸辛齋先生年譜/(清)王簡可編；(清)崔以學補編.—民國間靜得樓烏絲欄抄本.—1 册
　　　　　　　　　　　　　傳 676.48/894.1

4207

張忠烈公年譜　一卷/(清)趙之謙編.—清光緒二十二年(1896)慈溪童廑年刻本.—1 册：像.—(明)張煌言(1620—1664),號蒼水,謚忠烈

　部二　1 册　　　　　　　傳 676.487/894

4208

張蒼水年譜　一卷/(清)趙之謙編.—清末鉛印本.—1 册

　部二　1 册　　　　　　　傳 676.487/894.1

4209*

徐俟齋先生年譜　一卷附錄一卷/羅振玉編.—民國 8 年(1919)上虞羅振玉上海鉛印本.—1 册.—(清)徐枋(1622—1694),字昭法,號俟齋,別號秦餘山人

　部二　1 册
　部三　1 册
　部四　1 册　　　　　　　傳 677.035/925

4210*

徐俟齋先生年譜　一卷附錄二卷/羅振玉編.—民

國 11 年(1922)刻本.—1 册.—(永豐鄉人雜著)
　　　　　　　　　　　　　傳 677.035/925.1

4211*

鄭延平年譜　一卷/許浩基編.—民國 21 年(1932)吳興許浩基杏陰堂刻本.—1 册.—(杏陰堂彙刻).—(明)鄭成功(1624—1662),本名森,字大木,後賜國姓,改名成功,封延平郡王

　部二　1 册
　部三　1 册
　部四　1 册
　部五　1 册　　　　　　　傳 677.05/924

4212*

鄭延平年譜　一卷/許浩基編.—民國 15 年(1926)吳興許浩基杏陰堂鉛印本.—1 册
　　　　　　　　　　　　　傳 677.05/924.1

4213*

續修文清公年譜/汪敬源編.—民國間抄本.—4 册：圖及像.—(清)汪琬(1624—1691),字苕文,號鈍庵,學者稱堯峰先生,謚文清；有硃藍筆校改
　　　　　　　　　　　　　傳 677.053/923

4214*

續修文清公年譜　四卷附錄一卷/汪敬源編.—民國間抄本.—1 册：像　　　　傳 677.053/923.1

4215*

汪堯峰先生年譜　一卷/趙經達編.—民國 14 年(1925)昆山趙詒琛又滿樓刻本.—1 册.—(又滿樓叢書)

　部二　1 册
　部三　1 册
　部四　1 册　　　　　　　傳 677.053/924

4216*

汪堯峰先生年譜　一卷/趙經達編.—民國 14 年(1925)昆山趙詒琛又滿樓刻重印本.—1 册
　　　　　　　　　　　　　傳 677.053/924.1

4217*

費燕峰先生年譜　四卷/(清)費冕編.—196[?]年揚州古舊書店朱絲欄抄本.—4 册.—(清)費密

(1625—1701)，字此度，號燕峰　　傳 677.06/833

4218

潛庵先生年譜　一卷/（清）王廷燦編.—清康熙四十二年（1703）刻本.—1 冊：像.—（清）湯斌（1627—1687），字孔伯，別號荊峴，晚號潛庵，謚文正；湯子遺書之一　　　　　　　　　　傳 677.08/824

4219

湯文正公年譜定本　二卷/（清）方苞考定；（清）楊椿編.—清乾隆八年（1743）刻本.—1 冊.—樹德堂藏板　　　　　　　　　　傳 677.08/845

4220

湯文正公年譜定本　一卷/（清）方苞考定；（清）楊椿編.—清同治十年（1871）繡穀麗澤書屋刻本.—1 冊.—潛庵先生全集之一；附困學錄、湯潛庵先生志學會約補刊　　　　　　傳 677.08/845.1

4221

關中李二曲先生履歷紀略　一卷/（清）惠龗嗣編.—清周屋縣正堂程氏刻本.—1 冊.—（清）李顒（1627—1705），字中孚，號二曲，人稱二曲先生；書名據書名頁題，卷端等題歷年紀略；有清嘉慶七年康綸鈞墨筆題識；與司牧寶鑒、周屋三義傳、潛確錄、喑室錄感合印

部二　1 冊　　　　　　傳 677.084/823

4222

朱柏廬先生編年毋欺錄　三卷補遺一卷/（清）朱用純編；（清）金吳瀾補.—清光緒六年（1880）嘉興金吳瀾刻本.—3 冊：像.—（歸顧朱三先生年譜合刻）.—（清）朱用純（1627—1698），字致一，號柏廬，私謚孝定；書衣及書名頁題朱孝定先生編年毋欺錄；附朱柏廬先生著述目

部二　3 冊　　　　　　傳 677.089/829

4223

朱柏廬先生編年毋欺錄　三卷補遺一卷/（清）朱用純編；（清）金吳瀾補.—清光緒六年（1880）嘉興金吳瀾刻重印本.—3 冊：像.—書衣及書名頁題朱孝定先生編年毋欺錄；附朱柏廬先生著述目

　　　　　　　　　　傳 677.089/829.1

4224*

王文靖公年譜　一卷/（清）王熙編.—民國間抄本.—1 冊.—（清）王熙（1628—1703），字子雍，號慕齋，謚文靖；錄自王文靖公集.—毛裝

　　　　　　　　　　傳 678.01/824

4225

朱竹垞先生年譜　一卷/（清）楊謙編.—清刻本.—1 冊.—（清）朱彝尊（1629—1709），字錫鬯，號竹垞、金風亭長等；曝書亭集詩注之一　　傳 678.02/806

4226*

石濤上人年譜　一卷/傅抱石編.—民國 37 年（1948）京滬週刊社鉛印本.—1 冊：照片.—（清釋）原濟（1630—1707），字石濤，號苦瓜、瞎尊者

部二　1 冊　書名頁有墨筆題字　傳 678.03/925

4227

稼書先生年譜　一卷/（清）陸宸徵，（清）李鉉編.—清同治十三年（1874）虞山顧湘刻本.—1 冊.—（小石山房叢書）.—（清）陸隴其（1630—1693），字稼書，謚清獻　　　　　　　　傳 678.034/824

4228

陸清獻公年譜　一卷/（清）陸宸徵，（清）李鉉編；（清）吳光酉續編.—清同治七年（1868）武林薇署刻本.—1 冊：像.—版心題陸侍御年譜

部二　1 冊　有硃筆校字

部三　1 冊　　　　　　傳 678.034/824.1

4229

陸稼書先生年譜定本　二卷附錄一卷/（清）吳光酉編.—清雍正六年（1728）清風堂刻本.—3 冊.—版心題陸先生年譜定本；有硃筆補記

部二　4 冊　書名頁有墨筆題字　傳 678.034/834

4230

陸稼書先生年譜定本　二卷附錄一卷/（清）吳光酉編.—清雍正六年（1728）清風堂刻乾隆六年（1741）增刻本.—6 冊

部二　2 冊　　　　　　傳 678.034/834.1

4231

陸清獻公年譜定本　二卷附錄一卷/（清）吳光酉

編.—清光緒八年(1882)武進津河廣仁堂刻本.—2
册:像.—(津河廣仁堂所刻書)
　　　　　　　　　　　傳 678.034/834.2

4232
　陸清獻公年譜定本　一卷附補遺一卷/(清)吳光酉
編;(清)賀瑞麟補遺.—清涇陽柏經正堂刻本.—1册.
　　　　　　　　　　　傳 678.034/834.3

4233
　陸子年譜　二卷/(清)張師載編.—清乾隆十六年
(1751)寧化雷鋐刻本.—2册
　部二　1册　有硃筆圈點　　　傳 678.034/847

4234*
　陸子年譜　二卷/(清)張師載編.—民國間朱絲欄
抄本.—1册　　　　　　　　傳 678.034/847.1

4235*
　屈翁山先生年譜　一卷/鄔慶時編.—民國間抄
本.—8册.—(清)屈大均(1630—1696),字翁山;與皇
明四朝成仁錄合抄　　　　　　　123114

4236
　溧陽仙山黃劬雲年譜　二卷/(清)黃如瑾編;(清)
黃夢麟等補編.—清光緒二十六年(1900)溧陽黃氏木
活字本.—2册.—(清)黃如瑾(1631—1706),號劬雲;
書籤題黃劬雲先生年譜　　　傳 678.04/824

4237*
　陳獨漉先生年譜　一卷/溫肅編.—民國初廣東刻
本.—1册.—(清)陳恭尹(1631—1700),字元孝,初號
半峰,晚號獨漉;陳獨漉先生集之一
　部二　1册
　部三　1册　　　　　　　　傳 678.047/913

4238*
　吳漁山先生年譜　二卷/陳垣編.—民國 26 年
(1937)輔仁大學北平刻本.—1册:像.—(清)吳歷
(1632—1718),字漁山;附墨井集源流考
　部二　1册
　部三　1册　　　　　　　傳 678.05/957.1
　部四　1册　藍印　　　　　傳 678.05/957

4239
　鐵庵年譜　一卷/(清)翁叔元編.—清刻本.—1
册.—(清)翁叔元(1633—1701),號鐵庵;有缺頁
　　　　　　　　　　　傳 678.06/828

4240*
　德清胡朏明先生年譜/夏定域編.—民國間鉛印
本.—1册.—(清)胡渭(1633—1714),字朏明;文瀾學
報第 2 卷第 1 期　　　　　　　151162

4241
　漁洋山人自撰年譜　二卷(清)王士禎編;(清)惠棟
注補.—清康熙間吳縣惠氏紅豆齋刻本.—1册.—
(清)王士禎(1634—1711),號漁洋山人;版心題漁洋
山人年譜;　　　　　　　傳 678.07/824

4242
　漁洋山人自撰年譜　二卷(清)王士禎編;(清)惠棟
注補.—清乾隆間吳縣惠氏紅豆齋刻本.—1册.—版
心題漁洋山人年譜　　　　　傳 678.07/824.1

4243
　漁洋山人自撰年譜　二卷附錄一卷/(清)王士禎
編;(清)惠棟注補.—清刻本.—1册.—版心題漁洋山
人年譜;與金氏精華錄箋注辨訛合印
　　　　　　　　　　　傳 678.07/824.2

4244
　漁洋山人年譜　一卷/(清)金榮編;(清)徐淮輯.—
清刻本.—1册:像　　　　　傳 678.07/826

4245
　蒙齋年譜　一卷續一卷補一卷/(清)田雯編;(清)
田肇麗補編.—清康熙間德州田氏刻本.—1册.—
(清)田雯(1635—1704),號蒙齋;古歡堂集之一
　　　　　　　　　　　傳 678.08/825

4246
　蒙齋年譜　一卷續一卷補一卷/(清)田雯編;(清)
田肇麗補編.—清康熙間德州田氏刻重印本.—2
册:像
　部二　1册
　部三　1册
　部四　1册　缺像及贊　　傳 678.08/825.1

4247

顔習齋先生年譜　二卷/(清)李塨編;(清)王源訂.—清康熙四十六年(1707)刻本.—1 册.—(清)顔元(1635—1704),號習齋　　　傳 678.082/834

　　部二　2 册　西諦藏書　　　　　　　XD10408

4248

顔習齋先生年譜　二卷/(清)李塨編;(清)王源訂.—清光緒五年(1879)定州王氏謙德堂刻本.—2 册.—(畿輔叢書)　　　　　傳 678.082/834.1

4249*

顔習齋先生年譜　二卷/(清)李塨編;(清)王源訂.—民國間四存學校鉛印本.—1 册

　　部二　1 册　有硃筆圈點　傳 678.082/834.2

4250*

顔習齋先生年譜　二卷/(清)李塨編;(清)王源訂.—民國 12 年(1923)四存學會鉛印本.—1 册.—(顔李叢書)　　　　　傳 678.082/834.3

4251*

顔習齋先生年譜節本　一卷/(清)李塨編;瞿世英節抄.—民國 18 年(1929)中華平民教育促進總會北平鉛印本.—1 册:像.—修養集之三

　　部二　1 册

　　部三　1 册　　　　　　　傳 678.082/834＋5

4252

范忠貞年譜　一卷/(清)柯汝霖編.—清咸豐三年(1853)刻本.—1 册.—(清)范承謨(1635—1676),謚忠貞;板藏涵碧舫　　傳 678.085/895

4253

范忠貞年譜　一卷/(清)柯汝霖編.—清光緒五年(1879)當湖柯氏刻本.—1 册.—掃石山房藏版　　　　　　　　　　　　傳 678.085/895.1

　　部二　1 册

4254

閻潛丘先生年譜　一卷/(清)張穆編.—清道光二十七年(1847)壽陽祁氏刻本.—1 册.—(顧閻年譜).—(清)閻若璩(1636—1704),號潛丘;書名頁題潛丘年譜;有墨筆題識

　　部二　1 册　有李慈銘墨筆題記　傳 678.09/867

4255

閻潛丘先生年譜　一卷/(清)張穆編.—清道光二十七年(1847)壽陽祁氏刻清末增刻本.—1 册

　　部二　1 册

　　部三　1 册　　　　　　　傳 678.09/867.1

4256

閻潛丘先生年譜　四卷/(清)張穆編.—清咸豐三年(1853)南海伍崇曜粵雅堂刻本.—4 册.—(粵雅堂叢書)

　　部二　2 册

　　部三　2 册　　　　　　　傳 678.09/867.2

4257*

閻潛丘先生年譜　一卷/(清)張穆編.—民國 13 年(1924)四勿齋鉛印本.—1 册:像　傳 678.09/867.3

4258

寒村公年譜　一卷家書一卷/(清)鄭勳編.—清嘉慶十三年(1808)慈溪鄭氏刻本.—1 册.—(清)鄭梁(1638—1713),號寒村;卷端題誥授中憲大夫先寒村公年譜

　　部二　1 册　　　　　　　傳 678.11/854

　　部三　1 册　西諦藏書　　　　XD10400

4259*

寒村公年譜　一卷/(清)鄭勳編.—民國間四明張氏約園烏絲欄抄本.—1 册.—卷端題誥授中憲大夫先寒村公年譜　　　　　傳 678.11/854.1

4260*

萬季野先生系年要錄　一卷/王煥鑣編.—民國 33 年(1944)四明張芝聯綠格抄本.—1 册.—(清)萬斯同(1638—1702),字季野;有破損;書衣有約園題記;錄自民國 26 年 7 月史學雜誌第 1 卷第 2 期.—毛裝

　　　　　　　　　　　　　　　傳 678.114/924

4261

華野郭公年譜　一卷/(清)郭廷翼編.—清道光二十一年(1841)吳江柳樹芳刻本.—1 册.—(清)郭琇(1638—1715),號華野;勝溪草堂藏版

　　　　　　　　　　　　　　　傳 678.1146/844

4262

華野郭公年譜　一卷/(清)郭廷翼編.—清刻本.—
1 冊　　　　　　　　　傳 678.1146/844.1

4263

于襄勤公年譜墓誌銘　二卷/(清)宋犖,(清)李樹
德編.—清道光十八年(1838)奉天于卿保刻本.—2
冊.—(清)于成龍(1638—1700),號如山,諡襄勤;書
名據書籤題

部二　2 冊

部三　2 冊　　　　　　　傳 678.115/826

4264

[鷗盟]己史　一卷/(清)申涵盼編.—清抄本.—1
冊.—(清)申涵盼(1638—1682),號鷗盟;錄自鷗盟
集;陳垣贈書　　　　　　傳 678.116/826

4265**

鷗盟己史　一卷/(清)申涵盼編.—民國間朱絲欄
抄本.—1 冊.—錄自鷗盟集.—毛裝
　　　　　　　　　　　傳 678.116/826.1

4266**

蒲柳泉先生年譜　一卷附錄四種/路大荒編.—
1955 年油印本.—1 冊.—(清)蒲松齡(1640—1715),
號柳泉;西諦藏書　　　　　　　XD10401

4267

張文貞公年譜　一卷/丁傳靖編.—清光緒三十一
年(1905)丹徒張氏刻本.—1 冊.—(清)張玉書
(1642—1711),諡文貞;陳垣贈書

部二　1 冊　　　　　　　傳 678.15/925

4268

張文貞公年譜　一卷/丁傳靖編.—清光緒二十七
年(1901)丹徒張藻文木活字本.—1 冊.—書籤題京江
張文貞公年譜

部二　1 冊　　　　　　　傳 678.15/925.1

4269

文貞公年譜　二卷/(清)李清植編.—清道光五年
(1825)安溪李維迪刻本.—1 冊.—(清)李光地
(1642—1718),號榕村,諡文貞;二酉堂藏板

部二　2 冊

部三　2 冊　有缺頁　　　　傳 678.154/824

4270

榕村譜錄合考　二卷/(清)李清馥編.—清道光六
年(1826)安溪李維迪刻本.—2 冊.—二酉堂藏版
　　　　　　　　　　　傳 678.154/8243

4271

榕村譜錄合考　二卷/(清)李清馥編.—清道光間
安溪李維迪等重刻本.—2 冊.—(榕村全書)
　　　　　　　　　　　傳 678.154/8243.1

4272**

厚齋自著年譜　一卷/(清)張篤慶編.—民國間朱
絲欄抄本.—1 冊.—(清)張篤慶(1642—1720),號厚
齋;書衣題錄自崑崙山房集.—毛裝
　　　　　　　　　　　傳 678.157/837

4273

慈溪裘蔗邨太史年譜　一卷/(清)裘姚崇編.—清
道光間奚疑齋木活字本.—1 冊.—(清)裘璉(1644—
1729),號蔗邨;附譜主著述書目

部二　1 冊　毛裝　　　　傳 678.17/863

4274**

蓮洋吳徵君年譜　一卷/(清)翁方綱編.—民國間
鋼筆抄本.—1 冊.—(清)吳雯(1644—1704),號蓮洋;
書衣題錄自蓮洋集.—毛裝　　傳 678.174/858

4275

南畇老人自訂年譜　一卷/(清)彭定求編;(清)彭
祖賢重編.—清光緒七年(1881)刻本.—1 冊.—(長
洲彭氏家集).—(清)彭定求(1645—1719),號南畇
老人

部二　1 冊　缺後跋　　　傳 684.02/826

4276**

孔尚任年譜/容肇祖編.—民國 23 年(1934)廣州鉛
印本.—1 冊.—(清)孔尚任(1648—1718).—平裝
　　　　　　　　　　　　　　122390

部二　1 冊　　　　　　　　122391

4277**

遂寧張文端公年譜　一卷/(清)張知銓編.—民國

間朱絲欄抄本. —1 册. —(清)張鵬翮(1649—1725)，
謐文端；書衣題錄自張文端公全集　　傳 681.06/897

4278*

查他山先生年譜　一卷/(清)陳敬璋編. —民國 2
年(1913)吳興劉氏嘉業堂刻本. —1 册. —(嘉業堂叢
書). —(清)查慎行(1650—1727)，號他山；書名頁題
查它山年譜；陳垣贈書
部二　1 册
部三　1 册
部四　1 册
部五　1 册　　　　　　傳 681.07/847

4279*

查他山先生年譜　一卷/(清)陳敬璋編. —民國間
吳興劉氏嘉業堂刻本. —1 册. —書名頁題查它山年譜
　　　　　　傳 681.07/847.1

4280

吳絳雪年譜　一卷/(清)俞樾編. —清宣統二年
(1910)國學扶輪社上海鉛印本. —1 册. —(香豔叢
書). —(清)吳宗愛(1650—1674)，字絳雪
　　　　　　傳 681.074/897

4281

張清恪公年譜　二卷/(清)張師栻，(清)張師載
編. —清乾隆間刻本. —2 册. —(清)張伯行(1652—
1725)，謐清恪；正誼堂藏板；正誼堂集卷首
部二　2 册
部三　2 册
部四　4 册　　　　　　傳 681.09/857

4282

張清恪公年譜　二卷/(清)張師栻，(清)張師載
編. —清光緒間鉛印本. —1 册. —正誼堂集卷首
　　　　　　傳 681.09/857.1

4283

張清恪公年譜　二卷/(清)張師栻，(清)張師載
編. —清光緒間麗澤書社石印本. —2 册
　　　　　　傳 681.09/857.2

4284

南山先生年譜　一卷/(清)戴鈞衡編. —清光緒間

刻本. —1 册. —(清)戴名世(1653—1713)，人稱南山
先生，又稱潛虛先生；南山集卷首　　傳 681.10/863

4285

潛虛先生年譜　一卷/(清)戴鈞衡編. —清綠絲欄
抄本. —1 册　　　　　　傳 681.10/863.1

4286

念庵府君年譜　二卷/(清)王棠，(清)王概編. —清
雍正間諸城王氏刻本. —2 册. —(清)王沛憻(1656—
1732)，號念庵；卷端題誥授資政大夫吏部右侍郎加都
察院左都御史予告先考念庵府君年譜
部二　2 册　　　　　　傳 681.13/844

4287

海康陳清端公年譜　二卷/(清)丁宗洛編. —清道
光六年(1826)刻本. —2 册. —(清)陳璸(1656—
1718)，謐清端；缺續記；板藏沛上東署不負齋
部二　1 册　　　　　　傳 681.137/855

4288*

海康陳清端公年譜　二卷附錄一卷/(清)丁宗洛
編. —民國 10 年(1921)海康黃景星雷城鉛印本. —2
册：像　　　　　　傳 681.137/855.1

4289

李恕谷先生年譜　五卷/(清)馮辰編；(清)劉調贊
續編；(清)惲鶴生訂；(清)李鏜重訂. —清道光十六年
(1836)蠡吾李誥金陵刻本. —3 册. —(清)李塨
(1659—1733)，號恕谷；版心題恕谷先生年譜
　　　　　　傳 681.16/822

4290

李恕谷先生年譜　五卷/(清)馮辰編；(清)劉調贊
續編；(清)惲鶴生訂；(清)李鏜重訂. —清道光十六年
(1836)蠡吾李誥金陵刻重印本. —4 册. —版心題恕谷
先生年譜
部二　4 册
部三　4 册
部四　5 册　卷 5 缺 29 頁　　傳 681.16/822.1

4291*

李恕谷先生年譜　五卷/(清)馮辰編；(清)劉調贊
續編；(清)惲鶴生訂；(清)李鏜重訂. —民國間四存學

校鉛印本.—2 册.—版心題恕谷先生年譜

傳 681.16/822.2

4292

焦南浦先生年譜　二卷附錄一卷/(清)焦以敬,(清)焦以恕編.—清乾隆五十六年(1791)刻本.—1册.—(清)焦袁熹(1661—1736),號南浦;有抄配;版心題焦南浦年譜　　　　傳 681.18/845

4293

焦南浦先生年譜　一卷附錄一卷增附一卷/(清)焦以敬,(清)焦以恕編.—清光緒二十三年(1897)雲間木活字本.—1册:像　　　傳 681.18/845.1

4294

緘齋府君年譜　一卷/(清)宋朝立等編.—清刻本.—1册.—(清)宋瞻祖(1663—1733),字緘齋;卷端題皇清敕授承德郎應贈奉直大夫原任刑部山西清吏司員外郎監督富新倉加一級顯考緘齋府君年譜

傳 682.02/846

4295

陳恪勤公年譜　三卷/(清)唐祖價編.—清道光間刻本.—1册:像.—(清)陳鵬年(1664—1723),謚恪勤
部二　1册　　　　　　　　傳 682.03/863

4296

周漁潢先生年譜　一卷/陳田編.—清光緒間貴陽陳田聽詩齋刻本.—1册.—(清)周起渭(1665—1714),字漁潢;書名頁題漁潢年譜
部二　1册　　　　　　　　傳 682.04/917

4297*

周漁潢先生年譜　一卷/陳田編.—民國間影印本.—1册.—書名頁題漁潢年譜;牌記題陳氏叢書聽詩齋藏;據清光緒間貴陽陳田聽詩齋刻本影印
部二　1册
部三　1册　　　　　　　　傳 682.04/917.1

4298*

閭邱先生自訂年譜　一卷/(清)顧嗣立編.—民國25年(1936)鉛印本.—1册.—(丙子叢編).—(清)顧嗣立(1665—1722),號閭邱,室名秀野草堂;版心題閭邱年譜　　　　　　　　傳 682.042/822

4299*

秀野公自訂年譜　一卷/(清)顧嗣立編.—民國間吳縣顧廷龍綠絲欄抄本.—1册.—版心鎸藝經樓,錄自清道光二十八年(1848)潯州郡署重刻本;陳垣贈書

傳 682.042/822.1

4300

朱文端公年譜　一卷附錄一卷/(清)朱瀚編;(清)朱畇補編.—清同治十年(1871)刻本.—1册:像.—(清)朱軾(1665—1736),謚文端;古塘朱氏藏板
部二　1册　　　　　　　　傳 682.049/899

4301

朱文端公年譜　一卷/(清)朱瀚編;(清)朱畇補編.—清光緒十年(1884)津河廣仁堂刻本.—1册.—(津河廣仁堂所刻書)
部二　1册　　　　　　　　傳 682.049/899.1

4302

何端簡公年譜　一卷/(清)俞正燮編.—清道光二十四年(1844)刻本.—1册.—(清)何世璂(1666—1729),謚端簡;何端簡公集外卷　　　傳 682.05/867

4303

王太常年譜　一卷附錄一卷/(清)佚名編.—清光緒三年(1877)刻本.—1册.—(清)王澍(1667—1742),官太常卿;王太常集卷 2　　傳 682.08/809

4304

太夫人年譜　一卷/(清)尹會一編.—清刻本.—1册.—(清)李氏(1667—1744),尹會一之母;書名頁題賢母年譜　　　　　　　傳 682.066/846

4305*

太夫人年譜　一卷/(清)尹會一編.—民國 5 年(1916)天津嚴氏石印本.—1册:彩像.—書名頁及書簽題博野尹太夫人年譜
部二　1册
部三　1册
部四　1册
部五　1册　　　　　　　　傳 682.066/846.1

4306

方望溪先生年譜　一卷附錄一卷/(清)蘇惇元

編.—清咸豐間刻本.—1 册.—(望溪先生全集).—
(清)方苞(1668—1749),號望溪;附錄爲文目編年

147628

4307*

方望溪先生年譜　一卷附錄一卷/(清)蘇惇元
編.—民國間商務印書館上海影印本.—1 册.—(四部
叢刊).—附錄爲文目編年　　　　　傳 682.07/878

4308*

清大司馬薊門唐公年譜　一卷附錄一卷/唐鼎元
編.—民國間毗陵唐氏鉛印本.—1 册.—(清)唐執玉
(1669—1733),號薊門,官兵部尚書　傳 682.08/923

4309*

先六世祖近野公簡略年譜　一卷/曹秉璋編.—
1987 年武清曹秉璋稿本.—1 册.—照片.—(清)曹傳
(1670—1755),號近野;曹近野先生年譜史料彙編附
傳 682.09/954

4310

沈端恪公年譜　二卷/(清)沈曰富編.—清同治十
二年(1873)浙江書局刻本.—2 册:像.—(清)沈近思
(1671—1728),諡端恪;沈端恪公遺書之一

部二　1 册
部三　1 册　　　　　　　　　　　　傳 682.10/873

4311

沈端恪公年譜　二卷/(清)沈曰富編.—清光緒二
十二年(1896)江蘇書局刻本.—1 册:像.—(沈余
遺書)

部二　1 册
部三　2 册　　　　　　　　　　　傳 682.10/873.1

4312

沈端恪公年譜　二卷/(清)沈曰富編.—清光緒間
刻本.—2 册:像.—沈端恪公遺書之一

傳 682.10/873.2

4313

沈端恪公年譜　四卷/(清)沈曰富編.—清抄本.—
1 册.—年譜抄至清雍正四年(1726)

傳 682.10/873.3

4314

澄懷主人自訂年譜　六卷/(清)張廷玉編.—清光
緒六年(1880)桐城張紹文龐山刻本.—2 册.—(清)張
廷玉(1672—1755),號澄懷

部二　2 册
部三　2 册
部四　2 册
部五　4 册　　　　　　　　　　　傳 682.11/847

4315

黃侍郎公年譜　三卷/(清)顧鎮編.—清乾隆間吳
門穆大展局刻本.—1 册.—(清)黃叔琳(1672—
1756),字昆圃,官兵部侍郎　　　　傳 682.114/842

4316

黃侍郎公年譜　三卷/(清)顧鎮編.—清乾隆間刻
本.—2 册

部二　1 册　　　　　　　　　　傳 682.114/842.1

4317

黃昆圃先生年譜　三卷/(清)顧鎮編.—清光緒五
年(1879)定州王氏謙德堂刻本.—1 册.—(畿輔叢書)
傳 682.114/842.2

4318

先府君北湖公年譜　一卷/(清)張京顏編.—清乾
隆間海寧張氏刻本.—1 册.—(清)張朝晉(1672—
1754),號北湖　　　　　　　　　　傳 682.117/847

4319*

先府君北湖公年譜　一卷/(清)張京顏編.—民國
間抄本.—1 册　　　　　　　　　傳 682.117/847.1

4320

[沈歸愚自訂年譜]　一卷/(清)沈德潛編.—清乾
隆二十九年(1764)教忠堂刻本.—1 册.—(清)沈德潛
(1673—1769),號歸愚;歸愚全集之一

傳 682.12/843

4321

[沈歸愚自訂年譜]　一卷/(清)沈德潛編.—清乾
隆間教忠堂增刻本.—1 册　　　　傳 682.12/843.1

4322

雲臥府君筆記　一卷/(清)瑤岡編.—清抄本.—1
册.—(清)瑤岡(1674—?),號雲臥;書名據自序題,自
編至清乾隆四年(1739)　　　　傳 682.13/845

4323＊

山陰王弇山先生年譜　一卷/(清)付汝桂編;(清)
王蘅補注.—民國間朱絲欄鋼筆抄本.—1 册.—(清)
王霖(1679—1754),號弇山,山陰人;書衣題錄自弇山
詩抄　　　　　　　　　　　　傳 682.18/845

4324

襄勤伯鄂文端公年譜　一卷/(清)鄂容安等編.—
清抄本.—4 册.—(清)鄂爾泰(1680—1745),封襄勤
伯,謚文端　　　　　　　　　傳 682.19/846

4325

襄勤伯鄂文端公年譜　一卷/(清)鄂容安等編.—
清抄本.—4 册.—書衣分別題保和殿大學士太傅大將
軍伯鄂文端公年譜、鄂文端公年譜
　　　　　　　　　　　　傳 682.19/846.1

4326

介山自定年譜　一卷/(清)王又樸編.—清乾隆間
刻本.—1 册.—(詩禮堂全集).—(清)王又樸
(1681—?),號介山;自編至清乾隆二十五年(1760);
與順天鄉試硃卷、春秋繁露求雨止雨考定合印
　　　　　　　　　　　　傳 682.20/844

4327

介山自定年譜　一卷/(清)王又樸編.—清乾隆間
刻重印本.—4 册.—(詩禮堂全集).—與敕封孺人例
封恭人王室繼配馮氏實錄、順天鄉試硃卷、聖諭廣訓、
對諭廣訓衍合印　　　　　　傳 682.20/844.1

4328＊

介山自定年譜　一卷/(清)王又樸編.—民國 13 年
(1924)天津金鉞刻本.—1 册.—(屏廬叢刻)
　　　　　　　　　　　　傳 682.20/844.2

4329＊

江慎修先生年譜　一卷/(清)江錦波,(清)汪世重
編.—民國 12 年(1923)中華書局鉛印本.—1 册.—
(清)江永(1681—1762),字慎修;放生殺生現報錄附,

附錄戒煙神方、江慎修先生愛物戕物類編題詞
　　　　　　　　　　　　傳 682.203/853

4330

省身錄　六卷/(清)王恕編.—清宣統三年(1911)
金陵鉛印本.—2 册.—(清)王恕(1682—1742),號樓
山;書籤題樓山省身錄

部二　2 册

部三　1 册　存 3 卷:卷 3—6　傳 682.21/844

4331＊

唐俊公先生陶務紀年表/郭葆昌輯.—民國 26 年
(1937)鉛印本.—1 册.—(清)唐英(1682—1754),字
俊公　　　　　　　　　　　　　124833

部二　1 册　　　　　　　　　　124834

4332

屈肖巖年譜　一卷/(清)屈成霖編.—清同治十三
年(1874)常熟屈氏刻本.—1 册.—(清)屈成霖
(1683—1766),號肖巖;習是編附刻
　　　　　　　　　　　　傳 682.22/845

4333

阿文勤公年譜　一卷/(清)阿桂編.—清嘉慶二十
一年(1816)長白那彥成刻本.—1 册.—(清)阿克敦
(1685—1756),謚文勤;德蔭堂集卷首
　　　　　　　　　　　　傳 682.24/855

4334

敬亭公自訂年譜　二卷卷首一卷卷末一卷/(清)沈
起元編;(清)沈宗約補編.—清道光二十七年(1847)
太倉沈氏刻本.—2 册.—(清)沈起元(1685—1763),
號敬亭;版心題敬亭年譜

部二　1 册　　　　　　　　傳 682.243/843

4335

文端公年譜　三卷/(清)錢儀吉編;(清)錢志澄增
訂.—清光緒二十年(1894)刻本.—3 册:像.—(清)錢
陳群(1686—1774),謚文端

部二　3 册

部三　3 册

部四　3 册

部五　2 册　缺 1 卷:卷中　傳 682.25/865

4336

　先水部公年譜　一卷/(清)許士傑編.—清乾隆間
海寧許氏刻本.—1 冊.—(清)許惟枚(1689—1752),
官工部主事;卷末附識餘　　　　　　　傳 682.28/844

4337

　尹健餘先生年譜　三卷附錄一卷/(清)呂熾編.—
清光緒五年(1879)定州王氏謙德堂刻本.—1 冊.—
(畿輔叢書).—(清)尹會一(1691—1748),號健餘
　　　　　　　　　　　　　　　　　傳 682.30/846

4338

　雙池先生年譜　四卷/(清)余龍光編.—清同治五
年(1866)婺源余氏刻光緒九年(1883)訂補本.—2
冊.—(清)汪紱(1692—1759),號雙池;沱川理源藏板
　部二　　2 冊
　部三　　2 冊
　部四　　2 冊　　　　　　　　　　　傳 682.31/889

4339

　雙池先生年譜　四卷/(清)余龍光編.—清光緒二
十二年(1896)刻本.—4 冊.—牌記題光緒丙申季冬
重刻
　部二　　2 冊
　部三　　2 冊
　部四　　2 冊　　　　　　　　　　傳 682.31/889.1

4340＊

　厲樊榭先生年譜　一卷附一卷/(清)朱文藻編;繆
荃孫重訂.—民國 4 年(1915)吳興劉氏嘉業堂刻
本.—1 冊.—(嘉業堂叢書).—(清)厲鶚(1692—
1752),字樊榭;書名頁及書簽題厲樊榭年譜
　部二　　1 冊
　部三　　1 冊
　部四　　1 冊　　　　　　　　　　傳 682.315/859

4341＊

　厲樊榭先生年譜　一卷/(清)朱文藻編.—民國間
南陵徐氏天尺樓烏絲欄抄本.—1 冊.—毛裝
　　　　　　　　　　　　　　　　傳 682.315/859.1

4342

　舜山是仲明先生年譜　一卷/(清)張敬立編;(清)
金吳瀾補注.—清光緒十三年(1887)嘉興金吳瀾武進

木活字本.—2 冊:像.—(清)是鏡(1693—1769),字仲
明;書簽題是仲明先生年譜;附薦舉各疏
　部二　　2 冊
　部三　　2 冊
　部四　　1 冊　　缺薦舉各疏;有眉批
　　　　　　　　　　　　　　　　　傳 682.32/847

4343

　周甲錄　一卷/(清)姚培謙編.—清乾隆間刻本.—
1 冊.—(清)姚培謙(1693—1766);松桂讀書堂集之一
　　　　　　　　　　　　　　　　傳 682.325/845

4344＊

　周甲錄　一卷甲餘錄一卷/(清)姚培謙編.—民國
間海寧陳乃乾共讀樓烏絲欄抄本.—1 冊:像.—錄自
松桂讀書堂集　　　　　　　　　　傳 682.325/845.1

4345

　泰舒胡先生年譜　一卷/(清)王永祺編.—清乾隆
間刻本.—1 冊.—(清)胡寶瑔(1694—1763),字泰舒,
謚恪靖　　　　　　　　　　　　　　傳 682.33/844

4346

　泰舒胡先生年譜　一卷/(清)王永祺編.—清光緒
二十九年(1903)歙縣胡祖謙吉州公廨刻本.—1 冊.—
書簽題先恪靖公年譜
　部二　　1 冊
　部三　　1 冊　　　　　　　　　　傳 682.33/844.1

4347

　憶往編　一卷/(清)宋在詩編.—清刻本.—1 冊.—
(清)宋在詩(1695—1777),號野柏
　　　　　　　　　　　　　　　　　傳 682.34/846

4348

　先文恭公年譜　十二卷/(清)陳鍾珂編.—清刻
本.—4 冊.—(清)陳宏謀(1696—1771),一作陳弘謀,
謚文恭
　部二　　3 冊　　　　　　　　　　傳 682.35/847

4349

　檢討公年譜　一卷附刻一卷/(清)夏味堂編.—清
高郵夏氏刻本.—1 冊.—(清)夏之蓉(1697—1784),
乾隆元年(1736)授檢討;西諦藏書　　　　XD10402

4350

　吳山夫先生年譜　一卷/(清)丁晏編.—民國4年
(1915)上虞羅氏鉛印本.—1冊.—(雪堂叢刻).—
(清)吳玉搢(1698—1773),號山夫　　傳682.37/895

4351

　蟻園自記年譜　一卷/(清)吳紹詩編.—清乾隆間
蒲阪吳氏刻本.—1冊.—(清)吳紹詩(1699—1776),
號蟻園　　　　　　　　　　　　　傳682.38/844

4352

　識閏曆　一卷/(清)慈山居士編.—清乾隆間刻
本.—1冊.—(清)曹庭棟(1700—1785),號慈山居士;
永宇溪莊識略卷6　　　　　　　　傳682.384/844

4353

　[陳句山先生年譜]　一卷/(清)陳玉繩編.—清乾
隆間刻本.—1冊.—(清)陳兆崙(1701—1771),號句
山;紫竹山房詩文集附　　　　　　傳682.40/847

4354

　[陳句山先生年譜]　一卷/(清)陳玉繩編.—清嘉
慶十二年(1807)刻本.—1冊.—與紫竹山房詩鈔合印
　　　　　　　　　　　　　　　　傳682.40/847.1

4355

　馮潛齋先生年譜　一卷/(清)勞潼編.—清宣統三
年(1911)學古堂刻本.—1冊.—像.—(清)馮成修
(1702—1796),號潛齋;牌記題宣統三年三月重刊家
廟藏板
　　部二　1冊
　　部三　1冊
　　部四　1冊　書衣有墨筆題記　傳682.41/855

4356

　可齋府君年譜　一卷/(清)陳輝祖等編.—清乾隆
十七年(1752)祁陽陳氏刻本.—1冊.—(清)陳大受
(1702—1751),號可齋,謚文肅　　傳682.417/847

4357

　可齋府君年譜　一卷/(清)陳輝祖等編.—清祁陽
陳銑刻本.—1冊.—卷端題皇清崇祀賢良祠誥贈光祿
大夫太子太保兩廣總督前經筵講官協辦大學士吏部
尚書軍功加三級謚文肅顯考可齋府君年譜,書簽題陳

文肅公年譜　　　　　　　　　　傳682.417/847.1

4358

　可齋府君年譜　一卷/(清)陳輝祖等編.—清光緒
十六年(1890)祁陽陳文騄索園刻本.—1冊.—卷端題
皇清崇祀賢良祠誥贈光祿大夫太子太保兩廣總督前
經筵講官協辦大學士吏部尚書軍功加三級謚文肅顯
考可齋府君年譜,書衣及書名頁題陳文肅公年譜;牌
記題光緒庚寅嘉平之月素園鋟版
　　部二　1冊　　　　　　　　　傳682.417/847.2

4359

　作詩年譜　一卷/(清)漁山翁編;(清)袁渠補編.—
清光緒十年(1884)刻本.—1冊.—(清)袁守定
(1706—1781),號漁山;說雲詩鈔卷首
　　　　　　　　　　　　　　　　傳682.44/844

4360

　清詩人王用晦先生年譜　一卷/(清)王今遙,(清)
王今通編.—清光緒二十五年(1899)曲周王氏刻
本.—1冊.—(清)王今遠(1706—1760),號用晦;清白
堂文存卷首　　　　　　　　　　傳682.45/844

4361

　時庵自撰年譜　一卷/(清)蔣元益編.—清乾隆間
刻本.—1冊.—(清)蔣元益(1708—1788),號時庵;版
心題時庵年譜;　　　　　　　　傳682.47/844

4362

　成祉府君自著年譜　一卷/(清)王縈緒編;(清)王
鳳文等補編.—清諸城王氏刻本.—1冊.—(清)王縈
緒(1713—1784),號成祉　　　　傳682.52/844

4363

　五世祖廉訪公年譜　一卷附一卷/陳詩編.—民國
間廬江陳氏鉛印本.—1冊.—(清)陳大化(1715—
1786),字黿士,號葑池;書衣題陳葑池先生年譜,版心
題廉訪公年譜
　　部二　1冊　　　　　　　　　傳682.54/927

4364

　[沁園居士年譜]　一卷/(清)成一夔編.—清乾隆
五十六年(1791)刻本.—1冊.—(清)成文(1715—
1763),號沁園居士;玉汝堂詩之一　傳682.543/843

4365*

韓湘巖先生年譜　二卷附錄一卷/劉耀東編.—民
國 36 年(1947)啓後亭鉛印本.—1 册.—(清)韓錫胙
(1716—1776),號湘巖

　部二　1 册
　部三　1 册　　　　　　　　傳 682.55/927

4366

隨園先生年譜　一卷/(清)方濬師編.—清同治十
一年（1872）肇羅道署刻本.—1 册.—(清)袁牧
(1716—1798),晚號隨園;版心題隨園年譜
　　　　　　　　　　　　　　傳 682.557/895

4367

隨園先生年譜　一卷/(清)方濬師編.—清抄本.—
1 册.—有眉批　　　　　　傳 682.557/895.1

4368

阿文成公年譜　三十四卷/(清)那彥成編;(清)王
昶勘定;(清)盧蔭溥增修.—清嘉慶十九年(1814)刻
本.—34 册.—(清)阿桂(1717—1797),章佳氏,諡
文成　　　　　　　　　　　傳 682.56/864

4369

阿文成公年譜　三十四卷/(清)那彥成編;(清)王
昶勘定;(清)盧蔭溥增修.—清嘉慶間增刻本.—16 册

　部二　32 册
　部三　16 册
　部四　32 册
　部五　32 册　　　　　　　傳 682.56/864.1

4370

敬亭自記年譜　一卷/(清)王祖肅編.—清乾隆間
新城王氏刻本.—1 册.—(清)王祖肅(1717—1792),
號敬亭

　部二　1 册　　　　　　　　傳 682.564/844

4371

[曹劍亭先生]自撰年譜　一卷/(清)曹錫寶編.—
清光緒二十三年(1897)印書公會鉛印本.—1 册.—
(清)曹錫寶(1719—1792),號劍亭;書名頁題曹劍亭
先生年譜,版心題劍亭公年譜　傳 682.58/844

4372

紀年草　一卷/(清)萬廷蘭編;(清)萬承紹等補
編.—清嘉慶十二年(1807)南昌萬氏刻本.—1 册.—
(清)萬廷蘭(1719—1807)

　部二　1 册　　　　　　　　傳 682.584/854

4373

張度西先生年譜　一卷/(清)張家楷編.—清道光
二十九年(1849)湘潭張氏刻本.—1 册:像.—(清)張
九鉞(1721—1803),字度西,號紫峴,齋名陶園
　　　　　　　　　　　　　　傳 682.60/877

4374

陶園年譜　一卷/(清)張家杙編.—清咸豐間湘潭
張氏刻本.—1 册:像.—紫峴山人全集之一

　部二　1 册
　部三　1 册　　　　　　　　傳 682.60/8776

4375

豐山府君自訂年譜　一卷/(清)梁國治編;(清)梁
承雲等補編.—清抄本.—1 册.—(清)梁國治(1723—
1787),號豐山,諡文定;卷端題皇清誥授光祿大夫太
子少傅晉贈太子太保經筵講官南書房供奉軍機大臣
東閣大學士兼戶部尚書賜諡文定顯考豐山府君自訂
年譜,書衣題梁文定公年譜　　傳 683.01/846

4376

戴東原先生年譜　一卷/(清)段玉裁編.—清乾隆
五十七年(1792)刻本.—1 册.—(清)戴震(1724—
1777),字東原;版心題戴氏年譜　傳 683.013/859

4377

述庵先生年譜　二卷/(清)嚴榮編.—清嘉慶道光
間刻本.—1 册.—(清)王昶(1725—1806),號述庵

　部二　1 册　　　　　　　　傳 683.02/868

4378

述庵先生年譜　二卷/(清)嚴榮編.—清嘉慶道光
間刻光緒十八年(1892)增刻本.—1 册.—春融堂集
卷首　　　　　　　　　　　傳 683.02/868.1

4379

清容居士行年錄　一卷/(清)蔣士銓編;(清)蔣立
仁補編.—清刻本.—1 册.—(清)蔣士銓(1725—

1785),號清容居士;版心題忠雅堂年譜

　　　　　　　　　　　　　傳 683.03/844

部二　1册　有硃筆圈點;西諦藏書　　XD10403

4380

王文端公年譜　一卷/(清)阮元編.—清嘉慶間刻
本.—1册.—(清)王傑(1725—1805),字偉人,號惺
園、畏堂,謚文端;葆淳閣集之一　　傳 683.034/865

4381

甌北先生年譜　一卷/(清)佚名編.—清嘉慶間刻
本.—1册.—(清)趙翼(1727—1814),字雲菘,號甌北
　　　　　　　　　　　　　傳 683.05/859

4382

甌北先生年譜　一卷/(清)佚名編.—清光緒三年
(1877)刻本.—1册.—甌北全集之一

部二　1册　　　　　　　傳 683.05/859.1

4383

茂園自撰年譜　二卷/(清)康基田編;(清)康亮鈞
補編.—清道光七年(1827)興縣康亮鈞刻本.—1册:
像.—(清)康基田(1728—1813),字仲耕,號茂園

部二　2册　缺像　　　　傳 683.06/852

4384

康基田年譜　一卷/(清)康基田編;(清)康亮鈞補
編.—清德聚齋朱格抄本.—1册.—譜事與清道光七
年刻本有異,迄嘉慶十四年;書衣有墨筆題識,西諦
藏書　　　　　　　　　　　　　XD10404

4385

錢辛楣先生年譜　一卷竹汀居士年譜續編一卷/
(清)錢大昕編;(清)錢慶曾續編并校注.—清咸豐十
年(1860)嘉定錢氏刻本.—1册.—(清)錢大昕
(1728—1804),字曉徵,號辛楣、竹汀居士

部二　1册
部三　1册　　　　　　　傳 683.065/855

4386 *

朱笥河先生年譜　一卷/王蘭蔭編.—民國 22 年
(1933)鉛印本.—1册.—(清)朱筠(1729—1781),字
竹君,號笥河;師大月刊第 1 卷第 2 期附

　　　　　　　　　　　　　傳 683.07/924

4387 *

朱笥河先生年譜　一卷/羅繼祖編.—民國 20 年
(1931)上虞羅氏鉛印本.—1册.—(朱程段三先生
年譜)

部二　1册
部三　1册　　　　　　　傳 683.07/955

4388

[吳白華自訂年譜]　一卷/(清)吳省欽編;(清)吳
敬樞續編.—清嘉慶 15 年(1810)石經堂刻本.—1
册.—(清)吳省欽(1730—1803),號白華;白華後稿
卷首　　　　　　　　　　傳 683.074/854

4389

[姜杜薌先生自訂年譜]　一卷/(清)姜晟編.—清
嘉慶間刻本.—1册.—(清)姜晟(1730—1810),號
杜薌　　　　　　　　　　傳 683.08/853

4390

姜杜薌先生自訂年譜　一卷/(清)姜晟編;(清)余
肇鈞重訂.—清同治三年(1864)長沙余氏明辨齋刻
本.—1册:像.—書名頁及版心題姜司寇年譜;牌記題
同治甲子孟春月古潭余氏校刊於明辨齋

部二　1册
部三　1册　　　　　　　傳 683.08/853.1

4391

病楊夢痕錄　二卷夢痕錄餘一卷/(清)汪輝祖口
授;(清)汪繼培,(清)汪繼壕記錄.—清嘉慶間刻
本.—3册.—(清)汪輝祖(1731—1807);西諦藏書

　　　　　　　　　　　　　　XD10405

4392

病楊夢痕錄　二卷夢痕錄餘一卷/(清)汪輝祖口
授;(清)汪繼培,(清)汪繼壕記錄.—清刻本.—3册

部二　3册
部三　3册　　　　　　　傳 683.083/853

4393

病楊夢痕錄　二卷夢痕錄餘一卷/(清)汪輝祖口
授;(清)汪繼培,(清)汪繼壕記錄.—清同治五年
(1866)刻本.—3册.—書籤題夢痕錄

部二　6册　　　　　　　傳 683.083/853.1

4394

病榻夢痕錄　二卷夢痕錄餘一卷/(清)汪輝祖口授;(清)汪繼培,(清)汪繼壕記錄.—清同治十一年(1872)新城楊氏刻本.—4册.—牌記題同治壬申孟春重雕

　　部二　4册
　　部三　4册　　　　　　　　　傳683.083/853.2

4395[*]

病榻夢痕錄　二卷夢痕錄餘一卷/(清)汪輝祖口授;(清)汪繼培,(清)汪繼壕記錄.—1997年北京圖書館出版社影印本.—3册.—書名頁題汪輝祖自述年譜;據清嘉慶間刻本影印　　傳683.083/853.3

4396

弇山畢公年譜　一卷/(清)史善長編.—清嘉慶三年(1798)刻本.—1册.—(清)畢沅(1730—1797),弇山人　　　　　　　　　　　　傳683.086/868

4397

弇山畢公年譜　一卷/(清)史善長編.—清同治十一年(1872)鎮洋畢長慶刻本.—1册
　　部二　1册
　　部三　1册
　　部四　1册
　　部五　1册　　　　　　　　　傳683.086/868.1

4398

弇山畢公年譜　一卷/(清)史善長編.—清同治間鎮洋畢長慶刻本.—1册
　　部二　1册　　　　　　　　　傳683.086/868.2

4399

南崖府君年譜　三卷/(清)朱錫經編.—清嘉慶間刻本.—1册.—(清)朱珪(1731—1807),字石君,號南崖,晚號盤陀老人;卷端題皇清誥授光祿大夫經筵日講起居注官太子太傅南書房供奉體仁閣大學士管理工部兼翰林院掌院學士贈太傅入祀賢良祠賜謚文正顯考南崖府君年譜

　　部二　2册
　　部三　1册　　　　　　　　　傳683.09/859

4400

南崖府君年譜　三卷/(清)朱錫經編.—清刻本.—

2册.—卷端題皇清誥授光祿大夫經筵日講起居注官太子太傅南書房供奉體仁閣大學士管理工部兼翰林院掌院學士贈太傅入祀賢良祠賜謚文正顯考南崖府君年譜

　　部二　2册
　　部三　2册　　　　　　　　　傳683.09/859.1

4401

姚惜抱先生年譜　一卷附錄一卷/(清)鄭福照編.—清同治七年(1868)桐城姚濬昌刻本.—1册.—(清)姚鼐(1732—1815),字姬傳,號惜抱;附錄爲文目編年

　　部二　1册　書衣有墨筆題識
　　部三　1册
　　部四　1册　　　　　　　　　傳683.095/894

4402

先大夫泗州府君事輯　一卷/(清)張穆編.—清道光二十七年(1847)刻本.—1册.—(清)張佩芳(1732—1793),曾官泗州知州;希音堂集之一

　　部二　1册　卷末有墨筆題識　傳683.10/867

4403

先大夫泗州府君事輯　一卷/(清)張穆編.—清抄本.—1册.—有硃筆眉批　　　　　傳683.10/867.1

4404[*]

香亭先生年譜　一卷續編一卷/(清)錢棨編;(清)吳玉綸續編.—民國間抄本.—1册.—(清)吳玉綸(1732—?),字廷五,一號香亭;自敍至清嘉慶六年(1801).—毛裝　　　　　　　傳683.104/855

4405

謙山行年錄　一卷/(清)熊枚編.—清咸豐五年(1855)鉛山熊嘉澍刻本.—1册.—(清)熊枚(1734—1808),號謙山　　　　　　　　傳683.12/855

4406

乾州公年譜　一卷/(清)吳受福編.—清光緒二十一年(1895)小稂字林刻本.—1册.—(清)吳鏕(1735—1794),字聲之,號豐山,曆官乾州同知;書名據版心題,卷端題誥授奉政大夫湖南辰州府分防乾州同知吳公年譜;石鍾山人遺稿之一　傳683.13/914

4407

先太孺人年譜 一卷/(清)陸繼輅編.—清光緒四年(1878)興國州署刻本.—1 冊.—(清)林桂(1735—1809),陸繼輅之母;崇百藥齋文集卷20

傳 683.137/864

4408

雲谷年譜 一卷/(清)張邦伸編.—清嘉慶九年(1804)隆昌張氏刻本.—1 冊.—(清)張邦伸(1737—1804),字石臣,號雲谷 傳 684.02/857

4409*

容甫先生年譜 一卷/(清)汪喜孫編.—民國 14 年(1925)中國書店上海影印本.—1 冊;像.—(重印江都汪氏叢書).—(清)汪中(1745—1794),字容甫;書名頁後題中國學術叢書第一種;據清刻江都汪氏叢書本影印

傳 684.09/853

4410*

汪容甫年表 一卷/(清)汪喜孫編.—民國 14 年(1925)中國書店上海影印本.—1 冊.—(重印江都汪氏叢書).—據清刻江都汪氏叢書本影印

傳 684.09/85303

4411

沈存圃自訂年譜 一卷/(清)沈峻編;(清)沈兆溎輯注.—清道光十五年(1835)天津沈氏刻本.—1 冊.—(清)沈峻(1744—1818),字存圃

部二 1 冊 傳 684.093/893

4412

[沈存圃自訂年譜] 一卷/(清)沈峻編;(清)沈兆溎輯注.—清咸豐四年(1854)天津沈維璈刻本.—1 冊.—欣遇齋詩鈔之一 傳 684.093/893.1

4413

吳蘇泉編修年譜 一卷/(清)吳保琳編.—清末歙縣吳保琳朱絲欄稿本.—1 冊.—(清)吳紹澯(1744—1798),號蘇泉;書名據書名頁題,卷端題清故翰林院編修安徽歙縣豐溪三十二世吳蘇泉公諱紹澯年譜.—毛裝 傳 684.094/894

4414

德壯果公年譜 三十二卷/(清)花沙納編.—清咸

豐七年(1857)刻本.—16 冊:像.—(清)德楞泰(1745—1809),諡壯果;致遠堂藏板

部二 16 冊
部三 16 冊
部四 16 冊
部五 8 冊 存 16 卷:卷 1—16 傳 684.10/876

4415

戴可亭相國年譜 一卷/(清)湯金釗等編.—清道光間大庚戴氏刻本.—2 冊.—(清)戴均元(1746—1840),號可亭;書名據書衣題,卷端題光祿大夫予告大學士大庚戴可亭相國夫子年譜 傳 684.11/875

4416

洪北江先生年譜 一卷/(清)呂培等編.—清嘉慶間刻本.—1 冊.—(清)洪亮吉(1746—1809),號北江;陳垣贈書 傳 684.112/855

4417

洪北江先生年譜 一卷/(清)呂培等編.—清光緒五年(1879)陽湖洪用懃授經堂刻本.—1 冊.—洪北江遺集之一

部二 1 冊
部三 1 冊 傳 684.112/855.1

4418

菘圃府君自訂年譜 一卷/(清)吳璥編.—清道光三年(1823)錢塘吳氏刻本.—1 冊.—(清)吳敬(1747—1822),號菘圃;書簽題皇清誥授光祿大夫經筵講官太子少保吏部尚書予告協辦大學士顯祖考菘圃府君自訂年譜

部二 1 冊 傳 684.12/864

4419

黃仲則先生年譜 一卷/(清)毛慶善,(清)季錫疇編.—清咸豐八年(1858)武進黃氏刻本.—1 冊.—(清)黃景仁(1749—1783),字仲則;有墨筆增補刪改;兩當軒集附錄.—毛裝

部二 1 冊 傳 684.14/887

4420

王壯節公年譜 一卷/(清)王開雲編.—清咸豐四年(1854)玉屏王鳳翥刻本.—1 冊.—(清)王文雄(1749—1800),號玉溪,諡壯節;書名據書名頁題,卷

端題誥授振威將軍晉贈建威將軍固原提督法福禮巴圖魯敕封三等子爵諭賜祭葬入祀昭忠祠賜諡壯節顯考玉溪府君年譜

　部二　1册　　　　　　　　　　傳684.144/864

4421

［青城山人年譜］　一卷/（清）李鈞簡等編.—清嘉慶十三年（1808）刻本.—1册：像.—（清）關槐（1749—1806），晚號青城山人；青城山人集之一

　　　　　　　　　　　　　　傳684.1443/854

4422

［黃勤敏公年譜］　一卷/（清）黃富民編；（清）黃鉞刪定.—清咸豐間刻本.—1册.—（清）黃鉞（1750—1841），諡勤敏；年譜敘至清道光十四年（1834）

　　　　　　　　　　　　　　傳684.15/884

4423

［黃勤敏公年譜］　一卷/（清）黃富民編；（清）黃鉞刪定.—清同治五年（1866）當塗黃氏金陵刻本.—1册

　部二　1册　有墨筆題識
　部三　1册
　部四　1册
　部五　1册　　　　　　　　傳684.15/884.1

4424

彡石自訂年譜　一卷/（清）陸元鋐編；（清）陸瀚續編.—清道光間烏程陸氏刻本.—1册.—（清）陸元鋐（1750—1819），字冠南，號彡石　傳684.154/854

4425

滄來自記年譜　一卷/（清）于鼇圖編；（清）于定保續編.—清嘉慶間金陵刻本.—1册.—（清）于鼇圖（1750—1811），號滄來

　部二　1册
　部三　1册　卷末缺2頁　　傳684.155/855

4426

［周慕萱年譜］　一卷/（清）邵甲名編.—清咸豐二年（1852）刻本.—1册.—（清）周嘉猷（1751—1796），號慕萱；雲臥山房集之一　傳684.16/855

4427

杏莊府君自敍年譜　一卷/（清）左輔編；（清）左昂

等續編.—清宣統二年（1910）木活字本.—1册.—（清）左輔（1751—1833），號杏莊；卷端題皇清誥授資政大夫兵部侍郎都察院右副都御史巡撫湖南等處地方提督軍務糧餉加三級顯考杏莊府君自敍年譜

　部二　1册　　　　　　　　傳684.164/864

4428

長山公自書年譜　一卷/（清）黎安理編.—清光緒十五年（1889）遵義黎氏日本使署刻本.—1册.—（清）黎安理（1751—1819），號長山　傳684.165/855

4429

葉健庵先生年譜　二卷/（清）端木從恒編.—清道光間刻本.—2册.—（清）葉世倬（1752—1823），字子雲,號健庵　　　　　　　　　傳684.17/864

4430

［葉健庵自訂年譜］　一卷/（清）葉世倬編.—清抄本.—1册.—書衣題葉健庵四錄彙抄.—毛裝

　　　　　　　　　　　　　　傳684.17/868

4431

［寄圃老人自記年譜］　一卷/（清）孫玉庭編.—清道光間刻本.—1册.—（清）孫玉庭（1753—1834），字佳樹,號寄圃

　部二　1册　　　　　　　　傳684.173/863

4432

松文清公升官錄　一卷/（清）佚名編.—清朱格抄本.—1册.—（清）松筠（1752—1835），瑪拉特氏,蒙古正藍旗人,諡文清；書名據書衣題.—毛裝

　　　　　　　　　　　　　　傳684.1736/867

4433

梅庵自編年譜　二卷/（清）鐵保編.—清道光二年（1822）長白鐵保石經堂刻本.—2册.—（清）鐵保（1752—1824），字冶亭,號梅庵；石經堂藏板；惟清齋全集之一

　部二　2册　缺書名頁及卷末跋　傳684.175/865

4434

梅庵自編年譜　二卷續編一卷/（清）鐵保編；（清）瑞元、（清）瑞恩續編.—清道光間刻本.—1册

　　　　　　　　　　　　　　傳684.175/865.1

4435

蓉裳公自訂年譜　一卷/(清)楊芳燦編.—清光緒十三年(1887)無錫楊氏賜書堂木活字本.—3 冊:圖及像.—(清)楊芳燦(1754—1816),號蓉裳;與楊氏家譜合印　　　傳 684.18/856

4436

楊蓉裳先生年譜　一卷/(清)楊芳燦編;(清)余一鼇補編.—清光緒五年(1879)上饒盧紹緒刻本.—1冊:像.—版心題芙蓉山館年譜　傳 684.18/856.1

4437

孫淵如先生年譜　二卷/(清)張紹南編;(清)王德福續編.—清光緒二十四年(1898)陽湖孫氏刻本.—1冊.—(清)孫星衍(1753—1818),號淵如

部二　1 冊　　　　　　　　傳 684.183/867

4438

孫淵如先生年譜　二卷/(清)張紹南編;(清)王德福續編.—清光緒間江陰繆氏刻本.—1 冊.—(藕香零拾)

部二　1 冊
部三　1 冊　　　　　　　　傳 684.183/867.1

4439*

二十一世會稽鏡西公年譜　一卷/(清)岑象坤編.—民國間藍絲欄抄本.—1 冊.—(清)岑振祖(1754—1839),字端書,號鏡西,晚號壺中老人
　　　　　　　　　　　　　　傳 684.19/897

4440

仁庵自記年譜　一卷/(清)魏成憲編.—清道光間刻本.—1 冊—(清)魏成憲(1756—1831),字寶臣,號仁庵　　　　　　　　傳 684.21/865

部二　1 冊　西諦藏書　　　　XD10409

4441

凌次仲先生年譜　四卷/(清)張其錦編.—清道光六年(1826)刻本.—1 冊:像.—(校禮堂三種).—(清)凌廷堪(1757—1809),字次仲　　　142352

4442*

凌次仲先生年譜　四卷/(清)張其錦編.—民國 24 年(1935)影印本.—1 冊:像.—(安徽叢書).—據清道光六年(1826)刻本影印　　　傳 684.22/867

4443

[韓桂舲自訂年譜]　一卷/(清)韓對編.—清道光間元和韓氏刻本.—1 冊.—(清)韓對(1758—1834),字禹三,號桂舲

部二　1 冊
部三　1 冊　缺跋語
部四　1 冊　缺跋語　　　　傳 684.23/865

4444

許順庵老人自述年譜　一卷/(清)許嘉猷編.—清道光間海寧許氏刻本.—1 冊.—(清)許嘉猷(1758—1830),號順庵;有硃墨筆批校及圈點
　　　　　　　　　　　　　　傳 684.234/864

4445

懋亭自定年譜　四卷/(清)長齡編;(清)桂輪續編.—清道光二十一年(1841)桂叢堂刻本.—4 冊.—(清)長齡(1758—1838),號懋亭,謚文襄;書名頁題長文襄公自定年譜;桂叢堂藏板

部二　4 冊
部三　4 冊
部四　4 冊
部五　4 冊　　　　　　　　傳 684.237/867

4446

跛奚年譜　一卷/(清)葉葆編;(清)葉錫麟續編.—清咸豐六年(1856)秀水高均儒刻本.—1 冊.—(清)葉葆(1760—1821),號石農,又號跛奚;書名頁題葉石農先生自編年譜

部二　1 冊
部三　1 冊　　　　　　　　傳 684.24/868

4447

辛筠谷年譜　一卷/(清)辛從益編;(清)辛桂雲續編.—清咸豐元年(1851)刻本.—1 冊.—(清)辛從益(1759—1828),字謙受,號筠谷　傳 684.244/864

4448*

梅溪先生年譜　一卷/(清)胡源,(清)褚逢春編.—民國間海寧陳乃乾共讀樓烏絲欄抄本.—1 冊.—(清)錢泳(1759—1844),字立群,號梅溪　傳 684.245/884

4449

望坡府君年譜　一卷/(清)陳景亮編.—清道光間閩縣陳氏刻本.—1 冊.—(清)陳若霖(1759—1832),號望坡;卷端題皇清誥授光祿大夫振威將軍刑部尚書賞戴花翎紫禁城騎馬恩予致仕諭賜祭葬顯考望坡府君年譜　　　　傳 684.247/867

部二　1 冊　西諦藏書　　　　XD10411

4450

楊忠武公年譜　一卷/(清)李光涵,(清)楊國佐編.清道光間朱格抄本.—12 冊.—(清)楊遇春(1761—1837),謚忠武;書名據書名頁題,卷端題皇清誥授光祿大夫太子太保一等昭勇侯予告陝甘總督晉贈太子太傅兵部尚書賜謚忠武顯考時齋府君年譜
　　　　　　　　　　　　傳 684.25/864

4451

忠武公年譜　一卷/(清)楊國佐、(清)楊國楨編.—清道光二十年(1840)刻本.—1

部二　1 冊
部三　1 冊
部四　1 冊
部五　1 冊　　　　　　傳 684.25/866

4452

[盧文肅公年譜]　一卷/(清)盧蔭溥編.—清道光十九年(1839)德州盧氏刻本.—2 冊.—(清)盧蔭溥(1760—1839),字霖生,號南石,謚文肅

部二　1 冊
部三　1 冊　　　　　　傳 684.255/865

4453*

張夕庵先生年譜　一卷附錄一卷/鮑鼎編.—民國 15 年(1926)丹徒鮑氏石印本.—1 冊.—(清)張崟(1761—1829),字寶岩,號夕庵;默廠所著書之三

部二　1 冊　　　　　　傳 684.26/956

4454*

江子屏先生年譜　一卷/閔爾昌編.—民國 16 年(1927)江都閔氏刻本.—1 冊.—(清)江藩(1761—1831),字子屏,號鄭堂;陳垣贈書

部二　1 冊　陳垣贈書
部三　1 冊
部四　1 冊　朱印

部五　1 冊　朱印　　　　傳 684.263/923

4455

昇勤直公年譜　二卷/(清)寶琳,(清)寶珣編.—清道光間刻本.—2 冊.—(清)昇寅(1762—1834),謚勤直

部二　2 冊
部三　2 冊　　　　　　傳 684.27/862

4456

[散樗老人自紀年譜]　一卷/(清)蔣祥墀編.—清道光間天門蔣氏刻本.—1 冊.—(清)蔣祥墀(1762—1840),字盈階,別號散樗老人

部二　1 冊
部三　1 冊
部四　1 冊　　　　　　傳 684.274/864

4457

竹南居士年譜　一卷/(清)方華欽編.—清道光二十年(1840)金陵張同仁刻本.—1 冊.—(清)方華欽(1762—?),號竹南;自編至道光十六年(1836);書名據書名頁題

部二　1 冊　　　　　　傳 684.275/865

4458

一西自記年譜　一卷附述一卷/(清)張師誠編.—清道光間歸安張氏刻本.—1 冊:像.—(清)張師誠(1762—1830),晚號一西居士

部二　1 冊
部三　1 冊　　　　　　傳 684.277/867

4459

一西自記年譜　一卷附述一卷/(清)張師誠編.—清同治八年(1869)張興言刻本.—1 冊:像

部二　1 冊　　　　　　傳 684.277/867.1

4460

黃蕘圃先生年譜　二卷/(清)江標編.—清光緒二十三年(1897)元和江氏長沙使院刻本.—2 冊:像.—(靈鶼閣叢書).—(清)黃丕烈(1763—1825),字紹武,號蕘圃

部二　1 冊
部三　2 冊　朱印
部四　2 冊　朱印　　　　傳 684.28/893

部五　1 册　朱印　西諦藏書　　　　　　XD10412

4461*

焦理堂先生年譜　一卷/閔爾昌編.—民國 16 年
(1927)江都閔氏刻本.—1 册.—(清)焦循(1763—
1820),字理堂;卷末附焦理堂先生著書目;陳垣贈書
　　　　　　　　　　　　　　傳 684.285/923

　部二　1 册　與江子屏先生年譜合印
　　　　　　　　　　　　　　傳 684.263/923

4462

楊介坪先生自敍年譜　一卷/(清)楊懌曾編;(清)
楊用澍補編.—清道光間東萊陳氏刻本.—1 册.—
(清)楊懌曾(1763—1833),字成夫,號介坪
　　　　　　　　　　　　　　傳 684.286/866

4463

心鐵石齋年譜　一卷/(清)宋鳴琦編.—清道光十
二年(1832)誦梅堂刻本.—1 册.—(清)宋鳴琦
(1763—1840),字少梅,室名心鐵石齋;誦梅堂藏板
　　　　　　　　　　　　　　傳 684.2864/866

4464

春洋子自訂年譜　一卷/(清)張佑編.—清道光間
刻本.—1 册.—(清)張佑(1763—?),字乾伯,號春洋
子;自編至清道光十二年(1832)　傳 684.287/867

　部二　1 册　西諦藏書　　　　　　　XD7790

4465*

獨山莫貞定先生年譜　一卷/萬大章編.—民國 28
年(1939)獨山莫氏鉛印本.—1 册:像.—(清)莫與儔
(1763—1841),私諡貞定,貴州獨山人

　部二　1 册
　部三　1 册
　部四　1 册
　部五　1 册　　　　　　　　　傳 684.288/924

4466

羅壯勇公年譜　二卷/(清)羅思舉編.—清光緒宣
統間泉唐汪氏刻本.—2 册.—(振綺堂叢書).—(清)
羅思舉(1764—1840),諡壯勇

　部二　1 册
　部三　2 册　　　　　　　　　傳 684.29/865

4467

校經廎自訂年譜　一卷/(清)李富孫編.—清道光
二十四年(1844)嘉興李氏刻本.—1 册.—(清)李富孫
(1764—1844),晚號校經廎　　　傳 684.294/864

4468

杜文端公自訂年譜　一卷/(清)杜堮編.—清咸豐
九年(1859)濱州杜氏刻本.—1 册.—(清)杜堮
(1764—1858),字石樵,號十研齋,諡文端;書名據書
名頁題

　部二　1 册
　部三　1 册　　　　　　　　　傳 684.2946/874

4469

杜文端公自訂年譜　一卷/(清)杜堮編.—清咸豐
九年(1859)濱州杜氏刻清末重修本.—1 册.—書名據
書名頁題

　部二　1 册　　　　　　　傳 684.2946/874.1

4470

雷塘庵主弟子記　七卷/(清)張鑒等編.—清道光二
十一年(1841)甘泉羅士琳刻本.—4 册.—(清)阮元
(1764—1849),字伯元,號雷塘庵主　傳 684.295/867

4471

雷塘庵主弟子記　八卷/(清)張鑒等編.—清道光
二十一年(1841)甘泉羅士琳刻咸豐間儀徵阮氏嫏嬛
仙館補刻本.—8 册

　部二　2 册　缺 4 卷:卷 5—8　傳 684.295/867.1
　部三　2 册　西諦藏書　　　　　XD10415

4472

雷塘庵主弟子記　八卷/(清)張鑒等編.—清光緒
間儀徵阮氏嫏嬛仙館刻本.—2 册

　部二　2 册
　部三　2 册　　　　　　　　傳 684.295/867.2

4473

覺生自訂年譜　一卷/(清)鮑桂星編.—清同治四
年(1865)退一步齋刻本.—1 册.—(清)鮑桂星
(1764—1826),字雙五,號覺生　傳 684.296/866

4474*

張船山先生年譜　一卷/王世芬編.—民國 13 年

(1924)江都于氏刻本. —1 册. —(清)張問陶(1764—
1814),字仲冶,號船山　　　　　傳 684.297/924

4475*
　張船山先生年譜　一卷/蔡珅編;蔡璐參校. —1962
年桐鄉蔡璐稿本. —1 册　　　　傳 684.297/914

4476
　方聚成禪師年譜　一卷/(清釋)真淨編. —清道光
五年(1825)刻本. —1 册. —(清釋)悟成(1766—
1831),字方聚,號石谷;書名頁題石谷禪師年譜
　　　　　　　　　　　　　　　傳 684.31/863

4477*
　方聚成禪師年譜　一卷/(清釋)真淨編. —民國間
影印本. —1 册　　　　　　　　傳 684.31/863.1

4478*
　顧千里先生年譜　二卷/趙詒琛編. —民國 21 年
(1932)昆山趙詒琛刻本. —1 册. —(對樹書屋叢
刻). —(清)顧廣圻(1766—1835),字千里,號澗蘋;西
諦藏書
　部二　1 册
　部三　1 册　　　　　　　　　傳 684.312/924.1

4479*
　顧千里先生年譜　一卷/趙詒琛編. —民國 19 年
(1930)金山姚氏復廬鉛印本. —1 册. —卷端下題復廬
叢書,陳垣贈書
　部二　1 册
　部三　1 册
　部四　1 册
　部五　1 册　　　　　　　　　傳 684.312/924

4480*
　顧千里先生年譜　一卷補遺一卷/(日)神田喜一郎
編;孫世偉譯. —民國 15 年(1926)大東書局鉛印
本. —1 册:圖. —國學月刊第 1 期第 1 卷
　　　　　　　　　　　　　　　傳 684.312/994

4481
　繩枻齋年譜　二卷/(清)蔣攸銛編;(清)蔣霱遠
注. —清道光十五年(1835)襄平蔣氏刻本. —2 册. —
(清)蔣攸銛(1766—1831),字穎芳,號礪堂,室名繩

枻齋
　部二　2 册
　部三　2 册
　部四　2 册　　有缺頁　　　　傳 684.314/864

4482
　礪堂自撰年譜　二卷/(清)蔣攸銛編;(清)蔣霱遠
補. —清末抄本. —1 册　　　　傳 684.314/864.1

4483
　守拙居士自編年譜　一卷/(清)蔡鑾登編. —清道
光間桐鄉蔡氏刻本. —1 册. —(清)蔡鑾登(1766—
1834),別號守拙居士;書簽題皇清誥授奉政大夫同知
銜河南開封府中河督糧通判歷任歸德府歸河通判舞
陽中牟滎澤等縣知縣顯考蔗田府君年譜
　　　　　　　　　　　　　　　傳 684.3146/864

4484*
　卞徵君年譜　一卷/卞宗謨編. —民國元年(1912)
揖峰書屋木活字本. —1 册. —(清)卞萃文(1768—
1845),字孚升,號遜齋,晚號鈍夫;卞徵君集之一
　　　　　　　　　　　　　　　傳 684.33/912

4485
　武進李先生年譜　三卷先師小德錄一卷/(清)蔣彤
編. —清道光間木活字本. —2 册. —(清)李兆洛
(1769—1841),字申耆,晚號養一老人;與暨陽答問
合印　　　　　　　　　　　　　傳 684.34/864

4486
　武進李申耆先生年譜　三卷小德錄一卷/(清)蔣彤
編. —清光緒十三年(1887)嘉興金吳瀾木活字本. —2
册:像. —陳垣贈書
　部二　1 册
　部三　1 册　　　　　　　　　傳 684.34/864.1

4487*
　武進李先生年譜　三卷先師小德錄一卷/(清)蔣彤
編. —民國 2 年(1913)吳興劉氏嘉業堂刻本. —1
册. —(嘉業堂叢書). —書簽題李申耆年譜
　部二　1 册
　部三　1 册　　　　　　　　　傳 684.34/864.2

4488*

武進李先生年譜　三卷先師小德錄一卷/(清)蔣彤編.—民國間吳興劉氏嘉業堂刻本.—1册

部二　1册　　　　　　　　　傳 684.34/864.3

4489

先文恭公自訂年譜　一卷/(清)思補老人編.—清咸豐五年(1855)吳門潘氏刻本.—1册.—(清)潘世恩(1770—1854),字槐堂,號芝軒,晚號思補老人,諡文恭;書名據書簽題

部二　1册
部三　1册　　　　　　　　傳 684.343/873

4490

先文恭公自訂年譜　一卷/(清)思補老人編.—清同治二年(1863)吳門潘儀鳳刻本.—1册.—書名據書簽題

部二　1册
部三　1册
部四　1册　　　　　　　傳 684.343/873.1

4491

書農府君年譜　一卷/(清)胡珵編.—清道光間仁和胡氏刻本.—1册.—(清)胡敬(1769—1845),字以莊,號書農;卷端題誥授朝議大夫翰林院侍講學士書農府君年譜　　　　　　傳 684.344/864

4492*

瞿木夫先生自訂年譜　一卷/(清)瞿中溶編;(清)繆荃孫校.—民國 2 年(1913)吳興劉氏嘉業堂刻本.—1册.—(嘉業堂叢書).—(清)瞿中溶(1769—1842),字鏡濤,號木夫;陳垣贈書

部二　1册
部三　1册
部四　1册　　　　　　　　傳 684.345/865

4493*

瞿木夫先生自訂年譜　一卷/(清)瞿中溶編;(清)繆荃孫校.—民國 2 年(1913)吳興劉氏嘉業堂刻本.—1册.—卷端下有長條墨釘,該書後收入嘉業堂叢書　　　　　　　　傳 684.345/865.1

4494*

瞿木夫先生年譜　一卷/(清)瞿中溶編.—民國間

算鶴量鯨室藍格抄本.—1册.—有眉批.—毛裝

傳 684. 345/865.2

4495

云翁自訂年譜　一卷/(清)王楚堂編.—清道光十九年(1839)仁和王氏刻本.—1册.—(清)王楚堂(1770—1839),號云翁　　　　　　傳 684.35/864

4496

云翁自訂年譜　一卷/(清)王楚堂編.—清光緒十三年(1887)仁和王永言刻本.—1册

部二　1册
部三　1册　　　　　　　　傳 684.35/864.1

4497

平叔府君年譜　一卷/(清)孫慧惇,(清)孫慧翼編.—清道光二十二年(1842)金匱孫氏刻本.—2册.—(清)孫爾準(1770—1832),字平叔,諡文靖;卷端題皇清誥授榮祿大夫太子少保兵部尚書都察院右都御史閩浙總督賞戴花翎晉贈太子太師諭賜祭葬予諡文靖顯考平叔府君年譜　　　　傳 684.353/863

部二　1册　卷末附祭文、碑文

傳 684.353/863.1

4498

先文靖公年譜　一卷/(清)孫慧惇,(清)孫慧翼編.—清光緒二十八年(1902)木活字本.—1册;像.—書名據書名頁題,卷端題皇清誥授榮祿大夫太子少保兵部尚書都察院右都御史閩浙總督賞戴花翎晉贈太子太師諭賜祭葬予諡文靖顯考平叔府君年譜

傳 684.353/863.2

4499

宮傅楊果勇侯自編年譜　五卷/(清)楊芳編.—清道光二十年(1840)南海傅祥麟寶和堂刻本.—5册.—(清)楊芳(1770—1846),字誠齋,封果勇侯;書名據書名頁題

部二　3册　存3卷:卷1—3　　傳 684.356/866

4500

果勇侯楊芳年譜　四卷/(清)楊芳編.—清抄本.—2册.—本書又名宮傅楊果勇侯自編年譜

傳 684.356/866.1

4501

鹿樵自敍年譜稿　二卷/(清)張鹿樵編.—清道光十八年(1838)昭文張氏刻本.—1册:像.—(清)張大鏞(1770—1838),字聲之,號鹿樵　　傳684.357/867

4502

恩福堂年譜　一卷/(清)英和編;(清)奎照補編.—清道光間滿洲索綽絡氏刻本.—1册.—(清)英和(1771—1840),室名恩福堂

部二　1册

部三　2册

部四　1册　　　　　　　　　傳684.36/868

4503

方儀衛先生年譜　一卷/(清)鄭福照編.—清同治七年(1868)刻本.—1册.—(清)方東樹(1772—1851),字植之,號儀衛老人;儀衛軒年譜附

部二　1册　卷末缺同治戊辰許丙椿跋

　　　　　　　　　　　　　傳684.37/884

4504

[馮旭林先生]年譜　一卷/(清)王心照編.—清道光十六年(1836)光州馮氏木活字本.—2册.—(清)馮春暉(1772—1836),字麗天,號旭林;基福堂藏板;椿影集之一;與旭林府君行述合印　傳684.372/864

4505

厚山府君年譜　一卷/(清)盧端黼編.—清道光間涿州盧氏刻本.—1册.—(清)盧坤(1772—1835),號厚山;卷端題皇清誥授光祿大夫太子少保兵部尚書都察院右都御史兩廣總督頭品頂帶賞戴雙眼花翎世襲一等輕車都尉世職晉贈太子太師兵部尚書諭賜祭葬予諡敏肅顯考厚山府君年譜

部二　1册　　　　　　　　傳684.375/865

4506

先文端公自訂年譜　一卷/(清)湯金釗編;(清)湯修續編.—清咸豐六年(1856)蕭山湯氏刻本.—1册.—(清)湯金釗(1772—1856),字敦甫,號勖茲,室名寸心知室,諡文端;書名頁題雪泥鴻爪;寸心知室存稿之一　　　　　　　　　傳684.3756/875

4507*

先文端公自訂年譜　一卷/(清)湯金釗編;(清)湯修續編.—民國間朱絲欄抄本.—1册.—錄自寸心知室存稿.—毛裝　　　　　傳684.3756/875.1

4508

荷屋府君年譜　一卷/(清)吳榮光編;(清)吳尚忠,(清)吳尚志補編.—清道光間南海吳氏刻本.—1册.—(清)吳榮光(1773—1843),字伯榮,號荷屋;書簽題皇清誥授資政大夫湖南巡撫兼署湖廣總督顯考荷屋府君年譜　　　　　　　傳684.38/864

4509

徐侶樵先生年譜　一卷/(清)支清彥編.—清咸豐五年(1855)錦屏徐氏刻本.—1册:像.—(清)徐起渭(1774—1854),字侶樵　　　　　傳684.39/877

4510

退庵自訂年譜　一卷/(清)梁章鉅編.—清光緒元年(1875)福州梁氏杭州刻本.—1册.—(二思堂叢書).—(清)梁章鉅(1775—1849),晚號退庵.—毛裝

　　　　　　　　　　　　　傳684.40/866

4511

鄧尚書年譜　一卷補遺一卷/鄧邦述編.—清宣統元年(1909)江浦陳潽刻本.—1册.—(清)鄧廷楨(1776—1846),曾任禮部尚書

部二　1册

部三　1册

部四　1册

部五　1册　　　　　　　　傳684.405/925

4512*

俞理初先生年譜　一卷譜餘一卷詩文補遺一卷/王立中編;蔡元培訂.—民國23年(1934)安徽叢書編印處鉛印本.—1册:像.—(安徽叢書).—(清)俞正燮(1775—1840),字理初;附俞理初先生所著書目錄、俞理初先生稿本及批校本目錄

部二　1册　西諦藏書　　　　　XD10416

部三　1册

部四　1册

部五　1册　　　　　　　　傳684.407/924

4513*

包慎伯先生年譜　一卷/胡韞玉編.—民國12年(1923)安吳胡氏鉛印本.—1册.—(樸學齋叢刊).—

(清)包世臣(1775—1855),字慎伯

　　　　　　　　　　傳 684.4072/925

4514

　季思手定年譜　一卷/(清)龔守正編.—清咸豐間
仁和龔氏刻本.—1 册.—(清)龔守正(1776—1851),
號季思,諡文恭;書名頁題仁和龔文恭公年譜,書簽題
先文恭公年譜

　部二　1 册
　部三　1 册
　部四　1 册　　　　　傳 684.41/872

4515

　季思手定年譜　一卷/(清)龔守正編.—清末抄
本.—1 册.—書名頁題仁和龔文恭公年譜,書衣題龔
文恭公年譜　　　　　傳 684.41/872.1

4516*

　歲貢士壽臧府君年譜　一卷附錄一卷/(清)徐士燕
編.—民國間南林劉氏嘉業堂刻本.—1 册.—(清)徐
同柏(1776—1854),字壽臧,號籀莊;書名頁及書簽題
徐壽臧年譜

　部二　1 册
　部三　1 册　　　　　傳 684.415/875

4517*

　歲貢士壽臧府君年譜　一卷附錄一卷/(清)徐士燕
編.—民國 2 年(1913)吳興劉氏嘉業堂刻本.—(嘉業
堂叢書).—1 册.—書名頁及書簽題徐壽臧年譜

　部二　1 册
　部三　1 册　　　　　傳 684.415/875.1

4518*

　歲貢士壽臧府君年譜　一卷/(清)徐士燕編.—民
國間鉛印本.—1 册.—版心題徐籀莊年譜

　部二　1 册　　　　　傳 684.415/875.2

4519*

　徐籀莊先生年譜　一卷/(清)徐士燕編.—民國間
朱格抄本.—1 册.—章氏藏書　傳 684.415/875.3

4520

　[月滄自編年譜]　一卷/(清)呂璜編.—清道光二
十一年(1841)永福呂氏桂林刻本.—1 册.—(清)呂璜

(1777—1839),號月滄;月滄文集卷首

　　　　　　　　　　傳 684.42/865

4521*

　湯貞湣公年譜　一卷/陳韜編.—民國 22 年(1933)
鉛印本.—1 册:像.—(清)湯貽汾(1778—1853),諡
貞湣

　部二　1 册
　部三　1 册
　部四　1 册
　部五　1 册　　　　　傳 684.43/927

4522

　鼎甫府君年譜　一卷(清)沈宗涵,(清)沈宗濟
編.—清道光三十年(1850)嘉興沈氏刻本.—1 册.—
(清)沈維鐈(1779—1849),字鼎甫;卷端題皇清誥授
榮祿大夫工部左侍郎兼署錢法堂事務加一級顯考鼎
甫府君年譜

　部二　1 册
　部三　1 册
　部四　1 册
　部五　1 册　　　　　傳 684.433/863.1

4523*

　陶文毅公年譜　二卷/王煥鑣編.—民國 37 年
(1948)南通王煥鑣油印本.—1 册.—(清)陶澍
(1779—1839),諡文毅　　傳 684.435/924

4524

　栗恭勤公年譜　二卷/(清)惜余道人編;(清)傅鍾
沅訂正.—清光緒十六年(1890)刻本.—2 册.—(清)
栗毓美(1778—1840),諡恭勤;(清)張壬林,別號惜余
道人

　部二　2 册
　部三　2 册
　部四　1 册　存 1 卷:卷 1　　傳 684.437/897

4525*

　栗恭勤公年譜　一卷/(清)張壬林編.—民國 23 年
(1934)渾源栗乃敬鉛印本.—1 册:像

　部二　1 册　有墨筆批校
　部三　1 册　　　　　傳 684.437/897.1

4526

客世行年　一卷/（清）馮古椿編.—清末烏絲欄抄本.—1册.—（清）馮古椿（1780—?）；自敍至清道光二十二年（1842）；有硃墨筆眉批、圈點

傳 684.45/862

4527

知非錄　一卷/（清）孔昭傑編；（清）孔憲階等注.—清咸豐二年（1852）刻本.—1册.—（清）孔昭傑（1780—1852），號俊峰；書籤題孔俊峰先生知非錄

部二　1册
部三　1册

傳 684.454/874

4528

張南山先生年譜撮略　一卷/（清）金菁茅編.—清咸豐間刻本.—1册.—（清）張維屏（1780—1859），號南山

傳 684.4576/876

4529

倉溪府君年譜　一卷/（清）倪寶璜編.—清同治間刻本.—1册.—（清）倪承弼（1780—1847），號倉溪；卷端題皇清誥贈資政大夫崇祀鄉賢祠顯祖考倉溪府君年譜.—毛裝

傳 684.4577/887

4530

齋威烈公年譜　一卷/（清）常恩編.—清咸豐四年（1854）滿州納喇氏刻本.—2册.—（清）齋清阿（1781—1851），號竹塍，諡威烈；書名據書名頁題；卷端題皇清誥授武功將軍晉贈武顯將軍特旨照總兵例賜恤入祀昭忠祠廣東肇慶協副將加三級隨帶加一級顯考竹塍府君年譜

部二　1册
部三　1册
部四　1册
部五　1册

傳 684.463/876

部六 1册　西諦藏書

XD10417

4531

齋威烈公年譜　一卷/（清）常恩編.—清咸豐四年（1854）滿州納喇氏刻重印本.—1册.—書名據書名頁題；卷端題皇清誥授武功將軍晉贈武顯將軍特旨照總兵例賜恤入祀昭忠祠廣東肇慶協副將加三級隨帶加一級顯考竹塍府君年譜

傳 684.463/876.1

4532

雲墀老人自訂年譜　一卷/（清）彭玉雯編.—清光緒二年（1876）南昌彭氏刻本.—1册.—（清）彭玉雯（1781—1862），字雲墀

傳 684.466/886

4533

知所止齋自訂年譜　一卷補述一卷/（清）何汝霖編；（清）何兆瀛補編.—清咸豐三年（1853）江寧何氏刻本.—1册.—（清）何汝霖（1781—1852），室名知所止齋

部二　2册
部三　1册
部四　1册

傳 684.467/877

4534*

張介侯先生年譜　一卷附錄一卷/馮國瑞編.—民國 24 年（1935）鉛印本.—1册.—（清）張澍（1781—1847），號介侯；慰景廬叢刻之一；陳垣贈書

部二　1册
部三　1册
部四　1册
部五　1册

傳 684.4677/922

4535

楊國楨海梁氏自敍年譜　一卷/（清）楊國楨編.—清道光三十年（1850）崇慶楊氏刻本.—1册.—（清）楊國楨（1782—1849），字海梁

部二　1册
部三　1册

傳 684.4765/866

4536

楊國楨海梁氏自敍年譜　一卷/（清）楊國楨編.—清道光三十年（1850）崇慶楊氏刻重印本.—1册

傳 684.4765/866.1

4537

稈圭府君年譜　一卷/（清）周汝筠，（清）周汝策編.—清同治間祥符周氏刻本.—1册.—（清）周之琦（1782—1862），字稈圭；卷端題賜進士出身誥授振威將軍兵部侍郎兼都察院右副都御史巡撫廣西等處地方提督軍務兼理糧餉兼節制通省兵馬銜顯考稈圭府君年譜；與珠巢存課合印

部二　1册

傳 684.4766/886

4538

南村府君自訂年譜　一卷(清)陳華齡編;(清)陳錦,(清)陳炳補編.—清咸豐七年(1857)甘泉陳氏刻本.—1 册.—(清)陳華齡(1782—1855),號南村;卷端題皇清例授修職郎道光乙未科歲貢生候選儒學訓導顯考南村府君自訂年譜　　　傳 684.477/877

4539*

馮柳東先生年譜　一卷/(清)史詮編.—民國間嘉興譚新嘉綠絲欄抄本.—1 册.—(清)馮登府(1783—1841),號柳東;有硃筆批校;與整書漫錄合抄
　　　　　　　　　　　　　　　傳 684.482/808

4540*

馮柳東先生年譜　一卷/(清)史詮編.—民國間海寧陳乃乾共讀樓烏絲欄抄本.—1 册.—有墨筆眉批
　　　　　　　　　　　　　　　傳 684.482/808.1

4541*

馮柳東先生年譜　一卷/(清)史詮編.—民國間烏絲欄抄本.—1 册　　　傳 684.482/808.2

4542

先仲兄少司寇公年譜　一卷/(清)法良編.—清道光二十九年(1849)袁浦官署刻本.—1 册.—(清)斌良(1784—1847),官司寇　　　傳 684.49/862

4543

[姚石甫先生年譜]　一卷/(清)姚濬昌編.—清同治六年(1867)桐城姚氏安福縣署刻本.—1 册.—(中復堂全集).—(清)姚瑩(1785—1853),字石甫
　　　　　　　　　　　　　　　傳 684.5053/885

4544

頤壽老人年譜　二卷/(清)錢寶琛編;(清)錢鼎銘,(清)錢蕭銘補注.—清同治八年(1869)太倉錢氏刻本.—1 册.—(清)錢寶琛(1785—1859),號頤壽老人
部二　1 册
部三　1 册
部四　1 册
部五　1 册　　　　　　傳 684.5056/875

4545

先溫和公年譜　一卷/(清)張茂辰等編.—清同治間上海張氏刻本.—1 册.—(清)張祥河(1785—1862),字詩舲,謚溫和
部二　1 册
部三　1 册　　　　　　　傳 684.507/887

4546

中議公自訂年譜　八卷/(清)楊炳堃編.—清光緒十一年(1885)歸安楊氏刻本.—8 册.—(清)楊炳堃(1787—1858),字蕉雨;書名頁及書籤題楊中議公自訂年譜;附吹蘆小草
部二　8 册
部三　8 册
部四　8 册　　　　　　　傳 684.516/876

4547*

言舊錄　一卷/(清)張金吾編.—民國 2 年(1913)吳興劉氏嘉業堂刻本.—1 册.—(嘉業堂叢書).—(清)張金吾(1787—1829),字慎游
部二　1 册　陳垣贈書
部三　1 册
部四　1 册　　　　　　　傳 684.52/867
部五　1 册　　　　　　　128555

4548

芝農府君年譜　一卷/(清)杜翰,(清)杜翮編.—清咸豐九年(1859)濱州杜氏刻本.—1 册.—(清)杜受田(1787—1852),字芝農;書籤題皇清誥授光祿大夫經筵講官太子太傅協辦大學士管理禮部事務實錄館總裁上書房總師傅紫禁城騎馬贈太師大學士入祀賢良祠謚文正顯考芝農府君年譜
部二　1 册
部三　1 册　　　　　　　傳 684.524/884

4549

啖蔗軒自訂年譜　一卷/(清)方士淦編.—清同治十一年(1872)兩淮運署刻本.—1 册.—(清)方士淦(1787—1849),室名啖蔗軒;版心題啖蔗軒年譜;與東歸日記合印　　　　　　傳 684.525/865

4550

徐秋士先生自訂年譜　一卷/(清)徐元潤編;(清)徐春祺等補編.—清道光三十年(1850)太倉徐氏刻本.—1 册.—(清)徐元潤(1787—1848),號秋士;書名據書籤題　　　　　　傳 684.5254/865

4551

徐秋士先生自訂年譜　一卷/(清)徐元潤編；(清)徐春祺等補編.—清光緒十九年(1893)太倉徐氏刻本.—1冊.—書名據書簽題　　傳684.5254/865.1

4552

先恭勤公年譜　四卷/(清)徐彬,(清)徐桐編.—清咸豐九年(1859)靜海徐氏刻本.—4冊.—(清)徐澤醇(1787—1858),諡恭勤

部二　4冊　　　　　　　　　　傳684.52544/895

4553*

石隱山人自訂年譜/(清)朱駿聲編；(清)程朝儀續編；朱師轍補注.—民國18年(1929)鉛印本.—1冊.—(清)朱駿聲(1788—1858),字豐芑,號允倩,別號石隱山人；國立北平圖書館月刊第3卷第5號；與陳士元先生年譜合印　　　　　傳684.53/879

4554

東巖府君年譜　一卷/(清)長啓等編.—清同治九年(1870)廣州刻本.—2冊.—(清)裕泰(1788—1851),字東巖；卷端題皇清誥授光祿大夫太子太傅兵部尚書都察院右都御史陝甘總督管巡撫事予諡莊毅顯考東巖府君年譜；書簽題太子太傅先莊毅公東巖府君年譜

部二　2冊
部三　2冊
部四　2冊
部五　1冊　　　　　　　　　　　傳684.533/877

4555

無成錄　一卷/(清)陸我嵩編.—清道光二十八年(1848)潯州郡署刻本.—1冊.—(清)陸我嵩(1789—1838),字芳玖,號萊莊　　　　　　傳684.54/864

4556

朝議公自訂年譜　一卷/(清)陸模編；(清)陸衡爕,(清)陸廷爔補編.—清咸豐間婁縣陸氏刻本.—1冊.—(清)陸模(1789—1850),字子范；書簽題陸子范太守年譜　　　　　　　　　傳684.544/864

4557

[王寶仁自訂]行年紀略　一卷/(清)王寶仁編.—清光緒九年(1883)太倉王維驎刻本.—1冊.—(清)王

寶仁(1789—1852),字東壁,號硯雲

傳684.5442/874

4558

凌臺府君年譜　一卷/(清)葛以簡,(清)葛以敦編.—清道光間刻本.—1冊.—(清)葛雲飛(1789—1841),字凌臺；卷端題皇清誥授振威將軍提督銜浙江定海鎮總兵官世襲騎都尉兼一雲騎尉諭賜祭葬予諡壯節入祀昭忠祠勅建專祠顯考凌臺府君年譜

傳684.5443/864

4559

凌臺府君年譜　一卷/(清)葛以簡,(清)葛以敦編.—清道光間刻重印本.—1冊.—卷端題皇清誥授振威將軍提督銜浙江定海鎮總兵官世襲騎都尉兼一雲騎尉諭賜祭葬予諡壯節入祀昭忠祠勅建專祠顯考凌臺府君年譜　傳684.5443/864.1

4560*

劉孟瞻先生年譜傳　二卷附錄一卷/(日)小澤文四郎編.—民國28年(1939)北平文思樓鉛印本.—2冊.—(清)劉文淇(1789—1854),字孟瞻,儀徵人；書名頁等題儀徵劉孟瞻年譜

部二　2冊
部三　2冊
部四　2冊
部五　2冊　陳垣贈書　　　　傳684.547/994

4561

彭春洲先生詩譜　一卷/(清)李光廷編.—清同治間刻本.—2冊.—(清)彭泰來(1790—1866),號春洲；詩義堂後集卷首　　　　　　　傳684.55/884

4562

丹魁堂自訂年譜　一卷/(清)季芝昌編.—清咸豐十一年(1861)江陰季氏刻本.—1冊：像.—(清)季芝昌(1791—1861),別署丹魁堂主人；與感遇錄合印

部二　1冊
部三　1冊　缺感遇錄
部四　1冊　缺感遇錄
部五　1冊　缺感遇錄　　　　　傳684.566/876

4563

丹魁堂自訂年譜　一卷/(清)季芝昌編.—清咸豐

十一年刻同治三年(1864)江陰季氏重印本.—1冊：
像.—與感遇錄合印

部二　1冊
部三　1冊
部四　1冊　　　　　　　　傳 684.566/876.1

4564

凝香室鴻雪因緣圖記　三集/(清)麟慶撰.—清道
光二十七年(1847)揚州刻本.—6冊：圖及像.—(清)
麟慶(1791—1846)，完顏氏，字振祥，號見亭；書名頁
題鴻雪因緣，序題鴻雪因緣圖記；有清道光二十九
年序　　　　　　　　　　　　　　　125126
部二　6冊　　　　　　　　　　　127984
部三　6冊　西諦藏書　　　　　　XD9908
部四　6冊　西諦藏書　　　　　　XD9909
部五　5冊　缺1冊：二集上；西諦藏書　XD9964

4565

凝香室鴻雪因緣圖記　二集/(清)麟慶撰.—清道
光間刻本.—2冊：像.—書名頁題鴻雪因緣，版心題鴻
雪因緣圖記；雲蔭堂藏板；附題詞　　　125124
部二　4冊　　　　　　　　　　　125141

4566

鴻雪因緣圖記/(清)麟慶撰.—清刻本.—4冊：
圖.—序殘；全書爲圖；西諦藏書　　　　XD9910

4567

凝香室鴻雪因緣圖記　三集/(清)麟慶撰.—清刻
本.—3冊：圖及像.—有殘缺，卷末有墨筆抄配；版心
等處題鴻雪因緣圖記稿　　　　　　　127546

4568

凝香室鴻雪因緣圖記　三集/(清)麟慶撰.—清光
緒五年(1879)上海點石齋石印本.—6冊：圖及像.—
書名頁題鴻雪因緣，版心題鴻雪因緣圖記　125131

4569

凝香室鴻雪因緣圖記　三集/(清)麟慶撰.—清光
緒六年(1880)上海點石齋石印本.—6冊：圖及像.—
書名頁題鴻雪因緣，版心題鴻雪因緣圖記　125132

4570

凝香室鴻雪因緣圖記　三集/(清)麟慶撰.—清光

緒十二年(1886)上海點石齋石印本.—12冊：圖及
像.—書名頁題鴻雪因緣，版心題鴻雪因緣圖記

125133

4571

凝香室鴻雪因緣圖記　三集/(清)麟慶撰.—清光
緒十二年(1886)上海同文書局石印本.—3冊：圖及
像.—書名頁題鴻雪因緣，序題鴻雪因緣圖記

125134
部二　3冊　　　　　　　　　　　125136
部三　1冊　存1集：初集　　　　125135

4572

凝香室鴻雪因緣圖記　三集/(清)麟慶撰.—清光
緒二十二年(1896)上海點石齋石印本.—6冊：圖及
像.—書名頁題鴻雪因緣，序題鴻雪因緣圖記

125137
部二　2冊　有硃筆圈點　　　　125138
部三　4冊　缺1集：第3集　　　125139

4573

警石府君年譜　一卷/(清)錢應溥編.—清同治三
年(1864)嘉興錢氏刻本.—1冊：像.—(清)錢泰吉
(1791—1863)，號警石；卷端題皇清敕授修職郎誥封
朝議大夫顯考警石府君年譜；書簽題皇清誥封朝議大
夫警石錢府君年譜

部二　1冊
部三　1冊
部四　1冊　　　　　　　　傳 684.565/895

4574

警石府君年譜　一卷/(清)錢應溥編.—清同治三
年(1864)嘉興錢氏刻重印本.—1冊.—卷端題皇清敕
授修職郎誥封朝議大夫顯考警石府君年譜；與邰農偶
吟稿合訂　　　　　　　　　　傳 684.565/895.1

4575

警石府君年譜　一卷/(清)錢應溥編.—清末抄
本.—1冊.—卷端題皇清敕授修職郎誥封朝議大夫顯
考警石府君年譜.—毛裝　　　　傳 684.565/895.2

4576

定盦先生年譜　一卷/吳昌綬編.—清光緒三十四
年(1908)仁和吳氏雙照樓刻朱印本.—1冊.—(清)龔

自珍(1792—1841),號定盫;書名頁題龔先生年譜;龔
禮部集附錄三;陳垣贈書

　　部二　1冊
　　部三　1冊
　　部四　1冊
　　部五　1冊　　　　　　　　　傳 684.57/914

4577

　　定盫先生年譜　一卷/吳昌綬編.—清宣統元年
(1909)國學扶輪社上海鉛印本.—1冊.—書簽題龔定
盫年譜;龔禮部集附錄三　　　　傳 684.57/914.2

4578

　　定盫年譜稿本　一卷/黃守恒編.—清宣統元年
(1909)時中書局上海鉛印本.—1冊.—校訂定盫全集
附錄　　　　　　　　　　　　　傳 684.57/9142

4579

　　[**小浮山人自訂年譜**]　一卷/(清)小浮山人編;
(清)潘儀鳳續編.—清咸豐間吳縣潘氏蘇州刻本.—1
冊:像.—(清)潘曾沂(1792—1853),號小浮山人;卷
末題吳門湯晉苑局刊　　　　　傳 684.573/873

4580

　　[**小浮山人自訂年譜**]　一卷/(清)小浮山人編;
(清)潘儀鳳續編.—清咸豐間吳縣潘氏蘇州刻本.—1
冊:像.—卷末題蘇州甘朝士鋪刻印

　　部二　1冊
　　部三　1冊
　　部四　1冊
　　部五　1冊　　　　　　　　傳 684.573/873.1

4581

　　文節府君年譜　一卷/(清)吳養原編.—清咸豐七
年(1857)刻本.—1冊.—(清)吳文鎔(1792—1854),
諡文節;卷端題皇清誥授光祿大夫太子少保兵部尚書
都察院右都御史湖廣總督顯考文節府君年譜

　　部二　1冊
　　部三　1冊
　　部四　1冊
　　部五　1冊　有缺頁　　　　傳 684.574/884

4582

　　致初自譜　一卷/(清)徐棟編;(清)徐炳華等續

編.—清同治間安肅徐氏刻本.—1冊.—(清)徐棟
(1792—1865),號致初　　　　傳 684.575/885

4583

　　[**詒穀老人自訂年譜**]　一卷/(清)詒穀老人編;
(清)彭慰高等續編.—清同治間刻本.—1冊.—(清)
彭蘊章(1792—1862),晚號詒穀老人;彭文敬公全集
之一

　　部二　1冊
　　部三　1冊　　　　　　　　　傳 684.576/886

4584

　　[**詒穀老人自訂年譜**]　一卷/(清)詒穀老人編;
(清)彭慰高等續編.—清同治間刻重印本.—1冊.—
彭文敬公全集之一　　　　　　傳 684.576/886.1

4585

　　先河南公年譜　二卷/(清)周廷冕編.—清光緒四
年(1878)臨桂賃廬刻本.—2冊.—(清)周啓運
(1792—1853),官至河南按察使,人稱河南公;版心下
鐫題紹濂堂　　　　　　　　　傳 684.5763/896

4586

　　四留山人自記　一卷/(清)陳肇編.—清咸豐四年
(1854)平度陳氏刻藍印本.—1冊.—(清)陳肇
(1792—1853),別號四留山人　傳 684.577/877

4587

　　思補過齋主人自敍年譜　一卷/(清)李基溥編;
(清)李鍾文,(清)李繼芳續編.—清同治間長白李氏
刻本.—1冊.—(清)李基溥(1794—1867),別號思補
過齋主人;附誥贈宜人吳宜人殉節節略等

　　部二　1冊
　　部三　1冊
　　部四　1冊　　　　　　　　　傳 684.58/884

4588

　　思補過齋主人自敍年譜　一卷/(清)李基溥編;
(清)李鍾文,(清)李繼芳續編.—清同治間長白李氏
刻光緒間重印本.—1冊.—附誥贈宜人吳宜人殉節節
略等;與十年讀書之廬主人自敍年譜合印

　　　　　　　　　　　　　　　傳 684.58/884.1

4589

　吳竹如先生年譜　一卷/(清)方宗誠編.—清光緒四年(1878)畿輔志局刻本.—1 冊.—(清)吳廷棟(1793—1873),號竹如

　　部二　1 冊
　　部三　1 冊
　　部四　1 冊　　　　　　　傳 684.58/895

4590

　吳竹如先生年譜　一卷/(清)方宗誠編.—清光緒十一年(1885)桐城方氏志學堂刻本.—1 冊.—(柏堂遺書)　　　　　　　　　傳 684.58/895.1

4591

　前任四川總督籓門宮保駱公年譜　一卷/(清)駱秉章編.—清同治間刻本.—2 冊.—(清)駱秉章(1793—1867),號籲門,謚文忠;書名頁題駱公年譜
　　　　　　　　　　　　　傳 684.584/884

4592

　駱文忠公自訂年譜　二卷/(清)駱秉章編.—清光緒二十一年(1895)思賢書局刻本.—2 冊

　　部二　2 冊
　　部三　2 冊
　　部四　2 冊　　　　　　傳 684.584/884.1

4593

　駱文忠公年譜　二卷/(清)駱秉章編.—清光緒二十一年(1895)南海張蔭桓都門刻本.—2 冊.—板存南橫街粵東新館
　　部二　2 冊
　　部三　1 冊　存 1 卷:卷上;有硃筆抄補
　　　　　　　　　　　　　傳 684.584/884.2

4594

　[駱文忠公年譜]　一卷/(清)駱秉章編.—清同治間刻重修本.—2 冊.—本衙藏板　傳 684.584/884.3

4595

　觀齋行年自記　一卷/(清)祁寯藻編;(清)祁世長續編.—清同治間壽陽祁氏刻本.—1 冊.—(清)祁寯藻(1793—1866),號觀齋,謚文端;書簽題祁文端公自訂年譜　　　　　　　　　　傳 684.5844/884

4596

　大夢紀年　一卷/(清)汪丙新編.—清道光二十四年(1844)汲古堂刻本.—1 冊.—(清)汪丙新(1794—?),原名荊川,號松樵;自敍至道光二十三年(1843);汲古堂藏板

　　部二　1 冊
　　部三　1 冊　　　　　　傳 684.59/863

4597

　[丁柘唐先生歷年紀略]　一卷/(清)[丁一鵬]編.—清末朱絲欄抄本.—1 冊.—(清)丁晏(1794—1876),號柘唐　　　　　傳 684.595/899

4598

　勿齋自訂年譜　一卷/(清)陳士枚編;(清)陳蓋章續編.—清同治間刻本.—1 冊.—(清)陳士枚(1794—?),號勿齋;自敍至清咸豐六年(1856),續編至同治五年(1866)　　　傳 684.597/887

4599

　遲悔齋年譜　一卷/(清)曹肅孫編.—清同治光緒間洛陽曹氏刻本.—1 冊.—(洛陽曹氏叢書).—(清)曹肅孫(1795—?),室名遲悔齋;自敍至清同治十三年(1874);書名據版心題　　　傳 684.60/884

4600

　斯未信齋主人自訂年譜　一卷/(清)徐宗幹編.—清同治間通州徐氏刻本.—1 冊.—(清)徐宗幹(1796—1866),室名斯未信齋;書名據書衣題
　　部二　1 冊
　　部三　1 冊　　　　　　傳 685.01/885

4601[*]

　陳秋門先生年譜　一卷/石榮暲編.—民國 16 年(1927)鉛印本.—1 冊.—(清)陳光亨(1797—1877),別字秋門;靖盦著述之三
　　部二　1 冊
　　部三　1 冊
　　部四　1 冊
　　部五　1 冊　　　　　　傳 685.02/924

4602

　[萃英堂老人自訂年譜]　一卷/(清)煦荽編.—清同治間刻本.—1 冊.—(清)煦荽(1797—?),別號萃英

堂老人,自敍至清同治四年(1865)

傳 685.024/884

4603

趙文恪公自訂年譜　　一卷/(清)趙光編.—清光緒十六年(1890)昆明趙氏刻本.—6册:像.—(清)趙光(1797—1865),謚文恪;有抄配;版心題趙文恪公年譜;與趙文恪公遺集合印
　　部二　6册
　　部三　6册
　　部四　4册　缺趙文恪公遺集
　　部五　2册　缺55歲記載及趙文恪公遺集

傳 685.0245/884

4604

蘭史自訂年譜　　一卷/(清)王錫九編.—清同治六年(1867)山陰王氏刻本.—1册:像.—(清)王錫九(1797—1852),號蘭史;書名頁題王蘭史先生自訂年譜
　　部二　1册
　　部三　1册
　　部四　1册　　　傳 685.0248/874

4605

仲升自訂年譜　　一卷/(清)徐廣縉編.—清光緒十八年(1892)鹿邑徐氏刻本.—1册.—(清)徐廣縉(1797—1870),字仲升,室名思補齋;書名頁題思補齋自訂年譜　　傳 685.025/885

4606

仲升自訂年譜　　一卷/(清)徐廣縉編.—清宣統二年(1910)鹿邑徐氏鉛印本.—1册.—書名頁及書簽題思補齋自訂年譜
　　部二　1册　　　傳 685.025/885.1

4607

敬亭先生年譜　　一卷附錄一卷/(清)陳樂三編;(清)王檢心訂正.—清咸豐五年(1855年)內鄉王檢心彭城刻本.—1册.—(清)陳心一(1799—1842),字敬亭;書名頁題陳敬亭先生年譜;慎修堂藏板

傳 685.03/867

4608

禮部君年譜　　一卷/梅英傑編.—清宣統三年

(1911)寧鄉梅氏刻本.—1册.—(清)梅鍾澍(1798—1841),曾官禮部;梅氏遺書之一　　傳 685.03/913

4609

王靖毅公年譜　　二卷/(清)王家勤編.—清同治間刻本.—6册.—(清)王懿德(1798—1861),謚靖毅;與先靖毅公行述、王靖毅公列傳、鄉會試硃卷、公餘瑣言合印
　　部二　6册
　　部三　6册
　　部四　6册
　　部五　6册　　　傳 685.034/884

4610*

王文勤公年譜　　一卷/(清)王傳璨編.—民國22年(1933)閩縣王氏鉛印本.—1册:像.—(清)王慶雲(1798—1862),謚文勤
　　部二　1册
　　部三　1册　　　傳 685.0346/884

4611

[武秋瀛自訂年譜]　　一卷/(清)武澄清編.—清光緒十四年(1888)刻本.—1册.—(清)武澄清(1800—1884),字秋瀛　　傳 685.05/893

4612

南溪韓公年譜　　一卷/(清)陳昌運編.—清宣統二年(1910)泉唐汪氏鉛印本.—1册.—(振綺堂叢書).—(清)韓超(1800—1878),號南溪;附玩寇新書回目　　傳 685.055/897

4613

[蘇河督年譜]　　一卷/(清)蘇廷魁編.—清末抄本.—1册.—(清)蘇廷魁(1800—1878),曾官河督,譜從十八歲入府學記起;有蟲蛀、缺頁;書衣題蘇河督行狀.—毛裝　　傳 685.058/898

4614*

蘇河督年譜　　一卷/(清)蘇廷魁編.—民國間抄本.—1册　　　傳 685.058/898.1

4615

[馮桂山自訂年譜]　　一卷/(清)馮德馨編;(清)馮斯達續編.—清同治間濟陽馮氏刻本.—1册.—(清)

馮德馨(1801—1868),字桂山　　　　傳685.06/882

4616

先文忠公自訂年譜　一卷/(清)沈兆霖編.—清同治間刻本.—1冊.—(清)沈兆霖(1801—1862),諡文忠

部二　1冊

部三　1冊

部四　1冊　　　　　　　　　傳685.063/883

4617

龡山府君年譜　一卷/(清)余香祖,(清)余家鼎編.—清光緒二十二年(1896)婺源余氏刻本.—1冊.—(清)余龍光(1803—1867),號龡山;卷端題皇清誥封中議大夫工部屯田司郎中前同知衡江蘇婁縣知縣顯考龡山府君年譜,書名頁題余龡山先生年譜

部二　1冊　　　　　　　　　傳685.08/885

4618

厚庵自敍年華錄　一卷/(清)謝蘭生編.—清光緒間木活字本.—1冊.—(清)謝蘭生(1804—1898),字厚庵　　　　　　　　　　傳685.09/892

4619

歐醱殘客自記年譜　一卷/(清)歐醱殘客編.—清光緒間上海周衡稿本.—1冊.—(清)周衡(1805—?),別號歐醱殘客;自敍至清光緒十一年(1885);有蟲蛀

傳685.10/896

4620

繩其武齋自纂年譜　一卷/(清)黃贊湯編;(清)黃祖絡續編.—清同治九年(1870)廬陵黃氏刻本.—1冊.—(清)黃贊湯(1805—1869),室名繩其武齋

傳685.104/884

4621*

先伯石州公年譜　一卷/張繼文編;蔡侗審訂.—民國10年(1921)平定晉新石印館太原石印本.—1冊:像.—(清)張穆(1805—1849),字石州;書名頁題石州年譜,書簽題張石州先生年譜

部二　4冊　　　　　　　　　傳685.107/917

4622

著庵先生年譜　一卷/(清)范兆蘭等編.—清同治

十三年(1874)真率堂刻本.—1冊.—(清)唐吉漢(1806—1861),別號著庵

部二　1冊　　　　　　　　　傳685.11/885

4623*

鄭子尹年譜　八卷/凌惕安編.—民國間貴陽凌惕安朱格稿本.—8冊:像.—(清)鄭珍(1806—1864),字子尹,號柴翁.—毛裝　　　　　　154038

4624

劉公象久年譜　一卷/(清)劉策先等編.—清光緒二年(1876)沂水劉氏刻本.—1冊.—(清)劉恒泰(1806—1873),字象久;卷端題誥封光祿大夫劉公象久年譜　　　　　　　　　　　傳685.117/897

4625

殷譜經侍郎自定年譜　二卷/(清)殷兆鏞編.—清宣統三年(1911)吳江殷氏鉛印本.—1冊:像.—(清)殷兆鏞(1806—1883),號譜經,曾官侍郎

部二　1冊

部三　1冊

部四　1冊

部五　1冊　　　　　　　　　傳685.119/899

4626

張制軍年譜　二卷/(清)張祖祐編;(清)林紹年訂.—清光緒三十一年(1905)銅山張祖祐刻本.—2冊:像.—(清)張亮基(1807—1871),曾官雲南、湖廣等處總督,諡惠肅

部二　2冊

部三　2冊

部四　5冊　　　　　　　　　傳685.12/917

4627*

張惠肅公年譜　八卷卷首一卷/(清)張祖祐,(清)張德廣編;(清)林紹年等訂;劉承幹等增輯.—1962年揚州古舊書店油印本.—12冊　　傳685.12/917.1

4628

告存漫叟年譜　一卷/(清)馬先登編.—清光緒十五年(1889)大荔馬氏刻本.—1冊.—(清)馬先登(1807—?),號告存漫叟;自敍至清光緒十四年(1888);有蟲蛀;敦倫堂藏板　　　　傳685.123/893

4629

羅忠節公年譜　二卷/(清)郭嵩燾編.一清同治二年(1863)長沙刻本.一1册.一(羅忠節公遺集).一(清)羅澤南(1808—1856),謚忠節

部二　1册　　　　　　　　　傳 685.125/894

4630

還讀我書室老人手訂年譜　二卷/(清)董恂編.一清光緒十八年(1892)甘泉董氏刻本.一2册:像.一(清)董恂(1807—1892),別號還讀我書室老人;書名頁等題還讀我書室老人年譜

部二　2册
部三　2册
部四　2册
部五　2册　　　　　　　　　傳 685.1255/895

4631

朱九江先生年譜　一卷/簡朝亮編.一清光緒二十三年(1897)順德簡氏讀書草堂刻本.一1册.一(清)朱次琦(1807—1882),學者稱九江先生;書衣有墨筆題識;朱九江先生集卷首　　　傳 685.129/926

4632*

[朱九江先生年譜注]　一卷/張啓煌注.一民國 19年(1930)刻本.一1册.一朱九江先生集注卷首

傳 685.129/926=1

4633

遂翁自訂年譜　一卷/(清)趙昀編;(清)趙繼元等補編.一清光緒四至五年(1878—1879)太湖趙氏刻本.一1册.一(清)趙昀(1808—1877),號遂翁

傳 685.13/894

4634

遂翁自訂年譜　一卷/(清)趙昀編;(清)趙繼元等補編.一清光緒四至五年(1878—1879)太湖趙氏刻重印本.一1册.一卷末鈐印"繼橋甫周晬於已卯年閏三月殤"等字,署名中"橋"字抹黑

部二　1册
部三　1册　　　　　　　　　傳 685.13/894.1

4635*

李龍川年譜　一卷/(清)謝逢源編.一196? 年烏絲欄抄本.一1册.一(清)李光炘(1808—1885),晚號龍

川老人;書名據版心及書簽題,卷端題皇清例授修職郎候選儒學訓導廩貢生龍川李夫子年譜

傳 685.134/892

4636

萬清軒先生年譜　一卷/(清)張鼎元編;(清)錢同壽校訂.一清光緒三十二年(1906)疊山書院刻本.一1册.一(萬青軒全書).一(清)萬斛泉(1808—1904),號清軒

部二　1册
部三　1册　　　　　　　　　傳 685.1347/897

4637

先太夫人年譜　一卷/王先謙編.一清光緒二十六年(1900)湘鄉陳毅等刻本.一1册.一(清)鮑氏(1808—1882),王錫光妻;虛受堂文集卷 16

傳 685.136/914

4638

余孝惠先生年譜　一卷/(清)吳師澄編.一清光緒元年(1875)刻本.一1册:像.一(清)余治(1809—1874),私謚孝惠

部二　1册　　　　　　　　　傳 685.14/894

4639

余孝惠先生年譜　一卷/(清)吳師澄編.一清光緒元年(1875)刻光緒九年(1883)重印本.一1册.一尊小學齋集之一　　　　　　　傳 685.14/894.1

4640

畟齋自訂年譜　一卷/(清)翁同書編;(清)翁同龢補編.一清同治間常熟翁氏刻本.一1册.一(清)翁同書(1810—1865),號畟齋

部二　1册　　　　　　　　　傳 685.15/888

4641

潘紱庭先生自訂年譜　一卷/(清)潘曾綬編.一清光緒九年(1883)吳縣潘氏刻本.一1册.一(清)潘曾綬(1810—1883),字紱庭

部二　1册
部三　1册
部四　1册
部五　1册　　　　　　　　　傳 685.153/893

4642*

　　侯官王壯愍公年譜　一卷/(清)王喬雲等編.—民國 30 年(1941)侯官王氏北平鉛印本.—1 册.—(清)王有齡(1810—1861),謚壯愍;書名據書名頁題,卷端題皇清誥授光祿大夫頭品頂戴賞戴花翎兵部侍郎都察院右副都御史浙江巡撫先壯愍公年譜

　　部二　1 册
　　部三　1 册
　　部四　1 册
　　部五　1 册　　　　　　傳 685.154/894

4643

　　敝帚齋主人年譜　一卷補一卷/(清)徐鼐編;(清)徐承禧等補注.—清同治十三年(1874)福州邸舍刻本.—1 册.—(清)徐鼐(1810—1862),別號敝帚齋主人;書名頁題敝帚齋年譜

　　部二　1 册　　　　　　傳 685.155/885

4644

　　敝帚齋主人年譜　一卷補一卷/(清)徐鼐編;(清)徐承禧等補注.—清同治十三年(1874)福州邸舍刻光緒三年(1877)六合徐氏重印本.—1 册.—(敝帚齋遺書).—書名頁題敝帚齋年譜

　　部二　1 册
　　部三　1 册
　　部四　1 册　　　　　　傳 685.155/885.1

4645

　　滌浮居士塵遊錄/(清)劉長華編.—清光緒間朱格稿本.—2 册.—(清)劉長華(1810—?),別號滌浮居士;自敍至清光緒十一年(1885);有蟲蛀
　　　　　　　　　　　　傳 685.157/897

4646

　　曾文正公年譜　十二卷/(清)黎庶昌編;(清)李瀚章審定.—清光緒二年(1876)傳忠書局刻本.—4 册.—(曾文正公全集).—(清)曾國藩(1811—1872),謚文正

　　部二　4 册
　　部三　4 册
　　部四　4 册　　　　　　傳 685.16/895

4647

　　仲驤自敍/(清)楊超格編.—清綠絲欄抄本.—2

册.—(清)楊超格(1812—?),字仲驤;自敍至清同治四年(1865);有墨筆圈點　　　傳 685.17/886

4648*

　　[涂大司馬年譜]　一卷/(清)涂宗瀛編,涂承儒,涂懋儒補編.—民國 9 年(1920)蕪湖江東印書館鉛印本.—2 册:像.—(清)涂宗瀛(1812—1894),官兵部尚書;六安涂大司馬遺集之一;與涂公郎軒府君行述合印

　　部二　1 册　缺行述
　　部三　1 册　缺行述　　　　傳 685.172/892

4649

　　左文襄公年譜　十卷/羅正鈞編.—清光緒二十三年(1897)湘陰左氏長沙刻本.—10 册.—(清)左宗堂(1812—1885),謚文襄

　　部二　10 册
　　部三　10 册
　　部四　10 册
　　部五　10 册　　　　　　傳 685.174/915

4650*

　　左文襄公年譜　十卷/羅正鈞編.—民國 33 年(1944)王微鉛印本.—5 册.—小南白堂叢刊之一
　　　　　　　　　　　　傳 685.174/915.1

4651

　　[石知府君年譜]　一卷/(清)佚名編.—清同治間桐梓趙氏刻本.—1 册.—(清)趙旭(1812—1866),字石知;有墨筆校注　　　　傳 685.1746/889

4652

　　[胡文忠公]年譜　一卷/(清)嚴樹森編.—清光緒二十五年(1899)湖南糧儲道署刻本.—1 册.—(清)胡林翼(1812—1861),謚文忠;胡文忠公政書之一
　　　　　　　　　　　　傳 685.1747/898

4653*

　　胡文忠公年譜　三卷/梅英傑編.—民國 18 年(1929)寧鄉梅英傑抱冰堂刻本.—3 册:像

　　部二　3 册
　　部三　3 册
　　部四　3 册　　　　　　傳 685.1747/923

4654

編年自記　一卷/(清)丁守存編.—清光緒間日照丁氏刻本.—1 册.—(清)丁守存(1812—?),字心齋;自敍至清光緒八年(1882)

部二　1 册　　　　　　　　傳 685.175/895

4655

先考至山府君年譜　一卷/(清)林履莊編.—清光緒十一年(1885)大梁刻本.—1 册:像.—(清)林希祖(1812—1877),字至山,號鑒園主人;書名頁題鑒園主人年譜;有清光緒十三年曾國荃序,爲黑口

傳 685.177/897

4656

先考至山府君年譜　一卷/(清)林履莊編.—清光緒十一年(1885)大梁刻重印本.—1 册:像.—書名頁題鑒園主人年譜;曾國荃序,爲白口

部二　1 册

部三　1 册　缺曾國荃序　　　傳 685.177/897.1

4657

謝家山人自訂年譜　一卷/(清)唐瑩編;(清)唐汝環補編.—清光緒十年(1884)安慶刻本.—1 册.—(清)唐瑩(1813—1884),別號謝家山人;謝家山人集之一

傳 685.18/893

4658

十年讀書之廬主人自敍年譜　一卷/(清)李鍾文編;(清)李熙麟,(清)李照麟補編.—清同治間刻光緒間長白李氏重印本.—1 册.—(清)李鍾文(1814—1874),別號十年讀書廬主人　傳 685.19/884

部二　1 册　與思補過齋主人自敍年譜合印

傳 684.58/884.1

4659

羅文恪公年譜　一卷/(清)羅惇衍編;(清)羅矩等重編.—清光緒間順德羅氏刻本.—1 册.—(清)羅惇衍(1814—1874),字椒生,諡文恪;書名據書名頁題,卷端題皇清誥授光祿大夫經筵講官戶部尚書兼署工部尚書管理三庫事務武英殿總裁署翰林院掌院學士諭賜祭葬予諡文恪顯考椒生府君年譜

傳 685.195/885

4660

羅文恪公年譜　一卷/(清)羅惇衍編;(清)羅矩等重編.—清光緒間順德羅氏增刻本.—1 册.—書名據書名頁題,卷端題皇清誥授光祿大夫經筵講官戶部尚書兼署工部尚書管理三庫事務武英殿總裁署翰林院掌院學士諭賜祭葬予諡文恪顯考椒生府君年譜;與順德羅公行狀合訂　　　　傳 685.195/885.1

4661

程竹溪先生年譜　一卷/(清)嚴寶枝,(清)謝家樹編.—清光緒三年(1877)吳縣謝氏刻本.—1 册:像.—(清)程仁恩(1814—1877),字竹溪;書名頁題休寧程竹溪先生年譜

部二　1 册　　　　　　　　傳 685.196/898

4662

吳太夫人年譜　三卷續一卷/董金鑒編.—清光緒間會稽董氏取斯家塾刻本.—1 册:像.—(董氏叢書).—(清)吳氏(1815—1907),董金鑒之母;書名頁題誥封宜人晉封夫人欽褒樂善好施董母吳太夫人年譜　　　　　　傳 685.204/915

4663

錢警齋公年譜　一卷/(清)錢世銘編.—清宣統三年(1911)鎮洋錢氏刻本.—1 册.—(清)錢世銘(1815—1861),字警齋;書名據書名頁題

傳 685.205/875

4664*

靜叟自述　一卷/(清)倉景愉編.—民國 23 年(1934)國立北平圖書館抄本.—1 册.—(清)倉景愉(1816—1890),號靜叟;有硃筆批校　傳 685.21/896

4665

質齋先生年譜　一卷/(清)王其慎編.—清末刻本.—1 册.—(清)蕭培元(1816—1873),號質齋

傳 685.216/894

4666

先考雨生府君年譜編略　一卷/(清)張惟僑,(清)張惟佶編.—清光緒二十五年(1899)善化張氏刻本.—1 册.—(清)張世敏(1816—1898),字雨生;書籤題誥封中憲大夫先考張府君年譜

部二　1 册　　　　　　　　傳 685.217/897

4667

　雪泥鴻爪　四編/(清)邵亨豫編;(清)邵松年,(清)邵椿年續編.—清光緒間常熟邵氏刻本.—3 冊.—(清)邵亨豫(1818—1883),字汜生;書簽題誥授光祿大夫頭品頂戴吏部左侍郎汜生府君自訂年譜,本書分前、後、閏、末 4 編

　　部二　3 冊

　　部三　3 冊

　　部四　3 冊

　　部五　1 冊　存 1 編:後編　　傳 685.22/895

4668＊

　李忠武公年譜　三卷/(清)傅耀林編.—民國 8 年(1919)木活字本.—2 冊.—(清)李續賓(1818—1859),諡忠武;與李爵節帥公年譜合印

　　　　　　　　　　　　　　傳 685.23/895

4669

　玉池老人自敍/(清)郭嵩燾撰.—清光緒十九年(1893)養知書屋刻本.—1 冊:像.—(清)郭嵩燾(1818—1891),號玉池老人　　　125457

　　部二　1 冊　　　　　　　　　125456

　　部三　1 冊　　　　　　　　　125458

　　部四　1 冊　　　　　　　　　125477

4670

　敉閑年譜　一卷/(清)潘曾瑋編.—清光緒十三年(1887)刻本.—1 冊.—(清)潘曾瑋(1819—1886),號敉閑　　　　　　傳 685.233/893

4671＊

　[損齋先生編年]　一卷/(清)楊玉清編.—民國間海寧陳乃乾共讀樓烏絲欄抄本.—1 冊.—(清)楊樹椿(1819—1874),號損齋;錄自損齋先生全書卷首

　　　　　　　　　　　　　　傳 685.24/896

4672＊

　龔光祿公年譜　一卷/龔家尚編.—民國間仁和龔氏鉛印本.—1 冊.—(清)龔自閎(1819—1879),官光祿卿;書名頁題仁和龔光祿公年譜

　　　　　　　　　　　　　　傳 685.242/912

4673＊

　龔光祿公年譜　一卷/龔家尚編.—民國間仁和龔氏鉛印本.—1 冊.—(仁和龔氏集).—書名頁題仁和龔光祿公年譜　　　　　傳 685.242/912.1

4674

　廬山海印老人年譜　一卷/(清釋)本源編.—清光緒二十六年(1900)西山翠岩寺刻本.—1 冊.—(清釋)海清(1819—1898),更名海印,字至善;書名頁題廬山海會禪寺至善大師年譜,版心題海印老人年譜

　　　　　　　　　　　　　　傳 685.2423/894

4675＊

　藐叟年譜　一卷續一卷/(清)楊峴編;劉繼增續編.—民國間吳興劉承幹嘉業堂刻本.—1 冊.—(吳興叢書).—(清)楊峴(1819—1896),號藐叟

　　部二　1 冊　　　　　　　　傳 685.246/896

4676

　丁文誠公年譜　一卷/(清)唐炯編.—清光緒二十七年(1901)岳池刻本.—1 冊.—(清)丁寶楨(1820—1886),諡文誠

　　部二　1 冊

　　部三　1 冊　　　　　　　　傳 685.25/893

4677＊

　丁文誠公年譜　一卷/(清)唐炯編.—民國 2 年(1913)文通書局貴陽鉛印本.—1 冊.—書衣有梁啓超墨筆題記

　　部二　1 冊　　　　　　　　傳 685.25/893.1

4678

　惕盦年譜　一卷/(清)崇實編.—清光緒三年(1877)長白完顏氏刻本.—2 冊.—(清)崇實(1820—1876),號惕盦,諡文勤;書簽題皇清誥授光祿大夫振威將軍完顏文勤公年譜;與適齋詩集合印

　　部二　2 冊

　　部三　2 冊

　　部四　2 冊

　　部五　2 冊　　　　　　　　傳 685.254/894

4679

　馬端敏公年譜　一卷/(清)馬新祐編.—清光緒三年(1877)菏澤馬氏刻本.—1 冊.—(清)馬新貽(1821—1870),諡端敏;卷端題皇清誥授光祿大夫特贈太子太保兵部尚書兼都察院右都御史兩江總督馬

端敏公年譜
　　部二　1 冊
　　部三　1 冊
　　部四　1 冊　　　　　　　　　　　傳 686.01/893
　　部五　1 冊　西諦藏書　　　　　　XD10418

4680
　　嗇庵府君年狀　一卷/(清)趙徹詒等編.—清光緒
間陽湖趙氏刻本.—1 冊.—(清)趙曾向(1821—
1882),號嗇庵;卷端題皇清誥授中議大夫鹽運使銜浙
江金華府知府顯考嗇庵府君年狀,書簽題誥授中議大
夫鹽運使銜浙江金華府知府顯考嗇庵府君年狀
　　　　　　　　　　　　　　　　傳 686.01/894

4681
　　通齋自記　一卷/(清)蔣超編.—清光緒間刻本.—
1 冊.—(清)蔣超(1821—1875),號通齋
　　　　　　　　　　　　　　　　傳 686.01/8943
　　部二　1 冊　　　　　　　　　　127979

4682
　　開封府君年譜　二卷/孫孟平編.—清宣統二年
(1910)鉛印本.—1 冊.—(孫先生遺書).—(清)孫雲
錦(1821—1892),曾任開封知府　傳 686.01/913

4683
　　桐溪達叟自編年譜　一卷/(清)嚴辰編.—清光緒
間刻本.—1 冊.—(清)嚴辰(1822—1893),號桐溪達
叟,自敘至清光緒十四年(1888)
　　部二　1 冊
　　部三　1 冊　　　　　　　　　　傳 686.02/898

4684
　　知非錄　一卷/(清)龐鍾璐編.—清光緒間常熟龐
氏刻本.—1 冊.—(清)龐鍾璐(1822—1876),謚文恪;
書簽題龐文恪公年譜
　　部二　1 冊
　　部三　1 冊　　　　　　　　　　傳 686.023/893

4685
　　裴光祿年譜　四卷/(清)裴士騏等輯;(清)徐嘉
編.—清光緒二十五年(1899)阜寧裴氏刻本.—2
冊.—(清)裴蔭森(1823—1895),官光祿寺卿;書名據
書名頁題

　　部二　2 冊
　　部三　2 冊　　　　　　　　　　傳 686.03/898

4686
　　[陳元祿自訂年譜]　一卷/(清)陳元祿編.—清末
朱絲欄抄本.—1 冊.—(清)陳元祿(1823—?),自敘至
清同治五年(1866).—毛裝　　　傳 686.037/887

4687
　　小酉腴山館主人自著年譜　二卷/(清)吳大廷
編.—清光緒五年(1879)刻本.—2 冊.—(清)吳大廷
(1825—1878),別號小酉腴山館主人
　　部二　2 冊　　　　　　　　　　傳 686.04/894

4688*
　　涇舟老人洪琴西先生年譜　四卷/(清)章洪鈞,陳
作霖原編;魏家驊重編.—民國 28 年(1939)鉛印
本.—1 冊.—(清)洪汝奎(1824—1887),號琴西,晚號
涇舟老人;書名頁題涇舟老人年譜
　　部二　1 冊
　　部三　1 冊　　　　　　　　　　傳 686.042/894

4689*
　　梅府君年譜　一卷/梅頤杰編.—民國 13 年(1924)
寧鄉梅氏鉛印本.—1 冊.—(清)梅鑒源(1824—
1884),字肇森,號雅岑;卷端題清授朝議大夫景寧縣
知縣梅府君年譜;附雅岑詩錄
　　部二　1 冊　　　　　　　　　　傳 686.043/913

4690*
　　清麓年譜　二卷/張元勳編.—民國 11 年(1922)刻
本.—2 冊:像.—(清)賀瑞麟(1824—1893),號清麓
　　　　　　　　　　　　　　　　傳 686.0433/917

4691*
　　賀清麓先生年譜　一卷/孫乃琨編.—民國 16 年
(1927)于陵石熙祚刻本.—1 冊.—書名頁及版心題青
麓年譜　　　　　　　　　　　　　傳 686.0433/923

4692
　　曾忠襄公年譜　四卷/(清)王定安編;(清)蕭榮爵
增訂.—清光緒二十九年(1903)刻本.—4 冊.—(清)
曾國荃(1824—1890),謚忠襄;與曾忠襄公榮哀錄
合印

部二　2 冊　　　　　　　　傳 686.0435/894

4693

懷庭府君年狀　一卷/(清)陳鼎等編.—清光緒間木活字本.—1 冊.—(清)陳鍾英(1824—1880),字懷庭;卷端題皇清誥授奉政大夫晉封通議大夫浙江補用同知鄞縣知縣懷庭府君年狀　傳 686.047/897

4694

王壯武公年譜　二卷/(清)羅正鈞編.—清光緒十八年(1892)湘鄉王氏江寧刻本.—1 冊.—(清)王鑫(1825—1857),諡壯武

部二　1 冊　　　　　　　　傳 686.05/915

4695

王壯武公紀年錄　二卷/羅正鈞編.—清末藍絲欄抄本.—2 冊　　　　　　　　傳 686.05/915.1

4696

[耕經堂年譜]　三卷/(清)葉伯英編.—清光緒間抄本.—3 冊.—(清)葉伯英(1825—1888),室名耕經堂.—毛裝　　　　　　　傳 686.058/898

4697

[章午峰先生年譜]　一卷日記一卷/(清)章家祚編.—清光緒十八年(1892)銅陵章氏刻本.—1 冊:像.—(清)章邦元(1826—1886),號午峰

部二　1 冊
部三　1 冊
部四　1 冊　　　　　　　　傳 686.06/894

4698*

鶴槎年譜　一卷/(清)崇厚編.—民國 19 年(1930)鉛印本.—1 冊.—(清)崇厚(1826—1893),滿州完顏氏,號鶴槎;書簽題皇清誥授榮祿大夫振威將軍完顏宮保崇公年譜

部二　1 冊
部三　1 冊
部四　1 冊
部五　1 冊　　　　　　　　傳 686.064/894

4699

竹間道人自述年譜　一卷/(清)黎培敬編.—清光緒十七年(1891)湘潭黎氏刻本.—1 冊.—(清)黎培敬

(1826—1882),號竹間道人　　　傳 686.065/895

4700

先考通奉府君年譜　一卷/劉錦藻編.—清光緒間烏程劉氏刻本.—1 冊.—(清)劉鏞(1826—1899),誥贈通奉大夫;書簽題劉通奉公年譜　傳 686.067/927

4701*

壽州孫文正公年譜　一卷/孫傳栅編.—民國間朱絲欄抄本.—1 冊.—(清)孫家鼐(1827—1909),諡文正,安徽壽州人;書衣題孫文正公年譜
　　　　　　　　　　　　　傳 686.07/923

4702

草心閣自訂年譜　一卷/(清)徐景軾編.—清光緒間刻本.—2 冊.—(清)徐景軾(1828—?),室名草心閣;自叙至清光緒十一年(1885)　傳 686.075/895

4703

鮑公年譜　一卷/(清)李叔璠編.—清同治間刻本.—1 冊.—(清)鮑超(1828—1886),字春霆,諡忠壯
　　　　　　　　　　　　　傳 686.08/884

4704*

雪紅山館紀年/(清)趙守純編.—1958 年廣州市古籍書店油印本.—2 冊.—(清)趙守純(1828—?);自敘至清同治六年(1867)　　　　　125648

4705

岑襄勤公年譜　十卷/趙藩編.—清光緒二十五年(1899)西林岑春榮河朔使署刻本.—5 冊.—(清)岑毓英(1829—1889),諡襄勤

部二　5 冊
部三　5 冊
部四　5 冊
部五　5 冊　　　　　　　　傳 686.09/924

4706

成山老人自撰年譜　六卷附錄一卷/(清)唐炯編;唐堅續編.—清宣統二年(1910)京師鉛印本.—3 冊:像.—(清)唐炯(1829—1909),自號成山老人;書名頁題成山老人年譜

部二　3 冊
部三　3 冊

部四　2册

部五　2册　缺附錄　　　　　　傳 686.093/893

4707

寄生府君年譜　一卷/(清)堵煥辰編.—清光緒間
越城堵氏刻本.—1 册.—(清)堵城(1830—1896),字
寄生;卷端題誥封朝議大夫顯考寄生府君年譜,書名
頁題誥封朝議大夫寄生堵公年譜　傳 686.10/894

4708

潘文勤公年譜　一卷/(清)潘祖年編.—清光緒間
刻本.—1 册.—(清)潘祖蔭(1830—1890),諡文勤;書
名據書籤題

部二　1册

部三　1册

部四　1册

部五　1册　　　　　　　　　　傳 686.103/893

4709

蘇溪漁隱讀書譜　四卷/(清)耿文光編.—清光緒
間刻本.—2 册.—(耿氏叢書).—(清)耿文光
(1830—約 1908),別號蘇溪漁隱;自敘至清光緒十五
年(1889)

部二　2册

部三　4册

部四　4册　　　　　　　　　　傳 686.107/897

4710

三省軒自記　一卷/(清)王世恩編.—清光緒間木
活字本.—1 册:像.—(清)王世恩(1831—?),齋名三
省軒;自敘至清光緒十九年(1893);書名頁題三省軒
自述　　　　　　　　　　　　　傳 686.11/894

部二　1册　　　　　　　　　　　　　　54036

**4711*

夏侍郎年譜　一卷/夏庚復等編.—民國 9 年
(1920)上海聚珍仿宋印書局鉛印本.—1 册:像.—
(清)夏同善(1831—1880),號子松,官吏部右侍郎;卷
端題皇清誥授光祿大夫毓慶宮行走吏部右侍郎先考
子松府君年譜;附屠夫人行狀

部二　1册

部三　1册

部四　1册

部五　1册　　　　　　　　　　傳 686.117/917

4712

先考松生府君年譜　四卷/丁立中編.—清光緒二
十五年(1899)錢塘丁氏嘉惠堂刻本.—1 册.—(清)丁
丙(1832—1899),字松生　　　　傳 686.12/925

**4713*

方山民紀年詩　一卷/方觀瀾編.—民國 8 年
(1919)刻本.—1 册.—方觀瀾(1832—?),號方山氏,
別號方山遺民;書名據書籤題

部二　1册　　　　　　　　　　傳 686.125/915

**4714*

湘綺府君年譜　六卷/王代功編.—民國 12 年
(1923)湘潭王氏湘綺樓刻本.—2 册.—王闓運
(1833—1916),號湘綺

部二　2册

部三　2册　　　　　　　　　　傳 686.13/924

部四　2册

部五　2册　　　　　　　　　　傳 686.13/924.1

**4715*

晚悔庵年譜　一卷/鄧崇甲編.—民國間朱格及綠
格抄本.—1 册.—(清)黃舒昺(1834—1901),號晚悔
庵居士;書衣題晚悔庵年譜草案.—毛裝

　　　　　　　　　　　　　　　傳 686.14/915

4716

林公諱穗年譜　一卷/(清)林綺編.—清光緒間刻
本.—2 册:像.—(清)林穗(1835—1893),號子穎;卷
端題賜同進士出身直隸州知州直隸任邱縣知縣林公
諱穗年譜,書名頁題子穎林公年譜家訓;附善餘堂
家訓

部二　1册

部三　1册

部四　1册　　　　　　　　　　傳 686.15/897

4717

[龔藹仁]自訂年譜　一卷/(清)龔易圖編;(清)龔
晉義等續編.—清光緒二十二年(1896)閩縣龔氏刻
本.—1 册.—(清)龔易圖(1836—1893),字藹仁;陳垣
贈書　　　　　　　　　　　　　傳 686.152/892

**4718*

醉園府君年譜　一卷/蔣兆蘭,蔣兆燮編.—民國 5

年(1916)宜興蔣氏鉛印本. —1 册. — 蔣尊(1835—1915),號醉園;醉園詩存之附刻　　傳 686.154/914

4719*

奋經老人自述年譜　一卷/杜煥章編. —民國 17 年(1928)鉛印本. —1 册:像. —杜煥章(1836—1912),號奋經老人;奋經館遺集之一　　傳 686.16/914

4720*

孟晉齋年譜　一卷/顧家相編. —民國 2 年(1913)增刻本. —1 册. —(清)顧壽楨(1836—1864),字伯蒼,號祖香;孟晉齋文集之一　　傳 686.162/912

4721*

石叟年譜　一卷/黃文煥編. —民國 2 年(1913)英山李氏鉛印本. —1 册:像. —李士彬(1836—1913),號石叟　　傳 686.164/914

4722

怡園老人年譜　一卷/(清)陳芾編. —清光緒二十二年(1896)鉛印本. —1 册. —(清)陳芾(1836—?),號怡園老人;自敍至清光緒二十一年(1895);書名據書名頁題;執硯山館詩集之一　　傳 686.167/897

4723*

張文襄公年譜　十卷/許同莘編. —民國 28 年(1939)南皮張氏舍利函齋武漢鉛印本. —1 册:像. —(清)張之洞(1837—1909),諡文襄
　部二　1 册　　傳 686.17/924

4724*

張文襄公年譜　六卷/胡鈞編. —民國 28 年(1939)北京天華印書館鉛印本. —2 册:像. —陳垣贈書
　部二　2 册
　部三　2 册
　部四　2 册
　部五　2 册　　傳 686.17/9246

4725

唐公年譜　一卷附錄一卷/唐鴻學編. —清光緒三十四年(1908)影印本. —1 册. —(清)唐友耕(1837—1882),字澤坡;卷端題皇清誥授建威將軍雲南提督署四川提督唐公年譜
　部二　1 册

部三　1 册
部四　1 册
部五　1 册　　傳 686.173/923

4726*

鞠笙年譜　一卷日記一卷/(清)邢崇先編. —民國 5 年(1916)定襄牛氏鉛印本. —1 册. —(雪華館叢編). —(清)邢崇先(1837—?),號鞠生,自敍至清光緒十八年(1892)　　傳 686.175/895

4727*

周愨慎公自著年譜　二卷/周馥編. —民國 11 年(1922)秋浦周氏刻本. —1 册. —周馥(1837—1921),諡愨慎;書名據書名頁題;周愨慎公全集之一
　　傳 686.176/916
　部二　2 册　與行狀等合印;陳垣贈書
　　傳 686.176/916.1

4728

半隱先生花甲紀略　一卷/(清)鍾毓編. —清光緒二十五年(1899)江東鍾氏刻本. —1 册:像. —(清)鍾毓(1837—?),字半隱;自敍至清光緒二十二年(1896);附華鄂堂文鈔　　傳 686.1766/896

4729*

可園備忘錄　四卷/陳作霖編. —1986 年江蘇廣陵古籍刻印社揚州影印本. —1 册. —陳作霖(1837—1920),號可園;據江寧陳氏稿本影印
　部二　1 册
　部三　1 册　　傳 686.177/917

4730

年事紀略　一卷暖香堂筆記二卷/(清)守硯主人編. —清末朱絲欄抄本. —1 册. —(清)延昌(1837—1909),別號守硯主人　　傳 686.179/899

4731

春渚草堂居士年譜　一卷/(清)朱彭年編. —清光緒二十二年(1896)刻本. —1 册. —(清)朱彭年(1837—1896),別號春渚草堂居士
　　傳 686.1796/899

4732*

徐愚齋自敍年譜　一卷/(清)徐潤編;徐廷鑾等續

編.—民國 16 年（1927）香山徐氏鉛印本.—1 册：
像.—（清）徐潤（1838—1911），別號愚齋；陳垣贈書；
附上海雜記
　　部二　1 册
　　部三　1 册
　　部四　1 册
　　部五　1 册　　　　　　　　　傳 686.18/895

**4733*
揭盧氏自編年譜**　一卷/童以謙編；童世亨續編.—
民國 12 年（1923）嘉定童氏鉛印本.—1 册：像.—童以
謙（1838—1923），號揭盧
　　部二　1 册
　　部三　1 册
　　部四　1 册　　　　　　　　　傳 686.183/913

**4734
虛閣先生年譜**　一卷/嚴謙潤編；嚴蔚春鑒定.—清
末抄本.—1 册.—（清）嚴玉森（1838—1901），字虛閣
　　　　　　　　　　　　　　　　傳 686.188/928

**4735*
鄰蘇老人年譜**　一卷/楊守敬編；熊會貞續編.—民
國 4 年（1915）影印本.—1 册：像.—楊守敬（1839—
1915），晚號鄰蘇老人；像與傳 686.19/916.1 不同
　　部二　1 册　附訃告哀啟（2 幅）
　　部三　1 册　陳垣贈書
　　部四　1 册
　　部五　1 册　　　　　　　　　傳 686.19/916

**4736*
鄰蘇老人年譜**　一卷/楊守敬編；熊會貞續編.—民
國 4 年（1915）影印本.—1 册：像
　　部二　1 册
　　部三　1 册
　　部四　1 册　　　　　　　　　傳 686.19/916.1

**4737*
桐城吳先生年譜**　四卷/郭立志編.—民國 33 年
（1944）北平鉛印本.—2 册：像.—（清）吳汝綸（1840—
1903）；卷 4 內附著述表，書後附雍睦堂叢書目錄；雍
睦堂叢書之一
　　部二　2 册
　　部三　2 册

　　部四　2 册
　　部五　2 册　　　　　　　　　傳 686.20/924

**4738
先考侍郎公年譜**　一卷/（清）壽富等編.—清宣統
二年（1910）京邸鉛印本.—1 册.—（清）寶廷（1840—
1891），號竹坡，晚號偶齋，官禮部右侍郎；書衣題寶竹
坡侍郎年譜；嘉定長白二先生奏議附
　　　　　　　　　　　　　　　　傳 686.202/892

**4739
偶齋先生年譜**　一卷/（清）壽富等編.—清末抄
本.—1 册.—書名據書衣題　　　傳 686.202/892.1

4740
［**王筱泉先府君年譜**］　一卷/王孝箴等編.—清光
緒二十年（1894）深澤王氏刻本.—1 册.—（清）王用誥
（1840—1893），號筱泉；論語經正錄卷首
　　部二　1 册
　　部三　1 册
　　部四　1 册
　　部五　1 册　　　　　　　　　傳 686.204/914

**4741*
楊珍林年譜**　一卷/（清）楊樹編.—民國 12 年
（1923）貴陽文通書局鉛印本.—1 册.—（清）楊樹
（1841—1909），字珍林；書名頁題楊珍林自訂年譜
　　　　　　　　　　　　　　　　傳 686.21/896

**4742*
顯考溫毅府君年譜**　一卷/秦錫田編.—民國 19 年
（1930）鉛印本.—1 册.—（清）秦榮光（1841—1904），
號溫毅；補晉書藝文志附　　　　傳 686.213/923

**4743*
王先謙自定年譜**　三卷/王先謙編.—民國間長沙
王氏刻本.—3 册.—王先謙（1842—1918），晚號葵園；
書名頁題葵園自定年譜
　　部二　3 册
　　部三　3 册
　　部四　3 册
　　部五　3 册　　　　　　　　　傳 686.22/914

4744*

溪山老農年譜 二卷續編一卷/王祖畬編;王保謐續編.—民國 7 年(1918)鎮洋王氏溪山書屋刻本.—2冊:像.—王祖畬(1842—1918),晚號溪山老農;附著述書目

部二 2 冊
部三 2 冊
部四 2 冊
部五 2 冊　　　　　　　傳 686.224/914

4745

呂鏡宇自敍年譜 一卷/呂海寰編.—清光緒間大興呂海寰朱絲欄稿本.—1 冊.—呂海寰(1842—1926),字鏡宇;附呂海寰諭呂賢萃書契約
　　　　　　　　　傳 686.225/925

4746*

酒翁年錄 一卷/史久傳等編.—民國 6 年(1917)鉛印本.—1 冊:像.—史悠厚(1842—1917),字芩賓,晚號酒翁;書籤題史芩賓先生年錄　傳 686.228/918

4747*

韌叟自訂年譜 一卷/勞乃宣編.—民國 11 年(1922)上虞羅氏鉛印本.—1 冊:像.—(蟬隱廬叢書).—勞乃宣(1843—1921),號韌叟、韌庵;書名頁題韌庵老人自訂年譜

部二 1 冊
部三 1 冊
部四 1 冊　　　　　　　傳 686.23/915

4748*

福山石埠王君年譜 一卷/王埐編.—民國 15 年(1926)石印本.—1 冊:像.—王季寅(1843—1925),字石埠;卷端題誥授資政大夫二品銜賞換花翎浙江糧儲道福山石埠王君年譜,書籤題誥授資政大夫浙江糧儲道石埠王觀察年譜　傳 686.234/914

4749*

次皙次齋主人年譜 一卷/孫振烈編.—民國 8 年(1919)無錫孫氏鉛印本.—1 冊:像.—孫振烈(1843—1919),別號次皙次齋主人

部二 1 冊
部三 1 冊　　　　　　　傳 686.237/913

4750*

[朴公翰臣]年譜 一卷/恩豐編.—民國 7 年(1918)石印本.—1 冊.—朴興文(1844—1917),字翰臣,室名養拙山館;與朴公家傳、養拙山館詩集合印
　　　　　　　　　　　126072
部二 1 冊　　　　　傳 686.249/909

4751*

藝風老人年譜 一卷/繆荃孫編.—民國 25 年(1936)北平文祿堂刻本.—1 冊:像.—繆荃孫(1844—1919),晚號藝風

部二 1 冊
部三 1 冊 陳垣贈書
部四 1 冊
部五 1 冊　　　　　傳 686.24/918
部六 1 冊 西諦藏書　　　XD10517
部七 1 冊 陳垣贈書　　　155912

4752*

藝風老人年譜 一卷/繆荃孫編.—民國間抄本.—1 冊　　　　　　　傳 686.24/918.1

4753*

藝風老人年譜 一卷/繆荃孫編.—民國間抄本.—1 冊.—毛裝　　　　傳 686.24/918.2

4754*

祖庭聞見錄 一卷/張紹蕃編.—民國 6 年(1917)天水張氏鉛印本.—1 冊.—張世英(1844—1916)
　　　　　　　　　傳 686.247/917

4755*

李爵節帥公年譜 一卷/章廷黻編.—民國 8 年(1919)木活字本.—2 冊.—(清)李光久(1845—1899),襲男爵,官節帥;與李忠武公年譜合印
　　　　　　　　　傳 685.23/895

4756*

奲叟七十年譜 一卷/李思敬編.—民國 4 年(1915)商務印書館上海鉛印本.—1 冊.—李思敬(1845—?),字夐叟;自敍至民國 3 年(1914)

部二 1 冊
部三 1 冊
部四 1 冊　　　　　傳 686.25/924

4757

先考府君年譜　一卷/陳士廉編.—清宣統間京華印書局京師鉛印本.—1 冊.—(清)陳瑞瀾(1846—1910),字秬亭;書簽題皇清誥封中憲貤封光祿大夫先考府君年譜

部二　1 冊
部三　1 冊　　　　　　　　　傳 686.26/917

4758*

慎獨齋七十年譜　一卷/關蔚煌編.—民國間鉛印本.—1 冊.—關蔚煌(1848—?),室名慎獨齋;自敍至民國 5 年(1916).—陳垣贈書

部二　1 冊　　　　　　　　　傳 686.27/914

4759*

潘孝端先生年譜　一卷/潘肇元編.—民國 18 年(1929)鉛印本.—1 冊:像.—(清)潘逢泰(1847—1924),私謚孝端

部二　1 冊
部三　1 冊
部四　1 冊　　　　　　　　　傳 686.273/923

4760

笏珊年譜　一卷/(清)張桂林編.—清光緒十九年(1893)京都元會齋刻本.—1 冊.—(清)張桂林(1847—?),字笏珊;自敍至清光緒十九年(1893)
　　　　　　　　　　　　　　傳 686.274/897

4761

笏珊年譜　一卷/(清)張桂林編.—清光緒二十二年(1896)成都森榮齋刻本.—3 冊.—自敍至清光緒二十八年(1902);卷端硃筆題宣統元年八月十九日批點陶廬記

部二　1 冊
部三　1 冊　有缺頁　　　　　傳 686.274/897.1

4762

養雲主人年譜雜記　一卷續紀前譜一卷/王懋官編.—清光緒三十二年至民國 6 年(1906—1917)申江石印暨鉛印本.—1 冊:像.—(清)王懋官(1847—1917),別號養雲主人;書名據書名頁題,書簽題養雲主人六旬以前年譜雜記　　　傳 686.2743/914

4763*

黃公度先生年譜　一卷/錢萼孫編.—民國 25 年(1936)商務印書館上海鉛印本.—1 冊.—(清)黃遵憲(1848—1905),字公度;人境廬詩草箋注之一
　　　　　　　　　　　　　　傳 686.28/905

4764*

陸文慎公年譜　二卷/(清)陸寶忠編;陳宗彝續編.—民國 12 年(1923)唐文治刻本.—1 冊.—(清)陸寶忠(1850—1908),謚文慎

部二　1 冊
部三　1 冊
部四　1 冊　　　　　　　　　傳 686.30/894

4765*

梁母潘太夫人年譜　一卷/梁壽臧,梁壽相編.—民國 8 年(1919)梁氏鉛印本.—1 冊.—潘太夫人(1851—?),梁壽臧之母;書簽題梁母潘太夫人七秩年譜　　　　　　　　　傳 686.303/912

4766*

部畇府君年譜　一卷/王邁常,王蘧常編.—民國間鉛印本.—1 冊.—王甲榮(1850—1930),字部畇;卷端題清誥授朝議大夫知府銜在任候補直隸州知州廣西富川縣知縣加三級紀錄十次兼署富川縣學教諭鐘山理苗通判顯考部畇府君年譜,書簽題先大夫部畇府君年譜

部二　1 冊
部三　1 冊　　　　　　　　　傳 686.304/924

4767*

皮鹿門先生年譜/皮名振編.—民國間善化皮名振稿本.—1 冊:像.—(清)皮錫瑞(1850—1908),字鹿門.—毛裝　　　　　　　　　148365

4768*

惜分陰軒主人述略　一卷/周憬編.—民國 9 年(1920)無錫周氏鉛印本.—1 冊.—周憬(1851—1920),字莘農,室名惜分陰軒,自號惜分陰軒主人,江蘇無錫人;自敍至民國 9 年(1920)　傳 687.01/916

4769*

晏海澄先生年譜　四卷附錄一卷/金兆豐編.—民國 20 年(1931)鎮安晏氏刻本.—4 冊:照片.—晏安瀾

(1851—1919),字海澄,陝西鎮安人

部二　4 冊　朱印

部三　4 冊

部四　4 冊

部五　4 冊　　　　　　　　傳 687.015/926

4770*

陶廬老人自訂年譜　二卷/王樹枏編.—民國間抄本.—2 冊.—王樹枏(1852—1936),字晉卿,號陶廬老人,河北新城人;有硃筆圈點刪改　傳 687.02/924.1

4771*

陶廬老人隨年錄/王樹枏編.—民國間朱絲欄暨藍絲欄抄本.—2 冊　　　　　　傳 687.02/924

4772*

心乾氏自編年譜　一卷/陳慶容編.—民國 17 年(1928)嘉定陳鏡珩鉛印本.—1 冊.—陳慶容(1852—1927),號心乾,浙江嘉定人　　傳 687.022/923

4773*

崇德老人自訂年譜　一卷附錄一卷/曾紀芬口述;瞿宣穎筆錄.—民國 21 年(1932)衡山聶氏鉛印本.—1 冊:圖及像.—曾紀芬(1852—1942),別號崇德老人

部二　1 冊

部三　1 冊

部四　1 冊　　　　　　　　傳 687.023/923

部五　1 冊　西諦藏書　　　　　　XD10419

4774*

崇德老人自訂年譜　一卷附錄一卷/曾紀芬口述;瞿宣穎筆錄.—民國 22 年(1933)衡山聶氏鉛印本.—1 冊:圖及像

部二　1 冊

部三　1 冊　　　　　　　傳 687.023/923.1

4775*

陳玉蒼先生年譜　一卷/陳宗蕃編.—民國 21 年(1932)鉛印本.—1 冊.—陳璧(1852—1928),字玉蒼　　　　　　　　　傳 687.027/897

4776*

張府君年譜　一卷/張宗芳編.—民國 18 年(1929)油印本.—1 冊.—(清)張元翰(1852—1904),字達生,

號良甫,河北南皮人;卷端題清故奉政大夫旌表孝行張府君年譜

部二　1 冊

部三　1 冊　　　　　　　傳 687.0274/917

4777*

張府君年譜　一卷/張宗芳編.—民國間抄本.—1 冊.—卷端題清故奉政大夫旌表孝行張府君年譜

　　　　　　　　　　　　傳 687.0274/917.1

4778*

侯官嚴先生年譜　一卷/嚴璩編.—民國間鉛印本.—1 冊.—嚴復(1854—1921),字幾道,福建侯官人

部二　1 冊　　　　　　　　傳 687.03/898

4779*

且頑七十歲自敍/李鍾珏編.—民國間中華書局上海鉛印本.—6 冊:像.—李鍾珏(1854—1927),號且頑,上海寶山人;與勸善要言、潛齋簡效方、救急良方合印

部二　6 冊

部三　4 冊　缺勸善要言、潛齋簡效方、救急良方

　　　　　　　　　　　　傳 687.034/924

4780*

嗇翁自訂年譜　二卷/張謇編.—民國 14 年(1925)鉛印本.—1 冊.—張謇(1853—1926),號嗇翁,江蘇南通人

部二　1 冊

部三　2 冊

部四　1 冊

部五　1 冊　　　　　　　　傳 687.037/917

4781*

嗇翁自訂年譜　二卷/張謇編.—民國間鉛印本.—1 冊　　　　　　　　　　傳 687.037/917.1

4782*

嗇翁自訂年譜　二卷/張謇編.—民國間影印本.—1 冊.—據張謇手稿本影印　　傳 687.037/917.2

4783*

水竹村人年譜　二卷附錄一卷/賀培新編.—民國間武強賀培新朱絲欄稿本.—3 冊.—徐世昌(1855—

1939),別號水竹村人;有墨筆批校、硃筆圈點

傳 687.05/923

4784*

水竹村人年譜　二卷/賀培新編.—民國間武強賀氏朱絲欄抄本.—2 冊　　　　傳 687.05/923.1

4785*

趙魯庵先生年譜　一卷/(清)趙天錫編.—民國 5 年(1916)刻本.—1 冊.—(清)趙天錫(1855—1905),號魯庵,新寧人;趙魯庵先生集卷首

傳 687.054/894

4786*

鄭叔問先生年譜　一卷/戴正誠編.—民國 30 年(1941)鉛印本.—1 冊.—鄭文焯(1856—1918),號叔問　　　　　　　　　　　傳 687.06/923

4787*

葵園遁叟自訂年譜　一卷/高覲昌編.—民國 14 年(1925)鉛印本.—1 冊:像.—高覲昌(1856—1924),字葵北,號葵園遁叟,江蘇丹徒人
部二　1 冊
部三　1 冊
部四　1 冊　　　　　　　　　　傳 687. 063/913

4788*

文芸閣先生年譜　四卷/錢萼孫編.—196[？]揚州古舊書店朱絲欄抄本.—2 冊.—(清)文廷式(1856—1904),號芸閣,江西萍鄉人　　　傳 687.066/925

4789*

侯官陳石遺先生年譜　七卷/陳聲暨編;王真續編;葉長青補訂.—民國間刻本.—2 冊.—陳衍(1856—1937),字叔伊,號石遺,福建侯官人
部二　3 冊　缺 2 卷:卷 6—7　傳 687.067/917

4790*

侯官陳石遺先生年譜　七卷/陳聲暨編;王真續編;葉長青補訂.—民國間增刻本.—3 冊:圖
部二　4 冊
部三　4 冊　　　　　　　　傳 687.067/917.1

4791*

侯官陳石遺先生年譜　一卷/王真編.—1960 年油印本.—1 冊.—本書只印卷 8 一卷

傳 687.067/917—2

4792*

止叟年譜　一卷/韓國鈞編.—民國間鉛印本.—1 冊:像.—韓國鈞(1857—1942),號止叟,江蘇奉縣人
部二　1 冊
部三　1 冊　　　　　　　　　傳 687.07/925

4793*

默庵居士自定年譜　一卷續編一卷/王舟瑤編;王敬禮續編.—民國間黃岩王氏鉛印本.—1 冊.—王舟瑤(1858—1925),字玫伯,號默庵居士,黃岩人
部二　1 冊
部三　1 冊
部四　1 冊
部五　1 冊　　　　　　　　傳 687.08/914

4794*

陳介石先生年譜　一卷/陳謐編.—民國 23 年(1934)見思堂鉛印本.—2 冊:像.—陳黻宸(1859—1917),字介石,號瑞安,浙江瑞安人
部二　2 冊　　　　　　　　　傳 687.09/927

4795*

陳介石先生年譜　一卷/陳謐編.—民國間甌風雜誌社鉛印本.—2 冊　　　　　傳 687.09/927.1

4796*

瀞園自述　一卷/趙啓霖編;趙殿續編.—民國間抄本.—1 冊.—趙啓霖(1859—1935),字芷孫,晚號瀞園,湖南湘潭人　　　　　傳 687.094/924

4797*

桂林梁先生年譜　一卷/梁煥彝,梁煥鼎編.—民國 14 年(1925)鉛印本.—1 冊.—梁濟(1859—1918),字巨川,廣西桂林人　　　傳 687.096/926

4798*

求我山人年譜　一卷/莊景仲編.—民國 18 年(1929)奉化莊景仲鉛印本.—1 冊.—莊景仲(1860—

1940),字崧甫,別號求我山人,浙江奉化人

　　　　　　　　　　　　　　　傳 687.10/925

4799*

　汪穰卿先生年譜　一卷/汪詒年編.─民國 9 年
(1920) 鉛印本.─1 冊:像.─(清)汪康年(1860─
1911),字穰卿,浙江錢塘人　　　傳 687.103/913

4800*

　范孫自定年譜　一卷補一卷/嚴修編;高彤補編.─
民國 32 年(1943)天津嚴氏刻本.─1 冊.─嚴修
(1860─1929),字范孫,直隸三河人

　　　　　　　　　　　　　　　傳 687.108/928

4801

　魯齋年譜　一卷/(清)翁傳煦編.─清光緒間善化
翁氏刻本.─1 冊:像.─(清)翁傳煦(1860─1897),字
少蘭,號魯齋,湖南善化人　　　傳 687.1085/898

4802*

　庸叟編年錄　一卷/庸叟.─民國間庸叟朱絲欄
稿本.─1 冊.─庸叟(1862─?),自敍至民國 19 年
(1930)　　　　　　　　　　　　傳 688.01/924

4803*

　提法公年譜　一卷/張澍棠編.─1952 年鉛印本.─
1 冊:像.─張學華(1863─1951),官提法使;版心題張
提法公年譜;陳垣贈書　　　　　傳 688.02/927

4804*

　罼庵主人自訂年譜　一卷/張茂鏞編.─民國元年
(1912)鉛印本.─1 冊:像.─張茂鏞(1864─1924),號
罼庵;書衣題罼庵自訂年譜;西諦藏書　　XD10518
　部二　1 冊
　部三　1 冊　　　　　　　　　　傳 688.027/917

4805*

　桂林秦仲勤先生年譜　一卷/秦恩述編;秦振夫補
編.─民國間石印本.─1 冊.─秦恩述(1864─1928),
字仲勤;書名據書衣題　　　　　傳 688.03/923

4806*

　羅迦陵夫人年譜/姬覺彌編.─民國 11 年(1922)愛
儷園上海鉛印本.─1 冊.─羅迦陵(1864─1941),羅

鳳蕤,易名迦陵,(英國)歐司愛・哈同之妻;與歐司愛
哈同先生年譜合印　　　　　　　　　127507

4807*

　黎元洪年譜資料　一卷/民間不老人編.─1961 年
打字油印本.─1 冊.─黎元洪(1864─1928);民間不
老人即薛明劍　　　　　　　　　傳 688.035/926

4808*

　吳興周夢坡先生年譜　一卷/周延礽編.─民國 23
年(1934)鉛印本.─1 冊.─周慶雲(1864─1933),號
夢坡;書名據書名頁題
　部二　1 冊　　　　　　　　　　傳 688.036/926
　部三　4 冊　與吳興周夢坡先生赴告合訂　126705
　部四　4 冊　與吳興周夢坡先生赴告合訂　126706
　部五　4 冊　與吳興周夢坡先生赴告合訂　126707

4809*

　倉海先生丘公逢甲年譜/丘琮編.─民國 24 年
(1935)商務印書館上海鉛印本.─1 冊.─丘逢甲
(1864─1912),學者稱倉海先生;倉海先生丘公逢甲
詩選附錄　　　　　　　　　　　　　151164

4810*

　景牧自訂年譜　一卷/吳廷燮編.─民國間江寧吳
氏鉛印本.─1 冊.─吳廷燮(1865─1947),號景牧;陳
垣贈書
　部二　1 冊
　部三　1 冊
　部四　1 冊
　部五　1 冊　　　　　　　　　　傳 688.04/924

4811*

　瀏陽譚先生年譜　一卷/陳乃乾編.─民國 6 年
(1917)文明書局上海鉛印本.─1 冊.─(譚瀏陽全
集).─(清)譚嗣同(1865─1898),瀏陽人

　　　　　　　　　　　　　　　傳 688.044/927

4812*

　鈍庵紀年　一卷/陳炳華編.─民國間北平陳炳華
稿本.─1 冊.─陳炳華(1865─?),號鈍庵;自敍至民
國 13 年(1924).─毛裝　　　　傳 688.047/927

4813*

合肥執政年譜初稿　二卷/吳廷燮編.—民國 27 年(1938)鉛印本.—1 冊.—段祺瑞(1865—1936),合肥人;版心題合肥執政年譜,書衣題合肥段公年譜稿

部二　1 冊

部三　1 冊

部四　1 冊

部五　1 冊　　　　　　　　傳 688.049/924

4814*

謝希安先生六秩壽譜　一卷/邵繼煥等編.—民國間何學穎印務局鉛印本.—1 冊.—謝叔元(1866—1938),字希安;書名頁題侯官謝希安先生六秩壽譜

傳 688.05/925

4815*

陸肅武將軍年譜　二卷/鍾彤澐編;鍾廣生續編.—民國 19 年(1930)北平刻本.—2 冊:像.—陸洪濤(1866—1927),諡肅武　　　傳 688.054/924

4816

王筱汀先生年譜　一卷/童坤厚編.—民國 28 年(1939)鉛印本.—1 冊:像.—王錫彤(1866—1938),號筱汀,晚號抑齋;冠墨筆抄錄王筱汀先生全集目錄,附家傳

部二　1 冊

部三　1 冊　　　　　　　　傳 688.0548/923

4817*

抑齋自述　七種/王錫彤編.—民國間鉛印本.—11 冊:像.—七種名爲:浮生夢影、河朔前塵、燕豫萍蹤、民國聞人、工商實曆、藥餌餘生、病中歲月

部二　11 冊

部三　7 冊　存 4 種:浮生夢影、河朔前塵、燕豫萍蹤、病中歲月乙至戊編

部四　3 冊　存 3 種:浮生夢影、河朔前塵、燕豫萍蹤

部五　1 冊　存 1 種:浮生夢影　傳 688.0548/924

4818*

唾荈年譜　一卷/郭敬安編.—民國 7 年(1918)鉛印本.—1 冊.—羅傑(1866—?),號唾荈;書籤及書名頁題唾荈先生年譜;年譜編至民國 7 年(1918)

傳 688.055/914

4819*

先妣薛恭人年譜　一卷/陳鏘等編.—民國 3 年(1914)刻本.—1 冊.—(清)薛紹徽(1866—1911),陳鏘之母;黛韻樓遺集之一;附亡妻薛恭人傳略

傳 688.056/927

4820*

泗陽張沌谷居士年譜　一卷/張星烺編.—民國 24 年(1935)中國地學會北平鉛印本.—1 冊.—(南園叢稿).—張相文(1867—1934),別號沌谷居士

傳 688.057/957

4821*

朱徵君年譜　一卷/周雲編.—民國 16 年(1927)江寧朱氏鉛印本.—1 冊.—朱士煥(1869—?);年譜編至民國 16 年(1927)

部二　1 冊

部三　1 冊　　　　　　　　傳 688.07/929

4822*

朱徵君年譜　一卷/周雲編.—民國間朱絲欄抄本.—1 冊.—附贈建康朱遠明徵君序

傳 688.07/929.1

4823*

含嘉室自訂年譜　一卷/吳士鑒編.—民國間鉛印本.—1 冊.—吳士鑒(1868—1933),室名含嘉室

部二　1 冊

部三　1 冊

部四　1 冊

部五　1 冊　　　　　　　　傳 688.074/924

4824*

苓泉居士自訂年譜　二卷/楊壽枏編.—民國 32 年(1943)鉛印本.—1 冊.—楊壽枏(1868—1949),號苓泉居士

部二　1 冊　　　　　　　　傳 688.076/926

4825*

先府君蕭公石齋年譜　一卷/蕭家仁編.—民國間香港集大莊鉛印本.—1 冊.—蕭瑞麟(1868—1939),號石齋;書籤題蕭公石齋年譜

部二　1 冊

部三　1 冊

部四　1 册

部五　1 册　　　　　　　　　　傳 688.0765/956

4826*

　榆廬年譜　一卷續編一卷/夏辛銘編；夏祖年,夏廷正續編.—民國 24 年(1935)桐鄉夏氏鉛印本.—1 册：像.—夏辛銘(1868—1931),號榆廬

　　　　　　　　　　　　　　　傳 688.077/927

4827*

　陳少白先生年譜/陳德芸編.—民國 24 年(1935)鉛印本.—1 册.陳聞韶(1869—1934),號少白；與陳少白先生哀思錄合印　　　　　　126886

部二　1 册　　　　　　　　　　　126887

部三　1 册　　　　　　　　　　　126888

部四　1 册　　　　　　　　　　　126889

部五　1 册　陳垣贈書　　　　　　126890

4828*

　一齋自編年譜　一卷/陳毓瑞編.—民國 11 年(1922)鉛印本.—1 册.—陳毓瑞(1869—?),號一齋；書簽及書名頁題一齋年譜；自敍至民國 11 年(1922)

　　　　　　　　　　　　　　　傳 688.08/927

4829*

　一齋自編年譜　一卷續編一卷/陳毓瑞編.—民國 17 年(1928)鉛印本.—1 册.—書簽及書名頁題一齋年譜；自敍至民國 17 年(1928)　　傳 688.08/927.1

4830*

　武進陶湘字蘭泉號涉園七十年記略/陶湘編.—民國 28 年(1939)武進陶氏鉛印本.—1 册.—陶湘(1870—1939),字蘭泉,號涉園；書簽題武進陶涉園七十年記略,版心題涉園年略　　傳 688.09/925

4831*

　賽金花年譜/李蜀宜編.—民國 26 年(1937)時事新報鉛印本.—1 册.—趙靈飛(1871—1936),別名賽金花；據民國 26 年(1937)4 月 8—10、12—17、19 日時事新報剪貼.—毛裝　　　　傳 688.10/924

4832*

　[賽金花年表]　一卷/劉半農,商鴻逵編.—民國 23 年(1934)星雲堂書店鉛印本.—1 册.—本表譜主生於

清同治十三年(1874)；賽金花本事附

　　　　　　　　　　　　　　　傳 688.10/927

4833*

　先府君曉亭公年譜　一卷附錄二卷/曹英瑾編.—民國 37 年(1948)高唐曹氏鉛印本.—1 册：像.—(清)曹香蓉(1872—1911),字曉亭；書簽題曹曉亭先生年譜　　　　　　　　　　　傳 688.11/954

4834*

　適園老人年譜　一卷附錄一卷/權量編；權國華輯.—民國 15 年(1926)京華印書局北京鉛印本.—1 册.—權量(1873—?),號適園老人；自敍至民國 14 年(1925)

部二　1 册

部三　1 册　　　　　　　　　　傳 688.12/924

4835*

　潘霞青先生年譜　一卷/潘頊等編.—民國 22 年(1933)鉛印本.—1 册：像.—(清)潘鳴球(1873—1932),字霞青；書名據書簽題　　傳 688.123/923

4836*

　梁任公先生年譜長編初稿/丁文江,趙豐田編.—民國 25 年(1936)油印本.—12 册.—梁啓超(1873—1929),字任公

部二　12 册

部三　12 册　　　　　　　　　　傳 688.126/925

4837*

　錢士青先生編年事略　一卷/甘澤沛,王永清編.—民國 25 年(1936)廣德錢氏鉛印本.—1 册.—錢文選(1874—1953),字士青；書名頁及書簽題錢士青都轉編年事略；誦芬堂文稿之一

部二　1 册

部三　1 册

部四　1 册　　　　　　　　　　傳 688.13/914

4838*

　錢士青先生年譜　一卷/陳鳳章編.—民國間鉛印本.—1 册.—書簽題錢士青都轉年譜

部二　1 册

部三　1 册　　　　　　　　　　傳 688.13/927

4839*

錢士青先生年譜　一卷/蔣絅裳編.—1953 年鉛印本.—1 册.—書簽題錢士青都轉年譜

傳 688.13/954

4840*

疇隱居士自訂年譜　一卷/丁福保編.—民國 10 年(1921)上海醫學書局鉛印本.—1 册.—丁福保(1874—1952),號疇隱;自敘至民國 10 年(1921)

傳 688.135/955

4841*

疇隱居士自訂年譜　一卷/丁福保編.—民國 14 年(1925)上海醫學書局鉛印本.—1 册.—自敘至民國 14 年(1925);版心鐫無錫丁氏藏版

傳 688.135/955 - 2

4842*

疇隱居士自訂年譜　一卷/丁福保編.—民國 18 年(1929)上海醫學書局鉛印本.—1 册.—像.—自敘至民國 18 年(1929);版心鐫無錫丁氏藏版

部二　1 册　　　　　　傳 688.135/955 - 3

4843*

疇隱居士自訂年譜　一卷/丁福保編.—民國 24 年(1935)上海醫學書局鉛印本.—1 册.—自敘至民國 24 年(1935);版心鐫無錫丁氏藏版

傳 688.135/955 - 4

4844*

粹廬自訂年譜　一卷/劉瀞編.—民國間朱絲欄抄本.—1 册.—劉瀞(1874—1912),號粹廬;自敘至清宣統三年(1911).—毛裝　　傳 688.137/917

4845*

樂農自訂行年紀事　一卷/榮德生編.—民國間鉛印本.—1 册.—榮德生(1875—1952),號樂農

傳 689.012/952

4846*

家庭雜憶　一卷/徐鼎康編.—民國 32 年(1943)鉛印本.—1 册.—(徐季和先生喬梓遺稿).—徐鼎康(1876—?);自敘至民國 26 年(1937)

傳 689.02/925

4847*

天風澥濤館六十自述　一卷/謝持編.—民國間上海二我軒鉛印本.—1 册.—謝持(1876—1939),室名天風澥濤館　　　　　　傳 689.022/922

4848*

王海髯先生年譜　一卷/佚名編.—1985 年王載絃膠印本.—1 册.—像.—王理孚(1876—1950),人稱海髯先生;附我所知道的父親/王杶撰

部二　1 册　　　　　　傳 689.024/959

4849*

演蒼年史　一卷/謝蔭昌編.—民國間鉛印本.—1 册:像.—謝蔭昌(1877—?),字演蒼;自敘至民國 18 年(1929)

部二　1 册　　　　　　傳 689.03/922

4850*

[金息侯先生年譜]　一卷/申權編.—民國間油印本.—1 册.—金梁(1878—1962),字息侯;年譜編至清光緒三十三年(1907)　　傳 689.04/926

4851*

金息侯先生壬子自述詩　一卷/金梁編;申權注.—民國 2 年(1913)鉛印本.—1 册:像.—版心題壬子自述詩　　　　　　　　　傳 689.04/956

4852*

胎石先生六十自述詩　一卷/姜若證編.—民國間鉛印本.—1 册.—姜若證(1879—?);書名據書簽題,附詞六闋　　　　　　傳 689.05/923

4853*

崇翰池年記　一卷/崇雯編.—民國間滿洲崇雯朱絲欄稿本.—1 册:照片.—崇雯(1879—?),號翰池;自敘至民國 6 年(1917)　　傳 689.05/924

4854*

蔡渭生自編年譜　一卷/蔡煥文編;蔡鎮瀛等補編.—民國 37 年(1948)鉛印本.—1 册:像.—蔡煥文(1879—1947),字渭生;書簽題德清蔡渭生先生年譜

傳 689.054/924

4855*

雪生年錄　三卷/李根源編.—民國 18 年(1929)鉛
印本.—1 冊.—李根源(1879—1965),字雪生;版心題
曲石叢書　　　　　　　　　　　　傳 689.0547/954

4856*

雪生年錄　三卷/李根源編.—民國 23 年(1934)騰
沖李氏曲石精廬鉛印本.—1 冊
　　部二　1 冊
　　部三　1 冊
　　部四　1 冊　　　　　　　　傳 689.0547/954.1

4857*

葉遐庵先生年譜　一卷/遐庵年譜彙稿編印會
編.—民國 35 年(1946)遐庵年譜彙稿編印會鉛印
本.—1 冊:圖及像.—葉恭綽(1881—1965),號遐庵;
陳垣贈書
　　部二　1 冊
　　部三　1 冊
　　部四　1 冊
　　部五　1 冊　　　　　　　　　傳 689.07/927

4858*

蔡公松坡年譜　二卷/李文漢編.—民國 32 年
(1943)石印本.—1 冊.—蔡鍔(1882—1916),字松坡,
湖南邵陽人;書簽題蔡邵陽年譜　　傳 689.08/924

4859*

淡志室主人紀年前編　一卷/鄭裕孚編.—民國間
鉛印本.—1 冊:像.—鄭裕孚(1882—1923),室名淡志
室;自敘至民國 12 年(1923)
　　部二　1 冊
　　部三　1 冊　　　　　　　　　傳 689.084/924

4860*

陸費伯鴻先生年譜　一卷/鄭子展編.—民國 35 年
(1946)油印本.—1 冊.—陸費逵(1886—1941),字伯
鴻;有 1951 年編者贈書題記　　　傳 689.12/954

4861*

孫庵老人自訂五十以前年譜　二卷年表一卷附錄
一卷/錢基厚編.—民國 31 年(1942)無錫錢氏鉛印
本.—1 冊.—錢基厚(1887—1943),號孫庵;缺 1 卷:
卷下及附錄　　　　　　　　　　　傳 689.13/955

4862*

牛惠生先生年譜　一卷/黃素封編.—民國 26 年
(1937)鉛印本.—1 冊:像.—牛惠生(1892—1937),宋
慶齡表兄;牛惠生醫師紀念冊附錄一
　　　　　　　　　　　　　　　　　傳 689.18/924

4863*

芋園四十年譜　一卷/易雨仙編.—民國間鉛印
本.—1 冊:像.—易雨仙(1894—?),號芋園;自敘至民
國 25 年(1936);芋園主人四十自述附
　　　　　　　　　　　　　　　　　傳 689.20/927

4864*

推十書繫年錄/李克齊,羅體基編.—民國 14 年
(1925)尚友書塾鉛印本.—1 冊.—劉咸炘(1896—
1932);附自定推十書類錄目、宥齋自述等　　127337

4865*

[吳碧柳自訂年表]　一卷/吳芳吉編.—民國間悼
吳大會籌備會成都鉛印本.—1 冊.—吳芳吉(1897—
1932),字碧柳;成都追悼吳碧柳先生紀念刊附
　　　　　　　　　　　　　　　　　傳 689.23/924

氏　族　譜

傳 710　皇室、宗室譜系

4866*

藩獻記　四卷/(明)朱謀㙔撰.—民國間抱經堂書
局杭州鉛印本.—1 冊.—明代諸王譜系;書名據書名
頁等題　　　　　　　　　　　　　　傳 717/769

4867*

[國榷摘目]/(清)談遷撰;吳昌綬錄.—民國 4 年
(1915)仁和吳昌綬朱格抄本.—1 冊.—摘錄大統、開
聖、天儷、元潢、各藩五門;有吳昌綬題記
　　　　　　　　　　　　　　　　　傳 717/816

4868

葉赫國貝勒家乘/(清)徐乾學纂.—清同治八年
(1869)葉赫那拉全慶抄本.—2 冊.—葉赫那拉氏家
譜;是譜纂於清康熙十一年(1672)　傳 718/825

4869

帝系/(清)玉牒館纂.—清道光間抄本.—1册.—書名據書簽題　　　　　　　　傳718/8635

4870

星源集慶/(清)佚名纂.—清道光間内府朱絲欄硃墨寫本.—1册.—記清仁宗世系;書名據書簽題.—經摺裝　　　　　　　　傳718/869

4871

[玉牒]/(清)佚名纂.—清抄本.—1册.—宗室和碩惇親王等世系,記事至清道光間　　傳718/8696

4872

玉牒宗室/(清)玉牒館纂.—清硃墨寫本.—1册.—和碩睿忠親王之家譜,記多爾袞世系;書名據書簽題　　　　　　傳718/893

4873

太祖高皇帝位下第十四子和碩睿忠親王之後裔/(清)玉牒館纂.—清硃墨寫本.—1册.—記多爾袞世系;書名據書簽題,套簽題和碩睿親王之家譜　　　　　　　　傳718/893.1

4874

玉牒宗室/(清)玉牒館纂.—清末朱絲欄硃墨寫本.—1册.—記清聖祖玄燁二子允礽世系;書名據書簽題　　　　　　　　傳718/8935

4875

玉牒宗室/(清)玉牒館纂.—清硃墨寫本.—1册.—記清太宗皇太極世系;書名據書簽題　傳718/89352

4876

玉牒覺羅/(清)玉牒館纂.—清硃墨寫本.—1册.—滿洲正黃旗覺羅氏;書名據書簽題　　　　　　　　傳718/89356

4877

玉牒覺羅/(清)玉牒館纂.—清硃墨寫本.—1册.—滿洲正紅旗覺羅氏;書名據書簽題　傳718/893565

4878

允禵六子譜/(清)佚名纂.—清朱絲欄硃墨寫本.—

1册.—允禵清聖祖玄燁第十子;書名據書簽題　　　　　　　　傳718/899

4879*

清皇室四譜　四卷/唐邦治輯.—民國12年(1923)上海聚珍仿宋印書局鉛印本.—2册.—書名據書名頁等題

部二　2册
部三　2册
部四　2册
部五　2册　陳垣贈書　　　　傳718/913

4880*

清帝系后妃皇子皇女四考　四卷附年表一卷/吳昌綬編.—民國6年(1917)仁和吳昌綬鉛印本.—1册.—書名據書名頁題

部二　1册　　　　　　　　傳718/924

4881

清國皇室系圖/(日)佚名修.—日本明治四十二年(1909)鉛印本.—1幅　　　　　傳718/999

傳720　合譜

4882

八旗滿洲氏族通譜　八十卷目錄二卷/(清)呂熾等奉敕纂.—清乾隆九年(1744)武英殿刻本.—26册.—滿洲正八旗各族通譜;書名據版心題

部二　26册
部三　26册
部四　24册
部五　25册　缺3卷:卷31—33　　傳720.5/846

4883

八旗滿洲氏族通譜:[納喇氏]/(清)鄂爾泰等纂;(清)成額輯.—清道光間抄本.—1册
　　　　　　　　傳720.5/846+3

4884

八旗滿洲氏族通譜:[費莫氏]/(清)鄂爾泰等纂;(清)費莫氏輯.—清抄本.—1册　傳720.5/846+34

4885

欽定八旗氏族通譜輯要　二卷/(清)阿桂等纂.—
清乾隆間武英殿刻本.—2 冊.—書名據版心及書簽題
　　　　　　　　　　　　　　　　傳 720.5/855

4886

欽定八旗滿蒙氏族通譜/(清)阿桂,(清)和珅編.—
清抄本.—2 冊.—書名據書簽題　　傳 720.5/85509

4887

周李合譜　四卷/(清)周召棠纂;(清)周李燮續
纂.—清道光十七年(1837)至光緒間景蓮堂寫本.—4
冊;圖及像.—雲南匡州周李氏;周召棠生於周,育于
李,本書係周、李兩姓之譜,記事至清光緒二十三年
(1897);書名據版心及書名頁題　　傳 720.5/89

4888

施陳宗譜　六卷/(清)施如全等纂修.—清光緒十
年(1884)務本堂木活字本.—6 冊.—圖.—安徽六安東
鄉施氏、陳氏;書名據版心題;版心下鐫連枝堂
　　　　　　　　　　　　　　　　傳 720.5/893

4889*

臺灣關系族譜叢書　四種/高志彬編.—1993 年龍
文出版社臺北影印本.—29 冊.—版心下鐫臺灣文獻
類編,書名頁題唐山世譜.—精裝
　子目
　1.潯海施氏大宗族譜 七十九卷卷首一卷宗支圖二
卷補一卷/(清)施德馨纂修;(清)施世綸等續纂.—臺
灣施氏;書名據版心題;據清康熙間遞修本影印
　2.詩山鳳坡梁氏宗譜 卷首二卷宗支圖四卷世錄十
三卷/(清)梁焜兆等纂修.—臺灣梁氏;書名據版心
題;據清光緒十年(1884)溫陵張球世刻本影印
　3.清溪虞都許氏家譜 二十一卷/許嘉謨纂修.—臺
灣清溪許氏;書名據書名頁題,版心題虞都許氏家譜;
據民國 17 年(1928)虞都許氏刻本影印
　4.龍嶼張氏族譜/何禮崇纂修.—臺灣張氏;書名據
版心題;據民國 18 年(1929)龍嶼張氏稿本影印
　部二　29 冊　　　　　　　　　傳 720.5/953

4890*

天津圖書館家譜叢書　六十六種/天津圖書館編
輯.—2001 年天津圖書館影印本.—412 冊;圖及
像.—書名據書簽題

　子目
　1.天津華氏南支宗譜/(清)華長卿輯.—天津華氏;
據清道光二十六年(1846)刻本影印
　2.牛氏族譜/(清)牛元祥等修.—天津牛氏;書名據
書名頁等題;據清光緒二十八年(1902)刻本影印
　3.至聖先師世系考　一卷/(清)陳敬基輯.—山東
曲阜孔氏;據清宣統元年(1909)石印本影印
　4.歷代帝王世系圖　一卷.—據清宣統二年(1910)
石印本影印
　5.南皮潘氏族譜稿/(清)潘氏修.—河北南皮潘氏;
書名據書簽題;據清同治間稿本影印
　6.大梁王氏世系編/王曾俊等編.—河南開封王氏;
書名據書名頁等題;據民國 5 年(1916)石印本影印
　7.王氏家譜/王清政纂修.—遼寧王氏;書名據書簽
題;據民國 32 年(1943)石印本影印
　8.項氏源流考/項元勳撰.—據民國間油印本影印
　9.李氏族譜/李蔭樞等修.—浙江紹興李氏;書名據
書簽題;據民國 3 年(1914)石印本影印
　10.杜氏家譜　三卷/杜鴻年等修.—天津武清杜
氏;書名據書名頁等題;據民國 32 年(1943)鉛印本
影印
　11.文安王氏宗譜/王祖繹等修.—河北文安王氏;
據民國 25 年(1936)鉛印本影印
　12.汪氏登原藏稿/(清)汪澤等輯.—安徽績溪汪
氏;書名據書名頁題;據清光緒二十二年(1896)木活
字本影印
　13.登原題詠略　三卷卷首一卷附錄一卷/(清)汪
澤等輯.—安徽績溪汪氏;書名據版心及書名頁題;據
光緒二十二年(1896)木活字本影印
　14.武進卞氏北遷族譜/卞澤新纂.—天津卞氏;書
名據書名頁等題;據民國 19 年(1930)鉛印本影印.
　15.續修天津徐氏家譜/徐世昌纂修.—天津徐氏;
書名據書簽題;據民國 7 年(1918)鉛印本影印
　16.義門陳氏大同宗譜　十六卷/陳雪濤纂修.—江
西九江陳氏;據民國 28 年(1939)鉛印本影印
　17.義門陳氏大同宗譜彝陵分譜　十二卷/陳雪濤
纂修.—江西九江陳氏;書名據目錄題;據民國 28 年
(1939)鉛印本影印
　18.關西馬氏世行錄　十四卷/(清)馬先登編.—山
西馬氏;據清同治七年(1868)刻本影印
　19.南海學正黃氏家譜　十二卷卷首一卷卷末一
卷/黃任恒纂修.—廣東南海黃氏;原書缺卷 3—6;書
名頁題南海學正黃氏家譜節本;據清宣統三年(1911)
保粹堂刻本影印

20.趙氏家乘 十六卷/趙詒琛、趙詒紳纂修.—浙江、江蘇趙氏;據民國8年(1919)刻本影印

21.臨榆田氏兩世清芬錄 八卷/田韞山撰輯.—河北臨榆田氏;據民國9年(1920)鉛印本影印

22.錢塘沈氏家乘 十卷校勘記一卷/(清)錢紹勳輯;錢綿增輯.—浙江杭州沈氏;據民國8年(1919)西泠印社活字本影印

23.歙縣遷無錫許氏支譜初修本 八卷卷首一卷/許同莘、許同萊纂修.—江蘇無錫許氏;書名據書簽題;據民國間石印本影印

24.許氏譜述 三卷/許同莘撰.—江蘇無錫許氏;據民國8年(1920)石印本影印

25.孟子世家流寓奉天府岫岩城岔溝支譜 二卷卷首一卷/(清)孟繼隆等修.—北京孟氏;據清同治五年(1866)木活字本影印

26.嘉興譚氏家譜 十卷卷首一卷/譚新嘉等纂.—浙江嘉興譚氏;版心題譚氏家譜;據清光緒三十一年(1905)慎遠義莊刻本影印

27.湘潭泉冲王氏五修族譜本原志/王道純編.—湖南湘潭王氏;書名據書簽題;據民國間木活字本影印

28.忠勤圖說 一卷/(明)王之垣纂.—書名據書簽題;山東新城王氏;據清末抄本影印

29.西清王氏族譜 一卷/王孝綺纂修.—福建福州王氏;書名據書名頁等題;據民國23年(1934)鉛印本影印

30.粵西武緣起鳳黃氏家乘/黃誠沅輯.—廣西黃氏;書名據版心等題;據民國間南寧大城印書館鉛印本影印

31.章氏會譜 德慶初編三十卷二編四卷三編十六卷四編十卷/章貽賢輯.—福建、浙江、江蘇及安徽等地章氏;書名據書名頁等題;據民國8年(1919)鉛印本影印

32.高陽許氏家譜 四卷祠塋圖二卷/許引之等修.—浙江杭州許氏;據民國10年(1921)鉛印本影印

33.黃氏雪谷公支譜 十卷/黃士焕纂.—上海黃氏;據民國13年(1924)華德印務局鉛印本影印

34.錢氏家乘 十二卷/錢文選輯.—江蘇、浙江錢氏;書名據書名頁等題;據民國13年(1924)鉛印本影印

35.騰衝青齊李氏宗譜 五卷/李學詩等纂修.—雲南騰衝李氏;據民國19年(1930)雲南騰衝李氏刻本影印

36.六修江蘇洞庭安仁里嚴氏族譜 十二卷卷首一卷/嚴慶祺纂修.—江蘇吳縣嚴氏;據民國22年(1932)中華書局上海鉛印本影印

37.四明朱氏支譜內外編 二十六卷/朱驤輯.—浙江朱氏;據民國25年(1936)木活字本影印

38.李氏族譜/李桐文等修.—山西李氏;書名據書名頁等題;據民國26年(1937)鉛印本影印

39.天臺妙山陳氏宗譜 六十九卷/陳恩蓉纂修.—浙江天臺陳氏;據民國18年(1929)鉛印本影印

40.徐氏族譜/徐子英等纂修.—山東濟寧徐氏;書名據版心題;據民國13年(1924)石印本影印

41.金文世族譜 四卷/吳其昌撰.—書名據書名頁題;據民國25年(1936)商務印書館上海石印本影印

42.臨海屈氏世譜 十九卷/屈軼纂修.—江蘇常熟屈氏;據清光緒九年(1883)刻本影印

43.休寧戴氏族譜 十五卷/(明)戴堯天修.—安徽休寧戴氏;據明崇禎五年(1632)刻本影印

44.家乘備錄/(清)佚名輯.—山東福山王氏;書名據書簽題;據清抄本影印

45.史氏譜錄合編 八卷/(清)佚名編.—浙江、江蘇等地史氏;書名據書名頁題;據清康熙三十年(1691)刻本影印

46.田氏家譜/(清)田同之纂修.—山東德州田氏;書名據書簽題;據清乾隆間刻本影印

47.八旗滿洲氏族通譜 八十卷目錄二卷/(清)呂熾等纂.—據清乾隆九年(1744)刻本影印

48.湖南金氏族譜/(清)金天祥等纂修.—浙江紹興鑑湖之南金氏;書名據書簽題;據清道光間抄本影印

49.荊川明經胡氏五義堂宗譜 十六卷卷首一卷卷末一卷/(清)胡學先等修;(清)胡良圃等纂.—江西婺源胡氏;據清光緒十年(1884)荊川王義堂木活字本影印

50.南隅花廳王氏宗譜 十卷卷首一卷/(清)王葆初等修;(清)王乐胥纂.—浙江黃巖王氏;據清光緒十六年(1890)木活字本影印

51.山陰白洋朱氏宗譜 三十二卷卷首一卷/(清)朱增等修;(清)朱沛鋆等纂.—浙江紹興朱氏;據清光緒二十一年(1895)玉泉堂木活字本影印

52.續輯上虞通明錢氏衍慶譜 八卷/錢昆元等修.—浙江上虞錢氏;據清宣統元年(1909)木活字本影印

53.趙氏家譜/(清)趙氏修.—天津趙氏;書名據書簽等題;據清光緒間抄本影印

54.休邑黃氏思本圖/(明)黃顯仁等編.—安徽休寧黃氏;書名據書簽題;據明洪武二十二年(1389)刻本影印

55. 王氏家譜/(清)王濬等纂修.—雲南大理王氏；書名據書名頁等題；據清雍正十二年(1734)刻本影印

56. 嚴氏家譜/(清)嚴鵬纂修.—江蘇常熟嚴氏；書名據版心題；據清乾隆間抄本影印

57. 古現王氏世譜/(清)王崇煥纂.—山東福山王氏；書名據書簽題；據清末抄本影印

58. 陸氏世系/(清)陸氏修.—浙江烏程陸氏；書名據書簽題；據清抄本影印

59. 紫溪邵氏房譜/邵氏修.—浙江金華邵氏；書名據版心等題；據民國間木活字本影印

60. 福山王氏支譜/(清)王氏修.—山東福山王氏；書名據書簽題；據清末稿本影印

61. 鄞縣西袁氏家乘　三十卷附世系通檢圖二卷/袁丙熊等修.—浙江鄞縣袁氏；書名據書名頁等題；據民國17年(1928)敦本堂木活字本影印

62. 汪氏宗譜　六卷/汪承浩等纂修.—安徽績溪汪氏；據民國18年(1929)永思堂木活字本影印

63. 越城江橋陳氏宗譜　四卷/陳壬一修.—浙江紹興陳氏；據民國21年(1932)德星堂木活字本影印

64. 山陰丁巷傅氏宗譜　六卷/傅秉昌等纂修.—浙江紹興傅氏；據民國26年(1937)百歲堂木活字本影印

65. 勝西卞氏續修族譜　十六卷/卞久等纂修.—江蘇武進卞氏；書名據目錄題；據民國29年(1940)忠孝堂木活字本影印

66. 中湘韶山毛氏二修族譜　十五卷/毛祥綱等修；毛祖基等纂.—湖南湘潭毛氏；據清光緒七年(1881)西河堂木活字本影印　　　　傳720.5/956

傳770　族譜、家乘
傳772.01　卞氏

4891

江都卞氏族譜　二十七卷卷首四卷/(清)卞金城纂修.—清光緒二十五年(1899)木活字本.—42冊.—江蘇江都卞氏；書名據版心題　　　傳772.01/89

4892*

卞氏族譜　十六卷卷首一卷/卞寶山等修.—民國29年(1940)忠孝堂木活字本.—20冊.—江蘇武進卞氏　　　　　　　　傳772.01/92

傳772.03　應氏

4893

芝英應氏宗譜/(清)應氏修.—清同治七年(1888)刻本.—1冊.—浙江永康應氏；存序跋；書名據版心題　　　　　　　傳772.03/88

4894*

會稽雲門應氏宗譜　三卷/應沛霖修；應惠釗纂.—民國元年(1912)敦倫堂木活字本.—2冊：像.—浙江會稽應氏；書名據版心題，書簽題會稽應氏宗譜
傳772.03/91

4895*

顯爵戌溪應氏宗譜　二十六卷卷首一卷/應氏六修宗譜董事會修；石渭畋纂.—民國27年(1938)敬愛堂木活字本.—26冊.—浙江鄞縣應氏；書名據版心題，書簽題宋敕浙江鄞縣應氏宗譜　　傳772.03/92

傳772.05　糜氏

4896

秀山糜氏家譜/(清)糜宣哲纂修.—清道光二十九年(1849)刻本.—2冊.—四川秀山糜氏；書名據版心題，書簽題秀山糜氏家乘，書名頁題糜氏家乘；毓德堂藏版
部二　2冊
部三　2冊　　　　　　　　　傳772.05/86

4897*

糜氏宗譜　十二卷/糜浚宣等纂修.—民國6年(1917)宜振堂木活字本.—12冊：像.—江蘇武進、無錫、江陰等地糜氏；書名據書名頁等題

傳772.05/91

傳 772.07　奕氏

4898

滿洲奕氏家譜/(清)奕氏修. —清末稿本. —4 冊. —書名據書衣題;有浮簽. —毛裝　　傳 772.07/89

傳 772.09　顏氏

4899

顏氏家乘/(清)趙吉士等撰. —清刻本. —1 冊. —山東曲阜顏氏;書名據版心題　　傳 772.09/82

4900

顏氏族譜　六卷/(清)顏亮洲等纂修. —清抄本. —6 冊:圖. —福建晉江顏氏;書名據書名頁題;據清乾隆九年(1744)思敬堂刻本抄錄　　傳 772.09/84

4901

顏氏族譜　四卷/(清)顏國璟等纂修. —清乾隆六十年(1795)木活字本. —4 冊. —湖南湘潭顏氏;書名據書名頁等題　　傳 772.09/842

4902

金城顏氏家譜 /(清)顏協和纂修. —清道光十年(1830)世孝堂刻本. —1 冊. —甘肅金城顏氏;書名據版心題,書名頁題顏氏家譜　　傳 772.09/86

4903

溈寧楓林顏氏支譜　十六卷/(清)顏允弼等纂. —清宣統元年(1909)顏氏克復堂木活字本. —13 冊:圖. —湖南寧鄉顏氏;缺 3 卷:卷 3—5;書名據版心等題,書名頁題顏氏支譜;　　傳 772.09/89

4904*

江都楊家橋顏氏重修宗譜　四卷/顏自榮修;顏榮春纂. —民國 14 年(1925)木活字本. —1 冊. —江蘇江都顏氏;邗東佘瑞亭藏版　　傳 772.09/91

4905*

寶邑顏氏宗譜　七卷/顏振泮,顏承寶修;顏承翰,徐金鎔纂. —民國 2 年(1913)東魯堂木活字本. —10 冊. —江蘇寶應顏氏;書名據目錄題,書名頁等題顏氏宗譜　　傳 772.09/912

4906*

古潤顏氏宗譜　十二卷/顏鑾纂修. —民國 4 年(1915)錫類堂木活字本. —10 冊:圖及像. —江蘇潤州顏氏;書名據目錄題,書名頁等題顏氏宗譜　　傳 772.09/9124

4907*

溈寧楓林顏氏二修支譜　九卷/顏允弼等修;顏昌坎等纂. —民國 37 年(1948)顏氏克復堂木活字本. —10 冊:圖. —湖南寧鄉顏氏;書名據版心等題,書名頁題顏氏支譜　　傳 772.09/92

4908*

顏氏續修族譜　十卷/顏其傳修;顏延玉等纂. —民國 33 年(1944)克復堂木活字本. —10 冊:圖. —湖南邵陽顏氏　　傳 772.09/923

傳 772.11　龔氏

4909

龔氏九修族譜　十八卷卷首一卷/(清)龔氏修. —清同治六年(1867)武陵堂木活字本. —20 冊:圖. —湖南新化龔氏;書名據版心題,書名頁題龔氏族譜　　傳 772.11/88

4910

福州通賢龔氏支譜　三卷/(清)龔葆琛纂修. —清光緒九年(1883)刻本. —3 冊. —福建福州龔氏;書名據目錄等題
部二　2 冊　　傳 772.11/89

4911

武陵龔氏十二修族譜　十八卷卷首二卷卷末一卷/(清)龔親教修;(清)龔德炳等纂. —清光緒三十四年(1908)木活字本. —8 冊:圖. —湖南益陽龔氏;書名頁等題龔氏族譜　　傳 772.11/8947

4912

古虞龔氏宗譜　三卷/(清)張澖纂.—清光緒二十七年(1901)奇桂堂木活字本.—2 冊:像.—浙江上虞龔氏;有墨筆校補;書名據版心題　　傳 772.11/897

4913*

松門龔氏總譜　十卷/龔琛等纂修.—民國 3 年(1914)木活字本.—13 冊.—浙江義烏龔氏;書名據書名頁等題;版心下鐫民國甲寅匯輯　傳 772.11/91

4914*

龔氏十四修族譜/龔克剛等纂修.—民國 3 年(1914)木活字本.—4 冊.—江西清江龔氏;書名據心題　　　　　　　　　　傳 772.11/912

4915*

龔氏宗譜　三十二卷/龔大標等纂修.—民國 5 年(1916)木活字本.—32 冊:圖.—安徽廬州、合肥、舒城龔氏;書名據版心題;版心下鐫世德堂、敦睦堂、崇本堂　　　　　　　　　　　傳 772.11/9127

4916*

石門龔氏永隆公祠始修族譜　六卷/龔鳳暹等修;龔棠仙等纂.—民國 24 年(1935)大成印書社北平鉛印本.—6 冊.—湖南石門龔氏;書名據版心題,書簽題龔氏族譜,書名頁題龔氏始修族譜　傳 772.11/92

4917*

松門龔氏復振祠宗譜　三十卷/龔啟坤等纂修.—民國 36 年(1947)木活字本.—29 冊:圖.—浙江義烏龔氏;缺 1 卷:卷 30;書名據版心題;版心下鐫民國丙戌重修　　　　　　　　　傳 772.11/922

4918*

齊禮龔氏宗譜　十二卷卷首一卷/龔汝礵等纂修.—民國 19 年(1930)四本堂木活字本.—12 冊:像.—江蘇無錫龔氏;書名據版心及書名頁題
傳 772.11/9223

4919*

武陵龔氏十三修族譜　八十卷卷首五卷卷末四卷/龔良杜等修;龔良圖等纂.—民國 26 年(1937)木活字本.—23 冊:圖.—湖南武陵龔氏;書名頁及版心題龔氏族譜　　　　　　　　　　　傳 772.11/926

4920*

龔氏九修支譜/龔氏修.—民國間南峰堂木活字本.—16 冊:圖.—湖南龔氏;原書卷數不詳,存 13 卷:卷首、卷 1—4,6—13,卷首殘;書名據心及書簽題
傳 772.11/927

傳 772.13　謝氏

4921

暨陽甘溪謝氏宗譜　四卷/(清)謝廷先等修;(清)謝正國等纂.—清嘉慶二十三年(1818)新燕堂木活字本.—4 冊.—浙江諸暨謝氏;書名據版心題
傳 772.13/85

4922

邵東界嶺謝氏族譜/(清)謝諦資等纂輯.—清嘉慶七年(1802)寶樹堂木活字本.—3 冊:圖.—湖南邵陽謝氏;原書卷數不詳,存 2 卷:卷首、卷 1;書名據書名頁題,版心題謝氏族譜,書簽題界嶺謝氏族譜
傳 772.13/854

4923

謝氏族譜　十二卷/(清)謝祖錫等修;(清)謝洪棻等纂.—清道光十六年(1836)起渢堂木活字本.—12 冊:圖.—湖南湘潭謝氏;書名據版心及書名頁題
傳 772.13/86

4924

謝氏族譜　二十七卷卷末一卷/(清)謝彥通,(清)謝彥遠纂修.—清道光二十六年(1846)寶樹堂木活字本.—24 冊.—安徽陳留郡謝氏;缺 2 卷:卷 14、27;書名據版心及書簽題　　　　傳 772.13/862

4925

謝氏族譜/(清)謝仲先修;(清)謝煉九纂.—清咸豐十年(1860)文星堂木活字本.—8 冊:圖.—湖南巴陵謝氏;書名據版心題;版心下鐫親長堂
傳 772.13/87

4926

謝氏五修族譜　九卷卷首二卷/(清)謝垂炯等纂修.—清咸豐十年(1860)回侖公祠木活字本.—10 冊:

圖.—湖南潙寧謝氏;書名據版心題

傳 772.13/872

4927

宜邑謝氏六修宗譜　十二卷/(清)謝賦文等修;(清)謝性卓等纂.—清同治九年(1870)木活字本.—12 册.—江西宜黃謝氏;書名據版心及書簽題

傳 772.13/88

4928

謝氏族譜　七卷卷首二卷卷終一卷/(清)謝庭階等修;(清)謝心澂等纂.清同治元年(1862)松錫堂木活字本.—6 册;圖.—湖南湘鄉謝氏;缺 3 卷:卷首下、卷 5—6;書名據版心及書名頁題　傳 772.13/889

4929

暨陽紫巖謝氏宗譜　二卷/(清)謝培福修;(清)謝潭滄等纂.—清光緒四年(1878)寶樹堂木活字本.—2 册.—浙江諸暨謝氏;有墨筆增補;書名據版心及書簽題　　　　　　傳 772.13/89

4930

毗陵謝氏宗譜　三十六卷/(清)謝順德等修;(清)謝光照等纂.—清光緒三年(1877)寶樹堂木活字本.—28 册;像.—江蘇毗陵謝氏;書名據版心及書簽題　　　　　　傳 772.13/8925

4931

謝氏續修族譜/(清)謝氏修.—清光緒間寶樹堂木活字本.—4 册.—書名據版心題;湖南郴州謝氏

傳 772.13/8927

4932

毗陵謝氏宗譜　五十四卷卷首一卷末一卷/(清)謝蘭生等纂修.—清光緒十四年(1888)木活字本.—26 册:圖.—江蘇毗陵謝氏;書名據書名頁等題,版心題謝氏宗譜　　　　　傳 772.13/8928

4933

謝氏五道續修族譜　六卷另三卷卷首一卷/(清)謝先榮修;(清)謝世麒等纂.—清光緒二十九年(1903)寶樹堂木活字本.—10 册;圖.—湖南邵陽謝氏;書名據書名頁題,版心題謝氏族譜,書簽題陳留家乘

傳 772.13/895

4934

謝氏續修族譜　三十六卷卷首一卷卷終一卷/謝克齋等修;謝益齋等纂.—清宣統三年(1911)寶樹堂木活字本.—42 册;圖.—湖南沅陵謝氏;書名頁題謝氏族譜　　　　　　傳 772.13/896

4935*

蓋東謝氏族譜　十六卷/謝秉初,謝椒生等纂修.—民國 14 年(1925)寶樹堂木活字本.—16 册:圖及像.—浙江上虞謝氏;書名據書簽題,版心題謝氏族譜
部二　16 册
部三　4 册　存 4 卷:卷 9—12　　傳 772.13/91

4936*

龍溪謝氏宗譜　十二卷/謝培芝修;謝慰曾等纂.—民國 12 年(1923)惇敘堂木活字本.—12 册;像.—江蘇溧陽龍溪謝氏;版心題謝氏宗譜,書名頁題龍溪謝氏惇敘堂家乘　　　　　傳 772.13/912

4937*

四門謝氏再續譜　十卷補遺一卷/謝聯瑤纂修.—民國 4 年(1915)存著堂木活字本.—10 册:圖及像.—浙江餘姚謝氏;書名據版心題,書名頁題四門謝氏後塘河房再續譜　　　　　傳 772.13/9125

4938*

峒岐謝氏宗譜　二十六卷卷首一卷/謝七寶修;謝鼎鎔纂.—民國 3 年(1914)毓芝堂木活字本.—20 册:像.—江蘇江陰謝氏　　　傳 772.13/91252

4939

謝氏宗譜　二十二卷/(清)謝迎梅等纂修.—清光緒六年(1880)寶樹堂木活字本.—22 册;像.—江蘇無錫謝氏;書名據版心題　　傳 772.13/91253

4940*

四門謝氏二房譜　十一卷卷首一卷/謝嗣庚等纂修.—民國 7 年(1918)閣老第木活字本.—12 册:圖及像.—浙江餘姚謝氏;書名據書名頁等題;版心下鐫葆光堂　　　　　　傳 772.13/91256

4941*

謝氏支譜　八卷卷首一卷卷末一卷/謝芳綸等纂修.—民國 9 年(1920)刻本.—1 册;圖.—山東章邱謝

氏;書名據書簽題　　　　　　　傳 772.13/91257

4942*

　陳留謝氏八修族譜/謝尚學等修;謝希湯等纂.—民國 13 年(1924)木活字本.—9 冊:圖.—福建建寧謝氏;書名據版心題,書簽題謝氏族譜　　傳 772.13/915

4943*

　湘鄉蠟子山謝氏族譜　十二卷卷首三卷卷終一卷/謝永慶等修;謝世紀等纂.—民國 5 年(1916)松錫堂木活字本.—16 冊:圖.—湖南湘鄉謝氏;書名據書名頁題,版心題上湘謝氏續修族譜,書簽題謝氏續修族譜　　　　　　　　　傳 772.13/9166

4944*

　毗陵謝氏宗譜　二十二卷/謝順福等修;謝約纂.—民國 38 年(1949)寶樹堂木活字本.—12 冊:像.—江蘇毗陵謝氏;書名據書簽題,版心題謝氏宗譜
　　　　　　　　　　　　　　　傳 772.13/92

4945*

　續修謝氏族譜/謝世瓊,謝國芳纂修.—民國 37 年(1948)鉛印本.—1 冊:圖.—四川華陽謝氏;書名據書簽題,版心題謝氏蜀譜

　部二　1 冊　　　　　　　　傳 772.13/922

4946*

　暨陽甘溪謝氏宗譜　四卷/謝德華修;謝泰林等纂.—民國 22 年(1933)新燕堂木活字本.—4 冊.—浙江諸暨謝氏;書名據版心及書簽題　　傳 772.13/9225

4947*

　古虞謝氏新宅世譜　四卷/謝挹芬等纂修.—民國 28 年(1939)寶樹堂木活字本.—4 冊:像.—浙江上虞謝氏;書名據目錄題　　　　傳 772.13/92257

4948*

　謝氏族譜　十七卷卷首二卷/謝庭生等修;謝雪嶢纂.—民國 27 年(1938)平江中文梓局木活字本.—16 冊:圖.—湖南平江謝氏;書名據書名頁等題
　　　　　　　　　　　　　　　傳 772.13/924

4949*

　長沙白泉謝氏族譜　二十二卷卷首一卷卷末一卷

附譜一卷/謝基瑤等修;謝基極等纂.—民國 24 年(1935)長沙謝氏寶樹堂鉛印本.—21 冊.—湖南長沙謝氏;書名據書簽題,版心題白泉謝氏四修家譜
　　　　　　　　　　　　　　　傳 772.13/9244

　部二　20 冊　缺附譜　　　　傳 772.13/9224

4950*

　會稽謝氏族譜/謝文遠等修.—民國 23 年(1934)謝仁昌木活字本.—9 冊:圖.—浙江會稽謝氏;書名據版心題　　　　　　　　　　傳 772.13/926

4951*

　謝氏村志家史/謝氏村志家史編寫委員會纂修.—1987 年鉛印本.—1 冊:像.—福建閩侯、長樂謝氏;書名據目錄題;有冰心序　　　傳 772.13/95

4952*

　傅岩謝氏家譜　三卷/謝泓纂修.—1991 年傅岩謝氏膠印本.—1 冊.—福建傅岩謝氏;書名據書名頁題.—平裝　　　　　　　　傳 772.13/952

4953*

　謝氏四修族譜　十二卷卷首一卷/謝鳳梧等修;謝忠諤等纂.—1999 年陳留堂膠印本.—12 冊:圖.—湖南益陽謝氏;書名據書簽題,版心及書名頁題謝氏家譜　　　　　　　　傳 772.13/955

傳 772.15　於氏

4954*

　西溪於氏宗譜　十六卷於氏世珍錄四卷/於熙珍等纂修.—民國 2 年(1913)燕翼堂木活字本.—20 冊.—江蘇宜興於氏;書名據書名頁等題　　傳 772.15/91

傳 772.17　卜氏

4955*

　卜氏族譜　八卷卷首一卷/卜邦臣修;賈道中纂.—民國 28 年(1939)鉛印本.—2 冊:圖及像.—河南獲嘉卜氏;目錄題獲嘉卜氏族譜　　　傳 772.17/92

傳 772.21　宗氏

4956

虞山宗氏譜略/(清)宗易庵纂修.—清光緒十六年
(1890)虞山宗汝剛木活字本.—1 册.—江蘇常熟虞山
宗氏;書名據版心及書名頁等題　　　傳 772.21/89

4957*

官林宗氏譜　二十卷/宗廷銘等纂修.—民國 32 年
(1943)忠武堂木活字本.—20 册:像.—江蘇宜興宗
氏;書名據書名頁等題　　　　　　　傳 772.21/92

4958*

美橋宗氏家乘　六卷卷首一卷特刊一卷/宗楚箴等
修;宗景洛等纂.—民國 37 年(1948)天香閣木活字
本.—18 册:圖及像.—江蘇宜興宗氏;書名據版心及
書簽題;附宗氏世存集四卷、宋宗忠簡公全集五卷卷
首一卷附編四卷　　　　　　　　　　傳 772.21/922

傳 772.23　馮氏

4959

馮氏家譜/(清)馮嗣英纂修.—清乾隆三十四年
(1769)刻本.—1 册:圖.—浙江仁和馮氏;書名據版
心題　　　　　　　　　　　　　　　傳 772.23/84

4960

德聚堂馮氏家譜/(清)馮恩楣纂修.—清道光間抄
本.—1 册:圖及像.—浙江桐廬馮氏;書名據書簽題
　　　　　　　　　　　　　　　　　傳 772.23/86

4961

桐溪馮氏支乘/(清)馮恩楣纂修.—清道光間抄
本.—1 册.—浙江桐廬馮氏;書名據書簽題
　　　　　　　　　　　　　　　　　傳 772.23/862

4962

金沙五葉馮氏宗譜　十二卷/(清)馮調鼎,(清)馮
煥彩纂修.—清道光間刻本.—10 册.—江蘇金壇馮

氏;卷 12 末有缺頁　　　　　　　　　傳 772.23/8623

4963

山陰柯橋馮氏宗譜　十二卷卷首一卷卷終一卷/
(清)馮文金纂修.—清光緒八年(1882)繼孝堂木活字
本.—6 册.—浙江山陰馮氏　　　　　　傳 772.23/89

4964

續溪東關馮氏家譜　八卷卷首三卷卷末三卷/(清)
馮景坊纂修.—清光緒二十九年(1903)木活字本.—6
册:圖及像.—安徽續溪馮氏;版心題東關馮氏家譜
　　　　　　　　　　　　　　　　　傳 772.23/892

4965

毗陵馮氏宗譜　十八卷/(清)馮傳法修;(清)馮清
翰纂.—清光緒三年(1877)四經堂木活字本.—16 册:
像.—江蘇毗陵馮氏　　　　　　　　　傳 772.23/8925

4966

赭山馮氏家譜　十八卷/(清)馮信安等纂修.—清
光緒二年(1876)樹德堂木活字本.—18 册:圖.—浙江
蕭山馮氏;書名據版心及書簽題　　　　傳 772.23/8926

4967

毗陵馮氏宗譜　十八卷/(清)馮根奎等纂修.—清
光緒二十九年(1903)四德堂木活字本.—16 册:像.—
江蘇毗陵馮氏;書名據版心題　　　　　傳 772.23/8927

4968

馮氏宗譜　四卷/(清)馮棟唐等纂修.—清光緒十
八年(1892)永思堂木活字本.—16 册:圖及像.—浙江
會稽馮氏;缺 1 卷:卷 4;書名據書名頁等題
　　　　　　　　　　　　　　　　　傳 772.23/89273

4969*

馮氏宗譜　八卷/馮樹春纂修.—民國 5 年(1916)
大樹堂木活字本.—8 册:像.—江蘇無錫馮氏;書名據
書名頁等題　　　　　　　　　　　　傳 772.23/91

4970*

馮氏宗譜　十二卷/馮賡法等纂修.—民國 5 年
(1916)四德堂木活字本.—12 册:圖及像.—江蘇毗陵
馮氏;書名據書名頁等題　　　　　　　傳 772.23/912

4971*

馮氏族譜　二卷/馮富宗等纂修.—民國間豐潤馮氏石印本.—6冊.—山東東平遷河北豐潤馮氏;缺卷下之二支;書名據版心題　　傳772.23/9122

4972*

[馮氏]始遷嘉興本支分譜/馮氏修.—民國間抄本.—1冊.—浙江嘉興馮氏　傳772.23/9126

4973*

馮氏族譜　五卷卷首一卷/馮定均等纂修.—民國13年(1924)馮氏始平堂木活字本.—6冊:圖.—湖南馮氏;書名據書名頁等題　　傳772.23/916

4974*

毗陵馮氏宗譜　二十卷/馮漢南等纂修.—民國16年(1927)四德堂木活字本.—20冊:像.—江蘇毗陵馮氏;書名據版心題　　傳772.23/92

4975*

代州馮氏族譜　四卷/馮曦纂修.—民國22年(1933)鉛印本.—4冊.—山西代州馮氏;書名據書名頁等題

　　部二　4冊
　　部三　4冊
　　部四　4冊
　　部五　4冊　　　　傳772.23/922

傳772.25　顧氏

4976

顧氏族譜　二十卷卷首一卷/(清)顧杏春等纂修.—清同治十三年(1874)龍津堂木活字本.—10冊.—江蘇興化顧氏;書名據版心及書名頁題

　　　　　　　　　傳772.25/88

4977

顧氏族譜　八卷卷首一卷/(清)顧杏春等纂修.—清同治十三年(1874)龍津堂木活字本.—1冊.—江蘇興化顧氏;存2卷:卷1—2、卷首2頁;書名據版心題

　　　　　　　　　傳772.25/882

4978

上虞西華顧氏宗譜　三十二卷/顧乃眷纂修.—清宣統三年(1911)上虞西華顧氏格思堂木活字本.—32冊:圖及像.—浙江上虞顧氏;書名據版心題;版心下鐫越南派九修

　　部二　32冊
　　部三　32冊
　　部四　32冊
　　部五　32冊　　　　傳772.25/89

4979*

顧氏九修宗譜徵信錄/顧慎莊纂.—民國元年(1912)上虞西華顧氏格思堂木活字本.—1冊.—浙江上虞西華顧氏;書名據書簽題

　　　　　　　　傳772.25/89=1

4980

顧氏大宗世譜　二十卷/(清)顧文江等纂修.—清光緒二年(1876)佑啟堂木活字本.—28冊:像.—江蘇無錫宛山顧氏;書名據版心及書名頁題

　　　　　　　　　傳772.25/892

4981

顧氏宗譜　十九卷卷首一卷/(清)顧景璐等纂修.—清光緒二十三年(1897)木活字本.—16冊:圖及像.—江蘇無錫顧氏;書名據版心及書簽題

　　　　　　　　傳772.25/8924

4982

毗陵黃天蕩顧氏宗譜　十二卷/(清)顧正興等修;(清)顧景康等纂.—清光緒元年(1875)天吉堂木活字本.—8冊:像.—江蘇毗陵顧氏;書名據卷4卷端題

　　　　　　　　傳772.25/89245

4983

重修唯亭顧氏家譜　十四卷莊規三卷/(清)顧抑如等纂修.—清光緒二十九年(1903)刻本.—16冊:圖.—江蘇唯亭顧氏;書名據書簽題,版心題重修顧氏家譜

　　部二　16冊　　　傳772.25/8925

4984

毗陵黃天蕩顧氏宗譜　十二卷卷首一卷/(清)顧金寶等纂修.—清光緒三十二年(1906)梅山堂木活字

本.—12 冊：像.—江蘇毗陵顧氏；版心及書籤題顧氏
宗譜   傳 772.25/8926

4985*

　顧氏重修宗譜　十卷/顧儒華修；顧殿材等纂.—民
國 8 年(1919)裕毗堂木活字本.—10 冊：圖及像.—江
蘇江陰顧氏；版心題顧氏宗譜   傳 772.25/91

4986*

　重修顧氏家譜　五卷/顧氏修.—民國間抄本.—4
冊.—江蘇長洲顧氏；書名據目錄等題.—毛裝
                                        傳 772.25/912

4987*

　鄞縣顧氏家乘　十卷/顧釗纂修.—民國 8 年
(1919)追遠堂木活字本.—2 冊：像.—浙江鄞縣顧氏；
顧釗,譜名瑞沄；版心題顧氏家乘   傳 772.25/9127

4988*

　鄞縣顧氏家乘原稿　十卷卷首一卷/顧釗纂修.—
民國 9 年(1920)壽春軒木活字本.—2 冊：圖及像.—
浙江鄞縣顧氏；有硃筆校改；版心題顧氏家乘原稿；版
心下鐫追遠堂   傳 772.25/91276

4989*

　荊溪湖汭渚顧氏宗譜　十六卷/顧振鈺等纂修.—
民國 32 年(1943)光啟堂木活字本.—25 冊.—江蘇荊
溪顧氏；書名據書籤題,版心題顧氏宗譜
                                        傳 772.25/92

4990*

　毗陵黃天蕩顧氏宗譜　十二卷/顧克芹,顧進寶纂
修.—民國 36 年(1947)梅山堂木活字本.—12 冊：
像.—江蘇毗陵顧氏；書名據目錄題,版心題顧氏宗譜
                                        傳 772.25/922

4991*

　顧氏分編支譜　十卷/顧寶鈺,顧寶琛纂修.—民國
22 年(1933)惇敘堂木活字本.—10 冊：像.—江蘇無
錫顧氏；書名據書籤及目錄題,版心題顧氏宗譜
                                        傳 772.25/9222

4992*

　南通顧氏宗譜　十卷卷首一卷/顧瀛修；顧祖培等

纂.—民國 20 年(1931)南通翰墨林鉛印本.—4 冊：照
片.—江蘇南通顧氏；書名據版心及目錄題
                                        傳 772.25/9223

4993*

　暨陽平闊厚豐顧氏宗譜　二十卷/顧臣三纂修.—
民國 36 年(1947)植嘉堂木活字本.—20 冊：圖及
像.—浙江諸暨顧氏；版心題平闊厚豐顧氏宗譜；版心
下鐫植嘉堂重修   傳 772.25/9225

傳 772.27　浦氏

4994

　前澗浦氏宗譜　二十卷卷起一卷卷首一卷卷前一
卷/(清)浦起龍等纂修.—清乾隆十三年(1748)刻
本.—12 冊.—江蘇無錫浦氏；書名據版心題；附前澗
浦氏誦芬錄二卷   傳 772.27/84

4995

　前澗浦氏續修宗譜　二十卷卷首一卷/(清)浦漢章
等修；(清)浦崧等纂.—清嘉慶二十五年(1820)世守
堂刻本.—16 冊：圖.—江蘇無錫浦氏；版心題浦氏續
修宗譜；附前澗浦氏續誦芬錄二卷   傳 772.27/85

4996

　前澗浦氏宗譜　二十四卷卷首一卷/(清)浦廉珠等
纂修.—清同治十年(1871)前澗浦氏義莊刻本.—22
冊：圖.—江蘇無錫浦氏；書名據版心及書籤題；附前
澗浦氏誦芬錄五卷   傳 772.27/88

4997*

　前澗浦氏宗譜　二十四卷卷首一卷世系圖四卷/浦
大綸等纂修.—民國 20 年(1931)追遠堂木活字本.—
34 冊：圖及像.—江蘇無錫浦氏；書名據版心及書名頁
題；附前澗浦氏誦芬錄九卷
　部二　33 冊　缺 1 卷：卷首
　部三　33 冊
　部四　6 冊　存前澗浦氏誦芬錄   傳 772.27/92

傳 772.29　漆氏

4998

城南漆氏族譜/(清)漆燿書等纂修.—清光緒三十年(1904)木活字本.—12冊.—江西新昌漆氏;書名據版心題　　　　　　　　傳772.29/89

傳 772.31　洪氏

4999

江村洪氏家譜　十四卷/(清)洪昌纂修.—清雍正八年(1730)刻本.—4冊:像.—安徽休寧江村洪氏

部二　4冊　　　　　　　　傳772.31/83

5000

官源洪氏總譜　十八卷卷首二卷卷末二卷/(清)洪文陛,(清)洪士衡纂修.—清乾隆間刻本.—22冊:圖.—安徽婺源洪氏;書名據版心題

傳772.31/84

5001

大營洪氏世系圖　一卷宅記一卷/(清)洪瞻台纂修.—清道光五年(1825)木活字本.—1冊.—浙江臺州洪氏　　　　　　　　傳772.31/86

5002

餘姚洪氏宗譜　十卷卷首一卷/(清)洪維銶纂修.—清咸豐七年(1857)續古堂木活字本.—6冊:圖及像.—浙江餘姚洪氏;書名據版心題

傳772.31/87

5003*

洪氏宗譜/洪宗海修;洪己任纂.—民國11年(1922)汕頭名利軒印務局鉛印本.—4冊.—廣東潮州洪氏;書名據版心及書簽題　　　傳772.31/91

傳 772.33　涂氏

5004

豫章涂氏宗譜　三卷/(清)涂永償等纂修.—清同治十一年(1872)九經堂木活字本.—4冊:圖及像.—江西南昌涂氏;缺1卷:卷3;書名據版心題

傳772.33/88

5005*

江都涂氏宗譜　六卷/涂永懷修;涂永松等纂.—民國4年(1915)三妙堂木活字本.—6冊:圖及像.—江蘇江都涂氏;版心題涂氏宗譜　　傳772.33/91

5006*

雲陽涂氏族譜　二十卷卷首一卷/涂鳳書纂修.—民國19年(1930)雲陽涂鳳書北平鉛印本.—8冊:圖及像.—四川雲陽涂氏

部二　8冊　　　　　　　　傳772.33/92

5007*

涂氏瑄房五修支譜　八卷卷首二卷/涂家磬修;涂家楨等纂.—民國23年(1934)湖南湘陰涂氏南昌堂木活字本.—9冊:圖.—湖南湘陰涂氏;版心題涂氏五修支譜　　　　　　　傳772.33/926

傳 772.35　榮氏

5008

榮氏宗譜　八卷/(清)榮汝寧等纂修.—清嘉慶十五年(1810)三樂堂木活字本.—8冊:像.—江蘇無錫榮氏;書名據版心及書簽題　　傳772.35/85

5009

榮氏宗譜　十六卷/(清)榮汝楫等纂修.—清同治十一年(1872)三樂堂木活字本.—16冊:像.—江蘇無錫榮氏;書名據書名頁等題　　傳772.35/88

5010

榮氏宗譜　二十二卷/(清)榮汝菜纂修.—清宣統

二年(1910)三樂堂木活字本. —22 冊:圖及像. —江蘇
無錫榮氏;書名據版心及書簽題　　　傳 772.35/89

5011*

　榮氏宗譜　　三十卷/榮福齡纂修. —民國 24 年
(1935)三樂堂木活字本. —30 冊:圖及像. —江蘇無錫
榮氏;書名據版心及書簽題　　　傳 772.35/92

傳 772.37　康氏

5012

　康氏家譜　　四卷/(清)康登等纂. —清抄本. —2
冊. —山西康氏;書名據譜序題　　　傳 772.37/84

5013*

　長沙康氏族譜　　十二卷/康宏瓚纂修. —民國 21 年
(1932)京兆堂木活字本. —8 冊:圖. —湖南長沙康氏;
書名據書名頁題,目錄題長沙康家塴康氏續修族譜
　　　　　　　　　　　　　　　傳 772.37/92

5014*

　康氏續修族譜　　八卷/康發梅修;康發啟纂. —民國
19 年(1930)湖南康氏京兆堂木活字本. —9 冊:圖. —
湖南康氏;書名據版心及書簽題,書名頁題康氏族譜
　　　　　　　　　　　　　　傳 772.37/925

傳 772.39　秘氏

5015

　故城縣秘氏族譜/秘學漢纂修. —清宣統二年
(1910)刻本. —2 冊. —河北故城秘氏;書名據書簽題,
版心題秘氏族譜　　　傳 772.39/89

傳 772.41　訥音富察氏

5016

　訥音富察氏譜傳/(清)恒敬,(清)富棟纂. —清嘉慶
十二年(1807)抄本. —1 冊. —瀋陽訥音富察氏;書簽

題訥音富察氏家乘　　　傳 772.41/85

傳 772.43　海氏

5017*

　海氏族譜　　七卷/海氏修. —19[?]年油印本. —1
冊:圖及像. —廣東番禺海氏;書名頁題海氏答兒公族
譜. —平裝　　　傳 772.43/95

傳 772.45　賓氏

5018

　賓氏四修族譜　　四卷/(清)賓懋應等纂修. —清同
治三年(1864)大樑堂木活字本. —1 冊. —湖南衡陽賓
氏;缺 3 卷:卷 2—4;書名據版心題,書名頁題賓氏
族譜　　　傳 772.45/88

5019*

　中湘賓氏五修族譜　　三十六卷/賓衍祚等修;賓衍
朝等纂. —民國 37 年(1948)中湘賓氏梁國堂石印
本. —36 冊:圖. —湖南湘潭賓氏;書簽題中湘賓氏族
譜,書名頁題賓氏族譜　　　傳 772.45/92

傳 773.01　童氏

5020

　童氏重修宗譜　　六卷/(清)童彪,(清)童冠群纂
修. —清嘉慶十三年(1808)刻本. —4 冊:像. —浙江婺
州童氏;書名據目錄題,版心題童氏宗譜;分孝、友、
睦、姻、任、恤集　　　傳 773.01/85

5021

　舍浦童氏宗譜　　二十三卷/(清)童文高等修;(清)
童寶善等纂. —清光緒十八年(1892)居善堂木活字
本. —23 冊:圖及像. —浙江山陰童氏;書名據版心及
書簽題
　部二　　23 冊　　　傳 773.01/89

5022

雲陽童家橋童氏重修族譜　十四卷/(清)童正慶修;(清)韓維廣纂.—清光緒十五年(1889)樹滋堂木活字本.—15 册:像.—江蘇丹陽童氏;書名據卷 3 卷端題,版心題童氏宗譜　　　傳 773.01/893

5023*

中湘雙林童氏五修族譜　二十卷卷末一卷/童裕搏修;童裕擴纂.—民國 19 年(1930)童氏養源堂木活字本.—20 册:圖.—湖南湘潭童氏;書名據書簽題,版心題童氏五修族譜,書名頁題童氏族譜
　　　傳 773.01/92

傳 773.02　賴氏

5024*

賴氏續修族譜　十二卷/賴遺韜等修;賴遺璟等纂.—民國 14 年(1925)賴氏慎怡堂木活字本.—6 册:圖.—湖南澧陵賴氏;書名據版心及書簽題,書名頁題賴氏族譜　　　傳 773.02/91

傳 773.03　龐氏

5025*

烏幹龐氏宗譜　四卷/龐長發等纂修.—民國 13 年(1924)勤理堂木活字本.—4 册:圖.—江蘇毗陵龐氏;書名據目錄題,版心題龐氏宗譜　　　傳 773.03/91

傳 773.05　鹿氏

5026

[鹿氏世傳]/(明)孫承宗等撰.—清乾隆間刻本.—5 册.—河北定興鹿氏;書名據書簽題
　　部二　1 册　　　傳 773.05/84

5027

定興鹿氏二續譜　十五卷/(清)鹿傳霖修.—清光緒二十三年(1897)刻本.—10 册.—河北定興鹿氏

部二　10 册
部三　10 册
部四　4 册　存 7 卷:卷 1—7　　傳 773.05/89

5028

定興鹿氏簡明世表　一卷/(清)鹿瀛理纂修.—清光緒二十三年(1897)刻本.—1 册.—河北定興鹿氏;書名據版心題
　　部二　1 册　　　傳 773.05/89=1

傳 773.07　高氏

5029*

膠西高氏世德錄　十一卷/(清)高鳳翰等纂修.—民國 18 年(1929)吳甌儉齋藍絲欄抄本.—2 册.—山東膠州高氏;書名據目錄等題,版心題高氏世德錄;據蟠青閣藏本抄　　　傳 773.07/84

5030

海寧巖門高氏家譜　二十六卷卷首一卷卷末一卷/(清)高德等纂修.—清咸豐三年(1853)報本堂木活字本.—20 册.—浙江海寧高氏;版心題高氏家譜
　　　傳 773.07/87

5031

江陰高氏宗譜　十二卷/(清)高鳴盛等纂修.—清光緒七年(1881)敦睦堂木活字本.—12 册.—江蘇江陰高氏;書名據書名頁等題　　傳 773.07/89

5032

高氏宗譜　四卷/(清)高壽昌等纂修.—清光緒二十二年(1896)木活字本.—4 册:像.—江蘇潤州高氏;書名據版心等題　　　傳 773.07/893

5033

梁安高氏宗譜　十二卷/(清)高富浩等纂修.—清光緒三年(1877)木活字本.—12 册:圖及像.—安徽梁安高氏;書名據書名頁等題　　傳 773.07/8933

5034

瀘州南門高氏族譜　六卷卷首一卷/(清)高楷等纂修.—清光緒二十二年(1896)寶仁堂木活字本.—4

册:圖.—四川瀘州高氏;書名據版心題
　　　　　　　　　　　　傳 773.07/8934

5035

維揚高氏匯纂續修族譜　十二卷/(清)高元鈞等
修;(清)高柚纂.—清光緒三十三年(1907)木活字
本.—12 册.—江蘇揚州高氏;版心題高氏宗譜
　　　　　　　　　　　　傳 773.07/8935

5036

海寧巖門高氏家譜　三十三卷卷首一卷卷餘一卷/
(清)高克勤修;(清)高敬恩纂.—清光緒三年(1877)
報本堂木活字本.—26 册.—浙江海寧高氏;版心題高
氏家譜
　　　　　　　　　　　　傳 773.07/89357

5037

高氏世譜/(清)高㴒等纂修.—清光緒三十二年
(1905)刻本.—1 册.—山東濱縣高氏;書名據書名頁
等題;高官寨藏版　　　　傳 773.07/8936

5038

淄川縣孝義鄉高氏族譜/(清)高遠堨纂修.—清光
緒十九年(1893)刻本.—14 册:圖.—山東淄川高氏;
版心題高氏族譜　　　　傳 773.07/8937

5039

靖江高氏重修宗譜　八卷/(清)高步雲等修;(清)
楊硯池纂.—清光緒二十一年(1895)木活字本.—8
册.—江蘇靖江高氏;書名據卷 4 卷端題,版心題高氏
宗譜;雙印堂藏版　　　　傳 773.07/89373

5040

普敦高氏宗譜　十二卷/(清)高致遠等纂修.—清
光緒二十三年(1897)綠野堂木活字本.—12 册:圖及
像.—江蘇毗陵高氏;書名頁題毗陵高氏宗譜,版心題
高氏宗譜　　　　　　　　傳 773.07/89377

5041*

海寧巖門高氏家譜　三十九卷卷首一卷卷末三卷/
高德本等修;高其鏡纂.—民國 14 年(1925)報本堂木
活字本.—38 册:圖.—浙江海寧高氏　傳 773.07/91

5042*

宿松高氏族譜　二十四卷卷首一卷卷末一卷/高

修.—民國 3 年(1914)金鏡堂木活字本.—24 册:圖.—
安徽宿松高氏;書名據版心題　　　傳 773.07/913

5043*

高氏家乘/高洪纂修.—民國 9 年(1920)鉛印本.—
1 册:照片.—山東渤海高氏;書名據版心題
部二　1 册　　　　　　　傳 773.07/9132

5044*

蕭山東瓜瀝高氏家譜　十卷/高德良等纂修.—民
國 4 年(1915)敦睦堂木活字本.—10 册:圖及像.—浙
江蕭山高氏;書名據版心題　　傳 773.07/9135

5045*

普敦高氏續修宗譜　十六卷/高近綱等纂修.—民
國 20 年(1931)綠野堂木活字本.—16 册:像.—江蘇
毗陵高氏;書名據卷 2 卷端題,版心題高氏宗譜,書名
頁等題普敦高氏宗譜　　　傳 773.07/92

5046*

高氏大統宗譜　五十五卷卷首二卷/高瑩等纂
修.—民國 15 年(1926)思仁堂鉛印本.—60 册:圖及
像.—江蘇無錫高氏;書名據書名頁等題,版心題高氏
宗譜　　　　　　　　　　傳 773.07/923

5047*

高氏宗親譜册/高奎午纂修.—1993 年海城高氏鉛
印本.—1 册:照片.—遼寧海城高氏;書名頁題高氏宗
譜;與高氏宗譜續編合印.—平裝
部二　1 册　　　　　　　傳 773.07/95

5048*

高氏宗譜續編/高奎仲等修;高光連等纂.—1993 年
海城高氏鉛印本.—1 册.—遼寧海城高氏;與高氏宗
親譜册合印.—平裝
部二　1 册　　　　　　　傳 773.07/95

傳 773.09　唐氏

5049

安邑唐氏族譜/(清)唐隆奇等纂修.—清乾隆四十
年(1775)見龍齋刻本.—2 册:圖.—湖南安化唐氏;有

殘缺破損頁;書名據版心題,書名頁題唐氏家乘

傳 773.09/84

5050

溧川北亭都一甲唐氏續修宗譜　十卷/(清)唐際虞等纂修.—清道光七年(1827)刻本.—1 冊:圖.—安徽溧川唐氏;存 2 卷:卷 9—10　　　傳 773.09/86

5051

會稽田畽唐氏宗譜　二卷/(清)唐文鐘修;(清)唐賢鉅纂.—清同治十一年(1872)三祝堂木活字本.—2冊.—浙江會稽唐氏　　　傳 773.09/88

5052

前洲西里唐氏宗譜　十二卷/(清)唐肇瑾等纂修.—清光緒四年(1878)敬愛堂木活字本.—16 冊:圖及像.—江蘇無錫唐氏;目錄題前洲西里唐氏六修宗譜,版心題唐氏宗譜　　　傳 773.09/89

5053

唐氏宗譜　十卷/(清)唐雲和等纂修.—清光緒二十八年(1902)慎修堂木活字本.—10 冊:圖及像.—江蘇武進唐氏　　　傳 773.09/893

5054

鹽城唐氏宗譜　十二卷卷首一卷/(清)唐炳等纂修.—清光緒十六年(1890)厚遠堂木活字本.—12 冊:圖及像.—江蘇鹽城唐氏;書名據書簽題,版心題唐氏宗譜;卷數據目錄題,版心題卷 1—5
　　　傳 773.09/8932

5055

前洲西里唐氏宗譜　十二卷/(清)唐茂盛等纂修.—清光緒三十二年(1906)敬愛堂木活字本.—18 冊:圖及像.—江蘇無錫前洲鎮唐氏;書名頁等題唐氏宗譜,目錄題前洲西里唐氏七修宗譜

部二　18 冊　　　傳 773.09/8934

5056

善邑唐氏續修支譜　二十卷/(清)唐方正等修.—清光緒三年(1877)唐氏穀貽堂木活字本.—9 冊:圖.—湖南長沙唐氏;缺 3 卷:卷 6—7、13;書名據版心等題,書名頁題唐氏支譜　　　傳 773.09/89343

5057

毗陵江邑太平橋唐氏支譜　八卷/(清)唐季達等纂修.—清光緒五年(1879)務本堂木活字本.—8 冊.—江蘇毗陵唐氏;書名據書簽題,版心題唐氏支譜
　　　傳 773.09/8936

5058

醴南唐氏四修族譜　八卷卷首一卷卷末一卷/(清)唐如韜等修.—清光緒十一年(1885)醴南晉陽堂木活字本.—10 冊:圖.—湖南醴陵唐氏;書名據版心等題,書名頁題唐氏族譜　　　傳 773.09/896

5059*

善邑唐氏續修族譜　十卷/唐言綏修;唐家治纂.—民國 13 年(1924)唐氏敦誼堂木活字本.—12 冊:圖.—湖南長沙唐氏;書名據版心題,書簽題善邑唐氏族譜,書名頁題唐氏族譜　　　傳 773.09/91

5060*

毗陵唐氏家譜　二十六卷/唐宗海修;唐肯纂.—民國 37 年(1948)鉛印本.—26 冊:圖.—江蘇毗陵唐氏;書名據書簽題;版心題唐氏家譜　　　傳 773.09/92

5061*

毗陵唐氏西分家譜　九卷卷首一卷卷末一卷/唐緒祥纂修.—民國 37 年(1948)鉛印本.—4 冊:圖.—江蘇毗陵唐氏;版心題唐氏宗譜　　　傳 773.09/923

5062*

唐氏宗譜　十六卷卷首一卷/唐晉岐等纂修.—民國 16 年(1927)慎修堂木活字本.—16 冊:圖及像.—江蘇武進唐氏　　　傳 773.09/9234

5063*

湘潭唐氏八修譜　四十二卷/唐澤瑜等纂.—民國 26 年(1937)大本堂木活字本.—42 冊:圖.—湖南湘潭唐氏;缺 1 卷:卷 9;版心及書簽題唐氏八修譜,書名頁題湘潭唐氏八修宗譜　　　傳 773.09/924

5064*

石灘唐氏六修通譜　五卷卷首一卷卷末三卷/唐翹東修;唐藻亭纂.—民國 19 年(1930)晉陽堂木活字本.—45 冊:圖.—湖南唐氏;書名據版心及書簽題
　　　傳 773.09/9243

5065*

唐氏合修通譜 三十八卷卷首六卷/唐顯堯等修；唐士熙等纂.—民國 24 年(1935)木活字本.—44 冊：圖.—湖南新化唐氏；書名據版心題，書簽題唐氏通譜
傳 773.09/925

5066*

唐氏族譜/唐夑等修.—民國 25 年(1936)木活字本.—8 冊.—湖南零陵唐氏；書名據書名頁等題
傳 773.09/926

傳 773.11　黃氏

5067*

膠山安黃氏宗譜 二十四卷/安榮光等纂修.—民國 11 年(1922)木活字本.—28 冊：圖及像.—江蘇無錫安氏，其先祖黃氏過繼安氏，後裔分安、黃兩支
傳 773.11/91

傳 773.13　宦氏

5068

宦氏宗譜/(清)宦應清等纂修.—清光緒十三年(1887)刻本.—4 冊.—貴州遵義宦氏；書名據版心題
傳 773.13/89

傳 773.15　諸氏

5069

歐陽里諸氏宗譜 十六卷/(清)諸壽山修；(清)諸暄寶纂.—清光緒二十六年(1900)敦睦堂木活字本.—22 冊：像.—江蘇常州諸氏；版心題諸氏宗譜
傳 773.15/89

5070*

姚江諸氏宗譜 六卷卷首一卷卷末一卷/諸昌齡，諸章達纂修.—民國 12 年(1923)倫敘堂木活字本.—6 冊：圖及像.—浙江餘姚諸氏；版心題諸氏宗譜
傳 773.15/91

5071*

歐陽里諸氏宗譜 二十八卷/諸福昌修；諸壽康纂.—民國 18 年(1929)敦睦堂木活字本.—28 冊：圖及像.—江蘇常州諸氏；書名據卷 6 卷端題，版心題諸氏宗譜
傳 773.15/92

傳 773.17　祖氏

5072

蓮湖祖氏族譜 五卷/(清)祖富言纂修.—清乾隆三十七年(1772)刻本.—5 冊：圖及像.—福建浦城祖氏；書名據版心等題
傳 773.17/84

5073

蓮湖祖氏族譜 八卷/(清)祖國鈞纂修.—清光緒二十五年(1899)刻本.—8 冊：圖及像.—福建浦城祖氏；書名據版心等題
傳 773.17/89

傳 773.19　施氏

5074

新田施氏宗譜 九卷/(清)施粹中纂修.—清嘉慶八年(1803)敦睦堂木活字本.—9 冊：圖及像.—浙江蕭山施氏；書名據版心及書簽題
傳 773.19/85

5075

新田施氏宗譜 十三卷/(清)施禧椿纂修.—清道光十八年(1838)敦睦堂木活字本.—13 冊：圖.—浙江蕭山施氏；書名據版心題，書簽題蕭山新田施氏宗譜
傳 773.19/86

5076

新田施氏宗譜 十六卷/(清)施世堂纂修.—清光緒二十六年(1900)敦睦堂木活字本.—16 冊.—浙江蕭山施氏；書名據版心題，書簽題蕭山新田施氏宗譜
傳 773.19/89

5077

毗陵施氏宗譜 十六卷/施汝鏞等纂修.—清宣統三年(1911)存仁堂木活字本.—18 冊：圖及像.—江蘇

毗陵施氏；書名據卷 6 卷端題，版心題施氏宗譜
　部二　18 冊　　　　　　　　傳 773.19/893

5078*

施氏先世事略　四卷/施鴻元編.—民國 16 年
(1927)上海朱錦堂鉛印本.—4 冊.—上海崇明施氏
　　　　　　　　　　　　傳 773.19/92

5079*

毗陵施氏宗譜　十六卷/施文和等纂修.—民國 36
年(1947)存仁堂木活字本.—20 冊：圖及像.—江蘇毗
陵施氏；書名據卷 7 卷端題，版心題施氏宗譜
　　　　　　　　　　　　傳 773.19/923

5080*

鄞城施氏家乘　十卷卷首一卷卷末一卷/戴廷祐等
纂.—民國 24 年(1935)培遠堂木活字本.—4 冊.—浙
江鄞縣施氏
　　　　　　　　　　　　傳 773.19/9239

5081*

餘姚大施巷施氏宗譜　十二卷/施久義纂修.—民
國 20 年(1931)奉思堂木活字本.—12 冊：像.—浙江
餘姚施氏；書名據版心及書簽題，書名頁題施氏宗譜
　　　　　　　　　　　　傳 773.19/92392

傳 773.21　貢氏

5082*

龍砂貢氏宗譜　二十八卷卷首一卷卷末一卷/貢慶
餘等纂修.—民國 37 年(1948)木活字本.—26 冊：圖
及像.—江蘇江陰貢氏；書名據版心及書簽題
　　　　　　　　　　　　傳 773.21/92

傳 773.23　賈氏

5083

太湖縣東鄉秦梅園賈氏宗譜　五卷卷首一卷/(清)
賈正實修,(清)賈道鈺纂.—清光緒三十二年(1906)
太傅堂木活字本.—6 冊：圖及像.—安徽太湖縣賈氏；
版心題賈氏宗譜　　　　　傳 773.23/89

5084

南源賈氏宗譜　七卷卷首一卷卷末一卷/(清)賈紹
祖等纂修.—清光緒三十一年(1905)世綸堂木活字
本.—4 冊.—浙江上虞賈氏　　傳 773.23/893

5085*

毗陵賈氏宗譜　十卷/賈洪錫等纂修.—民國 4 年
(1915)維則堂木活字本.—10 冊：圖及像.—江蘇毗陵
賈氏　　　　　　　　　　傳 773.23/91

5086*

潤州開沙賈氏宗譜　十二卷/賈其桓纂修.—民國
18 年(1929)治安堂木活字本.—6 冊：像.—江蘇潤州
賈氏；版心題賈氏宗譜　　　傳 773.23/92

5087*

賈氏七修族譜　二十一卷卷首四卷/賈永倪等纂
修.—民國 31 年(1942)洛陽堂木活字本.—22 冊：
圖.—湖南沅江賈氏；書名據書名頁等題
　　　　　　　　　　　　傳 773.23/926

傳 773.25　項氏

5088

桂溪項氏族譜　二十四卷卷首一卷卷尾一卷/(清)
項啟鍋等纂修.—清嘉慶十六年(1811)木活字本.—
24 冊：圖及像.—安徽歙縣項氏　傳 773.25/85

5089

古睦青溪紫峰項氏宗譜　六卷卷首一卷卷尾一卷/
(清)項廷舉等修；(清)項惺等纂.—清道光十八年
(1838)木活字本.—6 冊.—浙江青溪項氏；版心題紫
峰項氏宗譜　　　　　　　傳 773.25/86

5090*

項氏三修族譜　八卷/項紫德等修；項紫桂等纂.—
民國 2 年(1913)惠廉堂木活字本.—8 冊：圖.—湖南
湘陽項氏；版心題項氏族譜　　傳 773.25/91

5091*

項氏宗譜　六卷/項永培等纂修.—民國 10 年
(1921)崇義堂木活字本.—5 冊.—江蘇陽羨項氏

部二 6册 傳 773.25/913

5092*

嘉禾項氏清芬錄 六卷卷首一卷/項乃斌纂修.—民國間嘉興項乃斌稿本.—11 册.—浙江嘉興項氏;西諦藏書.—毛裝 傳 773.25/9136

傳 773.27 孫氏

5093

孫氏家譜 四卷/(清)孫氏修.—清嘉慶十七年(1812)刻本.—4 册:圖.—安徽黟縣孫氏;版心題古築孫氏家譜 傳 773.27/85

5094*

陽川孫氏宗譜 三十卷/(清)孫循誠等修;(清)孫循鏞等纂.—民國 16 年(1927)鉛印本.—10 册.—浙江山陰孫氏;是譜修於清道光十年(1830);版心下鐫敦彝堂 傳 773.27/86

5095

開沙孫氏宗譜 四卷/(清)孫家琪等纂修.—清道光二十四年(1844)木活字本.—4 册.—江蘇潤州孫氏;書名據版心及書簽題 傳 773.27/863

5096*

句曲丁莊孫氏原修宗譜 七卷/(清)孫文林等修.—民國 11 年(1922)木活字本.—10 册:圖及像.—江蘇句容孫氏;與遷虞孫氏續修宗譜合印 傳 773.27/8636

5097*

遷虞孫氏續修宗譜 三卷/孫清源纂修.—民國 11 年(1922)木活字本.—10 册.—海虞孫氏;版心卷次題卷 8—10;與句曲丁莊孫氏原修宗譜合印 傳 773.27/8636

5098

黃墅橋孫氏家乘 六卷/(清)孫裕松等纂修.—清同治八年(1869)崇德堂木活字本.—8 册:像.—江蘇毗陵孫氏;書名據書簽題,版心題孫氏家乘 傳 773.27/88

5099

義烏孫氏宗譜 十卷/(清)孫耀宗等纂修.—清宣統三年(1911)木活字本.—10 册:圖.—浙江義烏孫氏;書名據版心題 傳 773.27/89

5100

餘姚樸樹下孫氏宗譜 二十卷卷首一卷卷末一卷/(清)孫乾性等纂修.—清光緒二十二年(1896)繩武堂木活字本.—12 册:圖及像.—浙江餘姚孫氏;書名據版心題 傳 773.27/893

5101

孫氏家乘 二十四卷/(清)孫汝楫等纂修.—清光緒七年(1881)富春堂木活字本.—12 册:像.—江蘇宜興孫氏;有缺頁;書簽題管林孫氏家乘; 傳 773.27/8933

5102

菱湖孫氏續支譜/(清)孫鳴鶴等纂修.—清光緒二十九年(1903)刻本.—2 册.—浙江吳興孫氏;書名據書簽題,版心題孫氏續譜
部二 1 册 存四支世系 傳 773.27/8934

5103

雲陽前觀孫氏重修宗譜 六卷/(清)孫與瑨等修;(清)孫長福等纂.—清光緒三年(1877)鶴衍堂木活字本.—6 册:像.—江蘇丹陽孫氏;書名據目錄題,版心題孫氏宗譜,書簽、書名頁題前觀孫氏宗譜 傳 773.27/8935

5104

孫氏族譜 六卷卷首一卷附錄一卷/(清)孫紹曾等纂修.—清宣統元年(1909)刻本.—1 册.—自山西小興州僑居河北蠡縣孫氏;書名據書名頁等題 傳 773.27/8936

5105

孫氏家乘/(清)孫仙錦纂修.—清光緒間烏絲欄抄本.—1 册.—山西代州孫氏;書名據版心、書簽題;版心下鐫聚順堂 傳 773.27/8937

5106

餘姚孫境宗譜 二十八卷卷首一卷/(清)孫仰唐等纂修.—清光緒二十五年(1899 年)燕翼堂木活字

本.—28 冊:圖及像.—浙江餘姚孫氏

　　　　　　　　　　　　　傳 773.27/89373

5107

　韶山孫氏譜記　十一卷/(清)孫廷瑞等纂修.—清
光緒二十三年(1897)刻本.—6 冊.—湖南湘潭孫氏;
存 6 卷:卷 1—6;書名據書名頁題　　傳 773.27/8939

5108

　孫氏族譜　五卷/(清)孫遠階等修;(清)孫永隆
纂.—清光緒三十二年(1907)光裕堂木活字本.—7
冊:圖.—湖南靖州孫氏　　　　　傳 773.27/8974

5109*

　蒼基孫氏家譜　三十二卷卷首一卷/孫表楨纂
修.—民國 11 年(1922)京師鉛印本.—8 冊:照片.—
安徽桐城孫氏;書名據書名頁等題　　傳 773.27/913

5110*

　孫氏族譜/孫鴻等纂修.—民國 8 年(1919)刻本.—
5 冊.—山東濟寧孫氏;書名據版心等題;荊塚集宗祠
藏版　　　　　　　　　　　傳 773.27/9132

5111*

　孫氏列代世系表　一卷/孫炳奎輯;孫峻校.—民國
9 年(1920)杭州孫氏耆松堂刻藍印本.—1 冊.—浙江
杭州孫氏;書名據版心題　　　　傳 773.27/91324

5112*

　蘆墩孫氏宗譜　四卷/孫雲林等修;孫漢槎纂.—民
國 2 年(1913)留餘堂木活字本.—4 冊:像.—江蘇毗
陵孫氏;書名據目錄題　　　　　傳 773.27/9133

5113*

　荊西孫氏宗譜　十三卷卷首一卷卷末一卷/孫春耕
等修;孫鎖麟等纂.—民國 15 年(1926)樂安堂木活字
本.—12 冊:圖及像.—江蘇荊溪孫氏;書名據目錄題,
書名頁等題孫氏宗譜;思本堂藏版

　　　　　　　　　　　　　傳 773.27/9134

5114*

　玉田縣孫家衚孫氏家譜/孫奐侖纂修.—民國 15 年
(1926)石印本.—4 冊:圖及像.—河北玉田孫氏;版心

題玉田孫氏家譜,書簽題玉田孫氏家譜稿

　　　　　　　　　　　　　傳 773.27/9135

5115*

　溧陽孫氏宗譜　二十八卷/孫渡等纂修.—民國 3
年(1914)敦敘堂木活字本.—28 冊:像.—江蘇溧陽孫
氏;書名據卷 2 卷端題,版心題孫氏宗譜

　　　　　　　　　　　　　傳 773.27/9136

5116*

　孫氏宗譜　四卷卷首二卷/孫遠騏等纂修.—民國 9
年(1920)映雪堂木活字本.—6 冊:圖.—安徽太湖
孫氏　　　　　　　　　　　傳 773.27/9137

5117*

　毗陵孫氏宗譜　十六卷/孫林法修;鄒樂麟纂.—民
國 11 年(1922)富春堂木活字本.—16 冊:像.—江蘇
毗陵孫氏;書名據卷 3 卷端題,版心題孫氏宗譜

　　　　　　　　　　　　　傳 773.27/91372

5118*

　紹興孫氏宗譜　六卷外編一卷附一卷世系二十五
卷/孫秉彝修;孫紹曾纂.—民國 13 年(1925)垂裕堂
木活字本.—16 冊:圖.—浙江紹興孫氏;本書以編
序冊　　　　　　　　　　　傳 773.27/9139

5119*

　竹園孫氏宗譜　十六卷/孫俊明等纂修.—民國 10
年(1921)富春堂木活字本.—16 冊:圖及像.—江蘇毗
陵孫氏　　　　　　　　　　傳 773.27/91395

5120*

　湖南常德府武陵縣樂安堂孫氏宗譜　十一卷長生
譜一卷/孫氏修.—民國間木活字本.—12 冊.—湖南
常德孫氏;版心及書簽題孫氏族譜　傳 773.27/917

5121*

　餘姚蘭風孫氏宗譜　二十卷/孫子榮等纂修.—民
國 21 年(1932)惇敘堂木活字本.—14 冊:圖及像.—
浙江餘姚孫氏
　部二　15 冊　　　　　　　傳 773.27/92

5122*

　益陽臙湖孫氏六修族譜　三十六卷卷首六卷/孫顏

翼等修;孙大傑等纂.—民国 37 年(1948)延春堂鉛印本.—41 册:圖.—湖南益陽孫氏;書名據書名頁及書衣題,版心題孫氏六修族譜　　　　傳 773.27/922

5123*

孫氏宗譜　十二卷卷首一卷/孫匯澧等修;孫匯穌纂.—民國 16 年(1927)石印本.—12 册:像及照片.—江蘇南通孫氏;書名頁題新安遷通孫氏家乘
　　　　　　　　　　　　　　　傳 773.27/923

5124*

孫氏宗譜圖詠　七卷/孫匯澧編.—民國 19 年(1930)南通義生印刷所石印本.—1 册:圖及像.—安徽新安遷江蘇南通孫氏;書名據版心題
　部二　1 册　　　　　　傳 773.27/923＝1

5125*

嚴莊孫氏宗譜　二十四卷/孫德彰等修;孫志儒纂.—民國 30 年(1941)永錫堂木活字本.—21 册.—江蘇陽羨孫氏　　　　傳 773.27/9233

5126*

余慶孫氏宗譜　十卷/孫詒謀等纂修.—民國 18 年(1929)木活字本.—10 册:圖及像.—福建浦城孫氏;書名據版心題,書簽題樂安孫氏宗譜
　　　　　　　　　　　　　傳 773.27/92332

5127*

孫氏宗譜　十二卷/孫翰臣等纂修.—民國 19 年(1930)映雪堂木活字本.—12 册:像.—安徽休寧孫氏;書名據版心及書簽題　傳 773.27/9234

5128*

楚溈孫氏四修支譜　四卷/孫益悉纂修.—民國 38 年(1949)孫氏樂安堂木活字本.—4 册.—湖北黃岡孫氏;書名據書簽題,版心題孫氏四修支譜,書名頁題孫氏支譜　　　　傳 773.27/9235

5129*

孫氏六修族譜　二十三卷卷末一卷/孫立中等纂修.—民國 25 年(1936)樂安堂木活字本.—33 册:圖.—湖南長沙孫氏　　　傳 773.27/9236

5130*

孫氏家乘　六卷/孫振麟纂修.—民國 28 年(1939)桂蘭堂上海石印本.—4 册:像.—浙江平湖孫氏
　部二　4 册　　　　　　傳 773.27/9237

5131*

孫氏三修支譜　十二卷/孫裕衡等纂修.—民國 23 年(1934)湖南湘西孫氏樂安堂石印本.—12 册:圖.—湖北石首孫氏　　　　傳 773.27/92371

5132*

解梁孫氏族譜　八卷卷首一卷附錄一卷/孫健雄等纂修.—民國 25 年(1936)太原晉新書社鉛印本.—2 册:圖.—山西解梁孫氏　傳 773.27/9239

5133*

孫氏支譜　八卷/孫乃禧等纂.—民國 37 年(1948)孫氏樂安堂木活字本.—8 册:圖.—湖南長沙孫氏;書名據書名頁題　　傳 773.27/9263

傳 773.29　強氏

5134*

錫山南北莊強氏宗譜　五十二卷/強光治等纂修.—民國 36 年(1947)仁山堂木活字本.—24 册.—江蘇無錫強氏;書名據書名頁題,版心題強氏宗譜
　　　　　　　　　　　　　傳 773.29/92

傳 773.31　宣氏

5135*

暨陽大部鄉宣田宣氏宗譜　四卷/宣春烜等修;宣鉅誥等纂.—民國 17 年(1928)積慶堂木活字本.—3 册.—浙江諸暨宣氏;書名據目錄題,版心題暨陽宣氏宗譜　　　　　傳 773.31/92

傳 773.33　宮氏

5136

宮氏族譜/(清)宮增祜等纂修.—清同治間宮百頤朱絲欄抄本.—1冊.—河北靜海宮氏　傳773.33/84

5137

泰州宮氏族譜/(清)宮本昂等纂修.—清光緒五年(1879)刻本.—2冊.—江蘇泰州宮氏　傳773.33/89

5138*

宮氏家譜　四卷/宮方舟等纂修.—民國23年(1934)敦本堂石印本.—4冊.—河北東光宮氏;書名據版心題,書名頁題宮氏家譜圖考全書
傳773.33/92

傳 773.35　江氏

5139

濟陽江氏分修族譜/(清)江南金等纂修.—清乾隆四十五年(1780)抄本.—1冊.—江西南豐江氏;書名據目錄題;有墨筆補註　傳773.35/84

5140

[江氏族譜]/(清)江氏修.—清江德地抄本.—1冊.—安徽歙縣江氏,記事至清乾隆間
傳773.35/843

5141

江氏宗譜　十二卷卷首一卷卷末一卷/(清)江盈廣修;(清)江光耀等纂.—清道光二十三年(1843)柏蔭堂木活字本.—14冊:像.—安徽潛山江氏;書名據版心題　傳773.35/86

5142

江氏宗譜　十二卷/(清)江秉直等纂修.—清道光二十三年(1843)清溪堂木活字本.—8冊:像.—江蘇武進江氏;目錄等有墨筆校改　傳773.35/863

5143

江氏族譜/(清)江文椿等纂.—清道光三十年(1850)木活字本.—3冊.—江西江氏;書名據版心及書簽題
傳773.35/866

5144

續修江家橋族譜　十五卷卷首一卷卷末一卷/(清)江光祿等修;(清)江照烺,(清)江文俊纂.—清同治十三年(1874)蔭愛堂木活字本.—20冊.—安徽懷寧江氏;版心題重修江家橋族譜,書簽題江氏族譜
傳773.35/88

5145

棠溪江氏宗譜　四卷/(清)江傳紹修;(清)江珍樓等纂.—清同治五年(1866)新邑沃洲孝謹堂木活字本.—1冊.—浙江蕭山江氏;書名據版心題
傳773.35/885

5146

江氏宗譜　九卷卷首一卷卷末一卷/(清)江重智等纂修.—清光緒二十六年(1900)慶餘堂木活字本.—10冊.—安徽懷寧江氏;書名據版心題
傳773.35/89

5147

寧城江氏家譜　四卷/(清)江於遴等纂修.—清光緒二十五年(1899)鄞縣月湖支祠木活字本.—4冊:圖及像.—江蘇寧城江氏;書名據版心題,書名頁題寧城江氏家乘　傳773.35/893

5148

濟陽文通江氏族譜/(清)江樹森纂.—清光緒二十六年(1900)刻本.—1冊.—四川德陽江氏;殘缺;書名據目錄題
傳773.35/8933

5149

江氏宗譜　十八卷/(清)江國柱等修;(清)江錦成等纂.—清光緒五年(1879)愛山堂木活字本.—18冊:圖.—安徽桐城浮山江氏;書名據版心題
傳773.35/8934

5150

濟陽天寶江氏宗譜　六卷/(清)江天理等纂修.—清光緒十年(1884)龍山汪文質堂木活字本.—6冊:圖

及像.—安徽潛山江氏;書名據目錄題,版心題江氏
宗譜　　　　　　　　　　　傳 773.35/8937

5151*

和橋江氏宗譜　八卷/江祖鏞等纂修.—民國 13 年
(1924)遵素堂木活字本.—8 册.—江蘇陽羡江氏;版
心題江氏宗譜　　　　　　　傳 773.35/913

5152*

濟陽江氏金鼇派宗譜　二十二卷/江志伊等纂
修.—民國 15 年(1926)石印本.—22 册:圖及像.—安
徽旌德江氏　　　　　　　　傳 773.35/92

5153*

蕭江氏宗譜　九卷/江慎昌修;江上悟纂.—民國 37
年(1948)思源堂木活字本.—6 册:圖及像.—江蘇常
州湖塘橋蕭江氏,源出蕭氏,因遷徙以江爲姓
　　　　　　　　　　　　　傳 773.35/923

5154*

江氏五修族譜　十六卷/江福安等修;江新春等
纂.—民國 26 年(1937)湖南益陽江氏濟陽堂石印
本.—16 册:圖.—湖南益陽江氏　傳 773.35/9235

5155*

湘鄉測水江氏五修族譜　十九卷卷首九卷/江鳳庭
等修;江荃潔等纂.—民國 32 年(1943)筆花堂木活字
本.—30 册:圖.—湖南湘鄉江氏;版心題湘鄉江氏五
修族譜　　　　　　　　　　傳 773.35/9237

5156*

潙寧江氏四修支譜　九卷卷首一卷/江華牡修;江
華勳纂.—民國 33 年(1944)潙寧江氏種德堂木活字
本.—10 册:圖.—湖南江氏;書名據書名頁題,版心題
江氏四修支譜,書簽題潙寧江氏支譜
　　　　　　　　　　　　　傳 773.35/927

傳 773.36　汝氏

5157*

汝氏第十五世耀庭公支譜/汝亦淇等纂修.—民國 5
年(1916)油印本.—1 册.—江蘇吳江汝氏;版心題汝

氏支譜　　　　　　　　　　傳 773.36/91

傳 773.37　汪氏

5158

重修汪氏家乘　二十四卷卷首一卷卷末一卷/(清)
汪奎等纂修.—明正德間刻本.—4 册.—安徽歙縣汪
氏;書名據版心題　　　　　　傳 773.37/74

5159

休寧東門汪氏家乘　十卷/(清)汪七寶修;(清)游
輪纂.—明嘉靖間休寧汪七寶刻本.—1 册:圖及像.—
安徽休寧汪氏;首尾殘破;版心題汪氏族譜
　　　　　　　　　　　　　傳 773.37/75

5160

休寧西門汪氏族譜　十一卷附錄一卷/(明)汪尚和
等纂修.—明嘉靖間休寧汪氏刻本.—1 册:圖.—安徽
休寧汪氏;首尾殘破;書名據版心題.—毛裝
　　　　　　　　　　　　　傳 773.37/753

5161

乘言/(明)汪仲華纂修;(明)汪令德續纂.—明刻
本.—2 册.—浙江開化汪氏;有硃墨筆圈改;書名據版
心題　　　　　　　　　　　傳 773.37/78

5162

重修汪氏家乘/(清)汪氏修.—清刻本.—2 册.—安
徽汪氏;原書卷數不詳,殘存 21 卷:卷 6—14、16—27;
書名據版心題　　　　　　　傳 773.37/80

5163

汪氏統宗譜　十卷/(清)汪元秋,(清)汪岐裔纂
修.—清康熙二十八年(1689)大本堂刻本.—1 册.—
浙江汪氏;缺 5 卷:卷 6—10;書名據書名頁等題
　　　　　　　　　　　　　傳 773.37/82

5164

汪氏統譜纂要　四卷/(清)汪岐裔纂修.—清康熙
間刻本.—1 册:圖及像.—浙江汪氏;存 3 卷:卷 2—4
　　　　　　　　　　　　　傳 773.37/823

5165

汪氏世守譜　十卷/(清)汪國徘等纂修.—清乾隆
三十七年(1772)刻本.—4 册:圖及像.—安徽新安
汪氏　　　　　　　　　　　　　傳 773.37/84

5166

汪氏通宗世譜　一百四十卷/(清)汪氏修.—清乾
隆間刻本.—36 册:圖及像.—河南潁川汪氏
　　　　　　　　　　　　　　　傳 773.37/843

5167

汪氏宗譜纂要　四卷卷首一卷卷末一卷/(清)汪宏
佈等纂修.—清乾隆四十年(1775)惇本堂刻本.—4
册:圖及像.—安徽婺源汪氏;版心題汪氏纂要
　　　　　　　　　　　　　　　傳 773.37/8432

5168

平陽汪氏遷杭支譜　五卷/(清)汪琯纂修.—清道
光九年(1829)刻本.—5 册:圖.—浙江杭州汪氏;卷 1
部分、卷 2—3、5 係墨筆抄配　　　傳 773.37/86

5169

新安汪氏宗祠通譜　四卷卷首一卷卷末一卷/(清)
汪之遴等纂修.—清道光二十年(1840)刻本.—4 册:
圖及像.—安徽新安汪氏　　　　傳 773.37/863

5170*

汪氏家乘/(清)汪鑑輯.—民國間抄本.—3 册.—安
徽歙縣汪氏　　　　　　　　　　傳 773.37/8636

5171

[汪氏族譜]　二卷/(清)汪全誥等纂修.—清抄
本.—2 册.—安徽霍山、潛山汪氏,記事至清道光間
　　　　　　　　　　　　　　　傳 773.37/86365

5172

皖桐西鄉汪氏宗譜/(清)汪高適等纂.—清道光元
年(1821)詒燕堂木活字本.—17 册.—安徽汪氏;書名
據書名頁題,版心題竹林汪氏家譜,書簽題汪氏家譜
　　　　　　　　　　　　　　　傳 773.37/86369

5173

[汪氏重纂支譜]/(清)汪傳智纂修.—清咸豐六年

(1856)休寧汪傳智稿本.—2 册.—安徽休寧汪氏
　　　　　　　　　　　　　　　傳 773.37/87

5174

[汪氏本支譜略]/(清)汪氏修.—清末抄本.—1
册.—安徽休寧汪氏;記事至清咸豐間
　　　　　　　　　　　　　　　傳 773.37/873

5175

[汪氏家譜]/(清)汪氏修.—清末抄本.—1 册:
圖.—安徽歙縣汪氏　　　　　　傳 773.37/8737

5176

平陽汪氏宗譜　八卷/(清)汪大樽等纂修.—清同
治七年(1868)敦倫堂木活字本.—8 册:圖及像.—安
徽祁門等地汪氏;書名據版心題　傳 773.37/88

5177

楓林汪氏支譜　十三卷卷首一卷卷末一卷/(清)汪
月樓等纂修.—清同治十二年(1873)存著堂木活字
本.—15 册:圖及像.—安徽桐城汪氏;書名據版心及
書簽題　　　　　　　　　　　　傳 773.37/883

5178

汪氏宗譜　十五卷卷末二卷/(清)汪慶永等纂
修.—清同治十年(1871)敬睦堂木活字本.—14 册.—
安徽懷寧汪氏;書名據版心題　　傳 773.37/8835

5179

汪氏宗譜　十二卷卷首一卷/(清)汪溥淵等修;
(清)汪宗藻等纂.—清光緒十五年(1889)敦睦堂木活
字本.—8 册:圖.—江蘇宜興汪氏　傳 773.37/89

5180

平陽汪氏宗譜　八卷/(清)汪啟初等纂修.—清光
緒二十九年(1903)敦倫堂木活字本.—8 册:圖及
像.—安徽祁門等地汪氏;書名據版心題
　　　　　　　　　　　　　　　傳 773.37/893

5181

梧川汪氏宗譜　六卷卷首一卷/(清)汪宗浣等纂
修.—清光緒二十年(1894)愛敬堂木活字本.—6 册:
圖及像.—安徽績溪汪氏;書名據版心題
　　　　　　　　　　　　　　　傳 773.37/8932

5182

僊源岑村汪氏族譜 十卷/(清)汪立銘等纂修.—清光緒二十二年(1896)木活字本.—10冊;圖及像.—安徽宣城汪氏;書名據書簽題,版心題岑村汪氏族譜

傳 773.37/8933

5183

汪氏小宗譜 六卷/(清)汪曾立等纂修.—清光緒六年(1880)刻本.—2冊;圖.—安徽黟縣宏村汪氏;有墨筆增補

傳 773.37/89333

5184

韓楚二溪汪氏家乘 十卷/(清)汪桂等修;(清)汪發宰等纂.—清宣統二年(1910)木活字本.—10冊.—安徽祁門汪氏;書名據版心題 傳 773.37/8934

5185

吳趨汪氏支譜 十卷卷首一卷/(清)汪體椿等修.—清光緒二十三年(1879)耕蔭莊木活字本.—10冊.—江蘇吳縣汪氏;書名據書名頁題,版心題汪氏支譜;本書以集爲卷

部二　10冊
部三　10冊　　　　　　　傳 773.37/8935

5186

汪氏家譜 十四卷/(清)汪若洋等纂修.—清光緒間木活字本.—10冊;圖及像.—安徽懷寧汪氏;書名頁題汪氏支譜 傳 773.37/89354

5187

汪氏得羅公正脈統宗譜 十六卷/(清)汪瀾等纂修.—清光緒二年(1876)岐山一本堂木活字本.—20冊;圖及像.—陝西岐山汪氏;書名據版心題,書簽題汪氏統宗譜 傳 773.37/8936

5188

吳趨汪氏支譜 十卷耕蔭義莊祖墓圖一卷/(清)汪彤宣等纂修.—清宣統二年(1910)耕蔭莊木活字本.—11冊;圖.—江蘇吳縣汪氏;版心題汪氏支譜;本書以集爲卷

部二　11冊　　　　　　　傳 773.37/8938

5189*

汪氏世守譜 十卷卷首一卷/汪順昌等纂修.—民

國5年(1916)木活字本.—6冊;圖及像.—安徽新安汪氏

傳 773.37/91

5190*

高林汪氏宗譜 十八卷卷首一卷卷末一卷/汪植芳等纂修.—民國7年(1918)餘慶堂木活字本.—34冊;圖.—安徽桐城汪氏;書名據書簽題,版心題汪氏宗譜

傳 773.37/913

5191*

陽羨汪氏宗譜 三卷卷首三卷/汪源修;盧葆文纂.—民國6年(1917)潤輝堂木活字本.—5冊;圖及像.—江蘇陽羨汪氏;卷首缺卷中1卷;書名據書名頁等題 傳 773.37/9132

5192*

旌德板橋汪三暉堂家乘/汪聲玲纂修.—民國16年(1927)鉛印本.—2冊;像.—安徽旌德汪氏;書名據目錄題,書簽題汪氏家乘

部二　2冊
部三　2冊
部四　2冊　西諦藏書
部五　1冊　殘　　　　　　傳 773.37/92

5193*

汪氏振綺堂宗譜 四卷/汪詒年等纂修.—民國19年(1930)鉛印暨石印本.—3冊;圖.—安徽黟縣宏村汪氏;書名據書名頁題 傳 773.37/923

5194*

平陽汪氏遷杭支譜 六卷卷首一卷/汪怡等纂修.—民國21年(1932)鉛印本.—4冊;圖.—浙江杭州汪氏;書名據目錄題,書名頁題重修汪氏遷杭支譜

傳 773.37/9233

5195*

汪氏重修宗譜 十二卷卷首四卷/汪海松等修;汪倜夫等纂.—民國36年(1947)平陽郡木活字本.—14冊;圖及像.—安徽太湖汪氏;版心及書簽題汪氏宗譜

傳 773.37/925

5196*

雙照樓家世備乘 一卷附錄一卷/張江裁纂.—民國間刻本.—1冊.—浙江山陰汪氏;次溪叢刻之一;陳

垣贈書　　　　　　　　　傳 773.37/927

5197*

汪氏三修族譜　十二卷/汪達度修；汪名挂纂.—民國 20 年(1931)平陽堂木活字本.—12 冊：圖及像.—湖南沅江汪氏；書名據書名頁等題，書簽題汪氏族譜

　　　　　　　　　　　　傳 773.37/9277

傳 773.39　潘氏

5198

婺源桃溪潘氏宗譜　十六卷/(清)潘菉森等纂修.—清乾隆七年(1742)刻本.—3 冊.—江西婺源潘氏；缺 5 卷：卷 2、4—7；有墨筆增補　傳 773.39/84

5199

潘氏宗譜　十卷卷首一卷/(清)潘文侯纂.—清嘉慶二十一年(1816)潘氏滎陽堂木活字本.—8 冊.—江西宜黃潘氏；缺 2 卷：卷 6、8；書名據書名頁等題

　　　　　　　　　　　　傳 773.39/85

5200

大阜潘氏支譜　二十四卷卷首一卷/(清)潘遵祁等纂修.—清同治八年(1869)松鱗莊刻本.—14 冊.—安徽歙縣潘氏；版心題潘氏支譜　傳 773.39/88

5201

婺源桃溪潘三仕宗譜　十八卷卷首一卷/(清)潘氏修.—清同治七年(1868)木活字本.—12 冊：圖.—江西婺源潘氏　　　　　　　　　傳 773.39/883

5202

苕東湖濱義皋陳漊潘氏宗譜/(清)潘宇春纂修.—清抄本.—1 冊：像.—浙江吳興潘氏；有硃墨筆圈改

　　　　　　　　　　　　傳 773.39/89

5203

富桐潘氏宗譜　八卷/(清)潘德金等修；(清)潘承魯等纂.—清光緒二十二年(1896)木活字本.—8 冊：圖.—浙江富春、桐江潘氏；書名據版心題

　　　　　　　　　　　　傳 773.39/893

5204

蕭山錢清北祠潘氏宗譜　六卷/(清)潘澑等纂修.—清光緒二十一年(1895)永言堂木活字本.—6 冊：像.—浙江蕭山潘氏　　傳 773.39/8932

5205

永寧潘氏宗譜　十二卷/(清)潘義容等纂修.—清光緒二十年(1894)花縣堂木活字本.—14 冊：像.—江蘇武進潘氏；版心題潘氏宗譜　傳 773.39/89323

5206

滎陽潘氏統宗譜　二十四卷卷首一卷卷末二卷/(清)潘江藻等纂修.—清宣統元年(1909)抄本.—4 冊：圖.—河南滎陽潘氏；存 5 卷：卷 1、23、卷首、卷末 2 卷；書名據書名頁等題　傳 773.39/8933

5207

陽羨雁蕩里潘氏宗譜　六卷/(清)潘富昌等纂修.—清光緒七年(1881)燕貽堂木活字本.—6 冊.—江蘇陽羨潘氏；版心題雁蕩里潘氏宗譜

　　　　　　　　　　　　傳 773.39/8935

5208

潘氏族譜/(清)潘祚鑣等纂修.—清光緒二十一年(1895)潘氏顯佑堂木活字本.—18 冊.—湖南湘鄉潘氏；書名據版心題　傳 773.39/89353

5209

敕賜餘姚潘許同宗濟美寶綸堂譜牒　八卷卷首一卷/(清)潘傳林等纂修.—清光緒十三年(1887)木活字本.—8 冊：像.—浙江餘姚潘氏；版心題敕賜餘姚潘許同宗濟美譜牒　傳 773.39/89357

5210

滎陽潘氏宗譜　四卷/(清)潘秀錦等纂修.—清宣統二年(1910)木活字本.—4 冊：圖及像.—河南滎陽潘氏；書名據版心題；滎字誤排爲榮

　　　　　　　　　　　　傳 773.39/8938

5211

潘氏五修族譜　二十七卷卷首一卷/(清)潘克正等修；(清)潘廣瑛等纂.—清宣統二年(1910)滎陽堂木活字本.—20 冊：圖.—湖南潘氏；書名據版心、書簽題，書名頁題潘氏族譜　傳 773.39/897

5212*

毗陵棠林潘氏宗譜　十二卷卷首一卷/潘玉高等纂修.—民國 8 年(1919)維則堂木活字本.—8 冊:圖.—江蘇毗陵潘氏　　　　　　　傳 773.39/91

5213*

太邑潘氏宗譜　八卷/潘宜需等纂修.—民國 15 年(1926)敦倫堂木活字本.—19 冊:圖.—安徽太湖縣潘氏;版心題潘氏宗譜;　　　傳 773.39/913

5214*

華牆潘氏家譜/潘永杏等纂修.—民國 13 年(1924)木活字本.—1 冊.—浙江浦江潘氏;書名據書簽題;版心下鐫丙寅重修,永杏等校正　傳 773.39/9136

5215*

歙縣遷蘇潘氏家譜　七卷/潘廷燮纂修.—民國 3 年(1914)上海竞新印刷所鉛印本.—1 冊:像.—安徽歙縣遷蘇州潘氏;書名據書名頁題,版心題潘氏家譜　　傳 773.39/9139

5216*

潘氏續修族譜　六卷卷首一卷/潘士斌等纂修.—民國 12 年(1923)潘氏紫岩堂木活字本.—8 冊:圖.—湖南新化潘氏;書名據版心及書簽題,書名頁題潘氏族譜　　　　傳 773.39/914

5217*

大阜潘氏支譜　正編十四卷附編十卷卷首一卷/潘志暉等纂修.—民國 16 年(1927)松鱗莊鉛印本.—16 冊:圖.—安徽歙縣潘氏

部二　16 冊

部三　16 冊

部四　16 冊　　　　　　　傳 773.39/92

傳 773.41　沈氏

5218

吳興世家分隸德清再遷武林又遷山陰沈氏族譜　十卷/(明)沈升之纂修.—清抄本.—1 冊:像.—浙江山陰沈氏;書名頁題吳興世家沈氏族譜;本書未標卷次,據卷端計爲 10 卷　　　傳 773.41/76

5219

吳興沈氏統譜/(明)沈世俊,(明)沈大化修.—明崇禎十二年(1639)刻本.—1 冊:像.—浙江吳興沈氏;原書卷數不詳,存 5 卷:卷 1—5;版心題沈氏統譜　　　　　　　傳 773.41/78

5220

重修晉陵金臺沈氏族譜　八卷/(清)沈龍元等纂修.—清康熙間刻本.—8 冊.—浙江吳興沈氏;有墨筆校改;書名據目錄題,版心題沈氏宗譜　　　　　　傳 773.41/82

5221

洞庭沈氏重修宗譜　四卷/(清)沈若鼎纂修.—清乾隆四十年(1775)刻本.—4 冊:圖.—江蘇吳縣沈氏;版心題洞庭沈氏宗譜　　傳 773.41/84

5222*

吳江沈氏家譜　十卷卷首一卷卷末一卷/(清)沈光熙等纂修.—民國 20 年(1931)國立北平圖書館抄本.—6 冊.—江蘇吳江沈氏;有硃筆校改;據清乾隆五十二年(1787)刻本抄　　　傳 773.41/843

5223

沈氏族譜/(清)沈慰祖等纂修.—清乾隆間抄本.—1 冊.—江蘇毗陵沈氏;書名據譜序題　　　　　　　傳 773.41/8433

5224

武林沈氏支譜/(清)沈植樞等纂修.—清嘉慶二十三年(1818)華萼堂刻本.—2 冊.—浙江杭縣沈氏;有硃筆圈點;書名據書名頁題,版心題沈氏家譜　　　　　傳 773.41/85

5225

蕭山長巷沈氏續修宗譜　三十二卷卷首一卷/(清)沈豫等纂修.—清道光二十一年(1841)承裕堂木活字本.—20 冊.—浙江蕭山沈氏;書名頁等題沈氏宗譜

部二　20 冊　　　　　　　傳 773.41/86

5226

洞庭沈氏重修宗譜　六卷/(清)沈德培等纂修.—清道光十二年(1832)木活字本.—6 冊:圖.—江蘇吳縣沈氏;版心題洞庭沈氏宗譜　　傳 773.41/863

5227

沈氏族譜　六卷/(清)沈兆澐纂修. —清道光二十八年(1848)刻本. —1冊. —天津沈氏

傳773.41/8635

5228

蘭風沈氏新續圖譜　八卷補遺一卷/(清)沈天德修;(清)沈承鈞,(清)沈占熊纂. —清道光十二年(1832)肅雍堂木活字本. —8冊. 像. —浙江上虞沈氏;版心題蘭風沈氏家譜　　傳773.41/8637

5229

柞溪沈氏世系宗譜　二卷卷首一卷/(清)沈炳垣纂修. —清咸豐五年(1855)刻本. —2冊. —浙江桐鄉沈氏;思源堂藏版　　傳773.41/87

5230

孝義旌門沈氏北支十三房上海支族譜/(清)沈維楨纂修. —清咸豐九年(1859)刻本. —1冊. —浙江嘉定沈氏;書名據譜序題,版心題沈氏族譜

傳773.41/873

5231

沈氏宗譜　十卷卷首一卷卷末一卷/(清)沈岐纂修. —清咸豐九年(1859)木活字本. —6冊. 圖. —江蘇泰州遷南通白蒲鎮沈氏

部二　6冊　　　　　　　傳773.41/8738

5232

姚北沈氏宗譜　四卷/(清)沈英瑞等纂修. —清光緒三十三年(1907)文肅堂木活字本. —4冊. 像. —浙江餘姚沈氏;書名據卷2卷端題,版心題沈氏宗譜

傳773.41/89

5233

虞山沈氏宗譜　十二卷/(清)沈壽祺纂修. —清宣統三年(1911)刻暨木活字本. —5冊. 圖及像. —江蘇常熟沈氏;版心題沈氏宗譜,書名頁題虞陽沈氏宗譜

傳773.41/893

5234

清溪沈氏六修家乘　二十卷/(清)沈應奎纂修. —清光緒十二年(1886)刻本. —20冊. —浙江平湖沈氏;版心題沈氏家乘;追遠堂藏版

部二　20冊　　　　　　　傳773.41/8932

5235

沈氏家譜/(清)沈守謙纂修. —清光緒三十四年(1908)刻本. —1冊. —浙江海鹽沈氏;書名據版心題

傳773.41/89322

5236

湘西沈氏房譜/(清)沈烈聞等纂修. —清光緒七年(1881)四支堂木活字本. —11冊. 圖. —湖南湘西沈氏;書名據版心題　　傳773.41/8933

5237

餘姚雲樓沈氏宗譜　六卷/(清)沈在福修;(清)沈蔭軒纂. —清光緒二十九年(1903)敦倫堂木活字本. —4冊. 像. —浙江餘姚沈氏;書名據版心題

傳773.41/8934

5238

洋溪沈氏宗譜　四卷/(清)沈增榮等纂修. —清光緒二年(1876)淵源堂木活字本. —4冊. 像. —江蘇宜興沈氏;書名據目錄題　　傳773.41/89342

5239

續修蘭風沈氏宗譜　十三卷卷首一卷/(清)沈起仁等修;(清)沈德滄纂. —清光緒二十四年(1898)肅雍堂木活字本. —14冊. 圖及像. —浙江上虞沈氏

傳773.41/8935

5240

澄江沈氏宗譜　二十卷/(清)沈嗣綬纂修. —清宣統三年(1911)誦芬室木活字本. —20冊. 像. —江蘇江陰沈氏;書名據書名頁等題　　傳773.41/89359

5241

蕭山長巷沈氏續修宗譜　四十卷卷首一卷/(清)沈荇等纂修. —清光緒十九年(1893)承裕堂木活字本. —30冊. —浙江蕭山沈氏;版心題長巷沈氏宗譜,書簽題蕭山長巷沈氏宗譜

部二　30冊
部三　30冊　　　　　　　傳773.41/8936

5242

毗陵沈氏宗譜　四卷/(清)沈燮嘉等纂修. —清光

緒三十年(1904)九思堂木活字本.—4冊.—江蘇毗陵
沈氏;書名據版心題
　　部二　4冊　　　　　　　　　傳773.41/89364

5243
　沈氏宗譜/(清)沈氏修.—清光緒間朱絲欄抄本.—
2冊.—浙江慈溪沈氏;書名據版心題
　　　　　　　　　　　　　　傳773.41/8937

5244*
　錢塘沈氏家乘　十卷/(清)沈紹勳輯;沈祖綿增
輯.—民國8年(1919)杭州西泠印社鉛印本.—4
冊.—浙江杭州沈氏;書名據版心題　傳773.41/91

5245*
　蕭邑航塢山沈氏宗譜　十四卷/沈海超等纂修.—
民國5年(1916)永思堂木活字本.—14冊.—浙江蕭
山沈氏;書名據版心題,書簽題蕭山莊里村沈氏宗譜
　　　　　　　　　　　　　　傳773.41/9132

5246*
　姚江沈氏宗譜　三卷/沈培基等纂修.—民國7年
(1918)聿懷堂木活字本.—2冊:像.—浙江餘姚沈氏;
書名據版心題　　　　　　　　傳773.41/9134

5247*
　梁溪沈氏宗譜　三十四卷卷首一卷/沈垣,沈殿鏞
纂修.—民國8年(1919)世餘堂木活字本.—36冊:
像.—江蘇無錫沈氏;版心題沈氏宗譜
　　　　　　　　　　　　　　傳773.41/91342

5248*
　慈溪師橋沈氏宗譜　十五卷/(清)沈春華等纂
修.—民國2年(1913)中華圖書館鉛印本.—8冊:圖
及像.—浙江慈溪沈氏;書名據卷4卷端題,版心題師
橋沈氏宗譜
　　部二　8冊　　　　　　　　傳773.41/91346

5249*
　毗陵沈氏乙卯續修宗譜　五卷/沈保宜等纂修.—
民國4年(1915)九思堂木活字本.—5冊.—江蘇毗陵
沈氏;書名據目錄題,版心題毗陵沈氏宗譜
　　　　　　　　　　　　　　傳773.41/9135

5250*
　玉祁沈氏宗譜　四十卷/沈瑞炳等纂修.—民國13
年(1924)惇睦堂木活字本.—36冊:圖及像.—江蘇無
錫沈氏;版心題沈氏宗譜;附玉祁沈氏贅婿蔣氏支譜
　　　　　　　　　　　　　　傳773.41/91352

5251*
　沈氏族譜/沈昌齡等纂修.—民國間抄本.—4冊:
圖.—江蘇吳縣沈氏;書名據書名頁題
　　　　　　　　　　　　　　傳773.41/91354

5252*
　武城沈氏宗譜　十卷卷首一卷/沈紀毓修;沈兆榮
等纂.—民國8年(1919)懷德堂木活字本.—12冊:
像.—江蘇毗陵沈氏;書名據版心題
　　　　　　　　　　　　　　傳773.41/9137

5253*
　孝感沈氏宗譜　二十四卷/沈用癸等纂修.—民國8
年(1919)木活字本.—24冊:圖及像.—湖北孝感沈
氏;版心題沈氏宗譜,書簽題澴川沈氏宗譜
　　　　　　　　　　　　　　傳773.41/91377

5254*
　皋埠沈氏老六房重修宗譜　十卷/沈先勳等修;沈
先儒等纂.—民國7年(1918)沈氏譜局木活字本.—7
冊:圖及像.—浙江會稽沈氏;書名據書名頁等題,版
心題沈氏宗譜　　　　　　　　傳773.41/9138

5255*
　沈氏宗譜　十卷/沈國鳳等纂修.—民國15年
(1926)聲遠堂木活字本.—10冊:像.—江蘇毗陵沈氏
　　　　　　　　　　　　　　傳773.41/92

5256*
　柞溪沈氏思源堂宗譜/沈家詒等纂修.—民國37年
(1948)鉛印本.—2冊.—浙江桐鄉沈氏;書名據書簽
及版心題　　　　　　　　　　傳773.41/923

5257*
　暨陽沈氏支譜　十卷卷首一卷/沈晉賢修;沈肇基
等纂.—民國20年(1931)西涯堂木活字本.—10
冊.—江蘇江陰沈氏　　　　　　傳773.41/9234

**5258*

鎮海沈氏宗譜　十卷卷首一卷附卷二卷/沈德潤等纂修.—民國 26 年(1937)清水浦沈三善堂鉛印本.—2 冊:像.—浙江鎮海沈氏　　　　傳 773.41/9235

**5259*

毗陵沈氏宗譜　五卷/沈保宜等纂修.—民國 19 年(1930)九思堂木活字本.—2 冊.—江蘇毗陵沈氏
傳 773.41/92353

**5260*

餘姚雲樓沈氏宗譜　四卷/沈銘鋼修;沈寶鋼纂.—民國 20 年(1931)敦倫堂木活字本.—4 冊:像.—浙江餘姚沈氏;書名據版心題

部二　4 冊　　　　傳 773.41/9236

傳 773.43　溫氏

**5261

溫戶東支族譜/(清)溫瑗纂.—清嘉慶間朱格抄本.—4 冊.—山西介休溫氏;書名據書籤題
傳 773.43/85

**5262*

溫氏余慶祠族譜　十卷/溫興玉等纂修.—民國 12 年(1923)成都天章石印社石印本.—10 冊.—四川新都溫氏;版心及書籤題溫氏族譜　　傳 773.43/91

傳 773.45　祝氏

**5263

皖桐祝氏宗譜　六卷/(清)祝柏友等纂修.—清嘉慶二十年(1815)敦敘堂木活字本.—5 冊:圖.—安徽桐城祝氏;書名據版心題　　　　傳 773.45/85

**5264*

漢沅祝氏六修族譜　三十五卷/祝湘程等修;祝宗鐸等纂.—民國 35 年(1946)太原堂鉛印本.—35 冊:圖.—湖南常德、沅江祝氏;書名據書籤題

部二　35 冊　　　　傳 773.45/92

傳 773.47　游氏

**5265

游氏族譜/(清)游啟儒等修;(清)游舉賢等纂.—清光緒二年(1876)潁川陳廣生木活字本.—13 冊:圖.—湖南游氏;書名據版心題　　　　傳 773.47/89

**5266*

游氏六修族譜　前編三卷正編十七卷/游日謙修;游裔蒸等纂.—民國 38 年(1949)新化縣城南游氏宗祠鉛印本.—20 冊:圖.—湖南新化游氏;書名據版心題

部二　20 冊
部三　20 冊
部四　20 冊　　　　傳 773.47/92

傳 773.49　壽氏

**5267*

山陰華舍壽氏宗譜　十卷/壽嘉興等纂修.—民國 14 年(1925)洽祜堂木活字本.—10 冊.—浙江山陰壽氏;書名據版心題　　　　傳 773.49/91

**5268*

暨陽壽氏宗譜　十二卷/壽臧等纂修.—民國 10 年(1921)木活字本.—12 冊.—浙江諸暨壽氏;書名據書籤題,版心題暨陽同山殿前壽氏宗譜

傳 773.49/913

**5269*

暨陽墨城壽氏宗譜　文傳四卷系圖七卷行傳二十卷/壽錫康等修;壽長森等纂.—民國 4 年(1915)半山堂木活字本.—34 冊.—浙江諸暨壽氏

傳 773.49/9137

傳 773.51　尤氏

5270

尤氏閩浙蘇常鎮宗譜　十二卷/(清)尤鼎等修;(清)尤雲章纂.—清乾隆四十八年(1783)遂初堂刻本.—12冊:像.—江蘇尤氏;版心題尤氏宗譜
傳 773.51/84

5271

尤氏閩浙蘇常鎮宗譜　十六卷/(清)尤堃等纂修.—清道光十年(1830)遂初堂刻本.—16冊:像.—江蘇尤氏;書名據目錄題,版心、書簽題尤氏宗譜
傳 773.51/86

5272

尤氏家乘　七卷卷首一卷補附一卷/(清)尤廷宸等纂修.—清光緒二十六年(1900)刻本.—6冊;圖.—四川江安尤氏;存7卷:卷首、卷1—6;書名據版心題
傳 773.51/89

5273*

尤氏宗譜/尤桐纂修.—民國25年(1936)遂初堂鉛印本.—1冊.—江蘇無錫尤氏;原書卷數不詳,存1卷:卷40;書名據版心題;陳垣贈書　傳 773.51/92

傳 773.53　博爾濟吉忒氏

5274

蒙古部博爾濟吉忒氏族譜/(清)博清額纂修.—清硃墨筆抄本.—4冊.—書名據譜序　傳 773.53/84

傳 773.55　裘氏

5275

裘氏重修家譜/(清)裘見璐等纂.—清康熙間抄本.—2冊:彩像.—浙江嵊縣裘氏;書名據版心題
傳 773.55/82

5276

義門裘氏宗譜/(清)裘氏修.—清道光間敦敘堂木活字本.—1冊:彩像.—浙江嵊縣裘氏;殘存明字集;書名據版心題
傳 773.55/86

5277

義門裘氏崇仁宗譜/(清)裘大松等纂修.—清光緒八年(1882)敦敘堂木活字本.—1冊:像.—浙江嵊縣裘氏;原書卷數不詳,存1卷:卷1;書名據書簽題,版心題義門裘氏宗譜
傳 773.55/89

5278*

紹興裘氏宗譜　總編四卷分編十四卷/裘宗椿修;汪謙纂.—民國17年(1928)思雲堂木活字本.—5冊.—浙江紹興裘氏;書名據版心題　傳 773.55/92

5279*

慈溪橫山裘氏宗譜　二十六卷/裘松堂等纂修.—民國38年(1949)敦睦堂木活字本.—26冊;圖.—浙江慈溪裘氏
傳 773.55/923

傳 773.57　戴氏

5280

休寧隆阜戴氏荊墩門家譜/(清)戴清標纂修.—清硃墨筆抄本.—4冊.—安徽休寧戴氏,記事至清乾隆間;書簽題隆阜戴氏荊墩門家譜　傳 773.57/84

5281

休寧隆阜戴氏宗譜/(清)戴氏修.—清末抄本.—2冊:圖及像.—安徽休寧戴氏;書名據書簽題,書名頁題戴氏族譜
傳 773.57/88

5282

戴氏五祠合譜　六卷/(清)戴廣國纂修.—清同治十三年(1874)安禮堂木活字本.—6冊.—江蘇潤州戴氏;書名據版心及書名頁題
傳 773.57/883

5283

驥江戴氏宗譜　六卷/(清)戴金銓纂修.—清光緒三年(1877)注禮堂木活字本.—6冊.—江蘇毗陵戴

氏;缺 1 卷:卷 2;書名據卷 3 卷端題,版心題戴氏宗譜

　　　　　　　　　　　　傳 773.57/89

5284

　善邑黃泥塘戴氏續修支譜　　八卷/(清)戴正鈿等修;(清)戴心錫等纂.—清光緒三十年(1905)木活字本.—8 冊:圖.—湖南善邑戴氏;書名據書簽題,版心題戴氏續修支譜,書名頁題戴氏支譜

　　　　　　　　　　　　傳 773.57/892

5285

　績溪縣東關戴氏宗譜　　九卷卷首一卷戴氏源流統宗族譜一卷/(清)戴鴻儒纂修.—清光緒十五年(1889)崇禮堂木活字本.—7 冊:圖及像.—安徽績溪戴氏;版心題東關戴氏宗譜

　部二　7 冊　　　　　　　傳 773.57/893

5286

　新安戴氏支譜　　四卷卷首一卷卷末一卷/(清)戴翊清等纂修.—清光緒八年(1882)刻本.—4 冊:圖及像.—浙江吳興戴氏;版心題戴氏支譜;敦仁堂藏版

　部二　4 冊　　　　　　　傳 773.57/8933

5287

　旌陽禮村戴氏統宗譜　　十卷卷首一卷/(清)戴國忠等纂修.—清光緒三十四年(1908)木活字本.—10 冊:圖及像.—安徽旌德戴氏;版心題禮村戴氏統宗譜

　部二　10 冊　　　　　　傳 773.57/8935

5288

　戴氏宗譜　　五卷卷首一卷卷末一卷/(清)戴起銓等纂修.—清光緒二十七年(1901)木活字本.—4 冊:圖.—安徽祁門戴氏;書名據書名頁題,版心題永春戴氏宗譜

　　　　　　　　　　　　傳 773.57/89356

5289

　京江賜禮堂戴氏家乘　　六卷/(清)戴燮元等纂修.—清光緒十一年(1885)賜禮堂木活字本.—6 冊.—江蘇潤州戴氏;書名據版心題

　　　　　　　　　　　　傳 773.57/8936

5290

　豫齊戴氏家乘/(清)戴浚漢等纂修.—清光緒二十三年(1897)山東即墨膠州戴氏木活字本.—4 冊.—山

東即墨膠州戴氏;書名據書簽題,版心題戴氏譜書

　　　　　　　　　　　　傳 773.57/89365

5291

　湘上戴氏三修族譜　　三十六卷/(清)戴東堂等修;(清)戴隸浦等纂.—清光緒十二年(1886)敦倫堂木活字本.—34 冊:圖.—湖南湘潭戴氏;缺 2 卷:卷 30、34;書名據版心題,書簽題湘上戴氏族譜,書名頁題戴氏三修族譜

　　　　　　　　　　　　傳 773.57/897

5292*

　戴氏宗譜　　六卷/戴錫康等纂修.—民國 6 年(1917)二禮堂鉛印本.—6 冊:圖及像.—江蘇常州戴氏;

　　　　　　　　　　　　傳 773.57/91

5293*

　鶴嶺戴氏六修族譜　　十四卷/戴朝先修;戴輔洪纂.—民國 20 年(1931)湖南湘潭戴氏紫薇堂木活字本.—16 冊:圖.—湖南湘潭戴氏;書名據版心及書簽題

　　　　　　　　　　　　傳 773.57/914

5294*

　旌陽留村戴氏宗譜　　十六卷/戴經猷等纂修.—民國 18 年(1929)木活字本.—10 冊:圖.—安徽旌德戴氏

　　　　　　　　　　　　傳 773.57/92

5295*

　湘上戴氏四修族譜　　六十卷/戴海鯤等修;戴次珩等纂.—民国 32 年(1943)注禮堂木活字本.—59 冊:圖.—湖南湘鄉戴氏;殘缺 1 卷:卷 41;書名據版心及書簽題,書名頁題戴氏四修族譜　　　傳 773.57/922

5296*

　戴氏遷杭族譜/戴兆鑒等纂修.—民國 18 年(1929)刻本.—2 冊.—休寧遷浙江杭州戴氏;書名據書名頁等題　　　　　　　　　　　　傳 773.57/923

傳 773.59　封氏

5297

　德州封氏支譜　　三卷/(清)封光碩纂修.—清嘉慶

七年(1802)刻本. —2 册. —山東德州封氏
傳 773.59/85

傳 773.63　樊氏

5298

維揚樊氏重修族譜　四卷/(清)樊玉華修;(清)張永彬纂. —清光緒二十六年(1900)金鑒堂木活字本. —4 册:像. —江蘇維揚樊氏;版心題樊氏族譜,書名頁題樊氏家乘;有墨筆題"民國 17 年歲次戊辰重修族譜名氏錄"半頁　　傳 773.63/89

5299

樊氏宗譜　十六卷卷首一卷卷末一卷/(清)樊廷槐等纂修. —清光緒十八年(1892)崇德堂木活字本. —18 册. —安徽桐城樊氏;書名據版心題

傳 773.63/893

5300*

毗陵樊氏重修宗譜　六卷/樊茂芝纂修. —民國 3 年(1914)永思堂木活字本. —6 册:像. —江蘇毗陵樊氏;版心題樊氏宗譜　　傳 773.63/913

傳 773.65　賀氏

5301

中湘賀氏續修族譜　十卷/(清)賀光曦等纂修. —清咸豐十一年(1861)四明堂木活字本. —10 册:圖. —湖南湘潭賀氏;版心題賀氏續修族譜　　傳 773.65/87

5302

上湘封湮祠賀氏政公宗譜　十卷卷首三卷/(清)賀龍章等修;(清)賀品章等纂. —清同治六年(1867)聯科第木活字本. —13 册:像. —湖南長沙賀氏;書名據版心題　　傳 773.65/88

5303

中湘賀氏三修族譜　十五卷/(清)賀宗瑛等纂修. —清光緒二十八年(1902)四明堂木活字本. —16 册:圖. —湖南湘潭賀氏;版心題賀氏三修族譜,書簽題中湘賀氏賀家段三修族譜　　傳 773.65/89

5304*

武強賀氏家譜稿/賀培新編. —民國間朱絲欄抄本. —2 册. —河北武強賀氏;書名據書簽題;與武強賀氏文獻錄合抄　　傳 773.65/91

5305*

江村賀氏宗譜　十八卷/賀庚大等纂修. —民國 12 年(1923)詒安堂木活字本. —18 册:像. —江蘇毗陵賀氏;版心題賀氏宗譜　　傳 773.65/9136

5306*

中湘賀氏支譜　十四卷/賀孝強等修;賀順瑋等纂. —民國 36 年(1947)遠明堂木活字本. —14 册:圖. —湖南湘潭賀氏;書名據版心題,書簽題中湘賀家段賀氏支譜　　傳 773.65/92

5307*

上湘白門樓賀氏八修族譜　十二卷卷首二卷/賀美林修;賀月梯等纂. —民國 36 年(1947)湘鄉賀氏廣平堂木活字本. —15 册:圖. —湖南湘鄉賀氏;書名據書名頁等題,書簽題賀氏八修族譜　　傳 773.65/922

5308*

書堂賀氏十一修支譜　二十七卷卷首一卷卷末二卷/賀壽藩等修. —民國 34 年(1945)會稽堂木活字本. —29 册:圖. —湖南益陽賀氏;書名據書名頁題,版心題賀氏十一修支譜　　傳 773.65/923

5319*

中湘賀氏六修族譜　十六卷/賀明性等纂修. —民國 20 年(1931)務本堂本活字本. —14 册:圖. —湖南湘潭賀氏;書名據書名頁題,版心及書簽題賀氏六修族譜　　傳 773.65/9253

5310*

連湘賀氏族譜　六十六卷卷首一卷卷尾一卷/賀永錦修;賀代周等纂. —民國 30 年(1941)儒宗堂木活字本. —32 册:圖. —湖南賀氏;書名據書名頁等題

傳 773.65/9256

5311*

羅田賀氏五修族譜　二十九卷卷首一卷/賀彝燃

修;賀逢時纂.—民國22年(1933)湖南醴陵賀氏儒宗堂木活字本.—28冊:圖.—湖南醴陵賀氏;書名據目錄題,版心題賀氏五修族譜,書名頁題賀氏族譜

傳 773.65/929

傳 773.67 梅氏

5312

金陵梅氏支譜 十卷/(清)梅壽康纂修.—清光緒十一年(1885)木活字本.—3冊:圖.—江蘇金陵梅氏;書末有缺頁;書名據版心題 傳 773.67/89

5313

西石鎮梅氏重修族譜 十二卷/(清)梅景範等纂修.—清光緒五年(1879)映雪堂木活字本.—8冊:像.—江蘇暨陽梅氏;書名據譜序題,版心題梅氏宗譜

傳 773.67/893

5314*

梅氏族譜/梅源德纂修.—民國25年(1936)濟南北洋印刷公司鉛印本.—1冊.—江蘇句容梅氏;書名據書名頁等題 傳 773.67/92

傳 773.71 惠氏

5315

暨陽惠氏宗譜 六卷/(清)惠氏修.—清光緒三十三年(1907)餘慶堂木活字本.—6冊:彩像.—浙江諸暨惠氏 傳 773.71/89

傳 773.73 秦氏

5316

先城集補/(清)秦雲錦纂修.—清乾隆六十年(1795)刻本.—1冊:圖.—江蘇無錫秦氏,記江蘇錫山秦氏世系、墓祠、祭田諸事;書名據版心題

傳 773.73/84

5317

洞庭秦氏宗譜 五卷卷首四卷卷末一卷/(清)秦承基等纂修.—清道光五年(1825)詠烈堂刻本.—16冊:圖及像.—江蘇洞庭秦氏;書名據版心題;冠淮海先生年譜/(清)秦清錫編 傳 773.73/86

5318

秦氏宗譜 七卷/(清)秦忠纂修.—清咸豐二年(1852)友鹿堂木活字本.—8冊:圖.—安徽龍舒秦氏;書名據版心題 傳 773.73/87

5319

洞庭秦氏宗譜 五卷卷首四卷卷末一卷/(清)秦錦等纂修.—清同治十二年(1873)詠烈堂刻本.—16冊:圖及像.—江蘇洞庭秦氏;書名據版心題,譜序題洞庭秦氏八修宗譜;冠淮海先生年譜/(清)秦清錫編

傳 773.73/88

5320

錫山秦氏宗譜 十二卷卷首一卷/(清)秦堯曦等修;(清)秦廩彤等纂.—清同治十二年(1873)木活字本.—14冊.—江蘇無錫秦氏;書名據版心題;冠淮海先生年譜/(清)秦瀛編

部二 14冊 傳 773.73/883

5321

會稽秦氏宗譜/秦基等纂修.—清宣統三年(1911)石印本.—2冊.—浙江會稽秦氏;書名據版心題

部二 2冊 傳 773.73/89

5322

毗陵洛陽秦氏族譜 十二卷/(清)秦安行等纂修.—清光緒七年(1881)順德堂木活字本.—14冊.—江蘇毗陵秦氏;冠淮海先生年譜/(明)秦淇編

傳 773.73/893

5323*

慈溪秦氏宗譜 二十八卷/秦祖澤等纂修.—民國15年(1926)木活字本.—28冊:圖及像.—浙江慈溪秦氏;書名據書名頁等題 傳 773.73/91

5324*

秦氏四修族譜 二十九卷卷首二卷卷末一卷/秦鍾運等修.—民國28年(1939)天水堂木活字本.—32

册:圖.—湖南沅江秦氏;書名頁題秦氏族譜

　　　　　　　　　　　　　傳 773.73/92

傳 773.75　戈氏

5325

戈氏家乘/(清)戈尚志纂修.—清抄本.—1 册.—雲
南保山戈氏;原書卷數不詳,存 1 卷,記事至清同治
間;本書與作者所編之另一戈氏家乘卷 3 內容大體相
同,作者後改名戈靖　　　　　　傳 773.75/89

5326

戈氏家乘/(清)戈靖纂修.—清抄本.—2 册.—原書
卷數不詳,存 2 卷:卷 1、3,記事至清光緒間;作者原名
戈尚志　　　　　　　　　　傳 773.75/89.1

5327*

戈氏宗譜　十六卷/戈定一等纂修.—民國 38 年
(1949)文新堂木活字本.—16 册.—江蘇毗陵戈氏;書
名據書名頁等題,書簽題洛陽戈氏宗譜
　部二　16 册　　　　　　　傳 773.75/92

傳 773.77　成氏

5328

吉林成氏家譜　十卷/(清)成榮泰纂.—清宣統二
年(1910)石印本.—3 册:圖.—吉林成氏;書名據書名
頁題,版心題成氏家譜　　　　傳 773.77/89

5329*

古虞金罍觀橋成氏宗譜　四卷/成彩桃,成同生纂
修.—民國 5 年(1916)德本堂木活字本.—4 册:像.—
浙江上虞成氏;版心題金罍成氏宗譜　傳 773.77/91

傳 773.79　臧氏

5330

臧氏族譜/(清)臧毓雲等纂修.—清乾隆五十四年

(1789)刻本.—8 册.—山東諸城臧氏;書名據版心題

　　　　　　　　　　　　　傳 773.79/84

5331*

臧氏宗譜　十二卷/臧敖林等修.—民國 13 年
(1924)昭德堂木活字本.—12 册:圖及像.—江蘇毗陵
臧氏　　　　　　　　　　　傳 773.79/91

傳 773.81　戚氏

5332

餘姚戚氏宗譜　十六卷卷首一卷卷末一卷/(清)戚
維高修;(清)戚炳輝等纂.—清光緒二十五年(1899)
惇倫堂木活字本.—16 册:圖及像.—浙江餘姚戚氏

　　　　　　　　　　　　　傳 773.81/89

5333*

延令戚氏重修族譜　十五卷卷首一卷/戚穩壽等纂
修.—民國 19 年(1930)木活字本.—18 册.—江蘇泰
興戚氏;版心題戚氏族譜　　　傳 773.81/92

5334*

戚氏宗譜　六卷/戚介坪等纂修.—民國 18 年
(1929)堅素山房鉛印本.—6 册:圖.—江蘇吳縣戚氏

　　　　　　　　　　　　　傳 773.81/923

傳 773.83　費氏

5335*

琅琊費氏武進支譜　六卷卷首一卷卷末一卷/費裕
昆修;費樹藩等纂.—民國 5 年(1916)念本堂木活字
本.—6 册:圖.—江蘇武進費氏;書名據版心題

　　　　　　　　　　　　　傳 773.83/91

5336*

南通費氏家傳　一卷/費師洪纂.—民國 15 年
(1926)鉛印本.—1 册.—江蘇南通費氏

　　　　　　　　　　　　　傳 773.83/913

5337[*]

雲陽費氏六修族譜　十二卷/費政鈞等修；費繼芳等纂．—民國31年（1942）江夏堂木活字本．—12冊：圖及像．—雲陽費氏；書名據版心題，書名頁題雲陽費氏族譜　　　　　傳773.83/92

傳773.85　操氏

5338

瀟陽操氏宗譜　二十五卷卷首一卷卷末一卷/（清）操存等纂修．—清光緒二十一年（1895）敦本堂木活字本．—27冊：圖．—安徽潛山操氏；書名據版心題
　　　　　傳773.85/89

5339[*]

操氏重修宗譜　六十三卷卷首四卷卷末二卷/操震球修；操龍光，操基達纂．—民國37年（1948）惇敘堂木活字本．—68冊．—安徽懷寧操氏；缺1卷：卷35；版心題操氏宗譜　　　　　傳773.85/92

傳773.87　馬氏

5340

西洞庭林屋馬氏宗譜　六卷卷首一卷/（清）馬世均等纂修．—清嘉慶二十三年（1818）刻本．—6冊：圖及像．—江蘇吳縣馬氏；版心題馬氏宗譜，書名頁題洞庭林屋馬氏宗譜　　　　　傳773.87/85

5341

山西介休縣張蘭鎮馬氏族譜/（清）馬書奎纂修．—清道光二十三年（1843）刻本．—2冊．—山西介休馬氏；書名據書名頁題，版心題馬氏族譜
　　　　　傳773.87/86

5342

馬氏族譜/（清）馬書奎纂修．—清道光間稿本．—3冊．—記事至清道光間；有硃墨筆增注及浮簽；書名據版心題　　　　　傳773.87/86.1

5343

馬氏族譜/（清）馬書奎纂修．—清抄本．—2冊．—書名據版心題　　　　　傳773.87/86.2

5344

會稽馬氏家譜/（清）馬氏修．—清抄本．—1冊．—浙江會稽馬氏，記事至清道光間．—毛裝
　　　　　傳773.87/863

5345

會稽馬氏宗譜　五卷/（清）馬文變纂修．—清道光二十七年（1847）文英堂木活字本．—4冊．—浙江會稽馬氏；版心題馬氏宗譜　　傳773.87/8636

5346

關西馬氏世行錄　十四卷/（清）馬先登纂修．—清同治七年（1868）刻本．—8冊：像．—陝西同州馬氏；敦倫堂藏版

部二　8冊　　　　　傳773.87/88

5347

關西馬氏世行錄　十四卷/（清）馬先登纂修．—清末刻本．—8冊：像．—敦倫堂藏版　傳773.87/88.1

5348

關西馬氏世行錄　十六卷/（清）馬先登纂修．—清末刻本．—10冊：像．—書名據版心題
　　　　　傳773.87/88.2

5349

常州東門馬氏宗譜　前編八卷卷首一卷卷末一卷續編二卷卷首一卷卷末一卷/（清）馬仲魁修；（清）馬裕豐纂．—清光緒元年（1875）志誠堂木活字本．—8冊：像．—江蘇常州馬氏；有硃墨筆校改
　　　　　傳773.87/89

5350

西洞庭林屋馬氏宗譜　八卷卷首一卷/（清）馬士執等纂修．—清光緒元年（1875）刻本．—8冊：圖及像．—江蘇吳縣馬氏　　　　　傳773.87/893

5351[*]

安次得勝口馬氏家譜　十八卷/馬鍾琇等纂修．—民國9年（1920）鉛印本．—4冊．—河北安次馬氏；總

目題自墳塋譜一卷,未印

　　部二　　4 冊

　　部三　　4 冊

　　部四　　4 冊

　　部五　　4 冊　　　　　　　　傳 773.87/91

5352*

　安次得勝口馬氏北門第三支家譜約書/馬鍾琇纂
修.—民國間抄本.—1 冊　　　　傳 773.87/91＝1

5353*

　安次得勝口馬氏北門第三支家譜約書/馬鍾琇纂
修.—民國間抄本.—1 冊.—書名據譜序題
　　　　　　　　　　　　　傳 773.87/91＝1.1

5354*

　[安次得勝口馬氏墳塋]/馬鍾琇,馬元悌纂修.—民
國間抄本.—1 冊.—本書爲安次得勝口馬氏家譜卷之
十七　　　　　　　　　　　傳 773.87/91＝2

5355*

　安次馬氏清芬記/馬鍾琇編.—民國間抄本.—1 冊
　　　　　　　　　　　　　傳 773.87/91＝3

5356*

　馬氏家譜/馬秀修.—民國間抄本.—3 冊.—河北安
次馬氏,記事至民國 11 年(1922);書名據譜序題
　　　　　　　　　　　　　傳 773.87/913

5357*

　涇陽馬氏家譜/馬懷義等纂修.—民國 23 年(1934)
鉛印本.—1 冊.—河北涇陽馬氏;版心題馬氏家譜
　　　　　　　　　　　　　傳 773.87/92

5358*

　干渡馬氏重修宗譜　八卷/馬金富等纂修.—民國
18 年(1929)刻鵠堂木活字本.—10 冊:像.—浙江上
虞馬氏;版心題虞東干渡馬氏宗譜　　傳 773.87/923

5359*

　會稽馬氏宗譜　四卷/馬準硯等纂修.—民國 16 年
(1927)齒德堂木活字本.—4 冊.—浙江會稽馬氏;版
心題馬氏宗譜　　　　　　　傳 773.87/9234

5360*

　馬氏分支宗譜　十卷/馬傅桂修;馬鳳銜纂.—民國
20 年(1931)誠忍堂木活字本.—10 冊:圖.—書名據
版心題;浙江會稽馬氏

　　部二　　10 冊　　　　　傳 773.87/9235

5361*

　湖田馬氏五續族譜　五十五卷/馬元珍等纂修.—
民國 23 年(1934)教本堂木活字本.—32 冊:圖.—湖
南馬氏;缺 23 卷:卷 3、6、9、11—12、16—18、24、29—
32、36—37、44、47—51、53—54;書籤題湖田馬氏五修
族譜,書名頁題馬氏族譜　　　傳 773.87/925

5362*

　馬氏家乘　十二卷/馬煥然纂修.—1992 年荆山馬
氏膠印本.—12 冊.—河南荆山馬氏;書名據版心題
　　　　　　　　　　　　　傳 773.87/95

5363*

　馬氏家譜/馬良纂修.—1989 年應縣馬氏鉛印本.—
1 冊.—山西應縣馬氏;書名據書籤題.—平裝

　　部二　　1 冊　　　　　　傳 773.87/953

傳 773.89　馬佳氏

5364*

　馬佳氏族譜　四卷卷首一卷/馬延喜纂修.—民國
16 年(1927)京華印書局鉛印本.—5 冊:圖及像.—遼
寧遼陽馬佳氏;書名據版心題

　　部二　　5 冊　　　　　　傳 773.89/92

傳 773.91　閔氏

5365*

　閔氏宗譜　十卷/閔信祖等纂修.—民國 35 年
(1946)孝友堂木活字本.—10 冊:像.—江蘇宜興閔氏
　　　　　　　　　　　　　傳 773.91/92

傳 773.93　桑氏

5366

梅子境桑氏宗譜　六卷/（清）桑柏年等修；（清）桑金榮等纂. —清光緒二十六年（1900）啟後堂木活字本. —6 冊：像. —江蘇宜興桑氏；版心題桑氏宗譜

傳 773.93/89

5367*

梅子境桑氏宗譜　六卷/桑廷富等纂修. —民國 19 年（1930）啟後堂木活字本. —6 冊：像. —江蘇宜興桑氏；版心題桑氏宗譜　　傳 773.93/92

傳 773.95　姜氏

5368

姜氏孝子大民公派宗譜　十五卷卷首一卷/（清）姜世名纂修. —清康熙三十三年（1694）刻本. —4 冊. —甘肅天水遷浙江淳安、遂安、安徽績溪姜氏；書名據目錄題　　傳 773.95/82

5369

姜姓九修族譜　四十二卷卷首一卷卷尾一卷/（清）姜朝政等纂修. —清同治六年（1867）雲磬堂木活字本. —33 冊：圖. —湖南寧鄉、湘潭姜氏；書名據版心題

傳 773.95/88

5370

皖桐姜氏宗譜　十卷/（清）姜顯名等纂修. —清光緒十九年（1893）餘慶堂木活字本. —10 冊：圖. —安徽桐城姜氏；書名據書簽題，版心題姜氏宗譜

傳 773.95/89

5371

萊陽姜氏家乘/（清）姜氏修. —清光緒十三年（1887）刻本. —1 冊. —山東萊陽姜氏；書名據版心題；南古城諭祭祠藏版　　傳 773.95/893

5372*

姜氏世譜　十二卷/姜錫桓等纂修. —民國間刻暨木活字本. —12 冊. —浙江餘姚姜氏；書名據版心及書簽題，書名頁題姜氏家乘；餘姚敬勝堂藏版

傳 773.95/91

5373*

天水郡姜氏重修宗譜　十五卷卷首二卷/姜佑鴛等纂修. —民國 35 年（1946）木活字本. —17 冊：圖. —天水郡遷安徽太湖、宿松等地姜氏；書名據目錄題，版心題姜氏宗譜；太宿岳潛家藏　　傳 773.95/92

5374*

龍砂姜氏宗譜　八卷卷首一卷卷末一卷/姜繼宗纂修. —民國 17 年（1928）受福堂木活字本. —6 冊：圖及像. —江蘇江陰姜氏；書名據版心題

傳 773.95/923

5375*

姜氏族譜/姜彥吉纂修. —1990 年泰和姜氏膠印本. —1 冊. —江西泰和姜氏，是譜謹記泰和姜氏圭深支；書名據書名頁等題. —平裝　　傳 773.95/95

傳 773.97　曾氏

5376

武城曾氏重修族譜/（清）曾衍詠等纂修. —清嘉慶十一年（1806）木活字本. —7 冊：圖及像. —山東武城曾氏；書名據版心題　　傳 773.97/85

5377

石蓮曾氏六修族譜　三十二卷卷末一卷/（清）曾毓遵等纂修. —清同治五年（1866）追遠堂木活字本. —17 冊：圖及像. —山東武城遷湖南湘潭曾氏；書名據版心題　　傳 773.97/88

5378

旌陽曾氏宗譜　二卷卷首一卷卷末一卷/（清）王昌期等纂修. —清光緒二十九年（1903）崇本堂木活字本. —4 冊：圖及像. —安徽旌德曾氏；書名據版心題

傳 773.97/89

5379

海虞曾氏家譜/(清)曾霑霍纂修；曾達文續纂修.—清光緒二十年(1894)常熟曾氏義莊木活字本.—1册.—江蘇海虞曾氏；書名據書名頁題，版心題曾氏家譜　　　　　　　傳 773.97/893

5380

邵陽太平曾氏支譜/(清)曾氏修.—清光緒二十五年(1899)木活字本.—1册.—湖南邵陽曾氏；書名據版心題，書簽題曾氏支譜　　　　傳 773.97/897

5381*

海虞曾氏家譜　六卷/曾達文，曾樸纂修.—民國 13 年(1924)常熟曾氏義莊鉛印本.—3册.—像.—江蘇海虞曾氏；書名據書名頁等題，版心題曾氏家譜　　　　　　　　　傳 773.97/91

5382*

邵陽太平曾氏彤公房譜　二十三卷卷首一卷卷末一卷/曾宗璞等纂修.—民國 6 年(1917)德厚堂木活字本.—15册：圖及像.—湖南邵陽曾氏；書名據版心題，卷端等題太平曾氏彤公房譜　　　傳 773.97/912

5383*

富順西湖曾氏祠族譜　十二卷/曾燉繁等纂修.—民國 15 年(1926)自井貴州廟內麗寶印書館石印本.—12册：圖.—四川富順曾氏；書名據目錄題，版心題曾氏族譜　　　　　　　　　傳 773.97/913

5384*

武城曾氏重修族譜　七卷/曾青山等纂修.—民國 17 年(1928)石印本.—7册：像.—山東武城曾氏；書名據版心題　　　　　傳 773.97/92

5385*

武城曾氏族譜　二十卷/曾憲發纂.—民國 29 年(1940)曾氏得宗祠木活字本.—17册：圖.—湖南瀏陽曾氏；缺 3 卷：卷 4—5、9；書名據書名頁等題　　　　　　傳 773.97/922

5386*

曾氏六修族譜　二十四卷/曾廣通等修；曾紀全纂.—民國 37 年(1948)木活字本.—24册：圖.—湖南漢壽曾氏；書名據書名頁等題　　傳 773.97/9227

5387*

曾氏重修大成族譜/曾氏修.—民國間木活字本.—1册.—殘；書名據版心等題　　傳 773.97/923

5388*

武城曾氏五續族譜　二十八卷/曾菘生等修；曾東璧等纂.—民國 32 年(1943)養志堂木活字本.—28册：圖.—湖南邵陽曾氏　　　傳 773.97/924

5389*

武城曾氏南宗瀛湖房八修譜　四十六卷卷首一卷卷末一卷/曾昭慎等修；曾廣永等纂.—民國 20 年(1931)曾氏南宗瀛湖房木活字本.—23册：圖及像.—湖南曾氏；版心及書簽題瀛湖曾氏八修族譜　　　　　　　　　　　傳 773.97/925

5390*

曾致昌祠族譜　七十卷/曾國權纂修.—民國 27 年(1938)魯國堂木活字本.—70册：圖.—江西曾氏；書名據版心及書簽題　　　傳 773.97/9254

5391*

曾氏重修大成族譜/曾華美修；曾蔭槐等纂.—民國 38 年(1949)石印本.—1册：圖.—江西吉安曾氏；書名據版心及書簽題　　　傳 773.97/927

5392*

正黃旗滿洲已故世管佐頌富勒敏泰接襲宗譜/佚名修.—民國間寫本.—1幅.—書名據書簽題　　　　　　　　　　　　　傳 773.98/91

傳 773.99　諸葛氏

5393*

瑯琊郡諸葛氏宗譜　二卷/諸葛永懷等纂修.—1986 年成都武侯祠博物館靜電復製本.—2册.—山東瑯琊諸葛氏；據 1962 年瑯琊諸葛永懷稿本靜電復製　　　　　　傳 773.99/95

傳 774.01 齊氏

5394

　天台齊氏殉難錄　五卷/(清)齊毓川輯.—清光緒
十九年(1893)罕古齋木活字本.—1 册.—浙江天臺
齊氏　　　　　　　　　　　　　　傳 774.01/89

5395

　沖籠齊氏族譜　二十卷卷首一卷卷末一卷/(清)齊
之俁修;(清)齊淦等纂.—清光緒十二年(1886)木活
字本.—13 册:圖.—江西婺源齊氏　傳 774.01/894

**5396*　**

　齊氏宗譜　二十五卷/齊和羹等修;齊頌霖等纂.—
民國 30 年(1941)博物堂木活字本.—25 册:圖.—安
徽宿松齊氏;書名據書名頁等題　　傳 774.01/92

傳 774.02 湛氏

**5397*　**

　平江湛氏五修族譜　二十八卷卷首六卷/湛注江
修;湛指南編.—民國 33 年(1944)湛氏豫章堂木活字
本.—34 册.—湖南平江湛氏;缺 3 卷;卷首 2、4,卷 5;
書名頁等題湛氏族譜　　　　　　　傳 774.02/92

傳 774.03 席氏

5398

　安定席氏宗譜　三卷/(清)席開源等修.—清道光
三十年(1850)敦睦堂木活字本.—2 册:圖及像.—浙
江龍游席氏;書名據版心題,譜序題梅塘席氏宗譜
　　　　　　　　　　　　　　　　傳 774.03/86

傳 774.04 冀氏

5399

　冀氏家譜　五卷/(清)冀錦江等纂.—清光緒三十
四年(1908)抄本.—5 册.—山西介休冀氏;書名據書
簽題　　　　　　　　　　　　　　傳 774.04/89

傳 774.05 章氏

5400

　重修湯溪章氏宗譜/(清)章金聲等修.—清乾隆三
十七年(1772)木活字本.—1 册:圖及像.—浙江湯溪
章氏;書名據目錄題,版心題湯溪章氏宗譜
　　　　　　　　　　　　　　　　傳 774.05/84

5401

　續溪西關章氏族譜　四十卷卷首二卷/(清)章緒苗
等修;(清)章維烈等纂.—清道光二十九年(1849)木
活字本.—16 册:圖.—安徽續溪章氏;有墨筆抄配;版
心題西關章氏族譜　　　　　　　　傳 774.05/86

5402

　會稽偶山章氏家乘　六卷/章貽賢等纂修.—清光
緒二十二年(1896)世德堂木活字本.—6 册.—浙江會
稽偶山章氏;版心題章氏家乘;有硃筆校字
　　　　　　　　　　　　　　　　傳 774.05/89

5403

　暨陽章氏宗譜　四卷/(清)章佳信等纂修.—清光
緒二十年(1894)敦倫堂木活字本.—4 册.—浙江諸暨
章氏;書名據版心題　　　　　　　傳 774.05/894

5404

　湖州荻溪章氏三修家乘　十四卷/(清)章文熊等纂
修.—清光緒十九至二十三年(1893—1897)刻本.—8
册:圖及像.—浙江湖州章氏　　　　傳 774.05/8946

5405

　暨陽銀冶章氏宗譜　八卷/(清)章秀元等修.—清

光緒二年(1876)一本堂木活字本.—8 册:圖.—浙江
諸暨章氏;書名據目錄等題　　　　　傳 774.05/8947

5406

慈水干溪章氏宗譜　十二卷/(清)章斐成等纂
修.—清光緒三十年(1904)夢笏堂木活字本.—12
册.—浙江慈溪章氏;版心及目錄題慈南干溪章氏
宗譜　　　　　　　　　　　　　　　傳 774.05/8948

5407

山陰阮社章氏宗譜　十四卷/(清)章錫齡等修.—
清光緒二十三年(1897)亦政堂木活字本.—14 册:
像.—浙江山陰章氏;書名據目錄題,版心題阮社章氏
宗譜　　　　　　　　　　　　　　傳 774.05/89484

5408*

章氏宗譜　五十六卷/姚作鎣纂修.—民國 14 年
(1925)木活字本.—44 册:圖.—浙江諸暨章氏;書簽
等題暨陽青山章氏宗譜　　　　　　　傳 774.05/91

5409*

績溪西關章氏續修族譜　四十卷卷首二卷/章必訓
等修;章尚志等纂.—民國 4 年(1915)木活字本.—20
册:圖.—安徽績溪章氏;版心及書簽題西關章氏族譜
　　部二　20 册　　　　　　　　　　傳 774.05/914

5410*

吳興荻溪章氏四修家乘　十五卷/章祖佑等纂
修.—民國 13 年(1924)鉛印本.—8 册:圖及像.—浙
江吳興章氏;版心題荻溪章氏家乘,書簽及目錄題吳
興荻溪章氏家乘
　　部二　8 册　　　　　　　　　　傳 774.05/9143

5411*

道墟章氏民珉一房一線譜/章裕卿纂修.—民國 15
年(1926)鉛印本.—1 册.—浙江會稽章氏
　　　　　　　　　　　　　　　　傳 774.05/91437

5412*

章氏會譜　初編三十卷二編四卷三編十六卷四編
十卷/章貽賢輯.—民國 8 年(1919)鉛印本.—24 册:
圖及像.—浙江會稽稱山章氏;書名據書名頁等題
　　部二　24 册
　　部三　24 册

　　部四　24 册
　　部五　13 册　存初編 30 卷　　傳 774.05/9145

5413*

章氏先德錄/章廷華輯.—民國 14 年(1925)鉛印
本.—1 册.—江蘇江陰章氏;書名據譜序題;附柳城鴻
雪詩集　　　　　　　　　　　　　傳 774.05/9149

5414*

慈溪屏山章氏宗譜　四卷/章延尉等修;章繼香
纂.—民國 15 年(1926)世德堂木活字本.—5 册:
像.—浙江慈溪章氏　　　　　　　傳 774.05/91493

5415*

毗陵章氏宗譜　六十卷/章金生等纂修.—民國 37
年(1948)木活字本.—60 册:圖及像.—江蘇毗陵章
氏;書名據書簽題,版心題章氏宗譜
　　部二　60 册　　　　　　　　　　傳 774.05/92

5416*

暨陽銀冶章氏宗譜　八卷/章志均等纂修.—民國
38 年(1949)一本堂木活字本.—8 册:圖.—浙江諸暨
章氏;書名據版心及書簽題　　　　　傳 774.05/924

5417*

鄞縣班竹系章氏宗譜　二卷/章登梯纂修.—民國
38 年(1949)石印本.—1 册.—浙江鄞縣章氏;書名據
版心題　　　　　　　　　　　　　傳 774.05/9244

5418*

偶山珉一房宗譜/章以成等纂修.—民國 17 年
(1928)木活字本.—1 册:像.—浙江會稽稱山章氏;書
名據版心題　　　　　　　　　　　傳 774.05/92443

5419*

長沙章氏四修支譜　十二卷/章世亨等修;章昭軫
等編.—民國 36 年(1947)河間堂木活字本.—9 册:
圖.—湖南長沙章氏;缺 4 卷:卷 4—6、卷 7 上;書名據
版心及書簽題,書名頁題長沙章氏支譜
　　　　　　　　　　　　　　　　　傳 774.05/925

傳 774.06 諶氏

5420

諶氏族譜/(清)諶氏修.—清光緒間木活字本.—14
冊：圖.—湖南諶氏；書名據版心題　　傳 774.06/89

傳 774.07 譚氏

5421

嘉興譚氏家譜　十卷卷首一卷/譚新嘉等纂.—清
光緒三十一年(1905)慎遠義莊刻本.—6 冊：圖.—浙
江嘉興譚氏；版心題譚氏家譜；附"譚保滋堂下衍五世
血緣關系在世年代定居地點一覽表"1 紙
　　　　　　　　　　　　　　　　　　傳 774.07/89

5422*

增補鶴魚軒雜存/譚新嘉撰輯.—民國間烏絲欄抄
本.—1 冊.—書名據書名頁題；浙江嘉興譚氏家譜增
補材料　　　　　　　　　　　　　　傳 774.07/89—2

5423

湘潭學前譚氏三修支譜　十一卷/(清)譚鶴亭等
修；(清)譚襄甫等纂.—清光緒四年(1878)譚氏篤親
堂木活字本.—10 冊.—湖南湘潭譚氏；缺 1 卷：卷 2；
書名據版心題，書名頁題譚氏支譜，書簽題學前譚氏
三修支譜　　　　　　　　　　　　　傳 774.07/892

5424

善化譚氏續修族譜　十卷卷首三卷末一卷/(清)譚
宗鍠等纂修.—清宣統二年(1910)福蔭堂木活字
本.—14 冊：圖.—湖南善化譚氏；版心題譚氏續修族
譜，書簽題善化譚氏族譜；卷數據版心題
　　　　　　　　　　　　　　　　　　傳 774.07/894

5425

中湘段西塘譚氏續修支譜　六卷/(清)譚學知等纂
修.—清光緒十年(1884)煥榮堂木活字本.—6 冊：
圖.—湖南湘潭譚氏；書名據書名頁等題
　　　　　　　　　　　　　　　　　　傳 774.07/8946

5426

上湘橫塘譚氏支譜　十六卷/(清)譚余慶修；(清)
譚耀台纂.—清宣統元年(1909)餘慶堂木活字本.—
12 冊：圖.—湖南湘潭譚氏；書名據版心題
　　　　　　　　　　　　　　　　　　傳 774.07/895

5427*

中湘譚氏續修族譜　七卷/譚本芳等修；譚本琪等
纂.—民國 13 年(1924)濟美堂木活字本.—7 冊：
圖.—湖南湘潭譚氏；書名據版心及書簽題
　　　　　　　　　　　　　　　　　　傳 774.07/91

5428*

湘鄉田樂蕩譚氏再修族譜　五十九卷卷首二卷/譚
太皋等修；譚平章等纂.—民國 13 年(1924)敦睦堂木
活字本.—31 冊.—湖南湘潭譚氏；書簽題田樂蕩譚氏
再修族譜　　　　　　　　　　　　　傳 774.07/913

5429*

譚氏四修支譜　六卷/譚孝達修；譚弟雲等纂.—民
國 6 年(1917)弘農堂木活字本.—6 冊：圖.—湖南寧
鄉譚氏；書名據版心題，書名頁題譚氏支譜
　　　　　　　　　　　　　　　　　　傳 774.07/914

5430*

譚氏五修族譜　十六卷卷首二卷/譚得潤等纂
修.—民國 17 年(1928)宏農堂木活字本.—17 冊：
圖.—湖南寧鄉譚氏；書名據版心題，書簽及書名頁題
譚氏族譜　　　　　　　　　　　　　傳 774.07/92

傳 774.09 龍氏

5431*

湘潭井華龍氏六修族譜　四卷卷首一卷卷末一卷/
龍瑞生修；龍堯臣纂.—民國 23 年(1934)厚慎堂木活
字本.—16 冊：圖.—湖南湘潭龍氏；書名據書名頁
等題　　　　　　　　　　　　　　　傳 774.09/92

5432*

溈寧龍氏六修族譜　二十二卷/龍鴻標等纂修.—
民國 31 年(1942)敦厚堂木活字本.—17 冊：圖.—湖
南寧鄉龍氏；書名據版心及書簽題，書名頁題龍氏

族譜　　　　　　　　傳 774.09/922

5433*

　滕陽龍氏族譜　六卷/龍宜端纂修.—民國 29 年
(1940)山東滕州龍氏鉛印本.—6 冊.—山東滕州龍氏
　　　　　　　　　　傳 774.09/923

5434*

　萬載義井龍氏重修族譜　二十四卷卷首一卷/龍賡
堯纂修.—民國 27 年(1938)忠孝堂木活字本.—26
冊:圖.—江西萬載龍氏;書名據版心及書簽題,書名
頁題龍氏族譜　　　　傳 774.09/926

5435*

　龍氏泉公六修族譜　十八卷/龍勁初等纂修.—民
國 31 年(1942)安化龍氏宗祠木活字本.—20 冊:
圖.—湖南安化龍氏;書名據版心及書簽題,書名頁題
龍氏族譜;版心下鐫敦厚堂　傳 774.09/927

傳 774.11　郭氏

5436

　萬泰郭氏族譜/(清)郭氏修.—清木活字本.—1
冊.—萬泰郭氏,記事至清康熙四十三年(1703);原書
卷數不詳,存 1 卷:卷 2;書名據版心題
　　　　　　　　　　傳 774.11/82

5437*

　中山良都竹秀園郭氏家譜/(清)郭紹陽纂.—民國
18 年(1929)鉛印本.—1 冊.—廣東香山郭氏;書名據
書簽題,譜序題增訂香山郭氏族譜;是譜纂修於清乾
隆二十一年(1756)　　傳 774.11/84

5438

　萬載郭氏族譜　五卷卷首一卷/(清)郭天雲等纂
修.—清嘉慶二十年(1815)大原堂木活字本.—5
冊.—江西萬載郭氏;書名據版心題,書名頁題郭氏
族譜　　　　　　　　傳 774.11/85

5439

　[郭氏家傳]/(清)郭熾撰輯.—清烏絲欄抄本.—1
冊.—河北臨榆郭氏　　傳 774.11/86

5440

　郭氏家譜/(清)郭淑洲纂.—清道光間抄本.—1
冊.—山西郭氏;書名據版心題　傳 774.11/866

5441

　郭氏族譜/(清)郭培由等纂修.—清同治十一年
(1872)刻本.—14 冊.—山東濰縣郭氏;書名據版心題
　　　　　　　　　　傳 774.11/88

5442

　雉水郭氏宗譜　二十三卷卷首一卷/(清)郭先培等
修;(清)郭士杓等纂.—清光緒三十二年(1906)汾陽
堂木活字本.—20 冊:圖及像.—江蘇如皋郭氏;版心
題郭氏宗譜　　　　　傳 774.11/89

5443

　京江郭氏家乘　八卷卷首一卷/(清)郭開淮等纂
修.—清宣統三年(1911)木活字本.—10 冊.—江蘇丹
徒郭氏;附立齋遺詩六卷附錄一卷,航樓拾遺匯鈔一
卷,種蕉館詩集六卷補遺一卷附錄一卷
　　　　　　　　　　傳 774.11/894

5444

　郭氏續修族譜　十七卷卷首一卷/郭炳英等纂
修.—清光緒二十六年(1900)大原堂木活字本.—18
冊:圖.—江西萬載郭氏;書名據版心題,書名頁題郭
氏族譜　　　　　　　傳 774.11/895

5445

　郭氏六修族譜　四十八卷卷首三卷卷末三卷/(清)
郭崑生纂修.—清光緒二十五年(1899)汾陽堂木活字
本.—27 冊:圖.—湖南衡陽郭氏;缺 2 卷:卷 16、卷末
1;書名據版心及書簽題,書名頁題郭氏族譜
　　　　　　　　　　傳 774.11/897

5446*

　郭氏宗譜　十三卷卷首二卷/郭氏修.—民國 4 年
(1915)忠孝堂木活字本.—14 冊:圖.—安徽宿松郭
氏;書名據版心及目錄題　傳 774.11/91

5447*

　黑水郭氏家乘　八種/郭克興輯.—民國 14—15 年
(1925—1926)北京鉛印本.—7 冊:圖及像.—黑龍江
郭博勒氏;缺 2 種:1.藝文錄、2.濟美錄;書名據版

心題

子目

1. 黑龍江鄉土錄　一卷
2. 黑水郭氏世系錄　初集一卷二集一卷
3. 黑水郭氏世德錄　一卷
4. 黑水郭氏揚芬錄　初集一卷
5. 黑水郭氏先塋錄　一卷
6. 黑水郭氏舊聞錄　一卷
部二　5 冊　存鄉土錄、世系錄、世德錄、揚芬錄
部三　3 冊　存世系錄二集、世德錄、揚芬錄
部四　3 冊　存世系錄二集、世德錄、揚芬錄
部五　1 冊　存揚芬錄　　　　傳 774.11/914

5448*

亳縣郭氏宗譜　十卷/郭鴻詒等纂.—民國 15 年
(1926)由義堂木活字本.—8 冊：圖及像.—安徽亳縣
郭氏　　　　　　　　　　　　傳 774.11/9142

5449*

如皋郭氏宗譜　墓圖二卷世系三卷世表十卷卷首
一卷/郭全富等修；郭雍南等纂.—民國 9 年(1920)懿
德堂木活字本.—16 冊：圖.—江蘇如皋郭氏；書名據
書簽題，版心題郭氏宗譜　　　傳 774.11/9146

5450*

益陽郭氏族譜　二十卷/郭敦德等修.—民國 11 年
(1922)郭氏全福堂木活字本.—20 冊：圖.—湖南益陽
郭氏；書名據版心題，書簽及書名頁題郭氏宗譜
　　　　　　　　　　　　　　傳 774.11/916

5451*

舊德述聞　六卷/郭則澐撰.—民國 25 年(1936)閩
侯郭則澐蟄園刻本.—2 冊.—福建閩侯郭氏
部二　2 冊
部三　2 冊
部四　2 冊
部五　2 冊　　　　　　　　　傳 774.11/92

5452*

上湘大育鄉石屋冲郭氏三修族譜　十卷卷首一卷/
郭葆鶴等修；郭良禮等纂.—民國 26 年(1937)汾陽堂
木活字本.—12 冊：圖.—湖南湘鄉郭氏；書名據書名
頁等題　　　　　　　　　　　傳 774.11/923

5453*

郭氏族譜/郭毓琅等纂修.—民國 25 年(1936)鉛印
本.—14 冊.—山東濰坊郭氏；書名據版心題
　　　　　　　　　　　　　　傳 774.11/924

5454*

資陽郭氏洪淳支譜　三十卷卷首一卷/郭風崗等
修；郭鳳沼等纂.—民國 25 年(1936)汾陽堂木活字
本.—30 冊：圖.—湖南資陽郭氏；書名據版心題，書名
頁題郭氏洪淳支譜，書簽題益陽郭氏洪淳支譜
　　　　　　　　　　　　　　傳 774.11/925

傳 774.13　許氏

5455

新安孚潭許氏世譜/(明)許氏修.—清刻本.—1
冊.—安徽新安許氏；原書卷數不詳，殘存 1 卷；書名
據譜序題，版心題許氏族譜　　傳 774.13/76

5456

新安孚潭許氏世譜/(清)許大定纂修.—清康熙間
刻本.—4 冊.—安徽新安許氏；書名據譜序題，版心題
許氏族譜；有清康熙六十一年自序　　傳 774.13/82

5457

許氏族譜/(清)許永鎬纂修.—清康熙五十二年
(1713)刻本.—2 冊.—江蘇吳縣許氏；書名據版心題
　　　　　　　　　　　　　　傳 774.13/824

5458

重修古歙東門許氏宗譜　十卷卷首一卷/(清)許登
瀛等纂修.—清乾隆六年(1741)刻本.—10 冊：圖及
像.—安徽歙縣許氏；書名據版心題　　傳 774.13/84

5459

許氏家譜/(清)許廷瑤等修.—清末朱絲欄抄本.—
1 冊.—貴州許氏；書名據書簽題；有清嘉慶九年自序
　　　　　　　　　　　　　　傳 774.13/85

5460

暨陽花山許氏宗譜　二卷/(清)孫承天續輯.—清
嘉慶九年(1804)稿本.—2 冊：像.—浙江諸暨許氏；書

名據譜序題,版心題花山許氏宗譜　　傳774.13/854

5461

高陽許氏東唐墅支譜　二卷/(清)許廷誥撰.—清刻本.—3冊.—江蘇江陰許氏,記事至清道光間;有硃筆校補　　傳774.13/86

5462

富春靈峰許氏宗譜　四卷/(清)許氏修.—清抄本.—2冊.—浙江富春許氏;存2卷:卷1—2
　　傳774.13/87

5463

蕭山史村許氏方八房宗譜　四卷/(清)徐步雲纂修.—清咸豐九年(1859)孝思堂木活字本.—4冊.—浙江蕭山許氏;書名據目錄題,版心題蕭山許氏宗譜
　　傳774.13/874

5464

桐城許氏家譜　十二卷/(清)許鴻昌等纂修.—清同治三年(1864)敦德堂木活字本.—15冊:圖.—安徽桐城許氏;書名據版心題　傳774.13/88

5465

高陽許氏家譜　二卷/(清)許乃釗纂修.—清同治間刻本.—2冊:圖.—浙江富春遷杭州許氏;書名據版心題;西諦藏書　　傳774.13/884

5466

維揚江都許氏重修族譜　四卷/(清)許忠書等修.—清光緒二十二年(1896)月旦堂木活字本.—4冊:圖及像.—江蘇江都許氏;書名據卷3卷端題,版心題許氏族譜　　傳774.13/89

5467

許氏宗譜　六卷/(清)許新邦等纂.—清光緒九年(1883)務本堂木活字本.—6冊.—圖.—江蘇如皋許氏;書名據版心題　　傳774.13/894

5468

山陰碧山許氏宗譜　二十三卷卷首一卷附譜四卷/(清)許在衡等纂修.—清光緒十四年(1888)希范堂木活字本.—10冊:圖及像.—浙江山陰許氏;書名據目錄等題　　傳774.13/8944

5469

新安許氏宗譜　四卷卷首一卷卷末一卷/(清)許德文等纂修.—清光緒十七年(1891)先賢堂木活字本.—2冊:圖及像.—江西婺源許氏;書名據版心題
　　傳774.13/8945

5470

績溪縣南關懷敍堂宗譜　十卷/(清)許文源等纂修.—清光緒十五年(1889)木活字本.—10冊:圖及像.—安徽績溪許氏;書名據目錄題,版心題南關懷敍堂宗譜　　傳774.13/8946

5471

蕭山許氏宗譜　四卷/(清)許詠仙等纂.—清光緒二十二年(1896)孝思堂木活字本.—4冊.—浙江蕭山許氏　　傳774.13/89467

5472*

遷錫許氏宗譜　八卷卷首一卷/許同莘等纂修.—民國間石印本.—2冊:像.—安徽歙縣遷江蘇無錫許氏;書名據版心及目錄題

部二　2冊

部三　1冊　存4卷:卷1—4　　傳774.13/91

5473*

許氏譜述　三卷/許同莘編.—民國間石印本.—1冊+世系圖(1幅).—江蘇無錫許氏

部二　1冊

部三　1冊

部四　1冊

部五　1冊　　　　　傳774.13/914

5474*

高陽許氏家譜　六卷/許引之等修.—民國10年(1921)鉛印本.—6冊:圖.—浙江富春許氏;書名據版心題

部二　6冊　　　　　傳774.13/9145

5475*

潤州開沙許氏七修宗譜　十六卷/許之芹等修;許其鬱等纂.—民國21年(1932)木活字本.—16冊:圖及像.—江蘇潤州許氏;書簽題潤州許氏宗譜;版心下鐫高陽郡　　傳774.13/92

5476*

暨陽陶朱許氏宗譜　八卷/許朝水等修;許繼生等纂.—民國18年(1929)務本堂木活字本.—8冊.—浙江諸暨許氏;書名據版心及目錄題　傳774.13/924

5477*

繆瀆許氏宗譜　十卷卷首一卷卷末一卷/許洪德等修.—民國25年(1936)餘慶堂木活字本.—10冊:像.—江蘇宜興許氏;書名頁等題許氏宗譜
傳774.13/9242

5478*

湘鄉龍泉許氏五修族譜　二十五卷/許克祥修.—1992年北京圖書館靜電復製本.—1冊.—湖南湘鄉許氏;存1卷:卷1;書名據版心題;據民國21年(1932)嶽裔堂木活字本靜電復製.—精裝
傳774.13/9245

5479*

湘潭顏家壩許氏五修族譜　十六卷卷首一卷卷末一卷/許維梧等修;許維璋等纂.—民國36年(1947)承文堂木活字本.—20冊:圖.—湖南湘潭許氏
傳774.13/9246

5480*

楚潙長衝許氏紳公四修支譜　二十六卷卷首一卷/許在儒等纂修.—民國35年(1946)崇本堂木活字本.—12冊:圖.—湖南寧鄉許氏;書名據書簽題,版心題長衝許氏紳公四修支譜,書名頁題許氏紳公四修支譜　傳774.13/9247

5481*

湘西許氏四修族譜　十五卷/許如彰等修;許惟喬等纂.—民國24年(1935)太嶽堂木活字本.—15冊:圖.—湖南長沙許氏;書名據版心及書簽題,書名頁題許氏族譜　傳774.13/926

傳774.15　王氏

5482

鄠縣王氏族譜/(明)王九思撰.—清乾隆四十一年(1776)刻本.—1冊.—陝西鄠縣王氏;書名據書簽及書名頁題　傳774.15/75

5483

瑯琊世家　十四卷/(明)韓昌箕輯.—明天啟間刻本.—8冊.—山東瑯琊王氏　傳774.15/77

5484*

王氏族譜/(明)王象晉編.—民國26年(1937)國立北平圖書館抄本.—3冊.—山東新城王氏;原書卷數不詳,目錄題卷1—10,謹抄存3卷:卷1、11、13;書名據版心題　傳774.15/78

5485

王氏通譜/(清)王庸敬纂.—清槐政堂木活字本.—32冊.—記事至清嘉慶間
子目
1.太原王氏通譜　十六卷
2.三槐王氏通譜　十四卷
3.別派王氏通譜　二十卷　傳774.15/80

5486

淄川縣豐泉鄉王氏世譜/(清)王持世纂修.—清雍正十一年(1733)刻本.—2冊.—山東淄川王氏
傳774.15/83

5487

王氏宗譜/(清)王國棟修.—清抄本.—14冊
子目
1.瑯琊王氏宗譜　世系十四卷家乘十卷卷首一卷.—缺10卷:家乘卷1—10
2.三槐王氏宗譜　六卷卷首一卷
3.太原王氏宗譜　二十卷卷首一卷.—缺8卷:卷13—20　傳774.15/84

5488

宛平王氏族譜/(清)王惺等纂修.—清乾隆五十九年(1794)青箱堂刻本.—4冊.—北京宛平王氏;書名據版心題　傳774.15/843

5489

御制王氏宗譜/(清)王煒纂修.—清朱絲欄抄本.—1冊.—浙江鄞縣王氏;書名據書簽題
傳774.15/844

5490[*]

鄞江王氏世譜/(清)王燁纂修.—民國間四明張氏約園烏絲欄抄本.—1册.—浙江鄞縣王氏;書名據書簽題　　　　　　　傳 774.15/844.1

5491

三槐堂家乘/(清)王巨源等修.—清乾隆四十二年(1777)木活字本.—14册.—江蘇吳縣王氏;是譜原修6卷,續修卷次不詳　　　　傳 774.15/8444

5492

瑯琊王氏族譜　四卷/(清)王啓光等修;(清)王國修續修.—清抄本.—4册:圖及像.—浙江會稽、山陰王氏;版心及書簽題王氏族譜　傳 774.15/84448

5493

圻村王氏族譜　四卷卷首一卷/(清)王臣鋗等纂修.—清乾隆四十一年(1776)刻本.—4册:圖及像.—江蘇吳縣王氏;卷首有缺頁　　傳 774.15/8445

5494

恒陽王氏家乘/(清)王定柱纂修.—清乾隆間稿本.—1册.—河北恒陽王氏;書名據書衣題　　　　　　　傳 774.15/8446

5495

環溪王氏續修宗譜　二卷/(清)王啟招等修;(清)王元端等纂.—清嘉慶五年(1800)履和祠木活字本.—2册:圖及像.—安徽祁門王氏;書名據譜序題,版心題環溪王氏家譜　傳 774.15/85

5496

新安瑯琊王氏四房思茂公統宗譜　八卷卷末一卷/(清)王應瑞等纂修.—清嘉慶十年(1805)三慶堂木活字本.—8册:圖及像.—安徽歙縣王氏;書名據譜序題,版心題思茂公王氏宗譜　傳 774.15/854

5497

盧山上宅派王氏宗譜　四卷/(清)王鳳鳴等纂修.—清道光二十年(1840)樹德堂木活字本.—3册:像.—浙江王氏;書名據版心題,書名頁題王氏宗譜　　　　　傳 774.15/86

5498

王氏宗譜　六卷卷首一卷卷末一卷/(清)王煦堂等纂修.—清道光十九年(1839)敦本堂木活字本.—9册.—安徽皖城上青王氏;書名據版心及書簽題　　　　　　　傳 774.15/864

5499

梁鄒王氏世譜　五卷卷首一卷/(清)王方濂等纂修.—清道光十四年(1834)刻本.—6册:圖.—山東鄒平王氏;穀詒堂藏版　傳 774.15/8642

5500

王氏族譜　四卷/(清)王湘等修;(清)舒彝清纂.—清道光二十一年(1841)木活字本.—4册.—江蘇丹徒王氏;書名據版心題,書簽及書名頁題王氏宗譜　　　　　　傳 774.15/8643

5501

王氏族譜　二卷/(清)王必盛等纂修.—清道光十一年(1831)刻本.—2册.—陝西鄠縣王氏;書名據書簽及目錄題　　　　傳 774.15/8644

5502

暨陽古竺王氏宗譜　十卷/(清)王德言等修.—清道光十八年(1838)木活字本.—10册.—浙江諸暨王氏;書名據版心題,書簽題同山古竺王氏族譜　　　　傳 774.15/8645

5503

王氏宗譜/(清)王兆琛纂修.—清道光二十六年(1846)刻本.—6册.—山東福山王氏;書名據版心及書名頁題　　　傳 774.15/86457

5504

東院王氏家譜　十二卷/(清)王兆薑等纂修.—清道光二十一年(1841)如皋王氏敦睦堂木活字本.—12册:圖.—書名據書名頁等題;江蘇如皋王氏　　　　　　傳 774.15/86458

5505

山陰前梅王氏宗譜　六卷/(清)王鉅筍等纂修.—清道光二年(1822)三槐堂木活字本.—6册:像.—浙江山陰王氏;有墨筆增改;書名據版心題,書簽題王氏宗譜　　　傳 774.15/8646

5506

剡北靈芝鄉王氏續修宗譜　十六卷/(清)王利韜等纂修.—清道光二十三年(1843)敦本堂木活字本.—8册:圖及像.—浙江剡縣王氏;書名據目錄題,版心及書簽題靈芝鄉王氏宗譜　傳774.15/8647

5507

瑯琊三槐王氏宗譜/(清)王梁修.—清道光間槐清堂刻本.—1册.—山東瑯琊王氏;書名據版心及書簽題　傳774.15/86475

5508

太原王氏續修家譜　二十卷卷首一卷卷末一卷/(清)王閎伯等修;(清)王仲鎣等纂.—清道光八年(1828)刻本.—20册:圖.—江蘇吳縣王氏;書名據目錄題,版心及書簽題太原家譜

部二　20册　傳774.15/8648

5509

瑭村王氏族譜/(清)王敬蒲等纂.—清道光十一年(1831)滋德堂刻本.—8册.—山東諸城王氏;書名據書簽題,版心及書名頁題王氏族譜

傳774.15/86485

5510

上海王氏家譜　六卷/(清)王壽康等輯修.—清咸豐十一年(1861)奉思堂刻本.—4册:圖.—上海王氏;有清道光十七年自序　傳774.15/87

5511

王氏宗譜　四卷/(清)王耀璉等修.—清咸豐四年(1854)三槐堂木活字本.—4册:圖及像.—浙江新昌王氏;書名據版心題　傳774.15/874

5512

隴南王氏旗籍族譜/(清)王堉德纂修.—清末抄本.—1册.—甘肅隴南王氏,記事至清同治間;書名據版心題,書名頁題隴南王氏族譜　傳774.15/8744

5513

槐溪王氏支譜　六卷卷首一卷/(清)李振蘇纂.—清咸豐六年(1856)世賢堂木活字本.—4册:圖及像.—江西婺源王氏　傳774.15/8747

5514

太原郡派新安婺南雲川王氏世譜/(清)王氏修.—清同治五年(1866)晉生抄本.—1册.—江西婺源王氏,世系記事至清光緒年　傳774.15/88

5515

王氏宗譜　二十卷/(清)王蔭甫等纂修.—清同治五年(1866)培槐堂木活字本.—20册:圖.—安徽桐城王氏;書名據版心及書簽題　傳774.15/884

5516

寶應白田王氏小湖公本支世系圖/(清)王蔗原編.—清同治八年(1869)刻本.—1册.—江蘇寶應王氏　傳774.15/8843

5517

詞源王氏宗譜　十卷/(清)王問源等纂修.—清光緒元年(1875)木活字本.—10册:圖.—江西婺源王氏;書名據版心及書簽題　傳774.15/8844

5518

剡北靈芝鄉王氏續修宗譜　十卷/(清)王亨添等纂修.—清光緒十年(1884)敦本堂木活字本.—10册:圖及像.—浙江剡縣王氏;書名據目錄題

傳774.15/89

5519

王氏四修族譜　十二卷卷首一卷/(清)王松茂等修;(清)王道行等纂.—清光緒十六年(1890)太原堂木活字本.—10册:圖.—湖南寧鄉王氏;書名據書名頁題,版心題王氏族譜,書簽題王氏家乘

傳774.15/893

5520

太湖王氏宗譜　四卷卷首一卷/(清)王泮林等修;(清)王清濤等纂.—清光緒間德懋三槐堂木活字本.—5册:圖.—安徽太湖王氏,記事至清光緒間;書名頁等題王氏宗譜;書名頁題同治丙寅年鐫

傳774.15/894

5521

剡溪王氏宗譜　八卷/(清)王寶仁等纂修.—清光緒六年(1880)敦倫堂木活字本.—8册.—浙江剡縣王氏;書名據目錄題,版心題王氏宗譜　傳774.15/8942

5522

王氏宗譜　十四卷卷首一卷/(清)王詩云等修；(清)王禮陶等纂.—清光緒二十二年(1896)樂善堂木活字本.—16册：圖.—安徽宿松王氏；書名據書名頁等題；書名頁下題三槐堂　　　傳 774.15/89423

5523

上箬琅琊王氏重修家譜　六卷/(清)王應仕等纂修.—清光緒二十一年(1895)祁門王氏正義堂木活字本.—7册：圖及像.—安徽祁門王氏；書名據目錄題，版心及書簽題上箬琅琊王氏家譜

部二　1册　存第1册　　　傳 774.15/89426

5524*

王氏家乘/王為幹纂.—民國元年(1912)成都石印本.—1册.—浙江仁和王氏；書名據書簽及書名頁題　　　　　　　　傳 774.15/89427

5525

東沙古塘王氏宗譜　十六卷卷首一卷/(清)王烈纂.—清光緒四年(1878)三槐堂木活字本.—18册：圖及像.—江蘇江陰王氏；書名據版心及書名頁題　　　　　　　　傳 774.15/8943

5526

山陰天樂三泉王氏宗譜　八卷卷首一卷/(清)王壽松等纂修.—清光緒三十年(1904)三槐堂木活字本.—10册.—浙江山陰王氏；書名據書簽及目錄題，版心題山陰天樂王氏宗譜　　傳 774.15/89433

5527

洞庭王氏家譜　二十八卷卷首一卷卷末一卷/(清)王熙桂等修；(清)葉耀元纂.—清宣統三年(1911)刻本.—30册：圖.—江蘇吳縣王氏；書名據書名頁題，版心及書簽題太原家譜

部二　30册　　　　　　　傳 774.15/89434

5528

砂山王氏宗譜　十八卷/(清)王玉臺等修.—清光緒二十三年(1897)三槐堂木活字本.—20册：圖及像.—江蘇昆山王氏　　　傳 774.15/894347

5529

義烏南陵王氏宗譜　七卷/(清)王宅心等修.—清光緒十五年(1889)木活字本.—9册：圖及像.—浙江義烏王氏；多有殘缺；書名據版心題，書簽題鳳林王氏宗譜　　　　　　　　　傳 774.15/8944

5530

紫薇王氏家譜　三卷卷首一卷/(清)王世濬等纂.—清光緒元年(1875)留餘堂木活字本.—1册.—浙江鄞縣王氏；版心題寧郡紫薇王氏家譜　　　　　　　　　傳 774.15/89443

5531

太原王氏菱湖支譜/(清)王嘉懋等纂.—清光緒二十年(1894)木活字本.—8册：圖及像.—浙江湖州王氏；書名據書簽及書名頁題，版心題菱湖王氏支譜　　　　　　　　　傳 774.15/894433

5532

三旌義門王氏宗譜　十四卷/(清)王嘉淵等修.—清光緒六年(1880)木活字本.—10册.—江蘇金壇王氏，卷末記事至清光緒七年(1881)；書名據書名頁題，版心題王氏族譜，書簽題敕旌義門王氏族譜　　　　　　　　　傳 774.15/89444

5533

太原王楊氏支譜　三十一卷卷首一卷卷末二卷/(清)王春元等纂.—清光緒十八年(1892)槐蔭堂木活字本.—34册：圖.—安徽潛山王楊氏，隋賜國姓楊；書名據版心題，書簽題王楊氏支譜　　傳 774.15/89445

5534

邵寧王氏支譜　四卷/(清)王者香等纂修.—清光緒二十年(1894)希述堂木活字本.—4册：圖.—湖南邵陽、寧鄉王氏；書名據書簽題，版心題王氏三修支譜，書名頁題王氏支譜　　　傳 774.15/89446

5535

瀟陽太原王氏族譜　五卷卷末一卷/(清)王桂林等修.—清光緒十二年(1886)三槐堂木活字本.—4册.—安徽潛山王氏；書名據書名頁題，版心題王氏宗譜；版心標卷次有誤　　　傳 774.15/89447

5536

剡北棗樹灣王氏宗譜　十卷卷首一卷/(清)王孝欽等修；(清)王振綱纂.—清光緒二十二年(1896)木活

字本.—4 冊:圖及像.—浙江剡縣王氏;書名據版心
題,書簽及書名頁題王氏宗譜　　　傳 774.15/89449

5537

王氏族譜　十八卷/(清)王屏之等修;(清)王德壽
纂.—清光緒三十四年(1908)木活字本.—18 冊:圖及
像.—江蘇泰興王氏;書名據版心及書簽題
　　　　　　　　　　　　　　傳 774.15/8945

5538

鎮海五里牌王氏重修族譜　十四卷卷首一卷卷終
一卷/(清)王予謙等修;(清)謝覲頠纂.—清光緒三十
二年(1906)仰德堂木活字本.—12 冊:圖及像.—浙江
寧波王氏;版心題五里牌王氏宗譜,書簽題蛟川王氏
宗譜,書名頁題王氏宗譜　　　傳 774.15/89452

5539

直溪王氏宗譜　八卷/(清)王明田等纂修.—清光
緒三十四年(1908)紫薇堂木活字本.—8 冊:圖及
像.—安徽宣城王氏;書名據版心及書簽題
　　　　　　　　　　　　　　傳 774.15/89455

5540

梁鄒王氏世譜　十卷卷首一卷/(清)王傳昭等
纂.—清光緒三十年(1904)刻本.—8 冊:圖.—山東鄒
平王氏;書簽題王氏族譜;穀詒堂藏版
　　　　　　　　　　　　　　傳 774.15/894556

5541

潤東王氏族譜　十五卷/(清)王如鉉等纂修.—清
光緒三十四年(1908)木活字本.—16 冊:圖.—江蘇潤
州王氏;書名據書簽題,版心題崇賢里王氏族譜
　　　　　　　　　　　　　　傳 774.15/8946

5542

王氏三沙全譜/(清)王鍾等纂.—清光緒二年
(1876)木活字本.—124 冊:圖及像.—江蘇崑山、江
陰、無錫王氏;書名據版心題,書簽題王氏三沙統譜
　　部二　6 冊　存西沙支　　傳 774.15/89464

5543

會稽王氏清芬錄/(清)王繼香輯.—清光緒五年
(1899)鴻文書局石印本.—2 冊.—浙江會稽王氏;書
名據目錄等題　　　　　　　　傳 774.15/89466

5544

維揚江都王氏重修宗譜　六卷/(清)王永發等
修.—清光緒二十七年(1901)三槐堂木活字本.—6
冊:圖及像.—江蘇揚州王氏;書名據卷 3 卷端題,版
心及書名頁題王氏宗譜　　　傳 774.15/89467

5545

王氏宗譜　六卷/(清)王達交等修;(清)王正常等
纂.—清光緒三十一年(1905)木活字本.—6 冊:圖及
像.—浙江剡縣王氏;書名據版心及書簽題
　　　　　　　　　　　　　　傳 774.15/8947

5546

正定王氏家傳　六卷敘錄一卷後記一卷/(清)王耕
心撰.—清光緒十九年(1893)刻本.—1 冊.—河北正
定王氏;泰州龍樹精舍藏版
　　部二　1 冊
　　部三　2 冊　　　　　　　傳 774.15/89472

5547

荊邑堰口王氏宗譜　八卷/(清)王天德等修;(清)
王佑元等纂.—清光緒二年(1876)王氏三槐堂木活字
本.—8 冊:圖及像.—江蘇宜興王氏;書名頁等題王氏
宗譜　　　　　　　　　　　　傳 774.15/89475

5548

檀嶺王氏宗譜　十八卷/(清)王承波等纂修.—清
光緒二十年(1894)木活字本.—5 冊:圖及像.—江西
婺源王氏;書名據版心題　　　傳 774.15/89476

5549*

王謝世表/(清)黃大華編.—民國 23 年(1934)鉛印
本.—1 冊:像.—浙江吳興王氏,祖先係謝氏,明初改
王姓;書名據版心及書簽題　　傳 774.15/894764

5550*

黃縣太原王氏族譜　八卷/王錫蕃等纂修.—1994
年黃縣黃慶燧影印本.—8 冊:圖.—山東黃縣王氏;書
名據書簽題;據清宣統元年(1909)刻本影印
　　　　　　　　　　　　　　傳 774.15/8948

5551

碩舊王氏重修族譜/(清)王都榮修.—清光緒二十
六年(1900)木活字本.—2 冊:圖及像.—江西吉安王

氏；書名據版心題，書簽題碩舊王氏族譜

傳 774.15/895

5552

　王氏續修族譜　十一卷卷首一卷/(清)王正達等修；(清)王中泮等纂.—清光緒十三年(1887)三槐堂木活字本.—12 冊.—湖南王氏；書名據版心題，書簽及書名頁題王氏族譜

傳 774.15/896

5553

　王氏族譜　六卷卷首一卷/(清)王氏修.—清光緒二十九年(1903)太原堂木活字本.—6 冊：圖.—江西廬陵王氏；書名據書名頁等題

傳 774.15/897

5554*

　王氏世譜　二卷/王元增輯.—民國 14 年(1925)鉛印本.—1 冊：圖.—江蘇昆山王氏；書名據版心題，書簽及書名頁題重刻明修王氏世譜

　部二　　1 冊

　部三　　1 冊

　部四　　1 冊

傳 774.15/91

5555*

　湘鄉蘇塘王氏三修族譜　三十卷卷首五卷/王書雲等修；王永曜等纂.—民國 19 年(1930)親睦堂木活字本.—35 冊：圖.—湖南湘潭王氏；書名據書簽題，版心題上湘蘇塘王氏三修族譜，書名頁題蘇塘王氏三修族譜

傳 774.15/913

5556*

　萬載西源王氏族譜　一百四十卷卷首一卷卷末一卷附二卷/王濟安等纂修.—民國 14 年(1925)江西萬載王氏三槐堂木活字本.—28 冊：圖.—江西萬載王氏；書名據版心題，書名頁題西源王氏族譜

傳 774.15/9137

5557*

　太原王氏皋橋支譜/王堡等修.—民國 10 年(1921)鉛印暨石印本.—3 冊：圖及像.—江蘇吳縣王氏；書名據書名頁等題

　部二　　3 冊

傳 774.15/914

5558*

　剡溪王氏宗譜　八卷/王泉林等纂修.—民國 6 年

(1917)敦倫堂木活字本.—8 冊.—浙江剡縣王氏；版心及書簽題王氏宗譜

傳 774.15/9142

5559*

　京口順江洲王氏第十三次增修家乘　三十卷/王松壽等修；王汝誠等纂.—民國 10 年(1921)雙柏堂木活字本.—30 冊：圖.—江蘇京口王氏

傳 774.15/9143

5560*

　王氏族譜　八卷/(清)王士琪纂修；王宦璋增修.—清光緒十一年(1885)刻民國 5 年(1916)增刻本.—8 冊.—山西太原王氏；書名據版心及書簽題

傳 774.15/91433

5561*

　黃山王氏承志堂支譜/王雲藻纂輯.—民國 10 年(1921)木活字本.—1 冊.—浙江慈溪黃山王氏

傳 774.15/91438

5562*

　紹興新河王氏族譜/王孝稱等纂.—民國 10 年(1921)刻朱印本.—1 冊.—浙江紹興王氏；存譜序；書名據書名頁及書簽題.—毛裝

傳 774.15/9144

5563*

　王氏家乘　十卷/王聖再等修；王朝仁等纂.—民國 7 年(1918)木活字本.—10 冊.—江蘇鎮江王氏；書名據版心題

傳 774.15/91444

5564*

　南塘里王氏宗譜　六卷/王梓祿等修；王福朝等纂.—民國 11 年(1922)三槐堂木活字本.—8 冊：像.—江蘇宜興王氏；書名頁等題王氏宗譜

傳 774.15/9145

5565*

　續王氏世譜　十一卷/王元增纂修.—民國 14 年(1925)鉛印本.—1 冊：圖及像.—江蘇昆山等地王氏

　部二　　1 冊

　部三　　1 冊

　部四　　1 冊

傳 774.15/91454

5566*

　續溪盤川王氏宗譜　六卷卷前一卷卷首二卷卷末

二卷/王德藩等纂修. —民國 10 年(1921)五教堂木活字本. —6 册：圖及像. —安徽績溪王氏；書名據目錄題，版心及書簽題盤川王氏宗譜　傳 774.15/91455

5567*

黃岩西橋王氏譜　十二卷卷首一卷卷末一卷家集十卷/王舟瑤纂. —民國 6 年(1917)木活字本. —12 册. —浙江黃岩王氏；書名據書簽題，版心題西橋王氏譜

部二　12 册　　　　　　　傳 774.15/914554

5568*

暨陽紫巖王氏宗譜　六卷/王能緣等修. —民國 2 年(1913)三槐堂木活字本. —6 册：圖. —浙江諸暨王氏；書名據版心題，書簽題紫巖王氏宗譜

傳 774.15/9146

5569*

剡北棗樹灣王氏宗譜　十卷卷首一卷/王維宗等纂修. —民國 15 年(1926)敦倫堂木活字本. —4 册：圖及像. —浙江剡縣王氏；書名據版心題，書簽及書名頁題王氏宗譜　　　　　傳 774.15/91462

5570*

郭峰王氏世譜　三十二卷/王維坤等纂修. —民國 11 年(1922)木活字本. —2 册：圖及像. —安徽涇縣王氏；存 2 卷：卷 1—2；書名據版心及書簽題

傳 774.15/91465

5571*

王氏宗譜　十卷卷首一卷/王自藩等纂修. —民國 15 年(1926)三槐堂木活字本. —10 册：圖. —安徽太湖王氏；書名據版心及書簽題　　傳 774.15/914654

5572*

須江藍田王氏宗譜　四十一卷卷首一卷/王紹衣等修. —民國 4 年(1915)木活字本. —46 册：圖及像. —浙江江山王氏；書名據版心及書簽題，書名頁題王氏家乘　　　　　　　　傳 774.15/91466

5573*

琊琊王氏宗譜　八卷/王榮森纂. —民國 8 年(1919)鉛印本. —4 册. —北平王氏

傳 774.15/91467

5574*

中湘三界王氏支譜　十卷/王遠謨等修；王大燾等纂. —民國 14 年(1925)太原堂木活字本. —10 册：圖. —湖南湘潭王氏；書名據書簽題，版心題三界王氏支譜　　　　　　　　　　傳 774.15/9147

部二　9 册　　　　　　　傳 774.15/916

5575*

歙邑虹源王氏支譜　四卷/王氏修. —民國間烏絲欄抄本. —4 册. —安徽歙縣王氏，記事至民國初年；書名據版心及書簽題　　　　傳 774.15/91479

5576*

王氏宗祠再續譜/王秉璠等纂. —民國 10 年(1921)鉛印本. —6 册：圖. —四川成都王氏；書名據版心及書名頁題，書衣題德符堂再續譜　　傳 774.15/9149

5577*

王氏支譜　六卷/王世新等纂修. —民國 3 年(1914)三槐堂木活字本. —6 册：圖. —湖南長沙王氏；書名據版心及書名頁題　　傳 774.15/915

5578*

梽木雙江王氏三修族譜　六十四卷卷首一卷卷末一卷/王世琮等修；王定瀾等纂. —民國元年(1912)敦倫堂木活字本. —56 册：圖. —湖南湘鄉王氏；書名據版心及書簽題，書名頁題王氏族譜

傳 774.15/9153

5579*

王氏族譜　九卷/王國霖纂修. —民國 10 年(1921)長沙石印本. —24 册：圖及像. —湖南王氏

傳 774.15/9157

5580*

王氏族譜/王秉乾等修；王朗齋等纂. —民國 13 年(1924)三槐堂木活字本. —10 册. —湖南澧陽王氏；書名據版心題，書名題王氏宗譜　傳 774.15/9164

5581*

王氏族譜　六卷/袁嶸纂. —民國 6 年(1917)三槐堂木活字本. —6 册：圖及像. —江蘇泰縣王氏；書名據版心題　　　　　　　傳 774.15/917

5582*

鄞東王氏族譜　十八卷卷首一卷/劉廷煒纂.—民國 10 年(1921)成仁堂木活字本.—8 册.—浙江鄞縣王氏;書名據書名頁等題　　　　傳 774.15/9179

5583*

漁溪王氏三修支譜　六卷/王俊等纂修.—民國 10 年(1921)崇本堂木活字本.—6 册.圖.—湖南衡陽王氏;書名據目錄題,版心題王氏三修支譜,書簽題漁溪王氏支譜,書名頁題王氏支譜　　傳 774.15/918

5584*

餘姚蘭風王氏宗譜　四卷卷首一卷卷末一卷/王爾耀等修;洪曰湄纂.—民國 18 年(1929)思明堂木活字本.—4 册:照片.—浙江餘姚王氏;書名據版心及書簽題,書名頁題餘姚王氏宗譜　　傳 774.15/92

5585*

王氏續修支譜　八卷/王福猷修;王佳猷纂.—民國 22 年(1933)長沙王家洲太原堂木活字本.—7 册.—湖南長沙王氏;缺 1 卷:卷 3;書名據版心及書簽題,書名頁題王氏支譜　　傳 774.15/923

5586*

王氏九世五支分譜/王文臣等修.—民國 16 年(1927)石印本.—1 册.—山東王氏;書名據版心及書簽題　　　　　　傳 774.15/924

5587*

南匯王氏家譜/王廣圻輯修.—民國 20 年(1931)鉛印本.—1 册.—江蘇南匯王氏;書名據版心及書簽題　　　　　　傳 774.15/9242

5588*

蜀西崇陽王氏族譜　十二卷/王濬章修.—民國 25 年(1936)青島鉛印本.—2 册.—四川崇慶王氏;書名據書名頁等題　　傳 774.15/9243

5589*

王氏族譜　十四卷卷首一卷/王樹榮等纂修.—民國 25 年(1936)鉛印本.—4 册:圖及像.—浙江烏程王氏　　　　　　傳 774.15/92432

5590*

皖桐沈王氏宗譜　二十卷卷末一卷/王愷文等修.—民國 23 年(1934)木活字本.—21 册:圖及像.—安徽桐城王氏,原姓沈,易姓王;書名據書簽題,版心題沈王氏宗譜　　　傳 774.15/92436

5591*

文安王氏宗譜/王祖繹,王祖彝纂修.—民國 25 年(1936)鉛印本.—1 册:圖.—河北文安王氏

部二　1 册　　　　　　傳 774.15/92437

5592*

長沙澗湖塘王氏六修族譜　十一卷卷首三卷卷末一卷/王萬藻等纂修.—民國 38 年(1949)德槐堂長沙鉛印本.—19 册:圖.—湖南長沙王氏;書名據書簽題,版心題王氏六修族譜,書名頁題王氏族譜

部二　19 册　　　　　　傳 774.15/9244

5593*

吳縣夏侯橋王氏支譜初稿/王世澄纂修.—民國 26 年(1937)鉛印本.—1 册.—江蘇吳縣王氏;書名據目錄題,版心題吳縣夏侯橋王氏支譜,書簽題吳縣夏侯橋王氏支譜稿　　　傳 774.15/92443

5594*

高倉王氏族譜　十二卷/王朝準等纂修.—民國 29 年(1940)三槐堂木活字本.—12 册:圖.—江蘇金陵王氏;書名據書名頁題　　傳 774.15/92444

5595*

西清王氏族譜/王孝綺編.—民國 23 年(1934)鉛印本.—1 册.—福建閩縣王氏;書名據書名頁等題

部二　1 册　　　　　　傳 774.15/92447

5596*

西清王氏重修族譜/王孝綺編.—民國 24 年(1935)鉛印本.—1 册.—福建閩縣王氏;書名據書簽題　　　　　　　傳 774.15/924474

5597

暨陽鎖金王氏宗譜　八卷/王屯等纂修.—民國 36 年(1947)三槐堂木活字本.—8 册:圖.—浙江諸暨王氏;書名據版心及書簽題

部二　8 册　　　　　　傳 774.15/9245

5598*

　京江開沙王氏族譜　　十卷/王昌言等纂修.—民國23年(1934)木活字本.—10冊:圖及像.—書名據書名頁等題;江蘇丹徒王氏　　　傳774.15/92453

5599*

　修武縣後馬作王氏族譜　　四卷/王兆喜等纂.—民國24年(1935)鉛印本.—4冊.—河南修武王氏;書名據書名頁題,版心題王氏族譜　　傳774.15/92454

5600*

　鎮海五里牌王氏宗譜　　十七卷/王予藩等修;張琴纂.—民國22年(1933)仰德堂木活字本.—16冊:圖.—浙江鎮海王氏;書名據版心題,書簽及書名頁題王氏宗譜　　　傳774.15/92455

5601*

　河西晉寧王氏族譜　　八卷/王國銘修.—民國23年(1934)雲南開智公司鉛印本.—2冊:圖.—雲南晉寧王氏;書名據書簽及書名頁題,版心題王氏族譜　　　　　　　　傳774.15/92456

5602*

　柔橋王氏家譜　　八卷卷首一卷卷末一卷附編二卷/王元編.—民國17年(1928)木活字本.—6冊:圖.—浙江黃岩王氏;書名據書簽及書名頁題,版心題柔橋王氏宗譜　　　　　傳774.15/92457

5603*

　王氏支譜　　十四卷卷首二卷/王國英等修.—民國30年(1941)三槐堂木活字本.—8冊:圖.—安徽太湖王氏;書名據版心及書簽題　　傳774.15/92458

5604*

　王氏族譜　　八卷/王乃昌等纂.—民國17年(1928)木活字本.—6冊.—江蘇江都王氏;書名據書名頁等題　　　　　　　傳774.15/9246

5605*

　赤松王氏宗譜　　十三卷/王金榮等纂修.—民國36年(1947)木活字本.—13冊:圖及像.—浙江金華王氏;書名據版心及書簽題　　　　傳774.15/92462

5606*

　莫釐王氏家譜　　二十四卷卷首一卷/王季烈等纂.—民國26年(1937)石印本.—20冊:圖.—江蘇吳縣王氏;書名據書名頁等題

　部二　20冊　　　　　　傳774.15/92463

5607*

　王氏宗譜　　十卷/王紹陶等修.—民國30年(1941)三槐堂木活字本.—10冊:圖.—江西松滋王氏;書名據書名頁等題　　　　　傳774.15/92466

5608*

　合肥義門王氏續修宗譜稿/王氏修.—民國間鉛印本.—3冊.—安徽合肥王氏;書名據書簽題,版心題王氏宗譜;附王氏宗譜丁冊;與逸塘詩存合函

　部二　3冊
　部三　3冊
　部四　3冊
　部五　3冊　　　　　　傳774.15/924662

5609*

　王氏世譜　　五卷附譜一卷/王采廷纂修.—民國22年(1933)刻藍印本.—5冊.—河北新城王氏;書名據書名頁等題　　　　傳774.15/92469

5610*

　楚潙王氏八修族譜　　十二卷卷首二卷/王運伸等纂修.—民國32年(1943)太原堂木活字本.—13冊:圖.—湖南寧鄉王氏;書名據版心題,書簽題楚潙王氏族譜,書名頁題王氏族譜　　傳774.15/924697

5611*

　環川王氏宗譜　　十四卷/王毓生等修.—民國34年(1945)木活字本.—14冊:圖及像.—浙江義烏王氏;書名據版心及書簽題　　傳774.15/9247

5612*

　湘潭泉沖王氏五修族譜　　四十卷卷首一卷卷末一卷/王振育等纂修.—民國23年(1934)槐蔭堂木活字本.—30冊:圖及像.—湖南湘潭王氏;書名據書簽題,版心題泉沖王氏五修族譜;書名頁題王氏族譜

　部二　1冊　存序及體例述要　傳774.15/92473

5613*

紹興新河王氏族譜　十卷/王氏修.—民國間刻本.—8 冊：像.—浙江紹興王氏，記事至民國 19 年(1930)；書名據版心及書籤題　　傳 774.15/92476

5614*

王氏宗譜　八卷卷首三卷卷末一卷/王天縉等修；王永仕等纂.—民國 17 年(1928)三槐堂木活字本.—12 冊：圖及像.—安徽太湖王氏；書名據版心及書籤題　　傳 774.15/924764

5615*

東安王氏庚申宗譜　二十四卷世系圖考六十四卷/王葆心等纂.—民國 19 年(1930)鉛印本.—24 冊：照片.—湖北羅田王氏；缺世系圖考 64 卷；書名據書籤題，版心題王氏庚申宗譜　　傳 774.15/9248

5616*

績溪廟子山王氏譜　二十卷卷首四卷卷末四卷/王集成纂.—民國 25 年鉛印本.—4 冊：圖.—安徽績溪王氏

部二　4 冊　　　　　　　　傳 774.15/9249

5617*

餘姚上塘王氏宗譜　十四卷卷首一卷卷末一卷/王欽安等纂修.—民國 23 年(1934)嗣槐堂木活字本.—8 冊：圖.—浙江餘姚王氏

部二　8 冊　　　　　　　　傳 774.15/92493

5618*

京江王氏宗譜　二卷卷首一卷/王延幹等修；王彦儒等纂.—民國 24 年(1935)木活字本.—2 冊：圖.—江蘇丹徒王氏；書名據目錄題，版心題王氏宗譜

　　　　　　　　　　　　傳 774.15/92495

5619*

王氏族譜　二卷卷首一卷/王昭球等纂修.—民國 24 年(1935)長樂鄭晴和木活字本.—11 冊：圖.—湖南岳陽王氏；書名據書名頁等題　　傳 774.15/925

5620*

王氏四修族譜　十二卷卷首一卷卷末一卷/王德猷等纂修.—民國 32 年(1943)太原堂木活字本.—16 冊：圖.—湖南沅江王氏；書名據書名頁等題

　　　　　　　　　　　　傳 774.15/9252

5621*

同德王氏五修族譜　四十三卷卷首一卷/王平莊等修；王際中等纂.—民國 18 年(1929)敦倫堂活字本.—44 冊：圖.—湖南瀏陽王氏；書名據書名頁等題

　　　　　　　　　　　　傳 774.15/9253

5622*

和家埠王氏五修族譜　二十六卷文藝二卷/王鵠襄等修.—民國 34 年(1945)純孝堂木活字本.—26 冊：圖.—湖南湘鄉王氏；缺 1 卷：卷 19；書名據書名頁等題，版心題湘鄉王氏五修族譜　　傳 774.15/9256

5623*

長沖王氏四修支譜　十卷/王學恒纂修.—民國 17 年(1928)太原堂木活字本.—9 冊：圖.—湖南王氏；缺 1 卷：卷 5；書名據書籤題，版心題長沖王氏支譜，書名頁題王氏支譜　　傳 774.15/926

5624*

王氏八修族譜　二十卷卷末一卷/王榮萃等纂修.—民國 35 年(1946)木活字本.—20 冊：圖.—湖南益陽王氏；缺 1 卷：卷 17；書名據版心及書籤題

　　　　　　　　　　　　傳 774.15/9265

5625*

王氏五修支譜　二十一卷卷首一卷卷末二卷/王輝南等修；王功泮纂.—民國 36 年(1947)太原堂木活字本.—24 冊：圖.—湖南沅江王氏；書名據書名頁等題

　　　　　　　　　　　　傳 774.15/92654

5626*

王氏四修族譜　三十七卷卷首三卷/王錫圭修；王鑄青等纂.—民國 35 年(1946)太原堂木活字本.—40 冊：圖及像.—湖南沅江王氏；書名據版心題，書名頁題王氏族譜　　傳 774.15/928

5627*

瓊州王氏源流集/瓊州王氏源流集編委會修；王明恩等纂.—1992 年瓊州王氏源流集編委會海口膠印本.—1 冊：像.—海南王氏；書名據書名頁題.—精裝

　　　　　　　　　　　　傳 774.15/95

5628*

　西清王氏族譜　五卷/王世威纂修.—1993 年鉛印本.—1 冊:照片.—福建王氏.—精裝
　部二　1 冊　　　　　　　　　傳 774.15/954

傳 774.17　霍氏

5629*

　霍氏宗譜　十八卷/霍惠成纂.—民國 29 年(1940)有懷堂木活字本.—20 冊:圖及像.—江蘇毗陵霍氏;書名據書名頁等題　　　　傳 774.17/92

傳 774.19　聶氏

5630

　湖莊聶氏四修族譜　二卷/(清)聶典訓等修.—清光緒二十四年(1898)肇修堂木活字本.—3 冊.—江西清江聶氏;書名據版心及書簽題　傳 774.19/89

5631*

　湖南漢益桃三縣聶氏九修族譜　二十卷卷首一卷卷末一卷/聶貽鶴修;聶貽寰等纂.—民國 38 年(1949)河東堂木活字本.—20 冊:圖及像.—湖南常德聶氏;版心題聶氏九修族譜,書簽題聶氏族譜
　　　　　　　　　　　　　傳 774.19/92

傳 774.21　石氏

5632

　南明石氏宗譜　十四卷/(清)石右軍等修.—清乾隆五十年(1785)慶雲祠木活字本.—12 冊.—浙江新昌石氏;版心題石氏宗譜　　　傳 774.21/84

5633

　續修石氏族譜　二卷/(清)石維嶸等纂修.—清嘉慶十二年(1807)刻本.—2 冊.—山西盂縣石氏;書名據書名頁等題　　　　傳 774.21/85

5634

　石氏家譜/(清)德保等撰.—清抄本.—1 冊.—北京石氏;滿洲索綽絡氏,賜姓石,後遷京,記事至清嘉慶間;書名據序題　　　　　傳 774.21/855

5635

　石氏民籍族譜　六卷/(清)石崇高等纂修.—清咸豐三年(1853)刻本.—8 冊:圖.—江蘇如皋石氏;書名據書名頁題,版心題石氏族譜　傳 774.21/87

5636

　暨陽石氏志十公房譜　十二卷/(清)石氏修.—清光緒十年(1884)念修堂木活字本.—12 冊.—浙江諸暨石氏;書名據版心及書簽題;鄭孝義堂藏版
　　　　　　　　　　　　　傳 774.21/89

5637*

　重修石氏宗譜/石氏纂修.—民國間武威堂木活字本.—9 冊:像.—湖北崇陽石氏;原書卷數不詳,存 9 卷:卷1—9;書名據書簽題,版心題石氏宗譜　傳 774.21/91

5638*

　暨陽長瀾石氏宗譜　四十卷/石松樓等纂修.—民國 36 年(1947)峻德堂木活字本.—40 冊:圖及像.—浙江諸暨石氏;書名據版心題,書簽題長瀾石氏宗譜
　　　　　　　　　　　　　傳 774.21/92

5639*

　古塘石氏族譜　四十六卷卷首三卷/石孝溫等修;石忠家等纂.—民國 20 年(1931)木活字本.—38 冊:圖.—湖南沅江石氏;書名據版心及書簽題,書名頁題石氏五修族譜　　　傳 774.21/924

5640*

　石氏族譜/石蘊三等修.—民國 36 年(1947)六順堂木活字本.—17 冊.—湖南邵陽石氏;原書卷數不詳,殘存卷 1;書名據書名頁等題　傳 774.21/9244

傳 774.23　雷氏

5641

　雷氏族譜　一卷/(清)雷五堃修.—清咸豐五年

(1855)刻本. —1 册. —陝西大荔雷氏;書名據書名頁
及書籤題　　　　　　　　　　　傳 774.23/87

5642

雷氏宗譜　二十八卷卷首二卷卷末一卷/(清)雷伯
雅等纂修. —清光緒十三年(1887)亦山堂木活字
本. —30 册:圖. —安徽雷氏;書名據版心題
　　　　　　　　　　　　　　　傳 774.23/89

5643*

夏源雷氏三修族譜/雷昌從等修;雷維嵩等纂. —民
國 15 年(1926)烏絲欄抄本. —5 册:圖. —湖南湘鄉雷
氏;原書卷數不詳,存 4 卷:卷首、卷 1—3,有硃筆標點
校改;書名據版心及書籤題,書名頁題雷氏三修族譜
　　　　　　　　　　　　　　　傳 774.23/915

5644*

雷氏四修族譜　十三卷卷首三卷卷末一卷/雷大德
修;雷大智等纂. —民國 23 年(1934)講易堂木活字
本. —21 册:圖. —湖南邵陽雷氏;書名據版心題,書籤
及書名頁題雷氏族譜　　　　　傳 774.23/92

傳 774.25　孔氏

5645*

孔氏祖庭廣記　十二卷/(金)孔元措編. —民國 23
年(1934)商務印書館上海影印本. —3 册:圖及像. —
(四部叢刊續編). —山東曲阜孔氏;據蒙古刻本影印
　　　　　　　　　　　　　　　傳 774.25/64

5646

寧儀孔氏家志/(明)佚名纂. —明崇禎間刻本. —1
册. —河南寧陵孔氏;原書卷數不詳,殘存 2 卷:卷 4—
5;書名據書籤題　　　　　　　傳 774.25/78

5647

孔子世家譜　二十一卷/(清)孔尚任纂. —清初刻
朱印本. —8 册. —山東曲阜孔氏　傳 774.25/82

5648

孔氏大宗譜/(清)孔昭薪纂. —清道光三年(1823)
刻本. —1 册. —山東曲阜孔氏;書名據版心題,纂修者

係孔子七十一代孫;附支譜及齒序　傳 774.25/86

5649

孔氏大宗譜/(清)孔憲璜纂. —清道光二十七年
(1847)刻本. —1 册. —山東曲阜孔氏;書名據版心題,
纂修者係孔子七十二代孫;附支譜及齒序
　　部二　1 册　　　　　　　　傳 774.25/864

5650

孔子世家支譜/(清)孔廣瑀等纂修. —清道光間刻
本. —1 册. —河北河間獻縣孔氏;卷次凌亂,有缺頁;
書名據書名頁題,版心題孔子世家譜
　　　　　　　　　　　　　　　傳 774.25/8642

5651

孔氏大宗譜/(清)孔慶餘纂. —清同治十二年
(1873)刻本. —2 册. —山東曲阜孔氏;書名據版心題,
纂修者係孔子七十三代孫;附支譜及齒序
　　　　　　　　　　　　　　　傳 774.25/88

5652

孔子世家譜　四卷/(清)孔憲章等纂修. —清光緒
六年(1880)刻本. —2 册:像. —河北冀縣、南宮孔氏;
書名據書名頁等題　　　　　　傳 774.25/89

5653*

肥南孔氏支譜　十九卷卷首二卷/孔繁錦等纂
修. —民國 5 年(1916)忠恕堂木活字本. —22 册:
圖. —安徽合肥孔氏;書名據書籤題,版心題孔氏支譜
　　　　　　　　　　　　　　　傳 774.25/91

5654*

四明慈水孔氏三修宗譜　二十卷卷首一卷附刊一
卷/孔傳林等修;孔廣霈纂. —民國 24 年(1935)前聖
祠木活字本. —16 册:圖及像. —浙江鄞縣孔氏;書名
據目錄題,書名頁等題四明慈水孔氏支譜
　　　　　　　　　　　　　　　傳 774.25/92

5655*

孔子世家譜　卷首一卷初集六十二卷二集三十四
卷三集十卷四集二卷/孔傳堉等修;孔廣彬等纂. —民
國 26 年(1937)鉛印本. —90 册. —集散居各地孔氏支
譜;存 79 卷:卷首 1 卷、初集 62 卷、二集卷 1—16;書
名據版心及書籤題　　　　　　傳 774.25/924

5656*

西江泉井安山孔氏族譜　六卷/孔繼長修;孔慶愷纂.—民國 25 年(1936)木活字本.—6 冊:像.—江西安山孔氏;書名據版心題,書簽題安山續公派下孔氏族譜,書名頁題西江安山孔氏族譜

　　　　　　　　　　　　　　傳 774.25/9245

傳 774.27　碧魯氏

5657

碧魯氏通譜　三卷/(清)碧魯崇俊纂.—清光緒二十二年(1896)鉛印本.—1 冊.—滿洲正白旗碧魯氏;書名據版心及書簽題　　　　傳 774.27/89

傳 774.29　孟氏

5658

孟氏家譜/(清)孟氏修.—清道光間抄本.—1 冊.—山西祁縣孟氏,記事至清道光十三年(1833);書名據書簽題　　　　　　　傳 774.29/86

5659*

續修孟氏宗譜　十四卷/孟憲曾等纂修.—民國 25 年(1936)木活字本.—14 冊:圖.—安徽孟氏;書名據目錄題,版心及書簽題孟氏族譜　傳 774.29/92

5660*

毗陵孟氏六修宗譜　十六卷補遺一卷/孟昭平等修;孟憲超等纂.—民國 17 年(1928)木活字本.—16 冊:圖及像.—江蘇毗陵孟氏;書名據目錄題,版心題孟氏宗譜,書簽及書名頁題毗陵孟氏族譜;願學堂藏版　　　　　　　　　　傳 774.29/924

傳 774.33　胥氏

5661

胥氏族譜/(清)胥立義纂修.—清抄本.—4 冊.—遼寧瀋陽遷京胥氏,記事至清乾隆間;書名據書簽題;有

清乾隆五十一年(1786)自序　　　傳 774.33/84

5662*

胥氏族譜　四卷/胥春瑜等修;佘步雲纂.—民國 8 年(1919)光裕堂木活字本.—4 冊:圖及像.—江蘇江都胥氏;書名據書名頁及版心題

　　部二　4 冊　　　　　　　　傳 774.33/91

傳 774.35　司馬氏

5663

涑水司馬氏源流集略　八卷/(明)司馬晰編輯.—明刻本.—8 冊.—山西夏縣涑水司馬氏;書名據版心及書簽題;附溫公家範　　　傳 774.35/76

5664

司馬氏慶系譜　六卷/(清)司馬灝文等修;(清)司馬秀重修.—清抄本.—1 冊.—山西夏縣涑水司馬氏;書名據版心題,書簽題涑水司馬家譜,書名頁題司馬氏家譜　　　　　　　　　　傳 774.35/89

傳 774.37　虞氏

5665

暨陽宜仁村虞氏宗譜　十卷/(清)虞紹恭等修.—清光緒元年(1875)虞氏瑞蓮堂木活字本.—10 冊:像.—浙江諸暨虞氏;書名據版心及書簽題

　　　　　　　　　　　　　　傳 774.37/89

5666

雲陽賢橋虞氏重修族譜　六卷/(清)虞開第等修;吳興仁纂.—清宣統元年(1909)木活字本.—6 冊:像.—江蘇雲陽虞氏;書名據目錄題,書名頁等題虞氏宗譜　　　　　　　　　　　傳 774.37/894

5667*

鄞陽虞氏宗譜/虞蓼等纂修.—民國間稿本.—13 冊.—浙江鄞縣虞氏;書名據目錄題

　　　　　　　　　　　　　　傳 774.37/91

傳 774.39　吳氏

5668

　吳氏家譜/(元)吳毅纂;(明)吳輔德續纂.—清光緒
二年(1876)刻本.—2册:像.—江蘇延陵吳氏;書名據
書名頁及版心題
　　部二　1册　缺像　　　　　　　　傳 774.39/71

5669

　新安左台吳氏譜圖續編/(清)吳家藻纂.—清抄
本.—4册.—安徽歙縣吳氏;是譜纂修年不詳
　　　　　　　　　　　　　　　　傳 774.39/80

5670

　吳氏族譜　一卷/(明)吳氏修.—清抄本.—1册:
圖.—安徽吳氏,記事至明崇禎十五年(1642);書名據
譜序題　　　　　　　　　　　　傳 774.39/807

5671

　新安商山吳氏宗祠譜傳/(明)吳應遷輯;(清)吳凝
吉續輯.—清康熙二十一年(1682)吳氏刻本.—1
册.—安徽休寧商山吳氏;書名據版心題
　　　　　　　　　　　　　　　　傳 774.39/82

5672

　澄塘吳氏家譜　三卷/(清)吳亦溥纂修.—清抄
本.—1册:圖.—安徽歙縣吳氏;書名據版心題
　　　　　　　　　　　　　　傳 774.39/824

5673

　吳氏家譜/(清)吳可恂輯.—清康熙間刻本.—1册:
圖.—江蘇延陵吳氏;間有殘缺;書名據版心題;有清
康熙三十六年(1697)吳可恂自敍　傳 774.39/8245

5674

　延陵吳氏族譜　六卷/(清)吳永錫等纂修.—清乾
隆三年(1738)刻本.—4册:圖及像.—江蘇丹陽延陵
鎮吳氏;卷末缺頁;書名據目錄題,書名頁題洞庭吳氏
家譜
　　部二　4册　卷2缺歷代修譜名實
　　　　　　　　　　　　　　　傳 774.39/84

5675

　吳氏正宗譜/(清)吳允榕纂修.—清抄本.—1册.—
安徽歙縣吳氏,記事至清乾隆間;書名據譜序題
　　　　　　　　　　　　　　傳 774.39/844

5676

　休寧厚田吳氏宗譜　六卷/(清)吳騫輯.—清乾隆
五十一年(1786)刻本.—4册:圖及像.—安徽休寧吳
氏;賜錦堂藏板　　　　　　　　傳 774.39/8442

5677

　皖懷梅沖吳氏編修宗譜　六卷卷首一卷卷末一卷/
(清)吳鳳等纂修.—清乾隆五十八年(1793)萃英堂木
活字本.—8册.—安徽懷寧吳氏;書名據目錄題
　　　　　　　　　　　　　　傳 774.39/8445

5678

　吳氏伯武公房譜　二卷/(清)吳文薰等修.—清乾
隆四十二年(1777)木活字本.—2册:圖及像.—江西
宜黃吳氏;書名據版心及書簽題　　傳 774.39/8446

5679

　[吳氏家傳]/(清)吳光國編.—清乾隆三十七年
(1772)刻本.—2册.—安徽歙縣吳氏
　　　　　　　　　　　　　　傳 774.39/84465

5680

　吳氏秉良公房譜　二卷/(清)吳氏修.—清乾隆四
十六年(1781)木活字本.—4册:圖及像.—江西宜黃
吳氏;書名據版心題　　　　　　傳 774.39/8447

5681

　[吳氏譜系]/(清)吳氏輯.—清抄本.—1册.—奉
天沙長吳氏,記事至清乾隆十二年(1747).—毛裝
　　　　　　　　　　　　　　傳 774.39/849

5682

　吳氏家譜　三卷卷首一卷/(清)吳鰲纂修.—清嘉
慶二年(1797)刻本.—4册.—浙江湖州吳氏;書名據
版心題　　　　　　　　　　　　傳 774.39/85

5683

　奉川吳氏宗譜/(清)吳啟雷等纂修.—清嘉慶元年
(1796)永思堂木活字本.—1册:圖及像.—浙江奉化

吳氏;原書卷數不詳,存2卷:卷1—2;書名據版心題
傳 774.39/854

5684

吳氏宗譜 八卷卷首一卷卷末一卷/(清)吳希瀾等
修;(清)吳應鳴等纂.—清道光三年(1823)至德堂木
活字本.—12冊:圖及像.—安徽貴池吳氏;書名據版
心及書簽題 傳 774.39/86

5685

山陰縣州山吳氏族譜 三十一部/(清)吳國梁等纂
修.—清道光二十年(1840)木活字本.—31冊.—浙江
山陰吳氏;書名據版心及書簽題;是書以部代卷
傳 774.39/864

5686

蛟川吳氏宗譜/(清)吳有容等纂修.清同治四年
(1865)詒燕堂木活字本.—1冊.—浙江定海吳氏;書
名據版心題 傳 774.39/88

5687

吳氏族譜 六卷/(清)吳邦輔等纂修.—清同治八
年(1869)吳氏尚德堂木活字本.—6冊:圖.—安徽灄
縣吳氏;書名據版心及書簽題 傳 774.39/884

5688

苕溪吳氏宗譜/(清)吳容光等纂修.—清同治十三
年(1874)刻本.—4冊:圖及像.—浙江苕溪吳氏;書名
據書名頁題 傳 774.39/8843

5689

石塔吳氏宗譜 六卷/(清)吳亨年等修.—清同治
十一年(1872)至德堂木活字本.—6冊:像.—江蘇宜
興吳氏;版心及書名頁題吳氏宗譜 傳 774.39/8844

5690

纂修吳氏家乘 四卷/(清)吳聯慶修;吳炳忠纂.—
清同治十三年(1874)雍睦堂木活字本.—4冊.—江蘇
金壇吳氏;書名據版心及書名頁題
傳 774.39/8845

5691

昌溪太湖支吳氏宗譜/(清)吳錫純纂.—清光緒二
十六年(1900)敘倫堂木活字本.—1冊.—安徽歙縣吳

氏;書名據書簽題,版心題吳氏族譜 傳 774.39/89

5692

[昌溪太湖支吳氏宗譜]/(清)吳錫純纂.—清光緒
二十六年(1900)敘倫堂木活字本.—1冊.—安徽歙縣
吳氏;版心題吳氏族譜 傳 774.39/89.1

5693

吳氏家譜 六卷卷首二卷/吳深海等修;吳枝菜等
纂.—清光緒三十年(1904)渤海堂木活字本.—6冊:
圖.—湖南湘陰吳氏;書名據書簽及書名頁題
傳 774.39/892

5694

慈東邵家匯吳氏宗譜/(清)吳長芬修.—清光緒六
年(1880)抄本.—1冊:圖.—浙江慈溪吳氏;書名據版
心題 傳 774.39/894

5695

吳氏宗譜 四卷/(清)吳益壽等纂修.—清光緒十
一年(1885)吳氏世讓堂木活字本.—4冊:圖.—安徽
蕪湖鳳凰山吳氏;書名據版心及書簽題
傳 774.39/8943

5696

渤海西吳宗譜 十二卷/(清)吳懋基等修.—清光
緒十七年(1891)豫章集賢堂木活字本.—10冊:圖及
像.—書名據版心題,書衣題西吳家乘,書名頁題西吳
宗譜;福建浦城吳氏 傳 774.39/89434

5697

渤海吳氏家譜/(清)吳士琛等修.—清光緒間木活
字本.—2冊:圖及像.—福建浦城吳氏,記事至清光緒
間;書名據版心題,書名頁題渤海堂吳氏家譜;有吳士
琛清道光十七年(1837)序 傳 774.39/8944

5698

苕溪吳氏宗譜/(清)吳孝誠等修.—清光緒三十二
年(1906)刻本.—6冊:圖及像.—浙江苕溪吳氏;書名
據書簽題,版心及書名頁題吳氏宗譜;著者據序題
傳 774.39/89442

5699

錫山吳氏世譜 六卷卷首二卷卷末一卷/(清)吳祥

霖等纂修.—清光緒十二年（1886）至德堂木活字本.—52冊：圖及像.—江蘇無錫吳氏；書名據目錄題，版心題吳氏統譜，書簽及書名頁題吳氏世譜
　　　　　　　　　　　　傳774.39/89447

5700

北渠吳氏族譜　六卷卷首一卷/（清）吳德釗等修.—清光緒三十三年（1907）木活字本.—10冊.—江蘇宜興吳氏
　　　　　　　　　　　　傳774.39/8945

5701

毗陵薛墅吳氏族譜　二十二卷/（清）吳光鼎等修.—清光緒九年（1883）履成堂木活字本.—20冊.—江蘇毗陵吳氏；書名據目錄題，版心題吳氏族譜，書簽及書名頁題薛墅吳氏族譜
　　部二　20冊　　　　　傳774.39/8946

5702

後底涇吳氏宗譜　十九卷卷首一卷卷末一卷/（清）吳鏗清等纂修.—清光緒十三年（1887）木活字本.—20冊：圖及像.—江蘇江陰吳氏；書名據書名頁等題
　　　　　　　　　　　　傳774.39/89463

5703

吳氏世德錄　三卷卷首一卷/（清）吳重熹輯.—清光緒九年（1883）陳州刻本.—4冊.—山東海豐吳氏；書名據版心及書簽題，書名頁題吳氏家譜
　　　　　　　　　　　　傳774.39/894634

5704

環溪吳氏家譜　四卷/（清）吳光昭等纂修.—清光緒三十年（1904）寶誥堂木活字本.—4冊.—安徽休寧吳氏；書名據版心及書簽題，書名頁題吳氏族譜
　　　　　　　　　　　　傳774.39/89465

5705

石潭吳氏敘倫祠宗譜　十二卷/（清）吳紹周纂.—清光緒二十年（1894）木活字本.—12冊：圖及像.—安徽歙縣石潭吳氏；書名據版心題，書簽題吳氏敘倫堂宗譜
　　　　　　　　　　　　傳774.39/89466

5706

楊泉吳氏家書　十七卷/（清）吳建祿等修.—清光緒二十六年（1900）慶餘堂木活字本.—14冊：圖及

像.—湖南湘潭吳氏；書名據書名頁等題，著者據卷末總序題
　　　　　　　　　　　　傳774.39/8947

5707

旌陽吳氏宗譜　二卷卷首一卷卷末一卷/（清）吳森友等修.—清光緒三十三年（1907）木活字本.—2冊：圖及像.—安徽旌德吳氏；缺1卷：卷末；書名據版心題，書名頁題吳氏族譜，著者據序題
　　　　　　　　　　　　傳774.39/89477

5708

皋廉吳氏家乘　十卷/（清）吳大根等纂修.—清光緒七年（1881）刻本.—10冊：圖及像.—江蘇吳縣吳氏；書名據書名頁題，版心題吳氏家譜；太史第藏版
　　　　　　　　　　　　傳774.39/894777

5709

吳氏族譜/（清）吳錫純等纂修.—清光緒二十六年（1900）敘倫堂木活字本.—1冊.—安徽歙縣吳氏；書名據版心題
　　部二　1冊　　　　　傳774.39/8948

5710

吳氏支譜　十二卷卷首一卷/（清）吳艾生等纂修.—清光緒八年（1882）刻本.—6冊.—江蘇吳縣吳氏；書名據書名頁等題
　　　　　　　　　　　　傳774.39/89486

5711

萊陽分支太倉延陵宗譜　十八卷卷首一卷卷末一卷/（清）吳近莊纂；（清）吳祥霖等補輯.—清宣統元年（1909）觀樂堂木活字本.—6冊.—江蘇太倉吳氏；書名頁等題延陵宗譜
　　　　　　　　　　　　傳774.39/8949

5712*

吳氏本支譜略初稿/（清）吳邦捷纂；吳家儀續纂.—民國13年（1924）油印本.—1冊.—江蘇江寧吳氏；書名據書簽題
　　　　　　　　　　　　傳774.39/91

5713*

吳氏九修族譜　二十卷/吳松等修；吳秉忠纂.—民國13年（1924）延陵堂木活字本.—20冊：圖.—湖南安化吳氏；書名據版心題，書簽題吳氏九修序譜；裝訂次序有誤
　　　　　　　　　　　　傳774.39/913

5714*

山陰州山吳氏支譜/吳善慶撰輯.—民國 8 年(1919)鉛印本.—1 册:圖及像.—浙江山陰吳氏;書名據書簽及書名頁題　　　傳 774.39/914

5715*

宜荆吳氏宗譜　十卷卷首四卷/吳誠一等纂.—民國 15 年(1926)濟美堂木活字本.—36 册.—江蘇宜興吳氏;版心及書簽題吳氏宗譜　　傳 774.39/9142

5716*

孝義吳氏宗譜　四十二卷/吳志玠等纂.—民國 2 年(1913)聚慶堂木活字本.—42 册:圖.—浙江諸暨吳氏;書名據版心題　　　傳 774.39/9143

5717*

吳氏宗譜　十卷卷首一卷卷末二卷/吳志强等纂修.—民國 3 年(1914)三讓堂木活字本.—13 册.—安徽懷寧吳氏;書名據版心及書簽題
　　　　　　　　　　　傳 774.39/91433

5718*

續修吳氏家譜/吳貞魁纂.—民國 12 年(1923)石印本.—1 册.—安徽鳳陽吳氏;書名據書衣題,版心及書名頁題吳氏家譜　　　傳 774.39/9144

5719*

山陰州山吳氏支譜/吳隱纂修.—民國間木活字本.—1 册.—浙江山陰吳氏;書名據版心題,著者據序題;吳隱又名金培,號潛泉　　傳 774.39/91446

5720*

延陵吳氏宗譜　二十四卷卷首一卷/吳德洸等纂修.—民國 14 年(1925)木活字本.—45 册:圖.—浙江義烏吳氏;書名據版心及書簽題　　傳 774.39/9145

5721*

山陰縣州山吳氏族譜　三十一集/吳邦樞等修.—民國 13 年(1924)鉛印本.—31 册:圖.—浙江山陰吳氏;書名據書名頁等題
　　部二　31 册　　　　　傳 774.39/91454

5722*

黟北吳氏族譜/吳美熙等纂修.—民國 15 年(1926)木活字本.—1 册:像.—安徽黟縣吳氏;書名據書簽題,版心題吳氏族譜　　　傳 774.39/9146

5723*

吳回照軒家傳/吳光祖撰輯.—民國 13 年(1924)鉛印本.—1 册.—安徽桐城吳氏;書名據版心及書簽題
　　　　　　　　　　　傳 774.39/91463

5724*

績溪縣眉山吳氏宗譜　八卷卷首一卷卷末一卷/吳永豐等纂修.—民國 15 年(1926)敘倫堂木活字本.—6 册:圖及像.—安徽績溪吳氏;書名據書簽題,版心題眉山吳氏宗譜　　　傳 774.39/91465

5725*

家乘小紀/吳闓生撰輯.—民國 25 年(1936)油印本.—1 册.—安徽桐城吳氏;書名據版心題
　　　　　　　　　　　　傳 774.39/92

5726*

毗陵薛墅吳氏宗譜　上函十三卷下函十卷/吳晉等修;吳澄等纂.—民國 22 年(1933)木活字本.—22 册:像.—江蘇毗陵吳氏;書名據目錄題,版心題吳氏族譜,書簽及書名頁題薛墅吳氏宗譜
　　　　　　　　　　　　傳 774.39/924

5727*

北渠吳氏族譜　八卷卷首一卷/吳一清等纂修.—民國 19 年(1930)木活字本.—12 册.—江蘇宜興吳氏;書名據書簽題,版心題吳氏族譜
　　部二　12 册
　　部三　12 册　　　　　傳 774.39/9242

5728*

徽州吳氏遷昆支譜/吳鴻疇纂.—民國間蘇州大蘇印刷公司鉛印本.—1 册:圖及像.—江蘇昆山吳氏;書名據版心及書簽題　　傳 774.39/92423

5729*

吳氏馮墅分宗譜　十卷卷末一卷/吳福林等修;吳越材等纂.—民國 17 年(1928)宜興吳氏承啟堂木活字本.—12 册.—江蘇宜興吳氏;書名據版心題,書名頁題吳氏宗譜　　　傳 774.39/9243

5730[*]

雪堰吳氏世譜　三十卷卷首一卷卷末一卷/吳治輔等修;吳治鵉等纂.—民國 22 年(1933)讓德堂木活字本.—20 冊:圖.—江蘇武進吳氏;書名據書名頁等題
　　　　　　　　　　　　　傳 774.39/92433

5731[*]

湘潭烏石吳氏四修族譜　五十九卷/吳齊香修;吳肇沅纂.—民國 31 年(1942)奉思堂木活字本.—19 冊:圖.—湖南湘潭吳氏;書名據版心及書籤題
　　　　　　　　　　　　　傳 774.39/92436

5732[*]

遼陽吳氏族譜　三卷/吳恩培纂修.—民國 29 年(1940)遼陽吳氏寫真植字本.—3 冊:圖及照片.—遼寧遼陽吳氏;書名據書名頁等題;附松石齋日記摘錄
　　部二　　3 冊
　　部三　　3 冊
　　部四　　3 冊　　　　　　　傳 774.39/9244

5733[*]

吳氏宗譜　三十六卷卷首二卷/吳書炳等修;吳傳簏等纂.—民國 17 年(1928)蘭蕙堂木活字本.—38 冊:圖.—安徽潛山玉珠阪吳氏;書名據書名頁等題
　　　　　　　　　　　　　傳 774.39/92442

5734[*]

潤州吳氏宗譜　六卷/吳兆元等纂修.—民國 18 年(1929)刻朱印本.—6 冊:圖及像.—安徽歙縣遷江蘇鎮江吳氏;書名據版心題　　傳 774.39/92445

5735[*]

吳氏宗譜　二十四卷/吳士彥等纂修.—民國 18 年(1929)詒安堂木活字本.—24 冊:像.—江蘇常熟吳氏;書名據版心及書籤題,書名頁題吳氏支譜
　　　　　　　　　　　　　傳 774.39/924454

5736[*]

吳氏宗譜續刻　十二卷卷首一卷卷末一卷/吳喜生修;吳萃耕等纂.—民國 33 年(1944)至德堂木活字本.—12 冊.—江蘇宜興吳氏;卷 1 有缺頁;書名據版心題　　　　　　　　　　傳 774.39/92446

5737[*]

左臺吳氏大宗譜　三編/吳絜華等纂修.—民國 23 年(1934)中華書局上海鉛印本.—2 冊:像.—安徽休寧吳氏;書名據書名頁等題
　　部二　　2 冊
　　部三　　2 冊　　　　　　　傳 774.39/9245

5738[*]

來鳳吳氏支譜/吳國壽等纂修.—民國 19 年(1930)渤海堂鉛印本.—1 冊:照片.—湖北來鳳吳氏;書名據版心及書籤題,書名頁題吳氏宗譜
　　　　　　　　　　　　　傳 774.39/92453

5739[*]

吳氏宗譜　二十卷卷首一卷/吳升榮等纂.—民國 18 年(1929)至德堂木活字本.—20 冊:圖.—江蘇江陰吳氏;書名據書名頁等題　　傳 774.39/9246

5740[*]

固始吳氏秉義堂支譜/吳華修等纂修.—民國 18 年(1929)北平京城印書局鉛印本.—1 冊.—河南固始吳氏;書名據書籤及書名頁題,版心題吳氏秉義堂支譜
　　　　　　　　　　　　　傳 774.39/92468

5741[*]

吳賀宗譜　五十二卷卷首一卷/吳人鏡等纂修.—民國 35 年(1946)木活字本.—50 冊.—安徽宿松吳氏,本姓賀,易姓吳;書名據書名頁等題
　　　　　　　　　　　　　傳 774.39/9249

5742[*]

吳氏三修家譜　十卷/吳傳鍾等修;吳世坤等纂.—民國 30 年(1941)渤海堂石印本.—10 冊:圖.—湖南沅江吳氏;書名據版心及書籤題,書名頁題吳氏家譜
　　　　　　　　　　　　　傳 774.39/925

5743[*]

寧鄉延陵吳氏四修族譜　十三卷卷首一卷/吳政裘等修;吳達懃等纂.—民國 21 年(1932)承先堂木活字本.—14 冊:圖.—湖南寧鄉吳氏;書名據書籤題,版心題吳氏四修族譜,書名頁題寧鄉吳氏四修族譜
　　　　　　　　　　　　　傳 774.39/927

5744*

吳氏四修族譜　十卷卷首一卷/吳枝蔭等修;吳茂盦等纂.—民國 19 年(1930)渤海堂木活字本.—14
冊:圖.—湖南沅江吳氏;書名據書名頁等題

傳 774.39/9273

5745*

新橋吳氏族譜/吳礫星纂修.—1991 年世讓堂鉛印本.—1 冊.—湖南新橋吳氏;書名據書名頁題.—平裝

傳 774.39/95

傳 774.41　寧氏

5746

寧氏族譜　六卷卷首一卷/(清)寧汝杖等纂修.—清道光十年(1830)刻本.—6 冊:圖.—河南潁川寧氏;書名據書名頁等題

傳 774.41/86

5747

三陽寧氏宗譜　四卷/(清)寧世封等修;(清)寧顯貞等纂.—清道光四年(1824)種德堂木活字本.—2
冊:圖.—湖南衡陽、邵陽、祁陽寧氏;書名據版心題

傳 774.41/864

5748*

卯田寧氏四修族譜　十七卷卷首一卷/寧成文等修;寧達璋等纂.—民國 36 年(1947)善慶堂木活字本.—13 冊:圖.—卯田寧氏;卷 3、9 間有殘損;書名據書簽,版心題卯田寧氏族譜,書名頁題寧氏族譜

傳 774.41/92

傳 774.45　祁氏

5749

祁氏世譜/(清)祁友直等纂修.—清咸豐二年(1852)祁寯藻刻朱印本.—1 冊.—山西壽陽祁氏;書名據版心題

傳 774.45/87

5750*

高平祁氏先世遺跡及見錄　六卷附錄一卷/祁耀曾

撰輯.—民國 22 年(1933)鉛印本.—1 冊.—山西高平孝義里祁氏;書名據書名頁等題

傳 774.45/92

傳 774.47　左氏

5751

涇川左氏重修宗譜　二十八卷卷首一卷/(清)左駿章等修;(清)左璕等纂.—清光緒十二年(1886)木活字本.—16 冊.—安徽涇縣左氏;書名據目錄題,版心題左氏宗譜,書簽題涇川左氏宗譜,書名頁題古歙左氏宗譜

傳 774.47/89

傳 774.49　查氏

5752

涇川查氏族譜/(明)查絳等纂修.—清木活字本.—5 冊.—安徽涇縣查氏;書名據版心題;有明萬曆二十六年(1598)纂修者跋

傳 774.49/76

5753

海寧查氏族譜　十六卷世次四卷/(清)查元偁纂.—清道光間查氏刻本.—20 冊.—浙江海寧查氏;書簽題海昌查氏宗譜

傳 774.49/86

5754

毗陵查氏宗譜　二十卷/(清)查氏修.—清光緒四年(1878)清容堂木活字本.—20 冊:圖及像.—江蘇毗陵查氏;書名據書簽題,版心及書名頁題查氏宗譜

傳 774.49/89

5755

海寧查氏族譜　十六卷世次五卷卷末一卷/(清)查燕緒纂修.—清宣統元年(1909)刻本.—24 冊.—浙江海寧查氏;書簽題海昌查氏宗譜,卷末有纂修者跋
部二　24 冊

傳 774.49/894

5756

婺源查氏族譜　八卷卷首二卷卷尾十二卷/(清)查慶曾等纂修.—清光緒十八年(1892)木活字本.—40
冊:圖及像.—江西婺源查氏;書名據書簽及書名頁

題,版心題查氏族譜　　　　　　　傳 774.49/8946

5757*

毗陵查氏續修宗譜　二十四卷/查師春等修.—民國 3 年(1914)清容堂木活字本.—24 冊:圖及像.—江蘇毗陵查氏;書名據譜序題,版心題查氏宗譜,書簽及書名頁題毗陵查氏宗譜　　　　　傳 774.49/91

5758*

黟北查氏族譜　二卷/查必達等纂修.—民國 9 年(1920)鉛印本.—2 冊:像.—安徽黟縣查氏;書名據版心及書簽題　　　　　　　　傳 774.49/914

傳 774.51　李氏

5759

嚴田宗譜/(明)李氏修.—明刻本.—1 冊:圖及像.—江西婺源李氏,記事至明嘉靖間;原書卷數不詳,存 1 卷:卷 7;書名據版心題　　傳 774.51/75

5760

李氏四房支派世系家譜稿/(清)李氏修.—清抄本.—1 冊.—譜籍不詳;書名據書衣題
　　　　　　　　　　　　　傳 774.51/80

5761

甲椿李氏世系家譜　六卷卷首一卷卷末一卷/(清)李氏修.—清乾隆間木活字本.—3 冊.—江西婺源嚴田遷歙縣甲椿李氏;版心題甲椿李氏宗譜
　　　　　　　　　　　　　傳 774.51/84

5762

中湘株洲李氏支譜　五卷卷首一卷/(清)李維富等纂修.—清乾隆五十四年(1789)錦繡堂刻暨抄本.—5 冊:圖.—湖南株洲李氏;書名據目錄題,版心及書名頁題李氏族譜　　　　　　傳 774.51/844

5763

朱方李氏家乘　三卷/(清)李澋等修;(清)舒熊等纂.—清乾隆間木活字本.—4 冊.—江蘇丹徒李氏;有墨筆增補記事;書名據版心題,書簽題李氏家譜
　　　　　　　　　　　　　傳 774.51/8443

5764

三田李氏重修宗譜　四十八卷卷首一卷卷末一卷/(清)李向榮等纂.—清乾隆間刻本.—50 冊:圖.—安徽歙縣李氏;書名據目錄題　　　傳 774.51/8446

5765

李氏族譜/(清)李氏修.—清乾隆間刻本.—1 冊:圖.—福建武平李氏;殘破,缺卷不詳;書名據版心題
　　　　　　　　　　　　　傳 774.51/8447

5766

李氏續修族譜/(清)李近仁等修.—清乾隆二十四年(1759)養德堂刻本.—3 冊.—湖南衡山李氏;書名據版心題,書名頁題李氏族譜　　傳 774.51/8449

5767

梅會李氏族譜　十二卷/(清)李鵬飛等纂修.—清嘉慶間刻本.—2 冊.—浙江嘉興李氏;書名據版心題
　　　　　　　　　　　　　傳 774.51/85

5768

李氏近房宗譜/(清)李長申纂修.—清嘉慶十六年(1811)刻本.—1 冊.—鐵嶺遷京李氏;書名據版心及書簽題

部二	1 冊
部三	1 冊
部四	1 冊
部五	1 冊	傳 774.51/854

5769

平潭李氏族譜/(清)李友于輯.—清道光二十六年(1846)磊砢山房木活字本.—2 冊.—福建平潭李氏;書名據書名頁等題　　　　　傳 774.51/86

5770

李氏三忠事蹟考證/(清)李慶來輯.—清道光間刻本.—1 冊:像.—江蘇宜興李氏,記事至清道光間;書名據版心及書名頁題

部二　2 冊　　　　　　　　傳 774.51/864

5771

三江李氏宗譜　十七卷卷首一卷卷末一卷/(清)李惠等纂修.—清道光十年(1830)木活字本.—20 冊:像.—浙江姚江、蕙江、甬江李氏;書名據版心及書

簽題　　　　　　　　　傳 774.51/8643

5772

星江嚴田李氏宗譜　十六卷卷首一卷/(清)李振蘇等纂修.—清道光二十六年(1846)木活字本.—16 冊：圖.—江西婺源李氏;版心及書簽題嚴田李氏宗譜
　　　　　　　　　傳 774.51/8648

5773

正白旗李氏族譜/(清)李氏修.—清朱格抄本.—1 冊.—宛平李氏,記事至清道光間;書名據譜敍題
　　　　　　　　　傳 774.51/8649

5774

湘西卷唐李氏支譜　四卷卷首三卷/(清)李儀謙等纂修.清同治四年(1865)芋香堂木活字本.—6 冊：圖.—湖南善化李氏;書名據書名頁題,版心題李氏支譜
　　　　　　　　　傳 774.51/88

5775

遙湖李氏續修支譜　十卷/(清)李昭安等修;(清)李昭昞等纂.—清同治元年(1862)西平堂木活字本.—10 冊:圖.—湖南湘鄉李氏;書名據版心題,書簽題邀湖李氏支譜,書名頁題李氏支譜
　　　　　　　　　傳 774.51/884

5776

合肥李氏宗譜　六卷/(清)李鶴章等修.—清同治十一年(1872)木活字本.—6 冊.—安徽合肥李氏;書名據書簽題,版心題李氏宗譜　傳 774.51/8844

5777

洪洞李氏宗譜　四卷/(清)李作極等纂修.—清同治四年(1865)洪洞李氏刻本.—4 冊.—山西洪洞李氏;書名據書名頁等題　傳 774.51/8846

5778

湘潭高塘李氏七修族譜　十二卷卷首一卷卷末一卷/(清)李家賽等纂.—清同治四年(1865)木活字本.—14 冊:圖.—湖南湘潭李氏;書名據書簽題,版心題高塘李氏族譜,書名頁題李氏族譜
　　　　　　　　　傳 774.51/88462

5779

李氏重修宗譜　五十卷卷首一卷/(清)李氏修.—清同治十一年(1872)敦睦堂木活字本.—20 冊.—安徽懷寧李氏;書名據版心題,書簽題李氏宗譜
　　　　　　　　　傳 774.51/8849

5780

李氏族譜　二卷/(清)劉宗漢纂.—清同治十二年(1873)利貞堂木活字本.—2 冊.—河南宜陽李氏;書名據版心及書名頁題　傳 774.51/887

5781

四明李氏宗譜/(清)王棣纂.—清光緒十三年(1887)介石堂抄本.—3 冊.—浙江四明李氏;書名據版心題　傳 774.51/89

5782

星沙李氏支譜世系實錄/(清)李榮堯修.—清光緒四年(1878)抄本.—1 冊.—湖南李氏
　　　　　　　　　傳 774.51/8925

5783

慈溪李氏宗譜　十七卷卷末一卷/(清)李宏滋修;(清)孫煒纂.—清光緒六年(1880)敦本堂木活字本.—18 冊:圖.—浙江慈溪李氏;書名據版心及書簽題,書名頁題李氏宗譜　　傳 774.51/894

5784

上湘遙湖李氏續修族譜　十七卷/李應垣等修;李舜生等纂.—清宣統三年(1911)鶴山祠木活字本.—16 冊:圖及像.—湖南湘鄉李氏;書名據版心題,書簽題遙湖李氏續修族譜,書名頁題遙湖西平李氏族譜
　　　　　　　　　傳 774.51/8942

5785

李氏族譜　十五卷/(清)李寶賢等修;(清)李楚書等纂.—清光緒二十九年(1903)敦睦堂木活字本.—15 冊.—安徽灣縣李氏;書名據版心及書簽題
　　　　　　　　　傳 774.51/89423

5786

花泉李氏三修族譜/(清)李治龍等修;(清)李藩等纂.—清光緒十九年(1893)惇典堂刻本.—16 冊:

圖.—湖南衡陽花泉李氏;書名據版心及書簽題

傳 774.51/8943

5787

關門李氏支譜　十一卷卷末一卷/(清)李澄清等修.—清光緒二十九年(1903)敦本堂木活字本.—12册:圖及像.—安徽桐城李氏;書名據書簽題,版心題李氏支譜

傳 774.51/89433

5788

苞溪李氏家乘　二十卷/(清)李沿纂修.—清光緒十六年(1890)刻本.—12册:圖.—浙江海鹽苞溪李氏;書名據書名頁等題,版心題李氏家譜

傳 774.51/89436

5789

江南寧国府太平縣館田李氏宗譜　二十四卷卷首一卷/(清)李嘉賓等修;(清)李志洙等纂.—清光緒三十三年(1907)木活字本.—26册:圖及像.—安徽太平李氏;書名據書名頁題,版心及書簽題館田李氏宗譜

傳 774.51/8944

5790

恩安李氏宗譜/(清)李正榮等纂.—清末中西書局鉛印本.—1册.—雲南昭通府恩安李氏;書名據書名頁等題,版心題李氏宗譜

傳 774.51/89442

5791

夏莊李氏宗譜　八卷/(清)李小池等纂.—清光緒十三年(1887)敦本堂木活字本.—8册:圖.—江蘇江寧李氏;書名據書名頁等題,版心題李氏宗譜

傳 774.51/89444

5792

李氏續修族譜　八卷雜錄三卷五服世系圖三卷/(清)李上林等修.—清光緒四年(1878)登龍堂木活字本.—14册:圖.—湖南桂陽李氏;書名據版心題,書簽題李氏家乘,書名頁題李氏宗譜

傳 774.51/8945

5793

杉木橋李氏六修族譜　十六卷卷首一卷/(清)李在朋等修;(清)李萃菜等纂.—清光緒二十八年(1902)養德堂木活字本.—16册:圖.—湖南李氏;書名據書

簽等題,書名頁題李氏族譜,版心題李氏六修族譜

傳 774.51/89451

5794

李氏家乘　六卷/(清)李佐賢編.—清光緒間利津李氏刻本.—2册.—山東利津李氏

傳 774.51/8946

5795

李氏宗譜　八卷/(清)李大興等修.—清光緒三十一年(1905)源遠堂木活字本.—8册:像.—江蘇毗陵李氏;書名據版心及書名頁題

傳 774.51/8947

5796

楊林李氏族譜/(清)李仙培等纂輯.—清光緒間世德堂木活字本.—1册.—江西永興李氏;缺卷不詳;書名據版心題;西諦藏書

傳 774.51/89474

5797

李氏五修支譜　七卷/(清)李邦組等纂修.—清光緒二十二年(1896)錦繡堂木活字本.—2册:圖.—湖南株洲李氏;書名據目錄題,版心及書名頁題李氏支譜

傳 774.51/89476

5798

李氏近房宗譜/(清)李氏修.—清乾隆間刻本.—1册.—鐵嶺遷京李氏;有清嘉慶至光緒間墨筆續抄記事;書名據版心及書簽題.—毛裝

傳 774.51/8949

5799

李氏族譜　六卷/(清)李氏修.—清光緒二十五年(1899)東來堂刻本.—6册:圖.—山東章丘李氏;書名據書名頁等題

傳 774.51/897

5800

邵東李氏三修族譜　十八卷卷首一卷卷末三卷/李氏纂.—清宣統三年(1911)敦睦堂木活字本.—22册:圖.—湖南邵陵李氏;書簽題李氏三修族譜

傳 774.51/8972

5801 *

李追遠堂宗譜　四卷/(清)李希典等纂修.—民國間影印本.—4册:圖.—譜籍不詳;書名據書名頁等

題;據清光緒二十五年(1899)追遠堂刻本影印

傳 774.51/8974

5802*

　江陰李氏支譜　十六卷卷首一卷/李繼欽纂輯. —
民國元年(1912)油印本. —4 冊:圖及像. —江蘇江陰
李氏;書名據書名頁等題　　　　　傳 774.51/91

5803*

　泰寧李氏家譜　八卷/李喜發等增輯. —民國 3 年
(1914)廣州中外印書館鉛印本. —8 冊. —廣東香山李
氏;書名據書簽及書名頁題,版心題李氏族譜

傳 774.51/914

5804*

　李氏族譜　十六卷卷首一卷/李其昌等纂修. —民
國 4 年(1915)刻本. —8 冊. —四川富順李氏

傳 774.51/9143

5805*

　湘潭神衝李氏四修家譜　十四卷/李理賢等修;李
遠諤等纂. —民國 8 年(1919)萬葉堂木活字本. —14
冊:圖. —湖南湘潭李氏;書名據書名頁題,書簽題戊
寅港神衝李氏家譜,版心題李氏四修家譜

傳 774.51/91435

5806*

　李氏族譜　二十卷卷首一卷/李潤泉等纂修. —民
國間敘樂堂木活字本. —11 冊. —譜籍不詳;缺 9 卷:
卷首、卷 1—8;書名據版心及書簽題;有民國 11 年
(1922)議息單　　　　　　　傳 774.51/91439

5807*

　西塘李氏支譜　六卷/李正墀纂輯. —民國 12 年
(1923)鉛印本. —2 冊:圖. —浙江嘉善李氏;書名據書
名頁題　　　　　　　　　　傳 774.51/9144

5808*

　三江李氏宗譜　三十二卷卷首一卷卷末一卷/李順
林等纂. —民國 7 年(1918)木活字本. —34 冊:圖及
像. —浙江蕙江、甬江、姚江李氏;書名據版心及書
簽題　　　　　　　　　　　傳 774.51/91447

5809*

　鶴山李氏宗譜　二卷卷首一卷卷末一卷/李世祿等
纂修. —民國 6 年(1917)木活字本. —4 冊:圖及像. —
安徽黟縣李氏;書名據版心及書簽題

傳 774.51/9145

5810*

　騰衝疊水河李氏宗譜/李根源纂輯. —民國間燕台
鉛印本. —2 冊. —雲南騰衝李氏;書名據書名頁等題;
附李氏碑傳集
　部二　1 冊　缺李氏碑傳集　　傳 774.51/9147

5811*

　開沙李氏宗譜　三十卷卷首一卷卷末一卷/李錫純
等修. —民國 14 年(1925)介祉堂木活字本. —36 冊:
圖像及照片. —江蘇丹徒李氏;書名據版心及書簽題

傳 774.51/9148

5812*

　承惠堂支譜草/李氏修. —民國 18 年(1929)朱絲欄
抄本. —1 冊. —鄞縣李氏,記事至民國 14 年(1925);
書名據書衣題;譜籍據寧波郡志卷 7 訂

傳 774.51/9149

5813*

　京口李氏七修宗譜　二十四卷卷首一卷卷末一卷/
姚研山纂. —民國 4 年(1915)木活字本. —24 冊. —江
蘇潤州李氏;書名據書簽及書名頁題,版心題京口李
氏宗譜
　部二　24 冊　　　　　　　傳 774.51/915

5814*

　李氏五修族譜　十五卷卷首一卷/李當來等修;李
廣賢等纂. —民国 13 年(1924)隴西堂石印本. —17
冊:圖及像. —湖南安化李氏;書名據版心及書簽題

傳 774.51/9157

5815*

　李氏四修族譜　六十五卷卷首四卷/李凝績等修;
李世勵等纂. —民國 5 年(1916)木活字本. —69 冊:
圖. —湖南李氏;書名據書簽題,書簽及書名頁題李氏
族譜　　　　　　　　　　　傳 774.51/916

5816*

李報本堂族譜　二十四卷卷首五卷附發祥編一卷附錄一卷/李光笏等纂修.—民國 5 年(1916)湘鄉李氏報本堂木活字本.—31 册:圖.—湖南湘鄉李氏;書名據版心及書籤題,書名頁題李氏族譜

傳 774.51/9168

5817*

湘潭高塘李氏九修家譜　五十九卷卷首二卷末一卷/李大綸等纂修.—民國 18 年(1929)木活字本.—28 册.—湖南湘潭李氏;書名據書籤及書名頁題,版心題高塘李氏九修族譜　傳 774.51/92

5818*

邵陵泉塘李氏四修宗譜　二十卷卷首一卷卷末三卷/李宗輝等修;李昌明等纂.—民國 31 年(1942)李氏培元堂木活字本.—25 册:圖.—湖南邵陽李氏;書名據版心及書名頁題

傳 774.51/922

5819*

邵陵泉塘李氏五修支譜　二十一卷卷首一卷卷末一卷/李應群等修;李克欽等纂.—民國 31 年(1942)五知堂木活字本.—20 册:圖.—湖南邵陽李氏;書名據版心及書名頁題,書籤題泉塘李氏支譜

傳 774.51/923

5820*

騰衝青齊李氏宗譜　五卷/李學詩,李根源纂.—民國 20 年(1931)騰衝青齊李氏宗祠刻本.—5 册.—雲南騰衝李氏;書名據書名頁等題　傳 774.51/924

5821*

迎恩李氏宗譜　二十卷卷首一卷/李炳陞等纂修.—民國 16 年(1927)函道堂木活字本.—6 册:圖.—浙江鄞縣李氏;書名據書名頁等題

傳 774.51/9242

5822*

莘村李氏宗譜　十六卷/李榮康等纂修.—民國 26 年(1937)天敘堂木活字本.—16 册.—江蘇宜興李氏;書名據書名頁等題　傳 774.51/92422

5823*

李氏族譜/李汝祺等纂修.—民國 26 年(1937)北平鉛印本.—3 册:圖及照片.—河北交河馬連瞳李氏;書名據版心及書簽題

部二	3 册
部三	3 册
部四	3 册
部五	3 册

傳 774.51/9243

5824*

玉祁李氏宗譜　八卷/李汝楫等纂修.—民國 38 年(1949)尊輝堂木活字本.—8 册:圖及像.—江蘇無錫玉祁李氏;書名據版心及書簽題,書名頁題李氏族譜

傳 774.51/92434

5825*

李氏宗譜　四卷/李壽恒等纂.—民國 20 年(1931)木活字本.—4 册.—江蘇丹徒李氏;書名據書名頁等題　傳 774.51/92435

5826*

李氏族譜/李焜墀修;李叓等纂.—民國 25 年(1936)鉛印本.—1 册:圖及照片.—河南唐河李氏;書名據版心及書簽題　傳 774.51/924354

5827*

龍江李氏族譜　八卷續篇一卷/李燕年等纂;李卓英續纂.—民國 38 年(1949)石印本.—1 册:圖.—廣西容縣李氏;書名據版心題　傳 774.51/92437

5828*

李氏分支宗譜/李弈華修.—民國 27 年(1938)葉氏石印本.—2 册:像.—廣東揭陽李氏;書名據版心及書簽題　傳 774.51/9244

5829*

長藪李氏族譜　十七卷卷末一卷/李世恩等修;李大鑒等纂.—民國 30 年(1941)隴西堂木活字本.—18 册:圖.—湖南長沙李氏;書名據書名頁等題

傳 774.51/92444

5830*

隴西李氏家譜　四卷/李兆豐等纂.—民國 17 年(1928)石印本.—2 册:圖.—河北灤縣李氏;書名據版心及書名頁題

傳 774.51/92445

5831*

新化長塘李氏家史 二十卷卷首一卷卷末一卷/李景僑等纂.—民國 23 年(1934)鉛印本.—2 册:圖及照片.—湖南新化李氏;書名據書簽及書名頁題,版心題長塘李氏家譜 傳 774.51/92446

5832*

澗山李氏三修族譜 三十四卷卷首二卷/李藻英纂修.—1992 年北京图书馆静電復製本.—1 册.—湖南湘鄉澗山李氏;存卷首上;書名據版心題,書簽題李氏族譜;據民國 36 年(1947)隴西堂木活字本静電復製.—精裝 傳 774.51/92448

5833*

李氏宗譜 二十卷卷首二卷/李昌森等修;李壽涵等纂.—民國 33 年(1944)木活字本.—20 册:圖.—安徽英山李氏;書名據書名頁等題

部二 9 册 存 9 卷:卷 1—9 及卷首上

傳 774.51/9245

5834*

楚南溈寧東山李氏四修家譜 十六卷/李興濬等纂修.—民國 17 年(1928)德澤堂木活字本.—16 册:圖.—湖南寧鄉李氏;版心題東山李氏家譜,書簽題東山李氏四修家譜,書名頁題楚南溈寧東山李氏家譜

傳 774.51/92453

5835

中湘花橋蒼霞李氏五修族譜 十卷卷首一卷卷末一卷/李澤民修;李澤江纂.—民國 24 年(1935)錦繡堂木活字本.—12 册:圖.—湖南湘潭李氏;版心題李氏五修族譜,書簽題中湘李氏五修族譜,書名頁題李氏族譜 傳 774.51/92456

5836*

騰衝叠水河李氏家譜/李學詩等纂.—民國 17 年(1928)蘇州刻本.—1 册.—雲南騰衝李氏;書名據書名頁題 傳 774.51/9246

5837*

毗陵李氏宗譜 十二卷/李生壽等修;李希白等纂.—民國 20 年(1931)源遠堂木活字本.—12 册:像.—江蘇毗陵李氏;書名據書簽題,版心及書名頁題李氏宗譜 傳 774.51/92463

5838*

李氏四修宗譜 十三卷卷首四卷/李華熄等修;李先甲等纂.—民國 21 年(1932)登龍堂木活字本.—20 册:圖.—湖南桂陽李氏;書名據版心題,書簽題李氏宗譜 傳 774.51/92464

5839*

湘潭白汑李氏六修家譜 二十八卷/李少棠等修;李麓樵等纂.—民國 27 年(1938)廣居堂木活字本.—28 册:圖.—湖南湘潭李氏;書名據書簽題,版心題李氏六修家譜,書名頁題李氏家譜 傳 774.51/9247

5840*

隴西郡李氏族譜/李天根纂.—民國 16 年(1927)成都大同印刷局鉛印本.—1 册:圖及像.—李氏總譜,分遷四川雙流等地;書名據書名頁等題

傳 774.51/92475

5841*

李氏族譜/李本選等修.—民國 26 年(1937)蒲臺大通印刷局石印本.—4 册.—山東濟南李氏;原書卷數不詳,存 4 卷:卷 1—4 傳 774.51/924757

5842*

醴陵羅田妙泉李氏四修族譜 三十五卷/李新發等修;李曉嵐等編.—民國 33 年(1944)惇裕堂木活字本.—32 册:圖.—湖南醴陵李氏;缺 3 卷:卷 25、27、32;書名據版心及書簽題,書名頁題李氏族譜

傳 774.51/92476

5843*

李氏宗譜 十三卷又二卷卷首一卷卷末一卷/李大紳等纂修.—民國 30 年(1941)三田堂木活字本.—16 册:圖.—浙江吳興李氏;書名據版心及書簽題

傳 774.51/92477

5844*

善塘李氏宗譜 十二卷/李彩光等纂修.—民國 30 年(1941)叢桂堂木活字本.—12 册:像.—江蘇宜興李氏;書名據書簽題,版心及書名頁題李氏族譜

傳 774.51/9248

5845*

李千護公通譜 十五卷/李氏修.—民國間鉛印

本.—15 册.—湖南桂陽李氏;書名據版心及書簽題
傳 774.51/9249

5846*

李氏三修族譜　十三卷卷首三卷/李田元等修;李鏜元等纂.—民國 27 年(1938)柳汁堂木活字本.—16 册:圖.—湖南沅江李氏;書名據書名頁等題
傳 774.51/925

5847*

尖山李氏族譜　八十九卷卷首一卷/李昭槐等修;李昭碬等纂.—民國 38 年(1949)登龍堂木活字本.—64 册:圖.—湖南長沙李氏;書名據版心及書簽題,書名頁題李氏族譜
傳 774.51/9253

5848*

李氏宗譜/李傅竭等修;李傅邦等纂.—民國 36 年(1947)光裕堂木活字本.—17 册:圖.—湖南李氏;書名據書簽題,版心題李氏族譜,書名頁題李氏家乘
傳 774.51/9254

5849*

閩杭儒溪李氏興國聯修第四屆族譜/李詠懷修;李韓源等纂.—民國 38 年(1949)隴西堂石印本.—16 册:圖.—福建上杭李氏;書名據版心及書簽題
傳 774.51/926

5850

李氏四修族譜　二卷卷首一卷/李運昌等纂修.—民國 31 年(1942)鹿洞堂木活字本.—3 册:圖.—湖南邵東李氏;書名據版心題,書名頁題李氏族譜
傳 775.51/9265

5851*

李氏四續宗譜　二十卷卷首二卷/李名傳等修.—民國 22 年(1933)隴西堂木活字本.—24 册:圖.—湖南沅江李氏;書名據版心及書簽題,書名頁題李氏族譜
傳 774.51/92654

5852*

李氏七修族譜　五卷卷首二卷卷末一卷/李先義等修;李卓鑫纂.—民國 34 年(1945)隴西堂木活字本.—8 册:圖.—福建長樂李氏;書名據書簽及版心題
傳 774.51/927

5853*

李氏五修族譜　二十三卷卷首二卷/李先熙等修;李先圃等纂.—民國 16 年(1927)四部堂木活字本.—22 册:圖.—江西萬安李氏;卷 4 係配補本且有殘損;書名據書名頁等題
傳 774.51/9273

5854*

豪山李氏族譜　十五卷卷首一卷/李遠杰等纂修.—民國 29 年(1940)隴西堂木活字本.—15 册.—湖南永興李氏;缺 1 卷:卷 9,卷 5 殘;書名據書簽題,版心題李氏族譜,書名頁題李氏家乘
傳 774.51/92735

5855*

天堂李氏三修族譜　四十七卷卷首三卷/李紀蘊等修;李盛頤等纂.—民國 35 年(1946)龍門堂木活字本.—50 册:圖.—湖南湘鄉李氏;書名據版心及書簽題,書名頁題李氏族譜
傳 774.51/9274

5856*

蓋州李氏家譜/李芳馨纂修.—1993 年蓋州李芳馨藍絲欄抄本.—1 册.—遼寧蓋州李氏;書名據書衣等題.—平裝
傳 774.51/95

傳 774.52　李佳氏

5857

長白李氏家譜/(清)李佳如桂撰輯;(清)李佳陽安等續輯.—清乾隆二十九年(1764)抄本.—1 册.—遼寧瀋陽李佳氏;書名據版心題
傳 774.52/84

傳 774.53　吉氏

5858*

延令環溪吉氏重修族譜　十二卷/吉衡等纂修.—民國 5 年(1916)敬勝堂木活字本.—12 册:圖及像.—江蘇延陵吉氏;書名據版心及書名頁題
傳 774.53/91

傳 774.55 柏氏

5859

臨城柏氏宗譜 十二卷/(清)柏元愷等纂.—清光緒二十三年(1897)木活字本.—12 册:圖及像.—安徽青陽臨城鎮柏氏;書名據書簽題,版心題柏氏宗譜
傳 774.55/89

傳 774.57 蔣氏

5860

蔣氏支譜 四卷/(清)蔣啟祥等修;(清)蔣醴纂.—清嘉慶十三年(1808)敦本堂木活字本.—8 册:圖及像.—安徽桐城蔣氏;書名據版心題
傳 774.57/85

5861

蔣氏族譜/(清)蔣忠勅等修;(清)蔣誠相等纂.—清嘉慶二十五年(1820)敦睦堂木活字本.—6 册:圖.—湖南安化蔣氏;書名據版心題 傳 774.57/852

5862

京江蔣氏宗譜 四卷/(清)蔣名甲纂修.—清咸豐元年(1851)木活字本.—4 册.—江蘇京口蔣氏;書名據書簽及書名頁題,版心題蔣氏宗譜
傳 774.57/87

5863

婁關蔣氏本支錄/(清)蔣氏纂修.—清同治間蔣祖芬抄本.—3 册.—江蘇吳縣蔣氏;書名據書衣題
傳 774.57/88

5864

毗陵蔣氏世譜 十八卷卷末二卷/(清)蔣衡國修.—清同治十三年(1874)三徑堂木活字本.—20 册:像.—江蘇毗陵蔣氏;書名據書名頁等題,版心題蔣氏世譜
傳 774.57/884

5865

蔣氏支譜 二卷/(清)蔣學堅,(清)蔣學培輯.—清光緒間刻本.—2 册.—浙江海寧等地蔣氏;書名據版心題
部二 2 册 傳 774.57/89

5866

蔣氏族譜 六十二卷卷首一卷/(清)蔣顧三等纂修.—清光緒十一年(1885)保元堂木活字本.—33 册:圖.—湖南安化蔣氏;書名據書名頁等題
傳 774.57/8924

5867

暨陽戴里上馬石蔣氏宗譜 八卷/(清)蔣錦常等修;(清)蔣殿魁等纂.—清光緒三十三年(1907)雍集堂木活字本.—8 册.—浙江諸暨蔣氏;書名據版心題
傳 774.57/894

5868

崗峒蔣氏宗譜 四十四卷卷首一卷卷末一卷/蔣玉成等修;蔣宗梧等纂.—清宣統三年(1911)敦本堂木活字本.—46 册:像.—江蘇宜興蔣氏;書名據版心題,書簽題崗峒蔣氏家乘,書名頁題蔣氏家乘
傳 774.57/8942

5869

剡西蔣氏宗譜 六卷/(清)蔣元義等修.—清光緒二十九年(1903)木活字本.—6 册:圖及像.—浙江剡縣蔣氏;書名據版心題,書簽題蔣氏宗譜
傳 774.57/89424

5870

蕭山蔣氏宗譜 十一卷/(清)蔣斌臣修.—清光緒二十四年(1898)木活字本.—8 册:像.—浙江蕭山蔣氏;書名據版心題 傳 774.57/89425

5871

諸暨七里川堂蔣氏宗譜 二十四卷前編一卷/(清)蔣鴻藻修;(清)蔣景耀等纂.—清光緒十四年(1888)三治堂木活字本.—26 册:圖及像.—浙江諸暨蔣氏;書名據目錄題,版心題七里川堂蔣氏宗譜,書簽題川堂蔣氏宗譜,書名頁題戴里川堂蔣氏宗譜
傳 774.57/89428

5872

金沙李墟蔣氏續修宗譜　六卷/(清)蔣正修等修;(清)蔣蘊藻等纂.—清光緒十一年(1885)亦政堂木活字本.—6冊:像.—江蘇金壇蔣氏;書名據目錄題,版心及書名頁題蔣氏宗譜,書簽題李墟蔣氏宗譜

傳774.57/8944

5873

金沙楊莊南湯重修宗譜　十四卷/(清)蔣永全等修.—清光緒十五年(1889)齒德堂木活字本.—12冊:像.—江蘇金壇蔣氏;書名據目錄題,版心題蔣氏家乘

傳774.57/8946

5874

毗陵蔣氏世譜後編　九卷卷首一卷卷全一卷/蔣全林等修.—清宣統三年(1911)三徑堂木活字本.—10冊.—江蘇毗陵蔣氏;版心題蔣氏世譜後編

傳774.57/89467

5875

蔣氏宗譜　十八卷/(清)蔣振芳等修.—清光緒二十七年(1901)燕翼堂木活字本.—18冊.—浙江蕭山蔣氏;書名據版心及書簽題

傳774.57/8947

5876*

蔣氏宗譜　十四卷卷首一卷卷末一卷/蔣得寶等修.—民國7年(1918)孝義堂木活字本.—14冊:像.—江蘇宜興蔣氏;書名據書名頁等題

傳774.57/91

5877*

錫山蔣氏宗譜　三十卷卷首一卷/蔣士松等纂修.—民國12年(1923)一梅堂木活字本.—30冊:像.—江蘇無錫蔣氏;書名據書名頁等題

傳774.57/914

5878*

蔣氏族譜　十六卷卷首二卷卷末一卷/蔣巨源等修;蔣澤韶等纂.—民國13年(1924)木活字本.—19冊.—湖南益陽、邵陽蔣氏;書名據書名頁等題

傳774.57/9142

5879*

餘姚蘭風蔣氏宗譜　十卷/蔣增煊等纂修.—民國8年(1919)三徑堂木活字本.—6冊:圖.—浙江餘姚蔣氏;書名頁等題蘭風蔣氏宗譜

部二　6冊　　　　　　　　傳774.57/9143

5880*

蔣氏宗譜　二十二卷/蔣福壽等修;羅俊彥纂.—民國8年(1919)溧陽蔣氏繩武堂木活字本.—24冊:圖.—江蘇溧陽蔣氏;書名據書名頁等題

傳774.57/91433

5881*

溈寧道林蔣氏十修譜　十七卷卷首一卷/蔣本溈修.—民國11年(1922)湖南寧鄉蔣氏忠雅堂木活字本.—16冊:圖.—湖南寧化蔣氏;缺2卷:卷14、17;書名據書簽題,版心題道林蔣氏族譜,書名頁題蔣氏族譜

傳774.57/917

5882*

邵東蔣氏三續族譜　十八卷卷首一卷卷尾一卷/蔣逢鐐修;蔣宗澄等纂.—民國22年(1933)忠雅堂木活字本.—18冊:圖.—湖南邵陽蔣氏　傳774.57/919

5883*

蔣氏家乘　十四卷卷首一卷末一卷/蔣歡大等修;蔣信大等纂.—民國17年(1928)三徑堂木活字本.—16冊:像.—江蘇宜興蔣氏;書名據版心題,書簽及書名頁題蔣氏宗譜

傳774.57/92

5884*

東安蔣巷蔣氏宗譜　二十卷卷首一卷/蔣鴻才等修.—民國32年(1943)孝思堂木活字本.—22冊:像.—江蘇宜興蔣氏;書名據目錄題,書名頁等題蔣氏宗譜

傳774.57/924

5885*

蔣氏宗譜　八卷/蔣克峻等修;蔣佩錦纂.—民國37年(1948)忠雅堂木活字本.—2冊.—江蘇武進蔣氏;書名據書名頁等題

部二　2冊　　　　　　　　傳774.57/9245

5886*

毗陵萬塔蔣氏宗譜　三十八卷/蔣和統等修.—民國36年(1947)樂義堂木活字本.—40冊:圖及像.—江蘇毗陵蔣氏;書名據書簽題,版心及書名頁題蔣氏

宗譜　　　　　　　　　　傳 774.57/9246

5887*

硤石蔣氏支譜/蔣述彭纂.—民國 18 年(1929)鉛印本.—2 册.—浙江海寧蔣氏;書名據書籤題
　部二　2 册　　　　　傳 774.57/9247

傳 774.59　芮氏

5888

芮氏族譜　八卷/(清)芮氏修.—清末抄本.—8 册.—天津寶坻、江蘇溧陽芮氏;書名據譜序題
　　　　　　　　　　　傳 774.59/89

傳 774.61　萬氏

5889

濠梁萬氏宗譜內集　十四卷/(清)萬承式等纂修.—清乾隆三十七年(1772)刻本.—3 册.—浙江寧波萬氏;書名據目錄題,版心題萬氏宗譜內集,書籤題濠梁萬氏宗譜,書名頁題萬氏宗譜;辨志堂藏版
　　　　　　　　　　　傳 774.61/84

5890*

濠梁萬氏宗譜鈔/(清)萬承式等纂修.—民國 20 年(1931)四明張壽鏞約園抄本.—4 册.—浙江寧波萬氏;書名據書衣題;有張壽鏞民國 20 年序
　　　　　　　　　　　傳 774.61/84.1

5891

洞庭東山萬氏宗譜　十卷卷首一卷卷後一卷/(清)萬履占續輯.—清同治十年(1871)萬吉堂刻本.—5 册:圖及像.—江蘇吳縣萬氏;書名頁等題萬氏宗譜
　　　　　　　　　　　傳 774.61/88

5892

毗陵東萬氏重修家乘　二十卷/(清)萬洪傳等修.—清光緒三十三年(1907)永思堂木活字本.—21 册:圖及像.—江蘇毗陵萬氏;書名據目錄題,版心題東萬氏家乘,書名頁題東萬氏宗譜　傳 774.61/89

5893

萬氏世家譜/(清)萬青藜纂.—光緒二年(1876)萬氏家刻本.—1 册:像.—山東鄒縣萬氏;書名據書名頁題,版心及書衣題萬氏家譜　　傳 774.61/894

5894

先賢萬子嫡裔世系譜/(清)萬青藜纂.—清光緒二年(1876)萬氏家刻本.—1 册:像.—山東鄒縣萬氏;書名據版心題,書籤題先賢萬子嫡裔譜
　　　　　　　　　　　傳 774.61/8944

5895

蕭邑航塢山北萬氏宗譜　六卷/(清)萬明仙等纂修.—清光緒二十五年(1899)隆順堂木活字本.—6 册:圖及像.—浙江蕭山萬氏;書名據版心題,書籤題蕭山萬氏宗譜　　　　　傳 774.61/8945

5896*

萬氏宗譜　三十卷/萬驕等修.—民國 5 年(1916)木活字本.—22 册.—江蘇宜興萬氏;書名據版心及書名頁題　　　　　　　傳 774.61/91

5897*

瀏西萬氏宗譜　八卷/萬恩和修;萬傳介纂.—民國 17 年(1928)萬氏永興堂木活字本.—8 册:圖.—湖南瀏陽萬氏;書名據版心及書籤題,書名頁題萬氏宗譜
　　　　　　　　　　　傳 774.61/92

傳 774.63　葛氏

5898

德平葛氏族譜　十四卷卷首一卷卷末一卷/(清)葛周玉纂修.—清乾隆五十二年(1787)刻本.—8 册:圖.—山東德平葛氏;書名據版心及書籤題
　　　　　　　　　　　傳 774.63/84

5899

葛氏家譜/(清)葛士鋐纂.—清乾隆二十年(1755)刻本.—4 册:圖及像.—江蘇吳縣葛氏;書名據版心題
　　　　　　　　　　　傳 774.63/844

5900

重修包山葛氏世譜　四卷/(清)葛樹式等纂.—清乾隆二十二年(1757)刻本.—4 冊:圖及像.—江蘇吳縣葛氏;書簽題包山葛氏重修世譜　　傳 774.63/8443

5901

五修包山葛氏世譜　十卷/(清)葛炳周等纂修.—清道光二十七年(1847)刻本.—10 冊:圖及像.—江蘇吳縣葛氏;版心及書名頁題包山葛氏世譜,目錄題包山葛氏五修世譜　　傳 774.63/86

5902

暨陽葛氏宗譜　六卷/(清)葛開懷等纂修.—清咸豐四年(1854)清映堂木活字本.—6 冊.—浙江諸暨葛氏;書名據版心及目錄題,書簽題葛氏宗譜　　傳 774.63/87

5903

蕭邑苧蘿葛氏宗譜/(清)葛肇增等修.—清光緒四年(1878)讀書堂木活字本.—5 冊.—浙江蕭山葛氏;書名據版心題,書簽題蕭山葛氏宗譜　　傳 774.63/89

5904＊

洞庭東山葛氏四修宗譜/葛其忠輯.—民國 13 年(1924)石印本.—10 冊:圖及像.—江蘇吳縣葛氏;書名據書名頁題,版心題葛氏家譜

部二　10 冊　　　　　　　　傳 774.63/91

5905＊

古虞葛氏宗譜/葛經醒等修.—民國 10 年(1921)廣心堂木活字本.—4 冊.—浙江上虞葛氏;書名據版心題,書簽題葛氏宗譜　　傳 774.63/914

5906＊

嘉定葛氏宗譜　十卷卷首一卷/葛存念修;葛雪來纂.—民國 29 年(1940)覃兮堂鉛印本.—2 冊.—上海嘉定葛氏;書名據書名頁等題　　傳 774.63/92

5907＊

寧西桐陽葛氏宗譜　十五卷卷末一卷/葛正森修;葛芳培纂.—民國 16 年(1927)敦倫堂木活字本.—10 冊:圖及像.—安徽寧國葛氏;書名據書簽題,版心題桐陽葛氏宗譜　　傳 774.63/924

傳 774.65　甘氏

5908

[甘氏家譜]/(清)甘國基等修.—清抄本.—1 冊.—遼寧瀋陽甘氏,記事至清康熙間　　傳 774.65/82

5909＊

甘氏宗譜/甘元掄等修.—民國間鉛印本.—1 冊:圖.—浙江會稽甘氏;書名據書名頁等題
傳 774.65/91

5910＊

甘氏宗譜　十九卷卷首一卷卷末一卷/甘世珍等修.—民國 18 年(1929)晉熙舊學堂木活字本.—20 冊:圖.—安徽太湖甘氏;書名據版心等題
傳 774.65/92

5911＊

甘氏族譜　十八卷卷首一卷卷末一卷/甘芸農等纂修.—民國 30 年(1941)舊學堂木活字本.—19 冊:圖.—湖南瀏陽甘氏;卷 5 末有缺頁;書名據書名頁等題　　傳 774.65/923

傳 774.67　黃氏

5912

左田黃氏宗派圖/(宋)黃天衢纂.—明末刻本.—1 冊.—安徽祁門黃氏;書名據版心題　　傳 774.67/56

5913

潭渡黃氏族譜　十卷卷首一卷卷末一卷/(清)黃景瑄等續纂.—清雍正九年(1731)刻本.—8 冊:圖.—安徽歙縣黃氏;書名據版心題

部二　8 冊　　　　　　　　傳 774.67/83

5914

新安黃氏橫槎重修大宗譜　二十四本/(清)黃茂待等纂修.—清乾隆十七年(1752)刻本.—6 冊:圖及像.—安徽黃氏;存 6 本;天、地、元、黃、宇、宙;書名據

目錄題,版心題黃氏大宗譜,書簽題新安黃氏大宗譜
　　　　　　　　　　　　　　傳 774.67/84

5915

　麟峰黃氏家譜　十二卷卷首一卷/(清)黃惠纂.—
清乾隆五十八年(1793)刻本.—4 冊:圖.—福建梅溪
黃氏;書名據版心及書名頁題　　傳 774.67/844

5916

　黃氏家譜/(清)黃繩祖輯.—清乾隆五十二年
(1787)黃氏冬官第木活字本.—4 冊.—湖南瀏陽、廣
東惠州等地黃氏;書名據書名頁等題　傳 774.67/847

5917

　剡北黃氏宗譜　六卷/(清)黃宗賢等修.—清道光
二十四年(1844)永思堂木活字本.—6 冊:像.—浙江
剡縣黃氏;書名據版心及書簽題　　傳 774.67/86

5918

　續修旌北黃氏宗譜　六卷卷首一卷卷末一卷/(清)
黃聖偉等修.—清道光三十年(1850)敘倫堂刻本.—8
冊:圖及像.—安徽旌德黃氏;書名據目錄題,書名頁
題旌陽黃氏族譜,版心題黃氏宗譜
　　部二　8 冊　　　　　　　　傳 774.67/864

5919

　橫林黃氏家譜　十五卷卷首一卷卷尾一卷/(清)黃
憲安等修.—清道光十年(1830)黃氏寶善堂木活字
本.—10 冊:圖及像.—江蘇武進黃氏;書簽題橫林黃
氏宗譜,書名頁題黃氏宗譜　　　傳 774.67/8642

5920

　黃氏家乘　六卷卷首一卷/(清)黃培芳纂修.—清
道光二十七年(1847)香山黃氏純淵堂廣州刻本.—4
冊.—廣東廣州黃氏;缺 1 卷:卷 3,卷 6 末殘
　　　　　　　　　　　　　　傳 774.67/8644

5921

　黃氏家乘　六卷卷首一卷續編二卷/(清)黃培芳
纂;(清)黃鯨文等續纂.—清道光二十七年(1847)香
山黃氏純淵堂廣州刻光緒三十一年(1905)增刻本.—
8 冊:像.—廣東廣州黃氏;附先三鄉賢年譜
　　　　　　　　　　　　　傳 774.67/8644.1

5922

　臨淦窯前黃氏重修族譜/(清)黃登第纂.—清道光
十五年(1835)積厚堂木活字本.—1 冊.—江西新淦黃
氏;版心題窯前黃氏族譜
　　部二　1 冊　　　　　　　傳 774.67/86445

5923

　虬川黃氏重修宗譜/(清)黃開蔟等纂修.—清道光
十二年(1832)刻本.—4 冊.—安徽歙縣黃氏;書名據
版心題
　　部二　4 冊　　　　　　　　傳 774.67/8646

5924

　暨陽白牆頭黃氏宗譜　二卷/(清)黃大有等修;
(清)袁繼唐纂.—清道光十八年(1838)五桂堂木活字
本.—2 冊:像.—浙江諸暨黃氏傳;書名據目錄題,版
心題暨陽黃氏宗譜　　　　　　　傳 774.67/8647

5925

　黃氏族譜　十一卷卷首一卷/(清)黃世雲等修;
(清)黃德成纂.—清道光二十二年(1842)福建黃氏江
夏堂木活字本.—12 冊.—福建漳州、湖南瀏陽等地黃
氏;書名據版心及書簽題　　　　傳 774.67/865

5926

　黃氏光祿家廟續修遺據錄　四卷/(清)黃佩玉等
纂;(清)黃俊傑等續纂.—清咸豐元年(1851)敘倫堂
木活字本.—2 冊:圖及像.—安徽續溪黃氏;書簽題黃
氏家廟遺據錄,版心題黃氏光祿家廟
　　部二　2 冊　　　　　　　　傳 774.67/87

5927

　醴南黃氏族譜/(清)黃印先等纂修.—清抄本.—5
冊:圖.—湖南醴南黃氏;書名據版心題
　　　　　　　　　　　　　　傳 774.67/877

5928

　會稽陳村黃氏宗譜　十卷/(清)黃培清等纂修.—
清同治十一年(1872)五桂堂木活字本.—10 冊.—浙
江會稽黃氏;書名據版心題,書簽題黃氏宗譜
　　　　　　　　　　　　　　傳 774.67/88

5929

　西麓雙井黃氏十一修族譜/(清)黃家章等纂.—清

同治十二年(1873)木活字本.—16 册:圖及像.—江西
南豐黃氏;書名據書簽題,版心題西麓雙井黃氏族譜
　　　　　　　　　　　　　傳 774.67/884

5930

　暨陽白牆頭黃氏宗譜　二卷/(清)黃章棟等修.—
清同治八年(1869)望煙堂木活字本.—2 册:像.—浙
江諸暨黃氏;書名據目錄題,版心題暨陽黃氏宗譜
　　　　　　　　　　　　　傳 774.67/8844

5931

　會稽陳村黃氏宗譜　十卷/(清)黃秀甫等纂修.—
清光緒二十七年(1901)五桂堂木活字本.—10 册:圖
及像.—浙江會稽黃氏;書名據版心及目錄題,書簽題
黃氏宗譜　　　　　　　　　傳 774.67/89

5932

　績溪縣東關黃氏續修宗譜　十卷卷首一卷/(清)黃
琯等纂修.—清光緒二十二年(1896)敘倫堂木活字
本.—8 册:圖.—安徽績溪黃氏;書名據目錄題,版心
題東關黃氏宗譜,書簽題績邑東關黃氏宗譜
　　　　　　　　　　　　　傳 774.67/894

5933

　經鏗黃氏家譜　三十卷卷首一卷/(清)黃溧等
纂.—清光緒十八年(1892)敦睦堂木活字本.—30
册.—湖南長沙黃氏;書名據書名頁等題
　　　　　　　　　　　　　傳 774.67/8942

5934

　城西黃氏家譜/(清)黃炳輝等修.—清光緒二十年
(1894)五桂堂木活字本.—6 册.—浙江山陰黃氏;書
名據書簽題,版心及書名頁題黃氏家譜
　　　　　　　　　　　　　傳 774.67/89424

5935

　黃氏族譜　三卷卷首一卷/(清)黃義价纂修.—清
光緒二十一至三十一年(1895—1905)刻本.—3 册.—
四川羅江、德陽黃氏;書名據版心及書名頁
　　　　　　　　　　　　　傳 774.67/89425

5936

　剡北黃氏宗譜　六卷/(清)黃安燁等修.—清光緒
元年(1875)永思堂木活字本.—6 册:像.—浙江剡縣

黃氏;書名據版心及書簽題
　　　　　　　　　　　　　傳 774.67/8943

5937

　黃氏族譜　五卷卷首一卷卷末一卷/(清)黃普怡等
纂修.—清光緒八年(1882)木活字本.—6 册:圖及
像.—福建邵武、閩清等地黃氏;書名據版心題
　　　　　　　　　　　　　傳 774.67/89433

5938

　陡壟黃氏宗譜/(清)黃善經纂.—清光緒二十年
(1894)木活字本.—4 册:圖.—浙江山陰黃氏;書名據
書簽題,版心題黃氏宗譜,書名頁題黃氏家譜
　部二　4 册　　　　　　　傳 774.67/89436

5939

　豫章黃祠四修主譜/(清)黃祖絡等修;(清)黃振聲
等纂.—清光緒二十五年(1899)敦睦堂刻本.—8 册:
圖.—江西南昌等地黃氏;書名據書簽題,版心題黃祠
四修主譜,書名頁題省會黃祠四修主譜
　　　　　　　　　　　　　傳 774.67/894364

5940

　黃氏族譜/(清)黃翰修纂.—清光緒十九年(1893)
嘉應黃翰修石印本.—1 册:圖及像.—廣東嘉應黃氏;
書名據書簽題　　　　　　　傳 774.67/89438

5941

　寧鄉黃氏四修族譜/(清)黃培英等纂.—清光緒間
木活字本.—1 册.—湖南寧鄉黃氏;存釋例 2 卷;書名
據版心題　　　　　　　　　傳 774.67/8944

5942

　六灘黃氏支譜　十七卷/(清)黃明瓚等纂修.—清
光緒三十四年(1908)江夏堂木活字本.—14 册:圖.—
湖南長沙黃氏;書名據版心題,書簽題黃氏續修支譜,
書名頁題黃氏支譜　　　　　傳 774.67/8945

5943

　餘姚黃氏宗譜　八卷卷首二卷卷末一卷/(清)黃鉞
等纂修.—清光緒三年(1877)惇倫堂木活字本.—8
册:圖及像.—浙江餘姚黃氏;書名據版心及書名頁題
　　　　　　　　　　　　　傳 774.67/89455

5944

野田黃氏宗譜 八卷/(清)黃興發等纂修.—清光緒二十四年(1898)孝友堂木活字本.—8 冊：像.—江蘇武進黃氏；書名據目錄題，版心及書名頁題黃氏宗譜 傳 774.67/89457

5945

蕭山埭上黃氏家譜 三十卷卷首一卷世系續錄一卷世系搜遺錄一卷/(清)黃中咸等修.—清光緒二十一年(1895)萃渙堂木活字本.—32 冊：圖.—浙江蕭山黃氏；書簽題黃氏家譜；附黃氏祠翰錄四卷續錄二卷/(清)黃尊輯；(清)黃肖谷續輯、黃氏備遺錄二卷/(清)黃春林輯、昭潛錄一卷/(清)黃春林輯 傳 774.67/8946

5946

南海學正黃氏家譜 十二卷卷首一卷卷末一卷/黃任恒纂修.—清宣統三年(1911)保粹堂刻本.—2 冊.—廣東南海黃氏；原缺 4 卷：卷 3—6，書名頁題學正黃氏家譜節本

部二 2 冊 傳 774.67/89463

5947

黃氏支系考/(清)黃仁濟編.—清光緒間黃仁濟廣西刻本.—1 冊：圖及像.—湖南長沙經鏗黃氏；書名據版心及書衣題 傳 774.67/894634

5948

黃氏題名錄/(清)黃仁濟編.—清光緒二十二年(1896)黃仁濟廣西刻本.—2 冊.—湖南長沙經鏗黃氏；書名據版心題；西諦藏書 傳 774.67/894634＝1

5949

黃氏重修族譜 十卷/(清)黃金高等修.—清光緒十四年(1888)中宜堂木活字本.—10 冊.—江蘇江都、泰興黃氏；書名據目錄題，版心及書名頁題黃氏族譜 傳 774.67/8946349

5950

毗陵黃氏宗乘 十二卷/(清)黃敦懿等纂修.—清光緒十一年(1885)敦本堂木活字本.—8 冊：像.—江蘇毗陵黃氏；書名據卷 2 卷端題，書名頁等題黃氏宗譜 傳 774.67/894635

5951

中湘黃氏三修族譜 十五卷/(清)黃錦雲等修.—清光緒元年(1875)崇本堂木活字本.—15 冊：圖.—湖南湘潭黃氏；書名據書簽及目錄題，版心題黃氏三修族譜，書名頁題黃氏族譜 傳 774.67/8947

5952

姚江四明黃氏宗譜 六卷卷末一卷/(清)黃震纂.—清光緒二十三年(1897)樹德堂木活字本.—6 冊：圖.—浙江姚江黃氏；書名據書簽題，版心及書名頁題四明黃氏宗譜 傳 774.67/89475

5953

湘潭鴻橋黃氏初修族譜 十八卷/黃永傑等纂修.—清宣統二年(1910)兩儀堂木活字本.—17 冊：圖.—湖南湘潭黃氏；書名據書簽題，版心題鴻橋黃氏初修族譜，書名頁題黃氏族譜 傳 774.67/896

5954*

會稽湯浦嶺下黃氏宗譜 四卷/黃大壁等修.—民國 6 年(1917)望煙堂木活字本.—4 冊：圖.—浙江會稽黃氏；書名據目錄題，版心題湯浦嶺下黃氏宗譜 傳 774.67/91

5955*

黃氏續修家乘 十卷/黃賢才等修；黃錫恩等纂.—民國 6 年(1917)黃氏煥文堂木活字本.—10 冊：圖及像.—廣東惠州黃氏；書名據版心題，書簽及書名頁題黃氏族譜 傳 774.67/913

5956*

寧鄉雙觀黃氏五修族譜 二十卷卷末一卷/黃懋典等修.—民國 10 年(1921)寧鄉黃氏敦倫堂木活字本.—18 冊.—湖南寧鄉黃氏；書名頁題雙觀黃氏五修族譜 傳 774.67/9134

5957*

醴南鹽山黃氏族譜 十五卷卷首一卷/黃其陞等修；黃家文等纂.—民國 9 年(1920)敦倫堂木活字本.—14 冊：圖.—湖南醴陵黃氏；書名據版心及書簽題，書名頁題鹽山黃氏族譜 傳 774.67/9136

5958*

蕭山埭上黃氏家譜 三十卷卷首一卷搜遺錄一卷/

黃伯英等纂修.—民國 14 年（1925）萃渙堂木活字
本.—44 册：圖.—浙江蕭山黃氏；書名據版心題，書簽
題蕭山黃氏家譜；附黃氏詞翰錄四卷續錄二卷/（清）
黃尊輯；（清）黃肖谷續輯、黃氏備遺錄二卷/（清）黃春
林輯、昭潛錄一卷/（清）黃春林輯　　傳 774.67/914

5959*

武緣東鄉黃氏家乘纂/黃誠沅輯.—民國 11 年
（1922）古邕州蝸寄廬南寧鉛印本.—1 册.—廣西武緣
黃氏；書名據書名頁等題　　　　　傳 774.67/9142

5960*

練西黃氏宗譜　十四卷卷首一卷/黃守恆纂.—民
國 4 年（1915）誠明堂鉛印本.—4 册：圖及像.—上海
嘉定等縣黃氏；書名據書名頁等題　傳 774.67/91423

5961*

上海竹岡黃氏宗譜　三卷/黃宗麟纂.—民國 13 年
（1924）鉛印本.—1 册.—上海黃氏；書名據書名頁
等題　　　　　　　　　　　　　　傳 774.67/91424

5962*

黃氏雪谷公支譜　十卷/黃士煥纂.—民國 12 年
（1923）華德印務局鉛印本.—2 册：圖像及照片.—上
海黃氏；書名據版心及書簽題，書名頁題黃氏支譜
　　部二　2 册　　　　　　　　　　傳 774.67/9144

5963*

姚江黃氏宗譜　三卷卷首二卷卷末一卷/黃思楗
修；黃汝礪纂.—民國 9 年（1920）永思堂木活字本.—
6 册：圖及像.—浙江姚江黃氏；書名據書名頁等題
　　　　　　　　　　　　　　　　傳 774.67/91444

5964

金 山 黃 氏 族 譜/（清）黃端履纂.—清宣統二年
（1910）中國圖書公司上海鉛印本.—2 册：照片.—上
海金山黃氏；書名據書名頁等題　　傳 774.67/91447

5965*

［黃氏族譜]/黃文澍編.—民國間抄本.—1 册.—天
津黃氏；有民國 6 年編者序　　　　傳 774.67/9146

5966*

長沙尊陽黃氏支譜　十一卷卷首一卷/黃春臺等

編.—民國 7 年（1918）江夏堂木活字本.—6 册：圖.—
湖南長沙黃氏；書名據書簽題，書名頁等題黃氏支譜
　　　　　　　　　　　　　　　　傳 774.67/9146.1

5967*

黃氏宗譜　五卷/黃金聲輯.—民國 4 年（1915）五
桂堂抄本.—4 册：像.—浙江餘姚黃氏；缺 1 卷：卷 5；
書名據書名頁等題　　　　　　　　傳 774.67/91464

5968*

湘潭錦鼇峰黃氏四修族譜　十六卷/黃少齡等修；
黃靜安等纂.—民國 7 年（1918）崇本堂木活字本.—
16 册：圖及像.—湖南湘潭黃氏；書名據目錄等題，書
名頁題黃氏族譜　　　　　　　　　傳 774.67/9147

5969*

南溪灣港黃氏宗譜　十二卷卷首一卷卷末一卷/黃
敬成等修.—民國 11 年（1922）追遠堂木活字本.—16
册.—江蘇宜興黃氏；書名據目錄題，版心及書名頁題
黃氏宗譜，書簽題南溪黃氏宗譜　　傳 774.67/9148

5970*

涇川黃氏宗譜　八卷/黃氏纂修.—民國 9 年
（1920）刻本.—8 册：圖及像.—安徽涇縣黃氏；書名據
版心題，書簽及書名頁題黃氏宗譜　傳 774.67/917

5971*

餘姚竹橋黃氏宗譜　十六卷卷首二卷卷末二卷/黃
慶曾等修；鄭鉞纂.—民國 17 年（1928）惇倫堂木活字
本.—20 册：像.—浙江餘姚黃氏；書名頁等題竹橋黃
氏宗譜　　　　　　　　　　　　　傳 774.67/92

5972*

錦官黃氏四支分譜/黃氏修.—民國 21 年（1932）中
正堂鉛印本.—1 册.—四川華陽黃氏；書簽題黃氏宗
譜，版心下鐫中正堂彙修　　　　　傳 774.67/924

5973*

粵西武緣起鳳黃氏家乘/黃誠沅輯.—民國 23 年
（1934）南寧大成印書館鉛印本.—1 册：圖.—廣西武
緣黃氏；書名據版心及書簽題
　　部二　1 册　　　　　　　　　　傳 774.67/9242

5974*

梁溪黃氏續修宗譜　四十卷/黃鴻舫修；黃鎮南纂.—民國 20 年(1931)居正堂木活字本.—40 冊：圖像及照片.—江蘇吳縣黃氏；書名據目錄題，版心及書簽題梁溪黃氏宗譜，書名頁題黃氏續修宗譜

傳 774.67/92427

5975*

餘姚四明黃氏牌憲支牆裏家譜　十六卷卷首一卷卷末一卷/黃汝松等纂.—民國 19 年(1930)光系堂木活字本.—6 冊：圖及像.—浙江餘姚黃氏；書名據目錄題，書名頁等題餘姚四明黃氏譜　傳 774.67/9243

5976*

韋墅里黃氏家乘　十六卷卷首一卷/黃盈法等修；黃兆鼎纂.—民國 32 年(1943)孝友堂木活字本.—16 冊：像.—江蘇毗陵黃氏；書名頁等題黃氏家乘

傳 774.67/9244

5977*

餘姚四明黃氏譜　二十四卷卷首一卷卷末一卷/黃明經等纂.—民國 19 年(1930)樹德堂木活字本.—10 冊：圖及像.—浙江餘姚黃氏；書名據書名頁等題

傳 774.67/9245

5978*

義烏黃氏宗譜　四卷/黃慶榮等修.—民國 17 年(1928)木活字本.—4 冊：圖及像.—浙江義烏黃氏；書名據版心及書簽題　傳 774.67/9246

5979*

江夏堂黃氏八修族譜/黃甦樓，黃潤生纂修.—民國 36 年(1947)陳敘倫堂木活字本.—12 冊：圖.—江西興國黃氏；書名據版心題，書簽題八修黃氏族譜

傳 774.67/92461

5980*

黃氏支譜/黃先楷等纂修.—1950 年瀘縣楊健文石印社石印本.—1 冊.—四川瀘縣黃氏；書名據書名頁等題　傳 774.67/9247

5981*

西湖黃氏六修族譜　十四卷/黃澤震纂修.—民國 37 年(1948)黃氏香齡堂木活字本.—15 冊：圖.—湖南寧鄉黃氏；書名據版心等題，書名頁題黃氏六修族譜

傳 774.67/92474

5982*

黃氏族譜　十二卷/黃承崑等修；劉嵩泉纂.—民國 21 年(1932)中宜堂木活字本.—12 冊.—江蘇江都、泰興黃氏；書名據版心題，書簽題黃氏宗譜，書名頁題黃氏家乘　傳 774.67/92475

5983*

黃氏宗譜　十四卷卷首一卷卷末一卷/黃廷樞等修；黃肇璋等纂.—民國 25 年(1936)五桂堂木活字本.—16 冊：圖.—浙江湖州黃氏；書名據版心及書簽題　傳 774.67/9249

5984*

湘潭橋頭黃氏五修支譜　二十卷/黃昭瓊修；黃元昭纂.—民國 30 年(1941)源本堂木活字本.—20 冊.—湖南湘潭黃氏；書名據書簽題，版心題橋頭黃氏五修支譜，書名頁題黃氏支譜　傳 774.67/925

5985*

寧鄉泉塘黃氏八修世譜　五十四卷卷首一卷卷末一卷/黃業傳等纂修.—民國 17 年(1928)木活字本.—15 冊：圖.—書名頁題泉塘黃氏八修世譜；湖南寧鄉黃氏　傳 774.67/9255

5986*

邵東馬園黃氏三修族譜　三十六卷卷首三卷/黃榮田等修；黃必誥等纂.—民國 25 年(1936)雙江堂木活字本.—31 冊：圖.—湖南邵東黃氏；書名據書簽題，版心及書名頁題馬園黃氏三修族譜　傳 774.67/9265

5987*

黃氏六修族譜　六卷/黃先登修.—民國 29 年(1940)木活字本.—6 冊：圖.—廣東嘉應黃氏；書名據書名頁等題

傳 774.67/928

5988*

黃氏族譜　七十二卷卷首一卷/黃錫初修；黃佑裳等纂.—民國 34 年(1945)江夏堂木活字本.—33 冊：圖及像.—湖南瀏陽黃氏；書名據版心及書簽題

傳 774.67/9285

傳 774.69　蔡氏

5989

　蔡氏世系源流/(清)蔡滂等輯.—清初敦本堂刻本.—1冊.—江蘇無錫蔡氏;是譜纂修於明崇禎末年;版心題蔡氏源流　　　　　　傳774.69/78

5990

　洞庭蔡氏七六公大宗支譜/(清)蔡之俊修;(清)蔡世俶纂.—清雍正七年(1729)刻本.—4冊.—江蘇吳縣蔡氏;書名據目錄題,版心題蔡氏宗譜
　　　　　　　　　　　　　傳774.69/83

5991

　東蔡宗譜/(清)蔡煓,(清)蔡焯輯.—清乾隆十八年(1753)刻本.—2冊.—江蘇吳縣蔡氏;書名據版心及書衣題　　　　　　傳774.69/84

5992

　洞庭東蔡宗譜　六卷/(清)蔡琰等纂修.—清乾隆五十八年(1793)刻本.—6冊.—江蘇吳縣蔡氏;書名據書名頁題,版心及書衣題東蔡宗譜
　部二　6冊
　部三　6冊　　　　　　　傳774.69/844

5993

　[蔡氏家傳]/(清)蔡見龍等撰.—清咸豐間抄本.—1冊.—浙江德清蔡氏,記事至清咸豐十一年(1861);附本支世圖　　　　　　傳774.69/86

5994

　鄞東蔡氏支譜/(清)蔡氏修.—清同治間惇敘堂木活字本.—1冊.—浙江鄞縣蔡氏;書名據版心題
　　　　　　　　　　　　　傳774.69/88

5995

　河南始祖蔡氏通譜/(清)蔡始春纂修.—清同治五年(1866)蔡始春姑蘇刻本.—4冊:圖及像.—江蘇吳縣、廣東南海、福建建陽等地蔡氏;書名據版心題
　　　　　　　　　　　　　傳774.69/884

5996

　昆陵蔡氏宗譜　十四卷卷首一卷卷末一卷/(清)蔡天元等修;(清)蔡敬雲等纂.—清同治十三年(1874)祗德堂木活字本.—12冊:像.—江蘇毗陵蔡氏;書名據書名頁及書籤題,卷端及版心題蔡氏宗譜
　　　　　　　　　　　　　傳774.69/8847

5997

　澄江蔡氏宗譜　二十卷/(清)蔡如熊等修.—清光緒五年(1879)九賢堂木活字本.—20冊:圖及像.—江蘇澄江蔡氏;書名據目錄題,版心及書名頁題蔡氏宗譜　　　　　　傳774.69/89

5998

　蔡氏禮派支譜/(清)蔡九思等纂修.—清光緒六年(1880)西村草舍木活字本.—6冊.—江蘇無錫蔡氏;書名據目錄等題　　　　傳774.69/894

5999

　蔡氏仁派支譜/(清)蔡子安,(清)蔡春泉修.—清光緒七年(1881)西村草舍木活字本.—2冊:像.—江蘇無錫蔡氏;書名據版心題,書名頁題蔡氏源流附仁派支譜　　　　　　　　傳774.69/8944

6000

　蔡氏七九公支宗譜　世系譜一卷世系圖二卷/(清)蔡鐘瑋等纂修.—清光緒十一年(1885)木活字本.—4冊.—江蘇無錫蔡氏;附蔡氏家訓恒言
　　　　　　　　　　　　　傳774.69/8946

6001

　蔡氏義派支譜/(清)蔡廷槐等纂修.—清光緒三年(1877)敦本堂木活字本.—6冊.—江蘇無錫蔡氏;書名據版心及書名頁題;附蔡氏家訓恒言
　　　　　　　　　　　　　傳774.69/8949

6002*

　德清蔡氏宗譜　十二卷/蔡鏡瑩等纂修.—民國8年(1919)木活字本.—10冊:圖及像.—浙江德清蔡氏;書名據目錄等題,卷1—2版心題河南始祖蔡氏通譜、書籤題河南蔡氏通譜　　　傳774.69/91

6003*

　板村蔡氏義派支譜　十卷另卷一卷/蔡嘉勳等修;

陳振乃纂.—民國 11 年(1922)敦本堂木活字本.—21
冊:圖及像.—江蘇無錫蔡氏;書名據目錄題;附蔡氏
家傳
　部二　12 冊　缺另卷、卷 1 殘　　　傳 774.69/914

6004[*]

續修蔡氏禮派支譜/蔡恒興修;陸醇纂.—民國 11
年(1922)敦本堂木活字本.—6 冊:圖及像.—江蘇無
錫蔡氏;書名據版心題,書簽題蔡氏續修禮派支譜,書
名頁題蔡氏禮派支譜　　　　　　傳 774.69/9145

傳 774.71　　杜氏

6005

濱州杜氏家乘/(清)杜銀漢等纂.—清道光七年
(1827)澤裕堂刻本.—2 冊.—山東濱縣杜氏;書名據
書簽題,版心及書簽題杜氏世譜　　　傳 774.71/86

6006

璽涇杜氏宗譜　十四卷卷首二卷/(清)杜瑞明等
修.—清光緒六年(1880)敦義堂木活字本.—28 冊:圖
及像.—江蘇無錫杜氏;書名據書簽題,版心題杜氏
宗譜　　　　　　　　　　　　　　傳 774.71/89

6007[*]

晉昌郡杜氏宗譜　六卷/杜持等修;趙椿,王公度
纂.—民國 8 年(1919)鉛印本.—5 冊.—浙江青田杜
氏;書名據版心及目錄題,書簽題杜氏宗譜
　　　　　　　　　　　　　　　　傳 774.71/91

6008[*]

青暘杜氏續修世譜　十卷/杜祥根等纂修.—民國
22 年(1933)瑞慶堂木活字本.—10 冊:圖及像.—江
蘇江陰杜氏;書名據書名頁等題　　　傳 774.71/92

6009[*]

溈寧杜氏六修支譜　七卷/杜貴傳等纂修.—民國
34 年(1945)武庫堂木活字本.—7 冊.—湖南寧鄉杜
氏;書名據版心及書簽題　　　　　　傳 774.71/924

傳 774.73　　樓氏

6010

慈邑涇浦樓氏宗譜　四卷/(清)樓士揚等修.—清
道光三十年(1850)晝錦堂木活字本.—4 冊:像.—浙
江慈溪樓氏;書名據版心題　　　　　傳 774.73/86

6011

慈邑涇浦樓氏宗譜　四卷/(清)樓元壽等修.—清
光緒二十四年(1898)晝錦堂木活字本.—4 冊:像.—
浙江慈溪樓氏;書名據版心題,書簽題樓氏宗譜
　　　　　　　　　　　　　　　　傳 774.73/89

傳 774.75　　胡氏

6012

安定胡氏族譜/(清)胡公藩等輯.—清咸豐十一年
(1861)抄本.—4 冊:圖及像.—上海胡氏;書名據譜例
題,版心題胡氏家譜　　　　　　　　傳 774.75/87

6013

古虞胡氏長者山支宗譜　四卷卷首一卷/(清)胡如
淇,(清)胡肇彬纂.—清咸豐元年(1851)思成堂木活
字本.—4 冊:圖及像.—浙江上虞胡氏;書名據版心
題,書名頁題胡氏家譜　　　　　　　傳 774.75/874

6014

剡北胡氏宗譜　四卷/(清)胡元茂等修.—清咸豐
四年(1854)五峰堂木活字本.—4 冊:圖.—浙江剡縣
胡氏;書名據版心題,書名頁題胡氏宗譜
　　　　　　　　　　　　　　　　傳 774.75/8745

6015

大塘明經胡氏已伯三派支譜　八卷卷首二卷卷末
一卷/(清)胡文煊等纂修.—清咸豐四年(1854)鳳山
敘倫堂木活字本.—4 冊:圖.—安徽績溪胡氏;書名據
版心及書簽題　　　　　　　　　　傳 774.75/8746

6016

明經胡氏存仁堂支譜 四卷卷首一卷/(清)胡朝賀輯.—清同治八年(1869)木活字本.—4冊:圖及像.—安徽黟縣胡氏;書名據書名頁等題 傳774.75/88

6017

婺北清華胡氏家譜 三十四卷卷首一卷卷末一卷/(清)潘國霖纂.—清同治十三年(1874)勳賢堂木活字本.—36冊:圖及像.—江西婺源胡氏;書名據書名頁題,版心及書簽題清華胡氏統譜 傳774.75/883

6018

安定胡氏宗譜 二十八卷/(清)胡西庚等修.—清同治十二年(1873)思貽堂刻本.—28冊:圖及像.—江蘇無錫等地胡氏;書名據書簽題,書名頁等題胡氏宗譜 傳774.75/884

6019

胡氏宗譜/(清)胡允猷等纂.—清同治間木活字本.—1冊.—安徽胡氏;原書卷數不詳,存1卷:卷9;書名據版心題 傳774.75/8847

6020

胡氏世典 十一卷敘錄一卷/(清)胡元儀纂.—清光緒十四年(1888)刻本.—1冊.—湖南湘潭胡氏;卷2內有倒印錯版;書名據書名頁題
部二 1冊 傳774.75/89

6021

胡氏世典 十二卷/(清)胡元儀纂.—清光緒三十一年(1905)刻本.—1冊.—湖南湘潭胡氏;書名據書名頁題,書簽題胡氏世典十二篇 傳774.75/894

6022

續修山陰張川胡氏宗譜 三十卷卷首一卷/(清)胡廣慈續輯.—清光緒十二年(1886)敦睦堂木活字本.—24冊.—浙江山陰胡氏 傳774.75/8942

6023

燭溪胡氏宗譜 六卷/(清)胡啟源修;(清)胡林垣等纂.—清光緒三十四年(1908)繼序堂木活字本.—6冊.—浙江餘姚胡氏;書名據版心及書名頁題,書簽題胡氏宗譜 傳774.75/8943

6024

胡氏家譜 二十六卷卷首一卷/(清)胡裕燕等纂修.—清光緒十四年(1888)鉛印本.—10冊:圖及像.—始祖浙江山陰胡氏,散居江蘇、河南、江西等各省 傳774.75/89433

6025

續溪金紫胡氏家譜 二十八卷卷首三卷卷末三卷/(清)胡晉文等修.—清光緒三十三年(1907)木活字本.—15冊:圖及像.—安徽續溪胡氏;缺卷末下;版心及書簽題金紫胡氏家譜 傳774.75/8944

6026

鳳林胡氏重修宗譜 八卷/(清)胡慕岐等修.—清光緒三十三年(1907)木活字本.—10冊:圖.—浙江金華胡氏;書名據目錄題,版心及書簽題鳳林胡氏宗譜 傳774.75/89448

6027

胡氏八修族譜 四十六卷卷首三卷/(清)胡氏纂修.—清光緒三十二年(1906)安定堂木活字本.—51冊:圖及像.—湖南新化等地胡氏;書名據版心及書簽題,書名頁題胡氏族譜 傳774.75/8945

6028

胡氏宗支記略/(清)胡家相等纂.—清光緒三十二年(1906)平湖祥記印書館鉛印本.—1冊.—浙江平湖胡氏;書名據書簽及書名頁題 傳774.75/8946

6029

百雲胡氏宗譜 四卷/(清)胡正誼修.—清光緒十八年(1892)永錫堂木活字本.—4冊:像.—浙江上虞胡氏;書名據版心題,書簽題胡氏宗譜 傳774.75/8947

6030

胡氏宗譜 十八卷卷首一卷卷末一卷/(清)胡允猷等纂修.—清光緒二十三年(1897)敦睦堂木活字本.—19冊.—安徽懷寧胡氏;缺1卷:卷8;書名據版心題 傳774.75/89472

6031

張川胡氏宗譜 四十卷/(清)胡氏修.—清光緒三十一年(1905)敦睦堂木活字本.—26冊.—浙江山陰

胡氏;書名據書名頁等題　傳 774.75/8949

6032*

胡氏宗譜　十六卷/胡榮江等修.—民國 13 年(1924)鉛印本.—6 冊.—湖北江陵胡氏;書名據版心及目錄題,書簽題胡氏族譜

部二　6 冊　傳 774.75/91

6033*

華夏胡氏續修族譜　八卷卷首二卷/胡添蓴等修;胡獻松纂.—民國 11 年(1922)華夏堂木活字本.—11 冊:圖.—湖南湘鄉胡氏;書名據版心及書簽題,書名頁題胡氏續修族譜;版心下鐫文定堂

傳 774.75/912

6034*

胡氏族譜　十一卷卷末一卷/胡輔階等纂修.—民國 9 年(1920)兩儀堂木活字本.—10 冊:圖.—湖南長沙胡氏;書名據書名頁等題　傳 774.75/913

6035*

湘鄉二都平地衝胡氏族譜　二十七卷卷首一卷/胡代學等纂修.—民國 2 年(1913)安定堂木活字本.—12 冊:圖.—湖南湘鄉胡氏;版心題湘鄉平地胡氏族譜,書簽題湘鄉胡氏族譜,書名頁題胡氏族譜

部二　12 冊　傳 774.75/914

6036*

婺北清華胡氏宗譜　二十四卷卷首一卷卷末一卷/胡鳴鶴等纂修.—民國 6 年(1917)勳賢堂木活字本.—26 冊:圖及像.—江西婺源胡氏;書名據書名頁題,版心題清華胡氏統譜,書簽題清華胡氏宗譜

傳 774.75/9144

6037*

清華東園胡氏勳賢總譜　三十卷/胡聯璣等修;胡上林纂.—民國 5 年(1916)木活字本.—36 冊:圖及像.—江西婺源等地胡氏;書名據版心及書簽題

部二　36 冊　傳 774.75/9145

6038*

龍川胡氏宗譜　四卷/胡緝熙等纂修.—民國 13 年(1924)敬愛堂木活字本.—4 冊:圖及像.—安徽績溪胡氏;書名據版心題,書簽題胡氏宗譜

傳 774.75/9146

6039*

胡氏族譜　九卷/胡慶慧等修.—民國 4 年(1915)木活字本.—15 冊:像.—湖南永州胡氏;書名據版心及書名頁題,書簽題胡氏家乘　傳 774.75/91463

6040*

胡氏族譜/胡氏修.—民國 7 年(1918)文華石印局石印本.—1 冊.—山東即墨胡氏;書名據版心及書名頁題　傳 774.75/9149

6041*

餘姚南門清風里胡氏宗譜　四卷卷首一卷卷末一卷/胡錦耀等修;楊蔭寰纂.—民國 9 年(1920)豫萃堂木活字本.—4 冊:圖及像.—浙江餘姚胡氏;書名據書簽題,版心題餘姚南明門胡氏宗譜,書名頁題餘姚胡氏宗譜　傳 774.75/916

6042*

胡氏五修族譜/胡維清等纂修.—民國 13 年(1924)蘇湖堂木活字本.—23 冊.—湖南衡陽胡氏;書名據版心及書簽題,書名頁題胡氏家乘　傳 774.75/9163

6043*

太湖縣胡氏宗譜　六卷卷首一卷/胡百章等修;胡世樫等纂.—民國 28 年(1939)首善堂木活字本.—7 冊:圖.—安徽太湖胡氏;書名據目錄題,版心及書簽題胡氏宗譜　傳 774.75/92

6044*

胡氏九修族譜　六十卷卷首三卷/胡瀾等修;胡鴻澤等纂.—民國 24 年(1935)神湾宗祠木活字本.—62 冊:圖.—湖南安化胡氏;書名據版心及書簽題,書名頁題胡氏族譜;版心下鐫安定堂　傳 774.75/922

6045*

井研胡氏族譜/胡安瀾纂.—民國 25 年(1936)石印本.—1 冊.—四川井研胡氏;書名據書簽及書名頁題,版心題胡氏族譜　傳 774.75/923

6046*

山陰江塘胡氏宗譜　四卷/胡錦奎等修.—民國 17

年(1928)聯桂堂木活字本. —4 冊：圖. —浙江山陰胡氏；書名據目錄題，版心及書簽題山陰胡氏宗譜

傳 774.75/924

6047*

　拗柴胡氏七修譜　　四十三卷卷首一卷卷末二卷/胡安疆等纂修. —民國 18 年(1929)務本堂木活字本. —38 冊：圖. —湖南湘潭胡氏；書名據書名頁等題

傳 774.75/9243

6048*

　荳林胡氏四修族譜　　十卷/胡澤仁等修；胡國斌等纂. —民國 24 年(1935)安定堂木活字本. —10 冊：圖. —湖南寧鄉胡氏；書名據版心及書簽題，書名頁題胡氏族譜

傳 774.75/9246

6049*

　上湘主簿胡氏三修族譜　　十一卷卷首二卷/胡禮伸等纂修. —民國 33 年(1944)文定堂木活字本. —13 冊：圖. —湖南湘潭胡氏；書名據書簽題，書名頁題胡氏族譜

傳 774.75/9247

6050*

　胡氏九修支譜　　八卷卷首一卷卷末一卷/胡南錫等修. —民國 19 年(1930)胡氏三讓堂木活字本. —33 冊：圖. —湖南寧鄉胡氏；書名據書名頁等題

傳 774.75/925

6051*

　沅江胡氏族譜　　八卷卷首五卷/胡明勛等纂修. —民國 30 年(1941)安定堂木活字本. —31 冊：圖. —湖南沅江胡氏；書名據版心及書簽題，書名頁題胡氏族譜

傳 774.75/9255

6052*

　[安徽歙縣胡氏家譜]/ 胡氏修. —民國 30 年(1941)安徽歙縣胡元桓抄本. —1 冊. —安徽歙縣胡氏

傳 774.75/9259

6053*

　湘潭大荷塘胡氏六修族譜　　二十三卷/胡佚本等修；胡佚覺等纂. —民國 25 年(1936)敬享堂木活字本. —22 冊：圖. —湖南湘潭胡氏；缺 1 卷：卷15；書名

據書簽及書名頁題，版心題胡氏六修族譜

傳 774.75/926

傳 774.77　趙氏

6054

　暨陽章鄉趙氏宗譜　　九卷卷首二卷/(清)趙錫孝等修；(清)趙貴清等纂. —清雍正十二年(1734)趙氏刻本. —6 冊：像. —江蘇江陰趙氏；書名據版心及目錄題，書名頁題章鄉趙氏家譜

傳 774.77/83

6055

　趙氏家譜/(清)趙宏恩纂修. —清乾隆二年(1737)刻本. —1 冊. —遼寧遼陽趙氏；書名據版心題

傳 774.77/84

6056

　白楊山下趙氏宗譜　　十卷/(清)趙萬和等修. —清同治十三年(1874)永思堂木活字本. —10 冊. —浙江諸暨趙氏；書名據版心題，書簽題趙氏宗譜

傳 774.77/88

6057

　邵陵桐江趙氏三修族譜　　十四卷卷首一卷/(清)趙富春等修. —清同治元年(1862)木活字本. —12 冊：圖及像. —湖南邵陵趙氏；書名據書簽及書名頁題，版心題桐江趙氏族譜

傳 774.77/884

6058

　趙氏宗譜　　九卷卷首一卷/(清)趙家樹修；(清)趙傳芳纂. —清同治九年(1870)敦倫堂木活字本. —11 冊：圖. —湖南益陽趙氏

傳 774.77/886

6059

　雲陽趙氏重修宗譜　　六卷/(清)趙泰升等修. —清光緒三十三年(1907)木活字本. —6 冊：像. —江蘇丹陽趙氏；書名據目錄題，版心及書簽題趙氏宗譜

傳 774.77/89

6060

　月城趙氏益生公房譜　　四卷/(清)趙興霞等修. —清光緒二十年(1894)敦睦堂木活字本. —4 冊：圖. —

湖南湘鄉趙氏;書名據版心題,書簽題月城趙氏支譜,書書名頁題趙氏益生公房譜　　　　傳 774.77/894

6061

錫山趙氏宗譜　十四卷/(清)趙寅恭等纂修.—清宣統元年(1909)木活字本.—18 冊.—圖及像.—江蘇無錫趙氏;書名據書名頁等題　　傳 774.77/8942

6062

姚江趙氏宗譜　十卷卷首一卷/(清)趙廣垕等修.—清光緒二年(1876)木活字本.—5 冊.—圖.—浙江餘姚趙氏;缺 4 卷:卷首、卷 1—3;書名據版心題　　　　　　　　　　　傳 774.77/89423

6063

大港趙氏斗星分宗譜　十二卷/(清)趙雨三等修.—清光緒八年(1882)木活字本.—12 冊:圖及像.—江蘇鎮江趙氏;書名據目錄題,書名頁等題趙氏分譜　　　　　　　　　　傳 774.77/8943

6064

山陰華舍趙氏宗譜　十八卷/(清)趙壽祺纂.—清光緒十年(1884)萃渙堂木活字本.—18 冊:像.—浙江山陰趙氏;書名據目錄等題　　傳 774.77/89432

6065

趙氏族譜　四卷世系表一卷/趙爾巽編.—清宣統二年(1910)趙爾巽四川督署刻本.—6 冊.—遼寧鐵嶺趙氏

部二　6 冊
部三　6 冊
部四　5 冊　缺序跋
部五　2 冊　存卷 4 及世系表　　傳 774.77/89433

6066

鳳市趙氏宗譜　五卷/(清)趙大川等修;/(清)趙采麒等纂.—清光緒七年(1881)沐恩堂木活字本.—4 冊:圖.—浙江分水趙氏;書名據版心及書簽題　　　　　　　　　　　　　　傳 774.77/8947

6067

[趙氏宗譜稿]/(清)趙氏修.—清光緒間朱絲欄稿本.—2 冊.—遼寧鐵嶺漢軍正藍旗趙氏,記事至清光緒間　　　　　　　　　　　　傳 774.77/89472

6068

長泠趙氏宗譜　二十八卷/(清)趙東林等修.—清光緒二十二年(1896)敦本堂木活字本.—20 冊.—浙江餘姚趙氏;缺 1 卷:卷 28;書名據版心及書簽題
　　　　　　　　　　　　傳 774.77/89477

6069

天水趙氏宗譜/(清)趙氏修.—清光緒五年(1879)木活字本.—1 冊.—甘肅遂昌趙氏;原書卷數不詳,存 3 卷:卷 1—3;書名據版心題　　傳 774.77/897

6070*

旌陽趙氏宗譜　十卷/趙宗錡等修.—民國 12 年(1923)木活字本.—9 冊:圖及像.—安徽旌德趙氏;缺 1 卷:卷 8;書名據書簽題,版心題趙氏宗譜
　　　　　　　　　　　　　傳 774.77/91

6071*

趙氏宗譜　十五卷/趙甫宜等纂修.—民國 5 年(1916)琴鶴堂木活字本.—15 冊:圖.—松江趙氏,本係徽州婺源汪氏,明洪武二年入贅松江趙氏,遂改姓
　　　　　　　　　　　　　傳 774.77/913

6072*

天水郡趙氏合編族譜　十三卷卷首一卷卷末二卷/趙墨林等纂修.—1989 年山東棲霞縣地名辦公室靜電復製本.—16 冊.—山東萊陽等地趙氏;書名據書名頁題,版心題趙氏族譜,書簽題天水郡趙氏族譜;據民國 4 年(1915)木活字本靜電復製　　傳 774.77/914

6073*

姚江趙氏宗譜　十卷卷首一卷/趙正標等修.—民國 12 年(1923)木活字本.—6 冊:圖及像.—浙江餘姚趙氏;書名據書名頁等題　　　　傳 774.77/9142

6074*

趙氏家乘　十六卷/趙詒翼輯;趙詒琛,趙詒紳參校.—民國 8 年(1919)刻本.—6 冊:圖及像.—江蘇昆山趙氏

部二　6 冊
部三　6 冊
部四　6 冊　　　　　　　　　傳 774.77/9143

6075*

趙氏族譜 四卷世系表一卷/趙爾巽编.—民國間趙爾巽四川督署刻本.—5册.—遼寧鐵嶺趙氏,記事至民國2年(1913)

部二 5册
部三 5册
部四 5册
部五 5册 傳774.77/91433

6076*

富峰趙氏續修宗譜 八卷/趙翰等修;趙旦等纂.—民國12年(1923)文杏堂木活字本.—6册:像.—浙江上虞趙氏;書名據版心及目錄題,書簽題富峰趙氏宗譜,書名頁題趙氏宗譜 傳774.77/91434

6077*

寺莊趙氏宗譜 十六卷/趙烜纂.—民國6年(1917)敦睦堂木活字本.—16册:圖及像.—江蘇常州趙氏;書名據目錄等題,書名頁題趙氏宗譜 傳774.77/91435

6078*

山陰華舍趙氏宗譜 二十四卷/趙文烺等修,趙瑄等纂.—民國5年(1916)萃渙堂木活字本.—24册:圖及像.—浙江山陰趙氏;書名據目錄等題 傳774.77/9146

6079*

中湘衡汜趙氏族譜 二十二卷卷首一卷/趙東衍等修.—民國12年(1923)敬彝堂木活字本.—24册:圖.—湖南湘潭趙氏;書名據版心及書簽題,書名頁題趙氏族譜 傳774.77/9147

6080*

邵陵趙氏五修族譜 十五卷卷首八卷/趙學霽等修;趙學敷等纂.—民國8年(1919)琴鶴堂木活字本.—34册:圖及像.—湖南邵陽趙氏;書名據書簽題,版心及書名頁題趙氏五修族譜 傳774.77/917

6081*

邵陵桐江趙氏五修族譜 五十九卷卷首二卷/趙純佳等修.—民國14年(1925)木活字本.—34册:圖及像.—湖南邵陽趙氏;版心及書簽題桐江趙氏五修譜 傳774.77/9176

6082*

趙氏族譜 四卷/趙九峰等修;趙景宸等纂.—民國31年(1942)濟南茂文齋印刷局鉛印本.—4册.—山東齊河趙氏;書名據書名頁等題

部二 4册 傳774.77/92

6083*

上湘趙氏四修族譜 八十四卷卷首一卷卷末一卷/趙載范等纂修.—民國37年(1948)畏愛堂木活字本.—97册.—湖南邵陽趙氏;書名據版心題,書簽及書名頁題趙氏四修族譜 傳774.77/923

6084*

東萊趙氏家乘 六卷/趙琪等修.—民國24年(1935)趙氏永厚堂青島鉛印本.—6册:圖及像.—山東掖縣趙氏;版心題趙氏家乘,卷數據書簽題

部二 6册 傳774.77/924

6085*

常州觀莊趙氏支譜 二十一卷/趙氏修.—民國17年(1928)木活字本.—12册:像.—江蘇常州趙氏 傳774.77/9249

6086*

灤陽趙氏東門統譜 六卷/趙鴻翔修;趙鳳振等纂修.—民國21年(1932)河北唐山同泰石印局石印本.—12册+趙氏合族先塋墳圖等(2幅).—河北唐山趙氏;書簽題灤陽趙氏家譜,與浭陽趙氏西門統譜合印 傳774.77/925

6087*

浭陽趙氏西門統譜/趙鴻翔修.—民國21年(1932)河北唐山同泰石印局石印本.—12册.—河北唐山趙氏;與灤陽趙氏東門統譜合印 傳774.77/925

6088*

資陽趙氏五修族譜 二十卷/趙文世等修;趙盛德等纂.—民國37年(1948)木活字本.—18册.—湖南常德趙氏;書名據版心題,書簽題資陽趙氏家譜,書名頁題趙氏五修家譜 傳774.77/926

6089*

湘潭洄溪趙氏六修族譜 二十四卷/趙如苾等修;趙如闇等纂.—民國32年(1943)敦本堂木活字本.—

21 册:圖.—湖南湘潭趙氏;書名據書簽題,版心題洄溪趙氏六修族譜,書名頁題趙氏族譜
　　　　　　　　　　　　傳 774.77/9263

6090*

　上湘趙氏四修族譜/趙鉤等修.—民國 37 年(1948)畏愛堂木活字本.—3 册:圖.—湖南湘潭趙氏;原書卷數不詳,存 3 卷:卷首 1 卷、卷 1—2;書名據版心題,書簽及書名頁題趙氏四修支譜　傳 774.77/9268

6091*

　陽曲縣趙氏家譜　一卷/趙氏修.—民國 31 年(1942)抄本.—1 册:圖.—山西陽曲趙氏;書名據書簽題.—經摺裝　　　　　傳 774.77/927

6092*

　書堂趙氏七修族譜　二十一卷卷首二卷末三卷/趙達裕修;趙達泰等纂.—民國 18 年(1929)琴鶴堂木活字本.—25 册:圖.—湖南益陽趙氏;書名據版心題,書簽題書堂趙氏族譜　傳 774.77/9273

傳 774.79　盛氏

6093

　平江盛氏家乘初稿　三十八卷卷首一卷卷末一卷/(清)盛鍾岐纂修.—清同治十三年(1874)吳縣盛氏十賢祠木活字本.—16 册:圖及像.—江蘇吳縣盛氏;書名據目錄題,版心題盛氏家乘,書簽及書名頁題盛氏家乘初稿
　部二　16 册　　　　　　　傳 774.79/88

6094

　勾吳盛氏宗譜　十卷/(清)盛德裕纂修.—清同治十年(1871)敦本堂木活字本.—10 册:像.—江蘇無錫盛氏;書名據書簽題,版心及書名頁題盛氏宗譜
　　　　　　　　　　　　傳 774.79/884

6095

　餘杭閑林盛氏宗譜　六卷卷首一卷/(清)盛起修.—清光緒二十七年(1901)敬愛堂木活字本.—6 册:圖及像.—浙江餘杭盛氏;書名頁題禹航閑林盛氏宗譜

部二　6 册　　　　　　　傳 774.79/89

6096

　蕭山盛氏宗譜　十四卷卷首一卷/(清)盛民修.—清光緒二十七年(1901)聚斯堂木活字本.—10 册:圖.—浙江蕭山盛氏;書名據目錄等題;卷次裝訂有誤
　　　　　　　　　　　　傳 774.79/894

6097*

　毗陵盛氏族譜　二十卷/盛虎德等修.—民國 4 年(1915)思成堂木活字暨刻本.—20 册:圖.—江蘇毗陵盛氏;書名據書簽及書名頁題,版心題盛氏族譜
　部二　20 册　　　　　　　傳 774.79/91

6098*

　南溪盛氏家譜/盛鴻燾纂修.—民國 19 年(1930)鉛印本.—1 册:圖.—廣東中山盛氏;書名據版心及書簽題　　　　　　　　傳 774.79/92

6099*

　富春上館盛氏宗譜　十八卷/盛載續等纂修.—民國 34 年(1945)序倫堂木活字本.—18 册.—浙江富春盛氏
　部二　18 册　　　　　　　傳 774.79/924

6100*

　長沙藤衝盛氏四修族譜　十卷卷首二卷/盛興邦修;盛隆詔等纂.—民國 22 年(1933)廣陵堂木活字本.—16 册:圖.—江西豐城、湖南長沙盛氏;書簽題長沙藤衝盛氏族譜,書名頁題盛氏族譜;附長沙藤衝盛氏廣生錄、長沙藤衝盛氏如生錄　傳 774.79/925

6101*

　盛氏族譜/盛氏修.—民國間蕭雕堂木活字本.—2 册:圖.—湖南長沙盛氏;原書卷數不詳,存 2 卷:卷1—2,間有殘損頁;書名據版心題　傳 774.79/927

傳 774.81　曹氏

6102*

　曹氏族譜世系圖節略/(清)曹氏修.—清抄本.—1 册:像　　　　　　　　　　傳 774.81/80

6103

墩頭曹氏宗譜 八卷卷首一卷卷末一卷/(清)曹氏修.—清道光二十五年(1845)木活字本.—28 冊:像.—安徽青陽曹氏;書名據版心及書簽題

傳 774.81/86

6104

曹氏宗譜 八卷/(清)曹序朝等修.—清同治十二年(1873)繼美堂木活字本.—8 冊:像.—江蘇武進等地曹氏;書簽題曹氏家乘 傳 774.81/88

6105*

五慶堂重修曹氏宗譜/(清)曹氏修.—1990 年北京燕山出版社影印本.—1 冊.—遼東曹氏,據稱與曹雪芹有關;書名據書簽及書名頁題,敍前題遼東曹氏宗譜;據清同治間遼東曹氏抄本影印

部二 1 冊
部三 1 冊
部四 1 冊 傳 774.81/884

6106

曹氏宗譜/(清)曹雲祥續輯.—清光緒八年(1882)抄本.—1 冊:圖.—江蘇蘇州曹氏;書名據目錄題

傳 774.81/89

6107

蕭山曹氏宗譜 二十五卷/(清)曹隆茂等修;(清)曹瀚等纂.—清光緒七年(1881)惇敘堂木活字本.—22 冊.—浙江蕭山曹氏;版心題史村曹氏宗譜

部二 22 冊 傳 774.81/894

6108

湘潭曹氏鼎公支譜 二十卷卷首一卷/(清)曹自修等纂修.—清光緒二十年(1894)慶餘堂木活字本.—14 冊:圖.—湖南湘潭曹氏 傳 774.81/8946

6109

平陽曹氏宗譜 二十四卷/(清)曹襄三等修.—清光緒二十年(1894)木活字本.—24 冊:圖及像.—安徽涇縣等地曹氏;書名據版心及書簽題

傳 774.81/89464

6110*

曹氏受五公房族譜 十二卷/曹廣涵等修;曹海涵等纂.—民國 11 年(1922)長沙鉛印本.—12 冊:圖.—湖南長沙曹氏;書名據書簽及書名頁題

傳 774.81/91

6111*

上海曹氏續修族譜 四卷/曹浩修.—民國 14 年(1925)上海曹氏崇孝堂鉛印本.—4 冊.—上海曹氏;書名據目錄題

部二 4 冊
部三 4 冊 傳 774.81/914

6112*

蕭山史村曹氏宗譜 二十五卷/曹貴亮等修.—民國 3 年(1914)蕭山曹氏惇敘堂木活字本.—22 冊.—浙江蕭山曹氏;書名據書簽題,版心題史村曹氏宗譜

部二 22 冊 傳 774.81/9144

6113*

蓉湖曹氏宗譜 十二卷/曹鳳彩等修.—民國 5 年(1916)三桂堂木活字本.—12 冊:圖及像.—江蘇無錫曹氏;書名據書簽題,版心及書名頁題曹氏宗譜

傳 774.81/9145

6114*

曹氏宗譜 十卷/曹永道等修.—民國 4 年(1915)繼美堂木活字本.—10 冊:像.—江蘇武進等地曹氏;書名據版心及書名頁題,書簽題曹氏家乘

傳 774.81/9146

6115*

江陰繳墩曹氏宗譜 二十四卷卷首一卷/曹倜等纂修.—民國 6 年(1917)木活字本.—16 冊:圖及像.—江蘇江陰曹氏;版心題曹氏宗譜 傳 774.81/91463

6116*

湖南三峰曹氏通譜 四卷/曹佐熙等纂修.—民國 8 年(1919)長沙鉛印本.—4 冊:圖.—湖南長沙曹氏;書名據書簽及書名頁題

部二 4 冊 傳 774.81/914633

6117*

湘潭曹氏三修鼎公支譜 十卷/曹典仁纂.—民國 24 年(1935)長沙鉛印本.—10 冊:圖及像.—湖南湘潭曹氏;書名據書名頁等題 傳 774.81/92

6118*

曹氏宗譜　四十五卷卷首三卷/曹少金等修;曹槙一等纂.—民國 21 年(1932)文昭堂木活字本.—48 册:圖.—安徽宿松曹氏;書名據版心及書簽題
　　　　　　　　　　　　　　傳 774.81/924

6119*

鄞縣月湖曹氏宗譜　十六卷卷首一卷卷末一卷/曹忠欽等修;曹石固纂.—民國 29 年(1940)鄞縣曹氏餘慶堂木活字本.—4 册.—浙江鄞縣曹氏
　　　　　　　　　　　　　　傳 774.81/9244

6120*

三峰曹氏必賢房六修支譜　十八卷卷首一卷/曹時傅修;曹起璿等纂修.—民國 37 年(1948)湖南益陽曹氏三峰堂鉛印本.—18 册:圖.—湖南長沙曹氏;版心題曹氏必賢房六修支譜　　　　傳 774.81/9245

6121*

益陽曹氏彥祥房五修譜　二十八卷/曹明毅等纂修.—民國 36 年(1947)務滋堂鉛印本.—28 册:圖.—湖南益陽曹氏;卷 16 缺 40 頁;書名據書簽及書名頁題,版心題曹氏彥祥房譜　　　傳 774.81/925

6122*

曹氏族譜　十卷卷首一卷卷末一卷/曹世期等纂修.—民國 23 年(1934)親親堂木活字本.—12 册.—湖南郴州曹氏;書名據書名頁等題,附余慶譜
　　　　　　　　　　　　　　傳 774.81/9254

6123*

資陽三峰曹氏必昌支六修譜　九卷卷首一卷卷末一卷/曹起揚修;曹起利等纂.—民國 30 年(1941)木活字本.—12 册:圖.—湖南資陽曹氏;版心題資陽曹氏六修支譜,書簽題曹氏必昌六修譜,書名頁題資陽三峰曹氏支譜　　　傳 774.81/9256

6124*

益陽曹氏五修族譜　七卷卷首一卷卷末二卷/曹承瑋纂修.—民國 27 年(1938)譙國堂木活字暨鉛印本.—10 册:圖.—湖南益陽曹氏;書名據書簽題,版心及書名頁題曹氏五修族譜　　　傳 774.81/927

6125*

譙國曹氏宗譜/曹錫祥等纂修.—民國 36 年(1947)陳集義堂木活字本.—1 册:圖.—江西都昌曹氏;書名據版心題　　　　　傳 774.81/928

6126*

三峰曹氏必賢房七修支譜　十六卷/曹安逸等修;曹時明等纂.—1997 年湖南長沙膠印本.—16 册:圖.—湖南長沙曹氏;書名據書簽及書名頁題,版心題曹氏必賢房七修支譜　　　傳 774.81/95

傳 774.83　陸氏

6127*

陸氏世譜合鐫/(清)陸厚等修.—民國間抄本.—10 册:像.—始祖江蘇吳縣陸氏,分若干支;書名據譜序題　　　　　　　傳 774.83/82

6128*

陸氏世譜合鐫/(清)陸厚等修.—民國間烏絲欄抄本.—8 册.—始祖江蘇吳縣陸氏,分若干支,記事至清康熙間;目錄題 4 集 59 卷,本書不全,存、缺卷不詳;書名據譜序題　　　　　傳 774.83/824

6129

松陵陸氏宗譜　十二卷卷首一卷卷末一卷/(清)陸維鈺纂修.—清道光間抄本.—4 册:圖及像.—江蘇吳縣陸氏　　　　　　傳 774.83/86

6130

平原宗譜　二十卷卷首一卷/(清)陸增煒,(清)陸繼輝纂修.—清光緒三十二年(1906)木活字本.—6 册.—江蘇太倉陸氏

　　部二　　6 册
　　部三　　6 册　　　　　　　傳 774.83/89

6131

陸氏葑門支譜　十七卷/(清)陸錦烺等纂修.—清光緒十四年(1888)豐裕義莊刻本.—12 册:圖.—江蘇蘇州陸氏　　　　　　傳 774.83/894

6132*

陸氏世譜 三卷/陸燁修.—民國間抄本.—3 册.—
江蘇江陰陸氏 傳 774.83/90

6133*

海昌鵬坡陸氏宗譜 三十卷卷首二卷/陸鶴翔等
纂.—民國 3 年(1914)海寧陸氏刻本.—24 册:圖及
像.—浙江海寧陸氏;希賢祠藏版 傳 774.83/91

6134*

紹縣舊山陰梅湖陸氏宗譜 六卷/陸遵等纂修.—
民國 6 年(1917)中正堂木活字本.—8 册.—浙江山陰
陸氏;書名據版心題,書簽題山陰梅湖陸氏宗譜
傳 774.83/914

6135*

陸氏曆世祖像/陸欽章編.—民國 8 年(1919)吳縣
陸氏油印本.—1 册:像.—江蘇吳縣陸氏;書名據書簽
題,書名頁題陸氏祖先畫像 傳 774.83/9149

6136*

吳郡陸氏賣巷支世系圖表/陸祖穀纂.—民國 22 年
(1933)石印本.—4 册.—江蘇吳縣陸氏;書名據書簽
及書名頁題 傳 774.83/92

6137*

陸氏宗譜 前編五卷後編六卷/陸惟善等修;陸銘
泉編.—民國 30 年(1941)有懷堂木活字本.—12
册.—江蘇宜興陸氏;有墨筆抄補;書名據版心及書
簽題 傳 774.83/924

6138*

戴莊陸氏族譜 八卷/陸忠產等修.—民國 30 年
(1941)敦本堂木活字本.—8 册:像.—江蘇武進陸氏;
書名據書簽題,版心及書名頁題陸氏族譜
傳 774.83/9244

傳 774.85 屠氏

6139

屠氏族譜 二十二卷續編三卷/(清)屠之申等纂
修.—清道光八年(1828)木活字暨刻本.—25 册.—江

蘇、浙江、湖北孝感屠氏;卷首序、卷 3、卷 16、續編卷
下係墨筆抄配;版心題屠氏宗譜 傳 774.85/86

傳 774.87 關氏

6140

南海吉利下橋關樹德堂家譜 二十四卷卷首一卷
卷末一卷/(清)關蔚煌等纂修.—清光緒間刻本.—4
册.—廣東南海關氏;書名據版心及目錄題,書名頁題
南海關氏家譜 傳 774.87/89

6141

關氏族譜/(清)關氏修.—清光緒十五年(1889)翰
元樓刻本.—7 册.—廣東南海關氏;書名據版心及書
名頁題 傳 774.87/894

傳 774.89 鄭氏

6142

鄭氏宗譜/(清)鄭晦等修.—清抄本.—4 册.—安徽
新安鄭氏,記事至清順治間;西諦藏書
傳 774.89/81

6143

包山鄭氏族譜 二卷世譜一卷貞節錄一卷/(清)鄭
匡鉅纂修.—清乾隆十六年(1751)刻本.—4 册:圖.—
江蘇吳縣鄭氏;版心題鄭氏族譜,書名頁題鄭氏宗譜
傳 774.89/84

6144

星源銀川鄭氏宗譜 六卷卷首一卷卷末一卷/(清)
鄭永彬等纂修.—清乾隆四十年(1775)刻本.—4 册:
圖及像.—江西婺源鄭氏;書名據目錄題,版心題銀川
鄭氏宗譜 傳 774.89/844

6145

鄭氏世譜 八卷卷首一卷/(清)鄭啟俊等修.—清
乾隆五十九年(1794)刻本.—6 册:圖及像.—江蘇吳
縣鄭氏 傳 774.89/846

6146

鄭氏世譜　八卷卷首一卷/(清)鄭棟等纂.—清乾隆九年(1744)濟美堂刻本.—6 册:圖及像.—江蘇吳縣鄭氏　　　　　　　傳 774.89/847

6147

半浦鄭氏宗譜　三卷卷首一卷/(清)鄭芬等修.—清道光十九年(1839)佑啟堂木活字本.—4 册:圖.—浙江慈溪鄭氏;書名據書名頁等題　　傳 774.89/86

6148

鄭氏大全宗譜　三十六卷卷首二卷/(清)鄭培先等修.—清咸豐十一年(1861)樵月齋木活字本.—38 册:圖.—江西浮梁鄭氏;書名據書名頁題,版心及書簽題鄭氏宗譜　　　　　　傳 774.89/87

6149

包山鄭氏族譜　十二卷/(清)鄭謀瑝纂修.—清光緒二十四年(1898)鄭氏姑蘇刻本.—12 册:圖.—江蘇吳縣鄭氏;版心題鄭氏族譜

部二　12 册　　　　　　　　傳 774.89/89

6150

鄭氏宗譜　六卷/鄭順大等修.—清宣統三年(1911)雍睦堂木活字本.—6 册:像.—江蘇常州鄭氏;書名據版心及目錄題　　　傳 774.89/894

6151

台邑南鄉瑞屏鄭氏宗譜　三卷/(清)鄭溱梁等修.—清光緒五年(1979)木活字本.—2 册.—浙江天臺鄭氏;版心題瑞屏鄭氏宗譜　傳 774.89/8942

6152

鄭氏宗譜　十八卷卷首一卷/(清)鄭有緣等修.—清光緒二十八年(1902)本活字本.—10 册:圖及像.—江西浮梁鄭氏;書名據版心及書簽題

　　　　　　　　　　　　傳 774.89/8944

6153

蕭山鄭氏宗譜　十二卷/(清)鄭可宗等修.—清光緒二十二年(1896)永思堂木活字本.—12 册.—浙江蕭山鄭氏;書名據版心及目錄題,書簽題鄭氏宗譜

　　　　　　　　　　　　傳 774.89/8945

6154

桃源鄭氏族譜/(清)鄭錦和等修.—清光緒間仁德堂朱絲欄抄本.—1 册.—福建永春鄭氏,記事至清光緒元年(1875);書名據譜序題,書簽題仁德堂鄭譜錄紀要本　　　　　　　傳 774.89/8946

6155

慈溪鄭氏宗譜　七卷/(清)鄭佐卿等修.—清光緒十八年(1892)慈溪鄭氏佑啟堂木活字本.—7 册:圖及像.—浙江慈溪鄭氏;書名據版心及書簽題

　　　　　　　　　　　　傳 774.89/89467

6156*

如皋白蒲鄭氏族譜　十四卷卷首一卷卷末一卷/鄭承霖修;鄭振萬纂.—民國 15 年(1926)鉛印本.—8 册:圖及像.—江蘇如皋鄭氏;書名據目錄題,版心及書簽題鄭氏族譜

部二　8 册　　　　　　　　傳 774.89/91

6157*

慈溪灌東鄭氏宗譜　十卷卷首一卷/鄭顯孚等修.—民國 10 年(1921)慈溪鄭氏佑啟堂木活字本.—10 册:圖及像.—浙江慈溪鄭氏;書名據版心及書簽題,書名頁題鄭氏宗譜　　傳 774.89/914

6158*

蕭山鄭氏宗譜　十二卷/鄭釪耀等修.—民國 13 年(1924)永思堂木活字本.—12 册.—浙江蕭山鄭氏;書名據版心及目錄題,書簽題鄭氏宗譜

　　　　　　　　　　　　傳 774.89/9146

6159*

鄭氏家譜/鄭恩波等纂修.—民國 13 年(1924)鉛印本.—4 册.—河北豐潤鄭氏;書名據書名頁等題

　　　　　　　　　　　　傳 774.89/91465

6160*

尊陽鄭氏族譜　十二卷/鄭先貞等修;鄭先竑等纂.—民國 7 年(1918)木活字本.—12 册:圖.—湖南長沙鄭氏;書名據書名頁等題　傳 774.89/9147

6161*

鄭氏大統宗譜　二十四卷卷首一卷/鄭炳南等修.—民國 30 年(1941)書帶草堂木活字本.—24 册:

像.—江蘇無錫、江陰、常熟等地鄭氏;書名頁題鄭氏
宗譜　　　　　　　　　　　　　傳 774.89/92

6162*

鄭氏族譜　八卷/鄭汝崗等修;鄭凌霄纂.—民國 19
年(1930)鉛印本.—8 冊:圖.—河北寧晉鄭氏;書名據
書名頁等題　　　　　　　　　傳 774.89/924

6163*

鄭氏家譜/鄭植昌編.—民國間鉛印本.—1 冊.—山
西陽曲鄭氏;書名據書名頁等題;附抑過軒主人年譜
　部二　1 冊
　部三　1 冊
　部四　1 冊
　部五　1 冊　　　　　　　　　傳 774.89/9244

6164*

殷灣鄭氏支譜/鄭世彬等纂修.—民國 27 年(1938)
懷椿堂木活字本.—2 冊.—浙江鄞縣鄭氏;書名據版
心及書籤題　　　　　　　　　傳 774.89/92446

6165*

鄭氏四修族譜　九卷/鄭紹徽等修;鄭寶瑗等纂.—
民國 28 年(1939)木活字本.—31 冊:圖.—湖南瀏陽
鄭氏;書名據版心題　　　　　　傳 774.89/926

傳 774.91　惲氏

6166*

惲氏家乘　六十八卷卷首一卷/惲祖祁等纂修.—
民國 6 年(1917)光裕堂木活字本.—40 冊:圖.—江蘇
毗陵惲氏　　　　　　　　　　　傳 774.91/91

傳 774.93　鄺氏

6167

長邑鄺氏族譜/(清)鄺枚修;(清)鄺大瀾纂.—清宣
統二年(1910)宣城堂木活字本.—18 冊:圖.—江西長
寧鄺氏;殘損;書名據版心及書籤題,書名頁題鄺氏
家乘　　　　　　　　　　　　　傳 774.93/89

傳 774.95　貝氏

6168

吳中貝氏族譜　五卷/(清)貝氏修.—清光緒間抄
本.—4 冊.—江蘇吳縣貝氏;有民國間墨筆抄補
　　　　　　　　　　　　　　　傳 774.95/89

傳 774.96　巫氏

6169*

醴東虹橋巫氏三修族譜　二十五卷卷首三卷/巫善
卿等修;巫詒宜等纂.—民國 18 年(1929)湖南醴陵巫
氏敦倫堂木活字本.—27 冊:圖.—湖南醴陵巫氏;書
名據版心及書籤題　　　　　　　傳 774.96/92

傳 774.97　習氏

6170*

習氏六修族譜　十九卷卷首二卷卷末二卷/習德慶
等修.—民國 37 年(1948)東陽堂木活字本.—25 冊:
圖.—湖南益陽習氏;書名據版心及書籤題,書名頁題
習氏族譜　　　　　　　　　　　傳 774.97/92

傳 774.98　房氏

6171

瀏東房氏族譜　四卷卷首一卷/(清)房維日等
修.—清同治十一年(1872)清河堂木活字本.—5 冊:
圖.—湖南瀏陽房氏;書名據版心題,書名頁題房氏
族譜　　　　　　　　　　　　　傳 774.98/88

傳 774.99　辛氏

6172*

萬載辛氏幼房譜　七卷卷首一卷卷末一卷/辛懷之等纂修.—民國 3 年(1914)木活字本.—13 冊:圖.—江西萬載辛氏;書名據版心及書名頁題,書衣題辛氏幼房譜　　　　　　　　　傳 774.99/91

傳 775.01　廖氏

6173

廖氏族譜/(清)廖月巘等修;(清)廖首選等纂.—清同治五年(1866)忠孝堂木活字本.—14 冊:圖.—缺 85—118、527—843 頁.—湖南安化廖氏;書名據書名頁等題　　　　　　　傳 775.01/88

6174

廖氏六修族譜　八卷卷首二卷/(清)廖燦敏等纂修.—清光緒十七年(1891)世綵堂木活字本.—11 冊:圖.—湖南長沙廖氏;書名據版心題,書簽及書名頁題廖氏族譜　　　　　　　傳 775.01/89

6175

廖氏續修族譜　四卷卷首二卷/(清)廖人杰等修.—清光緒二十八年(1902)木活字本.—17 冊:圖.—湖南安化廖氏;書名據版心題,書簽題廖氏族譜　　　　　　　　　　傳 775.01/897

6176*

楚南邵辰廖氏宗譜/廖名綹纂修.—民國 13 年(1924)北京鉛印本.—1 冊.—湖南寶慶、辰州廖氏;書名據書簽題,版心題廖氏宗譜
部二　1 冊
部三　1 冊　　　　　　　　　傳 775.01/91

6177*

廖氏族譜　六卷/廖萱榮修;廖文炳等纂.—民國 13 年(1924)石印本.—6 冊:圖.—四川、江西、福建、廣東廖氏;書名據書名頁等題　　　　傳 775.01/915

6178*

寧鄉衡田廖氏五修族譜　四十九卷卷首一卷/廖燦臨等修;廖燦薊等纂.—民國 3 年(1914)桂馨堂木活字本.—16 冊:圖.—湖南寧鄉廖氏;書簽及書名頁題寧鄉衡田廖氏族譜
部二　16 冊　　　　　　　　　傳 775.01/9156

6179*

寧鄉衡田廖氏六修族譜　十九卷卷首三卷/廖樹基等纂修.—民國 36 年(1947)桂馨堂木活字本.—24 冊:圖.—湖南寧鄉廖氏;書名據版心題,書簽題衡田廖氏六修族譜,書名頁題寧鄉衡田廖氏族譜　　　　　　　　　　　　　傳 775.01/92

6180*

瀏東廖氏族譜　十八卷卷首一卷/廖葆華等纂修.—民國 28 年(1939)世綵堂木活字本.—18 冊:圖.—湖南瀏陽廖氏;書名據書簽題,卷端等題廖氏族譜　　　　　　　　　傳 775.01/923

6181*

衡山廖氏七修族譜　三十八卷/廖先堂等修;廖謙等纂.—民國 17 年(1928)世綵堂木活字本.—40 冊:圖.—湖南衡陽廖氏;書名據版心及書簽題,書名頁題廖氏族譜　　　　　　　　傳 775.01/927

6182*

楚攸麒山廖氏七修族譜　十一部/廖鏡清纂修.—民國 23 年(1934)麒山堂石印本.—12 冊:圖.—湖南攸易廖氏;書名據書簽題,版心題楚攸廖氏七修族譜　　　　傳 775.01/9273

傳 775.02　方氏

6183

方氏族譜　十卷卷首一卷/(清)方懷德等纂修.—清康熙三十九年(1700)刻本.—12 冊:像.—安徽歙縣方氏;缺卷 2、卷 3 之 9、卷 4　　傳 775.02/82

6184

關西方氏宗譜　六卷/(清)方蘭芬等修.—清道光

二十一年(1841)木活字本.—6 冊:圖.—安徽祁門方
氏;書名據版心題,書簽題河南方氏宗譜,書名頁題祁
門方氏宗譜   傳 775.02/86

6185
虞嵊方氏宗譜   四卷/(清)方仁楨等纂修.—清道
光二十四年(1844)逸河堂木活字本.—5 冊:彩圖.—
浙江上虞、嵊縣方氏;有墨筆校改;書名據版心及目錄
題,書簽題方氏宗譜   傳 775.02/865

6186*
鑪橋方氏家譜   四卷卷首二卷/(清)方士淦等纂
修.—民國間朱格抄本.—4 冊.—安徽壽縣方氏;書名
據版心題;是譜纂修於清道光十六年(1836)
                                    傳 775.02/8654

6187
桐城桂林方氏友慶堂支譜/(清)方傳稙纂修.—清
末抄本.—1 冊.—安徽桐城方氏;書名據書名頁題;是
譜纂修於清咸豐十年(1860)   傳 775.02/87

6188
[方氏宗譜]/(清)方水雲纂.—清咸豐十一年
(1861)稿本.—1 冊.—浙江桐廬方氏
                                    傳 775.02/875

6189
方氏宗譜   八卷卷首一卷卷末一卷/(清)方振錩
修;(清)方德楠纂.—清同治十三年(1874)敦義堂木
活字本.—10 冊:圖及像.—安徽祁門等地方氏;卷末
跋殘;書名據書名頁等題   傳 775.02/88

6190
方氏宗譜   四卷/(清)方金聲等修.—清同治八年
(1869)崇本祠木活字本.—4 冊:圖及像.—安徽祁門
方氏;書名據版心題,書名頁題方氏家乘
                                    傳 775.02/885

6191
重修鑪橋方氏家譜   四卷/(清)方玉基纂修.—清
光緒四年(1878)刻本.—4 冊.—安徽壽縣方氏;書名
據版心及書簽題   傳 775.02/89

6192
珊溪方氏分支譜略/(清)方德驥纂修.—清光緒六
年(1880)刻本.—2 冊.—安徽休寧方氏;書名據書名
頁等題;杭州恩福堂藏版   傳 775.02/895

6193
桂林方氏宗譜   八卷卷首一卷卷末一卷/方志棠
修;方鳳起纂.—清宣統三年(1911)問源堂木活字
本.—16 冊:圖.—安徽歙縣方氏;書名據書名頁等題
                                    傳 775.02/8953

6194
方氏宗譜   十卷/方世鍾纂修.—清宣統二年
(1910)壯猶堂木活字本.—10 冊:圖.—浙江紹興方
氏;書名據版心及書簽題   傳 775.02/8954

6195
方氏聯臨派居臨河前族遷揚州支譜/(清)方鼎銑等
纂修.—清光緒十六年(1890)揚州方觀瀾刻本.—1
冊.—江蘇揚州方氏;書名頁題方氏聯臨派遷揚州儀
徵支譜   傳 775.02/8956

6196
河南方氏宗譜   四卷/(清)方作彪修;(清)方丙
纂.—清光緒十九年(1893)石峽世恩堂木活字本.—
12 冊:圖及像.—安徽歙縣方氏;書名據版心題;附宋
方蛟峰先生文集   傳 775.02/8957

6197
方氏宗譜   十五卷/(清)方殿榮等纂.—清光緒二
十三年(1897)序倫堂木活字本.—10 冊:像.—江蘇無
錫方氏;書名據版心及書名頁題   傳 775.02/89572

6198
方氏家譜/(清)方氏修.—清末抄本.—1 冊.—安徽
歙縣方氏,記事至清同治元年(1862);書名據譜序題
                                    傳 775.02/8959

6199*
隱龍方氏宗譜   二十卷/方鏞等修.—民國 11 年
(1922)方氏敘倫堂木活字本.—20 冊:圖及像.—安徽
旌德方氏;書名據版心題,書簽題方氏宗譜
                                    傳 775.02/91

6200*

醴西黃崗方氏三修族譜　十卷卷首一卷/方大家等纂修.—民國 3 年(1914)方氏光啟堂木活字本.—10 冊:圖.—湖南醴陵方氏;書名據版心及書籤題,書名頁題方氏族譜　　傳 775.02/915

6201*

續溪城南方氏宗譜　二十四卷卷首一卷祠譜四卷/方樹等纂修.—民國 8 年(1919)思誠堂木活字本.—9 冊:圖.—安徽續溪方氏;書名據書籤題,卷端及版心題城南方氏宗譜　　傳 775.02/9153

6202*

方氏宗譜/方宋貴等修.—民國 3 年(1914)逸河堂木活字本.—8 冊:彩圖及彩像.—浙江上虞方氏;書名據版心及書籤題　　傳 775.02/9156

6203*

中湘方氏五修族譜　二十四卷卷首一卷/方先偉等修.—民國 13 年(1924)敦倫堂木活字本.—25 冊:圖.—湖南湘潭方氏;書名據書籤題,版心題方氏五修族譜,書名頁題方氏族譜　　傳 775.02/9157

6204*

方氏世譜/方氏修.—民國間抄本.—1 冊.—安徽歙縣方氏;書名據書籤題;有清光緒六年方正鉞序及民國 8 年方重鉞續序　　傳 775.02/9159

6205*

方氏世譜/方氏修.—民國間抄本.—1 冊.—安徽歙縣方氏;書名據書籤題;有清光緒六年方正鉞序及民國 8 年方重鉞續序　　傳 775.02/9159.1

6206*

奉化大橋方氏宗譜　十卷/方汝舟等纂修.—民國 29 年(1940)大訓堂木活字本.—1 冊.—浙江奉化方氏;缺 1 卷:卷 7;版心題旌門方氏宗譜;版心所標卷次錯亂　　傳 775.02/92

6207*

晉寧方氏族譜/方樹梅纂修.—民國 26—27 年(1937—1938)晉寧方氏誦芬樓刻本.—2 冊.—雲南晉寧方氏;原書卷數不詳,存 5 卷:卷 7—11;書名據版心等題　　傳 775.02/925

傳 775.03　丁氏

6208

香湖丁氏家乘　六卷/(清)丁桂芳,(清)丁策定纂修.—清乾隆三年(1738)刻本.—3 冊:圖.—浙江嘉善丁氏;卷末有墨筆抄補　　傳 775.03/84

6209

蕭山丁氏家譜　十卷卷首一卷卷末一卷/(清)丁起鵬修;(清)丁大瑞等纂.—清道光二十七年(1847)木活字本.—20 冊:圖.—浙江蕭山丁氏;卷 2 缺相七房、相三十四房;版心題丁氏宗譜　　傳 775.03/86

6210

日照丁氏家乘　五十四卷/(清)丁穎璞等修;(清)丁槊五等纂.—清咸豐九年(1859)刻本.—11 冊.—山東日照丁氏;版心題丁氏家乘　　傳 775.03/87

6211*

四川萬縣響水鄉丁氏族譜/(清)丁氏修.—19[?]年照像還原本.—1 冊.—四川萬縣丁氏;記事至清同治間;書名據書衣題.—毛裝　　傳 775.03/88

6212

京江丁氏傳略匯錄/(清)丁立中等編.—清光緒三十一年(1905)松銘堂金陵木活字本.—1 冊.—江蘇丹徒丁氏;書名據書名頁題,卷端題京江丁氏支譜抽印單行本　　傳 775.03/89＋5

6213

重修丁氏宗譜　四十六卷卷首六卷/(清)丁日澍等修.—清光緒十年(1884)雙桂堂木活字本.—36 冊:圖及像.—江蘇毗陵丁氏;版心題丁氏宗譜　　傳 775.03/895

6214

丁氏族譜　十二卷/(清)丁在麟修;(清)丁世佳等纂.—清宣統元年(1909)刻本.—12 冊:圖.—山東黃縣丁氏;書名據版心及書名頁題
部二　12 冊　　傳 775.03/8954

6215

　丁氏宗譜　　二十四卷總目一卷卷首一卷/(清)丁士
涵纂.—清光緒十四年(1888)刻本.—10 册：圖及
像.—江蘇太倉丁氏　　　　　　　　傳 775.03/89544

6216

　蕭山丁氏宗譜　　四卷/(清)丁國茂等修；(清)丁應
春等纂.—清光緒三十三年(1907)敬愛堂木活字
本.—4 册.—浙江蕭山丁氏；書名據版心及書簽題
　　　　　　　　　　　　　　　　傳 775.03/8955

6217*

　南塘丁氏六修真譜　　十卷卷首一卷/丁錫鏞等修；
丁寶書等纂.—民國 13 年(1924)鉛印暨刻本.—8 册：
圖及像.—江蘇無錫丁氏；版心及書簽題無錫南塘丁
氏真譜，附文類十卷附刻一卷雜識一卷

　部二　8 册　　　　　　　　　　傳 775.03/91

6218

　述德錄/(清)丁培撰.—清末刻本.—1 册.—書名據
版心題；本書内容已收入南塘丁氏六修真譜
　　　　　　　　　　　　　　　傳 775.03/91＝1

6219*

　上虞夏溪丁氏宗譜　　二十卷卷首一卷卷末一卷/丁
元祥等修；丁渭封等纂.—民國 13 年(1924)瑞松堂木
活字本.—20 册.—浙江上虞丁氏；版心題夏溪丁氏
宗譜　　　　　　　　　　　　　　傳 775.03/915

6220*

　維揚江都丁氏九修族譜　　六卷/丁有鉅等修；馮海
山纂.—民國 10 年(1921)木活字本.—8 册：圖及
像.—江蘇揚州丁氏；卷首殘破；版心題丁氏族譜
　　　　　　　　　　　　　　　　傳 775.03/9154

6221*

　寧鄉四都八鯉衝丁氏四修族譜　　九卷卷首一卷卷
末一卷/丁士晉等纂修.—民國 13 年(1924)廣大堂木
活字本.—8 册：圖.—湖南寧鄉丁氏；版心題寧鄉八鯉
衝丁氏族譜，書名頁題寧鄉丁氏四修族譜
　　　　　　　　　　　　　　　　傳 775.03/9155

6222*

　蕭山丁氏家譜　　十二卷附錄一卷/丁紀傳修；丁南

生等纂.—民國 21 年(1932)敬愛堂木活字本.—12
册：圖.—浙江蕭山丁氏；書名據版心及書簽題
　　　　　　　　　　　　　　　　傳 775.03/92

6223*

　瀏西潚山丁氏支譜　　十一卷/丁宗福修；丁宗德
纂.—民國 18 年(1929)濟陽堂木活字本.—10 册：
圖.—湖南瀏陽丁氏；書名據版心及書簽題
　　　　　　　　　　　　　　　　傳 775.03/922

6224*

　湘潭丁氏三修族譜　　十卷/丁澤曧等修；丁澤隆等
纂.—民國 36 年(1947)濟陽堂木活字本.—10 册：
圖.—湖南湘潭丁氏；書名據版心及書簽題，書名頁題
丁氏族譜　　　　　　　　　　　　傳 775.03/923

6225*

　湖南石門縣丁氏續修族譜　　十二卷卷首一卷/丁華
甲等纂修.—民國 27 年(1938)濟陽堂木活字本.—13
册：圖.—湖南石門丁氏；版心及書簽題丁氏族譜
　　　　　　　　　　　　　　　　傳 775.03/924

6226*

　丹陽東門丁氏族譜　　二十六卷/丁允和等纂修.—
民國 37 年(1948)丁氏世賢祠木活字本.—32 册.—江
蘇丹陽丁氏；卷 23 下原缺；書簽題丹陽東門丁氏十三
修族譜，版心題丁氏家乘　　　　　傳 775.03/925

6227*

　重修毗陵丁氏族譜　　十二卷/丁坤朝等纂修.—民
國 36 年(1947)雙桂堂木活字本.—12 册：圖.—江蘇
毗陵丁氏；書名據目錄題，版心題丁氏族譜
　　　　　　　　　　　　　　　　傳 775.03/9255

6228*

　丁氏族譜　　十四卷卷首二卷/丁鐘恕等修；丁遠懷
等纂.—民國 37 年(1948)濟陽堂木活字本.—18 册：
圖.—湖南湘陰丁氏；書名據版心及書名頁題
　　　　　　　　　　　　　　　　傳 775.03/927

6229*

　四川省忠縣丁氏宗譜初稿/丁宗裕纂修.—1992 年
忠縣丁宗裕台灣桃園鉛印本.—1 册.—四川忠縣丁
氏；書名據書名頁題.—平裝　　　　傳 775.03/95

6230*

丁正孝家譜/丁天祿,丁天芝纂.—1995年四川萬縣
丁氏影印本.—1冊.—四川萬縣丁氏;書名據書名頁
題.—毛裝　　　　　　　　　　傳775.03/955

6231*

丁氏家史家譜　三卷/丁成鎜等纂修.—2001年静
电復製本.—1冊.—四川營山丁氏;據原手稿静电復
製.—毛裝　　　　　　　　　傳775.03/95544

傳775.04　干氏

6232*

鄞縣黄墩干氏宗譜　十五卷/干丕杰纂修.—民國
29年(1940)敬承堂木活字本.—4冊:圖.—浙江鄞縣
干氏;書名據書名頁等題　　　傳775.04/92

傳775.05　平氏

6233

平氏宗譜　七卷/(清)平衡等修.—清嘉慶二十四
年(1819)刻本.—4冊.—浙江山陰平氏;敬齋房藏版
　　　　　　　　　　　　　　傳775.05/85

傳775.06　于氏

·6234*

于氏家譜/于德棥纂修.—民國4年(1915)貴陽鉛
印本.—1冊.—貴州貴陽于氏;書名據書簽及目錄題
　　　　　　　　　　　　　　傳775.06/89

6235*

貴陽于氏家譜/于德棥纂修.—民國8年(1919)天
津鉛印本.—1冊:圖及像.—貴州貴陽于氏;原書卷數
不詳,存1卷:卷1;書名據書簽題,版心題于氏家譜;
附清故資政大夫江蘇候補道武顯將軍署皖南鎮總兵
于公行狀
　　部二　1冊　　　　　　　傳775.06/89.1

6236*

于氏十一修家譜　二十卷卷首一卷/于樹滋等纂
修.—民國10年(1921)木活字本.—16冊:圖及像.—
江蘇鎮江于氏;版心題于氏家譜　傳775.06/91

傳775.07　阮氏

6237

阮氏宗譜　八卷卷首一卷/(清)阮易路修.—清道
光十年(1830)文煥堂木活字本.—10冊:像.—安徽桐
城、貴池等地阮氏;有墨筆校字;書名據書名頁等題
　　　　　　　　　　　　　　傳775.07/86

6238*

越州阮氏宗譜　二十二卷卷首一卷/阮彬華,阮廷
藩修;陶念欽纂.—民國17年(1928)世懋堂木活字
本.—12冊:圖及像.—浙江會稽阮氏
　　部二　11冊　缺3卷:卷5—7
　　部三　1冊　存1卷:卷20　　傳775.07/92

傳775.08　鄧氏

6239

洞庭明月灣鄧氏續輯宗譜　四卷卷首一卷卷末一
卷/(清)鄧若木等纂.—清嘉慶七年(1802)吳縣鄧氏
刻本.—4冊:圖.—江蘇吳縣鄧氏;版心題鄧氏宗譜
　　　　　　　　　　　　　　傳775.08/85

6240

宣城鄧氏族譜/(清)鄧洪勳等纂修.—清道光二十
九年(1849)萃渙堂木活字本.—4冊:圖.—安徽宣城
鄧氏;書名據版心及目錄題　　傳775.08/86

6241

鄧氏宗譜　十六卷/(清)鄧之柏等修.—清同治十
一年(1872)積善堂木活字本.—17冊:圖.—安徽六安
鄧氏;書名據版心題　　　　　傳775.08/88

6242

鄧氏宗譜　二十四卷/(清)鄧隆福等修.—清光緒

三十年(1904)報本堂木活字本.—24 冊：圖及像.—江蘇無錫鄧氏；書名據書名頁等題

傳 775.08/89

6243

鄧氏四修族譜　十二卷/(清)鄧執玉等修；(清)鄧杏林等纂.—清光緒二十五年(1899)兩秀堂木活字本.—12 冊：圖.—湖南衡陽鄧氏；書名據版心題；書名頁題南陽四修家乘，書簽題鄧氏族譜

傳 775.08/893

6244

南陽鄧氏肇修族譜　二卷/(清)鄧孝可等修.—清光緒二十九年(1903)敦本堂刻本.—3 冊.—四川夔州鄧氏；版心題鄧氏族譜　　傳 775.08/895

6245

楚南善邑河西六都佘家灘鄧氏支譜　五卷卷首一卷/(清)鄧士穀等修.—清光緒九年(1883)南陽堂木活字本.—6 冊：圖.—湖南善化鄧氏；版心及書名頁題鄧氏支譜　　傳 775.08/8954

6246

鄧氏七修族譜　十卷卷末一卷/(清)鄧邦欽等纂.—清光緒二十二年(1896)木活字本.—9 冊：圖及像.—湖南永興鄧氏；缺 1 卷：卷 3；書名據書名頁等題

傳 775.08/8955

6247[*]

古虹鄧氏宗譜　六卷補遺一卷/鄧慶祾等纂修.—民國 8 年(1919)古虹鄧慶祾石印本.—6 冊：圖.—安徽虹縣鄧氏；書名據書名頁及目錄題

傳 775.08/91

6248[*]

邵東七井鄧氏大宗三修族譜　二十卷卷首二卷卷末一卷/鄧代硯等修；鄧榮湘等纂.—民國 14 年(1925)材林堂木活字本.—21 冊：圖及像.—湖南邵陽鄧氏；書名頁題鄧氏大宗三修族譜

傳 775.08/915

6249[*]

中湘鄧氏四修譜牒　十卷/鄧介夫等修；鄧薈霖等纂.—民國 21 年(1932)角宿堂木活字本.—10 冊：圖.—湖南湘潭鄧氏；書名據書簽題

傳 775.08/92

6250[*]

鄧氏七修族譜　十八卷卷首三卷/鄧蕊香等修.—民國 26 年(1937)兩秀堂木活字本.—24 冊：圖及像.—湖南鄧氏；書名據版心及書簽題，書名頁題鄧氏支譜

傳 775.08/923

6251[*]

鄧氏聯譜初輯　六卷/鄧茹真修；鄧次鞠等纂.—民國 22 年(1933)南陽堂鉛印本.—6 冊：圖及像.—湖南衡陽、寧鄉、長沙等地鄧氏　　傳 775.08/924

6252[*]

孫墓鄧氏族譜　八卷/鄧全海等修；鄧邦貴等纂.—民國 17 年(1928)繩武堂木活字本.—8 冊：像.—江蘇武進鄧氏；書名據目錄題，書名頁等題鄧氏族譜

傳 775.08/925

6253[*]

上湘長田鄧氏三修族譜　十八卷卷首一卷卷末一卷/鄧昌求等修；鄧期哲等纂.—民國 32 年(1943)思孝堂木活字本.—21 冊：圖.—湖南湘潭鄧氏；版心及書名頁題長田鄧氏三修族譜　　傳 775.08/9253

6254[*]

鄧氏家譜　一卷續譜一卷/鄧昌明纂；鄧丞襄續纂.—1992 年靜電復製本.—1 冊.—河南南陽鄧氏；書名據書名頁題；據民國間抄本靜電復製.—精裝

傳 775.08/9255

6255[*]

湘鄉茶衝鄧氏三修族譜　四十二卷卷首三卷/鄧紹汾等修；鄧紹勵等纂.—民國 37 年(1948)敦睦堂木活字本.—42 冊：圖.—湖南湘鄉鄧氏；書名據書名頁及目錄題　　傳 775.08/926

6256[*]

鄧氏四修族譜　十六卷卷末一卷/鄧中椅等纂修.—民國 24 年(1935)南陽堂木活字本.—16 冊：圖.—湖南益陽鄧氏；書名據版心及書簽題，書名頁題鄧氏族譜　　傳 775.08/9265

6257*

　西溪鄧氏族譜　四十卷卷首三卷/鄧甲夫等修；鄧裘成等纂.—民國 17 年(1928)思孝堂木活字本.—38 册：圖.—湖南湘潭鄧氏；書名據版心題，書名頁及書簽題鄧氏族譜　　　　　　傳 775.08/9267

傳 775.09　酈氏

6258*

　浣江酈氏宗譜　六十一卷/酈祿祺等修；酈纘緒等纂.—民國 37 年(1948)永思堂鉛印本.—61 册.—浙江諸暨酈氏；書名據版心及書簽題

　部二　61 册　　　　　　　　　傳 775.09/92

傳 775.10　邢氏

6259*

　江陰太寧邢氏支譜　二十四卷卷首一卷/太寧邢氏續修支譜委員會修；邢源遠，邢源堂纂.—民國 25 年(1936)木活字本.—12 册：圖及像＋江陰太寧邢氏總系一覽圖(1 卷).—江蘇江陰邢氏；書名據書簽及書名頁題，版心題太寧邢氏支譜　　　傳 775.10/92

6260*

　金華午塘邢氏宗譜　十二卷/邢振昱等纂.—民國 23 年(1934)浙江金華邢氏木活字本.—18 册：圖.—浙江金華邢氏；書名據目錄等題

　　　　　　　　　　　　　　傳 775.10/927

傳 775.11　邵氏

6261*

　崇陽邵氏族譜　一卷/(清)邵永瑄等纂修.—民國 25 年(1936)刻本.—1 册.—四川崇慶邵氏；版心題邵氏族譜，書名頁題崇西邵氏族譜，書衣題邵氏重修族譜；與增修邵氏族譜合印　　傳 775.11/86

6262

　山陰天樂邵氏宗譜/(清)邵茂全等修.—清同治五年(1866)安樂堂木活字本.—4 册.—浙江山陰邵氏；書名據版心題，書簽題天樂邵氏宗譜

　　　　　　　　　　　　　　傳 775.11/88

6263

　餘姚邵氏宗譜　十六卷卷首一卷貽編七卷/(清)邵曰濂，(清)邵友濂修.—清光緒十四年(1888)木活字本.—24 册：圖及像.—浙江餘姚邵氏

　　　　　　　　　　　　　　傳 775.11/89

6264*

　毗陵邵氏宗譜　十二卷/邵廣魁等修.—民國 8 年(1919)天遠堂木活字本.—12 册：圖及像.—江蘇毗陵邵氏；版心題塘洋邵氏宗譜　　傳 775.11/91

6265*

　餘姚邵氏宗譜　十八卷卷首一卷貽編七卷/邵是同修.—民國 21 年(1932)鉛印本.—26 册：圖及像.—浙江餘姚邵氏；書簽題姚江邵氏宗譜

　部二　26 册
　部三　26 册　　　　　　　　　傳 775.11/92

6266*

　紹興江左邵氏續修家譜　十二卷卷首一卷卷末一卷/邵蔭棠等修；朱鴻儒，鄭樂亭纂.—民國 19 年(1930)安樂堂木活字本.—16 册：圖及像.—浙江紹興邵氏；書名據書名頁題，版心及目錄題紹邑邵氏宗譜

　　　　　　　　　　　　　　傳 775.11/925

6267*

　增修邵氏族譜　一卷/邵國輔等纂.—民國 25 年(1936)刻本.—1 册.—四川崇慶邵氏；與崇陽邵氏族譜合印　　　　　　傳 775.11/86

6268*

　分派福州武林邵氏族譜/邵守正纂.—民國間鉛印本.—1 册＋武林邵氏分派福州九世族圖(4 幅).—福建福州武林邵氏；書名據書簽題，版心題武林邵氏族譜　　　　　　傳 775.11/9252

6269*

　漳湟邵氏宗譜　二十卷/邵銀泉等修；邵龍海等

纂.—民國 30 年(1941)青門堂木活字本.—20 册:圖及像.—江蘇毗陵邵氏;書名據目錄等題

傳 775.11/9259

傳 775.12 焦氏

6270*

潤州焦氏宗譜 十二卷卷末一卷/焦大恒等修;李丙榮纂.—民國 19 年(1930)三詔堂木活字本.—12 册:圖及像.—江蘇鎮江焦氏;書名據版心及書名頁題

傳 775.12/92

傳 775.13 奚氏

6271*

晉陵奚氏宗譜 十二卷/奚佑康等修.—民國 10 年(1921)衍慶堂木活字本.—12 册:圖及像.—江蘇晉陵奚氏;書名據版心及目錄題,書簽及書名頁題奚氏宗譜

傳 775.13/91

傳 775.14 上官氏

6272*

毗陵符言上官氏重修宗譜 八卷/上官廷修等修.—民國 8 年(1919)寶善堂木活字本.—8 册.—江蘇毗陵上官氏;版心題上官氏宗譜

傳 775.14/91

6273*

中湘上官氏五修族譜 十卷卷末一卷/上官之浚等修;上官之暉等纂.—民國 18 年(1929)敦本堂木活字本.—10 册:圖.—湖南湘潭上官氏;書名據書簽題

傳 775.14/92

傳 775.15 盧氏

6274

三峰盧氏家志 十八卷/(清)盧潮生輯.—清道光二十九年(1849)刻本.—8 册:圖.—浙江東陽三峰遷杭盧氏;書名據書名頁題,卷端等題三峰家志;肅雍堂藏版

傳 775.15/84

6275*

甬上盧氏敬睦堂宗譜 八卷卷首一卷卷末一卷/(清)盧光廷等修;(清)黃家來纂.—民國間藍絲欄硃墨筆抄本.—1 册.—浙江鄞縣盧氏;有硃筆點校增補,本書係節抄本,原譜修於清光緒二十九年(1903);版心鐫馬氏平妖堂.—毛裝

傳 775.15/89+3

6276*

太湖縣任盧氏宗譜 十卷卷首二卷/盧和鳴修;盧毓蘭纂.—民國 13 年(1924)奪標堂木活字本.—11 册:圖.—安徽太湖盧氏,本姓任,入贅盧氏,遂改姓;缺 1 卷:卷首下;版心題任盧宗譜

傳 775.15/91

6277*

盧氏四修族譜 十九卷卷首一卷/盧濬等修;盧雲翰等纂.—民國 4 年(1915)雅俗堂木活字本.—19 册:圖.—湖南新化盧氏;缺 1 册:卷 10,卷首破損;書名據版心題,書名頁題盧氏族譜

傳 775.15/9134

6278*

中湘甕門灣盧氏五修族譜 二十卷/盧毓良修;盧忠熾等纂.—民國 16 年(1927)德馨堂木活字本.—20 册:圖.—湖南湘潭盧氏;書名據書簽及目錄題,版心題盧氏五修族譜

傳 775.15/92

6279*

盧氏五修族譜 十四卷/盧孝仁等修;盧本燦等纂.—民國 36 年(1947)培元堂木活字本.—20 册:圖.—湖南益陽盧氏;書簽及書名頁題盧氏族譜

傳 775.15/924

6280*

甬上盧氏敬睦堂宗譜 六卷卷首一卷/盧緒延修;

盧宗侃等纂.—民國 36 年(1947)木活字暨抄本.—5
冊.—浙江鄞縣盧氏;有硃墨筆圈改;書簽題浙鄞盧氏
宗譜,書名頁題盧氏宗譜　　　　　傳 775.15/925

6281*

　車田盧氏五修族譜　十二部/盧德鑑纂修.—民國
33 年(1944)敦厚堂木活字本.—11 冊:圖.—湖南攸
縣盧氏;書名據書名頁等題　　　傳 775.15/9255

傳 775.16　須氏

6282

　虞南須氏宗譜　三卷/(清)須輔臣等修;(清)須廷
燦纂.—清光緒二十六年(1900)孝義堂木活字本.—2
冊:彩像.—浙江上虞須氏;書名據版心題,書簽題須
氏宗譜　　　　　　　　　　　傳 775.16/89

傳 775.17　熊氏

6283

　熊氏族譜/(清)熊濂修.—清嘉慶間刻本.—10
冊.—福建熊氏;書名據版心及書簽題
　　　　　　　　　　　　　　傳 775.17/84

6284

　泮垈熊氏重修族譜/(清)熊文熾等纂修.—清光緒
三十一年(1905)五美堂木活字本.—1 冊:圖及像.—
江西清江熊氏;書名據譜序題,版心題豫章熊氏大
成譜　　　　　　　　　　　　傳 775.17/89

6285*

　中湘射埠熊氏支譜　十八卷/熊詩麟等修;熊詩誠
等纂.—民國 3 年(1914)思孝堂木活字本.—19 冊:
圖.—湖南長沙等地熊氏;佚名手書增修至民國 29 年
(1940);書名據書簽題,版心題射埠熊氏六修支譜
　　　　　　　　　　　　　　傳 775.17/91

6286*

　熊氏三修族譜　金盆世系九十卷毛源世系七十一
卷卷首三卷/熊陽炅纂;熊陽昕修.—民國 12 年

(1923)穀貽堂木活字本.—12 冊:圖.—湖南瀏陽熊
氏;書名據書簽及書名頁題,版心題熊氏族譜
　　　　　　　　　　　　　　傳 775.17/915

6287*

　熊氏五修族譜　三十卷卷首一卷/熊曉初等修;熊
燮丞等纂.—民國 18 年(1929)江陵堂木活字本.—22
冊:圖.—湖南熊氏;書名據版心及書簽題,書名頁題
熊氏族譜　　　　　　　　　　傳 775.17/916

6288*

　熊氏宗譜　十卷卷首二卷/熊傳恕修;熊家梁等
纂.—民國 31 年(1942)雨錢堂木活字本.—12 冊:
圖.—安徽太湖熊氏;書名據版心及書簽題
　　　　　　　　　　　　　　傳 775.17/92

6289*

　衡山熊氏八修譜　十二卷/熊庚臣等纂修.—民國
21 年(1932)挹翠堂木活字本.—12 冊:圖.—湖南衡
陽熊氏;書名據序題,版心及書簽題熊氏八修族譜,書
名頁題熊氏族譜　　　　　　　傳 775.17/922

6290*

　沅江熊氏族譜　三十五卷卷首一卷卷末三卷/熊誠
仁等修;熊誠楠等纂.—民國 35 年(1946)江陵堂木活
字本.—41 冊:圖.—湖南沅江熊氏
　　　　　　　　　　　　　　傳 775.17/925

6291*

　湖南益陽原又三里熊氏五修族譜續編　十八卷/熊
文森等修;熊運模等纂.—民國 36 年(1947)木活字
本.—18 冊.—湖南益陽熊氏;書名據書簽題,卷端題
熊氏五修族譜續編,版心題熊氏族譜
　　　　　　　　　　　　　　傳 775.17/926

6292*

　熊氏五修支譜　十卷/熊繩源修;熊纘武等纂.—民
國 32 年(1943)鰲峰堂木活字本.—10 冊:圖.—湖南
益陽熊氏;書名據版心及書簽題,書名頁題熊氏支譜
　　　　　　　　　　　　　　傳 775.17/927

傳 775.18　豐氏

6293

豐氏宗譜　　四卷/(清)豐正華等纂修. —清光緒三
十二年(1906)木活字本. —4 冊:圖及像. —安徽歙縣
豐氏;書名據版心及書名頁題　　　　　傳 775.18/89

傳 775.19　崔氏

6294

崔氏宗譜　　八卷/(清)崔廷靜等修. —清光緒七年
(1881)清河堂木活字本. —8 冊:圖及像. —安徽霍山
崔氏;書名據版心及書簽題　　　　　　傳 775.19/89

6295

延令泰興崔氏重修族譜　　八卷/(清)崔敦文等
修. —清光緒二十七年(1901)世德堂木活字本. —10
冊. —江蘇泰興崔氏;書名據卷 3 卷端題,版心及書名
頁題崔氏族譜　　　　　　　　　　傳 775.19/895

6296*

僊源崔氏敦本堂支譜　　六卷/崔祥奎等纂修. —民
國 2 年(1913)敦本堂木活字本. —6 冊:圖及像. —安
徽黃山崔氏;書名據書簽題,版心題僊源崔氏支譜
　　　　　　　　　　　　　　　　傳 775.19/91

6297*

崔氏六修支譜　　十二卷/崔邦珍等修;崔邦柚等
纂. —民國 33 年(1944)湖南崔氏博陵堂木活字本. —
11 冊:圖. —湖南寧鄉崔氏;書名據版心及書簽題
　　　　　　　　　　　　　　　　傳 775.19/92

6298*

湖南寧鄉博陵崔氏四修雲岫支譜　　十卷/崔昌植等
修;崔蔭樾纂. —民國 27 年(1938)三戟堂木活字
本. —10 冊:圖. —湖南寧鄉郭氏;書名頁題寧鄉崔氏
雲岫支譜,版心題崔氏支譜　　　　　傳 775.19/925

傳 775.20　魏氏

6299

蘭風魏氏宗譜　　十卷/(清)魏琛等纂修. —清光緒
三十二年(1906)洽禮堂木活字本. —10 冊:圖及像. —
浙江餘姚魏氏;書名據目錄等題,書名頁題餘姚魏氏
宗譜　　　　　　　　　　　　　　傳 775.20/89

6300

蘭風魏氏宗譜　　十卷/魏立坤等修;魏學純纂. —清
宣統二年(1910)洽禮堂木活字本. —10 冊:圖及像. —
浙江餘姚魏氏;書簽題魏氏宗譜,書名頁題蘭風支
家乘　　　　　　　　　　　　　傳 775.20/895

6301*

魏氏家譜/魏文忠纂修. —民國 17 年(1928)冀州魏
文厚刻本. —1 冊. —河北冀州魏氏;書名據版心及書
簽題;是譜纂修於清光緒二十七年(1901)
　部二　1 冊　　　　　　　　　　傳 775.20/8956

6302*

魏氏族譜　　十一卷卷首五卷/魏覲光等修. —民國
12 年(1923)木活字本. —15 冊:圖. —湖南瀏陽魏氏;
書名據版心及書名頁題　　　　　　傳 775.20/915

6303*

項城魏氏族譜/魏連捷纂修. —民國 20 年(1931)鉛
印本. —1 冊:照片. —河南、安徽魏氏;書名據書名頁
等題　　　　　　　　　　　　　　傳 775.20/92

6304*

暨陽魏氏宗譜　　五十八卷/魏唐等纂. —民國 36 年
(1947)太廉堂木活字本. —58 冊. —浙江諸暨魏氏;書
名據目錄等題　　　　　　　　　　傳 775.20/925

6305*

魏氏續修族譜　　六卷卷首一卷/魏世桂修;魏代葭
等纂. —民國 36 年(1947)三晉堂木活字. —17 冊:
圖. —湖南益陽、江西盧陵魏氏;書名據版心題,書簽
及書名頁題魏氏族譜　　　　　　　傳 775.20/925

傳 775.21　傳氏

6306

蘭邑傅氏宗譜/(清)傅占鼇修;(清)傅鳴籛纂.—清嘉慶十一年(1806)刻本.—1册.—河南開封傅氏;有硃筆圈點;書名據譜序題,版心題傅氏族譜

傳 775.21/85

6307

高密傅氏族譜　二卷/(清)傅樹著修;(清)傅氏續修.—清道光間刻本.—2册:圖.—山東高密傅氏;版心題傅氏族譜

傳 775.21/86

6308

東郡傅氏族譜　三卷卷首一卷/(清)傅繩勳等纂修.—清道光二十三年(1843)刻本.—1册.—山東聊城傅氏;版心及書名頁題傅氏族譜;嘉蔭亭藏版

傳 775.21/865

6309

英邑傅家坊傅氏宗譜　六卷卷首二卷/(清)傅寶國等修.—清同治元年(1862)敦本堂木活字本.—8册:像.—安徽英山傅氏;版心及書名題傅氏宗譜

傳 775.21/88

6310

暨陽直埠傅氏宗譜　三十二卷/(清)傅夢夏等修.—清光緒十八年(1892)金玉堂木活字本.—32册.—浙江諸暨傅氏;書名據版心題,書籤題暨陽傅氏宗譜,卷端題直埠傅氏宗譜　　傳 775.21/89

6311

山陰荷湖傅氏家譜/(清)傅廷鉞纂修.—清末稿本.—2册.—浙江山陰傅氏;書名據書衣題,纂修者據卷末譜餘小引題　　傳 775.21/895

6312

傅氏族譜/(清)傅錦泉等修.—清宣統元年(1909)木活字本.—4册.—福建上杭傅氏;書名據版心及書籤題　　傳 775.21/8957

6313

傅氏續修族譜　八卷卷首一卷/(清)傅承實等修;(清)傅承卓等纂.—清光緒九年(1883)清河堂木活字本.—9册:圖.—湖南寧郡、安化傅氏;書名據版心題,書名頁題傅氏族譜　　傳 775.21/897

6314*

傅氏宗譜　十卷/傅泰圻等修.—民國8年(1919)石印本.—10册.—四川成都傅氏;書名據書名頁等題

傳 775.21/91

6315*

慈溪金墩傅氏宗譜　七卷外卷二卷/傅祈春等纂修.—民國12年(1923)雍肅堂木活字本.—8册.—浙江慈溪傅氏　　傳 775.21/915

6316*

桂陽夏塘傅氏宗譜　七卷卷首一卷/傅逢煊等修;傅起耀等纂.—民國32年(1943)惟訓堂木活字本.—8册:圖.—廣東桂陽傅氏;書名據書名頁題,版心題傅氏五修宗譜　　傳 775.21/92

6317*

邵陽傅氏五修族譜　十四卷又五卷卷首二卷/傅萬怡等修;傅萬選等纂.—民國17年(1928)金玉堂木活字本.—18册:圖.—湖南邵陽傅氏;缺2卷:卷10—11;書名據書名頁等題　　傳 775.21/923

6318*

瀏陽花園傅氏族譜　三十卷/傅學立修;傅盛光纂.—民國36年(1947)金玉堂木活字本.—29册:圖.—湖南瀏陽傅氏;缺1卷:卷10;書名據書名頁等題　　傳 775.21/924

6319*

傅氏五修族譜　三十五卷卷首三卷/傅道藩等纂修.—民國21年(1932)清河堂木活字本.—40册:圖.—湖南湘陰傅氏　　傳 775.21/926

傳 775.23　黎氏

6320

黎氏族譜　七卷卷首一卷/(清)黎光風修;(清)黎佐雲等纂.—清同治五年(1866)經術堂木活字本.—10冊:圖.—湖南邵陽黎氏;書名據書名頁等題

傳 775.23/88

6321

遵義沙灘黎氏家譜/(清)黎庶昌纂.—清光緒二年(1876)刻本.—1冊.—貴州遵義黎氏

部二　1冊　　　　　　　　　　傳 775.23/89

6322

黎氏宗譜　三十卷卷首一卷/(清)黎次山等修;(清)黎佐禹等纂.—清光緒十八年(1892)經術堂木活字本.—30冊:圖.—湖北黃梅、安徽宿松黎氏;書名據版心及書簽題　　　　　　　　傳 775.23/895

6323*

江都黎氏家乘　二卷/黎常棣等纂.—民國3年(1914)敦化堂木活字本.—2冊.—江蘇江都黎氏;書名據卷2卷端題,版心及書名頁題黎氏家乘

傳 775.23/91

6324*

長沙黎氏六修族譜　八卷/黎世謙等修;黎東松纂.—民國36年(1947)尚絅堂木活字本.—8冊:圖.—湖南長沙黎氏;書名據目錄題,書簽及書名頁題黎氏家譜　　　　　　　傳 775.23/92

傳 775.24　徐氏

6325

姚江徐氏宗譜　八卷/(明)徐生祥等修.—清刻本.—3冊:像.—浙江餘姚徐氏;書名據書簽題,版心及目錄題餘姚江南徐氏宗譜;是譜纂修於明萬曆間,間有舊版　　　　　　　　　傳 775.24/76

6326*

餘姚江南徐氏宗譜　八卷/(明)徐生祥等修.—民國5年(1916)木活字暨刻本.—3冊:像.—浙江餘姚徐氏;書名據版心題,書簽題姚江徐氏宗譜;是譜纂修於明萬曆間

部二　3冊　　　　　　　　傳 775.24/76.1

6327

徐氏宗譜/(明)徐文清纂修;(明)徐槐芳等續纂修.—明萬曆間刻本.—1冊.—安徽歙縣徐氏;書名據版心題　　　　　　　　　傳 775.24/765

6328

徐氏宗譜/(清)徐德忠等修.—清康熙五十三年(1714)黃溪徐氏木活字本.—4冊.—江西黃溪徐氏;有墨筆校改;書名據版心題　　　傳 775.24/82

6329*

苞徐世譜正宗/(清)徐金鏞輯.—民國間抄本.—3冊.—江蘇徐州徐氏;書名據書名頁及目錄題;是譜纂修於清雍正間　　　　　傳 775.24/83

6330*

姚江徐氏續譜　十一卷卷首一卷/(清)徐宗榮等修;(清)徐炎纂.—民國間刻本.—3冊:圖及像.—浙江餘姚徐氏;是譜纂修於清乾隆二十九年(1764),間有舊版　　　　傳 775.24/84

6331*

姚江徐氏續譜　十一卷卷首一卷/(清)徐宗榮等修;(清)徐炎纂.—民國5年(1916)木活字暨刻本.—3冊:圖及像.—浙江餘姚徐氏;是譜纂修於清乾隆二十九年(1764),間有舊版

部二　3冊　　　　　　　　傳 775.24/84.1

6332

重修東園徐氏宗譜　五卷卷首一卷/(清)徐倫繡等修.—清乾隆十年(1745)刻本.—4冊.—江蘇吳縣徐氏;有硃筆刪改;版心題東園徐氏宗譜

傳 775.24/845

6333

歙北皇呈徐氏族譜　十二卷/(清)徐裡纂修.—清乾隆五年(1740)刻本.—5冊.—安徽歙縣徐氏;版心

題皇呈徐氏族譜　　　　　　傳 775.24/8453

6334

新安徐氏宗譜/(清)徐景京等纂修.—清乾隆三年(1738)刻本.—1 冊:像.—安徽新安徐氏;原書卷數不詳,存 18 卷:卷首 1—18;書名據目錄題

傳 775.24/8454

6335*

新安徐氏宗譜/(清)徐景京等纂修.—民國間吉林徐鼐霖憩園抄本.—2 冊:像.—安徽歙縣徐氏;僅抄卷首 18 卷;書名據版心題;有張朝墉題記

傳 775.24/8454.1

6336

吳江徐氏宗譜　四卷/(清)徐書城修.—清乾隆五十七年(1792)稻香樓刻本.—8 冊:圖及像.—江蘇吳江徐氏;書名據譜序題,版心及書名頁題徐氏宗譜;稻香樓藏板

傳 775.24/84543

6337

徐氏族譜　四卷/(清)徐萬山等纂修.—清乾隆間東海堂刻本.—10 冊:圖.—湖南長沙徐氏

傳 775.24/84546

6338

具區銷夏灣徐氏重輯宗譜　四卷/(清)徐盤等纂.—清乾隆二十二年(1757)刻本.—4 冊:圖.—江蘇吳縣徐氏;書名頁題外附徵信錄 1 冊,原缺;版心題銷夏灣徐氏宗譜

傳 775.24/8456

6339

[休寧徐氏合譜]四種/(清)徐天樞,(清)徐裡等纂修.—清乾隆六年(1741)刻本.—5 冊:圖及像
　子目
　1.休寧徐氏族譜　十二卷
　2.休寧資口祁門富業坊塘頭黟南赤嶺徐氏四族合譜　三種
　(1)休寧資口徐氏族譜　八卷
　(2)祁門富業坊徐氏族譜　七卷
　(3)祁門塘頭黟邑赤嶺徐氏二族合譜　七卷
　3.黟邑橫岡休寧石林西南門徐氏三族合譜　三種
　(1)黟南橫岡徐氏族譜　六卷
　(2)休寧石林徐氏族譜　八卷

　(3)休寧西南門徐氏族譜　八卷
　4.休寧徐氏珊溪藕塘二族合譜　二種
　(1)休寧大塘徐氏珊溪族譜　七卷
　(2)休寧藕塘徐氏族譜　八卷　　傳 775.24/8457

6340

堂里徐氏家譜　四卷外編一卷/(清)徐錫文等修.—清乾隆四十一年(1776)木活字本.—5 冊:圖及像.—江蘇吳縣徐氏;書名據版心及書名頁題
　部二　6 冊　缺外編 1 卷　傳 775.24/8458

6341

東園徐氏重輯宗譜　八卷/(清)徐正科等纂修.—清嘉慶七年(1802)世德堂刻本.—8 冊:圖.—江蘇吳縣徐氏;書名據目錄及譜序題,版心及書名頁題東園徐氏宗譜　　　　傳 775.24/85

6342

雲溪徐氏族譜　五卷卷首一卷卷末一卷/(清)徐廷攀修;(清)徐攀桂纂.—清嘉慶十八年(1813)立本堂木活字本.—6 冊.—江西南昌徐氏;書名據書名頁題

傳 775.24/855

6343

蕭山徐氏宗譜　十六卷/(清)徐洧等修.—清嘉慶二十四年(1819)承德堂木活字本.—16 冊.—浙江蕭山徐氏;書名據書名頁等題　　傳 775.24/8553

6344

徐氏家譜　八卷卷首一卷/(清)徐文榮纂修.—清嘉慶五至八年(1800—1803)刻本.—4 冊:圖.—江蘇吳縣徐氏;書名據目錄等題
　部二　4 冊　　　　　　　傳 775.24/8556

6345

清谿徐氏宗譜/(清)徐心如等修.—清光緒十六年(1890)德清徐敦瀚陝西刻本.—8 冊:圖.—浙江德清徐氏;書名據書名頁題;版心及書簽題徐氏宗譜

傳 775.24/8559

6346*

姚江徐氏再續增修譜　十卷卷首一卷/(清)徐坤等再續;(清)徐景洙等增修.—民國間刻本.—6 冊:像.—浙江餘姚徐氏;書名據書簽題;浙江姚江徐氏宗

譜之再續增修,卷1—6再續於清嘉慶七年(1802),卷7—10增修於清道光二十八年(1848),間有舊版

傳 775.24/86

6347*

姚江徐氏再續增修譜　十卷卷首一卷/(清)徐坤等再續;(清)徐景洙等增修.—民國5年(1916)木活字暨刻本.—4冊:像.—浙江餘姚徐氏;書名據書簽題;姚江徐氏宗譜之再續增修,卷1—6再續於清嘉慶七年(1802),卷7—10增修於清道光二十八年(1848)

部二　4冊

部三　4冊　　　　　　　　　　　傳 775.24/86.1

6348

東海郡徐氏宗譜　十卷卷首一卷/(清)徐有偁等修.—清道光二年(1822)惇敍堂木活字本.—7冊:圖及像.—浙江淳安徐氏;書名據目錄題,版心及書名頁題徐氏宗譜　　　　　傳 775.24/864

6349

安昌徐氏宗譜/(清)徐天長等纂修.—清道光八年(1828)持敬堂木活字本.—4冊:像.—浙江山陰徐氏;書名據版心及目錄題　　傳 775.24/865

6350

洞庭煦巷徐氏重輯宗譜　四卷/(清)徐源濟重輯.—清道光八年(1828)徐氏木活字本.—4冊:像.—江蘇吳縣徐氏;版心題洞庭徐氏宗譜

傳 775.24/8652

6351

徐氏族譜/(清)徐新宇等纂修.—清道光七年(1827)東海堂木活字本.—4冊:圖.—湖南長沙等地徐氏;書名據版心及書名頁題　　傳 775.24/8654

6352

棣雨徐氏家乘　四卷/(清)徐金泰纂.—清咸豐二年(1852)平湖徐氏刻本.—2冊.—浙江平湖新倉徐氏;版心題徐氏家乘;是譜纂修於清道光二十九年(1849)　　　　　　　　　　　傳 775.24/8656

6353

[銅仁徐氏家乘]/(清)徐氏修.—清抄本.—2冊.—貴州銅仁徐氏,記事至清道光五年(1825);書名據書

衣題.—第2冊毛裝　　　　　　　傳 775.24/8659

6354

蕭山塘灣井亭徐氏宗譜　十卷/(清)徐鳳岡等纂修.—清咸豐九年(1859)南州草堂木活字本.—10冊:圖.—浙江蕭山徐氏;書名據譜序題,版心及書簽題蕭山徐氏宗譜　　　　　　　　　　傳 775.24/87

6355

五台徐氏本支敍傳/(清)徐繼畬纂.—清咸豐間刻本.—1冊.—山西五台徐氏;書名據書簽題

傳 775.24/875

6356

襄平徐氏續修族譜　五卷/(清)徐長佶纂.—清咸豐間抄本.—5冊:圖.—遼寧遼陽徐氏,分遷玉田、北京等地;書名據書名頁題;卷末附光緒年續補1頁

傳 775.24/8757

6357

徐氏三修族譜　七卷卷首一卷/(清)徐家爵等修;(清)徐本恕等纂.—清末東海堂木活字本.—7冊:圖.—湖南徐氏,記事至清咸豐十一年(1861);原書卷數不詳,存7卷:卷首1冊、卷1、3—7;版心題徐氏續修家譜　　　　　　　　　傳 775.24/876

6358

涇川徐氏宗譜　三十卷/(清)徐作舟等纂修.—清同治十三年(1874)敍倫堂木活字本.—30冊:圖.—安徽涇縣徐氏;書名據書簽題,版心題徐氏宗譜

傳 775.24/88

6359*

東海家譜/(清)徐炳烈修.—民國19年(1930)國立北平圖書館硃墨筆抄本.—2冊.—浙江嘉興徐氏;書名據譜序題;據清同治十三年(1874)抄本抄錄

傳 775.24/885

6360

晉陵徐巷徐氏信譜　十六卷卷首一卷/(清)徐生漢修.—清同治十二年(1873)名正堂木活字本.—12冊:像.—江蘇晉陵徐氏;書名據版心題,書名頁題徐氏信譜　　　　　　　　　　　　　　傳 775.24/8856

6361

　徐氏五修族譜　十二卷/(清)徐啟賢等纂修.—清
同治五年(1866)務本堂木活字本.—7 册：圖.—湖南
湘潭徐氏；缺 3 卷：卷 7—8、12；書名據版心及書簽題，
書名頁題徐氏族譜　　　　　　　　傳 775.24/886

6362

　漁梁徐氏塘墅派支譜　八卷/(清)徐宗望修.—清
光緒四年(1878)留餘堂木活字本.—8 册.—江蘇常熟
徐氏；版心題徐氏支譜　　　　　　　傳 775.24/89

6363

　東海徐氏宗譜　四卷/(清)徐楚材等修.—清光緒
二十三年(1897)雪山堂木活字本.—3 册：圖及像.—
浙江上虞徐氏　　　　　　　　　　傳 775.24/895

6364

　山陰安昌徐氏宗譜　六卷/(清)徐澍咸等纂.—清
光緒十年(1884)持敬堂木活字本.—6 册：像.—浙江
山陰徐氏；書名據版心及目錄題　　傳 775.24/8952

6365

　餘姚茹墟徐氏宗譜　二十二卷卷首一卷/(清)徐濱
泗纂修.—清光緒二十五年(1899)南陔堂木活字
本.—10 册：圖及像.—浙江餘姚徐氏

　　　　　　　　　　　　　　　傳 775.24/89523

6366

　雙林徐氏家乘　六卷/(清)徐炳倬修.—清光緒十
七年(1891)刻本.—2 册.—浙江湖州徐氏；有墨筆增
補，卷末殘損　　　　　　　　　　傳 775.24/89527

6367

　雙林徐氏家乘　六卷/(清)徐炳倬修；(清)徐賡陛
續修.—清光緒三十年(1904)刻本.—4 册：像.—浙江
湖州徐氏　　　　　　　　　　　傳 775.24/895275

6368

　盧莊徐氏增修宗譜　十二卷/(清)徐福洪等修.—
清光緒十一年(1885)固本堂木活字本.—12 册：像.—
江蘇常州徐氏；版心題徐氏宗譜，書名頁題盧莊徐氏
家譜　　　　　　　　　　　　　　傳 775.24/8953

6369

　小留徐氏九修宗譜　十二卷外卷一卷/徐富寶等
修；徐葆元等纂.—清宣統三年(1911)禮耕堂木活字
本.—12 册：像.—江蘇吳縣徐氏；書名據目錄及譜序
題，版心題小留徐氏宗譜　　　　傳 775.24/89532

6370

　香山徐氏宗譜　二種/(清)徐潤立修.—清光緒十
年(1884)石印本.—10 册：圖及像.—廣東香山徐氏；
書名據版心及書名頁題
　子目
　1.北嶺徐氏宗譜　十二卷卷首一卷卷末一卷/(清)
徐潤立纂修.—清光緒十年(1884)北嶺肇修堂石印本
　2.前山徐氏宗譜　四卷卷首一卷卷末一卷/(清)徐
潤立修；(清)徐京元,(清)徐潤立纂.—清光緒十年
(1884)前山敘倫堂石印
　部二　8 册　存北嶺徐氏宗譜　傳 775.24/89533

6371

　徐氏宗譜/(清)徐雲梯修；(清)徐樹楠纂.—清光緒
十六年(1890)敦本堂木活字本.—1 册.—湖北蒲圻徐
氏；原書卷數不詳，存首册；書名據版心題
　　　　　　　　　　　　　　　傳 775.24/89536

6372

　瀚瀆徐氏宗譜　八卷/(清)徐高林等修.—清光緒
四年(1878)敬宗堂木活字本.—8 册：像.—江蘇宜興
徐氏；書名頁題徐氏宗譜　　　　傳 775.24/89537

6373

　衢江祝禮鎮徐氏世譜　十六卷/(清)徐世鑲修；
(清)徐鍾騏等纂.—清光緒六年(1880)木活字本.—
16 册：圖.—浙江衢江徐氏　　　　傳 775.24/8954

6374

　徐氏宗譜　四十一卷卷首三卷/(清)徐茂元等
修.—清光緒三十二年(1906)賜書堂木活字本.—44
册：圖及像.—江蘇毗陵徐氏　　　傳 775.24/89544

6375

　圓塘徐氏宗譜　十三卷卷首一卷/(清)徐經華等
修；(清)郭勳,(清)陶秀鳳纂.—清光緒九年(1883)繼
志堂木活字本.—12 册：圖及像.—江蘇江陰徐氏；版
心及書名頁題徐氏宗譜　　　　　傳 775.24/89545

6376

姚江徐氏三續宗譜 十卷卷首一卷/(清)徐聖慶等修;(清)徐樹隨等纂.—清光緒十年(1884)木活字暨刻本.—4 册:圖及像.—浙江餘姚徐氏;書名據目錄題

傳 775.24/89546

6377

虞東安渡徐氏宗譜 四卷/(清)徐騰雲等纂修.—清光緒二十六年(1900)崇本堂木活字本.—4 册:像.—浙江上虞徐氏;書名據版心題,書簽及書名頁題徐氏宗譜

傳 775.24/8955

6378

續修天津徐氏家譜 二卷/徐世昌纂修.—清光緒三十四年(1908)壽豈堂鉛印本.—3 册＋天津徐氏北遷始祖塋域記(1 册).—天津徐氏;書名據書簽題,版心及書名頁題續修徐氏家譜

傳 775.24/89555

6379

盧莊徐氏重修宗譜 十六卷/(清)徐川大等纂修.—清光緒三十二年(1906)固本堂木活字暨刻本.—16 册:像.—江蘇常州徐氏;版心題徐氏宗譜,譜序題盧莊徐氏九修宗譜

傳 775.24/8957

6380

徐氏通譜 十一卷卷首一卷卷末一卷/徐景雲等修;徐毓寅等纂.—清宣統三年(1911)木活字本.—5 册:圖.—湖南邵陽徐氏;存 2 卷:卷首、卷 7;書名頁等題徐氏支譜

傳 775.24/89572

6381

山陰清溪徐氏宗譜 十四卷/(清)徐錫昌修;(清)徐華庭纂.—清光緒九年(1883)五全堂木活字本.—14 册:像.—浙江山陰徐氏;書名據書名頁等題

傳 775.24/8958

6382

義興洑溪徐氏家乘 二十卷卷首一卷卷末一卷/(清)徐氏修.—清光緒三十三年(1907)世德堂木活字本.—24 册.—江蘇宜興徐氏;書名頁題洑溪徐氏家乘

傳 775.24/8959

6383

梧塍徐氏宗譜/(清)徐氏修.—清末綠絲欄稿本.—

7 册.—江蘇江陰徐氏;原書卷數不詳,存 6 卷:卷29—34,卷首、卷 1 殘損;書名據版心等題

傳 775.24/89594

6384

孝義徐氏宗譜 十卷/(清)徐雙鳳修;(清)徐敬銘等纂.—清宣統二年(1910)懷德堂木活字本.—10 册:像.—浙江餘姚徐氏;書名據目錄等題,版心題徐氏宗譜

傳 775.24/89595

6385

徐氏宗譜 四卷卷首一卷/(清)徐迭辭修;(清)徐興駿纂.—清光緒四年(1878)木活字本.—4 册:圖.—安徽太湖徐氏;書名據版心及書名頁題;版心下鐫東海郡

傳 775.24/89597

6386

徐氏宗譜 三卷/(清)徐氏修.—清光緒間敦本堂木活字本.—3 册＋抄補世系(2 册).—湖北江陵等地徐氏,記事至民國 4 年(1915);本書似殘缺,間有墨筆增補;書名據版心題,書簽題南州宗譜

傳 775.24/89598

6387

鹿邑徐氏家乘/(清)徐氏修.—清光緒二十七年(1901)刻本.—1 册.—河南鹿邑徐氏;書名據目錄等題

傳 775.24/899

6388

黃龍橋徐氏六修族譜 十六卷/(清)徐鑫賢總纂.—清光緒二十六年(1900)務本堂木活字本.—14册:圖.—湖南湘潭徐氏;缺 2 卷:卷 2、5;書名據書簽題,版心題徐氏六修族譜,書名頁題徐氏族譜

傳 775.24/8993

6389*

姚江徐氏三續增修譜 十卷卷首一卷/徐鼎鎬修;徐華潤纂.—民國 5 年(1916)木活字暨刻本.—4 册:圖及像.—浙江餘姚徐氏;書名據書簽題,版心題徐氏三續增修宗譜

部二 4 册 傳 775.24/91

6390*

西門徐氏四修族譜 十二卷卷首二卷/徐祖礽等纂

修.—民國間二妙堂木活字本.—15 冊:圖.—湖南邵陽徐氏;書名據版心題,卷端等題徐氏四修族譜
傳 775.24/913

6391*
蕭山塘灣井亭徐氏宗譜　十二卷/徐桂芳等纂修.—民國 12 年(1923)徐氏南州草堂木活字本.—13冊:圖.—浙江蕭山徐氏;書名據目錄等題;附蕭山徐氏宗祠祭簿
部二　1 冊　存祭簿　　　傳 775.24/915

6392*
錫山徐氏宗譜/徐祖暉纂修.—民國 10 年(1921)古十笏堂木活字本.—1 冊.—江蘇無錫徐氏;書名據版心及書簽題　　　　　　　　傳 775.24/9153

6393*
徐氏宗譜　八卷/徐宜實等修.—民國 4 年(1915)世德堂木活字本.—8 冊:像.—江蘇毗陵徐氏;書名據書名頁等題　　　　　　　傳 775.24/91532

6394*
徐氏通城支譜　四卷附錄一卷/徐宜武纂.—民國21 年(1932)南通翰墨林書局鉛印本.—1 冊.—江蘇南通徐氏　　　　　　　　傳 775.24/91533

6395*
晉陵徐巷徐氏信譜　十六卷卷首一卷/徐壽倉等修;徐耀廷等纂.—民國 6 年(1917)名正堂木活字本.—12 冊:像.—江蘇武進徐氏;書名據卷 3 卷端題,版心題徐巷徐氏信譜,書名頁題徐氏信譜
傳 775.24/91536

6396*
維揚江都徐氏重修族譜　六卷/徐浚修;張從儒纂.—民國 4 年(1915)木活字本.—6 冊:圖及像.—江蘇江都徐氏;書名據目錄題,版心題徐氏族譜
傳 775.24/915366

6397*
徐氏家譜/徐景星等纂修.—民國 3 年(1914)昆山徐氏昆山堂刻本.—5 冊.—江蘇昆山徐氏;書名據書名頁等題　　　　　　　　傳 775.24/9154

6398*
續修天津徐氏家譜　三卷/徐世昌纂修.—民國 7年(1918)壽豈堂鉛印本.—3 冊:圖.—天津徐氏;書名據書簽題,版心題續修徐氏家譜　傳 775.24/91545

6399*
會稽五雲鄉徐氏宗譜　二十卷/徐正億等修;徐德亮等纂.—民國 6 年(1917)孝思堂木活字本.—21冊.—浙江會稽徐氏;書名據版心題,書簽題徐氏宗譜
傳 775.24/915455

6400*
祝其徐氏支譜/徐嘉琛纂修.—民國 12 年(1923)敦厚堂石印本.—1 冊.—江蘇贛榆徐氏;書名據版心及書簽題,書名頁題徐氏支譜　　　傳 775.24/91547

6401*
創修徐氏統宗世譜　二卷/徐呈洛纂.—民國 9 年(1920)仁壽堂木活字本.—2 冊.—湖北麻城徐氏;版心題徐氏宗譜,書簽題徐氏統宗世譜;書衣有溯伊題識　　　　　　　　　傳 775.24/9155

6402*
東海徐氏宗譜　四卷/徐瑞瑜等修.—民國 10 年(1921)詒燕堂木活字本.—4 冊:圖及像.—浙江蘭谿徐氏;書名據版心題　　　　　傳 775.24/91555

6403*
洞庭西山堂里徐氏家譜/徐緒霆等修.—民國 13 年(1924)石印本.—3 冊:圖.—江蘇吳縣徐氏;書名據譜序題,版心題太八支錫社公支譜,書簽題徐氏支譜;附補輯　　　　　　　　　　傳 775.24/9156

6404*
譚莊徐氏宗譜　十六卷/徐仁茂等修.—民國 13 年(1924)角傑堂木活字本.—20 冊:圖及像.—江蘇武進徐氏;書名據目錄題,版心及書名頁題徐氏宗譜
傳 775.24/91564

6405*
瀚瀆徐氏宗譜　八卷/徐紀青等修.—民國 5 年(1916)敬宗堂木活字本.—8 冊:像.—江蘇宜興徐氏;卷首缺頁　　　　　　　　傳 775.24/9157

6406*

　平湖徐氏世系　　四卷/徐欽夒纂.—民國 5 年
(1916)平湖綺春閣鉛印本.—4 册.—浙江平湖徐氏；
書名據書名頁等題　　　　　　　　傳 775.24/9159

6407*

　吉林永吉徐氏宗譜　　四卷/徐霈霖修.—民國 18 年
(1929)刻本.—2 册：像.—吉林永吉徐氏；書名據書簽
題；版心題吉林徐氏宗譜,書名頁題永吉徐氏宗譜
　　　　　　　　　　　　　　　　傳 775.24/92

6408*

　五雲上湖徐氏宗譜　　五卷/徐慕祥等纂修.—民國
36 年(1947)木活字本.—5 册：圖.—浙江縉雲徐氏；
書名據版心題,書簽題徐氏宗譜　　傳 775.24/923

6409*

　瀫西雙港徐氏宗譜　　四卷/徐瑞成等纂修.—民國
35 年(1946)詒燕堂木活字本.—4 册：圖及像.—浙江
蘭谿徐氏；書名據書簽題,版心題東海徐氏宗譜
　　　　　　　　　　　　　　　　傳 775.24/924

6410*

　徐氏三修支譜　　四卷卷首二卷/徐雲庭等修；徐煦
春纂.—民國 16 年(1927)東海堂木活字本.—6 册：
圖.—湖南湘潭、湘鄉徐氏；書名據書簽及書名頁題,
版心題徐氏支譜　　　　　　　　　傳 775.24/925

6411*

　毗陵徐氏宗譜　　八卷/徐鴻法等修.—民國 26 年
(1937)敦厚堂木活字本.—8 册：像.—江蘇毗陵徐氏；
版心及書名頁題徐氏宗譜　　　　　傳 775.24/9252

6412*

　徐氏宗譜　　四卷卷首一卷卷末一卷/徐壽黃等修；
徐錫順等纂.—民國 15 年(1926)風月堂木活字本.—
6 册：圖及像.—安徽太湖徐氏；書名據版心及書簽題
　　　　　　　　　　　　　　　　傳 775.24/9253

6413*

　鑑汀徐氏宗譜　　十五卷卷首一卷卷末一卷/徐培柄
修；王德光纂.—民國 22 年(1933)滋德堂木活字
本.—6 册：圖.—浙江鄞縣徐氏；書名頁題徐氏家乘
　　　　　　　　　　　　　　　　傳 775.24/9254

6414*

　潤南徐氏家乘　　八卷/徐正智等修.—民國 36 年
(1947)孝思堂木活字本.—8 册：像.—江蘇丹徒徐氏；
版心及書簽題徐氏家乘　　　　　　傳 775.24/92546

6415*

　雙錦徐氏宗譜　　十卷/徐尚印等纂修.—民國 17 年
(1928)木活字本.—10 册：圖及像.—浙江永康等地
徐氏　　　　　　　　　　　　　　傳 775.24/9255

6416*

　徐氏族譜/徐元烈纂.—民國 28 年(1939)眉山縣徐
氏宗祠石印本.—1 册：圖.—四川眉山徐氏；書名據版
心及書名頁題　　　　　　　　　　傳 775.24/92553

6417*

　徐氏族譜/徐永昌修.—民國 36 年(1947)影印
本.—1 册：圖.—山西崞縣徐氏；書名據書簽題
　　　　　　　　　　　　　　　　傳 775.24/92555

6418*

　餘姚茹墟徐氏宗譜　　二十二卷卷首一卷/徐永泉等
修.—民國 33 年(1944)南陔堂木活字本.—12 册：圖
及像.—浙江餘姚徐氏　　　　　　　傳 775.24/9256

6419*

　黃陂徐氏支譜　　七卷卷首一卷/徐大成等修；徐大
勝纂.—民國 25 年(1936)鉛印本.—6 册：圖及照
片.—湖北黃陂徐氏　　　　　　　　傳 775.24/9257

6420*

　武進徐氏家譜　　六卷/徐震纂修.—民國 30 年
(1941)抄本.—1 册：圖.—江蘇武進徐氏.—毛裝
　　　　　　　　　　　　　　　　傳 775.24/92573

6421*

　都塲徐氏宗譜　　十卷/徐承耀修；徐承莊纂.—民國
28 年(1939)忠亮堂木活字本.—10 册：像.—江蘇毗
陵徐氏；書名據目錄題,版心及書名頁題徐氏宗譜
　　　　　　　　　　　　　　　　傳 775.24/925738

6422*

　銅仁徐氏先世事略　　前編一卷後編一卷/徐承錦
編.—民國 28 年(1939)銅仁徐氏北京鉛印本.—2

册.—貴州銅仁徐氏;冠本支世系表

部二　2册

部三　2册　　　　　　傳 775.24/92577

6423*

徐氏五修族譜　第一編三卷第二編三卷第三編十八卷/徐日晟等修;徐邦傑等纂.—民國 37 年(1948)東海堂木活字本.—25 册:圖.—四川資陽徐氏;書名據版心及書名頁題,書簽題徐氏族譜

傳 775.24/92579

6424*

徐氏八修族譜　二十一卷/徐文明纂.—民國 38 年(1949)彥仲堂石印本.—7 册.—江西豐城徐氏;缺 5卷:卷 17—21;書名據書簽及版心題

傳 775.24/926

6425*

徐氏四修族譜　十二卷/徐運桂修;徐運陔纂.—民國 36 年(1947)東海堂木活字本.—12 册:圖.—湖南沅江徐氏;書名據書名頁等題

傳 775.24/927

6426*

徐氏大宗譜　十二編/徐悅堂編.—1989 年北京圖書館靜電復製本.—4 册:圖及像.—書名據書名頁題;據 1984 年徐氏大宗譜編印館臺北鉛印本靜電復製.—平裝　　　　　　傳 775.24/95

6427*

寧波大墩徐氏宗譜博房衍支/徐思湧纂.—1993 年大墩徐氏影印本.—1 册:像.—浙江寧波徐氏;書名據書名頁題.—平裝

部二　1 册　　　　　　傳 775.24/955

6428*

廣東和平徐氏宗譜總譜　二卷/徐名桓修;徐金池纂.—1993 年和平徐氏辛未修譜委員會膠印本.—2册:照片.—廣東和平徐氏;書名據書名頁題.—平裝

傳 775.24/9556

傳 775.25　湯氏

6429

夏孝湯氏家譜/(清)湯氏修.—清末抄本.—4 册.—浙江蕭山湯氏,記事至清咸豐間;書名據版心題.—毛裝　　　　　　傳 775.25/80

6430

夏孝湯氏家譜/(清)湯氏修.—清末抄本.—8 册.—浙江蕭山湯氏;書名據版心題　　傳 775.25/80.1

6431

湯氏家乘　十四卷卷首一卷/(清)湯成烈修.—清同治十三年(1874)木活字本.—6 册.—江蘇常州湯氏

傳 775.25/88

6432

湯氏宗譜　二十六卷卷首一卷/(清)湯承基修.—清光緒三十四年(1908)木活字本.—22 册.—江蘇宜興湯氏　　　　　　傳 775.25/89

6433

暨陽湯氏宗譜　十八卷卷首一卷/(清)沈翼卿纂.—清光緒三十三年(1907)湯氏留餘堂木活字本.—18 册:圖及像.—江蘇江陰湯氏;書名據書名頁等題　　　　　　傳 775.25/894

6434

萬載珠樹湯氏族譜　十卷卷首一卷/(清)湯起義纂.—清光緒二十五年(1899)中山堂木活字本.—10册:圖.—江西萬載湯氏;書名據書名頁等題

傳 775.25/8949

6435

湯氏家乘/(清)湯氏修.—清末藍格抄本.—4 册.—江蘇常熟等地湯氏,記事至清光緒間;書名據版心題

傳 775.25/895

6436

湯氏宗譜　二十七卷/(清)湯蓉鏡等修.—清光緒二十八年(1902)六和堂木活字本.—30 册:像.—江蘇

金壇湯氏;書名據版心題 傳 775.25/8955

6437

湯氏家乘 二十卷/(清)湯文球纂修.—清光緒三十二年(1906)刻本.—20 册:圖及像.—上海崇明湯氏;書名據版心及書籤題 傳 775.25/8956

6438*

湯氏家乘 二十卷/(清)湯文球纂修.—清光緒三十二年(1906)刻民國 19 年(1930)印本.—12 册:圖及像.—上海崇明湯氏;字跡漫漶不清;書名據版心題;忠義堂藏版 傳 775.25/8956.1

6439

孟河湯氏重修宗譜 十四卷/(清)湯志揚等修.—清光緒二十五年(1899)敦本堂木活字本.—14 册.—江蘇毗陵湯氏;書名據目錄題,譜序題孟河湯氏族譜 傳 775.25/8958

6440

益陽湯氏四修家譜 十七卷卷首二卷卷末一卷/(清)湯氏修.—清光緒二十六年(1900)木活字本.—19 册:圖.—湖南益陽湯氏 傳 775.25/8959

6441

湯氏三修族譜 十六卷卷首二卷首末一卷/(清)湯永固等修;(清)湯永泉等纂.—清光緒三十年(1904)吞星堂木活字本.—16 册:圖.—湖南邵陽湯氏;書名據書名頁等題 傳 775.25/896

6442*

湯氏宗譜 五卷/湯有光等修.—民國 37 年(1948)日新堂武昌石印本.—5 册:圖.—湖北武昌等地湯氏;書名據版心及書籤題 傳 775.25/92

6443*

醴東仙石湯氏族譜 元五卷亨六卷利一卷貞五卷卷首三卷卷末一卷/湯澍霖等修;湯如炎纂.—民國 38 年(1949)懷遠堂木活字本.—21 册:圖及像.—湖南醴陵湯氏;書名據版心及書籤題,書名頁題湯氏族譜 傳 775.25/9227

6444*

湯氏四修族譜 九卷/湯學詢修;湯學濃纂.—民國

37 年(1948)湯氏中山堂木活字本.—9 册:圖.—湖南瀏陽湯氏;書名據版心題 傳 775.25/923

6445*

邵陽湯氏四修族譜 十八卷另八卷卷首二卷/湯世儉等修;湯昌賢等纂.—民國 30 年(1941)吞星堂木活字本.—31 册:圖.—湖南邵陽湯氏;版心及書籤題湯氏四修族譜 傳 775.25/925

6446

[布齊世系表]/(清)佚名編.—清稿本.—1 册.—姓氏、地別不詳.—經摺裝 傳 775.26/89

傳 775.27 柯氏

6447*

雙刪柯氏族譜/柯儲等纂修.—民國 4 年(1915)垂遠堂木活字本.—7 册:圖.—江西瑞昌、湖北大冶等地柯氏;書名據版心及書名頁題 傳 775.27/91

傳 775.28 姚氏

6448

姚氏家乘 四卷/(清)姚澍纂修.—清光緒十五年(1889)刻本.—4 册.—浙江秀水姚氏;是譜纂修於清康熙間;麗澤堂藏版 傳 775.28/82

6449

姚氏家乘 六卷/(清)姚淳屏等修.—清雍正間刻本.—4 册.—浙江吳興姚氏;殘存 1 卷:卷 2,有墨筆增補及硃筆圈點;書名據版心題 傳 775.28/83

6450

姚氏家乘 六卷/(清)姚淳屏等修.—清抄本.—12 册.—浙江吳興姚氏;有殘損;書名據版心題 傳 775.28/83.1

6451

秀水姚氏學山堂家譜/(清)姚應龍纂修.—清道光十五年(1835)秀水姚允升抄本.—1 册.—浙江秀水姚

氏;是譜纂修於清乾隆間,附有咸豐、光緒年內容;書名據書衣題.—毛裝　　　　　　傳 775.28/84

6452

毗陵姚氏宗譜　三十卷卷首一卷/(清)姚師傳等修.—清同治十一年(1872)明恕堂木活字本.—27 冊:圖.—江蘇毗陵姚氏;卷 7 缺 1—42 頁;書名據目錄等題,版心題姚氏宗譜　　　　　傳 775.28/88

6453

邵陽姚氏族譜　二十四卷卷首一卷卷末一卷/(清)姚為肺等修;姚本焞纂.—清同治三年(1874)木活字本.—9 冊.—湖南邵陽姚氏;缺 4 卷:卷 9—11、18,卷末破損缺字　　　　　　　傳 775.28/882

6454

古虞姚氏宗譜　六卷/(清)姚有寶等修.—清同治七年(1868)木活字本.—6 冊.—浙江上虞姚氏;有殘損;書名據版心題　　　　　傳 775.28/885

6455

姚氏百世源流考　二卷附錄一卷/(清)姚振宗纂.—清光緒三十年(1904)快閣木活字本.—2 冊.—考山西、河南、浙江、安徽各地姚氏源流

部二　1 冊　　　　　　　傳 775.28/89

6456

丹徒姚氏族譜　四卷卷首一卷卷末二卷/姚承憲等纂.—清宣統三年(1911)木活字本.—8 冊.—江蘇丹徒姚氏;書名頁題丹徒姚氏五修族譜
　　　　　　　　　　　傳 775.28/895

6457

麻溪姚氏宗譜　二十四卷先德傳七卷/(清)姚壽昌等修.清光緒四年(1878)刻本.—11 冊.—安徽桐城姚氏;缺 6 卷:卷 6—11　　傳 775.28/8953

6458

績溪姚氏宗譜　六卷卷首一卷/(清)姚士童等纂修.—清光緒十六年(1890)敘倫堂木活字本.—4 冊:圖及像.—安徽績溪姚氏;版心題姚氏宗譜
　　　　　　　　　　　傳 775.28/8954

6459

姚氏宗譜/(清)姚仁壽纂修.—清光緒三十年(1904)抄本.—1 冊.—浙江上虞姚氏;書名據書衣題.—毛裝　　　　　　傳 775.28/8956

6460

世德清芬圖六世小傳/姚錫光撰.—清宣統三年(1911)朱格稿本.—1 冊.—江蘇丹徒姚氏;書名據書衣題.—毛裝　　　　　傳 775.28/8958

6461

[丹徒姚氏重修族譜底稿]/(清)姚氏修.—清末稿本.—1 冊.—江蘇丹徒姚氏.—毛裝
　　　　　　　　　　　傳 775.28/8959

6462*

姚氏宗譜　八卷/姚虙虞修;姚繼唐纂.—民國 5 年(1916)蔡餘慶堂木活字本.—8 冊:圖.—安徽南陵姚氏;書名據版心題　　　傳 775.28/91

6463*

桐城麻溪姚氏宗譜　二十四卷先德傳七卷/姚聯奎修;姚國禎纂.—民國 10 年(1921)木活字本.—16 冊.—安徽桐城姚氏;書名據書簽題,版心及書名頁題麻溪姚氏宗譜

部二　16 冊
部三　16 冊
部四　16 冊
部五　16 冊　　　　　　傳 775.28/915

6464*

始寧姚氏宗譜　六卷/姚稼夫等修;姚柏林等纂.—民國 28 年(1939)梓畊山堂木活字本.—6 冊.—浙江上虞姚氏;版心題姚氏宗譜　　傳 775.28/92

6465*

餘杭徐湖姚氏宗譜　六卷/姚聯慶等修.—民國 20 年(1931)木活字本.—6 冊:圖及像.—浙江餘杭姚氏;書名據版心題　　　　　傳 775.28/925

6466*

鄞錫山姚氏家乘　二卷卷首一卷卷末一卷/張琴纂.—民國 19 年(1930)察倫堂木活字本.—2 冊.—浙

江鄞縣錫山姚氏;書名據版心及目錄題
                              傳 775.28/927

6467*

邵陽姚氏續修震公房譜　十卷卷首一卷卷末一卷/
姚本懿等纂修.—民國 27 年(1938)沂源堂木活字
本.—4 冊:圖.—湖南邵陽姚氏;缺 3 卷:卷首、卷 3—
4;版心題邵陽姚氏震公房譜,書簽題姚氏震公房譜
                              傳 775.28/9273

6468*

姚氏上梅塘四修支譜　十三卷卷首一卷卷末一卷/
姚復陽等纂修.—民國 26 年(1937)木活字本.—14
冊:圖.—湖南益陽姚氏;書名據版心題;書名頁題姚
氏上梅塘支譜   傳 775.28/929

傳 775.29　靳氏

6469

龍舒靳氏宗譜　十二卷/靳茂福等修;靳淋等纂.—
清宣統二年(1910)敦睦堂木活字本.—12 冊:圖.—安
徽舒城靳氏;卷末有民國 2 年增補;書名據書簽及書
名頁題,版心題靳氏宗譜   傳 775.29/89

6470*

龍舒靳氏宗譜　六卷/靳勝祥等修;靳宗朴等纂.—
民國 32 年(1943)敦睦堂木活字本.—6 冊:圖.—安徽
舒城靳氏;書名據書簽題   傳 775.29/92

傳 775.30　斯氏

6471*

暨陽黃澗斯氏宗譜　六卷/斯桂相修;斯吉祥等
纂.—民國 17 年(1928)孝義堂木活字本.—6 冊:
像.—浙江諸暨斯氏;書名據版心及書簽題
                              傳 775.30/92

6472*

暨陽上林斯氏宗譜　六十八卷斯民校志一卷/斯年

韶等修;斯荇遜等纂.—民國 18 年(1929)孝義堂木活
字本.—69 冊:圖及像.—浙江諸暨斯氏;書名據版
心題   傳 775.30/925

傳 775.31　董氏

6473

董氏宗譜/(清)董瑞生纂.—清康熙間刻本.—1
冊.—江蘇高郵董氏,記事至清康熙間;原書卷數不
詳,存 4 卷:卷首、卷 1—3;書名據版心題
                              傳 775.31/82

6474

稽山董氏宗譜　八卷/(清)董光綏等修.—清乾隆
二十年(1755)三策堂木活字本.—4 冊.—浙江會稽董
氏;蟲蛀;書名據版心題   傳 775.31/84

6475

撫樂董氏續修鄉賢錄　四卷/(清)董芝蘭等編.—
清道光六年(1826)刻本.—4 冊:像.—江西樂安董氏;
書名據目錄題;育賢樓藏版   傳 775.31/86

6476*

四明儒林董氏宗譜/(清)董秉純修.—民國間崇本
堂藍絲欄暨朱絲欄抄本.—4 冊.—浙江四明董氏;原
書卷數不詳,存 9 卷:卷 3、8、10、12—17;有硃墨筆校
改;書名據書名頁等題;版心下鐫馬氏平妖堂
                              傳 775.31/89

6477*

雲樓董氏宗譜　五卷卷首一卷/董作臣等修;董正
銳等纂.—民國 17 年(1928)正誼堂木活字本.—4 冊:
像.—浙江餘姚董氏   傳 775.31/92

6478*

廣川董氏宗譜　五卷/董德庵等纂修.—民國 26 年
(1937)木活字本.—8 冊.—安徽涇縣董氏;書名據版
心及書簽題   傳 775.31/925

6479*

董氏宗譜　十二卷卷首一卷卷末一卷/董思昌修;
董思臻等纂.—民國 36 年(1947)正誼堂木活字本.—

12冊.—安徽太湖董氏;書名據版心及書簽題
傳775.31/9254

6480*

銅山董氏分譜　二卷/董士恩纂修.—民國19年(1930)北平刻本.—2冊:圖及像.—江蘇銅山董氏
傳775.31/92544

傳775.32　藍氏

6481

藍氏三修族譜　十八卷卷首一卷卷末一卷/(清)藍光苑等纂修.—清道光二十九年(1849)藍氏汝南堂木活字本.—20冊.—福建上杭、武平等地藍氏;缺1卷:卷8;書名據版心題,書名頁題藍氏族譜
傳775.32/86

6482

藍氏續修族譜　八卷卷首一卷卷末一卷/(清)藍星修;(清)藍日照等纂.—清光緒七年(1881)汝南堂木活字本.—12冊:圖.—福建汀州遷湖南湘潭、衡陽藍氏;書名據版心及目錄題
傳775.32/89

6483

藍氏五修族譜　十四卷卷首一卷卷末一卷/(清)藍榮辰等纂.—清光緒二十六年(1900)汝南堂木活字本.—20冊:圖.—河南汝南藍氏;書名據版心及書簽題,書名頁題藍氏族譜
傳775.32/896

傳775.33　范氏

6484

范氏支譜/(清)范維璿纂.—清咸豐五年(1855)范氏敦素堂刻本.—1冊.—浙江會稽范氏;有缺損字,間有增補至清光緒間;書名據版心題
傳775.33/87

6485

范氏宗譜　十卷卷首一卷/(清)范榮照修;(清)范用枚纂.—清光緒十八年(1892)後樂堂木活字本.—

10冊:圖及像.—江蘇常熟范氏;有硃筆校改;目錄題范氏支使房釣渚支宗譜
傳775.33/89

6486

范氏家譜　九卷/(清)范真直等修.—清光緒二十年(1894)高平堂木活字本.—6冊:圖.—湖南長沙、湖南湘陰范氏
傳775.33/893

6487

范氏家譜　六卷/范中立修;范明智等纂.—清宣統二年(1910)高平堂木活字本.—6冊:圖.—湖南湘陰范氏;書名據書名頁等題
傳775.33/895

6488*

范氏家乘/范迪襄纂.—民國間稿本.—1冊.—浙江會稽范氏;卷首世系總圖錄自安徽黟縣范氏抄本
傳775.33/90

6489*

四明范氏家乘　二十五卷/范鳳書纂修.—民國11年(1922)崇本堂木活字本.—4冊:像.—浙江四明范氏;書名據版心題,書簽題范氏家乘
傳775.33/91

6490*

古虞金罍范氏宗譜　二十五卷卷首一卷卷末一卷/范金相纂修.—民國4年(1915)芝本堂木活字本.—14冊.—浙江上虞范氏;版心及書名頁題金罍范氏宗譜
傳775.33/915

6491*

荊溪范氏家乘　二十四卷卷首一卷/范蘊輝等纂修.—民國15年(1926)永思堂木活字本.—24冊.—江蘇荊溪范氏;書名據目錄題,版心及書名頁題范氏家乘
傳775.33/9155

6492*

范氏族譜/范仰超等修;范子仁等纂.—民國21年(1932)石印本.—1冊.—四川廣漢等地范氏;書名據版心及書名頁題
傳775.33/92

傳 775.34　莊氏

6493

毗陵莊氏增修族譜　三十二卷卷首一卷卷末一卷/(清)莊壽承等修.—清光緒元年(1875)木活字本.—16 册.—江蘇毗陵莊氏;版心題莊氏族譜,書簽題毘陵莊氏族譜　　　　　　　　傳 775.34/89

6494

莊氏族譜　四卷/(清)莊氏修.—清光緒二十八年(1902)漢州莊崇雅祠刻本.—4 册.—四川成都莊氏;書名據版心題

部二　4 册　　　　　　　　傳 775.34/895

6495*

晉陵莊氏續修家譜/莊進宣等修;莊鍾蔭纂.—民國 4 年(1915)願賢堂木活字本.—16 册.—江蘇武進莊氏;書名據目錄題,版心題莊氏宗譜,書名頁題晉陵莊氏家譜　　　　　　　　　　傳 775.34/91

6496*

虞山莊氏續修世譜　六卷/莊士楳等修;陳宣鐸纂.—民國 11 年(1922)惟敬堂木活字本.—6 册:圖及像.—江蘇常熟虞山莊氏;書名據譜序題,卷端題澄江莊氏支譜,版心題續修虞山莊氏支譜,書簽及書名頁題虞山莊氏世譜　　　傳 775.34/915

6497*

毗陵莊氏增修族譜　二十三卷卷首一卷卷末一卷/莊清華等纂修.—民國 25 年(1936)鉛印暨影印本.—22 册:圖及照片.—江蘇毗陵莊氏;版心題莊氏族譜,書簽題毘陵莊氏族譜

部二　22 册　　　　　　　　傳 775.34/92

傳 775.35　薩克達氏　薩氏

6498

[輝發薩克達氏家譜]/(清)薩氏修.—清光緒二十四年(1898)隆剣寫本.—1 册.—書簽題正黃旗內務府滿洲三甲喇安存佐領下輝發薩克達氏家譜;卷內有滿文　　　　　　　　　　傳 775.35/89

6499*

雁門薩氏家譜　八卷卷首一卷/薩鎮冰,薩嘉曦修.—民國 24 年(1935)鉛印本.—8 册:圖及像.—福建閩侯薩氏;間有石印數頁　　　傳 775.35/92

傳 775.36　韓氏

6500

韓氏族譜/(明)韓士䨄纂.—清抄本.—4 册.—浙江紹興、上海嘉定等地韓氏;書名據版心及書簽題　　　　　　　　　　傳 775.36/77

6501

蕭山湘南韓氏家譜　二十三卷卷末一卷/(清)韓寰康等纂修.—清乾隆五十六年(1791)晝錦堂木活字本.—32 册:像.—浙江蕭山韓氏;書名據卷 5 卷端題　　　　　　　　　　傳 775.36/84

6502

韓氏宗譜/(清)韓應均纂.—清恭壽堂抄本.—2 册.—山西汾陽韓氏;書名據版心及書衣題　　　　　　　　　　傳 775.36/85

6503

汾陽韓氏支譜/(清)韓鉁等纂修.—清咸豐九年(1859)福蔭堂刻本.—1 册.—山西汾陽韓氏;有清同治六年(1867)增補;書名據書簽題,版心題韓氏支譜　　　　　　　　　　傳 775.36/87

6504

雲東韓氏家譜/(清)韓崇纂.—清咸豐六年(1856)刻本.—2 册.—江蘇長洲韓氏;書名據版心題,卷端題南陽韓氏家乘,書衣題雲東韓氏家傳　　　　　　　　　　傳 775.36/875

6505

金陵韓氏族譜錄/(清)韓印纂修.—清同治九年(1870)刻光緒六年(1880)重修本.—1 册.—江蘇金陵韓氏;書名據版心及書簽題　　　傳 775.36/88

6506

延令韓氏重修族譜　　八卷/(清)韓長貴等修.—清光緒十七年(1891)木活字本.—8 冊：像.—江蘇泰興韓氏；版心及書名頁題韓氏族譜　　傳 775.36/89

6507

淄川韓氏世譜/(清)韓瀛洲等修.—清光緒十三年(1887)刻本.—4 冊.—山東淄川韓氏；版心題韓氏族譜　　傳 775.36/895

6508

餘姚韓氏東嚳支宗譜　　七卷/(清)韓明和等修.—清光緒三十一年(1905)木活字本.—8 冊：像.—浙江餘姚韓氏；書名據書簽題,版心題姚江韓氏支譜,書名頁題韓氏東嚳支譜　　傳 775.36/8955

6509

汾陽韓氏支譜　　四卷/(清)韓錫咸等修.—清光緒十年(1884)恭壽堂木活字本.—4 冊.—山西汾陽韓氏,記事至清光緒二十四年(1898)；書名據書簽及書名頁題,版心題韓氏支譜；內有重修汾祠記等墨筆手跡 5 紙　　傳 775.36/8958

6510*

蕭山義橋韓氏家譜　　十卷卷首一卷/韓拜旒等修.—民國 4 年(1915)永思堂木活字本.—14 冊.—浙江蕭山韓氏；書名據版心及書簽題　　傳 775.36/91

6511*

韓氏宗譜　　十二卷/韓國霖等纂修.—民國 2 年(1913)有懷堂木活字本.—14 冊：圖.—江蘇泰州韓氏　　傳 775.36/915

傳 775.37　茹氏

6512*

古剡茹氏宗譜　　三卷/茹良銓等纂修.—民國 8 年(1919)木活字本.—2 冊：像.—浙江剡縣茹氏；書名據版心題,書簽題茹氏宗譜　　傳 775.37/91

傳 775.38　郁氏

6513

蕭邑郁氏宗譜　　五卷/(清)郁睿元等修；(清)郁錦春等纂.—清光緒七年(1881)文盛堂木活字本.—4 冊：彩像.—浙江蕭山郁氏；書名據目錄等題　　傳 775.38/89

6514*

郁氏家乘/郁錫璜等纂.—民國間中華書局上海鉛印本.—1 冊：圖.—上海郁氏；書名據書頁等題　　部二　1 冊　　傳 775.38/92

傳 775.39　郝氏

6515

淮山郝氏宗譜　　五卷世系圖一卷/(清)郝嵩雲等纂修.—清光緒二十九年(1903)刻本.—8 冊：圖.—江蘇山陽郝氏；書名據書簽及書名頁題,版心題郝氏宗譜　　傳 775.39/89

6516*

郝氏族譜　　四十二卷/郝崇耀修；郝英俊纂.—民國 14 年(1925)郝氏太原堂木活字本.—41 冊：圖.—缺 1 卷：卷 17.—湖南長沙郝氏；書名據書名頁等題　　傳 775.39/91

6517*

三河郝氏貽芬錄/郝崇峻等撰輯.—民國 16 年(1927)鉛印本.—2 冊：像.—河北三河郝氏；書名據書簽及書名頁題,序題臨洨郝氏貽芬錄　　部二　2 冊　　傳 775.39/92

傳 775.40　都氏

6518

福城圩都氏宗譜　　八卷/(清)都發禎等修.—清光

緒十三年(1887)餘慶堂木活字本.—8册:像.—浙江
長興都氏;書簽及書名頁題都氏宗譜

傳 775.40/89

6519*

福城圩都氏宗譜　八卷/都裕祥等修.—民國 5 年
(1916)餘慶堂木活字本.—8 册:像.—浙江長興都氏;
書名頁題都氏宗譜　　　　傳 775.40/91

傳 775.41　韋氏

6520

太湖縣韋氏宗譜　三十五卷卷首三卷/(清)韋炳等
修;(清)韋廷柱等纂.—清光緒二十六年(1900)一經
堂木活字本.—38 册:圖.—版心題韋氏宗譜;安徽太
湖韋氏　　　　　　　　　傳 775.41/89

6521

延陵韋氏家乘　二十卷/(清)韋汝清修;(清)韋華
謨纂.—清光緒四年(1878)崇德堂木活字本.—20 册:
圖及像.—江蘇延陵韋氏;書名據版心及書簽題;目錄
題 18 卷,卷 2 有目無内容　　傳 775.41/895

6522*

韋氏宗譜　二卷/韋述職纂修.—1993 年南川韋氏
膠印本.—2 册.—四川南川韋氏;書名據書名頁題.—
平裝　　　　　　　　　　傳 775.41/95

傳 775.42　柳氏

6523

分湖柳氏家譜　十卷/(清)柳樹芳纂.—清道光二
十一年(1841)刻本.—2 册.—江蘇吳江柳氏;勝谿草
堂藏版
　　部二　2 册　　　　　　傳 775.42/86

6524

會稽張家瀝柳氏宗譜　二卷/(清)柳文煋修.—清
咸豐七年(1857)餘慶堂木活字本.—2 册.—浙江紹興
柳氏,記事至清咸豐間;書名據版心題,書名頁題咸豐

丁巳年重修　　　　　　　傳 775.42/87

6525

京江柳氏宗譜　十卷/(清)柳預生纂修.—清光緒
十六年(1890)思成堂木活字本.—12 册:圖.—江蘇京
江柳氏　　　　　　　　　傳 775.42/89

6526*

會稽張家瀝柳氏宗譜　四卷/柳東甸等修.—民國
14 年(1925)餘慶堂木活字本.—4 册.—浙江紹興柳
氏;書名據版心題　　　　傳 775.42/91

傳 775.43　車氏

6527*

中林車氏順德堂支譜　十四卷/楊存淇纂修.—民
國 10 年(1921)順德堂木活字本.—5 册.—浙江鄞縣
車氏　　　　　　　　　　傳 775.43/91

傳 775.44　田氏

6528

田氏重修族譜　十二卷卷首二卷/(清)田裕益等
修;(清)田裕珍等纂.—清咸豐十年(1860)紫荆堂木
活字本.—14 册:圖.—湖南湘潭田氏;書名據版心題,
書名頁題田氏族譜　　　　傳 775.44/87

6529

田氏家譜/(清)田佽纂修.—清咸豐間德蔚堂刻
本.—1 册.—河南祥符田氏　傳 775.44/875

6530

田氏家譜/(清)田佽纂修.—清同治間德蔚堂刻
本.—1 册.—河南祥符田氏　傳 775.44/88

6531

田氏本宗世系圖/田恂,田怡纂.—清宣統元年
(1909)石印本.—1 幅.—河南祥符田氏

傳 775.44/89

6532

柳湖田氏族譜　九卷卷首一卷/（清）田廣湘等修.—清光緒三十一年（1905）木活字本.—10冊.—江蘇潤州田氏；版心題田氏族譜，書簽題田氏宗譜
傳 775.44/895

6533*

上虞永豐鄉田氏宗譜　十卷卷首一卷/張美翊等纂修.—民國4年（1915）鳳翽堂木活字本.—10冊：圖及像.—浙江上虞田氏；書名頁題上虞田氏宗譜
傳 775.44/91

6534*

田氏家譜　六卷卷首一卷譜餘五卷/田中玉纂.—民國間朱絲欄稿本.—7冊.—河北臨榆田氏；缺1卷：譜余卷4；附韞山自訂年譜.—毛裝　傳 775.44/92

傳 775.46　呂氏

6535

虞邑西鄉呂氏宗譜/（清）呂宗文修；（清）呂星燦纂.—清乾隆間斯祜堂木活字本.—1冊：圖及像.—浙江上虞呂氏；書名據版心題；本書似不全，末頁版心鐫宣統庚戌年續修字樣，宅圖引中有清嘉慶元年呂應鰲校語　傳 775.46/84

6536

章村呂氏宗譜　二卷/（清）呂啟賜修.—清嘉慶十四年（1809）刻本.—2冊：圖及像.—書名據書簽題，版心題呂氏宗譜；安徽寧國呂氏　傳 775.46/85

6537

毗陵呂氏族譜　十八卷/（清）呂子珊等修；（清）呂佶孫等纂.—清道光二十年（1840）木活字暨刻本.—12冊：圖.—江蘇毘陵呂氏；書名頁題自宜興遷武進一支　傳 775.46/86

6538

虞邑西鄉呂氏宗譜/（清）呂星月修；（清）呂禎奎纂.—清道光四年（1824）斯祜堂木活字本.—5冊.—浙江上虞呂氏；書名據版心題
傳 775.46/865

6539

貴門呂氏宗譜　十卷/（清）呂載賡等修；（清）呂錫璋等纂.—清咸豐八年（1858）明禋堂木活字本.—10冊.—浙江剡縣呂氏；書名據版心及書簽題
傳 775.46/87

6540

虞邑西鄉呂氏宗譜　十卷/（清）呂聯三等修.—清光緒二十一年（1895）斯祜堂木活字本.—8冊：圖及像.—浙江上虞呂氏；書名據目錄等題
傳 775.46/89

6541

述德編/（清）呂繼午纂輯.—清光緒三十一年（1905）木活字本.—1冊.—江蘇毗陵呂氏；卷端下題家乘志傳彙錄卷末附自述等　傳 775.46/895

6542*

旌德呂氏續印宗譜　十四卷卷首一卷/（清）呂偉文修；呂賢銘續修.—民國6年（1917）旌德呂氏鉛印本.—14冊：圖及像.—安徽旌德呂氏；書名據書名頁題，版心題呂氏宗譜　傳 775.46/91

6543*

祥符呂氏四修宗譜　十六卷卷首三卷卷末一卷/呂順焜等修；呂聲清等纂.—民國11年（1922）祥符堂木活字本.—18冊：圖.—湖南常德呂氏；書名據書簽題，版心題呂氏宗譜，書名頁題呂氏四修宗譜
傳 775.46/915

6544*

呂氏世譜　二卷/呂忍泰等修.—民國22年（1933）隆昌文寶齋石印局石印本.—2冊.—湖南零陵遷蜀呂氏；書名據書名頁等題　傳 775.46/92

6545*

新安呂氏宗譜　六卷/呂龍光等修；呂麗明等纂.—民國24年（1935）德本堂木活字本暨刻本.—6冊：圖及像.—安徽歙縣呂氏；書名據版心題
傳 775.46/924

6546*

暨陽開化呂氏宗譜　八卷世系圖七卷行傳二十二卷/呂啟桂等修；呂挹清纂.—民國17年（1928）維則

堂木活字本.—42 冊.—浙江諸暨呂氏;有墨筆校改;
書名據版心題　　　　　　　　傳 775.46/925

6547*

船頭村呂氏族譜　六卷/呂日知纂.—民國 37 年
(1948)石印本.—1 冊:圖.—陝西醴泉、甘肅涇陽呂
氏;書名據書名頁及目錄題　　　傳 775.46/9255

6548*

呂氏族譜/呂明傑等修;呂德坤纂.—民國間石印
本.—1 冊.—湖北黃陂遷四川重慶呂氏;書名據版心
及書名頁題　　　　　　　　傳 775.46/92559

6549*

呂氏友睦宗譜　三十卷卷首一卷/呂慶榮等修.—
民國 19 年(1930)明禋堂木活字本.—30 冊:表.—浙
江新昌呂氏;版心題呂氏宗譜　　傳 775.46/9256

6550*

邵東呂氏四修族譜　十三卷卷首一卷/呂永祿等
修;呂達衛等纂.—民國 18 年(1929)名儒堂木活字
本.—15 冊:圖及像.—湖南邵陽呂氏;版心及書名頁
題呂氏四修族譜,書籤題呂氏族譜
　　　　　　　　　　　　　　傳 775.46/926

傳 775.47　冒氏

6551*

如皋冒氏宗譜　十卷卷首一卷/(清)冒志成補修;
江蘇省如皋縣編史修志辦公室暨如城鎮志辦公室選
編.—1984 年江蘇省如皋縣編史修志辦公室油印
本.—2 冊.—江蘇如皋冒氏;原譜刻於清道光二十八
年(1848)
　部二　2 冊　　　　　　　　傳 775.47/85

傳 775.49　羅氏

6552

宜黃棠陰羅氏尚義門房譜　二卷/(清)羅星燦等
修.—清乾隆二十三年(1758)木活字本.—2 冊.—江

西宜黃羅氏　　　　　　　　傳 775.49/84

6553

宜黃棠陰羅氏尚義門錦二公房譜　四卷/(清)羅荊
璧,(清)羅明誠纂修.—清道光二十七年(1847)木活
字本.—4 冊:像.—江西宜黃羅氏;書名據版心題,書
簽題羅氏錦二公房譜　　　　傳 775.49/86

6554

羅氏永二公房譜/(清)羅金來等修.—清道光二十
七年(1847)木活字本.—2 冊:像.—江西宜黃羅氏;書
名據版心及目錄題　　　　　傳 775.49/865

6555

羅氏支譜　六卷卷末一卷/(清)羅應鯤等纂修.—
清同治八年(1869)報本堂刻本.—8 冊:圖.—湖北黃
崗羅氏;書名據書名頁等題　　傳 775.49/88

6556

羅氏族譜　七卷/(清)羅氏修.—清同治十二年
(1813)瀏陽羅氏丕振堂木活字本.—7 冊:圖.—湖南
瀏陽羅氏;書名據書名頁等題　傳 775.49/887

6557

姚江羅氏家譜　八卷卷首一卷/(清)羅占華修.—
清光緒十二年(1886)雀蘭堂木活字本.—7 冊:像.—
浙江餘姚羅氏;書名據目錄等題　傳 775.49/89

6558

羅氏族譜　二十卷卷首二卷/(清)羅鴻逐等修;
(清)羅開漢等纂.—清光緒二十九年(1903)豫章堂木
活字本.—15 冊:圖.—湖南安化等地羅氏;書名據書
名頁等題　　　　　　　　　傳 775.49/892

6559

義口羅氏祠譜　二卷卷首一卷/(清)羅志鳳等
修.—清光緒八年(1882)琳琅堂木活字本.—1 冊.—
湖南平江羅氏;書名據版心及書名頁題
　　　　　　　　　　　　　　傳 775.49/893

6560

棠陰羅氏永二公三修房譜　二卷/(清)羅奐等
修.—清光緒二年(1876)木活字本.—2 冊:圖及像.—
江西宜黃羅氏;書名據書簽題,版心題羅氏永二公

房譜　　　　　　　　　　　　　傳 775.49/895

6561*

　邵西羅氏族譜　八卷卷首一卷/羅添籌等纂修.—民國 6 年(1917)敦睦堂木活字本.—14 冊.—湖南邵陽羅氏　　　　　　　　　傳 775.49/91

6562*

　邵陵白鹿羅氏五修族譜　三十卷卷首三卷/羅善程等修;羅啟琥等纂.—民國 2 年(1913)雙桂堂木活字本.—32 冊:圖.—湖南邵陽羅氏;版心及書名頁題白鹿羅氏五修族譜,書簽題白鹿羅氏族譜
　　　　　　　　　　　　　傳 775.49/913

6563*

　慈谿羅氏宗譜　三十六卷卷首二卷/羅賢贊等纂修.—民國 12 年(1923)嘉德堂木活字本.—38 冊:像.—浙江慈溪羅氏;書名據書名頁等題
　　　　　　　　　　　　　傳 775.49/915

6564*

　姚江羅氏家譜　七卷卷首一卷/羅祖亨等修.—民國 10 年(1921)雀蘭堂木活字本.—2 冊.—浙江餘姚羅氏　　　　　　　　　傳 775.49/9153

6565*

　隆昌羅氏世譜/羅倫蔚等纂修.—民國 4 年(1915)鉛印本.—1 冊.—四川隆昌羅氏;書名據版心題.—毛裝　　　　　　　　　傳 775.49/9157

6566*

　瀏陽珠琳村羅氏歸厚堂四修族譜　八卷卷首二卷/羅運鈺等纂修.—民國 8 年(1919)瀏陽羅氏歸厚堂木活字本.—10 冊.—湖南瀏陽羅氏;書名據目錄題;書名頁題瀏邑東鄉珠琳村續修族譜,版心題瀏陽羅氏族譜,書簽題羅氏族譜　　傳 775.49/917

6567*

　羅氏族譜　十二卷/羅國珍纂;羅子異修.—民國 30 年(1941)銅仁鉛印本.—8 冊:照片.—貴州松桃羅氏;書名據書名頁等題　　　　　傳 775.49/92

6568*

　沅江羅氏族譜　三十二卷/羅與賢等修.—民國 26

年(1937)沅江羅氏豫章堂木活字本.—15 冊:圖.—湖南益陽羅氏;書名據版心題,書簽及書名頁題羅氏族譜　　　　　　　　　傳 775.49/924

6569*

　羅氏四修族譜　四十二卷卷首七卷卷終一卷/羅潭潤等修;羅嘉炳等纂.—民國 20 年(1931)清德堂木活字本.—49 冊:圖.—湖南湘鄉羅氏;書名據版心及目錄題,書簽題上湘羅氏族譜　　　傳 775.49/9243

6570*

　衡山小山羅氏六修族譜　二十五卷卷末一卷/羅洋聲等修;羅沛霖等纂.—民國 37 年(1948)豫章堂木活字本.—25 冊:圖.—湖南衡山羅氏;書名據版心題,書簽題小山羅氏六修族譜,書名頁題羅氏六修族譜
　　　　　　　　　　　　　傳 775.49/9244

6571*

　羅氏族譜　四卷/羅元桂等續修.—清光緒三十三年(1907)刻民國 20 年(1931)增刻暨木活字本.—4 冊.—四川簡陽羅氏;書名據書名頁等題

　部二　4 冊　　　　　　　傳 775.49/925

6572*

　羅氏五修族譜　七卷卷首一卷/羅彥瓊等修;羅彥伯等纂.—民國 35 年(1946)豫章堂木活字本.—9 冊:圖.—湖南安化羅氏;書名據版心題,書簽及書名頁題羅氏族譜　　　　　　　傳 775.49/9255

6573*

　宿松縣羅葉氏宗譜　二十六卷卷首一卷/羅氏修.—民國 32 年(1943)豫章郡木活字本.—28 冊:圖.—安徽宿松羅氏,本姓葉,入贅羅氏
　　　　　　　　　　　　　傳 775.49/9258

6574*

　瀏陽營盤羅氏宗譜　三十九卷卷首三卷/羅華續等修;羅時尚纂.—民國 37 年(1948)羅氏宗族祠木活字本.—46 冊:圖及像.—湖南瀏陽羅氏;書名據版心題,書簽題羅氏宗譜　　　　　　傳 775.49/927

傳 775.50　瞿氏

6575

五渠瞿氏家譜/(清)瞿昌熾修.—清道光間瞿鍾祥
留餘堂抄本.—1 冊.—江蘇常熟瞿氏；是譜纂修於清
乾隆二十四年(1759)，卷末有清光緒十七年附錄.—
毛裝　　　　　　　　　　　　　　傳 775.50/84

6576*

長沙瞿氏家乘　十卷/瞿宣穎纂.—民國 23 年
(1934)長沙瞿氏鉛印本.—2 冊：照片.—(長沙瞿氏叢
刊).—湖南長沙瞿氏
　　部二　2 冊
　　部三　2 冊　　　　　　　　　　傳 775.50/92

6577*

官寮瞿氏四修緯公支譜　十卷卷首一卷卷上一
卷下一卷/瞿覺峻等修.—民國 29 年(1940)醴陵瞿氏
敦本堂木活字本.—13 冊：圖.—湖南醴陵瞿氏；缺 1
卷：卷 5,卷 6 殘損；書名據版心及目錄題,書簽及書名
頁題官寮瞿氏緯公支譜　　　　　　傳 775.50/924

傳 775.52　路氏

6578

畢節路氏長房族譜/(清)路朝霖,(清)路朝聯纂.—
清光緒二十一年(1895)大樑刻本.—1 冊.—貴州畢節
路氏；書名據書名頁題,版心題路氏長房族譜
　　部二　1 冊
　　部三　1 冊　附先洛陽縣知縣贈中議大夫府君神道
表；有抄補　　　　　　　　　　　傳 775.52/89

傳 775.53　厲氏

6579*

儀徵厲氏家譜　三卷卷首一卷卷末一卷/厲萬青等
修.—民國 29 年(1940)揚州大成印製局鉛印本.—3

冊：圖.—江蘇儀徵厲氏；書名據書名頁等題
　　部二　3 冊　　　　　　　　　　傳 775.53/92

傳 775.54　匡氏

6580

錫山匡氏宗譜　十三卷卷首一卷/(清)匡有貞等
修；(清)匡其仁等纂.—清光緒三十年(1904)敦睦堂
木活字本.—14 冊：像.—江蘇無錫匡氏；卷 4 末殘破；
書名據版心及目錄題　　　　　　　傳 775.54/89

6581*

錫山匡氏宗譜　十八卷/匡佩珍等修；匡維藩等
纂.—民國 14 年(1925)敦睦堂木活字本.—18 冊：
像.—江蘇無錫匡氏；書名據目錄題,書名頁等題匡氏
宗譜　　　　　　　　　　　　　　傳 775.54/91

6582*

湄水匡氏五修族譜　三十八卷卷首四卷/匡頌臨等
修；匡世澄等纂.—民國 30 年(1941)湖南湘鄉匡氏解
頤堂木活字本.—31 冊：圖.—湖南湘鄉匡氏；書名據版
心及書名頁題,書簽題匡氏五修族譜　傳 775.54/92

傳 775.55　陶氏

6583

浦陽陶氏宗譜　九卷/(清)陶成福等纂修.—清嘉
慶十二年(1807)木活字本.—10 冊：圖及像.—浙江浦
江陶氏；書名據版心及目錄題　　　傳 775.55/85

6584

會稽陶氏族譜　三十二卷/(清)陶際堯纂.—清道
光十年(1830)刻本.—19 冊：圖.—浙江會稽陶氏；缺
1 卷：卷 10　　　　　　　　　　　傳 775.55/86

6585

潤東順江洲陶氏重修族譜　四卷/(清)陶秀資等
修.—清道光元年(1821)木活字本.—4 冊.—江蘇潤
州陶氏；書名據譜序題,版心及書名頁題陶氏族譜
　　　　　　　　　　　　　　　　傳 775.55/865

6586

會稽陶氏族譜　三十二卷/(清)陶春年等修.—清末抄本.—20 冊:圖.—浙江會稽陶氏;有殘損頁;是譜纂修於清道光二十四年(1844)　傳 775.55/8654

6587

古絳陶氏家譜　六卷/(清)陶起盛等纂修.—清道光七年(1827)刻本.—5 冊.—山西聞喜陶氏;卷 6 間有補刻;書名據書簽題,版心題陶氏族譜
傳 775.55/86546

6588

潯陽支譜　十六卷/(清)陶宣垭纂.—清咸豐七年(1857)稿本.—5 冊:圖及像.—江西潯陽陶氏支譜;書名據書簽及書名頁題;是譜清道光二十二年(1842)初稿,二十七年(1847)再輯,咸豐六年(1856)重定,七年(1857)錄成　傳 775.55/87

6589

潤東順江洲陶氏重修族譜　六卷/(清)陶榮等纂修.—清同治六年(1867)木活字本.—6 冊.—江蘇潤州陶氏;書名據譜序題,版心題陶氏族譜
傳 775.55/88

6590

寧鄉陶氏四修家譜　九卷卷首三卷卷末一卷/(清)陶栗村等修;(清)陶藻洲等纂.—清光緒十八年(1892)木活字本.—16 冊:圖.—湖南寧鄉陶氏;書名據版心題
　部二　16 冊　　　　　　　傳 775.55/89

6591

陶氏遷常支譜　四卷卷首一卷/(清)陶氏修.—清光緒三十四年(1908)鉛印本.—2 冊.—江蘇常州陶氏
傳 775.55/895

6592

陶氏家譜　六卷/(清)陶惟燏等纂修.—清光緒三十四年(1908)刻本.—4 冊.—蘇州陶氏
　部二　4 冊　　　　　　　傳 775.55/8953

6593*

陶氏家譜　六卷/陶懷照等纂修.—民國 9 年(1920)刻本.—5 冊.—江蘇蘇州陶氏

　部二　5 冊
　部三　4 冊　　　　　　　傳 775.55/91

6594*

常熟潯陽陶氏家譜　四卷/陶文炯等纂修.—民國 22 年(1933)鉛印暨石印本.—4 冊:圖.—江蘇常熟陶氏;書名據版心及書簽題
　部二　4 冊　　　　　　　傳 775.55/92

6595*

資江陶氏七續族譜　一編五卷卷首二卷二編三卷卷首一卷三編十卷四編卷尾一卷/陶叔惠等修.—民國 28 年(1939)淹祠木活字本.—68 冊:圖及像.—湖南安化陶氏;版心題陶氏七續族譜　傳 775.55/928

6596*

洋川潯陽郡陶氏宗譜　七卷/陶餘法等纂修.—民國 33 年(1944)木活字本.—8 冊:圖.—浙江縉雲陶氏;書名據目錄題,版心題洋川陶氏宗譜,書簽題陶氏宗譜　　　　　傳 775.55/929

傳 775.56　屈氏

6597*

臨海屈氏世譜　十九卷/屈采麟等修.—清光緒九年(1883)刻民國 11 年(1922)重修本.—6 冊:圖及像.—浙江臨海屈氏;有鉛印補配;書名據書簽及書名頁題,版心題屈氏世譜;忠義祠堂藏版
傳 775.56/91

傳 775.58　滕氏

6598*

吳門滕氏世略抄　一卷/(清)滕文昭撰;(清)滕如瑞校訂.—民國 24 年(1935)寶山滕氏鉛印本.—1 冊.—江蘇吳縣滕氏;書名據書簽及書名頁題;陳垣贈書
　部二　1 冊
　部三　1 冊
　部四　1 冊

部五　1 册　　　　　　　　　　　傳 775.58/86

傳 775.59　余氏

6599

埠川余氏新纂家乘　五卷/(清)余有伶等修;(清)陳鯤纂.—清康熙間木活字本.—2 册.—安徽宣城余氏;版心題余氏宗譜　　　　　傳 775.59/82

6600

碧潭余氏宗譜　四卷/(清)余明任編輯.—清乾隆二十九年(1764)新安堂木活字本.—6 册:圖.—江西余氏;書名據版心題　　　　傳 775.59/84

6601

沱川余氏家乘/(清)余氏修.—清道光間抄本.—2册.—江西沱川余氏,記事至清道光間;原書卷數不詳,存仕進 1 卷:有硃筆點校　　傳 775.59/86

6602

余氏宗譜　十八卷/(清)余之焻等修;(清)余復魁纂.—清光緒二十七年(1901)忠裔堂木活字本.—18册:圖及像.—甘肅武威余氏;書名據版心及書簽題
　　　　　　　　　　　　傳 775.59/895

6603

毗陵余氏族譜　八卷/(清)余鼎勛等修.—清宣統元年(1909)端本堂木活字本.—8 册.—江蘇毗陵余氏
　　　　　　　　　　　　傳 775.59/8954

6604

遷宿松縣鑿山余黃氏宗譜　三卷卷首一卷/(清)余河清等纂修.—清光緒十四年(1888)尊孟堂木活字本.—4 册:圖.—安徽宿松余氏,本支余氏先祖曾入贅黃氏,故兼稱余黃氏;版心題余黃氏宗譜
　　　　　　　　　　　　傳 775.59/89543

6605

暨陽高湖余氏宗譜　十八卷/(清)余兆槐等修;(清)余鳳祥等纂.—清光緒十九年(1893)余氏雍肅堂木活字本.—30 册.—浙江諸暨余氏;書名據版心題
　　　　　　　　　　　　傳 775.59/8955

6606

金華赤松山口余氏重修宗譜　二十五卷/余本濱等修.—清宣統三年(1911)木活字本.—20 册:圖及像.—浙江金華余氏;書名據版心及目錄題
　　　　　　　　　　　　傳 775.59/89552

6607

中湘余氏延祝堂三修族譜　十卷/(清)余昌湖等修;(清)余發初等纂.—清光緒二十年(1894)延祝堂木活字本.—10 册:圖.—湖南湘潭余氏;書名據版心及書簽題
　　　　　　　　　　　　傳 775.59/89553

6608*

暨陽高湖余氏宗譜　三十四卷/余壽萱等修.—民國 14 年(1925)雍肅堂木活字本.—34 册.—浙江諸暨余氏;書名據版心題　　　傳 775.59/91

6609*

古黟環山余氏宗譜　二十二卷卷首一卷卷末一卷/余光裕等修;余攀榮等纂.—民國 6 年(1917)木活字本.—12 册:圖及像＋附件(1 册).—安徽黟縣余氏;書名據目錄題,版心及書簽題環山余氏宗譜
　　　　　　　　　　　　傳 775.59/915

6610*

麗江余氏宗譜/余恂修.—民國 12 年(1923)麗江余恂稿本.—1 册.—雲南麗江余氏;書名據書衣題.—毛裝　　　　　　　　傳 775.59/9153

6611*

邊田余氏重修宗譜　十八卷卷首一卷/余傳思等修.—民國 13 年(1924)光睦堂木活字本.—8 册:圖及像.—浙江赤城余氏;有墨筆增補;書名據目錄等題,版心題邊田余氏宗譜　　　傳 775.59/9155

6612*

余氏宗譜　八卷卷首三卷/余迪春等修;余學彝纂.—民國 15 年(1926)忠諫堂木活字本.—11 册:圖.—安徽太湖余氏;書名據版心題　傳 775.59/9158

6613*

暨陽高湖余氏宗譜　三十七卷/余文祥等修.—民國 36 年(1947)余氏雍肅堂木活字本.—36 册.—浙江諸暨余氏;書名據版心及目錄題　傳 775.59/92

6614*

余氏族譜　二十卷卷首十三卷/余式瑤等纂修.—民國 23 年(1934)新安堂木活字本.—24 册：圖.—湖南平江余氏；書名據書名頁等題；附余氏舊譜二卷
　　　　　　　　　　　　　　傳 775.59/923

6615*

木瓜余氏重修族譜　一百二十五卷卷首一卷/余賢立等修.—民國 25 年(1936)新安堂木活字本.—45册：圖.—江西修水余氏；版心及書簽題木瓜余氏宗譜
　　　　　　　　　　　　　　傳 775.59/924

6616*

長溪余氏宗譜　四卷卷首一卷卷末一卷/余有橫等修.—民國 18 年(1929)寶善堂木活字本.—4 册：圖及像.—安徽新安余氏；書名據版心及書名頁題
　　　　　　　　　　　　　　傳 775.59/925

6617*

余氏族譜　二十二卷卷首三卷/余榮晃纂修.—民國 27 年(1938)新安堂木活字本.—11 册：圖.—湖南平江余氏；書名據書名頁等題　　傳 775.59/927

6618*

碧潭余氏族譜　二十四卷卷首十二卷卷末一卷/余鯤等纂修.—民國 22 年(1933)新安堂木活字本.—29册：圖及像.—湖南平江余氏；缺 3 卷：卷 4—5、7；書名據版心題，書簽及書名頁題余氏族譜
　　　　　　　　　　　　　　傳 775.59/928

傳 775.60　錢氏

6619

吳越錢氏宗譜全乘/(明)錢氏修.—清藍絲欄抄本.—1 册.—江蘇、浙江錢氏，記事至明萬曆十五年(1587)　　　　　　　傳 775.60/76

6620

錢氏世譜/(清)錢培楨修.—清初刻乾隆十三年(1748)錦樹堂增刻本.—2 册：像.—江蘇無錫錢氏；書名據版心題　　　　　　　傳 775.60/84

6621

吳越錢氏西河派宗譜/(清)錢循燮纂.—清抄本.—4 册：彩像.—江蘇、浙江錢氏；書名據總目題，書簽題吳越錢氏家乘，版心題錢氏家乘　　傳 775.60/845

6622*

錢氏族譜　二卷/(清)錢澧纂修；方樹梅編.—民國 23 年(1934)晉寧方樹梅刻本.—1 册.—(盤龍山人叢書).—雲南昆明錢氏

部二　1 册　陳垣贈書
部三　1 册　　　　　　　　傳 775.60/8453

6623

吳越錢氏吳江麻溪派宗譜/(清)錢潛編.—清嘉慶二十三年(1818)刻本.—28 册：圖及像.—江蘇、浙江錢氏；書名頁等題吳越錢氏宗譜；與吳越叢書合印
　　　　　　　　　　　　　　傳 775.60/85

6624

暨陽錢氏宗譜/(清)錢氏修.—清道光七年(1827)煥文堂木活字本.—4 册：彩像.—浙江諸暨錢氏；卷首缺序目，卷末有缺頁；書名據版心題
　　　　　　　　　　　　　　傳 775.60/86

6625

錢氏文林公支宗譜　十卷卷首一卷卷末一卷/(清)錢邵霖修.—清道光七年(1827)錦樹堂刻本.—10 册：圖及像.—吳越遷江蘇無錫等地錢氏；書名據書名頁題，版心題錢氏支譜　　傳 775.60/865

6626

堠山錢氏宗譜　六卷世譜二十二卷/(清)錢維楨等修；(清)錢日煦纂.—清同治十三年(1874)錦樹堂木活字本.—28 册：圖及像.—吳越遷江蘇無錫錢氏；書名據書名頁題　　　　　　　傳 775.60/88

6627

錢氏湖頭宗譜　上八卷卷首一卷下一百零九卷卷首一卷卷末一卷/(清)錢祖域修.—清同治六年(1867)錦樹堂刻本.—40 册：圖及像.—吳越遷江蘇無錫等地錢氏；書名據書簽及書名頁題

部二　40 册
部三　40 册　　　　　　　　傳 775.60/885

6628

吳越錢氏宗譜　　八卷/(清)錢氏修.—清光緒二十四年(1898)木活字本.—8 冊.—浙江諸暨錢氏;書名據版心題　　　　　　　　　　　　　　　傳 775.60/89

6629

茶亭錢氏宗譜　　六卷/(清)錢士奎等修.—清光緒十四年(1888)思本堂木活字本.—6 冊.—江蘇常州錢氏;書名據目錄題　　　　　傳 775.60/895

6630

張澤橋錢氏宗譜　　八卷卷首二卷/錢洪泉等修.—清宣統三年(1911)世恩堂木活字本.—12 冊:像.—江蘇宜興錢氏;書名據目錄題,版心題錢氏家乘

傳 775.60/8952

6631

堠山錢氏宗譜　　十卷世譜三十卷/(清)錢熙元等修.—清光緒三十三年(1907)錦樹堂木活字本.—40 冊:圖及像.—江蘇無錫錢氏;書名據書名頁等題

傳 775.60/8953

6632

山陰項里錢氏宗譜　　九卷卷首一卷卷末一卷/(清)錢桂芳修.—清光緒三十二年(1906)忠孝堂木活字本.—11 冊:圖及像.—浙江山陰錢氏;書名據版心及書簽題　　　　　　　　　　　　傳 775.60/8954

6633

錢氏宗譜　　十三卷卷首一卷/(清)錢鈞等纂修.—清光緒六年(1880)射潮堂木活字本.—18 冊:圖及像.—浙江吳越錢氏;缺 1 卷:卷 3;書名據版心及書名頁題　　　　　　　　　　　　傳 775.60/8955

6634

吳越錢氏清芬志　　十卷卷首一卷卷末一卷/(清)錢日煦纂.—清光緒四年(1878)禰雲閣木活字本.—16 冊:圖及像.—浙江、江蘇錢氏;書名據目錄題,版心及書簽題錢氏家書;本書以種序卷;梁溪錢氏和樂堂藏版

部二　16 冊　　　　　　　　傳 775.60/89554

6635

續輯上虞通明錢氏衍慶譜　　八卷卷首一卷/(清)錢

崑元等纂修.—清宣統元年(1909)木活字本.—6 冊:圖及像.—浙江上虞錢氏;書名據版心題

部二　16 冊　　　　　　　　傳 775.60/89555

6636

錢氏宗譜　　十六卷/(清)錢紀麟等修;(清)錢廷濟纂.—清光緒二十六年(1900)貽忠堂木活字本.—16 冊:像.—江蘇毗陵錢氏;書名據版心及書名頁題

傳 775.60/8957

6637

錢氏世譜　　六卷卷末一卷/(清)錢承康等纂修.—清光緒二十三年(1897)木活字本.—9 冊.—吳越武肅王之後,遷江蘇無錫錢氏;書名據版心題

傳 775.60/89572

6638*

甬東錢氏宗譜　　九卷/錢撫惠修.—民國 10 年(1921)具慶堂木活字本.—12 冊.—浙江鄞縣錢氏

傳 775.60/91

6639*

重修上虞通明錢氏譜　　十卷卷首一卷卷末一卷/錢熔修,錢純等纂.—民國 5 年(1916)木活字本.—13 冊.—浙江上虞錢氏

部二　13 冊　　　　　　　　傳 775.60/915

6640*

吳越錢氏象派宗譜　　六十卷卷首一卷/錢鴻紀修;史翰章纂.—民國 15 年(1926)蓬萊山家祠木活字本.—20 冊:像.—浙江象山錢氏

傳 775.60/9152

6641*

吳興錢氏家乘　　三卷/錢恂纂.—民國間聚珍仿宋印書局鉛印本.—1 冊.—浙江吳興錢氏,記事至民國 10 年(1921);版心題錢氏家乘　　傳 775.60/9153

6642*

錢氏家乘　　十二卷/錢文選纂.—民國間鉛印本.—6 冊:圖及像.—浙江、江蘇錢氏;書名據書名頁等題

部二　6 冊

部三　5 冊　缺 1 卷:卷 12　　傳 775.60/9156

6643*

錢氏家乘　一卷/錢文選纂.—民國間鉛印本.—1
冊：圖及像.—浙江江蘇錢氏；書名據書簽及書名頁題
部二　1冊　　　　　　　　　傳 775.60/9156＋5

6644*

剡北錢氏宗譜/錢氏修.—民國 15 年（1926）稿
本.—1冊：像.—浙江剡縣錢氏；原書卷數不詳，存 8
卷：卷 1—8；書名據書簽題.—毛裝
　　　　　　　　　　　　　　傳 775.60/9159

6645*

蔣橋錢氏支譜　十二卷/錢鍾瑜纂修.—民國 16 年
（1927）射潮堂木活字本.—12冊：圖及像.—江蘇常熟
錢氏；書名據版心題　　　　　傳 775.60/92

6646*

彭城錢氏支譜/錢壽崧纂修.—民國 23 年（1934）鉛
印本.—1冊.—江蘇彭城錢氏；書名據版心題
　　　　　　　　　　　　　　傳 775.60/925

6647*

堠山錢氏丹桂堂家譜　四卷/錢基博纂修.—民國
37 年（1948）鉛印本.—1冊.—江蘇無錫錢氏；書名據
版心題　　　　　　　　　　　傳 775.60/9254

6648*

文林錢氏宗譜　十六卷/錢坤全等修；錢恩湛纂；包
齊之編.—民國 32 年（1943）射潮堂木活字本.—16
冊：圖.—江蘇無錫錢氏；書名據版心題
　　　　　　　　　　　　　　傳 775.60/9255

6649*

武進西郊錢氏家譜　二卷/錢榮榕等纂修.—1951
年時述堂木活字本.—2 冊.—江蘇武進錢氏；書名據
版心及書簽題　　　　　　　　傳 775.60/95

6650*

淳東錢氏一修流光宗譜/錢志俊纂修.—1993 年淳
安錢氏資溪膠印本.—1冊.—浙江淳安東部錢氏；書
名據書名頁題.—平裝　　　　　傳 775.60/955

傳 775.61　尚氏

6651

尚氏宗譜　四卷卷首一卷卷末一卷/（清）尚署發等
修.—清同治十一年（1872）敦睦堂木活字本.—4
冊.—安徽望江尚氏；書名據版心題
　　　　　　　　　　　　　　傳 775.61/88

6652*

尚氏宗譜　四卷卷首一卷/尚汝賢等修；尚淵濤等
纂.—民國 7 年（1918）飛熊堂木活字本.—4 冊：圖.—
安徽望江尚氏；書名據版心題　　傳 775.61/91

6653*

尚氏宗譜　十一卷/尚久貞等修；尚其憲纂.—民國
29 年（1940）尚氏石印本.—12 冊：照片.—遼東尚氏；
書名據版心及書衣題；附平南王元功垂範
　　　　　　　　　　　　　　傳 775.61/92

傳 775.62　納喇氏

6654

輝發納喇氏族次房叁房宗譜正冊/（清）佚名纂.—
清光緒間抄本.—2 冊.—書名據書簽題
　　　　　　　　　　　　　　傳 775.62/89

傳 775.63　勞氏

6655

洞庭勞氏支譜　六卷卷首一卷卷末一卷/（清）勞殿
芳修.—清道光二十一年（1841）刻本.—6 冊.—江蘇
吳縣勞氏；書名據版心及書名頁題　傳 775.63/86

6656

陽信縣勞氏族譜/（清）勞步洲纂.—清光緒十九年
（1893）陽信勞乃宜吳橋官廨刻本.—4冊.—山東陽信
勞氏；版心題勞氏族譜　　　　　傳 775.63/89

6657*

餘姚孝義勞氏宗譜 十六卷卷首一卷卷末一卷/勞志湧修;勞爾駿纂.—民國 3 年(1914)申錫堂木活字本.—10 冊.—浙江餘姚勞氏;書名據版心題

傳 775.63/91

6658*

餘姚孝義勞氏宗譜 十六卷卷首一卷卷末一卷/勞崇升修;勞能得纂.—民國 25 年(1936)申錫堂木活字本.—10 冊.—浙江餘姚勞氏;書名據版心題

傳 775.63/92

傳 775.64 佘氏

6659*

雁門佘氏宗譜 六卷/佘逸等纂修.—民國 9 年(1920)抄本.—6 冊:圖及像.—山西雁門佘氏;書名據版心題,卷數據總目題 傳 775.64/9159

傳 775.65 納氏

6660*

咸陽王世譜/(清)納巨賢纂修.—民國 29 年(1940)抄本.—1 冊.—滇南納氏;書名據書衣題;卷末有民國 29 年(1940)傅斯年校記 傳 775.65/89

傳 775.67 婁氏

6661

天樂柳塘婁氏宗譜 十三卷卷首二卷/(清)婁世振等修;(清)婁繼昌等纂.—清光緒十年(1884)有容堂木活字本.—10 冊:像.—浙江山陰婁氏;版心題天樂婁氏宗譜 傳 775.67/89

傳 775.69 圖門氏

6662

正白旗滿洲三甲喇公中佐領圖門氏家譜/(清)圖門氏纂修.—清乾隆五十八年(1793)稿本.—1 冊.—滿洲正白旗圖門氏;書簽題圖門世譜.—毛裝

傳 775.69/84

6663

圖門世譜/(清)圖門氏纂修.—清咸豐間稿本.—1 冊.—滿洲正白旗圖門氏;書名據書簽題.—毛裝

傳 775.69/87

6664

[圖門世譜]/(清)延昌纂.—清末朱格抄本.—2 冊:照片.—是譜纂修於清光緒六年(1880);浮簽記事至清宣統間;附祭祀婚喪禮節 傳 775.69/89

傳 775.70 符氏

6665*

符氏七修家譜 二十一卷卷首一卷卷末三卷/符宗國等纂修.—民國 30 年(1941)木活字本.—22 冊:圖.—湖南長沙符氏;缺卷 11 上;書名據版心題,書簽題符氏族譜 傳 775.70/90

6666*

符氏續修族譜 二十四卷卷首二卷卷末四卷/符德恒等修;符業涵等纂.—民國 38 年(1949)敦本堂木活字本.—29 冊:圖.—湖南益陽符氏;書名據版心及書簽題 傳 775.70/92

傳 775.71 富察氏

6667

沙濟富察氏宗譜/(清)寶輪等修.—清道光七年(1827)刻本.—1 冊.—滿洲鑲黃旗沙濟富察氏;書名

據書簽題　　　　　　　　　　　傳 775.71/86

傳 775.73　苟氏

6668*
長灘苟氏史志/苟正純纂修.—1987 年通江苟瑞中油印本.—1 册.—四川通江長灘苟氏；書名據書衣題.—毛裝
　部二　1 册　平裝　　　　　傳 775.73/95

傳 775.75　昌氏

6669
　昌氏四修族譜　十八卷卷首一卷/(清)昌奉彩等修.—清光緒三年(1877)木活字本.—15 册：圖.—湖南益陽昌氏；缺 4 卷：卷 1—2、5、13；書名據版心及書名頁題　　　　　　　　　傳 775.75/89

傳 776.01　慶氏

6670
　環峰慶氏宗譜　六卷/(清)慶如薰纂.—清光緒六年(1880)木活字本.—6 册：圖及像.—安徽含山慶氏；書名據書簽題，版心題慶氏族譜，著者據跋題
　　　　　　　　　　　　　傳 776.01/89

傳 776.05　尹氏

6671
　尹氏續譜　三卷/(清)尹長青等修；(清)尹湘雲等纂.—清道光二十二年(1842)一經堂木活字本.—3 册：圖.—湖南衡山尹氏；書名據版心題
　　　　　　　　　　　　　傳 776.05/86

6672
　井邊尹氏續修族譜　十七卷卷首一卷/(清)尹遠讓

等修；(清)尹遠譽等纂.—清光緒十八年(1892)四葉堂木活字本.—18 册：圖.—江西萬安尹氏；書名據書簽題，版心題井邊尹氏續譜，書名頁題尹氏續譜
　　　　　　　　　　　　　傳 776.05/89

6673*
　洞霞尹氏家譜　十三卷卷首二卷/尹慶渭等纂修.—民國 4 年(1915)工部木活字本.—15 册：圖及像.—湖南邵東尹氏；書名據版心及書簽題，書名頁題尹氏家譜　　　　　　　　傳 776.05/91

6674*
　洞霞尹氏寬公房譜　十四卷卷首一卷卷末二卷/尹榮鈞等纂修.—民國 3 年(1914)穆清堂木活字本.—18 册：圖及像.—湖南邵陽尹氏；書名據書簽題，書名頁題尹氏房譜，版心題世寬公房譜
　　　　　　　　　　　　　傳 776.05/916

6675*
　尹氏族源/尹大年纂修.—民國 18 年(1929)鉛印本.—1 册：圖及像.—浙江尹氏；書名據書名頁題.—經摺裝　　　　　　　　　　傳 776.05/92

6676*
　井田尹氏六修族譜　二十四卷卷首一卷卷末二卷/尹樂鷥等纂修.—民國 35 年(1946)柏桂堂木活字本.—36 册：圖.—湖南邵陽尹氏；書名據書簽及書名頁題，版心題仁風尹氏六修族譜　　傳 776.05/925

6677*
　尹氏家乘　二十卷卷首一卷卷末一卷/尹炳金等修；尹任公等纂.—民國間永思堂木活字本.—20 册：圖及像.—江蘇宜興尹氏；續修至民國 36 年(1947)；書名據書名頁等題　　　　　　傳 776.05/926

6678*
　洞霞尹氏三修族譜　四十三卷卷首二卷卷末四卷/尹榮舍等纂修.—民國 17 年(1928)穆清堂木活字本.—53 册：圖.—湖南邵東洞霞尹氏
　　　　　　　　　　　　　傳 776.05/9266

6679*
　仁風井田尹氏鋼公房譜　十二卷卷首二卷卷末一卷/尹楚珍等修；尹麟徵等纂.—民國 22 年(1933)木

活字本.—10 册:圖.—湖南邵陽尹氏;書名據版心題,
書簽及書名頁題井田尹氏鋼公房譜
傳 776.05/927

傳 776.07 喬氏

6680
喬氏支譜續修/(清)喬鏞纂修.—清光緒十二年
(1886)刻本.—1 册.—江蘇寶應喬氏;書名據版心及
書簽題
傳 776.07/89

6681*
喬氏族譜 一卷/喬文獻等修.—民國 13 年(1924)
抄本.—1 册.—山東慶雲喬氏;書名據書簽題
傳 776.07/91

傳 776.09 季氏

6682*
青暘季氏支譜 十五卷卷首一卷/季幼梅修.—民
國 7 年(1918)木活字本.—6 册.—江蘇江陰季氏;書
名據書名頁等題
部二 6 册
傳 776.09/91

6683*
百官季氏宗譜 六卷/季鑅生等修;車景囊纂.—民
國 17 年(1928)德潤堂木活字本.—6 册:圖及像.—浙
江上虞季氏;書名據書簽題,版心題季氏宗譜,纂者據
序題
傳 776.09/92

傳 776.11 白氏

6684
樂陽祠白氏族譜 八卷卷首一卷/(清)白掄廷等
修;(清)白登順等纂.—清光緒二十二年(1896)成都
白氏祠刻本.—8 册.—四川成都白氏
傳 776.11/89

傳 776.13 伍氏

6685
伍氏宗譜 十二卷卷首一卷/(清)伍承煥纂修.—
清光緒二十年(1894)敦睦堂木活字本.—6 册:圖.—
江蘇毗陵伍氏
傳 776.13/89

6686*
湘潭良湖伍氏四修族譜 十八卷/伍家模等修;伍
聲外等纂.—民國 15 年(1926)澤蔭堂木活字本.—18
册:圖.—湖南湘潭;書名據版心及書簽題
傳 776.13/91

6687*
伍氏六修族譜 二十二卷卷首四卷/伍元槑等
修.—民國 12 年(1923)伍氏安定堂木活字本.—25
册:圖.—湖南瀏陽伍氏;缺 1 卷:卷 1;書名據版心及
書簽題
傳 776.13/915

6688*
安定伍氏宗譜/伍承喬等修.—民國 10 年(1921)石
印本.—1 册.—浙江青田伍氏;書名據版心及書簽題;
著者據譜序題
傳 776.13/916

6689*
伍氏宗譜 二十卷卷首一卷/伍世璜等修.—民國
18 年(1929)務本堂木活字本.—12 册:圖及像.—江
蘇毗陵伍氏
傳 776.13/92

6690*
中湘伍氏五修支譜 十二卷/伍炳耀等修;伍蔚夑
等纂.—民國 38 年(1949)安定堂木活字本.—12 册:
圖.—湖南湘潭伍氏;書名據版心題
傳 776.13/926

傳 776.15 卓氏

6691*
卓氏續修族譜 二十四卷卷首一卷/卓成壬等

修.—民國18年(1929)西河堂石印本.—24册:圖.—
湖南慈利卓氏;書名據書名頁題,版心及書簽題卓氏
族譜　　　　　　　　　　　　　　傳776.15/92

傳776.17　經氏

6692

古虞驛亭經氏宗譜　二卷/(清)經元善,(清)經元
智纂修.—清光緒二十一年(1895)欲仁堂木活字
本.—2册:像.—浙江上虞經氏
　部二　2册　　　　　　　　　傳776.17/89

傳776.19　任氏

6693

蕭山任氏家乘　二十卷/(清)任蘭陔等纂修.—清
同治十三年(1874)蕭山任氏永思堂木活字本.—20
册:圖及像.—浙江蕭山任氏　　　傳776.19/88

6694

東郡任氏族譜　五卷卷首一卷/(清)任春祐等
修.—清同治六年(1867)刻本.—1册.—山東東昌任
氏;版心題任氏族譜　　　　　　　傳776.19/886

6695*

任氏宗譜　十六卷/任葆仁等修;張長齡纂.—民國
5年(1916)任氏詒穀堂木活字本.—11册:圖.—江蘇
宜興、鎮江任氏;書名據版心題　　傳776.19/91

6696*

任氏四修族譜　十二卷卷首二卷/任吉初等主
修.—民國2年(1913)樂安堂木活字本.—14册:
圖.—湖南安化任氏;書名據版心及書簽題,書名頁題
任氏族譜　　　　　　　　　　　　傳776.19/914

6697*

任氏大宗譜　十二卷/任為霖等修.—民國間石印
本.—12册:像.—江蘇如皋任氏;書名據版心及書簽
題;著者據後記題　　　　　　　　傳776.19/916

傳776.21　他塔喇氏

6698

吉林他塔喇氏家譜　九卷/(清)魁陞纂修.—清宣
統三年(1911)石印本.—1册.—吉林滿洲他塔喇氏;
謹存序例;書名據書名頁題;有滿文内容
　　　　　　　　　　　　　　　　傳776.21/89

6699*

擇抄吉林他塔喇氏譜書/他塔喇氏纂修.—民國17
年(1928)朱絲欄抄本.—1册.—吉林滿洲他塔喇氏;
書名據書簽題　　　　　　　　　　傳776.21/91

傳776.23　儲氏

6700*

豐義儲氏分支譜　三十八卷卷首二卷/儲壽平等
輯.—民國10年(1921)臚歡堂木活字本.—24册.—
江蘇宜興儲氏　　　　　　　　　　傳776.23/91

6701*

官林儲氏分譜　十二卷卷首一卷/儲繼周等修.—
民國6年(1917)存著堂木活字本.—22册:像.—江蘇
宜興儲氏;卷首缺頁　　　　　　　傳776.23/916

傳776.25　生氏

6702

滕縣生氏族譜　四卷卷首一卷/(清)生克昭修.—
清光緒二年(1876)滕縣生克昭刻本.—4册:圖.—山
東滕縣生氏;書名據版心題;生克昭(1840—1912);丙
子季冬十七世孫克昭槧藏　　　　傳776.25/89

6703

滕縣生氏族譜　四卷卷首一卷/(清)生克昭修.—
清光緒二年(1876)滕縣生克昭刻民國間重印本.—4

册：圖.—山東滕縣生氏；書名據版心題
傳 776.25/89.1

傳 776.27　程氏

6704*

[程氏抄譜]/(元)程氏修.—民國間抄本.—1 册：像.—安徽休寧程氏；書名頁題金華宋濂纂
傳 776.27/68

6705*

新安程氏諸譜會通/(明)程孟纂.—民國間彝本堂藍絲欄抄本.—1 册：圖.—安徽新安程氏；書名據書名頁題
傳 776.27/73

6706

休寧率口程氏續編本宗譜　六卷/(明)程氏合族修.—明嘉靖間刻本.—4 册：圖.—安徽休寧程氏；缺 1 卷：卷 4，卷首殘；書名據目錄題，版心題率口程氏續編本宗譜
傳 776.27/75

6707

[新安程氏宗譜]　四卷/(明)程氏修.—明刻本.—2 册：像.—一本書原爲程氏宗譜，經挖補爲潘氏宗譜；有民國 20 年(1931)羅振常題識；版心題新安宗譜
傳 776.27/77

6708

新安休寧山斗程氏本支續譜/(明)程氏修.—明末抄本.—1 册.—書名據譜序題　傳 776.27/776

6709

篁程堂草稿譜圖/(清)程氏修.—清程六吉堂蘭軒稿本.—1 册：圖及像.—安徽程氏，記事至清乾隆間；書名據書籤題　傳 776.27/80

6710

善和程氏支譜/(清)程元翰等纂.—清康熙二十一年(1682)刻本.—1 册：圖.—安徽祁門程氏；書名據凡例題，版心題程氏支譜　傳 776.27/82

6711

善和程氏仁山門支譜/(清)程衡等修.—清康熙二十一年(1682)刻本.—1 册.—安徽祁門程氏；書名據譜序題，版心題程氏支譜　傳 776.27/826

6712

新安程氏世譜正宗/(清)程浩明等修.—清康熙十年(1671)刻本.—2 册：圖.—安徽新安程氏；書名據版心題；與新安程氏世譜正宗遷徙註脚纂合印.—毛裝
傳 776.27/8263

6713

新安程氏世譜正宗遷徙註脚纂/(明)程項註脚；(清)程浩明重訂.—清康熙十年(1671)刻本.—2 册.—與新安程氏世譜正宗合印.—毛裝
傳 776.27/8263

6714

新安程氏世忠原錄瓊公支譜　十卷/(清)程有高等修.—清康熙間刻本.—1 册：圖.—安徽新安程氏；卷末缺頁；書名據目錄題，版心題程氏支譜
傳 776.27/8264

6715

新安程氏統宗補正圖纂　三十二卷卷首一卷卷末一卷/(清)程士培補正.—清康熙間刻本.—7 册：圖.—安徽程氏；缺 2 卷：卷 3—4；書名據版心題
傳 776.27/82644

6716

休寧榆村程氏族譜　十卷卷首一卷/(清)程國棟等纂.—清乾隆二十二年(1757)刻本.—6 册：圖.—安徽休寧程氏；書名據版心題；附手抄本支遷派考略 1 紙
傳 776.27/84

6717

新安程氏統宗補正圖纂　十八卷卷首一卷卷末一卷/(清)程肇等纂.—清康熙間刻雍正乾隆間增刻本.—4 册：圖及像.—安徽程氏；書名據版心題
傳 776.27/846

6718

涇川秦峰程氏宗譜　十四卷/(清)程家恭等纂修.—清乾隆間刻本.—4 册：圖.—安徽涇縣程氏；書

名據版心題　　　　　　　　傳 776.27/8466

6719

　新安岑山渡程氏支譜　六卷/(清)程文桂等修.—清乾隆六年(1741)木活字本.—8冊.—安徽新安程氏;書名據書簽題,版心題岑氏渡支譜;附遷蛇頸派圖傳　　　　　　　　傳 776.27/84664

6720

　祁門善和程氏譜/(清)程氏修.—清乾隆間木活字本.—1冊:圖.—安徽祁門程氏;書名據譜序題,版心題程氏支譜　　　　　　傳 776.27/8467

6721

　程氏世榮家乘/(清)程氏修.—清乾隆間刻本.—1冊.—安徽新安程氏;書名據版心題　傳 776.27/8469

6722

　新安程氏續修宗譜/(清)程達纂.—清抄本.—4冊:圖及像.—安徽新安程氏;書名據譜序題,版心題程氏支譜　　　　　　傳 776.27/85

6723

　城西程氏家譜　二卷/(清)程炳榮等纂修.—清嘉慶二十三年(1818)尊睦堂木活字本.—4冊.—江西婺源程氏;存1卷:卷上;書名據版心題　傳 776.27/856

6724

　程氏宗譜　四卷卷首一卷/(清)程福由修.—清道光二十八年(1848)伊洛堂木活字本.—5冊:圖及像.—江西鄱陽程氏;書名據版心題　傳 776.27/86

6725

　續溪仁里程敬愛堂世系譜　二十七卷卷首三卷卷末三卷/(清)程紹邰等纂修.—清道光九年(1829)刻本.—6冊:圖.—安徽績溪程氏;書名據目錄題,版心題程敬愛堂世系譜　傳 776.27/866

6726

　程氏遷吳支譜　四卷卷首一卷卷末一卷/(清)程宣溥等纂修.—清道光二十四年(1844)承緒堂刻本.—5冊:圖及像.—江蘇吳縣程氏;書名據版心題

　　　　　　　　　傳 776.27/8663

6727

　灣口程氏家譜　六卷卷首一卷卷末一卷/(清)程起圲等纂修.—清同治九年(1870)和聚堂木活字本.—4冊:圖及像.—江西婺源程氏;書名據目錄及版心題

　　　　　　　　　傳 776.27/88

6728

　皖江程氏宗譜　四十一卷卷首二卷/(清)程堯欽等修;(清)程翰恩等纂.—清光緒三十一年(1905)四箴堂木活字本.—44冊:圖及像.—安徽桐城程氏;書名據書簽題,版心題程氏宗譜　傳 776.27/89

6729

　續溪仁里程繼序堂專續世系譜　二十三卷卷首三卷卷末三卷/(清)程樹照等修;(清)程秉燿等纂.—清光緒三十三年(1907)木活字本.—6冊:圖.—安徽績溪程氏;書名據書簽題,版心題程繼序堂專續世系譜

　　　　　　　　　傳 776.27/896

6730

　續溪仁里程世祿堂世系譜　二十二卷卷首三卷卷末三卷/程盛錦等修;程宗宜等纂.—清宣統三年(1911)木活字本.—6冊:圖.—安徽績溪程氏;版心題程世祿堂世系譜　傳 776.27/8964

6731

　潭川程氏宗譜　十六卷卷首一卷/程啟宇等修.—清宣統三年(1911)懷德堂木活字本.—2冊:圖及像.—安徽歙縣程氏;書名據版心及書簽題

　　　　　　　　　傳 776.27/8966

6732*

　雲陽程氏家乘　四卷/程德全等纂修.—民國8年(1919)鉛印本.—4冊:圖及像.—四川雲陽程氏;書名據版心及書名頁題　　　　傳 776.27/91

6733*

　續溪洪川程敦睦堂世系譜　十卷卷首三卷卷末三卷議事雜錄一卷/程禮恭等修;程蘭纂.—民國12年(1923)績溪程氏敦睦堂木活字本.—5冊:圖及像.—安徽績溪程氏;版心題洪川程氏宗譜　傳 776.27/916

6734*

　廣平程氏譜略/程廷泰等纂修.—民國19年(1930)

鉛印本.—1册:圖.—江蘇昆山程氏;書名據版心及書
簽題

部二　1册　　　　　　　　　　　傳 776.27/92

6735*

［程氏匯修宗譜］　十五卷卷首一卷/程氏合族
修.—民國 35 年(1946)世忠堂木活字本.—15 册:
圖.—安徽新安程氏　　　　　　　傳 776.27/926

6736*

程氏族譜　四卷/程義廉纂修.—民國 25 年(1936)
天津信華印刷局石印本.—4 册.—河南、山東、河北等
地程氏;書名據版心及書名頁題　　傳 776.27/9262

6737*

續古塘派程氏宗譜/程光福等修;程光家纂.—民國
30 年(1941)毓和堂鉛印本.—6 册:圖及像.—安徽績
溪程氏;書名據書簽題,版心題程氏宗譜

部二　6册　　　　　　　　　　　傳 776.27/9264

6738*

程氏族譜/程洪昆纂修.—1991 年仁懷程氏膠印
本.—1 册.—貴州仁懷程氏;書名據書名頁題.—平裝
　　　　　　　　　　　　　　　　傳 776.27/95

傳 776.29　向氏

6739

向氏族譜　六卷卷首一卷/(清)向阮賢等纂訂;
(清)向廷選等編輯.—清乾隆五十四年(1789)木活字
本.—7 册:圖.—湖南向氏;書名據版心題
　　　　　　　　　　　　　　　　傳 776.29/84

6740*

鎮海向氏家譜/向道衍等纂修.—民國 17 年(1928)
讓爵堂鉛印本.—1 册:圖及像.—浙江寧波向氏;書名
據版心題　　　　　　　　　　　　傳 776.29/92

6741*

向氏宗譜　九卷/向家駒等修.—民國 35 年(1946)
七賢堂武昌石印本.—10 册:圖及像.—湖北江夏向
氏;書名據版心題　　　　　　　　傳 776.29/926

6742*

向氏族譜　一卷卷始一卷卷尾一卷/向氏修.—民
國 33 年(1944)湖南向氏大耐堂木活字本.—64 册.—
湖南岳陽向氏;書名據書名頁等題
　　　　　　　　　　　　　　　　傳 776.29/927

6743*

向氏族譜　六卷/向國堂纂修.—1992 年四川萬縣
向氏膠印本.—4 册:像.—四川萬縣向氏;書名據書名
頁題.—平裝　　　　　　　　　　　傳 776.29/95

傳 776.31　詹氏

6744

新安廬源詹氏合修宗譜　十八卷卷首一卷卷末一
卷/(清)詹華盛等修.—清乾隆間木活字本.—20 册:
圖及像.—江西婺源詹氏;版心題詹氏宗譜;附乾隆五
十六年(1791)詹華盛等手書序文 1 紙
　　　　　　　　　　　　　　　　傳 776.31/84

6745*

詹氏宗譜　二十八卷/詹熙載等修;詹戒凡等纂.—
民國 10 年(1921)詹氏世德堂木活字本.—28 册:圖及
像.—安徽太湖詹氏;書名據書名頁等題
　　　　　　　　　　　　　　　　傳 776.31/91

6746*

河間詹氏宗譜　十三卷卷首一卷/詹唐鑒等修;詹
松吉纂.—1993 年江西上饒詹氏余慶堂木活字本.—7
册:圖.—江西上饒詹氏;存 7 卷:卷 7—12;書名據版
心題　　　　　　　　　　　　　　傳 776.31/956

傳 776.33　鮑氏

6747

重編棠樾鮑氏三族宗譜　二百卷卷首一卷/(清)鮑
光純纂修.—清乾隆二十五年(1760)一本堂刻本.—
20 册:像.—安徽歙縣鮑氏;書名據目錄題,版心題歙
邑鮑氏宗譜　　　　　　　　　　　傳 776.33/84

6748

歙新館鮑氏著存堂宗譜　十六卷/(清)鮑存良纂.—清光緒元年(1875)著存堂木活字本.—10 冊:圖及像.—安徽歙縣鮑氏;書名據書簽題,版心題鮑氏宗譜　　　　　　傳 776.33/89

6749

鮑氏宗譜　十四卷卷首一卷/鮑維淮等修;鮑兆南纂.—清宣統三年(1911)俊逸堂木活字本.—16 冊:圖.—湖北麻城鮑氏;書名據版心題

傳 776.33/896

6750

會稽高車頭鮑氏五思堂宗譜　六卷/(清)鮑存良纂.—清光緒元年(1875)五思堂木活字本.—4 冊:圖及像.—浙江紹興鮑氏;書名據書簽題,版心題鮑氏宗譜　　　　　　傳 776.33/8964

6751

鮑氏族譜　十二卷卷首一卷卷末一卷/(清)鮑大鈞等修;(清)鮑輔楹等纂.—清光緒二十三年(1897)敦睦堂木活字本.—14 冊.—安徽潛山鮑氏;書名據版心及書簽題　　　　　　傳 776.33/8967

6752*

勾甬鮑氏宗譜　六卷卷首一卷/鮑孝裕等修;鮑咸臨纂.—民國 13 年(1924)正始堂鉛印本.—6 冊:照片.—浙江鄞縣鮑氏;書名據版心題　傳 776.33/91

6753*

鮑氏五思堂宗譜稿　四卷卷首一卷/鮑德福纂修.—民國 21 年(1932)鉛印本.—3 冊.—浙江紹興鮑氏　　　　　　傳 776.33/92

6754*

鮑氏誦先錄　二編/鮑友恪輯.—民國 25 年(1936)鉛印本.—5 冊.—安徽歙縣鮑氏　傳 776.33/926

傳 776.35　魯氏

6755

魯氏世譜/(清)魯氏纂修.—清咸豐間刻本.—2

冊.—甘肅魯氏,魯氏源出蒙古元宗室,至明始姓魯;記事至清咸豐元年(1851);卷端題紀勛重纂

傳 776.35/87

6756

姚江景嘉橋魯氏宗譜　二十卷/(清)魯森標修.—清光緒二十二年(1896)孝思堂木活字本.—20 冊:像.—浙江姚江魯氏;書名據版心題　　傳 776.35/89

6757*

姚江景嘉橋魯氏宗譜　二十四卷/魯周春修.—民國 14 年(1925)孝思堂木活字本.—24 冊:像.—浙江姚江魯氏;書名據版心題　　　　　傳 776.35/91

傳 776.37　紀氏

6758

紀氏家譜/(清)紀昌期等修.—清道光十五年(1835)刻本.—2 冊.—山東德平遷直隸文安紀氏;書名據版心題　　　　　　傳 776.37/86

傳 776.39　宋氏

6759

商丘宋氏家乘　十四卷/(清)宋犖修.—清康熙四十四年(1705)刻本.—6 冊:圖.—河南商丘宋氏

傳 776.39/82

6760

商丘宋氏家乘　二十卷/(清)宋筠等修.—清乾隆間刻本.—32 冊:圖.—河南商丘宋氏　　傳 776.39/84

6761

古虞宋氏宗譜　七卷卷首一卷/(清)宋崇賢修;(清)宋璇纂.—清咸豐二年(1852)賦梅堂木活字本.—8 冊:圖及像.—浙江上虞宋氏;書名據版心題

傳 776.39/87

6762

山陰江頭宋氏世譜　二十四卷/(清)宋汝楫修.—

清木活字本.—10 册：圖.—浙江山陰宋氏；書名據版
心題　　　　　　　　　　　　　　傳 776.39/876

6763

　會稽宋氏宗譜　　四卷世系十卷/(清)宋家璨等
纂.—清宣統元年(1909)忠孝堂石印本.—4 册.—浙
江紹興宋氏；書名據版心及書簽題　　傳 776.39/89

6764

　宋氏族譜　　十七卷卷首一卷/(清)宋暉煌等修；
(清)宋義宣等纂.—清宣統二年(1910)宋氏上公堂木
活字本.—18 册：圖.—湖南、江西宋氏；書名據書名頁
等題　　　　　　　　　　　　　　傳 776.39/895

6765*

　新安宋氏宗譜　　十四卷卷首二卷卷末一卷/宋作霖
等修；宋祚寰等纂.—民國 6 年(1917)敬德堂木活字
本.—14 册：圖及像.—安徽新安宋氏；書名據書簽題
　　　　　　　　　　　　　　　　傳 776.39/91

6766*

　宋氏族譜/宋金銘修；宋冠尋纂.—民國 7 年(1918)
石印本.—1 册.—直隸靜海遷山東樂陵宋氏；書名據
書名頁題，版心題宋氏宗譜；附手抄明崇禎十三年
(1640)制誥 1 紙　　　　　　　　傳 776.39/916

6767*

　長沙蛟潭宋氏族譜　　八卷卷首一卷/宋式鸘纂
修.—民國間鉛印本.—2 册.—湖南長沙宋氏；書名據
版心題　　　　　　　　　　　　傳 776.39/9163

6768*

　餘姚宋氏宗譜　　二十二卷卷首一卷卷末一卷/宋子
蘭等纂.—民國 7 年(1918)善繼堂木活字本.—26 册：
圖及像.—浙江餘姚宋氏；聚斯堂、敦睦堂兩支同修；
書名據版心題　　　　　　　　　傳 776.39/9164

6769*

　宋氏族譜　　二十四卷/宋維坤等纂修.—民國 7 年
(1918)惇敘堂石印本.—24 册.—山東宋氏；書名據書
簽及書名頁題　　　　　　　　　傳 776.39/9165

6770*

　清苑宋氏家譜　　四卷卷首一卷/宋彬修.—民國 12

年(1923)木活字本.—5 册.—河北清苑宋氏
　　　　　　　　　　　　　　　傳 776.39/9166

6771*

　湘潭昭山宋氏石潭房七修族譜　　十六卷/宋聲述等
修；宋聲選等纂.—民國 30 年(1941)五鳳堂木活字
本.—16 册：圖.—湖南湘潭宋氏；書名據書簽題
　　　　　　　　　　　　　　　　傳 776.39/92

傳 776.41　凌氏

6772

　蔚溪凌氏近譜　　二卷/(清)凌欽,(清)凌奕璉修.—
清乾隆間刻本.—2 册：圖及像.—浙江吳興凌氏；書名
據目錄題，版心題蔚溪凌氏　　　　傳 776.41/84

6773

　會稽凌氏家譜/(清)凌庶鈜修.—清同治間抄本.—
1 册.—浙江紹興凌氏；書名據版心題
　　　　　　　　　　　　　　　　傳 776.41/88

6774

　凌氏族譜　　十二卷/(清)凌興釗等修；(清)凌長興
等纂.—清光緒十七年(1891)餘慶堂木活字本.—12
册.—江蘇丹徒凌氏；書名據版心題　傳 776.41/89

6775

　湘鄉凌氏三修族譜　　十一卷卷首二卷末二卷/(清)
凌期得等修；凌家範等纂.—清光緒三十三年(1907)
光裕堂木活字本.—15 册：圖.—湖南湘鄉凌氏；書名
據版心題，書簽題凌氏三修族譜，書名頁題上湘凌氏
三修族譜　　　　　　　　　　　傳 776.41/894

6776

　潤南遷延陵凌氏重修族譜　　二卷/(清)凌萬桐
修.—清光緒十三年(1887)木活字本.—2 册：圖及
像.—江蘇延陵凌氏；版心題凌氏族譜
　　　　　　　　　　　　　　　傳 776.41/896

6777*

　凌氏族譜　　四卷/凌盛彩等修.—民國 2 年(1931)
立德堂木活字本.—4 册：圖及像.—江蘇延陵凌氏；書

名據版心題　　　　　　　　　　傳 776.41/91

6778*

凌氏宗譜/(清)凌氏修.—民國間抄本.—1 冊.—浙
江杭州凌氏,記事至清光緒二十一年(1895);本書似
殘缺;書名據版心題　　　　　　傳 776.41/917

6779*

長沙淩瑭淩氏五修族譜　十二卷/凌玉生修;凌宏
凱纂.—民國 37 年(1948)河間堂木活字本.—12 冊:
圖.—湖南長沙凌氏;書名據目錄題,版心題凌氏五修
族譜,書簽及書名頁題凌氏族譜　傳 776.41/92

6780*

河西凌氏支譜　八卷/凌遹丞等纂修.—民國 25 年
(1935)六印堂木活字本.—8 冊:圖.—湖南善化凌氏;
書名據版心題,書簽及書名頁題凌氏支譜
　　　　　　　　　　　　　　　傳 776.41/927

傳 776.43　梁氏

6781

梁氏族譜　一卷續四卷/(清)梁允植等修.—清康
熙十九年(1680)刻本.—4 冊.—山西蔚州梁氏;書名
據版心題　　　　　　　　　　傳 776.43/82

6782

梁氏支譜/(清)梁世譁修;(清)梁明通等纂.—清道
光二十八年(1848)安定堂木活字本.—4 冊.—湖南長
沙梁氏,記事至清道光二十七年(1847);原書卷數不
詳,存 4 卷:卷1—4;書名據版心題
　　　　　　　　　　　　　　　傳 776.43/86

6783

當江沙梁氏重修族譜　四卷/(清)梁氏修.—清光
緒十八年(1892)青雲堂木活字本.—3 冊:圖及像.—
江蘇潤州梁氏;版心題梁氏族譜　傳 776.43/89

6784

維揚江都梁氏第八次重修族譜　十八卷/(清)梁思
宏等修;(清)耿耀金纂.—清光緒三十年(1904)三箴
堂木活字本.—18 冊:像.—江蘇揚州梁氏;書名據目

錄題,版心題梁氏宗譜　　　　傳 776.43/896

6785

安定郡梁氏家譜/(清)梁氏修.—清宣統間抄本.—
1 冊.—廣東順德梁氏　　　　傳 776.43/8969

6786*

梁氏世譜/梁煥奎纂修.—民國 4 年(1915)五橘堂
刻本.—2 冊.—湖南湘潭梁氏;書名據版心題
部二　2 冊　　　　　　　　　　傳 776.43/91

6787*

洋湖梁氏四修族譜　十卷卷首三卷卷末一卷/梁運
甕等修;梁光焱等纂.—民國 26 年(1937)浙江杭州梁
氏存謙堂木活字本.—12 冊:圖.—浙江杭州、湖南長
沙梁氏;版心題梁氏四修族譜,書簽題洋湖梁氏族譜,
書名頁題梁氏族譜　　　　　傳 776.43/9262

傳 776.45　彭氏

6788

彭氏宗譜/(清)彭氏修.—清雍正二年(1724)刻
本.—1 冊.—湖南長沙等地彭氏;書名據版心題
　　　　　　　　　　　　　　　傳 776.45/83

6789

彭氏宗譜　三卷/(清)彭慰高纂修.—清同治六年
(1867)彭氏衣言堂刻本.—2 冊.—江蘇吳縣彭氏;書
名據版心及書名頁題;西諦藏書
部二　2 冊　　　　　　　　　　傳 776.45/88

6790

彭氏宗譜　二十五卷卷首一卷卷末一卷/(清)彭榮
恩等修;(清)彭嘉第等纂.—清同治六年(1867)述信
堂木活字本.—28 冊:圖及像.—安徽太湖等地彭氏;
書名據版心題　　　　　　　　傳 776.45/886

6791

彭氏族譜/(清)彭大貴等修;(清)彭佩蘭等纂.—清
光緒三年(1877)雍睦堂木活字本.—4 冊.—湖南彭
氏;書名據版心及書名頁題　　傳 776.45/89

6792*

　　彭氏宗譜　十二卷卷首一卷/彭文傑修；彭鐘岱纂.—民國 11 年(1922)衣言莊刻本.—12 册：圖.—江蘇吳縣彭氏

　　部二　10 册　西諦藏書　　　　　傳 776.45/91

6793*

　　中湘清泉彭氏六修族譜　十六卷/彭德隅等修；彭德爲等纂.—民國 16 年(1927)明經堂木活字本.—16 册：圖.—湖南湘潭彭氏；書名據書簽題，版心題中湘彭氏六修族譜　　　　　　傳 776.45/92

6794*

　　彭氏五修族譜　三十三卷/彭上瑾等修；彭家琨等纂.—民國 14 年(1925)彭氏信述堂木活字本.—27 册：圖.—湖南長沙彭氏；缺 6 卷：卷 4、21、25—26、29、33；書名據書簽及版心題　　　傳 776.45/924

6795*

　　衡山沙泉彭氏保公八修族譜　二十二卷卷首一卷卷末一卷/彭麟等修.—民國 33 年(1944)淮陽堂木活字本.—22 册：圖.—湖南衡陽彭氏；書名據書名頁題，書簽題沙泉彭氏八修族譜，版心題沙泉彭氏保公八修族譜　　　　　　　　傳 776.45/9245

6796*

　　彭氏四修族譜　三十一卷卷首三卷前卷二卷卷末三卷/彭紹美等修.—民國 37 年(1948)年新潭堂木活字本.—39 册：圖及像.—湖南邵陽彭氏；書名據書簽等題，書名頁題彭氏族譜　傳 776.45/9256

6797*

　　新纂綿竹縣彭氏宗譜　三卷/彭正官等纂修.—民國 27 年(1938)成都鉛印本.—3 册.—四川綿竹彭氏　　　　　　　　　　　　　傳 776.45/926

6798*

　　坪壤彭氏三修族譜　二十卷卷首一卷卷末一卷/彭承鴻修；彭承志纂.—民國 33 年(1944)敦倫堂木活字本.—20 册：圖及像.—湖南衡陽彭氏；書名據版心及書簽題，書名頁題彭氏族譜　　　傳 776.45/927

6799*

　　高衝彭氏三修族譜　十七卷卷首一卷卷末二卷/彭長賢等纂修.—民國 31 年(1942)敦本堂木活字本.—20 册：圖.—湖南湘鄉彭氏　　　　傳 776.45/9273

6800*

　　瀏西彭氏八修支譜　十一卷/彭孝凱等修.—1996 年湖南瀏陽彭氏雍睦堂膠印本.—11 册：圖.—湖南瀏陽彭氏；書名據版心題，書簽及書名頁題彭氏支譜　　　　　　　　　　　　　　　傳 776.45/95

傳 776.47　荆氏

6801*

　　曲阿皇塘荆氏南莊公支分修譜稿　十六卷卷首一卷/荆金寶等修；荆益齋纂.—民國 37 年(1948)啟佑祠木活字本.—16 册.—江蘇曲阿荆氏；書簽題皇塘荆氏啟佑祠譜稿，版心題荆氏分譜　　傳 776.47/92

傳 776.49　花氏

6802

　　花氏宗譜　十二卷/(清)花庚富等修；(清)花方達等纂.—清光緒四年(1878)含英堂木活字本.—14 册：像.—江蘇江陰花氏；書名據書名頁等題

　　　　　　　　　　　　　　　　傳 776.49/89

6803*

　　花氏宗譜　十四卷/花棣輝等修；楊世芬等纂.—民國 7 年(1918)含英堂木活字本.—18 册：圖及像.—江蘇常州等地花氏；書名據書名頁題　　傳 776.49/91

傳 776.51　蕭氏

6804

　　蘭陵蕭氏二書/(清)江永纂.—清乾隆間永思堂刻本.—1 册.—江蘇蘭陵等地蕭氏，曾易姓爲江；書名據書名頁題

　　子目

　　1.蘭陵蕭氏本宗世系圖　一卷

2. 蘭陵蕭氏本宗世系考　一卷
3. 蘭陵蕭氏保世滋大錄　三卷　　　傳 776.51/84

6805

江右永新蕭氏家世源流記　四卷卷首一卷/（清）蕭
廷模輯.—清光緒九年（1883）蕭氏正詒堂刻本.—2
册.—江西永新蕭氏;書名據書名頁題

傳 776.51/89

6806

蕭氏三續族譜　十六卷卷首二卷/（清）蕭祖課等纂
修.—清光緒二十九年（1903）昭明堂木活本.—16 册:
圖.—湖南邵陽、湘鄉蕭氏;書名據版心題,書簽題蕭
氏族譜　　　　　　　　　　　傳 776.51/893

6807

蕭氏昺祖族譜/（清）蕭明珪等修;（清）蕭福洲等
纂.—清光緒二十七年（1901）蘭陵堂木活字本.—32
册:圖.—湖南安化蕭氏;書名據版心題,書名頁及書
簽題蕭氏族譜　　　　　　　　傳 776.51/8954

6808

蕭氏續修族譜/（清）蕭鍾崙等修.—清宣統二年
（1910）敦本堂木活字本.—36 册:圖.—湖南湘鄉蕭
氏;書簽題蕭氏族譜
部二　36 册　　　　　　　　　傳 776.51/8956

6809

蕭氏五修族譜　十六卷/蕭春陔等修;蕭澍生等
纂.—清光緒三十二年（1906）涓江祠木活字本.—18
册:圖.—湖南湘潭、寧鄉、湘鄉、善化蕭氏;書名據版
心及書名頁題　　　　　　　　傳 776.51/896

6810

楚南蕭氏續修通譜　二卷卷首一卷/（清）蕭鑑衡等
修.—清光緒三十二（1906）年木活字本.—1 册:圖.—
湖南邵陽蕭氏;本書疑爲殘本;書名據書簽題,版心題
蕭氏續修通譜,書名頁題蕭氏通譜　傳 776.51/8967

6811

蕭氏支譜　五卷卷首二卷卷末一卷/（清）蕭長建
修;（清）蕭長喬纂.—清光緒十二年（1886）木活字
本.—8 册:圖.—河南蕭氏;書名據書名頁等題

傳 776.51/897

6812*

蕭氏族譜　十六卷卷首一卷卷末一卷/蕭大業修;
蕭名皋等纂.—清宣統元年（1909）蘭陵堂木活字
本.—18 册:圖.—湖南長沙蕭氏　　傳 776.51/8978

6813*

上車蕭氏續修族譜　十九卷卷首一卷卷末一卷/蕭
見堂等修;蕭學賢等纂.—民國 9 年（1920）蕭氏宗老
堂木活字本.—20 册:圖.—湖南蕭氏;缺 1 卷:卷 1;
書名據書名頁題,版心題上車蕭氏族譜,書簽題蕭氏
族譜　　　　　　　　　　　　傳 776.51/91

6814*

石田蕭氏三修族譜/蕭炳南等修.—民國元年
（1912）松蔭堂活字本.—4 册:圖.—湖南湘潭蕭氏;原
書卷數不詳,存 3 卷:卷首、卷 1—2;書名據版心題,書
簽題蕭氏三修族譜　　　　　　傳 776.51/915

6815*

長沙蕭氏譜　五卷卷首二卷卷末一卷/蕭源頡等
修;蕭遠奎等纂.—民國 11 年（1922）楚和堂木活字
本.—8 册:圖.—湖南長沙蕭氏;書名據書名頁等題

傳 776.51/916

6816*

荻田蕭氏五修族譜　二十二卷卷首二卷/蕭光質等
纂修.—1992 年北京圖書館靜電復製本.—1 册:
圖.—湖南荻田蕭氏;存卷首上;書名據書簽題,書名
頁題蕭氏五修族譜;據民國 37 年（1948）師儉堂木活
字本靜電復製.—精裝　　　　　傳 776.51/92

6817*

蕭氏三修族譜　十三卷卷首一卷/蕭盛禊修;蕭光
亭纂.—民國 33 年（1944）蘭陵堂木活字本.—16 册:
圖及像.—湖南瀏陽蕭氏;書簽題蕭氏族譜

傳 776.51/924

6818*

沅江蕭氏譜　二十三卷卷首一卷/蕭世德修;蕭上
節纂.—民國 18 年（1929）沅江湘西石印局石印本.—
9 册:圖.—湖南沅江蕭氏;書名據書名頁題,版心題蕭
氏族譜,書簽題蕭氏三修宗譜　　傳 776.51/925

6819*

蕭氏昺祖族譜 二十二卷卷首二卷/蕭德薰等纂修.—民國 29 年(1940)木活字本.—24 冊:圖.—湖南安化蕭氏;書名據版心及書名頁題,書簽題蕭氏族譜
　　　　　　　　　　　傳 776.51/9253

6820*

田頭蕭氏族譜 二十卷卷首一卷卷末一卷/蕭士恒等修;蕭守蕚等纂.—民國 27 年(1938)木活字本.—22 冊:圖.—湖南安化蕭氏;書名據書簽題,書名頁題蕭氏八修族譜
　　　　　　　　　　　傳 776.51/9255

6821*

益陽蕭氏六修家譜 二十卷卷首二卷卷末一卷/蕭永邁等修;蕭長閣等纂.—民國 36 年(1947)河南堂木活字本.—26 冊:圖.—湖南益陽蕭氏;書簽題蕭氏六修家譜
　　　　　　　　　　　傳 776.51/926

6822*

蕭氏族譜 十一卷卷首二卷/蕭師傑等纂修.—民國 36 年(1947)蘭陵堂木活字本.—12 冊:圖.—湖南平江蕭氏;有民國 37 年(1948)序;書名頁題三口際雲梓
　　　　　　　　　　　傳 776.51/9263

6823*

迴龍蕭氏八修族譜/蕭元翠纂修.—民國 31 年(1942)木活字本.—13 冊:圖.—江西興國蕭氏;書名據版心題
　　　　　　　　　　　傳 776.51/9265

6824*

蕭氏三修族譜 六卷卷首一卷卷末二卷/蕭支峰等修;蕭校槐等纂.—民國 19 年(1930)師儉堂木活字本.—8 冊.—湖南蕭氏;書名據版心及書簽題
　　　　　　　　　　　傳 776.51/927

6825*

桃江蕭氏四修族譜 八卷卷末一卷/蕭大伋等修;蕭大端等纂.—民國 36 年(1947)蘭陵堂木活字本.—8 冊:圖.—湖南益陽蕭氏;書名據書簽題,版心題蕭氏四修族譜,書名頁題蕭氏族譜
　　　　　　　　　　　傳 776.51/9279

傳 776.53 華氏

6826

華氏傳芳集 十卷/(清)佚名纂.—清康熙間刻本.—6 冊:圖.—江蘇無錫華氏　　傳 776.53/82

6827

華氏通八支宗譜 一卷/(清)華希閔纂.—清乾隆間刻本.—1 冊.—江蘇無錫華氏;版心題華氏宗譜;有清乾隆三十五年自序　　傳 776.53/84

6828

華氏文獻表/(清)華蔡亨纂.—清乾隆五年(1740)刻本.—1 冊.—江蘇無錫華氏;書名據版心題
　　　　　　　　　　　傳 776.53/846

6829

華氏傳芳集 十三卷/(清)華蔡亨纂.—清乾隆八年(1743)刻本.—9 冊.—江蘇無錫華氏;缺文獻考
　　　　　　　　　　　傳 776.53/8463

6830

華氏宗譜/(清)華重民纂修.—清乾隆間禮耕堂刻本.—2 冊.—江蘇無錫華氏;有墨筆增補;書名據版心題
　　　　　　　　　　　傳 776.53/8466

6831

華氏西房支譜/(清)華贊孝等纂修.—清道光六年(1826)木活字本.—4 冊:圖及像.—江蘇無錫華氏;書名據版心題
　　　　　　　　　　　傳 776.53/86

6832

華氏文獻略/(清)華嘉植輯.—清道光十二年(1832)華氏義塾刻本.—1 冊.—江蘇無錫華氏;書名據書名頁及目錄題　　傳 776.53/866

6833

華氏潭子頭門樓下支譜/(清)華鈞謀等修.—清咸豐元年(1851)佑啟堂木活字本.—4 冊:圖及像.—江蘇無錫華氏;書名據版心題
　　　　　　　　　　　傳 776.53/87

6834

華氏山桂公支宗譜　十二卷卷首一卷卷末一卷/(清)華文柏等輯.—清同治十一年(1872)詒穀堂刻本.—10冊:圖.—江蘇無錫華氏;書名據書簽及書名頁題,版心題華氏宗譜

　　部二　10冊　　　　　　　　傳776.53/88

6835

勾吳華氏本書　五十四卷前卷一卷後卷一卷/(清)華渚纂述;(清)華鴻模輯.—清光緒三十一年(1905)存裕堂刻本.—8冊.—江蘇無錫華氏;原缺7卷:卷45、49—53、後卷原缺部分內容有補編;書簽題重刊華氏本書,書名頁題華氏本書

　　部二　8冊　　　　　　　　傳776.53/89

6836

華氏通四南塘子所公支宗譜　十二卷卷首三卷卷末一卷/(清)華鴻模纂.—清光緒三十三年(1907)華氏存裕堂義莊木活字本.—6冊:圖及像.—江蘇無錫華氏　　　　　　　　傳776.53/896

6837

華氏通四三省公支宗譜　十五卷卷首三卷卷末一卷/(清)華鴻模纂.—清宣統三年(1911)華氏存裕堂義莊木活字本.—8冊:圖及像.—江蘇無錫華氏;版心及書名頁題華氏宗譜　　傳776.53/8962

6838

華氏通八奇二宗譜　八卷卷首一卷/(清)華士鶴纂.—清光緒元年(1875)木活字本.—10冊.—江蘇無錫華氏;書名據目錄題　　傳776.53/8964

6839

華氏奇一支宗譜　八卷/(清)華國賢等纂修.—清光緒五年(1879)惇敘堂木活字本.—8冊:圖.—江蘇無錫華氏　　　　　　　　傳776.53/8965

6840

鵝湖華氏通四興二支宗譜　三十卷卷首一卷/(清)華季宣等纂修.—清光緒二十五年(1899)聽彝堂木活字本.—16冊:圖.—江蘇無錫華氏;版心題華氏宗譜

　　部二　15冊　缺5卷:卷12—16

　　　　　　　　　　　　　傳776.53/8966

6841

華氏祠墓圖考略/(清)華氏撰.—清光緒間存裕堂刻暨木活字本.—1冊:圖.—江蘇無錫華氏;書名據版心及書簽題　　　　　　傳776.53/8967

6842

錫山華氏通九支宗譜　二十八卷卷首一卷/(清)華允中纂.—清光緒二年(1876)惇敘堂木活字本.—16冊.—江蘇無錫華氏;書名據書簽題,版心題華氏通九支宗譜　　　　　　傳776.53/89676

6843*

丹徒華氏重修宗譜　六卷/華乃慶等修.—民國13年(1924)木活字本.—6冊:圖.—江蘇丹徒華氏;書名據目錄題,版心題華氏宗譜,書簽題朱方華氏族譜

　　　　　　　　　　　　　傳776.53/91

傳776.55　薛氏

6844

薛氏江陰宗譜/(明)薛朝棟纂;(清)薛文元續纂.—清雍正間刻乾隆間重修增刻本.—6冊:像.—江蘇江陰薛氏　　　　　　傳776.55/84

6845

薛氏江陰宗譜　前集六卷新集五卷/(明)薛朝棟纂;(清)薛明庠續纂.—清雍正間刻嘉慶間盡誠堂重修增刻本.—10冊:像.—江蘇江陰薛氏;書名頁題薛氏宗譜　　　　　　傳776.55/85

6846

會稽薛氏族譜/(清)薛濟清等修.—清抄本.—4冊.—浙江紹興薛氏;是譜纂修於清道光間,有增補,記事至清宣統二年(1910);按凡例原書6卷,此本無卷次　　　　　　　　傳776.55/86

6847

毗陵西蠡薛氏續修宗譜　二十八卷/(清)薛禎祥等纂修.—清宣統元年(1909)三鳳堂木活字本.—28冊:圖及像.—江蘇毗陵薛氏;書名據目錄題

　　　　　　　　　　　　　傳776.55/89

6848

五牧薛氏宗譜 二十卷/(清)薛文海等修;(清)薛含章等纂.—清光緒三十四年(1908)木活字本.—20冊:像.—江蘇無錫薛氏;書名據書簽題,版心題薛氏宗譜,書名頁題薛氏續修宗譜 傳 776.55/896

6849*

祥符里薛氏宗譜 十八卷卷首一卷/薛義隆等修;薛昆玉等纂.—民國 9 年(1920)三鳳堂木活字本.—16 冊.—江蘇宜興薛氏;書名據書名頁等題 傳 776.55/91

6850*

薛氏宗譜 八卷/薛春芳等修;蕭景翹纂.—民國 34 年(1945)慎德堂木活字本.—8 冊:像.—江蘇宜興薛氏;書名據書名頁等題 傳 776.55/92

6851*

毗陵薛氏宗譜 十二卷/薛耀祿等修.—民國 31 年(1942)三鳳堂木活字本.—12 冊:圖及像.—江蘇毗陵薛氏;書名據書簽及目錄題,版心及書名頁題薛氏宗譜 傳 776.55/926

6852*

五牧薛氏宗譜 三十卷/薛德章等修;黃穀味纂.—民國 30 年(1941)木活字本.—30 冊:圖及像.—江蘇無錫薛氏;書名據書簽及書名頁題,版心題薛氏宗譜 傳 776.55/9265

傳 776.57 楊氏

6853

清江永濱楊氏三修族譜/(清)楊如澐修.—清乾隆二十七年(1762)木活字本.—1 冊:圖.—江西清江楊氏;書名據版心及書簽題 傳 776.57/84

6854

餘姚楊氏宗譜 四卷卷首一卷/(清)楊紹炯修.—清乾隆五十五年(1790)惇倫堂木活字本.—4 冊:像.—浙江餘姚楊氏;書名據版心及書簽題 傳 776.57/846

6855

楊氏宗祠祭簿/(清)楊紹炯等修.—清乾隆間惇倫堂木活字本.—1 冊.—浙江餘姚楊氏;有墨筆增補;書名據版心題 傳 776.57/8466

6856

荏平楊氏名公贈言錄 一卷/(清)楊祿五輯.—清乾隆六年(1741)刻本—1 冊.—山東荏平楊氏;書名據書簽題,版心及書名頁題名公贈言錄 傳 776.57/84664

6857

清江楊氏四修族譜 二卷/(清)楊殿榑等修.—清嘉慶七年(1802)木活字本.—4 冊:圖.—江西清江楊氏;上卷卷末殘;書名據版心及書簽題 傳 776.57/85

6858

京江楊氏家乘 十卷/(清)楊志洪等修.—清咸豐二年(1852)鱣慶堂木活字本.—10 冊.—江蘇京江楊氏;書名據書簽題,版心題楊氏宗譜,書名頁題楊氏族譜 傳 776.57/87

6859

重修楊氏小宗祠譜 五卷/(清)楊裕深纂修.—清咸豐七年(1857)清白堂刻本.—4 冊.—貴州平越楊氏;書名據版心及書簽題 傳 776.57/876

6860

桃溪楊氏先德錄 二卷/(清)楊希閔輯.—清咸豐三年(1853)新城楊氏刻本.—1 冊.—江西新城楊氏;書名據書名頁題 傳 776.57/8767

6861

桃溪楊氏先德錄 二卷/(清)楊希閔輯.—清光緒七年(1881)新城楊氏福州刻本.—1 冊.—江西新城楊氏;書名據譜序題,書名頁題江右新城楊氏先德錄 傳 776.57/8767.1

6862

西野楊氏壬申譜 十卷/(清)楊樹椿纂修.—清光緒十六年(1890)刻本.—1 冊.—陝西朝邑楊氏;書名據書名頁等題

部二 2 冊 傳 776.57/88

6863

毗陵楊氏宗譜　八卷/(清)楊盤興等修;(清)楊汝霖纂.—清同治十二年(1873)清白堂木活字本.—8册:像.—江蘇毗陵楊氏;書名據版心題,書名頁題楊氏宗譜　　　　　傳 776.57/886

6864

安陽楊氏族譜　二十四卷/(清)楊道徐等修.—清同治十二年(1873)敦睦堂木活字本.—16册:圖及像.—江蘇無錫楊氏　　　　傳 776.57/8866

6865

錫山楊氏宗譜　三十二卷卷首一卷/(清)楊星燦等修.—清光緒十三年(1887)道南祠木活字本.—34册:像.—江蘇無錫楊氏;書名據版心及書籤題
　　　　　傳 776.57/89

6866

楊氏家譜/(清)楊應坦等纂.—清光緒間無錫楊氏賜書堂木活字本.—2册:圖.—江蘇無錫楊氏;書名據卷末版心題,卷數不詳;西諦藏書　傳 776.57/8962

6867

瑞芝室家傳/(清)楊琪光撰.—清光緒間刻本.—1册.—江西武陵楊氏　　　傳 776.57/8963

6868

雲陽楊氏重修宗譜　十卷/(清)楊忠綬等修;(清)楊信溫纂.—清光緒三十四年(1908)四知堂木活字本.—10册:像.—江蘇雲陽楊氏;書名據目錄題,版心及書名頁題楊氏宗譜,書籤題楊氏家乘
　　　　　傳 776.57/8964

6869

京江楊氏宗譜　十卷/(清)楊之祥等修;(清)楊鳴謙纂.—清光緒十四年(1888)鱣慶堂木活字本.—10册.—江蘇京口楊氏;書名據目錄題,版心題楊氏宗譜
　　　　　傳 776.57/89642

6870

鴻山楊氏宗譜　九卷卷首一卷卷末一卷/(清)楊夢松等修.—清光緒二年(1876)木活字本.—28册:圖及像.—江蘇無錫楊氏;書名據目錄題,版心題鴻山楊氏支譜,書籤及書名頁題鴻山楊氏家譜

部二　28册　　　　　傳 776.57/89643

6871

中湘蟬塘楊氏六修族譜　三十二卷/(清)楊洸德等修;(清)楊亮庭纂.—清光緒二十七年(1901)遺直堂木活字本.—30册:圖.—湖南湘潭楊氏;缺2卷:卷31—32;書名據書籤題,版心題蟬塘楊氏六修族譜,書名頁題楊氏族譜　　　傳 776.57/89645

6872

山陰天樂楊氏宗譜　十四卷/(清)楊在勤等修.—清光緒間抄本.—15册.—浙江山陰楊氏;缺1卷:卷14;書名據版心題　　　傳 776.57/89646

6873

皋邑楊氏家譜/(清)楊德裕修.—清光緒間稿本.—1册.—甘肅皋蘭楊氏;書名據目錄題
　　　　　傳 776.57/8965

6874

金城楊氏家譜稿　二卷/(清)楊德裕修.—清光緒間抄本.—1册.—甘肅皋蘭楊氏;書名據書籤題
　　　　　傳 776.57/8965.1

6875＊

楊氏宗譜/(清)楊氏修.—民國間楊小亭抄本.—2册:圖.—天津楊氏,記事至清光緒末年;書名據書名頁題　　　　　傳 776.57/89652

6876

宏農楊氏宗譜　四卷/(清)楊鳳翔等修.—清光緒二十五年(1899)木活字本.—4册:圖.—浙江縉雲楊氏;書名據版心題　傳 776.57/89655

6877

楊氏宗譜　七卷/(清)楊學韓纂.—清光緒十八年(1892)四知堂木活字本.—5册.—浙江山陰楊氏;書名據版心及書籤題　　　傳 776.57/8966

6878

楊氏族譜　十七卷卷首一卷/(清)楊家俊等纂修.—清光緒二十七年(1901)清白堂木活字本.—10册:圖.—湖南瀏陽、江西萬載楊氏;書名據版心及書名頁題　　　　　傳 776.57/8969

6879*

鴻山楊氏宗譜　十二卷卷首一卷/楊楫纂修．—民國 6 年(1917)木活字本．—48 冊：圖及像．—江蘇無錫楊氏；書名據書名頁等題　　　傳 776.57/91

6880*

長沙楊氏家譜　六卷/楊詩鋗等纂修．—民國 14 年(1925)四知堂木活字本．—6 冊：圖．—湖南長沙楊氏；書名據版心及書簽題，書名頁題楊氏家譜

傳 776.57/912

6881*

興國福嶺楊氏十修族譜/楊景鶉纂．—民國 4 年(1915)木活字本．—4 冊：圖及像．—江西贛縣楊氏；書名據版心題，書簽題楊氏十修族譜　　傳 776.57/914

6882*

楊氏家譜　三十二卷卷首一卷/楊恩訓等修；楊連夏等纂．—民國 10 年(1921)清白堂木活字本．—31 冊：圖．—湖南安化楊氏；書名據書名頁等題

傳 776.57/9144

6883*

楊氏譜/楊毓中修．—民國 5 年(1916)刻本．—1 冊．—四川蒲江楊氏；書名據版心題　　傳 776.57/916

6884*

楊氏宗譜　八卷/楊順泉等修；楊全生纂．—民國 9 年(1920)四知堂木活字本．—8 冊：像．—江蘇武進楊氏；書名據版心及書名頁題　　傳 776.57/9164

6885*

楊氏宗譜/楊啟化修．—民國 6 年(1917)鉛印本．—2 冊．—四川資州楊氏；書名據版心及書簽題

傳 776.57/9166

6886*

楊氏族譜　二卷/楊荷恩纂修．—民國 4 年(1915)四知堂石印本．—2 冊．—河南信陽楊氏；書名據版心及書名頁題　　　　傳 776.57/91664

6887*

吳江楊氏宗譜/楊學沂等纂修．—民國 6 年(1917)明遠堂刻本．—1 冊：圖．—江蘇吳江楊氏；書名據書名

頁題，版心題楊氏宗譜　　　傳 776.57/9167

6888*

毗陵白旂岸楊氏宗譜　十六卷/楊傳聲等修；楊孟懽等纂．—民國 36 年(1947)四知堂木活字本．—16 冊：圖及像．—江蘇毗陵楊氏；書名據目錄題，版心題楊氏宗譜，書簽及書名頁題毗陵楊氏宗譜

傳 776.57/92

6889*

長沙水磯口楊氏家譜　前卷三卷後卷六卷首卷一卷末卷二卷/楊答鎮纂修．—民國 36 年(1947)宏農堂木活字本．—12 冊：圖及像．—湖南長沙楊氏；書名據書名頁題，書簽題水磯口楊氏家譜

傳 776.57/923

6890*

楊氏五修族譜　十六卷卷首一卷卷末三卷/楊士億纂修．—民國 30 年(1941)四知堂木活字本．—19 冊：圖．—湖南益陽楊氏；缺 4 卷：卷 7、14、卷末中、下；書名據版心及書名頁題　　　傳 776.57/924

6891*

邵東桑林楊氏三修族譜　十三卷卷首二卷卷末五卷/楊代椿纂修．—民國 29 年(1940)四知堂木活字本．—24 冊：圖．—湖南邵陽楊氏；書簽及書名頁題桑林楊氏三修族譜　　　傳 776.57/925

6892*

新橋楊氏弘公房譜　六卷卷首一卷卷末一卷/楊鎮陶等修；楊乾鍠等纂．—民國 28 年(1939)四知堂木活字本．—10 冊：圖．—湖南邵東新橋楊氏；附餘慶錄

傳 776.57/9255

6893*

蒲塘楊氏六修族譜　六十卷卷首九卷/楊開迪等纂修．—民國 18 年(1929)紹美堂木活字本．—33 冊：圖．—湖南長沙楊氏；缺 3 卷：卷 48—50；書名據版心題，書簽及書名頁題蒲塘楊氏族譜　　傳 776.57/9258

6894*

慈溪赭山楊氏宗譜　十二卷卷首一卷卷末一卷/楊增濂等修；周毓邠纂．—民國 20 年(1931)敦睦堂木活字本．—10 冊．—浙江慈溪楊氏　　　傳 776.57/926

6895*
楊氏家譜　四卷/楊炳鈺纂修.—民國 21 年(1932)石印本.—4 册.—四川榮縣楊氏；書名據書名頁等題
傳 776.57/9262

6896*
毗陵邢村楊氏十修宗譜　二十二卷/楊煥勝等修.—民國 17 年(1928)務本堂木活字本.—22 册.—江蘇武進楊氏；書名據目錄題，版心題楊氏宗譜，書簽及書名頁題邢村楊氏宗譜　傳 776.57/92628

6897*
邵東新橋楊氏四修族譜　六十八卷卷首一卷/楊庚嶺等纂修.—民國 30 年(1941)三鱣堂木活字本.—66 册：圖.—湖南邵陽楊氏；書簽題新橋楊氏四修族譜
傳 776.57/9263

6898*
楊氏宗譜/楊善培修.—民國 18 年(1929)序思堂抄本.—2 册：圖.—江蘇蘇州、浙江杭州楊氏；書名據版心題，書簽題楊氏家乘　傳 776.57/92634

6899*
繆賢楊氏宗譜　十二卷/楊祖英等修.—民國 23 年(1934)留耕堂木活字本.—12 册：圖及像.—江蘇武進楊氏；書名據書名頁等題　傳 776.57/92637

6900*
毗陵楊氏宗譜　十二卷/楊懋林等修；楊維榮等纂.—民國 20 年(1931)四知堂木活字本.—14 册：像.—江蘇武進楊氏；書名據書簽及書名頁題，版心題楊氏宗譜　傳 776.57/926376

6901*
宏農楊氏六修族譜　十七卷卷首三卷/楊舉思修；楊騰貽纂.—民國 32 年(1943)宏農堂木活字本.—20 册：圖.—湖南長沙楊氏；書名據書名頁題，版心及書簽題楊氏族譜　傳 776.57/9264

6902*
楊氏宗譜　八卷/楊鳳岡等修；楊菊初纂.—民國 26 年(1937)尚義堂木活字本.—8 册：像.—江蘇宜興楊氏；書名據書名頁等題　傳 776.57/9265

6903*
滄縣楊氏家譜　四卷/楊氏修.—民國間石印本.—4 册：圖.—河北滄縣楊氏，記事至民國 23 年(1934)；書名據書簽題，版心題楊氏家譜
傳 776.57/92653

6904*
餘姚馬渚楊氏宗譜　十卷卷首一卷/楊家茂等修.—民國 17 年(1928)四知堂木活字本.—10 册：圖及像.—浙江餘姚楊氏　傳 776.57/9266

6905*
即墨楊氏族譜/楊乃清等修.—民國 26 年(1937)承桂堂鉛印本.—11 册：圖.—山東即墨楊氏；版心及書名頁題楊氏族譜；與即墨楊氏家乘、續修即墨楊氏家乘合印　傳 776.57/92663

6906*
即墨楊氏家乘/楊玠纂.—民國 26 年(1937)承桂堂鉛印本.—11 册.—山東即墨楊氏；與即墨楊氏族譜、續修即墨楊氏家乘合印　傳 776.57/92663

6907*
續修即墨楊氏家乘/楊氏修.—民國 26 年(1937)承桂堂鉛印本.—11 册.—山東即墨楊氏；與即墨楊氏族譜、即墨楊氏家乘合印　傳 776.57/92663

6908*
盤谷彙編　四卷/楊如軒纂.—民國間鉛印本.—1 册.—雲南賓川楊氏　傳 776.57/92665

6909*
楊氏宗譜　十二卷卷首一卷卷末四卷/楊枝盛等修；楊永林等纂.—民國 18 年(1929)華鄂堂木活字本.—20 册：像.—江蘇宜興楊氏；書名據版心及書名頁題
傳 776.57/92667

6910*
南山橋楊氏重修宗譜　二十卷/楊希增修；楊福根纂.—民國 36 年(1947)垂裕堂木活字本.—20 册：像.—江蘇武進楊氏；書名據目錄題，卷端題南山橋楊氏宗譜，版心題楊氏族譜，書簽題楊氏宗譜
傳 776.57/9267

6911*

銅山楊氏宗譜　十卷卷首一卷/楊建標等修;楊懋卿纂.—民國 23 年(1934)清白堂鉛印本.—2 册:照片.—江蘇銅山楊氏;書名據書名頁等題

傳 776.57/92673

6912*

雨湖楊氏五修族譜　二十卷/楊崇震等修;楊先禮纂.—民國 20 年(1931)篤宗堂木活字本.—20 册:圖.—湖南湘潭楊氏;書名據版心及書簽題,書名頁題楊氏族譜　傳 776.57/92674

6913*

錫山楊氏宗譜　四十三卷卷首一卷/楊邦藩等修;楊承湅纂.—民國 17 年(1928)道南祠木活字本.—46 册:圖及像.—江蘇無錫楊氏;書名據版心及書簽題,書名頁題楊氏宗譜　傳 776.57/92675

6914*

中湘棠灣楊氏六修譜　二十卷/楊氏修.—民國 15 年(1926)清白堂木活字本.—21 册:圖.—湖南湘潭楊氏;書名據書簽及書名頁題,版心題棠灣楊氏族譜

傳 776.57/927

6915*

楊氏六修族譜　三卷世系二卷世紀十四卷圖二卷/楊遠鵬等修.—民國 38 年(1949)四知堂木活字本.—19 册:圖.—湖南長沙楊氏;有殘損頁;缺 1 卷:世紀卷 1;書名據版心題,書名頁等題楊氏族譜

傳 776.57/9275

6916*

靳江楊氏八修族譜　三十卷卷首一卷卷末一卷/楊節卿纂.—民國 34 年(1945)楊氏白雲祠木活字本.—30 册:圖.—湖南楊氏;缺 2 卷:卷 8、29,卷 17、23 有缺頁;書名據書簽及書名頁題,版心題楊氏八修族譜

傳 776.57/9277

6917*

信宜茶山楊氏族譜/楊颺,楊基庭等纂修.—1993 年信宜楊氏鉛印本.—2 册.—廣西信宜楊氏;書名據書名頁題.—平裝　　　　傳 776.57/95

傳 776.59　申氏

6918

申氏世譜　八卷卷首一卷/(清)申祖璠修.—清道光二十一年(1841)賜閒堂刻本.—6 册:圖及像.—江蘇蘇州申氏;書名據書名頁等題

部二　6 册　　　　　　　　傳 776.59/86

6919

申氏譜系略/(清)申濬等修.—清同治間賜閒堂抄本.—1 册.—江蘇蘇州申氏;書名據版心題

傳 776.59/88

6920

申氏譜系略/(清)申濬等修.—清同治間賜閒堂抄本.—4 册.—江蘇蘇州申氏;書名據版心及書簽題

傳 776.59/88.1

6921*

邵陽申氏受族五修譜　一百十二卷卷首十五卷/申廣淵等修;申傅選等纂.—民國 31 年(1942)大受堂鉛字本.—90 册:圖.—湖南邵陽申氏;書簽題申大受堂五修譜　　　　　　　　傳 776.59/92

傳 776.63　畢氏

6922*

畢氏族譜/(清)畢沛昭等修.—1989 年文登畢庶金照像還原本.—4 册.—山東文登畢氏;據清同治間抄本照像還原.—毛裝　　　　傳 776.63/88

6923

錫山畢氏重修宗譜　四卷/(清)畢覲揚纂.—清光緒十八年(1892)木活字本.—4 册:像.—江蘇無錫畢氏;書名據目錄題,版心題畢氏宗譜,書簽題錫山畢氏宗譜　　　　　　　　傳 776.63/89

6924*

河南畢氏宗譜　八卷卷首一卷卷末一卷/畢質邦

修;畢慶餘等纂.—民國間 31 年(1942)木活字本.—8
冊:圖及像.—江西婺源畢氏;書名據書簽題,版心題
畢氏宗譜   傳 776.63/92

6925*

皖桐畢氏宗譜   十卷卷首一卷卷末一卷/畢啟蒙等
纂修.—民國 22 年(1933)承啟堂木活字本.—11
冊.—安徽桐城畢氏;書名據書簽題,版心題畢氏宗譜
                                              傳 776.63/926

6926*

畢氏族譜/畢庶金纂修.—1990 年文登畢氏膠印
本.—1 冊.—山東文登畢氏;書名據目錄題,書簽題畢
氏宗譜.—平裝   傳 776.63/95

6927*

畢氏家系考/畢可詩纂.—1982 年文登畢可詩油印
本.—1 冊.—山東文登畢氏;書名據書名頁題.—毛裝
                                              傳 776.63/956

傳 776.65   喻氏

6928

剡北喻氏宗譜   四卷/(清)喻之秦等修;(清)喻之
化等纂.—清同治四年(1865)萃渙堂木活字本.—4
冊:圖.—浙江嵊縣喻氏;書名據版心題,書簽及書名
頁題喻氏宗譜   傳 776.65/88

6929

剡北喻氏宗譜   四卷/(清)喻之福等修;(清)喻忠
全等纂.—清光緒九年(1883)萃渙堂木活字本.—4
冊:圖.—浙江嵊縣喻氏;書名據版心題,書簽及書名
頁題喻氏宗譜   傳 776.65/89

6930*

喻氏宗譜   十卷卷首一卷卷末一卷/喻耿光等修;
喻厚瑜等纂.—民國 20 年(1931)木活字本.—12
冊.—安徽太湖喻氏;書名據版心及書簽題
                                              傳 776.65/92

6931*

萬載豐田喻氏族譜   十卷卷首一卷卷次一卷卷末

一卷/喻炳文等修;喻敷壽等纂.—民國 31 年(1942)
文石堂木活字本.—13 冊:圖及像.—江西萬載喻氏;
書名據版心及書簽題,書名頁題豐田喻氏族譜
                                              傳 776.65/922

6932*

安化喻氏三修族譜   二十一卷/喻鍾彥等纂修.—
民國 15 年(1926)木活字本.—21 冊:圖.—湖南安化
喻氏;卷 4 殘缺;書簽及書名頁題喻氏族譜
                                              傳 776.65/926

傳 776.67   周氏

6933

昆明周氏族譜   三卷/(清)周樽修.—清抄本.—1
冊.—云南昆明周氏,記事至清乾隆五十八年(1793);
書名據書衣題,卷端及版心題周氏族譜.—毛裝
                                              傳 776.67/84

6934

華夏周氏重修族譜   三卷卷首一卷/(清)周士梱等
修;(清)周邦農等纂.—清乾隆四十七年(1782)敦倫
堂刻本.—4 冊:圖.—湖南湘鄉周氏;版心題周氏族
譜,書名頁題華夏周氏宗譜   傳 776.67/846

6935

寧鄉澗西周氏族譜   四卷/(清)周德湛等修;(清)
周憲禹等纂.—清乾隆十四年(1749)松竹軒刻暨木活
字本.—3 冊:圖.—湖南長沙周氏;書名據書名頁題,
版心題澗溪周氏族譜   傳 776.67/8465

6936

錫山周氏世譜   八卷/(清)周復源等修.—清乾隆
五十七年(1792)刻本.—8 冊:圖及像.—江蘇無錫周
氏;書名據版心題,書名頁題周氏家乘
                                              傳 776.67/8469

6937

銷夏灣周氏重輯宗譜/(清)周宏運纂修.—清嘉慶
十七年(1812)木活字本.—2 冊:圖.—江蘇吳縣周氏;
書名據目錄題,版心題銷夏周氏宗譜
                                              傳 776.67/85

6938

　嘉善周氏支譜　十四卷卷首一卷卷末一卷/(清)周以焜等修.—清道光十九年(1839)刻本.—6 册:圖.—浙江嘉善周氏;譜序題周氏族譜;玉潤堂藏版
　　　　　　　　　　　　　　　傳 776.67/86

6939

　周氏續修族譜/(清)周萬儁纂修.—清道光二十一年(1841)文美堂木活字本.—4 册:圖.—湖南安化周氏;書名據版心題,書名頁題周氏族譜
　　　　　　　　　　　　　　　傳 776.67/863

6940

　旌川周氏宗譜　二十卷/(清)周錫閣等修;(清)周懋煌等纂.—清道光十二年(1832)刻本.—20 册:圖.—安徽旌德周氏;書名據書簽題,版心題周氏宗譜
　　　　　　　　　　　　　　　傳 776.67/866

6941

　潤州周氏重修宗譜　十卷/(清)周瀛等修.—清道光七年(1827)承敬堂木活字本.—10 册.—江蘇丹徒周氏;版心及書簽題周氏宗譜　傳 776.67/8662

6942

　周氏族譜　四卷/(清)張元鎧纂.—清道光十年(1830)木活字本.—4 册.—江蘇揚州周氏;書名據版心及書名頁題　　　　傳 776.67/8664

6943

　笄山周氏兆四派宗譜　八卷卷首一卷卷末一卷/(清)周思栗等纂修.—清道光二十八年(1848)愛蓮堂木活字本.—8 册:圖及像.—浙江會稽周氏
　　　　　　　　　　　　　　　傳 776.67/86647

6944

　上湘東陳周氏族譜　二卷卷首一卷卷末一卷/(清)周相維等修;(清)周相繼等纂.—清咸豐十一年(1861)汝南堂木活字本.—4 册:圖.—湖南長沙周氏;版心題上湘周氏族譜,書名頁題周氏族譜
　　　　　　　　　　　　　　　傳 776.67/87

6945

　中湘沙塘周氏支譜　十三卷/(清)周顯濱等修;(清)周裕拔纂.—清同治五年(1866)煥文堂木活字本.—13 册:圖.—湖南湘潭周氏;書名據目錄題,版心題沙塘周氏支譜,書名頁題沙塘家乘　傳 776.67/88

6946

　即墨周氏家乘/(清)周翕鑌等纂修.—清同治八年(1869)刻本.—1 册.—山東即墨周氏;書名據目錄題
　　　　　　　　　　　　　　　傳 776.67/886

6947

　暨陽豐江周氏宗譜　四卷/(清)周培九等纂修.—清同治十二年(1873)木活字本.—4 册.—浙江諸暨周氏;書名據版心題　　　　傳 776.67/8864

6948

　錫山周氏宗譜　十六卷/(清)周維康等修;(清)周履道纂.—清同治九年(1870)至德堂木活字本.—20 册:像.—江蘇無錫周氏;書名據版心題,書名頁題續修周氏宗譜　　　　傳 776.67/8866

6949

　越城周氏支譜　六集/(清)周以均纂;(清)周錫嘉續纂.—清光緒三年(1877)寧壽堂木活字本.—6 册.—浙江紹興周氏　　　傳 776.67/89

6950*

　越城周氏支譜　六集/(清)周以均纂;(清)周錫嘉續纂.—1996 年線裝書局北京影印本.—6 册.—浙江紹興周氏;據清光緒三年(1877)寧壽堂木活字本影印
　部二　6 册
　部三　6 册　　　　　　　　　傳 76.67/89.1

6951

　周氏族譜　一百零一卷卷首十五卷卷末一卷/(清)周聲溢等修;(清)周子純等纂.—清光緒八年(1882)敦睦堂木活字本.—32 册:圖.—湖北黃岡周氏;書名據版心及書名頁題　　　　傳 776.67/894

6952

　湖南長沙府安化縣周氏三修族譜　十三卷卷首一卷/(清)周傅椿修;(清)周澤南等纂.—清光緒十六年(1890)汝南堂木活字本.—14 册:圖.—湖南常德周氏;書名頁題周氏族譜,版心及書簽題周氏三修族譜
　　　　　　　　　　　　　　　傳 776.67/895

6953

暨陽豐江周氏宗譜 二十八卷/（清）周問渠等纂修.—清光緒二十九年（1903）木活字本.—28 冊.—浙江諸暨周氏；書名據版心題，書簽題周氏宗譜

傳 776.67/896

6954

梁安城西周氏宗譜 二十卷卷首二卷勘誤記一卷/（清）周廣順等修；（清）周之屏等纂.—清光緒三十一年（1905）敬愛堂木活字本.—21 冊：圖.—安徽績溪周氏；書名據版心題，書簽題績溪城西周氏宗譜

傳 776.67/8962

6955

周氏宗譜 十二卷/（清）周鴻寶等修；（清）周鏡熙等纂.—清光緒三十年（1904）崇本堂木活字本.—12 冊：圖及像.—江蘇毗陵周氏；書名據版心題

傳 776.67/89622

6956

餘邑周氏宗譜 六卷/（清）周志高等纂.—清光緒四年（1878）繼述堂木活字本.—4 冊：彩像.—浙江餘姚周氏

傳 776.67/8963

6957

毗陵周氏宗譜 六卷/（清）周壽寶等修；（清）周炳仁等纂.—清光緒三十年（1904）新德堂木活字本.—6 冊：像.—江蘇常州周氏；書名據目錄題，版心題周氏宗譜

傳 776.67/89632

6958

餘邑周氏宗譜 六卷/（清）周志坤等修；（清）周紹奎等纂.—清光緒二十二年（1896）繼述堂木活字本.—4 冊：像.—浙江餘姚周氏；書名据版心題

傳 776.67/89635

6959

錫山周氏世譜 九卷卷首三卷/（清）周鳴鏘等纂修.—清光緒三十三年（1907）木活字本.—13 冊：像.—江蘇無錫周氏；附光霽祠徵信錄

傳 776.67/8964

6960

周氏宗譜 六卷/（清）周鳴春等修；（清）周之基等

纂.—清宣統元年（1909）木活字本.—6 冊.—江蘇宜興周氏；書名據版心及書名頁題

傳 776.67/89644

6961

錫山周氏世譜 十六卷/（清）周萬興等修.—清宣統元年（1909）木活字本.—16 冊：像.—江蘇無錫周氏；書名據版心題，書名頁題周氏家乘

部二 16 冊
部三 16 冊
部四 16 冊

傳 776.67/89645

6962

剡溪聯桂周氏宗譜 十六卷外卷一卷/（清）周工溧等修；（清）周德元等纂.—清光緒十七年（1891）淵源堂木活字本.—12 冊.—浙江剡溪周氏

傳 776.67/89646

6963

龕山周氏續修宗譜 四卷/（清）周嘉謨修；（清）周紹謨等纂.—清光緒十八年（1892）繼志堂木活字本.—4 冊：圖及像.—浙江蕭山周氏；書名据目錄題，版心題龕山周氏宗譜

傳 776.67/896466

6964

錫山周氏世譜 十二卷/（清）周德森等修.—清光緒七年（1881）木活字本.—12 冊：像.—江蘇無錫周氏；書名據版心題

傳 776.67/8965

6965

周氏四修族譜 十二卷/（清）周明誠等修.—清光緒十一年（1885）世德堂木活字本.—12 冊：圖.—湖南湘潭周氏；書名據版心及書簽等題

傳 776.67/89652

6966

錫山宅基周氏重修宗譜 十二卷/（清）周屏甫等修；（清）陳宣鐸纂.—清光緒十一年（1885）光霽堂木活字本.—12 冊：圖及像.—江蘇無錫周氏；書名據序題，版心及書名頁題錫山周氏宗譜

傳 776.67/89653

6967

蓉湖周氏宗譜 二十八卷/（清）周傳射等修.—清光緒三十一年（1905）愛蓮堂木活字本.—28 冊：圖及

像.—江蘇晉陵周氏；書名據版心及書簽題
　　　　　　　　　　　　傳 776.67/89655

6968

　來蘇周氏宗譜　十八卷/(清)周家楨等纂修.—清光緒十五年(1889)木活字本.—18 册：圖及像.—浙江蕭山周氏　　　　傳 776.67/8966

6969

　山陰前梅周氏宗譜　三十四卷/(清)周鼎等纂修.—清光緒二十年(1894)木活字本.—18 册：圖及像.—浙江紹興周氏；書名據版心及書簽題
　　　　　　　　　　　　傳 776.67/89666

6970

　暨陽紫岩周氏宗譜/(清)周連茂等修；(清)周光裕等纂.—清光緒十四年(1888)餘慶堂木活字本.—2 册.—浙江諸暨周氏；書名據版心題
　　　　　　　　　　　　傳 776.67/8967

6971

　潤州周氏重修宗譜　十卷卷首一卷/(清)周承景等修.—清光緒三十四年(1908)承敬堂木活字本.—12 册：圖.—江蘇潤洲周氏；書名據序題，版心及書名頁題周氏宗譜　　　傳 776.67/89674

6972*

　江都周氏家譜　六卷/周玉秀等修；劉嵩泉纂.—民國 13 年(1924)木活字本.—6 册.—江蘇江都周氏；書名據卷 2 卷端題，版心及書名頁題周氏宗譜
　部二　6 册　　　　　　傳 776.67/91

6973*

　湖南長沙府安化縣周氏四修族譜　十七卷卷首一卷/周祐修；周傅偉等纂.—民國 12 年(1923)斯文堂木活字本.—18 册：圖.—湖南安化周氏；書簽題周氏九甲四修族譜，版心題周氏四修族譜，書名頁題周氏族譜　　　　　　　傳 776.67/913

6974*

　薛渡周氏三修族譜　二十六卷卷首三卷卷末一卷/周大峙等修；周日華等纂.—民國 11 年(1922)至德堂木活字本.—22 册：圖.—湖南湘鄉周氏；書名據書簽題；與楊柳薛渡周氏通譜合印　　傳 776.67/91361

6975*

　楊柳薛渡周氏通譜　一卷/周大鐸等纂修.—民國 11 年(1922)篤至堂木活字本.—22 册：圖.—湖南湘鄉周氏；書名據版心等題；與薛渡周氏三修族譜合印
　　　　　　　　　　　　傳 776.67/91361

6976*

　長沙槊黎周氏六修族譜　二十三卷/周士惠修；周士潤等纂.—民國 12 年(1923)汝南堂木活字本.—12 册：圖.—湖南長沙周氏；卷 13 殘；書名頁題周氏族譜
　　　　　　　　　　　　傳 776.67/914

6977*

　黃陂周氏宗譜　十卷/周仲曾等修；周光朝等纂.—民國 12 年(1923)教稼堂木活字本.—10 册：圖.—湖北黃陂周氏；書名據書名頁及書簽題，卷端及版心題周氏宗譜
　　　　　　　　　　　　傳 776.67/916

6978*

　邵墅周氏重修宗譜　十三卷/周鴻逵等修.—民國 13 年(1924)垂裕堂木活字本.—8 册：像.—江蘇宜興周氏；書名據序題，版心及書名頁題周氏宗譜
　　　　　　　　　　　　傳 776.67/9162

6979*

　湘鄉周氏三修族譜　十二卷卷首三卷/周霞斌等纂修.—民國 10 年(1921)尊讓堂木活字本.—17 册：圖.—湖南湘鄉周氏；書名據書簽及版心題，書名頁題周氏族譜；版心下鐫汝南堂　傳 776.67/91623

6980*

　雅渡橋周氏六修宗譜　六卷卷首一卷卷末一卷/周爾岳等修；水仁良纂.—民國 3 年(1914)燕翼堂木活字本.—6 册.—浙江鄞縣周氏；書名據譜序題，版心題雅渡橋周氏宗譜　　　傳 776.67/9163

6981*

　國山周氏世譜　六十卷卷首一卷卷末一卷/周聽聲等修；周志靖等纂.—民國 4 年(1915)立本堂木活字本.—44 册.—江蘇宜興周氏；書名據版心題
　　　　　　　　　　　　傳 776.67/91634

6982*

　暨陽周氏十年派宗譜　十二卷/周丙生等修；周善

培纂.—民國 7 年(1918)愛蓮堂木活字本.—12 冊：
像.—浙江諸暨周氏；書名據書簽題，版心題十年派周
氏宗譜　　　　　　　　　　傳 776.67/91636

6983*

茶梓山周氏四修族譜　十三卷卷首一卷卷末二卷/
周培栩等修；周忠鑒纂.—民國 4 年(1915)木活字
本.—15 冊：圖.—湖南長沙周氏；版心題茶梓山周氏
族譜　　　　　　　　　　傳 776.67/9164

6984*

周氏重修族譜正宗　十三卷卷首一卷卷末一卷/周
啟海等修.—民國元年(1912)敘倫堂木活字本.—10
冊：圖及像.—安徽新安周氏；書名據目錄題，版心及
書簽題周氏族譜正宗，譜序題竹里周氏族譜
　　　　　　　　　　傳 776.67/9165

6985*

餘邑周氏宗譜　六卷/周繼堂等修.—民國 3 年
(1914)繼述堂木活字本.—4 冊：圖及像.—浙江餘姚
周氏；書名據版心題　　　　傳 776.67/91655

6986*

餘姚東蒲周氏續譜　三十八卷/周氏修.—民國 10
年(1921)務本堂木活字本.—11 冊.—浙江餘姚周氏；
缺 19 卷：卷 1—19；書名據版心題　傳 776.67/916555

6987*

蔣灣橋周氏續修宗譜　十四卷/周履雲等修.—民
國 4 年(1915)愛蓮堂木活字本.—14 冊：圖及像.—江
蘇蘇州周氏；版心題周氏宗譜　　傳 776.67/9167

6988*

桃源周氏宗譜　六卷/周長明等纂修.—民國 11 年
(1922)世濟堂木活字本.—5 冊.—河南汝南周氏
　　　　　　　　　　傳 776.67/91675

6989*

錫山周氏光霽祠大統宗譜　七十四卷/周廷弼修；
周士青等纂.—民國 8 年(1919)周氏霽祠木活字
本.—74 冊：圖及像.—江蘇無錫周氏；版心題錫山周
氏統譜　　　　　　　　　傳 776.67/916756

6990*

周氏家譜/周建中等纂修.—民國 15 年(1926)木活
字本.—16 冊：圖.—浙江諸暨周氏；書名據版心題
部二　16 冊　　　　　　　傳 776.67/91676

6991*

周邦頭周氏族譜正宗　十八卷/周德煬等修.—民
國 19 年(1930)木活字本.—6 冊：圖.—安徽歙縣周
氏；書名據目錄題，版心題周氏族譜正宗
　　　　　　　　　　傳 776.67/92

6992*

周氏房譜　九卷卷首一卷/周安慶修；周英冶等
纂.—民國 37 年(1948)豫順堂木活字本.—10 冊：
圖.—湖南瀏陽周氏；書名據版心題
　　　　　　　　　　傳 776.67/922

6993*

金江周氏族譜　十卷卷首一卷/周成宗等修.—民
國 37 年(1948)至德堂木活字本.—12 冊：圖.—湖南
瀏陽周氏；書名據書簽題，版心及書名頁題周氏族譜
　　　　　　　　　　傳 776.67/923

6994*

茶梓山周氏五修族譜　十七卷卷首一卷卷末三卷/
周德翩修；周忠鈺纂.—民國 32 年(1943)木活字
本.—19 冊：圖.—湖南長沙周氏；版心題茶梓山周氏
族譜　　　　　　　　　　傳 776.67/924

6995*

周元公祠志略　十卷卷首一卷/周鳳岐等纂修.—
民國 18 年(1929)鉛印本.—2 冊：像.—浙江定海、奉
化，江蘇無錫、吳縣等地周氏；書名據書名頁等題
　　　　　　　　　　傳 776.67/925

6996*

益陽板橋周氏六修族譜　四十卷/周繼浚等修；周
繼侯等纂.—民國 20 年(1931)鉛印本.—40 冊：圖.—
湖南益陽板橋周氏　　　　傳 776.67/9255

6997*

益陽汾湖洲周氏四修族譜　一百二十三卷卷首一
卷卷末一卷/周先模等修.—民國 25 年(1936)霽光堂
木活字本.—12 冊：圖.—湖南湘潭益陽、瀏陽周氏；版

心題汾湖周氏四修族譜　　　　　傳 776.67/9257

6998*

諸暨藏綠周氏世譜/周氏修.—民國 23 年(1934)萃親堂木活字本.—1 冊.—浙江諸暨周氏;書名據版心題,書籤題藏綠周氏小宗譜　　　傳 776.67/926

6999*

湘潭龍山周氏五修族譜　　六卷/周心覺等修;周心植等纂.—民國 20 年(1931)鉛印暨石印本.—6 冊:圖.—湖南湘潭周氏;書名據版心及書名頁題

　　　　　　　　　　傳 776.67/9262

7000*

毗陵周氏宗譜　　八卷/周炳昌等修.—民國 24 年(1935)新德堂木活字本.—8 冊:圖及像.—江蘇毗陵周氏;書名據目錄題,版心及書籤題周氏宗譜

　　　　　　　　　　傳 776.67/92625

7001*

中湘沙塘周氏六修族譜　　十二卷卷首一卷卷末一卷/周裕曦等修.—民國 30 年(1941)木活字本.—41 冊:圖.—湖南湘潭周氏;書名據書籤題,版心題沙塘周氏六修族譜　　　　　傳 776.67/9263

7002*

毗陵周氏宗譜　　十卷卷首一卷/周懋照等修.—民國 26 年(1937)五有堂木活字本.—10 冊:圖及像.—江蘇毗陵周氏;書名據目錄題,版心題周氏宗譜

　　　　　　　　　　傳 776.67/92634

7003*

暨陽紫巖周氏宗譜/周恒燦等修.—民國 17 年(1928)餘慶堂木活字本.—2 冊.—浙江諸暨周氏;書名據版心題　　　　　傳 776.67/92636

7004*

暨陽豐江周氏宗譜　　四十八卷/周吉浩等纂修.—民國 35 年(1946)木活字本.—50 冊.—浙江諸暨周氏;書名據版心題,書籤題周氏宗譜

　　　　　　　　　　傳 776.67/9264

7005*

周氏宗譜　　十卷卷首一卷/周登記等纂修.—民國

22 年(1933)愛蓮堂木活字本.—13 冊:圖.—安徽宿松周氏;書名據版心及書籤題　　傳 776.67/92643

7006*

濱陽周氏續修支譜　　九卷卷首三卷/周名庠等修;周名照等纂.—民國 17 年(1928)紹興堂木活字本.—12 冊:圖.—湖南濱陽周氏;書衣題周氏支譜

　　　　　　　　　　傳 776.67/92646

7007*

姚江孝義周氏宗譜　　十九卷卷首三卷卷末一卷/周幹濟纂.—民國 22 年(1933)雍睦堂木活字本.—24 冊:圖及像.—浙江餘姚周氏;書名據版心題,書籤題孝義周氏宗譜　　　　　傳 776.67/9265

7008*

長沙獅公橋周氏五修族譜　　八卷卷首四卷/周德明等修;周伯元等纂.—民國 20 年(1931)汝南堂木活字本.—12 冊:圖.—湖南長沙周氏

　部二　11 冊　缺 1 卷:卷 8　　傳 776.67/92655

7009*

周氏家譜/周氏修.—民國間抄本.—1 冊.—四川松潘周氏,記事至民國 21 年(1932);書名據序題

　　　　　　　　　　傳 776.67/92656

7010*

寧鄉大屯營周氏四修族譜　　十六卷卷首一卷末一卷/周家綏等修;周家善等纂.—民國 17 年(1928)木活字本.—18 冊:圖.—湖南寧鄉周氏;書名據版心及書籤題　　　　　　　傳 776.67/9266

7011*

周氏四修支譜　　三卷卷首一卷/周香庭等纂修.—民國 36 年(1947)湖南沅江周氏汝南堂木活字本.—4 冊:圖.—湖南沅江周氏;書名據版心題,書籤題周氏族譜　　　　　　傳 776.67/92666

7012*

四明前周周氏宗譜　　四卷/周維棟修;范實甫纂.—民國 24 年(1935)維新堂木活字本.—4 冊.—浙江寧波周氏;書名據版心題　　　傳 776.67/92667

7013*

周氏三甲四修族譜　九十五卷/周楨士等修；周炳章纂.—民國 19 年(1930)木活字本.—16 冊.—湖南安化周氏；書名據書簽題,卷端等題周氏三甲族譜

傳 776.67/927

7014*

常寧汝南周氏族譜　三十一卷卷首十六卷/周仲衡修；周觀光等纂.—民國 34 年(1945)愛蓮堂木活字本.—49 冊:圖.—湖南常寧汝南周氏；書名據書名頁題,卷端等題常寧周氏族譜,書簽題周氏族譜

傳 776.67/9277

7015*

周氏三修族譜　十卷/周業紀等修；周敦士等纂.—民國 38 年(1949)敦睦堂木活字本.—10 冊:圖.—湖南長沙周氏；書名據版心題,書簽及書名頁題周氏族譜

傳 776.67/928

傳 776.69　金氏

7016

橘社金氏家譜　六卷/(清)金孝植纂修.—清康熙二十五年(1686)刻本.—2 冊.—江蘇吳縣金氏；版心題金氏家譜

傳 776.69/82

7017

橘社金氏家譜　六卷/(清)金孝植修；(清)金孝坤續修.—清乾隆元年(1736)寶謙堂刻本.—3 冊.—江蘇吳縣金氏；版心題金氏世譜,書名頁題金氏族譜

傳 776.69/84

7018

休寧金氏族譜　二十六卷卷首一卷/(清)金門詔修.—清乾隆十三年(1748)木活字暨刻本.—4 冊.—安徽休寧金氏；書名據版心題,書簽題新安休寧金氏合族統譜

部二　4 冊　　　　　　　傳 776.69/846

7019

山陰湖塘金氏宗譜　六卷/(清)金宗孝等修；(清)金志源等纂.—清道光九年(1829)仁山堂木活字

本.—6 冊.—浙江紹興金氏；書名據版心題

傳 776.69/86

7020

金陵金氏族譜　二卷/(清)金玉音修.—清光緒三十年(1904)金陵金文同興安府署刻本.—2 冊.—江蘇南京金氏；書簽題重刊金陵金氏家乘；是譜纂修於清道光二十一年(1841)

傳 776.69/866

7021

洞庭金氏宗譜　八卷/(清)金禮聲等修.—清道光十一年(1831)敘倫堂木活字本.—8 冊:圖及像.—湖南金氏；書名據書名頁及書簽題,版心題夏涇金氏宗譜

傳 776.69/8663

7022

甌山金氏眉公支譜　四卷/(清)金錦榮等纂修.—清道光十二年(1832)刻本.—4 冊:圖.—安徽休寧金氏,本姓程,入贅於金氏；書名據版心及目錄題

傳 776.69/8667

7023

暨陽西安白浦劉金氏宗譜　八卷/(清)金蘭桂等修.—清同治七年(1868)忠孝堂木活字本.—8 冊:彩圖及像.—浙江諸暨金氏,初姓劉,因避諱改姓金；書名據版心及題簽題

傳 776.69/88

7024

金氏宗譜　十八卷/(清)金玉山等修.—清光緒八年(1882)長慶堂木活字本.—20 冊:圖及像.—江蘇無錫金氏；書名據版心及目錄等題

傳 776.69/89

7025

京兆金氏宗譜　六卷/(清)金應灃等修.—清光緒三年(1877)雙溪天合堂木活字本.—7 冊:圖.—安徽祁門金氏；書名據書簽題,卷端題金氏統宗家譜,版心題金氏統譜

傳 776.69/896

7026

金氏統宗譜　八卷/(清)金應灃等修.—清光緒三年(1877)雙溪天合堂木活字本.—1 冊:圖及像.—安徽祁門金氏；存 2 卷:卷 1—2；書名據版心及目錄題

傳 776.69/8962

7027

毗陵金氏宗譜　八卷/(清)金義川等修.—清光緒
二十一年(1895)追遠堂木活字本.—8 冊:圖及像.—
江蘇毗陵金氏;書名據卷 2 卷端題
　　　　　　　　　　　　　　　傳 776.69/89626

7028

金氏宗譜　六卷/(清)金光霑等修.—清光緒八年
(1882)木活字本.—4 冊:圖及像.—安徽祁門金氏;書
名據版心題　　　　　　　　傳 776.69/8964

7029

古潤金氏宗譜　六卷/(清)金氏修.—清宣統元年
(1909)世耕堂木活字本.—8 冊:圖.—江蘇潤州金氏;
書名據書簽題,書名頁題金氏宗譜　傳 776.69/8965

7030*

研塘金氏宗譜　十卷/金吉生等修.—民國 5 年
(1916)敬愛堂木活字本.—10 冊:彩圖及彩像.—浙江
諸暨金氏,其先出劉氏,因避諱改姓金;書名據書簽
題,版心題暨陽安俗劉氏宗譜　　傳 776.69/91

7031*

山陰金氏宗譜/金士桂等修.—民國 19 年(1930)延
慶堂木活字本.—4 冊.—浙江紹興金氏;書名據版
心題
　部二　3 冊　缺世系總圖　　　傳 776.69/92

7032*

橋頭金氏四修族譜/金盛笛等修;金治民等纂.—民
國 31 年(1942)孝友堂木活字本.—17 冊:圖及像.—
湖南邵陽金氏;原書卷數不詳,存 17 卷:卷首 2 卷、卷
1—4、7、9、11—12、14—15、17—18、21 及卷末 2 卷;書
名據書名頁等題　　　　　　傳 776.69/9246

7033*

宜興岳陽潘社里金氏宗譜　十卷/金盤根等修;莊
拱辰纂.—民國 35 年(1946)雁溪堂木活字本.—10
冊:像.—江蘇宜興金氏;書名據卷 2 卷端題,書名頁
題金氏宗譜,目錄題岳陽潘社里金氏宗譜
　　　　　　　　　　　　　　　傳 776.69/926

7034*

暨陽安俗劉氏宗譜　十二卷/金汝洲等修.—民國

28 年(1939)敬愛堂木活字本.—12 冊:彩圖及彩
像.—浙江諸暨金氏,其先出劉氏,因避諱改姓金;書
名據版心題,書簽題研塘金氏宗譜
　部二　12 冊　　　　　　　　傳 776.69/9263

7035*

毗陵聚湖里金氏宗譜　十二卷/金春生等修;金元
昇等纂.—民國 35 年(1946)樹德堂木活字本.—12
冊:像.—江蘇毗陵金氏;書名據卷 2 卷端題,版心題
金氏宗譜　　　　　　　　　　傳 776.69/9264

7036*

金氏如心堂譜　七卷/金兆蕃纂.—民國 23 年
(1934)刻本.—1 冊.—浙江嘉興等地金氏;書名據版
心及書名頁題　　　　　　　傳 776.69/92645

7037*

毗陵錢橋里金氏宗譜　十二卷/金全根等修.—民
國 35 年(1946)雍睦堂木活字本.—14 冊:圖及像.—
江蘇毗陵金氏;書名據卷 2 卷端題,版心及書名頁題
金氏宗譜　　　　　　　　　　傳 776.69/9266

7038*

金氏續修族譜　六卷卷首二卷/金纘先纂修.—民
國 17 年(1928)石印本.—4 冊.—湖北金氏;書名據書
名頁等題　　　　　　　　　　傳 776.69/929

傳 776.71　谷氏

7039

潞河谷氏宗譜/(清)谷文煥纂修.—清光緒間抄
本.—1 冊.—北京通縣谷氏;書名據書簽題
　　　　　　　　　　　　　　　傳 776.71/89

7040

潞河谷氏宗譜/(清)谷文煥纂修.—清光緒間抄
本.—1 冊.—書名據書簽題　　傳 776.71/89.1

傳 776.73　鍾氏

7041

　　鍾氏族譜　十卷/(清)鍾氏修.—清乾隆四十年(1775)長樂鍾氏祠堂刻本.—7 冊.—福建長樂鍾氏;書名據版心及書簽題　　　　傳 776.73/84

7042

　　袁郡鍾祠主譜/(清)鍾斯英等修.—清道光七年(1827)鍾氏穎川堂木活字本.—2 冊:圖.—江西宜春鍾氏;書名據版心題,書名頁題鍾氏主譜

　　　　　　　　　　　　傳 776.73/86

7043

　　鍾氏族譜/(清)鍾萬興等修;(清)鍾萬福纂.—清咸豐十一年(1861)木活字本.—2 冊.—湖南郴州鍾氏;書名據版心及書簽題　　傳 776.73/87

7044

　　鍾氏四修族譜　十二卷/(清)鍾光華等修;(清)鍾仙舫等纂.—清同治十三年(1874)淬煥堂木活字本.—12 冊:圖.—湖南湘鄉鍾氏;書名據版心及書簽題,書名頁題鍾氏族譜　　傳 776.73/88

7045

　　鍾氏宗譜/(清)鍾氏修.—清宣統三年(1911)木活字本.—1 冊.—四川鍾氏;書名據版心及書名頁題

　　　　　　　　　　　　傳 776.73/89

7046

　　鍾氏族譜　二十卷卷首一卷/(清)鍾鎮楚等纂修.—清光緒元年(1875)穎川堂木活字本.—19 冊:圖.—湖南瀏陽鍾氏;缺 1 卷:卷 5;書名據書名頁等題

　　　　　　　　　　　　傳 776.73/895

7047

　　萬載昌田鍾氏祠寧房支譜　十二卷卷首一卷末一卷/(清)鍾國英等纂修.—清光緒二十五年(1899)孝思堂木活字本.—14 冊:圖.—江西萬載鍾氏;書名據目錄題,書簽及書名頁題鍾氏寧房支譜

　　　　　　　　　　　　傳 776.73/8953

7048

　　鍾氏三修族譜　三十二卷/(清)鍾盛掄等修;(清)鍾瑞鏐纂.—清光緒二十八年(1902)穎川堂木活字本.—32 冊:圖.—湖南醴陵鍾氏;書名據版心題

　　　　　　　　　　　　傳 776.73/896

7049*

　　會稽鍾氏宗譜　十七卷/鍾志沆等修;鍾榮纂.—民國 12 年(1923)至德堂木活字本.—18 冊:圖及像.—浙江紹興鍾氏;書名據版心題,書名頁題紹興鍾氏宗譜,書簽題鍾氏家譜;附歷代世系

　　部二　　18 冊
　　部三　　18 冊　　　　　　傳 776.73/91

7050*

　　鍾氏五修族譜　九卷卷首二卷/鍾綱鑑等修;鍾集鳳等纂.—民國 7 年(1918)萃靈堂木活字本.—11 冊:圖.—湖南湘鄉鍾氏;書名據版心及書簽題

　　　　　　　　　　　　傳 776.73/915

7051*

　　錢清鍾氏宗譜　十二卷/鍾福球纂.—民國 4 年(1915)承啟堂木活字本.—12 冊:圖及像.—浙江錢清鍾氏;書名據版心題　　　　傳 776.73/916

7052*

　　寶山鍾氏族譜　八卷/鍾愈等修.—民國間鉛印暨石印本.—8 冊.—江蘇昆山鍾氏;書名據卷 5 卷端題,版心題鍾氏族譜　　　傳 776.73/92

7053*

　　毗陵鍾氏重修宗譜　二十二卷卷首一卷/鍾齊賢等修.—民國 33 年(1944)慎德堂木活字本.—22 冊.—江蘇毗陵鍾氏;版心及書名頁題鍾氏宗譜

　　　　　　　　　　　　傳 776.73/926

7054*

　　鍾氏復周祠族譜　六卷/鍾澤南等纂修.—民國 28 年(1939)石印本.—6 冊.—四川內江等地鍾氏;書名據書名頁題,版心題鍾氏族譜　　傳 776.73/9264

7055*

　　鍾氏族譜/鍾開瀚等修.—民國 31 年(1942)鉛印

本.—4册:圖.—四川鍾氏;書名據版心及書名頁題
傳 776.73/9265

7056*

鍾氏九修族譜　二十五卷卷首一卷/鍾裕昆修;鍾達燁纂.—民國 36 年(1947)木活字本.—26 册.—湖南益陽鍾氏;書名據書名頁等題
傳 776.73/9267

7057*

贛縣鷺溪桃溪鍾氏聯修族譜/鍾仁燁等纂修.—民國 38 年(1949)石印本.—8 册:圖.—江西贛縣鍾氏;書名據版心及書簽題
傳 776.73/92675

7058*

萬載昌田鍾祠牌譜　五卷/鍾樂天等修.—民國 30 年(1941)鍾氏思孝堂木活字本.—5 册:圖.—江西萬載鍾氏;書名據版心及書簽題,書名頁題鍾氏牌譜
傳 776.73/929

7059*

萬載昌田鍾祠寧房譜　十四卷卷首一卷卷末一卷/鍾質成纂修.—民國 24 年(1935)孝思堂木活字本.—15 册:圖.—江西萬載鍾氏;缺 1 卷:卷 7;書名據版心題,書簽及書名頁題鍾氏寧房支譜
傳 776.73/9296

傳 776.75　鈕氏

7060*

吳興鈕氏西支家譜/鈕承藩纂修.—民國 12 年(1923)鉛印本.—4 册:像.—浙江湖州鈕氏;書名據書簽及書名頁題
傳 776.75/ 91

7061*

校刊黃鈕同宗譜/鈕永建編.—民國 22 年(1933)鉛印本.—2 册.—江蘇吳江鈕氏;書名據目錄題,版心及書名頁題黃鈕同宗譜
傳 776.75/92

傳 776.77　簡氏

7062*

順德簡岸簡氏家譜　五卷卷首一卷/簡朝亮纂修.—民國 17 年(1928)鉛印本.—2 册:圖.—廣東順德簡氏;書名據版心及書名頁題;有簡朝亮宣統三年序
傳 776.77/89

7063*

粵東簡氏大同譜　十三卷卷首六卷/簡寶候等修;簡竹居等纂.—民國 17 年(1928)鉛印本.—12 册.—廣東番禺簡氏
傳 776.77/92

7064*

簡氏五修家乘　十三卷/簡長焜修;簡長迪纂.—民國 25 年(1936)陳裕莊木活字本.—13 册:圖.—湖南安化簡氏;書名據目錄題,版心題簡氏五修族譜
傳 776.77/929

傳 776.79　管氏

7065

管氏族譜/(清)管琭圻修;(清)管紀勳纂.—清咸豐間抄本.—4 册.—江蘇無錫管氏;有光緒間增補;書名據版心題,2、3 册版心題毗陵郡城管氏分譜;第 4 册內容略有重復
傳 776.79/87

7066*

管氏重修宗譜　三十一卷卷首一卷卷末一卷/管啟韶等修.—民國 11 年(1922)昭格堂木活字本.—32 册:圖.—溧陽管氏;版心及書名頁題管氏宗譜
傳 776.79/91

7067*

吳縣管氏家譜/管禮秉等纂修.—民國 9 年(1920)鉛印本.—2 册:圖及像.—江蘇蘇州管氏;書名據書名頁題,版心題管氏宗譜
傳 776.79/916

7068*

豐谿上湖管氏宗譜　九卷/管松濤等纂修.—民國28年(1939)木活字本.—7册:圖.—浙江管氏;缺2卷:卷8—9;書名據書簽及版心題　　傳776.79/92

傳776.81　常氏

7069*

延令常氏重修宗譜　八卷/常弼延等修;常羨之纂.—民國3年(1914)三省堂木活字本.—8册.—江蘇泰興常氏;書名據卷3卷端題,版心及書名頁題常氏宗譜　　傳776.81/91

傳776.83　朋氏

7070

朋氏宗譜　十七卷卷首一卷卷末一卷/朋家義等修.—清宣統三年(1911)三壽堂木活字本.—17册:圖.—安徽太湖朋氏;缺1卷:卷13;書名據版心及書簽題　　傳776.83/89

傳776.85　丘氏

7071*

河南丘氏族譜/丘瑞生等修.—民國36年(1947)江西泰和丘氏河南堂木活字本.—22册:像.—江西泰和丘氏;書名據書簽題　　傳776.85/92

傳776.87　文氏

7072*

楚南石北文氏族譜　四十一卷卷首二卷/文紹育纂修.—民國36年(1947)石門文氏正氣堂石印本.—20册:圖.—湖南石門文氏;書衣及版心題文氏族譜
　　傳776.87/92

傳777.01　夏氏

7073

桂林夏氏家乘/(清)夏杲纂修.—清康熙間會稽夏杲稿本.—5册:圖及彩像.—浙江紹興夏氏;書名據書簽題　　傳777.01/82

7074

虞東蔣山夏氏宗譜　六卷卷首一卷/(清)夏洪纂修.—清咸豐八年(1859)明德堂木活字本.—6册:像.—浙江上虞夏氏;目錄有墨筆列卷7—8,正文原缺;書名據序題,版心題夏氏宗譜　　傳777.01/87

7075

夏氏宗譜/(清)夏氏修.—清末抄本.—1册.—安徽當塗夏氏;殘缺;書名據版心題　　傳777.01/876

7076

桂林夏氏宗譜　十卷卷首一卷卷末一卷/夏壽恒等修.—清光緒三十三年(1907)明德堂木活字本.—12册:圖及彩像.—浙江上虞、餘姚夏氏;書名據版心題
　　傳777.01/89

7077

虞東蔣山夏氏宗譜　八卷卷首一卷卷末一卷/(清)夏臣虞等修.—清宣統元年(1909)明德堂木活字本.—8册:像.—浙江上虞夏氏;書名據譜序題,版心題夏氏宗譜　　傳777.01/897

7078

夏氏宗譜　三卷/(清)夏宗彝纂修.—清光緒間二義堂木活字本.—1册.—浙江餘姚夏氏;有墨筆增補
　　傳777.01/8972

7079

上虞桂林夏氏松夏支系　八卷卷首一卷卷末一卷/(清)夏鍾濂纂.—清光緒三十三年(1907)怡壽堂木活字本.—1册.—浙江上虞夏氏　　傳777.01/8976

7080

江陰夏氏宗譜　十八卷卷首一卷/(清)夏敦禮等纂

修.—清光緒十六年(1890)源遠堂木活字本.—10 册：
圖.—江蘇江陰夏氏　　　　　　傳 777.01/89763

7081
　夏氏宗譜/(清)夏氏修.—清宣統元年(1909)朱格
稿本.—1 册.—江蘇陽湖夏氏；書名據書名頁題
　　　　　　　　　　　　　　　傳 777.01/8977

7082*
　山陰夏氏宗譜　六卷/夏氏修.—民國 3 年(1914)
培本堂木活字本.—6 册.—浙江紹興夏氏；書名據版
心題　　　　　　　　　　　　　傳 777.01/91

7083*
　夏氏族譜　九卷卷首一卷/夏揚銘等纂修.—民國
15 年(1926)會稽堂石印本.—10 册：圖.—湖南湘陰
夏氏；書名據書名頁等題　　　　傳 777.01/916

7084*
　杭州夏氏世系圖/夏偕復纂.—民國間鉛印本.—1
册.—浙江杭州夏氏；書名頁題夏氏世系圖；附謁墓記
部二　1 册　　　　　　　　　　傳 777.01/917

7085*
　夏氏三修族譜　十五卷別錄三卷/夏蒞衡纂修.—
民國 38 年(1949)明德堂木活字本.—16 册.—湖南東
安夏氏；缺 2 卷：卷 6 及別錄卷 2；書名據書名頁等題
　　　　　　　　　　　　　　　傳 777.01/92

7086*
　夏氏家譜續編　四十七卷卷首二卷卷末二卷補遺
一卷/夏翰藩等修；夏開禮等纂.—民國 20 年(1931)
梅城工業社鉛印部鉛印本.—28 册：圖.—湖南益陽夏
氏；書名據版心及書衣題；附夏氏派譜一卷
　　　　　　　　　　　　　　　傳 777.01/926

7087*
　楓田夏氏五修族譜　十六卷卷首一卷卷末一卷/夏
達基等纂修.—民國 22 年(1933)木活字本.—18 册：
圖及像.—湖南益陽夏氏；書名據版心及書名頁題
　　　　　　　　　　　　　　　傳 777.01/928

傳 777.03　張氏

7088
　張氏統宗世譜　二卷/(清)張濚等纂修.—明嘉靖
間刻本.—1 册：圖.—殘存張氏古今遷居地理圖及本
源紀、內紀元會、內紀祁邑；書名據書籤題
　　　　　　　　　　　　　　　傳 777.03/75

7089
　安丘張氏家乘/(清)陳維崧等撰.—清康熙間刻
本.—4 册.—山東安丘張氏；書名據目錄題，版心及書
名題張氏家乘　　　　　　　　　傳 777.03/82

7090
　續安邱張氏家乘/(清)張氏修.—清刻本.—1 册.—
山東安丘張氏；書名據目錄題，版心及書名頁題張氏
家乘，書籤題續張氏寶墨樓家乘　　傳 777.03/82—2

7091
　明張氏兄弟倡守保定闔家殉難實跡/(清)張羅喆
撰.—清雍正間刻本.—1 册.—河北保定張氏；附保定
張氏世系　　　　　　　　　　　傳 777.03/83

7092
　張氏家乘　十卷附錄一卷/(清)張誥纂修.—清乾
隆五十九年(1794)刻本.—2 册.—浙江當湖張氏；書
名據書名頁題；版心下鐫耜洲山莊　傳 777.03/84

7093
　蓬萊張氏族譜/(清)張康泉纂修.—清嘉慶二十年
(1815)百忍堂刻本.—4 册：圖.—山東蓬萊張氏
　　　　　　　　　　　　　　　傳 777.03/85

7094
　張氏宗譜　十一卷/(清)張曾獻等修.—清嘉慶十
九年(1814)刻本.—14 册.—安徽桐城張氏
　　　　　　　　　　　　　　　傳 777.03/857

7095
　剡西珏芝張氏宗譜　四卷/(清)張益之等纂修.—
清嘉慶十五年(1810)誠心堂木活字本.—2 册.—浙江

嵊縣張氏;書名據書籤及目錄題　　　傳 777.03/8573

7096

　富春張氏宗譜/(清)張起嵩修;(清)朱起全等纂.—
清嘉慶二十四年(1819)百忍堂木活字本.—2 冊:彩圖
及像.—浙江富春張氏;書名據版心題

　　　　　　　　　　　　　　　　傳 777.03/8575

7097

　張氏家譜/(清)張金錫纂修.—清抄本.—1 冊.—江
蘇蘇州張氏,記事至清嘉慶二十五年(1820);有墨筆
增補;書名據版心題　　　　　傳 777.03/8576

7098

　海豐張氏家乘　十卷卷首一卷卷末一卷/(清)張映
房等纂修.—清嘉慶二年(1797)敬身堂刻本.—4
冊.—山東海豐張氏;書名據版心題,書籤題海豐張氏
族譜

　部二　4 冊　　　　　　　　　傳 777.03/8578

7099

　張氏家乘/(清)張為壽纂修.—清道光二十一年
(1841)刻本.—4 冊:圖.—上海青浦張氏;蟲蛀;版心
及書名頁題張氏族譜　　　　　傳 777.03/86

7100

　甲道張氏宗譜　六十卷/(清)張翼先等修.—清道
光十九年(1839)崇本堂木活字本.—60 冊:圖.—安
徽、江西張氏;書名據版心及書名頁題

　　　　　　　　　　　　　　　　傳 777.03/867

7101

· 山陰張氏宗譜　六卷/(清)張一鳴等修.—清道光
二十一年(1841)孝友堂木活字本.—6 冊:像.—浙江
紹興張氏　　　　　　　　　　傳 777.03/8672

7102

　張氏續修支譜　八卷卷首一卷卷末一卷/(清)張河
均等纂修.—清道光十八年(1838)植德堂木活字
本.—9 冊:圖.—湖南衡山張氏;卷 3 下殘缺

　　　　　　　　　　　　　　　傳 777.03/8674

7103

　剡西珏芝張氏宗譜　五卷/(清)張華富等纂修.—

清道光十九年(1839)木活字本.—3 冊.—浙江嵊縣張
氏;書名據目錄等題　　　　　傳 777.03/8676

7104

　張氏族譜/(清)張文選等修.—清道光二十八年
(1848)刻本.—4 冊.—山西平定張氏;書名據版心題;
曆次修序係舊版所印

　部二　4 冊　　　　　　　　傳 777.03/86767

7105

　瓜渚張氏宗譜　四卷/(清)張鏃等修.—清道光九
年(1829)木活字本.—4 冊.—江蘇揚州張氏;書名據
版心及目錄題　　　　　　　傳 777.03/86769

7106

　松林張氏家譜/(清)張氏修.—清道光十九年
(1839)張湘華抄本.—2 冊.—浙江山陰張氏;書名據
目錄題　　　　　　　　　　　傳 777.03/8677

7107

　南張世譜/(清)張氏修.—清乾隆間刻本.—4 冊.—
江蘇常熟張氏;書名據版心題;有清道光間墨筆抄
補.—毛裝　　　　　　　　　傳 777.03/86775

7108

　張氏家譜/(清)張學魯等纂修.—清咸豐七年
(1857)刻本.—1 冊:圖.—山西平定張氏;書名據書名
頁等題　　　　　　　　　　　傳 777.03/87

7109

　張氏族譜　四卷/(清)張薰等纂修.—清咸豐四年
(1854)木活字本.—4 冊.—江蘇揚州張氏;書名據書
名頁及版心題　　　　　　　傳 777.03/877

7110

　金陵羅塘張氏族譜　十二卷/(清)張代玉等修;
(清)張萬楷等纂.—清咸豐十一年(1861)金鑑堂木活
字本.—12 冊:圖.—江蘇金陵張氏;版心題張氏族譜,
書籤題張氏家乘　　　　　　傳 777.03/8775

7111

　浦頭張氏族譜/(清)張鎔等修;(清)張聯第纂.—清
同治八年(1869)木活字本.—2 冊.—江蘇江都張氏;

缺世系表中第一、二世；書名據版心及目錄題

傳 777.03/88

7112

錫山張氏宗譜　十二卷/(清)張應軫纂修.—清同治十一年(1872)孝思堂木活字本.—12 冊：像.—江蘇無錫張氏；書名據書籤題，版心及書名頁題張氏宗譜，譜序題安陽張氏宗譜　傳 777.03/887

7113

張氏宗譜　二十八卷/(清)張烈等修.—清同治十二年(1873)壽康堂木活字本.—28 冊：像.—江蘇無錫張氏　傳 777.03/8873

7114

雲龍張氏家譜/(清)張二銘等纂修.—清同治十年(1871)明義堂木活字本.—6 冊.—浙江鄞縣張氏；書名據版心題　傳 777.03/8874

7115

東橋張氏宗譜　八卷/(清)張士岳等修；(清)張正學纂.—清同治九年(1870)孝友堂木活字本.—8 冊：圖及像.—江蘇蘇州張氏；書名據書名頁及目錄題；版心題卷次有誤　傳 777.03/88747

7116

張氏四修族譜　三卷卷首一卷卷末一卷/(清)張允文等修；(清)張肇隆等纂.—清同治十三年(1874)孝友堂木活字本.—8 冊：圖.—湖南益陽張氏；缺 1 卷：卷末 1 卷；書名據版心及書名頁題

傳 777.03/8876

7117

清河郡張氏族譜/(清)張氏修.—清同治十一年(1872)敦敘堂木活字本.—6 冊：圖.—福建建寧張氏；書名據版心題，卷端題張氏重修族譜，書名頁題張氏族譜　傳 777.03/889

7118

瀟陽張氏宗譜　十一卷卷首一卷卷末一卷/(清)張炳榮等纂修.—清光緒二十年(1894)張氏紹渠堂木活字本.—18 冊：圖.—安徽瀟縣張氏；缺 1 卷：卷3

傳 777.03/89

7119

毗陵張氏宗譜　十四卷/(清)張全曾等修；(清)張川秀等纂.—清光緒十六年(1890)百忍堂木活字本.—16 冊：圖及像.—江蘇毗陵張氏；書名據卷 2 卷端題　傳 777.03/897

7120

京江張氏宗譜　六卷/(清)張滇等修；(清)張森纂.—清光緒五年(1879)說敦堂木活字本.—6 冊：圖.—江蘇丹徒張氏　傳 777.03/8972

7121

張氏宗譜　二十六卷/(清)張均修.—清光緒二十年(1894)壽康堂木活字本.—42 冊：像.—江蘇無錫張氏；書名據版心題　傳 777.03/8973

7122

漢州張氏祠族譜　二十三卷卷首一卷/張樹榮等纂修.—清宣統元年(1909)漢州張氏祠刻本.—10 冊：像.—四川漢州張氏；書名頁題張氏溪南宗祠族譜

傳 777.03/89736

7123

秦州西廂里張五甲張氏族譜/(清)張世英纂修.—清光緒三十四年(1908)秦州張世英渭南縣署刻本.—2 冊：圖.—陝西秦州張氏；書名據書籤題，書名頁題續秦州張氏族譜　傳 777.03/8974

7124

剡北張氏宗譜/(清)張增榮等修；(清)張皓等纂.—清光緒三十年(1904)濟美堂木活字本.—20 冊.—浙江剡縣張氏；書名據版心及書籤題

傳 777.03/89746

7125

張氏族譜　六卷/(清)張務耕等修.—清光緒二十六年(1900)刻本.—6 冊.—山東鄒縣張氏；書名據版心及書籤題　傳 777.03/8975

7126

雲陽張氏重修宗譜　十卷/(清)張昌綬等修.—清光緒二十一年(1895)孝友堂木活字本.—12 冊.—江蘇雲陽張氏；書名據卷 2 卷端題，版心題張氏宗譜，譜系題雲陽大井口張氏重修宗譜　傳 777.03/89759

7127

成都君平張氏宗譜/(清)張仕聲纂修.—清光緒三十一年(1905)刻本.—1 册:圖.—四川成都張氏

傳 777.03/8976

7128

懷玉張氏宗譜　十四卷卷首一卷卷末一卷/(清)張維潢等纂修.—清光緒十四年(1888)姚慶元堂木活字本.—16 册:圖及像.—江西玉山張氏

傳 777.03/89762

7129

旌陽張氏通修宗譜　三卷/(清)張慶彬等纂修.—清光緒二十六年(1900)永思堂木活字本.—20 册:圖.—安徽旌德張氏;版心題旌陽張氏宗譜

傳 777.03/89766

7130

良源張氏十一修族譜　十二卷/(清)張氏修.—清光緒二十七年(1901)孝友堂木活字本.—12 册:圖.—湖南瀏陽張氏;書名據目錄題,版心及書簽題良源張氏族譜,書名頁題張氏族譜　　傳 777.03/897666

7131

張氏族譜/(清)張振河等輯;(清)張景雲續輯.—清光緒二十六至二十七年(1900—1901)刻本.—4 册.—浙江杭州張氏;版心及書名頁題清河家乘;世美堂藏板;附張氏玉泉公支下譜

部二　4 册　　　　　　　　傳 777.03/8977

7132

竹居先德錄/(清)張楚寶輯.—清光緒二十一年(1895)刻本.—1 册.—合肥張氏;書名據書名頁題;竹居甲集之一　　　　　　　　傳 777.03/89772

7133

張氏柒修族譜/(清)張錦泰等纂修.—清光緒二十五年(1899)木活字本.—4 册:像.—江西撫州張氏;書名據版心題　　　　　　　　傳 777.03/89773

7134

湘鄉張氏叔房支譜　五卷/(清)張通相等纂修.—清光緒二十四年(1898)金鑑堂木活字本.—4 册:圖.—湖南湘鄉張氏;書名據書簽題,版心題張氏叔房

四修支譜　　　　　　　傳 777.03/89774

7135*

天井里張氏族譜底稿/張氏修.—民國間抄本.—2 册:像.—廣東曲江張氏;書名據版心題,卷端題天井張氏族譜　　　　　　　傳 777.03/90

7136*

海虞張氏支譜/張氏修.—民國間抄本.—1 册.—江蘇海虞張氏,記事至民國 6 年(1917);書名據譜序題,書簽題張氏支譜稿　　　　傳 777.03/91

7137*

張氏三修族譜　六十四卷卷首一卷附譜一卷/張世炳等修.—民國 11 年(1922)金鑑堂鉛印本.—14 册:圖.—湖南益陽張氏　　　　　傳 777.03/915

7138*

星堂壩張氏支譜　六卷/張國祥修;張先甲纂.—民國 8 年(1919)兩銘堂木活字本.—6 册:圖及像.—湖南長沙張氏;書名據書簽題,版心及書名頁題張氏支譜　　　　　　　傳 777.03/9154

7139*

張氏三修族譜　三十七卷卷首一卷/張紹興等修;張顯莆等纂.—民國 37 年(1948)孝友堂木活字本.—43 册:圖.—湖南瀏陽張氏;書名據版心題,書簽及書名頁題張氏族譜　　　　　傳 777.03/9156

7140*

張氏合修族譜　十一卷卷首一卷/張勛政等纂修.—民國 3 年(1914)銅鼓孝友堂木活字本.—13 册:圖.—福建上杭張氏;書名據版心題,書簽及版心題張氏族譜;　　　　　傳 777.03/916

7141*

張氏四修支譜　十六卷卷首二卷/張功焘修;張功峻等纂.—民國 15 年(1926)木活字本.—16 册:圖及像.—湖南益陽張氏;缺 1 卷:卷11;書名據版心題

傳 777.03/9168

7142*

桂林張氏家乘　十五卷/張仁普纂.—民國 10 年(1921)鉛印本.—12 册.—廣西桂林張氏;附義高千

古集
　部二　12 册　　　　　　　　　　傳 777.03/917

7143*

劉墅張氏宗譜　十一卷卷首一卷卷末一卷/張寶浩
等修.—民國 14 年(1925)木活字本.—12 册：圖及
像.—江蘇江陰張氏；書名據書名頁題，卷端及版心題
張氏宗譜　　　　　　　　　　　　傳 777.03/9172

7144*

毗陵張氏宗譜　十卷/張榮海等修；張臣卿纂.—民
國 7 年(1918)書忍堂木活字本.—10 册：像.—江蘇毗
陵張氏；書名據卷 2 卷端題，版心題張氏宗譜
　　　　　　　　　　　　　　　　傳 777.03/91722

7145*

廣東番禺沙灣司岐山張氏族譜/張炳楠等纂修.—
民國 4 年(1915)鉛印本.—1 册.—廣東番禺張氏；書
名據書籤題，版心及書名頁題張裕慶堂族譜
　　　　　　　　　　　　　　　　傳 777.03/91725

7146*

張氏家譜/張惟倫等修.—民國 8 年(1919)鉛印
本.—4 册.—浙江吳興張氏；書名據版心題
　　　　　　　　　　　　　　　　傳 777.03/9173

7147*

張氏世譜　十六卷/張志法等修；張秉鈞等纂.—民
國 10 年(1921)孝友堂木活字本.—16 册：像.—江蘇
武進、宜興張氏　　　　　　　　　傳 777.03/91732

7148*

太湖張氏宗譜　九卷卷首一卷/張書林等修；張泰
升等纂.—民國元年(1912)孝友堂木活字本.—10 册：
圖.—江蘇武進、宜興張氏　　　　　傳 777.03/9174

7149*

張氏族譜　四卷/張萬福修；劉嵩泉纂.—民國 12
年(1923)木活字本.—4 册：圖及像.—江蘇揚州張氏；
書名據書名頁及版心題　　　　　　傳 777.03/91743

7150*

張氏家世事實紀略/張時傑撰.—民國 3 年(1914)
貴州張玉麟北京鉛印本.—1 册.—貴州爐山張氏；書

名據書名頁題
　部二　1 册
　部三　1 册　　　　　　　　　　傳 777.03/917437

7151*

張氏宗譜　六卷/張盛貴等修；張金耕纂.—民國 12
年(1923)孝友堂木活字本.—6 册：像.—江蘇武進等
地張氏　　　　　　　　　　　　　傳 777.03/91744

7152*

中湘張氏五修支譜　二十四卷卷首三卷卷末一卷/
張萬遂等纂修.—民國 2 年(1913)大忍堂木活字
本.—19 册：圖.—湖南湘潭張氏；書名據版心題；目錄
題 20 卷　　　　　　　　　　　　傳 777.03/91746

7153*

錫山張氏宗譜　二十卷/張嘉謨纂修.—民國 4 年
(1915)福人堂木活字本.—20 册：圖及像.—江蘇無錫
張氏；書名頁題張氏家乘；有張嘉謨民國 4 年(1915)
序；版心卷次凌亂　　　　　　　　傳 777.03/917468

7154*

暨陽花園張氏宗譜　六卷/張明愷等修；張繼林等
纂.—民國 10 年(1921)木活字本.—6 册.—浙江諸暨
張氏；書名據版心及目錄題　　　　傳 777.03/9175

7155*

慈東張氏宗譜　五卷卷首一卷/張德祖等纂修.—
民國 13 年(1924)觀敬堂木活字本.—4 册.—浙江慈
溪張氏　　　　　　　　　　　　　傳 777.03/91753

7156*

陽羨張氏宗譜　二十四卷卷首一卷卷末一卷/張瑞
之等修.—民國 7 年(1918)一本堂木活字本.—34 册：
像.—江蘇宜興張氏；書名頁等題張氏宗譜
　　　　　　　　　　　　　　　　傳 777.03/91756

7157*

張氏宗譜　十卷/張嗣道等修；張嗣釗纂.—民國 9
年(1920)得宜堂木活字本.—6 册.—江蘇江浦張氏；
書名據版心及目錄題　　　　　　　傳 777.03/917567

7158*

張氏世譜分修　八卷/張虎德等修；張乃文纂.—民

國 5 年(1916)世恩堂木活字本.—8 冊：像.—江蘇毗陵張氏
傳 777.03/9176

7159*

甬上青石張氏家譜　四卷/張美翊等修.—民國 14 年(1925)味芹堂鉛印本.—4 冊：像.—浙江鄞縣張氏
部二　4 冊
傳 777.03/91763

7160*

南望張氏宗譜　十八卷補附一卷/張金甫等修；張川秀等纂.—民國 8 年(1919)百忍堂木活字本.—16 冊：圖及像.—江蘇武進張氏；書名據版心及目錄題；補附 1 卷裝訂在卷 1 後
傳 777.03/917637

7161*

奉賢張氏家譜　六卷/張友傳等纂修.—民國 6 年(1917)崇本堂鉛印本.—2 冊：圖及像.—上海奉賢張氏
傳 777.03/9177

7162*

張氏家乘附錄/張軼歐等撰.—民國間木活字本.—1 冊.—江蘇無錫張氏；書名據版心及書簽題
傳 777.03/91777

7163*

錫山張氏統譜/張軼歐等修.—民國 11 年(1922)無錫張氏壽康堂木活字本.—60 冊：像.—江蘇無錫張氏；橫渠派缺 1 卷：卷 5,萬一派缺 1 卷：卷 2,萬十派缺卷不詳,忠獻派缺 1 卷：卷 7,應楠派缺卷不詳；書名據書簽題
部二　13 冊　存橫渠派 9 卷：卷 7、9—12、20、25—27、31—32、36、39
傳 777.03/917778

7164*

導河張氏家譜/張夔龍纂修.—民國 14 年(1925)張夔龍稿本.—1 冊.—甘肅導河張氏；書名據目錄題；書衣題鐵鍬道人新修
傳 777.03/9178

7165*

落鵬橋張氏續修支譜　九卷卷末一卷/張恢棹修；張家富纂.—民國 4 年(1915)兩銘堂木活字本.—10 冊：圖.—湖南長沙張氏；書名據序及目錄題,版心及書名頁題張氏支譜
傳 777.03/918

7166*

張氏宗譜　十六卷卷首一卷卷末一卷/張文貴等纂修.—民國 30 年(1941)孝友堂木活字本.—12 冊：圖及像.—江蘇江陰張氏；書名據版心及書名頁題
傳 777.03/92

7167*

長沙枬木衝張氏五修族譜　二十四卷/張煥榮等修；張先恕纂.—民國 28 年(1939)孝友堂鉛印本.—24 冊：圖及照片.—湖南長沙張氏；版心及書簽題枬木衝張氏族譜,書名頁題張氏族譜
傳 777.03/922

7168*

洋湖張氏三修族譜　十五卷卷末一卷/張承謨修；張家恢等纂.—民國 26 年(1937)清河堂木活字暨影印本.—16 冊：圖及照片.—湖南長沙張氏；書名頁題洋湖張氏族譜
傳 777.03/923

7169*

瀏陽華園張氏族譜　二十二卷卷首一卷/張世煦修；張世桃纂.—民國 30 年(1941)光裕堂木活字本.—14 冊：圖.—湖南瀏陽張氏；書名據版心題,書簽題張氏族譜
傳 777.03/925

7170*

壽山張氏宗譜　四卷/張元靜等纂修.—民國 38 年(1949)木活字本.—4 冊：圖及像.—浙江金華張氏；有破損頁；書名據版心題
傳 777.03/9255

7171*

張氏四修族譜　三十六卷/張頌軒等纂修.—民國 33 年(1944)孝友堂木活字本.—36 冊：圖及像.—湖南安化張氏；書名據版心題,書名頁及書簽題張氏族譜
傳 777.03/92551

7172*

瀏陽堯化張氏族譜　十二卷/張文鍈修；張慶熾纂.—民國 30 年(1941)協和堂木活字本.—12 冊：圖.—湖南瀏陽張氏；書名據版心及書簽題,書名頁題瀏陽張氏族譜
傳 777.03/926

7173*

張氏五修族譜　十二卷卷首一卷卷末一卷/張茂亭

修;張滌亭等纂.—民國 18 年(1929)惠和堂木活字本.—14 冊:圖及像.—湖南益陽張氏;書名據書名頁等題　　　　　　　　　　　傳 777.03/9264

7174*

　張氏宗譜　　八卷/張克家等纂修.—民國 32 年(1943)亦梅堂木活字本.—8 冊:像.—江蘇宜興張氏;書名據版心及目錄題　　　　傳 777.03/927

7175*

　上虞槐花張氏宗譜　　八卷卷首一卷卷末一卷/張鴻翥纂.—民國 19 年(1930)馨德堂木活字本.—4 冊:圖.—浙江上虞張氏;版心題槐花張氏宗譜
　　　　　　　　　　　　　傳 777.03/9272

7176*

　清河張氏支譜/張炳等修.—民國 20 年(1931)鉛印本.—2 冊.—江蘇常熟張氏;書名據書簽及書名頁題,版心題張氏支譜;著者據世表題
　部二　2 冊
　部三　2 冊　　　　　　　傳 777.03/92723

7177*

　城南張氏壽文房五修支譜　　十六卷/張先炳等修;張先諫等纂.—民國 18 年(1927)孝友堂木活字本.—16 冊:圖.—湖南長沙張氏;書名據書名頁題,版心題城南張氏五修支譜　　傳 777.03/927235

7178*

　張氏族譜　　十卷/張溥熙等纂修.—民國 20 年(1931)煙臺東魯印刷局鉛印本.—10 冊.—山東萊陽張氏;書名據版心題;書簽及書名頁題張氏譜書
　　　　　　　　　　　　　傳 777.03/927237

7179*

　桂林張氏族譜　　七卷卷首一卷卷末一卷/張其埥等纂修.—民國 20 年(1931)鉛印本.—9 冊.—廣西桂林張氏;書名據版心及目錄等題　傳 777.03/9273

7180*

　南陽張氏先芬錄/張清漣輯.—民國 36 年(1947)開封新時代印刷局鉛印本.—1 冊.—河南南陽張氏;陶然齋叢刊之一
　部二　1 冊　　　　　　　傳 777.03/92736

7181*

　湘鄉花橋張氏四修族譜　　二十卷/張世樹等修;張正頤等纂.—民國 17 年(1928)孝友堂木活字本.—20 冊:圖.—湖南湘鄉張氏;書名據版心及目錄題
　部二　20 冊　　　　　　傳 777.03/9274

7182*

　張氏族譜　　十九卷/張興彥等修;張琴治等纂.—民國 18 年(1929)金鑑堂木活字本.—14 冊.—湖南永興張氏;書名據版心題　　傳 777.03/9275

7183*

　湘潭楊梓張氏六修家譜　　二十九卷卷首一卷卷末一卷/張德柄等修.—民國 32 年(1943)志合堂木活字本.—25 冊:圖.—湖南湘潭張氏;書名據版心及書簽題,書名頁題張氏家譜　　傳 777.03/92753

7184*

　張氏八修宗譜　　二十二卷卷首四卷勘誤表一卷/張列宿等修;張紹良等纂.—民國 30 年(1941)張氏孝友堂木活字本.—37 冊:圖.—安徽宿松張氏;書名據目錄題,版心題張氏宗譜　　傳 777.03/927537

7185*

　扶溝縣張氏族譜/張繼善等纂.—民國 20 年(1931)扶溝張氏石印本.—2 冊.—河南扶溝張氏;書名據書簽題,版心題張氏族譜　傳 777.03/9275373

7186*

　張氏宗譜　　四十二卷/張珮琛等纂.—民國 36 年(1947)世恩堂木活字本.—42 冊:圖及像.—江蘇武進張氏;版心下鐫城南書院藏版
　　　　　　　　　　　　　傳 777.03/9275377

7187*

　金華蓮池張氏宗譜　　三卷卷首一卷/張同元等纂修.—民國 36 年(1947)木活字本.—4 冊:圖及像.—浙江金華張氏　　傳 777.03/92755

7188*

　太湖孝友堂張氏宗譜　　六卷卷首一卷/張昭珽等修.—民國 29 年(1940)孝友堂木活字本.—6 冊:圖.—安徽太湖張氏;缺 1 卷:卷 2;書名據書名頁題,版心題張氏宗譜　　傳 777.03/92757

7189*

張氏宗譜　三十五卷卷首一卷/張開枚等修.—民國 22 年(1933)鉛印本.—28 冊.—安徽桐城張氏
　　　　　　　　　　　傳 777.03/927577

7190*

毗陵張氏宗譜　十二卷卷首一卷/張燦鋐等修.—民國 18 年(1929)垂裕堂木活字本.—10 冊:圖及像.—江蘇毗陵張氏　　傳 777.03/9276

7191*

暨陽蔣湖張氏宗譜　十六卷/張文明等修.—民國 38 年(1949)芝泉堂木活字本.—16 冊.—浙江諸暨張氏;書名據版心及目錄題　傳 777.03/92765

7192*

南皮張氏四門第十八支家譜/張榛等修;張厚璋等纂.—民國 26 年(1937)南皮張厚谷北平鉛印本.—1 冊.—河北南皮張氏;書名據書名頁題
　　　　　　　　　　　傳 777.03/9277

7193*

張氏慶雲公房支譜　三十卷卷首一卷/張氏修.—民國 38 年(1949)新化張氏木活字本.—40 冊:圖及像.—湖南新化張氏;書名據書簽題,版心題張氏支譜,書名頁題張氏慶雲公裔支譜　傳 777.03/92773

7194*

長沙坳上張氏族譜　十二卷/張遠選等修;張遠翼等纂.—民國 36 年(1947)長沙張氏清河堂木活字本.—12 冊:圖.—湖南長沙張氏;書名據版心及書簽題　　　　　　　　　　　傳 777.03/9279

7195*

瀏陽張氏族譜　七十一卷卷首三卷卷末一卷/張叔雄等修;張崧屏等纂.—民國 31 年(1942)孝友堂木活字本.—75 冊:圖.—湖南瀏陽張氏;缺 7 卷:卷 13、20—22、34、59—60;書名據版心及書簽題,書名頁題張氏族譜　　　　傳 777.03/928

7196*

湖南常德縣張氏四修族譜　十五卷卷首一卷/張從修等修;張從南等纂.—民國 32 年(1943)清河堂木活字本.—17 冊:圖.—湖南常德張氏;版心題張氏四修族譜,書簽題張氏族譜　　　傳 777.03/929

7197*

張氏家乘/廣東省龍川縣通衢田心屯秀八公族譜續修小組纂修.—1991 年龍川張氏鉛印本.—1 冊.—廣東龍川張氏;書名據書名頁題.—平裝
　　　　　　　　　　　傳 777.03/95

7198*

張王坂張氏宗譜　二十七卷卷首一卷/張海林等修;張緒唐等編.—1992 年鉛印本.—1 冊:圖.—湖北黃岡張氏;書名據書簽題,版心及書名頁題張氏宗譜
　　　　　　　　　　　傳 777.03/952

7199*

張氏源流史/張志忠修;張雲貴等纂.—1992 年貴州張氏鉛印本.—2 冊:圖及照片.—貴州張氏;書名據書名頁題.—平裝

部二　2 冊　　　　　　　傳 777.03/957

傳 777.05　耿氏

7200

耿氏家譜/(清)耿有光等修.—清抄本.—1 冊.—甘肅蘭州耿氏;書名據譜序題.—經摺裝
　　　　　　　　　　　傳 777.05/84

傳 777.07　毛氏

7201

韶山毛氏族譜/(清)毛璨等修.—清刻本.—1 冊.—湖南韶山毛氏,記事至清乾隆四年(1739);原書卷數不詳,存 1 卷:世系 1 卷;書名據版心題
　　　　　　　　　　　傳 777.07/84

7202

劉村毛氏世譜　十六卷/(清)毛頤域等修.—清道光二十五年(1845)永思堂刻本.—12 冊.—江蘇武進毛氏;卷 10 有 2 頁抄配;書名據書簽及書名頁題
　　　　　　　　　　　傳 777.07/86

7203

韶山毛氏鑑公房譜　六卷/(清)毛際膺等修;(清)毛蘭芳纂.—清同治七年(1868)西河堂木活字本.—7册:圖.—湖南韶山毛氏;書名據書簽題

部二　7册　　　　　　　　　傳777.07/88

7204

毛氏宗譜　七卷/(清)毛榮文等修.—清同治七年(1868)長發堂木活字本.—6册.—浙江會稽毛氏;書名據版心及書簽題;目錄題6卷　　傳777.07/887

7205

餘姚豐山毛氏族譜　十四卷卷首三卷卷末一卷/(清)毛配清修;(清)毛雲祥等纂.—清光緒三十年(1904)永思堂木活字本.—18册:像.—浙江餘姚毛氏;版心及書名頁題毛氏族譜,書簽題光緒餘姚豐山毛氏譜　　　　　　　傳777.07/89

7206

毛氏宗譜　七卷/(清)毛必發等修.—清光緒十七年(1891)長發堂木活字本.—6册.—浙江會稽毛氏;書名據版心及目錄題　　傳777.07/897

7207*

毛氏四修族譜　十六卷/毛守師修;毛守緒等纂.—民國9年(1920)湖南安化毛氏西河堂木活字本.—16册:圖.—湖南安化毛氏;書名據書名頁等題

傳777.07/91

7208*

會稽達郭毛氏宗譜　十二卷/毛鼎富等修.—民國19年(1930)木活字本.—12册.—浙江會稽毛氏;書名據書簽題　　　　　　傳777.07/92

7209*

毛氏族譜　七卷卷首一卷/毛德堯修;毛堂慶纂.—民國38年(1949)西河堂鉛印本.—8册:圖.—湖南澧縣毛氏;書名據版心及書名頁題　　傳777.07/926

7210*

餘姚豐山毛氏族譜　十四卷卷首三卷卷末一卷/毛景澄修;毛啟周等纂.—民國20年(1931)永思堂木活字本.—20册:圖及像.—浙江餘姚毛氏

傳777.07/927

7211*

萬載毛氏宗譜　五卷/毛俊傑等纂修.—民國38年(1949)黃叢謨木活字本.—8册:圖.—江西萬載毛氏;書名據版心題,書簽及書名頁題毛氏宗譜

傳777.07/9273

7212*

益陽毛氏五修族譜　七卷卷首二卷/毛先菱等修;毛孝格等纂.—民國28年(1939)西河堂木活字本.—6册:圖.—湖南益陽毛氏;書名據書名頁題,版心題毛氏五修族譜,書衣題毛氏族譜　　傳777.07/9277

傳777.09　何氏

7213

何氏族譜/(清)何鋒,(清)王文清纂.—清乾隆四十年(1775)廬江堂木活字本.—5册:圖.—湖北通城何氏;書名據版心題　　　傳777.09/84

7214

蕭山何氏宗譜　十五卷卷首一卷/(清)何鯤等修.—清道光二十八年(1848)世恩堂木活字本.—12册.—浙江蕭山何氏;書名據版心及書簽題,書名頁題何氏宗譜　　傳777.09/86

7215

何氏宗譜/(清)何高峰等修.—清咸豐元年(1851)刻本.—2册:圖.—湖南何氏;書名據版心題

傳777.09/87

7216

方何宗譜　二十八卷/(清)何盛財等修;(清)何乘驤等纂.—清光緒二十七年(1901)二友堂木活字本.—28册:圖及像.—安徽廬江何氏,明方孝孺後裔,改姓何;書名據版心及書簽題　　傳777.09/89

7217

京江何氏家乘　十五卷卷首一卷卷末一卷/(清)何志慶等纂修.—清光緒十三年(1887)無違堂木活字本.—12册:圖.—江蘇丹徒何氏　　傳777.09/897

7218

暨陽金嶺何氏宗譜 八卷/(清)何一錦修;(清)何
茂蘭等纂.—清光緒六年(1880)清源堂木活字本.—8
冊.—浙江諸暨何氏;書名據版心題

傳 777.09/8972

7219

暨陽家山何氏宗譜 七卷卷首一卷/(清)何榮烈等
纂修.—清光緒三十三年(1907)繼緒堂木活字本.—8
冊:圖.—浙江諸暨何氏;書名據版心及目錄題

傳 777.09/89723

7220

暨陽西何何氏宗譜 十八卷/(清)何學教修;(清)
何清和等纂.—清光緒二年(1876)仁義堂木活字
本.—18 冊.—浙江諸暨何氏 傳 777.09/8976

7221

暨陽西何何氏宗譜 十八卷/(清)何學安修;(清)
何思明等纂.—清光緒二十七年(1901)仁義堂木活字
本.—18 冊.—浙江諸暨何氏 傳 777.09/89763

7222

何留墅何氏重修家乘 十二卷/(清)何學易等
修.—清光緒三十四年(1908)三高堂木活字本.—12
冊:像.—江蘇常州何氏;書名據目錄題,書名頁等題
何氏家乘 傳 777.09/89767

7223

蕭山何氏宗譜 二十卷卷首一卷/(清)何連陞等
修.—清光緒十九年(1893)世恩堂木活字本.—14
冊.—浙江會稽何氏 傳 777.09/8977

7224

寧善何氏宗譜 二卷/(清)何大啟等修.—清光緒
二十八年(1902)應永慶堂木活字本.—2 冊:圖及
像.—浙江新城何氏;書名據版心題

傳 777.09/89776

7225

何氏五修族譜 七卷卷首二卷/(清)何俊秀等纂
修.—清光緒二十一年(1895)盧江堂木活字本.—17
冊:圖.—湖南益陽何氏;書名據版心及書籤題,書名
頁題何氏族譜 傳 777.09/899

7226*

崧鎮何氏宗譜 十六卷卷首一卷卷末一卷/何其良
等纂修.—民國 10 年(1921)慶遠堂木活字本.—12
冊:像.—浙江上虞何氏

部二 12 冊 傳 777.09/91

7227*

金紫何氏族譜 十卷/何萬德修;何世盛纂.—民國
元年(1912)盧江堂木活字本.—8 冊:圖.—湖南瀏陽
何氏;書名據版心題,書籤題何氏族譜

傳 777.09/914

7228*

七甲何氏三修族譜 八卷卷首四卷/何翰香等修;
何福庵等纂.—民國 17 年(1928)盧江堂木活字本.—
11 冊.—湖南衡陽何氏;書名據書籤題,版心題何氏三
修族譜,書名頁題何氏家乘 傳 777.09/9146

7229*

盧江郡何氏大同宗譜 二十六卷/何毓琪等纂.—
民國 10 年(1921)安徽文華印書館鉛印本.—26 冊:圖
及像.—安徽盧江何氏;書名據版心題

傳 777.09/917

7230*

宛東何氏宗譜 六卷/何求隆等修;何言儀纂.—民
國 7 年(1918)三魁堂木活字本.—6 冊:圖及像.—安
徽宣城何氏;書名據版心題 傳 777.09/9173

7231*

何氏三修族譜 八卷/何天龍等纂修.—民國 19 年
(1930)石印本.—8 冊:圖.—湖南長沙何氏;書名據版
心及書籤題,書名頁題何氏族譜 傳 777.09/91731

7232*

續修京江何氏家乘 十四卷/何恩浩纂修.—民國
11 年(1922)無違堂木活字本.—12 冊.—江蘇鎮江何
氏;書名據卷 2 卷端題,書名頁等題何氏家乘

傳 777.09/9174

7233*

義烏西金何氏宗譜 二卷/何道美等修.—民國 11
年(1922)木活字本.—2 冊:圖及像.—浙江義烏何氏

傳 777.09/9176

7234*

　富盉何氏宗譜　二十四卷/何達甫等修;何森茹纂.—民國 37 年(1948)永言堂鉛印本.—26 冊:圖及像.—江蘇江陰何氏;書名據書籤題

　　部二　26 冊

　　部三　26 冊   傳 777.09/92

7235*

　瀏陽南鄉何氏族譜　六卷/何傳蘭等修.—民國 26 年(1937)五美堂木活字本.—6 冊:圖.—湖南瀏陽何氏;書名據版心題,書名頁題何氏族譜

     傳 777.09/925

7236*

　湘潭朱亭何氏六修族譜　三十六卷/何藻鑫等修;何紹城等纂.—民國 36 年(1747)思本堂木活字本.—36 冊:圖.—湖南湘潭何氏;書名據版心及書籤題,書名頁題何氏族譜   傳 777.09/927

傳 777.11　衛氏

7237

　衛氏宗譜/(清)衛緒渙纂修.—清藍絲欄抄本.—3 冊.—山西洪桐衛氏,記事至清道光十九年(1839);原書卷數不詳,存卷 6—10 及餘編.—毛裝

     傳 777.11/86

傳 777.13　岑氏

7238

　西林岑氏族譜　十卷卷首一卷/(清)岑毓英修.—清光緒十四年(1888)滇黔節署刻本.—10 冊:圖.—廣西西林岑氏;書名據版心題;版心下鐫南陽堂

　　部二　10 冊   傳 777.13/89

7239

　恩平岑氏家譜　十一卷/(清)岑兆瑞等纂修.—清光緒二十年(1894)刻本.—7 冊:圖.—廣東恩平岑氏

     傳 777.13/897

7240

　姚江上林岑氏章慶堂宗譜　二十集二十六卷/(清)岑三多等修;(清)岑若英等纂.—清光緒三十三年(1907)章慶堂木活字本.—20 冊:圖及像.—浙江餘姚岑氏;書名據書名頁題,書簽題餘姚岑氏章慶堂宗譜

     傳 777.13/8974

傳 777.15　嵇氏

7241

　嵇氏宗譜　八卷/(清)嵇有慶纂修.—清同治間刻本.—4 冊.—江蘇無錫嵇氏;書名據版心題

　　部二　2 冊　存 3 卷:卷 1、7—8,有抄配;西諦藏書

     傳 777.15/88

傳 777.17　仲氏

7242

　仲氏族譜/(明)仲氏修.—明崇禎間刻本.—1 冊:圖.—山東仲氏;版心題汶上族譜、鉅野縣族譜;西諦藏書   傳 777.17/78

7243*

　宛陵支脈蘭州仲氏敬修堂宗譜稿/仲氏纂修.—民國間蘭州仲弘道朱絲欄稿本.—1 冊.—甘肅蘭州仲氏;書名據書名頁題   傳 777.17/92

傳 777.19　邱氏

7244

　邱氏族譜/(清)邱能文訂.—清道光二十八年(1848)曾炳南抄本.—7 冊.—福建興化邱氏;書名據書名頁等題   傳 777.19/86

7245

　興泰邱氏七修族譜　三卷/(清)邱青芹等修;(清)邱拔雲等纂.—清道光九年(1829)衍慶堂木活字本.—5 冊.—福建莆田邱氏;書名據版心題,書簽題河

南邱氏族譜　　　　　　　　傳 777.19/864

7246

蕭山邱氏宗譜　六卷/(清)邱厚生等修.—清光緒
三十一年(1905)永恩堂木活字本.—6 冊.—浙江蕭山
邱氏　　　　　　　　　　傳 777.19/89

7247

瀏邑邱從祥祠族譜　十二卷卷首一卷卷末一卷/
(清)邱鳳清修;(清)邱詩焱纂.—清光緒三十年
(1904)河南堂木活字本.—14 冊;圖及像.—湖南瀏陽
邱氏;書名據版心題,書名頁題邱氏族譜
　　　　　　　　　　　　傳 777.19/896

7248

邱氏族譜/(清)邱舜龍等修;(清)邱舜敕等纂.—清
光緒十七年(1891)文宗堂抄本.—3 冊.—湖南桂陽邱
氏;有缺頁;書名據版心題　　傳 777.19/897

7249*

邱氏宗譜　二卷/邱光耀纂修.—民國 8 年(1919)
湖州王文光齋大房書局刻朱印本.—2 冊;圖及像.—
浙江湖州邱氏;有墨筆增補;書名據版心及書名頁題
　　　　　　　　　　　　傳 777.19/91

7250*

邱氏族譜　十六卷卷首一卷/邱氏修.—民國 14 年
(1925)河南堂木活字本.—9 冊.—湖南瀏陽邱氏;缺
8 卷:卷 1—5、11、15—16;書名據版心題
　　　　　　　　　　　　傳 777.19/917

7251*

資陽邱氏五修支譜　九卷卷首二卷卷末三卷/邱東
華修;邱東曉等纂.—民國 11 年(1922)忠實堂木活字
本.—12 冊;圖.—湖南寧鄉、益陽邱氏;有殘破頁;書
名據版心及書簽題,書名頁題邱氏支譜
　　　　　　　　　　　　傳 777.19/9176

7252*

漢安邱氏家乘　六卷/邱功鑄等纂修.—民國 24 年
(1935)內江仁義永鉛石印刷局石印本.—5 冊;圖.—
四川漢安邱氏　　　　　傳 777.19/92

7253*

邱氏支譜　十二卷/邱之壑等修.—民國 26 年
(1937)木活字本.—12 冊;圖.—湖南瀏陽邱氏;書名
據書名頁等題　　　　　傳 777.19/926

傳 777.21　歸氏

7254

京兆歸氏世譜　二十卷/(清)歸衡修;(清)歸令符
等纂.—清同治八年(1869)昭文歸氏義莊刻本.—12
冊;圖及像.—江蘇常熟歸氏;書名據書簽及書名頁題
　　部二　12 冊　　　　傳 777.21/88

7255*

京兆歸氏世譜　十二卷別支補一卷/歸兆錢等
修.—民國 2 年(1913)常熟歸氏義莊木活字本.—5
冊;圖.—江蘇常熟歸氏;書名據書簽及書名頁題
　　部二　5 冊
　　部三　5 冊　　　　　傳 777.21/91

傳 777.23　倪氏

7256

新紫山倪氏七甲支譜　六卷卷首一卷卷末一卷/
(清)倪友先纂修.—清乾隆五十三年(1788)刻本.—8
冊;圖.—安徽涇縣倪氏;書名據版心及目錄題
　　　　　　　　　　　　傳 777.23/84

7257

祁門倪氏族譜　三卷/(清)倪望重等修.—清光緒
二年(1876)刻本.—3 冊;圖及像.—安徽祁門倪氏;書
名據書名頁題
　　部二　3 冊　　　　　傳 777.23/89

7258

蛟川倪氏宗譜　三卷卷首一卷/(清)倪敬沼纂
修.—清光緒二十年(1894)愛日堂木活字本.—2
冊.—浙江鎮海倪氏;書名據版心及書簽題
　　　　　　　　　　　　傳 777.23/897

7259

蕭山新壩倪氏宗譜　十四卷/(清)倪介眉等纂修.—清光緒九年(1883)永恩堂木活字本.—14 冊:圖.—浙江蕭山倪氏;卷 2 殘破;書名據版心題
傳 777.23/8977

7260*

上虞橫山倪氏宗譜/倪氏修.—民國間經鋤堂木活字本.—10 冊:像.—浙江上虞倪氏;書名據版心及書籤題;是譜纂修於清宣統三年(1911)
傳 777.23/89775

7261*

祁門倪氏族譜　二卷/倪望崖等修.—民國 14 年(1925)木活字本.—2 冊:圖.—安徽祁門倪氏;書名據書名頁題
部二　2 冊
部三　2 冊　　　　　　　　　傳 777.23/91

7262*

京口丹徒冊田倪茂堂倪氏重修宗譜　六卷/倪榮鈞等修;步孝恭纂.—民國 11 年(1922)帶經堂木活字本.—8 冊.—江蘇丹徒倪氏;書名據目錄題,版心題倪氏宗譜,書籤題倪氏族譜,書名頁題倪氏家乘;附餘慶錄
傳 777.23/917

7263*

丹徒倪氏族譜　十四卷/倪思九等修;倪思宏等纂.—民國 11 年(1922)刻本.—16 冊:圖及像.—江蘇丹徒倪氏
傳 777.23/9174

7264*

倪氏族譜　四卷/倪嗣冲等修.—民國 25 年(1936)穎州倪氏天津鉛印本.—2 冊:圖.—安徽阜陽倪氏;書名據書名頁等題
傳 777.23/92

傳 777.25　解氏

7265*

解氏譜略/(清)解洵等修.—民國間藍格抄本.—2 冊:圖.—天津解氏;書名據書名頁題　傳 777.25/84

傳 777.27　鄒氏

7266

鄒氏宗譜　三十六卷/(清)鄒仁溥纂修.—清光緒二十九年(1903)中和堂木活字本.—36 冊:像.—江蘇常州鄒氏;書名據書名頁題,版心及書籤題鄒氏家乘
部二　36 冊　　　　　　　　　傳 777.27/89

7267

瀏西鄒氏支譜　六卷/(清)鄒義奎等修;(清)鄒覯亮等纂.—清光緒二十年(1894)錫章堂抄本.—5 冊:圖.—湖南瀏陽鄒氏;書名據版心題　傳 777.27/892

7268

董粟坪鄒氏三修族譜　二十三卷卷首一卷/(清)鄒盛謹等修;鄒盛達等纂.—清宣統三年(1911)敦本堂木活字本.—26 冊:圖.—湖南衡陽鄒氏;書名據版心題,書名頁題鄒氏三修族譜　傳 777.27/894

7269

鄒氏族譜　二十一卷卷首二卷/鄒同寅等纂.—清宣統三年(1911)木活字本.—21 冊:圖.—湖南邵州鄒氏;書名據版心題,書名頁題晚戶銘伯裔續修族譜;卷末附來裔續編
傳 777.27/897

7270*

上湘鄒氏三修族譜　七卷卷首一卷/鄒俊定等修;鄒隆儀等纂.—1992 年北京圖書館靜電復製本.—3 冊:圖.—湖南湘鄉鄒氏;書名據版心題;據清宣統三年(1911)范陽堂木活字本靜電復製.—精裝
傳 777.27/8979

7271*

毗陵鄒氏宗譜　八卷/鄒煥炳等修.—民國 4 年(1915)仁厚堂木活字本.—8 冊:像.—江蘇毗陵鄒氏;書名據版心及目錄題　傳 777.27/91

7272*

鄒氏家乘　五卷/鄒新鶚等修;鄒序輝纂.—民國 4 年(1915)三順戶鉛印本.—2 冊:像.—湖南邵州鄒氏;書衣題鄒氏家譜　傳 777.27/917

7273*

范陽鄒氏家譜/鄒昌富等修;傅求敏纂.—民國 8 年
(1919)吹律堂木活字本.—8 冊:圖及像.—浙江壽昌
鄒氏;書名據書簽題　　　　　　　　傳 777.27/9175

7274*

毗陵鄒氏宗譜　十六卷/鄒錫珂等修.—民國 6 年
(1917)柏樹堂木活字本.—16 冊:圖及像.—江蘇常州
鄒氏;書名頁等題鄒氏宗譜,譜序題東戴鄒氏重修
宗譜　　　　　　　　　　　　　　　傳 777.27/9178

7275*

范陽鄒氏家譜/鄒家善等修;徐友恭纂.—民國 37
年(1948)吹律堂木活字本.—10 冊:圖及像.—浙江壽
昌鄒氏;書名據書簽題　　　　　　　傳 777.27/92

7276*

衡陽金蘭思宗鄒氏六修族譜　四十四卷卷首十卷/
鄒鎮南等纂修.—民國 37 年(1948)太和堂木活字
本.—53 冊:圖.—湖南衡陽鄒氏;版心題思宗鄒氏六
修族譜,書名頁題思宗鄒氏家乘　傳 777.27/925

7277*

鄒氏三修族譜　九卷/鄒秉璋等修;鄒正衢等纂.—
民國 20 年(1931)范陽堂木活字本.—9 冊:圖.—湖南
益陽鄒氏;書名據版心題　　　　　　傳 777.27/929

傳 777.29　包氏

7278

潤州包氏族譜　十卷/(清)包夢奎等修;(清)江靜
亭纂.—清道光十三年(1833)遺硯堂木活字本.—10
冊:圖及像.—江蘇鎮江包氏;版心及書名頁題包氏
宗譜　　　　　　　　　　　　　　　傳 777.29/86

7279*

甬東包氏宗譜　十九卷卷首一卷/包禮忠修;包科
駿纂.—民國 6 年(1917)木活字本.—10 冊:圖.—浙
江鄞縣包氏;書名據版心題;版心下鐫沱水分支
　　　　　　　　　　　　　　　　　傳 777.29/91

7280*

鎮海東管鎮包氏重修宗譜　六卷卷首一卷卷終一
卷/謝覲黻纂.—民國 9 年(1920)務本堂木活字本.—
6 冊.—浙江寧波包氏　　　　　　　傳 777.29/912

7281*

毗陵包氏重修宗譜　六卷/包清榮,包清洪纂修.—
民國 7 年(1918)孝肅堂木活字本.—6 冊:圖及像.—
江蘇常州包氏;書名據目錄題,譜序題馬洋橋包氏重
修宗譜　　　　　　　　　　　　　　傳 777.29/917

7282*

文林包氏宗譜　八卷卷首一卷卷末一卷/包洪泉等
修.—民國 37 年(1948)秀幹堂鉛印本.—13 冊:圖及
像.—江蘇江陰包氏;書名據書簽題;附包孝肅公奏議
　　　　　　　　　　　　　　　　　傳 777.29/92

傳 777.31　袁氏

7283

袁氏同宗會譜/(清)袁氏修.—清抄本.—1 冊.—浙
江紹興袁氏;書名據序題　　　　　　傳 777.31/70

7284

寧波鄞縣西袁氏家乘　三卷/(清)袁鈞纂修.—清
抄本.—1 冊:彩像.—浙江寧波袁氏;書名據譜序題
　　　　　　　　　　　　　　　　　傳 777.31/84

7285

淄川縣袁氏家譜/(清)袁世襲等修;(清)袁令澧
纂.—清道光三年(1823)崇德堂刻本.—2 冊.—山東
淄博袁氏　　　　　　　　　　　　　傳 777.31/86

7286

灊陽袁氏重脩族譜　九卷卷首三卷/(清)袁超等
修.—清道光七年(1827)臥雪堂木活字本.—12 冊:圖
及像.—安徽灊縣袁氏;書名據譜序題,版心及書簽題
袁氏族譜　　　　　　　　　　　　　傳 777.31/867

7287

淄川袁氏家譜　十二卷/(清)袁世繡等修.—清咸
豐九年(1859)淄川袁氏刻本.—4 冊:圖.—山東淄博

袁氏;書名據目錄題　　　　　傳 777.31/87

7288

袁氏宗譜　二十二卷/(清)袁大坤等修.—清光緒三年(1877)敦本堂木活字本.—22 冊:像.—江蘇靖江袁氏　　　　　　　　　　　　　傳 777.31/89

7289*

吳門袁氏家譜　八卷/袁來儁修.—民國 8 年(1919)石印本.—10 冊:圖及像.—江蘇無錫袁氏;是譜纂修於清光緒二十五年(1899)　傳 777.31/897

7290*

數典不忘/袁牖纂.—民國 4 年(1915)京華印書局鉛印本.—1 冊.—河南袁氏,記袁氏各派世系源流;書名據版心題
部二　1 冊　　　　　　　　傳 777.31/91

7291*

錫山袁氏宗譜　三十二卷附編一卷/袁宗沂修;袁日省等纂.—民國 13 年(1924)維則堂木活字本.—33冊:像.—江蘇錫山袁氏;書名據版心及書名頁題,卷次據書籤題

　　　　　　　　　　　傳 777.31/917

7292*

鄞縣西袁氏家乘　三十卷世系通檢圖二卷/袁丙熊等纂修.—民國 17 年(1928)敦本堂木活字本.—17冊:彩像.—浙江寧波袁氏;有墨筆增補

　　　　　　　　　　　傳 777.31/92

7293*

楊林袁氏四修族譜　二十六卷卷首三卷卷末一卷/袁賢梯等修;袁宗植等纂.—民國 31 年(1942)敦睦堂木活字本.—23 冊.—湖南邵陽袁氏　傳 777.31/923

7294*

袁氏成戶七修族譜　十九卷卷首一卷/袁石瀾等修;袁再延等纂.—民國 37 年(1948)木活字本.—22冊.—湖南袁氏;書名據書名頁題　傳 777.31/924

7295*

袁氏五修族譜　十二卷卷首三卷/袁美禧等修;袁美楊等纂.—民國 30 年(1941)汝南堂木活字本.—15

冊:圖.—河南汝南袁氏;書名據版心題,書名頁題袁氏族譜　　　　　　　　　傳 777.31/9263

7296*

淄川袁氏家譜　六卷/袁斯健等修.—民國 20 年(1931)淄川袁氏刻曁石印本.—6 冊:圖.—山東淄博袁氏;書名據書籤題;本書係清光緒二十年(1894)刻本與民國 20 年(1931)石印本合印　傳 777.31/927

7297*

武進南河堰袁氏族譜/袁牖纂.—民國 20 年(1931)京兆慈濟印刷所鉛印本.—1 冊.—江蘇武進袁氏;書名據書籤題　　　　　　傳 7773.31/9274

7298*

澄江袁氏宗譜　二十卷卷首一卷卷末一卷/袁瑜等纂.—民國 38 年(1949)仁風堂鉛印本.—18 冊:圖及像.—江蘇江陰袁氏;書名據版心題;著者據自序題
部二　18 冊　　　　　　　傳 777.31/9275

7299*

袁氏宗譜　三十八卷/袁冰心修.—民國 22 年(1933)刻本.—38 冊:圖及像.—上海崇明袁氏;有墨筆抄配;書名據版心及書名頁題,書籤題袁氏重修世譜　　　　　　　　　　傳 777.31/9276

7300*

中湘袁氏六修族譜　十八卷/袁遠逌等修;袁揚八等纂.—民國 32 年(1943)至仁堂木活字本.—18 冊:圖.—湖南湘潭袁氏;書名據版心及書籤題

　　　　　　　　　　　傳 777.31/9277

7301*

錢塘袁氏族譜　二卷/袁毓麐纂修.—民國 24 年(1935)鉛印本.—2 冊.—浙江錢塘袁氏;書名據版心及書籤題
部二　2 冊　　　　　　　傳 777.31/92773

傳 777.33　來氏

7302

蕭山來氏家譜　四十四卷卷首一卷卷末一卷廣世

系一卷/（清）來鴻縉等纂修.—清光緒二十六年
（1900）蕭山來氏會宗堂木活字本.—54 冊：圖.—浙江
紹興來氏；缺六房及廣世系，餘缺卷不詳；書名據書簽
題，卷數據總目題，目錄、版心及書簽題卷次不一
　　　　　　　　　　　　　　　　傳 777.33/89

7303*

　　蕭山來氏家譜　五十卷廣世系一卷/來菊如等纂
修.—民國 10 年（1921）會宗堂木活字本.—60 冊：
圖.—缺廣世系 1 卷.—浙江蕭山來氏；書名據目录及
書簽題
　　部二　　60 冊　　　　　　　　　傳 777.33/91

傳 777.35　茅氏

7304*

　　茅氏宗譜/茅桂鈺纂修.—民國元年（1912）抄本.—
2 冊：像.—上海青浦茅氏；書名據版心題
　　　　　　　　　　　　　　　　傳 777.35/91

傳 777.37　林氏

7305*

　　高坂林氏宗譜/（清）林氏修.—1997 年靜電復製
本.—1 冊.—浙江常山、阪頭、水南林氏；摘錄自清雍
正二年（1733）修高阪林氏宗譜；書名據版心題.—
平裝　　　　　　　　　　　　　　傳 777.37/83

7306

　　鎮平縣金沙鄉林氏族譜　十卷卷終一卷/（清）林氏
纂修.—清乾隆二十九年（1764）刻本.—5 冊.—廣東
鎮平林氏；有殘損；書名據版心題
　　　　　　　　　　　　　　　　傳 777.37/84

7307

　　林氏重修族譜　十四卷卷首一卷/（清）林氏修.—
清同治七年（1865）濟南堂木活字本.—15 冊.—江西
萍鄉林氏；書名據版心題，書簽及書名頁題林氏族譜
　　　　　　　　　　　　　　　　傳 777.37/88

7308

　　林氏續修宗譜　二十八卷卷首一卷卷末一卷/（清）
林士尊等修；（清）林登先等纂.—清同治八年（1869）
木活字本.—10 冊.—福建晉江林氏；書名據書簽題，
版心題林氏宗譜　　　　　　　　　傳 777.37/8852

7309

　　蕭山東門林氏宗譜　六卷/（清）林鳳岐纂修.—清
光緒二十三年（1897）友慶堂木活字本.—6 冊.—浙江
蕭山林氏；書名據目錄等題　　　　傳 777.37/89

7310

　　林氏重修族譜/（清）林密纂修.—清光緒三十二年
（1906）木活字本暨刻本.—3 冊：圖及像.—廣東揭陽
林氏；書名據版心題　　　　　　　傳 777.37/894

7311

　　林氏宗譜　三卷/（清）陶恩綬纂.—清光緒四年
（1878）抄本.—1 冊：圖及像.—福建莆田林氏；書名據
書名頁題　　　　　　　　　　　　傳 777.37/895

7312

　　西河林氏族譜/（清）林光銓校.—清光緒三年
（1877）林光銓新嘉坡古友軒石印本.—1 冊：圖及
像.—福建惠安等地林氏；書名據書簽題
　　　　　　　　　　　　　　　　傳 777.37/897

7313

　　古虞上浦林氏宗譜　五卷/（清）林康甫等修.—清
光緒十二年（1886）遺德堂木活字本.—3 冊.—浙江上
虞林氏；書名據卷 2 卷端題，版心題古虞林氏宗譜
　　　　　　　　　　　　　　　　傳 777.37/8972

7314*

　　錫山林氏宗譜　二十四卷卷首一卷/林宗儒等纂
修.—民國 15 年（1926）敦敘堂木活字本.—12 冊：
像.—江蘇錫山林氏；書名據書簽及書名頁題
　　　　　　　　　　　　　　　　傳 777.37/91

7315*

　　林氏族譜　三十一卷卷首三卷/林逸仙纂修.—民
國 15 年（1926）忠孝堂木活字本.—34 冊：圖.—湖南
林氏；書名據版心及書簽題　　　　傳 777.37/917

7316*

侯官雲程林氏家乘　十二卷/林懋勛等纂修.—民國 23 年(1934)福州三山書紙店鉛印暨石印本.—12 冊:圖及像.—福建福州林氏;書名據目錄題,版心題雲程林氏族譜,書簽題雲程林氏家乘,書名頁題雲程林氏世譜　　　　　　傳 777.37/92

7317*

林氏重修族譜　三卷/林遠祺修;林國楨等纂.—民國 32 年(1943)林氏西河堂、濟南堂木活字本.—3 冊:圖及像.—福建林氏;書名據版心及書簽題,書名頁題長山世譜　　　　　　傳 777.37/925

7318*

林氏七修族譜　三十二卷/林珍煥纂修.—民國 22 年(1933)西河堂木活字本.—40 冊:圖及像.—湖南安化林氏;書名據版心題,書簽題林氏族譜,書名頁題林氏續修族譜　　　　　　傳 777.37/926

7319*

鎮海青墅林氏宗譜　十卷卷首一卷/林授經等纂修.—民國 23 年(1934)浙江鎮海林氏木活字本.—6 冊.—書名據書名頁等題;浙江寧波林氏
　　　　　　傳 777.37/927

7320*

尚幹林氏族譜/林氏修.—民國間鉛印本.—22 冊:圖.—福建福州林氏;書名據版心題,書衣題陶江林氏族譜;附長林世存錄、世存錄外翰文等
　　　　　　傳 777.37/9277

傳 777.39　易氏

7321

瓦錫易氏家譜　十卷卷首一卷/(清)易代元等修;(清)易宗藩等纂.—清光緒三十二年(1906)添裔堂木活字本.—10 冊:圖.—湖南善化易氏;書名據書簽題,版心題易氏續修家譜,書名頁題易氏家譜
　　　　　　傳 777.39/89

7322*

瓦錫易氏家譜　十四卷卷首一卷/易宗濃等修;易緒澤等纂.—民國 31 年(1942)添裔堂木活字本.—14 冊:圖.—湖南善化易氏;書名據書簽題,版心題易氏續修家譜,書名頁題易氏家譜　　　　傳 777.39/92

7323*

瀏陽易氏族譜　二十八卷/易維廉等纂修.—民國 38 年(1949)瀏陽忠思堂木活字本.—30 冊:圖及像.—湖南瀏陽易氏;書名據版心及書簽題,書名頁題易氏族譜　　　　　　傳 777.39/925

7324*

上湘後托易氏尚富公房譜　八卷/易德鈞修;易盛緗纂.—1992 年北京圖書館靜電復製本.—4 冊:圖及像.—湖南湘鄉易氏;缺 1 卷:卷 8;書名據版心題;據民國 29 年(1940)富厚堂木活字本靜電復製.—精裝
　　　　　　傳 777.39/927

傳 777.41　劉氏

7325

石口橫江劉氏族譜/(清)劉朝定等纂修.—清木活字本.—1 冊.—湖南石口橫江劉氏,記事至清乾隆間;殘;書名據版心題　　　　　　傳 777.41/80

7326

古歙杲溪劉氏家譜/(清)劉大彬修;(清)劉元齡纂.—清康熙五十年(1711)刻本.—1 冊.—安徽歙縣劉氏;書名據譜序題　　　　傳 777.41/82

7327

水澄劉氏家譜　十峽/(清)劉大觀等纂修.—清末抄本.—7 冊.—浙江山陰劉氏;書名據版心題
　　　　　　傳 777.41/84

7328

邵陵劉氏宗譜　八卷卷首一卷卷末一卷/(清)劉明韜修;(清)劉昇平纂.—清乾隆五十五年(1790)藜照堂木活字本.—5 冊.—湖南邵陵劉氏;缺 2 卷:卷 3—4;書名據版心題,書名頁題劉氏宗譜
　　　　　　傳 777.41/845

7329

劉氏源分支譜　三卷/(清)劉賢珍等纂修.—清乾隆間刻暨活字本.—4冊.—湖南瀏陽劉氏;書名據版心題　　　　　　　　　傳777.41/847

7330

潞河劉氏宗譜　二卷卷首一卷劉氏年譜一卷/(清)劉坤纂修.—清嘉慶二年(1797)潞河劉氏刻本.—3冊:圖及像.—北京通縣劉氏　　　傳777.41/85

7331

洪洞劉氏宗譜　六卷卷首一卷/(清)劉大哲等纂修.—清嘉慶十五年(1810)刻本.—6冊:圖及像.—山西洪洞劉氏

部二　6冊　　　　　　　　傳777.41/857

7332

彭城劉氏宛旌禮邨世譜　二十二卷附一卷/(清)劉氏修.—清道光二十一年(1841)刻本.—10冊:圖.—安徽旌德劉氏;書名據目錄題,版心題彭城劉氏禮邨世譜,書簽題宛旌劉氏世譜　　傳777.41/86

7333

劉氏復修族譜　六卷卷首一卷卷末一卷/(清)劉獻貽等修.—清道光二十八年(1848)藜照堂木活字本.—5冊:圖.—湖南邵陽劉氏;書名據書簽題,版心及書名頁題劉氏族譜　　傳777.41/862

7334

邵陵劉氏族譜/(清)劉永銀等纂修.—清道光二十年(1840)長塘藜照堂木活字本.—3冊.—湖南邵陽劉氏;原書卷數不詳,存3卷:卷首、卷1、3;書名據版心題,書名頁題劉氏宗譜　　　傳777.41/867

7335

天寶劉氏元公支蘭玉集　六卷/(清)劉氏修.—清同治六年(1867)木活字本.—3冊.—江西清江劉氏;書簽題墨莊士元支譜　　　傳777.41/88

7336

須江劉氏家乘　十五卷/(清)劉邦續等修;(清)劉鏡蓉等纂.—清同治六年(1867)餘慶堂木活字本.—30冊:圖及像.—浙江江山劉氏;缺1卷:卷3,卷9殘;書名據版心題,書名頁題雅儒劉氏家乘　　傳777.41/885

7337

安阜洲劉氏重修族譜　六卷/(清)劉兆福等修;(清)江永海纂.—清同治八年(1869)德政堂木活字本.—6冊:圖.—江蘇揚州劉氏;版心題劉氏族譜,書簽題劉氏宗譜,書名頁題劉氏家乘　傳777.41/887

7338

劉氏重修族譜/(清)劉天成等纂修.—清同治元年(1862)江西興國劉氏木活字本.—3冊:圖.—江西興國劉氏;書名據版心題　　　傳777.41/8877

7339

湘潭八子塘劉氏三修族譜　二十二卷/(清)劉廷珏等纂修.—清同治八年(1869)奕葉堂木活字本.—16冊:圖＋附譜(1冊).—湖南湘潭劉氏;書名據書簽題,版心題八子塘劉氏三修族譜,書名頁題劉氏族譜　　　　　　　傳777.41/8879

7340

劉氏族譜　四十一卷卷首一卷卷末一卷/(清)劉進雲等纂修.—清同治十二年(1873)親睦堂木活字本.—43冊:圖.—湖南瀏陽劉氏;蟲蛀,卷2有缺頁;書名據書簽及書名頁題　　　傳777.41/889

7341

蒙化劉氏宗族世系譜/(清)劉氏修.—清光緒間刻本.—1冊.—雲南蒙化劉氏,儀注記事至清光緒間;版心題劉氏族譜　　　　　傳777.41/89

7342

益陽劉氏族譜　十三卷卷首二卷/(清)劉宗珍等修;(清)劉宗玩等纂.—清光緒十八年(1892)劉氏彭城堂木活字本.—15冊:圖.—湖南益陽劉氏;書名據版心題,書簽題劉氏四修族譜,書名頁題劉氏族譜

傳777.41/892

7343

邊江劉氏族譜　八卷/(清)劉安豹等修;(清)劉凝馨等纂.—清光緒三十年(1904)篤親堂抄本.—6冊.—湖南安化劉氏;書名據版心題,書名頁題劉氏族譜　　　　　　　傳777.41/893

7344

拱堂堯水劉氏八修族譜　十卷/(清)劉我冠等纂

修.—清光緒元年(1875)校書堂木活字本.—6 冊.—
缺 4 卷:卷 5—6、9—10;書簽題拱堂堯水劉氏族譜,書
名頁題拱堂堯水劉氏八修家乘　　　傳 777.41/894

7345

　　邵湘劉氏族譜　六卷卷首一卷/(清)劉正埔纂
修.—清光緒十四年(1888)天祿堂木活字本.—7 冊:
圖.—湖南邵陽劉氏;書名據版心題,書簽及書名頁題
劉氏族譜　　　　　　　　　　　傳 777.41/8945

7346

　　橫江劉氏五修族譜　七卷卷首二卷/(清)劉祿瑜等
修;(清)劉祿倫等纂.—清光緒二十九年(1903)永睦
堂木活字本.—9 冊:圖.—湖南邵東劉氏;書名據版心
題,書名頁題橫江劉氏五續家乘　　　傳 777.41/896

7347

　　貴池南山劉氏宗譜　二十六卷卷首三卷/(清)劉瑞
芬修.—清光緒十三年(1887)倫敘堂木活字本.—29
冊:圖及像.—安徽貴池劉氏;書名據序題,版心及書
簽題南山劉氏宗譜　　　　　　　傳 777.41/897

7348

　　劉氏家譜/(清)劉潤原等修;(清)劉錫瑞纂.—清光
緒三十三年(1907)刻本.—4 冊.—山東寧陽劉氏;書
名據書名頁等題　　　　　　　　傳 777.41/8973

7349

　　濰邑劉氏族譜/劉咸慶等修.—清宣統三年(1911)
石印本.—2 冊.—山東濰縣劉氏;書名據書簽題
　　　　　　　　　　　　　　　傳 777.41/89736

7350

　　劉氏六修族譜　四十卷/(清)劉世清等纂修.—清
光緒八年(1882)傳經堂木活字本.—40 冊:圖及像.—
湖南湘潭劉氏;書名據版心及書名頁題
　　　　　　　　　　　　　　　傳 777.41/8974

7351

　　毗陵劉氏六修宗譜　十二卷/(清)吳治允纂.—清
光緒二年(1876)五忠堂木活字本.—14 冊:像.—江蘇
毗陵劉氏;書名據目錄題,版心題毗陵劉氏宗譜,書名
頁題劉氏宗譜　　　　　　　　　傳 777.41/89743

7352

　　湘潭白汜劉氏三修族譜　二十卷/(清)劉澤直等
修;(清)劉成熙等纂.—清光緒三十二年(1906)崇讓
堂木活字本.—12 冊:圖.—湖南湘潭劉氏;版心題白
汜劉氏三修族譜　　　　　　　　傳 777.41/89744

7353

　　劉氏族譜　五卷/(清)劉世洸等纂修.—清光緒三
十一年(1905)木活字本.—5 冊.—湖南永興劉氏;書
名據版心題　　　　　　　　　　傳 777.41/897447

7354

　　劉氏宗譜　二十卷卷首一卷卷末一卷/(清)劉乃實
等修;(清)陳宣鐸纂.—清光緒三十四年(1908)樹德
堂木活字本.—22 冊.—江蘇澄江劉氏
　　　　　　　　　　　　　　　傳 777.41/89746

7355

　　暨陽紫巖螺山劉氏宗譜　十四卷卷首一卷/(清)劉
茂華等纂修.—清光緒二十二年(1896)繩武堂木活字
本.—12 冊:圖及像.—浙江諸暨劉氏,其五世祖曾易
姓爲金;書名據目錄題,書簽題紫巖螺山劉氏家乘
　　　　　　　　　　　　　　　傳 777.41/897464

7356

　　金城劉氏先德錄/(清)劉坤一纂.—清光緒間刻
本.—1 冊.—湖南新寧劉氏;書名據書簽及目錄題
　　　　　　　　　　　　　　　傳 777.41/8975

7357

　　維揚江都劉氏重修分譜　二卷/(清)劉德湖等修;
(清)江子謨纂.—清光緒二十年(1894)木活字本.—2
冊:像.—江蘇揚州劉氏;書名據譜序題,版心題劉氏
分譜　　　　　　　　　　　　　傳 777.41/89753

7358

　　劉氏三修族譜　十卷卷首一卷卷末一卷/(清)劉斯
亮等纂.—清光緒二年(1876)天祿閣木活字本.—12
冊:圖.—湖南沅州劉氏,其二世曾承楊嗣;書名據版
心及書簽題　　　　　　　　　　傳 777.41/89754

7359

　　南陽劉氏宗譜　七卷卷首一卷卷末一卷/(清)劉燮
材纂修.—清光緒三十四年(1908)報本堂木活字

本.—9 冊:圖.—江西浮梁劉氏;書名據書名頁等題

傳 777.41/8976

7360

洪洞蘇堡劉氏宗譜　二十卷卷首二卷卷末一卷/
(清)劉殿鳳等修;(清)劉勝蓮等纂.—清光緒二十七
年(1901)劉氏祠堂刻本.—16 冊:圖及像.—山西洪洞
劉氏;書名據書簽題,版心題洪洞劉氏宗譜,書名頁題
劉氏宗譜　　　　　　　　　傳 777.41/8977

7361

劉氏族譜/(清)劉廷高等纂修.—清光緒十八年
(1892)木活字本.—1 冊:圖.—湖南邵陵劉氏;原書卷
數不詳,存 1 卷:卷首;書名據版心題

傳 777.41/89773

7362

劉氏宗譜　十四卷/(清)劉化鵬等修.—清光緒八
年(1882)敦本堂木活字本.—14 冊:圖及像.—安徽桐
城劉氏;書名據版心及書簽題　　傳 777.41/89775

7363

邵陵劉氏族譜/(清)劉俞等修.—清光緒二十五年
(1899)藜照堂木活字本.—17 冊:圖.—湖南邵陽劉
氏;原書卷數不詳;書名據書名頁題

傳 777.41/89777

7364

劉氏家傳/(清)劉釗撰.—清宣統元年(1909)羊城
刻本.—1 冊.—廣東番禺劉氏;書名據版心及書名
頁題　　　　　　　　　　　傳 777.41/897777

7365

彭城劉氏宛旌禮村世譜　二十九卷卷首一卷/(清)
劉笑山等修.—清光緒三十年(1904)木活字本.—12
冊:圖.—安徽旌德劉氏;書名據目錄題,版心題彭城
禮村世譜,書簽題宛旌禮邨劉氏世譜

傳 777.41/8979

7366*

鳳崗忠賢劉氏族譜　八十二卷卷首一卷/劉戀勳等
修;劉君翰等纂.—民國 9 年(1920)鉛印本.—25 冊:
像.—福建閩侯等地劉氏;目錄題 81 卷

傳 777.41/91

7367*

湘鄉洞井劉氏三修族譜　二十三卷卷首一卷卷末
三卷/劉章樑等修;劉光陋等纂.—民國 13 年(1924)
敦倫堂木活字本.—20 冊:圖.—湖南湘鄉劉氏;缺 4
卷:卷 4—6、11;書名據版心及書簽題,書名頁題劉氏
族譜　　　　　　　　　　　傳 777.41/914

7368*

淥南沙田劉氏續修族譜　十卷/劉長福等修;劉維
璠等纂.—民國 9 年(1920)劉氏敦倫堂木活字本.—
10 冊:圖.—湖南劉氏;書名據版心題,書簽題沙田劉
氏續修族譜,書名頁題劉氏族譜　　傳 777.41/916

7369*

中湘劉氏五修族譜　十四卷/劉文楠等纂修.—民
國 13 年(1924)天祿堂木活字本.—14 冊:圖.—湖南
湘潭劉氏;書名據版心題　　　　傳 777.41/917

7370*

貴陽劉氏族譜/劉澍修.—民國 12 年(1923)鉛印
本.—1 冊.—貴州貴陽劉氏;有墨筆校批;書名據版心
及書簽題　　　　　　　　　　傳 777.41/9172

7371*

浦城劉氏五修族譜　十二卷/劉煥堯修;劉銓元
纂.—民國 5 年(1916)木活字本.—16 冊:圖及像.—
福建浦城劉氏;書名據版心及目錄題

傳 777.41/91725

7372*

劉氏族譜　四卷/劉雲龍等修;蔡步雲纂.—民國元
年(1912)木活字本.—4 冊:圖及像.—江蘇維揚劉氏;
書名據書名頁等題　　　　　　傳 777.41/9173

7373*

湘邵劉氏三修族譜　五十五卷卷首一卷殿卷七卷/
劉希宇等修;劉永朋等纂.—民國 5 年(1916)校書堂
木活字本.—65 冊:圖.—湖南邵陽劉氏;書名據書名
頁等題,卷端題劉氏三修族譜　　傳 777.41/9174

7374*

北城劉氏五修族譜　二十卷/劉鉅冰等修;劉炎昌
等纂.—民國 5 年(1916)彭城堂木活字本.—20 冊:

圖.—湖南寧鄉縣劉氏;書名據版心題

傳 777.41/9176

7375*

西營劉氏大分老七房長房支譜　二卷/劉如輝等纂修.—民國 9 年(1920)鉛印本.—2 册.—江蘇常州劉氏;版心題西營劉氏支譜　　　傳 777.41/91764

7376*

泉塘劉氏五修族譜　七卷卷首三卷/劉舉仁等修;劉孟賢等纂.—民國 7 年(1918)奉先堂木活字本.—10 册:圖.—湖南湘潭劉氏;書名據書名頁等題

傳 777.41/91765

7377*

劉氏族譜/劉秉簏纂修.—民國 12 年(1923)鉛印本.—4 册:圖.—河北廊坊劉氏;書名據版心題,書簽題劉氏家乘　　　傳 777.41/9179

7378*

水澄劉氏家譜　十二帙/劉應桂等纂修.—民國 22 年(1933)紹興大路廣文印書館鉛印本.—12 册.—浙江山陰劉氏;書名據版心題

部二　12 册
部三　12 册　　　　　　傳 777.41/92

7379*

邵湘劉氏三修族譜　六卷卷首一卷/劉添仁修;劉正漢纂.—民國 16 年(1927)天祿堂木活字本.—6 册:圖.—湖南邵陽邵湘劉氏;書名頁及書簽題劉氏三修族譜　　　　　　　　　傳 777.41/922

7380*

寧鄉劉氏六修支譜　四卷卷首三卷卷末三卷/劉楫川等修;劉雪松等纂.—民國 34 年(1945)務本堂木活字本.—11 册:圖.—湖南寧鄉劉氏;書名據書名頁題,版心題劉氏六修支譜　　　傳 777.41/924

7381*

益陽劉氏五修族譜　三十卷卷首二卷/劉典謨等修;劉維禎等纂.—民國 37 年(1948)延慶堂木活字本.—28 册:圖.—湖南益陽劉氏;缺 4 册:卷 1—2、5、18;書名據版心題,書名頁題劉氏族譜,書簽題劉氏五修族譜　　　　　　傳 777.41/9246

7382*

劉氏五修族譜　十七卷卷首二卷卷末二卷/劉貴良修;劉桂香等纂.—民國 36 年(1947)天祿閣木活字本.—21 册:圖.—湖南益陽劉氏;書名據版心及書簽題,書名頁題劉氏族譜　　傳 777.41/92465

7383*

沅江劉氏四修支譜　十四卷/劉時及等修;劉才斗等纂.—民國 19 年(1930)彭城堂木活字本.—14 册:圖.—湖南沅江劉氏;書名頁題劉氏四修支譜

傳 777.41/9247

7384*

益陽白鹿塘劉氏五修支譜　十卷卷首二卷/劉耀鋪等修;劉耀昂等纂.—民國 37 年(1948)彭城堂木活字本.—12 册:圖.—湖南益陽劉氏;書名據版心題

傳 777.41/925

7385*

劉氏傳忠錄　正編四卷續編四卷/程勳纂.—民國 22 年(1933)三餘書室鉛印本.—4 册:像.—福建崇安劉氏

部二　4 册
部三　4 册　　　　　　傳 777.41/926

7386*

劉氏五修族譜　七卷卷首三卷/劉希超等纂修.—民國 37 年(1948)祿閣堂木活字本.—10 册:圖.—湖南寧鄉劉氏;書名據版心及書簽題,書名頁題劉氏族譜　　　傳 777.41/9262

7387*

劉氏七修族譜　二十四卷卷首一卷/劉光洛等修;劉春滿等纂.—民國 20 年(1931)劉氏彭城堂木活字本.—25 册.—湖南安化劉氏;書名據版心及書簽題,書名頁題劉氏族譜　　　傳 777.41/9263

7388*

劉氏三修族譜　十卷卷首一卷/劉學泮纂修.—民國 30 年(1947)王順卿木活字本.—10 册:圖.—湖南臨澧劉氏;書名據版心題,書簽及書名頁題劉氏族譜

傳 777.41/9264

7389*

醴南田心劉氏八修家譜　十四卷/劉維璠等纂修.—民國 32 年(1943)敦倫堂木活字本.—10 冊：圖.—湖南醴陵劉氏；書簽題醴南田心劉氏家譜,書名頁題劉氏家譜
傳 777.41/9264.1

7390*

邵陽雙江劉氏四修族譜　二十八卷卷首二卷卷末六卷/劉襄時等纂修.—民國 38 年(1949)敬宗堂木活字本.—36 冊：圖.—湖南邵陽劉氏
傳 777.41/92643

7391*

三舍劉氏七續族譜　三十八卷卷首一卷/劉良楷纂修.—民國 33 年(1944)木活字本.—29 冊：圖.—湖南三舍劉氏；書名據書名頁等題　傳 777.41/92644

7392*

劉氏八修族譜　四十三卷卷首三卷/劉毅等修；劉道根纂.—民國 36 年(1947)油溪劉氏宗祠木活字本.—48 冊：圖.—湖南新化劉氏；有殘損頁；書名據版心及書簽題,書名頁題劉氏族譜　傳 777.41/9266

7393*

邵東社村劉氏三修族譜　十卷卷首一卷/劉永菽等纂修.—民國 37 年(1948)藜閣堂木活字本.—11 冊：圖.—湖南邵陽劉氏；書名據版心題,書名頁及書簽題社村劉氏三修族譜　傳 777.41/9267

7394*

河東劉氏族譜　一卷/劉文魁等纂修.—民國 23 年(1934)石印本.—1 冊.—山東河東劉氏；書名據版心題　傳 777.41/92675

7395*

南皮劉氏族譜　三卷/劉廷樾纂修.—民國 17 年(1928)南皮劉氏天津鉛印本.—3 冊.—河北南皮劉氏；書名據書簽題　傳 777.41/927

7396*

醴東劉宗臣公祠合修宗譜　四十一卷卷首一卷卷末一卷/劉枚等纂修.—民國 28 年(1939)衍宗堂木活字本.—34 冊：圖及像.—湖南醴陽劉氏
傳 777.41/9271

7397*

中梅劉氏續修家乘　十六卷/劉榮長等修；劉興開等纂.—民國 29 年(1940)道勝堂木活字本.—18 冊：像.—江蘇溧陽劉氏；書名據序題,版心及書簽題劉氏宗譜
部二　18 冊
傳 777.41/9272

7398*

劉氏六修族譜　五卷卷首二卷/劉衡濱纂修.—民國 34 年(1945)五忠堂木活字本.—44 冊：圖.—湖南衡山劉氏；書名據版心及書簽題,書名頁題劉氏族譜
傳 777.41/92725

7399*

武進西營劉氏家譜　八卷/劉持原等修.—民國 18 年(1929)鉛印本.—10 冊.—江蘇武進劉氏；書名據版心題
部二　8 冊　卷 3 缺大分世表 16 世至 25 世
傳 777.41/9273

7400*

中湘石潭劉氏四修族譜　十五卷/劉懿德等修；劉紹基等纂.—民國 36 年(1947)怡怡堂木活字本.—15 冊：圖.—湖南湘潭劉氏；書名據目錄及序題,書簽題湘潭劉氏四修族譜　傳 777.41/92735

7401*

湘潭長湖劉氏五修族譜　十卷卷首一卷/劉肇隅等修；劉英樸纂.—民國 22 年(1933)劉氏源本堂鉛印本.—7 冊.—湖南湘潭劉氏；書名據書簽及目錄題,書名頁題劉氏族譜　傳 777.41/9274

7402*

濱陽劉氏四修族譜　九卷卷首三卷/劉承孝等修；劉承諭纂.—民國 17 年(1928)彭城堂木活字本.—12 冊：圖.—湖南益陽劉氏；版心及書簽題劉氏四修族譜,書名頁題劉氏族譜　傳 777.41/92741

7403*

紫巖螺山劉氏宗譜　十七卷/劉茂齊修；劉吉成纂.—民國 25 年(1936)繩武堂木活字本.—18 冊：圖及像.—浙江諸暨劉氏；書名據目錄等題
傳 777.41/92743

7404*

中湘馬橋劉氏四修族譜　十卷/劉貴臨等修;劉仞翔等纂.—民國 17 年(1928)合志堂木活字本.—10 冊:圖.—湖南湘潭劉氏;書名據版心題

傳 777.41/92744

7405*

劉氏宗譜　七卷卷首三卷卷末一卷/劉子卿等修;劉純九等纂.—民國 32 年(1943)七業堂木活字本.—8 冊:圖.—江蘇太湖劉氏;書名據版心及書簽題

傳 777.41/92746

7406*

山陰水澄劉氏世譜/劉杜金,劉杜墉節錄.—民國間朱絲欄抄本.—1 冊.—浙江紹興劉氏;書名據目錄等題

傳 777.41/927467

7407*

湘潭昭峽劉氏五修族譜　六卷/劉國璽等修.—民國 24 年(1935)紹墨堂木活字本.—6 冊.—湖南湘潭劉氏;書簽題湘潭昭峽劉氏族譜,書名頁題劉氏族譜

傳 777.41/9275

7408*

上元劉氏家譜　六卷/劉文耀纂.—民國間朱絲欄稿本.—8 冊:像.—江蘇南京劉氏;附豐潤閣詩抄、小品錄存.—毛裝

傳 777.41/9276

7409*

萬載源頭劉氏九修族譜　四十六卷卷首一卷卷末一卷/劉殿虎等纂修.—民國 37 年(1948)木活字本.—14 冊:圖.—江西萬載劉氏;缺 3 冊:卷 7—9;書名據版心及書名頁題

傳 777.41/92764

7410*

劉氏四修族譜　三卷/劉峻極等纂修.—民國 25 年(1936)平山劉氏彭城堂木活字本.—3 冊.—安徽新安劉氏;書名據版心及書簽題

傳 777.41/9278

7411*

劉氏族譜　五卷/劉蘭生等纂修.—民國 31 年(1942)光裕堂木活字本.—5 冊:圖.—湖南永興劉氏;卷首殘缺;書名據版心題

傳 777.41/92786

傳 777.43　陳氏

7412

陳文正公家乘　四卷卷首一卷/(清)陳文典輯.—清道光三年(1823)弋陽陳氏祠堂刻本.—1 冊.—江西弋陽陳氏;書名據版心及書名頁題;是譜爲清康熙二十九年(1690)原訂

傳 777.43/82

7413

甘陳氏家譜　十卷卷首一卷卷末一卷/(清)陳倜等纂修.—清木活字暨刻本.—10 冊:像.—甘肅甘州陳氏;書名據版心題;是譜纂修於清雍正間;有硃墨筆圈點,佚名手書增補至清乾隆間

傳 777.43/83

7414

穎川陳氏近譜/(清)陳階琛等纂修.—清嘉慶七年(1802)刻本.—8 冊:圖及像.—江蘇吳江陳氏;書名據版心及書名頁題;褉湖藏版

傳 777.43/85

7415

京口朱方陳氏重修族譜　八卷/(清)陳昌煥等修.—清嘉慶十六年(1811)木活字本.—8 冊:圖.—江蘇鎮江陳氏;版心題陳氏宗譜,書簽題陳氏族譜

傳 777.43/857

7416

莆田浮山東陽陳氏族譜　十六卷卷首一卷/(清)陳雲章修.—清嘉慶二十二年(1817)刻本.—16 冊:圖及像.—福建莆田陳氏;書名據版心題

傳 777.43/8573

7417

陳氏宗譜/(清)陳嘉謨等修.—清抄本.—1 冊.—河北易州陳氏,記事至清嘉慶二十三年(1818);書名據譜序題

傳 777.43/8574

7418

大泛陳氏宗譜　二卷卷首一卷卷末一卷/(清)陳氏修.—清嘉慶間木活字本.—1 冊:圖及像.—江西婺源陳氏;缺 1 卷:卷 2,卷 1 不全;書名據版心題

傳 777.43/8575

7419

螺江陳氏家譜/(清)陳若霖修.—清嘉慶二十五年(1820)刻道光元年(1821)增刻本.—12冊:圖.—福建閩侯陳氏;書名據版心及書名頁題

傳 777.43/85757

7420

古虞梁湖陳氏宗譜/(清)陳永言修.—清嘉慶十八年(1813)慶餘堂木活字本.—4冊.—浙江上虞梁湖鎮陳氏;書名據版心題;書簽題陳氏宗譜

傳 777.43/8576

7421

文堂陳氏宗譜　六卷補遺一卷/(清)陳淦纂修.—清道光八年(1828)木活字本.—6冊:圖及像.—安徽祁門陳氏;書名據版心及書簽題,書名頁題文堂族譜

傳 777.43/86

7422

陳氏族譜　八卷/(清)陳榮埔等修;(清)陳才夫纂.—清道光十年(1830)務本堂木活字本.—8冊.—湖南長沙陳氏;書名據版心及書名頁題

傳 777.43/867

7423

濰邑陳氏族譜　十二卷/(清)陳翮等纂修.—清道光十一年(1831)濰縣陳氏祠堂刻本.—12冊.—山東濰縣陳氏;書名據書簽及書名頁題;版心題陳氏族譜

部二　12冊

部三　12冊　　　　　傳 777.43/8673

7424

滂湖陳氏宗譜　十卷/(清)陳士朝等修.—清道光六年(1826)推己堂木活字本.—10冊.—浙江蕭山陳氏;版心題陳氏宗譜

傳 777.43/8674

7425

潤東圖南陳氏重修族譜　二卷/(清)陳長德纂修.—清道光十一年(1831)致中堂木活字本.—2冊:像.—江蘇潤州陳氏;版心及書名頁題陳氏族譜;有墨筆增補至清道光二十九年(1849)

部二　2冊　　　　　傳 777.43/8677

7426

唐里陳氏宗譜/(清)陳粲修;(清)陳應曾等纂.—清道光十六年(1836)六望堂木活字本.—10冊.—浙江蕭山陳氏;書名據版心題,書名頁題陳氏宗譜

傳 777.43/8678

7427*

蓬萊陳氏大忠祠考/(清)陳禮門纂.—民國12年(1923)鉛印本.—1冊.—山東蓬萊陳氏;書名據書名頁等題

部二　1冊　　　　　傳 777.43/87

7428

陳氏族譜/(清)陳啟濤等修;(清)陳啟漢等纂.—清咸豐元年(1851)木活字本.—4冊.—浙江永興陳氏;書名據版心及書簽題,書名頁題陳氏家譜

傳 777.43/877

7429

祁西桃源陳氏通公家譜　四卷/(清)陳正森等修.—清同治元年(1862)祁門陳氏崇正堂木活字本.—4冊:圖及像.—安徽祁門陳氏;書名據版心題,書名頁題陳氏家譜

傳 777.43/88

7430

新城潁川陳氏支譜/(清)陳氏修.—清抄本.—1冊.—江西新城陳氏,記事補至清同治九年(1870);書名據書簽題

傳 777.43/887

7431

蕭山唐里陳氏宗譜/(清)陳應元等修.—清同治八年(1869)六望堂木活字本.—10冊.—浙江蕭山陳氏;書名據譜序題,版心題唐里陳氏宗譜,書簽題蕭山陳氏宗譜

傳 777.43/8872

7432

宅埠陳氏宗譜　二十八卷/(清)陳志械修;(清)陳衡毓等纂.—清同治五年(1866)萃渙堂木活字本.—28冊.—浙江諸暨陳氏;蟲蛀,殘破;書名據版心及書簽題

傳 777.43/8873

7433

古虞義門劉陳世譜　十二卷卷首一卷/(清)陳松泉等修.—清同治八年(1869)旌義堂木活字本.—4冊:

圖及像.—浙江劉氏,易姓爲陳;書名據書名頁題,版心題古虞劉陳世譜　　　　傳 777.43/88739

7434

陳氏泉塘富房支譜　十五卷卷首一卷/(清)陳崇岱等修;(清)陳崇藍等纂.—清同治元年(1862)聚星堂木活字本.—16 冊:圖.—湖南長沙陳氏;書簽題中湘陳氏支譜,版心題陳氏支譜　　　傳 777.43/8874

7435

陳氏族譜/(清)陳起孝纂修.—清同治三年(1864)德星堂木活字本.—13 冊.—湖南郴州陳氏;書名據版心及書簽題　　　　　　　傳 777.43/8875

7436

蕭山長浜陳氏宗譜　八卷/(清)陳錫均等纂修.—清同治十一年(1872)敬睦堂木活字本.—8 冊.—浙江蕭山陳氏;書名據書簽題,版心題長浜陳氏宗譜　　　　　　　　傳 777.43/8878

7437

河西陳氏家乘/(清)陳錫祺纂.—清同治十年(1871)青田署齋刻本.—1 冊:圖.—江蘇毗陵陳氏;版心題陳氏家譜　　　　　傳 777.43/88782

7438

官禮陳氏宗譜　十二卷卷首一卷/(清)陳攀桂等纂修.—清光緒十年(1884)敘倫堂木活字本.—12 冊.—安徽青陽陳氏;書名據版心及書簽題,書名頁題官禮家乘　　　　　　　　　傳 777.43/89

7439

陳氏大成宗譜　三十三卷/(清)陳子席等纂修.—清光緒十四年(1888)德星堂木活字本.—36 冊.—河南許昌陳氏;書名據版心及書名頁題
　　　　　　　　　　　傳 777.43/895

7440

陳氏族譜/(清)陳榮植等修;(清)陳榮琮等纂.—清光緒十四年(1888)德星堂木活字本.—10 冊.—浙江永興陳氏;書名據版心及書簽題　　傳 777.43/897

7441

陳氏世譜　四卷卷首一卷/(清)陳宗浩等修.—清

光緒十六年(1890)刻本.—5 冊:圖.—江蘇吳縣陳氏;書名據版心及書簽題　　　　　傳 777.43/8972

7442

陳氏宗譜/(清)陳宏裕等纂修.—清光緒二十八年(1902)繩德堂木活字本.—4 冊:圖及像.—江蘇吳縣陳氏;書名據書簽題,版心題潁川宗譜
　　　　　　　　　　傳 777.43/89723

7443

潁川支譜　二十卷卷首一卷/(清)陳燾等纂.—清光緒二十六年(1900)木活字本.—6 冊.—江蘇吳縣陳氏;書名據書名頁等題　　　　傳 777.43/8973

7444

姚江四堡陳氏宗譜　六卷/(清)陳裕茂等修.—清光緒三十年(1904)地心堂木活字本.—6 冊.—浙江鄞縣陳氏;版心題姚江陳氏宗譜　傳 777.43/89734

7445

虞邑郭瀆陳氏宗譜　三卷卷首一卷卷末一卷/(清)陳松等纂修.—清光緒三十二年(1906)懷德堂木活字本.—4 冊.—浙江紹興陳氏;書名據版心題,書簽題虞西郭瀆陳氏宗譜,書名頁題陳氏族譜
　　　　　　　　　　傳 777.43/897346

7446

生薑漕陳氏宗譜　七卷卷首一卷/(清)陳富德等修.—清光緒三十年(1904)崇本堂木活字本.—1 冊.—浙江鄞縣陳氏　　　　　　傳 777.43/89735

7447

南兆陳氏宗譜　十四卷/(清)陳增森等修.—清光緒二十二年(1896)光遠堂木活字本.—14 冊:圖及像.—江蘇澄江陳氏;書名據版心及目錄題,書名頁題陳氏宗譜　　　　　　　傳 777.43/8974

7448

中湘白泒陳氏六修族譜　二十卷/(清)陳訓翰等修;(清)陳煜等纂.—清光緒二十年(1894)德星堂木活字本.—20 冊:圖.—湖南長沙陳氏;版心題白泒陳氏族譜,書簽題白泒陳氏六修族譜,書名頁題陳氏族譜　　　　　　　　　傳 777.43/89743

7449

維揚江都陳氏重修族譜　六卷/(清)陳召南等修;
(清)佘致祥纂.—清光緒十五年(1889)德星堂木活字
本.—6冊:圖及像.—江蘇江都陳氏;版心及書名頁題
陳氏族譜　　　　　　　　　　　傳777.43/89745

7450

金華陳氏續纂族譜　五卷卷首一卷/陳培慶纂
修.—清宣統二年(1910)鉛印本.—1冊.—浙江金華
陳氏;書名據版心及書名頁題　　　傳777.43/89746

7451

陳氏宗譜　八卷/(清)陳檜等修.—清光緒三十四
年(1908)崇德堂木活字本.—8冊:像.—江蘇武進陳
氏;附餘慶錄　　　　　　　　　　傳777.43/89747

7452

儒橋陳氏宗譜　六卷/(清)陳元章等修.—清光緒
十六年(1890)衍慶堂木活字本.—5冊:圖.—山西汾
陽陳氏;書名據版心題　　　　　　傳777.43/8975

7453

陳氏宗譜　首編三卷前編七卷今編二十三卷續編
一卷/(清)陳學鴻等修;(清)陳雲標等纂.—清光緒二
十一年(1895)報本堂木活字本.—20冊:圖及像.—江
蘇無錫陳氏　　　　　　　　　　傳777.43/89752

7454

毗陵陳氏續修宗譜　三十二卷/(清)陳耀宗等纂
修.—清光緒三十年(1904)毗陵陳氏映山堂木活字
本.—34冊:像.—江蘇毗陵陳氏;版心及書簽題陳氏
宗譜　　　　　　　　　　　　　傳777.43/89753

7455

陳氏家乘　十卷世系表七卷/(清)陳星涵等編
輯.—清光緒三十三年(1907)西安佐署刻本.—2冊:
圖.—江蘇常州陳氏;書名據書名頁等題
　　　　　　　　　　　　　　　傳777.43/89754

7456

陳氏宗譜　十卷/(清)陳德旺等修;(清)佘文鑒
纂.—清光緒十三年(1887)九鼎堂木活字本.—10冊:
像.—江蘇揚州陳氏;書名據版心及目錄題,書簽及書
名頁題陳氏族譜　　　　　　　　傳777.43/89755

7457

錫山陳氏家乘　十八卷/(清)陳大忠修;(清)陳省
三等纂.—清光緒二十七年(1901)如在堂木活字
本.—18冊:圖及像.—江蘇無錫陳氏;書名據版心及
目錄題　　　　　　　　　　　　傳777.43/89757

7458

湘鄉陳氏三修支譜　五卷/(清)陳啟試等修;(清)
陳啟曉等纂.—清光緒三十三年(1907)義門堂木活字
本.—5冊:圖.—湖南湘鄉陳氏;書名據版心及書簽
題,書名頁題陳氏支譜　　　　　　傳777.43/8976

7459

陳氏清芬錄　二卷/(清)陳文驛輯.—清光緒十六
年(1890)素園刻本.—4冊.—湖南祁陽陳氏;書名據
書簽題,卷端等題清芬錄;附陳文蕭公年譜、陳文蕭公
遺集

部二　4冊

部三　2冊　缺陳文蕭公年譜、陳文蕭公遺集
　　　　　　　　　　　　　　　傳777.43/89767

7460

陳氏清芬錄　二卷/(清)陳文驛輯.—清光緒十六
年(1890)浯湘求志書屋鉛印本.—4冊.—湖南祁陽陳
氏;書名據書簽題,卷端等題清芬錄;附陳文蕭公年
譜,陳文蕭公遺集

部二　3冊　缺陳文蕭公年譜

部三　4冊　　　　　　　　　傳777.43/89767.1

7461

陳氏重修族譜　四卷/(清)陳大椿等修;(清)卞金城
纂.—清光緒二年(1876)聚星堂木活字本.—4冊:圖
及像.—江蘇揚州陳氏;版心及書名頁題陳氏族譜
　　　　　　　　　　　　　　　傳777.43/8977

7462

暨陽陳氏宗譜　十六卷/(清)陳毓榮等修.—清光
緒三十年(1904)聚星堂木活字本.—16冊:圖及像.—
江蘇暨陽陳氏;書名據版心及書簽題
　　　　　　　　　　　　　　　傳777.43/89776

7463

溫陵陳氏分支海鹽宗譜/陳致遠纂.—清宣統二年
(1910)陳氏文圃堂蘇州刻本.—1冊:圖.—浙江海鹽

陳氏；書名據書簽及書名頁題，版心題陳氏宗譜

傳 777.43/89777

7464

陳氏族譜/(清)陳氏修.—清光緒二十四年(1898)陳氏建業堂刻本.—1 册.—廣東羊城陳氏；書名據版心及書名頁題，書簽題陳氏家譜　　傳 777.43/897777

7465

陳氏族譜　八卷/(清)陳天蘭修；(清)陳天暘等纂.—清光緒十九年(1893)穎川堂木活字本.—8 册：圖.—湖南湘潭陳氏；書名據版心及書簽題

傳 777.43/89778

7466

泉塘陳氏倫公續修支譜　十六卷/(清)陳氏修.—清光緒二十八年(1902)德星堂木活字本.—16 册：圖.—湖南湘鄉陳氏；書名據卷 2 卷端題，版心題陳氏倫公續譜，書簽題陳氏泉塘倫房續修支譜

傳 777.43/89779

7467

上虞西横山陳氏宗譜　七卷卷首一卷/陳錫圭等修.—清宣統三年(1911)仁趾堂木活字本.—6 册.—浙江上虞陳氏；卷首殘破；版心題横山陳氏宗譜，書簽及書名頁題陳氏宗譜　　傳 777.43/8978

7468

海寧渤海陳氏宗譜　二十八卷卷首一卷卷終一卷/(清)陳敬懋纂修.—清光緒八至二十二年(1882—1896)海寧陳氏宗祠刻本.—10 册.—浙江海寧陳氏；缺 10 卷：卷 20—28、卷終　　傳 777.43/89783

7469

陳氏族譜　六卷/(清)陳廷順等修；(清)陳善之等纂.—清光緒十九年(1893)木活字本.—6 册.—江蘇鎮江陳氏；書名據版心題，書名頁題陳氏家乘；有墨筆增補　　　　　　　　　　　傳 777.43/8979

7470＊

乍浦東陳族譜稿補遺　四卷/陳振麟輯.—1978 年陳甸藍格抄本.—1 册.—浙江乍浦陳氏；書名據書名頁題　　　　　　　　　　　傳 777.43/90

7471＊

穎川陳氏族譜　十卷卷首一卷/陳爾履纂修.—民國 6 年(1917)鉛印本.—8 册：像.—河南遷福建侯官陳氏　　　　　　　　　　　傳 777.43/91

7472＊

陳氏三修族譜　二十一卷卷首一卷/陳詩濤等纂修.—民國 7 年(1918)德壽堂木活字本.—20 册：圖.—湖南邵陽陳氏；書名據版心及書簽題，書名頁題陳氏族譜　　　　　　　傳 777.43/912

7473＊

陳氏族譜　十六卷/陳良心等修.—民國 4 年(1915)穎川堂木活字本.—16 册：圖.—湖南澧縣陳氏；書名據書名頁等題　　傳 777.43/9122

7474＊

陳氏源公九修族譜　八卷卷首二卷/陳翼星等修；陳鳳永等纂.—民國 14 年(1925)穎川堂木活字本.—10 册：圖.—湖南新化陳氏；書名據版心題，書簽題陳氏族譜，書名頁題陳氏九修族譜　　傳 777.43/913

7475＊

搏上陳氏六修族譜/陳起述等修；陳常夏等纂.—民國 4 年(1915)陳氏敦本堂木活字本.—16 册：圖.—湖南茶陵陳氏；書名據書名頁及目錄題，版心及書簽題陳氏六修族譜　　　　　傳 777.43/915

7476＊

寶慶墨溪陳氏四修族譜　二十八卷卷首一卷/陳代溢等編修.—民國 11 年(1922)木活字本.—20 册：圖.—湖南寶慶陳氏；書簽題陳氏四修族譜

傳 777.43/9153

7477＊

陳氏續修家譜　七卷卷首一卷卷末一卷/陳遠翎等修.—民國 14 年(1925)木活字本.—6 册.—湖南新化陳氏；書名據書名頁題，版心題陳氏家譜

傳 777.43/916

7478＊

石嶺陳氏族譜　七十卷/陳聲鎮等修；陳聲永等纂.—民國 5 年(1916)雍睦堂木活字本.—19 册：

圖.—湖南長沙陳氏；書名據書名頁等題
　　　　　　　　　　　　　傳 777.43/9165

7479*

　扶槎陳氏四修族譜　三十五卷卷首一卷卷末一卷/
陳聲琳等修；陳顯蕙等纂.—民國 3 年(1914)敦倫堂
木活字本.—23 冊；圖.—湖南湘鄉陳氏；書名據版心
及書名頁題，書簽題扶槎陳氏族譜　傳 777.43/9167

7480*

　毗陵小南門陳氏宗譜　十二卷/陳宜仁等修.—民
國 5 年(1916)德星堂木活字本.—12 冊；像.—江蘇常
州陳氏；版心題毗陵陳氏宗譜，書簽及書名頁題陳氏
宗譜　　　　　　　　　　　傳 777.43/917

7481*

　陳氏宗譜　十七卷卷首一卷卷末二卷/陳濟等纂
修.—民國 4 年(1915)德星堂木活字本.—20 冊；圖及
像.—安徽潛山陳氏；書名據版心題
　　　　　　　　　　　　　傳 777.43/9172

7482*

　陳氏宗譜　十卷/陳廣淵等修；劉嵩泉纂.—民國 6
年(1917)木活字本.—10 冊；像.—江西九江陳氏；書
名據版心及目錄題，書簽題陳氏族譜，書名頁題陳氏
家乘　　　　　　　　　　　傳 777.43/91724

7483*

　海寧渤海陳氏宗譜　二十八卷卷首一卷卷終一卷/
陳賡笙修.—民國 2—7 年(1913—1918)刻本.—18
冊.—浙江海寧陳氏；書名據版心及書簽題
　　　　　　　　　　　　　傳 777.43/91726

7484*

　蜆江陳氏家譜　八卷/陳去病纂修.—民國 4 年
(1915)松陵陳明善堂鉛印本.—1 冊.—江蘇吳江陳
氏；書名據書名頁等題；版心下鐫百尺樓叢書
　　　　　　　　　　　　　傳 777.43/9173

7485*

　陳氏六修族譜　三十一卷卷末一卷/陳咸吉等修；
陳咸韻等纂.—民國 10 年(1921)雙桂堂木活字本.—
5 冊；圖.—湖南湘潭陳氏；存 5 卷：卷 1—5；書名據書
名頁等題　　　　　　　　　傳 777.43/91734

7486*

　石埭陳氏先德錄/陳澹然等撰.—民國間石印本.—
1 冊.—安徽石埭陳氏；書名據書簽題
　　部二　1 冊
　　部三　1 冊
　　部四　1 冊
　　部五　1 冊　　　　　　傳 777.43/91735

7487*

　潁川陳氏先世傳略/陳爾履輯.—民國 6 年(1917)
鉛印本.—1 冊.—福建侯官陳氏；書名據書名頁等題
　　　　　　　　　　　　　傳 777.43/91737

7488*

　南海鶴園陳氏族譜　四卷/陳萬豫等纂.—民國 8
年(1919)南海陳氏貽燕堂刻本.—4 冊；圖.—廣東佛
山陳氏；書名據版心題　　　傳 777.43/9174

7489*

　義烏倍磊陳氏宗譜前集　十四卷/陳柏昌等纂
修.—民國元年(1912)木活字本.—18 冊；圖及像.—
浙江義烏陳氏；書名據版心題，書簽及書名頁題倍磊
陳氏宗譜
　　部二　18 冊　　　　　　傳 777.43/91745

7490*

　陳氏家乘/陳幹纂.—民國 3 年(1914)山東印刷公
司鉛印本.—1 冊.—山東昌邑陳氏；書名據版心及書
簽題　　　　　　　　　　　傳 777.43/9175

7491*

　湘潭陳氏八修族譜　二十八卷/陳南翔等修；陳鶴
年等纂.—民國 15 年(1926)紹德堂木活字本.—30
冊；圖.—湖南湘潭陳氏；書名據書簽題，版心題陳氏
八修族譜，書名頁題陳氏族譜　傳 777.43/91752

7492*

　海城陳氏三代懿行錄/陳興亞編.—民國 15 年
(1926)鉛印本.—4 冊；照片.—遼寧海城陳氏；書名據
版心及書簽題
　　部二　4 冊　　　　　　傳 777.43/91754

7493*

　陳氏族譜/陳昌遠纂修.—民國 13 年(1924)梅州陳

昌遠鉛印本.—1册：照片.—廣東梅州陳氏；書名據書
名頁題,書簽題陳氏敦本堂族譜　傳 777.43/91757

7494*

繡川陳氏宗譜　四十三卷/陳鏘等纂修.—民國 2
年(1913)木活字本.—43 册：圖及像.—浙江義烏陳
氏；書名據版心及書簽題　　傳 777.43/917576

7495*

紹興下方橋陳氏宗譜　二十卷/陳星衍等纂修.—
民國 15 年(1926)顧予堂木活字本.—20 册：圖.—浙
江紹興陳氏；版心及書簽題下方橋陳氏宗譜,書名頁
題陳氏宗譜　　　　　　　　　傳 777.43/9175765

7496*

陳氏由閩入蜀潤周公派下支譜/陳國棟纂.—民國
15 年(1926)培德堂刻本.—1 册.—四川郫縣陳氏；書
名據目錄題,版心題陳氏潤周公派下支譜,書簽及書
名頁題新修陳氏潤周公派下支譜；附拓印墨蹟 2 紙
　　　　　　　　　　　　　　　傳 777.43/917577

7497*

陳氏宗譜　七卷/陳聯第等修.—民國 8 年(1919)
鉛印本.—3 册：像.—江蘇潤州陳氏；書名據書名頁
題　　　　　　　　　　　　　　傳 777.43/91758

7498*

浦城陳氏家譜　四卷/陳瑞蘭等修；陳模等纂.—民
國 6 年(1917)集賢堂木活字本.—4 册：圖及像.—福
建浦城陳氏；書名據版心及書簽題,書名頁題潁川陳
氏家譜　　　　　　　　　　　　傳 777.43/917587

7499*

儒慕陳氏宗譜　十二卷卷首一卷卷尾一卷/陳金根
等修；呂律和纂.—民國 7 年(1918)崇本堂木活字
本.—10 册.—江蘇宜興陳氏　　　傳 777.43/9176

7500*

東浦陳氏懷十房宗譜　十二卷卷首一卷/陳燮樞
纂.—民國 5 年(1916)鉛印本.—4 册：圖及像.—浙江
東浦陳氏；缺 5 卷：卷 3—7　　　傳 777.43/91764

7501*

義門陳氏大成宗譜　二十卷卷首三卷/陳出新等纂

修.—民國 10 年(1921)聚星堂木活字本.—23 册：
圖.—江西銅鼓陳氏；書名據版心題,書名頁題陳氏宗
譜,書簽題義門陳氏宗譜　　　　傳 777.43/917646

7502*

鎮海蛟河陳氏宗譜　十卷卷首一卷/陳文貴等修；
陳行鈞纂.—民國 11 年(1922)鎮海陳氏光裕堂木活
字本.—10 册＋建祠修譜徵信錄(1 册).—浙江鎮海
陳氏；書名據書名頁等題　　　　傳 777.43/917647

7503*

陳氏族譜　四卷/陳家務等修.—民國 15 年(1926)
漸慶堂木活字本.—2 册：圖及像.—山東曲阜陳氏；書
名據版心題,書簽題陳氏宗譜　　傳 777.43/91765

7504*

中湘陳氏族譜　三十二卷/陳伯鑄等修；陳伯巍等
纂.—民國 9 年(1920)敦本堂木活字本.—32 册：
圖.—湖南湘潭陳氏；書名據版心及書簽題；書名頁題
陳氏族譜　　　　　　　　　　　傳 777.43/917657

7505*

西平縣權寨鎮陳氏家乘　六卷/陳銘鑒纂.—民國 5
年(1916)鉛印本.—1 册：圖及像.—河南西平陳氏；書
名據版心及書名頁題；附西平縣權寨鎮風土志
部二　1 册　　　　　　　　　　傳 777.43/91766

7506*

西平縣權寨鎮陳氏家乘續編　二卷/陳銘鑒纂.—
民國 9 年(1920)鉛印本.—1 册：照片.—河南西平陳
氏；書名據版心題,書簽及書名頁題西平陳氏家乘
　　　　　　　　　　　　　傳 777.43/91766—2

7507*

義門陳氏宗譜　十三卷卷首一卷卷末一卷/陳曉山
等纂修.—民國 4 年(1915)樹德堂木活字本.—15 册：
圖及像.—安徽桐城陳氏；書名據書簽題,版心題陳氏
家乘　　　　　　　　　　　　　傳 777.43/917662

7508*

陳氏家譜　六卷/陳盤慶等修.—民國 11 年(1922)
武進陳氏慶餘堂木活字本.—6 册：像.—江蘇武進陳
氏；書名據書名頁等題　　　　　傳 777.43/917667

7509*

重修阜湖陳氏宗譜　六卷卷首一卷/陳慶炎等修；陳敬文等纂.—民國 2 年(1913)一本堂木活字本.—6 册：圖及照片.—浙江上虞陳氏；書名據書簽及書名頁題，版心題阜湖陳氏宗譜　　傳 777.43/9176678

7510*

陳氏家乘/陳光遠等修；陳志喆等纂.—民國 13 年(1924)德星堂木活字本.—4 册：圖及像.—江西陳氏；書名據版心題　　傳 777.43/91767

7511*

暨陽陳氏宗譜　四卷/陳長生修；陳金生等纂.—民國 5 年(1916)存義堂木活字本.—4 册.—浙江諸暨陳氏；書名據版心題　　傳 777.43/9177

7512*

陳氏續修宗譜　二十卷/陳繩祖等修；陳綱纂.—民國 13 年(1924)三義堂木活字本.—20 册：像.—江蘇錫山陳氏；書名據書簽及書名頁題，版心題陳氏宗譜　　傳 777.43/91773

7513*

遂安陳氏宗譜　十六卷卷首一卷/陳錫森等纂修.—民國 8 年(1917)世德堂木活字本.—16 册：圖及像.—浙江遂安陳氏；書名據版心及書簽題，書名頁題穎川陳氏宗譜　　傳 777.43/9178

7514*

陳氏家譜/陳延襪纂.—民國 15 年(1926)鉛印本.—1 册：圖及照片.—江蘇揚州陳氏；書名據書名頁等題　　傳 777.43/9179

7515*

文堂陳氏家譜　十四卷卷首一卷卷末一卷/陳德郊等纂修.—民國 17 年(1928)培德堂木活字本.—14 册：圖及像.—江西浮梁遷安徽祁門等地陳氏；書名據書名頁等題　　傳 777.43/92

7516*

陳氏四修族譜　二十二卷卷首三卷/陳宜乾等纂修.—民國 32 年(1943)德星堂木活字本.—24 册：圖.—湖南邵陽陳氏；缺 2 卷：卷 6、18；書名據版心及書名頁題，書簽題陳氏族譜　　傳 777.43/923

7517*

衡西陳氏四修族譜　十卷/陳沅浦等修；陳補春等纂.—民國 20 年(1931)聚星堂木活字本.—10 册：圖.—湖南衡州陳氏；有殘缺頁；書名據卷 4 卷端題　　傳 777.43/9233

7518*

陳氏五修支譜　二十卷/陳忠安等修；陳忠煌等纂.—民國 35 年(1946)惇裕堂木活字本.—20 册：圖.—湖南益陽陳氏；書名據版心及書簽題，書名頁題陳氏支譜　　傳 777.43/924

7519*

益陽義門陳氏五修族譜　十三卷卷末一卷/陳澤宣修；陳澤潤纂.—民國 26 年(1937)遵義堂木活字本.—14 册：圖.—湖南益陽義門陳氏；版心題陳氏五修族譜　　傳 777.43/9243

7520*

花田陳氏三修族譜　十四卷卷首一卷/陳崇琛纂修.—民國 19 年(1930)敦睦堂木活字本.—11 册：圖.—湖南攸縣陳氏；書名據版心及書簽題，書名頁題陳氏族譜　　傳 777.43/92431

7521*

泉塘三貫陳氏族譜　六卷/陳惟璧等修；陳惟燦等纂.—民國 25 年(1936)穎川堂石印本.—5 册：圖.—湖南長沙陳氏；書名據書名頁等題　　傳 777.43/9247

7522*

陳氏四修族譜　二十二卷卷首一卷/陳和坤等修.—民國 37 年(1948)德星堂木活字本.—22 册：圖.—湖南沅江陳氏；書名據版心及書簽題，書名頁題陳氏族譜　　傳 777.43/925

7523*

陳氏四修族譜　三十八卷卷首三卷/陳昌澍等修；陳家聰等纂.—民國 33 年(1944)德星堂木活字本.—36 册：圖.—湖南湘鄉陳氏；書名據書名頁等題　　傳 777.43/9252

7524*

上湘陳氏三修族譜　八卷卷首三卷/陳鑑菊等修；陳曙初纂.—民國 19 年(1930)穎川堂木活字本.—9

冊:圖.—湖南湘潭陳氏;書名據書簽題,版心題陳氏三修族譜 傳 777.43/9253

7525*

邵東陳氏四修房譜/陳經等修;陳忠恕等纂.—民國38年(1949)星聚堂木活字本.—6冊.—湖南邵陽陳氏;書名據版心題,書簽題陳氏四修族譜,書名頁題陳氏四修房譜 傳 777.43/926

7526*

湘南陳氏四修族譜 四十九卷卷首一卷補遺一卷/陳道江等修;陳道顯等纂.—民國21年(1932)沿義堂木活字本.—49冊:圖及像.—湖南湘鄉湘南陳氏;書名據版心題,書簽及書名頁題尚義陳氏四修族譜 傳 777.43/9263

7527*

螺江陳氏家譜/陳寶琛修.—民國22年(1933)鉛印本.—24冊:圖及像.—福建福州陳氏;書名據書名頁等題
部二 24冊 傳 777.43/927

7528*

義門陳氏宗譜 一百卷/陳富標等修;陳復生等纂.—民國38年(1949)諸暨陳氏聚原堂木活字本.—100冊:圖及像.—浙江諸暨陳氏;書名據版心及書簽題;有里居遷徙考 傳 777.43/9273

7529*

毗陵陳氏宗譜 八卷/陳禮寶等修.—民國17年(1928)忠節堂木活字本.—8冊:圖及像.—江蘇毗陵陳氏;版心題陳氏宗譜 傳 777.43/92732

7530*

四明倉基陳氏宗譜 二卷/陳祖確輯.—民國間遺忠堂木活字本.—2冊:圖及像.—浙江鄞縣陳氏;書名據版心題,目錄題倉基陳氏宗譜;卷末有民國23年陳賢凱跋
部二 2冊 傳 777.43/92734

7531*

湘潭長豐陳氏三修族譜 八卷/陳益計等修;陳秀藻等纂.—民國21年(1932)務本堂木活字本.—8冊:圖.—湖南湘潭陳氏;書名據書簽題,版心題湘潭陳氏三修族譜 傳 777.43/927347

7532*

陳氏宗譜 十卷/陳裕琳等修;陳鉅江纂.—民國30年(1941)光裕堂木活字本.—10冊.—江蘇宜興陳氏;書名據版心及書名頁題 傳 777.43/92737

7533*

義門陳氏大同宗譜 十六卷/陳雪濤纂修.—民國29年(1940)鉛印本.—2冊:圖及照片.—江西九江陳氏;書名據版心及書簽題
部二 2冊 傳 777.43/9274

7534*

正陽陳家樓陳氏宗譜 四卷/陳世猷等修.—民國27年(1938)上海國光印書局鉛印本.—4冊:照片.—河南正陽陳氏;版心及書名頁題陳氏宗譜 傳 777.43/92742

7535*

陳氏族譜 四卷/陳盛海修;王昌榮纂.—民國29年(1940)聚星堂木活字本.—4冊:像.—江蘇揚州陳氏;書名據版心題,書簽題陳氏宗譜,書名頁題陳氏家乘 傳 777.43/92743

7536*

陳橋陳氏宗譜 十卷卷末一卷/陳世球等纂修.—民國37年(1948)光裕堂木活字本.—10冊:像.—江蘇宜興陳氏;書名據版心及書簽題,書名頁題陳氏宗譜 傳 777.43/927437

7537*

七閩陳氏世系/陳登瀗撰.—民國26年(1937)鉛印本.—1冊.—福建陳氏;書名據書簽題
部二 1冊
部三 1冊
部四 1冊 傳 777.43/92744

7538*

平陽鄉賢陳氏族譜/陳世澤纂.—民國26年(1937)鉛印本.—4冊.—福建侯官陳氏;書名據目錄等題 傳 777.43/927445

7539*

陳氏義昌公祠譜牒　十八卷/陳貞祥等纂.—民國
18 年(1929)鉛印本.—1 冊：像.—四川成都陳氏；書名
據書名頁題，版心題陳氏族譜　　傳 777.43/927447

7540*

毗陵陳氏續修宗譜　八卷/陳獻瑞等修.—民國 29
年(1940)武進陳氏德星堂木活字本.—8 冊：像.—江
蘇武進、浙江金華陳氏；書名頁等題陳氏宗譜
　　　　　　　　　　　　　　　　傳 777.43/92745

7541*

錫山陳氏宗譜　十二卷/陳旭皓等修；陳蘭軒纂.—
民國 37 年(1948)序倫堂木活字本.—12 冊：圖及
像.—江蘇無錫陳氏；書名頁等題陳氏宗譜
　　　　　　　　　　　　　　　　傳 777.43/92746

7542*

陳氏族譜　八卷/陳世炆等修.—民國 16 年(1927)
德星堂木活字本.—8 冊：圖及像.—江蘇邗江陳氏；書
名據版心及書名頁題
　　部二　8 冊　　　　　　　　　傳 777.43/927467

7543*

筠川陳氏宗譜　四卷/陳丙喜等纂修.—民國 24 年
(1935)木活字本.—4 冊.—浙江縉雲陳氏；書名據版
心題　　　　　　　　　　　　　　傳 777.43/9274678

7544*

如皋縣東石家甸陳氏增輯宗譜　二十六卷/陳桂林
等纂修.—民國 25 年(1936)如皋新明印刷社鉛印
本.—26 冊：圖及像.—江蘇如皋陳氏；書名頁等題陳
氏宗譜　　　　　　　　　　　　　傳 777.43/92747

7545*

中湘白沱陳氏七修族譜　二十八卷/陳培愛等修；
陳培揚等纂.—民國 21 年(1932)德星堂木活字本.—
28 冊：圖.—湖南長沙陳氏；版心題白沱陳氏族譜，書
簽題白沱陳氏七修族譜，書名頁題陳氏族譜
　　　　　　　　　　　　　　　　傳 777.43/92749

7546*

浦陽陳氏宗譜　六卷/陳會培等修.—民國 19 年
(1930)木活字本.—6 冊.—浙江浦江陳氏；書名據目

錄等題　　　　　　　　　　　　　傳 777.43/9275

7547*

陳氏支譜　六卷/陳大旺修；陳德潤纂.—民國 25
年(1936)石印本.—6 冊：圖.—湖南長沙陳氏；版心題
陳氏宗譜　　　　　　　　　　　　傳 777.43/92753

7548*

義門陳氏宗譜　三十八卷卷首三卷/陳曙初等修；
陳少梅等纂.—民國 23 年(1934)敦敘堂木活字本.—
40 冊：圖及像.—江西九江陳氏；缺 1 卷：卷 38；書名
頁等題陳氏宗譜　　　　　　　　　傳 777.43/92755

7549*

桂陽泗洲寨陳氏續修宗譜/陳兆璿等修；陳貽垠等
纂.—民國 26 年(1937)桂陽陳氏惇庸堂木活字本.—
40 冊：圖.—湖南桂陽陳氏；書名據書名頁題，版心題
陳氏續修宗譜，書簽題陳氏宗譜
　　　　　　　　　　　　　　　　傳 777.43/92757

7550*

越城江橋陳氏宗譜　四卷/陳壬一等修.—民國 21
年(1932)德星堂木活字本.—4 冊：圖.—浙江紹興陳
氏；書名據版心及目錄題，書簽及書名頁題越城江橋
陳氏家譜
　　部二　4 冊　　　　　　　　　傳 777.43/9276

7551*

義烏倍磊陳氏宗譜後集　十四卷/陳祿吉等修；陳
鬱堂等纂.—民國 24 年(1935)一本堂木活字本.—23
冊：圖.—浙江義烏陳氏；書名據版心題，書簽及書名
頁題倍磊陳氏宗譜
　　部二　23 冊　　　　　　　　傳 777.43/92764

7552*

陳華英公族譜/陳光榕纂.—民國 34 年(1945)稿
本.—2 冊：圖及像.—四川成都陳氏；書名據書簽題，
書名頁題陳氏族譜　　　　　　　　傳 777.43/927647

7553*

義門陳氏通譜　六卷卷首一卷/陳氏修.—民國 25
年(1936)聚星堂木活字本.—6 冊：圖.—湖南長沙陳
氏；書名據書簽及書名頁題，版心題義門陳氏聯譜
　　　　　　　　　　　　　　　　傳 777.43/92765

7554*

昌溪陳氏續修宗譜　十二卷卷首一卷卷末一卷/陳曉樓等纂修.—民國 27 年(1938)木活字本.—13 冊:圖及像.—安徽旌德陳氏;缺 1 卷:卷 12;書簽題旌陽昌溪陳氏宗譜,版心題陳氏宗譜,書名頁題旌川昌溪陳氏家乘　　　　　　傳 777.43/92766

7555*

莆陽玉湖陳氏家乘/陳道中纂.—民國間鉛印本.—4 冊.—福建莆田陳氏;書名據版心及書簽題
傳 777.43/927664

7556*

[金陵陳氏宗譜]/陳作儀等纂輯.—民國間稿本.—14 冊:圖.—江蘇南京陳氏;包括:金陵陳氏譜略四卷附言一卷、金陵陳氏藝文略存一卷、金陵陳氏藝文補遺四卷、金陵陳氏光譽集十四卷　傳 777.43/92767

7557*

宅埠陳氏宗譜　八十卷訂正九卷/陳遹聲纂修.—民國 22 年(1933)萃倫堂木活字本.—82 冊:圖.—浙江諸暨陳氏;書名據版心及書簽題,書名頁題陳氏宗譜　　　　　　　　傳 777.43/9277

7558*

光澤金陵陳氏宗譜　三卷/陳錦漳等纂修.—民國 29 年(1940)木活字本.—3 冊:圖.—江蘇南京陳氏;版心題光澤陳氏宗譜　　　　傳 777.43/92774

7559*

陳氏星聚族譜　十卷卷首一卷/陳錫瑤等修;陳錫樟等纂.—民國 24 年(1935)石印本.—14 冊:圖.—福建漳州陳氏;書名據版心及書簽題
傳 777.43/9278

7560*

中湘陳氏四修族譜　十四卷/陳秉初等修;陳澍初纂.—民國 13 年(1924)德星堂木活字本.—14 冊:圖.—湖南湘潭陳氏;書名據書簽題,版心題陳氏四修族譜,書名頁題陳氏族譜　　傳 777.43/9279

7561*

常德陳氏宗譜　十三卷卷首一卷/陳廷彥等纂修.—民國 33 年(1944)潁川堂木活字本.—14 冊:圖.—湖南常德陳氏;版心及書名頁題陳氏宗譜
傳 777.43/929

7562*

陳氏五修宗譜/陳人慎等修;陳人雨等纂.—民國 38 年(1949)德星堂木活字本.—16 冊:圖.—湖南常寧陳氏;書名據書簽題,版心題陳氏續修宗譜,書名頁題陳氏家乘;　　　　傳 777.43/9293

7563*

義門陳氏五修族譜　二十二卷卷首一卷/陳昌正修;陳紹清等纂.—民國 18 年(1929)木活字本.—20 冊:圖.—江西九江、湖南安化陳氏;書簽及書名頁題陳氏五修族譜　　　　傳 777.43/9298

7564*

文安陳氏族譜續冊/陳鴻飛纂修.—1992 年文安陳氏忠節堂鉛印本.—1 冊.—河北文安陳氏;書名據書簽題.—平裝　　　　　　傳 777.43/95

7565*

義門陳氏宗譜/陳士儀纂修.—1992 年黃安陳士儀臺北膠印本.—1 冊:像.—湖北黃安陳氏;書名據書名頁題.—精裝　　　　傳 777.43/957

傳 777.45　闞氏

7566*

合肥闞氏家譜　三十卷卷首一卷/闞彥閔等修.—民國 10 年(1921)木活字本.—24 冊.—安徽合肥闞氏;版心題闞氏家譜　　　　傳 777.45/91

傳 777.47　闕氏

7567*

古吳闕氏宗譜　八卷/闕萬年等修.—民國 22 年(1933)聖鄰堂木活字本.—8 冊:像.—江蘇吳縣闕氏;

書名據書籤及書名頁題,版心題闞氏宗譜
傳777.47/92

傳777.49　歐陽氏

7568*

續修安福令歐陽公通譜/(清)歐陽安世修.—民國
間影印本.—8冊.—江西安福歐陽氏;書名據版心題,
書籤題歐陽氏六宗通譜;據清乾隆十五年(1750)刻本
影印　　　　　　　　　　　　　　傳777.49/84

7569

安福歐陽氏新修上院支譜/(清)歐陽幹等修.—清
同治二年(1863)木活字本.—1冊:像.—江西安福歐
陽氏;書名據譜序題　　　　　　　　傳777.49/88

7570

瀘溪歐陽氏續修族譜　十卷卷首四卷/(清)歐陽聯
捷修;(清)歐陽正苗纂.—清宣統二年(1910)木活字
本.—29冊:圖.—湖南邵陽歐陽氏;書名據書名頁題;
版心及書籤題歐陽氏續修族譜　　　傳777.49/89

7571

歐陽氏族譜　六卷/(清)歐陽璜等纂修.—清光緒
七年(1881)木活字本.—12冊:圖及像.—湖南湘陰歐
陽氏;書名據版心題;目錄及版心卷次標注爲卷5—10
傳777.49/896

7572*

湘潭錦石歐陽氏五修族譜　三十卷卷首一卷/歐陽
之廉等修;歐陽之炳等纂.—民國10年(1921)敦本堂
木活字本.—32冊:圖及像.—湖南湘潭歐陽氏;書名
據書名頁等題
部二　32冊　　　　　　　　　　　傳777.49/91

7573*

上湘田邊歐陽氏三修族譜　四十五卷卷首一卷卷
末一卷/歐陽明溏等修.—民國15年(1926)篤親堂木
活字本.—32冊.—湖南湘潭歐陽氏;書名據書籤題,
書名頁題上湘歐陽氏三修族譜　　　傳777.49/914

傳777.51　俞氏

7574

婺東浦口俞氏家乘　十八卷/(清)俞祖榮等修;
(清)俞懷報等纂.—清嘉慶十二年(1807)木活字
本.—18冊.—浙江婺州俞氏;書籤題東浦俞氏宗譜
傳777.51/85

7575

暨陽山陰合族俞氏宗譜/(清)俞國溙等修;(清)俞
廷李等纂.—清同治十一年(1872)佑啟堂木活字
本.—4冊.—浙江諸暨俞氏;書名據版心題
傳777.51/88

7576

河間俞氏支譜　三卷卷首一卷/(清)俞文炳纂.—
清同治七年(1868)木活字本.—1冊:圖及像.—江西
婺源俞氏;書名據版心題　　　　　　傳777.51/886

7577

彭城俞氏世譜　一卷/(清)俞鍾鑾等修.—清光緒
十五年(1889)刻本.—1冊.—江蘇彭城俞氏;書名據
書名頁等題　　　　　　　　　　　傳777.51/89

7578

暨陽山陰合族俞氏宗譜/(清)俞廷昊等修.—清光
緒二十年(1894)佑啟堂木活字本.—4冊.—浙江諸暨
俞氏;書名據版心題　　　　　　　　傳777.51/897

7579

維揚江都俞氏六次重修族譜　四卷/(清)俞之錄等
修;(清)張從儒編.—清光緒二十三年(1897)半山堂
木活字本.—4冊:圖.—江蘇揚州俞氏;書名據目錄
題,版心及書名頁題俞氏族譜　　　傳777.51/8976

7580

上虞崧城俞氏家乘　八集八卷卷首一卷卷附三卷
卷末一卷/(清)俞光法等修;(清)俞鏡元等纂.—清光
緒二十九年(1903)孝思堂木活字本.—8冊.—浙江上
虞俞氏;書名據書名頁題,版心題俞氏家乘
傳777.51/89762

7581*

餘姚臨山俞氏宗譜　三卷/俞星洲等修；俞元林纂.—民國 2 年（1913）敦倫堂木活字本.—2 冊.—浙江餘姚俞氏；書名據版心及目錄題，書名頁題臨山俞氏宗譜　　　　　　　　傳 777.51/91

7582*

中湘烏石峰俞氏五修族譜　十卷卷首二卷/俞澤谷等修；俞家仍纂.—民國 3 年（1914）尋源堂木活字本.—12 冊：圖.—湖南湘潭俞氏；書名據書簽題，版心題俞氏五修族譜，書名頁題俞氏族譜　　　　　　　傳 777.51/917

7583*

暨陽山陰合族俞氏宗譜　六卷/俞元熹等修.—民國 7 年（1918）佑啟堂木活字本.—6 冊.—浙江暨陽紹興俞氏；書名據版心題，書簽題山陰俞氏宗譜　　　　　　　　傳 777.51/9175

7584*

百官俞氏家譜　十集/俞毓棠等修.—民國 4 年（1915）上虞俞氏思成堂木活字本.—5 冊.—浙江上虞俞氏；存 5 集：君、子、夫、婦、友集；書名據版心題　　　　　　　　傳 777.51/9177

7585*

崧城俞氏家乘　十二集十八卷卷首一卷卷終一卷/俞德寶等修；俞彥彬等纂.—民國 17 年（1928）孝思堂木活字本.—12 冊.—浙江上虞俞氏；書名據版心及書名頁題
部二　12 冊　　　　　傳 777.51/927

7586*

姚江古將壇俞氏宗譜　六卷卷首一卷/俞贊等修.—民國 23 年（1934）維則堂木活字本.—6 冊：圖及像.—浙江餘姚俞氏；書名據版心及書名頁題，書簽題俞氏宗譜　　　　　　　傳 777.51/9275

7587*

俞氏宗譜/俞德勳修.—1980 年北京圖書館照相本.—1 冊.—四川西昌俞氏；書名據譜序題；據民國 27 年（1938）四川西昌博物館抄本照相　　　　　　　　傳 777.51/92758

7588*

虞東俞氏宗譜　十二卷/俞乃璇等纂修.—民國 20 年（1931）永錫堂木活字本.—12 冊：圖.—浙江上虞俞氏；書名據版心題，書簽及書名頁題俞氏宗譜　　　　　　　傳 777.51/9277

7589*

俞氏宗譜　二編墳墓考一卷傳芳集前編一卷/俞復等編.—民國 24—28 年（1935—1939）德蔭堂鉛印本.—2 冊.—安徽蕪湖遷江蘇無錫俞氏；書名據書簽及書名頁題；傳芳集後編嗣出　傳 777.51/9279

傳 777.53　饒氏

7590

饒氏宗譜　十二卷卷首一卷卷末一卷/（清）饒玉清纂修.—清乾隆三十九年（1774）刻本.—12 冊：圖.—安徽旌德饒氏；卷 3 有殘缺；書名據版心題　　　　　　　　傳 777.53/84

傳 777.55　舒氏

7591

屏山舒氏宗譜　三卷/（清）舒道觀修.—清道光二十七年（1847）五之堂木活字本.—1 冊：圖.—安徽黟縣舒氏；書名據版心及書簽題，書名頁題舒氏宗譜　　　　　　　　傳 777.55/86

7592

舒氏大房續修族譜/（清）舒學典等纂修.—清道光七年（1827）李劍中、李列中木活字本.—5 冊.—江西舒氏；書名據版心題，書名頁題歸公家譜　　　　　　　傳 777.55/866

7593

石江舒氏族譜/（清）舒柏纂修.—清道光十二年（1832）佳賦堂木活字本.—4 冊：圖及像.—湖南湘鄉舒氏；原書卷數不詳，存 4 卷：卷 1—4；書名據書名頁等題　　　　　　　傳 777.55/8661

7594

華陽舒氏統宗譜　十八卷卷首一卷卷末一卷/(清)
舒安仁等修.—清同治九年(1870)敘倫堂木活字
本.—6册:圖及像.—安徽績溪舒氏;書名據版心及書
簽題

部二　6册　　　　　　　　　傳 777.55/88

7595

旌陽舒氏宗譜　十二卷/舒榮基等修;舒煊昌纂.—
清宣統元年(1908)木活字本.—12册:圖及像.—安徽
旌德舒氏;書名據版心及書簽題,目錄題京兆舒氏
宗譜　　　　　　　　　　　　傳 777.55/89

7596*

湘上舒氏三修族譜　二十二卷卷首六卷/舒希齡等
纂修.—民國9年(1920)篤本堂木活字本.—27册:
圖.—湖南湘鄉舒氏;缺1卷:卷6;書名據書名頁題,
版心及書簽題舒氏三修族譜　　　傳 777.55/91

傳 777.57　牛氏

7597

牛氏大宗譜/(清)牛氏修.—清抄本.—1册.—山東
牛氏,記事至清康熙四十三年(1704);書名據譜序題
　　　　　　　　　　　　　　傳 777.57/84

傳 777.59　岳氏

7598

岳忠武王家乘/(清)岳昇龍纂;(清)葛之藩纂訂.—
清躋雲堂刻本.—4册.—浙江杭州等地岳氏;書名據
2—3册版心題,第1册版心題鄂國岳氏世譜
　　　　　　　　　　　　　　傳 777.59/81

傳 777.67　鄔氏

7599*

沅江鄔氏三修族譜　十七卷/鄔鴻璞等修;鄔鴻焌

等纂.—民國36年(1947)希賢堂木活字本.—17册:
圖.—湖南沅江鄔氏;書名據書名頁等題
　　　　　　　　　　　　　　傳 777.67/92

傳 777.69　木氏

7600

木氏宦譜/(清)木生纂修.—清末至民國間抄本.—
1册.—雲南麗江木氏;書名據序題　傳 777.69/83

傳 778.01　裴氏

7601

裴氏世譜　十二卷/(清)翟鳳翥纂;(清)裴律度續
纂.—清乾隆間裴宗錫刻本.—10册:圖.—山西聞喜
裴氏;有墨筆增補至清咸豐元年(1851);書名據版心
及書名頁題　　　　　　　　　傳 778.01/84

7602

裴氏世牒　四卷/(清)翟鳳翥纂.—清刻本.—4册:
圖.—山西聞喜裴氏　　　　　　傳 778.01/844

7603

裴氏世譜　十二卷卷首一卷/(清)裴正文等修.—
清嘉慶間刻本.—10册:圖.—山西聞喜裴氏

部二　7册　存7卷:卷1—7　　傳 778.01/85

7604

灣里裴氏族譜　六卷卷首一卷/(清)裴元榮等修;
(清)董和羹纂.—清咸豐五年(1855)敦本堂木活字
本.—4册:圖及像.—安徽黟縣裴氏;書簽及書名頁題
裴氏宗譜　　　　　　　　　　傳 778.01/87

7605

湘潭裴氏四修族譜　十七卷卷末一卷/(清)裴中笏
纂修.—清宣統二年(1910)四支堂木活字本.—18册:
圖.—湖南湘潭裴氏;書名據書簽及書名頁題,版心題
中湘裴氏四修族譜　　　　　　傳 778.01/89

7606*

固始裴氏宗譜　十二卷/裴吉煜等纂修.—民國 9
年(1920)綠野堂木活字本.—12 冊:圖.—河南固始裴
氏;書名據書簽題,版心題裴氏續修宗譜,書名頁題裴
氏宗譜　　　　　　　　　　　傳 778.01/91

傳 778.03　柴氏

7607.

柴氏世譜/(清)柴麟書修.—清光緒十八年(1892)
抄本.—1 冊.—浙江柴氏;書名據書名頁題
　　　　　　　　　　　　　　傳 778.03/89

7608*

資陽柴氏四修支譜　十一卷/柴典璠修;柴典訓
編.—民國 29 年(1940)柴氏平陽堂木活字本.—10
冊:圖.—湖南益陽柴氏;書名據書名頁題;版心題資
陽柴氏支譜,書簽題柴氏支譜　　　傳 778.03/92

7609*

柴氏宗譜　七卷/柴松青纂修.—民國 30 年(1941)
石印本.—1 冊:圖.—山西臨汾柴氏;書名據版心題
　　　　　　　　　　　　　　傳 778.03/923

傳 778.05　伊爾根覺羅氏

7610

伊爾根覺羅氏家傳/(清)鄂恒撰.—清咸豐四年
(1854)刻本.—1 冊.—吉林伊爾根覺羅氏;書名據書
名頁題
　部二　1 冊　　　　　　　　傳 778.05/87

傳 778.07　繆氏

7611

繆氏宗譜　二卷/(清)繆氏修.—清康熙間裕遠堂
刻本.—8 冊:像.—江蘇繆氏　　傳 778.07/82

7612*

東興繆氏潤州分支宗譜　十六卷首一卷卷末一
卷附錄二卷/繆之鎔等修.—民國 2 年(1913)世慶堂
木活字本.—14 冊:圖及像.—江蘇鎮江繆氏;書名據
書簽題,版心及書名頁題繆氏宗譜　傳 778.07/89

7613

東興繆氏支譜/(清)繆鎬纂修.—清末朱格抄本.—
1 冊:圖.—江蘇常熟繆氏;版心題繆氏家乘
　　　　　　　　　　　　　　傳 778.07/898

7614

蕭山許賢鄉繆氏宗譜　二卷/(清)繆景龍等修.—
清光緒二十四年(1898)仕學堂木活字本.—6 冊:
像.—浙江蕭山繆氏;書名據版心題
　　　　　　　　　　　　　　傳 778.07/8984

7615

蘭陵繆氏世譜/繆荃孫輯.—清宣統三年(1911)刻
朱印本.—8 冊.—江蘇江陰繆氏;書名據版心題;附考
古錄　　　　　　　　　　　　傳 778.07/8985

7616*

藝堂舊話/繆九疇撰.—民國 6 年(1917)江陰繆氏
思範室刻本.—2 冊.—江蘇江陰繆氏,本書記繆氏先
世事蹟;附師友淵源錄
　部二　1 冊
　部三　1 冊　　　　　　　　傳 778.07/91

7617*

遼東繆氏宗譜　十二卷卷首一卷/繆潤紱纂修.—
民國 25 年(1936)北京鉛印本.—4 冊:圖及照片.—遼
寧遼陽繆氏;書名據版心及書簽題,書名頁題繆氏
宗譜
　部二　4 冊　　　　　　　　傳 778.07/92

7618*

蘭陵繆氏族譜　六十八卷/繆果章纂修.—民國 26
年(1937)石印本.—6 冊.—雲南宣威繆氏;書名據版
心等題,目錄等題宣威繆氏族譜　傳 778.07/928

7619*

蕭山繆氏家乘　十二卷/繆雅南等修.—民國 38 年
(1949)崇德堂木活字本.—12 冊:像.—浙江蕭山繆

氏;書名據版心題　　　　　　傳 778.07/9284

書簽題,書名頁題蘇氏族譜　　　　傳 778.09/92

傳 778.09 蘇氏

7620

　新安蘇氏族譜　十五卷/(明)蘇大纂.—明成化六年(1470)新安蘇氏刻清乾隆元年(1736)印本.—1 冊:圖及像.—安徽休寧蘇氏;版心題蘇氏族譜

　　　　　　　　　　　傳 778.09/74

7621

　新安蘇氏族譜　十五卷/(明)蘇大纂.—清乾隆間忠孝堂木活字本.—2 冊:圖及像.—安徽休寧蘇氏;版心題蘇氏宗譜

　　　　　　　　　　　傳 778.09/748

7622

　新安蘇氏重修族譜　五卷補遺一卷/(清)蘇鈺纂.—清乾隆元年(1736)刻本.—3 冊:像.—安徽休寧蘇氏;書名據目錄題,版心題蘇氏族譜

　　　　　　　　　　　傳 778.09/84

7623

　新安蘇氏重修族譜　五卷補遺一卷/(清)蘇鈺纂.—清乾隆間忠孝堂木活字本.—6 冊.—安徽休寧蘇氏;書名據目錄題,版心及書簽題蘇氏宗譜

　　　　　　　　　　　傳 778.09/848

7624

　澄江蘇氏族譜　二十二卷卷首一卷/(清)蘇宗振纂修.—清光緒二十六年(1900)忠孝堂木活字本.—8 冊:圖及像.—江蘇江陰蘇氏;書名據目錄等題;書名頁題武功蘇氏澄江族譜　　傳 778.09/89

7625*

　蘇氏族譜　十二卷/蘇齊盛等修.—民國 4 年(1915)蘇氏聚星堂木活字本.—38 冊.—江蘇常州蘇氏;書名據書名頁等題　　　傳 778.09/91

7626*

　益陽蘇氏六修族譜　二十三卷卷首一卷卷末一卷/蘇葭村等纂修.—民國 37 年(1948)梓誼堂木活字暨影印本.—25 冊:圖.—湖南益陽蘇氏;書名據版心及

傳 778.11 莫氏

7627

　潘祊隝莫氏家譜/(清)莫大棅等纂修.—清嘉慶間孝思堂木活字本.—8 冊.—浙江紹興莫氏;書名據版心及目錄題　　　　　　傳 778.11/85

7628*

　毗陵蒲溪莫氏宗譜　二十卷卷首一卷卷末一卷/莫繼世等修;莫允亨等纂.—民國 6 年(1917)敦睦堂木活字本.—22 冊:像.—浙江湖州莫氏;書簽題毗陵莫氏宗譜,版心及書名頁題莫氏宗譜　　傳 778.11/91

7629*

　紹興莫氏家譜　十二卷卷首一卷/莫光墉修;莫壽恒等纂.—民國 16 年(1927)木活字本.—5 冊.—浙江紹興莫氏　　　　　　　傳 778.11/92

7630*

　沽瀆匯莫氏宗譜　十卷/莫兆昌等修;莫若俊等纂.—民國 23 年(1934)紹賢堂木活字本.—10 冊:像.—江蘇無錫莫氏;書名據目錄題,書名頁等題莫氏宗譜　　　　　　　　　　傳 778.11/928

傳 778.13 葉氏

7631

　吳中葉氏族譜　十集/(清)葉長馥纂修.—清康熙間刻本.—12 冊:像.—江蘇吳縣葉氏;書名據版心及書簽題

　部二　12 冊

　部三　4 冊　存 3 集:乙、丙、已集　傳 778.13/82

7632

　吳中葉氏族譜　十集/(清)葉長馥纂修.—清雍正間刻本.—14 冊:像.—江蘇吳縣葉氏;有缺頁,有墨筆抄補;書名據版心題　　　　　　傳 778.13/83

7633

吳中紀革葉氏世譜/(清)葉贊玉修.—清雍正六年(1728)抄本.—1冊.—江蘇吳縣葉氏;書名據書籤題,版心題葉氏家乘　　　　傳778.13/838

7634

金華天鍾湖葉氏宗譜　十三卷卷首一卷卷末一卷/(清)葉帝佐等纂修.—清乾隆間木活字本.—15冊:圖及像.—浙江金華葉氏;書名據版心題,書籤題鍾湖葉氏宗譜　　　　傳778.13/84

7635

黟縣南屏葉氏族譜　八卷/(清)葉有廣等修.—清嘉慶十七年(1812)木活字本.—4冊:圖.—安徽黟縣葉氏;書名據目錄題,書名頁等題南屏葉氏族譜

部二　4冊

部三　4冊　　　　傳778.13/85

7636

葉氏宗譜　六卷卷首一卷卷末一卷/(清)葉氏修.—清道光二十八年(1848)一本堂木活字本.—8冊.—河南南陽葉氏;書名據版心及書籤題　　　　傳778.13/86

7637

吳中葉氏族譜/(清)葉堯夤等修.—清抄本.—6冊:圖及像.—江蘇吳縣葉氏,記事至清道光間;書名據版心題.—毛裝　　　　傳778.13/868

7638

葉氏家乘　十四卷/(清)葉永九等修.—清道光十九年(1839)玉立堂木活字本.—8冊.—江蘇宜興葉氏;書名、卷次據版心題　　　　傳778.13/8686

7639

葉氏宗譜/(清)葉寶元纂.—清同治三年(1864)葉氏南陽堂木活字本.—25冊:圖及像.—廣東梅州葉氏;書名據版心及書籤題　　　　傳778.13/88

7640

廈田葉氏宗譜　五卷/(清)葉偉升等修.—清光緒二十一年(1895)木活字本.—5冊:圖及像.—浙江松陽葉氏;書名據版心題,書籤題葉氏宗譜

　　　　傳778.13/89

7641

暨陽葉氏宗譜/(清)葉春源纂修.—清光緒二十二年(1896)百忍堂木活字本.—4冊:像.—浙江諸暨葉氏;書名據版心題　　　　傳778.13/898

7642

蓉城葉氏宗族全譜　八卷/(清)葉宗誥等纂修.—清光緒間刻本.—8冊.—四川成都葉氏;書名據書名頁題,書籤題葉氏宗譜全譜　　　　傳778.13/8982

7643

葉氏宗譜　七卷卷首一卷/(清)葉曜廷等修;(清)葉新菜纂.—清光緒十二年(1886)雙榴堂木活字本.—8冊:圖.—江西鄱陽縣葉氏;書名據書名頁等題

　　　　傳778.13/8985

7644

吳中葉氏族譜　六十六卷卷末一卷/葉德輝等纂修.—清宣統三年(1911)木活字本.—52冊:圖及像.—江蘇吳縣葉氏;書名據書名頁等題

部二　52冊

部三　52冊　　　　傳778.13/8986

7645

休寧葉氏支譜　十三卷/(清)葉道鑒纂修.—清光緒十八年(1892)抄本.—1冊:圖及像.—安徽休寧葉氏;書名據版心題,書籤題葉祈葉氏族譜世繫,書名頁題休寧葉氏族譜,目錄題休寧葉祈支譜

　　　　傳778.13/89863

7646

慈溪石步葉氏宗譜　二十四卷/(清)葉長慶等修.—清光緒二十九年(1903)慈溪葉氏天敘堂木活字本.—24冊:圖.—浙江慈溪葉氏;書名據書名頁等題

部二　24冊　　　　傳778.13/8987

7647*

施山葉氏宗譜　八卷/葉元丙修.—民國10年(1921)葉氏崇本堂木活字本.—8冊.—浙江寧波葉氏;書名據書籤題,版心題葉氏宗譜　傳778.13/91

7648*

新州葉氏家乘/葉希明纂修.—民國14年(1925)鉛

印本.—10 册.—浙江杭州葉氏;書名據版心題

傳 778.13/917

7649*

蓉城葉氏宗族全譜　　八卷/葉宗質等修;葉祖經等纂.—民國 2 年(1913)鉛印暨石印本.—8 册.—四川成都葉氏;書名據書名頁題,書衣題葉氏宗族全譜

傳 778.13/918

7650*

平江葉氏宗譜　　十二卷卷首一卷卷末一卷/葉瑞棻等修.—民國 24 年(1935)平江葉氏南陽堂北平鉛印本.—6 册:圖及照片.—江蘇吳縣葉氏;書名據書名頁等題

　部二　6 册　　　　　　　　　　　傳 778.13/92

7651*

葉氏三修支譜　　五卷卷首一卷/葉應鼎等修;葉運達等纂.—民國 25 年(1936)木活字本.—5 册:圖.—廣東梅州葉氏;書名據版心題,書簽題葉氏支譜

傳 778.13/923

7652*

蓉城葉氏宗族全譜　　八卷/葉祖輻等修;葉祖學纂.—民國 33 年(1944)石印本.—8 册.—四川成都葉氏;書名據書名頁題,書簽題葉氏宗族全譜

傳 778.13/928

7653*

南海葉氏家譜/葉正乾修;葉灝明纂.—民國間鉛印本.—1 册:照片.—廣東佛山葉氏;版心及書名頁題葉氏家譜

傳 778.13/9284

7654*

姚江雙雁葉氏宗譜　　六卷/葉萌春等纂修.—民國 17 年(1928)繼美堂木活字本.—2 册:圖及像.—浙江餘姚葉氏;書名據卷 2 卷端題,書簽題餘姚雙雁葉氏宗譜

傳 778.13/9285

7655*

葉氏家乘　　三十二卷卷首一卷/葉秉成等修.—民國 18 年(1929)惇敘堂木活字本.—32 册:像.—浙江慈溪葉氏;書名據書名頁等題

傳 778.13/9289

傳 778.15　　葉赫那拉氏

7656

[敦厚堂世系生辰譜]/(清)葉赫那拉那淳纂修.—清藍絲欄抄本.—1 册.—山西葉赫那拉氏;是譜纂修於清乾隆四十二年(1777),有墨筆抄補記事至清嘉慶間;書名據版心題　　　　傳 778.15/84

7657

[葉赫那蘭氏八旗族譜]/(清)額騰額纂修.—清道光三年(1823)抄本.—1 册.—遼寧開原葉赫那拉氏;書名據題簽題　　　　　　　　　　傳 778.15/86

7658

那拉氏宗譜/(清)延陞纂.—清抄本.—1 册.—遼寧瀋陽葉赫那拉氏;是譜纂修於清道光二十五年(1845),有民國間抄補;書名據書簽題

傳 778.15/868

7659

葉赫那拉氏族譜/(清)葉赫那拉祥安纂輯.—清道光二十九年(1849)朱絲欄稿本.—1 册.—吉林伊通葉赫那拉氏;書名據版心及書簽題　　　傳 778.15/8683

傳 778.17　　史氏

7660

[史氏譜錄合編]/(清)史氏修.—清刻本.—1 册:像.—原書卷數不詳,殘存 1 卷:卷 4　傳 778.17/82

7661

京兆郡桂北衡陽史氏宗譜　　七卷/(清)史發晉等纂修.—清咸豐四年(1854)蛟龍塘木活字本.—7 册.—湖南衡陽史氏;書名據譜序題,版心及書簽題史氏宗譜　　　　　　　　　　傳 778.17/87

7662

史氏家乘/(清)史炳第等修.—清光緒二年(1876)

刻本.—4 册.—山東樂陵史氏;書名據書名頁等題
　　　　　　　　　　　　　　　傳 778.17/89

7663
　[史氏宗譜]/(清)史氏修.—清末朱絲欄抄本.—1
册.—江蘇溧陽史氏;記事至清光緒間
　　　　　　　　　　　　　　　傳 778.17/898

7664
　蕭山史氏宗譜　二十四卷/(清)史晉纂修.—清光
緒十八年(1892)八行堂木活字本.—16 册:圖及像.—
浙江蕭山史氏;書名據版心題　　傳 778.17/8984

7665
　史氏慶傳宗譜　十二卷/(清)史燦等纂修.—清光
緒十七年(1891)木活字本.—12 册:圖及像.—江蘇溧
陽史氏;書名據目錄等題,版心題史氏宗譜
　　　　　　　　　　　　　　　傳 778.17/8986

7666
　史氏宗譜　十八卷卷首一卷/史廷衛等纂修.—清
宣統元年(1909)木活字本.—30 册:圖及像.—江蘇溧
陽史氏;書名據書名頁等題　　傳 778.17/8989

7667 *
　餘姚史氏宗譜　十二卷卷首一卷卷末一卷/史良書
等纂修.—民國 3 年(1914)木活字本.—13 册.—浙江
餘姚史氏;書名據版心及書簽題
　　　　　　　　　　　　　　　傳 778.17/91

7668 *
　義莊史氏宗譜　四十一卷卷首一卷卷末一卷/史明
弼等纂修.—民國 38 年(1949)宗海堂鉛印本.—38
册.—江蘇溧陽遷宜興史氏　　傳 778.17/92

7669 *
　蔣墅史氏支譜　十二卷卷首一卷卷末一卷/史來興
等修.—民國 20 年(1931)承啟堂木活字本.—14 册:
圖及像.—江蘇溧陽史氏;書簽及書名頁題史氏支譜
　　　　　　　　　　　　　　　傳 778.17/928

傳 778.19　嚴氏

7670
　嚴氏家譜/(清)嚴氏修.—清抄本.—1 册.—浙江歸
安嚴氏,記事至清乾隆間　　　傳 778.19/84

7671
　夢溪嚴氏宗譜　九卷卷首一卷/(清)嚴開甲等修;
(清)嚴良翰等纂.—清光緒二十八年(1902)錫類堂木
活字本.—8 册:圖.—版心及書名頁題嚴氏宗譜;江蘇
丹陽嚴氏
　部二　8 册　　　　　　　　　傳 778.19/89

7672
　天水嚴氏家譜　十六卷/(清)嚴成勳等纂修.—清
光緒二年(1876)木活字本.—7 册:像.—江蘇常熟嚴
氏;書名據書簽及書名頁題,版心題嚴氏家譜
　　　　　　　　　　　　　　　傳 778.19/898

7673
　毗陵嚴氏宗譜　十六卷/嚴全庚等修.—清宣統二
年(1910)客星堂木活字本.—16 册:圖及像.—江蘇毗
陵嚴氏;書名據卷 2 卷端題,書名頁等題嚴氏宗譜
　　　　　　　　　　　　　　　傳 778.19/8986

7674
　嚴氏宗譜　九卷卷首一卷/(清)嚴大壩等纂修.—
清光緒三十一年(1905)植本堂木活字本.—10 册:
圖.—鄱陽遷安徽和縣嚴氏;書名據版心及書簽題
　　　　　　　　　　　　　　　傳 778.19/8987

7675 *
　夢溪嚴氏宗譜　十卷/嚴汝純等修;嚴敏中纂.—民
國 10 年(1921)丹陽嚴氏錫類堂木活字本.—10 册:
圖.—江蘇丹陽嚴氏;書名據目錄題,書名頁等題嚴氏
宗譜　　　　　　　　　　　　傳 778.19/91

7676 *
　天水郡嚴氏宗譜　四卷/嚴祖新等修.—民國 10 年
(1921)木活字本.—2 册:圖.—浙江縉雲嚴氏
　　　　　　　　　　　　　　　傳 778.19/913

7677*

嚴氏族譜　前編六卷後編二卷卷首一卷卷末一卷/
嚴振凡纂修.—民國 15 年(1926)富春堂木活字本.—
8 冊:圖.—湖南平江嚴氏;書名據書名頁等題
　　　　　　　　　　　　　　　傳 778.19/917

7678*

金沙帶莊嚴氏宗譜　十卷/嚴金樹修;嚴炳耀等
纂.—民國 8 年(1919)富春堂木活字本.—10 冊:
像.—江蘇金壇嚴氏;書名據目錄題,書名頁等題嚴氏
宗譜　　　　　　　　　　　　　傳 778.19/918

7679*

六修江蘇洞庭安仁里嚴氏族譜　十二卷卷首一卷/
嚴慶祺纂修.—民國 21 年(1932)中華書局鉛印本.—
6 冊:像.—江蘇吳縣嚴氏;書名據書名頁題,版心題嚴
氏族譜,書籤題六修嚴氏族譜;有民國 22 年序
　　部二　6 冊
　　部三　6 冊
　　部四　6 冊　　　　　　　　傳 778.19/92

傳 778.21　翁氏

7680

翁氏族譜　四卷/(清)翁叔立纂修.—清抄本.—1
冊.—江蘇常熟翁氏;書名據版心題;有清康熙三十五
年(1696)自序　　　　　　　　傳 778.21/82

7681

洞庭東山翁氏宗譜　十二卷卷首一卷/(清)翁遵讓
等纂修.—清乾隆間刻本.—12 冊.—江蘇常熟翁氏;
書名據書籤,版心題翁氏宗譜;附翁氏廣族名賢譜
　　部二　12 冊　　　　　　　傳 778.21/84

7682*

翁氏家事略記/(清)翁方綱撰;(清)英和校訂.—清
嘉慶間英和刻本.—1 冊.—北京大興翁氏;記事起明
正德二年(1507),迄清嘉慶二十三年(1818)
　　部二　1 冊　　　　　　　　傳 778.21/85

7683*

翁氏家事略記/(清)翁方綱撰;(清)英和校訂.—民

國 5 年(1916)上海同文圖書館石印本.—1 冊.—北京
大興翁氏;復初齋文集卷首　　　傳 778.21/85.1

7684

餘姚東門翁氏家乘　二十卷/(清)翁學涵纂.—清
咸豐三年(1853)統宗堂木活字本.—10 冊.—浙江餘
姚翁氏;書名據版心及書名頁題　　傳 778.21/87

7685

翁氏宗譜/(清)翁氏修.—清同治十二年(1873)抄
本.—6 冊.—浙江鄞縣翁氏;書名據版心題
　　　　　　　　　　　　　　　傳 778.21/88

7686*

義邑翁氏宗譜　六卷/翁宗銅等纂修.—民國 15 年
(1926)木活字本.—6 冊.—浙江義烏翁氏;書名據版
心題,書籤題翁氏宗譜　　　　　傳 778.21/91

傳 779.01　朱氏

7687

上虞桂林朱氏族譜　六卷/(清)朱觀光等修.—清
康熙四十二年(1703)德源堂刻本.—4 冊.—浙江上虞
朱氏　　　　　　　　　　　　　傳 779.01/82

7688

南成朱氏族譜　十卷/(清)朱洪謐纂修.—清抄
本.—8 冊:像.—浙江山陰朱氏;記事至清康熙間;書
名據版心題;版心下鐫遂安堂　　傳 779.01/829

7689

朱氏宗譜　九卷/(清)朱鈞璜纂修.—清乾隆三十
五年(1770)敦睦堂刻本.—1 冊:像.—江西婺源朱氏;
書名據版心及書名頁題　　　　　傳 779.01/84

7690

湖山朱氏族譜/(清)朱世發等修;(清)朱世雋等
纂.—清乾隆五十一年(1786)沛國堂木活字本.—6
冊:圖.—湖南湘潭朱氏;書名據譜序題,版心題朱氏
族譜
　　部二　6 冊　　　　　　　　傳 779.01/849

7691

涇川朱氏支譜　八卷卷首一卷卷末一卷/(清)朱武考等修;(清)朱月庭等纂.—清乾隆間刻本.—4册:圖.—安徽涇縣朱氏　　　　　　　傳 779.01/8493

7692

白洋朱氏家傳/(清)朱兆殷等輯.—清抄本.—2册.—浙江山陰朱氏,記事至清乾隆間;書名據書衣題
　　　　　　　　　　　　傳 779.01/8494

7693

涇川朱氏宗譜　十六卷卷首一卷卷末一卷/(清)朱世潤等修;(清)朱潤纂.—清乾隆三十年(1765)刻本.—15册:圖.—安徽涇縣朱氏　傳 779.01/84943

7694

旌陽朱氏宗譜　十八卷卷首一卷卷末一卷/(清)朱氏修.—清乾隆五十一年(1786)刻本.—20册:圖.—安徽旌德朱氏;書名據書名頁等題　傳 779.01/8497

7695

吳中分錫朱氏宗譜　二十卷卷首一卷/(清)朱果等匯輯;(清)朱楠等編次.—清嘉慶四年(1799)敦倫堂刻本.—20册:圖及像.—江蘇吳縣朱氏;目錄題古吳朱氏宗譜,書籤題朱氏宗譜　　　　傳 779.01/85

7696

紫陽朱氏武林派宗譜　十二卷卷首一卷/(清)朱封纂修.—清嘉慶八年(1803)杭州西湖祠刻本.—5册:圖及像.—福建建陽朱氏;書名據書名頁等題
　　　　　　　　　　　　傳 779.01/859

7697

朱氏家乘/(清)朱啟燾輯.—清道光間朱格抄本.—2册.—北京大興朱氏　　　傳 779.01/86

7698

張香都朱氏支譜　六卷/(清)朱廷玕修;(清)朱一彬纂.—清道光六年(1826)刻本.—6册:圖.—安徽涇縣朱氏;版心題張香都七甲朱氏支譜,書名頁題朱氏家乘　　　　　　　　　　　　傳 779.01/869

7699

秀水朱氏家譜/(清)朱榮等續修.—清咸豐三年(1853)秀水朱榮刻本.—1册.—浙江秀水朱氏;原書卷數不詳,殘存1卷:卷1世系表1—5;書名據版心及書衣題
　　　　　　　　　　　　傳 779.01/87

7700

朱氏宗譜　四十八卷卷首一卷/(清)朱友仁等纂修.—清咸豐三年(1853)聽彝堂木活字本.—24册:圖及像.—江蘇無錫朱氏;書名據書名頁等題
　　　　　　　　　　　　傳 779.01/879

7701

南海九江朱氏家譜　十二卷卷首一卷/(清)朱次琦等修;(清)朱宗琦纂.—清同治八年(1869)南海朱氏刻本.—12册:圖.—廣東南海朱氏

部二　12册

部三　12册　　　　　　傳 779.01/88

7702

餘姚朱氏宗譜　十六卷卷首一卷/(清)朱蘭等修.—清同治十二年(1873)一本堂木活字本.—16册:圖及像.—浙江餘姚朱氏;書名據版心及書名頁題,書籤題同治餘姚朱氏譜

部二　16册　　　　　　傳 779.01/889

7703

涇川張香都朱氏續修支譜　三十六卷卷首一卷卷末一卷/(清)朱彝纂.—清光緒三十三年(1907)刻本.—10册:圖.—安徽涇縣朱氏;書名據書籤題,版心題張香都朱氏續修支譜,書名頁題朱氏家乘

部二　10册　　　　　　傳 779.01/89

7704

古歙義成朱氏宗譜　十卷卷首一卷卷終一卷/(清)汪掬如等纂.—清宣統三年(1911)存仁堂木活字本.—12册:圖及像.—安徽歙縣朱氏;書名據書籤題,版心題義成朱氏宗譜,書名頁題朱氏宗譜
　　　　　　　　　　　　傳 779.01/893

7705

湘鄉大石朱氏六修族譜　八十六卷卷首三卷/朱光策等修;朱道濂纂.—清宣統三年(1911)親睦堂木活字本.—82册:圖.—湖南湘鄉朱氏;書名據版心題,書籤題大石朱氏六修族譜　　　傳 779.01/896

7706

金陵朱氏新譜稿　二卷/(清)朱朝柱等纂.—清光緒二十年(1894)金陵朱氏樹滋堂木活字本.—2冊.—江蘇南京朱氏;版心題金陵朱氏家譜,書簽及書名頁題朱氏金陵新譜稿

部二　2冊　　　　　傳779.01/899

7707

朱氏家譜/(清)朱寬纂修.—清光緒間刻本.—1冊.—河南安陽朱氏;書名據版心及書簽題

部二　1冊　　　　　傳779.01/8992

7708

毗陵韓塢朱氏續修宗譜　十二卷/(清)朱裕昌等纂修.—清光緒四年(1878)崇道堂木活字本.—12冊:圖及像.—江蘇毗陵朱氏;版心及書名頁題朱氏宗譜

傳779.01/8993

7709

海鹽朱氏宗譜　二十卷/(清)朱丙壽纂修.—清光緒十七年(1891)刻本.—20冊:圖及像.—浙江海鹽朱氏;書名據目錄題,版心題朱氏宗譜,書名頁題海鹽朱氏族譜;胥川祠堂藏版　　傳779.01/89933

7710

山陰白洋朱氏宗譜　三十二卷卷首一卷/(清)朱增等修;(清)朱沛鋆等纂.—清光緒二十一年(1895)玉泉堂刻本.—28冊:圖及像.—浙江山陰朱氏

傳779.01/8994

7711

靈臺朱氏宗譜　十二卷/(清)朱百昭等修.—清宣統元年(1909)詒善堂木活字本.—12冊:圖及像.—江蘇武進朱氏;版心及書名頁題朱氏宗譜

傳779.01/89945

7712

朱氏宗譜　二十四卷卷首一卷補刻三卷/(清)朱恩沐等纂修.—清光緒二十五年(1899)注書堂木活字本.—26冊:圖及像.—江蘇無錫朱氏;書名據書名頁等題　　傳779.01/89946

7713

淮陽江都朱氏十二修族譜　八卷/(清)朱綿延等修.—清光緒七年(1881)餘鏡堂木活字本.—8冊.—江蘇江都朱氏;書名據卷2卷端題,書名頁等題朱氏宗譜

傳779.01/89947

7714

古臨津朱氏宗譜　二十卷卷首二卷卷末二卷/朱明徵等修;朱塤等纂.—清宣統三年(1911)懷新堂木活字本.—20冊:圖及像.—江蘇宜興朱氏;書名據書簽題,卷端等題朱氏宗譜

傳779.01/8995

7715

邗東朱氏宗譜　十卷/(清)朱綿慶等修;(清)朱上斌等纂.—清光緒二十三年(1897)白鹿堂木活字本.—10冊:圖及像.—江蘇揚州朱氏;書名據書名頁等題　　傳779.01/89952

7716

古吳朱氏宗譜　十二卷/(清)朱昌安纂修.—清光緒間追遠堂木活字本.—10冊:像.—江蘇吳縣朱氏;書名據目錄題,版心題朱氏宗譜　　傳779.01/89956

7717

古吳朱氏宗譜　七十卷/(清)朱鳳銜等纂修.—清光緒十二年(1886)敘倫堂木活字本.—70冊:圖及像.—江蘇吳縣朱氏;書名據目錄題,版心題朱氏宗譜

傳779.01/89957

7718

建陽朱氏昆羅合譜/(清)朱紹成等纂修.—清光緒三十二年(1906)刻本.—8冊:圖.—江蘇昆山、浙江瑞安朱氏;書名據例言題,書名頁等題朱氏家譜

傳779.01/8996

7719

餘姚朱氏宗譜　二十卷卷首一卷/(清)朱九疇等修.—清光緒三十年(1904)一本堂木活字本.—20冊:圖及像.—浙江餘姚朱氏;書名據版心及書名頁題,書簽題光緒餘姚朱氏譜

部二　20冊　　　　傳779.01/89964

7720

朱氏重修遷浙支譜　十卷/朱之榛編輯;朱景邁增補.—清宣統元年(1909)刻本.—8冊:圖.—浙江杭州朱氏;書名據書簽題,版心題朱氏支譜

部二　8册　　　　　　　　傳 779.01/89967

7721

山陰陡壟朱氏宗譜　六卷/(清)朱定久等纂修.—清光緒二十年(1894)思成堂木活字本.—6册.—浙江山陰朱氏;書名據書簽及目錄題,版心題陡壟朱氏宗譜　　　　　　　　　　傳 779.01/89969

7722

紫巖鎮山朱氏宗譜　八卷/(清)朱承華等修.—清光緒二十二年(1896)文裔堂木活字本.—7册.—浙江諸暨朱氏;缺1卷:卷2;書名據版心題

部二　1册　存1卷:卷7　　　傳 779.01/8997

7723

海寧朱氏宗譜　二十卷卷首一卷卷復一卷附七里松支三卷/(清)朱承等修.—清光緒五至十年(1879—1884)哲延堂刻本.—26册:像.—浙江海寧朱氏;書名頁題海昌朱氏宗譜、版心及書簽題朱氏宗譜　　　　　　　　　　傳 779.01/89973

7724

毗陵朱氏宗譜　八卷/(清)朱長松等修.—清光緒二十八年(1902)懷淳堂木活字本.—8册:圖及像.—江蘇毗陵朱氏;書名據目錄等題,書名頁題朱氏宗譜　　　　　　　　　　傳 779.01/899735

7725

蕭山翔鳳朱氏宗譜　十六卷/(清)朱大煇纂.—清宣統元年(1909)敬愛堂木活字本.—16册:圖及像.—浙江蕭山朱氏;書名據目錄題,版心題朱氏宗譜,書簽題蕭山朱氏宗譜　　　　傳 779.01/89974

7726

朱氏通譜　十八卷卷首一卷卷末一卷/(清)朱映圭等纂修.—清光緒二十年(1894)鼎興堂木活字本.—22册.—湖南桂陽朱氏;書名據版心及書名頁題　　　　　　　　　　傳 779.01/8998

7727*

重修朱氏家譜　一卷/朱氏修.—民國2年(1913)京都瑞華齋石印局石印本.—1册.—北京朱氏;書名據書簽題,書名頁題朱氏家譜　　傳 779.01/91

7728*

上湘界牌朱氏譜牒　五卷卷首三卷/朱淞圃等修;朱善齋纂.—民國8年(1919)崇本堂木活字本.—9册:圖.—湖南湘潭朱氏;附道文公墨册　　　　　　　　　　傳 779.01/912

7729*

上湘景山朱氏四修族譜　二十一卷卷首二卷/朱樂山修;朱清守等纂.—民國12年(1923)沛國堂木活字本.—22册:圖.—湖南湘潭朱氏;書名據版心題,書簽題朱氏四修族譜,書名頁題朱氏族譜　　　　　　　　　　傳 779.01/915

7730*

邵東朱氏三修族譜　八卷卷首一卷卷末一卷/朱勳燧等修;朱詩步等纂.—民國2年(1913)孝友堂木活字本.—8册:圖.—湖南邵陽朱氏;書名據版心題,書簽題朱氏三修族譜,書名頁題昊嶺朱氏三修族譜

部二　8册　　　　　　　　傳 779.01/9153

7731*

周浦朱氏家譜/朱世杰等纂.—民國14年(1925)鉛印本.—1册:圖及像.—上海南匯朱氏;書名據書名頁等題　　　　　　　　　　傳 779.01/919

7732*

屏山朱氏重修宗譜　八卷/朱懋麟纂修.—民國9年(1920)木活字本.—8册:圖及像.—安徽黟縣朱氏;書名據書名頁題,版心及書簽題朱氏重修宗譜

部二　8册　　　　　　　　傳 779.01/9193

7733*

觀東朱氏重修族譜　十二卷/朱祖棟等修.—民國8年(1919)在茲堂木活字本.—12册:圖及像.—江蘇丹陽朱氏;書名據目錄題,書名頁等題朱氏宗譜　　　　　　　　　　傳 779.01/91937

7734*

橫田朱氏賢公支譜　十六卷卷首一卷/朱氏修.—民國2年(1913)敘倫堂木活字本.—3册:圖.—湖南邵陽、江西廬陵橫田朱氏　　傳 779.01/9194

7735*

古吳朱氏宗譜　八十卷/朱昌璟修;朱述祖等纂.—

民國 4 年(1915)敍倫堂木活字本. —80 册：圖及像. —
江蘇吳縣朱氏；書名據目錄題，版心及書籤題朱氏
宗譜　　　　　　　　　　　　　傳 779.01/9195

7736*

　雲陽朱氏重修族譜　　十六卷/朱寶楨等修；單景雲
纂. —民國 8 年(1919)木活字本. —16 册：圖及像. —
江蘇潤州朱氏；書名據目錄題，版心題朱氏宗譜，書名
頁題朱氏族譜　　　　　　　　傳 779.01/91952

7737*

　白擔山紫陽朱氏續修大統宗譜　　二十五卷卷首一
卷/朱繼祖修；朱祖鎬等纂. —民國 14 年(1925)德彝
堂木活字本. —26 册：圖及像. —江蘇無錫朱氏；書名
據目錄題，版心題朱氏大統宗譜，書籤題紫陽朱氏宗
譜，書名頁題朱氏續修宗譜　　傳 779.01/91953

7738*

　虞北蘭皋朱氏宗譜　　四卷/朱紹光等纂修. —民國 7
年(1918)餘慶堂木活字本. —4 册：圖及像. —浙江上
虞朱氏；書名據書名頁等題　　傳 779.01/9196

7739*

　剡北德政鄉赤石里朱氏宗譜　　五卷/朱廷獻等纂
修. —民國 2 年(1913)會稽朱氏余慶堂木活字本. —5
册：圖. —浙江會稽朱氏；書名據目錄題，版心題剡北
朱氏宗譜　　　　　　　　　　傳 779.01/9199

7740*

　紹縣白洋朱氏宗譜　　三十二卷卷首一卷/朱廷棟等
修；朱慶機等纂. —民國 15 年(1926)玉泉堂木活字
本. —30 册：圖及像. —浙江紹興朱氏；書籤題白浦朱
氏宗譜　　　　　　　　　　　傳 779.01/91997

7741*

　紫江朱氏家乘　　五卷蟫圃文存三卷/朱啟鈐編
撰. —民國 24—33 年(1935—1944)存素堂北平鉛印
曁影印本. —6 册：圖及像. —貴州紫江朱氏；書名據書
名頁等題
　　部二　6 册
　　部三　6 册
　　部四　6 册
　　部五　6 册　　　　　　　　傳 779.01/92

7742*

　洋泉朱氏宗譜　　九卷/朱士雲等修. —民國 37 年
(1948)木活字本. —12 册：圖及像. —浙江縉雲朱氏；
書名據書籤題　　　　　　　　傳 779.01/924

7743*

　朱氏四修宗譜　　系圖八卷齒錄三十八卷卷首五卷/
朱忠柳纂修. —民國 25 年(1936)立本堂木活字本. —
39 册. —湖南桂陽朱氏；缺 12 卷：系圖卷 2、5、7，齒錄
卷 1、8、19—20、22、24、31、35、卷首卷 5；書名據版心
及書籤題，書名頁題朱氏宗譜　傳 779.01/9245

7744*

　朱氏四修支譜　　五卷卷首一卷卷末一卷/朱孚隨
修；朱孚達等纂. —民國 36 年(1947)務本堂木活字
本. —6 册：圖及像. —江西清江、湖南益陽朱氏；書名
據版心及書籤題；有硃筆批校　傳 779.01/926

7745*

　渚頭朱氏幹公支譜　　四卷/朱述佳修；朱後康纂. —
民國 34 年(1945)朱氏沛國堂木活字本. —4 册：圖. —
湖南朱氏；書名據版心題，書籤題渚頭朱氏支譜，書名
頁題朱氏支譜　　　　　　　　傳 779.01/927

7746*

　四明朱氏支譜內外編　　二十六卷/朱驤輯. —民國
25 年(1936)四明朱氏慎德堂木活字本. —4 册：圖及
照片. —浙江臺州朱氏；書名據版心題，書籤及書名頁
題四明朱氏支譜
　　部二　4 册
　　部三　4 册　　　　　　　　傳 779.01/929

7747*

　湘鄉上扶朱氏四修族譜　　三十一卷/朱鶴階等修；
朱蔭階等纂. —1992 年北京圖書館靜電復製本. —1
册. —湖南長沙朱氏；存 2 卷：卷 1—2；書名據版心及
書籤題，書名頁題朱氏族譜；據民國 19 年(1930)沛國
堂木活字本靜電復製. —精裝　　傳 779.01/9292

7748*

　四明藕橋朱氏宗譜　　四卷卷首一卷/朱善晉等
修. —民國 18 年(1929)繼述堂木活字本. —6 册：圖及
像. —浙江臺州朱氏；書名據版心及書名頁題，書籤題
朱氏宗譜　　　　　　　　　　傳 779.01/9293

7749*

上海朱氏族譜　　八卷/朱澄儉纂修.—民國 17 年(1928)木活字本.—8 冊:圖及照片.—上海朱氏;書名頁等題朱氏族譜　　　　　　傳 779.01/92939

7750*

長沙黃金園朱氏六修支譜　　二十二卷卷首一卷/朱柱南等纂修.—民國 34 年(1945)長沙朱氏念茲堂木活字本.—22 冊:圖.—湖南長沙朱氏;書名據目錄題,版心題朱氏六修支譜,書簽題黃金園朱氏六修支譜,書名頁題朱氏支譜　　　　　　傳 779.01/9294

7751*

餘姚朱氏宗譜　　二十卷卷首一卷/朱元樹等修.—民國 20 年(1931)一本堂木活字本.—20 冊:圖及像.—浙江餘姚朱氏;書名據版心題,書簽題民國餘姚朱氏譜　　　　　　傳 779.01/9295

7752*

歙東葉祈朱氏宗譜　　六卷/朱光碟纂修.—民國 19 年(1930)歙東葉祈朱光碟抄本.—6 冊:圖及像.—安徽歙縣朱氏;書名據版心題,書名頁題朱氏宗譜　　　　　　傳 779.01/92957

7753*

湘潭唐興灣朱氏汇上房九修支譜　　十二卷卷首一卷卷末一卷/朱德裳等修;朱德經等纂.—民國 19 年(1930)沛國堂木活字本.—14 冊:圖及像.—湖南湘潭朱氏;書名據目錄題,版心題湘潭朱氏支譜,書簽題唐興灣朱氏汇上房九修支譜,書名頁題朱氏支譜　　　　　　傳 779.01/92958

7754*

枌里朱氏宗譜　　十二卷/朱良英等修.—民國 29 年(1940)白鹿堂木活字本.—12 冊:圖及像.—江蘇宜興朱氏;書名據版心及書簽題,書名頁題朱氏宗譜　　　　　　傳 779.01/9296

7755*

暨陽紫巖鎮山朱氏宗譜　　二十卷/朱師忠等纂修.—民國 38 年(1949)文裔堂木活字本.—20 冊.—浙江諸暨朱氏;書名據書簽題,版心題紫巖鎮山朱氏宗譜　　　　　　傳 779.01/9297

7756*

剡溪朱氏宗譜　　二十一卷卷首一卷/朱虞卿等纂修.—民國 28 年(1919)木活字本.—29 冊:圖及像.—浙江義烏朱氏;書名據版心及書簽題　　　　　　傳 779.01/9298

傳 779.03　　練氏

7757*

信宜懷鄉練氏族譜/練強纂修.—1990 年信宜練氏膠印本.—1 冊.—廣東信宜練氏;書名據書名頁題.—平裝　　　　　　傳 779.03/95

傳 779.05　　侯氏

7758

侯氏家乘/(清)侯運隆等編.—清乾隆五十三年(1788)刻本.—3 冊.—河南開封侯氏;有墨筆批校　　　　　　傳 779.05/84

7759

侯氏家傳　　一卷/(清)侯鵬等編.—清嘉慶十五年(1810)刻本.—2 冊.—河南開封侯氏;版心題侯氏家乘　　　　　　傳 779.05/84—2

7760*

侯氏族譜/侯本械修;侯光蔾纂.—民國 7 年(1918)石印本.—5 冊:圖.—直隸南皮侯氏;書名據書名頁等題　　　　　　傳 779.05/91

7761*

侯氏族譜　　八卷卷首一卷卷末一卷/嚴正相編.—民國間石印本.—2 冊.—四川簡陽侯氏;書名據目錄等題;有民國 30 年(1941)序　　　　　　傳 779.05/92

7762*

湘潭橫頭侯氏九修族譜　　五卷卷首一卷/侯氏修.—民國 20 年(1931)培遠堂木活字本.—15 冊:圖.—湖南湘潭侯氏;版心題橫頭侯氏九修族譜,書名頁題侯氏九修族譜　　　　　　傳 779.05/927

傳 779.07　邊氏

7763

　邊氏本支支譜/(清)邊錫庚等修.—清抄本.—1册.—遼寧盛京邊氏;書名據書衣題　傳 779.07/88

7764

　邊氏本支支譜/(清)邊錫庚等修.—清抄本.—1册.—遼寧盛京邊氏,記事至清乾隆間;書名據序題.—毛裝　傳 779.07/889

7765*

　暨陽同山邊氏宗譜　四十一卷/邊氏修.—民國9年(1920)敦睦堂木活字本.—41册.—浙江諸暨邊氏;書名據版心題,書籤題暨陽邊氏宗譜;版心題卷次有誤　傳 779.07/91

傳 779.09　瓜爾佳氏

7766

　正紅旗江洲哈達瓜爾佳氏家譜/(清)恩齡修.—清道光二十九年(1849)刻本.—8册.—吉林琿春瓜爾佳氏;書名據書籤題,卷端題正紅旗滿洲哈達瓜爾佳氏家譜原
　部二　7册　缺序例
　部三　6册　缺序例及六門家譜
　部四　1册　殘存序例;摺裝　傳 779.09/86

7767

　[瓜爾佳氏家傳]/(清)榮錄輯.—清同治間刻本.—1册.—遼寧瀋陽瓜爾佳氏　傳 779.09/88

7768*

　家譜易知錄/富廉等輯.—民國間朱絲欄抄本.—2册.—江洲瓜爾佳氏譜,記事至民國間　傳 779.09/92

7769*

　鳳城瓜爾佳氏四修宗譜/關繼賢等編.—1988年瀋陽鉛印本.—1册:彩色照片.—遼寧鳳城瓜爾佳氏;書

名據書名頁題.—平裝
　部二　1册　傳 779.09/95

傳 779.11　殷氏

7770

　後賢殷氏支譜　十二卷/(清)殷實益修;(清)殷懿薦纂.—清光緒五年(1879)木活字本.—12册.—江蘇武進殷氏;書名據書名頁題,版心題殷氏支譜　傳 779.11/89

7771

　江震殷氏族譜　六卷/(清)殷雲鶚等纂.—清光緒九年(1883)刻本.—1册.—江蘇吳江殷氏;版心下鐫齊莊中正堂　傳 779.11/899

7772

　江震殷氏族譜　七卷/(清)殷文謨等纂修.—清光緒二十九年(1903)刻本.—4册.—江蘇吳江殷氏;版心下鐫齊莊中正堂
　部二　6册　傳 779.11/8993

7773*

　申港殷氏重修宗譜　十卷/殷霖方修;殷葆誠纂.—民國11年(1922)財政部印刷局鉛印本.—10册.—江蘇江陰殷氏;書名據書籤及目錄題,版心題申港殷氏宗譜;版心下鐫飲福堂　傳 779.11/91

7774*

　易莊殷氏宗譜　二十三卷/殷金生等修.—民國3年(1914)永思堂木活字本.—22册:像.—江蘇宜興殷氏;書名頁等題殷氏宗譜　傳 779.11/919

7775*

　西南殷氏支譜　二十卷/殷興翩等修.—民國13年(1924)躋敬堂木活字本.—20册.—江蘇武進殷氏;版心及書名頁題殷氏家乘　傳 779.11/9195

7776*

　江震殷氏族譜　九卷/殷葆深等纂修.—民國17年(1928)鉛印本.—1册.—江蘇吳江殷氏;版心下鐫齊莊中正堂　傳 779.11/92

傳 779.13　段氏

7777

段氏宗譜　六卷卷首一卷卷末一卷/(清)段復續等
纂修.—清乾隆三十五年(1770)木活字本.—5 冊.—
安徽安慶段氏;書名據版心及書簽題

傳 779.13/84

7778

晉寧河陽段氏族譜/(清)段瑞光纂修.—清同治四
年(1865)稿本.—1 冊.—雲南晉寧段氏;書名據書簽
題,版心題段氏族譜.—毛裝　　　　　傳 779.13/88

7779

麗江段氏宗譜/(清)段玉峰纂修.—清同治二年
(1863)稿本.—1 冊.—雲南大理段氏;書名據書簽
題.—毛裝　　　　　　　　　　　　傳 779.13/889

7780*

武威段氏族譜　四卷卷首一卷/段永恩纂.—民國 3
年(1914)武威段氏多壽堂鉛印本.—4 冊:圖及照
片.—甘肅武威段氏;書名據版心及書名頁題;有清宣
統三年段永恩自序

部二　4 冊　　　　　　　　　　　傳 779.13/89

7781*

段氏族譜　十卷/段聲講等修;段先夫等纂.—民國
20 年(1931)木活字本.—10 冊.—湖南茶陵段氏;書
名據版心及書簽題　　　　　　　　　傳 779.13/92

傳 779.15　欽氏

7782

欽氏宗譜　十卷/(清)欽作舟等修.—清光緒十三
年(1887)敦睦堂木活字本.—11 冊:圖及像.—江蘇無
錫欽氏;書名據卷 2 卷端題　　　　　傳 779.15/89

7783

欽氏世系考/欽其寶續纂.—清宣統元年(1900)鉛

印本.—2 冊.—江蘇蘇州欽氏;書名據版心及書名
頁題　　　　　　　　　　　　　　傳 779.15/899

傳 779.17　皮氏

7784*

皮氏四修族譜　三十卷/皮作坡修;皮作康纂.—民
國 2 年(1913)楚沅鹿山堂木活字本.—30 冊:圖.—湖
南沅江皮氏;書名據書名頁等題　　　傳 779.17/91

7785*

皮氏五修族譜　三十二卷/皮銈光等修;皮作瓊等
纂.—民國 31 年(1942)鹿山堂木活字本.—32 冊:圖
及像.—湖南沅江皮氏;書名據書名頁等題

傳 779.17/92

傳 790　其他氏族史料

7786

永康應氏先型錄　六卷卷首一卷/(清)應正祿輯;
(清)應寶時增輯.—清同治五年(1866)應寶時上海道
署刻本.—1 冊.—浙江永康應氏;書名據書名頁題,版
心題應氏先型錄　　　　　　　　　傳 792.03/88

7787

顏氏忠孝家傳/(清)魏禧撰.—清刻本.—1 冊.—山
東曲阜顏氏　　　　　　　　　　　傳 792.09/83

7788

謝氏源流/(清)謝蘭生纂修.—清光緒十九年
(1893)詠梅軒刻暨木活字本.—1 冊:像.—江蘇武進
謝氏;書名據書名頁及書衣題

部二　1 冊　　　　　　　　　　　傳 792.13/89

7789

河內竇氏三世家傳合編/(清)竇鎮山輯.—清光緒
間石印本.—1 冊.—河南竇氏;書名據譜序題

傳 792.19/89

**7790*

老屋閑談　二卷/竇昀撰.—民國間鉛印本.—2
冊.—江蘇南京竇氏;本書爲考竇氏源流;書名據版心
及書簽題;有民國 24 年(1935)序
部二　2 冊
部三　2 冊
部四　2 冊　　　　　　　　　傳 792.19/92

7791

金汀拾遺　二卷/(清)馮至撰.—清刻本.—1 冊.—
浙江諸暨馮氏;書名據版心題　　傳 792.23/84

7792

[代州馮氏碑傳集]/(明)胡來貢撰.—清抄本.—2
冊.—山西代州馮氏　　　　　　傳 792.23/844

7793

馮氏祭簿/(清)馮鈺纂.—清嘉慶間稿本.—1 冊.—
浙江桐鄉馮氏　　　　　　　　傳 792.23/85

7794*

馮氏先德傳/馮煦撰.—民國間鉛印本.—1 冊.—江
蘇金壇馮氏;書名據書簽題　　傳 792.23/9124

7795*

哀烈錄　一卷/康有爲輯.—民國間東莞張伯楨刻
本.—1 冊.—廣東南海康氏;書名據書名頁等題;張氏
叢書之一　　　　　　　　　　傳 792.37/91

7796*

[會澤唐氏榮哀錄].—民國間石印本.—9 冊:像.—
雲南會澤唐氏　　　　　　　　傳 793.09/91

7797

施氏家風述略　一卷續編一卷/(清)施閏章輯;
(清)施彥恪續輯.—清康熙間刻本.—1 冊.—安徽宣
城施氏;書名據書名頁及版心題　傳 793.19/82

7798*

沁水賈氏塋廟石刻文稿/賈景德撰.—民國 25 年
(1936)鉛印本.—1 冊.—山西賈氏;書名據書名頁
等題　　　　　　　　　　　　傳 793.23/92

7799

桂溪項氏祠譜　二卷/(清)項天瑞編.—清乾隆二
十六年(1761)刻本.—1 冊:圖.—安徽歙縣項氏;書名
據版心題
部二　1 冊　　　　　　　　　傳 793.25/84

7800

桂溪項氏墓圖/(清)項天瑞編.—清乾隆二十六年
(1761)刻本.—1 冊.—安徽歙縣項氏;書名據版心題
部二　1 冊　　　　　　　　　傳 793.25/843

7801

桂溪項氏均安門墓圖　一卷/(清)項天瑞等編.—
清乾隆三十三年(1768)刻本.—1 冊:圖.—安徽歙縣
項氏;書名據目錄題,版心題桂溪均安門墓圖;附均安
祠基稅考　　　　　　　　　　傳 793.25/8437

7802

桂巖分宗錄/(清)項天瑞輯.—清乾隆二十六年
(1761)刻本.—1 冊.—安徽歙縣項氏;書名據版心題;
桂溪巖溪項氏同姓不同宗案　傳 793.25/84375

7803

桂溪項氏墓圖/(清)項啟鈉編.—清嘉慶十六年
(1811)木活字本.—1 冊:圖.—安徽歙縣項氏;書名據
版心題　　　　　　　　　　　傳 793.25/85

7804*

項氏源流考/項元勳編.—民國間油印本.—1 冊.—
書名據序題　　　　　　　　　傳 793.25/91

7805

猶存集　四卷/(清)孫應科,(清)孫全巖輯.—清道
光十四年(1834)刻本.—1 冊.—江蘇高郵孫氏;書名
據版心題;有清道光十八年墨筆題識

　　　　　　　　　　　　　　傳 793.27/86

7806

濟寧孫氏/孫毓漢輯.—清同治十二年(1873)刻
本.—1 冊.—山東濟寧孫氏;書名據版心題

　　　　　　　　　　　　　　傳 793.27/88

7807

汪氏重修雲嵐山墓祠志/(清)汪廷楨等纂.—清乾

隆九年(1744)刻本.—1册:圖及像.—安徽汪氏;書名
據版心題　　　　　　　　　　　　　傳793.37/84

7808

大宗祠祭規/(清)汪瀚纂.—清嘉慶七年(1802)世
澤堂刻本.—2册.—越中汪氏;書名據版心及書名
頁題　　　　　　　　　　　　　　　傳793.37/85

7809

赤山元宗祠志/(清)汪光烈纂.—清同治十三年
(1874)木活字本.—1册.—安徽徽州汪氏;書名據版
心等題　　　　　　　　　　　　　　傳793.37/88

7810

汪氏家廟規/(清)汪氏纂.—清刻本.—1册
　　　　　　　　　　　　　　　　　傳793.37/89

7811*

重建吳清山汪氏墓祠徵信錄　四卷/汪慰輯.—民
國14年(1925)刻本.—4册:圖及像.—安徽歙縣汪
氏;書名據目錄題,版心題重建吳清山墓祠徵信錄
　部二　4册　　　　　　　　　　　傳793.37/91

7812*

述德小識/汪曾武纂.—民國5年(1916)北京油印
本.—1册.—江蘇太倉汪氏;書名據書名頁題;西諦
藏書　　　　　　　　　　　　　　　傳793.37/913

7813*

述德小識/汪曾武纂.—民國間太倉嚴瀛抄本.—1
册.—江蘇太倉汪氏;書名據書衣題
　　　　　　　　　　　　　　　　　傳793.37/913.1

7814*

越國汪公祠墓誌續刊　二卷/汪宣鎔纂.—民國17
年(1928)石印本.—2册:照片.—書名據版心及目
錄題　　　　　　　　　　　　　　　傳793.37/92

7815

吳江沈氏家傳　一卷/(清)沈桂芬纂修.—清同治
六年(1867)刻本.—1册.—江蘇吳江沈氏;書名據版
心題
　部二　1册　　　　　　　　　　　傳793.41/88

7816

恩榮奕葉/(清)德坤等撰.—清抄本.—1册.—滿洲
博爾濟吉特氏;書名據書名頁題　　　傳793.53/84

7817

戴氏先德傳　二卷/(清)戴鈞衡纂修.—清道光二
十三年(1843)刻本.—1册.—安徽桐城戴氏
　　　　　　　　　　　　　　　　　傳793.57/86

7818*

[秦少遊家譜學術資料選集]/秦子卿編選並校
註.—1990年江蘇廣陵古籍刻印社揚州影印本.—6
册:圖及像.—江蘇秦氏　　　　　　傳793.73/953

7819

[安陽蔣村馬氏條規]/(清)馬丕瑤纂.—清光緒十
六年(1890)安陽馬丕瑤粵西撫署刻本.—4册:圖.—
河南安陽馬氏;收家廟、義莊、家塾、祠堂條規
　　　　　　　　　　　　　　　　　傳793.87/89

7820

西關章氏二分清明事例譜/(清)章道基編.—清嘉
慶間刻本.—1册:圖.—安徽績溪章氏;書名據書衣題
　　　　　　　　　　　　　　　　　傳794.05/85

7821

偶章前宅宗祠志　一卷/(清)章氏輯.—清光緒二
十三年(1897)刻本.—2册:圖.—浙江會稽章氏;書名
據書名頁等題;與偶章前宅義田志合刻　傳794.05/89

7822

偶章前宅義田志　一卷/(清)章氏輯.—清光緒二
十三年(1897)刻本.—2册:圖.—浙江會稽章氏;書名
據書名頁等題;與偶章前宅宗祠志合刻
　　　　　　　　　　　　　　　　　傳794.05/89

7823*

古歙防溪許邦伯門修建祠記匯存/許家修撰.—民
國間鉛印本.—1册.—安徽許氏;書名據書名頁題
　　　　　　　　　　　　　　　　　傳794.13/92

7824

欽旌兩世雙節贈言/(清)周秀方編.—清乾隆間刻
本.—1册.—江蘇常州王氏　　　　　傳794.15/846

7825

宗祠紀事圖譜/(清)王心一輯.—清道光十年
(1830)刻本.—1冊:圖.—浙江永嘉王氏;書名據書名
頁題,版心題宗祠記事　　　　　　傳794.15/86

7826

文廟大成祀譜　八卷/(清)歐陽平纂.—清同治五
年(1866)木活字本.—4冊:圖.—書名據版心題
　　　　　　　　　　　　　　　傳794.25/88

7827*

孔氏南宗考略　二卷/徐鏡泉撰;孔繁英訂.—民國
37年(1948)鉛印本.—1冊.—山東曲阜南宗孔氏;書
名據版心及書名頁題　　　　　　傳794.25/92

7828

茗洲吳氏家典　八卷/(清)吳翟輯.—清光緒十八
年(1892)刻本.—5冊:圖.—安徽歙縣吳氏;紫陽書院
藏版
　部二　5冊　　　　　　　　　　傳794.39/82

7829

月蘗軒傳述略/(清)袁鏡蓉撰.—清道光二十八年
(1848)刻本.—2冊.—浙江山陰吳氏;書名據目錄等
題;附月蘗軒詩草　　　　　　　傳794.39/86

7830

北渠吳氏翰墨志　二十卷/(清)吳光燀纂.—清光
緒五年(1879)木活字本.—16冊.—江蘇宜興吳氏
　部二　13冊　缺4卷:卷17—20　傳794.39/89

7831

吳氏言行錄　二卷/吳蔭培輯.—清宣統二年
(1910)刻本.—1冊.—安徽歙縣吳氏;書名據書名頁
等題　　　　　　　　　　　　　傳794.39/894

7832

平江吳氏兩代孝行徵題事略/(清)吳蔭培撰.—清
光緒間刻本.—1冊.—江蘇蘇州吳氏;(清)吳仁榮
(1800—1863);(清)吳恩熙(1830—1880);書名據書
簽題　　　　　　　　　　　　　傳794.39/89454

7833

敘德書情集/(清)吳嵩梁選錄.—清道光間長白麟

慶刻本.—3冊　　　　　　　　　傳794.43/86

7834

蓉湖草堂贈言/(清)麟慶輯傳.—清道光十七年
(1837)刻本.—3冊.—書名據版心題;附先姚惲太夫
人言行略　　　　　　　　　　　傳794.43/86

7835

祁氏家規三法/(清)祁原朗輯.—清康熙三十三年
(1694)抄本.—1冊.—書名據書衣題.—毛裝
　　　　　　　　　　　　　　　傳794.45/82

7836

李氏別紀/(清)李思聰撰.—清初刻本.—1冊.—江
蘇李氏　　　　　　　　　　　　傳794.51/81

7837

李氏家牒　一卷/(清)李兆洛輯.—清道光十七年
(1837)辨志書塾刻本.—1冊.—江蘇武進李氏;書名
據序題　　　　　　　　　　　　傳794.51/86

7838*

李氏先德錄/李常度輯.—民國間鉛印本.—1冊.—
四川安縣喜東李氏;書名據版心及書簽題
　　　　　　　　　　　　　　　傳794.51/91

7839

黃氏家錄/(清)黃宗羲撰.—清道光間惇倫堂木活
字本.—1冊.—浙江餘姚黃氏;書名據版心及書名頁
題;西諦藏書　　　　　　　　　傳794.67/86

7840*

興邑黃濟美堂五修祠冊/黃定五等修.—民國37年
(1948)江西興國鉛印本.—1冊.—江西興國黃氏;書
名據書名頁題　　　　　　　　　傳794.67/92

7841*

興國黃氏濟美祠須知清冊/黃拯民編輯.—民國16
年(1927)淵源堂木活字本.—1冊:圖.—江西興國黃
氏;書名據書名頁題　　　　　　傳794.67/924

7842

仙源杜氏實錄　四卷/(清)杜璟纂.—清光緒二十

一年(1895)木活字本.—1 册.—山東曲阜杜氏

　　　　　　　　　　　　　　傳 794.71/89

7843

　胡氏榮哀錄　　二卷/(明)胡初被編.—明末刻清初
補刻本.—1 册.—陝西秦安胡氏;有缺頁;陳垣贈書

　　　　　　　　　　　　　　傳 794.75/75

7844

　明經胡氏七哲集傳/(清)胡朝賀輯.—清咸豐五年
(1855)刻本.—1 册.—江西婺源胡氏　　傳 794.75/87

7845

　胡氏三烈志言　　二卷/(清)誠勳等撰;(清)王琴堂
編.—清光緒間刻本.—1 册　　　　　傳 794.75/89

7846*

　[新昌胡氏荣哀录]　　四種/胡思敬等輯.—民國間
鉛印本.—4 册.—江西新昌胡氏

　　子目

　1. 陟岵集　　二卷

　2. 陟屺集　　二卷

　3. 陟岡集　　二卷

　4. 萊舞集　　二卷　　　　　　　　傳 794.75/92

7847*

　新陽趙氏清芬錄　　三卷/趙詒琛編.—民國 6 年
(1917)義莊刻本.—1 册.—江蘇昆山趙氏

　　部二　1 册

　　部三　1 册　　　　　　　　　　傳 794.77/91

7848*

　趙氏清芬錄再續題辭/趙詒琛編.—民國 12 年
(1923)刻本.—1 册.—江蘇昆山趙氏

　　部二　1 册　　　　　　　傳 794.77/91＝1

7849*

　先芬錄/趙延麟輯.—民國間鉛印本.—1 册.—河南
宜陽縣趙氏;附宵續課兒圖題辭,紡燈課讀圖題辭

　　　　　　　　　　　　　　傳 794.77/914

7850*

　東萊趙氏明代先世遺像並碑坊墓影/趙琪編.—民
國 23 年(1934)東萊趙琪影印暨鉛印本.—1 册;照

片.—山東掖縣趙氏;書名據書衣題　　傳 794.77/92

7851

　上海曹氏鄉賢錄　　六卷/曹驤編.—清宣統三年
(1911)鉛印本.—1 册.—上海曹氏;書名據書名頁
等題　　　　　　　　　　　　　　傳 794.81/89

7852*

　嘉善曹氏惇敘錄/曹葆宸,曹秉章纂.—民國 22 年
(1933)刻本.—1 册.—浙江嘉善曹氏;書名據書名頁
等題

　　部二　1 册　　　　　　　　　　傳 794.81/92

7853*

　續曹氏源流志/曹秉璋撰.—1990 年武清曹秉璋膠
印本.—1 册.—江蘇宿遷曹氏;書名據版心及書衣題

　　　　　　　　　　　　　　傳 794.81/95

7854

　先世見聞錄/(清)屠宗伊撰.—清烏絲欄抄本.—1
册.—浙江鄞縣屠氏　　　　　　　　傳 794.85/85

7855

　鄭氏崇本集/(明)鄭舜賓輯.—清抄本.—1 册;
圖.—安徽歙縣鄭氏　　　　　　　　傳 794.89/76

7856

　誦芬錄　　四卷/(清)鄭佶纂.—清道光二十八年
(1848)桂林節署刻本.—2 册.—浙江吳興鄭氏

　　　　　　　　　　　　　　傳 794.89/86

7857*

　讚揚續錄/鄭孝純輯.—民國 12 年(1923)鉛印
本.—1 册.—福建閩侯鄭氏;書名據書名頁等題

　　　　　　　　　　　　　　傳 794.89/91

7858*

　滿洲西林覺羅氏祭祀書/(清)鄂爾泰輯.—民國 17
年(1928)嚴奉寬抄本.—1 册.—滿洲西林覺羅氏;書
名據書簽及目錄題;書簽於"氏"前衍"姓"字

　　　　　　　　　　　　　　傳 794.97/84

7859

　莆陽杜塘方氏比事錄/(清)方樹穀編.—清乾隆二

十七年(1762)莆陽方鋐漳刻本.—1冊.—福建莆田方氏;書名據版心及目錄題　　　　傳795.02/84

7860
金紫方氏大宗祠祭規/(清)方端遠等編.—清嘉慶間刻本.—1冊.—福建莆陽方氏;書名據版心題
　　　　　　　　　　　　　傳795.02/85

7861
貴州阮氏事略/(清)阮崇德編.—清光緒間刻本.—1冊.—貴州阮氏;書名據書簽題　傳795.07/89

7862
新安徐氏統宗祠錄　十卷/(清)徐禧輯.—清乾隆二十三年(1758)新安徐氏刻本.—2冊:圖.—安徽新安徐氏　　　　　　　　傳795.24/84

7863
通介堂徐氏先世傳略/(清)徐國琛等撰.—清末刻本.—2冊.—遼寧遼陽徐氏,隸正藍旗漢軍籍;記事至清咸豐年;書名據目錄題
　部二　1冊　　　　　　　傳795.24/87

7864
誦芬詠烈後編/(清)徐琪編.—清光緒間刻本.—5冊:像.—浙江杭州徐氏;書名據版心題;第5冊爲朱絲欄抄校本補配　　　　傳795.24/89

7865
徐氏雙孝錄/(清)陸筠等撰.—清光緒間刻本.—1冊.—江蘇泰州徐氏;書名據書名頁題
　　　　　　　　　　　　傳795.24/894

7866*
徐氏曆官像考　四卷/佚名撰.—民國間木活字本.—4冊:像.—書名據書簽題　傳795.24/91

7867
桐城姚氏碑傳錄　七卷補遺一卷/(清)姚永樸編.—清光緒三十二年(1906)刻本.—2冊.—安徽桐城姚氏
　部二　2冊　　　　　　　傳795.28/89

7868*
家獻/姚華撰;姚鋆輯.—民國6年(1917)刻本.—1冊.—貴州貴陽姚氏;書名據目錄題　傳795.28/91

7869*
姚氏述先記/姚璧撰;姚家琳編.—民國12年(1923)石印本.—1冊.—福建閩侯姚氏;書名據書名頁題　　　　　　　傳795.28/9153

7870
餘澤錄　四卷附錄一卷/(清)藍潤輯錄;(清)藍深編.—清順治十六年(1659)刻本.—4冊.—山東即墨藍氏　　　　　　　　傳795.32/81

7871*
韓氏邑乘　五卷卷首一卷/韓振銘纂修.—民國7年(1918)刻本.—2冊.—山東淄川韓氏;書名據版心題,書簽題淄川韓氏邑乘　傳795.36/91

7872*
臨榆田氏兩世清芬錄　八卷/田中玉輯.—民國9年(1920)鉛印本.—6冊:圖及像.—河北臨榆田氏;書名據版心及書簽題
　部二　6冊　　　　　　　傳795.44/91

7873*
常熟瞿氏忠賢遺像/瞿良士撰.—民國9年(1920)無錫孫毓修影印本.—1冊:彩像.—江蘇常熟瞿氏;書名據書簽題　　　　傳795.50/91

7874
牧齋晚年家乘文/(清)錢謙益撰.—清宣統三年(1911)國學扶輪社上海鉛印本.—1冊.—江蘇常熟錢氏;書名據版心題,書名頁題錢牧齋晚年文
　　　　　　　　　　　　傳795.60/82

7875*
錢王祠產補編/錢文選輯.—民國26年(1937)臨安錢氏鉛印本.—1冊:像及照片.—浙江臨安錢氏;書名據版心及書簽題
　部二　1冊　　　　　　　傳795.60/92

7876*
刁氏史籍徵牒/刁晏平選輯.—民國10年(1921)廣

東興寧刁晏平石印本.—1 册.—廣東興寧刁氏；書名
據目錄等題　　　　　　　　　　　　傳 796.03/92

7877*

刁氏史籍徵牒/刁晏平選輯.—民國 11 年(1922)廣
東興寧刁晏平石印本.—1 册.—廣東興寧刁氏；書名
據書名頁等題　　　　　　　　　　傳 796.03/92.1

7878

喬氏載記　二卷/(清)喬松年輯.—清同治十一年
(1872)塗水喬氏顯月齋刻本.—1 册.—書名據版心
等題　　　　　　　　　　　　　　傳 796.07/88

7879

程氏人物志　八卷/(清)程之康纂輯.—清康熙四
十三年(1704)延慶堂刻本.—6 册：圖.—書名據版
心題　　　　　　　　　　　　　　傳 796.27/82

7880

虹樑塲程氏異姓亂宗敍略/(清)程氏撰.—清光緒
間刻本.—1 册.—安徽歙縣程氏；書簽題異姓亂宗
敍略　　　　　　　　　　　　　　傳 796.27/89

7881

番禺梁氏兩世傳狀/(清)梁慶桂編.—清光緒間鉛
印本.—1 册.—廣東番禺梁氏；書名據書衣題
　部二　1 册　　　　　　　　　　傳 796.43/89

7882

光耀會孝享錄　一卷/(清)蕭氏編.—清木活字
本.—1 册.—浙江龍溪蕭氏；書名據版心題
　　　　　　　　　　　　　　　　傳 796.51/89

7883

楊氏先黻錄存　四卷卷首一卷/(清)楊基善纂.—
清光緒十七年(1891) 善化楊氏益清祠刻本.—4
册.—湖南善化楊氏
　部二　4 册　　　　　　　　　　傳 796.57/89

7884*

卓尼頂輩履歷及續得功績所管地段戶口册/楊積慶
纂.—民國 22 年(1933)抄本.—1 册.—書名據書衣
題.—毛裝　　　　　　　　　　　傳 796.57/92

7885

金氏世德紀　二卷/(清)金應麟輯.—清光緒二十
二年(1896)錢塘丁氏嘉惠堂刻本.—2 册.—(武林掌
故叢編).—浙江杭州金氏　　　　傳 796.69/89

7886

紹先集/(清)張敬效輯.—清光緒二十九年(1903)
晚香館木活字本.—2 册.—湖南衡陽張氏；書名據書
名頁題　　　　　　　　　　　　傳 797.03/89

7887

張氏先德錄/(清)佚名編.—清光緒間刻本.—1
册.—河北磁州張氏；書名據版心及書簽題
　　　　　　　　　　　　　　　傳 797.03/899

7888*

枹罕張氏三代事略/張建撰；包菁露書.—民國 3 年
(1914)寧夏維新石印書局石印本.—1 册.—甘肅枹罕
張氏　　　　　　　　　　　　　傳 797.03/91

7889

岑氏二代行略/(清)岑象坤輯.—清末朱絲欄抄
本.—3 册.—浙江餘姚岑氏；書名據書簽題
　　　　　　　　　　　　　　　傳 797.13/89

7890

岑氏貓兒岡修山記/岑變羹輯.—清光緒三十三年
(1907)留書齋羊城刻本.—1 册：圖.—廣東新寧岑氏；
書名據書衣題,版心題南陽岑氏譜考附卷
　　　　　　　　　　　　　　　傳 797.13/895

7891

[西河林氏傳]/(清)林氏纂修.—清末抄本.—3 册
　　　　　　　　　　　　　　　傳 797.37/897

7892

劉淵潮浚公三房復盛祭志/(清)劉敬廷纂.—清光
緒二十九年(1903)藻溪黃寶文堂木活字本.—1 册：
圖.—浙江劉氏；書名據書名頁題　傳 797.41/89

7893

鄝河陳氏誦芬錄/(清)陳錦撰.—清光緒十年
(1884)刻本.—1 册.—浙江山陰陳氏；書名據書簽及
書名頁題；橘陰軒藏版　　　　　傳 797.43/89

7894
　　石埭陳氏傳志/陳澹然撰.—清宣統二年(1910)石印本.—1 册.—安徽石埭陳氏;書名據書籤題
　　　　　　　　　　　　傳 797.43/8973

7895
　　武陵陳氏鄉賢錄　五卷/陳銳纂.—清宣統元年(1909)靖江縣署刻本.—1 册.—湖南常德陳氏;書名據書名頁題
　　　　　　　　　　　　傳 797.43/897

7896*
　　陳氏先德傳志/陳三立等撰.—民國間刻本.—1 册.—湘鄉陳氏;書名據書籤題　　傳 797.43/91

7897*
　　闞氏故實　一卷/闞鐸纂.—民國間鉛印本.—1 册.—安徽合肥闞氏;版心下鐫孝謹堂;陳垣贈書
　　　　　　　　　　　　傳 797.45/91

7898*
　　闞氏故實/闞鐸纂.—民國間鉛印本.—1 册.—安徽合肥闞氏.—修訂本　　傳 797.45/91.1

7899*
　　闞氏故實/闞鐸纂.—民國間鉛印本.—1 册.—安徽合肥闞氏.—第三次修訂
　　部二　1 册　有民國 17 年(1928)闞鐸墨筆題字
　　　　　　　　　　　　傳 797.45/91.2

7900*
　　闞氏故實/闞鐸纂.—民國間鉛印本.—1 册.—安徽合肥闞氏.—第四次修訂　　傳 797.45/91.3

7901*
　　闞氏故實/闞鐸纂.—民國間鉛印本—1 册.—安徽合肥闞氏　　　　　　　　傳 797.45/91.4

7902*
　　[俞公景初紹家傳]/劉咸榮纂.—民國間石印本.—1 册.—浙江上虞俞氏;書籤題食德錄　　傳 797.51/92

7903
　　皇明恩綸錄/(明)佚名輯.—清抄本.—1 册.—雲南麗江木氏;書名據書衣題.—毛裝　　傳 797.69/79

7904*
　　裴氏宗祠規則/裴日睦等訂.—民國 10 年(1921)河南印刷局鉛印本.—1 册.—河南光山縣裴氏;書名據版心及書衣題　　傳 798.01/91

7905*
　　重修越中先塋記/葉恭綽撰.—民國 36 年(1947)番禺葉恭綽影印本.—1 册.—廣東葉氏;書名據書籤題
　　　　　　　　　　　　傳 798.13/92

7906
　　翁氏家事略記/(清)翁方綱撰.—清刻本.—1 册.—北京大興翁氏
　　部二　1 册
　　部三　1 册　　　　　傳 798.21/85

7907*
　　翁氏家事略記/(清)翁方綱撰.—民國 5 年(1916)上海同文圖書館石印本.—1 册.—北京大興翁氏;復初齋文集卷首　　傳 798.21/85.1

7908*
　　伏乘　十九卷校補一卷/陳蜚聲纂.—民國 14 年(1925)濰縣丁氏十笏園石印本.—5 册.—山東濟南伏氏;書名據目錄等題;附伏氏佚書佚文;十笏園叢刊之一
　　部二　5 册　　　　　傳 799.17/91

外國人傳記

傳 920　　總傳

7909
　　泰西人物韻編/(清)汪成教輯.—清光緒二十九年(1903)上海書局石印本.—5 册　　　127441

7910
　　海國尚友錄　八卷/(清)吳佐清輯.—清光緒二十九年(1903)上海奎章書局石印本.—4 册.—書籤題歷代海國尚友錄　　　127454

7911
　　增補泰西名人傳　六卷/(清)上海徐匯報館原本;

（清）徐心鏡增訂．—清光緒二十九年（1903）上海鴻寶
齋石印本．—4 册：地圖．—書名頁及版心題泰西名
人傳　　　　　　　　　　　　　　　　　127547
　　部二　4 册　　　　　　　　　　　127548

7912

　泰西各國名人言行錄　十六卷/（清）張兆蓉纂．—
清光緒間石印本．—6 册：地圖　　　　　127549
　　部二　6 册　　　　　　　　　　　127550

7913

　外國列女傳　八卷/（清）陳壽彭譯；（清）薛紹徽
編．—清光緒三十二年（1906）江楚編譯官書總局金陵
石印本．—3 册　　　　　　　　　　　127551

7914

　外國人物論　四卷/（清）陳伯龍撰．—清光緒三十
年（1904）上海新民書局石印本．—4 册．—書名頁題地
球英雄論　　　　　　　　　　　　　　127552

7915

　海外名賢事略．—民國間石印本．—1 册．—陳垣
贈書　　　　　　　　　　　　　　　　128393

7916

　近代教士列傳/（英）李提摩太（Richard, Timotby）
撰．—民國 2 年（1913）商務印書館上海鉛印本．—1 册
　　　　　　　　　　　　　　　　　　48480

7917

　泰西政治學者列傳/（日）杉山藤次郎編纂；（清）廣
東青年述譯．—清光緒二十八年（1902）上海廣智書局
鉛印本．—1 册．—傳記小叢書之一　　　127554

7918

　日本近世豪傑小史　四卷/（清）商務印書館編譯所
編輯．—清光緒二十九年（1903）商務印書館上海鉛印
本．—1 册　　　　　　　　　　　　　70360
　　部二　1 册　　　　　　　　　　　74524

7919

　日本七十三義俠傳　三卷/（清）韓曇首撰．—清光
緒二十四年（1898）東亞書局日本神戶鉛印本．—1
册．—東亞書局叢書之一　　　　　　　127555

7920

　日本兩軍神/齊燮元撰．—民國 27 年（1938）影印
本．—1 册．—據日本大正 14 年（1925）鉛印本影印
　　　　　　　　　　　　　　　　　　127556

7921

　皇國名醫傳前編　三卷/（日）淺田惟常撰．—日本
明治六年（1873）刻本．—3 册．—勿誤藥室藏版；附杏
林雜話　　　　　　　　　　　　　　　127557

7922

　先哲叢談　八卷/（日）原善公道撰．—日本文化十
三年（1816）武阪府書林刻本．—9 册．—與先哲叢談後
編合函　　　　　　　　　　　　　　　57683
　　部二　4 册　　　　　　　　　　　127559
　　部三　4 册　　　　　　　　　　　127558

7923

　先哲叢談　八卷/（日）原善公道撰．—日本文化十
三年（1816）江戶書林刻本．—4 册　　　127560
　　部二　4 册　　　　　　　　　　　127562
　　部三　1 册　存 2 卷：卷 1—2　　　127561

7924

　先哲叢談後編　八卷/（日）東條耕撰．—日本文政
十三年（1830）大阪書林刻本．—9 册．—附先哲叢談年
表；與先哲叢談合函　　　　　　　　　57683
　　部二　5 册　　　　　　　　　　　127564
　　部三　5 册　　　　　　　　　　　127563
　　部四　11 册　與先哲叢談續編合函　127565

7925

　先哲叢談續編　十二卷/（日）東條耕撰．—日本明
治十七年（1884）刻本．—11 册．—與先哲叢談後編
合函　　　　　　　　　　　　　　　　127565

7926

　近世先哲叢談　正編二卷續編二卷/（日）松村操
編．—日本明治十三年（1880）刻明治三十一年（1898）
重印本．—4 册．—文永堂藏版　　　　　127566
　　部二　4 册　　　　　　　　　　　127567

7927

　赤穗義人錄/（日）室直清撰．—日本昭和十年

(1935)育德財團東京影印本. —2 冊. —尊經閣叢刊之一;附室鳩巢義人錄稿本略解說　　127568

7928
近世名醫傳　三卷/(日)松尾耕撰. —日本明治十九年(1886)大阪松尾耕刻本. —3 冊. —書名頁題香草園藏版,版心題松尾氏藏版　　127569
　部二　3 冊　陳垣贈書　　128014

7929
纂輯御系圖/(日)橫山由清,(日)黑川真賴編纂. —日本昭和十一年(1935)纂輯御系圖刊行會東京鉛印本. —2 冊　　128474

7930
甲越春秋　四卷/(日)松園泰撰. —日本慶應三年(1867)江戶書林玉山堂刻本. —4 冊　　127455
　部二　4 冊　書衣有墨筆題記　　127570
　部三　4 冊　　75712

7931
日本維新慷慨史　二卷/(日)西村三郎輯;(清)趙必振譯. —清光緒二十八年(1902)上海廣智書局鉛印本. —2 冊. —本書原名近古慷慨家列傳　　124123
　部二　2 冊　　127443

7932
全像本朝古今列女傳　十卷/(日)黑澤弘忠編. —日本寬文八年(1668)前川文榮堂刻本. —10 冊:圖. —書名頁題本朝烈女傳　　127442

7933
改正增補諸家知譜拙記　五卷/(日)土橋定代原編;(日)速水房常增補. —日本文政三年(1820)刻本. —5 冊:表　　127444

7934
增補近世儒林年表/(日)內野悟撰. —日本大正十五年(1926)松雲堂書店鉛印本. —1 冊:表　　142430

7935
赤穗四十七士傳/(日)青山延光撰. —日本嘉永四年(1851)江都書林刻本. —2 冊. —撰者又作青山量太郎;佩弦齋雜著之一　　126098

部二　1 冊　　42172

7936
維新三傑　三卷/(日)北村紫山撰;(清)馬汝賢譯. —清光緒二十七年(1901)勵學譯社鉛印本. —1 冊. —書名頁題日本維新三傑,版心題日本維新三傑傳　　126099

7937
京都將軍家譜　二卷/(日)羅山子編. —日本明曆四年(1658)刻本. —2 冊. —林羅山,字道春　　126100
　部二　2 冊　　126101

7938
鎌倉將軍家譜/(日)羅山子編. —日本明曆間刻本. —1 冊　　126102
　部二　1 冊　　126103

7939
近世偉人傳/(日)蒲生重章撰. —日本明治十至二十二年(1877—1889)青天白日樓刻本. —16 冊:圖. —原書總編數不詳,存前 5 編 10 卷及義集 1、2、4 編 6 卷;青天白日樓藏板　　127445
　部二　8 冊　存前 4 編:1、3—5 編 8 卷　　127446

7940
橋北十七名花譜/(日)凡鳥道人撰. —日本明治十一年(1878)吉川利貞東京鉛印本. —1 冊:圖. —西諦藏書;與胭脂渲染志合印　　XD10363

7941
胭脂渲染志/(日)凡鳥道人撰. —日本明治十一年(1878)吉川利貞東京鉛印本. —1 冊. —西諦藏書;與橋北十七名花譜合印　　XD10363

7942
俳仙影鑒　三卷/(日)杉浦其桼輯. —日本大正四至六年(1915—1917)龍岡書房近藤出版部東京刻暨影印本. —3 冊:像　　·128526

7943
名節錄　三卷/(日)岡田僑撰. —日本慶應二年(1866)刻本. —3 冊. —岡田氏藏板　　127448
　部二　3 冊　　127449

部三　3 冊　127841

7944

大日本中興先覺志　二卷/(日)岡本監輔撰.—清
光緒二十七年(1901)開導社刻本.—2 冊　127450
　部二　2 冊　127451
　部三　2 冊　127452
　部四　4 冊　71506

7945*

日本往生極樂記　一卷/(日)慶保胤撰.—民國間
影印本.—1 冊.—群書類從之一;陳垣贈書;附續本朝
往生傳　43012

7946

前賢故實　十卷/(日)菊池武保輯.—日本明治元
年(1868)雲水無盡庵刻本.—2 冊:像　127453
　部二　2 冊　127996

7947

家傳　二卷.—日本鉛印本.—1 冊.—版心題史籍
集覽　127700

7948

東國名將傳/(朝)洪良浩撰.—朝鮮光武十一年
(1907)玄公廉鉛印本.—1 冊　126092

7949

國朝人物志　三卷/(朝)安鍾和撰.—朝鮮隆熙三
年(1909)鉛印本.—3 冊　127458
　部二　3 冊　有墨筆題記　127459

7950

羅麗名臣錄　二卷/(朝)李章薰撰.—朝鮮鉛印
本.—2 冊.—書名頁題朝鮮名臣錄　127460

7951*

鳳山李氏世譜/(韓)李均一纂.—1993 年韓國鳳山
李氏花樹會大田膠印本.—1 冊.—平裝　127461

7952*

鳳山李氏文獻錄/(韓)李均一纂.—1993 年韓國鳳
山李氏花樹會大田膠印本.—1 冊.—平裝　127462

7953*

高麗季世忠臣逸事傳/(朝)金澤榮撰.—民國間鉛
印本.—1 冊　126118

7954

璿源系譜紀略/(朝)官修.—朝鮮光武七年(1903)
刻本.—1 冊:表.—書名據序等題,書衣題璿源譜略
127457

7955

列聖誌狀/(朝)官修.—朝鮮活字本.—4 冊.—包括
元陵誌狀續編、兩陵誌狀續編、景陵誌狀、睿陵誌狀;
有墨筆題記　127463

7956

三陵誌狀續編/(朝)官修.—朝鮮活字本.—1 冊
127469

7957

表忠祠誌/(朝)李綧等撰.—朝鮮刻本.—1 冊
127464

7958*

續修聖蹟圖後學錄/(朝)鄭殷采輯.—1919 年朝鮮
誠文社漢城鉛印本.—1 冊:像.—版權頁題大正八年
發行　127465

7959*

孔夫子淵源儒林錄/(朝)鄭殷采輯.—1921 年朝鮮
中央印刷所漢城鉛印本.—1 冊.—版權頁題大正十年
發行　127466

7960*

黃原州邊氏大同譜　五卷/(韓)韓國古文研究會
編.—1993 年韓國學民文化社大田膠印本.—2 冊
127470

7961

竹溪誌　三卷/(朝)周世鵬輯.—朝鮮木活字本.—
1 冊　126108

7962

溪山思服錄/(朝)金玉鉉等編.—朝鮮甲川亭木活
字本.—1 冊　127468

7963*

東國文獻錄　二卷/(朝)白門鏞輯.—1918年朝鮮翰南書林漢城刻本.—3冊.—附俎豆錄　　126105

部二　2冊　缺俎豆錄　　　　　126106

部三　3冊　缺書名頁　　　　　76087

7964*

三學士傳/(朝)宋時烈撰;(朝)金九經注.—民國24年(1935)遺蹟保存會鉛印本.—1冊:圖.—書名據版心題,書簽題重刊三學士傳;附吳學士遺事　　126107

7965

崧陽耆舊傳　三卷前編二卷/(朝)金澤榮撰.—朝鮮木活字本.—1冊.—書末有缺頁　　127467

7966*

重編韓代崧陽耆舊傳　二卷/(朝)金澤榮撰.—民國9年(1920)鉛印本.—1冊　　　128137

7967*

重篔韓代崧陽耆舊傳　二卷/(朝)金澤榮撰.—民國12年(1923)南通翰墨林書局鉛印本.—1冊.—版心題韓代崧陽耆舊傳　　　　　126086

部二　1冊　　　　　　　128118

部三　1冊　　　　　　　128136

7968*

新羅璿譜/(朝)金勝鉉編.—1922年朝鮮姜彥秀漢城木活字本.—1冊:圖.—版權頁題大正八年印刷　　　　　　　　　　　126121

7969

東國闕里誌　二卷附錄一卷.—朝鮮憲宗間活字本.—1冊:圖及像　　　　　128123

7970

權陽世蹟　一卷.—朝鮮活字本.—1冊:圖　　　　　　　　　　　128125

7971*

溫陽李氏兩孝實紀　二卷/(朝)宋秉珍編.—朝鮮隆熙十八年(1924)木活字本.—1冊.—朝鮮溫陽李氏;書名據版心及目錄題　　傳923.2/92

7972

歐洲八大帝王傳/(英)李提摩太(Richard, Timotby)撰.—清光緒二十年(1894)木活字本.—1冊　　　　　　　　　　　126084

7973

歐洲八大帝王傳/(英)李提摩太(Richard, Timotby)撰.—清光緒二十年(1894)廣學會上海鉛印本.—1冊　　　　　　　　126082

7974

歐洲八大帝王傳/(英)李提摩太(Richard, Timotby)撰.—清光緒二十九年(1903)廣學會上海鉛印本.—1冊　　　　　　126083

7975

義大利興國俠士傳/梁啓超譯.—清光緒間上海大同譯書局石印本.—1冊.—西諦藏書　　XD10440

傳930　別　傳

7976

高山操志/(日)金井之恭輯.—日本明治三年(1870)刻本.—2冊:圖及像.—(日)高山正之,生卒年不詳　　　　　　　　　　　126087

7977

漂客紀事/(日)南柯兒琮撰.—日本明治九年(1876)藍絲欄抄本.—1冊.—(日)南柯兒琮,生卒年不詳　　　　　　　　　　　126095

7978

織田信長譜/(日)羅山子編.—日本明曆四年(1658)荒川四郎左衛門刻本.—1冊.—(日)織田信長,日本天正十年(1582)卒;林羅山,字道春　126093

部二　1冊　　　　　　　126094

7979

豐臣秀吉譜　三卷/(日)羅山子編.—日本明曆四年(1658)荒川四郎左衛門刻本.—3冊.—(日)豐臣秀吉(1536—1598)　　　　　127471

部二　3冊　　　　　　　127472

7980

闇齋先生年譜/(日)山田連思叔編.—日本天保九年(1838)刻本.—1 册.—(日)山崎嘉(1618—1682),號闇齋;版心題吾黨源流 126096

7981*

公慶上人年譜/(日)大庭直編.—日本美術社鉛印本.—1 册:像.—(日)公慶上人(1648—1705) 133177

7982*

宕陰先生年譜 一卷附錄一卷/(日)鹽谷溫編;(日)鹽谷時敏輯.—日本大正十二年(1923)東京鉛印本.—1 册.—(日)鹽谷世弘(1809—1867),號宕陰 126088

部二 1 册 126089

7983

高山水長圖記 三卷/(日)鴻雪爪撰.—日本明治二十七年(1894)鴻雪年東京刻本.—3 册:圖.—(日)鴻雪爪(1814—?) 128343

7984

日本龍馬俠士傳 二卷/(清)愚山真軼郎撰.—清末鉛印本.—1 册.—(日)阪本龍馬(1835—1867);版心題龍馬俠士傳;東亞書局叢書之一 126081

7985*

追懷錄/(日)有吉忠一編.—日本大正八年(1919)有吉忠一鉛印本.—1 册:圖及像.—(日)有吉忠良(1846—1916) 128653

7986*

華甲壽言/趙爾巽等撰.—日本大正十五年(1926)寶許盦鉛印本.—1 册:像.—(日)內藤虎(1866—1934) 126090

部二 1 册 126091

7987*

隨軒服部先生追悼會記錄/北京人文科學研究所輯.—民國間鉛印本.—1 册:圖及像.—(日)服部宇之吉(1867—1940),號隨軒 126097

部二 1 册 152286

7988*

生母橫溝宜人傳略/李少微撰.—民國間石印本.—1 册:像.—(日)橫溝菊子(1881—1914),李少微之母;書名頁題李母橫溝宜人傳略 128340

7989

唐陵君遺事徵/(朝)鄭寅普撰.—朝鮮木活字本.—1 册.—(朝)洪德龍,字純彥,以字行,人稱唐陵君 126119

部二 1 册 有硃筆圈點眉批 128196

7990

竹林先生實紀 二卷/(朝)權宗洛撰.—朝鮮刻本.—1 册.—(朝)權山海,號竹林 126110

7991

厖村先生請廡實事/(朝)黃心顯輯.—朝鮮木活字本.—1 册.—(朝)黃喜,號厖村 126109

7992

首陽世家文襄公實記/(朝)吳俊撰.—朝鮮木活字本.—1 册.—(朝)吳延寵,諡文襄;附尹文肅公傳 126111

7993

太師權公實紀 六卷補遺一卷/(朝)權重顯編.—朝鮮隆熙三年(1909)活字本.—3 册.—(朝)權幸,高麗太祖時人 69834

7994*

牧隱先生年譜/(朝)佚名編.—民國 22 年(1933)海寧陳乃乾抄本.—1 册.—(朝)李穡(1328—1396),號牧隱 126104

7995

至德誌 五卷/(朝)李克善輯.—朝鮮全南秋城夢漢閣刻本.—2 册:表.—(朝)李禔(1394—1462) 127479

7996

西亭年譜略/(朝)金晦洙編.—朝鮮木活字本.—1 册.—(朝)金謙光(1419—1490),號西亭;版心題西亭年譜 126114

7997

華堂實記　三卷/(朝)鞠有繼輯.—朝鮮木活字本.—1冊:圖.—(朝)鞠經禮(1428—1507),號華堂;書名據目錄題　　126120

7998

細村先生實紀　二卷/(朝)佚名編.—朝鮮刻本.—1冊.—(朝)李文佐(1461—1491),號細村;附司馬榜目、文科榜目　　128124

7999

愚齋先生實紀　四卷/(朝)孫綸九輯.—朝鮮刻本.—1冊.—(朝)孫仲暾(1463—1529),號愚齋;缺2卷:卷3—4　　127473

8000

忠肅公實紀　三卷/(朝)文樸編.—朝鮮刻本.—1冊.—(朝)文克謙,生於高麗睿宗十七年(1122),卒於明宗十九年(1189),享年68歲;書名頁題文忠肅公實紀　　127497

8001

清葩堂孝感錄/(朝)李庭簡輯.—朝鮮光武間崔敬淵木活字本.—1冊.—(朝)李宅仁(1528—1603)　　127477

8002

晚松實記/(朝)姜柄周輯.—朝鮮光武三年(1899)斗芳木活字本.—1冊:表.—(朝)姜濂(1544—1606),號晚松;版心等題晚松實紀,序等題晚松姜公實記;附三清堂實記　　127456

8003

百拙齋年譜/(朝)韓弼教編.—朝鮮憲宗三年(1836)木活字本.—1冊.—(朝)韓應寅(1554—1614),室名百拙齋　　126112

8004

梅窩先生實紀　二卷/(朝)權德煥輯.—朝鮮刻本.—1冊.—(朝)權士諤(1556—1612),號梅窩;版心題梅窩實紀;附梅窩先生年譜　　127478

8005

慎獨齋先生年譜　二卷/(朝)金在謹編.—朝鮮李

太王八年(1871)金永宗活字本.—1冊.—(朝)金集(1574—1655),學者稱慎獨齋先生　　127496

8006

宋子大全附錄　十九卷/(朝)趙持謙等撰.—朝鮮憲宗間活字本.—9冊.—(朝)宋時烈(1607—1689),號尤庵　　127495

8007

尤庵先生言行錄　二卷/(朝)宋近洙輯.—朝鮮木活字本.—1冊.—書衣題宋子言行錄　　126117

8008

藏拙窩實記/(朝)金世熙輯.—朝鮮木活字本.—1冊.—(朝)金澤(1641—1709),號藏拙窩澤　　126115

8009

艮齋年譜　七卷/(朝)佚名編.—朝鮮木活字本.—3冊:表.—(朝)崔奎瑞(1650—1735),號艮齋　　127474

　部二　6冊　　127475

8010

蘭谷先生年譜/(朝)金啓鎮編.—朝鮮木活字本.—1冊.—(朝)金時傑(1653—1700),號蘭谷　　126116

8011

醉翁堂實紀　二卷/(朝)宋達用輯.—朝鮮刻本.—1冊.—(朝)宋希命(1656—1740)　　127498

8012

健陵誌狀　二卷/(朝)官修.—朝鮮活字本.—2冊.—(朝)李算(1752—1800)　　127480

8013

[申紫霞]年譜/(朝)金澤榮編.—清末鉛印本.—1冊.—(朝)申緯(1769—1845),號紫霞;申紫霞詩集之一　　126113

8014

仁陵誌狀/(朝)官修.—朝鮮活字本.—1冊.—(朝)李玜(1790—1834)　　127476

8015

綏陵誌狀/(朝)官修. —朝鮮活字本. —1 冊. —(朝)
李昊(1809—1830) 127481

8016*

約翰生傳/(英)Macaulay 撰；裘銷譯. —民國間鉛印
本. —1 冊. —(英)約翰生(1709—1784)；附說中國無
科學之原因等 128562

8017

摘譯英國海軍名將聶爾遜生平事蹟言論/(清)佚名
摘譯. —清末京華印書局鉛印本. —1 冊. —(英)聶爾
遜(1758—1803)，今譯威爾遜 127508

8018*

李司特耳傳略＝Lord Lister：His Life and Work
十五章/(英)莫安仁(Morgan Evan)，哈筱泉譯. —民
國 5 年(1916)廣學會上海鉛印本. —1 冊. —(英)李司
特耳(1828—1912) 127509

8019*

[哈同先生訃告]/羅迦陵撰. —民國 20 年(1931)鉛
印本. —1 幅. —(英)歐司愛·哈同(1851—1931)
127482

8020*

歐司愛哈同先生行述/羅迦陵撰. —民國間鉛印
本. —1 冊：像 127499
　部二　1 冊 127500
　部三　1 冊 127501
　部四　1 冊　有劉半農墨筆題記；西諦藏書
XD9965

8021*

歐司愛哈同先生年譜/姬覺彌編. —民國 11 年
(1922)愛儷園上海鉛印本. —1 冊. —與羅迦陵夫人年
譜合印 127507

8022*

戩壽堂百卅合慶壽言/姬覺彌輯. —民國 12 年
(1923)愛儷園上海鉛印本. —8 冊：圖及像. —哈同與
夫人羅迦陵一百三十歲合壽 127553

8023*

哈同先生榮哀錄/姬覺彌輯. —民國 22 年(1933)愛
儷園上海鉛印本. —12 冊：圖及像 127503
　部二　12 冊 127504
　部三　12 冊 127505
　部四　12 冊 127506

8024

拿破侖本紀/(英)洛加德撰；林紓，魏易譯. —清光
緒三十一年(1905)京師學務處官書局鉛印本. —4
冊. —(法)拿破侖(1769—1821) 127511
　部二　4 冊 127512
　部三　4 冊 127513
　部四　4 冊　有硃筆題記 127514
　部五　1 冊 127515

8025*

拿破侖論/伍光建譯. —民國 17 年(1928)新會伍光
建稿本. —1 冊. —書衣題伍光建譯拿破侖論手稿
127510

8026*

世界著名化學家博德羅傳/(法)韓德威編譯. —民
國 16 年(1927)鉛印本. —1 冊：圖及像. —(法)博德羅
(1827—1909)；據 1926 年 12 月法國化學與工業雜誌
所刊翻譯；附法文原文 127516
　部二　1 冊 127517

8027

德相俾斯麥傳/(清)上海廣智書局編譯. —清光緒
二十八年(1902)上海廣智書局鉛印本. —1 冊. —(德)
俾斯麥(1815—1898)，1871—1890 年爲德意志帝國宰
相；書名頁題俾斯麥傳；傳記小叢書之一 127521

8028

鐵血宰相/(日)吉川潤二郎撰；(清)錢應清，(清)丁
疇隱譯. —清光緒間文明書局上海鉛印本. —1 冊：
像. —缺 9 章：第 10—18 章 127522

8029*

歐特曼教授哀思錄/同濟大學輯. —民國 23 年
(1934)南京國華印書館鉛印本. —1 冊：像. —(德)歐
特曼(1882—1934) 127523
　部二　1 冊 127524

8030*

衛中先生的自述/(德)衛中口述;張俶知筆錄.—民國 15 年(1926)大通學院鉛印本.—1 册.—(德)衞中,民國 2 年(1913)來華;附衞中先生十三年來之中文論著摘要;大通學院新傳記叢書之一　　127525

　部二　1 册　　127526

8031*

居禮斯克渥多斯喀夫人榮哀錄/中波文化協會編.—民國 24 年(1935)鉛印本.—1 册:圖及像.—(波蘭)居禮斯克渥多斯喀夫人(1867—1924),今譯居里夫人　　127518

　部二　1 册　　127519

　部三　1 册　　127520

8032

開闢新世界之鼻祖/(美)勃臟忒撰;(清)丁疇隱譯.—清光緒二十八年(1902)文明書局上海鉛印本.—1 册.—(意)哥侖波(1436—1506),今譯哥倫布;書名頁題哥侖波;世界歷史譚之二　　127527

　部二　1 册　　127528

8033

開闢新世界之鼻祖/(美)勃臟忒撰;(清)包光鏞,(清)張逢辰譯.—清光緒二十八年(1902)文明書局上海鉛印本.—1 册:地圖.—書名頁題哥侖波;世界歷史譚之二　　127529

8034

意將軍加里波的傳/(清)上海廣智書局編譯.—清光緒二十九年(1903)上海廣智書局鉛印本.—1 册.—(意)加里波的(1807—1882);書名頁題加里波的傳;傳記小叢書之一　　127530

　部二　1 册　　127531

8035*

南先生行述/(西洋)徐日昇,(西洋)安多撰.—民國間攝影本.—1 册.—(比)南懷仁(1622—1687),字敦伯;書名據書簽題,卷端題皇清誥授資政大夫治理曆法加工部右侍郎又加二級敦伯南公行略.—平裝　　127532

8036*

雷故司鐸鳴遠事略/方豪撰.—民國間鉛印本.—1 册:像.—(比)雷鳴遠(Adm. R. P. Lebbe, 1877—1940);書簽題雷鳴遠司鐸追悼會紀念册;附褒揚令、遺墨　　127115

8037

彼得大帝/(日)佐藤信安撰;(清)愈愚齋主譯.—清光緒二十八年(1902)文明書局上海鉛印本.—1 册.—(俄)彼得大帝(1672—1725);世界歷史譚之一　127533

　部二　1 册　　127534

　部三　1 册　有王揖唐墨筆題記　　127535

8038

俄大彼得帝傳/(日)山崎敬一郎撰;(清)張稷光譯.—清光緒二十八年(1902)上海廣智書局鉛印本.—1 册:像　　127536

8039

華盛頓傳　八卷/(清)黎汝謙,(清)蔡國昭譯.—清光緒十二年(1886)鉛印本.—8 册.—(美)華盛頓(1732—1799);書名頁題華盛頓全傳　　127539

　部二　8 册　　127541

　部三　8 册　　127540

　部四　8 册　　127572

　部五　8 册　書衣有墨筆題記　　127573

8040

華盛頓泰西史略　八卷/(清)黎汝謙,(清)蔡國昭譯.—清光緒二十三年(1897)新學會石印本.—4 册.—總目題華盛頓傳　　127576

8041*

司徒雷登博士年譜/劉廷芳編.—民國 25 年(1936)鉛印本.—1 册.—(美)司徒雷登(1876—1962)127537

8042

美國教士慕翟先生行述＝The Life of Dwight L. Moody　二卷/(美)惠廉(William R. Moody)撰;(清)王臻善譯.—清光緒二十九年(1903)上海華美書局鉛印本.—1 册:圖.—(美)慕翟(Dwight L. Moody, 1837—1899);存 1 卷:卷下;書名頁題慕翟先生行述;陳垣贈書　　127538

四角號碼索引使用說明

一、本索引包括本書目所收的書名、著者以及傳主。

二、每條標目依首字的四角號碼順序排列。

三、在首字相同的各標目之前,注明該首字並四角號碼及附角。每條標目第二字取第一、二角的號碼,列於本條目之前;第二字或第二字的第一、二角號碼相同的標目,謹在第一條注明第一、二角號碼,以下不再注明,其每條標目的首字用"～"代替。

例一: 　0023₂康

　　　　 　30～宏瓚

　　　　 　44～基田

例二: 　(1)文天祥　　　　　　10～天祥

　　　 　(2)諸葛永懷　　　　　 44～葛忠武誌

　　　 　諸葛忠武侯文集　　 ～葛忠武侯文集

　　　 　諸葛忠武侯故事　　 ～葛忠武侯故事

四、每條標目從第三字起,亦按四角號碼順序排列,但不標注號碼。

五、標目後的數字爲本書目每條款目的順序號。同一標目在一條款目中出現數次,在順序號後加圓圈注明。

例: 　0864₀許

　　 77～同莘　　　　　　　　　　 2902

　　 　　　　　　　　　　　　　　 4890②

表示"許同莘"在 2902 條款目中出現一次,在 4890 條款目中出現二次。

六、著者以其字號在卷端標注的,本索引按照古籍著錄原則照錄,並在著者索引中分別標注其字號及真實姓名。

例: 翁覃溪　　0170　　　翁方綱　　0170

書名索引

0010₄ 童

72	～氏訃告	3137
	～氏族譜	5023
	～氏五修族譜	5023
	～氏重修宗譜	5020
	～氏宗譜	5020
		5022
80	～年回憶錄稿	3541

0010₈ 立

00	～齋遺詩	5443

0012₇ 病

46	～榻述舊錄	2395
	～榻夢痕錄	4391
		4392
		4393
		4394
		4395
71	～驥五十無量劫反省詩	3238
	～驥五十無量劫反省草	3238

0014₄ 瘦

50	～史	0948
		0949

0016₁ 瘖

77	～陶去職實錄	3229

0018₉ 疢

40	～存山人傳	2950
	～存山人周石君傳	2950

0021₁ 鹿

00	～文端公榮哀錄	2431
40	～樵自敍年譜稿	4501
50	～忠節公年譜	4071
		4072
		4073
60	～邑徐氏家乘	6387
72	～氏世傳	5026

0021₁ 龐

00	～文恪公年譜	4684
44	～芝符先生赴告	3138
		3504
65	～映湖訃告	3138
72	～氏宗譜	5025

0021₇ 亮

25	～生府君行述	2396

0021₇ 盧

22	～山上宅派王氏宗譜	5497
	～山海印老人年譜	4674
	～山海會禪寺至善大師年譜	4674
31	～江郡何氏大同宗譜	7229
	～江錢氏年譜	3639
		3640
74	～陵歐陽文忠公年譜	3807

0022₂ 序

40	～志	1143
		1144

0022₂ 廖

10	～平林損劉師培田桐鄒容劉貞一曹亞伯禹之謨張森楷傳草稿	0919
30	～宗元傳	2953
		2961
		2970
		2979
72	～氏六修族譜	6174
	～氏族譜	6173
		6174
		6175
		6177
		6180
		6181
	～氏續修族譜	6175
	～氏宗譜	6176

0022₃ 齊

27	～名紀數	0103
		0104
		0105
		0106
30	～安山永慕圖題詠集	2839
		2894
35	～禮龔氏宗譜	4918

40 ～太翁孟芳先生六旬晉六
　　壽言錄　　　　　　　2824
53 ～威烈公年譜　　　　4530
　　　　　　　　　　　　4531
72 ～氏宗譜　　　　　　5396
77 ～眉介觥集　　　　　2735

0022₇　方

07 ～望溪先生年譜　　　4306
　　　　　　　　　　　　4307
10 ～正學先生年譜　　　3956
17 ～聚成禪師年譜　　　4476
　　　　　　　　　　　　4477
21 ～何宗譜　　　　　　7216
　 ～貞惠公潛德錄　　　1529
22 ～山民紀年詩　　　　4713
28 ～儀衛先生年譜　　　4503
30 ～之府君行述　　　　2430
46 ～柏堂先生事實考略　2226
67 ～明善先生行狀　　　1053
　　　　　　　　　　　　1054
72 ～氏族譜　　　　　　6183
　　　　　　　　　　　　6200
　　　　　　　　　　　　6203
　 ～氏五修族譜　　　　6203
　 ～氏聯臨派遷揚州儀徵支
　　譜　　　　　　　　6195
　 ～氏聯臨派居臨河前族遷
　　揚州支譜　　　　　6195
　 ～氏家譜　　　　　　6198
　 ～氏家乘　　　　　　6190
　 ～氏宗譜　　　　　　6185
　　　　　　　　　　　　6188
　　　　　　　　　　　　6189
　　　　　　　　　　　　6190
　　　　　　　　　　　　6194
　　　　　　　　　　　　6197
　　　　　　　　　　　　6199
　　　　　　　　　　　　6202
　 ～氏世譜　　　　　　6204
　　　　　　　　　　　　6205
77 ～眉峯公永思錄　　　2419

0022₇　帝

20 ～系　　　　　　　　4869
　 ～系考　　　　　　　0267

0022₇　高

10 ～要陳母壽言　　　　2919
　 ～平祁氏先世遺跡及見錄 5750
11 ～麗季世忠臣逸事傳　7953
17 ～子年譜　　　　　　4057
22 ～山水長圖記　　　　7983
　 ～山操志　　　　　　7976
25 ～仲新傳　　　　　　2405
26 ～保卿先生訃告　　　3240
27 ～郵王氏父子年譜　　3671
　　　　　　　　　　　　3672
28 ～儀部傳　　　　　　2405
　 ～給諫晉郵日記　　　2739
　 ～給諫城南先生行狀　2738
30 ～安三傳合編　　　　0307
　 ～密傳氏族譜　　　　6307
　　　　　　　　　　　　6307
　 ～寶仁公行狀　　　　1853
40 ～士傳　　　　　　　0186
　　　　　　　　　　　　0187
　　　　　　　　　　　　0188
　　　　　　　　　　　　0189
　　　　　　　　　　　　0190
　　　　　　　　　　　　0191
　　　　　　　　　　　　0425
　　　　　　　　　　　　0426
　　　　　　　　　　　　0427
　 ～塘李氏族譜　　　　5778
　 ～塘李氏九修族譜　　5817
　 ～奇峯先生榮哀錄　　3484
41 ～坂林氏宗譜　　　　7305
44 ～楚秋先生訃告　　　3188
　 ～林汪氏宗譜　　　　5190
50 ～忠憲公墓志行述　　1589
　 ～忠憲公年譜　　　　4057
　　　　　　　　　　　　4058

　　　　　　　　　　　　4059
　 ～東園先生哀挽錄　　2942
60 ～邑趙忠毅公行狀　　1581
65 ～嘯桐先生傳　　　　2523
　　　　　　　　　　　　2524
72 ～氏族譜　　　　　　5038
　 ～氏家譜　　　　　　5030
　　　　　　　　　　　　5036
　 ～氏宗親譜册　　　　5047
　　　　　　　　　　　　5048
　 ～氏宗譜　　　　　　5032
　　　　　　　　　　　　5035
　　　　　　　　　　　　5039
　　　　　　　　　　　　5040
　　　　　　　　　　　　5045
　　　　　　　　　　　　5046
　　　　　　　　　　　　5047
　 ～氏宗譜續編　　　　5047
　　　　　　　　　　　　5048
　 ～氏大統宗譜　　　　5046
　 ～氏世譜　　　　　　5037
　 ～氏世德錄　　　　　5029
76 ～陽許氏家譜　　　　4890
　　　　　　　　　　　　5465
　　　　　　　　　　　　5474
　 ～陽許氏東唐墅支譜　5461
　 ～陽太傅孫文正公年譜 4061
　　　　　　　　　　　　4062
77 ～母張太夫人訃告　　2932
　 ～母張太夫人九十壽言集 2555
　 ～母張太夫人八十壽言 2554
80 ～義姑撫孤錄　　　　1545
　 ～倉王氏族譜　　　　5594
　 ～公家傳　　　　　　1928
　　　　　　　　　　　　1929
　　　　　　　　　　　　1930
88 ～節孝李太夫人哀思錄 2588

0022₇　庸

00 ～庵尚書重賦鹿鳴集錄 2870
77 ～叟編年錄　　　　　4802
　 ～叟日記菁華　　　　2621

～閑老人自敍　　2177

0023₀　卞

28 ～徵君年譜　　4484
72 ～氏族譜　　4892

0023₂　康

00 ～齋府君行略　　2110
　　～府君行狀　　2681
33 ～梁徐謀財害命鐵證書　　3585
40 ～南海先生戊戌遺筆　　2884
　　～南海先生戊戌輪舟中與
　　徐君勉書及丁巳跋後　　2881
44 ～基田年譜　　4384
72 ～氏族譜　　5014
　　～氏續修族譜　　5014
　　～氏家譜　　5012

0023₂　豪

22 ～山李氏族譜　　5854

0023₇　庚

00 ～辛之間亡友列傳　　0898
　　～辛顧氏日記　　3281
17 ～子辛亥忠烈像贊　　0917
　　～子正月日記　　3312
　　～子十二月赴行在日記　　2669
28 ～復日記　　1765

0023₇　庚

44 ～樹廷先生暨德配李太夫
　　人合墓表　　2773

0023₇　廉

00 ～訪公年譜　　4363
　　～讓閒居日記　　2320
50 ～夫人吳芝瑛傳　　3332

0024₀　府

17 ～君行述節略　　2490
　　～君澹人公行略　　1828

0024₇　慶

02 ～誕記　　0164
10 ～雲公行述　　2475
35 ～禮庭觀察行述　　2133

0024₇　廈

60 ～田葉氏宗譜　　7640

0025₆　庫

70 ～雅拉氏啓公事略　　2510

0026₁　磨

72 ～盾餘談　　1905
　　　　　　　　　　1906
　　　　　　　　　　1907
　　　　　　　　　　1908
　　　　　　　　　　1909

0026₇　唐

00 ～玄奘法師年譜　　3766
10 ～一庵先生年譜　　3675
　　　　　　　　　　4015
　　～王右丞年譜　　3768
17 ～孟郊年譜　　3788
22 ～山世譜　　4889
23 ～代詩人傳略　　0507
　　～俊公先生陶務紀年表　　4331
30 ～宋元明清書畫家人名辭
　　書　　0181
　　～宋元明清書畫人名辭書　　0181
37 ～淑人悼啓　　3282
40 ～才子傳　　0506

　　　　　　　　　　0507
～李白小傳　　0490
　　　　　　　　　　1438
　　　　　　　　　　1442
　　　　　　　　　　3785
～李鄰侯年譜　　3658
　　　　　　　　　　3659
　　　　　　　　　　3660
　　　　　　　　　　3787
～李益小傳　　0490
　　　　　　　　　　1438
　　　　　　　　　　1442
　　　　　　　　　　3785
42 ～荆川公弟子考　　0685
44 ～恭人哀辭　　3080
　　～孝女傳　　1876
　　　　　　　　　　1879
　　～樊諫議附祀西湖白文公
　　　祠詩　　1443
46 ～賀監紀略　　1436
50 ～書魏鄭公傳注　　1432
60 ～里陳氏宗譜　　7426
　　　　　　　　　　7431
72 ～氏哀感錄　　2643
　　～氏族譜　　5058
　　　　　　　　　　5059
　　　　　　　　　　5066
　　～氏家譜　　5060
　　～氏家乘　　5049
　　～氏宗譜　　5052
　　　　　　　　　　5053
　　　　　　　　　　5054
　　　　　　　　　　5055
　　　　　　　　　　5061
　　　　　　　　　　5062
　　～氏通譜　　5065
　　～氏支譜　　5056
　　　　　　　　　　5057
　　～氏八修譜　　5063
　　～氏合修通譜　　5065
74 ～陸宣公年譜　　3657
　　　　　　　　　　3658
　　　　　　　　　　3659

	3660	～東和平徐氏宗譜總譜	6428	～文山傳信錄	1511
	3791	～東通志列傳	1165		3919
～陵君遺事徵	7989	70 ～雅公六帙壽序	2462	～文山年譜	1511
77 ～母李太夫人行述	3001	～雅尚書張公六帙壽序	2462		3918
～母馬夫人墓表	2371	74 ～陵私乘	1044		3919
	3139	77 ～印人傳	0470		3920
～興灣朱氏汈上房九修支				～文忠公事略	2228
譜	7753	**0028₆　虜**		02 ～端公年譜	4335
80 ～人小傳	0277			03 ～誠李公行狀	2416
	0539	53 ～甫府君行述	2494	05 ～靖公年譜	4023
～公年譜	4725			10 ～正謝公年譜	3989
		0029₄　麻			3990
0028₆　廣				12 ～烈士煥章哀思錄	2977
		32 ～溪姚氏宗譜	6457	21 ～貞王先生行狀	2563
10 ～元遺山年譜	3935		6463	～貞公年譜	4060
	3936				4269
	3937	**0029₄　縻**		～穎傳	2191
～百將傳	0260			23 ～獻徵存錄	0748
	0261	72 ～氏家乘	4896		0749
～西桂林省八旗奉直會館		～氏宗譜	4897		0750
記	0831			～獻徵錄勘補	0977
～西昭忠錄	1174	**0033₀　亦**		26 ～泉府君略	2278
12 ～列女傳	1243			～穆王年表	3677
	1244	20 ～千公事狀	2662	30 ～安王氏宗譜	4890
	1245				5591
	1246	**0033₆　意**		～安先府君行述	1924
～列女傳校注	1214			～安縣張氏傳志	0952
22 ～川董氏宗譜	6478	27 ～將軍加里波的傳	8034	～安陳氏族譜續冊	7564
24 ～德錢誦芬堂先德榮哀錄	2647			～定公事略	1590
～德錢孝女徵文錄	3516	**0040₀　文**		38 ～裕公年譜	3663
27 ～名將譜	0262				3664
	0263	00 ～廟新輯	0431	44 ～恭先府君行述	2050
～名將傳	0263	～廟續通考	0458	～芸閣先生年譜	4788
30 ～安胡叔潛君元配周女士		～廟通考	0409	～林包氏宗譜	7282
小傳	3569		0410	50 ～中子述略	1433
32 ～州先賢傳	1161		0411	～忠太傅先府君行述	2678
～州鄉賢傳	1161	～廟大成祀譜	7826	～忠肅公實紀	8000
～州人物傳	1160	～廟思源錄	0434	72 ～氏族譜	7072
50 ～東文獻輯覽	1173	～廟思源錄考	0435	77 ～學羅君家傳	3421
～東文徵作者考	1166		0436	～卿府君行述	3050
	1167	～廟賢儒功德錄	0304	～與府君行述	2055
～東番禺沙灣司岐山張氏		～廟賢儒景行錄	0428	80 ～公朱夫子年譜	3880
族譜	7145	～府君壙記	3218	88 ～節府君年譜	4581

～節公殉難事迹　2083
90 ～堂宗譜　7421
　～堂陳氏家譜　7515
　～堂陳氏宗譜　7421

0040₁　辛

00 ～庵府君行述　2006
　～亥殉難記　0914
　～亥殉難表　0915
　～亥殉節錄　0916
10 ～酉記　2301
17 ～丑日記　2992
　　　　　　2993
　　　　　　2994
　　　　　　2995
72 ～氏幼房譜　6172
88 ～筠谷年譜　4447

0040₆　章

27 ～鄉趙氏家譜　6054
40 ～太炎復馮自由書　0918
48 ～教授墓誌銘家傳　1669
　～警秋哀啓及訃告　3486
50 ～夫人事略　2962
72 ～氏先德錄　5413
　～氏家乘　5402
　～氏宗譜　5408
　　　　　　5415
　～氏會譜　4890
　　　　　　5412
77 ～邱劉公茂春傳　2541
　～母魯太夫人赴告　3066
80 ～午峯先生年譜　4697

0040₈　交

38 ～遊新記　0116

0044₁　辨

27 ～名小記　0167

0060₁　言

21 ～行拾遺事錄　1447
44 ～舊錄　4547
77 ～母丁太夫人榮哀錄　3174

0062₇　謫

60 ～星詞　1002
　～星說詩　1002
　～星筆談　1002

0063₁　譙

60 ～國曹氏宗譜　6125

0071₀　亡

30 ～室王夫人象贊　3607
　～室淩夫人悼啓　3178
　～室曹夫人悼述　3455
　～室周夫人行略　3624
50 ～妻薛恭人傳略　4819

0071₄　毫

62 ～縣郭氏宗譜　5448

0071₇　甕

44 ～芳錄　1964
　　　　　　1965

0073₂　哀

12 ～烈錄　7795
20 ～絃集　3487
38 ～啓　2793
　　　　　　3073
56 ～蟬吟　3572
60 ～思紀實　2633
　～思錄　2478

　　　　　　3081
　　　　　　3082
88 ～節錄　2223

0073₂　褒

50 ～忠崇祀圖　2158
　～忠錄　1712

0073₂　襄

10 ～平徐氏續修族譜　6356
13 ～武人物志　0983
44 ～勤伯鄂文端公年譜　4324
　　　　　　4325
　～勤公勳德介福圖　2366
76 ～陽朱母單太夫人七十壽
　　辰徵文啓　3049
　～陽耆舊傳　1128

0080₀　六

06 ～譯先生追悼錄　2745
27 ～修江蘇洞庭安仁里嚴氏
　　族譜　4890
　　　　　　7679
　～修嚴氏族譜　7679
30 ～灘黃氏支譜　5942
　～安涂公崇祀鄉賢錄　2161
　～安涂尚書公墓誌銘　2162
40 ～十自述　3374
　～十感言　3264
　～十贈言集　3165
　～十年之我　3382
　～吉公行述　2092
44 ～世像贊　0276
47 ～朝民肖影題辭　3124

0090₆　京

08 ～旋途記　3310
21 ～師女伶百詠　1282
31 ～江郭氏家乘　5443

~江王氏宗譜	5618	
~江丁氏傳略匯錄	6212	
~江張文貞公年譜	4268	
~江張氏宗譜	7120	
~江何氏家乘	7217	
~江蔣氏宗譜	5862	
~江賜禮堂戴氏家乘	5289	
~江開沙王氏族譜	5598	
32 ~兆郡桂北衡陽史氏宗譜	7661	
~兆歸氏世譜	7254	
	7255	
~兆金氏宗譜	7025	
~兆舒氏宗譜	7595	
47 ~都將軍家譜	7937	
60 ~口副都統載公事實集錄	2706	
~口順江洲王氏第十三次		
增修家乘	5559	
~口朱方陳氏重修族譜	7415	
~口李氏宗譜	5813	
~口李氏七修宗譜	5813	
~口耆舊傳	0991	
~口丹徒冊田倪茂堂倪氏		
重修宗譜	7262	

0121₁　龍

10 ~雨蒼先生赴告	3545	
19 ~砂貢氏宗譜	5082	
~砂姜氏宗譜	5374	
22 ~川胡氏宗譜	6038	
~峯先生年譜	4013	
~山楊公墓誌銘	1646	
27 ~嶼張氏族譜	4889	
31 ~江李氏族譜	5827	
32 ~溪謝氏宗譜	4936	
~溪謝氏惇敘堂家乘	4936	
~溪王徵君宗敬先生墓誌		
銘	2825	
39 ~沙萬將軍鐃吹辭	3391	
50 ~夫人事略	1968	
67 ~眠風雅小傳	1056	
71 ~馬俠士傳	7984	
72 ~氏族譜	5432	

	5434	
	5435	
~氏泉公六修族譜	5435	
74 ~陵朱太翁榮哀錄	2772	
87 ~舒靳氏宗譜	6469	
	6470	

0128₆　顏

10 ~元傳	1705	
17 ~習齋先生年譜	4247	
	4248	
	4249	
	4250	
~習齋先生年譜節本	4251	
27 ~魯公年譜	3770	
	3771	
72 ~氏族譜	4900	
	4901	
~氏續修族譜	4908	
~氏家譜	4902	
~氏家乘	4899	
~氏宗譜	4905	
	4906	
~氏支譜	4903	
	4907	
~氏忠孝家傳	7787	

0164₆　譚

44 ~莊徐氏宗譜	6404	
~慕平先生榮哀錄	3413	
72 ~氏族譜	5430	
~氏五修族譜	5430	
~氏續修族譜	5424	
~氏家譜	5421	
~氏支譜	5423	
	5429	
~氏四修支譜	5429	

0180₁　龔

00 ~文恭公年譜	4515	

24 ~先生年譜	4576	
30 ~安節先生畫訣	0725	
~安節先生年譜	3964	
~定盦年譜	4577	
33 ~心銘哀啟	3625	
44 ~藹仁自訂年譜	4717	
53 ~威將軍古稀榮慶錄	2849	
72 ~氏族譜	4909	
	4911	
	4916	
	4919	
~氏宗譜	4915	
~氏十四修族譜	4914	
~氏九修族譜	4909	
~氏九修支譜	4920	
~氏始修族譜	4916	
90 ~光祿公年譜	4672	
	4673	

0212₇　端

22 ~嚴公年譜	0662	
	4004	

0292₁　新

02 ~刻外百家姓增補復姓	0056	
~刻批評百將傳正集	0203	
~刻典故古列女傳	1218	
11 ~疆特用道英吉沙爾直隸		
同知黃君傳	2545	
~疆省政府主席蒙自楊公		
行狀	3045	
~疆省政府主席楊公行狀	3045	
12 ~刊名臣碑傳琬琰集	0201	
~刊官板批評正百將傳	0202	
~刊古列女傳	1199	
	1200	
	1201	
	1202	
	1208	
15 ~建夏公行狀	2096	
21 ~紫山倪氏七甲支譜	7256	

22 ～出張文襄公事略　2467
　　～出繪圖皖案徐錫麟　3248
24 ～化長塘李氏家史　5831
27 ～修陳氏潤周公派下支譜　7496
30 ～寧江君行狀　2163
　　～寧劉宮保七旬賜壽圖　2381
　　～安商山吳氏宗祠譜傳　5671
　　～安許氏宗譜　5469
　　～安瑯琊王氏四房思茂公
　　　統宗譜　5496
　　～安孚潭許氏世譜　5455
　　　　　　　5456
　　～安休寧金氏合族統譜　7018
　　～安徐氏統宗祠錄　7862
　　～安徐氏宗譜　6334
　　　　　　　6335
　　～安汪氏宗祠通譜　5169
　　～安遷通孫氏家乘　5123
　　～安左台吳氏譜圖續編　5669
　　～安女史徵　1224
　　～安戴氏支譜　5286
　　～安蘇氏族譜　7620
　　　　　　　7621
　　～安蘇氏重修族譜　7622
　　　　　　　7623
　　～安黃氏橫槎重修大宗譜　5914
32 ～州葉氏家乘　7648
42 ～橋吳氏族譜　5745
43 ～城潁川陳氏支譜　7430
48 ～增王昭忠錄拾遺　1488
50 ～中華民國大總統孫中山
　　　大事記初集　3083
60 ～田施氏宗譜　5074
　　　　　　　5075
　　　　　　　5076
　　～昌胡氏荣哀录　7846
　　～羅璿譜　7968
76 ～陽趙氏清芬錄　7847
80 ～鐫旁批詳注總斷廣名將
　　　譜　0262
　　　　　　　0263
　　～鐫繡像旁批詳注總斷廣
　　　百將傳　0260

88 ～纂氏族箋釋　0067
　　　　　　　0068
　　　　　　　0069
　　　　　　　0070

0360₀　訃

00 ～文粘存　0913

0365₀　誠

00 ～應武蕭王集　1444
　　～意伯劉公傳　1528

0365₀　識

77 ～閱曆　4352

0366₀　詒

47 ～穀老人自訂年譜　4583
　　　　　　　4584
94 ～煒集　2653

0460₀　謝

13 ～琅書先生長校三十週年
　　　紀念特刊　3483
26 ～皋羽年譜　3922
30 ～家山人自訂年譜　4657
40 ～希安先生六秩壽譜　4814
44 ～鄉泉先生崇祀鄉賢錄　1852
50 ～忠滑公死事狀　2758
72 ～氏族譜　4922
　　　　　　　4923
　　　　　　　4924
　　　　　　　4925
　　　　　　　4928
　　　　　　　4933
　　　　　　　4934
　　　　　　　4935
　　　　　　　4942

　　　　　　　4948
　～氏五修族譜　4926
　～氏五道續修族譜　4933
　～氏續修族譜　4931
　　　　　　　4934
　　　　　　　4943
　～氏家譜　4953
　～氏宗譜　4932
　　　　　　　4936
　　　　　　　4939
　　　　　　　4944
　～氏源流　7788
　～氏支譜　4941
　～氏村志家史　4951
　～氏蜀譜　4945
　～氏四修族譜　4953
77 ～母王太夫人赴告　2917
　　～母孫太夫人赴告　3023
　　～母黃太夫人赴告　2569
　　～母林太夫人訃告　3069

0461₁　諶

72 ～氏族譜　5420

0462₇　訥

00 ～音富察氏譜傳　5016
　　～音富察氏家乘　5016

0464₁　詩

22 ～山鳳坡梁氏宗譜　4889
　　～巢附祀諸賢考次　0278
27 ～紀傳錄　0277
　　　　　　　0539
60 ～品　1888
80 ～人謝邁度先生五十畫象
　　　徵文啓　3426
　　～人徵略索引　0756

0464₇　護

38 ～送越南貢使日記　2648

0466₀　諸

43 ～城李氏家傳	0958
44 ～葛忠武誌	1408
～葛忠武侯文集	1409
～葛忠武侯故事	1409
～葛忠武侯年譜	3744
	3746
～葛忠武侯年表	3745
71 ～暨七里川堂蔣氏宗譜	5871
～暨賢達傳	1077
72 ～氏宗譜	5069
	5070
	5071

0468₆　讀

04 ～諸子剳記	1676
10 ～正氣歌圖史集	0466
40 ～有用書齋日札	2263
	2264
50 ～史任子自鏡錄	0368
56 ～揚續錄	7857
77 ～騷大例	1676

0512₇　靖

31 ～江高氏重修宗譜	5039
38 ～道府君行狀	2627
40 ～難功臣錄	0560
	0567
88 ～節先生年譜考異	3757
～節公列傳	2021

0669₄　課

24 ～徒續草	1002

0710₄　望

30 ～之府君行述	1874
34 ～社姓氏考	0796

40 ～杏樓志痛編	3395
44 ～坡府君年譜	4449

0722₇　鄺

72 ～氏家乘	6167

0724₇　毅

44 ～芳紀	3454

0742₇　郭

17 ～君墓誌銘	2945
22 ～峯王氏世譜	5570
50 ～春榆宗伯六十雙壽徵文	
啓	2800
62 ～則澐訃告	3414
72 ～氏六修族譜	5445
～氏族譜	5438
	5441
	5444
	5445
	5453
～氏續修族譜	5444
～氏家譜	5440
～氏家傳	5439
～氏宗譜	5442
	5446
	5449
	5450
～氏洪淳支譜	5454
77 ～母王太夫人七秩壽辰徵	
文啓	2985
80 ～曾炘訃告	2801
～公行述	2586
88 ～節母廖太夫人清芬錄	2000

0748₆　贛

62 ～縣鷺溪桃溪鍾氏聯修族	
譜	7057

0761₇　記

27 ～名提督強都巴圖魯馬公	
梯月傳	2233
40 ～李中堂遇刺事	2285

0762₀　詞

31 ～源王氏宗譜	5517
80 ～人姓名爵里考略	0112

0762₀　調

53 ～甫府君行述	2321

0762₇　部

67 ～昀府君年譜	4766

0762₇　誦

44 ～芬詠烈後編	7864
～芬錄	7856

0766₂　韶

22 ～山孫氏譜記	5107
～山毛氏族譜	7201
～山毛氏鑑公房譜	7203

0766₂　詔

77 ～舉孝廉方正錄	1826

0821₂　施

22 ～山葉氏宗譜	7647
60 ～愚山先生年譜	4197
	4198
	4199
72 ～氏先世事略	5078
～氏家風述略	4197

		4198
		4199
		7797
～氏宗譜		5077
		5079
		5081
75 ～陳宗譜		4888

0821₄ 旌

22 ～川昌溪陳氏家乘		7554
24 ～德板橋汪三暉堂家乘		5192
44 ～孝錄		1715
		1755
50 ～忠錄		1625
～表烈婦吳胡氏事述		2225
～表烈婦錄		2651
～表孝子李茂才歸喪記		2173
～表事實姓氏錄		1019
～表錫金兩縣孝貞節烈婦		
女姓氏錄		1273
～表節孝姜母楊太孺人墓		
誌銘		2207
76 ～陽張氏宗譜		7129
～陽張氏通修宗譜		7129
～陽朱氏宗譜		7694
～陽吳氏宗譜		5707
～陽禮村戴氏統宗譜		5287
～陽黃氏族譜		5918
～陽趙氏宗譜		6070
～陽昌溪陳氏宗譜		7554
～陽留村戴氏宗譜		5294
～陽曾氏宗譜		5378
～陽舒氏宗譜		7595
77 ～門方氏宗譜		6206
88 ～節錄		1242

0823₂ 旅

21 ～行日記		3598

0823₃ 於

43 ～越先賢傳		0426

		0427
		1099
～越先賢像傳贊		0425
		1096
		1097
		1098
		1099
～越有明一代三不朽圖贊		1071

0844₀ 效

24 ～先公爵闔門殉難哭悼誄		
句		3559

0844₀ 敦

26 ～伯南公行略		8035
71 ～厚堂世系生辰譜		7656
96 ～煌殘卷		0131

0861₆ 說

04 ～諱		0121

0862₁ 諭

24 ～德錄		1934
66 ～賜祭文		1670

0863₇ 謙

22 ～山行年錄		4405

0864₀ 許

00 ～文正公考歲略續		3941
～文蕭公日記		2611
～文敏公易名恩榮錄		3551
17 ～珊林傳贊事實		1985
～君疑年錄		3726
		3727
		3728
～君年表		3729

		3730
21 ～順庵老人自述年譜		4444
22 ～稻蓀先生紀念冊		3207
27 ～魯齋先生年譜		3942
40 ～太夫人傳略		1656
72 ～氏族譜		5455
		5456
		5457
		5466
		5481
～氏譜述		4890
		5473
～氏紳公四修支譜		5480
～氏家譜		5459
～氏宗譜		5467
		5477
～氏壽李光邦序		1855

0866₁ 譜

88 ～餘錄		1611

0925₉ 麟

22 ～峯黃氏家譜		5915

0968₉ 談

01 ～龍錄		0896
72 ～氏名人錄		0091
77 ～丹崖先生訃告		3396

1000₀ 一

00 ～齋自編年譜		4828
		4829
～齋年譜		4828
		4829
10 ～西自記年譜		4458
		4459
60 ～品夫人巴岳特夫人五十		
壽言		3423
82 ～鐙課讀圖題冊		1914

1010₀ 二

40 ～十一世會稽鏡西公年譜	4439
～十四史姓氏韻編	0096
～十年來同懷回憶錄	3630
55 ～曲先生年譜	3668
	3669
	3670

1010₁ 三

00 ～立祠傳	0970
	0971
08 ～旌義門王氏宗譜	5532
10 ～一教主夏午尼林子本行實錄	4034
～元喜讌詩	0564
～天日記	3596
	3597
～不朽圖贊	1070
	1071
	1074
12 ～水梁太公重遊泮水徵詩文啓	2594
～水梁燕孫先生赴告	3180
22 ～峯盧氏家志	6274
～峯家志	6274
～峯曹氏必賢房六修支譜	6120
～峯曹氏必賢房七修支譜	6126
24 ～續疑年錄	0166
27 ～魚堂日記	1695
～峰和尚年譜	4067
	4068
31 ～江李氏宗譜	5771
	5808
～遷志	1357
	1358
32 ～洲日記	2456
	2457
	2458
33 ～補顧亭林年譜	3673
35 ～清堂實記	8002

40 ～李年譜	3670
～古君臣世譜	0074
46 ～槐王氏宗譜	5487
～槐王氏通譜	5485
～槐堂家乘	5491
47 ～朝名臣言行錄	0508
	0511
	0512
	0513
	0515
	0519
	0520
	0521
50 ～史同名錄	0100
60 ～國魏志疑年錄	0162
	0163
～國吳志疑年錄	0162
	0163
～國蜀志疑年錄	0162
	0163
～界王氏支譜	5574
～田李氏重修宗譜	5764
71 ～願堂日記	2236
74 ～陵誌狀續編	7956
76 ～陽寧氏宗譜	5747
77 ～學士傳	7964
～闈彙考	1367
80 ～合胡節母徵詩文集	3263
～舍劉氏七續族譜	7391
～曾年譜	3678
90 ～省軒自記	4710
～省軒自述	4710

1010₁ 正

10 ～百將傳評林	0202
21 ～紅旗江洲哈達瓜爾佳氏家譜	7766
～紅旗滿洲哈達瓜爾佳氏家譜原	7766
24 ～續尚友錄	0237
	0241
26 ～白旗李氏族譜	5773

30 ～定王氏雙節永慕錄	1280
～定王氏家傳	5546
37 ～祀考集	0214
44 ～黃旗滿洲已故世管佐領富勒敏泰接襲宗譜	5392
76 ～陽陳家樓陳氏宗譜	7534
77 ～學續	0301
80 ～前鋒章京瑪拉渾年譜	3652
～氣集	0415

1010₃ 玉

00 ～亭府君行述	1835
～塵錢公神道表	1605
11 ～研老人七十自述	3039
22 ～山府君行狀	2453
24 ～牒	4871
～牒宗室	4872
	4874
	4875
～牒覺羅	4876
	4877
26 ～泉尋夢圖記	2895
28 ～谿生年譜	3800
～谿生年譜訂誤	3801
～谿生年譜會箋	3802
	3803
34 ～池老人自敍	4669
37 ～祁沈氏宗譜	5250
～祁沈氏贅婿蔣氏支譜	5250
～祁李氏宗譜	5824
40 ～臺畫史	0369
60 ～田孫氏家譜稿	5114
～田縣孫家衢孫氏家譜	5114

1010₃ 璽

31 ～涇杜氏宗譜	6006

1010₄ 王

00 ～文端公年譜	4380
～文靖公年譜	4224

～文正公遺事	0537	～船山先生行迹圖	4204	4025
～文勤公年譜	4610	～船山先生年譜	3674	67 ～明宇先生哀輓錄	3444
～文莊日記	1944		4200	72 ～氏庚申宗譜	5615
～文肅公年譜	4042		4201	～氏六修族譜	5592
	4043	～船山楊升庵先生年譜五		～氏族譜	5484
～文成傳本	1546	種	3674	5492
～文成公年譜	3996	～船山公年譜	4201	5500
～文成公年譜節略	3995	～魯閣先生傳	1684	5501
～文成公年紀	3998	～叔均先生哀啓	3610	5509
	3675	～紹文先生逝世三周年		5519
～文公年譜考略節要	3658	紀念册	3171	5532
	3661	30 ～之杰訃告	3093	5537
	3829	～實仁自訂行年紀略	4557	5540
～文公年譜考略節要附存	3827	～宗稷編蘇文忠公年譜	3839	5552
	3828	37 ～深寧先生年譜	3912	5553
04 ～謝世表	5549		3913	5560
05 ～靖毅公列傳	2056		3914	5578
	2057		3915	5579
	4609	38 ～海鬃先生年譜	4848	5580
～靖毅公年譜	2056	40 ～大覺先生追悼錄	3534	5581
	2057	～太夫人墓誌銘	1874	5589
	4609	～太翁香圃先生暨德配周		5592
10 ～一庵先生年譜紀略	4018	太夫人七秩雙慶壽言錄	2782	5599
～五樓追悼會彙錄	3466	～太常年譜	4303	5601
～石臞先生年譜	3671	～南軒先生紀事詩文彙刻	2098	5604
	3672	42 ～荆國文公年譜	3825	5610
12 ～烈婦題詞集	2564	～荆公年譜考略	3826	5612
～烈婦劉乃祺徵文啓	3539		3827	5619
17 ～君錦銓家傳	2610		3828	5626
21 ～仁安訃告	3035	44 ～考蘇生府君行述	2315	～氏三修支譜	5534
～仁堪傳	2667		2316	～氏三沙統譜	5542
～紫珊先生行述	3095	～莊惠公家傳	2891	～氏三沙全譜	5542
～紫翔先生事略	2563	～蘭史先生自訂年譜	4604	～氏五修支譜	5625
22 ～崇簡年譜	4135	～恭襄公年譜	3991	～氏續修族譜	5552
24 ～壯武公紀年錄	4695	～懋竑之孫王希伊行狀	0710	～氏續修支譜	5585
～壯武公年譜	4694	～黃華先生年譜	3924	～氏家譜	4890
～壯節公年譜	4420	46 ～楊氏支譜	5533	4890
～先謙自定年譜	4743	47 ～均卿先生訃告	3120	～氏家乘	5519
～先生在沼之墓碑	3575	50 ～忠慤公哀挽錄	3353	5524
26 ～伯申先生年譜	3671	～書衡訃告	3034	5563
	3672	～春甫墓誌銘	1817	5572
27 ～象乾傳	1575	～東雲日記	2244	～氏宗譜	5487
	1576	～東厓先生年譜紀略	4024	5497

	5498	77 ~母哀啓	3593
	5500	~母劉太夫人赴告	3016
	5503	~母陶太夫人赴告	2785
	5505	80 ~義之年譜	3752
	5511	~父雲塘先生年譜	3675
	5515		4014
	5520	~弇州年譜	4037
	5521	~公可莊崇祀名宦並前邑	
	5522	侯王公伯芳附祀公牘	2666
	5535	88 ~筱泉先府君年譜	4740
	5538	~筱汀先生年譜	4816
	5544	90 ~光祿正統殉難事略	1542
	5545	91 ~煙客年譜	4110
	5547		

1010_4　至

5558		
5564		
5569	03 ~誼堂實紀	1658
5571	16 ~聖文宣王	1348
5580		1349
5600	~聖譜考	3699
5607	~聖編年世紀	1325
5608	~聖先師孔子刊定世家	1312
5614	~聖先師孔子年譜	3695
5618	~聖先師世系考	1337

~氏宗譜丁冊	5608		4890
~氏宗祠再續譜	5576	~聖年表正訛	3693
~氏通譜	5485	24 ~德誌	1299
~氏九世五支分譜	5586		7995
~氏支譜	5534	~德周止庵先生紀念冊	3067
	5577		

1010_4　聖

5585		
5603		
5623	30 ~室錄感	4221

~氏世譜	5554	
	5609	

1010_7　五

~氏四修族譜	5519		
	5626	00 ~慶堂重修曹氏宗譜	6105
	5620	10 ~雲上湖徐氏宗譜	6408
~氏八修族譜	5624	11 ~辈太福晉詩	1917
76 ~陽明先生遺像冊	1547	~辈太福晉傳	1917
~陽明先生圖譜	3993	24 ~續疑年錄	0171
~陽明年譜傳習錄節本	3675	27 ~修包山葛氏世譜	5901
	4000	40 ~十歲畫象徵詩文書畫啓	3426

~十自述記	3334
	3335
~臺徐氏本支敘傳	6355
44 ~世祖廉訪公年譜	4363
47 ~朝名臣言行錄	0508
	0511
	0512
	0513
	0515
	0517
	0518
	0519
	0521
60 ~里牌王氏宗譜	5538

1010_8　靈

21 ~征錄	1692
40 ~臺朱氏宗譜	7711
44 ~芝鄉王氏宗譜	5506

1011_3　疏

20 ~香閣遺錄	1672
~香閣附集	1671

1014_1　聶

00 ~府君行述	2802
72 ~氏族譜	5631
~氏九修族譜	5631
80 ~公墓誌銘	2803

1017_7　雪

21 ~紅山館紀年	4704
25 ~生年錄	4855
	4856
36 ~禪府君行狀	2936
37 ~泥鴻爪	4506
	4667
40 ~木先生年譜	3668
	3669

	3670	23 ～代八百遺民詩詠 0559	0335
41 ～堰吳氏世譜 5730		26 ～和姓纂 0001	0336
44 ～蕉酒趣 0320		0002	～浙防護錄 0334
90 ～棠懿迹 1706		0003	0335
		0004	0336
1020₀ 丁		～和姓纂校勘記 0005	34 ～漢學風 0497
		～和相國七袠雙慶壽言 2546	
00 ～文誠公年譜 4676		34 ～祐黨人傳 0534	**1022₇ 雨**
4677		0535	
10 ～正孝家譜 6230		35 ～遺山先生年譜 3927	25 ～生府君行述 2477
17 ～丑寅保日記 3279		3928	～生日記 2043
～丑劫餘印存小傳 0464		3929	
～君闓公墓誌銘 1283		3930	**1022₇ 霈**
1284		3931	
37 ～淑人行述 2672		3932	51 ～軒府君行述 1789
40 ～太夫人行述 1993		3933	
～女貞孝錄 2615		3934	**1023₀ 下**
41 ～柘唐先生歷年紀略 4597		～遺山年譜 3929	
72 ～氏族譜 6214		37 ～逸民畫傳 0558	00 ～方橋陳氏宗譜 7495
6220		47 ～朝名臣事略 0549	
6224		0550	**1024₇ 夏**
6225		0551	
6227		0552	00 ～府君年七十行述 2455
6228		0553	17 ～君繼室左淑人墓誌銘 3316
～氏家乘 6210		67 ～明清書畫人名錄 0477	22 ～峯日譜 1609
6226			24 ～侍郎年譜 4711
～氏家史家譜 6231		**1021₄ 霍**	31 ～涇金氏宗譜 7021
～氏宗譜 6209			～源雷氏三修族譜 5643
6213		00 ～文敏公石頭錄 4009	32 ～溪丁氏宗譜 6219
6215		72 ～氏宗譜 5629	44 ～莊李氏宗譜 5791
77 ～闓公訃告 3195			～孝湯氏家譜 6429
～卯上巳天津禊集題名 0180		**1022₃ 霄**	6430
80 ～公墓誌銘 2248			～桂洲先生年譜 4006
90 ～小川先生訃告暨行狀 3226		22 ～峯府君行述 1898	53 ～輔堂先生墓誌銘 1903
			72 ～氏族譜 7083
1021₁ 元		**1022₇ 兩**	～氏三修族譜 7085
			～氏家譜續編 7086
00 ～廣東遺民錄 1164		20 ～重虛齋百詠 3360	～氏宗譜 7074
17 ～配魏氏傳 1602		27 ～負堂札記 2403	7075
～配胡恭人家傳 2433		31 ～江忠義傳 0905	7077
3127		32 ～浙名賢錄 1068	7078
21 ～儒考略 0555		～浙耆獻傳略 1117	7081
0556		～浙防護陵寢祠墓錄 0334	～氏派譜 7086

～氏世系圖　7084

1040₀　干

30 ～渡馬氏重修宗譜　5358

1040₀　于

00 ～襄勤公年譜墓誌銘　4263
40 ～右任書墓誌墓表　0928
72 ～氏家譜　6234
　　　　　　6236
　～氏十一修家譜　6236
80 ～公行狀　6235
　～公德政錄　1728
82 ～鍾岳別傳　2114

1040₁　霆

53 ～威將軍海城鮑公行狀　3131

1040₉　平

26 ～泉府君行述　1887
27 ～叔府君年譜　4497
31 ～江吳氏兩代孝行徵題事
　　略　7832
　～江湛氏五修族譜　5397
　～江葉氏宗譜　7650
　～江盛氏家乘初稿　6093
　～潭李氏族譜　5769
37 ～湖徐氏世系　6406
　～湖葛毓珊先生小影題詠　2442
　～湖陳翀若先生墓誌銘　3255
40 ～南王元功垂範　1647
　　　　　　1648
　　　　　　1649
　　　　　　1650
　　　　　　1651
71 ～原宗譜　6130
　　　　　　6233
76 ～陽鄉賢陳氏族譜　7538
　～陽汪氏宗譜　5176

～陽汪氏遷杭支譜　5168
　　　　　　5194
～陽曹氏宗譜　6109
77 ～闔厚豐顧氏宗譜　4993

1043₀　天

10 ～下文恪公筆記　0562
12 ～水郡趙氏族譜　6072
　～水郡趙氏合編族譜　6072
　～水郡嚴氏宗譜　7676
　～水郡姜氏重修宗譜　5373
　～水趙氏宗譜　6069
　～水嚴氏家譜　7672
22 ～山自敍年譜　4116
　　　　　　4117
　～樂邵氏宗譜　6262
23 ～然和尚年譜　4151
　～台齊氏殉難錄胞　5394
25 ～生先生年譜　3668
　　　　　　3669
30 ～寶劉氏元公支蘭玉集　7335
35 ～津名伶小傳　0938
　～津溫支英先生訃告　3189
　～津李頌臣都護六十壽言
　　錄　3320
　～津華氏南支宗譜　4890
　～津模範小學校長劉君碑
　　記　3254
　～津圖書館家譜叢書　4890
　～津嚴公范孫墓碑銘　2958
40 ～臺妙山陳氏宗譜　4890
44 ～荒地老錄　3360
55 ～井張氏族譜　7135
　～井里張氏族譜底稿　7135
71 ～階馬公崇祀鄉賢祠錄　1970
77 ～風澗濤館六十自述　4847
78 ～鑒錄　1769
90 ～堂李氏三修族譜　5855

1044₇　再

38 ～送越南貢使日記　2648

1050₆　更

25 ～生記　3521

1052₇　霸

62 ～縣邊節母崔恭人褒詞暨
　　頌文頌詩　3019
　～縣邊節母崔恭人七旬壽
　　言　3018
　～縣節婦邊左氏事實清冊　3192

1060₀　石

11 ～琴都轉哀輓錄　3106
20 ～舫府君行述　1949
22 ～嶺陳氏族譜　7478
30 ～室先生年譜　3814
　～灘唐氏六修通譜　5064
31 ～江舒氏族譜　7593
　～潭吳氏敍倫祠宗譜　5705
32 ～州年譜　4621
34 ～濤上人年譜　4226
44 ～塔吳氏宗譜　5689
　～蓮居士六旬眉壽贈言第
　　二輯　3154
　～蓮居士六十壽言　3154
　～蓮曾氏六修族譜　5377
　～林先生兩鎮建康紀年略　3858
45 ～埭徐楊賢證居士遺徵集　2694
　～埭陳序賓先生褒榮錄　2411
　　　　　　2412
　～埭陳序賓先生百齡紀念
　　徵文啓　2413
　～埭陳氏先德錄　7486
　～埭陳氏傳志　7894
　～埭陳公墓碑　2410
60 ～口橫江劉氏族譜　7325
72 ～隱山人自訂年譜　4033
　　　　　　4553
　～阡鄧將軍戰功紀略　2420
　～氏族譜　5635

5640
～氏五修族譜 5639
～氏家譜 5634
～氏宗譜 5632
　　5637
～氏民籍族譜 5635
77 ～門龔氏永隆公祠始修族
　譜 4916
～屏張鏡溪紀念錄 3449
～叟年譜 4721
80 ～谷禪師年譜 4476
86 ～知府君年譜 4651

1060₀　百

10 ～一齋斷簡 3522
～雲胡氏宗譜 6029
21 ～歲敘譜 0423
　　0424
27 ～將傳 0202
　　0204
～將圖傳 0205
～將兵法列傳 0203
28 ～齡冥紀追慶錄 2402
30 ～家姓訓詁 0043
～家姓郡 0048
～家姓注略 0054
～家姓帖 0055
～家姓考略 0043
　　0044
　　0045
　　0051
　　0052
～官俞氏家譜 7584
52 ～拙齋年譜 8003

1060₀　西

00 ～亭年譜 7996
～亭年譜略 7996
10 ～夏姓氏錄 0065
～平縣權寨鎮陳氏家乘 7505
～平縣權寨鎮陳氏家乘續

編 7506
～平縣權寨鎮風土志 7505
～平陳氏家乘 7506
～石鎮梅氏重修族譜 5313
21 ～征日記 3283
～行日記 3408
22 ～山真文忠公年譜 3908
26 ～吳家乘 5696
～吳宗譜 5696
30 ～安駐防殉難職官兵丁表 0914
31 ～江泉井安山孔氏族譜 5656
～江安山孔氏族譜 5656
～河林氏族譜 7312
～河林氏傳 7891
～源王氏族譜 5556
32 ～州後賢志 1143
　　1144
～溪於氏宗譜 4954
～溪鄧氏族譜 6257
34 ～漢書姓名韻 0089
35 ～清王氏族譜 4890
　　5595
　　5628
～清王氏重修族譜 5596
37 ～洞庭芳徽集 1237
～洞庭林屋馬氏宗譜 5340
　　5350
～洞庭節孝貞烈志略 1236
～湖三祠名賢考略 1103
～湖消夏錄 3609
～湖黃氏六修族譜 5981
38 ～泠十字碑 3332
40 ～塘李氏支譜 5807
～南殷氏支譜 7775
42 ～橋王氏譜 5567
44 ～麓雙井黃氏族譜 5929
～麓雙井黃氏十一修族譜 5929
～藏民族源流考 0443
～林岑德固殉母事狀 3386
～林岑氏族 7238
～林鄂文端公出身 1761
47 ～報事略 3332
77 ～關章氏族譜 5401

5409
～關章氏二分清明事例譜 7820
～門徐氏四修族譜 6390
99 ～營劉氏大分老七房長房
　支譜 7375
～營劉氏支譜 7375

1060₀　酉

22 ～山焦公傳 3247

1060₁　吾

90 ～黨源流 7980

1060₁　晉

21 ～儒備考卷首序論 0429
30 ～寧方氏族譜 6207
～寧河陽段氏族譜 7778
40 ～太傅謝文靖公遺像贊 1415
50 ～書疑年錄 0162
　　0163
60 ～昌郡杜氏宗譜 6007
74 ～陵奚氏宗譜 6271
～陵徐巷徐氏信譜 6360
　　6395
～陵莊氏續修家譜 6495
～陵莊氏家譜 6495
77 ～陶靖節年譜 3657
～陶徵士年譜 3658
　　3661

1060₃　雷

33 ～補同先生哀啓 2964
40 ～塘庵主弟子記 4470
　　4471
　　4472
48 ～故司鐸鳴遠事略 8036
67 ～鳴遠司鐸追悼會紀念冊 8036
72 ～氏族譜 5641
　　5644

〜氏三修族譜	5643	
〜氏宗譜	5642	
〜氏四修族譜	5644	

1062₀ 可

00 〜亭府君行述	1752
〜齋府君年譜	4356
	4357
	4358
20 〜愛的中國	3552
60 〜園備忘錄	4729

1062₁ 哥

80 〜俞波	8032
	8033

1062₇ 霝

22 〜山府君行述	2022

1064₈ 醉

60 〜園府君年譜	4718
80 〜翁堂實紀	8011

1071₇ 瓦

86 〜錫易氏家譜	7321
	7322

1073₁ 云

80 〜翁自訂年譜	4495
	4496

1073₁ 雲

01 〜龍張氏家譜	7114
26 〜程林氏族譜	7316
〜程林氏家乘	7316
〜程林氏世譜	7316

32 〜溪徐氏族譜	6342
37 〜郎小史	1717
	1718
40 〜臺二十八將	0496
〜臺像印彙輯	0501
〜南碑傳集	1177
〜南孝節錄	1184
41 〜柯府君行狀	1881
44 〜麓行狀	1594
45 〜樓董氏宗譜	6477
47 〜壖老人自訂年譜	4532
50 〜貴總督劉公藎臣序頌	2310
〜東逸史年譜	3976
76 〜陽童家橋童氏重修族譜	5022
〜陽張氏重修宗譜	7126
〜陽朱氏重修族譜	7736
〜陽涂氏族譜	5006
〜陽大井口張氏重修宗譜	7126
〜陽趙氏重修宗譜	6059
〜陽費氏六修族譜	5337
〜陽費氏族譜	5337
〜陽賢橋虞氏重修族譜	5666
〜陽前觀孫氏重修宗譜	5103
77 〜間張嘯嵋先生赴告	3132
〜間吳湄州先生遺像緣起	1777
〜間孝悌錄	0987
78 〜臥府君筆記	4322
80 〜谷年譜	4408

1080₆ 賈

03 〜誼年表	3722
72 〜氏宗譜	5083
	5086
〜氏七修族譜	5087

1090₀ 不

02 〜護錄	1724
20 〜垂楊傳奇	2031
61 〜咥筆記	1827

1090₄ 粟

44 〜恭勤公年譜	4524
	4525

1090₄ 粟

00 〜廬笆日記	2838
20 〜香六十自述	2553
〜香七十自述	2553
〜香八十自述詩	2553

1096₃ 霜

40 〜杰集	3573
63 〜哺遺音	1823
88 〜筠錄	1737
	1738

1111₀ 北

00 〜京女伶百詠	1282
〜京銀錠橋史迹志	3431
21 〜行日記	2194
〜虜考	0578
22 〜嶺徐氏宗譜	6370
30 〜宋名人論	0541
31 〜渠吳氏族譜	5700
	5727
〜渠吳氏翰墨志	7830
38 〜海三考	1376
〜海王猛世次圖	0955
〜海耆舊傳	0955
〜海耆舊藝文考	0955
〜海劉昶世次圖	0955
〜海人範	0956
40 〜塘陳烈婦傳略	3407
43 〜城劉氏五修族譜	7374
77 〜學編	0322
	0323
	0324

1111₁　非

10 ～石日記鈔　　　　1872
　　　　　　　　　　　1873

1116₈　璿

31 ～源譜略　　　　　7954
　　～源系譜紀略　　　7954

1118₆　項

43 ～城魏氏族譜　　　6303
72 ～氏族譜　　　　　5090
　　～氏三修族譜　　　5090
　　～氏宗譜　　　　　5091
　　～氏源流考　　　　4890
　　　　　　　　　　　7804

1118₆　頭

88 ～等侍衛莫爾歡年譜　3652

1120₇　琴

20 ～舫廉公傳略　　　2138

1121₁　麗

22 ～崧府君行狀　　　2109
31 ～江叚氏宗譜　　　7779

1121₆　彊

44 ～村先生哀輓錄　　2875

1122₇　彌

40 ～壽日記　　　　　3078

1123₂　張

00 ～府君年譜　　　　4776

　　　　　　　　　　　4777
　～度西先生年譜　　　4373
　～文襄公治鄂記　　　2468
　～文襄公年譜　　　　4723
　　　　　　　　　　　4724
　～文襄公榮哀錄　　　2460
　～文貞公年譜　　　　4267
　　　　　　　　　　　4268
　～文潛先生年譜　　　3851
10 ～王坂張氏宗譜　　　7198
　～亞農先生訃告　　　3276
　～天懶居士訃告　　　2951
　～石州先生年譜　　　4621
12 ～弘綱事實文書合錄　1745
　～延綏別傳　　　　　1445
17 ～子年譜　　　　　　3824
　～勇烈公列傳　　　　2332
　～君石樵家傳　　　　2018
20 ～奚兩先生合傳　　　0833
　～香都朱氏續修支譜　7703
　～香都朱氏支譜　　　7698
　～香都七甲朱氏支譜　7698
22 ～川胡氏宗譜　　　　6031
　～制軍年譜　　　　　4626
　～鼎丞將軍赴告　　　3275
　～仙舫運使哀輓錄　　3106
24 ～勳康有為傳　　　　0924
26 ～伯母徐太夫人七旬晉一
　　壽序　　　　　　　2903
　～保祿行略　　　　　2048
　～憩伯先生訃告　　　2952
27 ～夕庵先生年譜　　　4453
　～船山先生年譜　　　4474
　　　　　　　　　　　4475
28 ～以柏封翁暨德配王太夫人
　　七秩雙慶壽言　　　2788
30 ～宜公年譜　　　　　3896
　～適園先生哀輓錄　　3234
　～之洞六秩壽言　　　2461
　～睿日記　　　　　　2768
33 ～溥年譜　　　　　　4140
35 ～清恪公年譜　　　　4281
　　　　　　　　　　　4282

　　　　　　　　　　　4283
36 ～溫和公列傳　　　　1976
　～溫和公傳　　　　　1976
37 ～潤墓表　　　　　　3520
　～滇洲先生祠祀錄　　1880
38 ～裕慶堂族譜　　　　7145
40 ～大元帥哀輓錄　　　3325
　～太淑人行述　　　　2312
　～太夫子花甲賜壽　　2463
　～太夫人哀啟　　　　2890
　～太夫人行述　　　　1770
　～南山先生年譜撮略　4528
　～志潭訃告　　　　　3450
44 ～封翁以柏公榮哀錄　2787
　～蔚西先生訃告　　　3105
　～孝達先生哀挽錄　　3274
　～孝達公哀挽錄　　　3274
　～蒼水年譜　　　　　4208
　～蒔塘事狀輓言　　　1865
　～茝衡女士事略　　　3474
　～楚航先生墓碑　　　2521
46 ～楊園先生年譜　　　4163
　　　　　　　　　　　4164
　　　　　　　　　　　4165
47 ～鶴峯趙鐵山陳芷莊三先
　　生殉國紀念匯刊　　0937
50 ～中將義安事略　　　3475
　～夫人事略　　　　　2565
　　　　　　　　　　　2566
　～惠肅公年譜　　　　4627
　～忠烈公年譜　　　　4207
　～忠武事錄　　　　　2304
　～忠武公事蹟彙錄　　2304
　～忠武公事錄　　　　2304
　～忠敏公年譜　　　　4120
56 ～提法公年譜　　　　4803
57 ～邦昌事略　　　　　1479
72 ～氏慶雲公裔支譜　　7193
　～氏慶雲公房支譜　　7193
　～氏旌節錄　　　　　2424
　～氏族譜　　　　　　7099
　　　　　　　　　　　7104
　　　　　　　　　　　7109

7117
7125
7130
7131
7139
7140
7149
7167
7168
7169
7171
7178
7182 ～氏源流史
7185 ～氏溪南宗祠族譜
7195 ～氏柒修族譜
7196 ～氏支譜

～氏譜書　7178
～氏三修族譜　7137
　7139
～氏玉泉公支下譜　7131
～氏五修族譜　7173
～氏重修族譜　7117
～氏統宗世譜　7088
～氏先德錄　7887
～氏續修支譜　7102
～氏叔房四修支譜　7134
～氏家譜　7097
　7108
　7146
　7183
～氏家乘　7089
　7090
　7092
　7099
　7110
　7153
　7197
～氏家世事實紀略　7150
～氏宗譜　7094
　7112
　7113
　7121
　7126

7143
7144
7151
7156
7157
7166
7174
7184
7186
7188
7189
7198
～氏源流史　7199
～氏溪南宗祠族譜　7122
～氏柒修族譜　7133
～氏支譜　7138
　7165
　7176
　7193
～氏支譜稿　7136
～氏世譜　7147
～氏世譜分修　7158
～氏四修族譜　7116
　7171
　7196
～氏四修支譜　7141
～氏八修宗譜　7184
～氏合修族譜　7140
77 ～母高太夫人訃告　2704
～母章太夫人榮哀錄　2665
～母徐太夫人七旬晉一徵
　文啓　2902
～母徐太夫人七十晉一徵
　文啓　2904
～母胡太夫人挽詞彙錄　2254
～母劉夫人哀啓　3616
～母段太夫人榮哀錄　3204
80 ～介侯先生年譜　4534
～義潮傳　1445
～公襄理軍務紀略　2036
～公行狀　2333
～公崇祀名宦錄　1953
～公約園逝世周年紀念冊　3344

～公神道碑銘　1681
～公奎垣軍門行狀　2380
～公事狀　2459
88 ～節母傳　3214
90 ～少玉傳　2680

1133_1　悲

60 ～回風　3239

1144_8　顆

00 ～庵主人自訂年譜　4804
～庵自訂年譜　4804
～齋自訂年譜　4640

1162_7　礪

90 ～堂自撰年譜　4482

1164_0　研

40 ～塘金氏宗譜　7030
　7034

1168_6　碩

44 ～舊王氏族譜　5551
～舊王氏重修族譜　5551

1173_2　裴

72 ～氏續修宗譜　7606
～氏宗譜　7604
　7606
～氏宗祠規則　7904
～氏世譜　7601
　7603
～氏世牒　7602
90 ～光祿年譜　4685

1180_1　冀

72 ～氏家譜　5399

1210_8 登

71 ～原題詠略　4890

1212_7 瑞

30 ～安先生哀輓錄　2869
32 ～澄居官事迹　3028
60 ～昌列傳　2973
71 ～臣府君訃告　3135
77 ～屏鄭氏宗譜　6151

1217_2 聯

00 ～堃履歷　2761
　　　　　3077
34 ～祐先生日記　2862

1220_0 列

16 ～聖誌狀　7955
22 ～仙贊　1211
　～仙傳校正　1211
　～仙酒牌　0426
　　　　　0427
40 ～女傳　1195
　　　　　1196
　　　　　1203
　　　　　1204
　　　　　1205
　　　　　1206
　　　　　1207
　　　　　1212
　　　　　1213
　　　　　1214
　　　　　1215
　　　　　1216
　　　　　1219
　～女傳集注　1217
　～女傳補注　1210
　　　　　1211
　～女傳校讀本　1212
　　　　　1213
　～女傳考證　1194
　～女傳斠注　1290
　～女傳典故　1220
　～女傳拾遺　1298
47 ～朝詩集小傳　0614
　　　　　0615
　～朝小傳　0615

1220_0 引

80 ～年珠玉編　2561

1223_0 水

30 ～流雲在軒圖記　2871
　　　　　2872
　～流雲在圖記　2871
　　　　　2872
32 ～澄劉氏家譜　7327
　　　　　7378
44 ～村先生年譜　3945
　　　　　4783
　　　　　4784

1223_0 弘

07 ～毅公戰功行略　1587
　　　　　1588
90 ～光南都治從賊之獄一百
　　二十人　1599

1233_0 烈

47 ～婦詩徵　2836
　～婦殷氏傳　1791
　～婦陳劉氏遺迹　3407

1240_0 刑

20 ～統賦　1793

1240_1 廷

03 ～試策題　1512

1240_1 延

10 ～平李先生年譜　3642
　～平楊羅李朱四先生年譜　3642
　～平四先生年譜　3642
74 ～陵崇祀鄉賢錄　2072
　～陵吳氏族譜　5674
　～陵吳氏宗譜　5720
　～陵宗譜　5711
80 ～令環溪吉氏重修族譜　5858
　～令泰興崔氏重修族譜　6295
　～令戚氏重修族譜　5333
　～令常氏重修宗譜　7069

1241_0 孔

00 ～廟附祀列傳　0285
11 ～北海年譜　3665
17 ～孟聖迹圖　0357
　　　　　0358
　　　　　0359
　　　　　0360
　～孟聖迹圖鑒　0492
　～孟編年　3653
　　　　　3654
　　　　　3655
　～孟紀年　0490
　　　　　1438
　　　　　1442
　　　　　3785
　～孟志略　0487
　～孟年譜　3633
　～子聖迹圖　1343
　～子及其弟子傳　0480
　～子行狀圖解　1346
　～子編年　3653
　　　　　3654
　　　　　3655

	3683			5649	60 ～景楊先生赴告	3542
	3684			5651	72 ～氏六修族譜	5122
	3685	～氏南宗考略		7827		5129
	3686	～氏支譜		5653	～氏族譜	5104
	3686	～氏弟子籍		0489		5108
～子先賢傳略	0479	77 ～門師弟年表		3710		5110
～子生卒考	1335			0482		5120
～子紀年備考	1326	～門實紀		0392	～氏三修支譜	5131
～子實紀	1347	～門弟子傳略		0479	～氏列代世系表	5111
～子大事類編	1344	90 ～尚任年譜		4276	～氏續譜	5102
～子世家譜	5647				～氏家譜	5093
	5650	**1243₀ 孤**				5114
	5652				～氏家乘	5098
	5655	50 ～忠錄		2167		5101
～子世家補訂	1329			2168		5105
	1362			2169		5130
～子世家支譜	5650	77 ～兒籲天錄		1622	～氏宗譜	5103
～子世家考	1327			1623		5113
～子繋年	3700					5115
～子暨七十二子贊	0391	**1249₃ 孫**				5116
	0391					5117
	3696	00 ～庵老人自訂五十以前年				5123
～子門人考	0485	譜		4861		5127
	0486	～文正公年譜		4701	～氏宗譜圖詠	5124
～子年譜	0391	～文小史		3086	～氏支譜	5128
	0392	10 ～夏峯先生事略		1613		5133
	3687	12 ～烈士竹丹遺事		3411	～氏四修支譜	5128
	3692	13 ～武公傳		1661	77 ～母張太夫人訃告	3182
	3694	17 ～君夫人墓誌銘		1926	～母劉太夫人七十壽徵詩	
	3696	20 ～仿魯將軍		3513	文啓	3158
	3697	23 ～獻廷先生訃告		3485	80 ～公熙庭暨德配劉太恭人	
	3701	28 ～徵君日譜錄存		1608	榮哀錄	2432
～子年譜綱目	3688			4092		
	3689	30 ～家泰家傳並事略		2760	**1311₂ 琬**	
	3690	～寶琦哀啓		3110		
	3691	32 ～淵如先生年譜		4437	19 ～琬集刪存	0522
～子年譜輯注	3692			4438	**1313₂ 琅**	
23 ～俊峯先生知非錄	4527	40 ～大司馬靖節傳		1630		
40 ～志	1328			1631	17 ～琊費氏武進支譜	5335
50 ～夫子淵源儒林錄	7959	41 ～梧江廉訪傳		2040	77 ～邪詩人小傳	0962
72 ～氏祖庭廣記	1303	44 ～墓鄧氏族譜		6252		0963
	5645	50 ～中山先生年表		3088		
～氏大宗譜	5648	～夫人考		1412		

1314₀　武

02 ～訓先生畫傳　2486
　～訓全傳　2483
　　　　2485
13 ～強賀氏文獻錄　5304
　～強賀氏家譜稿　5304
14 ～功蘇氏澄江族譜　7624
16 ～聖關壯繆遺跡圖志　1389
　～聖關壯繆遺蹟圖誌全集　1389
27 ～緣東鄉黃氏家乘纂　5959
29 ～秋瀨自訂年譜　4611
30 ～進卜氏北遷族譜　4890
　～進西營劉氏家譜　7399
　～進徐氏家譜　6420
　～進南河堰袁氏族譜　7297
　～進李先生年譜　4485
　　　　4487
　　　　4488
　～進李申耆先生年譜　4486
　～進莊思緘先生訃告　3101
　～進趙劍秋先生訃告　3128
　～進陶涉園七十年記略　4830
　～進陶湘字蘭泉號涉園
　　七十年記略　4830
35 ～清趙公鏡波行狀　3026
43 ～城沈氏宗譜　5252
　～城曾氏族譜　5385
　～城曾氏五續族譜　5388
　～城曾氏重修族譜　5376
　　　　5384
　～城曾氏南宗瀛湖房八修
　　譜　5389
44 ～林邵氏族譜　6268
　～林沈氏支譜　5224
　～林遊記　1803
　～林明季傳忠集　1100
　～林人物新志　1091
50 ～蕭王年表　3677
53 ～威韓氏忠節錄　1848
　～威耆舊傳　0984
　～威段氏族譜　7780

74 ～陵龔氏十二修族譜　4911
　～陵龔氏十三修族譜　4919
　～陵陳氏鄉賢錄　7895
76 ～陽庚申義貞節烈錄　1255
77 ～母郭夫人墓表　1721
80 ～義士興學始末記　2483
　～公墓誌銘　2080

1315₀　職

00 ～方公年譜　4046

1323₆　強

50 ～忠烈公遺墨題辭　1877
72 ～氏宗譜　5134

1365₀　戩

40 ～壽堂百卅合慶壽言　8022
47 ～穀辭　2687

1412₇　璃

44 ～村王氏族譜　5509

1413₁　聽

27 ～彝堂偶存稿　0028

1413₄　瑛

38 ～榮傳　3308

1461₄　確

00 ～庵府君先妣姚恭人行述　1666

1462₇　劢

00 ～方府君行述　2399

1463₈　硤

10 ～石蔣氏支譜　5887

1510₆　翀

44 ～麓齊氏族譜　5395

1519₀　珠

22 ～巢存課　4537
26 ～泉草廬日記　2549
43 ～城紀迹　2097

1540₀　建

00 ～立義莊規矩　1447
　～文年譜　3960
　　　　3961
　　　　3962
　　　　3963
10 ～三家世典　0566
24 ～德尚書七十賜壽圖　2451
27 ～修萬季野先生祠墓紀念
　　刊　1709
　～修萬季野先生祠墓捐冊　1710
76 ～陽朱氏昆羅合譜　7718
90 ～炎以來朝野雜記佚文　1145

1540₁　甦

80 ～余日記　2003

1561₈　醴

10 ～西黃崗方氏三修族譜　6200
40 ～南唐氏四修族譜　5058
　～南黃氏族譜　5927
　～南田心劉氏家譜　7389
　～南田心劉氏八修家譜　7389
　～南鹽山黃氏族譜　5957
50 ～東仙石湯氏族譜　6443

〜東虹橋巫氏三修族譜	6169	
〜東劉宗臣公祠合修宗譜	7396	
74〜陵羅田妙泉李氏四修族		
譜	5842	

1610₄　聖

00〜廟祀典考	0364
〜廟祀典圖考	0357
	0358
	0359
	0360
	0361
08〜諭廣訓	4327
21〜師年譜	3695
28〜繪全圖	1320
30〜迹圖	0218
	1307
	1308
	1309
	1313
	1318
	1319
	1331
	1336
	1340
	1341
〜迹圖誌	1383
〜迹圖聯吟集	1342
〜迹全圖	1317
43〜域述聞	0365
	0366
〜域述聞續編	0367
60〜跡圖	1356
65〜蹟纂要	1384
77〜門諸賢輯傳	0488
〜學宗傳	0257
〜學知統翼錄	0296
	0297
〜學知統錄	0295
	0296
	0297
〜賢高士傳贊	0183

	0184
	0185
	0192
〜賢像贊	0217
	0218
	0219
	0220
	0222
	0223
	0224
〜賢像傳	0221
88〜餘胡公行述	3225

1611₄　理

77〜學張抱初先生年譜	4056
〜學姓氏	0082

1613₂　環

22〜川王氏宗譜	5611
32〜溪王氏續修宗譜	5495
〜溪王氏家譜	5495
〜溪吳氏家譜	5704

1660₁　碧

27〜血黃花集	0931
〜血錄	0395
	0396
	0397
〜魯氏通譜	5657

1661₀　硯

40〜培楊公傳	2010

1664₀　碑

00〜文錄	0831
04〜誌傳述	2857
25〜傳集	0744
	0745

〜傳集補	0880
	0881

1710₇　孟

10〜晉齋年譜	4720
17〜子章句考年	3712
	3713
〜子列傳纂	1329
	1362
〜子發微	3720
〜子聖迹圖	1319
	1356
〜子編略	1363
	1364
〜子編年	3653
	3654
	3655
〜子遊歷考	1360
〜子世家流寓奉天府岫岩	
城岔溝支譜	4890
〜子事實錄	1359
〜子時事考	3698
	3717
〜子時事考徵	3709
〜子時事略	3705
〜子時事年表	0482
	3710
〜子年譜	3704
	3706
	3707
	3708
	3711
	3714
	3715
	3716
	3719
〜子年表	3718
〜子年略	3720
30〜憲彝日記	3097
31〜河瑒氏重修宗譜	6439
〜河瑒氏宗譜	6439
40〜志編略	1365

50 ～東野詩文系年考證　　3789
72 ～氏族譜　　　　　　　5659
　　～氏家譜　　　　　　5658
　　～氏宗譜　　　　　　5660
80 ～慈府君行述　　　　　1978
　　～公曉墀百年經過史　2326
　　　　　　　　　　　　2327
90 ～省吾七十正壽自述　3121

1712₀ 刁

72 ～氏史籍徵牒　　　　7876
　　　　　　　　　　　　7877

1712₇ 耶

25 ～律文正年譜　　　　1475
　　　　　　　　　　　　3938
　　～律文正公年譜　　3938
　　　　　　　　　　　　3939

1712₇ 鄧

22 ～川周鳳山先生哀思錄　2766
44 ～芝園先生六十自述　3457
50 ～忠武公榮哀錄　　　2070
72 ～氏族譜　　　　　　6243
　　　　　　　　　　　　6244
　　　　　　　　　　　　6252
　　　　　　　　　　　　6256
　　　　　　　　　　　　6257
　　～氏聯譜初輯　　　6251
　　～氏家譜　　　　　6254
　　～氏宗譜　　　　　6239
　　　　　　　　　　　　6241
　　　　　　　　　　　　6242
　　～氏大宗三修族譜　6248
　　～氏支譜　　　　　6245
　　　　　　　　　　　　6250
　　～氏七修族譜　　　6246
　　　　　　　　　　　　6250
　　～氏四修族譜　　　6243
　　　　　　　　　　　　6256

80 ～公崇祀名宦祠錄　　1788
90 ～尚書年譜　　　　　4511

1712₇ 瑯

17 ～瑯三槐王氏宗譜　　5507
　　～瑯王氏族譜　　　5492
　　～瑯王氏宗譜　　　5487
　　　　　　　　　　　　5573
　　～瑯郡諸葛氏宗譜　5393
　　～瑯世家　　　　　5483
　　～瑯鳳麟兩公年譜合編　3634

1714₀ 珊

32 ～溪方氏分支譜略　　6192

1714₇ 瓊

17 ～琚佩語　　　　　　4186
32 ～州王氏源流集　　　5627

1720₂ 廖

44 ～莫子雜識　　　　　2039

1722₇ 乃

29 ～秋府君行述　　　　2429

1722₇ 邴

00 ～廬日記　　　　　　2799

1722₇ 甬

21 ～上族望表　　　　　1089
　　～上盧氏敬睦堂宗譜　6275
　　　　　　　　　　　　6280
　　～上青石張氏家譜　7159
50 ～東包氏宗譜　　　　7279

1722₇ 胥

72 ～氏族譜　　　　　　5661
　　　　　　　　　　　　5662

1722₇ 鄂

62 ～縣王氏族譜　　　　5482

1723₂ 承

50 ～惠堂支譜草　　　　5812

1723₂ 豫

00 ～齊戴氏家乘　　　　5290
　　～章熊氏大成譜　　6284
　　～章先賢九家年譜　3661
　　～章涂氏宗譜　　　5004
　　～章十代文獻略　　1126
　　～章黃祠四修主譜　5939
　　～章羅先生年譜　　3642
44 ～材封翁哀思錄　　　2829
46 ～如府君年譜　　　　4101
48 ～敬日記　　　　　　3619

1734₆ 尋

22 ～樂堂日錄　　　　　1729
　　　　　　　　　　　　1730

1740₇ 子

00 ～廕府君訃告　　　　3181
10 ～可方府君徵哀錄　　2515
17 ～尹府君行述　　　　2100
21 ～穎林公年譜家訓　　4716
25 ～朱子爲學次第考　　3884
30 ～宿府君家傳　　　　1550
40 ～嘉府君行述　　　　3581
44 ～蘭府君行狀　　　　2087
　　～蔚府君行述　　　1995

～苾府君行述 2044

52 ～授府君行狀 2325

67 ～明太府君行狀 2343

80 ～年太府君行述 2134

90 ～懷府君行狀 2058

1740₈ 翠

28 ～微山房試律 1786

1742₇ 邢

31 ～江鍾毓 1024

50 ～東朱氏宗譜 7715

1742₇ 邢

17 ～孟貞先生年譜 4106

77 ～母劉太夫人墓表 2661

1742₇ 勇

12 ～烈張公墓表 2334

1750₇ 尹

00 ～文蕭公傳 7992

25 ～健餘先生年譜 4337

40 ～太昭小傳 3460

60 ～昌衡 3461

～昌衡詩文 3460

1752₇ 那

00 ～文毅公世系官階 1895

50 ～拉氏宗譜 7658

80 ～公行狀 1900

1760₂ 習

72 ～氏六修族譜 6170

～氏族譜 6170

1760₇ 君

17 ～子館日記 3629

～子館類稿 3629

40 ～去有家歸詩冊 3578

48 ～梅府君行述 2184

1762₀ 司

10 ～石磐先生殉節實錄 1673

1674

24 ～徒雷登博士年譜 8041

28 ～牧寶鑒 4221

38 ～道职名冊 1662

71 ～馬太師溫國文正公年譜 3816

3817

～馬相如傳拾遺 1370

～馬氏慶系譜 5664

～馬氏家譜 5664

1762₂ 醪

31 ～河陳氏誦芬錄 7893

1762₇ 邵

00 ～文莊公年譜 3992

30 ～寧王氏支譜 5534

36 ～湘劉氏族譜 7345

～湘劉氏三修族譜 7379

50 ～東朱氏三修族譜 7730

～東社村劉氏三修族譜 7393

～東李氏三修族譜 5800

～東七井鄧氏大宗三修族
譜 6248

～東蔣氏三續族譜 5882

～東界嶺謝氏族譜 4922

～東馬園黃氏三修族譜 5986

～東陳氏四修房譜 7525

72 ～氏重修族譜 6261

～氏節母劉太君墓誌銘 2657

2658

2659

74 ～陵泉塘李氏五修支譜 5819

～陵泉塘李氏四修宗譜 5818

～陵桐江趙氏三修族譜 6057

～陵桐江趙氏五修族譜 6081

～陵趙氏五修族譜 6080

～陵劉氏族譜 7334

7363

～陵劉氏宗譜 7328

76 ～陽雙江劉氏四修族譜 7390

～陽傅氏五修族譜 6317

～陽魏府君事略 2029

～陽湯氏四修族譜 6445

～陽太平曾氏支譜 5380

～陽太平曾氏彤公房譜 5382

～陽姚氏族譜 6453

～陽姚氏震公房譜 6467

～陽姚氏續修震公房譜 6467

77 ～母劉太君墓表 2657

2658

2659

88 ～節婦家傳 2657

2658

2659

1771₀ 乙

10 ～丙紀事 4093

1771₇ 己

10 ～酉詩磚集 2910

～酉日記 2265

2910

50 ～未八月入粵記 3599

1790₄ 柔

42 ～橋王氏家譜 5602

～橋王氏宗譜 5602

1814₀ 政

77 ～學錄初稿 0743

1814₀ 致

27 ～身錄　1535
37 ～初自譜　4582

1833₄ 憨

22 ～山老人年譜自敍實錄　4048
　　　　　　　　　　　　　4049
　～山老人年譜自敍實錄疏　4050
　　　　　　　　　　　　　4051

1840₄ 婺

11 ～北清華胡氏家譜　6017
　～北清華胡氏宗譜　6036
31 ～源吳調卿先生七秩壽言
　　錄　2707
　～源查氏族譜　5756
　～源桃溪潘三仕宗譜　5201
　～源桃溪潘氏宗譜　5198
50 ～書　1067
　～東浦口俞氏家乘　7574

1865₁ 群

21 ～儒考略　0452
53 ～輔錄　0193

1874₀ 改

10 ～正增補諸家知譜拙記　7933
45 ～姓名錄　0079

1918₀ 耿

72 ～氏家譜　7200

1962₀ 砂

22 ～山王氏宗譜　5528

2010₄ 壬

30 ～寅日記　2992
　　　　　　2993
　　　　　　2994
　　　　　　2995

2010₄ 重

01 ～訂百家姓注略　0054
　～訂朱子年譜　3883
　～訂李義山年譜　3799
　～訂排韻男女氏族合璧　0066
　～訂排韻男女氏族合璧全
　　譜　0066
02 ～刻勁節樓圖記　2074
　～刻山谷先生年譜　3841
　～刻朱文端公三傳　0308
　～刻明修王氏世譜　5554
12 ～刊三立祠名賢傳　0970
　　　　　　　　　　0971
　～刊三學士傳　7964
　～刊宋朝南渡十將傳　0542
　　　　　　　　　　　0543
　　　　　　　　　　　0545
　～刊金陵金氏家乘　7020
15 ～建吳清山汪氏墓祠徵信
　　錄　7811
　～建吳清山墓祠徵信錄　7811
　～建昭忠祠爵秩姓名錄　0115
23 ～編三立祠列傳　0970
　　　　　　　　　　0971
　～編百家姓　0047
　～編淮海先生年譜節要　3846
　～編韓代崧陽耆舊傳　7966
27 ～修丁氏宗譜　6213
　～修元遺山先生墓記略　1514
　～修石氏宗譜　5637
　～修晉陵金臺沈氏族譜　5220
　～修朱氏家譜　7727
　～修阜湖陳氏宗譜　7509
　～修包山葛氏世譜　5900

　～修江家橋族譜　5144
　～修汪氏家乘　5158
　　　　　　　　5162
　～修汪氏遷杭支譜　5194
　～修顧氏家譜　4983
　　　　　　　　4986
　～修湯溪章氏宗譜　5400
　～修古歙東門許氏宗譜　5458
　～修越中先塋記　7905
　～修東園徐氏宗譜　6332
　～修唯亭顧氏家譜　4983
　～修毗陵丁氏族譜　6227
　～修明贈郎中思齊龔公墓
　　塋錄　1536
　～修鑪橋方氏家譜　6191
40 ～校襄陽耆舊傳　1128
44 ～涖錦江紀略　1864
58 ～葺韓代崧陽耆舊傳　7967
77 ～印河大王將軍紀略　0437
　　　　　　　　　　　0438
　～印中州人物小樂府　0967
88 ～纂三遷志　1366

2020₂ 彡

10 ～石自訂年譜　4424

2022₇ 秀

12 ～水朱氏家譜　7699
　～水姚氏學山堂家譜　6451
　～水金頌清先生赴告　3373
22 ～山糜氏家譜　4896
　～山糜氏家乘　4896
　～山先兄紀念　3318
50 ～東高公家傳　2231
67 ～野公自訂年譜　4299

2022₇ 喬

48 ～松茂蔭慈竹春暉二圖徵
　　文　3566
72 ～氏載記　7878

2022₇ 傭

00 ～盧壽言　　　3201

2024₇ 愛

22 ～山府君行述　　　2066
60 ～日草堂壽言　　　2631

2025₂ 舜

22 ～山是仲明先生年譜　　　4342
80 ～年表　　　3679

2026₁ 倍

10 ～磊陳氏宗譜　　　7489
　　　　　　　　7551

2026₁ 信

30 ～宜懷鄉練氏族譜　　　7757

2033₁ 焦

16 ～理堂先生著書目　　　4461
　～理堂先生年譜　　　4461
40 ～南浦先生年譜　　　4292
　～南浦年譜　　　4292
　　　　　　　　4293
50 ～夫人龍九經女士訃告　　　3507

2040₀ 千

45 ～姓連珠　　　0032
60 ～里知姓　　　0058

2040₇ 受

30 ～之陳君傳　　　3330

2040₇ 季

20 ～垂府君行述　　　2616
60 ～思手定年譜　　　4514
　　　　　　　　4515

2040₇ 雙

22 ～仙小志　　　1250
31 ～福傳　　　2979
34 ～池先生年譜　　　4338
　　　　　　　　4339
44 ～林徐氏家乘　　　6366
　　　　　　　　6367
46 ～觀黃氏五修族譜　　　5956
　～槐公年譜　　　3663
　　　　　　　　3664
62 ～呭柯氏族譜　　　6447
67 ～照樓家世備乘　　　5196
86 ～錦徐氏宗譜　　　6415
88 ～節堂贈言續集　　　1226

2041₇ 航

45 ～樓拾遺匯鈔　　　5443

2042₇ 舫

00 ～齋府君行述　　　1857

2042₇ 禹

20 ～航閑林盛氏宗譜　　　6095
25 ～生府君行狀　　　2298
　　　　　　　　2299
　　　　　　　　2300

2043₀ 奚

72 ～氏宗譜　　　6271

2060₉ 香

00 ～亭先生年譜　　　4404
22 ～山徐氏宗譜　　　6370
37 ～湖丁氏家乘　　　6208

2060₉ 番

60 ～禺梁氏兩世傳狀　　　7881

2071₄ 毛

40 ～克寬傳　　　2364
72 ～氏族譜　　　7205
　　　　　　　　7209
　　　　　　　　7212
　～氏五修族譜　　　7212
　～氏宗譜　　　7204
　　　　　　　　7206
　　　　　　　　7211
　～氏四修族譜　　　7207
77 ～母周太夫人六十壽辰徵
　　文啓　　　3216

2090₁ 乘

00 ～言　　　5161

2091₄ 維

02 ～新三傑　　　7936
56 ～揚高氏匯纂續修族譜　　　5035
　～揚江都許氏重修族譜　　　5466
　～揚江都王氏重修宗譜　　　5544
　～揚江都丁氏九修族譜　　　6220
　～揚江都徐氏重修族譜　　　6396
　～揚江都劉氏重修分譜　　　7357
　～揚江都陳氏重修族譜　　　7449
　～揚江都俞氏六次重修族
　　譜　　　7579
　～揚樊氏重修族譜　　　5298

2092₇ 紡

92 ～燈課讀圖題辭　　7849

2108₆ 順

10 ～天鄉試硃卷　　4326
　　　　　　　　　4327
24 ～德李文誠公行狀　2416
　～德羅公行狀　　　2193
　　　　　　　　　4660
　～德簡岸簡氏家譜　7062
33 ～治元年至道光十六年名
　人科名升轉生卒年月考 0165

2110₀ 上

10 ～元宗公行狀　　　2415
　～元劉氏家譜　　　7408
21 ～虞夏溪丁氏宗譜　6219
　～虞西華顧氏宗譜　4978
　～虞西橫山陳氏宗譜 7467
　～虞崧城俞氏家乘　7580
　～虞桂林夏氏松夏支系 7079
　～虞桂林朱氏族譜　7687
　～虞橫山倪氏宗譜　7260
　～虞槐花張氏宗譜　7175
30 ～官氏宗譜　　　　6272
35 ～清史館呈文　　　2563
36 ～湘主簿胡氏三修族譜 6049
　～湘謝氏續修族譜　4943
　～湘後托易氏尚富公房譜 7324
　～湘白門樓賀氏八修族譜 5307
　～湘鄒氏三修族譜　7270
　～湘遙湖李氏續修族譜 5784
　～湘大育鄉石屋沖郭氏三
　修族譜　　　　　5452
　～湘封泪祠賀氏政公宗譜 5302
　～湘蘇塘王氏三修族譜 5555
　～湘橫塘譚氏支譜　5426
　～湘趙氏四修族譜　6083
　　　　　　　　　6090

　～湘界牌朱氏譜牒　7728
　～湘田邊歐陽氏三修族譜 7573
　～湘景山朱氏四修族譜 7729
　～湘長田鄧氏三修族譜 6253
　～湘陳氏三修族譜　7524
　～湘歐陽氏三修族譜 7573
38 ～海王氏家譜　　　5510
　～海朱氏族譜　　　7749
　～海曹氏續修族譜　6111
　～海曹氏鄉賢錄　　7851
　～海縣城隍神靈異記 1520
　～海竹岡黃氏宗譜　5961
88 ～箬瑯琊王氏重修家譜 5523
　～箬瑯琊王氏家譜　5523

2110₀ 止

21 ～止水齋歲時記　　2352
77 ～叟年譜　　　　　4792

2110₃ 衍

00 ～慶錄　　　　　　1586
　　　　　　　　　1587
　　　　　　　　　1588

2110₉ 衡

97 ～恤日記　　　　　3062

2121₀ 仁

00 ～庵自記年譜　　　4440
22 ～山居士事略　　　2445
24 ～德堂鄭譜錄紀要本 6154
26 ～和翼文恭公年譜　4514
　　　　　　　　　4515
　～和翼光祿公年譜　4672
　　　　　　　　　4673
60 ～圃府君行述　　　1859
　～圃府君暨金太淑人行述 1804
74 ～陵誌狀　　　　　8014

2121₁ 儷

88 ～笙府君行述　　　1858

2121₁ 俳

22 ～仙影鑒　　　　　7942

2121₂ 僊

31 ～源岑村汪氏族譜　5182
　～源崔氏敦本堂支譜 6296
　～源崔氏支譜　　　6296

2121₄ 衢

31 ～江祝禮鎮徐氏世譜 6373

2121₄ 倔

21 ～師金石遺文補錄　1919

2121₇ 伍

25 ～秩庸博士哀思錄　2574
48 ～梯雲先生訃告　　3472
　～梯雲博士哀思錄　3471
90 ～光建譯拿破侖論手稿 8025

2121₇ 虎

71 ～臣陳公行述　　　2136

2121₇ 虛

77 ～閣先生年譜　　　4734

2121₇ 盧

00 ～文肅公年譜　　　4452
44 ～莊徐氏重修宗譜　6379
　～莊徐氏家譜　　　6368

～莊徐氏九修宗譜	6379	
～莊徐氏增修宗譜	6368	
72 ～氏族譜	6277	
	6279	
～氏五修族譜	6278	
	6279	
～氏宗譜	6280	
～氏四修族譜	6277	
86 ～錦堂先生哀輓錄	2899	

2122₀　何

00 ～文安公行述	1923
02 ～端簡公年譜	4302
12 ～烈婦詩	2837
26 ～伯子自注年譜	4046
40 ～大復先生年譜	4007
53 ～成濟	3425
60 ～景齊赴告	3375
72 ～氏族譜	7213
	7225
	7227
	7231
	7235
	7236
～氏三修族譜	7228
	7231
～氏五修族譜	7225
～氏家乘	7222
	7228
	7232
～氏宗譜	7214
	7215
77 ～母韓太夫人訃告	3249
～留墅何氏重修家乘	7222
80 ～公行狀	2215
90 ～肖雅先生家傳	2812

2122₁　行

80 ～年錄	0150

2122₇　儒

42 ～橋陳氏宗譜	7452
44 ～慕陳氏宗譜	7499
～林正紀	0394
～林傳	0317

2123₄　虞

00 ～文靖公年譜	3949
10 ～西郭瀆陳氏宗譜	7445
11 ～北蘭阜朱氏宗譜	7738
22 ～山宗氏譜略	4956
～山沈氏宗譜	5233
～山莊氏續修世譜	6496
～山莊氏世譜	6496
～嵊方氏宗譜	6185
40 ～南須氏宗譜	6282
47 ～都許氏家譜	4889
50 ～東干渡馬氏宗譜	5358
～東安渡徐氏宗譜	6377
～東蔣山夏氏宗譜	7074
	7077
～東俞氏宗譜	7588
60 ～邑郭瀆陳氏宗譜	7445
～邑先民傳	1008
～邑先民傳略	1008
	1009
72 ～氏高士傳	0185
	0192
～氏宗譜	5666
76 ～陽沈氏宗譜	5233

2124₇　優

07 ～詔褒忠錄	2104

2125₃　歲

10 ～貢士壽臧府君年譜	4516
	4517
	4518

2128₆　須

30 ～寒居答問	1610
31 ～江藍田王氏宗譜	5572
～江劉氏家乘	7336
52 ～靜齋雲煙過眼錄	1083
72 ～氏宗譜	6282

2128₆　潁

22 ～川宗譜	7442
～川支譜	7443
～川陳氏族譜	7471
～川陳氏先世傳略	7487

2128₆　顈

12 ～孫師年表	3702

2133₁　熊

25 ～生季廉傳	3383
72 ～氏族譜	6283
	6286
	6287
	6289
	6291
～氏三修族譜	6286
～氏五修族譜	6287
～氏五修族譜續編	6291
～氏五修支譜	6292
～氏宗譜	6288
～氏支譜	6292
～氏八修族譜	6289
77 ～興麟傳	1654

2140₁　衍

10 ～石齋續良吏錄	0746

2140₄　婯

14 ～磑課讀圖	2262

2140₆ 卓

77 ～尼頂輩履歷及續得功績
　　所管地段戶口冊　　　　　7884
　　～母曹太夫人八十正壽徵
　　文啓　　　　　　　　　　2988
　　　　　　　　　　　　　　2989

2143₀ 衡

10 ～西陳氏四修族譜　　　　7517
22 ～山廖氏七修族譜　　　　6181
　　～山正氣集　　　　　　　3459
　　～山熊氏八修譜　　　　　6289
60 ～田廖氏六修族譜　　　　6179
76 ～陽王船山先生行迹圖　　4204
　　～陽彭剛直行狀　　　　　2205
　　～陽金蘭思宗鄒氏六修族譜
　　　　　　　　　　　　　　7276

2150₆ 衛

50 ～中先生的自述　　　　　8030
72 ～氏宗譜　　　　　　　　7237

2172₇ 師

30 ～室李夫人哀輓錄　　　　3446
40 ～友集　　　　　　　　　0751
　　～友淵源記　　　　　　　0767
　　　　　　　　　　　　　　0768
　　～友淵源錄　　　　　　　0897
　　　　　　　　　　　　　　7616
　　～古錄　　　　　　　　　0491
42 ～橋沈氏宗譜　　　　　　5248

2177₂ 齒

08 ～譜　　　　　　　　　　0306

2180₆ 貞

10 ～一女士遺墨　　　　　　3547

12 ～烈集　　　　　　　　　2755
44 ～孝褒揚錄　　　　　　　3500
　　～孝錄　　　　　　　　　1948
　　　　　　　　　　　　　　3024
　　～孝節烈文編　　　　　　1266
46 ～觀公私畫史　　　　　　0198
50 ～惠先生碑　　　　　　　2858
　　～惠先生逝世三周紀念徵
　　文啓　　　　　　　　　　2857

2190₃ 紫

10 ～雲山房文鈔　　　　　　1786
　　～雲山房詩鈔　　　　　　1786
　　～雲先生年譜　　　　　　4194
22 ～巖王氏宗譜　　　　　　5568
　　～巖螺山劉氏家乘　　　　7355
　　～巖螺山劉氏宗譜　　　　7403
　　～巖鎮山朱氏宗　　　　　7722
　　　　　　　　　　　　　　7755
　　～峯項氏宗譜　　　　　　5089
　　～峯年譜　　　　　　　　4003
31 ～江朱氏家乘　　　　　　7741
32 ～溪邵氏房譜　　　　　　4890
37 ～泥日記　　　　　　　　2297
44 ～薇王氏家譜　　　　　　5530
76 ～陽朱先生年譜　　　　　3642
　　～陽朱夫子年譜　　　　　3882
　　～陽朱氏武林派宗譜　　　7696
　　～陽朱氏宗譜　　　　　　7737
88 ～竹山房詩鈔　　　　　　4354
90 ～光閣功臣小像　　　　　0829

2190₄ 柴

10 ～雪年譜　　　　　　　　4170
72 ～氏宗譜　　　　　　　　7609
　　～氏支譜　　　　　　　　7608
　　～氏世譜　　　　　　　　7607
77 ～母徐太夫人訃告　　　　2905

2191₀ 紅

10 ～豆集草　　　　　　　　0896

47 ～榴閣遺稿　　　　　　　3565

2191₁ 經

30 ～濟思想史名人小傳　　　0445
50 ～史避名彙考　　　　　　0108
87 ～鏗黃氏家譜　　　　　　5933
88 ～筵玉音問答　　　　　　1485

2198₆ 穎

22 ～川陳氏家譜　　　　　　7498
　　～川陳氏宗譜　　　　　　7513
　　～川陳氏近譜　　　　　　7414

2200₀ 川

22 ～劇人物小識　　　　　　1150
90 ～堂蔣氏宗譜　　　　　　5871

2210₈ 豐

22 ～山府君自訂年譜　　　　4375
25 ～紳殷德列傳　　　　　　1849
28 ～谿上湖管氏宗譜　　　　7068
35 ～清敏公遺事　　　　　　1462
37 ～潤閣詩抄　　　　　　　7408
43 ～城任仍千先生哀榮錄徵詩
　　文啓　　　　　　　　　　2764
71 ～臣秀吉譜　　　　　　　7979
72 ～氏宗譜　　　　　　　　6293

2220₀ 例

44 ～封淑人顯妣彭淑人事略　2579

2220₇ 岑

00 ～府君行述　　　　　　　2365
　　～襄勤公年譜　　　　　　4705
10 ～雲階先生訃告　　　　　2980
23 ～參年譜　　　　　　　　3786
44 ～村汪氏族譜　　　　　　5182

50 ～春萱	2981
72 ～氏二代行略	7889
～氏貓兒岡修山記	7890

2221₀　亂

00 ～離見聞錄	1678

2221₄　任

17 ～君墓誌銘	2727
21 ～盧宗譜	6276
36 ～渭長先生畫傳四種	0426
	0427
～渭長四種	0425
77 ～學士功績錄	2495
～母胥太夫人赴告	3191

2221₄　崔

00 ～府君實錄	1434
40 ～大同傳	2784
50 ～東壁先生行略	1821
72 ～氏六修支譜	6297
～氏族譜	6295
～氏宗譜	6294
～氏支譜	6298

2222₁　鼎

53 ～甫府君年譜	4522
60 ～甲徵信錄	0405

2222₇　崗

27 ～峒蔣氏家乘	5868
～峒蔣氏宗譜	5868

2222₇　僑

30 ～寅傳	0962
	0963

2224₄　倭

77 ～艮峯日記摘鈔	2093

2224₇　後

00 ～底涇吳氏宗譜	5702
26 ～泉公墓祭事宜譜	1565
34 ～漢儒林傳補逸	0498
	0499
～漢書疑年錄	0162
	0163
77 ～賢殷氏支譜	7770

2224₇　儔

00 ～章前宅宗祠志	7821
	7822
～章前宅義田志	7821
	7822
22 ～山珉一房宗譜	5418

2226₄　循

44 ～孝錄	2751
50 ～吏列傳	0182
～吏傳	0310
～吏劉公家傳	1942
70 ～陔贈言	2721

2227₀　仙

31 ～源杜氏實錄	7842

2232₇　鸞

28 ～僧軼集	3515
～僧軼事彙編	3515

2238₆　嶺

40 ～南三忠傳	1172
～南道學錄	1163

2265₃　畿

53 ～輔死事傳	0945
～輔先哲祠崇祀先哲牌位	0122
～輔紀略	1864
～輔人物志	0939
～輔人物考	0940
	0941

2271₁　嶨

44 ～芳寫夢圖	3415

2277₀　山

10 ～西獻徵	0972
～西名賢輯要	0973
～西太原城守尉兆寶善年譜	3652
～西介休縣張蘭鎮馬氏族譜	5341
～西省鄉賢傳	0974
76 ～陽河下園亭記	4142
～陽錄	1005
78 ～陰王弇山先生年譜	4323
～陰丁巷傅氏宗譜	4890
～陰張氏宗譜	7101
～陰夏氏宗譜	7082
～陰天樂三泉王氏宗譜	5526
～陰天樂王氏宗譜	5526
～陰天樂邵氏宗譜	6262
～陰水澄劉氏世譜	7406
～陰碧山許氏宗譜	5468
～陰白洋朱氏宗譜	4890
	7710
～陰安昌徐氏宗譜	6364
～陰江塘胡氏宗譜	6046
～陰州山吳氏支譜	5714
	5719
～陰清溪徐氏宗譜	6381
～陰湖塘金氏宗譜	7019

~陰柯橋馮氏宗譜 4963
~陰姚貞女詩傳冊 2047
~陰荷湖傅氏家譜 6311
~陰華舍壽氏宗譜 5267
~陰華舍趙氏宗譜 6064
6078
~陰胡氏宗譜 6046
~陰梅湖陸氏宗譜 6134
~陰縣州山吳氏族譜 5685
5721
~陰阮社章氏宗譜 5407
~陰陡壟朱氏宗譜 7721
~陰金氏宗譜 7031
~陰俞氏宗譜 7583
~陰前梅王氏宗譜 5505
80 ~會先賢事實 1090
~會先賢事實徵略 1090
~會先賢錄 1090
~谷先生年譜 3842
~公佚事 1410

2277₀ 幽

44 ~芳集 1229
77 ~居十日記 3464

2277₂ 出

25 ~使英法義比四國日記 2496
2497
2498
2499
2500
~使日記續刻 2501
~使日記續編 2501

2279₁ 嵊

62 ~縣趙詩高公紀念集 2762

2290₁ 崇

00 ~文總目輯繹補正 0062

22 ~川書香錄 1020
24 ~德老人自訂年譜 4773
4774
31 ~禎五十宰相傳 0667
0668
0669
~禎內閣行略 0592
~禎忠節錄 0664
~禎閣臣行略 0592
~禎閣臣事略 0666
~禎閣臣年表 0592
37 ~祀名宦合錄 0830
~祀名宦錄 1938
1997
2016
2129
2130
2199
~祀鄉賢錄 1731
1922
2060
2061
2065
2129
2130
2199
~祀錄 1685
1833
48 ~翰池年記 4853
67 ~明朱秀坤先生家傳 2266
~明錢樂村先生哀輓錄 2763
76 ~陽邵氏族譜 6261
6267
77 ~賢里王氏族譜 5541

2290₄ 樂

30 ~安孫氏宗譜 5126
55 ~農自訂行年紀事 4845

2291₃ 繼

17 ~配于夫人行述 3337
~配周修輝夫人行略 1281

30 ~室李夫人行狀 3526
50 ~忠錄 2303

2291₄ 種

44 ~萱府君行述 2255
~蕉館詩集 5443

2292₂ 彩

10 ~雲百詠 1176

2293₀ 私

08 ~諡貞肅萬公澤甫墓誌銘 3002
3003

2293₂ 崧

43 ~城俞氏家乘 7585
76 ~陽耆舊傳 7965
84 ~鎮何氏宗譜 7226

2294₄ 綏

12 ~庭府君行狀 2200
74 ~陵誌狀 8015

2300₀ 卜

17 ~子年譜 3703
72 ~氏族譜 4955

2320₀ 外

10 ~百家姓 0056
60 ~國列女傳 7913
~國人物論 7914

2321₀ 允

33 ~禩六子譜 4878

2323₄ 伏

20 ～乘 1368
7908

2324₀ 代

11 ～北姓譜 0060
0061
32 ～州馮氏族譜 4975
～州馮氏碑傳集 7792

2324₂ 傳

12 ～弘烈傳 1760
17 ～子本傳 1411
22 ～岩謝氏家譜 4952
46 ～相遊歷各國日記 2287
50 ～申甫先生八十壽辰徵文
啓 2570
～青主先生年譜 4148
72 ～氏族譜 6306
6312
6313
～氏五修族譜 6319
～氏五修宗譜 6316
～氏續修族譜 6313
～氏宗譜 6309
6314
85 ～鈍安先生哀輓錄 3438

2325₀ 俄

40 ～大彼得帝傳 8038

2325₀ 臧

72 ～氏族譜 5330
～氏宗譜 5331

2333₃ 然

92 ～燈紀聞 0896

2350₀ 牟

77 ～同明先生訃告 2939

2355₀ 我

27 ～的終身事業 3601
3602
30 ～之歷史 3424
72 ～所知道的父親 4848

2360₀ 台

60 ～邑南鄉瑞屏鄭氏宗譜 6151

2361₁ 皖

40 ～志列傳稿 1059
～志列傳選 1060
47 ～桐西鄉汪氏宗譜 5172
～桐沈王氏宗譜 5590
～桐祝氏宗譜 5263
～桐姜氏宗譜 5370
77 ～學編 1057
90 ～懷梅沖吳氏編修宗譜 5677

2374₇ 峻

22 ～峯府君行述 2196

2377₂ 岱

22 ～巖訪古日記 1825

2390₀ 秘

72 ～氏族譜 5015

2392₇ 編

37 ～次陳白沙先生年譜 0646
3979

3980
3981
80 ～年自記 4654

2393₂ 稼

32 ～溪文存 1192
50 ～書先生年譜 4227
51 ～軒先生年譜 3854
3903

2395₀ 緘

00 ～齋府君年譜 4294

2395₀ 織

60 ～田信長譜 7978

2396₁ 稽

22 ～山董氏宗譜 6474

2397₂ 穄

72 ～氏宗譜 7241

2420₀ 射

47 ～埠熊氏六修支譜 6285

2421₀ 仕

77 ～學堂退食草 2133

2421₀ 壯

44 ～勤公事略 2422
88 ～敏福公暨弟壯武列傳附公
次子益謙殉難事實 2757
98 ～悔堂年譜 4191

2421₁ 先

00 ～府君亦千公事狀 2662
～府君北湖公年譜 4318
4319
～府君行狀(李塞臣) 2067
～府君行實(汪鴻遇) 3111
～府君行述(李剛己) 3223
～府君行略(周昺奎) 2095
～府君行略(黃國瑾) 2689
～府君蕭公石齋年譜 4825
～府君事略(焦循) 1888
～府君事略(吳汝綸) 2532
～府君事略(朱培元) 3441
～府君曉亭公年譜 4833
～府君恪齋公行狀 2064
～文端公行述 2012
～文端公自訂年譜 4506
4507
～文靖公年譜 4498
～文勤公行述 2137
～文恭公自訂年譜 4489
4490
～文恭公年譜 4348
4514
～文忠公自訂年譜 4616
～六世祖近野公簡略年譜 4309
～六世祖館卿公遺像手卷
緣起 1777
05 ～靖毅公行述 2056
2057
4609
10 ～三鄉賢年譜 3663
3664
5921
～正事略索引 0789
12 ～水部公年譜 4336
16 ～聖生卒年月日考 1332
1333
1334
～聖年譜綱目 3690
～聖年譜考 3698

3717
17 ～君子蕺山先生年譜 4081
4082
～君趙塚宰忠毅公行述 1579
1580
21 ～儒年表 3721
～師張肇益先生暨配楊孺
人合葬墓誌銘 2730
22 ～繼姚顏札太夫人行述 2159
24 ～壯勤公遺摺 2422
～德哀榮忠節錄 1189
～德榮哀錄 2647
25 ～仲兄少司寇公年譜 4542
26 ～伯石州公年譜 4621
27 ～船山公年譜 3674
4202
4203
～叔文問梅公事略 2623
2805
30 ～室王糾思夫人行略 3416
～室胡夫人事略 3510
～室鄭蘭真夫人訃告 3266
～宮少保行略 2371
3139
31 ～河南公年譜 4585
32 ～業師王公孟謙家傳 3262
36 ～溫和公年譜 4545
37 ～祖考遠謨府君剛卯事略 1842
～祖考太保文勤公夑石太
府君手訂履歷 2372
～祖中卿公行述 2677
～祖父事略(清□鵬翔) 3533
～資政公挽言錄(楊裕芬) 3604
40 ～大夫部昀府君年譜 4766
～大夫泗州府君事輯 4402
4403
～大夫葦庵府君行述 1637
1638
～大夫抑莊府君行述 1851
～太高祖別駕公年譜 4157
～太孺人年譜(林桂) 4407
～太夫人逸事隨憶錄(惲珠)
1915

～太夫人年譜(王錫光妻) 4637
41 ～妣王太夫人事略 3042
～妣行狀(孫寶琦之母) 2247
～妣薛恭人年譜 4819
～妣事略(唐舜卿) 2641
～妣事略(朱文若祖母) 2725
～妣事略(龍啓瑞之母) 3064
～妣田太夫人行述 2520
2572
～妣劉太君事略 2660
～妣劉太恭人事略 2433
2514
～妣劉恭人事略 2938
～妣陳太夫人行述 2176
～妣陶太夫人行略 2785
～妣惲太夫人言行略 1915
7834
43 ～城集補 5316
44 ～考府君年譜(陳瑞瀾) 4757
～考誼卿府君行述 2623
2805
～考玉濟府君訃告 3314
～考至山府君年譜 4655
4656
～考雨生府君年譜編略 4666
～考子餘府君行狀 2971
～考翠嶺府君事略 1983
～考侍郎公年譜 4738
～考仲遠府君行述 3169
～考從齋府君行略 1582
～考通奉府君年譜 4700
～考古餘府君軺詞初編 2821
～考茂春府君暨先妣焦太
君行述 2540
2541
～考朝議府君事略 2433
2514
3127
～考松生府君年譜 4712
～考松坡府君行述 2683
～考明經公言行略 1992
～考陳公府君行述 1961
～考陳公衡山府君行述 2733

～考屏周府君行述	2520
	2572
～考熙臣府君行述	2944
～考頌清府君行狀	3373
～考小坡府君行述	2854
～考光廷府君行述	3104
～考耀堂蔡府君哀啓	2968
～考煥亭楊府君行狀	2930
～芬錄	7849
～恭勤公年譜	4552
～世見聞錄	7854
50 ～中河公年譜	1854
～忠節公年譜略	4111
52 ～哲叢談	7922
	7923
	7924
～哲叢談後編	7922
	7924
	7925
～哲叢談續編	7924
	7925
～哲叢談年表	7924
60 ～兄洛陽郡庠生哲臣史公	
其濬家傳	2843
～兄太學君行實	1936
～兄靜生先生行述	3343
～兄公度先生事實述略	2671
～兄頌處壙志	2821
66 ～嚴經巢府君行事節略	2604
	2605
～嚴鳳山府君行述	2767
77 ～學士公日記	2069
～母許太夫人行述	1996
～母事略(魯瑞)	2864
～民美譚	0453
～賢謝龜巢先生崇祀錄	1519
～賢謝龜巢先生懷古錄	0504
～賢萬子嫡裔譜	5894
～賢萬子嫡裔世系譜	5894
	0505
80 ～慈章夫人言行記	2962
～慈楊太夫人四十年日記	
摘錄	2931

～父國士府君行述	2842
～公田間府君年譜	4168
	4169
97 ～恪靖公年譜	4346

2421₂　他

37 ～郎庚樹廷先生暨德配李	
太夫人合墓表	2773

2421₂　勉

10 ～下學齋躬行記	3557

2421₇　仇

40 ～十洲繡像列女傳	1206
～十洲繪列女傳	1208
～十洲繪圖列女傳	1208
50 ～畫列女傳	1205

2422₇　備

35 ～遺錄	0560
	0567

2423₁　德

10 ～平葛氏族譜	5898
17 ～聚堂馮氏家譜	4960
18 ～政頌言	1957
24 ～化李大中丞行狀	2296
～壯果公年譜	4414
32 ～州封氏支譜	5297
35 ～清蔡渭生先生年譜	4854
～清蔡氏宗譜	6002
～清胡朏明先生年譜	4240
46 ～相俾斯麥傳	8027
53 ～威上將軍正定王公行狀	2963
88 ～符堂再續譜	5576

2424₁　侍

20 ～香集	2653

27 ～御岫青陸公行狀	1653

2424₇　彼

26 ～得大帝	8037

2425₆　偉

27 ～侯府君行狀	2214

2429₀　休

30 ～寧率溪程氏烈婦合傳	1289
～寧石林徐氏族譜	6339
～寧西南門徐氏族譜	6339
～寧西門汪氏族譜	5160
～寧程竹溪先生年譜	4661
～寧徐氏族譜	6339
～寧徐氏珊溪藕塘二族合	
譜	6339
～寧徐氏合譜	6339
～寧資口徐氏族譜	6339
～寧資口祁門富業坊塘頭	
黟南赤嶺徐氏四族合譜	6339
～寧大塘徐氏珊溪族譜	6339
～寧戴氏族譜	4890
～寧葉祈支譜	7645
～寧葉氏族譜	7645
～寧葉氏支譜	7645
～寧藕塘徐氏族譜	6339
～寧東門汪氏家乘	5159
～寧厚田吳氏宗譜	5676
～寧隆阜戴氏宗譜	5281
～寧隆阜戴氏荊墩門家譜	5280
～寧金氏族譜	7018
60 ～邑黃氏思本圖	4890

2440₀　升

00 ～庵先生年譜	3674
	4011
～庵年譜	4012

2454₁　特

07 〜詔嘉獎循良錄　　　　　　2059
08 〜旌孝烈丁女靜蘭貞孝錄　2615
　　〜旌孝烈毗陵丁女靜蘭貞
　　孝錄　　　　　　　　　　2615
52 〜授少卿追贈中卿劉府君
　　行述　　　　　　　　　　2677

2460₁　告

40 〜存漫叟年譜　　　　　　　4628

2462₇　劬

60 〜思先生傳　　　　　　　　1716

2472₇　幼

30 〜宣府君行述　　　　　　　2322
32 〜冰府君像贊銘傳祭文狀
　　述　　　　　　　　　　　2203

2490₀　科

40 〜布多巡邊日記　　　　　　2041

2494₇　穫

90 〜堂舊話　　　　　　　　　7616

2498₆　續

10 〜王氏世譜　　　　　　　　5565
　　〜元功垂範　　　　　　　1647
　　　　　　　　　　　　　　1648
　　　　　　　　　　　　　　1650
　　　　　　　　　　　　　　1651
11 〜張氏寶墨樓家乘　　　　　7090
16 〜碑傳集　　　　　　　　　0857
　　　　　　　　　　　　　　0858
　　〜碑傳集索引　　　　　　0859

22 〜後漢儒林傳補逸　　　　　0498
　　　　　　　　　　　　　　0499
　　　　　　　　　　　　　　0500
24 〜先正事略　　　　　　　　0862
　　　　　　　　　　　　　　0863
　　　　　　　　　　　　　　0865
26 〜吳先賢讚　　　　　　　　1003
27 〜修文清公年譜　　　　　　4213
　　　　　　　　　　　　　　4214
　　〜修京江何氏家乘　　　　7232
　　〜修謝氏族譜　　　　　　4945
　　〜修旌北黃氏宗譜　　　　5918
　　〜修天津徐氏家譜　　　　4890
　　　　　　　　　　　　　　6378
　　　　　　　　　　　　　　6398
　　〜修石氏族譜　　　　　　5633
　　〜修聖蹟圖後學錄　　　　7958
　　〜修孟氏宗譜　　　　　　5659
　　〜修虞山莊氏支譜　　　　6496
　　〜修山陰張川胡氏宗譜　　6022
　　〜修吳氏家譜　　　　　　5718
　　〜修徐氏家譜　　　　　　6378
　　　　　　　　　　　　　　6398
　　〜修安福令歐陽公通譜　　7568
　　〜修江家橋族譜　　　　　5144
　　〜修蘭風沈氏宗譜　　　　5239
　　〜修蔡氏禮派支譜　　　　6004
　　〜疑年錄　　　　　　　　0154
　　　　　　　　　　　　　　0155
　　　　　　　　　　　　　　0156
　　　　　　　　　　　　　　0157
　　　　　　　　　　　　　　0158
　　　　　　　　　　　　　　0159
　　　　　　　　　　　　　　0160
30 〜安邱張氏家乘　　　　　　7090
　　〜安丘鄉賢小傳　　　　　0960
　　〜窈聞　　　　　　　　　1671
　　〜良吏述　　　　　　　　0746
37 〜通志謐略　　　　　　　　0028
40 〜南遊日記　　　　　　　　0838
44 〜莆陽比事　　　　　　　　1157
50 〜表忠記　　　　　　　　　0597
55 〜曹氏源流志　　　　　　　7853

56 〜輯上虞通明錢氏衍慶譜　4890
61 〜顯忠錄　　　　　　　　　1538
　　　　　　　　　　　　　　1539
77 〜同里先哲志　　　　　　　1010
　　　　　　　　　　　　　　0993
80 〜金陵通傳　　　　　　　　1033
　　　　　　　　　　　　　　1034
　　　　　　　　　　　　　　1038
　　　　　　　　　　　　　　1039

2500₀　牛

17 〜君墓誌銘　　　　　　　　3606
37 〜運震日記　　　　　　　　1774
50 〜惠生先生年譜　　　　　　4862
72 〜氏族譜　　　　　　　　　4890
　　〜氏大宗譜　　　　　　　7597

2510₀　生

10 〜平快事紀實　　　　　　　3583
44 〜薑漕陳氏宗譜　　　　　　7446
77 〜母橫溝宜人傳略　　　　　7988

2520₆　仲

00 〜立府君行述　　　　　　　2551
10 〜雲公行略　　　　　　　　1963
21 〜仁府君行述　　　　　　　2507
24 〜升自訂年譜　　　　　　　4605
　　　　　　　　　　　　　　4606
70 〜讓自敍　　　　　　　　　4647
72 〜氏族譜　　　　　　　　　7242
93 〜怡府君訃告　　　　　　　3202

2524₀　健

74 〜陵誌狀　　　　　　　　　8012
80 〜公詩影　　　　　　　　　2378

2524₃　傳

44 〜芳錄　　　　　　　　　　1078

	1079	～太宜人生西瑞應	2480		7735
	1080	～李二先生傳	0877		7736
	1081	44 ～孝定先生編年毋欺錄	4222		7743
50 ～忠錄	2181		4223		7748
87 ～錄匯存	0900	46 ～柏廬先生編年毋欺錄	3662		7752
			4222		7754
2590₀　朱			4223	～氏通譜	7726
		～柏廬先生著述目	4222	～氏大統宗譜	7737
00 ～方先民事略殘編	1022		4223	～氏支譜	7720
～方李氏家乘	5763	50 ～夫子年譜	3892	～氏四修族譜	7745
～文端公年譜	4300	60 ～星叔先生赴告	3529		7750
	4301	72 ～氏六修支譜	7750		7753
10 ～一新行述	2639	～氏族谱	7690	～氏四修族譜	7729
17 ～子元先生追悼會紀念刊	3567		7729	～氏四修宗譜	7743
～子行狀	1497		7736	～氏四修支譜	7744
	1498		7747	～氏金陵新譜稿	7706
～子行狀評注總論	1497		7749	77 ～母于夫人行述	3337
～子實紀	1499	～氏三修族譜	7730	～母梅太夫人哀挽錄	2608
～子為學考	3884	～氏重修宗譜	7732	～母田太夫人訃告	2725
～子年譜	3686	～氏重修遷浙支譜	7720	86 ～錫梁撰宴集序又金天翮	
	3881	～氏續修宗譜	7737	撰六十壽言	3051
	3885	～氏家譜	7707	88 ～竹垞先生年譜	4225
	3886		7718	～笥河先生年譜	3676
	3887		7727		4386
	3888	～氏家乘	7697		4387
	3889		7698		
	3890		7703	**2591₇　純**	
	3891	～氏宗譜	7689		
	3894		7695	24 ～德彙編	1373
	3895		7700		
～子年譜綱目	3893		7704	**2592₇　繡**	
20 ～秀坤先生家傳	2266		7708		
～信魚先生七秩壽言彙編	2712		7709	22 ～川陳氏宗譜	7494
25 ～使君清芬錄	2481		7711	27 ～像古今賢女傳	1272
26 ～程段三先生年譜	3676		7712		
28 ～徵君年譜	4821		7713	**2598₆　續**	
	4822		7714		
30 ～室梅夫人哀挽錄	2608		7716	32 ～溪廟子山王氏譜	5616
33 ～梁任先生事略	3257		7717	～溪西關章氏族譜	5401
36 ～澤澐王懋竑行狀	0710		7723	～溪西關章氏續修族譜	5409
～遏先生訃告	3389		7724	～溪盤川王氏宗譜	5566
40 ～九江先生年譜	4631		7725	～溪姚氏宗譜	6458
～九江先生年譜注	4632		7733	～溪城南方氏宗譜	6201

～溪東關馮氏家譜　4964
～溪縣南關懲敘堂宗譜　5470
～溪縣東關戴氏宗譜　5285
～溪縣東關黃氏續修宗譜　5932
～溪縣眉山吳氏宗譜　5724
～溪金紫胡氏家譜　6025
～古塘派程氏宗譜　6737
60 ～邑東關黃氏宗譜　5932

2599₆　練

10 ～西黃氏宗譜　5960
22 ～川名人畫象　0988

2600₀　白

10 ～石道人詩詞年譜　3907
　　～石道人年譜　3905
　　　　　　　　3906
20 ～香山年譜　3795
　　～香山年譜舊本　3796
22 ～山詩抄　0696
　　～山詩介詩人姓名　0696
　　～山詩鈔詩人小傳　0695
　　　　　　　　0696
26 ～泉謝氏四修家譜　4949
32 ～沘劉氏三修族譜　7352
　　～沘陳氏六修族譜　7448
　　～沘陳氏族譜　7448
　　　　　　　　7545
　　～沘陳氏七修族譜　7545
33 ～浦朱氏宗譜　7740
38 ～洋朱氏家傳　7692
39 ～沙叢考　0646
　　　　　　　　3979
　　　　　　　　3981
　　～沙門人考　0645
　　　　　　　　0646
　　　　　　　　3979
　　　　　　　　3981
40 ～㐀山人年譜　4142
　　　　　　　　4143
　　　　　　　　4144

44 ～麓藏書鄭成功傳　1687
　　　　　　　　1688
46 ～楊山下趙氏宗譜　6056
57 ～擔山紫陽朱氏續修大統
　　宗譜　7737
80 ～公國士行述　2842

2600₀　自

05 ～靖錄考略　0665
30 ～定推十書類錄目　4864
61 ～號錄　0135
　　　　　　　　0136

2610₄　皇

35 ～清誥封宜人晉封淑人先
　　母王太淑人行略　2020
　　～清誥封恭人顯妣呂恭人
　　行述　1986
　　～清旌表節孝誥封宜人晉
　　贈一品夫人劉太夫人行述　2444
　　～清敕封九品孺人貤贈宜
　　人顯妣張宜人行述　1937
44 ～華紀程　2425
47 ～朝聖師考　0484
　　～朝貞孝節烈文編　1266
　　～朝經世文編姓氏爵里　0590
　　～朝畿輔三賢傳　0942
　　～朝名臣言行續錄　0511
　　　　　　　　0512
　　　　　　　　0513
　　　　　　　　0515
　　～朝道學名臣言行外錄　0511
　　　　　　　　0512
　　　　　　　　0513
　　　　　　　　0515
60 ～呈徐氏族譜　6333
　　～國名醫傳前編　7921
　　～恩欽賜兩世建坊崇祀旌
　　節錄　1231
67 ～明郡牧廉平傳　0587
　　～明將略　0589

～明將略錄　0589
～明名臣言行錄　0569
　　　　　　　　0570
　　　　　　　　0571
～明名臣記　0572
～明名臣琬琰錄　0568
～明名臣墓銘　0573
～明遜國臣傳　0580
　　　　　　　　0581
　　　　　　　　0582
　　　　　　　　0583
～明遺民傳　0690
　　　　　　　　0691
　　　　　　　　0692
　　　　　　　　0693
～明表忠記　0591
～明輔世編　0579
～明四朝成仁錄　0602
　　　　　　　　0603
　　　　　　　　0604
　　　　　　　　0605
　　　　　　　　0606
　　　　　　　　0607
　　　　　　　　0608
　　　　　　　　0609
　　　　　　　　0610
　　　　　　　　0611
　　　　　　　　4235
～明四朝成仁錄重編正目　0613
～明四朝成仁錄補編　0612
～明恩綸錄　7903
～明開國功臣錄　0561
～明開國臣傳　0584
　　　　　　　　0585
～明人物考　0578

2612₇　甥

40 ～女曹學好傳　2034

2620₀　伯

10 ～平府君行述　2474

13 ～強府君訃告	3008	
22 ～川先生廬墓治學錄	2983	
～山日記	1974	
24 ～偉府君行述	2211	
31 ～源府君行略	2268	
44 ～蔭府君行述	2105	
～英遺稿	2114	
50 ～申府君行狀	1897	

2620₀　伽

36 ～禪老人白花卷題詠稀	
齡介壽集合刊	3208
～禪老人紀念集	3208

2620₇　粵

10 ～西武緣起鳳黃氏家乘	4890
	5973
～西潯城紫滿塘吳氏本支	
宗譜	1851
32 ～洲公年譜	3663
	3664
50 ～東名儒言行錄	1162
～東簡氏大同譜	7063
77 ～閩巡視紀略	1734
	1735
～學日記	2901

2622₇　偶

00 ～齋先生年譜	4739

2623₂　泉

35 ～沖王氏五修族譜	5612
40 ～塘三賣陳氏族譜	7521
～塘李氏支譜	5819
～塘黃氏八修世譜	5985
～塘劉氏五修族譜	7376
～塘陳氏倫公續修支譜	7466

2624₀　俾

42 ～斯麥傳	8027

2629₄　保

12 ～孤記	1578
22 ～山王府君墓誌銘	3280
26 ～和殿大學士太傅大將軍	
伯鄂文端公年譜	4325
30 ～定張氏世系	7091

2631₄　鯉

00 ～庭獻壽圖題詠集	2638

2633₀　息

60 ～園舊德錄	2434

2640₀　阜

37 ～湖陳氏宗譜	7509

2640₃　皋

00 ～廩吳氏家乘	5708
47 ～埠沈氏老六房重修宗譜	5254

2641₃　魏

00 ～廓園先生自訂年譜	4069
	4070
～文靖公年譜	3665
～文貞公故事拾遺	1431
	3765
～文貞公年譜	1431
	3764
	3765
～文節公事略	1495
	1496
17 ～承禧京寓日記	2949

21 ～貞庵先生年譜	4186
40 ～塘去思錄	2987
63 ～默深師友記	0873
～默深先生師友記	0873
72 ～氏族譜	6302
	6305
～氏續修族譜	6305
～氏家譜	6301
～氏宗譜	6300
75 ～陳思王年譜	3657
80 ～公崇祀鄉賢錄	1733
～公墓志銘	1733
87 ～鄭公諫續錄	1423
	1424
	1425
	1426
	1427
	1428
	1429
	1430
～鄭公諫錄	1419
	1420
	1421
	1422
88 ～敏果公年譜	4190

2643₀　吳

00 ～康齋先生年譜	3969
～府君之墓志銘	2670
～文端公崇祀錄	1708
10 ～疏山先生年譜	3675
	4017
12 ～烈士暘谷革命事略	3435
15 ～聘君年譜	3658
	3661
	3969
	3982
16 ～碧柳自訂年表	4865
～碧柳紀念刊	3535
17 ～君墓表	2488
～君藹宸事略	3502
～邵田女士事略	3445

～郡名宦先賢遺像	1013	
	1014	
～郡名賢圖傳贊	1012	
～郡陸氏寶巷支世系圖表	6136	
19 ～耿尚孔四王合傳	0697	
	0698	
21 ～貞女女貞集	2804	
～貞女女貞錄	2804	
22 ～山夫先生年譜	4350	
24 ～先生行狀	2533	
～先生行述	3122	
～先生年譜	4119	
26 ～白華自訂年譜	4388	
～伯母杜太夫人訃告	2853	
27 ～兔床先生日譜	1802	
～兔床日記	1801	
～向之先生六十徵文啓	3058	
～船錄	1472	
	1473	
～絳雪年譜	4280	
～紹詩列傳	1771	
31 ～江徐氏宗譜	6336	
～江沈氏家譜	5222	
～江沈氏家傳	7815	
～江楊梓卿先生赴告	2929	
～江陳氏襃揚後錄	3277	
37 ～漁山先生年譜	4238	
～次尾先生遺事	4118	
～逸凡先生哀挽錄	2986	
40 ～太夫人榮哀錄	2426	
～太夫人年譜	4662	
～壇傳	1771	
～南溪自敍文	1763	
～嘉紀年譜	4193	
41 ～垣傳	1771	
43 ～博士魯強行狀	3571	
～越春秋	0519	
	0521	
～樾傳	3369	
44 ～地名賢贊	1015	
～地名賢像贊	1015	
～蔭培哀啓	2720	
～芝瑛傳	3143	

～蘇泉編修年譜	4413	
～孝女記	3514	
～藹宸先生事略	3502	
46 ～賀宗譜	5741	
47 ～趙汪氏支譜	5185	
	5188	
～柳堂先生誄文	2165	
～柳堂先生誄文正續合編	2166	
48 ～梅村先生年譜	4153	
	4154	
	4155	
	4156	
50 ～中紀革葉氏世譜	7633	
～中葉氏族譜	7631	
	7632	
	7637	
	7644	
～中貝氏族譜	6168	
～中分錫朱氏宗譜	7695	
～貴傳	3562	
60 ～回照軒家傳	5723	
～果壯公蘇勤僖公行述	0892	
62 ～縣王扞鄭先生傳略	3096	
～縣夏侯橋王氏支譜	5593	
～縣夏侯橋王氏支譜稿	5593	
～縣夏侯橋王氏支譜初稿	5593	
～縣管氏家譜	7067	
72 ～氏言行錄	7831	
～氏族譜	5670	
	5687	
	5691	
	5692	
	5701	
	5704	
	5707	
	5709	
	5722	
	5726	
	5727	
～氏譜系	5681	
～氏三修家譜	5742	
～氏正宗譜	5675	
～氏秉良公房譜	5680	

～氏秉義堂支譜	5740	
～氏統譜	5699	
～氏伯武公房譜	5678	
～氏家譜	5668	
	5673	
	5682	
	5693	
	5703	
	5708	
	5718	
	5742	
～氏家乘	2129	
～氏家傳	5679	
～氏宗譜	5684	
	5689	
	5695	
	5698	
	5715	
	5717	
	5733	
	5735	
	5738	
	5739	
～氏宗譜續刻	5736	
～氏馮墅分宗譜	5729	
～氏九修序譜	5713	
～氏九修族譜	5713	
～氏支譜	5710	
	5735	
～氏世譜	5699	
～氏世德錄	5703	
～氏本支譜略初稿	5712	
～氏四修族譜	5743	
	5744	
～氏敍倫堂宗譜	5705	
77 ～母郭太孺人訃空	2741	
～母仇太夫人哀挽錄	2596	
～母花夫人傳	2670	
～母陸太夫人八十壽詩	2614	
～門百豔圖	1271	
～門袁氏家譜	7289	
～門耆舊記	1017	
～學士遺事	7964	

　～興許母沈太夫人六秩壽
　　言　　　　　　　　　3220
～興沈氏統譜　　　　　　5219
～興荻溪章氏家乘　　　　5410
～興荻溪章氏四修家乘　　5410
～興世家沈氏族譜　　　　5218
～興世家分隸德清再遷武
　　林又遷山陰沈氏族譜　5218
～興周夢坡先生哀思錄　　3047
～興周夢坡先生赴告　　　3046
～興周夢坡先生年譜　　　3046
　　　　　　　　　　　　4808
　～興周母董太夫人經塔題
　　詠　　　　　　　　　2374
　～興周母董夫人經塔題詠　2374
　～興鈕氏西支家譜　　　7060
80～公崇祀名宦錄　　　　2033
　～公墓誌銘　　　　　　1637
　～公懷久哀輓錄　　　　3243
83～鐵城先生回憶錄　　　3478
88～竹如先生年譜　　　　4589
　　　　　　　　　　　　4590
90～懷久先生訃告　　　　3242
　～光祿家傳　　　　　　2277

2690₀　和

11～碩睿親王之家譜　　　4873
14～琳列傳　　　　　　　1849
15～珅列傳　　　　　　　1849
30～家埠王氏五修族譜　　5622
42～橋江氏宗譜　　　　　5151

2690₀　細

44～村先生實紀　　　　　7998

2691₄　程

10～一夔先生哀思錄　　　3215
　～玉才先生家傳　　　　1980
17～子年譜　　　　　　　3649
　　　　　　　　　　　　3650

22～山謝明學先生年譜　　4187
30～良馭先生行述　　　　2863
40～乂庭傳　　　　　　　1980
60～易疇先生年譜　　　　3676
72～氏六烈婦傳　　　　　1289
　～氏三世言行錄　　　　0832
　～氏人物志　　　　　　7879
77～母胡太夫人訃告　　　2947
80～公方忠府君行狀　　　2376
88～竹溪先生年譜　　　　4661
　～篤原傳　　　　　　　3323

2692₂　穆

90～堂府君行述　　　　　2176
95～精額年譜　　　　　　3652

2692₇　綿

88～竹楊先生事略　　　　2866

2693₀　總

16～理奉安實錄　　　　　3084
　　　　　　　　　　　　3085

2694₀　稗

50～史集傳　　　　　　　0554

2694₇　稷

22～山段氏二妙年譜　　　3666

2710₇　盤

22～川王氏宗譜　　　　　5566

2711₇　龜

22～巢先生崇祀錄　　　　1519

2712₇　歸

00～玄恭先生年譜　　　　4180
　　　　　　　　　　　　4181
　～玄恭公著述目　　　　4181
10～震川先生年譜　　　　3662
　　　　　　　　　　　　4020
30～安姚方伯傳略　　　　1725
　～安孝女趙瓊卿事略　　3354
31～顧朱三先生年譜合刻　3662
60～田紀略　　　　　　　1864

2713₂　黎

10～元洪年譜資料　　　　4807
22～川贈言　　　　　　　1813
72～氏族譜　　　　　　　6320
　～氏家譜　　　　　　　6324
　～氏家乘　　　　　　　6323
　～氏宗譜　　　　　　　6322
77～母吳太夫人行略　　　3290

2713₆　蟹

22～山老人輓詞　　　　　2724

2720₇　多

10～爾袞攝政日記　　　　1662
50～忠勇公勤勞錄　　　　2216

2721₀　佩

44～蘅府君行述　　　　　2103
47～鶴公行狀　　　　　　2684

2721₇　倪

00～高士年譜　　　　　　3950
　　　　　　　　　　　　3951
　～文正公年譜　　　　　4114
　　　　　　　　　　　　4115

10 ～雲林年譜　　　　　　　3950
72 ～氏族譜　　　　　　　　7262
　　　　　　　　　　　　　　7264
　　～氏家乘　　　　　　　　7262
　　～氏宗譜　　　　　　　　7262

2721₇　毳

00 ～亭詩話　　　　　　　　1082

2722₀　勿

00 ～庵府君行狀　　　　　　1878
　　～齋自訂年譜　　　　　　4598

2722₀　向

11 ～張二公傳忠錄　　　　　0774

2722₀　御

22 ～制王氏宗譜　　　　　　5489
　　～制百家姓圖解　　　　　0042
　　～制聖賢序贊　　　　　　0223
　　～制李鴻章祭文　　　　　2284
　　～制董皇后行狀　　　　　1740

2722₂　修

13 ～武縣後馬作王氏族譜　　5599

2723₂　象

22 ～山先生年譜　　　　　　3899
　　　　　　　　　　　　　　3900
　　　　　　　　　　　　　　3901
27 ～名錄　　　　　　　　　0264
40 ～臺首末　　　　　　　　1509
　　～臺首末重編　　　　　　1509

2723₄　侯

00 ～度錄　　　　　　　　　0461

30 ～官龔母六秩設悅之辰　　3251
　　～官謝希安先生六秩壽譜　4814
　　～官王壯濤公年譜　　　　4642
　　～官雲程林氏家乘　　　　7316
　　～官嚴先生年譜　　　　　4778
　　～官陳石遺先生年譜　　　4789
　　　　　　　　　　　　　　4790
　　～官陳石遺先生年譜卷八　4791
50 ～忠節公年譜　　　　　　4107
72 ～氏族譜　　　　　　　　7760
　　　　　　　　　　　　　　7761
　　～氏家乘　　　　　　　　7758
　　　　　　　　　　　　　　7759
　　～氏家傳　　　　　　　　7759
　　～氏九修族譜　　　　　　7762

2724₇　殷

08 ～譜經侍郎自定年譜　　　4625
12 ～烈婦傳　　　　　　　　1791
32 ～灣鄭氏支譜　　　　　　6164
57 ～契姓纂　　　　　　　　0073
72 ～氏家乘　　　　　　　　7775
　　～氏宗譜　　　　　　　　7774
　　～氏支譜　　　　　　　　7770

2724₇　夐

77 ～叟七十年譜　　　　　　4756

2725₂　解

33 ～梁孫氏族譜　　　　　　5132
72 ～氏譜略　　　　　　　　7265

2725₇　伊

10 ～爾根覺羅氏家傳　　　　7610
17 ～尹事錄　　　　　　　　1300
22 ～川先生年譜　　　　　　3649
　　　　　　　　　　　　　　3650
24 ～壯濤公事實　　　　　　2111
53 ～甫府君行述　　　　　　2630

2726₁　詹

50 ～忠節公傳並題贈詩詞　　1727
90 ～眷誠技監建設銅像碑文
　　史傳事實　　　　　　　2975

2730₃　冬

20 ～集紀程　　　　　　　　1797

2731₂　鮑

53 ～咸昌先生哀挽錄　　　　3043
80 ～公年譜　　　　　　　　4703

2732₀　勺

37 ～湖草堂圖詠　　　　　　1893
60 ～園圖錄考　　　　　　　1596

2732₇　烏

40 ～臺詩案　　　　　　　　1464
　　　　　　　　　　　　　　1465
48 ～幹龐氏宗譜　　　　　　5025
50 ～拉哈噠貝勒幹達善年譜　3652

2732₇　鴛

37 ～湖求舊錄　　　　　　　1122
　　　　　　　　　　　　　　1123
　　　　　　　　　　　　　　1124

2733₇　急

03 ～就章姓氏補注　　　　　0028

2740₇　阜

76 ～陽王莊惠公家傳　　　　2891

2742₇ 鄒

17 ～子蓮先生德配司馬淑人
　傳　3608
～司馬淑人傳　3608
28 ～徵君傳稿　2792
72 ～氏族譜　7269
～氏三修族譜　7268
　7277
～氏家乘　7266
　7272
～氏宗譜　7266
77 ～母雜太夫人訃告　2978

2746₁ 船

22 ～山師友記　0420
～山先生行迹圖　4204
～山著述目錄　4201
　4202
～山公年譜　4201
　4202

2748₁ 疑

80 ～年曆錄　0169
～年錄　0151
　0152
　0153
　0154
　0155
　0158
　0159
～年錄彙編　0172
　0173

2752₀ 物

16 ～理論　1411

2760₀ 名

21 ～儒言行錄　0448

---

22 ～山三集　1002
27 ～疑集　0077
30 ～宦傳　0946
　1000
～宦鄉賢錄　1982
～宦錄　1766
　2015
71 ～臣碑傳琬琰集　0201
～臣經世輯要　0523
～臣傳　0314
～臣事狀　0713
77 ～賢畫像傳　0449
80 ～人生日表　0175
　0176
～人傳記　0282
88 ～節錄　7943

2760₃ 魯

00 ～齋心法約編　3942
～齋年譜　4801
03 ～詠安先生榮哀錄　3473
22 ～峯魏公传　1733
27 ～歸紀程　3284

2762₀ 句

55 ～曲丁莊孫氏原修宗譜　5096
　5097
80 ～無幽芳集　1229
～余土音　1089

2762₀ 翻

06 ～譯生員翻譯官教習福祝
　隆阿年譜　3652

2762₇ 郎

60 ～園六十自敍　3051

2762₇ 郇

77 ～學齋日記　2358

2771₂ 包

22 ～山葛氏五修世譜　5901
～山葛氏重修世譜　5900
～山葛氏世譜　5901
～山鄭氏族譜　6143
　6149
44 ～孝肅公奏議　7282
72 ～氏宗譜　7278
94 ～慎伯先生年譜　4513

2771₇ 色

10 ～爾古德年譜　3652
44 ～勒福晉覺羅氏年　3652
88 ～敏年譜　3652

2772₀ 勾

00 ～章撫逸　0265
26 ～吳盛氏宗譜　6094

2772₀ 幻

30 ～迹自警　4026

2772₀ 匋

00 ～齋殉難資料並時人書劄　2969

2772₀ 峒

24 ～岐謝氏宗譜　4938

2772₇ 鄉

24 ～先賢事實徵略　1090
80 ～會試硃卷　2056
　2057
　4609

2790₁ 祭

17 〜尹公吉甫文　　　　　1302
　　　　　　　　　　　　1372
23 〜傅張二公文　　　　　2705
57 〜挽分編　　　　　　　1773
87 〜鄭太君文　　　　　　1969

2791₇ 紀

21 〜貞詩存　　　　　　　2031
30 〜之公事略　　　　　　2054
　　　　　　　　　　　　2107
　　〜宗室伯弇太史壽富殉節
　　始末　　　　　　　　3055
60 〜恩錄　　　　　　　　2246
80 〜念霍雨痕　　　　　　3576
　　〜年草　　　　　　　4372
　　〜善錄　　　　　　　1004

2791₇ 繩

44 〜其武齋自纂年譜　　　4620
　　〜枇齋年譜　　　　　4481

2792₀ 約

48 〜翰生傳　　　　　　　8016

2792₀ 絅

00 〜齋府君行狀　　　　　3141

2792₂ 繆

34 〜瀆許氏宗譜　　　　　5477
72 〜氏家乘　　　　　　　7613
　　〜氏宗譜　　　　　　7611
　　　　　　　　　　　　7612
　　　　　　　　　　　　7617
80 〜公遺愛錄　　　　　　1747

2793₂ 緣

27 〜督廬日記　　　　　　2703
　　〜督廬日記鈔　　　　2702

2794₀ 叔

50 〜惠府君行述　　　　　2543

2794₁ 稌

40 〜圭府君年譜　　　　　4537

2795₄ 絳

10 〜雲樓逸事　　　　　　1607
　　〜雲小錄　　　　　　1921

2796₂ 紹

00 〜衣錄　　　　　　　　3231
24 〜先集　　　　　　　　7886
60 〜邑邵氏宗譜　　　　　6266
62 〜縣白洋朱氏宗譜　　　7740
　　〜縣舊山陰梅湖陸氏宗譜 6134
77 〜陶錄　　　　　　　　0194
　　　　　　　　　　　　0195
　　　　　　　　　　　　0196
　　　　　　　　　　　　0197
　　〜聞府君訃告　　　　3194
　　〜興新河王氏族譜　　5562
　　　　　　　　　　　　5613
　　〜興王臥山先生百齡追紀
　　徵文集　　　　　　　2275
　　〜興下方橋陳氏宗譜　7495
　　〜興孫氏宗譜　　　　5118
　　〜興徐社紀事　　　　0538
　　〜興江左邵氏續修家譜　6266
　　〜興裘氏宗譜　　　　5278
　　〜興莫氏家譜　　　　7629
　　〜興鍾氏宗譜　　　　7049
90 〜棠家伯七十壽辰徵文略

言　　　　　　　　　　　2595

2820₀ 似

60 〜昇長生冊　　　　　　3491
　　〜昇所收書畫錄　　　3491
　　　　　　　　　　　　3493

2821₁ 作

04 〜詩年譜　　　　　　　4359

2822₇ 倫

34 〜達如先生訃告　　　　3346
77 〜風　　　　　　　　　0388

2822₇ 傷

72 〜兵自傳　　　　　　　3574

2824₀ 微

30 〜之年譜　　　　　　　3797

2824₀ 徽

32 〜州吳氏遷昆支譜　　　5728

2824₀ 徵

04 〜詩啟　　　　　　　　1916
17 〜君孫先生年譜　　　　1608
　　　　　　　　　　　　1610
　　　　　　　　　　　　4092
　　　　　　　　　　　　4093

2824₇ 復

24 〜仇實錄　　　　　　　3623
34 〜社姓氏傳略　　　　　0670
　　　　　　　　　　　　0671
　　　　　　　　　　　　0672

～社姓氏錄　0109
　　　　　　　0670

2825₃　儀

28 ～徵劉孟瞻年譜　4560
　～徵劉先生行述　3452

2828₁　從

18 ～政觀法錄　0757
21 ～征圖記　2123
　　　　　　2124
37 ～祀賢儒　0441
　～軍紀略　2363
60 ～兄鄆城知縣吳君墓表　2488
67 ～野堂外集　4060

2829₄　徐

10 ～霞客先生逝世三百周年
　　紀念刊　1621
11 ～珮珊先生傳　2094
17 ～子遠先生傳略　2122
　～勇烈公行狀　2183
23 ～俟齋先生年譜　4209
　　　　　　　　4210
26 ～侶樵先生年譜　4509
29 ～秋士先生自訂年譜　4550
　　　　　　　　　　4551
35 ～迪惠日記　2259
40 ～友梅訃告　2855
　～壽藏年譜　4516
　　　　　　4517
44 ～巷徐氏信譜　6395
50 ～夫人行略　1894
　　　　　　2331
　～本仙傳　0711
60 ～呈五公殉難詩文集　2007
　～愚齋自敍年譜　4732
　～固卿先生訃告　2972
72 ～氏六修族譜　6388
　～氏族譜　4890

　　　　　　6337
　　　　　　6351
　　　　　　6361
　　　　　　6388
　　　　　　6396
　　　　　　6416
　　　　　　6417
　　　　　　6423
～氏三續增修宗譜　6389
～氏三修族譜　6357
～氏三修支譜　6410
～氏五修族譜　6361
　　　　　　6423
～氏信譜　6360
　　　　　6395
～氏雙孝錄　7865
～氏統宗世譜　6401
～氏續修家譜　6357
～氏家譜　6344
　　　　　6397
～氏家乘　6413
　　　　　6414
～氏宗譜　6327
　　　　　6328
　　　　　6336
　　　　　6345
　　　　　6348
　　　　　6358
　　　　　6371
　　　　　6372
　　　　　6374
　　　　　6375
　　　　　6377
　　　　　6379
　　　　　6384
　　　　　6385
　　　　　6386
　　　　　6393
　　　　　6399
　　　　　6401
　　　　　6404
　　　　　6408
　　　　　6411

　　　　　　6412
　　　　　　6421
～氏通譜　6380
～氏通城支譜　6394
～氏大宗譜　6426
～氏支譜　6362
　　　　　6380
　　　　　6400
　　　　　6403
　　　　　6410
～氏四修族譜　6390
　　　　　　　6425
～氏曆官像考　7866
～氏八修族譜　6424
77 ～母席夫人哀輓錄　2889
　～母葉太夫人九十壽辰徵
　　文啓　2367
　～母周太夫人訃告　2729
　～閣公先生年譜　4126
80 ～公叔雨遺愛錄　3561
88 ～籕莊先生年譜　4519
　　　　　　　　　4518

2854₀　牧

00 ～庵年譜　3944
　～齋先生年譜　4086
　～齋晚年家乘文　4084
　　　　　　　　　7874
　～齋年譜　4084
40 ～九先生行狀　2810
72 ～隱先生年譜　7994
80 ～翁先生年譜　4085

2892₇　緰

00 ～音憲牘　1723

2896₆　繪

44 ～林伐材　0321
60 ～圖詳注百家姓　0053
　～圖百家姓　0053

~圖少年模範 0442

2921₂ 倦

00 ~塵老人七十壽言集 2746

2998₀ 秋

00 ~庭晨課圖記 3429
33 ~浦府君行述 1805
41 ~坪府君行狀 2273
44 ~林感逝錄 3409
60 ~園雜佩 1005

3010₄ 室

27 ~名索引 0145
0146
0147
0148
47 ~鳩巢義人錄稿本略解說 7927
80 ~人傅夫人六十壽序 3341

3010₆ 宣

24 ~付史館錄 2682
43 ~城鄧氏族譜 6240
53 ~威繆氏族譜 7618
58 ~撫資政鄭公年譜 3864

3010₇ 宜

32 ~州乙酉家乘 1472
1473
~州家乘 1472
1473
42 ~荆吳氏宗譜 5715
60 ~邑謝氏六修宗譜 4927
77 ~興岳陽潘社里金氏宗譜 7033

3011₃ 流

44 ~芳錄 1532

3011₄ 注

26 ~釋評點古今名將傳 0259

3011₄ 淮

30 ~寧梅隱雷鳳羽先生孝義
贈言 1722
38 ~海先生年譜 3844
3845
5320
5322
76 ~陽江都朱氏十二修族譜 7713

3011₄ 濰

60 ~邑劉氏族譜 7349
~邑陳氏族譜 7423
62 ~縣鄉賢傳 0957

3011₇ 瀛

37 ~湖曾氏八修族譜 5389
38 ~海攀轅錄 2258

3012₃ 濟

30 ~寧孫駕航都轉事略 2340
~寧孫氏 7806
72 ~剛節公表忠錄 2027
76 ~陽文通江氏族譜 5148
~陽天寶江氏宗譜 5150
~陽江氏金龜派宗譜 5152
~陽江氏分修族譜 5139

3013₂ 濠

32 ~洲去思集 2508
33 ~梁萬氏宗譜 5889
~梁萬氏宗譜內集 5889
~梁萬氏宗譜鈔 5890

3013₇ 濂

32 ~溪遺芳集 1460
~溪志 1456
1460
37 ~洛書堂著述卷目 0429
~洛關閩六先生傳 0528
0531

3014₆ 漳

33 ~浦黃先生年譜 4094
36 ~湟邵氏宗譜 6269

3020₁ 寧

10 ~西桐陽葛氏宗譜 5907
17 ~郡紫薇王氏家譜 5530
27 ~鄉丁氏四修族譜 6221
~鄉延陵吳氏四修族譜 5743
~鄉雙觀黃氏五修族譜 5956
~鄉衡田廖氏六修族譜 6179
~鄉衡田廖氏族譜 6178
6179
~鄉衡田廖氏五修族譜 6178
~鄉崔氏雲岫支譜 6298
~鄉泉塘黃氏八修世譜 5985
~鄉吳氏四修族譜 5743
~鄉大屯營周氏四修族譜 7010
~鄉黃氏四修族譜 5941
~鄉四都八鯉衙丁氏四修
族譜 6221
~鄉劉氏六修支譜 7380
~鄉八鯉衙丁氏族譜 6221
28 ~儀孔氏家志 5646
31 ~河邵孝子行略 3065
34 ~波大墩徐氏宗譜博房衍
支 6427
~波鄞縣西袁氏家乘 7284
43 ~城江氏家譜 5147
~城江氏家乘 5147
72 ~氏族譜 5746

	5748
80 ～善何氏宗譜	7224

3021₂　宛

08 ～旌禮邨劉氏世譜	7365
～旌劉氏世譜	7332
10 ～平王氏族譜	5488
32 ～溪叟傳	2816
50 ～東何氏宗譜	7230
74 ～陵先生年譜	3806
～陵支脈蘭州仲氏敬修堂宗譜稿	7243

3021₇　扈

21 ～行雜記	2004

3022₇　扁

27 ～舟子日記簿	2375
47 ～鵲倉公列傳	1355
～鵲倉公傳彙考	1355
～鵲倉公傳並彙考	1355

3022₇　房

72 ～氏族譜	6171

3022₇　宵

25 ～續課兒圖題辭	7849

3022₇　宥

00 ～齋自述	4864

3022₇　扇

10 ～面大觀	0467
～面大觀略傳	0467

3022₇　窮

00 ～交十傳	0899

3023₂　永

00 ～康應氏先型錄	7786
～康縣儒學志	1075
～康人物記	1116
～言	1657
～哀錄	2591
22 ～川遇匪記	3627
30 ～寧潘氏宗譜	5205
～安耆獻狀	0274
40 ～吉徐氏宗譜	6407
43 ～城紀略	1629
50 ～春戴氏宗譜	5288
～春鄭公淵如墓誌銘	3129
74 ～陞傳	2953
	2961
	2970
	2979

3023₂　家

00 ～庭雜憶	4846
04 ～諱考	0124
	0125
08 ～譜易知錄	7768
17 ～君七秩晉七誕辰徵文啓	2852
～君八十壽辰徵言	2570
20 ～乘	1700
～乘備錄	4890
～乘小紀	5725
23 ～獻	2571
	7868
25 ～傳	7947
37 ～祖母賀太淑人八旬正壽徵文啓	2888
38 ～祥人壽集	3036
44 ～蔭堂一瞬錄	1886
～蔭堂來西錄	1886

66 ～嚴家慈六十雙壽徵文啓	3179
～嚴官職政績社會事實避地旅居概略	2744
72 ～岳慶禮庭先生行述	2133
77 ～居自述	1901
80 ～慈高太夫人六十壽辰乞言事略	3079
～慈高太夫人八十正壽徵詩文啓	2252
～慈王太夫人八十正壽徵文啓	2714
～慈蘇太夫人八十壽徵文啓	2737
～慈曹太夫人八秩正壽徵文事略	2988
	2989
～慈翁太夫人七十正壽徵詩文啓	2999

3023₂　寙

40 ～橫日記鈔	2408

3026₁　宿

48 ～松高氏族譜	5042
	5043

3030₂　適

00 ～齋詩集	4678
60 ～園老人年譜	4834

3030₃　寒

10 ～雲日記	3496
	3497
22 ～山三種	1585
40 ～支歲紀	4136
44 ～村公年譜	4258
	4259
48 ～松老人年譜	4188
	4189

3030₇　之

25 ～純府君行狀　　　　2131

3033₆　竆

80 ～前黃氏族譜　　　　5922

3034₂　守

50 ～中子成人集　　　　0303
52 ～拙居士自編年譜　　4483
80 ～令垂範儒牧　　　　0325
　　　　　　　　　　　0326

　～令垂範循牧　　　　0325
　　　　　　　　　　　0326

3040₄　安

17 ～子年譜　　　　　　3686
22 ～山續公派下孔氏族譜 5656
23 ～我素先生年譜　　　4063
27 ～危注　　　　　　　0229
　～阜洲劉氏重修族譜　7337
28 ～徽石埭縣崇祀鄉賢祠諸
　　先生事略　　　　　1058
　～徽無爲州知州蔣君傳 2649
　～徽歙縣胡氏家譜　　6052
30 ～定席氏宗譜　　　　5398
　～定胡氏族譜　　　　6012
　～定胡氏宗譜　　　　6018
31 ～福歐陽氏新修上院支譜 7569
37 ～次得勝口馬氏北門第三
　　支家譜約書　　　　5352
　　　　　　　　　　　5353
　～次得勝口馬氏家譜　5351
　～次得勝口馬氏墳塋　5354
　～次馬氏清芬記　　　5355
　～祿山事迹　　　　　1439
　　　　　　　　　　　1440
　～祿山事迹校記　　　1439
38 ～道先生年譜　　　　4183

　～道公年譜　　　　　4182
　　　　　　　　　　　4183
40 ～大學生胡君泓艇紀念册 3587
60 ～昌徐氏宗譜　　　　6349
　～邑唐氏族譜　　　　5049
72 ～丘張氏家乘　　　　7089
　～丘鄉賢小傳　　　　0959
　　　　　　　　　　　0960
　～丘縣學崇祀鄉賢小傳 0959
　　　　　　　　　　　0960
76 ～陽張氏宗譜　　　　7112
　～陽朱公行狀　　　　2423
　～陽蔣村馬氏條規　　7819
　～陽馬積生先生行狀　2915

3042₇　寓

80 ～無竟室悼亡草　　　2809

3060₁　宕

78 ～陰先生年譜　　　　7982

3060₄　客

40 ～杭日記　　　　　　1516
　　　　　　　　　　　1517
44 ～韓筆記　　　　　　3524
　～世行年　　　　　　4526
67 ～路紀程　　　　　　1744

3060₆　宮

23 ～傅楊果勇侯自編年譜 4499
　　　　　　　　　　　4500
26 ～保大司空潘公傳　　1564
40 ～太保程忠烈公遺像　2377
　～太保忠烈程公遺像　2377
72 ～氏族譜　　　　　　5136
　～氏家譜　　　　　　5138
　～氏家譜圖攷全書　　5138
77 ～閩聯名譜　　　　　0114
　～閩小名後錄　　　　0084

　～閩小名錄　　　　　0084
　　　　　　　　　　　0085
　　　　　　　　　　　0086

3060₆　富

10 ～盃何氏宗譜　　　　7234
21 ～順西湖曾氏祠族譜　5383
　～順縣誌陳盟傳補遺　1682
22 ～峯趙氏續修宗譜　　6076
　～峯趙氏宗譜　　　　6076
47 ～桐潘氏宗譜　　　　5203
50 ～春靈峯許氏宗譜　　5462
　～春張氏宗譜　　　　7096
　～春上館盛氏宗譜　　6099
76 ～陽潘菊潭先生六十壽言 2848

3060₈　容

00 ～庵弟子記　　　　　2934
53 ～甫先生年譜　　　　4409

3060₉　審

31 ～源府君行述　　　　1762

3062₁　寄

00 ～齋日記　　　　　　3300
25 ～生府君年譜　　　　4707
27 ～彝表舊表　　　　　2612
33 ～心瑣語　　　　　　3456
60 ～圃老人自記年譜　　4431

3071₄　宅

47 ～埠陳氏宗譜　　　　7432
　　　　　　　　　　　7557

3071₇　宦

38 ～遊紀略　　　　　　1928

（表頭）　　　　　　　0086
　～閩小名錄　　　　　0084

	1929
	1930
	1931
	1972
～遊紀略纂要	1932
60 ～蜀紀略	2937
72 ～氏宗譜	5068

3072₇ 窈

77 ～聞	1671

3073₂ 良

31 ～源張氏族譜	7130
～源張氏十一修族譜	7130
50 ～吏述補	0747
～貴錄	0418

3077₇ 官

31 ～源洪氏總譜	5000
35 ～禮家乘	7438
～禮陳氏宗譜	7438
44 ～林宗氏譜	4957

3080₁ 定

00 ～府隨侍瑞拜唐阿斌庚子殉難記	3372
30 ～宇先生年表	3923
38 ～海成仁祠備錄重編	1113
～海縣闔邑士民留葬實錄	1746
77 ～興鹿氏二續譜	5027
～興鹿氏簡明世表	5028
80 ～盦先生年譜	4576
	4577
～盦年譜稿本	4578

3080₆ 賓

22 ～川張靜軒先生懿行錄	3301
72 ～氏族譜	5018

	5019
～氏四修族譜	5018

3080₆ 寶

27 ～叔英廣文暨德配楊夫人八十雙慶壽言錄	2640
～叔英先生暨德配楊夫人八秩壽言	2640
46 ～如田生前戰功事蹟清册	2344
72 ～氏名人言行	0448

3080₆ 賽

80 ～金花年譜	4831
～金花年表	4832

3080₆ 寶

00 ～應白田王氏小湖公本支世系圖	5516
～慶墨溪陳氏四修族譜	7476
22 ～山袁霓孫先生事略	2438
～山鍾氏族譜	7052
30 ～安贈言集	2042
60 ～邑顏氏宗譜	4905
71 ～臣府君行述	3030
88 ～竹坡侍郎年譜	4738

3090₁ 宗

16 ～聖志	1351
28 ～牧厓南歸日記	1883
30 ～室王公功績表傳	0712
～室王公表傳	0800
～室列傳	0714
37 ～祠記事	7825
～祠紀事圖譜	7825
50 ～忠簡公年譜	3856
70 ～雅先生訃狀	3009
72 ～氏世存集	4958
77 ～月鋤先生日記墨迹	2314
～母賀太淑人八旬正壽徵	

文啓	2888
80 ～公子戴之赴告	3053

3090₄ 宋

00 ～方蛟峯先生文集	6196
～育仁先生訃告	2908
～文憲公年譜	3952
04 ～詩紀事小傳	0530
～詩紀事小傳補正	0536
10 ～元以來畫人姓氏續錄	0387
～元以來畫人姓氏錄	0386
	0387
～元明清儒學年表	0478
12 ～孫莘老先生年譜	3830
	3831
	3832
17 ～丞相魏文節公事略	1495
～子言行錄	8007
～子大全附錄	8006
～司馬文正公年譜	3818
	3819
21 ～仁山金先生年譜	3916
～儒龜山楊先生年譜	3642
	3850
～柴雪先生行狀	1664
25 ～傳	0529
～朱晦庵先生名臣言行錄後集	0509
	0514
	0516
～朱晦庵先生名臣言行錄前集	0509
	0514
	0516
26 ～程純公年譜	3833
	3968
27 ～名臣言行錄	0508
	0509
	0510
	0511
	0512
	0513

	0514	～忠定趙周王別錄　1507
	0515	～東莞遺民錄　1168
	0516	～東萊呂成公外錄　1506
～名臣言行錄外集　0508	58 ～敕浙江鄞縣應氏宗譜　4895	
	0509	72 ～岳忠武王金陀全編　1488
	0514	～岳鄂王文集　3872
	0516	～岳鄂王年譜　3872
～名臣言行錄續集　0508	75 ～陳忠肅公言行錄　1476	
	0509	3853
	0510	77 ～母倪太夫人訃告　3183
	0514	～賢從祀錄　0533
	0516	79 ～滕忠節公使金本末　1482
～名臣言行錄別集　0508	80 ～人小傳　0277	
	0509	0539
	0510	87 ～舒岳祥年譜　3910
	0514	～舒閬風年譜　3910
	0516	90 ～少保右丞相兼樞密使信
～名賢畫像　0540	國公文天祥傳　1512	
30 ～濂溪周元公先生集　1457	～少保右丞相兼樞密使信	
	1458	國公文山先生紀年錄　3917
35 ～遺民錄　0525	～少保岳鄂王行實編年　3867	
	0526	
	0527	
37 ～漁父林頌亭書牘及事略 0930		
40 ～十賢傳　0532		
～太夫人七旬壽言彙編　3091		
～左丞相陸公全書　1510		
～李忠定行狀　1480		
～校勘五經正義奏請雕版		
表　1145		
44 ～范文正公言行錄　1449		
～韓魏公言行錄　1453		
～韓忠獻公年譜　3658		
	3659	
	3660	
	3810	
～蔡忠惠公別紀補遺　1455		
46 ～楊文靖公龜山先生年譜 3849		
47 ～朝道學名臣言行錄外集 0510		
～胡忠簡公經筵玉音問答 1485		
50 ～本百家姓　0050		
～本韓柳二先生年譜　3643		
～本趙錢孫李百家姓　0050		

3111₀　江

00 ～文通年譜　3747	
3762	
10 ～震殷氏族譜　7771	
7772	
7776	
～震人物續志　1016	
～夏堂黃氏八修族譜　5979	
～西南昌道宋之繩行狀　1664	
～西忠義錄　1127	
17 ～子屏先生年譜　4454	
27 ～叔海訃告　2846	
～叔海先生遺像等四種　2847	
30 ～寧濮友松先生象贊　2696	
40 ～南寧国府太平縣館田李	
氏宗譜　5789	
～南遊學記　0933	
～右題襟集　3317	
44 ～村洪氏家譜　4999	
～村賀氏宗譜　5305	

47 ～都卞氏族譜　4891	
～都黎氏家乘　6323	
～都殷楫臣先生赴告　3185	
～都涂氏宗譜　5005	
～都楊家橋顏氏重修宗譜 4904	
50 ～忠烈公行狀　2163	
2164	
～忠濟行狀　2164	
～表忠略　0904	
60 ～邑岳氏族譜　1492	
72 ～氏族譜　5140	
5143	
5144	
～氏五修族譜　5154	
～氏宗譜　5141	
5142	
5146	
5149	
5150	
5151	
～氏四修支譜　5156	
78 ～陰高氏宗譜　5031	
～陰夏氏宗譜　7080	
～陰鐵墩曹氏宗譜　6115	
～陰太寧邢氏支譜　6259	
～陰李氏支譜　5802	
～陰忠義恩旌錄　1011	
～陰忠義錄　1023	
～陰縣忠義錄　1023	
～陰節義略　1002	
80 ～人事　0622	
0623	
94 ～慎修先生愛物戒物類編	
題詞　4329	
～慎修先生年譜　4329	

3111₁　沅

31 ～江熊氏族譜　6290	
～江鄔氏三修族譜　7599	
～江胡氏族譜　6051	
～江劉氏四修支譜　7383	

3111₁ 涇

22 ～川北亭都一甲唐氏續修
　　宗譜　　　　　　　　5050
　～川張香都朱氏續修支譜 7703
　～川朱氏宗譜　　　　　7693
　～川朱氏支譜　　　　　7691
　～川徐氏宗譜　　　　　6358
　～川左氏重修宗譜　　　5751
　～川左氏宗譜　　　　　5751
　～川查氏族譜　　　　　5752
　～川黃氏宗譜　　　　　5970
27 ～舟老人洪琴西先生年譜 4688
　～舟老人年譜　　　　　4688
40 ～南大康村王傑甫俊人七十
　　自述　　　　　　　　2946
71 ～原故舊記　　　　　　0927

3111₄ 汪

17 ～孟慈先生行述　　　　1979
20 ～雙池先生行狀墓表　　1768
　～穰卿先生傳記　　　　2943
　～穰卿先生年譜　　　　4799
21 ～經巢君行狀　　　　　2604
　　　　　　　　　　　　2605
26 ～伯唐訃告　　　　　　2912
30 ～容甫年表　　　　　　4410
32 ～兆銘庚戌被逮供詞　　3430
34 ～漢溪先生哀挽錄　　　3260
40 ～太夫人行狀　　　　　1950
　～堯峯先生年譜　　　　4215
　　　　　　　　　　　　4216
　～喜孫年譜　　　　　　1862
44 ～茂萱先生九十壽辰徵文
　　啓　　　　　　　　　2645
47 ～鶴舲先生暨德配潘夫人
　　訃告　　　　　　　　3089
50 ～忠烈文行錄　　　　　1620
72 ～氏族譜　　　　　　　5159
　　　　　　　　　　　　5171
　　　　　　　　　　　　5197

　～氏三修族譜　　　　　5197
　～氏登原藏稿　　　　　4890
　～氏重修雲嵐山墓祠志　7807
　～氏重修宗譜　　　　　5195
　～氏重纂支譜　　　　　5173
　～氏統譜纂要　　　　　5164
　～氏統宗譜　　　　　　5163
　　　　　　　　　　　　5187
　～氏得羅公正脈統宗譜　5187
　～氏家廟規　　　　　　7810
　～氏家譜　　　　　　　5172
　　　　　　　　　　　　5175
　　　　　　　　　　　　5186
　～氏家乘　　　　　　　5170
　　　　　　　　　　　　5192
　　　　　　　　　　　　4890
　　　　　　　　　　　　5178
　　　　　　　　　　　　5179
　　　　　　　　　　　　5190
　　　　　　　　　　　　5195
　～氏宗譜纂要　　　　　5167
　～氏通宗世譜　　　　　5166
　～氏支譜　　　　　　　5185
　　　　　　　　　　　　5186
　　　　　　　　　　　　5188
　～氏世守譜　　　　　　5165
　　　　　　　　　　　　5189
　～氏本支譜略　　　　　5174
　～氏振綺堂宗譜　　　　5193
　～氏原姓篇　　　　　　0022
　～氏纂要　　　　　　　5167
　～氏小宗譜　　　　　　5183
77 ～母程太夫人奠章　　　1691
80 ～公哀輓錄　　　　　　2913
95 ～精衛先生庚戌蒙難實錄 3428
　　　　　　　　　　　　3431
　～精衛先生庚戌蒙難別錄 3429
　～精衛先生行實錄　　　3431
　～精衛先生自述　　　　3429
　～精衛先生著述年表　　3431
　～精衛先生年譜　　　　3431
97 ～輝祖自述年譜　　　　4395
98 ～悔翁乙丙日記　　　　2078

　～悔翁乙丙日記糾繆　　2079
99 ～榮寶哀啓　　　　　　3365

3111₇ 瀘

32 ～州南門高氏族譜　　　5034
　～溪歐陽氏續修族譜　　7570

3112₀ 河

10 ～西晉寧王氏族譜　　　5601
　～西陳氏家乘　　　　　7437
31 ～源紀略承修稿　　　　0028
40 ～大王將軍畫像　　　　0437
　　　　　　　　　　　　0438
　～內寶氏三世家傳合編　7789
　～南方氏宗譜　　　　　6184
　　　　　　　　　　　　6196
　～南南陽陳州府名宦江西
　　鄉賢祠合錄　　　　　2119
　～南始祖蔡氏通譜　　　5995
　　　　　　　　　　　　6002
　～南蔡氏通譜　　　　　6002
　～南丘氏族譜　　　　　7071
　～南邱氏族譜　　　　　7245
　～南人物小樂府　　　　0967
50 ～東君傳　　　　　　　1677
　～東君事輯　　　　　　1675
　～東劉氏族譜　　　　　7394
77 ～間馮公榮哀錄　　　　2879
　～間俞氏支譜　　　　　7576

3112₁ 涉

50 ～史隨筆　　　　　　　1517

3112₇ 沔

76 ～陽盧慎之先生六十雙壽
　　序　　　　　　　　　3338

3112₇ 灄

76 ～陽張氏宗譜　　　　　7118

～陽太原王氏族譜　5535
～陽袁氏重修族譜　7286
～陽操氏宗譜　5338

3112₇　馮

31 ～潛齋先生年譜　4355
44 ～菁庵師遺囑　2575
　～桂山自訂年譜　4615
46 ～旭林先生年譜　1918
　　　　　　　　　4504
47 ～柳東先生年譜　4539
　　　　　　　　　4540
　　　　　　　　　4541
72 ～氏族譜　4971
　　　　　　4973
　～氏先德傳　7794
　～氏祭簿　7793
　～氏家譜　4959
　～氏宗譜　4968
　　　　　　4969
　　　　　　4970
　～氏始遷嘉興本支分譜　4972
77 ～母徐太夫人七十壽徵詩
　　文啓　2691
　～母俞太恭人七十壽言　2505

3114₆　浭

76 ～陽趙氏西門統譜　6086
　　　　　　　　　　6087
　～陽馬氏家譜　5357

3114₆　潭

30 ～渡黃氏族譜　5913
60 ～邑雞足山前明節烈文母
　　張太孺人墓地紀源　1711

3116₀　酒

80 ～翁年錄　4746

3116₁　潛

00 ～庵先生年譜　4218
　～齋尚書六十賜壽圖　2656
　～齋尚書賜壽圖　2656
10 ～雲堂日記　2717
14 ～確錄　4221
21 ～虛先生年譜　4285
31 ～江甘藥樵先生行狀　3004
32 ～溪錄　1527
72 ～丘年譜　4254
77 ～叟先生行狀　2644

3119₁　漂

30 ～客紀事　7977

3119₄　溧

76 ～陽孫氏宗譜　5115
　～陽仙山黃劬雲年譜　4236

3126₆　福

15 ～建循吏傳　1159
　～建拿口巡檢祁泰紹外洋
　　遭風淹歿奏奉恩旨贈蔭
　　議恤各事宜　1989
22 ～山王氏支譜　4890
　～山石塢王君年譜　4748
32 ～州通賢龔氏支譜　4910
55 ～慧雙修庵小記　1955

3128₆　顧

00 ～亭林先生詩譜　3673
　　　　　　　　　4178
　～亭林先生年譜　3651
　　　　　　　　　3662
　　　　　　　　　3673
　　　　　　　　　4171
　　　　　　　　　4172
　　　　　　　　　4173
　　　　　　　　　4174
　　　　　　　　　4175
　　　　　　　　　4176
　　　　　　　　　4177
　～亭林年譜　4177
　～襄敏公年譜　4044
02 ～端文公年譜　4052
17 ～子蚼先生暨德配宋夫人
　　六十雙壽徵文啓　3186
20 ～千里先生年譜　4478
　　　　　　　　　4479
　　　　　　　　　4480
21 ～虎頭畫列女傳　1199
　　　　　　　　　1200
　　　　　　　　　1201
　　　　　　　　　1202
24 ～先生祠會祭題名弟一卷
　　子　1665
26 ～伯子葬記　1557
　～伯潛先生輓聯　2716
37 ～祖姚凌太夫人訃告　2976
50 ～夫人訃告　3136
72 ～氏族譜　4976
　　　　　　4977
　～氏重修宗譜　4985
　～氏家乘　4987
　～氏家乘原稿　4988
　～氏宗譜　4981
　　　　　　4984
　　　　　　4985
　　　　　　4989
　　　　　　4990
　　　　　　4991
　～氏九修宗譜徵信錄　4979
　～氏大宗世譜　4980
　～氏分編支譜　4991
77 ～母蔣太夫人赴告　3025
　～闇年譜　3651
88 ～竹侯先生訃告　3219

3130₁　遷

21 ～虞孫氏續修宗譜　5096

	5097
86 ～錫許氏宗譜	5472

3130₂　邇

02 ～訓	1053
	1054

3130₃　遞

00 ～庵先生年譜	3666

3210₀　瀏

10 ～西澔山丁氏支譜	6223
～西鄒氏支譜	7267
～西萬氏宗譜	5897
50 ～東廖氏族譜	6180
～東房氏族譜	6171
60 ～邑邱從祥祠族譜	7247
76 ～陽譚先生年譜	4811
～陽張氏族譜	7172
	7195
～陽堯化張氏族譜	7172
～陽南鄉何氏族譜	7235
～陽花園傅氏族譜	6318
～陽華園張氏族譜	7169
～陽易氏族譜	7323

3211₈　澄

26 ～泉府君行述	2121
31 ～江沈氏宗譜	5240
～江袁氏宗譜	7298
～江莊氏支譜	6496
～江蘇氏族譜	7624
～江蔡氏宗譜	5997
40 ～塘吳氏家譜	5672
90 ～懷主人自訂年譜	4314

3212₁　浙

31 ～江忠義錄	1102

～江提督張奎垣軍門行狀	2380
～江省長沈公叔詹行狀	3090
40 ～嘉金升卿先生七旬壽言	
錄	2811

3212₇　灣

60 ～里裴氏族譜	7604

3212₇　涔

40 ～南府君行述	1937

3213₀　冰

44 ～芳集	2833
48 ～梅詞	1265

3213₄　溪

21 ～上遺聞集錄	1095
22 ～山老農年譜	4744
～山思服錄	7962

3216₃　淄

22 ～川袁氏家譜	7287
	7296
～川韓氏邑乘	7871
～川縣豐泉鄉王氏世譜	5486
～川縣袁氏家譜	7285
～川縣孝義鄉高氏族譜	5038

3216₉　潘

00 ～文勤公年譜	4708
～文慎公列傳	3107
10 ～霞青先生年譜	4835
23 ～絨庭先生自訂年譜	4641
30 ～枋陽莫氏家譜	7627
35 ～冲穆先生事略	2349
44 ～孝端先生年譜	4759
48 ～幹臣先生象傳遺畫集	2560

60 ～四農先生論詩十則	0416
72 ～氏族譜	5208
	5211
	5216
～氏五修族譜	5211
～氏續修族譜	5216
～氏家譜	5215
～氏宗譜	5199
	5205
	5213
～氏支譜	5200
～岳年譜	3747
	3762
80 ～公季馴傳略	1564

3219₄　灤

76 ～陽趙氏家譜	6086
～陽趙氏東門統譜	6086
	6087

3230₂　近

23 ～代教士列傳	7916
40 ～古慷概家列傳	7931
44 ～世先哲叢談	7926
～世偉人傳	7939
～世名醫傳	7928

3230₉　遜

60 ～國神會錄	0586
～國臣傳	0580

3300₀　心

35 ～清室日記	2562
44 ～葵金府君傳狀碑誌	2750
48 ～乾氏自編年譜	4772
83 ～鐵石齋年譜	4463

3310₀　沁

12 ～水賈氏塋廟石刻文稿	7798

60 ～園居士年譜　　　4364

3311₁　浣

31 ～江酈氏宗譜　　　6258

3311₇　滬

37 ～軍都督陳公英士行狀　3376

3312₇　浦

11 ～頭張氏族譜　　　7111
43 ～城劉氏五修族譜　7371
　　～城陳氏家譜　　　7498
72 ～氏續修宗譜　　　4995
76 ～陽陳氏宗譜　　　7546
　　～陽人物記　　　1065
　　　　　　　　　　　1066

3313₄　洑

32 ～溪徐氏家乘　　　6382

3316₉　潘

76 ～陽紀程　　　　　1962

3318₆　演

33 ～淺說　　　　　　0417
44 ～蒼年史　　　　　4849

3318₆　濱

32 ～州杜氏家乘　　　6005

3322₇　補

00 ～唐仲友補傳　　　1504
　　　　　　　　　　　1505
27 ～疑年錄　　　　　0161
30 ～宋潛溪唐仲友補傳　1504

　　　　　　　　　　　1505
47 ～柳堂詞鈔　　　　2839
56 ～輯李忠毅公年譜　3665
80 ～金陵通傳　　　　1033

3322₇　矋

22 ～山府君年譜　　　4617

3324₇　黻

00 ～唐陳老先生訃告　2734

3330₉　述

00 ～庵先生年譜　　　4377
　　　　　　　　　　　4378
16 ～聖圖　　　　　　1353
24 ～德徵言　　　　　2492
　　～德錄　　　　　6218
　　～德筆記　　　　3307
　　～德小識　　　　7812
　　　　　　　　　　　7813
90 ～懷集　　　　　　3327
　　～堂左丞哀啓　　2922

3390₄　梁

00 ～文定公年譜　　　4375
10 ～丁追悼錄　　　　3560
22 ～任公先生年譜長編初稿　4836
27 ～鄒王氏世譜　　　5499
　　　　　　　　　　　5540
30 ～安高氏宗譜　　　5033
32 ～溪旅稿　　　　　0848
　　～溪先生文集附錄　1481
　　～溪先生年譜　　　3860
　　～溪沈氏宗譜　　　5247
　　～溪黃氏續修宗譜　5974
　　～溪黃氏宗譜　　　5974
77 ～母潘太夫人七秩年譜　4765
　　～母潘太夫人年譜　4765
　　～母葉夫人哀啓　　2998

3400₀　斗

67 ～瞻太府君哀啓暨訃告　3130

3410₀　對

00 ～床風雨圖　　　　1826
08 ～諭廣訓衍　　　　4327
27 ～鳧緣影　　　　　2646

3411₁　湛

23 ～然居士年譜　　　3940
72 ～氏族譜　　　　　5397

3411₂　沈

00 ～文蕭公事略　　　2243
　　～文節公事實　　　2232
02 ～端恪公年譜　　　4310
　　　　　　　　　　　4311
　　　　　　　　　　　4312
　　　　　　　　　　　4313
10 ～王氏宗譜　　　　5590
　　～雨辰訃告　　　　2779
17 ～君穆堂家傳　　　2795
21 ～步洲先生訃告　　3453
27 ～歸愚自訂年譜　　4320
　　　　　　　　　　　4321
30 ～宜人墓誌　　　　2529
　　～定一先生被難哀啓　3427
40 ～存圃自訂年譜　　4411
　　　　　　　　　　　4412
50 ～中堅及其妻彭氏事略　1983
72 ～氏族譜　　　　　5223
　　　　　　　　　　　5227
　　　　　　　　　　　5230
　　　　　　　　　　　5251
　　～氏統譜　　　　　5219
　　～氏家譜　　　　　5224
　　　　　　　　　　　5235
　　～氏家乘　　　　　5234

～氏宗譜	5220
	5225
	5231
	5232
	5233
	5243
	5247
	5250
	5253
	5254
	5255
77 ～母翁太夫人七旬正壽徵	
詩文啓	2999
80 ～鏡軒先生哀挽錄	2607
～曾桐履歷	2761
～公子均家傳	2795

3412₇　潙

30 ～寧龍氏六修族譜	5432
～寧江氏支譜	5156
～寧江氏四修支譜	5156
～寧道林蔣氏十修譜	5881
～寧杜氏六修支譜	6009
～寧楓林顏氏二修支譜	4907
～寧楓林顏氏支譜	4903

3412₇　滿

32 ～洲奕氏家譜	4898
～洲正八旗各族通譜	4882
～洲西林覺羅氏祭祀書	7858
～洲名臣傳	0800
	0804
	0805
34 ～漢名臣傳	0803
～漢大臣列傳	0886
	0887

3412₇　渤

38 ～海西吳宗譜	5696
～海吳氏家譜	5697

～海堂吳氏家譜	5697

3413₁　法

27 ～祭酒朋舊及見錄	0719
41 ～梧門祭酒朋舊及見錄家	
數	0721

3413₄　漢

04 ～諸葛忠武侯年譜	3658
	3659
	3660
17 ～丞相諸葛忠武侯傳	1402
	1403
	1404
	1405
27 ～名臣言行錄	0495
～名臣傳	0800
	0804
	0805
28 ～徐徵士年譜	3658
	3661
30 ～安邱氏家乘	7252
31 ～沅祝氏六修族譜	5264
32 ～州張氏祠族譜	7122
34 ～漢壽亭侯關侯世家	1391
40 ～大司農康成鄭公年譜	3736
～太中大夫東方先生畫贊	1371
44 ～孝女先絡廟續修祀典碑	1302
	1372
50 ～中士女志	1142
～書疑年錄	0162
	0163
76 ～陽田公哀輓錄	2906
77 ～屋高公崇祀鄉賢祠錄	2002
～關聖世系續集合刻	1395
～關聖世系續考	1395
～關侯文翰故事	1398
～關侯事蹟彙編	1390
87 ～鄭君年譜	3657
88 ～管處士年譜	3739

3414₀　汝

72 ～氏支譜	5157
～氏第十五世耀庭公支譜	5157

3414₇　凌

37 ～次仲先生年譜	4441
	4442
40 ～臺府君年譜	4558
	4559
90 ～光廷先生行述	3104

3416₀　沽

34 ～瀆匯莫氏宗譜	7630

3416₀　渚

11 ～頭朱氏支譜	7745
～頭朱氏幹公支譜	7745

3418₁　洪

00 ～文襄公承疇年譜	4113
～文襄公年譜	4112
～文安公年譜	3656
	3876
～文惠公年譜	3647
	3648
	3656
	3875
	3877
～文敏公年譜	3647
	3648
	3656
	3875
	3877
11 ～北江先生年譜	4416
	4417
13 ～武聖政記	1004
20 ～稚存先生事蹟	1829

22 ～山羅祠紀事　2108
37 ～洞李氏宗譜　5777
　～洞蘇堡劉氏宗譜　7360
　～洞劉氏宗譜　7331
　　　　　　　　7360
48 ～敬傳行述　2219
50 ～忠宣公年譜　3656
72 ～氏宗譜　5003
88 ～範微　0683
　～節母張太宜人徵詩啓　2522
　～節母徵詩啓　2522
98 ～悌丞先生事略　3259

3418₁ 滇

40 ～南碑傳集　1183
　～南碑傳集補　1180
77 ～賢生卒考　1181
　～賢象傳初集　1182
90 ～粹　1179

3418₆ 潢

22 ～川縣知事西平趙君傳　3146

3421₀ 社

44 ～村劉氏三修族譜　7393

3426₀ 褚

47 ～嫂田夫人訃告　3527

3430₄ 達

10 ～爾漢貝勒巴彥攝津年譜　3652
31 ～河朱先生墓表　1838

3430₉ 遼

50 ～東繆氏宗譜　7617
　～東曹氏宗譜　6105
　～東四傳　1190

76 ～陽吳氏族譜　5732
　～陽馬海樓先生齊眉介觥
　　集　2735
80 ～金元姓譜　0060
　　　　　　　0061

3510₆ 冲

26 ～穆潘先生纂傳徵文啓　3590

3510₇ 津

77 ～門客話　2135

3511₈ 澧

33 ～浦謝公府君行述　1867

3512₇ 清

00 ～帝系后妃皇子皇女四考　4880
04 ～詩人王用晦先生年譜　4360
10 ～王曾孫王壽同等人事蹟　0841
　～平山人哀輓錄　3511
21 ～儒士曲阜經學會講師李
　　府君墓誌　2821
22 ～畿輔閨秀詩人姓名錄　0130
23 ～代帝后像　0874
　～代琴譜著見琴人名錄　0127
　～代山右碑傳錄　0975
　～代名人軼事　0850
　　　　　　　　0851
　～代名人錄　0845
　～代的幾個思想家　0884
　～代徵獻類編　0882
　～代徵士記　0878
　～代進士題名錄　0268
　～代者獻類徵名錄　0128
　～代國史館列傳　0844
　～代閨閣詩人徵略　1278
　～代閨閣詩人徵略索引　0129
　～代學者象傳第一集　0839
　～代學者象傳第二集　0840

26 ～皇室四譜　4879
28 ～谿徐氏宗譜　6345
30 ～容居士行年錄　4379
31 ～江蘇布政使左公暨王夫
　　人行述　2877
　～河張氏支譜　7176
　～河郡張氏族譜　7117
　～河家乘　7131
32 ～澄海宇册　1573
　～溪虞都許氏家譜　4889
　～溪沈氏六修家乘　5234
37 ～初三大詩家　0896
　～初名臣列傳　0827
　～逸錄　0412
40 ～十八人行狀　0702
　～大司馬薊門唐公年譜　0685
　　　　　　　　　　　4308
　～南昌熊季廉解元墓誌銘　3383
　～真先生遺事　1475
　　　　　　　　3938
　～真居士年譜　3854
　　　　　　　　3903
44 ～麓年譜　4690
　～苑樊府君墓表　2506
　～芬世守錄　1939
　～芬錄　7459
　～華胡氏統譜　6017
　　　　　　　　6036
　～華東園胡氏勳賢總譜　6037
　　　　　　　　　　　7460
　～葩堂孝感錄　8001
　～黃岡知縣李公傳　4021
47 ～朝畫徵錄　0716
　～朝書畫家筆錄　0869
　～朝書畫錄　0869
　　　　　　　0870
48 ～故譚室金恭人家傳　2695
50 ～史列傳　0888
　～史列傳底稿　0871
　～史列傳樣本　0889
　～末進士小傳　0912
60 ～國皇室系圖　4881
　～國史三十一大臣傳　0867

～四川提學使趙公墓表 2923
～甲午陣歿李將軍傳志 2565
71 ～歷代皇子名錄 0119
77 ～同治年日記 2559
～閫閣志 1524
～賢記 1522
　 1523
～賢紀 1521
　 1522
　 1523
80 ～人名剌彙訂 0123
83 ～錢牧齋先生年譜 4089

3513₄ 漣

36 ～湘賀氏族譜 5310

3519₆ 涑

12 ～水司馬家譜 5664
～水司馬氏源流集略 5663

3521₈ 禮

00 ～府家傳 0709
07 ～部君年譜 4608
～部題請端木國瑚入祀鄉賢
　祠事實冊 1927
44 ～村戴氏統宗譜 5287

3530₈ 遺

20 ～愛錄 3561
27 ～像題詞 1778
30 ～迹 1447

3610₀ 泗

76 ～陽張沌谷居士年譜 4820

3610₀ 洄

32 ～溪趙氏六修族譜 6089

3610₀ 湘

10 ～西許氏四修族譜 5481
～西沈氏房譜 5236
～西卷唐李氏支譜 5774
12 ～水懷清集 2599
17 ～邵劉氏三修族譜 7373
21 ～上戴氏族譜 5291
～上戴氏三修族譜 5291
～上戴氏四修族譜 5295
～上舒氏三修族譜 7596
24 ～綺府君年譜 4714
～綺樓日記 2398
27 ～鄉龍泉許氏五修族譜 5478
～鄉謝栗夫先生鄉賢錄 2271
～鄉二都平地衕胡氏族譜 6035
～鄉王氏五修族譜 5622
～鄉平地胡氏族譜 6035
～鄉張氏叔房支譜 7134
～鄉上扶朱氏四修族譜 7747
～鄉江氏五修族譜 5155
～鄉測水江氏五修族譜 5155
～鄉洞井劉氏三修族譜 7367
～鄉大石朱氏六修族譜 7705
～鄉花橋張氏四修族譜 7181
～鄉蘇塘王氏三修族譜 5555
～鄉茶衕鄧氏三修族譜 6255
～鄉胡氏族譜 6035
～鄉蠟子山謝氏族譜 4943
～鄉易氏世孝錄 1137
～鄉田樂蕩譚氏再修族譜 5428
～鄉陳氏三修支譜 7458
31 ～潭高塘李氏九修家譜 5817
～潭高塘李氏七修家譜 5778
～潭唐氏八修譜 5063
～潭唐氏八修宗譜 5063
～潭唐興灣朱氏汔上房九
　修支譜 7753
～潭顏家壋許氏五修族譜 5479
～潭王尊浦先生遺事集 2351
～潭裴氏四修族譜 7605
～潭丁氏三修族譜 6224

～潭朱亭何氏六修族譜 7236
～潭朱氏支譜 7753
～潭白汜李氏六修家譜 5839
～潭白汜劉氏三修族譜 7352
～潭泉沖王氏五修族譜 5612
～潭泉沖王氏五修族譜本
　原志 4890
～潭烏石吳氏四修族譜 5731
～潭神衕李氏四修家譜 5805
～潭洄溪趙氏六修族譜 6089
～潭鴻橋黃氏初修族譜 5953
～潭大荷塘胡氏六修族譜 6053
～潭橋頭黃氏五修支譜 5984
～潭橫頭侯氏九修族譜 7762
～潭楊梓張氏六修家譜 7183
～潭井華龍氏六修族譜 5431
～潭曹氏三修鼎公支譜 6117
～潭曹氏鼎公支譜 6108
～潭縣節孝志 1260
～潭昭峽劉氏五修族譜 7407
～潭長豐陳氏三修族譜 7531
～潭長湖劉氏五修族譜 7401
～潭劉氏四修族譜 7400
～潭陳氏三修族譜 7531
～潭陳氏八修族譜 7491
～潭學前譚氏三修支譜 5423
～潭八子塘劉氏三修族譜 7339
～潭錦石歐陽氏五修族譜 7572
～潭錦鼇峯黃氏四修族譜 5968
～潭節孝志 1260
37 ～軍平定粵匪戰圖 0829
40 ～南陳氏四修族譜 7526
50 ～中耆英圖 1135
62 ～影歷史 3299
77 ～飆紀程 2217
78 ～陰吳君行述 2537
～陰人物傳 1139

3611₀ 況

40 ～太守年譜 3965
～壽詞 3121
44 ～其徐氏支譜 6400

3611_4 湟

50 ～中公餘日記　2101

3611_7 溫

24 ～壯勇公六合殉難事略　2113
30 ～戶東支族譜　5261
72 ～氏族譜　5262
　　～氏余慶祠族譜　5262
74 ～陵陳氏分支海鹽宗譜　7463
76 ～陽李氏兩孝實紀　7971
80 ～公家範　5663
　　～公年譜　3815

3612_7 湯

00 ～文正公年譜定本　4219
　　　　　　　　　　4220
10 ～爾和先生悼會記事　3370
21 ～貞滑公年譜　4521
30 ～濟武訃告　3267
32 ～溪章氏宗譜　5400
33 ～浦嶺下黃氏宗譜　5954
72 ～氏族譜　6443
　　～氏三修族譜　6441
　　～氏家乘　6431
　　　　　　　6435
　　　　　　　6437
　　　　　　　6438
　　～氏宗譜　6432
　　　　　　　6436
　　　　　　　6442
　　～氏四修族譜　6444
　　　　　　　　　6445
77 ～母楊太夫人訃告　3199

3613_2 澴

22 ～川沈氏宗譜　5253
77 ～風集　2394

3614_1 澤

30 ～宮序次舉要　0413
　　　　　　　　0414

3630_2 邊

31 ～江劉氏族譜　7343
72 ～氏本支支譜　7763
　　　　　　　　7764
77 ～母王氏哀啓　3611

3630_3 還

04 ～讀廬春酒集　2823
　　～讀我書室老人手訂年譜　4630
　　～讀我書室老人年譜　4630

3712_0 洞

00 ～庭席碬卿先生言行錄　2407
　　～庭王氏家譜　5527
　　～庭西山堂里徐氏家譜　6403
　　～庭吳氏家譜　5674
　　～庭徐氏宗譜　6350
　　～庭沈氏重修宗譜　5221
　　　　　　　　　　　5226
　　～庭沈氏宗譜　5221
　　　　　　　　　5226
　　～庭蔡氏七六公大宗支譜　5990
　　～庭林屋馬氏宗譜　5340
　　～庭秦氏宗譜　5317
　　　　　　　　　5319
　　～庭秦氏八修宗譜　5319
　　～庭東山萬氏宗譜　5891
　　～庭東山葛氏四修宗譜　5904
　　～庭東山翁氏宗譜　7681
　　～庭東蔡宗譜　5992
　　～庭明月灣鄧氏續輯宗譜　6239
　　～庭煦巷徐氏重輯宗譜　6350
　　～庭金氏宗譜　7021

3712_0 湖

11 ～北詩徵傳略　1132
　　～北提法使翰林院侍讀馬公行狀　2915
　　～北人物志略　1133
　　～北節義錄　1131
22 ～山朱氏族譜　7690
　　～山送別詩冊　1845
　　～山杖履錄　1891
32 ～州荻溪章氏三修家乘　5404
38 ～海詩傳小傳　0333
40 ～南三峯曹氏通譜　6116
　　～南平江縣重修唐杜左拾遺工部員外郎墓並建祠請祀集刊　1441
　　～南石門縣丁氏續修族譜　6225
　　～南寧鄉博陵崔氏四修雲岫支譜　6298
　　～南漢益桃三縣聶氏九修族譜　5631
　　～南歷代鄉賢事略　1138
　　～南益陽原又三里熊氏五修族譜續編　6291
　　～南金氏族譜　4890
　　～南常德府武陵縣樂安堂孫氏宗譜　5120
　　～南常德縣張氏四修族譜　7196
44 ～莊聶氏四修族譜　5630
60 ～田馬氏五續族譜　5361
　　～田馬氏五修族譜　5361

3712_0 潮

32 ～州先賢像傳　1171

3712_0 潤

32 ～州許氏宗譜　5475
　　～州焦氏宗譜　6270
　　～州先賢錄　0992
　　～州吳氏宗譜　5734

～州包氏族譜	7278	
～州開沙許氏七修宗譜	5475	
～州開沙賈氏宗譜	5086	
40 ～南徐氏家乘	6414	
50 ～東王氏族譜	5541	
～東圖南陳氏重修族譜	7425	

3712₀ 澗

10 ～于日記	2676
22 ～山李氏三修族譜	5832

3712₇ 鴻

10 ～雪因緣	4564
	4565
	4568
	4569
	4570
	4571
	4572
～雪因緣圖記	4564
	4565
	4566
	4567
	4568
	4569
	4570
	4571
	4572
42 ～橋黃氏初修族譜	5953

3713₂ 淥

40 ～南沙田劉氏續修族譜	7368

3713₆ 漁

32 ～溪王氏三修支譜	5583
33 ～梁徐氏塘墅派支譜	6362
34 ～潢年譜	4296
	4297
38 ～洋山人自撰年譜	4241

	4242
	4243
～洋山人年譜	4241
	4242
	4243
	4244
～洋先生生日修祀詩	1703
40 ～樵話	1633

3714₆ 潯

38 ～海施氏大宗族譜	4889

3714₇ 瀿

10 ～西雙港徐徐氏宗譜	6409

3715₇ 瀞

60 ～園自述	4796

3716₁ 澹

52 ～靜齋巡輶百日記	2187

3716₄ 洛

76 ～陽戈氏宗譜	5327
77 ～學編	0322

3716₄ 潞

31 ～河劉氏宗譜	7330
～河谷氏宗譜	7039
	7040

3717₂ 涵

44 ～芬樓古今文鈔小傳	0472
	0473
	0474

3718₁ 凝

20 ～香室鴻雪因緣圖記	4564
	4565
	4567
	4568
	4569
	4570
	4571
	4572
52 ～靜府君曁配那拉氏太夫人盧佳氏太夫人行狀	1775

3718₂ 次

06 ～韻四弟遊悔廬自述詩十八首	3329
22 ～川年譜	4019
～山府君行述	2213
42 ～晳次齋主人年譜	4749

3718₆ 濱

76 ～陽劉氏四修族譜	7402
～陽周氏續修支譜	7006

3719₄ 滌

32 ～浮居士塵遊錄	4645
53 ～甫府君行述	2013

3719₄ 深

30 ～寧先生年譜	3647
	3648
	3878
	3911
62 ～縣封竹軒先生八旬晉一壽言集	2780

3721₀ 祖

00 ～庭聞見錄	4754

12 ～孫殉忠錄	0600	～塘日記　3352	志　2654

12 ～孫殉忠錄　0600
60 ～國女界文豪譜　1285

3721₄ 冠

77 ～卿府君行述　2323

3722₀ 初

12 ～刊校餘識言　0981

3722₇ 祁

00 ～文端公自訂年譜　4595
10 ～西桃源陳氏通公家譜　7429
11 ～碩陶哀輓錄　3563
22 ～彪佳等傳　0656
50 ～泰紹事實　1991
　～泰紹贈蔭議恤各事宜　1989
　　　　　　　　　　　1990
　～忠敏公日記　1643
　　　　　　　　1644
　　　　　　　　4138
　　　　　　　　4139
　～忠敏公年譜　1643
　　　　　　　　1644
　　　　　　　　4138
　　　　　　　　4139
72 ～氏家規三法　7835
　～氏世譜　5749
77 ～門方氏宗譜　6184
　～門倪氏族譜　7257
　　　　　　　　7261
　～門紀變錄　1055
　～門富業坊徐氏族譜　6339
　～門塘頭黟邑赤嶺徐氏二
　族合譜　6339

3730₁ 逸

40 ～士傳　0190
　　　　　0191
　～塘詩存　5608

～塘日記　3352
77 ～民史　0255

3730₂ 迎

60 ～恩李氏宗譜　5821

3730₂ 週

60 ～甲詩記　3233

3730₂ 通

00 ～齋自記　4681
27 ～侯杂述　0461
80 ～介堂徐氏先世傳略　7863

3730₂ 過

77 ～母胡夫人赴告　3501

3730₃ 退

00 ～庵自訂年譜　4510
　～盧老人隨筆記　2479
60 ～思齋主人五世同堂五十
　六十七十八十壽文錄　2860

3730₄ 遲

98 ～悔齋年譜　4599

3730₄ 退

00 ～庵夢憶　3537

3730₇ 追

20 ～往述來記　3000
90 ～憶陷寇紀略　2538
　～憶錄　3021
　～懷錄　7985
91 ～悼張文達公祭文挽詞彙

志　2654
～悼吳烈士大會紀念册　3368
～悼長沙張文達公祭文詩
　聯彙志　2654
～悼俞翽梧先生暨德配張
　夫人紀事　3256

3730₇ 遙

37 ～湖西平李氏族譜　5784
　～湖李氏續修族譜　5784
　～湖李氏續修支譜　5775

3772₀ 朗

53 ～甫府君行述　1940

3780₆ 資

24 ～德大夫兵部尚書郭公青
　螺年譜　4047
76 ～陽郭氏洪淳支譜　5454
　～陽三峯曹氏必昌支六修
　譜　6123
　～陽三峯曹氏支譜　6123
　～陽柴氏支譜　7608
　～陽柴氏四修支譜　7608
　～陽趙氏五修族譜　6088
　～陽趙氏家譜　6088
　～陽曹氏六修支譜　6123
　～陽邱氏五修支譜　7251

3811₇ 濫

28 ～觴筆錄　2819

3812₇ 汾

76 ～陽曹氏志傳合刻　1786

3812₇ 瀚

34 ～瀆徐氏宗譜　6372

		6405	〜城陳氏三代懿行錄	7492	80〜翁自訂年譜	4633
			50〜忠介公年譜	4027		4634
3813₂　滋				4028		
				4029	**3830₃　送**	
60〜園府君行述	2045	60〜國尚友錄	7910		
		〜昌朱氏宗譜	7723	21〜盧忠肅公遺印歸祠記	1639
3814₇　游		〜昌查氏宗譜	5753		1640
			5755		
72〜氏六修族譜	5266	〜昌鵬坡陸氏宗譜	6133	**3830₄　逆**	
〜氏族譜	5265	72〜氏族譜	5017		
		〜氏答兒公族譜	5017	71〜臣傳	0808
3815₁　洋		77〜印老人年譜	4674		0809
		78〜鹽朱氏族譜	7709		0811
26〜泉朱氏宗譜	7742	〜鹽朱氏宗譜	7709		0816
32〜溪沈氏宗譜	5238	〜鹽朱節母生壙銘並題詠	3013		0817
37〜湖張氏三修族譜	7168	〜鹽畫史	1125		0818
		80〜公年譜	4027		0819
3815₇　海					0820
		3816₇　滄			0821
00〜康陳清端公年譜	4287				0823
	4288	38〜海同深錄	0689		0824
21〜虞張氏支譜	7136	40〜來自記年譜	4425		0825
〜虞畫苑略	1018				0826
〜虞曾氏家譜	5379	**3819₄　涂**			
	5381			**3830₄　遊**	
22〜豐張氏族譜	7098	40〜大司馬年譜	2160		
〜豐張氏家乘	7098		4648	08〜譜	1608
〜峯府君行述	1834	72〜氏五修支譜	5007		1611
23〜外名賢事略	7915	〜氏瑄房五修支譜	5007		1612
〜岱傳人集	0954	〜氏宗譜	5005		4092
〜岱史略	0953	77〜母吳太夫人七十慰藹錄	2708		4093
30〜寧王藹香先生赴告	3241	80〜公朗軒府君行述	2160	71〜歷日本考查農務日記	3292
〜寧嚴門高氏家譜	5030		4648	98〜悔廬六十初度詩	3327
	5036			〜悔廬自述詩	3328
	5041	**3826₈　裕**			3329
〜寧朱氏宗譜	7723				
〜寧渤海陳氏宗譜	7468	08〜謙列傳	2021	**3830₄　邀**	
	7483	80〜公去思碑	2509		
〜寧查氏族譜	5753			37〜湖李氏支譜	5775
	5755	**3830₃　遂**			
32〜澄周忠惠公自敍年譜	4066			**3830₄　遵**	
37〜軍總長程君之碑	2926	30〜寧張文端公年譜	4277		
43〜城李公勤王紀略	2373	〜安陳氏宗譜	7513	80〜義府禹門寺策眉九十翁	

行狀	1624	
～義沙灘黎氏家譜	6321	
～義夷牢溪謁墓記	1188	

3830₆　道

00 ～齋正軌	0389
24 ～先生年譜	3649
27 ～鄉公年譜	3857
41 ～墟章氏民珉一房一線譜	5411
44 ～林蔣氏族譜	5881
53 ～咸以來梨園繫年小錄	0890
	0891
60 ～國元公濂溪周夫子志	1459
～國元公濂溪周夫子年表	
行實志	3813
77 ～學源流	0281

3834₃　導

31 ～河張氏家譜	7164

3860₄　啓

31 ～禎遺詩小傳	0653
	0654

3912₀　沙

40 ～塘周氏六修族譜	7001
60 ～田劉氏續修族譜	7368

3912₇　澇

37 ～湖陳氏宗譜	7424

3915₀　泮

44 ～垗熊氏重修族譜	6284

3918₉　淡

40 ～志室主人紀年前編	4859

4000₀　十

10 ～五家年譜叢書	3658
80 ～八年日記	3388
～年讀書之廬主人自敍年	
譜	4588
	4658

4001₁　左

00 ～文襄公輓聯	2170
～文襄公年譜	4649
	4650
17 ～君元配楊淑人墓誌銘	3406
25 ～傳人名辨異	0101
30 ～寶貴四十週年忌辰紀念	
錄	2441
～宗棠榮哀錄	2171
40 ～臺吳氏大宗譜	5737
50 ～忠毅公年譜	4075
	4076
	4077
	4078
～忠毅公年譜定本	4078
	4079
60 ～田黃氏宗派圖	5912
72 ～氏宗譜	5751
80 ～公六十壽序	2157
	2172
～公暨王夫人行述	2877

4001₇　九

01 ～龍真逸七十述哀詩册	2818
50 ～史同姓名略	0098
	0099

4003₀　大

10 ～石朱氏六修族譜	7705
27 ～阜潘氏支譜	5200
	5217
30 ～宗祠祭規	7808

32 ～泛陳氏宗譜	7418
33 ～梁王氏世系編	4890
34 ～港趙氏斗星分宗譜	6063
35 ～清畿輔列女傳	0943
	0944
～清畿輔先哲傳	0943
	0944
～清孝定景皇后事略	3150
～清國史宗室列傳	0714
	0715
40 ～塘明經胡氏已伯三派支	
譜	6015
44 ～夢紀年	4596
53 ～成通志	1324
55 ～慧普覺禪師年譜	3863
60 ～日本中興先覺志	7944
71 ～臣傳	0731
77 ～覺普濟能仁國師年譜	4184
	4185
～學生余姚馬君步青之紀	
念錄	3378
～學士白公家傳	1819
～興馮公度先生七秩壽辰	
徵詩文啓	3108
80 ～義從軍躬行記	3557
99 ～營洪氏世系圖	5001

4003₀　太

10 ～平天國九王傳	0906
～平圖話	0036
～平圖話姓氏綜	0036
21 ～師權公實紀	7993
23 ～傅孫文正公手書遺摺稿	2341
30 ～寧邢氏支譜	6259
～守裕公去思碑文	2509
37 ～湖王氏宗譜	5520
～湖張氏宗譜	7148
～湖孝友堂張氏宗譜	7188
～湖縣任盧氏宗譜	6276
～湖縣胡氏宗譜	6043
～湖縣東鄉秦梅園賈氏宗	
譜	5083

　　～祖高皇帝位下第十四子
　　　和碩睿忠親王之後裔　4873
40 ～古通州輪船遇盜日記　3591
50 ～史來瞿唐先生年譜　4035
　　　　　　　　　　　　4036
　　～史公疑年考　　　　3725
　　～史公年譜　　　　　3724
　　～夫人年譜（尹會一之母）4304
　　　　　　　　　　　　4305
60 ～邑潘氏宗譜　　　　5213
71 ～原王楊氏支譜　　　5533
　　～原王氏續修家譜　　5508
　　～原王氏皋橋支譜　　5557
　　～原王氏宗譜　　　　5487
　　～原王氏通譜　　　　5485
　　～原王氏菱湖支譜　　5531
　　～原郡派新安婺南雲川王
　　　氏世譜　　　　　　5514
　　～原家譜　　　　　　5508
　　　　　　　　　　　　5527
80 ～八支錫社公支譜　　6403
　　～倉鄉先賢畫像　　　1050
90 ～常公年譜　　　　　3675
　　　　　　　　　　　　4016

4003₄　爽

29 ～秋府君行略　　　　2634

4004₇　友

47 ～聲集　　　　　　　3237
48 ～梅府君哀啓　　　　2856
　　～梅府君行述　　　　2126
88 ～竹軒遺稿　　　　　0709

4010₀　士

71 ～厚三十五自述　　　3588

4010₄　臺

32 ～灣文獻類編　　　　4889

　　～灣紀事　　　　　　1689
　　～灣關系族譜叢書　　4889
　　～灣鄭氏紀事　　　　1689

4010₆　查

24 ～他山先生年譜　　　4278
　　　　　　　　　　　　4279
30 ～它山年譜　　　　　4278
　　　　　　　　　　　　4279
50 ～忠烈公考略　　　　1446
　　～東山先生年譜　　　4132
　　　　　　　　　　　　4133
72 ～氏族譜　　　　　　5756
　　～氏一門烈女編　　　1232
　　　　　　　　　　　　1233
　　～氏宗譜　　　　　　5754
　　　　　　　　　　　　5757

4010₇　直

00 ～廬日記　　　　　　3173
05 ～講李先生年譜　　　3812
32 ～溪王氏宗譜　　　　5539
47 ～埠傅氏宗譜　　　　6310

4010₇　壺

50 ～中九老圖題記　　　0925

4010₈　壹

27 ～修府君訃告　　　　3060

4016₇　塘

38 ～洋邵氏宗譜　　　　6264

4020₇　麥

01 ～龍韜列傳　　　　　3351

4022₇　內

17 ～子黃君淑齋六秩加一誕
　　　期壽言　　　　　3145
77 ～閣中書保存年譜　　3652

4022₇　布

00 ～齊世系表　　　　　6446

4022₇　希

40 ～有錄　　　　　　　0393
50 ～忠錄　　　　　　　1531
77 ～賢錄　　　　　　　0302
　　　　　　　　　　　　1461

4022₇　有

10 ～正味齋日記　　　　1830
50 ～泰日記　　　　　　2628
　　～泰駐藏日記　　　　2629
67 ～明於越三不朽名賢圖贊　1072
　　　　　　　　　　　　1074

4022₇　南

00 ～唐二主年表　　　　3667
　　～唐後主年表　　　　3667
　　～唐中主年表　　　　3667
07 ～望張氏宗譜　　　　7160
11 ～張世譜　　　　　　7107
21 ～征圖詩　　　　　　0709
22 ～豐年譜　　　　　　3820
　　～崖府君年譜　　　　4399
　　　　　　　　　　　　4400
　　～倭考　　　　　　　0578
　　～山先生年譜　　　　4284
　　～山佳話　　　　　　2387
　　～山劉氏宗譜　　　　7347
24 ～先生行述　　　　　8035
26 ～吳舊話錄　　　　　0986

27 ～歸志　　　　　　　　3592
30 ～宋中興名將約編　　　0541
　　～宋院畫錄　　　　　　0546
31 ～源賈氏宗譜　　　　　5084
32 ～州宗譜　　　　　　　6386
　　～兆陳氏宗譜　　　　　7447
　　～溪灣港黃氏宗譜　　　5969
　　～溪韓公年譜　　　　　4612
　　～溪黃氏宗譜　　　　　5969
　　～溪盛氏家譜　　　　　6098
37 ～湖舊話　　　　　　　0985
　　～澗先生易簀記　　　　1796
　　～潯擷秀錄　　　　　　1118
　　～通平潮市曹公亭詩　　1556
　　～通孫氏念萱堂題詠集　2652
　　～通季銘盤先生紳謳錄　3556
　　～通徐希穆先生暨德配錢
　　　　太夫人哀挽錄　　　3100
　　～通顧氏宗譜　　　　　4992
　　～通費君贊　　　　　　3115
　　～通費氏家傳　　　　　5336
　　～通費鑒清先生哀思錄　3113
　　　　　　　　　　　　　3114
38 ～海康先生傳　　　　　2882
　　　　　　　　　　　　　2883
　　～海先生所著書目　　　2883
　　～海九江朱氏家譜　　　7701
　　～海吉利下橋關樹德堂家
　　　　譜　　　　　　　　6140
　　～海葉氏家譜　　　　　7653
　　～海鶴園陳氏族譜　　　7488
　　～海學正黃氏家譜　　　4890
　　　　　　　　　　　　　5946
　　～海關德禪女士哀輓錄　3605
　　～海關氏家譜　　　　　6140
40 ～塘丁氏六修真譜　　　6217
　　～塘里王氏宗譜　　　　5564
　　～皮張氏兩烈女碑　　　1270
　　～皮張氏四門第十八支家
　　　　譜　　　　　　　　7192
　　～皮潘氏族譜稿　　　　4890
　　～皮劉氏族譜　　　　　7395
44 ～村府君自訂年譜　　　4538

47 ～都殉國臣傳　　　　　0687
53 ～成朱氏族譜　　　　　7688
67 ～明石氏宗譜　　　　　5632
　　～明宗室傳　　　　　　0679
　　～明忠烈傳　　　　　　0689
　　～昀老人自訂年譜　　　4275
71 ～厓府君家傳　　　　　1912
　　～匯王孟謙先生傳　　　3262
　　～匯王氏家傳　　　　　5587
74 ～陵無雙譜排律　　　　0288
76 ～隅花廳王氏宗譜　　　4890
　　～陽張延綬別傳　　　　1445
　　～陽張氏先芬錄　　　　7180
　　～陽鄧氏肇修族譜　　　6244
　　～陽岑氏譜考附卷　　　7890
　　～陽四修家乘　　　　　6243
　　～陽劉氏宗譜　　　　　7359
77 ～屏葉氏族譜　　　　　7635
　　～關懷敘堂宗譜　　　　5470

4024₇ 皮

00 ～鹿門先生年譜　　　　4767
72 ～氏五修族譜　　　　　7785
　　～氏四修族譜　　　　　7784

4030₀ 寸

44 ～草廬贈言　　　　　　2345
　　　　　　　　　　　　　2346

4033₁ 赤

22 ～山元宗祠志　　　　　7809
25 ～穗四十七士傳　　　　7935
　　～穗義人錄　　　　　　7927
48 ～松王氏宗譜　　　　　5605

4033₁ 志

00 ～哀　　　　　　　　　2527
44 ～草鈔存　　　　　　　0283
77 ～學錄　　　　　　　　1660

81 ～矩齋讀書圖　　　　　1668

4034₁ 寺

44 ～莊趙氏宗譜　　　　　6077

4040₀ 女

17 ～子模範列女傳　　　　1216
21 ～紅傳徵略　　　　　　1291
40 ～士奇行傳　　　　　　1235
44 ～英傳　　　　　　　　1258
48 ～教史傳通纂　　　　　1230
50 ～史通纂　　　　　　　1230
　　～史分類節要　　　　　1276
　　～史節要　　　　　　　1276
78 ～鑒　　　　　　　　　1295
88 ～範編　　　　　　　　1221
　　　　　　　　　　　　　1222

4040₇ 支

17 ～那帝國主人第一人成吉
　　　思汗少年史　　　　　1508
　　～那畫名家姓名字號捷
　　　覽　　　　　　　　　0181

4040₇ 李

00 ～文正公年譜　　　　　3985
　　～文清公日記　　　　　2052
　　～文恭公行述　　　　　2049
　　～文忠公七旬壽詩　　　2282
　　～文忠公事略　　　　　2289
　　　　　　　　　　　　　2290
　　～文田事略　　　　　　2417
01 ～龍川年譜　　　　　　4635
10 ～元仲別傳　　　　　　1645
11 ～玕甫先生家傳　　　　3144
　　　　　　　　　　　　　3175
12 ～登輝先生哀思錄　　　3245
　　～烈士策安先生事略　　3321
17 ～承先傳　　　　　　　3503

～子香先生七十壽言錄	2688	
～君墓誌銘	2587	
～司特耳傳略	8018	
20 ～千護公通譜	5845	
～爵節帥公年譜	4668	
	4755	
～維楨訃告	2826	
21 ～經述列傳	3564	
23 ～傅相歷聘歐美記	2288	
26 ～白集傳	1437	
27 ～將軍傳志彙編	2566	
30 ～家駒日記	3209	
	3210	
～寒支先生歲紀	4136	
37 ～鴻章	2292	
	2293	
	2294	
	2295	
～鴻章榮哀錄	2283	
～鴻藻行狀	2234	
～滑肅武澝二公父子列傳	0909	
～追遠堂宗譜	5801	
41 ～墟蔣氏宗譜	5872	
44 ～恭人行略	2235	
46 ～觀察國史館忠義傳	2878	
～恕谷先生年譜	4289	
	4290	
	4291	
47 ～報本堂族譜	5816	
48 ～翰林年譜	3769	
	3772	
50 ～申耆年譜	4487	
～夫人行略	1863	
～忠武公事實	2222	
～忠武公年譜	4668	
	4755	
～忠定公年譜	3658	
	3659	
	3660	
	3861	
	3862	
53 ～成芳祭文稿	3291	
60 ～星冶先生哀啓	2626	

～見羅先生行略	1567	
64 ～時珍傳記選	1563	
65 ～映川先生燕喜錄	2806	
71 ～厪園先生年譜	4108	
72 ～剛烈公碧血錄	2082	
～剛介公傳忠錄	2181	
～氏六修族譜	5793	
～氏六修家譜	5839	
～氏族譜	4890	
	5762	
	5765	
	5766	
	5778	
	5780	
	5785	
	5793	
	5799	
	5803	
	5804	
	5806	
	5815	
	5816	
	5823	
	5824	
	5826	
	5832	
	5835	
	5841	
	5842	
	5844	
	5847	
	5848	
	5850	
	5851	
	5854	
	5855	
～氏三修族譜	5800	
	5846	
～氏三忠事蹟考證	5770	
～氏五修族譜	5814	
	5835	
	5853	
～氏五修支譜	5797	

～氏碑傳集	5810	
～氏重修宗譜	5779	
～氏先德錄	7838	
～氏續修族譜	5766	
	5792	
～氏復仇實錄	3623	
～氏家譜	5763	
	5788	
	5839	
～氏家乘	5848	
	5854	
	5792	
	5794	
～氏家牒	7837	
～氏宗譜	5776	
	5779	
	5783	
	5790	
	5792	
	5795	
	5825	
	5833	
	5837	
	5838	
	5843	
	5848	
～氏近房宗譜	5768	
	5798	
～氏支譜	5774	
	5775	
	5787	
	5797	
～氏四續宗譜	5851	
～氏四修族譜	5815	
	5850	
～氏四修家譜	5805	
～氏四修宗譜	5838	
～氏四房支派世系家譜稿	5760	
～氏別紀	7836	
～氏分支宗譜	5828	
77 ～母遲太夫人墓表	2230	
～母橫溝宜人傳略	7988	
～母陶夫人家傳	3144	

　　　　　　　　　　　3175
～母錢太夫人訃告　　2693
～閩學政續錄　　　　2427
～印泉先生病疽記　　3380
～印泉先生傳　　　　3379
80 ～義山詩譜　　　　3798
～公五十壽序　　　　2157
　　　　　　　　　　2279
81 ～頌君先生五十壽言　3319
82 ～鍾英先生碑文　　1655
88 ～節母朱太夫人榮慶錄　2940
～節母紀太夫人六秩榮誕
　　徵文事略　　　　3232
～節母家傳　　　　　3246
96 ～惺園先生哀挽錄　2606

4046₅ 嘉

05 ～靖以來首輔傳　　0575
　　　　　　　　　　0576
　　　　　　　　　　0577
20 ～禾項氏清芬錄　　5092
～禾徵獻錄　　　　　1093
　　　　　　　　　　1094
30 ～定葛氏宗譜　　　5906
77 ～興譚氏家譜　　　4890
　　　　　　　　　　5421
～興沈稚嚴先生哀輓錄　2887
～興錢新甫先生暨德配周
　　夫人七十雙壽徵文啟　2675
～興錢公行狀　　　　2674
80 ～善孫氏殉難記　　0686
～善曹氏悼敘錄　　　7852

4050₆ 韋

67 ～墅里黃氏家乘　　5976

4060₀ 古

10 ～爾布希等列傳　　0703
12 ～列女傳　　　　　1193
　　　　　　　　　　1194

　　　　　　　　　　1195
　　　　　　　　　　1196
　　　　　　　　　　1197
　　　　　　　　　　1198
16 ～聖賢像傳略　　　0361
～現王氏世譜　　　　4890
21 ～虞龔氏宗譜　　　4912
～虞謝氏新宅世譜　　4947
～虞上浦林氏宗譜　　7313
～虞梁湖陳氏宗譜　　7420
～虞姚氏宗譜　　　　6454
～虞葛氏宗譜　　　　5905
～虞林氏宗譜　　　　7313
～虞胡氏長者山支宗譜　6013
～虞劉陳世譜　　　　7433
～虞金罍范氏宗譜　　6490
～虞金罍觀橋成氏宗譜　5329
～虞義門劉陳世譜　　7433
24 ～豔雙芳錄　　　　1286
～先君臣圖鑒　　　　0227
～稀自述　　　　　　2491
　　　　　　　　　　2731
26 ～吳朱氏宗譜　　　7695
　　　　　　　　　　7716
　　　　　　　　　　7717
　　　　　　　　　　7735
～吳闕氏宗譜　　　　7567
37 ～潤顏氏宗譜　　　4906
～潤金氏宗譜　　　　7029
40 ～塘石氏族譜　　　5639
41 ～墟府君行狀　　　2020
44 ～孝彙傳　　　　　0450
47 ～歡錄　　　　　　0289
51 ～虹鄧氏宗譜　　　6247
55 ～井遺忠集　　　　1606
60 ～品節錄　　　　　0330
　　　　　　　　　　0331
　　　　　　　　　　0332
64 ～睦青溪紫峯項氏宗譜　5089
77 ～同姓名摭略　　　0107
～賢小字錄　　　　　0137
78 ～臨津朱氏宗譜　　7714
80 ～人幾部　　　　　0272

～人姓名考逸　　　　0079
～今廉鑒　　　　　　0254
～今百將傳　　　　　0206
～今列女傳　　　　　1209
～今列女傳讀本　　　1220
～今習語考　　　　　0443
～今將略　　　　　　0206
　　　　　　　　　　0207
～今名將傳　　　　　0259
～今女將傳贊　　　　1292
～今孝友傳　　　　　0329
～今萬姓統譜　　　　0014
　　　　　　　　　　0015
　　　　　　　　　　0017
　　　　　　　　　　0018
　　　　　　　　　　0019
～今長者錄　　　　　0253
～今氏族雜證　　　　0071
～今同姓名錄　　　　0075
　　　　　　　　　　0076
～今人物志　　　　　0226
～今人物志略　　　　0226
83 ～猷左氏宗譜　　　5751
87 ～歙昉溪許邦伯門修建祠
　　記匯存　　　　　7823
～歙杲溪劉氏家譜　　7326
～歙義成朱氏宗譜　　7704
88 ～餘府君事略　　　2820
～築孫氏家譜　　　　5093

4060₀ 右

17 ～丞年譜　　　　　3767
37 ～軍年譜　　　　　3750
　　　　　　　　　　3751
50 ～史新編　　　　　0849
87 ～銘先府君行狀　　2386

4060₁ 吉

12 ～水毛襄懋先生年譜　4005
44 ～林先哲祠題名傳　1191
～林徐氏宗譜　　　　6407

～林永吉徐氏宗譜	6407	
～林成氏家譜	5328	

4060₁　薔

00 ～庵府君年狀	4680
80 ～翁自訂年譜	4780
	4781
	4782

4060₁　奮

53 ～威將軍丁公衡三行狀	2690

4060₉　杏

44 ～莊府君自敍年譜	4427
～蓀府君行述	2590
～林雜話	7921

4062₁　奇

12 ～烈編	1262
45 ～姓名錄	0079
～姓通	0020
	0021
67 ～明保例傳	2582

4064₁　壽

00 ～言聚錦	1758
～言彙刻	3020
～言彙輯	3125
04 ～詩彙集	1759
～護錄	3068
22 ～山張氏宗譜	7170
～山太府君行述	1994
27 ～將軍家傳	3558
32 ～州孫文正公年譜	4701
44 ～萱集	1951
～蓀府君行述	2227
50 ～妻駢言	3145
77 ～母小記	1862

4071₀　七

40 ～十二子列傳	0390
	0392
	3696
～奇老人傳	3583
～真年譜	3632
60 ～里川堂蔣氏宗譜	5871
～甲何氏三修族譜	7228
77 ～閩陳氏世系	7537

4073₂　袁

00 ～京卿日記	2635
10 ～石公遺事錄	1595
17 ～君墓誌銘	2502
	2698
～郡鍾祠主譜	7042
22 ～崇煥傳	1618
	1619
27 ～督師傳文合錄	1614
～督師遺稿遺事彙輯	1616
～督師事迹	1615
40 ～太史高文良黃文襄傳	0730
～爽秋京卿日記	2635
44 ～世凱之新出現	2933
～世凱軼事	2935
50 ～中郎年譜	4064
～妻関夫人訃告	3166
72 ～氏族譜	7286
	7295
～氏五修族譜	7295
～氏重修世譜	7299
～氏宗譜	7288
	7299
～氏成戶七修族譜	7294
～氏同宗會譜	7283
77 ～屏山先生紀念刊	3236
～屏山傳記	3235
～母于太夫人哀啓	3594
80 ～公仲青行述	2732

4080₁　真

72 ～隱先生年譜	4074

4090₀　木

44 ～蘭將軍集	1435
72 ～氏宦譜	7600

4090₈　來

77 ～鳳吳氏支譜	5738

4091₆　檀

22 ～嶺王氏宗譜	5548

4091₇　杭

00 ～辛齋赴告	3177
32 ～州夏氏世系圖	7084
40 ～女表微錄	1251

4092₇　橋

40 ～李高逸傳	1121

4094₁　梓

30 ～潼士女志	1142
41 ～楨朱公清芬錄	2481
60 ～里表忠錄	0771

4094₈　校

10 ～正列女傳讀本	1215
～正萬古愁	4180
～正增廣尚友錄統編	0251
～正增補尚友錄	0238
～正尚友錄	0238
	0239
	0244

	0245
	0246
	0248
～正尚友錄三集	0245
	0246
～正尚友錄統編	0249
	0250
	0251
～正尚友錄續集	0242
	0243
	0244
～正尚友錄四集	0246
～正尚友錄全編	0239
12 ～刊黃鈕同宗譜	7061
21 ～經叟自訂年譜	4467
33 ～補亭林年譜	4174

4141₆　姬

25 ～佛陀先生五旬壽辰徵詩	
文啓	3480

4191₆　樞

41 ～垣爵里姓氏考	0063

4192₀　柯

14 ～劻宏哀啓	2710
77 ～鳳孫追悼會紀錄	2709

4194₇　板

44 ～村蔡氏義派支譜	6003

4196₁　梧

22 ～川汪氏宗譜	5181
79 ～睦徐氏宗譜	6383

4212₁　圻

44 ～村王氏族譜	5493

4212₂　彭

10 ～雲客先生志矩齋讀書圖	1668
12 ～孫貽羿仁甲申後亡臣表	0676
40 ～太夫人訃告	2786
41 ～嫣別傳	3298
43 ～城禮村世譜	7365
～城劉氏宛旌禮邨世譜	7332
	7365
～城劉氏禮邨世譜	7332
～城俞氏世譜	7577
50 ～春洲先生詩譜	4561
72 ～剛直公神道碑文	2206
～剛直公榮哀錄	2204
～氏哀啓	2261
～氏家難紀實	3297
77 ～母馬太夫人訃告	3190
80 ～公墓誌銘	2239

4213₆　蟿

60 ～睪齋日記	3313

4220₀　蒯

17 ～君行狀	2865
80 ～公子範歷任治所崇祀錄	2201

4240₀　荆

10 ～西孫氏宗譜	5113
22 ～川明經胡氏五義堂宗譜	4890
～川學脈表	0685
～川弟子考	0685
32 ～溪湖泮渚顧氏宗譜	4989
～溪范氏家乘	6491
60 ～邑堰口王氏宗譜	5547
77 ～母夏太夫人訃告	3156

4241₃　姚

10 ～石甫先生年譜	4543

11 ～北沈氏宗譜	5232
31 ～江諸氏宗譜	5070
～江邵氏宗譜	6265
～江雙雁葉氏宗譜	7654
～江上林岑氏章慶堂宗譜	7240
～江徐氏三續宗譜	6376
～江徐氏三續增修譜	6389
～江徐氏再續增修譜	6346
	6347
～江徐氏續譜	6330
	6331
～江徐氏宗譜	6325
	6326
～江沈氏宗譜	5246
～江古將壇俞氏宗譜	7586
～江孝義周氏宗譜	7007
～江黃氏宗譜	5963
～江趙氏宗譜	6062
	6073
～江四堡陳氏宗譜	7444
～江四明黃氏宗譜	5952
～江陳氏宗譜	7444
40 ～太恭人家傳	2493
44 ～華訃告	3342
72 ～氏震公房譜	6467
～氏百世源流考	6455
～氏上梅塘支譜	6468
～氏上梅塘四修支譜	6468
～氏家乘	6448
	6449
	6450
～氏宗譜	6452
	6458
	6459
	6462
	6464
～氏述先記	7869
77 ～母高太君哀挽錄	3213
86 ～錫光日記	2832
88 ～節母何太君家传	2517
～節母何太君事述	2518
94 ～惜抱先生年譜	4401

							2994
							2995
4252₁ 靳		**4303₀ 犬**		30 ～寧姚氏宗譜	6464		
50 ～史	0256	70 ～臆	3420	**4355₀ 載**			
72 ～氏宗譜	6469	**4304₂ 博**		47 ～都統穆殉難事實	2705		
4257₇ 韜				～都統事實集錄	2706		
71 ～厂蹈海錄	3336	67 ～野尹太夫人年譜	4305	**4373₂ 裘**			
4282₁ 斯		**4313₂ 求**		72 ～氏重修家譜	5275		
50 ～未信齋主人自訂年譜	4600	10 ～可堂自記	1739	**4380₀ 赴**			
		～可堂家训	1739				
4291₃ 桃		23 ～我山人年譜	4798	34 ～滇紀程	1810		
31 ～江日記	1919	40 ～志齋雜鈔	0279	74 ～陝紀程	3548		
～源鄭氏族譜	6154	44 ～舊續錄	1122	77 ～鳳行紀	1810		
4292₂ 杉			1124	**4380₀ 貳**			
40 ～木橋李氏六修族譜	5793	77 ～闕齋日記類鈔	2148				
			2149	71 ～臣傳	0806		
4292₇ 橋			2150		0807		
			2151		0808		
11 ～北十七名花譜	7940		2152		0809		
	7941		2153		0810		
～頭黃氏五修支譜	5984	～闕齋弟子記	2147		0811		
～頭金氏四修族譜	7032	**4315₀ 城**			0812		
		10 ～西黃氏家譜	5934		0813		
4293₄ 樸		40 ～南方氏宗譜	6201		0814		
		～南詩社齒錄	0120		0818		
60 ～圜府君行述	1954	～南詩社小傳	0923		0819		
		～南張氏五修支譜	7177		0821		
4301₀ 尤		～南張氏壽文房五修支譜	7177				
		～南漆氏族譜	4998	**4380₅ 越**			
00 ～庵先生言行錄	8007	**4323₄ 獄**		17 ～郡闈幽丁錄	1259		
72 ～氏家乘	5272	50 ～中日記	3056	26 ～縵堂詹詹錄	2359		
～氏宗譜	5270			～縵堂日記	2357		
	5271	**4346₀ 始**		～縵堂日記補	2353		
	5273			～縵堂日記節鈔	2356		
～氏閩浙蘇常鎮宗譜	5270	00 ～康庚子記	2992	～縵堂日記鈔	2354		
	5271		2993		2355		

27 ～絕書　　　　　　0519
　　　　　　　　　　　0521
32 ～州阮氏宗譜　　　6238
40 ～臺興頌　　　　　1999
　　～女表微錄　　　　1227
　　　　　　　　　　　1228
43 ～城江橋陳氏家譜　7550
　　～城江橋陳氏宗譜　4890
　　　　　　　　　　　7550
44 ～蔭傳芳錄合刻　　1081
　　～蔭錄　　　　　　1078
　　　　　　　　　　　1080
　　　　　　　　　　　1081
50 ～中三不朽圖贊　　1073
　　～中感舊錄　　　　1110
　　～畫見聞　　　　　1082
　　　　　　　　　　　1083
　　　　　　　　　　　1084
60 ～國汪公祠墓誌續刊　7814
80 ～人三不朽圖贊　　1070
　　　　　　　　　　　1071

4385₀ 戴

10 ～可亭相國年譜　　4415
18 ～致君先生壽詩　　3432
33 ～邃庵先生訃告　　3112
44 ～莊陸氏族譜　　　6138
50 ～東原先生年譜　　4376
72 ～氏族譜　　　　　5281
　　～氏譜書　　　　　5290
　　～氏三修族譜　　　5291
　　～氏五祠合譜　　　5282
　　～氏先德傳　　　　7817
　　～氏宗譜　　　　　5283
　　　　　　　　　　　5288
　　　　　　　　　　　5292
　　～氏遷杭族譜　　　5296
　　～氏支譜　　　　　5284
　　　　　　　　　　　5286
　　～氏四修族譜　　　5295
　　～氏年譜　　　　　4376

4390₀ 朴

77 ～興文年譜　　　　2585
80 ～公家傳　　　　　2585
　　　　　　　　　　　4750
　　～公翰臣年譜　　　4750

4396₈ 榕

44 ～村譜錄合考　　　4270
　　　　　　　　　　　4271

4410₁ 芷

36 ～湘日譜　　　　　2053

4410₄ 董

10 ～粟坪鄒氏三修族譜　7268
17 ～子年表　　　　　3723
22 ～峯仙先生訃告　　3495
26 ～皇后行狀　　　　1740
44 ～恭人家傳　　　　2519
50 ～春膏事略　　　　3152
72 ～氏宗譜　　　　　6473
　　　　　　　　　　　6479
77 ～母王太夫人訃告　3367
88 ～節母傳　　　　　3205

4410₆ 萱

00 ～庭壽言二編　　　2335
60 ～圖錄　　　　　　1713

4410₇ 蓋

32 ～州李氏家譜　　　5856
50 ～東謝氏族譜　　　4935
63 ～喀圖補傳　　　　1518

4410₇ 藍

32 ～洲府君事略　　　2525

72 ～氏族譜　　　　　6481
　　　　　　　　　　　6483
　　～氏三修族譜　　　6481
　　～氏五修族譜　　　6483
　　～氏續修族譜　　　6482

4410₈ 萱

44 ～林胡氏四修族譜　6048

4411₂ 地

13 ～球英雄論　　　　7914

4411₂ 范

00 ～文正公言行錄　　1449
　　～文正公鄱陽遺事錄　1447
　　　　　　　　　　　1448
　　～文正公年譜　　　3805
　　～文忠公年譜　　　4099
12 ～孫自定年譜　　　4800
21 ～上將鴻仙先烈安葬通告　3448
24 ～贊臣日記　　　　2900
50 ～忠貞年譜　　　　4252
　　　　　　　　　　　4253
　　～忠貞公難中自序　1707
52 ～靜生先生行述　　3343
72 ～氏族譜　　　　　6492
　　～氏家譜　　　　　6486
　　　　　　　　　　　6487
　　～氏家乘　　　　　6488
　　　　　　　　　　　6489
　　　　　　　　　　　6491
　　～氏家傳　　　　　0876
　　～氏宗譜　　　　　6485
　　～氏支譜　　　　　6484
　　～氏支使房鈞渚支宗譜　6485
76 ～陽鄒氏家譜　　　7273
　　　　　　　　　　　7275

4412₁ 菏

36 ～澤馬君瀛岑傳略　3544

4412₇ 蒲

43 ～城文獻續錄	0976
	0977
～城文獻徵錄	0976
～城獻徵錄	0976
	0977
47 ～柳泉先生年譜	4266
77 ～留仙傳	1699

4414₇ 坡

22 ～仙遺事	1470

4414₉ 萍

27 ～鄉文府君壙記	3218

4415₃ 戴

22 ～山先生年譜	4083
～山年譜	4083
60 ～里川堂蔣氏宗譜	5871

4416₀ 堵

00 ～文襄公年譜	4032
	4128
～文忠公年譜	4129
	4130
	4131

4416₄ 落

77 ～鵬橋張氏續修支譜	7165

4416₉ 藩

23 ～獻記	4866

4420₁ 苧

44 ～藨集	1352

4420₇ 考

01 ～訂朱子世家	1500
	1501
	1502
	1503
40 ～查北海道農務日記	3292
44 ～恭肅府君傳	1602

4420₇ 夢

00 ～痕錄節鈔	1799
30 ～迹圖	1807
	1808
32 ～溪嚴氏宗譜	7671
	7675
44 ～坡畫史	3046
50 ～書	1211

4421₂ 苑

50 ～史先生行狀	2212

4421₄ 花

22 ～山許氏宗譜	5460
26 ～泉李氏三修族譜	5786
60 ～田陳氏三修族譜	7520

4421₄ 莊

48 ～敬生先生墓誌銘	3488
～敬生先生事略	3488
72 ～氏族譜	6493
	6494
	6497

4421₆ 藐

77 ～叟年譜	4675

4421₇ 蘆

48 ～墩孫氏宗譜	5112

4422₁ 荷

77 ～屋府君年譜	4508

4422₂ 茅

72 ～氏宗譜	7304

4422₇ 芳

22 ～山府君行述	2085
32 ～洲先生年譜	3966

4422₇ 蒂

40 ～南府君行略	1981

4422₇ 莆

50 ～畫錄	1156
60 ～田浮山東陽陳氏族譜	7416
～田姓氏錄	0064
76 ～陽玉湖陳氏家乘	7555
～陽杜塘方氏比事錄	7859

4422₇ 蒨

44 ～榭日記	3313

4422₇ 蕭

22 ～山唐里陳氏宗譜	7431
～山新壩倪氏宗譜	7259
～山新田施氏宗譜	5075
	5076
～山許氏宗譜	5463
	5471
～山許賢鄉繆氏宗譜	7614

～山丁氏家譜　6209
　　　　　　　6222
～山丁氏宗譜　6216
～山何氏宗譜　7214
　　　　　　　7223
～山朱氏宗譜　7725
～山繆氏家乘　7619
～山徐氏宗譜　6343
　　　　　　　6354
～山徐氏宗祠祭簿　6391
～山塘灣井亭徐氏宗譜　6354
　　　　　　　6391
～山來氏家譜　7302
　　　　　　　7303
～山莊里村沈氏宗譜　5245
～山蔣氏宗譜　5870
～山萬氏宗譜　5895
～山葛氏宗譜　5903
～山黃氏家譜　5958
～山埭上黃氏家譜　5945
　　　　　　　5958
～山史村許氏方八房宗譜　5463
～山史村曹氏宗譜　6112
～山史氏宗譜　7664
～山東瓜瀝高氏家譜　5044
～山東門林氏宗譜　7309
～山盛氏宗譜　6096
～山曹氏宗譜　6107
～山長浜陳氏宗譜　7436
～山長巷沈氏續修宗譜　5225
　　　　　　　5241
～山長巷沈氏宗譜　5241
～山陳氏宗譜　7431
～山邱氏宗譜　7246
～山錢清北祠潘氏宗譜　5204
～山鄭氏宗譜　6153
　　　　　　　6158
～山翔鳳朱氏宗譜　7725
30 ～宗雅先生訃告　3009
31 ～江氏宗譜　5153
60 ～邑航塢山北萬氏宗譜　5895
～邑航塢山沈氏宗譜　5245
～邑苧蘿葛氏宗譜　5903

72 ～氏旌孝錄　1712
　　　　　　　1715
80 ～公石齋年譜　4825

4422₇ 蘭

12 ～水同聲錄　1736
32 ～溪劉治襄先生行述　2997
48 ～檢府君行述　2125
50 ～史自訂年譜　4604
60 ～因集　1256
～邑傅氏宗譜　6306
66 ～嬰小傳　3462
74 ～陵繆氏族譜　7618
～陵繆氏世譜　7615
～陵留別詩　1957
77 ～閨寶錄　1238
～風魏氏宗譜　6299
　　　　　　　6300
～風沈氏新續圖譜　5228
～風沈氏家譜　5228
～風支家乘　6300
～風蔣氏宗譜　5879
～卿府君行狀　2028
80 ～谷先生年譜　8010

4422₇ 勸

80 ～善要言　4779

4422₇ 芮

72 ～氏族譜　5888

4423₁ 蔗

80 ～盦痛心錄　3555

4423₁ 蔭

60 ～圖小草續鈔　1998

4423₂ 蒙

00 ～齋年譜　4245
　　　　　　　4246
24 ～化劉氏宗族世系譜　7341
40 ～古部博爾濟吉忒氏族譜　5274
～古本孔氏祖庭廣記　1303

4424₀ 蔚

00 ～亭府君行狀　2023
60 ～思堂女史　1267

4424₇ 獲

40 ～嘉卜氏族譜　4955

4424₇ 蔣

00 ～鹿苹先生七秩晉七誕辰徵文啓　2852
～鹿苹先生七秩晉七榮慶壽言錄　2851
17 ～君傳　2649
20 ～季和先生哀思錄　3037
24 ～先烈慕譚殉國紀略　3418
26 ～伯器先生赴告　3417
27 ～紹由先生傳　2649
50 ～春農舍人行狀　1787
　　　　　　　1866
67 ～墅史氏支譜　7669
72 ～氏族譜　5861
　　　　　　　5866
　　　　　　　5878
　　　　　　　5881
～氏家乘　5868
　　　　　　　5873
　　　　　　　5883
～氏宗譜　5862
　　　　　　　5869
　　　　　　　5872
　　　　　　　5875

	5876		
	5880	**4430₄ 蓬**	**4436₀ 赭**
	5883		
	5884	44 ～萊張氏族譜　7093	22 ～山馮氏家譜　4966
	5885	～萊陳氏大忠祠考　7427	
	5886		**4439₄ 蘇**
～氏支譜　5860		**4430₇ 芝**	
	5865		21 ～潁濱年表　3840
～氏世譜　5864		27 ～鄉王氏宗譜　5518	31 ～河督行狀　4613
～氏世譜後編　5874		44 ～英應氏宗譜　4893	～河督年譜　4613
80 ～無爲史館奏牘　2650		55 ～農府君年譜　4548	4614
		60 ～園六十自述　3457	32 ～州府微顯志　1007
4424₈ 薇		88 ～符太君訃告　3504	～州五奇人傳　1049
			～州朱梁任父子葬事募捐
11 ～研府君行述　2220		**4430₇ 苓**	册　3257
12 ～孫府君行狀　3027			～溪漁隱讀書譜　4709
		26 ～泉居士自訂年譜　4824	40 ～塘王氏三修族譜　5555
4425₃ 茂			44 ～材小纂　0661
		4432₇ 芍	60 ～園日記　3294
44 ～苑日記　1811			71 ～長公外紀　1466
60 ～園府君行述　1792		00 ～亭府君行述　2238	72 ～氏族譜　7620
～園自撰年譜　4383			7621
		4433₁ 蕉	7622
4425₃ 藏			7625
		32 ～溪揚芬錄　1975	7626
52 ～拙窩實記　8008			～氏宗譜　7623
60 ～園居士六十自述　3227		**4433₁ 燕**	80 ～公仁軒褒忠崇祀圖　2158
～園居士七十自述　3228			90 ～常日記　2726
		30 ～窗閒話　2068	
4428₉ 荻		40 ～臺花事錄　1261	**4440₁ 芋**
		47 ～都投贈錄　3289	
32 ～溪章氏家乘　5410			60 ～園四十年譜　4863
		4433₃ 慕	
4430₄ 蓮			**4440₁ 莘**
		17 ～翟先生行述　8042	
37 ～湖祖氏族譜　5072		44 ～莘府君行述　1754	44 ～村李氏宗譜　5822
	5073		5852
38 ～洋吳徵君年譜　4274		**4433₆ 蕙**	55 ～農府君行述　1925
44 ～花山紀略　1702			
	1704	00 ～庭壽言　2014	**4440₆ 草**
90 ～堂府君行述　2668			
		4433₉ 懋	33 ～心閣自訂年譜　4702
			44 ～莽私乘　0524
		00 ～亭自定年譜　4445	

4440₇ 孝

00 ～廉方正錄 1826
08 ～譜 0287
17 ～子傳 0222
　～子節婦傳贊 0932
21 ～行錄 1553
　 2318
23 ～獻莊和至德宣仁溫惠端
　敬皇后行狀 1741
　 1742
27 ～侯公年譜 3748
　 3866
40 ～友堂家規 1608
　 4092
　 4093
　～女茗仙傳 2063
53 ～感沈氏宗譜 5253
55 ～慧汪宜人傳 2019
80 ～義旌門沈氏北支十三房
　上海支族譜 5230
　～義吳氏宗譜 5716
　～義徐氏宗譜 6384
　～義贈言 1722
　～義周氏宗譜 7007

4440₇ 菱

37 ～湖王氏支譜 5531
　～湖孫氏續支譜 5102

4440₈ 萃

44 ～英堂老人自訂年譜 4602

4442₇ 荔

20 ～香室小傳 0883

4442₇ 萬

20 ～季野先生系年要錄 4260

24 ～齷圖傳 1297
30 ～安蕭雲帆之夫人陳定元
　女士墓誌銘 3528
35 ～清軒先生年譜 4636
40 ～太夫人壽言錄 2568
　～壽國號皇陵忌辰單 0179
43 ～載辛氏幼房譜 6172
　～載郭氏族譜 5438
　～載西源王氏族譜 5556
　～載珠樹湯氏族譜 6434
　～載毛氏宗譜 7211
　～載源頭劉氏九修族譜 7409
　～載昌田鍾祠牌譜 7058
　～載昌田鍾祠寧房譜 7059
　～載昌田鍾氏祠寧房支譜 7047
　～載義井龍氏重修族譜 5434
45 ～姓統譜 0015
　 0016
　 0233
47 ～柳一角 3143
50 ～泰郭氏族譜 5436
60 ～里尋親錄 1683
　～里志 1540
72 ～氏家譜 5893
　～氏宗譜 5889
　 5891
　 5896
　 5897
　～氏宗譜內集 5889
　～氏世家譜 5893
77 ～母王太夫人八旬晉八壽
　言 2567
80 ～年少先生年譜 4141
90 ～光泰雜著 0025

4443₀ 樊

47 ～胡夫人事略 3510
72 ～氏族譜 5298
　～氏家乘 5298
　～氏宗譜 5299
　 5300

4443₀ 葵

60 ～園自定年譜 4743
　～園通叟自訂年譜 4787

4443₀ 莫

25 ～傑夫先生墓表 1890
48 ～猶人先生墓表 1890
58 ～釐王氏家譜 5606
72 ～氏宗譜 7628
　 7630
80 ～公行狀 1889
　～公事略 1882

4445₆ 韓

00 ～齋尚書悼慧淨夫人詩冊 3622
　～文西曆官記 3643
　 3644
　 3645
　 3646
　～文類譜 3643
　 3644
　 3645
　 3646
　 3792
10 ～王二公遺事 0537
17 ～子年譜 3643
　 3644
　 3645
　 3646
23 ～代崧陽耆舊傳 7967
26 ～魏公言行錄 1453
36 ～湘巖先生年譜 4365
44 ～楚二溪汪氏家乘 5184
　～桂舲自訂年譜 4443
47 ～柳年譜 3644
　 3645
　 3646
48 ～翰林詩譜略 3665
50 ～吏部文公集年譜 3643

	3644	
	3645	
	3646	
～忠武王祠墓誌	1483	
～忠獻公遺事	0537	
72 ～氏邑乘	7871	

4446₀ 姑

44 ～蘇名賢續記	0997	
～蘇名賢小記	0994	
	0995	
	0996	

4450₂ 攀

54 ～轅紀略	1843	

4450₄ 華

00 ～亭節孝家傳	0989	
10 ～夏胡氏續修族譜	6033	
24 ～牆潘氏家譜	5214	
25 ～生府君行述	1854	
53 ～盛頓傳	8039	
	8040	
～盛頓泰西史略	8040	
～盛頓全傳	8039	
60 ～甲壽言	7986	
67 ～野郭公年譜	4261	
	4262	
72 ～氏貞節略稿	1234	
76 ～陽國志	0519	
	0521	
～陽國志巴郡士女逸文	1145	
～陽人物志	1151	
～陽舒氏統宗譜	7594	
77 ～鳳超先生年譜	4102	
90 ～堂實記	7997	

4450₆ 革

80 ～命綴言	3489	

4452₁ 蘄

12 ～水湯先生遺念錄	3268	

4453₀ 芙

44 ～蓉山館年譜	4436	
～蓉莊紅豆錄	1607	

4453₀ 英

60 ～邑傅家坊傅氏宗譜	6309	
～果敏公行狀	2369	

4460₁ 耆

23 ～獻類徵索引	0793	

4460₂ 茗

32 ～溪吳氏宗譜	5688	
	5698	
50 ～東湖濱義皋陳潯潘氏宗		
譜	5202	

4460₄ 著

00 ～庵先生年譜	4622	
37 ～泊社同人小傳	0921	
～泊吟社同人小傳	0921	

4460₇ 茗

32 ～洲吳氏家典	7828	

4460₇ 蒼

10 ～雪大師行年考略	4100	
32 ～溪倪公崇祀鄉賢錄	1958	
41 ～梧關太史行述	3212	
44 ～基孫氏家譜	5109	

4460₈ 蓉

20 ～舫府君行述	2274	
22 ～川公年譜	4008	
37 ～湖草堂贈言	7834	
～湖草堂贈言錄	1915	
～湖曹氏宗譜	6113	
43 ～城葉氏宗族全譜	7642	
	7649	
	7652	
66 ～曙府君訃告	2637	
90 ～裳公自訂年譜	4435	

4466₁ 喆

80 ～人府君暨侯孺人行述	1860	

4471₁ 老

77 ～屋閑談	7790	

4471₂ 苞

28 ～徐世譜正宗	6329	
32 ～溪李氏家乘	5788	

4471₇ 世

17 ～承佐領慶安年譜	3652	
～承佐領色爾布年譜	3652	
～承佐領色勤年譜	3652	
～承佐領明安年譜	3652	
20 ～系考	1398	
24 ～德清芬圖六世小傳	6460	
～德堂家乘	1732	
27 ～紀偉人孫中山生平史迹		
畫卷	3088	
50 ～本集覽條例說	1542	
～本集覽提綱說	1542	
60 ～界著名化學家博德羅傳	8026	
88 ～篤忠貞錄	0901	

4472₇　葛

14	～碻庵墓銘	1667
17	～君墓表	2106
20	～稚威先生行略	3126
44	～幕川先生訃告	3098
50	～中翰年譜	4137
72	～氏家譜	5899
		5904
	～氏宗譜	5902
		5905

4473₁　芸

33	～浦府君行述	1866

4473₁　藝

00	～齋府君行述	1884
44	～林彙譜	0170
	～林悼友錄	0790
77	～風府君行述	2600
		2601
	～風老人年譜	4751
		4752
		4753

4474₁　薛

00	～文清公行實錄	1537
	～文清公年譜	3967
48	～松坪先生訃告	3358
67	～墅吳氏族譜	5701
	～墅吳氏宗譜	5726

4477₀　廿

10	～二史言行略	0337
		0338
	～五史標傳人名考	0083
50	～蕭張致堂先生七旬晉八大	
	壽徵文啓	3157

	～蕭人物志	0978
		0979
		0980
72	～氏族譜	5911
	～氏家譜	5908
	～氏宗譜	5909
		5910
75	～陳氏家譜	7413

4477₇　舊

24	～德述聞	5451
77	～聞隨筆	0875
89	～鈔董宦事實	1583
		1584

4480₁　楚

10	～畺三文忠傳	0843
20	～航府君事略	2521
	～航先生墓誌銘	2521
21	～師儒傳	1134
28	～攸廖氏七修族譜	6182
	～攸麒山廖氏七修族譜	6182
30	～寶	1129
		1130
34	～溈王氏族譜	5610
	～溈王氏八修族譜	5610
	～溈孫氏四修支譜	5128
	～溈長衝許氏紳公四修支	
	譜	5480
40	～南石北文氏族譜	7072
	～南邵辰廖氏宗譜	6176
	～南溈寧東山李氏四修家	
	譜	5834
	～南善邑河西六都余家灘	
	鄧氏支譜	6245
60	～國文憲公雪樓程先生年	
	譜	3948

4480₆　黃

00	～膺白先生家傳	3393

	～膺白先生故舊感憶錄	3392
	～府君行狀	2024
	～文貞公忠節紀略	1534
	～文節公年譜	3658
		3661
		3843
01	～龍橋徐氏六修族譜	6388
10	～王糾思夫人行略	3416
16	～理傳	3468
17	～子年譜	4096
		4097
	～君行狀	2267
	～君傳	2545
22	～岩西橋王氏譜	5567
	～山王氏承志堂支譜	5561
	～山年略	4179
	～梨洲先生思舊錄	0707
24	～侍郎公年譜	4315
		4236
25	～仲則先生年譜	4419
27	～黎洲先生年譜	4158
		4159
30	～宜雙先生暨德配陳夫人	
	八秩雙壽徵文啓	2253
31	～河考	0578
32	～溪濂先生七十壽辰暨繼	
	妃陳夫人五十壽辰徵文	
	啓	3099
37	～祠四修主譜	5939
40	～九煙朱王萬壽百家姓	0046
	～九煙尚慕隆古百家姓	0047
44	～勤敏公年譜	4422
		4423
	～薿圃先生年譜	4460
	～花晚節圖詩冊	2202
	～花晚節圖題詞	2202
50	～忠端公年譜	3675
		4091
		4095
	～忠節公甲申日記	1652
60	～昆圃先生年譜	4317
62	～縣太原王氏族譜	5550
67	～墅橋孫氏家乘	5098

71	～厚吾先生行狀	2544			5950	72 ～氏旌孝錄	1750
	～原州邊氏大同譜	7960			5967	～氏仁派支譜	5999
72	～氏六修族譜	5981			5969	～氏續修禮派支譜	6004
		5987			5970	～氏家訓恒言	6000
	～氏詞翰錄	5945			5972		6001
		5958			5982	～氏家傳	5993
	～氏族譜	5925			5983		6003
		5935	～氏支譜	5942	～氏宗譜	5990
		5937			5962		5996
		5940			5966		5997
		5949			5980	～氏源流	5989
		5951			5984	～氏源流附仁派支譜	5999
		5953	～氏支系考	5947	～氏禮派支譜	5998
		5955	～氏題名錄	5948		6004
		5965	～氏光祿家廟	5926	～氏七九公支宗譜	6000
		5968	～氏光祿家廟續修遺據錄	5926	～氏世縈源流	5989
		5982	74 ～陂徐氏支譜	6419	～氏義派支譜	6001
		5988	77 ～興小史	3265	77 ～母王太夫人榮哀錄	2892
	～氏三修族譜	5951	80 ～金園朱氏六修支譜	7750	80 ～公松坡年譜	4858
	～氏雪谷公支譜	4890	～鏡堂先生赴告	3059		
		5962	～公度先生年譜	4763	**4490₄　葉**	
	～氏重修族譜	5949	～公諱曾源行狀	2896		
	～氏備遺錄	5945	～公嘯山事略	2428	10 ～爾羌參贊大臣璧昌履歷	2035
		5958	～公介臣八秩誕辰紀念刊	2828	～天寥自撰年譜	4103
	～氏續修家乘	5955	87 ～鈕同宗譜	7061		4104
	～氏續修宗譜	5974					4105
	～氏續修支譜	5942	**4490₀　樹**		～天寥年譜	4103
	～氏家廟遺據錄	5926			～石農先生自編年譜	4446
	～氏家譜	5916	44 ～藩王君墓誌	1840	25 ～健庵先生年譜	4429
		5934		1841	～健庵自訂年譜	4430
		5938	91 ～恒自述	3117	～健庵四錄彙抄	4430
		5945			32 ～祈葉氏族譜世縈	7645
	～氏家乘	5920	**4490₁　蔡**		34 ～浩吾先生遺稿目	3033
		5921			37 ～遐庵先生年譜	4857
		5976	17 ～邵陽年譜	4858	44 ～赫那蘭氏八旗族譜	7657
		5982	31 ～福州外紀	1454	～赫那拉氏族譜	7659
	～氏家錄	7839	33 ～述堂先生訃告	2921	～赫那拉氏家譜	4868
	～氏宗譜	5918	36 ～渭生自編年譜	4854	～赫國貝勒家乘	4868
		5919	40 ～太恭人事略	2054	72 ～氏三修支譜	7651
		5928		2107	～氏家譜	7653
		5931	48 ～松坡先生榮哀錄	3419	～氏家乘	7633
		5938	50 ～中郎年譜時事表	3738		7638
		5944	～中郎年表	3737		7655

～氏宗族全譜	7642
	7649
	7652
～氏宗譜	7636
	7639
	7640
	7643
	7647
～氏支譜	7651

4490₈ 萊

76 ～陽分支太倉延陵宗譜	5711
～陽姜氏家乘	5371
80 ～舞集	7846

4491₀ 杜

00 ～文端公自訂年譜	4468
	4469
10 ～工部詩年譜	3773
	3774
	3776
	3777
～工部年譜	3769
	3772
	3773
	3774
	3775
	3776
	3777
	3781
	3782
	3783
17 ～子美年譜	3778
35 ～清獻公年譜	3909
50 ～貴墀事略	2306
	2307
～東原先生年譜	3970
72 ～氏家譜	4890
～氏宗譜	6006
	6007
～氏世譜	6005

77 ～月笙先生紀念集	3479
90 ～少陵年譜	0490
	1438
	1442
	3785

4491₄ 桂

00 ～亭公餘小草	1845
22 ～巖分宗錄	7802
32 ～溪項氏祠譜	7799
～溪項氏族譜	5088
～溪項氏墓圖	7800
	7803
～溪項氏均安門墓圖	7801
～溪均安門墓圖	7801
37 ～通敏公死事錄	3063
38 ～遊日記	1960
40 ～古山先生年譜	4002
44 ～坡安徽君傳	1548
～林方氏宗譜	6193
～林夏氏家乘	7073
～林夏氏宗譜	7076
～林張氏族譜	7179
～林張氏家乘	7142
～林梁先生年譜	4797
～林秦仲勤先生年譜	4805
76 ～陽夏塘傳氏宗譜	6316
～陽泗洲寨陳氏續修宗譜	7549

4491₄ 藿

10 ～石先生年譜	4127

4491₄ 權

76 ～陽世蹟	7970

4491₇ 植

71 ～厚堂壽言	2084

4492₇ 菊

07 ～部人部志	0926
51 ～軒先生年譜	3666
62 ～影殘餘日記稿	3518

4493₁ 梽

40 ～木雙江王氏三修族譜	5578

4493₂ 菘

51 ～耘府君行述	2489
60 ～圃府君自訂年譜	4418

4494₇ 枝

22 ～巢六十自述詩	3272
～巢九十回憶篇	3273
～巢回憶篇	3273

4498₆ 橫

11 ～頭侯氏九修族譜	7762
22 ～山陳氏宗譜	7467
31 ～江劉氏五續家乘	7346
～江劉氏五修族譜	7346
44 ～林黃氏家譜	5919
～林黃氏宗譜	5919
60 ～田朱氏賢公支譜	7734

4499₀ 林

00 ～文直公行述	2699
～文直公榮哀錄	2700
～文忠公告示	1931
17 ～子本行實錄	4034
22 ～任寰日記	3617
34 ～社二十五週年紀念徵文	2524
～社二十五年紀念冊	2523
40 ～太夫人桃觴集	2965
44 ～蔚文永川遇匪始末記	3628

51 ～振翰傳	3626	
62 ～則徐本傳	1977	
71 ～長民先生訃告	3345	
72 ～氏族譜	7307	
	7315	
～氏重修族譜	7307	
	7310	
	7317	
～氏續修族譜	7318	
～氏續修宗譜	7308	
～氏宗譜	7308	
	7311	
～氏七修族譜	7318	
77 ～屋山人步君墓誌銘	3040	
	3140	
	3278	
～母寒燈課子圖題詠集	2839	
	2894	
～門聘婦謝貞女題辭	3554	
80 ～公諱穗年譜	4716	
～公修竹小傳	3618	

4541₀　姓

20 ～觿	0011	
	0012	
27 ～解	0006	
	0007	
～名對語	0079	
50 ～史人物考	0027	
72 ～氏辯誤	0038	
～氏族譜補遺箋釋	0041	
～氏譜纂	0013	
～氏尋源	0037	
～氏解紛	0034	
～氏急就篇	0008	
	0009	
	0010	
～氏綴吟	0026	
	0027	
～氏濬源	0035	
～氏鈔	0023	
～氏類書	0024	

～氏類纂韻編	0033	

4593₂　棣

10 ～雨徐氏家乘	6352	

4594₄　樓

40 ～真志	0209	

4594₄　樓

22 ～山遺事	1632	
～山省身錄	4330	
72 ～氏宗譜	6011	

4600₀　加

60 ～里波的傳	8034	

4601₀　旭

00 ～齋府君行述	1986	
44 ～林府君行述	1918	
	4504	
80 ～人府君行述	2192	

4611₀　覎

24 ～侍府君行述	2844	

4621₀　觀

00 ～齋行年自記	4595	
21 ～貞老人壽序錄	2830	
23 ～我圖册彙編	1572	
43 ～城王蘊山公傳記	2624	
50 ～東朱氏重修族譜	7733	

4622₇　獨

22 ～山莫貞定先生年譜	4465	

4633₀　恕

21 ～皆李公行略	2361	
80 ～谷先生年譜	4289	
	4290	
	4291	

4640₀　如

00 ～意	0059	
10 ～不及齋別號錄	0149	
26 ～皋郭氏宗譜	5449	
～皋白蒲鄭氏族譜	6156	
～皋縣東石家甸陳氏增輯		
宗譜	7544	

4641₃　媿

30 ～室先生哀輓錄	2885	
～室先生事略	2886	

4643₄　娛

90 ～堂集	3054	

4680₆　賀

35 ～清麓先生年譜	4691	
40 ～壽慈列傳	2127	
44 ～葆真日記	3258	
～蘇生先生墓誌銘	2315	
	2316	
51 ～振麒列傳	2257	
62 ～縣林次煌先生七十介壽		
徵文啓	3070	
72 ～氏六修族譜	5309	
～氏族譜	5311	
～氏三修族譜	5303	
～氏五修族譜	5311	
～氏續修族譜	5301	
～氏宗譜	5305	
～氏十一修支譜	5308	

～氏八修族譜	5307	
77 ～母蘇太恭人輓詞	3620	
～母蘇太夫人八十徵壽集	2736	

4690₀　柏

72 ～氏宗譜	5859	

4690₀　相

60 ～國三文敬公傳	1784	

4691₃　槐

32 ～溪王氏支譜	5513	
44 ～花張氏宗譜	7175	

4692₇　楊

00 ～文襄公事略	1544	
～文憲升庵先生年譜	4010	
～文憲公升庵先生年譜	3674	
10 ～石漁先生七艷自述	2765	
12 ～廷璋列傳	1767	
13 ～武滑公從軍紀略	2363	
18 ～珍林自訂年譜	4741	
～珍林年譜	4741	
20 ～重雅列傳	3385	
21 ～仁山居士事略	2446	
	2447	
～仁山居士別傳	2448	
22 ～繼盛列傳	1562	
24 ～勉齋先生榮哀錄	3463	
26 ～泉吳氏家書	5706	
37 ～淑人墓誌	3406	
40 ～大瓢日記	1726	
～大洪先生忠烈實錄	1597	
～杏城先生墓誌銘	3011	
44 ～恭人訃告	3031	
～孝敏私謚議	2928	
～華堂老先生六秩晉七楊		
母南太夫人五秩晉四雙		
壽徵文啟	3052	

～蓉裳先生年譜	4436	
～贄同日記	3044	
～村草堂日記	2195	
～桂林太守歷官紀事詩	1822	
～林李氏族譜	5796	
～林袁氏四修族譜	7293	
47 ～椒山公傳家寶書	1561	
50 ～中議公自訂年譜	4546	
～夫人訃告	3517	
～忠文先生實錄	1635	
～忠烈文集	1597	
～忠烈公年譜	4065	
～忠武侯宣勤積慶圖	1870	
～忠武公記事錄	1871	
～忠武公年譜	4450	
～忠滑公傳家寶書	1560	
	1561	
	4031	
～忠滑公遺訓	4030	
～忠滑公遺書	1558	
～忠滑公自著年譜	4030	
	4032	
	4128	
～忠滑公全書	1559	
51 ～振彩家書簡影	2930	
～振鴻張文光合刊	0929	
52 ～靜秋女士行述	3532	
60 ～國楨海梁氏自敘年譜	4535	
	4536	
～園張先生年譜	4162	
64 ～時齋宮保中外勤勞錄	1868	
	1869	
65 ～味雲先生創興棉業記	3153	
72 ～氏重闈紀念集	2449	
～氏先嫩錄	7883	
77 ～母孔太夫人傳	2928	
～母孔太夫人赴告	2893	
80 ～介坪先生自敘年譜	4462	
～公諱士琦行狀	3010	
～公上周總兵稟稿	3589	
～公莦綏墓誌銘	2347	
82 ～穌甫先生家傳	2728	

4712₀　均

30 ～安祠基稅考	7801	

4712₇　堉

12 ～水餘波	3309	

4712₇　鄞

31 ～江王氏世譜	5490	
43 ～城施氏家乘	5080	
50 ～東王氏族譜	5582	
～東蔡氏支譜	5994	
62 ～縣西袁氏家乘	4890	
	7292	
～縣班竹系章氏宗譜	5417	
～縣顧氏家乘	4987	
～縣顧氏家乘原稿	4988	
～縣黃墩干氏宗譜	6232	
～縣月湖曹氏宗譜	6119	
86 ～錫山姚氏家乘	6466	

4713₈　懿

30 ～宣先生逝世紀念冊	3405	
88 ～範聞見錄	1287	

4721₀　帆

62 ～影樓紀事	3155	

4722₇　鶴

00 ～慶蔣壯勤公勳蹟錄	3568	
22 ～嶺戴氏六修族譜	5293	
～山李氏宗譜	5809	
30 ～窻府君行述	1785	
48 ～槎年譜	4698	

4732₇　郝

77 ～母劉太淑人傳	2209	

4742₀　朝

08	～議公自訂年譜	4556
28	～鮮名臣錄	7950
	～鮮紀程	2086

4742₇　婦

80	～人集	1252
		1254
	～人集注	1252
		1253
	～人集補	1252
		1253
		1254

4744₀　奴

40	～才小史	0846
		0847

4744₇　好

77	～學深思之齋日記	3311

4752₀　靭

00	～庵老人自訂年譜	4747
77	～叟自訂年譜	4747

4752₀　鞠

40	～臺集秀錄	0911
77	～叟公行略	1814
88	～笙年譜	4726

4762₀　胡

00	～文敬公年譜	3658
		3661
		3969
		3982

	～文忠公撫楚記	2175
	～文忠公撫鄂記	2174
	～文忠公年譜	4652
		4653
10	～正惠公年譜	3804
21	～上將軍笠僧哀啓	3509
26	～伯玄先生赴告	3577
33	～心畊日記	3211
40	～壹修先生行述	3061
44	～林翼官文列傳	0872
72	～氏六修族譜	6053
	～氏族譜	6027
		6032
		6034
		6035
		6039
		6040
		6044
		6045
		6048
		6049
		6051
	～氏三烈志言	7845
	～氏五修族譜	6042
	～氏續修族譜	6033
	～氏家譜	6012
		6013
		6024
	～氏家乘	6039
		6042
	～氏宗譜	6014
		6018
		6019
		6023
		6029
		6030
		6032
		6036
		6038
		6043
	～氏宗支記略	6028
	～氏九修族譜	6044
	～氏九修支譜	6050

	～氏世典	6020
		6021
	～氏世典十二篇	6021
	～氏八修族譜	6027
	～氏榮哀錄	7843
80	～公井銘	3029
88	～笠僧將軍遺事	3508
90	～少師年譜	3859

4762₇　都

46	～場徐氏宗譜	6421

4780₂　趨

00	～庭記述	2091
	～庭隅錄	3153

4791₀　楓

22	～山章文懿公年譜	3983
44	～林汪氏支譜	5177
60	～田夏氏五修族譜	7087
71	～階先生載書歸里圖	1815

4791₂　枹

37	～罕張氏三代事略	7888

4791₇　楹

12	～聯偶記	2115

4792₀　柳

00	～京卿關城日記	3390
24	～先生年譜	3643
		3644
		3645
		3646
43	～城鴻雪詩集	5413
44	～村譜陶	3756
46	～如是事輯	1675

1676

4792₀　桐

00 ～庵年譜　　　　　　　　4121
12 ～孫府君行述　　　　　　2718
27 ～彝　　　　　　　　　　1051
　　　　　　　　　　　　　　1052
　　～鄉盧蓉裳先生哀輓錄　2831
　　～鄉陳主欽先生事略　　2954
31 ～江趙氏族譜　　　　　　6057
　　～江趙氏五修族譜　　　6081
32 ～溪馮氏支乘　　　　　　4961
　　～溪達叟自編年譜　　　4683
43 ～城麻溪姚氏宗譜　　　　6463
　　～城許氏家譜　　　　　5464
　　～城吳康之先生墓表　　2488
　　～城吳先生日記　　　　2534
　　　　　　　　　　　　　2535
　　　　　　　　　　　　　2536
　　～城吳先生年譜　　　　4737
　　～城姚氏碑傳錄　　　　7867
　　～城耆舊傳　　　　　　1061
　　～城桂林方氏友慶堂支譜6187
76 ～陽葛氏宗譜　　　　　　5907

4792₇　橘

34 ～社金氏家譜　　　　　　7016
　　　　　　　　　　　　　7017

4794₀　椒

22 ～山先生自著年譜　　　　4031

4794₀　枏

40 ～木衢張氏族譜　　　　　7167

4814₀　墩

11 ～頭曹氏宗譜　　　　　　6103

4816₆　增

00 ～廣廿四史尚友錄　　　　0240
　　～廣姓氏志略　　　　　0031
　　～廣尚友錄統編　　　　0240
　　　　　　　　　　　　　0247
　　　　　　　　　　　　　0248
01 ～訂香山郭氏族譜　　　　5437
　　～訂宋丞相魏文節公事略1496
　　～訂忠武王年譜　　　　3871
　　～訂別號索引　　　　　0145
　　～訂歐陽文忠公年譜　　3808
27 ～修孔庭纂要　　　　　　1311
　　～修邵氏族譜　　　　　6261
　　　　　　　　　　　　　6267
30 ～注千姓連珠　　　　　　0032
33 ～補百家姓　　　　　　　0049
　　～補百家姓考略　　　　0051
　　　　　　　　　　　　　0052
　　～補繡像廣百將全傳　　0261
　　～補近世儒林年表　　　7934
　　～補校正尚友錄　　　　0239
　　～補姓氏族譜箋釋　　　0067
　　　　　　　　　　　　　0068
　　　　　　　　　　　　　0069
　　　　　　　　　　　　　0070
　　～補鶴魚軒雜存　　　　5422
　　～補泰西名人傳　　　　7911
　　～補四書人物聚考　　　0273
　　～補氏族箋釋　　　　　0067
　　　　　　　　　　　　　0068
　　　　　　　　　　　　　0069
　　　　　　　　　　　　　0070
　　～補尚友錄　　　　　　0230
　　　　　　　　　　　　　0231
　　　　　　　　　　　　　0232
　　　　　　　　　　　　　0234
　　　　　　　　　　　　　0235
　　　　　　　　　　　　　0236
80 ～益川公大事本末記　　　2319

4824₀　散

41 ～樗老人自紀年譜　　　　4456

4826₁　猶

40 ～存集　　　　　　　　　7805

4841₇　乾

32 ～州公年譜　　　　　　　4406

4842₇　翰

22 ～仙府君行述　　　　　　2928
44 ～林王邦璽事狀等件　　　2342

4860₁　警

10 ～石府君年譜　　　　　　4573
　　　　　　　　　　　　　4574
　　　　　　　　　　　　　4575

4864₀　故

02 ～新疆布政使王公行狀　　2719
17 ～司隸校尉椴爲楊君頌　　1369
22 ～出使義國大臣許公行狀2580
23 ～代理大總統馮公事狀　2880
40 ～大總統黎公墓誌銘　　　3040
　　　　　　　　　　　　　3140
　　　　　　　　　　　　　3278
43 ～城縣秘氏族譜　　　　　5015
86 ～知錄　　　　　　　　　0711

4864₀　敬

00 ～亭先生年譜　　　　　　4607
　　～亭自記年譜　　　　　4370
　　～亭公自訂年譜　　　　4334
　　～庵石公祭文墓誌挽詩　1753
27 ～修堂諸子出處偶記　　　0457

～鄉錄	1064	30 ～窩先生實紀	8004			6055
		～窩先生年譜	8004	～氏家乘		4890
4891₁ 柞		～窩實紀	8004			6074
		32 ～溪王忠文公年譜	3874			6084
32 ～溪沈氏世系宗譜	5229	～溪先生年譜	4448	～氏宗譜		6056
～溪沈氏思源堂宗譜	5256	40 ～塘席氏宗譜	5398			6058
		44 ～花草堂集	1000			6059
4892₁ 榆		72 ～氏族譜	5314			6070
		～氏宗譜	5313			6071
00 ～盧年譜	4826	77 ～母陳太君八十壽言	2526			6076
80 ～盦七十自述	2765	80 ～會李氏族譜	5767			6077
				～氏宗譜稿		6067
4892₇ 枌		**4898₆ 檢**		～氏清芬錄再續題辭		7848
				～氏四修族譜		6083
60 ～里朱氏宗譜	7754	04 ～討公年譜	4349			6090
		27 ～身册	1904	～氏益生公房譜		6060
4893₂ 松				～氏分譜		6063
		4980₂ 趙		77 ～母方太夫人六十晉九壽		
00 ～文清公升官錄	4432			辰徵文啓		2984
10 ～石齋日記摘錄	5732	00 ～文恪公行狀	1885	～母郭夫人傳		3119
30 ～窗快筆	1001	～文恪公自訂年譜	4603	～母張太夫人行述		2814
	1017	～文恪公年譜	4603	～母宋太夫人行略		3357
38 ～滋王公祠廟記	1570	24 ～幼梅先生哀挽錄	3148	～母淩太夫人節壽詩		2833
	1571	～幼梅先生七秩壽言	3147	80 ～毓楠自傳		2513
40 ～壽老人自敍	2789	26 ～伯先先生傳	3401	～公行狀		1581
44 ～籠府君行述	1743	～伯先傳	3401	～公墓表		2923
～林張氏家譜	7106	27 ～魯庵先生年譜	4785			
47 ～鶴山莊詩文楹聯彙存	3230	28 ～似昇女士長生册	3492	**5000₆ 中**		
～鶴山莊詩文楹聯彙錄	3230		3493			
74 ～陵文獻	1006	～似昇長生册	3491	08 ～議公自訂年譜		4546
～陵陸氏宗譜	6129	35 ～清獻公年譜	3811	22 ～山良都竹秀園郭氏家譜		5437
77 ～門龔氏總譜	4913	44 ～世駿書余公神道碑	2401	32 ～州先哲傳		0968
～門龔氏復振祠宗譜	4917	50 ～忠節傳	2272	～州朱玉錄		0966
80 ～谷府君行述	1920	64 ～曉因先生訃告	2898	～州人物考		0964
97 ～鄰挽詞	3142	72 ～氏族譜	6065			0965
			6072			4093
4895₇ 梅			6075	36 ～湘方氏五修族譜		6203
			6079	～湘甕門灣盧氏五修族譜	6278
00 ～庵自編年譜	4433		6082	～湘譚氏續修族譜		5427
	4434		6089	～湘韶山毛氏二修族譜		4890
～府君年譜	4689	～氏五修族譜	6080	～湘三界王氏支譜		5574
17 ～子境桑氏宗譜	5366	～氏五修家譜	6088	～湘石潭劉氏四修族譜		7400
	5367	～氏家譜	4890	～湘張氏五修支譜		7152

~湘裴氏四修族譜 7605
~湘鄧氏四修譜牒 6249
~湘雙林童氏五修族譜 5023
~湘上官氏五修族譜 6273
~湘衡汜趙氏族譜 6079
~湘射埠熊氏支譜 6285
~湘白汜陳氏六修族譜 7448
~湘白汜陳氏七修族譜 7545
~湘烏石峯俞氏五修族譜 7582
~湘賓氏族譜 5019
~湘賓氏五修族譜 5019
~湘沙塘周氏六修族譜 7001
~湘李氏五修族譜 5835
~湘袁氏六修族譜 7300
~湘花橋蒼霞李氏五修族
譜 5835
~湘黃氏三修族譜 5951
~湘株洲李氏支譜 5762
~湘賀家段賀氏支譜 5306
~湘賀氏六修族譜 5309
~湘賀氏三修族譜 5303
~湘賀氏續修族譜 5301
~湘賀氏支譜 5306
~湘賀氏賀家段三修族譜 5303
~湘馬橋劉氏四修族譜 7404
~湘劉氏五修族譜 7369
~湘陳氏族譜 7504
~湘陳氏支譜 7434
~湘陳氏四修族譜 7560
~湘段西塘譚氏續修支譜 5425
44 ~華列聖紀 0465
~華名人傳紀讀本 0465
~華作家考略 0440
48 ~梅劉氏續修家乘 7397
60 ~國文學者生卒考 0471
~國女史 1288
~國女史大義 1279
~國機器家考 0443
~國藝術家徵略 0461
0463
~國四十年大事記 2294
~國歷史上之民族英雄 0469
~國美術史 0462

0463
77 ~興將帥別傳 0860
0861
~興名將傳略 0829
~興名臣事略 0862
0863
0864

5000₆ 史

07 ~記扁鵲倉公傳補注 1354
23 ~外 0629
0630
0631
0633
0634
0635
0636
0637
40 ~太君行述 1899
44 ~芩賓先生年錄 4746
~夢蘭 2186
~夢蘭傳 2185
~村曹氏宗譜 6107
6112
~桂材傳 1874
45 ~姓韻編 0092
0093
0094
0095
0096
0097
60 ~量才先生赴告 3399
72 ~氏慶傳宗譜 7665
~氏譜錄合編 4890
7660
~氏家乘 7662
~氏宗譜 7661
7663
7665
7666
~氏支譜 7669
80 ~公其潘家傳 2843

88 ~籍集覽 7947

5000₆ 吏

88 ~範 0459

5000₆ 申

21 ~紫霞年譜 8013
27 ~鬼盟先生年譜 4196
~鬼盟先生年譜略 4195
34 ~港殷氏重修宗譜 7773
~港殷氏宗譜 7773
44 ~范 1416
86 ~錫之傳略 2337
2338

5000₆ 車

60 ~田盧氏五修族譜 6281

5001₄ 推

40 ~十書繫年錄 4864

5001₇ 抗

08 ~敵民族英雄歌 0981
0982

5002₇ 摘

06 ~譯英國海軍名將聶爾遜
生平事蹟言論 8017

5004₄ 接

04 ~護越南貢使日記 2404

5004₇ 掖

60 ~邑鄉賢考記 0961
62 ~縣徐程九先生訃告 3404

5010₆ 晝

28	～徵錄	0716
		0717
50	～史	0200
78	～鑒	0198
88	～筌	0725

5013₂ 泰

10	～西政治學者列傳	7917
	～西名人傳	7911
	～西各國名人言行錄	7912
	～西人物韻編	7909
30	～寧李氏家譜	5803
32	～州宮氏族譜	5137
87	～舒胡先生年譜	4345
		4346

5014₈ 蛟

22	～川王氏宗譜	5538
	～川吳氏宗譜	5686
	～川倪氏宗譜	7258

5022₇ 青

10	～玉館集	0557
	～霞府君行述	1902
22	～巖御寇錄	2598
40	～南興頌	2038
43	～城山人年譜	4421
44	～麓年譜	4691
45	～樓集	1142
46	～楊草堂稿	1007
66	～暘杜氏續修世譜	6008
77	～邱高季迪先生年譜	3955

5022₇ 肅

07	～毅伯李公七裘壽序	2281

5023₀ 本

47	～朝烈女傳	7932

5033₃ 惠

12	～烈錄	1533
23	～獻貝子忠定錄	1757
44	～耆錄	2269
77	～興女士徵文事略	3221

5033₆ 忠

00	～文王紀事實錄	1489
12	～烈朱公盡節錄	1642
	～烈實錄	1597
13	～武誌	1406
		1407
		1408
	～武公年譜	4451
21	～貞錄	1021
23	～獻王年表	3677
	～獻韓魏王家傳	1450
		1451
		1452
	～獻韓魏王遺事	1450
		1451
		1452
	～獻韓魏王別錄	1450
		1451
		1452
25	～傳	0215
32	～遜王年表	3677
37	～潔錄	1634
44	～勤圖說	4890
	～孝錄	2088
		2089
	～孝節義見聞紀略	0795
47	～懿王年表	3677
48	～敬堂彙錄	1555
50	～肅公實紀	8000
70	～雅堂年譜	4379

（接上欄）

80	～介年譜	4090
	～義集	1413
	～義紀聞錄	0834
88	～簡公年譜	3855
	～節吳次尾先生年譜	4118

5040₄ 婁

50	～東書畫見聞錄	1042
77	～關蔣氏本支錄	5863

5043₀ 奏

37	～祀段戀堂先生鄉賢錄	1806

5050₃ 奉

02	～新張忠武公哀挽錄	2790
	～新張忠武公墓誌銘	2791
22	～川吳氏宗譜	5683
24	～化王母施太夫人七秩壽言	2759
	～化大橋方氏宗譜	6206
	～先思孝	1701
25	～使還鄉日記	2218
40	～直大夫吏部員外郎豫如府君年譜	4101
77	～賢張氏家譜	7161
90	～常公年譜	4109

5060₁ 書

42	～荊室謝宜人事略	2941
55	～農府君年譜	4491
60	～品	0200
84	～鎮篁遊擊楊公死難事	3589
90	～堂賀氏十一修支譜	5308
	～堂趙氏族譜	6092
	～堂趙氏七修族譜	6092

5060₃ 春

20	～舫府君行述	2081

29 ～秋諸名臣傳　　　　　0493
　　～秋列傳　　　　　　　0494
　　～秋後語卷背記　　　　1445
　　～秋疑年錄　　　　　　0167
　　～秋左傳杜注校勘記　　3754
　　～秋人名辨異　　　　　0101
　　～秋繁露求雨止雨考定　4326
34 ～渚草堂居士年譜　　　4731
38 ～洋子自訂年譜　　　　4464
47 ～帆府君行述　　　　　2276
58 ～敷府君行述　　　　　1816
67 ～暉追痛錄　　　　　　2542

5073₂　表

50 ～忠祠誌　　　　　　　7957
　　～忠錄　　　　　　　　0647
　　　　　　　　　　　　　1559
　　　　　　　　　　　　　1591
　　　　　　　　　　　　　1598
　　　　　　　　　　　　　1702
　　　　　　　　　　　　　1704
　　　　　　　　　　　　　1946

5080₆　貴

32 ～州鄉賢崇拜錄　　　　1187
　　～州阮氏事略　　　　　7861
34 ～池南山劉氏宗譜　　　7347
76 ～陽文式如先生哀挽錄　3012
　　～陽于氏家譜　　　　　6235
　　～陽式如文先生哀挽錄　3012
　　～陽劉氏族譜　　　　　7370
　　～陽陳庸庵尚書七帙壽言　2874
　　～陽陳中丞夫婦五秩雙慶
　　　壽言　　　　　　　　2873

5090₄　秦

00 ～襄毅公年譜　　　　　3977
　　　　　　　　　　　　　3978
12 ～璞庵先生七十四歲自述　3164
30 ～宥橫先生鄉諡議　　　2960

32 ～州西廂里張五甲張氏族
　　譜　　　　　　　　　　7123
　　～州張氏族譜　　　　　7123
47 ～嫂廖夫人赴告　　　　3469
60 ～景容先生事迹考　　　1520
72 ～氏族譜　　　　　　　5324
　　～氏宗譜　　　　　　　5318
　　～氏四修族譜　　　　　5324
77 ～母李太夫人八旬大慶徵
　　文啓　　　　　　　　　2967
90 ～少遊家譜學術資料選集　7818

5090₆　東

00 ～方朔象贊　　　　　　1371
10 ～石澗日記　　　　　　1679
　　　　　　　　　　　　　1680
　　～雲府君行述　　　　　1945
17 ～郡傅氏族譜　　　　　6308
21 ～行雜誌　　　　　　　1809
22 ～巖府君年譜　　　　　4554
　　～山李氏家譜　　　　　5834
　　～山李氏四修家譜　　　5834
26 ～皐印人傳　　　　　　1175
27 ～歸日記　　　　　　　4549
　　～魯雜記　　　　　　　1345
28 ～徵紀行　　　　　　　3549
30 ～家雜記　　　　　　　1304
　　　　　　　　　　　　　1305
　　　　　　　　　　　　　1306
　　～安王氏庚申宗譜　　　5615
　　～安蔣巷蔣氏宗譜　　　5884
　　～安人物志　　　　　　0950
33 ～浦陳氏懷十房宗譜　　7500
　　～浦俞氏宗譜　　　　　7574
34 ～漢書姓名韻　　　　　0090
37 ～澗遺老錢公別傳　　　4087
　　　　　　　　　　　　　4088
38 ～海郡徐氏宗譜　　　　6348
　　～海徐氏宗譜　　　　　6363
　　　　　　　　　　　　　6402
　　　　　　　　　　　　　6409
　　～海家譜　　　　　　　6359

　　～遊日記　　　　　　　3292
　　　　　　　　　　　　　3397
39 ～沙古塘王氏宗譜　　　5525
42 ～橋張氏宗譜　　　　　7115
43 ～越文苑　　　　　　　1152
　　～越文苑後傳　　　　　1153
　　　　　　　　　　　　　1154
　　～越儒林後傳　　　　　1153
　　　　　　　　　　　　　1154
　　～戴鄒氏重修宗譜　　　7274
44 ～坡先生瑣言別集　　　1467
　　～坡先生紀年錄　　　　3834
　　～坡先生別傳　　　　　1467
　　～坡先生年譜　　　　　3835
　　　　　　　　　　　　　3836
　　　　　　　　　　　　　3837
　　～坡先生年表　　　　　3838
　　～坡烏臺詩案　　　　　1463
　　～坡逸事　　　　　　　1471
　　～坡事類　　　　　　　1468
　　　　　　　　　　　　　1469
　　～莞袁崇煥督遼餞別圖詩　1617
　　～萬氏家乘　　　　　　5892
　　～萬氏宗譜　　　　　　5892
　　～華日記　　　　　　　3596
　　　　　　　　　　　　　3597
　　～蔡宗譜　　　　　　　5991
　　　　　　　　　　　　　5992
　　～萊外錄　　　　　　　1506
　　～萊祥齋趙公墓碑　　　2581
　　～萊祥齋趙公墓表　　　2581
　　～萊趙氏家乘　　　　　6084
　　～萊趙氏明代先世遺像並
　　　碑坊墓影　　　　　　7850
　　～萊呂紫微師友雜誌　　0544
　　～萊呂成公年譜　　　　3897
　　～林列傳　　　　　　　0626
　　　　　　　　　　　　　0627
　　　　　　　　　　　　　0628
　　～林山回仙觀沈東老傳　1478
　　～林別乘　　　　　　　0601
　　～林同難列傳　　　　　0647
　　　　　　　　　　　　　0648

		0649
		0650
		0651
		0652
～林同難附傳		0647
		0648
		0649
～林同難錄		0647
		0648
		0649
		0650
		0651
		0652
48 ～槎廿日記		3614
51 ～軒吟社畫像		0910
60 ～國文獻錄		7963
～國名將傳		7948
～國闕里誌		7969
～園徐氏重輯宗譜		6341
～園徐氏宗譜		6332
		6341
67 ～野誌		1301
73 ～院王氏家譜		5504
77 ～關馮氏家譜		4964
～關戴氏宗譜		5285
～關黃氏宗譜		5932
～興繆氏潤州分支宗譜		7612
～興繆氏支譜		7613

5103_2　振

00 ～六府君行述	2552

5103_2　據

50 ～書明孔	1338
	1339

5104_1　攝

18 ～政親王起居注	1663
～政王多爾袞開國起居注	1663

5111_0　虹

43 ～樑塢程氏異姓亂宗敘略	7880

5114_6　蟫

20 ～香館使黔日記	2957
～香館別記	2955
	2956

5193_1　耘

31 ～渠府君行述	1933

5202_7　擤

00 ～廬氏自編年譜	4733
27 ～叔府君行略	2362

5211_0　虬

22 ～川黃氏重修宗譜	5923

5225_7　靜

22 ～岩孫公傳略	2040
38 ～海徐相國傳	2237
77 ～叟自述	4664

5260_1　誓

10 ～天紀實	3293

5300_0　戈

72 ～氏家乘	5325
	5326
～氏宗譜	5327

5302_7　輔

00 ～庭府君行述	2249

5304_2　搏

21 ～上陳氏六修族譜	7475

5310_7　盛

26 ～伯光哀挽錄	3038
44 ～世良圖紀	1845
	1846
	1847
72 ～氏族譜	6097
	6100
	6101
～氏家乘	6093
～氏家乘初稿	6093
～氏宗譜	6094

5320_0　戊

30 ～寅港神衝李氏家譜	5805
50 ～申日記	2909
53 ～戌日記	3550

5320_0　戌

11 ～北樓耐苦志	1693

5320_0　成

21 ～仁譜	0290
～仁集	1818
～仁祠備錄重編	1113
22 ～山老人自撰年譜	4706
～山老人年譜	4706
24 ～化間蘇材小纂	0661
31 ～祉府君自著年譜	4362
37 ～澹堪書王岷源省長神道碑原迹	3222
40 ～吉思汗少年史	1508
44 ～華節孝錄	1249
47 ～都君平張氏宗譜	7127
～都追悼吳碧柳先生紀念	

刊　　　　　　　　　3535
72 ～氏家譜　　　　　5328

5320₀ 戚

72 ～氏族譜　　　　　5333
　～氏宗譜　　　　　5334
90 ～少保年譜　　　　4038
　～少保年譜耆編　　4038
　　　　　　　　　　4039
　　　　　　　　　　4040
　～少保年譜節要　　4041

5320₀ 咸

22 ～豐以來功臣別傳　0866
76 ～陽王撫滇功績　　1515
　～陽王撫滇績　　　1515

5320₀ 感

36 ～遇錄　　　　　　2008
　　　　　　　　　　2009
　　　　　　　　　　4562
　　　　　　　　　　4563
44 ～舊集小傳拾遺　　0879
90 ～懷身世詩百韻　　2697

5402₇ 拗

21 ～柴胡氏七修譜　　6047

5408₁ 拱

90 ～堂堯水劉氏族譜　7344
　～堂堯水劉氏八修族譜　7344
　～堂堯水劉氏八修家乘　7344

5500₀ 井

11 ～研胡氏族譜　　　6045

5503₀ 扶

35 ～溝縣張氏族譜　　7185
48 ～槎陳氏族譜　　　7479
　～槎陳氏四修族譜　7479

5533₇ 慧

34 ～遠大師年譜　　　3753

5560₆ 曹

30 ～實卿先生赴告　　3322
64 ～曉亭先生年譜　　4833
72 ～氏彥祥房譜　　　6121
　～氏族譜　　　　　6122
　～氏族譜世系圖節略　6102
　～氏五修族譜　　　6124
　～氏受五公房族譜　6110
　～氏家乘　　　　　6104
　　　　　　　　　　6114
　～氏宗譜　　　　　6104
　　　　　　　　　　6106
　　　　　　　　　　6113
　　　　　　　　　　6114
　　　　　　　　　　6115
　　　　　　　　　　6118
　～氏必昌六修譜　　6123
　～氏必賢房六修支譜　6120
　～氏必賢房七修支譜　6126
77 ～月川先生年譜　　3958
　　　　　　　　　　3959
80 ～公行述　　　　　2924
82 ～劍亭先生自撰年譜　4371
　～劍亭先生年譜　　4371
86 ～錕歷史　　　　　3005
90 ～少家傳　　　　　2034

5580₁ 典

48 ～故列女傳　　　　1218
　～故列女全傳　　　1219

5580₆ 費

17 ～君仲深家傳　　　3442
21 ～紫蓮先生暨德配許夫人
　　六秩雙慶徵文啓　3285
25 ～仲深先生家傳　　3442
44 ～燕峯先生年譜　　4217
60 ～景韓先生訃告　　3092
72 ～氏先德錄　　　　1041
77 ～母李太夫人傳　　3193
78 ～鑒清墓誌表傳　　3116

5590₀ 耕

00 ～齋日記　　　　　3536
21 ～經堂年譜　　　　4696
71 ～厓先生傳　　　　1798

5602₇ 揚

32 ～州唐襄文公崇祀錄　1554
　～州唐襄文公祠記　1554
44 ～芬集　　　　　　1795
　～芬錄　　　　　　2435

5608₁ 提

34 ～法公年譜　　　　4803
37 ～軍陳忠愍公殉節始末記 1947

5608₆ 損

00 ～齋先生編年　　　4671

5609₄ 操

72 ～氏重修宗譜　　　5339
　～氏宗譜　　　　　5339

5611₀ 蜆

31 ～江陳氏家譜　　　7484

5619₃ 螺

31	～江陳氏家譜	7419
		7527

5701₂ 抱

32	～冰堂弟子記	2464
		2465
		2466
44	～樹圖題辭	1711

5701₆ 挽

07	～詞彙編	2221
	～詞叢錄	2516
12	～聯存稿	0446

5702₀ 抑

00	～齋自述	4817
37	～過軒主人年譜	6163
44	～莊府君年譜	1851

5708₁ 擬

67	～明代人物志	0643
		0644

5740₄ 挈

60	～園五十自述詩	3451

5798₆ 賴

40	～古堂別集印人傳	0298
72	～氏族譜	5024
	～氏續修族譜	5024

5801₇ 扥

70	～雅軒雜文偶鈔	0356

5803₁ 撫

12	～孤錄	1545
22	～樂董氏續修鄉賢錄	6475

5804₁ 拼

00	～音百家姓	0057

5810₁ 整

50	～書漫錄	4539

5811₆ 蛻

55	～農府君事略	2748

5815₃ 蟻

60	～園自記年譜	4351

5824₀ 敖

80	～公紀述	2313

5844₀ 數

55	～典不忘	7290

5894₀ 敕

08	～旌義門王氏族譜	5532
44	～封孺人例封恭人王室繼	
	配馮氏實錄	4327
66	～賜餘姚潘許同宗濟美譜	
	牒	5209
	～賜餘姚潘許同宗濟美實	
	繪堂譜牒	5209

5902₀ 抄

15	～建文君從亡列傳	0657

　

87	～錄明御史陸清原行狀傳	
	志	1653

6000₀ 口

88	～筆刀圭	0208
	～筆刀圭錄	0208

6010₀ 日

07	～記	3621
	～記之模範	2360
	～記簿	2996
08	～譜	1610
50	～本龍馬俠士傳	7984
	～本兩軍神	7920
	～本往生極樂記	7945
	～本維新三傑	7936
	～本維新三傑傳	7936
	～本維新慷慨史	7931
	～本近世豪傑小史	7918
	～本七十三義俠傳	7919
67	～照丁氏家乘	6210
	～照李氏節孝徵文	1293

6010₄ 星

00	～齋府君行述	2112
26	～泉履歷	2035
31	～江嚴田李氏宗譜	5772
	～源集慶	4870
	～源善公事略	2622
	～源銀川鄭氏宗譜	6144
39	～沙李氏支譜世系實錄	5782
90	～堂壩張氏支譜	7138

6010₄ 墨

44	～莊士元支譜	7335
55	～井集源流考	4238

6010₇ 疊

80	～翁行踪錄	3381

6012₇ 蜀

10 ～西崇陽王氏族譜　5588
50 ～畫史稿　0199
70 ～雅小傳　1146

6015₃ 國

00 ～立北京大學故教授劉半
　　農博士訃告　3506
　　～立中山大學教授吳魯強
　　博士行狀　3571
37 ～初群雄事略　0616
　　　　　　　　0617
　　～初忠勇超群記　0893
44 ～權摘目　4867
47 ～朝文苑傳　0855
　　　　　　　0856
　　～朝詩人徵略　0754
　　　　　　　　0755
　　～朝天臺耆舊傳　1109
　　～朝經師經義目錄　0732
　　　　　　　　0733
　　　　　　　　0734
　　　　　　　　0736
　　　　　　　　0737
　　　　　　　　0738
　　　　　　　　0739
　　　　　　　　0740
　　～朝經學名儒記　0836
　　　　　　　　0837
　　～朝先正事略　0777
　　　　　　　　0778
　　　　　　　　0779
　　　　　　　　0780
　　　　　　　　0781
　　　　　　　　0782
　　　　　　　　0783
　　　　　　　　0784
　　　　　　　　0785
　　　　　　　　0786
　　　　　　　　0787

～朝先正事略續編　0788
　　　　　　　　0865
～朝名臣言行錄　0772
　　　　　　　　0797
～朝名臣事略　0553
～朝名人傳略　0728
　　　　　　　0729
～朝名人赤牘小傳　0776
～朝宋學淵源記　0733
　　　　　　　　0734
　　　　　　　　0736
　　　　　　　　0737
　　　　　　　　0738
　　　　　　　　0739
～朝江西節孝錄　1257
～朝河臣集略　0694
～朝漢學師承記　0732
　　　　　　　　0733
　　　　　　　　0734
　　　　　　　　0735
　　　　　　　　0736
　　　　　　　　0737
　　　　　　　　0738
　　　　　　　　0739
　　　　　　　　0740
～朝內閣名臣事略　0588
～朝藩封列傳　0704
～朝孝子小傳　0855
　　　　　　　0856
～朝耆獻類徵初編　0791
　　　　　　　　0792
～朝耆獻類徵初編人名索
　引　0794
～朝畫家書小傳　0883
～朝書畫家筆錄　0868
～朝書人輯略　0854
～朝昆新青衿錄　1031
～朝昆山詩人小傳　1047
～朝院畫錄　0741
　　　　　　0742
～朝閨閣詩鈔小傳　1296
～朝賢媛類徵初編　1263
～朝人物志　7949

～朝人物考名目　4054
～朝金陵通紀　1033
50 ～史列傳　0886
　　　　　　0887
～史稿大臣列傳　0828
～史儒林黃仲弢先生傳　2774
～史逆臣傳　0822
～史貳臣傳　0815
～史四傳　0799
～史羅閣學公列傳　2692
～史賢良祠王大臣小傳　0718
～史館英果敏公傳　2370
～史館楊重雅傳　3385
77 ～民哀悼會紀事錄　3149
80 ～父之大學時代　3087

6021₀ 四

10 ～王傳　0700
　　～王合傳　0699
12 ～聯總處中國交通農民三
　　行及中信局派赴平津搭
　　機殉職人員事蹟　0936
17 ～郡驪唱集　3347
22 ～川永寧州學正曾府君墓
　　表　2798
　　～川萬縣響水鄉丁氏族譜　6211
　　～川提督馬果肅公傳　2620
　　～川省忠縣丁氏宗譜初稿　6229
34 ～洪年譜　3656
40 ～十年來之中國與我　3478
　　～十年來大事記　2295
47 ～朝先賢六家年譜　3659
　　　　　　　　3660
　　～朝名臣言行錄　0511
　　　　　　　　0512
　　　　　　　　0513
　　　　　　　　0515
　　～朝成仁錄　0602
　　　　　　　0603
　　　　　　　0604
50 ～史疑年錄　0162
　　　　　　　0163

67 ～明儒林董氏宗譜	6476	
～明朱氏支譜	7746	
～明朱氏支譜內外編	4890	
	7746	
～明叢書作者列傳	0460	
～明十二先生贊	1112	
～明李氏宗譜	5781	
～明范氏家乘	6489	
～明黃氏宗譜	5952	
～明藕橋朱氏宗譜	7748	
～明人鑒	1101	
～明前周周氏宗譜	7012	
～明慈水孔氏三修宗譜	5654	
～明慈水孔氏支譜	5654	
～明倉基陳氏宗譜	7530	
77 ～門謝氏二房譜	4940	
～門謝氏再續譜	4937	
～門謝氏後塘河房再續譜	4937	
～留山人自記	4586	
86 ～知堂誦芬錄	2240	

6021₀ 見

00 ～亭府君行述	2005	

6022₇ 易

12 ～水紀行	2004	
44 ～莊殷氏宗譜	7774	
72 ～氏族譜	7323	
～氏續修家譜	7321	
	7322	
～氏家譜	7321	
	7322	
77 ～母輓詞	3303	
	3304	

6022₈ 界

22 ～嶺謝氏族譜	4922	

6033₀ 思

00 ～玄集	3586	

～哀錄	2421	
06 ～親記	2845	
33 ～補齋自訂年譜	4605	
	4606	
～補過齋主人自敍年譜	4587	
	4588	
37 ～過錄	3302	
44 ～茂公王氏宗譜	5496	
～舊錄	0706	
～舊錄詩人小傳	0708	
50 ～忠錄	1513	
77 ～賢錄	1477	

6033₀ 恩

10 ～平岑氏家譜	7239	
～平吳逸凡先生哀挽錄	2986	
27 ～岬諸公志略	0568	
	0663	
30 ～安李氏宗譜	5790	
31 ～福堂年譜	4502	
99 ～榮奕葉	7816	

6033₁ 黑

01 ～龍江鄉土錄	5447	
08 ～旗劉大將軍事實	2470	
12 ～水郭氏先塋錄	5447	
～水郭氏家乘	5447	
～水郭氏世系錄	5447	
～水郭氏世德錄	5447	
～水郭氏舊聞錄	5447	
～水郭氏揚芬錄	5447	
～水先民傳	1192	

6033₂ 愚

00 ～齋先生實紀	7999	

6040₀ 田

22 ～樂蕩譚氏再修族譜	5428	
72 ～氏家譜	4890	

77 ～間年譜	4167	

6040₄ 晏

38 ～海澄先生年譜	4769	

6040₇ 曼

15 ～殊留影	1749	

6043₁ 昊

22 ～嶺朱氏三修族譜	7730	

6044₀ 昇

44 ～勤直公年譜	4455	

6050₀ 甲

17 ～乙之際宮閨錄	1283	
	1284	
21 ～行日注	1626	
37 ～初日記	1764	
38 ～道張氏宗譜	7100	
43 ～越春秋	7930	
45 ～椿李氏宗譜	5761	
～椿李氏世系家譜	5761	
50 ～申十同年圖	0673	
71 ～辰歲日記	3306	
～辰考察日本商務日記	2713	
～辰日記	2992	
	2993	
	2994	
	2995	

6050₄ 畢

25 ～生小記述	3440	
40 ～太夫人行述	2001	

6060₀ 回

77 ～颺日記	3482	

6060₀　呂

38	～海寰諭呂賢萃書契約	4745
40	～壽生先生哀輓錄	3384
67	～明德先生年譜	4098
80	～鏡宇自敍年譜	4745
	～公哀啓	3613
		3615
	～公行狀	2747

6060₀　昌

24	～岐府君行述	2224
27	～黎先生詩文年譜	3794
	～黎先生年譜	3793
32	～溪太湖支吳氏宗譜	5691
		5692
	～溪陳氏續修宗譜	7554

6060₀　冒

22	～巢民先生年譜	4161

6060₄　固

30	～安文獻志	0951
43	～始張侍郎德配胡太夫人	
	挽詞	2254
	～始裴氏宗譜	7606
	～始吳氏秉義堂支譜	5740
	～始秦宥橫先生事略	2959

6060₄　圖

03	～詠遺芬	0835
28	～繪寶鑒	0268
77	～門赫舍里氏壽言	3288
	～開勝蹟	2556

6060₄　署

16	～理黑龍江將軍壽公家傳	3558

6071₁　昆

22	～山詩人小傳	1047
	～山人物傳	1000
67	～明縣志姜孝子傳	2796
	～明姜孝子傳	2796

6071₁　毘

74	～陵莊氏族譜	6493
		6497
	～陵蔡氏宗譜	5996

6073₁　曇

44	～花集	3490
76	～陽遺韻	1264

6080₀　貝

17	～子衡按班章京牛錄額鎮	
	拜音岱年譜	3652

6080₁　異

45	～姓亂宗敍略	7880
61	～號類編	0140
		0141
		0142

6080₁　是

25	～仲明先生年譜	4342

6080₆　圓

40	～塘徐氏宗譜	6375

6090₄　呆

00	～齋公年譜	3971

6090₄　果

17	～勇侯楊芳年譜	4500

6090₆　景

28	～牧自訂年譜	4810
50	～素公自敍年譜	4045
74	～陸粹編	1698
76	～陽日記	3057
97	～耀月先生傳	3437

6091₄　羅

00	～府君行狀	2400
	～文恪公年譜	2193
		4659
		4660
10	～雪堂哀啓	3103
	～雪堂訃告	3102
11	～麗名臣錄	7950
17	～君之墓表	3458
24	～壯勇公年譜	4466
30	～宿堂節孝集	2102
36	～迦陵夫人年譜	4806
		8021
45	～棣珊女士哀輓錄	3422
50	～忠節公年譜	4629
60	～田賀氏五修族譜	5311
71	～長佑戰績事實	2592
		2593
72	～氏椿庭耋壽集	2617
80	～公行狀	2302
	～公崇祀名宦錄	1938

6101₀　毗

74	～陵高氏宗譜	5040
	～陵唐氏西分家譜	5061
	～陵唐氏家譜	5060
	～陵章氏宗譜	5415
	～陵謝氏宗譜	4930

	4932	～陵薛墅吳氏宗譜	5726		2155
	4944	～陵黃天蕩顧氏宗譜	4982		
～陵施氏宗譜	5077		4984	**6184₇ 販**	
	5079		4990		
～陵賈氏宗譜	5085	～陵黃氏宗乘	5950	50 ～書日記	·3600
～陵張氏宗譜	7119	～陵東萬氏重修家乘	5892		
	7144	～陵盛氏族譜	6097	**6201₄ 唾**	
	7190	～陵嚴氏宗譜	7673		
～陵孫氏宗譜	5117	～陵劉氏六修宗譜	7351	44 ～莽先生年譜	4818
～陵孟氏六修宗譜	5660	～陵劉氏宗譜	7351	～莽年譜	4818
～陵孟氏族譜	5660	～陵陳氏續修宗譜	7454		
～陵聚湖里金氏宗譜	7035		7540	**6203₆ 嗤**	
～陵邵氏宗譜	6264	～陵陳氏宗譜	7480		
～陵郡城管氏分譜	7065		7529	62 ～嗤先生傳	2017
～陵朱氏宗譜	7724	～陵周氏宗譜	7000		
～陵鄒氏宗譜	7271		7002	**6240₀ 別**	
	7274	～陵人品記	0998		
～陵包氏重修宗譜	7281		0999	32 ～派王氏通譜	5485
～陵徐氏宗譜	6411	～陵金氏宗譜	7027	50 ～本百家姓	0046
～陵江邑太平橋唐氏支譜	5057	～陵鍾氏重修宗譜	7053	61 ～號索引	0143
～陵馮氏宗譜	4965	～陵錢橋里金氏宗譜	7037		0144
	4967	～陵符言上官氏重修宗譜	6272		0145
	4974	～陵小南門陳氏宗譜	7480	～號錄	0139
～陵沈氏乙卯續修宗譜	5249	～陵棠林潘氏宗譜	5212		0149
～陵沈氏宗譜	5242	77 ～邪台山散人日記	2636		
	5249			**6292₂ 影**	
	5259	**6138₆ 顯**			
～陵洛陽秦氏族譜	5322			11 ～北宋本姓解	0007
～陵查氏續修宗譜	5757	20 ～爵成溪應氏宗譜	4895	30 ～宋本扁鵲倉公傳考異	1355
～陵查氏宗譜	5754	28 ～微野史	0284	48 ～梅庵忆语	1740
	5757	41 ～姒劉太君行述	2044		
～陵李氏宗譜	5837	44 ～考子均府君行述	2795	**6299₃ 縣**	
～陵姚氏宗譜	6452	～考鄉諡貞肅澤甫府君行			
～陵莊氏增修族譜	6493	述	3002	04 ～誌稿	1158
	6497		3003		
～陵蔣氏世譜	5864	～考溫毅府君年譜	4742	**6301₂ 睕**	
～陵蔣氏世譜後編	5874	50 ～忠集	1549		
～陵蒲溪莫氏宗譜	7628	～忠錄	1538	35 ～清府君行述	2128
～陵萬塔蔣氏宗譜	5886		1539		
～陵樊氏重修宗譜	5300			**6301₆ 暄**	
～陵莫氏宗譜	7628	**6180₈ 題**			
～陵韓堰朱氏續修宗譜	7708			37 ～初先生六十壽言	3252
～陵薛墅吳氏族譜	5701	31 ～江南曾文正公祠百詠	2154		

6333₄ 默

00 ～庵居士自定年譜　　4793
44 ～戀傳何內務部總長奉天
　　省長勳三位王公神道碑 3222

6403₄ 嘆

32 ～逝編　　　　　　　0894
　　　　　　　　　　　0895

6404₁ 時

21 ～庵自撰年譜　　　　4361
　～庵年譜　　　　　　4361

6404₁ 疇

72 ～隱居士自訂年譜　　4840
　　　　　　　　　　　4841
　　　　　　　　　　　4842
　　　　　　　　　　　4843

6414₇ 跛

20 ～奚年譜　　　　　　4446

6502₇ 晴

22 ～川先生事略　　　　1824
31 ～江閣文鈔　　　　　0639

6509₀ 味

12 ～水軒日記　　　　　1592
　　　　　　　　　　　1593
　～水軒日記殘本　　　1592

6621₄ 瞿

00 ～唐先生年譜　　　　4035
　～文愼公行狀　　　　2711

40 ～木夫先生自訂年譜　4492
　　　　　　　　　　　4493
　～木夫先生年譜　　　4494
43 ～式稇　　　　　　　1627
77 ～母傅太夫人行述　　3007
　～母傅太夫人赴告　　3006

6624₈ 嚴

00 ～文靖公年譜　　　　4023
17 ～君墓誌銘　　　　　2771
24 ～先生祠堂附祀前嚴州府
　　知府李公記　　　　2966
44 ～莊孫氏宗譜　　　　5125
60 ～田宗譜　　　　　　5759
　～田李氏宗譜　　　　5772
72 ～氏族譜　　　　　　7677
　　　　　　　　　　　7679
　～氏家譜　　　　　　4890
　　　　　　　　　　　7670
　　　　　　　　　　　7672
　～氏宗譜　　　　　　7671
　　　　　　　　　　　7673
　　　　　　　　　　　7674
　　　　　　　　　　　7675
　　　　　　　　　　　7678
77 ～母王恭人哀思錄　　3094

6643₀ 哭

00 ～庵碎語　　　　　　2911
40 ～大兄病歿西域六首　2592
　　　　　　　　　　　2593

6682₇ 賜

40 ～壽謝摺　　　　　　1967
97 ～恤綸言　　　　　　2051

6701₆ 晚

30 ～戶銘伯裔續修族譜　7269
48 ～松實紀　　　　　　8002

　～松姜公實記　　　　8002
88 ～笑堂畫傳　　　　　0660
　～笑堂竹莊畫傳　　　0291
　　　　　　　　　　　0292
　　　　　　　　　　　0293
　　　　　　　　　　　0294
　　　　　　　　　　　0658
98 ～悔庵年譜　　　　　4715
　～悔庵年譜草案　　　4715

6702₀ 明

00 ～高士傳　　　　　　0641
　　　　　　　　　　　0642
　～唐荊川先生年譜　　4022
　～文百家萃小傳　　　0596
02 ～新建伯王文成公傳本 1546
04 ～詩綜姓氏表　　　　0040
　～詩紀事小傳　　　　0655
08 ～於越三不朽名賢圖贊 1072
10 ～王文成公年譜節鈔　3658
　　　　　　　　　　　3659
　　　　　　　　　　　3660
　　　　　　　　　　　3996
11 ～張氏兄弟倡守保定闔家
　　殉難實跡　　　　　7091
17 ～司石磐先生殉節實錄 1673
　　　　　　　　　　　1674
20 ～季烈臣傳　　　　　0674
　～季吳中文豪馮夢龍　1600
　～季滇南遺民錄　　　1178
　～季南都殉難記　　　0677
　～季東莞五忠傳　　　1170
　～季劉氏三忠傳　　　1716
21 ～經胡氏存仁堂支譜　6016
　～經胡氏七哲集傳　　7844
23 ～狀元圖考　　　　　0563
　　　　　　　　　　　0564
　　　　　　　　　　　0565
　～代千遺民詩詠　　　0681
　～代千遺民詩詠二編　0682
　～代千遺民詩詠三編　0683
　　　　　　　　　　　0684

～代千遺民詩詠初編	0681	
27 ～歸震川先生年譜	4021	
～修撰楊升庵先生年譜	3674	
	4012	
～名臣琬琰錄	0568	
～督師盧忠肅公燬玉雙印		
記	1639	
	1640	
～鄉賢湖廣巡按米脂李公		
表忠錄	1714	
30 ～漳浦黃忠端公懿畜編	0258	
～宰相世臣傳	0688	
～良志略	0502	
	0503	
31 ～江西提學僉事子宿府君		
家傳	1550	
～江西提學僉事汪青湖先		
生家傳	1550	
～汪忠烈公文行錄	1620	
33 ～治文雅都鄙人名錄	0134	
35 ～遺老騰沖指揮僉事李鍾		
英先生碑文	1655	
～清畫傳	0271	
～清人物傳記	0286	
～遺民錄	0680	
38 ～道先生年譜	3650	
40 ～太祖功臣圖	0291	
	0292	
	0293	
	0294	
	0658	
	0659	
	0660	
～李文正公年譜	3986	
	3987	
	3988	
～七省督師孫大司馬列傳	1630	
	1631	
44 ～蘇爵輔事略	1636	
～薛文清公年譜	3833	
	3968	
47 ～鄤獻表	1069	
～懿安皇后外傳	1659	

～郝太仆褒忠錄	1712	
	1715	
48 ～翰林學士當塗陶主敬先		
生年譜	3954	
50 ～史稿列傳	0598	
～畫姓氏編韻	0113	
～畫錄	0599	
～忠義別傳節錄	0638	
～末忠烈紀實	0618	
	0619	
	0620	
	0621	
～末忠義錄	0675	
53 ～戚少保年譜節要	4041	
71 ～臣殉節事迹	0678	
72 ～氏實錄	1530	
77 ～賢蒙正錄	0624	
	0625	
80 ～人藝林名譜	0132	
～人年譜十種	3675	
～人錄	0717	

6702₇ 嗚

62 ～呼易順鼎	2911	

6706₂ 昭

10 ～雪	2754	
23 ～代名人尺牘小傳	0722	
	0723	
	0724	
	0725	
～代名人尺牘小傳索引	0726	
	0727	
～代名人小傳	0705	
31 ～潛錄	5945	
	5958	
37 ～通龍志楨貞孝褒揚錄	3500	
50 ～忠錄	0547	
	0548	
	0902	
	1492	

～忠錄補遺	0908	
～忠錄補遺三續	0908	
～忠錄前編	0907	
67 ～明太子事實	1417	
～明太子年譜	3763	

6708₂ 吹

44 ～蘆小草	4546	

6712₂ 野

60 ～田黃氏宗譜	5944	

6722₇ 鄂

00 ～文端公年譜	4325	
60 ～國岳氏世譜	7598	
～國金佗粹編	1486	
	1487	

6732₇ 鷺

31 ～汀府君行狀	2794	

6732₇ 黔

11 ～北吳氏族譜	5722	
～北查氏族譜	5758	
40 ～南橫岡徐氏族譜	6339	
60 ～邑橫岡休寧石林西南門		
徐氏三族合譜	6339	
62 ～縣南屏葉氏族譜	7635	

6805₃ 曦

00 ～亭府君行述	1844	
37 ～初府君行狀	2309	

6806₁ 哈

64 ～噠色勒貝勒年譜	3652	
～噠貝勒順克夷巴克什蘇		

三音年譜　　　　　　　3652
～噠貝勒法克產年譜　　3652
77～同先生訃告　　　　8019
～同先生榮哀錄　　　　8023

6832₇　黔

90～省功德名臣考　　　1185
　　　　　　　　　　　1186
～省開關考　　　　　　1185
　　　　　　　　　　　1186

6908₉　啖

44～蔗軒自訂年譜　　　4549
～蔗軒年譜　　　　　　4549

7021₄　雅

21～儒劉氏家乘　　　　7336
22～岑詩錄　　　　　　4689

7110₆　暨

76～陽章鄉趙氏宗譜　　6054
～陽章氏宗譜　　　　　5403
～陽平閬厚豐顧氏宗譜　4993
～陽石氏志十公房譜　　5636
～陽西何何氏宗譜　　　7220
　　　　　　　　　　　7221
～陽西安白浦劉金氏宗譜 7023
～陽上林斯氏宗譜　　　6472
～陽紫巖謝氏宗譜　　　4929
～陽紫巖王氏宗譜　　　5568
～陽紫巖螺山劉氏宗譜　7355
～陽紫巖周氏宗譜　　　7003
～陽紫巖鎮山朱氏宗譜　7755
～陽豐江周氏宗譜　　　7004
～陽山陰合族俞氏宗譜　7575
　　　　　　　　　　　7578
　　　　　　　　　　　7583
～陽傅氏宗譜　　　　　6310
～陽白牆頭黃氏宗譜　　5924

　　　　　　　　　　　5930
～陽魏氏宗譜　　　　　6304
～陽宣氏宗譜　　　　　5135
～陽宣仁村虞氏宗譜　　5665
～陽家山何氏宗譜　　　7219
～陽安俗劉氏宗譜　　　7030
　　　　　　　　　　　7034
～陽沈氏支譜　　　　　5257
～陽湯氏宗譜　　　　　6433
～陽邊氏宗譜　　　　　7765
～陽大部鄉宣田宣氏宗譜 5135
～陽直埠傅氏宗譜　　　6310
～陽古竺王氏宗譜　　　5502
～陽壽氏宗譜　　　　　5268
～陽戴里上馬石蔣氏宗譜 5867
～陽花山許氏宗譜　　　5460
～陽花園張氏宗譜　　　7154
～陽蔣湖張氏宗譜　　　7191
～陽黃澗斯氏宗譜　　　6471
～陽黃氏宗譜　　　　　5924
　　　　　　　　　　　5930
～陽葛氏宗譜　　　　　5902
～陽甘溪謝氏宗譜　　　4921
　　　　　　　　　　　4946
～陽葉氏宗譜　　　　　7641
～陽青山章氏宗譜　　　5408
～陽惠氏宗譜　　　　　5315
～陽墨城壽氏宗譜　　　5269
～陽長瀾石氏宗譜　　　5638
～陽陳氏宗譜　　　　　7462
　　　　　　　　　　　7511
～陽同山邊氏宗譜　　　7765
～陽同山殿前壽氏宗譜　5268
～陽陶朱許氏宗譜　　　5476
～陽金嶺何氏宗譜　　　7218
～陽銀冶章氏宗譜　　　5405
　　　　　　　　　　　5416
～陽答問　　　　　　　4485
～陽鎖金王氏宗譜　　　5597

7121₁　阮

34～社章氏宗譜　　　　5407

40～大鍼本末小紀　　　1599
72～氏宗譜　　　　　　6237

7121₁　歷

23～代帝王疑年錄　　　0174
～代帝王世系圖　　　　4890
～代帝王姓系統譜　　　0014
　　　　　　　　　　　0015
　　　　　　　　　　　0016
　　　　　　　　　　　0017
　　　　　　　　　　　0018
　　　　　　　　　　　0019
～代帝王年號表　　　　0845
～代詩人祠堂記　　　　0416
～代諱名考　　　　　　0102
～代諱字譜　　　　　　0124
　　　　　　　　　　　0125
～代詞話　　　　　　　0476
～代詞人姓名爵里考略　0112
～代詞人姓氏　　　　　0476
～代兩浙詞人小傳　　　1119
　　　　　　　　　　　1120
～代不知姓名錄　　　　0088
～代琴人傳　　　　　　0475
～代烈女傳　　　　　　1294
～代功臣傳　　　　　　0280
～代聖賢像傳　　　　　0211
～代聖賢圖像　　　　　0213
～代儒學存真錄　　　　0398
～代循良能吏列傳彙鈔　0408
～代循吏傳　　　　　　0307
　　　　　　　　　　　0308
　　　　　　　　　　　0309
　　　　　　　　　　　0310
　　　　　　　　　　　0311
　　　　　　　　　　　0313
　　　　　　　　　　　0314
　　　　　　　　　　　0317
～代循吏題詞　　　　　0456
～代先賢圖像題贊　　　0266
～代名儒傳　　　　　　0307
　　　　　　　　　　　0308

	0310		0306	～代人物像	0468
	0313	～代名人生卒年表補編	0177	～代節義名臣錄	0430
	0314	～代名人生卒錄	0168	24 ～仕錄	1566
	0316	～代名人姓氏全編	0039	47 ～朝名將傳	0207
	0317	～代名人年譜	3635	～朝人物名字錄	0081
	0318		3636		
～代名將言行錄	0454		3637	**7121₁ 隴**	
	0455		3638		
～代名將事略	0417	～代名人小傳	0444	10 ～西郡李氏族譜	5840
	0432	～代河神傳	0252	～西李氏家譜	5830
	0433	～代海國尚友錄	7910	40 ～南王氏族譜	5512
～代名媛齒譜	0305	～代女鑒	1277	～南王氏旗籍族譜	5512
～代名媛圖說	1204	～代古人像贊	0212	～右古今縣名對照表	0981
～代名臣言行錄	0339	～代壽考名臣錄	0319	～右民族英雄集	0981
	0340	～代奸庸殷鑒錄	0421		0982
	0341		0422		
	0342	～代封號考	1398	**7121₂ 陌**	
	0343	～代都江堰功小傳	0451		
	0344	～代畫像傳	0419	44 ～巷志	1350
	0345	～代畫家姓氏便覽	0362		
	0346	～代畫史彙傳	0370	**7121₄ 雁**	
	0347		0371		
	0348		0372	36 ～澤先府君行述	1601
	0349		0373	44 ～蕩里潘氏宗譜	5207
	0350		0374	77 ～門集	1525
	0351		0375		1526
	0352		0376	～門集別錄	1525
	0353		0377		1526
	0354		0378	～門薩氏家譜	6499
	0355		0379		
～代名臣傳	0307		0380	**7121₄ 厐**	
	0308		0381		
	0310		0382	44 ～村先生請廡實事	7991
	0312		0383		
	0313		0384	**7122₀ 阿**	
	0314		0385		
	0315	～代典禮考	1327	00 ～文勤公年譜	4333
	0317	～代男齒譜	0305	～文成公行述	1783
～代名臣傳節錄	0406	～代臣鑒	0216	～文成公年譜	4368
	0407	～代后妃紀略	1268		4369
～代名賢列女氏姓譜	0327	～代同姓名錄	0110	**7122₁ 陟**	
	0328		0111		
～代名賢齒譜	0305	～代賢儒景行錄	0399	24 ～岵集	7846

27	～屺集	7846
77	～岡集	7846

7122₇ 厲

12	～烈婦考	1772
44	～樊樹先生年譜	4340
		4341
	～樊樹年譜	4340

7124₇ 厚

00	～庵自敍年華錄	4618
	～齋自著年譜	4272
22	～山府君年譜	4505
71	～厂先生六十自述	3315

7129₆ 原

22	～任參將色爾福年譜	3652
	～任湖南提督馬公雲峯傳	3499
	～任全國煙酒事務署署長	
	嘉興錢公行狀	3371

7132₇ 馬

00	～文毅公事迹	1756
02	～端敏公年譜	4679
10	～玉崑行述	2482
	～丕瑤列傳	2392
		2393
	～平楊公墓誌銘	2180
	～平楊公墓表	2179
	～雲亭先生榮哀錄	3333
	～雲麓先生行狀	1594
17	～君武先生紀念冊	3400
24	～佳氏族譜	5364
27	～將軍古稀榮慶錄	2849
30	～瀛岑先生傳略	3544
38	～洋橋包氏重修宗譜	7281
	～祥麟專刊	3603
41	～顧雲輓詞	2781
46	～相伯先生九十晉八大壽	

	徵文啓	2531
50	～夫人哀挽錄	3349
	～素吾先生赴告	3433
60	～恩溥日記	2245
	～園黃氏三修族譜	5986
72	～氏族譜	5341
		5342
		5343
		5361
	～氏家譜	5356
		5357
		5363
	～氏家乘	5362
	～氏宗譜	5345
		5359
	～氏分支宗譜	5360
77	～閣老洗冤錄	1628
		1629
80	～公玉山府君行狀	2391
	～公雲峯傳	3499
	～公行狀	2915
	～公神道碑銘	2392
		2393
	～公梯月傳	2233

7138₁ 驥

31	～江戴氏宗譜	5283

7171₇ 甌

11	～北先生年譜	4381
		4382
22	～山金氏眉公支譜	7022
38	～海軼聞	1105
		1106
		1107

7173₂ 長

00	～文襄公自定年譜	4445
10	～元節孝祠志	1225
21	～衢許氏紳公四修支譜	5480

22	～山世譜	7317
	～山公自書年譜	4428
	～樂李星冶先生八十徵詩	
	文啓	2625
26	～白李氏家譜	5857
	～白瓜爾佳氏三忠傳	0842
32	～浜陳氏宗譜	7436
35	～沖王氏支譜	5623
	～沖王氏四修支譜	5623
37	～瀾石氏宗譜	5638
38	～泠趙氏宗譜	6068
39	～沙康家壠康氏續修族譜	5013
	～沙康氏族譜	5013
	～沙章氏四修支譜	5419
	～沙章氏支譜	5419
	～沙張文達公榮哀錄	2655
	～沙白泉謝氏族譜	4949
	～沙黎氏六修族譜	6324
	～沙澗湖塘王氏六修族譜	5592
	～沙獅公橋周氏五修族譜	7008
	～沙坳上張氏族譜	7194
	～沙藤衝盛氏廣生錄	6100
	～沙藤衝盛氏族譜	6100
	～沙藤衝盛氏如生錄	6100
	～沙藤衝盛氏四修族譜	6100
	～沙黃金園朱氏六修支譜	7750
	～沙枬木衝張氏五修族譜	7167
	～沙尊陽黃氏支譜	5966
40	～塘李氏家譜	5831
	～壽無量錄	3348
44	～藪李氏族譜	5829
	～巷沈氏宗譜	5241
60	～兄孟曦公行述	3436
	～田鄧氏三修族譜	6253
	～邑廓氏族譜	6167

7178₆ 頤

40	～志齋四譜	3657
	～壽老人年譜	4544
60	～園壽言集	2602

7210₀ 劉

00 ～方伯事實記	2385	
～府君行述	1790	
～府君行狀	2011	
～文成公年譜	3953	
～襄勤史傳稿	2597	
02 ～端臨先生行狀	1850	
10 ～雨亭先生事略	2840	
13 ～武慎公行狀	2229	
～職方公年譜	4080	
17 ～孟瞻先生年譜傳	4560	
21 ～貞介公事略	2241	
22 ～嶽雲傳志	2701	
24 ～壯肅公傳志	2439	
～壯肅公家傳	2440	
～壯肅公奏議敘	2439	
～先生行述	3452	
～先生年譜	4125	
～德亮傳	2953	
	2961	
	2970	
	2979	
25 ～仲渠劉少渠行狀	2756	
27 ～向古列女傳	1195	
	1196	
	1197	
	1198	
30 ～室雙節傳	1269	
～室傅夫人行述	3403	
～宣甫訃告	2793	
～永福傳	2471	
	2472	
～宮太保大事記	2384	
32 ～淵亭大帥大事記	2473	
～淵潮浚公三房複盛祭志	7892	
33 ～治襄先生赴告	3133	
37 ～通奉公年譜	4700	
40 ～大帥事記	2473	
～太夫人行述	2409	
～太夫人祭文墓誌	1896	
～士驥哀啓	3584	

～古愚先生沒後二十七周		
年學說紀念文	2584	
44 ～戴山先生年譜	4082	
～蘭洲方伯誄詞	3477	
～茂春先生傳	2539	
～恭甫先生行狀	2504	
～村毛氏世譜	7202	
～菊仙集	3305	
45 ～坤一	2382	
	2383	
46 ～柏源觀察名宦鄉賢錄	2117	
	2118	
48 ～松齋先生傳	1836	
	1837	
50 ～夫人悼啓	3362	
	3498	
～忠誠事略	2383	
～忠宣公誥敕碑文	1541	
～忠宣公年譜	3984	
～忠介公年譜	4081	
67 ～墅張氏宗譜	7143	
72 ～氏六修族譜	7350	
	7398	
～氏六修支譜	7380	
～氏族譜	7333	
	7337	
	7339	
	7340	
	7341	
	7342	
	7343	
	7345	
	7353	
	7361	
	7367	
	7368	
	7372	
	7377	
	7381	
	7382	
	7386	
	7387	
	7388	

		7392
		7398
		7401
		7402
		7407
		7411
～氏三修族譜		7358
		7373
		7379
		7388
～氏五修族譜		7381
		7382
		7386
～氏重修族譜		7338
～氏傳忠錄		7385
～氏復修族譜		7333
～氏家譜		7348
		7389
～氏家乘		7337
		7377
～氏家傳		7364
～氏宗譜		7328
		7334
		7337
		7351
		7354
		7360
		7362
		7397
		7405
～氏源分支譜		7329
～氏七修族譜		7387
～氏四修族譜		7342
		7402
		7410
～氏四修支譜		7383
～氏八修族譜		7392
～氏分譜		7357
77 ～母方太夫人赴告		2783
～母朱太夫人訃告		2876
～母胡太夫人哀思錄		3631
80 ～念台先生年譜		4082
～公玖石府君行狀		2210

～公幼雲府君行狀	3159
～公象久年譜	4624
～公茂春傳	2539
	2540
～公事寔彙編	2557
～公暨德配郝夫人合祀事	
迹彙編	2558
88 ～簾舫傳	1942
90 ～半農博士訃告	3506

7223₀　瓜

10 ～爾佳文忠公行狀	2436
	2437
～爾佳文忠公墓誌銘	2436
	2437
～爾佳氏傳	2120
～爾佳氏家傳	7767
34 ～渚張氏宗譜	7105

7223₀　瓜

60 ～園延慶錄	2797

7223₇　隱

01 ～龍方氏宗譜	6199
80 ～谷孫公墓誌銘	1782

7242₂　彤

50 ～史貞孝錄	3151
～史闈幽錄	1247
	1248
80 ～美集	2397
88 ～管流芳	1791

7274₀　氏

08 ～族博考	0014
	0015
	0016
	0017
	0018
	0019

7277₂　岳

10 ～王史略演詞	1493
13 ～武穆王年表	3869
～武穆年譜	3873
50 ～忠武王家乘	7598
～忠武王初瘞墓祠記	1491
～忠武王年譜	3870
～忠武事略	1494
67 ～鄂王行實編年	3868
～鄂王金陀稡編	1488
76 ～陽潘社里金氏宗譜	7033

7280₆　質

00 ～齋先生年譜	4665

7326₀　胎

10 ～石先生六十自述詩	4852

7370₀　臥

01 ～龍崗誌	1406

7421₄　陸

00 ～廣南先生赴告	3494
～文端公行狀	2547
～文端公榮哀錄	2548
～文安公年譜	3658
	3661
～文慎公年譜	4764
～辛齋先生年譜	4206
～辛齋先生年譜擬稿	4205
08 ～放翁先生年譜	3647
	3648
	3878
	3911
17 ～子范太守年譜	4556
～子年譜	4233
	4234
20 ～稚勤先生哀悼錄	3402
23 ～稼書先生年譜定本	4229
	4230
24 ～先生年譜定本	4229
～侍御傳略	1653
～侍御公傳	1653
27 ～象山先生年譜節要	3902
30 ～宣公年譜集略	3790
35 ～清獻公涖嘉遺迹	1696
	1697
～清獻公日記	1694
～清獻公年譜	4228
～清獻公年譜定本	4231
	4232
37 ～軍部協參領顧君事略	3206
～軍上將總參謀長劉公蘭	
江訃告	3476
40 ～太夫人行述	2112
～士衡史	1414
～士衡年譜	3749
50 ～肅武將軍年譜	4815
～忠烈公全書	1510
～忠烈公年譜	3921
55 ～典	0080
～費伯鴻先生年譜	4860
72 ～氏族譜	6138
～氏宗譜	6137
～氏祖先畫像	6135
～氏封門支譜	6131
～氏世譜	6132
～氏世譜合鐫	6127
	6128
～氏世系	4890
～氏曆世祖像	6135
77 ～母吳太夫人訃告	3244
～母吳夫人哀啓	3612
～母錢太夫人訃告	2550
80 ～公墓誌銘	2418
90 ～小曼抄徐志摩日記	3531

7423₂ 隨

51 ～軒服部先生追悼會記錄 7987
57 ～輶日記 2859
3172
60 ～園先生年譜 4366
4367
～園女弟子姓氏補 1780
1781
～園姬人姓氏譜 1780
1781
～園軼事 1780
1781
～園八十壽言 1779
～園年譜 4366

7428₁ 陡

00 ～豐朱氏宗譜 7721
～豐黃氏宗譜 5938

7433₀ 慰

44 ～護錄 2708
55 ～農瑞公行略 2030

7521₀ 朓

25 ～生府君事略 2579

7521₈ 體

00 ～齋府君行述 2251

7529₆ 陳

00 ～主欽先生行略 2954
～文正公家乘 7412
～文良哀思錄 2817
～文肅公遺集 7459
7460
～文肅公年譜 4357

4358
7459
7460
～文節公年譜 3898
10 ～一甫先生六秩壽言 3203
～玉蒼哀啓 2753
～玉蒼先生年譜 4775
～玉蒼尚書七十正壽徵詩文啓 2752
～元祿自訂年譜 4686
11 ～張事略 4004
0662
12 ～烈士芷江先生事略彙志 3072
14 ～劭吾先生事略 2841
17 ～了翁年譜 3852
～子和先生訃告 3161
～君墓誌銘 2815
2850
～君華壬追悼集 3582
～司徒公忠孝錄 1418
21 ～紫峯先生年譜 4003
24 ～勉齋德政譜 1935
～侍郎側室李恭人行狀 3123
25 ～仲英家信 2263
2264
27 ～將軍歸骨記 2476
～句山先生年譜 4353
4354
29 ～秋門先生年譜 4601
30 ～安道先生年譜 4182
～寶琛訃告 2679
32 ～巡撫行狀 2311
37 ～深訃告 3523
40 ～太夫人行述 2351
～太夫人墓誌 2351
～太夫人挽詞彙編 2503
～士元先生年譜 4033
4553
42 ～橋陳氏宗譜 7536
44 ～蔚池先生年譜 4363
～華英公族譜 7552
～英士先生紀念全集 3377
～蕕衷先生生壙志暨德配馬

～毓秀夫人墓誌 3366
～橫山先生訃告 3017
46 ～獨瀧先生年譜 4237
47 ～嫂馬夫人赴告 3350
48 ～乾初先生年譜 4145
～敬亭先生年譜 4607
～敬賢先生紀念刊 3481
50 ～夫人訃告 3363
～忠潔公殉難錄 1634
～忠裕年譜 4152
52 ～援庵先生六十壽序 3398
60 ～曼生書孫夫人墓誌 1926
72 ～氏六修族譜 7475
7485
～氏族譜 7415
7422
7425
7428
7435
7440
7445
7448
7449
7456
7461
7464
7465
7469
7472
7473
7474
7482
7491
7493
7503
7504
7516
7520
7522
7535
7539
7542
7545

	7552		7456		7525
	7560		7463		7560
～氏敦本堂族譜	7493		7467	～氏四修房譜	7525
～氏三修族譜	7472		7480	～氏八修族譜	7491
	7524		7481	～氏義昌公祠譜牒	7539
～氏五修族譜	7519		7482	77 ～用之公文獻彙鈔	1474
	7563		7495	～母文夫人哀挽錄	3032
～氏五修宗譜	7562		7497	～母夏孺人節孝詩	2032
～氏五修支譜	7518		7501	～母左老太君家傳	2815
～氏重修族譜	7461		7503		2850
～氏先德傳志	7896		7512	～留謝氏八修族譜	4942
～氏續修家譜	7477		7529	～留家乘	4933
～氏續修宗譜	7512		7532	80 ～介石先生哀輓錄	2869
	7549		7534	～介石先生訃告	2868
	7562		7535	～介石先生年譜	4794
～氏泉塘倫房續修支譜	7466		7536		4795
～氏泉塘富房支譜	7434		7540	～公崇祀名宦鄉賢錄	2270
～氏倫公續譜	7466		7541	～公墓誌銘	2037
～氏家譜	7428		7544	～公墓碑	2410
	7429		7547	～公覺生紀念冊	3553
	7437		7548	88 ～簡持哀啓	3160
	7464		7549	90 ～少白先生哀思錄	3184
	7477		7554		4827
	7508		7557	～少白先生年譜	4827
	7514		7561	91 ～炳華履歷	3057
～氏家乘	7455	～氏源公九修族譜	7474	97 ～恪勤公年譜	4295
	7469	～氏清芬錄	7459		
	7482		7460	**7620₀　胭**	
	7490	～氏潤周公派下支譜	7496		
	7507	～氏九修族譜	7474	71 ～脂渲染志	7940
	7510	～氏大成宗譜	7439		7941
	7535	～氏支譜	7434		
	7562		7458	**7622₇　陽**	
～氏宗譜	7415		7518		
	7417		7547	22 ～川孫氏宗譜	5094
	7420	～氏世譜	7441	47 ～穀殉難事實	2188
	7424	～氏由閩入蜀潤周公派下			2189
	7426	支譜	7496		2190
	7442	～氏星聚族譜	7559	55 ～曲縣趙氏家譜	6091
	7447	～氏四修族譜	7476	67 ～明先生遺像冊	1547
	7451		7516	～明先生年譜	3675
	7453		7522		3994
	7454		7523		3997

		3999
～明先生年譜校記		4001
80 ～羨張氏宗譜		7156
～羨汪氏宗譜		5191
～羨雁蕩里潘氏宗譜		5207

7623₃　隰

10 ～西草堂集續拾	4141
～西草堂集拾遺	4141

7710₀　且

11 ～頑七十歲自敍	4779

7710₄　閏

88 ～範詩集	1800

7712₇　邱

00 ～文莊自著書目	3974
	3975
～文莊公年譜	3974
	3975
51 ～振鑣先生挽聯錄	3014
72 ～氏族譜	7244
	7247
	7248
	7250
～氏宗譜	7249
～氏支譜	7251
	7253

7713₆　閩

40 ～杭儒溪李氏興國聯修第	
四屆族譜	5849
60 ～四先生年譜	3642
81 ～頌彙編	1690

7714₈　闢

72 ～氏家譜	7566

～氏故實	7897
	7898
	7899
	7900
	7901

7721₀　風

28 ～俗通姓氏篇校補	0062

7721₀　鳳

00 ～市趙氏宗譜	6066
09 ～麟兩公年譜	3634
22 ～崗忠賢劉氏族譜	7366
～山李氏文獻錄	7952
～山李氏世譜	7951
43 ～城瓜爾佳氏四修宗譜	7769
44 ～林王氏宗譜	5529
～林胡氏重修宗譜	6026
～林胡氏宗譜	6026

7721₂　胞

60 ～兄麟祥行略	2542

7721₄　隆

27 ～阜戴氏荊墩門家譜	5280

7721₆　覺

25 ～生自訂年譜	4473
60 ～羅豫立傳	2953
	2961
	2970
	2979

7721₇　肥

40 ～南孔氏支譜	5653

7722₀　月

38 ～滄自編年譜	4520
43 ～城趙氏支譜	6060
～城趙氏益生公房譜	6060
44 ～蘗軒詩草	7829
～蘗軒傳述略	7829
84 ～鋤老人八十生日倡和詩	2614

7722₀　同

22 ～山古竺王氏族譜	5502
24 ～德王氏五修族譜	5621
27 ～名字錄	0079
33 ～治餘姚朱氏譜	7702
45 ～姓名錄	0078
	0087
60 ～里先哲志	0993
	1010
～里閨德志	0993
	1010

7722₀　周

10 ～王佩珍夫人十週紀念錄	3434
～王運新先生家傳	2530
11 ～孺人行略	1603
	1604
12 ～列士傳	0483
～烈婦傳贊	3447
17 ～子悼亡錄	3543
24 ～德潤列傳	3519
30 ～宜人行狀	2618
33 ～浦朱氏家譜	7731
37 ～漁潢先生年譜	4296
	4297
40 ～李合譜	4887
42 ～櫟園讀畫錄	0300
～櫟園先生年譜	4166
44 ～慕萱年譜	4426
～恭人行略	2203
47 ～愨慎公自著年譜	4727

～愨慎公祀典錄　2450
～愨慎公榮哀錄　2452
～桐埜彙志　1751
48 ～敬甫先生訃告及行狀　3048
50 ～吏部年譜　3675
　　　　　　　　　　　4090
　～惠姬傳　1603
　　　　　　　　　　　1604
　～忠武公實記　1641
　～忠惠公年譜　4066
　～秦名字解故附錄　1840
　　　　　　　　　　　1841
60 ～甲集　3326
　～甲贈言　3167
　～甲錄　4343
　　　　　　　　　　　4344
　～昌母祭文底稿　1719
71 ～屋三義傳　4221
72 ～氏族譜　7011
　　　　　　　　　　　7014
　　　　　　　　　　　7015
　～氏三修族譜　7015
　～氏三甲族譜　7013
　～氏三甲四修族譜　7013
　～氏家譜　7009
　～氏宗譜　7000
　　　　　　　　　　　7002
　　　　　　　　　　　7004
　　　　　　　　　　　7005
　～氏支譜　7006
　～氏四修支譜　7011
77 ～母李太夫人八旬晉二壽
　　辰徵文啓　2827
80 ～益國文忠公年譜　3879
　～公年表　3680
　　　　　　　　　　　3681
　　　　　　　　　　　3682
88 ～節母許太孺人記略　1987
　　　　　　　　　　　1988
　～節母許太孺人墓誌銘　1987
　　　　　　　　　　　1988
　～節母墓誌銘　1987
　～節母事略　1988

7722₀ 陶

00 ～廬伉儷五十壽言　3162
　～庵先生年譜　4146
　～廬老人自訂年譜　4770
　～廬老人隨年錄　4771
　～文毅公年譜　4523
05 ～靖節先生年譜　3754
　　　　　　　　　　　3755
　～靖節年譜　3758
　　　　　　　　　　　3759
　　　　　　　　　　　3760
　　　　　　　　　　　3761
30 ～宮保履歷並請假還鄉文　1956
　～密庵先生年譜　4134
31 ～江林氏族譜　7320
44 ～恭介公贊　1543
　～恭介公像贊　1543
60 ～園年譜　4374
77 ～母關太夫人哀挽錄　2990
80 ～盦鴻雪圖　3394
　～盦鴻雪圖詩草　3394

7722₀ 朋

44 ～舊及見錄　0719
　　　　　　　　　　　0720
　～舊及見錄家數　0721
72 ～氏宗譜　7070

7722₂ 膠

10 ～西高氏世德錄　5029
22 ～山安黃氏宗譜　5067

7723₂ 展

77 ～卿府君行述　2324

7724₁ 屏

22 ～山朱氏重修宗譜　7732

～山志略　1484
～山舒氏宗譜　7591

7724₇ 履

60 ～園叢話閨秀詩　1296

7724₇ 屛

30 ～守齋所編年譜　3647
　　　　　　　　　　　3648

7726₄ 居

35 ～禮斯克渥多斯喀夫人榮
　　哀錄　8031

7726₄ 屠

72 ～氏族譜　6139
　～氏宗譜　6139
77 ～母余太夫人訃告　2974

7726₇ 眉

22 ～山吳氏宗譜　5724
80 ～公府君年譜　4053
　　　　　　　　　　　4054

7727₂ 屈

17 ～子建先生訃告　2861
65 ～映光　3439
　～映光之醜狀　3439
80 ～翁山先生年譜　0605
　　　　　　　　　　　4235
90 ～肖巖年譜　4332

7731₀ 飇

58 ～輪日記　3187

7733₁　熙

47	～朝儒林姓名錄	0133
	～朝宰輔錄	0762
		0763
		0764
		0765
		0766

7736₄　駱

00	～文忠公行狀	2025
	～文忠公自訂年譜	4592
	～文忠公神道碑銘	2025
	～文忠公年譜	4593
		4594
80	～公年譜	4591

7740₀　閔

44	～蘿姑輓集	2685
72	～氏宗譜	5365

7740₇　學

10	～正黃氏家譜節本	5946
30	～宮譜	0401
		0403
		0404
	～宮志	0439
52	～拙山房日記	3287
80	～前譚氏三修支譜	5423

7744₀　丹

24	～魁堂自訂年譜	2008
		2009
		4562
		4563
	～徒倪氏族譜	7263
	～徒姚元懿先生家傳	2308
	～徒姚氏族譜	6456
	～徒姚氏五修族譜	6456

	～徒姚氏重修族譜底稿	6461
	～徒趙芸浦給諫行述	1787
		1866
	～徒縣節孝列女傳略	1223
	～徒縣節孝傳略	1223
	～徒縣節孝祠譜	1239
		1240
		1241
	～徒縣節孝册案	1239
		1240
		1241
	～徒縣節孝餘錄	1241
	～徒陳受之先生赴告	3330
44	～林公行述	1984
67	～盟府君行述	1973
76	～陽東門丁氏族譜	6226
	～陽東門丁氏十三修族譜	6226

7744₁　開

39	～沙孫氏宗譜	5095
	～沙李氏宗譜	5811
44	～封府君年譜	4682
60	～國臣傳	0584
77	～闢新世界之鼻祖	8032
		8033

7744₇　段

26	～總長五十壽言彙輯	3074
30	～容思先生年譜紀略	3972
		3973
31	～遜庵先生年譜	3943
44	～懋堂先生年譜	3676
72	～氏族譜	7778
		7781
	～氏延慶錄	3075
	～氏宗譜	7777
80	～合肥之三不可及	3076
	～公承澤傳略	3540

7748₂　關

60	～里廣誌	1323

	～里文獻考	1321
		1322
	～里誌	1310
		1314
		1315
		1316
	～里述聞	1330
72	～氏宗譜	7567

7750₀　母

24	～德錄	3062
80	～弟亮之家傳	2433
		3118

7750₆　闡

22	～幽詩萃	2305
31	～潛錄甲編	2350

7760₁　闇

00	～齋先生年譜	7980
77	～邱先生自訂年譜	4298
	～邱年譜	4298

7760₂　留

32	～溪外傳	1029
44	～芬集	0852

7760₇　問

22	～山府君行述	2071

7768₂　歐

10	～齡殘客自記年譜	4619

7771₆　闈

90	～黨逆案	1599

7771₇ 巴

37 ～祿列傳　　　　　　1911
43 ～城王烈婦題辭　　　2564
74 ～陵人物志　　　　　1136
77 ～邱贈言　　　　　　1812
80 ～公列傳　　　　　　1911

7772₀ 卯

60 ～田寧氏族譜　　　　5748
　～田寧氏四修族譜　　5748

7772₀ 印

03 ～識　　　　　　　　0363
80 ～人傳　　　　　　　0298
　　　　　　　　　　　0299
　　　　　　　　　　　0300
　～人姓氏　　　　　　0298
　　　　　　　　　　　0299

7772₇ 鷗

67 ～盟己史　　　　　　4264
　　　　　　　　　　　4265
90 ～堂日記　　　　　　2336

7773₂ 艮

00 ～廬自述詩　　　　　3324
　～齋年譜　　　　　　8009
72 ～岳記　　　　　　　1141

7774₇ 民

59 ～抄董宦事實　　　　1583
　　　　　　　　　　　1584
60 ～國俠烈傳　　　　　0920
　～國勳二位元開武唐將軍
　　之母李太夫人行述　3001
　～國十五年以前之蔣介石

先生　　　　　　　　　3467
～國餘姚朱氏譜　　　　7751

7777₂ 關

00 ～帝誌　　　　　　　1385
　　　　　　　　　　　1386
　　　　　　　　　　　1387
　～帝聖蹟圖誌全集　　1388
　～帝遺事輯　　　　　1397
　～帝史略演詞　　　　1396
　～帝事蹟徵信編　　　1392
　　　　　　　　　　　1393
　　　　　　　　　　　1394
　～帝年譜　　　　　　3742
10 ～王事迹　　　　　　3740
　～王事迹圖　　　　　3740
　～天培事迹彙考　　　1959
　～西方氏宗譜　　　　6184
　～西馬氏世行錄　　　4890
　　　　　　　　　　　5346
　　　　　　　　　　　5347
　　　　　　　　　　　5348
16 ～聖帝君聖蹟圖誌全集　1377
　　　　　　　　　　　1378
　　　　　　　　　　　1380
　　　　　　　　　　　1381
　　　　　　　　　　　1382
　～聖帝君全集　　　　1379
　～聖帝君年表　　　　3741
17 ～子年譜　　　　　　3743
24 ～壯繆侯事蹟　　　　1400
27 ～侯文翰故事　　　　1398
　～將軍傳　　　　　　1401
43 ～城日記　　　　　　3390
50 ～中三李先生年譜　　3668
　　　　　　　　　　　3669
　～中三李年譜　　　　3668
　　　　　　　　　　　3669
　　　　　　　　　　　3670
　～中李二曲先生履歷紀略　4221
　～夫子聖蹟圖考　　　1399
　～夫子編年集注　　　3743

72 ～氏族譜　　　　　　6141
77 ～門李氏支譜　　　　5787

7777₇ 閻

17 ～子明府君哀啓　　　2982
　～子明先生奉葬實錄　2983
31 ～潛丘先生年譜　　　3651
　　　　　　　　　　　4254
　　　　　　　　　　　4255
　　　　　　　　　　　4256
　　　　　　　　　　　4257
40 ～古古年譜　　　　　4143

7778₂ 歐

17 ～司愛哈同先生行述　8020
　～司愛哈同先生年譜　4806
　　　　　　　　　　　8021
24 ～特曼教授哀思錄　　8029
32 ～洲八大帝王傳　　　7972
　　　　　　　　　　　7973
　　　　　　　　　　　7974
76 ～陽文忠公年譜　　　3658
　　　　　　　　　　　3661
　　　　　　　　　　　3809
　～陽里諸氏宗譜　　　5069
　　　　　　　　　　　5071
　～陽氏六宗通譜　　　7568
　～陽氏族譜　　　　　7571
　～陽氏續修族譜　　　7570
　～陽母朱太宜人生西瑞應　2480
80 ～公景星哀思錄　　　3134

7780₁ 具

71 ～區銷夏灣徐氏重輯宗譜　6338

7780₁ 興

50 ～泰邱氏七修族譜　　7245
60 ～國黃氏濟美祠須知清冊　7841
　～邑黃濟美堂五修祠册　7840

7780₁ 輿

07	～誦集	2991
	～誦錄存	2822

7780₆ 賢

30	～良祠王大臣小傳	0718
42	～媛圖說	1275
47	～婦傳	3512
77	～母年譜	4304
	～母錄	1242
		2046
		2317

7782₇ 鄖

76	～陽虞氏宗譜	5667

7790₄ 桑

00	～文恪傳	3412
40	～梓潛德續錄	1026
		1027
		1028
	～梓潛德錄	1026
		1027
		1028
	～梓潛德錄三集	1027
		1028
72	～氏宗譜	5366
		5367

7790₄ 閑

38	～道集	1361
77	～閑老人年譜	3925
		3926

7810₇ 鹽

22	～豐王貞婦貞節詩彙刊	2583

	～山黃氏族譜	5957
43	～城唐氏宗譜	5054
	～城文學士祁君碩陶哀輓	
	錄	3563
48	～梅志	0228

7810₉ 鑒

37	～湖女俠秋君墓表	3332
44	～舊齋書畫識	0773
60	～園主人年譜	4655
		4656

7828₆ 險

60	～異圖略	2742
	～異錄圖說合覽	2742

7833₄ 憨

44	～孝錄	2743

7876₆ 臨

22	～川吳文正公年譜	3946
		3947
	～山俞氏宗譜	7581
38	～淴竇前黃氏重修族譜	5922
	～海屈氏世譜	4890
43	～城柏氏宗譜	5859
48	～榆田氏兩世清芬錄	4890
		7872

7922₇ 勝

10	～西卞氏續修族譜	4890
47	～朝粵東遺民錄	1169

7922₇ 騰

21	～衝青齊李氏宗譜	4890
		5820
	～衝叠水河李氏家譜	5810

		5836
43	～越李府君墓碑銘	1892

7923₂ 滕

50	～忠節公遺詩	1482
76	～陽龍氏族譜	5433

8000₀ 八

08	～旗滿洲氏族通譜	4882
		4890
	～旗滿洲氏族通譜：	
	［納喇氏］	4883
	～旗滿洲氏族通譜：	
	［費莫氏］	4884
17	～子塘劉氏三修族譜	7339
27	～修黃氏族譜	5979
47	～朝宋名臣言行錄後集	0510
	～朝宋名臣言行錄前集	0510

8000₀ 人

27	～物圖	0275
	～名住址	0178
28	～倫坊表	1274

8000₀ 入

37	～祀昭忠祠功臣列傳	0701

8010₄ 全

00	～慶列傳	2076
	～文作者韻編	0126
04	～謝山明直隸寧國知府玉	
	塵錢公神道表	1605
21	～上古三代秦漢三國六朝	
	文作者韻編	0126
27	～像本朝古今列女傳	7932
33	～述昭哀啓	3613
		3615
44	～老先生喪儀禮單	2834

50 ～史史鑒　0269
　　　　　　0270
60 ～蜀節孝錄　1148
　　　　　　　1149
77 ～閩道學總纂　1155
97 ～耀東先生訃告　2834

8010₇　益

07 ～部耆舊傳　1140
　　　　　　1141
32 ～州名畫錄　0198
　　　　　　0199
　　　　　　0200
53 ～威上將軍臨楡田公家傳　3196
76 ～陽郭氏族譜　5450
　～陽郭氏洪淳支譜　5454
　～陽毛氏五修族譜　7212
　～陽白鹿塘劉氏五修支譜　7384
　～陽湯氏四修家譜　6440
　～陽蘇氏六修族譜　7626
　～陽曹氏彥祥房五修譜　6121
　～陽曹氏五修族譜　6124
　～陽劉氏族譜　7342
　～陽劉氏五修族譜　7381
　～陽臟湖孫氏六修族譜　5122
　～陽義門陳氏五修族譜　7519

8010₉　金

00 ～文世族譜　0072
　　　　　　4890
10 ～正希先生年譜　4122
　　　　　　　　4123
　　　　　　　　4124
　～石家書畫集小傳　0885
　～粟逸人逸事　1820
15 ～融人物志　0934
　　　　　　0935
17 ～君仍珠家傳　2867
　～君墓誌銘　2835
21 ～紫方氏大宗祠祭規　7860
　～紫何氏族譜　7227

～紫胡氏家譜　6025
22 ～山衛佚史　0990
　～山赫舍里氏淵源　3652
　～山黃氏族譜　5964
23 ～佗粹編　1486
　　　　　　1487
26 ～息侯先生壬子自述詩　4851
　～息侯先生年譜　4850
　～稷山段氏二妙年譜　3666
30 ～宜人訃告　3217
31 ～汀拾遺　7791
37 ～淑人割臂奉翁　1876
　　　　　　　　1879
39 ～沙五葉馮氏宗譜　4962
　～沙李墟蔣氏續修宗譜　5872
　～沙帶莊嚴氏宗譜　7678
　～沙楊莊南湯重修宗譜　5873
43 ～城顏氏家譜　4902
　～城寓公六十壽言友聲集　3237
　～城劉氏先德錄　7356
44 ～華天鍾湖葉氏宗譜　7634
　～華徵獻略　1076
　～華蓮池張氏宗譜　7187
　～華耆舊補　1092
　～華黃母曹太夫人八秩壽
　　辰徵文啓　2925
　～華陳氏續纂族譜　7450
　～華午塘邢氏宗譜　6260
53 ～成生書戴致君先生壽詩　3432
60 ～疊范氏宗譜　6490
　～疊成氏宗譜　5329
72 ～剛滑公表忠錄　2208
　～氏族譜　7017
　～氏統譜　7025
　～氏統宗譜　7026
　～氏統宗家譜　7025
　～氏續修族譜　7038
　～氏家譜　7016
　～氏宗譜　7024
　　　　　7028
　　　　　7029
　　　　　7033
　　　　　7035

　　　　　　　　　　7037
～氏世德紀　1551
　　　　　　1552
　　　　　　7885
～氏如心堂譜　7036
～氏精華錄箋注辨訛　4243
73 ～陀祠事錄　1490
74 ～陵文徵小傳彙刊　1025
　～陵張甘氏傳貞錄　3224
　～陵先正言行錄　1030
　～陵朱氏新譜稿　7706
　～陵朱氏家譜　7706
　～陵通傳　1032
　　　　　　1033
　　　　　　1034
　　　　　　1035
　　　　　　1036
　　　　　　1037
　　　　　　1038
　　　　　　1039
　～陵通傳姓名韻編　1032
　　　　　　　　　1033
　　　　　　　　　1034
　　　　　　　　　1035
　　　　　　　　　1036
　　　　　　　　　1037
　～陵通紀　1033
　～陵通紀補　1033
　～陵梅氏支譜　5312
　～陵羅塘張氏族譜　7110
　～陵陳氏宗譜　7556
　～陵金氏族譜　7020
77 ～學士國史循吏傳稿　2348
90 ～堂周節母梁太夫人六十
　　榮慶錄　2927

8011₆　鏡

00 ～亭軼事　1831
　　　　　　1832
10 ～西公行述　1856
62 ～影簫聲　1297

8012₇ 翁

00 ～文恭公軍機處日記　2389
　 ～文恭公日記　2388
44 ～蘭畦先生神道碑　2368
72 ～氏廣族名賢譜　7681
　 ～氏族譜　7680
　 ～氏家事略記　7682
　　　　　　7683
　　　　　　7906
　　　　　　7907
　 ～氏宗譜　7681
　　　　　　7685
　　　　　　7686
77 ～同龢訃告　2390

8012₇ 翁

17 ～羽巢日記　2256

8020₇ 今

23 ～獻備遺　0574
25 ～生自述　2918

8021₁ 乍

33 ～浦東陳族譜稿補遺　7470

8022₀ 介

00 ～庵先生事略　2722
　　　　　　2723
10 ～三先生哀輓錄　2808
22 ～山先生哀輓錄　2808
　 ～山自定年譜　4326
　　　　　　4327
　　　　　　4328

8022₁ 俞

10 ～雪潭訃告　3387

16 ～理初先生稿本目錄　4512
　 ～理初先生批校本目錄　4512
　 ～理初先生所著書目錄　4512
　 ～理初先生年譜　4512
72 ～氏族譜　7579
　　　　　　7582
　 ～氏五修族譜　7582
　 ～氏家乘　7580
　 ～氏宗譜　7586
　　　　　　7587
　　　　　　7588
　　　　　　7589
80 ～公景初紹家傳　7902

8022₁ 前

22 ～任四川總督籲門宮保略
　　公年譜　4591
　 ～山徐氏宗譜　6370
27 ～衆議院議員遵義蹇公行
　　狀　3359
28 ～徽錄　1108
32 ～洲西里唐氏六修宗譜　5052
　 ～洲西里唐氏宗譜　5052
　　　　　　5055
　 ～洲西里唐氏七修宗譜　5055
35 ～清例贈承德郎姜公諱九
　　齡府君墓誌銘　2487
　 ～清祀典姓名別錄　0117
　　　　　　0118
　 ～清十一朝皇帝真像　0853
37 ～潤浦氏誦芬錄　4994
　　　　　　4996
　　　　　　4997
　 ～潤浦氏續誦芬錄　4995
　 ～潤浦氏續修宗譜　4995
　 ～潤浦氏宗譜　4994
　　　　　　4996
　　　　　　4997
46 ～觀孫氏宗譜　5103
60 ～國務總理伯唐汪公行狀　2914
　 ～國務總理嘉善錢公行狀　3176
　 ～國務總理杭縣汪公行狀　2914

　 ～國務總理幹臣錢公行狀　3176
67 ～明忠義別傳　0629
　　　　　　0630
　　　　　　0631
　　　　　　0632
　　　　　　0633
　　　　　　0634
　　　　　　0636
　　　　　　0637
77 ～賢考論　0402
　 ～賢故實　7946
80 ～會長故湯爾和先生悼會
　　記事　3370
　 ～會長故湯爾和先生追悼
　　錄　3370

8022₇ 分

32 ～派福州武林邵氏族譜　6268

8022₇ 弟

17 ～子列傳考　0481
　　　　　　1327

8024₇ 夔

10 ～石太府君手訂履歷　2372

8033₁ 無

33 ～補老人哀挽錄　2589
47 ～聲詩史　0593
　　　　　　0594
　　　　　　0595
53 ～成錄　4555
62 ～影先生傳贊　2260
86 ～錫唐桐卿先生專祠文錄　2642
　 ～錫王伯淵先生八秩壽言
　　錄　2609
　 ～錫沈伯偉先生哀挽錄　3331
　 ～錫南塘丁氏真譜　6217

8033₂　念

00 ～庵府君年譜	4286
44 ～萱堂題詠集	2652
～昔齋癏言圖纂	2328
	2329

8033₃　慈

12 ～水干溪章氏宗譜	5406
28 ～觸文錄	2182
32 ～溪石步葉氏宗譜	7646
～溪師橋沈氏宗譜	5248
～溪灌東鄭氏宗譜	6157
～溪李氏宗譜	5783
～溪裘蔗邨太史年譜	4273
～溪橫山裘氏宗譜	5279
～溪秦氏宗譜	5323
～溪屏山章氏宗譜	5414
～溪金墩傅氏宗譜	6315
～溪鄭氏宗譜	6155
37 ～湖先生年譜	3904
～淑太君行述	3041
40 ～南干溪章氏宗譜	5406
50 ～東張氏宗譜	7155
～東邵家匯吳氏宗譜	5694
60 ～邑涇浦樓氏宗譜	6010
	6011
77 ～闌瑣記	2454

8034₆　尊

38 ～道先生年譜	4160
71 ～腰館壽言	1574
76 ～陽鄭氏族譜	6160

8040₀　午

65 ～晴府君行述	1839

8040₄　姜

10 ～天敘日記	3286

17 ～君墓誌銘	2487
～司寇年譜	4390
21 ～貞毅先生自著年譜	4149
40 ～太夫人行述	2026
44 ～杜鄉先生自訂年譜	4389
	4390
45 ～姓九修族譜	5369
72 ～氏族譜	5375
～氏家乘	5372
～氏宗譜	5370
	5373
～氏孝子大民公派宗譜	5368
～氏世譜	5372

8041₄　雉

12 ～水郭氏宗譜	5442

8043₀　美

47 ～樨宗氏家乘	4958
60 ～國教士慕瞿先生行述	8042

8044₆　弇

22 ～山畢公年譜	4396
	4397
	4398
32 ～州山人年譜	3647
	3648
	3675
	4037

8050₀　年

50 ～事紀略	4730

8050₁　羊

43 ～城西關紀功錄	2715

8050₂　拿

14 ～破侖論	8025

～破侖本紀	8024

8055₃　義

00 ～高千古集	7142
12 ～烈公列傳	1861
17 ～勇武安王續集	1395
～勇小史釋廣	0447
27 ～烏西金何氏宗譜	7233
～烏孫氏宗譜	5099
～烏倍磊陳氏宗譜後集	7551
～烏倍磊陳氏宗譜前集	7489
～烏南陵王氏宗譜	5529
～烏黃氏宗譜	5978
40 ～大利興國俠士傳	7975
44 ～莊史氏宗譜	7668
53 ～成朱氏宗譜	7704
60 ～邑翁氏宗譜	7686
77 ～學症武七先生外傳	2484
～舉合祀彙編	0903
～舉合祀題詠彙編	0903
～民包立身事略	3015
～門裘氏崇仁宗譜	5277
～門裘氏宗譜	5276
	5277
～門陳氏五修族譜	7563
～門陳氏聯譜	7553
～門陳氏宗譜	7501
	7507
	7528
	7548
	7565
～門陳氏通譜	7553
～門陳氏大成宗譜	7501
～門陳氏大同宗譜	4890
	7533
～門陳氏大同宗譜彝陵分譜	4890
～興沑溪徐氏家乘	6382

8060₁　合

76 ～陽箋略	2992

	2993	
	2994	
	2995	
77 ～肥龔仙舟先生訃告	3163	
～肥李氏宗譜	5776	
～肥執政年譜	4813	
～肥執政年譜初稿	4813	
～肥相國七十賜壽圖	2280	
～肥闕氏家譜	7566	
～肥段氏延慶錄	3075	
～肥段公年譜稿	4813	
～肥義門王氏續修宗譜稿	5608	

8060₁ 首

76 ～陽世家文襄公實記	7992

8060₁ 普

08 ～敦高氏續修宗譜	5045
～敦高氏宗譜	5040
	5045

8060₂ 含

40 ～嘉室自訂年譜	4823

8060₄ 舍

33 ～浦童氏宗譜	5021

8060₅ 善

00 ～章草王魯生墓表	3040
	3140
	3278
24 ～化譚氏族譜	5424
～化譚氏續修族譜	5424
～化汪君家傳	2242
40 ～塘李氏宗譜	5844
60 ～邑唐氏族譜	5059
～邑唐氏續修族譜	5059
～邑唐氏續修支譜	5056

～邑黃泥塘戴氏續修支譜	5284
88 ～餘堂家訓	4716

8060₆ 曾

00 ～府君墓表	2798
～文正聖哲畫像記	0400
～文正公手書日記	2156
～文正公大事記	2143
	2144
	2145
～文正公事略	2142
～文正公年譜	4646
～文正公榮哀錄	2139
	2140
～文定公年譜	3658
	3661
	3822
17 ～子宣年譜稿	3678
～子固年譜稿	3678
～子開年譜稿	3678
～君運乾傳	3443
18 ～致昌祠族譜	5390
25 ～仲鳴先生殉國週年紀念册	3530
37 ～祖王父鞠叟公行略	1814
40 ～南豐先生年譜	3823
～南豐年譜	3821
46 ～相六十壽文	2146
47 ～嫂張夫人訃告	3538
50 ～惠敏公榮哀錄	2511
～忠襄公年譜	4692
～忠襄公榮哀錄	4692
60 ～星笠先生傳	3443
～國藩訃告	2141
～國藩日記	2149
72 ～氏六修族譜	5386
～氏族譜	5383
～氏重修大成族譜	5387
	5391
～氏家譜	5379
	5381
～氏支譜	5380

～氏壽漁堂家祠落成紀念册	2686
77 ～母尤太夫人訃告	2740
80 ～公行狀	2512
～公七十開一壽序	2157
	2172
	2279

8060₆ 會

23 ～稽應氏宗譜	4894
～稽謝氏族譜	4950
～稽王烈婦孫宜人哀辭	2576
～稽王氏清芬錄	5543
～稽王氏銀管錄	2577
～稽五雲鄉徐氏宗譜	6399
～稽雲門應氏宗譜	4894
～稽偁山章氏家乘	5402
～稽先賢祠傳贊	1111
	1112
～稽達郭毛氏宗譜	7208
～稽湯浦嶺下黃氏宗譜	5954
～稽秦氏宗譜	5321
～稽典錄	1062
～稽田畽唐氏宗譜	5051
～稽馬氏家譜	5344
～稽馬氏宗譜	5345
	5359
～稽陳村黃氏宗譜	5928
	5931
～稽鍾氏宗譜	7049
36 ～澤唐氏榮哀錄	7796

8060₇ 倉

32 ～溪府君年譜	4529
38 ～海先生丘公逢甲年譜	4809
44 ～基陳氏宗譜	7530

8060₉ 龠

21 ～經老人自述年譜	4719

8073₂ 公

00 ～慶上人年譜　　　　7981
24 ～他先生年譜略　　　4147
88 ～餘瑣言　　　　　　2056
　　　　　　　　　　　2057
　　　　　　　　　　　4609

8073₂ 養

00 ～亭府君行述　　　　1913
10 ～雲主人六旬以前年譜雜
　　記　　　　　　　　4762
　～雲主人年譜雜記　　4762
31 ～福齋日札　　　　　2263
　　　　　　　　　　　2264
52 ～拙山館詩集　　　　4750
82 ～穌齋筆記　　　　　1910

8080₆ 貧

40 ～士傳　　　　　　　0225

8080₆ 貪

30 ～官汙吏傳　　　　　0846
　　　　　　　　　　　0847

8088₆ 僉

47 ～都御史陸公傳　　　1653

8090₄ 余

00 ～慶譜　　　　　　　6122
　～慶孫氏宗譜　　　　5126
33 ～蕭山先生年譜　　　4617
40 ～杭章先生行實學術紀略 3170
42 ～姚毛母余太夫人賢孝徵
　　文錄　　　　　　　2907
44 ～孝惠先生年譜　　　4638
　　　　　　　　　　　4639

77 ～覺沈壽夫婦痛史　　3261
80 ～公神道碑　　　　　2401

8111₇ 鑪

42 ～橋方氏家譜　　　　6186

8211₄ 鍾

37 ～湖葉氏宗譜　　　　7634
72 ～氏主譜　　　　　　7042
　～氏族譜　　　　　　7041
　　　　　　　　　　　7043
　　　　　　　　　　　7044
　　　　　　　　　　　7046
　　　　　　　　　　　7052
　　　　　　　　　　　7054
　　　　　　　　　　　7055
　～氏三修族譜　　　　7048
　～氏五修族譜　　　　7050
　～氏牌譜　　　　　　7058
　～氏復周祠族譜　　　7054
　～氏寧房支譜　　　　7047
　　　　　　　　　　　7059
　～氏家譜　　　　　　7049
　～氏宗譜　　　　　　7045
　　　　　　　　　　　7053
　～氏九修族譜　　　　7056
　～氏四修族譜　　　　7044

8260₀ 創

27 ～修徐氏統宗世譜　　6401

8280₀ 劍

00 ～亭公年譜　　　　　4371
24 ～俠傳　　　　　　　0426
　　　　　　　　　　　0427

8315₀ 鐵

00 ～庵年譜　　　　　　4239

22 ～嶺申君傳　　　　　2337
　　　　　　　　　　　2338
27 ～血宰相　　　　　　8028
46 ～如意考　　　　　　1580
48 ～梅七十自述詩　　　3197
　　　　　　　　　　　3198
80 ～盦甲申日記　　　　3296

8315₃ 錢

00 ～唐汪公哀輓錄　　　2913
　～辛楣先生年譜　　　4385
　～玄同先生紀念集　　3470
10 ～三英先生紀念集　　3546
　～王祠產補編　　　　7875
11 ～孺人訃告　　　　　2528
17 ～君琳叔傳　　　　　3356
21 ～處士行狀　　　　　2673
28 ～牧齋先生年譜　　　4087
　　　　　　　　　　　4088
　～牧齋晚年文　　　　7874
　～牧翁先生年譜　　　4084
31 ～汪二先生行述　　　1045
35 ～清鍾氏宗譜　　　　7051
40 ～太夫人事略　　　　2573
　～士青先生六秩大慶徵詩
　　文啓　　　　　　　3270
　～士青先生編年事略　4837
　～士青先生年譜　　　4838
　　　　　　　　　　　4839
　～士青都轉六秩壽言徵錄 3269
　～士青都轉六秩榮慶徵詩
　　文啓　　　　　　　3270
　～士青都轉編年事略　4837
　～士青都轉七秩壽言彙編 3271
　～士青都轉年譜　　　4838
　　　　　　　　　　　4839
　～塘先賢傳贊　　　　1063
　～塘沈氏家乘　　　　4890
　　　　　　　　　　　5244
　～塘袁氏族譜　　　　7301
　～志泗祭文稿　　　　1720
48 ～警齋公年譜　　　　4663

50 ～忠介公年譜	4150
72 ～氏五王年表	3677
～氏家乘	4890
～氏補疑年錄	0161
77 ～母高太夫人五十壽言	3364
～母丁夫人榮哀錄	3355
～母蒯太淑人傳	2198
80 ～公行狀	3371
～公林富配戴太夫人百齡	
冥紀追慶錄	2402
～公飲光府君年譜	4167
87 ～飲光先生年譜	4167
88 ～竹汀先生行述	1794

8414₁　鑄

83 ～鐵盦隨筆	2897

8418₁　鎮

10 ～平縣金沙鄉林氏族譜	7306
38 ～海五里牌王氏重修族譜	5538
～海五里牌王氏宗譜	5600
～海沈氏宗譜	5258
～海賀德鄰先生赴告	3465
～海蛟河陳氏宗譜	7502
～海青墅林氏宗譜	7319
～海東管鎮包氏重修宗譜	7280

8471₁　饒

72 ～氏宗譜	7590

8511₇　鈍

00 ～庵紀年	4812
30 ～安哀輓錄	3438
80 ～盦日記	3071

8612₇　錦

30 ～官黃氏四支分譜	5972

8612₇　錫

10 ～三府君行狀	2379
22 ～山二母遺範錄	1281
～山張氏統譜	7163
～山張氏宗譜	7112
	7153
～山吳氏世譜	5699
～山徐氏宗譜	6392
～山寶叔英廣文暨德配楊	
夫人八秩壽言錄	2640
～山南北莊強氏宗譜	5134
～山李閣學政績錄	2427
～山袁氏宗譜	7291
～山蔣氏宗譜	5877
～山林氏宗譜	7314
～山趙氏宗譜	6061
～山秦氏後雙孝徵文彙錄	1043
～山攬袂集	1568
	1569
	1570
	1571
～山陳氏家乘	7457
～山陳氏宗譜	7541
47 ～覩堂壽言	2916
80 ～金遊庠同人自述彙刊	1046
～金四喆事實彙存	1048

8640₀　知

11 ～非錄	4527
	4684
72 ～所止齋自訂年譜	4533

8711₅　鈕

11 ～非石日記	1872

8712₀　銅

21 ～仁徐氏先世事略	6422
～仁徐氏家乘	6353
22 ～山董氏分譜	6480

30 ～官感舊集	2406

8713₂　銀

22 ～川鄭氏宗譜	6144

8713₄　鍥

10 ～兩狀元編次皇明要考	0578

8718₂　欽

08 ～旌兩世雙節贈言	7824
～旌陳母夏孺人節孝詩	2032
30 ～定外藩蒙古回部王公	
表傳	0761
～定續纂外藩蒙古回部王	
公傳	0758
	0760
～定續纂外藩蒙古回部王	
公表	0759
	0800
	0801
	0802
	0804
	0805
～定國史循吏列傳	0775
～定勝朝殉節諸臣錄	0640
～定八旗滿蒙氏族通譜	4886
～定八旗氏族通譜輯要	4885
～定全唐文姓氏韻編	0029
	0030
72 ～氏宗譜	7782
～氏世系考	7783

8718₂　歆

11 ～北皇呈徐氏族譜	6333
50 ～東葉祈朱氏宗譜	7752
60 ～邑虹源王氏支譜	5575
62 ～縣遷蘇潘氏家譜	5215
～縣遷無錫許氏支譜初修	
本	4890

8722₇ 邠

55 ～農偶吟稿 4574

8722₇ 鶒

97 ～恨集 3525

8742₀ 朔

34 ～漠紀程 2414

8742₇ 鄭

00 ～康成年譜 3732
3733
3734
12 ～延平年譜 4211
4212
17 ～子尹年譜 4623
～君紀年 3735
～司農年譜 3731
3732
21 ～貞女挽詩 3295
26 ～白麓撰偽鄭傳 1686
27 ～叔問先生年譜 4786
28 ～徵君行述 2099
40 ～大司農蔡中郎年譜合表 3641
44 ～芷泉先生名宦錄 2015
～孝胥先生訃告 2948
～蔡年譜合表 3641
47 ～桐庵先生年譜 4121
53 ～成功傳 1686
67 ～鄡事迹 4117
72 ～氏族譜 6143
6149
6156
6162
～氏崇本集 7855
～氏家譜 6159
6163
～氏宗譜 6142

6143
6148
6150
6152
6153
6157
6158
6161
～氏大統宗譜 6161
～氏大全宗譜 6148
～氏世譜 6145
6146
～氏四修族譜 6165
77 ～學錄 1374
1375
～母張太夫人順寧錄 2770
～母張夫人墓誌銘 2769
～母洪太夫人墓表 3109
80 ～公國泰傳略 1446

8762₂ 舒

43 ～城黃峙青夫子訃告 2920
72 ～氏三修族譜 7596
～氏宗譜 7591
～氏大房續修族譜 7592

8781₀ 俎

10 ～豆錄 7963

8811₇ 鑑

31 ～汀徐氏宗譜 6413

8812₇ 筠

22 ～川陳氏宗譜 7543

8813₇ 鎌

80 ～倉將軍家譜 7938

8822₀ 竹

00 ～庭金公遺像 2250
31 ～汀日記 1793
32 ～洲淀點圖題詠 2603
～溪誌 7961
40 ～南居士年譜 4457
42 ～橋黃氏宗譜 5971
44 ～林先生實紀 7990
～林汪氏家譜 5172
60 ～園孫氏宗譜 5119
77 ～居先德錄 7132
～間道人自述年譜 4699
80 ～人續錄 1114
1115
～人錄 1085
1086
1087
1088
～尊宦竹刻朏語 1114
1115

8822₇ 笏

17 ～珊年譜 4760
4761
22 ～山府君行狀 2339

8822₇ 簡

00 ～齋先生年譜 3865
17 ～君照南哀挽錄 3200
40 ～太夫人哀思錄 2663
2664
50 ～惠公年譜 3748
3866
60 ～園日記存鈔 3505
72 ～氏五修族譜 7064
～氏五修家乘 7064

8822₇ 簫

57 ～軏慈暉 2807

8823₇ 簾

20 ～舫府君行述　　　　1941
　～舫先生事蹟　　　　1943

8824₃ 符

77 ～卿府君行述　　　　1966
80 ～公卓卿先生符母楊太夫
　　人墓碑銘　　　　　2749

8824₈ 筊

10 ～雲徐公家傳　　　　2330

8830₃ 籧

23 ～編　　　　　　　4055

8854₀ 敏

43 ～求軒述記　　　　　0752
　　　　　　　　　　0753

8854₀ 敊

77 ～閑年譜　　　　　　4670

8860₁ 答

77 ～問合印　　　　　　4093

8872₇ 節

12 ～烈事實錄　　　　　0947
37 ～滑華公年譜　　　　4102
44 ～孝高母李太夫人哀思錄 2588
　～孝孫母劉太君七十慈壽
　　徵文啓　　　　　　3158
　～孝祠譜　　　　　　1239
　～孝冊案　　　　　　1240
　～孝姜母楊太孺人墓誌銘 2207

　～孝錄　　　　　　　2062
　～孝餘錄　　　　　　1239
　　　　　　　　　　1240
　　　　　　　　　　1241
46 ～相壯遊日錄　　　　2286
　　　　　　　　　　2287
80 ～義錄　　　　　　　1147

8877₇ 管

12 ～廷獻崇祀鄉賢錄　　2632
44 ～林孫氏家乘　　　　5101
72 ～氏族譜　　　　　　7065
　　～氏重修宗譜　　　7066
　～氏宗譜　　　　　　7066
　　　　　　　　　　7067

8879₄ 餘

00 ～慶錄　　　　　　　7451
25 ～生紀略　　　　　　2619
27 ～冬瑣錄　　　　　　1776
36 ～澤錄　　　　　　　7870
40 ～杭徐湖姚氏宗譜　　6465
　～杭閑林盛氏宗譜　　6095
42 ～姚王氏宗譜　　　　5584
　～姚雲樓沈氏宗譜　　5237
　　　　　　　　　　5260
　～姚孫境宗譜　　　　5106
　　　　　　　　　　6263
　　　　　　　　　　6265
　～姚雙雁葉氏宗譜　　7654
　～姚上塘王氏宗譜　　5617
　～姚豐山毛氏族譜　　7210
　　　　　　　　　　7205
　～姚豐山毛氏譜　　　7205
　～姚岑氏章慶堂宗譜　7240
　～姚朱氏宗譜　　　　7702
　　　　　　　　　　7719
　　　　　　　　　　7751
　～姚魏氏宗譜　　　　6299
　～姚江南徐氏宗譜　　6325
　　　　　　　　　　6326

　～姚洪氏宗譜　　　　5002
　～姚大施巷施氏宗譜　5081
　～姚南明門胡氏宗譜　6041
　～姚南門清風里胡氏宗譜 6041
　～姚樸樹下孫氏宗譜　5100
　～姚蘭風王氏宗譜　　5584
　～姚蘭風孫氏宗譜　　5121
　～姚蘭風蔣氏宗譜　　5879
　～姚茹墟徐氏宗譜　　6365
　　　　　　　　　　6418
　～姚黃氏宗譜　　　　5943
　～姚胡氏宗譜　　　　6041
　～姚史氏宗譜　　　　7667
　～姚東門翁氏家乘　　7684
　～姚戚氏宗譜　　　　5332
　～姚四明黃氏譜　　　5975
　　　　　　　　　　5977
　～姚四明黃氏牌憲支牆裏
　　家譜　　　　　　5975
　～姚臨山俞氏宗譜　　7581
　～姚竹橋黃氏宗譜　　5971

8890₂ 策

77 ～眉九十翁行狀　　　1624

8890₃ 纂

27 ～修吳氏家乘　　　　5690
56 ～輯御系圖　　　　　7929

8894₀ 敘

24 ～德書情集　　　　　7833
32 ～州府明倫堂節孝錄　1147
　～州府節孝錄　　　　1147

8896₁ 籍

00 ～亮儕先生行狀　　　3361
80 ～公行狀　　　　　　3361

8912₇ 銷

10 ～夏灣徐氏宗譜　6338

9000₀ 小

10 ～酉腴山館主人自著年譜 4687
22 ～樂府　0967
30 ～字錄　0138
32 ～浮山人自訂年譜　4579
　　　　4580
56 ～螺盦病榻憶語　2775
　　　　2776
　　　　2777
　　　　2778
72 ～隱書　0210
75 ～腴紀傳補遺　0798
77 ～留徐氏宗譜　6369
　～留徐氏九修宗譜　6369
80 ～谷口紀事畫引　1971

9003₂ 懷

00 ～庭府君年狀　4693
10 ～玉張氏宗譜　7128
40 ～古錄　0504
　　　　0505
44 ～蘭集　3570
　～舊雜記　2115
45 ～椿閣紀念集　3410
50 ～忠錄　1952

9003₆ 憶

20 ～往編　4347

9010₄ 堂

60 ～里徐氏家譜　6340

9020₀ 少

17 ～珊徐府君行略　2409

　　　　2443
　　　　2444
21 ～僵府君行述　1875
26 ～白府君行略　2197
　～泉府君訃告　3253
74 ～陵新譜　3784
　～陵先生年譜　3779
　　　　3780

9021₁ 光

24 ～緒餘姚朱氏譜　7719
36 ～澤陳氏宗譜　7558
　～澤金陵陳氏宗譜　7558
97 ～耀會孝享錄　7882

9022₇ 肖

70 ～雅何公訃告　2813

9022₇ 尚

40 ～友記　0769
　　　　0770
　～友錄　0230
　　　　0231
　　　　0232
　　　　0233
　　　　0234
　　　　0235
　　　　0236
　　　　0237
　　　　0241
　～友錄續集　0237
　　　　0241
　　　　0242
　　　　0243
　～友錄四集　0245
　　　　0246
48 ～幹林氏族譜　7320
80 ～義陳氏四修族譜　7526

9022₇ 常

04 ～熟言仲遠先生哀挽錄　3168
　～熟言仲遠先生行述　3169
　～熟書畫史彙傳　1040
　～熟瞿君墓誌銘　3250
　～熟瞿氏忠賢遺像　7873
23 ～俊卿先生挽詞鈔　3595
24 ～德陳氏宗譜　7561
30 ～寧汝南周氏族譜　7014
　～寧周氏族譜　7014
32 ～州觀莊趙氏支譜　6085
　～州東門馬氏宗譜　5349
　～州錢烈婦舜華受辱絕命
　述冤篇　3579
72 ～氏宗譜　7069

9043₀ 尖

22 ～山李氏族譜　5847

9050₀ 半

22 ～岩廬日記　2132
33 ～浦鄭氏宗譜　6147
55 ～農著作目錄　3506
60 ～園志　2178
72 ～隱先生花甲紀略　4728

9060₂ 省

27 ～身錄　4330
80 ～會黃祠四修主譜　5939

9060₆ 當

23 ～代名人事略　0922

9090₄ 米

38 ～海岳年譜　3847
　　　　3848

9090₄ 棠	5558	**9682₇ 燭**
32 ～溪江氏宗譜　　5145	～溪朱氏宗譜　　7756	32 ～溪胡氏宗譜　　6023
44 ～蔭會編　　1748	**9306₀ 怡**	**9705₆ 憚**
9094₈ 粹	22 ～山府君歷年行述　　2073	72 ～氏家乘　　6166
00 ～廬自訂年譜　　4844	60 ～園老人年譜　　4722	**9722₇ 鄰**
9101₆ 恒	**9406₀ 怙**	44 ～蘇老人年譜　　4735
76 ～陽王氏家乘　　5494	24 ～德錄　　2613	4736
9104₆ 悼	**9406₁ 惜**	**9725₆ 輝**
00 ～亡集　　3565	80 ～分陰軒主人述略　　4768	12 ～發薩克達氏家譜　　6498
～亡散記　　3580	**9408₁ 慎**	**9805₇ 悔**
～亡錄　　2116	43 ～始基齋校書圖續題詞暨	00 ～庵年譜　　4192
21 ～儷集　　2075	慎園伉儷六十壽言合冊 3340	37 ～初日記　　3022
9181₄ 煙	～始基齋校書圖題詞　　3339	80 ～翁先生行狀　　2077
50 ～畫東堂四譜　　3665	46 ～獨齋先生年譜　　8005	**9824₀ 敝**
9280₀ 剡	～獨齋七十年譜　　4758	17 ～帚齋主人年譜　　4643
10 ～西珏芝張氏宗譜　　7095	**9503₀ 快**	4644
7103	10 ～雪堂日記　　1577	～帚齋年譜　　4643
～西蔣氏宗譜　　5869	**9592₇ 精**	4644
11 ～北靈芝鄉王氏續修宗譜 5506	12 ～刊清賢記　　1523	**9923₂ 榮**
5518	40 ～校列女傳讀本　　1216	76 ～陽潘氏統宗譜　　5206
～北張氏宗譜　　7124	50 ～忠祠與中州先哲祠說略 0969	～陽潘氏宗譜　　5210
～北德政鄉赤石里朱氏宗	～忠錄　　2090	**9990₄ 榮**
譜　　7739	**9601₃ 愧**	00 ～哀錄　　2578
～北朱氏宗譜　　7739	88 ～餘生自紀　　3033	72 ～氏宗譜　　5008
～北黃氏宗譜　　5917	**9602₇ 惕**	5009
5936	80 ～盒年譜　　4678	5010
～北胡氏宗譜　　6014		5011
～北棗樹灣王氏宗譜　　5536		
5569		
31 ～源先正祠全祿　　1104		
32 ～溪王氏宗譜　　5521		

著 者 索 引

0010₄　童

00 ～文高	5021
10 ～正慶	5022
21 ～能靈	3884
22 ～彪	5020
24 ～德厚	2220
28 ～以謙	4733
30 ～寶善	5021
37 ～冠群	5020
38 ～裕擴	5023
～裕博	5023
44 ～世亨	4733
～樹棠	2462
～葉庚	2337
45 ～坤厚	4816

0021₁　鹿

25 ～傳霖	0115
	2127
	5027
30 ～瀛理	5028

0021₁　龐

23 ～俊	3170
30 ～宗垚	3504
37 ～祖垚	3138
40 ～士龍	1040
71 ～長發	5025
82 ～鍾璐	4684

0021₆　競

86 ～智圖書館編輯部	3005

0021₇　廬

05 ～靖	3254

0022₂　廖

00 ～文炳	6177
01 ～襲華	2347
08 ～謙	6181
11 ～冀亨	1739
24 ～先堂	6181
27 ～名緝	6176
44 ～萱榮	6177
～葆華	6180
～樹基	6179
～樹蘅	2549
77 ～月巖	6173
～用賢	0230
	0231
	0232
	0233
	0234
	0235
	0236
	0237
	0238
	0239
	0240
80 ～人傑	6175
～鏡清	6182
～首選	6173
97 ～燦蘅	6178
～燦臨	6178
～燦敏	6174

0022₃　齊

26 ～和羹	5396
30 ～之彪	5395
37 ～祖名	4008
38 ～淦	5395
40 ～太和堂	2824
71 ～長鴻	2519
80 ～毓川	5394
81 ～頌霖	5396
99 ～燮元	7920

0022₇　方

00 ～豪	8036
～麿	3193
02 ～端遠	7860
10 ～玉基	6191
～丙	6196
12 ～水雲	6188
20 ～受穀	2286
21 ～仁元	2746
～仁楨	6185
～經	2686
22 ～鼎銑	6195
～崇義	1529
24 ～先偉	6203
～德楠	6189
～德驥	6192
25 ～傳稙	6187
28 ～作彪	6196
30 ～賓穆	2515
～宗誠	3902
	4589
	4590

～宗勳	2419			～叢雲	1545
～宋貴	6202	**0022₇　席**		34 ～洪	5043
31 ～濬師	2193			～遠堮	5038
	4366	77 ～開源	5398	35 ～清	3188
	4367			～湊	5037
34 ～汝舟	6206	**0022₇　商**		40 ～奎仲	5048
40 ～大家	6200			～奎午	5047
～士淦	4549	17 ～務印書館編譯所	0472	～克勤	5036
	6186		0473	～志彬	4889
～志敏	3552		0474	～壽昌	5032
～志棠	6193		7918	41 ～楷	1853
44 ～夢麟	1620	21 ～衍瀛	3206		2738
～蘭芬	6184	37 ～鴻逵	4832		5034
～懋	1417			44 ～世儒	1589
～華欽	4457	**0022₇　高**		～世寧	4059
～苞	4092			～世泰	4059
	4093	00 ～廎恩	3407	～其鏡	5041
	4219	10 ～元鈞	5035	45 ～柚	5035
	4220	～而謙	2885	46 ～觀瀾	1011
～世鍾	6194		2886	～觀昌	4787
～樹	6201	12 ～廷瑤	1928	47 ～枬	2739
～樹穀	7859		1929	48 ～增爵	1714
～樹梅	1181		1930	～敬恩	5036
	1182		1931	60 ～圓乘	1346
	1183		1932	67 ～鳴盛	5031
	1880	～廷雋	2932	72 ～彤	4800
	6207	17 ～承埏	0664	77 ～鳳謙	2885
	6622		0665		2886
46 ～觀瀾	4713	18 ～致遠	5040	～鳳岐	3055
51 ～振鋗	6189	21 ～步雲	5039	～鳳翰	5029
53 ～成珪	3794	～步瀛	2554	80 ～愈	3880
60 ～景潮	0264		2555	82 ～鐈	0940
77 ～鳳起	6193	22 ～崇正	3240		0941
～殿榮	6197	～繼玴	2435	90 ～光連	5048
～學漸	1051	24 ～德	5030	99 ～瑩	5046
	1052	～德良	5044	～燮	2588
	1053	～德泰	1964		
	1054		1965	**0022₇　庸**	
80 ～金聲	6190	～德本	5041	77 ～叟	4802
～鏽	6199	～佑釳	0665		
90 ～懷德	6183	25 ～健國	2942	**0023₀　卞**	
		30 ～富浩	5033		
		32 ～近綱	5045	27 ～久	4890

30 ～寶山　4892
　　～宗謨　4484
36 ～澤新　4890
80 ～金城　4891
　　　　　7461

0023₁ 應

10 ～正祿　7786
30 ～寶時　7786
35 ～沛霖　4894
37 ～祖錫　0247
　　　　　0248
50 ～惠釗　4894
66 ～曙霞　1267
72 ～氏六修宗譜董事會　4895

0023₂ 康

00 ～亮鈞　1792
　　　　　4383
　　　　　4384
12 ～登　5012
　　～發啟　5014
　　～發梅　5014
30 ～宏瓚　5013
　　～寶忠　2681
40 ～有為　2881
　　　　　2884
　　　　　3607
　　　　　7795
44 ～基田　4383
　　　　　4384

0023₇ 庚

60 ～恩榮　2773

0023₇ 廉

26 ～泉　0467
　　　　3360

0024₇ 慶

18 ～珍　3197
　　　　3198
22 ～嶽　2133
26 ～保胤　7945
46 ～如薰　6670

0026₇ 唐

00 ～方正　5056
　　～文治　2266
　　　　　2563
　　　　　2701
　　～文鐘　5051
　　～言綏　5059
02 ～訓方　2123
　　　　　2124
10 ～晉岐　5062
　　～雲和　5053
20 ～季達　5057
21 ～肯　5060
22 ～鼎元　0685
　　　　　1554
　　　　　4022
　　　　　4308
　　～繼堯　3001
24 ～幼峰　1150
　　～緒祥　5061
25 ～仲冕　3986
　　　　　3987
　　　　　3988
30 ～家治　5059
　　～宗郭　2643
　　～宗海　5060
　　～宗愈　2643
　　　　　2644
34 ～汝環　4657
36 ～澤瑜　5063
37 ～鴻學　4725
　　～祖價　4295
38 ～肇瑾　5052

40 ～士熙　5065
　　～圭璋　3667
44 ～藻亭　5064
　　～茂盛　5055
46 ～如韜　5058
47 ～魁東　5064
　　～鶴徵　0579
57 ～邦治　4879
61 ～顯堯　5065
67 ～昭儉　1260
77 ～堅　4706
　　～隆奇　5049
　　～際虞　5050
　　～賢鉅　5051
80 ～益公　2371
　　～夔　5066
91 ～炳　5054
97 ～炯　4676
　　　　　4677
　　　　　4706
99 ～瑩　4657

0028₆ 廣

10 ～玉　1845
　　　　1846
　　　　1847
50 ～東青年　7917
　　～東省龍川縣通衢田心屯
　　　秀八公族譜續修小組　7197
　　～東省中山圖書館參考研
　　　究部　1167

0029₄ 麻

32 ～兆慶　0435
　　　　　0436

0029₄ 糜

30 ～宣哲　4896
33 ～浚宣　4897

0040₀ 文

10	～震孟	0994
		0995
		0996
	～天祥	3917
12	～廷式	1300
20	～秉	0997
27	～紹育	7072
30	～安禮	3643
		3644
		3645
		3646
	～宗潞	3012
42	～樸	8000
47	～朝籍	3099
50	～素松	3218
97	～燦	1711
98	～悌	2697

0040₁ 辛

00	～文房	0506
		0507
28	～從益	4447
44	～桂雲	4447
90	～懷之	6172

0040₆ 章

00	～文熊	5404
10	～天垣	1791
11	～斐成	5406
12	～登梯	5417
	～廷黻	4755
	～廷華	5413
	～延尉	5414
20	～秀元	5405
	～維烈	5401
21	～穎	0542
		0543
		0544

22	～繼香	5414
24	～佳信	5403
	～緒苗	5401
28	～以成	5418
30	～家祚	4697
33	～必訓	5409
	～必淳	1565
34	～洪鈞	4688
37	～祖佑	5410
38	～裕卿	5411
	～道基	7820
40	～志均	5416
44	～夢陽	1010
	～華	2406
	～世亨	5419
63	～貽賢	4890
		5402
		5412
67	～昭軫	5419
77	～同	2406
	～陶	1229
	～履仁	0026
		0027
	～學誠	0898
80	～金生	5415
	～金聲	5400
81	～鈺	2433
		2514
		3118
		3127
86	～錫琛	3066
	～錫齡	5407
90	～尚志	5409
91	～炳麟	0918
		2926
		3115

0060₁ 言

00	～雍時	3168
		3169
		3174
		3167
08	～敦源	3167

0073₂ 玄

66	～嬰	3239

0121₁ 龍

00	～廥堯	5434
10	～雲	3500
	～雲翼	3545
12	～瑞生	5431
14	～勁初	5435
30	～宜端	5433
34	～汝鈞	1751
37	～鴻標	5432
38	～啓瑞	3064
40	～堯臣	5431

0128₆ 顏

00	～亮洲	4900
12	～延玉	4908
17	～承賓	4905
	～承翰	4905
23	～允弼	4903
		4907
26	～自榮	4904
42	～札治麟	2273
	～札氏	2510
44	～協和	4902
	～其傳	4908
47	～鑾	4906
51	～振泮	4905
60	～國璟	4901
	～昌坎	4907
77	～鳳麟	1762
99	～榮春	4904

0164₆ 譚

00	～襄甫	5423
02	～新嘉	2623
		2806

	4890	38 ～啓坤	4917	～庭階	4928
	5421	40 ～大標	4915	～文遠	4950
	5422	～克剛	4914	～諦賁	4922
10 ～平章	5428	43 ～式穀	1834	10 ～正國	4921
12 ～廷英	3536	44 ～葆琛	4910	～雪嶢	4948
14 ～璜	2199	47 ～超	1536	～天錫	2916
23 ～獻	1985	60 ～易圖	4717		2917
26 ～得潤	5430	～景瀚	1328	12 ～聯璠	4937
30 ～宗鎪	5424	77 ～鳳遲	4916	～廷先	4921
36 ～澤闓	3218	83 ～鉞	3251	14 ～璜麟	3069
40 ～大初	4019	90 ～尚毅	2221	20 ～垂炯	4926
～太皐	5428	～棠仙	4916	～秉初	4935
44 ～孝達	5429			21 ～順德	4930
47 ～鶴亭	5423	**0212₇ 端**		～順福	4944
50 ～本琪	5427			22 ～鼎鎔	4938
～本芳	5427	40 ～木從恒	4429	24 ～先榮	4933
77 ～學知	5425			～德華	4946
80 ～弟雲	5429	**0292₁ 新**		25 ～仲先	4925
～余慶	5426			～純	1544
97 ～耀台	5426	50 ～中國圖書局	0846	27 ～約	4944
99 ～瑩	1161		0847	30 ～家賓	3023
				～家樹	4661
0180₁ 龔		**0365₀ 誠**		～永慶	4943
				～永錫	2569
00 ～立本	1001	24 ～勳	7845	31 ～潭滄	4929
06 ～親教	4911			32 ～泓	4952
07 ～望曾	3945	**0366₀ 詒**		33 ～心澂	4928
10 ～晉義	4717			34 ～洪棻	4923
16 ～理和	3163	47 ～穀老人	4583	37 ～祖源	2030
17 ～琛	4913		4584	～祖芳	1250
23 ～絃	3964			～祖錫	4923
24 ～德炳	4911	**0460₀ 計**		～迎梅	4939
26 ～自閎	1969			～逢源	4635
30 ～家尚	4672	50 ～東	1664	40 ～培福	4929
	4673			～培芝	4936
～守正	4514	**0460₀ 謝**		～克齋	4934
	4515			～希湯	4942
～安東	3625	00 ～彥遠	4924	～七寶	4938
～良杜	4919	～彥通	4924	42 ～彬	0268
～良圖	4919	～應芳	0504	44 ～基璠	4949
31 ～沅	4138		0505	～基極	4949
	4139		1477	～芳綸	4941
34 ～汝礪	4918	～庭生	4948	～蘭生	1477

	1519		3726	～良禮	5452
	4618		3727	32 ～兆霖	2000
	4932		3728	～兆芳	2221
	7788	31 ～福昌	5071	34 ～澡史	3305
～蔭昌	4849	40 ～壽康	5071	37 ～鴻詒	5448
～世麒	4933	～壽山	5069	～淑洲	5440
～世瓊	4945	44 ～葛永懷	5393	～涵	3463
～世紀	4943	～葛樟	2209	40 ～士杓	5442
46 ～觀戴	7280	60 ～星杓	3649	～培由	5441
	5538		3650	～克興	5447
47 ～起嚴	1489	～昌齡	5070	44 ～夢齡	1937
～椒生	4935	63 ～暄寶	5069	～葆鶴	5452
50 ～泰林	4946			～葆昌	4331
～忠諤	4953	**0722₇ 鄺**		～世勳	1077
53 ～成劍	2428			46 ～柏蔚	1152
54 ～持	4847	40 ～大瀾	6167	48 ～敬安	4818
56 ～挹芬	4947	48 ～枚	6167	51 ～振埔	2586
60 ～量	1477			60 ～昇	1516
～國芳	4945	**0742₇ 郭**			1517
63 ～賦文	4927			62 ～則澐	2801
66 ～覠	1456	00 ～立志	4737		2985
67 ～鳴謙	4187	～廖	1926		3415
～嗣庚	4940	～雍南	5449		5451
72 ～氏村志家史編寫委員會		～襄之	2055	71 ～長慶	2509
	4951	08 ～敦德	5450	77 ～風崗	5454
74 ～慰曾	4936	10 ～天雲	5438	～鳳沼	5454
77 ～鳳梧	4953	～可詵	3414	～開湘	5443
～興嶢	1852	12 ～廷翼	4261	～尺巖	2730
80 ～益齋	4934		4262	80 ～全富	5449
～念功	1867	～孔延	4047	～金壽	2255
82 ～鍾和	3989	17 ～子章	3675	～毓琅	5453
	3990		4014	～曾炘	2610
87 ～銘勳	3426	22 ～嵩燾	2163		2799
90 ～光緅	1743		2164	90 ～尚先	1943
～光照	4930		4629	91 ～炳英	5444
～尚學	4942		4669	93 ～熾	5439
95 ～性卓	4927	～崑生	5445	99 ～燮熙	1184
～煉九	4925	23 ～傅璞	2576		
		24 ～先培	5442	**0821₂ 施**	
0466₀ 諸		～勳	0566	00 ～彥恪	7797
			6375	～文和	5079
00 ～章達	5070	27 ～紹陽	5437	24 ～化遠	4098
10 ～可寶	0910	30 ～容光	0790		

～德馨	4889	
～勳	3301	
27 ～久義	5081	
34 ～汝鏞	5077	
～洪烈	1653	
～禧椿	5075	
37 ～鴻元	5078	
～淑儀	1278	
38 ～啓宇	2822	
44 ～世綸	4889	
～世堂	5076	
46 ～如全	4888	
47 ～朝幹	1091	
57 ～邦曜	3997	
60 ～國祁	3934	
77 ～閏章	7797	
80 ～念曾	4197	
	4198	
	4199	
90 ～粹中	5074	

0823₂　旅

00 ～京安徽同鄉會	3368

0823₃　於

77 ～熙珍	4954

0864₀　許

00 ～彦	2889
～文源	5470
02 ～新邦	5467
03 ～詠仙	5471
10 ～正綏	3675
	4015
12 ～登瀛	5458
～引之	5474
	4890
～廷譜	5461
～廷瑤	5459
17 ～乃普	1855

～乃釗	5465
20 ～喬林	1248
	1876
～受培	3207
～采白	1656
～維璋	5479
～維梧	5479
21 ～仁沐	1698
22 ～繼生	5476
24 ～德文	5469
30 ～永鎬	5457
～家修	7823
～之芹	5475
～寅輝	3524
34 ～浩基	1511
	3918
	3919
	3920
	4211
	4212
～洪德	5477
37 ～鴻昌	5464
40 ～大定	5456
～士傑	4336
～在儒	5480
～在衡	5468
～克祥	5478
～嘉謨	4889
～嘉猷	4444
43 ～博明	3220
44 ～其鬱	5475
46 ～如彰	5481
47 ～朝水	5476
～起昆	1737
	1738
50 ～忠書	5466
51 ～振禪	2653
60 ～國鳳	2397
～景澄	2611
77 ～同莘	2902
	2903
	2904
	4723

	4890②
	5472
	5473
～同萊	4890
90 ～惟喬	5481
91 ～炳榛	2654
	2713

0925₉　麟

00 ～慶	1915
	2004
	4564
	4565
	4566
	4567
	4568
	4569
	4570
	4571
	4572
	7834
50 ～書	0766

0968₉　談

10 ～震臨	0833
20 ～香	0091
31 ～遷	4867
90 ～光曾	3396

1010₁　三

44 ～枝斐	1298
～枝子章	1298
58 ～輪希賢	3995

1010₃　玉

24 ～牒館	4869
	4872
	4873
	4874

	4875		4025	～維坤	5570
	4876	～元增	5554	21 ～仁俊	1397
	4877		5565	～仁堪	2248
60 ～置清	0132	～元鑣	0964	～能緣	5568
			0965	～儒行	2094

1010₄　王

		～爾耀	5584	～衡	4042
		～平莊	5621		4043
00 ～立中	4512	～天縉	5614	～稱	1479
～亨添	5518	～天德	5547	22 ～岩叟	1451
～競宜	3095	～雲藻	5561	～利韜	5506
～彥儒	5618	11 ～琴堂	7845	～崇簡	4135
～方慶	1419	12 ～瑞國	3634	～崇炳	1076
	1420	～弘撰	1631	～崇煥	4890
	1421	～烈	5525	～樂胥	4890
	1422	～延綸	2278	～繼香	2577
～方濂	5499	～延幹	5618		2743
～庸敬	5485	～廷燦	0087		5543
～高明	3353		4218	～繼曾	2800
～應麟	0008	～孤雲	1307	23 ～代功	4714
	0009	～孫錫	4099	～俊	5583
	0010	14 ～功泮	5625	24 ～化東	2539
～應瑞	5496	15 ～臻善	8042	～先謙	1432
～應仕	5523	16 ～聖再	5563		4637
～庭楨	2088	～琼	2138		4743
	2089	17 ～予謙	5538	～先恭	1419
～廣圻	5587	～予藩	5600		1431
～文韶	2372	～乃徵	3462		3764
～文清	7213	～乃昌	5604		3765
～文臣	5586	～喬雲	4642	～佳獸	5585
～言	0288	～承烈	0103	～德言	5502
04 ～謨	1126		0104	～德福	4437
～詩雲	5522		0105		4438
08 ～謙志	1748		0106	～德壽	5537
10 ～一葉	3544	～承傳	2785	～德藩	5566
～正達	5552	～承波	5548	～德獸	5620
～正常	5545	20 ～季烈	2702	～德錡	3534
～玉臺	5528		5606	～德光	6413
～玉樹	1388	～乘六	1731	～佑元	5547
	1389	～采廷	5609	～特選	1357
～元	0568	～集成	5616	～特選	1358
	5602	～秉瑤	5576	25 ～仲鎣	5508
～元端	5495	～秉乾	5580	～傳璨	4610
～元鼎	4024	～維宗	5569	～傳喬	2065

～傳昭	5540	～宏穀	3120	～達交	5545
～傑甫	2946	～宅心	5529	35 ～清政	4890
26 ～自藩	5571	～宦璋	5560	～清濤	5520
～堡	5557	～定安	1351	～清照	3241
～伯群	3016		2142	～禮陶	5522
～泉林	5558		2143	36 ～湘	5500
～保讜	4744		2144	～澤	2081
27 ～象晉	5484		2145	～澤澄	2624
～舟瑤	4793		2147	～澤攽	3062
	5567		2229	～昶	0333
～鵠襄	5622		4692		0392
～紹衣	5572	～定瀾	5578		1783
～紹陶	5607	～定柱	5494		3737
28 ～以銓	1288	～寶仁	4109		4152
～齡	0425		4110		4368
	0426		4557		4369
	0427		5521	37 ～潯	0107
	1096	～宗誠	1816	～祖緯	2668
	1097	～宗稷	3835	～祖繹	0130
	1098		3836		4890
	1099		3837		5591
30 ～濟安	5556		3838	～祖彝	5591
～永發	5544		3839	～祖繩	2672
～永仕	5614	31 ～沄	4152	～祖綱	2718
～永祺	4345	～濬章	5588	～祖蕭	4370
	4346	～源	4247	～祖畬	4744
～永清	4837		4248	～逢辰	0665
～永通	3024		4249	～運伸	5610
～永曜	5555		4250	～朗齋	5580
～家襄	2275	～福朝	5564	38 ～溶	4890
～家勤	4609	～福猷	5585	～道行	5519
～家枬	2351	32 ～兆琛	5503	～道純	4890
～宸	0321	～兆喜	5599	～啓招	5495
～之垣	1566	～兆蓮	5504	～啓原	2148
	4890	33 ～心一	7825		2149
～之春	3674	～心照	4504		2150
	4201	～必達	2222		2151
	4202	～必盛	5501		2152
	4203	～梁	5507		2153
～之臣	2583	34 ～為榦	5524	～啓光	5492
～憲正	1884	～汝誠	5559	～榮森	5573
～守愚	2057	～邁常	4766	39 ～泮林	5520
～守恂	2781	～遠謨	5574	40 ～九思	5482

～大翥	5574		3888	～柏心	2231
～大春	3444		3889	～相	0043
～太嶽	1893		3890		0044
～士璜	5560		3891		0045
～士珍	1280	～戀官	4762	47 ～聲鏻	1553
～士禎	4241	～孝稱	5562	～朝仁	5563
	4242	～孝綺	4890	～朝準	5594
	4243		5595	～都榮	5551
	0289		5596	48 ～增祺	1261
～士祿	1254	～孝欽	5536	～敬蒲	5509
～坼	4748	～孝箴	4740	～敬之	3846
～培德	5512	～萬藻	5592	～敬禮	4793
～在田	2305	～者香	5534	～松壽	5559
～克敏	3593	～世新	5577	～松茂	5519
～有成	1813	～世琮	5578	～檢心	4607
～嘉誥	1279	～世貞	0575	50 ～中泮	5552
～嘉淵	5532		0576	～本中	3093
～嘉懋	5531		0577	～惠霖	2244
～壽康	5510		1466	～忠厚堂	2782
～壽松	5526	～世濬	5530	～書雲	5555
～壽昌	1897	～世澄	5593	～春元	5533
～真	3630	～世芬	4474	～屯	5597
	4789	～世威	5628	～表正	3675
	4790	～世恩	4710		4015
	4791	～其慎	4665	～素	0537
～梓祿	5564	～楚堂	4495	51 ～振育	5612
～梓材	1542		4496	～振綱	5536
41 ～概	4286	～樹枏	2506	～振聲	2561
43 ～式	0415		2661		2562
44 ～藻	0748		3222	54 ～持世	5486
	0749		3925	55 ～耕心	5546
～夢熊	1510		3926	56 ～揖唐	3352
～蘅	4323		4770		3590
～蘭蔭	4386		4771	57 ～拯	2179
～蔭甫	5515	～樹榮	5589	58 ～整	0562
～蔭泰	3034	～菜	3477	59 ～掞	1778
～蔗原	5516		3909	60 ～國霖	5579
～葆心	5615	～桂林	5535	～國維	1475
～葆初	4890	～權	2098		3938
～蓬常	4766	45 ～棣	5781		3939
～懋竑	3885	46 ～恕	4330	～國修	5492
	3886	～如	4066	～國憲	4027
	3887	～如鉉	5541		4028

	4029	～際華	1944		5490
～國英	5603	～際中	5621	96 ～惺	5488
～國棟	3974	～熙	1646	97 ～耀璉	5511
	3975		4224	～輝南	5625
	5487	～熙桂	5527	～煥	4066
～國銘	5601	～馭超	0953	～煥鑣	3823
～思任	4138	～又樸	4326		4260
	4139		4327	～煥鍈	4523
～恩源	3610		4328	99 ～縈緒	4362
～恩東	3610	～學恒	5623	～榮萃	5624
～恩錫	2087	～闓伯	5508		
～昌言	5598	～開雲	4420	**1010₇ 亞**	
～昌期	5378	～間源	5517		
～昌時	0587	80 ～人文	2721	40 ～壺公	3294
～昌榮	7535	～金策	2217		
～景瀛	1878	～金榮	5605	**1010₈ 巫**	
63 ～貽潛	3035	～今通	4360		
64 ～時敏	4042	～今遙	4360	03 ～詒宜	6169
	4043	～介錫	0596	80 ～善卿	6169
67 ～明恩	5627	～念典	0449		
～明田	5539		1613	**1014₁ 聶**	
～昭球	5619	～毓生	5611		
～煦	1225	～曾俊	4890	26 ～緝槃	2511
	1249	～公度	6007	30 ～守仁	3056
～煦堂	5498	81 ～鉅筠	5505		3057
～照圓	1210	82 ～鍾	5542	44 ～其傑	2802
	1211	～劍閣	1279	55 ～典訓	5630
71 ～巨源	5491	84 ～鑄青	5626	63 ～貽寰	5631
～臣銷	5493	86 ～錫九	4604	～貽鶴	5631
～槳	1732	～錫圭	5626	89 ～銑敏	1784
72 ～質	0194	～錫蕃	5550		
	0195	～錫振	2262	**1020₀ 丁**	
	0196	～錫彤	4817		
	0197	87 ～銘詔	2058	00 ～立中	1527
77 ～闓運	2205	～欽安	5617		4712
	2311	～翔	3966		6212
	2398	88 ～簡可	4205	～應春	6216
	3029		4206	～文江	4836
	3123	～箴傳	0710	～文策	0423
～鳳文	4362	90 ～棠	4286		0424
～鳳鳴	5497	91 ～炳燮	0772	10 ～一鵬	4597
～用臣	2104	92 ～愷文	5590	～元祥	6219
～屏之	5537	94 ～煒	5489	～丙	1100

～天祿	6230	
～天芝	6230	
17 ～承衍	2615	
21 ～仁等	0464	
～穎璞	6210	
23 ～允和	6226	
24 ～緒鴻	3226	
25 ～傳靖	1283	
	1284	
	1955	
	4267	
	4268	
27 ～紀傳	6222	
30 ～宿章	1132	
～守存	4654	
～寶書	6217	
～寶銓	4148	
～宗德	6223	
～宗福	6223	
～宗洛	4287	
	4288	
～宗裕	6229	
31 ～福保	4840	
	4841	
	4842	
	4843	
32 ～沂	3195	
34 ～遠懷	6228	
36 ～渭封	6219	
～澤曛	6224	
～澤隆	6224	
37 ～逢元	3137	
～運樞	2036	
38 ～啓喆	0956	
40 ～大瑞	6209	
～士晉	6221	
～士涵	6215	
～培	6218	
～在麟	6214	
～克昌	0678	
～有鉅	6220	
～南生	6222	
～嘉保	2069	

～壽昌	2966	
43 ～樾	1620	
44 ～蓮侶	0253	
～華甲	6225	
～世佳	6214	
～樹年	2690	
～桂芳	6208	
～楸五	6210	
45 ～坤朝	6227	
47 ～起鵬	6209	
50 ～惠衡	2298	
	2299	
	2300	
53 ～成鋆	6231	
60 ～日澍	6213	
～日昌	0205	
～國茂	6216	
～晏	1959	
	3657	
	4350	
64 ～疇隱	8028	
	8032	
80 ～鐘恕	6228	
～善長	0419	
86 ～錫田	0957	
～錫鏞	6217	
88 ～策定	6208	
90 ～焴	2225	

1021₁　元

33 ～泳義	1347

1021₄　霍

34 ～為楸	2212
42 ～韜	4009
44 ～樹清	1910
50 ～惠成	5629
77 ～與瑕	4009
90 ～尚守	4009

1023₂　震

87 ～鈞	0854

1024₇　夏

00 ～齊林	1828
～庚復	4711
～辛銘	4826
08 ～敦禮	7080
12 ～廷正	4826
17 ～承棟	3273
21 ～仁虎	0476
	3272
	3273
～偕復	7084
30 ～之芳	0495
	3689
	3690
～之蓉	1760
～定域	4240
～寅官	3480
～宗彝	7078
34 ～洪	7074
～洪基	0479
	3688
	3689
	3690
	3691
	7087
37 ～祖年	4826
40 ～嘉穀	1750
～壽田	2455
～壽恒	7076
44 ～菇衡	7085
～樹芳	0020
	0021
	0209
48 ～翰藩	7086
56 ～揚銘	7083
60 ～杲	7073
65 ～味堂	4349

71 ～臣虞	7077	46 ～韞玉	1015	～道鈺	5083
77 ～開禮	7086	48 ～松樓	5638	40 ～士毅	3054
82 ～鍾濂	7079	50 ～忠家	5639	44 ～其桓	5086
83 ～鐵弇	3579	99 ～榮暲	3701	55 ～耕	0972
92 ～炘	3954		4601	60 ～景德	7798
94 ～慎大	1265				
99 ～爕	4118				

1060₀　西

1040₀　干

38 ～泠印社	0885	37 ～過分齋主人	1297

10 ～丕傑	6232	44 ～村三郎	7931
80 ～人俊	3910	60 ～園老人	0986

1090₄　粟

1060₃　雷

1040₀　于

		10 ～正縮	2216	50 ～奉之	2838
12 ～孔兼	4045	～五堲	5641	91 ～烜	1954

12 ～孔兼	4045	10 ～正縮	2216	50 ～奉之	2838
24 ～德栅	6234	～五堲	5641	91 ～烜	1954
	6235	20 ～維嵩	5643		
30 ～定保	4425	26 ～伯雅	5642	**1111₀　北**
40 ～右任	0927	33 ～演雲	2840	
	3042	40 ～大德	5644	00 ～京古琴研究會	0127
44 ～樹滋	6236	～大智	5644	～京圖書館出版社	3673
48 ～翰篤	2490	45 ～棣揚	2964		3674
58 ～籠圖	4425	60 ～昌從	5643		3675
		79 ～飈	3264	～京人文科學研究所	7987
				10 ～平故宮博物院	0874

1040₉　平

1073₁　雲

21 ～步青	2403	40 ～南省立曲靖中學成立三		38 ～洋政府陸軍訓練總監處	
～衡	6233	十周年紀念籌備處	3483	軍學編輯局	0454
					0455
				44 ～村紫山	7936

1043₀　天

1080₆　貢

1118₆　項

35 ～津圖書館	4890	00 ～慶餘	5082	10 ～元勳	4890
					7804

1060₀　石

1080₆　賈

				～天瑞	7799
20 ～維嶸	5633	10 ～正賣	5083		7800
22 ～崇高	5635	12 ～廷林	0951		7801
34 ～為龍	1753	15 ～臻	2404		7802
36 ～渭畋	4895	27 ～紹祖	5084	12 ～廷舉	5089
40 ～右軍	5632	30 ～永倪	5087	17 ～乃斌	5092
44 ～孝溫	5639	34 ～洪錫	5085	21 ～紫德	5090
～蘊三	5640	38 ～道中	4955	～紫桂	5090
				30 ～永培	5091
				38 ～啓鉬	7803
					5088

88 ～銓恩 1839
～篤壽 0574
96 ～悝 5089

1121_6 彊

44 ～村先生治喪處 2875

1122_7 彌

40 ～壽 3078

1123_2 張

00 ～鹿樵 4501
～彦昭 1987
～方泳 1940
～應登 3869
～應齡 3132
～應軫 7112
～康泉 7093
～康源 3344
～庚 0716
0717
～慶彬 7129
～慶開 2521
～慶熾 7172
～文麟 4004
～文虎 2115
～文選 7104
～文森 0921
～文藻 2642
～文棟 3275
～文貴 7166
～文明 7191
～文鋹 7172
～京顔 4318
4319
04 ～誥 7092
08 ～謙 2952
10 ～一麐 2880
3442
～一鳴 2951
7101
～二銘 7114
～正頤 7181
～正學 7115
～元亨 3171
～元勳 4690
～元聲 0250
～元靜 7170
～元鏜 6942
～爾田 2448
2079
～夏 1633
3849
4101
4102
4129
4130
～百祥 2097
～晉福 3394
～雲貴 7199
11 ～琴 1913
5600
6466
～琴治 7182
～預 0202
0203
12 ～瑞之 7156
～聯第 7111
～列宿 7184
～弘綱 1745
～烈 7113
～廷玉 0714
0715
4314
～廷鑒 4147
14 ～功峻 7141
～功燾 7141
15 ～建 7888
16 ～璟 3959
17 ～珮琛 7186
～乃文 7158
～乃熊 3234
～務耕 7125
～弼 1540
～承謨 7168
～承燮 0487
～翼先 7100
20 ～壬林 4524
4525
～信民 3958
3959
～采 0509
～采田 3802
3803
～秉鈞 7147
～維 0978
0979
0980
～維潢 7128
～維屏 0754
0755
1960
～維烺 0838
21 ～上達 3302
～仁普 7142
～虎德 7158
～師誠 4458
4459
～師載 4233
4234
4281
4282
4283
～師栻 4281
4282
4283
～師曾 3806
～貞 0959
0960
22 ～川秀 7119
7160
～制 3204
～鼎元 4636
～崇本 1800
～繼文 4621
～繼林 7154

～繼煦	2468		3430		4780
～繼善	7185	～穆	1882		4781
～繼銘	0271		3651		4782
～崧屏	7195		3673	～實	3276
23 ～允慶	2252		4175	～寶浩	7143
～允文	7116		4176	～宗瑛	2751
～允俁	3450		4177	～宗芳	4777
～允格	1650		4254	～宗芳	4776
	1651		4255	31 ～江裁	1616
～代玉	7110		4256		3428
～岱	1070		4257		3429
	1071		4402		3431
	1072		4403		5196
	1073	～稷光	8038	～河均	7102
	1074	27 ～佩綸	2676	～潛	7088
	1547	～俶知	8030	～滇	7120
24 ～仕聲	7127	～叔雄	7195	32 ～兆蓉	7912
～先諫	7177	～紹良	7184	～沂元	1025
～先恕	7167	～紹南	4437	～近凡	4021
～先甲	7138		4438		4089
～先炳	7177	～紹蕃	4754	33 ～溥熙	7178
～佳圖	1002	～紹興	7139	～治如	0064
～傑	0304	28 ～作楠	1504	～梁森	1563
～德廣	4627		1505	34 ～為壽	7099
～德祖	7155	～從儒	6396	～澍	0037
～德柄	7183		7579		0038
～佑	4464	～從修	7196		0065
～勳	2789	～從南	7196		1409
～皓	7124	30 ～永彬	5298		1848
～緒唐	7198	～家富	7165	～澍棠	4803
26 ～伯琮	0230	～家楷	4373	～濤	4132
	0231	～家栻	4374		4133
	0232	～家恢	7168	～潞	4912
	0234	～之洞	2281	～遠	3781
	0235		2464	～遠翼	7194
	0236		2465	～遠選	7194
	0237		2466	35 ～清漣	7180
	0238		3386	37 ～鴻	3250
	0239	～之鎮	2034	～鴻運	1754
	0240	～守節	1354	～鴻燾	7175
～伯楨	0924	～宏文	4056	～次仲	3687
	1172	～睿	1556	～滌亭	7173
	2882		2768	～祖祐	4626

	4627		2458	～敬效	7886
～初傑	2695	～茂亭	7173	50～泰升	7148
～逸評	0287	～茂辰	4545	～書林	7148
～通相	7134	～茂鏞	4804	51～振珂	4120
～逢辰	8033	～茂炯	3324	～振河	7131
38～海林	7198	～薰	7109	53～盛貴	7151
～祥雲	0269	～萬福	7149	55～軼歐	2704
	0270	～萬遂	7152		7162
～裕釗	2334	～萬楷	7110		7163
～肇崧	3145	～華富	7103	57～邦伸	0164
～肇隆	7116	～世綬	1540		4408
～啟煌	4632	～世桃	7169	～絜	3622
40～大復	1000	～世英	7123	58～輪遠	3583
～大昌	3915	～世樹	7181	60～星鑒	0836
～友傳	7161	～世煦	7169		0837
～友椿	3991	～世炳	7137	～星烺	3105
～士麟	3449	～其淦	0559		4820
～士嶽	7115		0681	～國祥	7138
～克家	7174		0682	～曼殊	1749
～希魯	3235		0683	～昌綬	7126
～有譽	4074		0684	～景雲	7131
～赤幟	0974	～其垳	7179	～景祁	1102
～志強	3616	～其錦	4442	～羅喆	7091
～志法	7147		4441	61～顯芾	7139
～志忠	7199	～楚寶	7132	63～貽琯	1953
～嘉謨	7153	～樹榮	7122	64～時傑	7150
～嘉謀	2960	～桂林	4760	65～映房	7098
～嘉祿	2345		4761	67～曜孫	2116
	2346	～模	2394	～明淮	3440
～壽	3539	45～椿齡	0405	～明愷	7154
～壽鏞	2813	～榛	7192	～鳴珂	0169
～森	7120	46～恕	3912	～昭珽	7188
41～概	2665		3913	～昭潛	0955
～樞衡	3474		3914	～洵	1844
43～載陽	2787	～相文	3940	～嗣道	7157
～戴陽	3270		4144	～嗣釗	7157
～杙	1402	47～均	7121	70～璧	3563
	1403	～鞠如	0496	71～厚璋	7192
	1404	～起麟	1262	～驥	1354
	1405	～起嵩	7096	～臣卿	7144
44～芹	0567	～根培	3274	～長齡	6695
～蔭桓	2456	48～增榮	7124	74～慰西	3940
	2457	～敬立	4342	～勛政	7140

75	～體銓	1722	88	～鏉	7105
77	～同元	7187		～箴	0952
	～鵬一	2584		～篤慶	4272
		3724	90	～惟儔	4666
	～鵬翮	1406		～惟佶	4666
		1407		～惟倫	7146
		1408		～惟驤	0124
		3745			0125
	～鵬翰	1772			0172
	～履	0958			0173
	～履程	1176			0174
	～熙亭	1025			0175
	～學魯	7108			0176
	～學良	2567			3725
	～開枚	7189		～懷德	2424
	～興彥	7182		～懷洵	0164
78	～鑒	3214		～光烈	2301
		4470		～光熊	1865
		4471	91	～炳	1905
		4472			1906
80	～人駿	3743			1907
	～全泰	1627			1908
	～全曾	7119			1909
	～益之	7095			7176
	～金吾	4547		～炳楠	7145
	～金甫	7160		～炳翔	0613
	～金耕	7151		～炳榮	7118
	～金錫	7097		～焯奎	2380
	～介祉	1654	94	～恢棹	7165
		1727	97	～耀曾	3743
	～夔龍	7164		～煥榮	7167
	～美翊	6533		～燦鋐	7190
		7159	99	～榮海	7144
	～毓書	2890			

1173₂ 裴

00	～文中	3536
10	～正文	7603
	～元榮	7604
20	～犨度	7601
40	～士骐	4685
	～吉煜	7606
50	～中笏	7605

	～曾獻	7094
81	～頌軒	7171
83	～鎔	7111
84	～鎮	1385
		1386
		1387
		3741
86	～錦泰	7133
	～知銓	4277

60	～日睦	7904
76	～顒	1354

1180₁ 冀

86	～錦江	5399

1212₇ 瑞

10	～元	4434
32	～澄	3028
60	～恩	4434

1217₂ 聯

00	～堃	3077
34	～祐	2862

1223₀ 水

21	～仁良	6980
88	～竹村人	0558

1223₀ 弘

24	～儲	4067
		4068

1240₁ 廷

45	～棟	2507

1240₁ 延

60	～昌	4730
		6664
74	～陞	7658

1241₀ 孔

00	～慶塘	1336
	～慶餘	5651
	～慶愷	5656

詞目	碼	詞目	碼	詞目	碼
～廣瑀	5650		0941	～傳櫥	4701
～廣鼐	5654		0964	27 ～仰唐	5106
～廣牧	1332		0965	～奐侖	5114
	1333	～應科	7805	～繩武	1693
	1334	～文林	5096	～紹曾	5104
～廣彬	5655	～衣言	1105		5118
10 ～元揩	1303		1106	28 ～似樓	3502
	5645		1107	～綸九	7999
21 ～貞叢	1314		2180	30 ～渡	5115
	1315	01 ～顏翼	5122	～永隆	5108
	1316	03 ～詒謀	5126	～家琪	5095
22 ～胤植	1310	07 ～望雅	1611	～家鼐	2341
～繼汾	1321		1612	～寶琦	2247
	1322	10 ～玉庭	4431		2325
～繼堯	1012	～爾瓚	1113		2707
	1013	～爾准	1989	34 ～漢槎	5112
	1014		1990	～汝聽	3840
～繼藩	1335	～爾桂	1630	～汝楫	5101
～繼長	5656	～雲林	5112	～遠階	5108
25 ～傳	1304	11 ～冀預	1607	～遠騏	5116
	1305	12 ～登瀛	2125	35 ～清源	5097
	1306	～廷瑞	5107	37 ～鴻	5110
～傳埕	5655	17 ～孟平	4682	～鴻雲	0507
～傳林	5654	～羽侯	1541	38 ～裕衡	5131
30 ～憲章	5652	～乃琨	4691	～裕松	5098
～憲璜	5649	～乃禧	5133	～道毅	0833
～憲蘭	0217	～承天	5460	～道乾	1259
	1331	～承宗	5026		2775
～憲階	4527	～承澤	0939		2776
34 ～對寰	1313	～子榮	5121		2777
67 ～昭傑	4527	20 ～秉彝	5118		2778
～昭薪	5648	21 ～仁	2454	40 ～大傑	5122
80 ～令熙	3192	22 ～循誠	5094	～志儒	5125
～毓埏	1353	～循鏞	5094	～奇逢	0940
88 ～繁灝	2001	～仙錦	5105		0941
～繁英	7827	23 ～俊明	5119		0964
～繁錦	5653	～峻	5111		0965
90 ～尚任	5647	～岱	3662		1608
			4020		1609
1249₃　孫		24 ～德彰	5125		1610
		～德謙	3666		1611
00 ～立中	5129		3943		1612
～立雅	0940	25 ～健雄	5132		4061

	4062	～與瑨	5103	**1660₁　碧**	
～雄	0175	80 ～仝嚴	7805		
	0176	～益悉	5128	27 ～魯崇俊	5657
	2652	～毓修	1340		
	2674	～毓汶	1966	**1710₇　孟**	
	3031	～毓漢	7806		
42 ～斯久	0932	84 ～鎮	3674	00 ～廣均	1366
44 ～葆田	1363		4010	21 ～經國	1361
	1364	86 ～錫疇	0402	22 ～繼元	2326
	1365		0403		2327
	1366		0404	～繼隆	4890
	3821	87 ～鏽	1527	～繼曾	3121
～孝則	1770		3952	30 ～憲彝	3097
～蓉鏡	2662	～鏽鳴	3898	～憲超	5660
～世偉	4480	88 ～銓	4061	～憲曾	5659
～世長	3542		4062	67 ～昭平	5660
～樹禮	1251	～篤之	0402		
～樹義	0458	89 ～鎖麟	5113	**1712₀　刁**	
～林法	5117	90 ～光庭	1892		
48 ～乾性	5100	91 ～炳奎	5111	60 ～晏平	7876
～翰臣	5157	94 ～慎行	0663		7877
50 ～中山先生葬事籌備處	3081	～煒	5783		
	3082	95 ～性之	2845	**1712₇　耶**	
～春耕	5113	97 ～耀宗	5099		
～表楨	5109	99 ～榮	2432	25 ～律有尚	3941
51 ～振麟	5130				
～振烈	4749	**1314₀　武**		**1712₇　鄧**	
52 ～靜庵	0680				
55 ～慧翼	4497	26 ～穆淳	1919	00 ～慶裶	6247
～慧翼	4498	32 ～澄	3824	17 ～丞襄	6254
～慧惇	4497	～澄清	4611	～瑤	1934
	4498				1933
60 ～星衍	3731	**1323₆　強**		22 ～崇甲	4715
	3732			23 ～代硯	6248
67 ～曜	3460	10 ～至	0537	27 ～紹汾	6255
～鳴鶴	5102		1452	～紹勵	6255
71 ～匯澧	5123	90 ～光治	5134	28 ～復興	2491
	5124			30 ～淳	1162
～匯穌	5123	**1540₀　建**		～之誠	2078
～長福	5103			～之柏	6241
76 ～矑嫒	3214	27 ～修萬季野先生祠墓事務所		34 ～洪勳	6240
77 ～用時	3110		1709	37 ～次鞠	6251
	3182		1710		

40 ～士穀	6245
～杏林	6243
43 ～裘成	6257
44 ～蕊香	6250
～孝可	6244
～萃英	3457
～執玉	6243
～茹真	6251
～若木	6239
～薈霖	6249
47 ～期哲	6253
50 ～中椅	6256
57 ～邦廉	4511
～邦述	2616
～邦貴	6252
～邦欽	6246
60 ～甲夫	6257
～昌求	6253
～昌明	6254
77 ～隆福	6242
80 ～全海	6252
～介夫	6249
99 ～榮湘	6248

1714₇　瓊

32 ～州王氏源流集編委會	
	5627

1717₂　瑤

77 ～岡	4322

1721₄　翟

60 ～思忠	1423
	1424
	1425
	1426
	1427
	1428
	1429
	1430

---

77 ～鳳翥	7601
	7602

1722₇　胥

00 ～立義	5661
28 ～從化	1456
50 ～春瑜	5662

1722₇　酈

24 ～纘緒	6258
37 ～禄祺	6258

1723₂　豫

21 ～師	2742
48 ～敬	3619

1742₇　邢

02 ～端	2114
22 ～崇先	4726
31 ～源迻	6259
～源堂	6259
51 ～振昱	6260

1750₇　尹

00 ～慶渭	6673
09 ～麟徵	6679
10 ～元燀	1095
14 ～琳基	2476
22 ～任公	6677
～樂鶱	6676
31 ～源進	1648
	1649
34 ～遠讓	6672
～遠謈	6672
36 ～湘雲	6671
40 ～大年	6675
44 ～楚珍	6679
60 ～昌衡	3522

---

67 ～明德	3380
71 ～長青	6671
80 ～會一	0323
	0324
	4304
	4305
90 ～炎武	0877
91 ～炳金	6677
99 ～榮舍	6678
～榮鈞	6674

1752₇　那

00 ～彥成	4368
	4369

1760₂　習

24 ～德慶	6170
27 ～鑿齒	1128

1762₀　司

44 ～花老人	1297
71 ～馬秀	5664
～馬貞	1354
～馬灝文	5664
～馬遷	0182
	1354
～馬晰	5663
80 ～毓驊	1673
	1674

1762₇　邵

00 ～亨豫	4667
～廣魁	6264
～章	2660
	2914
	3090
01 ～龍海	6269
10 ～元沖	3376
21 ～仁溥	2516

22	～繼煥	4814			24	～先菱	7212

22	～繼煥	4814
30	～永瑄	6261
	～守正	6268
	～寶	0493
37	～祖壽	3851
40	～力子	3157
		3473
	～友濂	6263
	～嘉	1669
44	～蔭棠	6266
	～茂全	6262
45	～椿年	4667
47	～懿辰	2132
48	～松年	4667
60	～曰濂	6263
	～國輔	6267
	～思	0006
		0007
	～甲名	4426
	～是同	6265
71	～長蘅	3837
80	～曾	3992
87	～銀泉	6269

1918₀ 耿

00	～文光	4709
37	～淑田	3547
40	～有光	7200
77	～興宗	0966
97	～耀金	6784

2022₇ 喬

00	～文獻	6681
21	～行簡	3855
33	～治・哈同	3041
44	～懋	0254
48	～松年	7878
77	～用遷	0408
80	～鏞	6680

2024₇ 愛

33	～必達	1586
		1587
		1588

2033₁ 焦

04	～竑	0578
12	～廷琥	1888
28	～以恕	4292
		4293
	～以敬	4292
		4293
40	～大恒	6270
60	～易堂	3507

2040₇ 季

02	～新益	3068
24	～幼梅	6682
28	～綸全	2184
44	～芝昌	2008
		2009
		4562
		4563
80	～念詒	1023
86	～錫疇	4419
89	～鑅生	6683

2043₀ 奚

| 24 | ～佑康 | 6271 |

2071₄ 毛

00	～慶善	4419
10	～雲祥	7205
17	～璨	7201
	～配清	7205
22	～鼎富	7208
23	～俊傑	7211

24	～先菱	7212
	～德堯	7209
30	～憲	0998
		0999
	～守師	7207
	～守緒	7207
33	～必發	7206
36	～昶熙	2026
		2218
37	～祖基	4890
38	～祥綱	4890
	～啓周	7210
40	～希蒙	2907
	～奇齡	1546
		1749
43	～式玉	0961
44	～蘭芳	7203
	～孝格	7212
45	～棟	4005
47	～起	0208
50	～春翔	4001
60	～思誠	3467
	～昌傑	3629
	～景澄	7210
71	～頤域	7202
77	～鳳苞	1597
	～際膺	7203
80	～念恃	3642
		3850
90	～堂慶	7209
99	～榮文	7204

2090₄ 采

| 50 | ～青 | 3309 |

2110₀ 上

30	～官廷修	6272
	～官之浚	6273
	～官之(左日右果)	6273
	～官周	0291
		0292

0293
0294
0658
0659
0660
～官承祐 1158
38～海廣智書局 8027
8034
～海群治大學同學會 3575
～海徐匯報館 7911

2116_0 黏

50～本盛 1301

2120_1 步

44～孝恭 7262

2121_7 伍

00～競仁 3472
10～元槩 6687
17～承喬 6688
～承煥 6685
30～家模 6686
44～蔚夔 6690
～世璜 6689
47～聲外 6686
88～銓萃 2774
90～光建 8025
91～炳耀 6690

2121_7 盧

02～端黼 4505
10～雲翰 6277
11～弼 3339
3341
24～德鑑 6281
～緒延 6280
26～和鳴 6276
30～宜 0597
～宗侃 6280
31～濬 6277
33～演 3956
34～湛 1377
1378
1379
1380
1381
1382
37～潮生 6274
～祖蔭 2899
44～蔭溥 4368
4369
4452
～葆文 5191
～孝仁 6279
50～本燦 6279
～忠熾 6278
60～景貴 2849
77～學溥 2831
80～毓良 6278
～毓蘭 6276
90～光廷 6275

2122_0 何

00～高峰 7215
～應祺 1127
～應欽 3232
～章海 3249
～言儀 7230
10～一鍚 7218
～天龍 7231
～可化 3882
14～勁 0920
16～聖祐 2814
20～喬新 0203
～乘驤 7216
～維樸 2268
2597
3458
～維棣 2235
22～出圖 4046
23～俊秀 7225
25～仲籥 3377
～傳蘭 7235
26～鯤 7214
27～紹城 7236
～紹基 1923
1924
29～秋濤 2135
30～實睿 2548
31～福庵 7228
32～兆瀛 4533
34～湛霖 2633
～汝霖 1962
4533
～達甫 7234
35～清和 7220
～禮崇 4889
～連陞 7223
38～道美 7233
40～大啟 7224
～士祁 1799
～志慶 7217
～森茹 7234
43～求隆 7230
44～藻(上秦下秦秦) 7236
～茂蘭 7218
～萬德 7227
～世盛 7227
～芑 3375
～其良 7226
～楚枬 2836
2837
48～翰香 7228
51～振岱 2954
53～盛財 7216
57～絜 0639
60～思明 7221
～恩浩 7232
70～壁 0226
77～學安 7221
～學教 7220
～學易 7222
80～毓琪 7229

85 ～鍵	2892	
87 ～鋒	7213	
97 ～耀章	2215	
99 ～榮烈	7219	

2123₄　虞

08 ～譜薰	1101
11 ～預	1062
27 ～般佐	0192
～紹恭	5665
44 ～蓼	5667
77 ～開第	5666

2128₆　須

12 ～廷燦	6282
53 ～輔臣	6282

2133₁　熊

00 ～庚臣	6289
～文淼	6291
～文燨	6284
03 ～誠仁	6290
～誠楠	6290
04 ～詩誠	6285
～詩麟	6285
23 ～峻運	0054
	0067
	0068
	0069
	0070
24 ～纘武	6292
25 ～傳恕	6288
27 ～繩源	6292
30 ～濂	6283
～家梁	6288
～賓	3515
34 ～漢鼎	1148
	1149
37 ～運模	6291
40 ～希齡	2988

44 ～世鴻	0035	
48 ～枚	4405	
64 ～曉初	6287	
76 ～陽炅	6286	
～陽昕	6286	
80 ～會貞	4736	
	4735	
91 ～炳琦	3026	
99 ～燮丞	6287	

2140₆　卓

20 ～秉恬	1967
30 ～定謀	2989
41 ～垣焯	1149
53 ～成壬	6691

2150₆　衛

24 ～緒渙	7237
30 ～濟世	0967
50 ～中	8030
99 ～榮光	2239

2172₇　師

60 ～景雲	3446

2190₄　柴

09 ～麟書	7607
23 ～俊篪	2905
35 ～連復	0121
48 ～松青	7609
55 ～典訓	7608
～典璠	7608

2191₁　經

10 ～元善	2091
	6692
～元智	6692

2200₀　川

60 ～口長孺	1689

2210₈　豐

10 ～正華	6293

2220₇　岑

10 ～三多	7240
12 ～廷雲	1856
～延仁	2980
27 ～象坤	4439
	7889
32 ～兆瑞	7239
44 ～若英	7240
50 ～春榮	2365
80 ～毓英	7238
99 ～燮羹	7890

2221₄　任

10 ～可澄	3359
21 ～熊	0186
	0425
	0426
	0427
	1096
	1097
	1098
	1099
～師尚	3191
32 ～兆麟	3705
33 ～必溫	3405
34 ～為霖	6697
38 ～啓運	1230
40 ～吉初	6696
44 ～蘭陔	6693
～葆仁	6695
～蓮叔	0036
～若海	0036

50 ～春祐	6694
80 ～企幸	2959

2221₄　崔

00 ～應榴	1392
	1393
	1394
08 ～敦文	6295
12 ～廷靜	6294
～廷璋	1449
	1453
27 ～向源	2399
28 ～以學	4205
	4206
30 ～家焜	3620
33 ～述	1359
38 ～祥奎	6296
44 ～蔭樾	6298
57 ～邦珍	6297
～邦柚	6297
60 ～昌植	6298

2224₄　倭

21 ～仁	2093
24 ～什訥	2086

2277₀　山

24 ～崎敬一郎	8038
60 ～田連思叔	7980

2290₁　崇

10 ～雯	4853
	2319
24 ～綺	2392
30 ～實	2005
	4678
60 ～恩	1949
71 ～厚	0406
	0407
	4698

2300₀　卜

40 ～士厚	3588
57 ～邦臣	4955

2321₀　允

33 ～祕	0712

2324₂　傅

12 ～廷鉞	6311
17 ～承卓	6313
～承實	6313
～子雲	3899
	3900
	3901
20 ～秉昌	4890
21 ～占鼇	6306
22 ～岩霖	2165
	2166
～山	0089
	0090
27 ～繩勳	6308
28 ～作義	2971
30 ～寶國	6309
32 ～祈春	6315
34 ～汝勤	3338
37 ～逢煊	6316
38 ～道藩	6319
43 ～求敏	7273
44 ～藻	3834
～夢夏	6310
～萬選	6317
～萬怡	6317
～樹薺	6307
47 ～起耀	6316
48 ～增湘	2570
	2645
	3178
	3227
	3228

50 ～泰圻

50 ～泰圻	6314
53 ～盛光	6318
57 ～抱石	4226
67 ～鳴簇	6306
77 ～學立	6318
82 ～鍾沅	4524
86 ～錦泉	6312
97 ～耀林	4668

2325₀　臧

58 ～敖林	5331
80 ～毓雲	5330

2350₀　牟

00 ～庭	3680
	3681
	3682
25 ～仲泉	2939

2390₀　秘

77 ～學漢	5015

2397₂　秶

00 ～康	0183
	0184
	0185
40 ～有慶	7241

2420₀　付

34 ～汝桂	4323

2421₀　魁

28 ～齡	2120
30 ～瀛	3030
74 ～陞	6698

2421₁ 佐

44 ～藤信安 8037

2421₂ 他

44 ～塔喇氏 6699

2421₇ 仇

32 ～兆鼇 3782
44 ～英 1203
1204
1205
1206
1207
1208

2423₁ 德

26 ～保 5634
30 ～安沈毅學校 3561
35 ～沛 1757
～清 4048
4049
4050
4051
45 ～坤 7816

2426₀ 儲

22 ～繼周 6701
40 ～壽平 6700

2472₇ 幼

87 ～銘 3460

2492₇ 納

71 ～巨賢 6660

2500₀ 牛

00 ～應徵 1723
10 ～元祥 4890
～爾裕 0456
37 ～運震 1774
44 ～樹梅 0409
0410
0411

2510₀ 生

40 ～克昭 6702
6703

2520₆ 仲

36 ～湘 1703
99 ～瑩 0926

2590₀ 朱

00 ～立成 3013
～方增 0757
～慶機 7740
～文藻 4340
4341
～文若 2725
02 ～端 1125
03 ～詒彬 1701
04 ～詩步 7730
～謀瑋 4866
10 ～一彬 7698
～元樹 7751
～丙壽 7709
～百昭 7711
～百遂 2064
12 ～烈 3882
～廷玗 7698
～廷獻 7739
～廷楝 7740
～孔彰 0786
0788
0860
0861
0862
0863
0864
0865
0866
1292
2154
2155
13 ～武考 7691
17 ～承 7723
～承華 7722
19 ～琰 1820
20 ～孚達 7744
～孚隋 7744
21 ～上斌 7715
～虞卿 7756
～師忠 7755
～師轍 4553
22 ～後康 7745
～樂山 7729
～繼祖 7737
～纁 1642
～綬光 3049
24 ～德經 7753
～德裳 7753
～勳 1572
1788
～勳燧 7730
～秷 0394
26 ～綿慶 7715
～綿延 7713
27 ～彝 7703
～紹成 7718
～紹光 7738
28 ～以增 1031
～倫 2772
～舲 4300
4301
29 ～倓 3389
30 ～淳 1544

～寬	7707		0509②		～萃祥		2639
～之璉	1642		0510②		～世傑		7731
～之榛	7720		0511②		～世發		7690
～良英	7754		0512②		～世雋		7690
～定久	7721		0513②		～世潤		7693
～寶楨	7736		0514②		～楠		7695
～宗琦	7701		0515②	46	～塤		7714
31 ～福清	1122		0516②		～觀光		7687
	1123		0517	47	～鶴齡		3782
	1124		0518				3798
32 ～兆殷	7692		0519		～鶴階		7747
～澄儉	7749		0520		～朝柱		7706
33 ～必楷	1752		0521		～起全		7096
～述佳	7745	～壽祥	2251	48	～增		4890
～述祖	7735	～壽鏞	0437				7710
34 ～洪謐	7688		0438	50	～惠		3506
35 ～沛鋆	7710	～柱南	7750		～忠柳		7743
～沛鋆	4890	41 ～桓	0339	52	～哲臣		3000
～清守	7729		0340	53	～軾		0307
37 ～潤	7693		0341				0308
～鴻儒	6266		0342				0309
～次琦	7701		0343				0310
～祖戀	2373		0344				0311
～祖棟	7733		0345				0312
～祖鎬	7737		0346				0313
38 ～瀚	4300		0347				0314
	4301		0348				0315
～淞圃	7728		0349				0316
～裕昌	7708		0350				0317
～道濂	7705		0351				0318
～啓燾	7697		0352	60	～國楨		0580
～啓鈴	1291		0353				0581
	3007		0354				0582
	3337		0355				0583
	7741	42 ～彭年	4731				0584
40 ～九疇	7719	～彬	1850				0585
～大韶	0573	44 ～封	7696		～恩沐		7712
～大煇	7725	～蘭	1875		～昌璟		7735
～友仁	7700		7702		～昌安		7716
～士雲	7742	～蔭階	7747		～昌敏		3529
～士煥	2481	～戀麟	7732		～果		7695
～希祖	3388	～孝臧	2891		～景邁		7720
～熹	0508②	～孝思	2712		～景英		3985

61 ～顯祖	0302	58 ～掄廷	6684		3645
65 ～映圭	7726	77 ～堅	0466		3646
67 ～明徵	7714	～鬥鏞	7963	27 ～象樞	4188
～明中	3441				4189
70 ～驤	4890	**2610₄　皇**			4190
	7746			30 ～家驊	4688
71 ～長松	7724	53 ～甫謐	0186	31 ～源	3718
73 ～駿聲	4553		0187	34 ～禧	7787
77 ～鳳銜	7717		0188	35 ～連捷	6303
～鳳標	1942		0189	40 ～大中	4069
～月庭	7691		0190		4070
～用純	3662		0191	43 ～博色	0267
	4222		0425	44 ～荔彤	0296
	4223		0426		0297
～興悌	3952		0427		4186
80 ～善齋	7728			～耆	2029
～善晉	7748	**2629₄　保**		～世桂	6305
86 ～錫經	4399			46 ～觀光	6302
	4400	46 ～如	1189	53 ～成憲	1805
～錫縠	2047				4440
87 ～鈞璜	7689	**2633₀　息**		60 ～易	8024
～欽紳	3892			77 ～學誠	4188
88 ～筠	1786	60 ～園	1272		4189
90 ～光碟	7752				4190
～光策	7705	**2641₃　魏**		～學純	6300
～焴正	2396			～學泄	4069
91 ～炳册	2233	00 ～立坤	6300		4070
	3499	～方泰	0150	81 ～頌唐	1495
99 ～榮	7699	～裔介	0295		1496
～榮溥	3162		0296		
			0297	**2643₀　吳**	
2594₄　縷		～唐	6304		
		～文忠	6301	00 ～亨年	5689
47 ～馨仙史	2897	～文厚	0463	～亮	0998
		10 ～一鼇	0323		0999
2599₆　練			0324	～齊香	5731
			4092	～應遷	5671
13 ～強	7757	17 ～琛	6299	～應鳴	5684
		～承禧	2949	～慶坻	2669
2600₀　白		～承柄	1912	～庠	2741
		23 ～代葭	6305	～亦溥	5672
12 ～登順	6684	25 ～仲犖	3643	～文薰	5678
27 ～佩華	2842		3644	03 ～誠一	5715

07 ～毅	5668	～傳籛	5733	33 ～治允	7351
10 ～一清	5727	～傳鍾	5742	～治輔	5730
～玉綸	4404	～傑	2187	～治鳩	5730
～元炳	1922	26 ～自修	0914	34 ～汝綸	2289
～西隆	1851		0915		2290
～晉	5726	～伯與	0588		2410
～可恂	5673	～保琳	4413		2488
12 ～瑞汾	2603	27 ～修	0156		2534
～聯慶	5690		0157		2535
～廷燮	4810		0158		2536
	4813		0159		3300
～礫星	5745		0160	～濤	2105
15 ～建祿	5706		0722	～達懲	5743
17 ～翟	7828		0723	35 ～涷	2003
～承森	2128		0724	37 ～鴻疇	5728
～子通	3603		0725	～凝吉	5671
18 ～政裘	5743		0728	～深海	5693
～璥	4418		0729	～祖昌	1851
20 ～重熹	5703	～紹詩	4351	38 ～祥霖	5699
～重周	2044	～紹周	5705		5711
～受福	4406	30 ～宣崇	1678	～道成	3992
～秉澄	3141	～永豐	5724	～道鎔	1166
～秉忠	5713	～永錫	5674		1167
21 ～仁傑	3754	～家仲	1638	～肇沅	5731
	3755	～家儀	5712	～啓雷	5683
～師澄	4638	～家藻	5669	～啓孫	2532
	4639	～之珽	0983	～啓楠	0622
～師祁	2043	～之器	1067		0623
～師道	1064	～騫	1798	40 ～大廷	4687
～貞魁	5718		1801	～大澂	2425
22 ～鼎科	1299		1802	～大根	5708
～嵩梁	7833		1803	～大鎔	1459
～山嘉	0670		4128		3813
	0671		4145	～士彥	5735
	0672		5676	～士琛	5697
23 ～允榕	5675	～容光	5688	～士彬	2986
～俊	7992	～寶彝	1390	～士鑒	4823
24 ～佐清	7910	～寶炬	2102	～希瀾	5684
～德洸	5720	31 ～福林	5729	～有容	5686
～德釗	5700	32 ～兆元	2895	～志強	5717
～升榮	5739		5734	～志玠	5716
25 ～姓	0229	～澄	5726	～喜生	5736
～仲成	3445	～近莊	5711	～嘉猷	829

~森友	5707	
43 ~越材	5729	
44 ~芳吉	4865	
~蔭培	7831	
~蔭培	7832	
~茂盦	5744	
~葆誠	2596	
~葆調	1777	
~葆森	2941	
~芝瑛	3155	
	3332	
~懋基	5696	
~艾生	5710	
~孝誠	5698	
~孝銘	0063	
~萃耕	5736	
~華修	5740	
~蕃昌	4111	
~世坤	5742	
~其昌	0072	
	4890	
~橋	1508	
~枝蔭	5744	
~枝棻	5693	
47 ~均	1370	
~郁生	2547	
	2581	
	2896	
~桐林	2918	
48 ~增祺	3129	
~敬樞	4388	
~松	5713	
~梅	3675	
	4017	
50 ~書炳	5733	
~貴蓀	3242	
	3243	
53 ~輔德	5668	
57 ~邦樞	5721	
~邦輔	5687	
~邦捷	5712	
~絜華	5737	
58 ~鑿	5682	

60 ~國倫	0662	
~國梁	5685	
~國壽	5738	
~恩培	5732	
~昌綬	4576	
	4577	
	4867	
	4880	
65 ~映奎	3662	
	3673	
	4171	
	4172	
	4173	
	4174	
67 ~煦	2650	
71 ~驥	0993	
~長坡	1171	
~長芬	5694	
72 ~隱	5719	
77 ~閫生	2315	
	2858	
	2934	
	5725	
	2536	
~鳳	5677	
~履剛	1262	
~熙	2090	
~學廉	2276	
	2331	
~興仁	5666	
~貫因	2853	
80 ~人鏡	5741	
~益壽	5695	
~美熙	5722	
~毓麟	3319	
	3320	
~善慶	5714	
~善蔭	2614	
~曾愉	1898	
~養原	4581	
83 ~鐵城	3478	
86 ~錫麒	1830	
~錫純	5691	

	5692	
	5709	
87 ~鏗清	5702	
~銘常	2720	
~翮	0109	
90 ~懷清	3668	
	3669	
	3670	
~光西	4228	
	4229	
	4230	
	4231	
	4232	
~光鼎	5701	
~光瀏	3058	
~光祖	5723	
~光國	5679	
~光昭	5704	
~光焯	7830	
~尚志	3675	
	4017	
	4508	
~尚忠	4508	
~省蘭	0028	
~省欽	4388	
91 ~炳忠	5690	
94 ~煒	1763	
99 ~榮光	3635	
	3636	
	3637	
	3638	
	4508	

2690_0　和

15 ~珅	4886	
44 ~其衷	0970	
	0971	

2691_4　程

00 ~應階	1538	
~文桂	6719	

02	～端本	2303			4010			
10	～元翰	6710			4012	**2712₇　歸**		
11	～項	6713	～夢星		3799			
12	～廷祚	0101	～蘭		6733	21	～衡	7254
	～廷泰	6734	～世京		3948	32	～兆鐩	7255
15	～建勳	2376	～世基		1831	80	～令符	7254
		2377			1832		～曾祁	4181
17	～孟	6705	～其昌		2947			
	～起圩	6727	～樹照		6729		**2713₂　黎**	
20	～秉燿	6729	47	～朝儀	4553			
21	～衡	6711	48	～乾一	2552	00	～庶昌	2495
22	～鼎芬	0832		～翰愚	6728			4646
24	～先甲	2440	53	～盛錦	6730			6321
		2201	57	～邦瑞	1539	12	～廷輔	3578
	～德耆	3215	60	～國棟	6716	17	～承禮	2992
	～德全	6732		～恩培	2422			2993
	～勳	7385	77	～學鑾	2863			2994
25	～生福	2551		～學恂	3525			2995
27	～俱	3643	80	～介三	2485	24	～佐雲	6320
		3644		～義廉	6736		～佐禹	6322
		3645	82	～鍾齡	1957	27	～紹芬	3290
		3646	86	～錫祥	1289	30	～安理	4428
	～紹郘	6725		～錫類	4122		～定攀	0393
30	～宣溥	6726			4123	34	～汝謙	8039
	～家恭	6718			4124			8040
	～之康	7879	88	～敏政	0525	37	～次山	6322
	～守謙	1980			0526	40	～培敬	2060
	～宗宜	6730			0527			2061
31	～福由	6724	90	～光家	6737			4699
34	～浩明	6713		～光福	6737	44	～世謙	6324
		6712	91	～炳榮	6723	50	～東松	6324
	～洪昆	6738	99	～燊鍔	1916	86	～錦熙	3470
	～達	6722				90	～光風	6320
35	～禮恭	6733		**2692₂　穆**			～常棣	6323
37	～祖慶	0988						
	～祖福	2551	40	～克德起	1835		**2721₂　危**	
38	～肇	6717	95	～精額	3652			
	～啓宇	6731				50	～素	3946
40	～士培	6715		**2693₀　總**				3947
	～堯欽	6728						
	～有高	6714	16	～理奉安專刊編纂委員會	3084		**2721₇　倪**	
41	～樞	1538			3085			
44	～封	3674②				07	～望重	7257

~望薩	7261	50 ~本椷	7760	48 ~松吉	6746
30 ~寶璜	4529	57 ~鸙	7759	53 ~戒凡	6745
~宗正	3989	90 ~光藜	7760	77 ~熙載	6745
	3990				
40 ~友先	7256	**2724₇ 殷**		**2731₂ 鮑**	
48 ~敬沼	7258				
60 ~思宏	7263	00 ~文謨	7772	00 ~府治喪事務所	3043
~思九	7263	10 ~雲鶚	7771	20 ~維淮	6749
67 ~嗣沖	7264	~霖方	7773	22 ~鼎	4453
80 ~介眉	7259	23 ~獻臣	3675	24 ~德福	6753
~會鼎	4114		4090	32 ~兆南	6749
	4115	30 ~適	3185	33 ~心增	2322
99 ~榮鈞	7262	~實益	7770	40 ~大鈞	6751
		32 ~兆鏞	4625	~友恪	6754
2722₀ 仰		34 ~邁	4026	~存良	6748
		44 ~葆誠	7773		6750
68 ~曦主人	3294	~葆誠	3020	44 ~孝裕	6752
			3021	~孝光	2176
2722₀ 向		~葆深	7776	~桂星	4473
		47 ~懿薦	7770	53 ~輔楹	6751
12 ~廷賡	0389	77 ~興翮	7775	~咸臨	6752
~廷選	6739	80 ~金生	7774	71 ~長棟	2748
30 ~家駒	6741			90 ~惟鱎	2134
38 ~道衍	6740	**2725₂ 解**		~光純	6747
60 ~國堂	6743				
71 ~阮賢	6739	21 ~縉	0215	**2732₇ 鄔**	
			1209		
2723₃ 佟			1218	00 ~慶時	4235
			1219		2387
24 ~佳氏	1917		1220	37 ~鴻璞	7599
		37 ~洵	7265	~鴻焌	7599
2723₄ 侯					
		2725₇ 伊		**2733₆ 魚**	
00 ~玄淨	4107				
12 ~登岸	0641	31 ~福訥	0695	17 ~翼	1018
	0642		0696		
	3736			**2742₇ 鄒**	
37 ~洵	4191	**2726₁ 詹**			
~鴻鑒	3238			00 ~序輝	7272
~祖望	2054	00 ~唐鑒	6746	02 ~新鸎	7272
	2107	22 ~繼良	1484	10 ~正衢	7277
~運隆	7758	44 ~華盛	6744	12 ~羢	1271
44 ~植忠	0123	46 ~坦	1024	~廷廉	2731

18 ～致鈞	2978	35 ～清洪	7281	70 ～雅南	7619
20 ～秉璋	7277	～清榮	7281	80 ～鎬	7613
21 ～仁溥	7266	～禮忠	7279		
22 ～樂麟	5117	37 ～祖清	3015	**2796₂　紹**	
23 ～俊定	7270	40 ～大燸	3633		
27 ～魯	3571	44 ～夢奎	7278	10 ～元	3557
30 ～永修	2792	～菁露	7888	44 ～英	3150
～家善	7275	90 ～光鏞	8033	77 ～興徐社	0538
～守益	3993				
46 ～觀亮	7267	**2791₇　紀**		**2822₇　倫**	
53 ～盛謹	7268				
～盛達	7268	37 ～運壘	1833	67 ～明	3673
60 ～昌富	7273	60 ～昌期	6758	77 ～學圃	3346
67 ～鳴鶴	0390	67 ～昀	1659		
77 ～隆儀	7270			**2824₀　仟**	
～同寅	7269	**2792₂　繆**			
80 ～義奎	7267			40 ～埔	2967
82 ～鍾俊	2110	30 ～之鎔	4060		
84 ～鎮南	7276		7612	**2829₄　徐**	
86 ～錫珂	7274	37 ～潤紱	7617		
90 ～光魯	0981	～祿保	2600	00 ～高林	6372
	0982		2601	～廣緒	4605
97 ～煥炳	7271	40 ～九疇	7616		4606
		44 ～荃孫	0857	～廥陛	6367
2760₃　魯			0858	～文清	6327
			1145	～文明	6424
10 ～一同	3750		3665	～文榮	6344
	3751		4177	～京元	6370
	4142		4340	02 ～新宇	6351
	4143		4492	07 ～誦芳	2429
22 ～峕	3774		4493	10 ～正億	6399
	3775		4751	～正科	6341
40 ～森標	6756		4752	～正智	6414
67 ～照	0388		4753	～元烈	6416
73 ～駿	0386		7615	～元潤	4550
	0387	48 ～敬持	0647		4551
77 ～周春	6757		0648	～元錫	2006
			0649	～爾瑛	3100
2771₂　包			0650	～震	6420
			0651	～天樞	6339
24 ～科駿	7279		0652	～天長	6349
30 ～家吉	2366	60 ～果章	7618	～雲庭	6410
34 ～洪泉	7282	～景龍	7614	～雲祥	4121

～雲梯	6371	6326	37 ～潤　　4732
11 ～珂	2798	26 ～自華　3332	～潤立　6370④
12 ～瑞瑜	6402	～鑫賢　6388	～鴻法　6411
～瑞成	6409	27 ～盤　6338	～祖礽　6390
～廷攀	6342	～象梅　1068	～祖暉　6392
～廷鑾	4732	～名桓　6428	～袍　3916
14 ～琪	2901	～紀青　6405	～運桂　6425
	7864	～紹榘　2367	～運陞　6425
16 ～聖慶	6376	28 ～作舟　6358	38 ～啓豐　1092
17 ～蒲霖	1191	～倫繡　6332	～啓賢　6361
	6407	30 ～宣武　6394	40 ～大成　6419
～乃昌	0499	～宜寶　6393	～大勝　6419
	0500	～淮　4244	～友恭　7275
～承庶	2972	～永泉　6418	～士業　0051
～承禧	4643	～永濤　1055		0052
	4644	～永昌　6417	～士燕　4516
～承禮	0798	～家爵　6357	4517
～承莊	6421	～之琛　2007	4518
～承錦	6422	～富寶　6369	4519
～承耀	6421	～良弼　3336	～培元　2249
～子英	4890	～定文　1057	～培柄　6413
18 ～致靖	2214	～宗亮　2183	～蕭　4643
20 ～雙鳳	6384	～宗望　6362	4644
～秉義	0618	～宗幹　4600	～有儞　6348
	0619	～宗榮　6330	～志摩　3531
	0620		6331	～惠原　2074
	0621	31 ～沅　3371	～嘉　4178
21 ～步雲	5463	～源濟　6350	4685
～仁茂	6404	～裡　6333	～嘉琛　6400
～貞孺	3591		6339	～壽黃　6412
～經華	6375	～福洪　6368	～壽倉　6395
22 ～川大	6379	33 ～心如　6345	42 ～彬　4552
～鼎康	4846	～心鏡　7911	44 ～茂元　6374
～鼎鎬	6389	～沁　0599	～葆元　6369
～繼佘	6355		3922	～慕祥　6408
24 ～德亮	6399	～浚　6396	～萬山　6337
～德忠	6328	～濱泗　6365	～攀桂　6342
～紘	0568	34 ～澍咸　6364	～華庭　6381
～緒正	2855	～洧　6343	～華潤　6389
	2856	～禧　7862	～英　3528
～緒霆	6403	35 ～迭辭　6385	～世昌　0558
25 ～生漢	6360	～迪惠　2259	0943
～生祥	6325	36 ～渭　0252	0944

	1270	～景洙	6346		**2921₂ 倦**	
	2409		6347			
	2443	～景軾	4702			
	2444	～景星	6397	60 ～圖老人		0668
	4890	61 ～顯	0554			0669
	6378	64 ～時棟	3679			
	6398	67 ～煦春	6410		**2998₀ 秋**	
～世鑲	6373	71 ～驥	1590			
～甘棠	2417	～長佶	6356	28 ～以正子		1401
～楚材	6363	77 ～堅	1776			
～樹楠	6371	～鳳岡	6354		**3010₄ 室**	
～樹隨	6376	～興駿	6385			
～桂芳	6391	79 ～騰雲	6377	40 ～直清		7927
45 ～坤	6346	80 ～金池	6428			
	6347	～金泰	6352		**3010₆ 宣**	
～棟	4582	～金鏞	6329			
46 ～觀海	1384	～金鎔	4905	50 ～春烜		5135
～相任	0465	～鏡泉	7827	81 ～鉅誥		5135
～槐芳	6327	～毓寅	6380			
47 ～桐	4552	～善慶	2729		**3020₁ 寧**	
～根	1902	～善祥	2729			
48 ～乾學	4868	82 ～鍾騏	6373	34 ～汝栻		5746
～敬銘	6384	86 ～錫文	6340	～達璋		5748
50 ～本仙	0711	～錫順	6412	44 ～世封		5747
～本恕	6357	～錫昌	6381	53 ～成文		5748
～春祺	4550	87 ～欽夑	6406	61 ～顯貞		5747
	4551	90 ～堂	4013			
～書城	6336	～光溥	0135		**3021₄ 寇**	
53 ～咸	0569		0136			
	0570	～尚印	6415	30 ～宗		0391
	0571	～炎	6329			3696
			6331			
57 ～邦傑	6423	91 ～炳烈	6359		**3022₇ 房**	
60 ～日澂	3404	～炳倬	6366			
～日昇	8035		6367	20 ～維日		6171
～日晟	6423	～炳華	4582			
～呈洛	6401	94 ～慎安	3699		**3023₂ 永**	
～國琛	7863	～焬	1454			
～國治	2694		1455	50 ～忠原		0133
～思湧	6427	97 ～耀廷	6395			
～圓成	2032	～炯文	3874		**3023₂ 家**	
～景京	6334	98 ～悅堂	6426			
	6335			03 ～誠之		3814
～景雲	6380					

3034₂ 守

16	～硯主人	4730

3040₁ 宇

67	～野哲人	1348

3040₄ 安

27	～多	8035
	～紹傑	4063
82	～鍾和	7949
99	～榮光	5067

3060₆ 宮

00	～方舟	5138
48	～增祜	5136
50	～本昂	5137

3060₆ 富

00	～廉	7768
30	～察誠斌	0893
45	～棟	5016

3060₈ 容

30	～安	1895
38	～肇祖	0884
		1600
		4276

3071₇ 宦

00	～應清	5068

3077₇ 官

38	～道尊	3609

3080₁ 定

51	～軒氏	0694

3080₆ 賓

21	～衍祚	5019
	～衍朝	5019
44	～懋應	5018

3080₆ 賓

33	～梁汾	2640
40	～克勤	1730
		1729
67	～昀	7790
84	～鎮	0448
		0868
		0869
		0870
	～鎮山	7789

3080₆ 寶

14	～琳	1807
		1808
		4455
17	～珣	4455
58	～輪	6667
77	～熙	3129

3090₁ 宗

12	～廷輔	2314
	～廷銘	4957
21	～能徵	2013
24	～德懋	1883
	～續辰	1090
33	～演	3863
40	～嘉謨	3856
	～壽勳	2888
43	～婉	3279

44	～楚箴	4958
60	～易庵	4956
	～景洛	4958
90	～惟恭	3053

3090₄ 宋

00	～庚蔭	2811
11	～玨	1455
17	～子文	3183
	～子蘭	6768
18	～璇	6761
20	～秉珍	7971
	～維彝	2908
	～維坤	6769
22	～崇賢	6761
25	～佚	0622
		0623
26	～和	1700
28	～作霖	6765
30	～瀛	4157
	～濂	1065
		1066
		1482
	～家璨	6763
	～之繩	4170
	～之盛	0622
32	～近洙	8007
34	～汝楫	6762
	～達用	8011
36	～湘	1838
37	～冠咢	6766
38	～祚寰	6765
	～道南	4146
40	～在詩	4347
42	～彬	6770
43	～式鸜	6767
47	～聲述	6771
	～聲選	6771
	～朝立	4294
48	～教仁	3424
52	～哲元	3091
64	～時烈	7964

67 ～鳴琦 4463
～暉煌 6764
77 ～際 1323
78 ～鑒 1859
80 ～金銘 6766
～義宣 6764
88 ～筠 6760
99 ～犖 4263
6759

3111_0 江

00 ～庸 2846
2847
～文俊 5144
～文椿 5143
02 ～新春 5154
08 ～於遴 5147
～謙 0497
10 ～天理 5150
～西通志局 1257
17 ～盈廣 5141
～子謨 7357
18 ～珍樓 5145
20 ～重智 5146
～秉直 5142
21 ～上悟 5153
25 ～傳紹 5145
30 ～永 1500
1501
1502
1503
3692
6804
～永海 7337
31 ～福安 5154
～福樦 2274
37 ～祖鏞 5151
40 ～南金 5139
～志伊 5152
41 ～標 4460
44 ～荃潔 5155
～藩 0732
0733
0734
0735
0736
0737
0738
0739
0740
～蘇省如皋縣編史修志辦公室暨如城鎮志辦公室 6551
～華勳 5156
～華牡 5156
～樹森 5148
52 ～靜亭 7278
60 ～國柱 5149
67 ～照烺 5144
77 ～鳳庭 5155
86 ～錦波 4329
～錦成 5149
90 ～光祿 5144
～光耀 5141
94 ～慎昌 5153

3111_4 汪

00 ～立名 3795
3796
～立銘 5182
～高適 5172
～庚 1843
2912
2913
～慶永 5178
03 ～詒書 2803
～詒年 2943
4799
5193
08 ～謙 5278
10 ～正 1266
～正禾 1600
～元秋 5163
～丙新 4596
～丙炎 2823
～天與 1713
12 ～發宰 5184
～廷楨 7807
～延熙 3365
13 ～琯 5168
14 ～堪 0320
17 ～承浩 4890
21 ～順昌 5189
～縉 1225
22 ～繼壕 4391
4392
4393
4394
4395
～繼培 0100
4391
4392
4393
4394
4395
24 ～岐裔 5163
5164
25 ～仲華 5161
～傳智 5173
26 ～保和 1978
1979
～繹清 2606
27 ～倜夫 5195
～名挂 5197
30 ～宣鎔 7814
～家聲 2705
～之遴 5169
～宏佈 5167
～宗衍 4151
～宗浣 5181
～宗藻 5179
31 ～沅 1268
～源 5191
32 ～兆鏞 1164
1550
33 ～溥淵 5179
34 ～洪度 1224
～達度 5197

36 ～澤	4890	
	4890	
37 ～瀾	5187	
38 ～瀚	7808	
～海松	5195	
～啓初	5180	
40 ～大樽	5176	
～士鐸	2078	
	2079	
	2174	
	2175	
～奎	5158	
～希董	3089	
～有典	0629	
	0630	
	0631	
	0632	
	0633	
	0634	
	0635	
	0636	
	0637	
	0638	
～喜孫	0769	
	0770	
	4409	
	4410	
～七寶	5159	
44 ～蔚	1135	
～若洋	5186	
～世重	4329	
～桂	5184	
～植芳	5190	
47 ～聲玲	5192	
48 ～敬源	4213	
	4214	
50 ～中	3722	
～中鵬	1000	
～本直	1514	
53 ～成教	7909	
57 ～掬如	7704	
60 ～國徘	5165	
～國垣	3111	

67 ～鳴鑾	0264	
68 ～吟龍	1433	
72 ～彤宣	5188	
74 ～慰	7811	
75 ～體椿	5185	
77 ～月樓	5177	
80 ～全誥	5171	
～令德	5161	
～曾立	5183	
～曾武	1042	
	7812	
	7813	
88 ～鑑	5170	
～筱村	3283	
90 ～光烈	7809	
～尚和	5160	
93 ～怡	5194	
97 ～輝祖	0092	
	0093	
	0094	
	0095	
	0096	
	0097	
	0098	
	0099	
	0100	
	1226	
	1227	
	1228	
	1799	
	4391	
	4392	
	4393	
	4394	
	4395	
99 ～榮基	2604	

3112$_0$　河

67 ～墅先生	1056	

3112$_7$　馮

00 ～應驤	3839	

～廞法	4970	
～文金	4963	
07 ～調鼎	4962	
10 ～至	7791	
～元成	1585	
～可鏞	3904	
～雲鶼	3702	
17 ～承輝	0363	
20 ～信安	4966	
21 ～貞胥	3205	
～貞群	4150	
24 ～德馨	4615	
25 ～傅法	4965	
28 ～從吾	0555	
	0556	
30 ～富宗	4971	
～定均	4973	
～宗嶠	1785	
34 ～漢南	4974	
～汝琪	3605	
～浩	3800	
35 ～津	0362	
～清翰	4965	
37 ～祖望	1716	
～祖憲	0094	
	0095	
	0096	
	0097	
38 ～海山	6220	
～祥光	2691	
～肇桂	3570	
～啓鏐	3314	
40 ～大可	3108	
～古椿	4526	
～奮庸	4056	
～喜庚	1918	
42 ～斯達	4615	
44 ～夢禎	1577	
～樹春	4969	
45 ～棣唐	4968	
46 ～恕	0917	
	2505	
47 ～根奎	4967	

60	～國璋治喪處	2879		～元熙	1684	～壽楨	0483
	～國瑞	4534		～雲	1021	41 ～顗剛	3186
	～恩楣	4960	12	～廷龍	2867	～樞	4052
		4961	14	～璜	2324	44 ～苓	1677
	～景坊	4964	17	～乃眷	4978	45 ～棟高	3825
64	～時寧	0206		～承	1017		3817
		0207	20	～維鈞	3025		3816
67	～嗣英	4959	21	～衍生	4170	47 ～起經	3768
	～煦	2401			4171	51 ～振鈺	4989
		2649		～儒華	4985	57 ～抑如	4983
		7794		～師軾	4153	60 ～易	3756
68	～曦	4975			4154	～景康	4982
71	～辰	4289			4155	～景璐	4981
		4290		～貞觀	4052	67 ～嗣立	3793
		4291	22	～鼎臣	0563		4298
77	～熙	2575			0564		4299
	～熙成	2528			0565	71 ～臣三	4993
78	～敎幹	2543		～樂森	2716	～長立	2976
81	～鈺	7793	27	～凱之	1199	77 ～殿材	4985
86	～錫宸	1223			1200	～與沐	4052
92	～梃	1312			1201	80 ～金寶	4984
97	～煥章	0447			1202	～毓琦	3410
	～煥彩	4962	30	～瀛	4992	82 ～釗	4987
				～家相	4720		4988
	3126₆ 福			～宸	3778	84 ～鎮	4315
				～進寶	4990		4316
00	～廉	1775		～寶琛	4991		4317
28	～徵	4048		～寶鈺	4991	90 ～少軒	0589
		4049	31	～沅	0357	94 ～慎莊	4979
		4050			0358		
		4051			0359	**3168₆ 額**	
50	～申	0079			0360		
80	～善	4048			0361	79 ～騰額	7657
		4049			1012		
		4050			1013	**3213₄ 濮**	
		4051			1014		
					1483	00 ～齊政	2696
	3128₆ 顧		37	～祖訓	1557	～文暹	2318
				～祖培	4992		
00	～恣齋	3281		～祖彭	3158	**3216₉ 潘**	
	～文江	4980	40	～克芹	4990		
07	～翊辰	3219		～杏春	4976	00 ～慶瀾	3107
10	～正興	4982			4977	～廣瑛	5211

～文侯	5199	46 ～欅章	1006		1469
～文芮	1185	48 ～梅元	1161		1999
	1186	56 ～挹奎	0984		4138
10 ～玉高	5212	60 ～國霖	6017		4139
11 ～頊	4835	～景鄭	2560	～廷燦	0177
12 ～廷爕	5215	77 ～覺彌	2349	17 ～承雲	4375
17 ～承魯	5203	～眉	1360	21 ～上楹	3008
20 ～秀錦	5210	80 ～義容	5205	23 ～允植	6781
22 ～巒	0227	～曾瑋	4670	30 ～定薊	3179
24 ～德金	5203	～曾綬	4641		3180
25 ～佛陀	2350	～曾沂	4579	33 ～治華	3560
～傳林	5209	91 ～炳年	3295	35 ～清遠	0948
27 ～紉佩	0032				0949
28 ～儀鳳	1950	**3312₇ 浦**		37 ～運壅	6787
	4579			38 ～啓超	2291
	4580	00 ～廉珠	4996		2294
	4580	～文球	1987		2295
30 ～宜霈	5213	22 ～崧	4995		2594
～永杏	5214	34 ～漢章	4995		7975
～守廉	2646	40 ～大綸	4997	40 ～志文	2594
	1342	47 ～起龍	4994	～壽臧	4765
～宇春	5202			～壽相	4765
～富昌	5207	**3315₃ 淺**		44 ～世譁	6782
31 ～江藻	5206			48 ～敬錞	2998
～澐	5204	60 ～田惟常	7921	50 ～春元	2309
37 ～祖同	2112			60 ～國治	4375
～祖年	4708	**3330₉ 述**		～思宏	6784
38 ～祚鑢	5208			64 ～時憲	3002
～遵祁	5200	40 ～樵居士	3247	67 ～明通	6782
～道根	3662			77 ～同書	1782
～肇元	4759	**3390₄ 梁**		90 ～光焱	6787
40 ～士斌	5216			96 ～焜兆	4889
～克正	5211	00 ～慶桂	7881	97 ～煥彞	4797
～志暉	5217	～章鉅	0751	～煥鼎	4797
44 ～基泰	2195		4510	～煥奎	6786
～崇森	5198	02 ～端	1212		1264
～世璜	1891		1213		
～世恩	0762		1214	**3411₁ 冼**	
	0763		1215		
	0764		1216	10 ～玉清	3521
	0765	10 ～元帝	0075		
	0766		0076	**3411₁ 湛**	
	4489				
～樹聲	3165	12 ～廷枏	1468	30 ～注江	5397

51 ～指南	5397	～定一先生雪憾治喪委員會		～起仁	5239	
			3427	48 ～增榮	5238	
3411₂　沈		～寶昌	2256	50 ～春華	5248	
		～寶鋼	5260	～東生	2779	
00 ～應奎	5234	～宗元	1471	52 ～授祺	2887	
～六雲	3393	～宗約	4334	60 ～曰富	4310	
01 ～龍元	5220	～宗濟	4522		4311	
10 ～元鼎	2999	～宗涵	4522		4312	
～天德	5228	32 ～兆霖	4616		4313	
～晉賢	5257	～兆澐	5227	～國鳳	5255	
～可培	3733		4411	～昌齡	5251	
	3734		4412	67 ～明揚	4121	
12 ～瑞炳	5250	～兆榮	5252	～嗣綏	5240	
～烈聞	5236	36 ～澤春	2607	74 ～慰祖	5223	
～廷鏞	2579		2808	77 ～同芳	2545	
17 ～承鈞	5228	37 ～祖綿	5244	～周	3970	
～豫	5225	～祖憲	2934	～用癸	5253	
～翼卿	6433	38 ～海超	5245	～殿鏞	5247	
20 ～秉成	2685	～祚延	3363	80 ～人傑	1983	
～維楨	5230	～肇基	5257	～兼士	3398	
21 ～步洲	2795	40 ～大化	5219	～曾邁	3196	
～占熊	5228	～培基	5246	～曾桐	2761	
22 ～胤培	1653	～在福	5237	86 ～知肅	1975	
～繼震	3687	～克藩	3453	87 ～銘彝	3976	
23 ～峻	4411	～嘉澍	3284	～銘鋼	5260	
	4412	～壽祺	5233	90 ～懷珠	2598	
24 ～先儒	5254	41 ～垣	5247	～光熙	5222	
～先勳	5254	44 ～藻	1075	91 ～炳垣	5229	
～德潛	1759	～荇	5241	99 ～燮嘉	5242	
	4320	～蔭軒	5237			
	4321	～葆楨	1127	**3411₂　池**		
～德潤	5258		1984			
～德滄	5239	～英瑞	5232	25 ～生春	3649	
～德培	5226	～若鼎	5221		3650	
～升之	5218	～世俊	5219			
～岐	5231	～世良	3950	**3412₇　滿**		
26 ～保宜	5249		3951			
	5259	～桂芬	7815	32 ～洲伊斯蘭協會奉天分會	2441	
27 ～紀毓	5252	～植樞	5224			
～紹勳	5244	47 ～朝棟	1818	**3413₁　法**		
30 ～家詒	5256	～起	4132			
～守廉	2232		4133	30 ～良	4542	
～守謙	5235	～起元	4334	43 ～式善	0719	

	0720
	0721
	3986
	3987
	3988
	4112
	4113
44 ～若真	4179
97 ～輝祖	4179

3413₂　漆

40 ～嘉祉	1637
97 ～燿書	4998

3414₀　汝

00 ～亦淇	5157

3414₇　凌

00 ～庶鈜	6773
～奕璉	6772
10 ～玉生	6779
12 ～廷堪	3927
	3928
	3934
30 ～家範	6775
～宏凱	6779
35 ～迪知	0014
	0015
	0016
	0017
	0018
	0019
37 ～祖詒	1050
～遹丞	6780
38 ～遂知	0557
44 ～萬桐	6776
47 ～期得	6775
53 ～盛彩	6777
60 ～景曠	0557
71 ～長興	6774

77 ～興釗	6774
80 ～企曾	1399
82 ～鍾釗	3104
86 ～錫祺	4160
87 ～欽	6772
96 ～惕安	1188
	4623

3418₁　洪

00 ～文陛	5000
17 ～子靖	2794
～己任	5003
20 ～維鏵	5002
21 ～衍慶	2219
25 ～健	0933
30 ～良浩	7948
～宗海	5003
32 ～業	1596
34 ～汝奎	3656⑤
	3876
～汝闓	3259
～汝怡	3323
～淩源	3511
40 ～士衡	5000
41 ～梧	0319
60 ～曰湄	5584
～思	4096
	4097
～恩宷	0412
～恩波	0413
	0414
～昌	4999
67 ～瞻台	5001
77 ～熙	2522
～興祖	3643
	3644
	3645
	3646
86 ～錫光	1620

3426₀　褚

24 ～德彝	1114

	1115
30 ～寅亮	3883
37 ～逢春	4448
48 ～松窓	0776
77 ～鳳章	3527

3512₇　清

16 ～聖祖	0042
24 ～德宗	2284
32 ～溪漁隱	1164
44 ～世祖	1740
	1741
	1742
50 ～史館	0871
	0872
	0906
77 ～風室主	1258

3520₆　神

60 ～田喜一郎	4480

3521₈　禮

07 ～部	1927

3530₉　速

12 ～水房常	7933

3611₀　況

12 ～廷秀	3965
77 ～周頤	3907

3611₇　溫

12 ～瑗	5261
～廷敬	1165
37 ～祖蔭	3189
40 ～雄飛	3526
50 ～蕭	4237

77 ～興玉	5262	23 ～允明	0661		4595
		30 ～宗鐸	5264	～宷藻	1896
3612₇ 湯		36 ～湘程	5264	40 ～友直	5749
		46 ～柏友	5263	44 ～世長	4595
00 ～文球	6437			71 ～原朗	7835
	6438	**3630₂ 邊**		97 ～耀曾	5750
03 ～斌	0322				
	4092	30 ～寶泉	3548	**3730₂ 過**	
	4093	67 ～鳴珂	0400		
15 ～聘莘	3267	77 ～學沂	3611	10 ～元旼	0337
17 ～承基	6432	～印金	1860		0338
24 ～佶昭	2338	86 ～錫庚	7763	40 ～南田	3501
27 ～修	4506		7764	84 ～鑄	0774
	4507				
30 ～濂	1264	**3712₇ 鴻**		**3730₃ 退**	
～永泉	6441				
～永固	6441	10 ～雪爪	7983	00 ～廬老人	2479
～之孫	4106			60 ～思主人	0241
～寅臣	1044	**3713₆ 漁**			0242
34 ～澍霖	6443				0243
38 ～漱玉	0369	22 ～山翁	4359		0244
40 ～螽仙	1264				
～有光	6442	**3716₄ 洛**		**3730₄ 遐**	
～志揚	6439				
44 ～蓉鏡	6436	46 ～加德	8024	00 ～庵年譜彙稿編印會	4857
～世儉	6445				
46 ～如炎	6443	**3721₀ 祖**		**3813₇ 冷**	
47 ～起義	6434				
53 ～成烈	1028	03 ～詠	3863	00 ～方升	1276
	1255	17 ～瓊林	1857		
	1952	30 ～富言	5072	**3814₇ 游**	
	6431	60 ～國鈞	5073		
60 ～昌賢	6445			00 ～裔蒸	5266
77 ～學詢	6444	**3722₇ 祁**		38 ～啟儒	5265
～學濃	6444			58 ～輪	5159
80 ～金釗	4415	10 ～正	0559	60 ～日謙	5266
	4506		0681	77 ～舉賢	5265
	4507		0682		
84 ～鎮	3199		0683	**3819₄ 涂**	
99 ～榮誥	0066		0684		
		22 ～彪佳	1643	17 ～承儒	4648
3621₀ 祝			1644	～習恪	2160
		30 ～寓藻	2010	30 ～永償	5004
17 ～君堯	2809				

~永松		5005
~永懷		5005
~家楨		5007
~家磬		5007
~宗瀛		4648
44	~懋儒	4648
	~華遠	1435
77	~鳳翥	2708
	~鳳書	2687
		3315
		5006

4000₀ 十

50	~丈愁城主人	3307

4001₁ 左

11	~璿	5751
30	~宰	4075
		4076
		4077
	~宗棠	2163
		2164
		2241
53	~輔	4427
60	~昂	4427
73	~駿章	5751
80	~念康	3406
	~念貽	2877
87	~欽敏	1139
97	~輝春	4127

4001₇ 九

01	~龍真逸	1168
		1169
		1170
		2819

4003₀ 大

00	~庭直	7981

4003₀ 太

30	~寧邢氏續修支譜委員會	6259

4010₀ 土

42	~橋定代	7933

4010₄ 奎

67	~照	4502

4010₆ 查

00	~應光	0256
	~慶曾	5756
10	~元偶	5753
	~雲川	1446
12	~廷華	1901
21	~師春	5757
27	~絳	5752
33	~必達	5758
35	~禮	1232
		1233
44	~燕緒	5755
46	~如濟	2352
47	~穀	4132
		4133
90	~光泰	0488
94	~慎行	3838

4016₁ 培

21	~仁	0533

4020₇ 麥

44	~華三	3752

4022₇ 內

67	~野悟	7934

4022₇ 有

10	~正書局	0853
40	~吉忠一	7985
50	~泰	2628
		2629

4022₇ 南

00	~京孫中山臨時大總統辦公室舊址紀念館	3088
41	~柯兒琮	7977

4024₇ 皮

27	~名振	4767
28	~作康	7784
	~作瓊	7785
	~作坡	7784
85	~銓光	7785

4033₁ 志

00	~庚	3135

4040₇ 支

35	~清彥	4509

4040₇ 李

00	~齊賢	2805
	~育根	0773
	~應群	5819
	~應垣	5784
	~應莘	2022
	~應燉	2022
	~庭簡	8001
	~慶來	5770
	~廣賢	5814
	~文漢	4858
	~文藻	1796

～文鬱	2826	～受彤	0418		0516③
～章薰	7950	～秉衡	2392	～贊臬	3623
～弈華	5828		2423	～續川	0460
02 ～新發	5842	～維富	5762	25 ～生壽	5837
03 ～詠懷	5849	21 ～順林	5808	～純	3317
04 ～詵	3371	～上林	5792	27 ～佩銘	2191
07 ～調元	1146	～卓英	5827	～向榮	5764
	3674	～卓鑫	5852	～名傳	5851
	4011	～潁	1567	～紀蘊	5855
08 ～放	0462	～經方	2283	～叔璠	4703
	0463	22 ～仙培	5796	28 ～作極	5777
～詳	2865	～嶸慈	1458	～儀謙	5774
10 ～正墀	5807	～樂	3675	～綸	1480
～正榮	5790		4015		3860
～元庚	0796	～繼芳	4587	30 ～宜麟	2028
～元度	0777		4588	～家賽	5778
	0778	～繼欽	5802	～家禎	3217
	0779	～彩光	5844	～家駒	3209
	0780	23 ～獻廷	2807		3210
	0781	～傅竭	5848	～宏謨	2405
	0782	～傅邦	5848	～宏滋	5783
	0783	～綷	7957	～富孫	4467
	0784	～絨	1819	～寅賓	2565
	0785		3899		2566
	0786		3900	～實	2656
	0787	24 ～先圉	5853	～寶賢	5785
	2243	～先甲	5838	～宗蓮	1441
	2368	～先熙	5853	～宗輝	5818
～元祿	3893	～先義	5852	～宗煬	4124
～丙榮	6270	～佐賢	5794	～寂庵	2940
～天根	1398	～佳如桂	5857	31 ～濬	5763
	5840	～倚江	1395	～濬之	0501
～霖	3555	～德良	2045	32 ～淵碩	2416
12 ～延昰	0985	～德溶	1995	～兆豐	5830
	0986	～升培	3149	～兆洛	1829
16 ～瑝賢	5805	～幼武	0508③		3857
17 ～瓊芳	1148		0509③		7837
	1149		0510③	～澄清	5787
～子權	4136		0511③	～近仁	5766
～子願	3899		0512③	33 ～治龍	5786
	3900		0513③	34 ～澍恩	2427
	3901		0514③	～法章	0848
20 ～舜生	5784		0515③	～漢魂	3873

～漢徵	0985	
	0986	
～汝祺	5823	
～汝楫	5824	
～祜	1945	
～遠諤	5805	
～遠傑	5854	
35 ～清	0088	
～清馥	4270	
	4271	
～清植	4269	
36 ～湘荃	1899	
～滉	1498	
～澤仁	1414	
	3749	
～澤江	5835	
～澤民	5835	
37 ～潤泉	5806	
～鴻章	2146	
	2317	
～凝績	5815	
～祖蔭	3036	
～運昌	5850	
38 ～瀚章	4646	
～洽	5788	
～遂賢	2805	
	2821	
～道謙	3632	
40 ～大紳	5843	
～大綸	5817	
～大有	1481	
～大興	5795	
～大鑒	5829	
～大鈞	3194	
～友于	5769	
～士厚	3236	
～在朋	5793	
～克齊	4864	
～克善	7995	
～克欽	5819	
～希白	5837	
～希典	5801	
～志洙	5789	

～嘉賓	5789	
～喜發	5803	
～壽涵	5833	
～壽萱	1147	
～壽恒	5825	
41 ～概	2049	
	2050	
～桓	0791	
	0792	
	1263	
	2242	
42 ～樸	1462	
43 ～榕	2758	
44 ～基溥	4587	
	4588	
～墭	4247	
	4248	
	4249	
	4250	
	4251	
～藩	5786	
～藻英	5832	
～夢樵	3587	
～麓樵	5839	
～芳馨	5856	
～蔭樞	4890	
～茂春	0228	
～葆光	3223	
～燕年	5827	
～萃棻	5793	
～韓源	5849	
～華熄	5838	
～若琳	1662	
	1663	
～老校長紀念工作委員會	3245	
～世琇	4204	
～世熊	4136	
～世祿	5809	
～世恩	5829	
～世勵	5815	
～其昌	5804	
～楚書	5785	
～贄	3994	

～樹德	4263	
～樹棠	3549	
～杜名	2605	
～植	3170	
～枝芃	1549	
46 ～柏榮	0873	
47 ～均一	7951	
	7952	
～毅	0033	
～鶴章	5776	
～好文	0523	
～馨	3318	
～桐文	4890	
～根源	1179	
	1180	
	1655	
	2721	
	2830	
	3381	
	4855	
	4856	
	5810	
	5820	
50 ～本選	5841	
～惠	5771	
～春坪	3784	
～東苑	0054	
51 ～振蘇	5513	
	5772	
53 ～盛頤	5855	
～盛鐸	2296	
～成駒	3321	
56 ～提摩太	7916	
	7972	
	7973	
	7974	
57 ～邦組	5797	
60 ～日華	0013	
	1592	
	1593	
～蜀宜	4831	
～思聰	7836	
～思敬	2612	

		4756			4658	
～恩綬	0416		～鍾珏	4779	**4060₀　古**	
～田元	5846		～鍾寧	1658		
～昌淼	5833		～鍾良	2693	30 ～之賢	4035
～昌明	5818	83 ～猷		3208		4036
～景僑	5831	84 ～鎮衡		2082	40 ～直	3746
61 ～煨	5826	～鎮藩		1344		3758
64 ～曉嵐	5842	～鎮中		2626		3759
～時燦	0968	86 ～錫純		5811		3760
	2197	87 ～鈞簡		4421		3761
67 ～昭安	5775	89 ～鐣元		5846		
～昭槐	5847	90 ～小池		5791	**4060₁　吉**	
～昭椵	5847	～少微		7988		
～昭晛	5775	～少棠		5839	21 ～衡	5858
～照麟	4658	～光廷		2025	22 ～川潤二郎	8028
71 ～厚祺	0440			3935		
～長申	5768			3936	**4064₁　壽**	
72 ～岳瑞	2728			3937		
77 ～同芳	0589			4561	23 ～臧	5268
～鵬飛	5767	～光涵		4450	30 ～富	4739
～熙麟	4658	～光笏		5816		4738
～學詩	4890	～尚綱		0985	40 ～嘉興	5267
	5820			0986	71 ～長森	5269
	5836	～常度		7838	86 ～錫康	5269
～闓	2067	～當來		5814		
～興濬	5834	～棠階		2052	**4073₂　袁**	
80 ～鏡燧	3124	91 ～炳衛		1343		
～鉉	4227	～炳陞		5821	07 ～韶	1063
	4228	94 ～慎言		3536	10 ～丕元	0878
～慈銘	2353	～慎修		2173	～丙熊	4890
	2354	96 ～焜墀		5826		7292
	2355	97 ～灼		1325	～再延	7294
	2356	99 ～榮康		5822	～石瀾	7294
	2357	～榮堯		5782	12 ～廷檮	1823
	2358				17 ～乃寬	3166
	2359	**4050₆　韋**			～承業	4025
	2360				18 ～瑜	7298
81 ～鐕	4289	12 ～廷柱		6520	20 ～庸	7290
	4290	33 ～述職		6522		7297
	4291	34 ～汝清		6521	22 ～繼唐	5924
～頌臣	2688	44 ～華謨		6521	～繼鹹	0970
82 ～鍾文	4587	91 ～炳		6520		0971
	4588				23 ～允樀	2634

24 ～德宣	3326	～毓麐	7301	24 ～儲	6447
28 ～復禮	2786	87 ～鈞	3735	26 ～自遂	1534
29 ～嶸	5581		7284	34 ～汝霖	3742
30 ～家普	3438	99 ～燮	3899		4252
～守定	4359		3900		4253
～宗沂	7291		3901	60 ～昌泗	2709
～宗植	7293				2710
31 ～渠	4359	**4080₁ 真**			
32 ～冰心	7299			**4212₂ 彭**	
34 ～遠逎	7300	20 ～采	3908		
36 ～昶	2635	32 ～淨	4476	00 ～文傑	6792
	2636		4477	09 ～麟	6795
37 ～祖志	2167			10 ～正官	6797
	2168	**4090₀ 木**		～玉麟	1461
	2169			～玉雯	4532
38 ～祚廣	2732	25 ～生	7600	12 ～孫貽	0676
40 ～大坤	7288	55 ～拂	1626	17 ～承鴻	6798
～克文	3496			～承志	6798
	3497	**4090₈ 來**		21 ～上瑾	6794
～克定	3594			～虞孫	2238
～希濤	2438	37 ～鴻縉	7302	24 ～德為	6793
～嘉穀	0489	44 ～菊如	7303	～德隅	6793
～來儔	7289			27 ～佩蘭	6791
42 ～斯健	7296	**4091₆ 檀**		～紹升	0713
44 ～世襲	7285				1724
～世傳	3362	42 ～機	2370	～紹美	6796
～世繡	7287			30 ～家琨	6794
47 ～超	7286	**4091₇ 杭**		～定求	0624
48 ～枚	0730				0625
	1779	30 ～安定	3177		1668
56 ～揚八	7300				4275
60 ～日省	7291	**4141₆ 姬**		31 ～福保	1019
～思亮	2641			33 ～治	1047
	3010	77 ～覺彌	4806	36 ～澤	3972
～景星	1020		8021		3973
67 ～照	1595		8022	～澤柳	2361
77 ～賢梯	7293		8023	37 ～鴻年	0829
80 ～金鎧	3106			～祖賢	4275
～金鎧	3201	**4192₀ 柯**		40 ～大貴	6791
～鏡蓉	7829			～嘉第	6790
～令澧	7285	14 ～劭忞	1518	～壽彭	3190
～美禧	7295		2632	～真淵	0477
～美楊	7295		2850	43 ～城退士	4084

44 ～孝凱	6800	11 ～研山	5813		7868
～樹森	2109	12 ～聯慶	6465	50 ～本懿	6467
	3297	～聯奎	6463	～本焞	6453
～蘊章	4583	17 ～承憲	6456	～東之	1974
～蘊璨	0370	21 ～仁壽	6459	51 ～振宗	6455
	0371	～師傅	6452	60 ～國禎	6463
	0372	22 ～後超	2517	70 ～璧	7869
	0373		3487	72 ～彤章	0122
	0374		3586	86 ～錫光	1022
	0375	～繼唐	6462		2832
	0376	23 ～稼夫	6464		6460
	0377	28 ～作鎜	5408	88 ～筠	2493
	0378	～復陽	6468	～竹心	3213
	0379	30 ～淳屏	6449	90 ～堂	0992
	0380		6450	～光	0990
	0381	～永概	2659		1045
	0382	～永樸	0452	99 ～瑩	1862
	0383		0875		1885
	0384		2657		
	0385		7867	**4252₁　靳**	
50 ～書年	2261	～家琳	7869	30 ～宗樸	6470
71 ～長賢	6799	～寶來	3026	34 ～淋	6469
74 ～慰高	4583	32 ～鑒	3342	44 ～茂福	6469
	4584	33 ～浚昌	4543	79 ～勝祥	6470
	6789	34 ～為肫	6453		
80 ～鐘岱	6792	～澍	6448	**4282₁　斯**	
99 ～榮恩	6790	～汝能	1439		
			1440	00 ～文會	1349
4240₀　荊		37 ～咨	0493	40 ～吉祥	6471
		38 ～裕謙	2518	44 ～荇遜	6472
40 ～有年	3156	40 ～大榮	1628	～桂相	6471
80 ～益齋	6801		1629	80 ～年韶	6472
～金寶	6801	～士童	6458		
		～培謙	4343	**4291₃　桃**	
4241₃　姚			4344		
		～有寶	6454	32 ～溪漁隱	2286
00 ～應龍	6451	～壽昌	6457		2287
～虞虞	6462	～梓芳	2492		
～文馥	1022	44 ～范	3820	**4292₂　杉**	
～文田	1725	～華	7868		
03 ～詒慶	2670	～世錫	1108	22 ～山藤次郎	7917
10 ～夏	4162	46 ～柏林	6464	33 ～浦其舜	7942
	4163	47 ～鎜	2571		

4301₀　尤

00 ～堃	5271
10 ～雲章	5270
12 ～廷宸	5272
22 ～鼎	5270
27 ～侗	0084
	0085
	4192
47 ～桐	5273
89 ～鏜	1521
	1522
	1523

4304₂　博

35 ～清額	5274
～迪蘇	2414
67 ～明	1810

4315₀　城

11 ～北生	1297

4355₀　載

77 ～民	3576

4373₂　裴

30 ～宗椿	5278
40 ～大松	5277
42 ～姚崇	4273
48 ～松堂	5279
60 ～見璐	5275
81 ～鐯	8016

4380₅　越

50 ～史氏	3439

4385₀　戴

00 ～廣國	5282
07 ～翊清	5286
10 ～正誠	4786
～正鈿	5284
12 ～廷祐	5080
21 ～經猷	5294
27 ～修驊	3112
28 ～作乂	2282
32 ～兆祚	1728
～兆鑒	5296
33 ～心錫	5284
～浚漢	5290
35 ～清標	5280
37 ～鴻儒	5285
～鴻慈	3289
～次珩	5295
38 ～海鯤	5295
～啓文	1103
40 ～堯天	4890
44 ～菉浦	5291
47 ～朝先	5293
～起銓	5288
50 ～東堂	5291
53 ～輔洪	5293
60 ～國忠	5287
77 ～殿江	3952
80 ～金銓	5283
84 ～銑	1499
86 ～錫康	5292
～錫章	3514
87 ～鈞衡	4284
	4285
	7817
99 ～燮元	2126
	5289

4410₀　封

33 ～心傳	2780
90 ～光碩	5297

4410₄　董

08 ～說	1679
	1680
10 ～正銳	6477
～天工	0266
12 ～瑞生	6473
20 ～秉純	6476
24 ～德庵	6478
26 ～和羹	7604
28 ～作臣	6477
30 ～淳	1864
34 ～浩	0029
	0030
40 ～士佐	3152
～士恩	6480
～壽	0797
～雄	3495
44 ～芝蘭	6475
～華鈞	1373
60 ～思臻	6479
～思昌	6479
80 ～人驥	3367
～金鑒	4662
90 ～光綬	6474
97 ～恂	0114
	4630

4410₇　藍

14 ～瑛	0268
37 ～潤	7870
～深	7870
38 ～榮辰	6483
60 ～日照	6482
～星	6482
90 ～光苑	6481
97 ～煇	2421

4411₂　范

14 ～琳	1706

17	～承謨	1707	45	～棣輝	6803
	～子仁	6492			
20	～維璿	6484		**4421₄ 莊**	
24	～先烈鴻仙先生葬事籌備		22	～山	2027
	委員會	3448	23	～俊元	2101
27	～仰超	6492	25	～仲方	0396
30	～之柔	3805			0397
	～之傑	3229			0398
	～寅	2375	28	～以臨	3626
	～實甫	7012	30	～進宣	6495
32	～兆蘭	4622	35	～清華	6497
35	～迪章	0876	40	～士樑	6496
	～迪裹	0367		～壽承	6493
		2900		～去病	3488
		6488	41	～桓	0919
38	～棨照	6485			1437
40	～壽枬	2320			3369
	～真直	6486	44	～摯	3101
44	～蘊輝	6491	47	～起儔	4094
50	～中立	6487			4095
60	～異羽	1574	54	～拱辰	7033
67	～明智	6487	60	～景仲	4798
	～鳴鳳	0942	80	～毓鋐	0729
77	～鳳書	6489	82	～鍾蔭	6495
	～用枚	6485			
80	～金相	6490		**4421₄ 薩**	
88	～銳	3343			
			01	～龍光	1525
	4412₇ 蒲				1526
			40	～嘉曦	6499
25	～生重章	7939	84	～鎮冰	6499
77	～殿俊	2817			
				4422₂ 茅	
	4416₀ 堵				
			10	～元輅	1239
22	～胤錫	4128			1240
97	～煥辰	4707			1241
			44	～桂鈺	7304
	4421₄ 花				
				4422₇ 蕭	
00	～方達	6802			
	～庚富	6802	00	～應登	1827
39	～沙納	4414			

10	～元翠	6823
12	～廷模	6805
15	～翀	1007
18	～瑜	3512
21	～上節	6818
	～師傑	6822
24	～德宣	2017
	～德薰	6819
27	～名皐	6812
30	～永逴	6821
	～家仁	4825
	～守彝	6820
31	～源頡	6815
	～福洲	6807
34	～澍生	6809
	～遠奎	6815
37	～祖課	6806
38	～道管	1217
40	～大端	6825
	～大仮	6825
	～大業	6812
	～士恒	6820
	～培元	0406
		0407
	～支峰	6824
	～校槐	6824
44	～世德	6818
50	～春陔	6809
53	～盛禝	6817
58	～蛻	3250
60	～見堂	6813
	～品益	3009
	～景翹	6850
67	～明珪	6807
71	～長建	6811
	～長喬	6811
	～長閬	6821
77	～學賢	6813
82	～鍾崙	6808
86	～智漢	0327
		0328
88	～鑑衡	6810
90	～光亭	6817

～光浩	1395
～光質	6816
91 ～炳南	6814
99 ～榮爵	4692

4422₇ 蘭

20 ～維毅	2755

4424₇ 蔣

00 ～立仁	4379
03 ～斌臣	5870
～誠相	5861
08 ～敦復	1780
	1781
～謙光	0041
10 ～一鑒	3712
	3713
～正修	5872
～玉成	5868
～元益	4361
～元義	5869
～霨遠	4481
	4482
15 ～醴	5860
20 ～信大	5883
～維喬	3356
21 ～衡國	5864
～稺	1787
26 ～得寶	5876
～和統	5886
27 ～佩錦	5885
～名甲	5862
～緗裳	4839
28 ～攸銛	4481
	4482
30 ～永全	5873
～寶素	0395
～宗澄	5882
～宗梧	5868
31 ～福壽	5880
～顧三	5866

32 ～兆蘭	4718
～兆燮	4718
33 ～述彭	5887
36 ～澤韶	5878
～澤沄	2131
37 ～鴻才	5884
～鴻藻	5871
～逸雪	3921
	4140
～逢鏐	5882
38 ～祥墀	4456
～啓祥	5860
40 ～大鏞	3172
～士棟	1046
～士松	5877
～士銓	4379
～克峻	5885
～壽錢	2851
	2852
44 ～夢桃	3378
～薊	3417
～蘊藻	5872
47 ～歡大	5883
～超	4681
48 ～增煊	5879
50 ～中正	3042
～本潙	5881
～忠勅	5861
51 ～振芳	5875
60 ～景耀	5871
65 ～味霞	2650
66 ～器	1796
71 ～階	2003
～巨源	5878
72 ～彤	4485
	4486
	4487
	4488
77 ～隆垓	2744
～殿魁	5867
～學培	5865
～學堅	5865
80 ～全林	5874

～尊禕	2546
81 ～頌堯	3037
86 ～錦常	5867
90 ～光坤	3418
～光焆	1842
	2062
～常授	2023

4425₃ 茂

44 ～苑居士	1811

4433₁ 燕

10 ～石	1282

4439₄ 蘇

00 ～齊盛	7625
10 ～雪林	0689
～天爵	0549
	0550
	0551
	0552
	0553
12 ～廷魁	4613
	4614
30 ～完尼	0892
～宗仁	3050
～宗振	7624
36 ～澤東	1636
40 ～大	7620
	7621
44 ～葭村	7626
77 ～鳳文	1174
～輿	2638
	3723
81 ～鈺	7622
	7623
90 ～惇元	4164
	4165
	4306
	4307

4442₇ 勃	～友芝　1903	**4450₄ 華**
	～希芝　1889	
72 ～臁弎　8032	～壽恒　7629	00 ～文杏　1234
8033	44 ～若俊　7630	～文柏　6834
	90 ～光埔　7629	～衷黃　4101
4442₇ 萬		4102
	4445₆ 韓	10 ～王澄　4101
12 ～廷蘭　4372		4102
17 ～承紹　4372	00 ～應均　6502	17 ～乃慶　6843
～承式　5889	17 ～弼教　8003	20 ～重民　6830
5890	20 ～維廣　5022	～季宣　6840
23 ～傅介　5897	21 ～拜旒　6510	23 ～允誠　4057
30 ～之蘅　1390	22 ～對　4443	4058
34 ～洪傳　5892	～鼎晉　1863	～允中　6842
40 ～大章　3003	～崇　6504	24 ～贊孝　6831
4465	24 ～德威　8026	34 ～渚　6835
42 ～斯同　0598	27 ～組康　1400	37 ～鴻模　6835
50 ～青藜　5893	30 ～瀛洲　6507	6836
5894	～寰康　6501	6837
60 ～恩和　5897	40 ～士鼇　6500	40 ～士鶴　6838
67 ～明仙　5895	～克均　1894	～希閎　6827
72 ～驕　5896	50 ～忠彥　1450	～嘉植　6832
77 ～履占　5891	51 ～振銘　7871	44 ～忱之　3788
90 ～光泰　0025	60 ～國霖　6511	3789
	～國古文研究會　7960	～世奎　1270
4443₀ 樊	～國鈞　2859	2520
	3554	2572
10 ～玉華　5298	3607	2764
12 ～廷槐　5299	4792	60 ～國賢　6839
44 ～茂芝　5300	～昌箕　5483	71 ～長卿　4890
48 ～增祥　3011	～曇首　7919	80 ～孳亨　3808
3384	～景瀾　3559	6828
84 ～鎮　1824	67 ～明和　6508	6829
90 ～光　3510	～明煜　1755	87 ～鈞謀　6833
	71 ～長貴　6506	
4443₀ 莫	77 ～印　6505	**4453₀ 英**
	86 ～錫馘　6509	
22 ～繼世　7628	88 ～鉁　6503	26 ～和　1900
23 ～允亨　7628		4502
30 ～安仁　8018	**4446₀ 茹**	7682
32 ～兆昌　7630		7683
40 ～大梂　7627	30 ～良銓　6512	40 ～壽　2369
	44 ～芳　0441	

50 ～貴　1804

4460₁ 耆

30 ～安　2200
44 ～英　3790

4462₇ 苟

10 ～正純　6668

4471₁ 老

50 ～吏　0846
　　　　0847

4471₇ 世

24 ～勛　2092
37 ～次郎　2981
44 ～英　2618

4472₇ 茆

39 ～泮林　3830
　　　　3831
　　　　3832

4472₇ 葛

07 ～詞蔚　2442
10 ～正森　5907
～雪來　5906
17 ～承暉　1666
21 ～虛存　0850
　　　　0851
～經醒　5905
22 ～崏　1383
28 ～以敦　4558
　　　　4559
～以簡　4558
　　　　4559
30 ～之藩　7598

38 ～肇增　5903
40 ～士鋐　5899
～存念　5906
44 ～芳培　5907
～萬里　0139
　　　　4085
　　　　4086
～其忠　5904
～樹式　5900
60 ～昌棟　3126
64 ～暐　4137
68 ～暾　4137
77 ～周玉　5898
～開懷　5902
91 ～悟非　3098
～炳周　5901

4474₁ 薛

00 ～文元　6844
～文海　6848
08 ～於瑛　1497
10 ～雷　3358
24 ～德章　6852
25 ～仲邕　3769
27 ～紹徽　7913
30 ～濟清　6846
～寶田　2194
31 ～福成　2496
　　　　2497
　　　　2498
　　　　2499
　　　　2500
　　　　2501
～禎祥　6847
42 ～斯來　2056
47 ～朝梱　6844
　　　　6845
50 ～春芳　6850
60 ～昆玉　6849
67 ～明庫　6845
～明劍　4807
77 ～岡　1069

80 ～義隆　6849
～含章　6848
97 ～耀祿　6851

4477₀ 甘

10 ～元掄　5909
～元煥　2077
～雨施　1398
23 ～綬　3633
28 ～作霖　1340
30 ～永惇　3004
36 ～澤沛　4837
44 ～世珍　5910
～芸農　5911
60 ～國基　5908
77 ～鵬雲　1134

4480₆ 黃

00 ～膺白先生紀念刊編輯委
　　員會　3392
～應纘　0563
　　　　0564
　　　　0565
～應澄　0563
　　　　0564
　　　　0565
～庭堅　1472
　　　　1473
～慶曾　2627
　　　　5971
～慶榮　5978
～文瀋　5965
～文暘　1715
～文煥　4721
～文炤　0253
～章棟　5930
～襄成　3366
02 ～端履　5964
03 ～誠沅　4890
　　　　5959
　　　　5973

08 ～敦懿	5950	～佑裳	5988	34 ～汝礪	5963		
10 ～玉蟾	3714	～休復	0198	～汝松	5975		
～元昭	5984		0199	36 ～澤震	5981		
～震	5952		0200	37 ～潤生	5979		
～天衢	5912	～贊湯	4620	～鴻舫	5974		
～雲鵠	2328	25 ～佛頤	3663	～鴻壽	2544		
	2329		3664	～祖絡	4620		
11 ～琴	2253	26 ～伯度	2920		5939		
12 ～登第	5922	～伯英	5958	38 ～海	1157		
～廷樞	5983	27 ～佩玉	5926	～遵庚	3382		
13 ～琯	5932	～魯曾	1195	～遵楷	2671		
15 ～甦樓	5979		1196	～道周	0258		
16 ～聖偉	5918	～繩祖	5916		0260		
～璟	3292	28 ～以周	1992		0261		
17 ～盈法	5976	30 ～淳耀	1652		0262		
～承崑	5982	～永傑	5953		0263		
～翼升	2140	～家文	5957	～肇璋	5983		
20 ～位清	3698	～家章	5929	40 ～力田	2538		
	3717	～家琮	2698	～大堃	5954		
～秀甫	5931	～家璘	2714	～大逢	3436		
～鯨文	5921	～家來	6275	～大有	5924		
～維高	1135	～之麟	1685	～大華	5549		
～維玉	1696	～之鳳	1685	～士珣	0910		
	1697	～憲安	5919	～士良	0586		
～維翰	1192	～守恒	4578	～士煥	4890		
～維申	2267		5960		5962		
21 ～仁濟	5947	～安煒	5936	～培清	5928		
	5948	～富民	4422	～培芳	5920		
～師謙	1568		4423		5921		
	1569	～定五	7840	～培英	5941		
	1570	～定宜	3692	～梓林	1173		
	1571	～宗麟	5961	41 ～姬水	0225		
～貞固	1769	～宗賢	5917	42 ～彭年	2024		
22 ～胤星	1582	～宗義	0706		2046		
～任恒	0450		0707		2059		
	2613		7839		2297		
	4890	～宗炎	2224	44 ～夢麟	4236		
	5946	31 ～澐	5933	～茂待	5914		
23 ～俊傑	5926	～灝	1746	～芝畦	2631		
24 ～先登	5987	32 ～兆鼎	5976	～戀典	5956		
～先楷	5980	～業傳	5985	～世雲	5925		
～佐	1160	33 ～心顯	7991	～其陞	5957		
～德成	5925	～必誥	5986	～樹滋	1947		

～樹成	2938	～昀	3841	～榮田	5986
46 ～觀	1467		3842		
～如瑾	4236	～昭瓊	5984	**4490₀ 樹**	
47 ～鶴	3772	71 ～厚成	2689		
～起有	1736	72 ～質	2122	91 ～恒	3117
～穀味	6852	77 ～鳳岐	0461		
48 ～翰修	5940	～周星	0046	**4490₁ 蔡**	
～幹	1497	～周星	0047		
	1498	～學杷	1175	10 ～元培	4512
～敬成	5969	～學周	3059	～爾康	2897
50 ～中	3881	～開蔟	5923	～天元	5996
～中鹹	5945	～印先	5927	12 ～廷槐	6001
～本驥	0034	～興發	5944	15 ～珅	4475
	0365	～賢才	5955	17 ～璐	4475
	0366	80 ～人望	2925	～乃煌	2459
	1242	～人瑋	2925	～子安	5999
	3711	～金	0561	19 ～琰	5992
	3771	～金高	5949	21 ～上翔	3658
～惠	5915	～金聲	5967		3661
～春臺	5966	～尊	5945		3826
～春林	5945②		5958		3827
	5958②	～義價	5935		3829
～素封	4862	～普怡	5937	～步雲	7372
51 ～振聲	5939	～善經	5938	22 ～鑾登	4483
52 ～靜安	5968	83 ～鉞	4422	26 ～伯康	2968
53 ～盛元	3076		4423	27 ～侗	4621
57 ～抱一	3416		5943	30 ～湾	5989
～拯民	7841	84 ～鎮南	5974	～之俊	5990
～邦彥	1877	86 ～錦雲	5951	～寶善	2591
～邦寧	3870	～錫初	5988	37 ～鴻燮	1854
60 ～易	1825	～錫恩	5955	40 ～九齡	1236
～晟	1325	90 ～少齡	5968		1237
～思槿	5963	～肖毅	5945	～九思	5998
～恩彤	0946		5958	～嘉勳	6003
	2040	～尚毅	2866	～真	3565
～昌輔	1131	～省曾	1548	43 ～始春	5995
～景瑄	5913	91 ～炳㘴	3675	44 ～世倣	5990
61 ～顯仁	4890		4091	～世遠	0307
65 ～映奎	3663		4158		0308
	3664		4159		0309
67 ～明發	2716	～炳輝	5934		0310
～明瓚	5942	97 ～輝	1470		0311
～明經	5977	99 ～榮康	2202		0312

	0313	～廷管	3858	～世倬	4430
	0314	20 ～秉成	7655	～楚傖	2984
	0315	21 ～衍蘭	0839	46 ～觀儀	1935
	0316		0840	50 ～申薌	0112
	0317	24 ～德輝	1507	～春源	7641
	0318		1672	60 ～昌熾	2702
	4095		3051		2703
46 ～觀明	4193		7644	～景葵	2867
～如熊	5997	～偉升	7640	67 ～曜廷	7643
48 ～敬雲	5996	～贇玉	7633	71 ～長慶	7646
50 ～春泉	5999	26 ～伯英	4696	～長馥	7631
60 ～國藻	2921	27 ～向高	4055		7632
	2922	～紹袁	1626	～長青	4789
～國昭	8039		1671		4790
	8040		4103	80 ～益蓀	4055
～見龍	5993		4104	～金	0998
77 ～興宗	3777		4105		0999
79 ～勝康	2968	30 ～永九	7638	86 ～錫麟	4446
80 ～鐘瑋	6000	～寶元	7639	87 ～銘	0470
～鏡瑩	6002	～宗誥	7642		0883
81 ～鉅觀	1789	～宗質	7649	97 ～耀元	5527
84 ～鎮瀛	4854	31 ～灝明	7653		
87 ～鈞	3293	37 ～祖經	7649	**4491_0　杜**	
91 ～恒興	6004	～祖輻	7652		
～焯	5991	～祖學	7652	07 ～詔	3694
92 ～煓	5991	～運達	7651	12 ～登益	1604
97 ～煥文	4854	38 ～瀚	3033	～瑞明	6006
		～道鍪	7645	15 ～臻	1734
4490_4　葉		40 ～堯冀	7637		1735
		～希明	3409	16 ～璟	7842
00 ～帝佐	7634		7648	17 ～瓊	1004
～應鼎	7651	～有廣	7635	27 ～翻	4548
～慶禔	0434	～森	0075	37 ～鴻年	4890
	0435		0076	38 ～祥根	6008
	0436	44 ～葆	4446	40 ～大珪	0201
～意深	3904	～赫那拉那淳	7656		0522
02 ～新菜	7643	～赫那拉祥安	7659	46 ～塆	4468
08 ～於沅	3079	～恭綽	0839		4469
～謙丞	2602		0840	48 ～翰	4548
10 ～正乾	7653		3139	50 ～貴傳	6009
～元丙	7647		3537	～貴墀	1136
～元琦	2323		7905	54 ～持	6007
12 ～瑞菜	7650	～萌春	7654	60 ～甲	1078

		1079	27 ～紓	8024	**4594₄ 樓**
		1080	～紹年	4626	
		1081		4627	10 ～元壽　6011
77 ～關		3072	28 ～徽音	3345	21 ～上層　1092
87 ～銀漢		6005	30 ～密	7310	40 ～士揚　6010
97 ～輝		2420	～寶	0001	88 ～鑰　3805
～煥章		4719		0002	
				0003	**4596₃ 椿**
4491₄ 桂				0004	
			～宗儒	7314	50 ～泰　0709
27 ～紹烈		1058	32 ～兆璋	3202	
35 ～連理		1973	34 ～社	2523	**4680₆ 賀**
44 ～尊		4002		2524	
47 ～超萬		1972	～遠祺	7317	00 ～庚大　5305
58 ～輪		4445	37 ～逸仙	7315	01 ～龍章　5302
92 ～忻		1925	40 ～士尊	7308	12 ～瑞麟　2080
			～森	0931	4232
4491₄ 權				2531	21 ～順璋　5306
			44 ～葆恒	2699	～師俊　3465
20 ～重顯		7993		2700	23 ～代周　5310
24 ～德煥		8004	～戀勛	7316	24 ～德沈　2944
30 ～宗洛		7990	～華	2839	27 ～彝燃　5311
60 ～量		4834		2894	30 ～永錦　5310
～國華		4834	50 ～春溥	0482	～宗瑛　5303
				1329	34 ～濤　2533
4492₇ 菊				1362	37 ～逢時　5311
				3641	40 ～培新　4783
34 ～池武保		7946		3710	4784
			51 ～振翰	3627	5304
4498₆ 橫				3628	～壽藩　5308
			52 ～授經	7319	44 ～葆良　2736
22 ～山由清		7929	60 ～國楨	7317	～葆真　2316
			～思進	1151	2683
4499₀ 林			～昌彝	1328	2736
				1914	2737
00 ～康甫		7313	77 ～鳳岐	7309	3258
～廣獲		4096	～隆起	3253	～孝強　5306
03 ～詒薰		1981	～履莊	4655	60 ～品章　5302
12 ～登先		7308		4656	67 ～明性　5309
18 ～珍煥		7318	～開章	2379	77 ～月梯　5307
22 ～任寰		3617	80 ～公任	2965	80 ～美林　5307
～樂知		2288	90 ～光銓	7312	90 ～光曦　5301
24 ～綺		4716			

4690₀ 柏

00 ～應理	1656
10 ～元愷	5859
86 ～錕	3063

4692₇ 楊

00 ～競詩	3518
～亮庭	6871
～方晃	3695
～應坦	6866
～庚嶺	6897
～慶	1324
～文勳	2463
04 ～詩錕	6880
08 ～謙	4225
10 ～正	1879
～玉科	2363
～玉清	4671
～天驥	2929
12 ～廷棟	0429
～廷撰	4044
14 ～琪光	6867
15 ～建綸	0925
～建標	6911
16 ～硯池	5039
17 ～孟懽	6888
～瓊	3379
～乃清	6905
～承涑	6913
18 ～玠	6906
20 ～信溫	6868
～季鹿	2378
～維榮	6900
21 ～順泉	6884
～仁山	2918
～虎	3489
22 ～山松	1622
	1623
～崇震	6912
～繼盛	1558

	1559
	1560
	1561
	4030
	4031
	4032
23 ～代椿	6891
24 ～先禮	6912
～德裕	6873
	6874
25 ～傳聲	6888
～積慶	7884
26 ～峴	4675
27 ～盤興	6863
～紹炯	6854
	6855
28 ～倫	3783
～徵午	4065
30 ～永澍	1871
～永林	6909
～永興	2930
～家俊	6878
～家茂	6904
～家駿	3556
～家駱	3601
	3602
～之祥	6869
～守敬	4735
	4736
～賓	1726
31 ～福根	6910
32 ～兆李	2031
～沂孫	1993
33 ～述震	1187
34 ～汝霖	6863
～汝泉	2484
～汝敬	3957
～遠鵬	6915
35 ～清輪	1957
～連夏	6882
37 ～鴻年	2240
～祖琛	2759
～祖英	6899

～祖賢	2449
～祿五	6856
38 ～祚職	0073
～裕深	6859
～道徐	6864
～啓化	6885
39 ～洸德	6871
40 ～士億	6890
～在勤	6872
～希增	6910
～希閎	3658③
	3659②
	3660②
	3661②
	3787
	3791
	3809
	3810
	3822
	3828
	3829
	3833
	3843
	3861
	3862
	3968
	3969
	3982
	3996
	6860
	6861
～存淇	6527
～志洪	6858
～壽枏	3136
～壽枏	4824
41 ～楷甫	1822
44 ～基庭	6917
～基善	7883
～夢松	6870
～荷恩	6886
～芳	1868
	1869
	4499

		4500	～景煙	3153	～崇耀	6516

		4500	～景煙	3153	～崇耀	6516
～芳燦	4435	64 ～時偉	3744	44 ～英俊	6516
	4436	67 ～鳴謙	6869	67 ～明龍	1712
～蔭慶	3052	～嗣昌	3967		
～蔭寰	6041	76 ～颺	6917	**4752₀ 鞠**	
～懋林	6900	77 ～鳳翶	6876		
～懋卿	6911	～鳳岡	6902	40 ～有鑾	7997
～世勳	1163	～用游	4462		
～世芬	6803	～殿奎	1524	**4762₀ 胡**	
～贊同	3044	～殿榑	6857		
～樹	4741	～學可	1530	00 ～慶慧	6039
～樹達	2928	～學沂	6887	～廣慈	6022
	3443	～學韓	6877	～文煊	6015
～樹椿	6862	～開迪	6893	08 ～敦復	3060
～樹穀	2893	～舉思	6901		3061
～菊初	6902	79 ～騰貽	6901	10 ～正誼	6029
～模	1048	80 ～全生	6884	～元儀	1376
～枝盛	6909	～毓中	6883		6020
45 ～椿	4219	～善培	6898		6021
	4220	84 ～鎮陶	6892	～元茂	6014
46 ～如澐	6853	88 ～答鎮	6889	～雨人	1281
～如軒	6908	～節卿	6916	～百章	6043
～楣	2765	90 ～光圻	1870	～西庚	6018
	6879	91 ～炳堃	4546	～晉文	6025
47 ～鶴	3967	～炳鈺	6895	12 ～聯璣	6037
～超格	4647	96 ～懌曾	4462	14 ～琦	1398
48 ～增濂	6894	～煌義	0069		3740
～乾鍠	6892	97 ～煥勝	6896	16 ～理	4491
50 ～忠綏	6868			17 ～嘗	3263
～貴誠	1434	**4717₂ 堀**		20 ～季堂	0368
55 ～捷三	3551			～維清	6042
57 ～邦彥	2706	22 ～川濟	1355	21 ～上林	6037
～邦藩	6913			～行之	2845
60 ～星燦	6865	**4722₇ 郁**		22 ～繼先	1597
～國佐	4450			23 ～允恭	3577
	4451	21 ～睿元	6513	～允猷	6019
～國楨	4451	86 ～錦春	6513		6030
	4535	～錫璜	6514	～獻松	6033
	4536			～代學	6035
～思堯	3957	**4732₇ 郝**		24 ～侁本	6053
～思本	0586			～侁覺	6053
～恩訓	6882	22 ～嵩雲	6515	26 ～緝熙	6038
～景鵷	6881	～崇峻	6517	27 ～仔	3683

	3684
	3685
	3686
～檡	3865
30 ～瀛	0303
～永瑞	3422
～家相	6028
～安疆	6047
～安瀾	6045
～良圃	4890
～宗元	1509
～宗橚	1116
	3763
	3804
	3896
31 ～源	4448
32 ～添尊	6033
33 ～心畊	3211
35 ～禮伸	6049
36 ～澤仁	6048
37 ～瀾	0987
	6044
～鴻澤	6044
～初被	7843
38 ～裕燕	6024
～肇彬	6013
～啓源	6023
40 ～士塋	3255
～培聾	3683
	3684
	3685
	3686
	3859
～培系	3859
～希仲	3509
～南錫	6050
～來貢	7792
41 ～柯	3807
44 ～慕岐	6026
～世樨	6043
～林垣	6023
46 ～如淇	6013
～韞玉	4513

47 ～朝賀	6016
	7844
48 ～敬	0741
	0742
50 ～春霖	0973
53 ～輔階	6034
60 ～國斌	6048
～思敬	7846
67 ～明勛	6051
～鳴鶴	6036
～鳴盛	4033
～嗣瑗	3173
～嗣運	1555
71 ～長新	1702
	1704
77 ～學先	4890
～具慶	1764
	1765
80 ～念修	2434
～美成	3225
～公藩	6012
86 ～錦奎	6046
～錦耀	6041
～知柔	1509
87 ～鈞	4724
88 ～銓	1485
90 ～光廉	3569
～光國	0903
96 ～煜	1555
99 ～榮江	6032

4762_7 都

12 ～發禎	6518
38 ～裕祥	6519

4780_6 超

14 ～琦	4184
	4185

4792_0 柳

00 ～文煊	6524

～棄疾	3411
03 ～詒徵	3401
10 ～亞子	3411
11 ～預生	6525
14 ～琳軒	3390
37 ～逢原	0852
44 ～樹芳	6523
50 ～東旬	6526

4864_0 敬

21 ～虛子	0210

4893_2 松

21 ～膚道人	3287
44 ～村操	7926
60 ～園泰	7930
77 ～尾耕	7928
88 ～筠	0330
	0331
	0332

4895_7 梅

00 ～文明	2804
10 ～震煦	2085
31 ～源德	5314
40 ～友卓	3413
～壽康	5312
44 ～蘭芳	2526
～英傑	4134
	4608
	4653
60 ～景範	5313
71 ～頤傑	4689

4928_0 狄

17 ～子奇	3653
	3654
	3655

4980₂ 趙

00 ～亨鈐	1998	
～彦偊	2236	
～廣垕	6062	
～文龍	2188	
	2189	
	2190	
～文世	6088	
～文烺	6078	
02 ～端	1657	
03 ～詒琛	4478	
	4479	
	4890	
	6074	
	7847	
	7848	
～詒翼	6074	
～詒紳	4890	
	6074	
10 ～正標	6073	
～霈濤	1104	
～元鋸	3354	
～雨三	6063	
～爾巽	6065	
	6075	
	7986	
～天錫	4785	
11 ～珥彤	1866	
12 ～弘基	1352	
～延麟	7849	
～廷鐸	3357	
～廷炳	2898	
14 ～琪	1573	
	6084	
	7850	
17 ～孟頫	1478	
～子櫟	3773	
～子凡	1705	
18 ～璆	6078	
20 ～采麒	6066	
～維伯	3128	
21 ～經達	4180	
	4215	
	4216	
22 ～豐田	4836	
～繼元	4633	
	4634	
23 ～允元	2509	
24 ～佑	0071	
～贊元	2508	
25 ～仲樓	3454	
～傳芳	6058	
～純佳	6081	
27 ～殷	4796	
28 ～徹詒	4680	
30 ～家樹	6058	
～之謙	4207	
	4208	
～守純	4704	
～宏恩	6055	
～富春	6057	
～寅恭	6061	
～宗錡	6070	
33 ～必振	7931	
34 ～法治	2815	
～濤	3960	
	3961	
	3962	
～達裕	6092	
～達泰	6092	
35 ～清衡	1579	
	1580	
	1581	
37 ～鴻翔	6086	
	6087	
～祖望	2997	
38 ～瀚	3960	
	3961	
	3962	
～啓霖	2724	
	3458	
	4796	
40 ～九峰	6082	
～大川	6066	
～大浣	3704	
～士喆	3960	
	3961	
	3962	
	3963	
～志彤	1866	
～嘉勳	2073	
～嘉肇	0795	
～吉士	0597	
	4899	
～壽佺	2362	
～壽祺	6064	
43 ～載範	6083	
44 ～藩	3280	
	3520	
	4705	
	2958	
～芾	3119	
～蘭佩	1016	
～蔭萱	1692	
～萬和	6056	
～世駿	2791	
45 ～椿	6007	
46 ～觀濤	2762	
～如芯	6089	
～如闓	6089	
48 ～翰	6076	
50 ～泰升	6059	
～貴清	6054	
～東衍	6079	
～東林	6068	
53 ～盛德	6088	
～甫宜	6071	
54 ～持謙	8006	
60 ～旦	6076	
～墨林	6072	
～景宸	6082	
67 ～昀	4633	
	4634	
77 ～鳳振	6086	
～殿成	3767	
～熙	2230	
	2817	

~學霽	6080	
~學皪	6080	
~興霞	6060	
80 ~令時	3797	
~毓楠	2513	
~曾望	0849	
83 ~鐵撐	2833	
86 ~錫孝	6054	
~錫恩	3566	
87 ~鉤	6090	
90 ~惟熙	3572	
~光	4603	
~光裕	0202	
	0203	
91 ~烜	6077	
97 ~耀基	3568	

5000_6 中

22 ~山梨軒	0181
~山久四郎	1348
34 ~波文化協會	8031
44 ~華書局	0888
	0889
50 ~央宣傳部	3530
60 ~國音樂研究所	0127
~國音樂研究所北京古琴研究會	0475
~國圖書大辭典編輯館	3484
~國民族圖書館	0887
~國金融年鑒社	0934
	0935

5000_6 史

08 ~詮	4539
	4540
	4541
10 ~丙榮	1874
~晉	7664
12 ~發晉	7661
~廷衛	7666
22 ~繼任	3897

25 ~仲彬	1535
~傑	2178
27 ~久傳	4746
30 ~良書	7667
~寶安	2843
33 ~必恕	3399
40 ~來興	7669
44 ~夢蘭	0140
	0141
	0142
	2014
48 ~翰章	6640
67 ~明弼	7668
77 ~履晉	2335
80 ~善長	4396
	4397
	4398
91 ~炳第	7662
97 ~燦	7665

5000_6 吏

07 ~部	2234

5000_6 申

00 ~廣淵	6921
10 ~丙	3618
23 ~傅選	6921
31 ~潜	6919
	6920
37 ~涵盼	4195
	4196
	4264
	4265
~涵煜	4195
	4196
~祖瑤	6918
44 ~權	4850
	4851
64 ~時行	1564

5000_6 車

54 ~持謙	3673
	4171
	4172
	4174
60 ~景襄	6683

5022_7 青

22 ~山延光	7935
30 ~宗堯	1533
~宗益	1533

5023_0 本

31 ~源	4674

5033_3 惠

00 ~廉	8042
10 ~寵嗣	4221
45 ~棟	4241
	4242
	4243
80 ~毓明	3143

5033_6 忠

80 ~義局	0902

5040_4 婁

22 ~繼昌	6661
44 ~世振	6661

5090_4 秦

00 ~賡彤	5320
10 ~雲錦	5316

17 ～承基	5317	
～子卿	7818	
24 ～德君	3574	
～德純	2827	
～紘	3977	
	3978	
30 ～瀛	3844	
	3845	
	3846	
～安行	5322	
～寶瓚	1988	
～寶瑨	2415	
35 ～清錫	3845	
37 ～祖澤	5323	
40 ～堯曦	5320	
44 ～基	5321	
～樹聲	2469	
～樹聲	2587	
	2891	
～權	2542	
50 ～中毅	1043	
～忠	5318	
51 ～振夫	4805	
60 ～恩述	1892	
	4805	
80 ～鏞	3844	
	3845	
～曾潞	2684	
～曾鉞	3469	
82 ～鍾運	5324	
86 ～錦	5319	
～錫田	1520	
	4742	
90 ～光玉	1178	
	3164	

5090₆ 東

10 ～亞文化協定會	3370	
27 ～條耕	7924	
	7925	

5300₀ 戈

05 ～靖	5326	
30 ～定一	5327	
90 ～尚志	5325	

5310₇ 盛

20 ～重頤	2590	
21 ～虎德	6097	
24 ～德裕	6094	
30 ～宣懷	2192	
31 ～福	2111	
37 ～鴻燾	6098	
43 ～載績	6099	
47 ～起	6095	
～楓	1093	
	1094	
48 ～敬	0290	
77 ～隆詔	6100	
～興邦	6100	
80 ～善懷	2192	
82 ～鍾岐	6093	

5320₀ 成

10 ～一夔	4364	
22 ～彩桃	5329	
27 ～多祿	3222	
31 ～額	4883	
71 ～厚	2196	
77 ～同生	5329	
99 ～榮泰	5328	

5320₀ 戚

20 ～維高	5332	
22 ～穩壽	5333	
38 ～祚國	4038	
	4039	
	4040	

	4041	
80 ～介坪	5334	
91 ～炳輝	5332	

5533₇ 慧

53 ～成	2041	

5560₆ 曹

00 ～序朝	6104	
～庭棟	4352	
～廣涵	6110	
～文麟	3246	
～襄三	6109	
10 ～玉研	3039	
～元弼	3080	
～元森	3266	
～石固	6119	
～雲祥	6106	
17 ～孟善	1601	
～承瑋	6124	
20 ～禾	1669	
～秉章	3176	
	7852	
～秉璋	4309	
	7853	
24 ～佐熙	6116	
25 ～仲淵	3532	
26 ～自修	6108	
27 ～個	6115	
30 ～永道	3706	
	3707	
	3708	
	6114	
～安逸	6126	
33 ～溶	0667	
	0668	
	0669	
34 ～汝霖	2829	
～浩	6111	
38 ～瀚	6107	
～海涵	6110	

41	～楨	2924	60	～國祥	3092		0813
	～楨一	6118		～冕	4217		0814
44	～葆宸	7852	77	～丹旭	0910		0815
	～英瑾	4833					0816

5609₄　操

	～世期	6122			0817
47	～起璿	6120			0818
	～起利	6123	01	～龍光	5339	0819
	～起揚	6123	10	～震球	5339	0820
48	～枚	3322	40	～存	5338	0821
50	～蕭孫	4599	44	～基達	5339	0822
	～忠欽	6119				0823

5798₆　賴

	～貴亮	6112				0824
51	～振勳	0453				0825
55	～典仁	6117	35	～清鍵	2621	0826
	～典初	2825		～遺璟	5024	0827
60	～恩濚	1858		～遺韜	5024	0828
	～景熙	3039	80	～義輝	3786	1977

6012₇　蜀

64	～時傅	6120				2272
	～時明	6126				2332
67	～明毅	6121				2692
70	～驤	7851	10	～西樵也	1261	2878

6015₃　國

77	～鳳彩	6113				3385
	～隆茂	6107				3412
86	～錫寶	4371				
	～錫祥	6125	00	～立北平圖書館索引組	0756	

6022₇　易

90	～少金	6118			0789	
	～光詔	2096			0793	10	～雨仙	4863

	～立浙江大學	1621	20	～維廉	7323

5580₆　費

			50	～史館	0640	21	～順豫	3720
					0799		～順鼎	0855
12	～廷琛	1041			0800			0856
18	～政鈞	5337			0801			2339
21	～師洪	3113			0802			2909
		3114			0803			2910
		5336			0804			2911
22	～崇朱	0485			0805			3303
		0486			0806			3304
	～繼芳	5337			0807			3595
36	～祝鈞	3285			0808	23	～代元	7321
38	～裕昆	5335			0809	24	～德鈞	7324
40	～堯勳	3608			0810		～緒澤	7322
44	～莫氏	4884			0811	30	～宗濃	7322
	～樹藩	5335			0812		～宗湢	0305

	0306	32 ～兆林	2227	24 ～化舜	1301
～宗藩	7321	38 ～裕珍	6528	～德坤	6548
45 ～棣鄂	1137	～裕益	6528	～偉文	6542
53 ～盛緗	7324	～肇麗	4245	～佶孫	6537
90 ～堂蔭	1137		4246	25 ～律和	7499
		46 ～韞山	4890	30 ～永祿	6550
6033₀　思		50 ～中玉	6534	～宗文	6535
			7872	31 ～禎奎	6538
33 ～補老人	4489	60 ～昌孝	0687	32 ～兆祥	1350
	4490	77 ～同之	4890	38 ～海寰	4745
37 ～退主人	0240	80 ～普光	0498	～啓桂	6546
		93 ～怡	6531	～啓賜	6536
6033₀　恩		97 ～恂	6531	40 ～大防	3643
					3644
22 ～豐	2585	**6050₄　畢**			3645
	4750				3646
28 ～齡	7766	00 ～庶金	6926		3776
40 ～壽	2381	～應箕	1027		3792
90 ～光	2717	～慶餘	6924	～培	4416
		10 ～可詩	6927		4417
6033₁　黑		35 ～沛昭	6922	～志伊	1179
		38 ～啓蒙	6925	～吉甫	2747
22 ～川真賴	7929	44 ～苪亭	0947	43 ～式斌	3018
36 ～澤弘忠	7932	46 ～覲揚	6923	～載賡	6539
		72 ～質邦	6924	47 ～聲清	6543
6033₂　愚				50 ～本中	0545
		6060₀　呂		56 ～挹清	6546
22 ～山真軼郎	7984			60 ～日知	6547
		00 ～慶榮	6549	～星月	6538
6034₃　團		01 ～龍光	6545	～星燦	6535
		10 ～震	3613	67 ～明傑	6548
20 ～維墉	0899		3615	77 ～賢銘	6542
		11 ～麗明	6545	82 ～鍾崝	1994
6040₀　田		12 ～聯三	6540	86 ～錫璋	6539
		14 ～璜	4520	93 ～熾	4337
00 ～廣湘	6532	17 ～忍泰	6544		4882
10 ～玉霖	0975	～子珊	6537		4890
～雯	4245	20 ～維祺	0217		
	4246		0218	**6060₀　昌**	
27 ～侎	0399		0219		
	6529		0220	50 ～奉彩	6669
	6530	21 ～順焜	6543		
30 ～寶榮	2860	22 ～繼午	6541		

6060₀ 冒				~賢贊	6563
			4387	80 ~金來	6554
		23 ~俊彦	5880	~善程	6562
00 ~廣生	1717	27 ~仰懷	2400	81 ~矩	4659
	1718	~奐	6560		4660
	4161	28 ~以智	3811	86 ~錫疇	2593
~襃	1252	~倫蔚	6565	90 ~惇衍	0528
	1254	30 ~定昌	1148		0531
40 ~志成	6551		1149		4659
77 ~丹書	1253	31 ~潭潤	6569		4660
		~福成	3102		
			3103	**6404₁ 時**	
6090₆ 景		32 ~兆鳳	2617		
		~添籌	6561	00 ~齊氏	1904
32 ~灃	2103	35 ~沛霖	6570		
36 ~褆	3589	36 ~迦陵	8020	**6502₇ 嘯**	
			8019		
6091₄ 羅		37 ~鴻遜	6558	77 ~風	2996
		~祖亨	6564		
00 ~彦瓊	6572	~運鈺	6566	**6621₄ 瞿**	
~彦伯	6572	38 ~洋聲	6570		
~應鯤	6555	~肇輝	1939	10 ~元霖	2726
~文彬	2502	~啓琥	6562	30 ~宣穎	4773
10 ~正鈞	0420	40 ~志凰	6559		4774
	0916	~嘉炳	6569		6576
	2302	42 ~荊璧	6553	~宣樸	3006
	2483	44 ~華績	6574	~良士	7873
	4649	51 ~振玉	0005	44 ~世璟	2494
	4650		0189	~世英	4251
	4694		0886	50 ~中溶	4492
	4695		0887		4493
~元桂	6571		4141		4494
17 ~承僑	3421		4209	60 ~昌燨	6575
~子異	6567		4210	77 ~覺峻	6577
20 ~香林	3087	60 ~星燦	6552		
21 ~占華	6557	~國珍	6567		
22 ~豐祿	2280	~思舉	4466	**6624₈ 嚴**	
~山子	7937	64 ~時尚	6574		
	7938	67 ~明誠	6553	00 ~慶祺	7679
	7978	71 ~長裪	3231		4890
	7979	75 ~體基	4864	08 ~謙潤	4734
~繼祖	0688	77 ~開漢	6558	10 ~正相	7761
	3676	~開榜	3038	~可均	0183
	4108	~與賢	6568	11 ~璩	4778

27 ～修	2625	
	2957	
	4800	
30 ～良翰	7671	
～寶枝	4661	
34 ～汝純	7675	
37 ～祖新	7676	
38 ～啓豐	2844	
40 ～大塤	7674	
～士美	4023	
44 ～蔚春	4734	
～戀功	0882	
～樹森	4652	
46 ～觀	0897	
51 ～振凡	7677	
53 ～成勳	7672	
60 ～昌埴	3094	
	3262	
71 ～辰	4683	
～長明	0897	
77 ～鵬	4890	
～開甲	7671	
80 ～全庚	7673	
～金樹	7678	
88 ～敏中	7675	
91 ～炳	4023	
～炳耀	7678	
99 ～燮	4023	
～榮	4377	
	4378	

6650₆　單

40 ～士釐	1287
60 ～景雲	7736

6701₀　咀

10 ～雪子	1285

6702₀　明

30 ～宣宗	0216

6712₂　野

50 ～史氏	2935

6716₄　路

40 ～大荒	4266
47 ～朝霖	1412
	6578
～朝聯	6578

6722₇　鄂

10 ～爾泰	4883
	4884
	7858
30 ～容安	4324
	4325
91 ～恒	7610

6733₂　煦

44 ～莽	4602

6802₁　喻

19 ～耿光	6930
30 ～之化	6928
～之福	6929
～之秦	6928
50 ～忠全	6929
58 ～敷壽	6931
71 ～厚瑜	6930
～長霖	3129
82 ～鍾彦	6932
90 ～懷信	1986
91 ～炳文	6931

6805₇　晦

00 ～庵	3237

6806₁　哈

77 ～同	3041
88 ～筱泉	8018

7010₄　璧

60 ～昌	2035

7121₁　阮

10 ～元	0334
	0335
	0336
	3731
	3732
	4380
～元聲	1506
	3897
12 ～廷藩	6238
22 ～崇德	7861
30 ～永裕	3130
42 ～彬華	6238
43 ～榕齡	0645
	0646
	3979
	3980
	3981
53 ～成孚	2407
60 ～易路	6237
67 ～鵑	3983

7122₀　阿

44 ～桂	4333
	4885
	4886

7122₇　厲

44 ～萬青	6579
67 ～鶚	0530

		0546	～士執	5350	38 ～啓	4554

7129₆ 原

		～嘉植	1653	
80 ～善公道	7922	～吉樟	2393	**7178₆ 頤**
	7923	～吉森	2391	
		44 ～世均	5340	38 ～道居士　　1256

7132₇ 馬

		～其昶	1061	**7210₀ 劉**
00 ～廉德	2482		2658	
～文植	2246		4078	
～文燮	5345		4079	00 ～應桂　　7378
02 ～新祐	4679	46 ～場春吉	0492	～文魁　　7394
10 ～丕瑤	7819	50 ～書奎	5341	～文嘉　　3451
～元珍	5361		5342	～文楠　　7369
～元悌	5354		5343	～文如　　0162
～爾楫	1611			0163
	1612	60 ～曰琯	0530	～文鳳　　2451
～平	3433	～曰璐	3643	～文耀　　7408
12 ～延喜	5364		3644	～章樑　　7367
16 ～理	1543		3645	～襄時　　7390
17 ～君武先生紀念册編纂委			3646	02 ～端棻　　2937
員會	3400	～恩溥	2245	04 ～麒祥　　2512
20 ～秀	5356	77 ～鳳衡	5360	07 ～毅　　7392
21 ～貞榆	3604	80 ～金富	5358	～調贊　　4289
22 ～彎	3815	～尊德	1594	4290
23 ～傅桂	5360	82 ～鍾琇	0950	4291
24 ～先登	2648		5351	10 ～正漢　　7379
	4628		5352	～正埔　　7345
	4890		5353	～玉珠　　3485
	5346		5354	～雪松　　7380
	5347		5355	～元齡　　7326
	5348	90 ～懷義	5357	～天放　　3486
25 ～仲魁	5349	97 ～煥然	5362	～天成　　7338
～仲瑩	0923			～雲龍　　7372
28 ～徵麼	2020			12 ～瑞芬　　1534
	3719	**7171₁ 匡**		7347
30 ～準硯	5359	20 ～維藩	6581	～發祥　　1515
～良	5363	27 ～佩珍	6581	～廷高　　7361
34 ～汝賢	7936	40 ～有貞	6580	～廷珏　　7339
37 ～鴻逵	3333	44 ～世澄	6582	～廷樾　　7395
38 ～裕豐	5349	～其仁	6580	～廷芳　　8041
40 ～太元	1277	81 ～頌臨	6582	～廷煒　　5582
				14 ～瓚　　1683
		7173₂ 長		15 ～建勳　　3476
		28 ～齡	4445	17 ～孟賢　　7376

～瓊	2677		1207		4082
～乃實	7354		1208		4083
～承孝	7402		1209	～潤原	7348
～承諭	7402		1210	～凝馨	7343
～承幹	4627		1211	～冠雄	2754
～子卿	7405		1212	～祿瑜	7346
～君翰	7366		1213	～祿倫	7346
18 ～致	3944		1214	～資深	1683
20 ～孚澄	2936		1215	38 ～海涵	4007
～秉籛	7377		1216	～道根	7392
～維璠	7368		1217	～肇隅	1410
	7389	～名譽	2210		7401
～維禎	7381	～紹基	7400	～啓翰	2117
21 ～衡濱	7398	28 ～作梁	3971		2118
～穎	4080	～作楫	3584		2119
22 ～嵩泉	5982		3585	40 ～大哲	7331
	6972	30 ～永菽	7393	～大彬	7326
	7149	～永朋	7373	～大觀	7327
	7482	～永銀	7334	～大鈞	2876
		～進雲	7340	～培極	3019
～羿冠	7344	～之勃	4074	～才鬥	7383
～繼增	4675	～安豹	7343	～希亮	3159
23 ～獻貽	7333	～良楷	7391	～希宇	7373
～台拱	1790	～良驥	1941	～希超	7386
～峻極	7410	～宗誠	3065	～存厚	3403
24 ～化鵬	7362	～宗玩	7342	～嘉斌	2580
～德湖	7357	～宗珍	7342	～吉成	7403
25 ～律樵	2310	～宗漢	5780	～壽康	0431
～純九	7405	31 ～沅	0502	42 ～斯亮	7358
27 ～仞翔	7404		0503	44 ～芳	1026
～向	1193	～潛	4844	～蘭生	7411
	1194	～福姚	2158	～茂齊	7403
	1195	32 ～兆福	7337	～茂華	7355
	1196	～添仁	7379	～恭璧	2011
	1197	34 ～澍	7370	～懋勳	7366
	1198	～汝章	1457	～英樸	7401
	1199	～汝霖	3766	～世珩	4119
	1200	～汝冕	3581		4125
	1201	～洪烈	4123	～世清	7350
	1202	～達武	3419	～世洸	7353
	1203	36 ～澤直	7352	～世節	3984
	1204	37 ～濯清	3631	～杜埔	7406
	1205	～汋	4081	～杜金	7406
	1206				

～桂香	7382		4645	～耀昂	7384
45 ～坤	7330	75 ～隤	3505	～耀鋪	7384
～坤一	2667	77 ～鳳	1003	～煥堯	7371
	7356	～覺	0469	99 ～爕材	7359
46 ～如輝	7375	～同律	3133	～榮長	7397
～楳川	7380	～殿虎	7409		
47 ～懿德	7400	～殿鳳	7360	**7210₁　丘**	
～朝望	3196	～學泮	7388		
～朝定	7325	～開	1243	12 ～瑞生	7071
～朝敍	3122		1244	13 ～琮	4809
48 ～敬廷	7892		1245		
～枚	7396		1246	**7221₄　厔**	
～梅	0970	～舉仁	7376		
	0971	～興源	2540	38 ～滋	3187
50 ～青蓮	0329		2541		
～青芝	0643	～興開	7397	**7224₇　阪**	
	0644	～賢珍	7329		
～忠業	2793	79 ～勝蓮	7360	60 ～口瑛次郎	1508
～春滿	7387	80 ～鏡蓉	7336		
～貴良	7382	～俞	7363	**7277₂　岳**	
～貴臨	7404	～毓崧	3674		
～貴曾	2504		4200	11 ～珂	1486
	2619	～毓奇	1692		1487
53 ～成禹	2783	81 ～鉅冰	7374		1488
～成熙	7352	82 ～劍	7364		3867
～咸慶	7349	86 ～錦藻	4700		3868
～咸榮	7902	～錦棠	2592	40 ～士景	1488
54 ～持原	7399	～錫瑞	7348		3871
55 ～典謨	7381	～錫信	0102	46 ～觀承	1492
57 ～邦繡	7336	88 ～銓元	7371	60 ～昇龍	7598
60 ～國璽	7407	～篤敬	2756	78 ～鑒	1490
～昇平	7328	～笑山	7365		
～景向	3464	～節	0494	**7421₄　陸**	
64 ～時及	7383	～策先	4624		
67 ～明韜	7328	90 ～光洛	7387	00 ～言	0743
～明孝	1667	～光陌	7367	09 ～麟仲	3612
71 ～階平	1699	～尚文	1156	10 ～元浩	3402
～原道	3675	～半農	4832	～元鋐	4424
	3999	～炎昌	7374	～醇	6004
～長福	7368	93 ～熾昌	1836	12 ～廷犧	4556
～長華	0110		1837	17 ～乃翔	2883
	0111	97 ～耀東	3953	20 ～維鈺	6129
	1020		4365	21 ～衡燮	4556

22～繼輅 4407
～繼燀 6130
23～我嵩 4555
24～纘 0114
30～宸徵 4227
4228
～寶忠 4764
～宗興 3334
3335
33～心源 0166
0534
0535
0536
37～鴻漸 3244
～祖穀 6136
～軍部 0417
38～瀚 4424
～遵 6134
44～懋勳 1117
～世儀 1660
～模 4556
47～鶴翔 6133
48～增煒 6130
50～忠產 6138
60～日愛 1951
～恩紱 1887
～昆曾 0894
0895
71～隴其 1694
1695
～厚 6127
6128
～長佑 2550
80～善經 0075
0076
83～鉽 0894
0895
84～鐄 2075
86～錦烺 6131
87～銘泉 6137
～欽章 6135
88～筠 7865
90～小曼 3531
～惟善 6137
94～焯 6132
99～榮光 3494

7423_8 陝

10～西省地方誌編纂委員會 0928

7529_6 陳

00～庸龕 3490
～應元 7431
～應曾 7426
～豪 1814
2529
～慶容 4772
～廣淵 7482
～慶年 2304
～慶炎 7509
～賡笙 7483
～文政 1704
～文述 1256
2019
2063
～文貴 7502
～文典 7412
～文騄 2263
2264
7459
7460
～衷瑜 4034
02～訓翰 7448
03～謐 4794
4795
～詒紱 1035
1036
1037
1038
1039
2477
2478
04～訥 2637
～詩 4363
～詩濤 7472
07～毅 2655
08～敦豫 4003
09～麟書 2868
10～一甫 2411
2412
～三立 2386
2537
2791
2803
2810
2816
2945
3316
3383
7896
～正大 3553
～正森 7429
～玉章 2071
～玉繩 4353
4354
～玉澍 3703
～雪濤 4890
4890
7533
～元章 7452
～元祿 4686
～元素 0259
0260
0261
0262
0263
～丙喜 7543
～爾履 7471
7487
～震 1269
～天蘭 7465
～天暘 7465
～西安 2445
2446
2447
～雲章 7416
～雲標 7453

11 ～蜚聲	1368		7089		1169
	3721	21 ～上齡	1758		1170
	7908	～衍	0879	～伯鑄	7504
～斐然	3408		3116	～鯤	6599
12 ～登瀣	7537	～仁錫	1598	～和坤	7522
～瑞珍	1131	～行鈞	7502	～綿祥	3277
～瑞蘭	7498	～衡毓	7432	～綿幹	3277
～聯第	7497	～師錫	0423	27 ～盤慶	7508
～弘謀	3818		0424	～偁	7413
～弘謀	3819	～貞祥	7539	～奐	0767
～廷彥	7561	～貞慧	1005		0768
～廷順	7469	～經	7525	～粲	7426
～延禩	7514	22 ～任暘	1640	～繩祖	7512
17 ～翩	7423	～鼎	0626	～綱	7512
～乃乾	0143		0627	～紹清	7563
	0144		0628	28 ～作霖	1030
	0145		1029		1032
	0146		4693		1033
	0147	～鼎元	2733		1034
	0148	～出新	7501		4688
	4100	～崇一	1345		4729
	4126	～崇琛	7520	～作儀	7556
	4811	～崇岱	7434	～復	4003
～豫鍾	0113	～崇藍	7434	～復生	7528
～子席	7439	～樂三	4607	～綸	2753
～子龍	0590	～繼訓	2923	29 ～秋舫	3425
	4152	～繼聰	0834	30 ～宜仁	7480
～子輅	1963	～繼儒	0255	～宜乾	7516
～召南	7449		1603	～宣鐸	6496
～翼	1747	23 ～允衡	0272		6966
～翼亮	2313	～獻瑞	7540		7354
～翼星	7474	～代溢	7476	～濟	7481
18 ～致遠	7463	24 ～僅	3912	～濟生	0653
20 ～壬一	4890		3913		0654
	7550		3914	～永言	7420
～重威	1415	～德郊	7515	～家聰	7523
～秀藻	7531	～德潤	7547	～家務	7503
～舜系	1678	～德芸	3184	～家祿	3161
～鱣	3735		4827	～守治	1474
～秉初	7560	～德旺	7456	～宏裕	7442
～統	3753	26 ～伯龍	7914	～富德	7446
～維崧	1252	～伯巍	7504	～富標	7528
	1254	～伯陶	1168	～良心	7473

～定求	3582	37～鴻飛	7564	～培愛	7545
～寶琛	2610	～鴻壽	1926	～培揚	7545
	2771	～澹然	0904	～才夫	7422
	2835		0905	～希恕	1635
	2857		1661	～南翔	7491
	3070		2226	～志械	7432
	3109		2308	～志喆	7510
	7527		3298	～燾	7443
～寶泉	3709		3675	～嘉言	3575
～寶箴	2162		3998	～嘉謨	7417
～宗彝	4764		7486	～嘉基	3923
～宗浩	7441		7894	～嘉穀	1812
～宗蕃	3349	～次公	3812	～壽	1140
	3350	～祖碓	1625		1141
	3366		7530	～壽祺	1153
	4775	～祿吉	7551		1154
31～沅浦	7517	～遹聲	7557		4094
32～兆璿	7549	～遹曾	1881	～壽彭	7913
～兆奎	2340	38～淦	7421	～去病	7484
33～心萱	3523	～祚康	1155	～梓	4163
～漙	4182	～裕琳	7532	41～垣	4238
	4183	～裕菁	3017	42～韜	4521
～補春	7517	～裕茂	7444	43～載興	1476
34～澍初	7560	～道江	7526		3853
～漢章	0062	～道中	7555	44～藎章	4598
	1290	～道顯	7526	～夢蓮	4053
	1418	～肇	4586		4054
～漢第	2525	～啓試	7458	～蔕	4722
～汝良	3203	～啓漢	7428	～蘭軒	7541
～汝熙	2841	～啓濤	7428	～懋復	2678
～遠翎	7477	～啓曉	7458		2679
35～澧	1416	40～大文	1921	～孝起	3306
	2334	～大椿	7461	～萬豫	7488
～洙	4126	～大忠	7457	～攀桂	7438
～禮寶	7529	～大旺	7547	～華齡	4538
～禮門	7427	～士廉	4757	～若霖	7419
36～澤	3852	～士元	0011	～世球	7536
～澤霖	2475		0012	～世佰	0532
～澤宣	7519		0077	～世澤	7538
～澤潤	7519	～士儀	7565	～世獻	7534
～澤翔	1682	～士朝	7424	～世箴	0752
～湜	2395	～士枚	4598		0753
～遇夫	0301	～培慶	7450	～世炌	7542

～鬱堂	7551	52	～靜秋	0896		～盟	0592
～其元	2177	53	～輔臣	3032			0666
～樹德	4146		～咸韻	7485	71	～階琛	7414
～桂林	7544		～咸吉	7485		～長德	7425
～模	7498		～盛海	7535		～長生	7511
45 ～坤	1606		～甫伸	1454	77	～鳳章	4838
46 ～旭皓	7541	60	～星衍	7495		～鳳永	7474
～柏昌	7489		～星涵	7455		～同	2869
47 ～鶴年	7491		～國棟	7496		～同軌	3160
～聲琳	7479		～冕	2474		～履端	1254
～聲永	7478		～思	0137		～履和	1821
～聲曁	4789			0138		～學鴻	7453
	4790			3854		～興亞	7492
～聲鎮	7478			3903	80	～人雨	7562
～起述	7475			3905		～人慎	7562
～起孝	7435			3906		～益計	7531
48 ～增森	7447		～恩蓉	4890		～金生	7511
～翰	3125		～田	0655		～金根	7499
～幹	7490			4296		～鎬	1310
～敬文	7509			4297		～夔龍	2436
～敬璋	4278		～昌正	7563			2870
	4279		～昌豫	2874			2871
～敬基	1337		～昌澍	7523			2872
	1434		～昌遠	7493		～毓瑞	4828
	4890		～昌運	4612			4829
～敬懋	7468		～昌煥	7415		～毓榮	7462
～敬賢校主追悼會辦事處	3481		～景亮	4449		～善之	7469
～松	7445		～景廉	1678		～會培	7546
～松泉	7433	61	～顯仁	3330	81	～鉅江	7532
～檜	7451		～顯蕙	7479		～矩	1302
50 ～中嶽	2955	63	～默	3391			1372
	2956		～貽垠	7549	82	～鍾珂	4348
	3592		～貽範	1447		～鍾壽	3073
～泰初	1961			1448		～鍾凡	3452
～本欽	1135	64	～曉山	7507	83	～鉉	4071
～忠安	7518		～曉樓	7554			4072
～忠恕	7525		～時利	3327			4073
～忠煌	7518			3328	84	～鎮基	0673
～奏平	3831			3329	86	～錦	1110
	3832	66	～曙初	7524			1366
～春瀛	3482			7548			4538
51 ～振麟	7470	67	～明	2682			7893
～振乃	6003		～鳴鶴	1152		～錦漳	7558

～錫璠	7559
～錫祺	7437
～錫圭	7467
～錫樟	7559
～錫森	7513
～錫均	7436
～錫嘏	1684
87 ～鏽	4819
	7494
～銘鑒	0969
	2915
	3146
	7505
	7506
88 ～銳	7895
～築山	3675
～鑑菊	7524
～籙	1815
～築山	4000
90 ～惟庚	2413
～惟璧	7521
～惟燦	7521
～少梅	7548
～光憲	0432
	0433
～光遠	7510
～光榕	7552
～常夏	7475
～省三	7457
91 ～炳	0430
	4538
～炳華	3071
	4812
96 ～煜	7448
97 ～耀宗	7454
～輝祖	4356
	4357
	4358
～焕章	2919
～燦	3347
99 ～變樞	7500
～變坤	2136
～榮琮	7440

～榮墉	7422
～榮植	7440
～榮昌	1721
	2207
	2487
	2796
	3001

7712₇ 邱

00 ～庸	3014
～慶善	0393
04 ～詩焱	7247
14 ～功鑄	7252
20 ～舜龍	7248
～舜敕	7248
21 ～步洲	0371
	0372
	0375
～能文	7244
30 ～之塈	7253
40 ～希浚	0364
43 ～樾	2564
50 ～青芹	7245
～東華	7251
～東曉	7251
53 ～拔雲	7245
71 ～厚生	7246
77 ～風清	7247
90 ～光耀	7249

7714₈ 闞

00 ～彥閔	7566
86 ～鐸	3096
	7897
	7898
	7899
	7900
	7901

7721₀ 凡

27 ～鳥道人	7940

	7941

7721₆ 覺

47 ～奴	3420

7722₀ 岡

50 ～本監輔	7944
60 ～田僑	7943
～田良策	0134

7722₀ 同

30 ～濟大學	8029

7722₀ 周

00 ～亮工	0298
	0299
	0300
～亮輔	0260
	0261
～慶雲	1118
	1119
	1120
	2374
～廣順	6954
～廣業	0108
	1392
	1393
	1394
	1797
～辨西	2788
04 ～誥	1460
08 ～敦士	7015
10 ～工溙	6962
～玉秀	6972
～丙生	6982
～爾嶽	6980
～霞斌	6979
～雲	4821
	4822

12	～登記	7005	～偉	2950	～鴻逵	6978
	～登崋	3282	25 ～仲衡	7014	38 ～淦	2766
	～廷弼	6989	～仲曾	6977		2767
	～廷冕	4585	～傳射	6967	～裕拔	6945
	～延礽	3046	26 ～自齋	2595	～裕曦	7001
		3047	～伯元	7008	～肇祥	3397
		4808	27 ～名庠	7006	～啓海	6984
14	～聽聲	6981	～名照	7006	40 ～大峙	6974
15	～建中	6990	～紹謨	6963	～大鐸	6975
16	～聖楷	1129	～紹奎	6958	～士潤	6976
		1130	28 ～以均	6949	～士栖	6934
17	～乃勳	0686		6950	～士青	6989
	～承恩	3434	～以焜	6938	～士惠	6976
	～承景	6971	～作人	2864	～培九	6947
	～子純	6951	～復源	6936	～培栩	6983
	～召棠	4887	～馥	4727	～在浚	0298
20	～秀方	7824	～綸	3879		4166
	～爰諏	0976	～綸岐	3181	～志高	6956
		0977	30 ～瀛	6941	～志靖	6981
	～香庭	7011	～家紱	7010	～志坤	6958
	～維康	6948	～家楨	6968	～李變	4887
	～維棟	7012	～家楣	0428	～嘉謨	6963
21	～衡香	1988	～家善	7010	～吉珊	2927
	～衡	4619	～之基	6960	～吉浩	7004
22	～鼎	6969	～之翰	0024	～壽寶	6957
	～嵩堯	3491	～之冕	1413	41 ～楨士	7013
		3492	～之屛	6954	42 ～壎	1634
		3493	～憲禹	6935	44 ～懋照	7002
	～繼侯	6996	～安慶	6992	～懋煌	6940
	～繼源	3447	～宏運	6937	～萬雋	6939
	～繼浚	6996	～宗正	1578	～萬興	6961
	～繼堂	6985	32 ～業紀	7015	～英冶	6992
23	～傳偉	6973	33 ～心植	6999	～世鵬	7961
	～傳椿	6952	～心覺	6999	～葵	3224
24	～先模	6997	34 ～湛霖	3748	46 ～觀光	7014
	～先質	2271		3866	～相維	6944
	～德元	6962	～汝登	0257	～相繼	6944
	～德翮	6994	～汝筠	4537	47 ～郁淸	3543
	～德湛	6935	～汝策	4537	～聲溢	6951
	～德森	6964	～祜	6973	～起元	4066
	～德恭	1537	35 ～連茂	6970	48 ～幹濟	7007
	～德明	7008	36 ～澤南	6952	～樽	6933
	～德燉	6991	37 ～鴻寶	6955	50 ～忠鑒	6983

	～忠鈺	6994	～錫閣	6940		1084
	～春	0060	87 ～銘	2767	53 ～成福	6583
		0061	90 ～光裕	6970	60 ～恩綬	7311
53	～成宗	6993	～光楚	1326	67 ～明浚	2990
57	～邦農	6934	～光林	1326	77 ～履謙	3471
60	～日華	6974	～光朝	6977	～際堯	6584
	～星詒	2408	91 ～恒燦	7003	80 ～鏞	1443
	～星譽	2336	～炳章	7013	～念欽	6238
	～思栗	6943	～炳仁	6957	～毓英	0143
	～昌	1719	～炳昌	7000		0144
61	～顯濱	6945	96 ～憬	4768		0146
67	～明誠	6965	97 ～輝	2530		0147
	～明泰	0890				0148

7722₀　陶

		0891			87 ～欽	1795
		3067	00 ～方琦	3729	88 ～餘法	6596
		3678		3730	90 ～惟燏	6592
	～鳴鶱	1326	～應榮	1247	～懷照	6593
	～鳴春	6960	～文炯	6594	95 ～性堅	1510
	～鳴鏘	6959	10 ～元藻	1082	99 ～榮	6589
	～昭儉	3048		1083		
71	～長森	2113		1084		

7722₀　朋

	～長明	6988	～栗村	6590	30 ～家義	7070
77	～鳳岐	6995	20 ～秀資	6585	40 ～九萬	1463
	～同	4131	～秀鳳	6375		1464
	～屏甫	6966	21 ～貞	1008		1465

7726₄　屠

	～履雲	6987		1009		
	～履道	6948	23 ～俊人	3394		
	～際華	1886	27 ～叔惠	6595	30 ～之申	6139
	～學熙	0537	30 ～宣炡	6588	～宗伊	7854
		2426	～宗儀	0524	51 ～振鵠	2974
		2453	31 ～潛	0193		

7727₂　屈

		2558	34 ～澍	1840		
	～間渠	6953		1841		
80	～鏡熙	6955		1956	10 ～天成	0325
	～翕鑛	6946		3757		0326
	～善培	3562	36 ～湘	4830	20 ～采麟	6597
		6982	44 ～藻洲	6590	40 ～大均	0602
	～毓邠	6894	～葆廉	2430		0603
82	～鍾嶽	2722	47 ～起盛	6587		0604
		2723	50 ～春年	6586		0605
84	～銑詒	2095	51 ～軒	1082		0606
86	～錫嘉	6949		1083		
		6950				

	0607	～性善	1436		4758
	0608				
	0609	**7744₁ 開**		**7777₇ 閻**	
	0610				
	0611	86 ～智書局	0421	17 ～子明先生奉葬實錄編輯會	
	0612		0422		2983
	0613			36 ～湘蕙	0405
	0677	**7744₇ 段**		48 ～敬銘	2248
53 ～成霖	4332			86 ～錫山	2982
55 ～軼	4890	10 ～玉峰	7779		
60 ～貝復	1367	～玉裁	4376	**7778₂ 歐**	
65 ～映光	2861	12 ～瑞光	7778		
		17 ～承澤	2486	40 ～志學	0529
7736₄ 駱		24 ～先夫	7781	76 ～陽正苗	7570
		28 ～復續	7777	～陽平	7826
20 ～秉章	4591	30 ～永恩	7780	～陽聯捷	7570
	4592	47 ～聲講	7781	～陽璜	7571
	4593	73 ～駿良	3075	～陽之廉	7572
	4594			～陽之炳	7572
		7748₂ 關		～陽安世	7568
7740₀ 又				～陽柱	2480
		44 ～萬年	7567	～陽幹	7569
10 ～一村人	0284			～陽明潦	7573
		7760₂ 留		～陽烜	2084
7740₀ 閔				91 ～炳光	3134
		10 ～元剛	3770		
10 ～爾昌	0171			**7790₄ 桑**	
	0880	**7768₂ 歙**			
	0881			12 ～廷富	5367
	3671	10 ～䣃殘客	4619	46 ～柏年	5366
	3672			80 ～金榮	5366
	4454	**7774₇ 民**			
	4461			**7810₇ 鹽**	
12 ～孫奭	0126	08 ～族圖書館	0794		
14 ～珪	1532	50 ～史氏	0680	80 ～谷溫	7982
20 ～信祖	5365	77 ～間不老人	4807	～谷時敏	7982
7744₀ 丹		**7777₂ 閼**		**7823₁ 陰**	
34 ～波元簡	1355	21 ～卓然	1286	51 ～振猷	1235
		22 ～繼賢	7769		
7740₁ 聞		37 ～祖章	3212	**7923₂ 滕**	
95 ～性道	1436	44 ～蔚煌	6140	00 ～文昭	6598

| 46 ～如瑞 | 6598 |
| | 1482 |

8010₄ 全

27 ～紹清	2834
37 ～祖望	1089
	1605
	1681

8010₉ 金

00 ～應麟	1551
	1552
	7885
～應灃	7025
	7026
～文田	1109
10 ～玉音	7020
～玉山	7024
～玉鉉	7962
～元昇	7035
～元鈺	1085
	1086
	1087
	1088
～天羽	1060
～天翮	1049
	1059
	1060
	3040
	3140
	3278
～天祥	4890
11 ～璿	1744
13 ～武祥	1513
	2553
17 ～鞏伯	2250
22 ～崧壽	2812
24 ～纘先	7038
26 ～保權	3233
～吳瀾	3662
	4222
	4223
	4342
27 ～盤根	7033
30 ～宗孝	7019
32 ～兆豐	4769
～兆蕃	2348
	2573
	7036
～兆棪	3573
～遜遠	0600
33 ～治民	7032
～梁	3221
	3374
	3423
	4851
34 ～汝洲	7034
35 ～禮和	3373
～禮聲	7021
36 ～澤榮	2673
	7953
	7965
	7966
	7967
	8013
	8010
	7964
38 ～啓鎮	7031
40 ～九經	8005
～士桂	7019
～在謹	7030
～志源	3955
～吉生	4528
～檀	7023
44 ～菁茅	7016
～蘭桂	7017
～孝植	7017
～孝坤	1121
～蓉鏡	8008
～世熙	2750
～其堡	3045
～樹仁	4087
47 ～鶴沖	4088
50 ～春生	7035
53 ～盛笛	7032
55 ～井之恭	7976
68 ～晦洙	7996
71 ～頤	2208
74 ～陵中立睽漢	2933
77 ～殿選	3498
～問洙	3255
～門詔	7018
79 ～勝鉉	7968
80 ～全根	7037
～毓黻	1190
	3924
～義川	7027
82 ～鎧	2066
83 ～鉞	2208
86 ～錦榮	7022
90 ～光黿	7028
91 ～炳麟	1288
99 ～榮	4244

8012₇ 翁

00 ～方綱	0170
	3847
	3848
	3929
	3930
	3931
	3932
	3933
	3934
	3949
	4274
	7682
	7683
	7906
	7907
～廉	3144
	3175
～文瀨	3567
10 ～覃溪	0170
25 ～傳煦	4801
27 ～叔立	7680

～叔元	4239		2206	61 ～顯名	5370
30 ～之廉	2390		2269	77 ～殿揚	3193
～宗銅	7686		2418		3250
33 ～心存	1936		2437	～履	3252
38 ～遵讓	7681		4280	86 ～錫桓	5372
48 ～增源	2137	60 ～旦	0835	91 ～炳然	0031
77 ～同書	2012	～星洲	7581		
	4640	～國淥	7575	**8060₆ 曾**	
～同龢	1996	77 ～興瑞	2039		
	2388	80 ～鏡元	7580	00 ～慶溥	2211
	2389	～毓棠	7584	～廣通	5386
	4640	82 ～鍾鑾	7577	10 ～霑霍	5379
～學涵	7684	90 ～懷報	7574	21 ～衍詠	5376
		～光法	7580	27 ～彝進	2931
8020₇ 今				～紀澤	2141
		8033₂ 愈		～紀芬	4773
26 ～釋	1647				4774
77 ～闓壽麐	0478	60 ～愚齋主	8037	～紀全	5386
				28 ～以鼎	3538
8022₁ 俞		**8033₃ 慈**		30 ～憲發	5385
				～宗璞	5382
00 ～彥彬	7585	22 ～山居士	4352	34 ～達文	5379
～文炳	7576				5381
10 ～正燮	4302	**8040₄ 姜**		40 ～希文	2385
～元燾	7583			42 ～樸	2740
～元林	7581	00 ～彥吉	5375		5381
12 ～廷李	7575	12 ～瑞鑫	2578	44 ～蔭槐	5391
～廷杲	7578	20 ～采	4149	～華美	5391
17 ～乃璿	7588	22 ～繼宗	5374	～菘生	5388
21 ～紫芝	1307	24 ～佑鷟	5373	46 ～恕傅	2797
22 ～繼賢	3387	27 ～紹書	0593	50 ～青山	5384
24 ～德勳	7587		0594	～東璧	5388
～德寶	7585		0595	60 ～國藩	0401
～贊	7586	30 ～泣群	0930		1890
27 ～粲	3331	～安節	4149		2148
28 ～復	7589	32 ～兆錫	3693		2149
30 ～家仍	7582	35 ～禮	3286		2150
～之錄	7579	37 ～坅	0989		2151
36 ～澤穀	7582	41 ～柄周	8002		2152
37 ～祖榮	7574	44 ～若證	4852		2153
43 ～樾	2037	～世名	5368		2156
	2106	47 ～朝政	5369		2223
	2198	60 ～晟	4389		

～國權 5390
67～昭慎 5389
80～毓遵 5377
93～熾繁 5383

8060_7 倉

22～山主人 0240
60～景愉 4664

8060_8 谷

00～文煥 7039
7040

8090_1 佘

00～文鑒 7456
18～致祥 7449
21～步雲 5662
37～逸 6659

8090_4 余

00～癡生 3372
～文祥 6613
01～龍光 4338
4339
10～一鼇 4436
～元遴 1768
12～發初 6607
20～香祖 4617
22～鼎勛 6603
25～傳思 6611
26～鯤 6618
28～復魁 6602
30～家鼎 4617
～之熉 6602
～寅 0078
31～河清 6604
32～兆槐 6605
35～迪春 6612
38～肇康 2711
～肇鈞 4390
40～有伶 6599
～有橫 6616
～嘉錫 3398
～壽萱 6608
43～式瑤 6614
44～攀榮 6609
～其鏘 3456
50～本濱 6606
60～恩詒 2203
～昌湖 6607
67～明任 6600
77～鳳祥 6605
～覺 3261
～學彝 6612
～賢立 6615
90～懷 0086
～光裕 6609
97～恂 6610
99～榮晃 6617

8211_4 鍾

00～齊賢 7053
～廣生 4815
3131
12～瑞鏐 7048
20～集鳳 7050
21～仁煒 7057
22～仙舫 7044
～樂天 7058
27～綱鑑 7050
30～濂 2312
31～福球 7051
34～達煒 7056
36～澤南 7054
38～裕昆 7056
40～志沆 7049
42～斯英 7042
～斯盛 2038
44～萬福 7043
～萬興 7043
53～盛掄 7048
60～國英 7047
72～彤澐 4815
～質成 7059
77～開瀚 7055
80～愈 7052
～毓 4728
84～鎮楚 7046
90～光華 7044
99～榮 7049

8280_0 劍

62～影客 0938

8315_0 鐵

26～保 1817
4433
4434
28～齡 3296
41～獅道人 3299

8315_3 錢

00～應溥 2330
4573
4574
4575
～應清 2763
8028
～慶曾 4385
～文選 2402
2647
3269
3355
3516
3677
4890
6642
6643
7875
～文耀 3546
～文炯 3546

08	～謙	3614		～福蓀	3395	～世銘	4663
	～謙益	0614	32	～灃	6622	～桂芳	6632
		0615	34	～汝雯	3872	～林	0748
		0616		～洪泉	6630		0749
		0617	36	～渭漁	3580		0750
		3779	37	～溯耆	2321	45 ～坤全	6648
		3780		～溯時	2321	46 ～槐	1444
		7874		～湖釣徒	0249	47 ～椒	0161
12	～廷濟	6636			0250	50 ～泰吉	3675
17	～承康	6637			0251		4016
	～承緒	2343		～鴻紀	6640	～東壁	1794
	～聚仁	4194		～祖域	6627	51 ～振倫	3801
	～邵霖	6625	38	～榮	4404	～振聲	2630
20	～季寅	3364		～榮榕	6649	52 ～撝祿	4167
	～維楨	6626	40	～大昕	0151		4168
22	～鼎銘	2333			0152		4169
		4544			0153	57 ～邦彥	3673
	～循變	6621			0154		4174
24	～德洪	3658			0155	58 ～撫惠	6638
		3659			1793	60 ～日煦	6626
		3660			3647		6634
		3995			3648	～恩湛	6648
		3996			3656②	～昆元	4890
	～綺	1639			3675	66 ～單士釐	1287
25	～純	6639			3875	73 ～駿祥	3624
26	～保塘	0167			3877	77 ～同壽	4636
		0168			3878	～熙元	6631
		1258			3911	80 ～人麟	0601
		1411			4037	82 ～鍾瑜	6645
	～崐元	6635			4385	86 ～錦孫	2675
	～綿	4890		～士升	0591	87 ～鈞	6633
27	～紀麟	6636		～士奎	6629	93 ～熔	6639
	～紹勳	4890		～培楨	6620	97 ～恂	6641
28	～儀吉	0744		～蕭銘	4544		
		0745		～志俊	6650		
		0746		～志澄	4335		

8471₁　饒

10	～玉清	7590
12	～延年	2962
17	～孟任	3517
30	～宗頤	1171
46	～恕良	1055

Remaining column 1:
		0747
		3639
		3640
		4335
30	～寶琛	4544
	～寶書	2742
31	～潛	6623

Remaining column 2:
	～壽崧	6646
44	～基博	6647
	～基厚	4861
	～尊孫	4763
		4788
	～茂	0451
	～葆青	2752

8711_5 鈕

17～承藩 7060
30～永建 7061
44～樹玉 1872
1873

8718_2 欽

28～作舟 7782
44～其寶 7783

8742_7 鄭

00～亦鄒 1686
1687
1688
～文焯 3854
04～謀瑄 6149
10～可宗 6153
～雲官 2018
16～環 0481
1327
1391
3697
17～承霖 6156
～子展 4860
18～珍 1374
1375
20～舜賓 7855
21～順大 6150
～經 2068
22～樂亭 6266
24～先竤 6160
～先貞 6160
～佐卿 6155
～佶 7856
～勳 4258
4259
27～殷采 7958
7959
～紹徽 6165
28～復培 2854
30～永彬 6144
～守堪 3488
～寅普 7989
～寶瑷 6165
31～福照 4401
4503
32～沂 0428
～業敬 2015
34～汝崗 6162
～淩霄 6162
35～溱梁 6151
37～淑詹 0074
～祖琛 1971
38～裕孚 0459
2770
4859
～啓俊 6145
40～士範 3894
3895
3942
～培先 6148
～有緣 6152
44～芬 6147
～懋洵 3869
～孝胥 2277
2769
2771
2835
3109
3316
～孝純 7857
～世倌 1920
～世彬 6164
～世成 3864
～植昌 6163
～楙 1531
45～棟 6146
51～振萬 6156
～振鐸 0212
0471
58～敷教 4121
60～恩波 6159
61～顯孚 6157
64～曉 0572
～曉如 0484
1330
67～鄤 4116
4117
68～晦 6142
71～匡鉅 6143
～辰 0265
82～鍾祥 1806
83～鉞 5971
86～錦和 6154
～知同 2099
2100
87～舒耀 6158
91～炳南 6161

8762_2 舒

21～熊 5763
27～彝清 5500
30～安仁 7594
38～道觀 7591
40～希齡 7596
46～柏 7593
77～學典 7592
93～煊昌 7595
99～滎基 7595

8778_2 飲

32～冰室主人 2291
2292
2293

8813_7 鈴

40～木虎雄 4156
～木汪 0149

8822_7 簡

27～紹芳 3674

30 ～賓候	4010
	7063
47 ～朝亮	4631
	7062
60 ～日華	3200
67 ～照南	2663
	2664
71 ～長迪	7064
～長焜	7064
88 ～竹居	7063

8824₃ 符

24 ～德恒	6666
30 ～定一	2749
～宗國	6665
32 ～業涵	6666
48 ～乾	3533

8877₇ 管

00 ～庭芬	2053
17 ～璪圻	7065
27 ～紀勳	7065
35 ～禮秉	7067
38 ～啓韶	7066
42 ～斯駿	2470
44 ～世駿	3739
48 ～松濤	7068
77 ～鳳穌	2622
～同	3715
	3716

9000₀ 小

21 ～師真爍	1624
32 ～浮山人	4579
	4580
36 ～澤文四郎	4560

9003₂ 懷

44 ～塔布	2121
60 ～圍居士	1675
	1676

9022₇ 尚

20 ～秉和	2719
	2963
	3606
27 ～久貞	6653
32 ～淵濤	6652
34 ～汝賢	6652
44 ～其憲	6653
60 ～署發	6651

9022₇ 常

10 ～三省	1549
11 ～璩	1142
	1143
	1144
	1145
17 ～弼延	7069
24 ～贊春	0972
26 ～稷笙	3300
40 ～堉璋	3361
～在	1459
	3813
60 ～恩	4530
	4531
80 ～羨之	7069

9090₄ 米

44 ～萬鍾	1596

9101₆ 恒

28 ～矜	0771
34 ～社	3479
48 ～敬	5016

9104₆ 悼

26 ～吳大會籌備會	3535

9406₁ 惜

80 ～余道人	4524

9601₄ 惺

02 ～新盦主	2286
	2287

9705₆ 惲

00 ～彥彬	2727
15 ～珠	1238
30 ～寶惠	3455
	3027
37 ～祖祁	6166
44 ～桂孫	2213
47 ～鶴生	4291
	4290
	4289
80 ～毓珂	2489
～毓良	2489

9942₇ 勞

10 ～爾駿	6657
17 ～乃宣	4747
21 ～步洲	6656
～能得	6658
22 ～崇升	6658
30 ～潼	4355
40 ～志湧	6657
77 ～殿芳	6655

9990₄ 榮

24 ～德生	4845
31 ～福齡	5011
34 ～汝寧	5008
～汝棻	5010
～汝楫	5009
37 ～祿	2159
	0901
87 ～錄	7767

Ma

Ma ～caulay	8016

傳主譜主索引

0010₄　童

28	～以謙	4733
44	～華	2220
72	～氏(丁逢元之妻)	3137

0021₁　鹿

25	～傳霖	2431
80	～善繼	4071

0021₁　龐

44	～樹典	3138
65	～映湖	3504
82	～鍾璐	4684

0022₂　廖

10	～平	2745
11	～冀亨	1739
30	～宗元	2970
44	～世勃	3469
	～樹蘅	2549
72	～氏(郭鴻初之母)	2000

0022₃　齊

17	～孟芳	2824
30	～之鸞	4008

0022₃　齋

35	～清阿	4530

0022₇　方

18	～政	2746
30	～宗誠	2226
	～宗韓	2724
40	～士淦	4549
	～克勤	1529
	～志敏	3552
41	～楷	2515
44	～孝孺	3956
	～華欽	4457
	～苞	4306
46	～觀瀾	4713
50	～東樹	4503
72	～氏(趙冕瞻之母)	2984
	～氏(劉成禹之母)	2783
80	～美和	2419

0022₇　席

50	～素煊	2407
72	～氏(許彥之外姑)	2889

0022₇　庸

77	～叟	4802

0022₇　高

00	～文銘	2405
12	～廷瑤	1928
15	～建瓴	2002
20	～位富	1853
21	～熊舉	1964
22	～山正之	7976

28	～以莊	2231
36	～湘	3188
37	～祖佑	3240
38	～啓	3955
40	～奇峰	3484
44	～葆如	2942
	～攀龍	1589
		4057
46	～觀昌	4787
47	～栬	2738
49	～妙青	1545
72	～氏(張允慶之母)	2252
	～氏(張軼歐之母)	2704
	～氏(葉於沅之母)	3079
	～氏(錢季寅之母)	3364
77	～鳳岐	2885

0023₀　卞

44	～萃文	4484

0023₂　康

00	～廉采	1736
30	～寧	3512
40	～有爲	2881
	～壽桐	2681
44	～基田	1792
		4383

0023₇　廉

26	～泉	3155
32	～兆綸	2138

0023₇ 庚

60	～國清	2773

0024₇ 慶

18	～珍	3197
22	～嶽	2133

0026₇ 唐

02	～訓方	2123
20	～舜卿	2641
21	～順之	1554
		4022
25	～仲友	1504
37	～淑貞	3080
40	～友耕	4725
	～吉漢	4622
41	～樞	4015
44	～執玉	4308
	～英	4331
50	～惠觀	1876
53	～成烈	2682
72	～氏(周登皥之妻)	3282
86	～錫晉	2642
97	～炯	2371
	～炯	4706
99	～瑩	4657

0028₆ 廣

10	～玉	1845

0040₀ 文

08	～謙	2092
10	～天祥	1511
		3917
12	～廷式	4788
38	～祥	2228
40	～克謙	8000

48	～翰驊	3218
67	～明鈺	3012
72	～氏(陳輔臣之妻)	3032
77	～同	3814
97	～煥章	2977
98	～悌(蘇完瓜爾佳氏)	2697

0040₁ 辛

00	～棄疾	3903
28	～從益	4447

0040₆ 章

00	～庭	1565
12	～瑞徵	2433
19	～耿光	1669
40	～壽麟	2406
44	～懋	3983
47	～桐	3486
57	～邦元	4697
72	～氏(張概之母)	2665
	～氏(徐天錫之母)	1759
	～氏	2962
78	～鑒	3118
91	～炳麟	3170

0060₁ 言

08	～敦源	3167

0060₁ 音

50	～春橋	2097

0073₂ 玄

24	～奘	3766

0121₁ 龍

10	～雨蒼	3545
40	～志楨	3500

72	～氏	1968
77	～與祥	3507

0128₆ 顏

10	～元	1705
		4247
35	～清如	1762
40	～真卿	3770
42	～札景廉	2273
	～札氏	2159
60	～回	1350
78	～敦	1766

0164₆ 譚

24	～贊	3413
40	～大初	4019
60	～日襄	2805
	～日鈞	2623
67	～嗣同	4811
72	～彤士	3289

0180₁ 龔

07	～詡	3964
26	～自珍	4576
	～自閎	4672
30	～守正	4514
33	～心湛	3163
	～心銘	3625
60	～易圖	4717
	～景瀚	1834
77	～賢	1536

0212₇ 端

00	～方	2969
40	～木國瑚	1927

0344₀ 斌

30	～良	4542

0460₀　謝

00 ~應芳	1519
~文洊	4187
17 ~乃果	1743
~子澄	2758
22 ~繼媛	3554
27 ~翱	3922
~叔元	4814
30 ~安	1415
~寶鏐	2271
31 ~遷	3989
44 ~蘭生	4618
	1867
~蔭昌	4849
51 ~振定	1852
54 ~持	4847
61 ~顯琳	3483
72 ~氏(吳葆森妻)	2941
87 ~銘勳	3426

0466₀　諸

| 44 ~葛亮 | 1402 |
| | 3744 |

0468₆　讀

| 28 ~徹 | 4100 |

0742₇　郭

00 ~慶藩	2586
~文燾	2255
12 ~琇	4261
17 ~子章	4047
21 ~衍汾	1937
22 ~嵩燾	2221
	4669
28 ~從善	1721
34 ~汝誠	2042
40 ~奇美	4014

44 ~夢齡	2055
60 ~畀	1516
61 ~顯球	2945
62 ~則澐	3414
72 ~氏(吳庠之母)	2741
~氏	3119
80 ~曾炘	2799

0821₂　施

38 ~啓宇	2822
72 ~氏(王正庸之母)	2759
77 ~閏章	4197

0864₀　許

11 ~玨	2580
21 ~衡	3941
30 ~寅輝	3524
40 ~嘉穀	3207
~嘉猷	4444
45 ~槤	1985
51 ~振褘	3551
60 ~景澄	2611
72 ~氏(周世勳之母)	1987
~氏(許國鳳之姑母)	2397
~氏(翁同龢之母)	1996
90 ~惟枚	4336
91 ~炳榛	2713
94 ~慎	3726

0925₉　麟

| 00 ~慶 | 2004 |
| | 4564 |

0968₉　談

| 44 ~蓀蓀 | 3396 |

1010₁　三

| 27 ~峰和尚 | 4067 |

| 30 ~寶 | 1784 |

1010₃　玉

| 40 ~真 | 3537 |

1010₄　王

00 ~應麟	3911
~庭筠	3924
~慶雲	4610
~慶福	3262
~文韶	2372
~文濡	3120
~文雄	4420
10 ~丕顯	3171
~霖	4323
12 ~引之	1897
16 ~理孚	4848
17 ~瓊	3991
20 ~季寅	4748
~采玉	3042
~維	3767
21 ~衍謙	2624
~仁俊	3096
~仁堪	2666
22 ~崇簡	4135
~繼穀	2743
24 ~先謙	4743
~德鍾	3534
~佑曾	2668
25 ~傑	4380
~傑甫	2946
26 ~伯淵	2609
27 ~佩珍	3434
~象乾	1575
~舟瑤	4793
~粲君	3487
~叔均	3610
28 ~以衡	1878
30 ~家相	1884
~永江	3222
~之杰	3093

～之垣 1566
～之屏 1840
～守仁 1546
3993
～守恂 3035
～安石 3825
～安節 1513
～實仁 4557
～宗儀 3094
31 ～灝 2278
～福曾 2718
32 ～淨蓮 1955
34 ～汝揆 2098
～邁 3630
35 ～沛憻 1732
4286
36 ～昶 4377
37 ～淑卿 3367
～次素 2305
～祖肅 4370
～祖畬 2563
4744
～通(隋) 1433
～通(明) 1542
38 ～澥 4303
～裕承 2891
～肇謙 2104
40 ～十朋 3874
～士珍 2963
～士禎 1703
4241
～在沼 3575
～克楨 3241
～克敏之母 3593
～南成 2530
～有齡 4642
～壽同 2087
43 ～式通 3034
～婉珍 3024
44 ～蘭芬 2782
～茂蔭 2058
～懋官 4762
～者政 2081
～世貞 3634
4037
～世懋 3634
～世恩 4710
～世鏜 3140
～其勤 1568
～楚堂 4495
～樹枏 2719
4770
45 ～棟 4018
46 ～恕 4330
～柏心 2065
47 ～懿德 2056
4609
～懿修 1816
50 ～夫之 4200
～惠霖 2244
51 ～振聲 2561
56 ～揖唐 3352
57 ～邦璽 2342
60 ～量寬 3280
～國維 3353
～恩綬 2088
～甲榮 4766
64 ～時邁 2351
～時敏 4109
70 ～驤 4024
71 ～原 1553
72 ～氏(謝天錫之母) 2916
～氏(郭則沄之母) 2985
～氏(王懋德之妻) 2564
～氏(張以柏之妻) 2788
～氏(邊學沂之母) 3611
～氏(萬福麟之母) 2567
～氏(韓國鈞之妻) 3607
～氏(黃家璘之母) 2714
～氏(黃抱一之妻) 3416
～氏(蔡鍔之母) 2892
～氏(胡嵩之母) 3263
～氏(史夢蘭之母) 2014
73 ～臥山 2275
77 ～闓運 2398
4714
～鳳岐 3466
～用誥 4740
～履亨 2825
～際華 1944
～熙 4224
～又樸 4326
～又曾 1684
80 ～金綬 3095
～金策 2217
～鏡寰 3444
～鑫 4694
～今遠 4360
～羲之 3750
86 ～錦銓 2610
～錫爵 4042
～錫九 4604
～錫彤 4816
99 ～縈緒 4362

1010$_{7}$ 亞

40 ～壺公 3294

1014$_{1}$ 聶

10 ～爾遜 8017
26 ～緝槼 2802
30 ～守仁 3056

1020$_{0}$ 丁

10 ～丙 4712
25 ～傳靖 3195
30 ～憲貞 3355
～守存 4654
～寶楨 2248
4676
31 ～福保 4840
37 ～淑貞 3560
40 ～嘉保 2069
46 ～槐 2690
60 ～日昌 2298
～晏 4597

63 ～畹芬	2615	
72 ～氏(王祖繩之母)	2672	
～氏(沈澤春之母)	2807	
～氏(楊沂孫之母)	1993	
77 ～開嶂	3226	
80 ～毓英	3174	

1021₁ 元

24 ～積	3797
47 ～好問	1514
	3927
72 ～氏(林公任之母)	2965

1021₄ 霍

20 ～爲菜	2212
31 ～沾霖	3576
42 ～韜	4009
44 ～樹清	1910

1024₇ 夏

00 ～辛銘	4826
～言	4006
12 ～廷樾	2096
21 ～仁虎	3272
24 ～先承	1578
30 ～之蓉	4349
37 ～鴻時	1903
64 ～時	2455
65 ～味堂	1828
72 ～氏(荆有年之母)	3156
～氏(陳汝寬之妻)	2032
77 ～同善	4711

1040₀ 于

12 ～孔兼	4045
30 ～寶珊	3337
～宗堯	1728
44 ～蔭霖	2490
53 ～成龍	4263

58 ～黽圖	4425
72 ～氏(袁克定之母)	3594
82 ～鍾岳	2114

1040₉ 平

21 ～步青	2403

1060₀ 石

46 ～如金	1753

1060₀ 西

08 ～施	1352

1060₀ 百

28 ～齡	1843

1060₃ 雷

33 ～補同	2964
61 ～顯宗	1722
67 ～鳴遠	8036
79 ～飇	3264

1062₁ 哥

28 ～倫布	8032
	8033
80 ～侖波	8032
	8033

1077₂ 函

60 ～昰	4151

1080₆ 賈

03 ～誼	3722
15 ～臻	2404

1090₄ 栗

80 ～毓美	1954
	4524

1090₄ 粟

50 ～奉之	2838

1111₄ 班

88 ～第	1861

1118₆ 項

00 ～應蓮	1839

1122₇ 彌

40 ～壽	3078

1123₂ 張

00 ～亮基	4626
～文麟	4004
～文虎	2115
08 ～於荃	1953
10 ～玉書	4267
～元直	1913
～元翰	2751
	4776
～百熙	2654
12 ～弘綱	1745
～廷玉	4314
～廷湘	2521
～廷鑑	1940
～延綏	1445
14 ～瑾	1700
17 ～弼	1540
～勇	1670
18 ～玲璉	3538
～致堂	3157

20 ～信民	4056	～杙	3896	80 ～金吾	4547	
～維屏	1960	44 ～蔭棠	2952	～養誠	3475	
	4528	～蔭桓	2456	86 ～錦文	2036	
21 ～上達	3302	～茂鏞	4804	87 ～鈞衡	3234	
～仁黼	2680	～茂烱	3324	88 ～篤慶	4272	
～熊	2951	～燕昌	1820	96 ～惺	3274	
～師誠	4458	～茝衡	3474	～煌言	1681	
22 ～崟	4453	～世英	4754		4207	

1173₂ 裴

～鼎丞	3275	～世敏	4666			
24 ～佑	4464	～其光	2380	44 ～蔭森	4685	
～勳	2789	～樹珊	2332			

1212₇ 瑞

26 ～皇后(明熹宗皇后)	1659	～桂林	4760			
～伯烈	3276	46 ～相文	3105			
～伯行	4281		4820	03 ～斌	3372	
～保祿	2048	47 ～朝晉	4318	09 ～麟	2121	
～穆	4621	50 ～耒	3851	32 ～澄	3028	
27 ～佩綸	2676	～素琴	2769	50 ～春	2030	
～佩芳	4402	57 ～邦伸	4408	60 ～昌	2973	
28 ～以柏	2787	～邦昌	1479			

1217₂ 聯

～作霖	3325	60 ～國維	4120			
30 ～之漢	3106	～國樑	2304	00 ～堃	3077	
～之洞	2460	～曼殊	1749	34 ～祐	2862	
	4723	65 ～映斗	1844			
～注東	3449	67 ～明淮	3440			

1240₁ 延

～憲	3301	72 ～氏(高廷雋之母)	2932	60 ～昌	4730	
～安保	2018	～氏(高步瀛之母)	2554			
～睿	2768	～氏(文燦太祖母)	1711			

1241₀ 孔

	4780	～氏(王之臣之母)	2583			
33 ～溥	4140	～氏(張毓書之母)	2890	17 ～子	3683	
34 ～澍	4534	～氏(孫孝則之母)	1770	27 ～伋	1353	
37 ～潤	3520	～氏(孫用時之母)	3182	67 ～昭傑	4527	
38 ～祥河	1976	～氏(朱立成之母)	3013	72 ～丘	1303	
	4545	～氏(洪熙之母)	2522		3683	
40 ～九鉞	4373	～氏(楊國柄之母)	2469	～氏(楊樹穀之母)	2893	
～大有	1754	～氏(趙法治之母)	2814	90 ～尚任	4276	
～大鏞	4501	～氏(鍾濓之母)	2312			

1249₃ 孫

～志潭	3450	77 ～月姑	1948			
～志蘭	3570	～鵬昇	1880	00 ～應焜	2432	
～吉安	1865	～鵬翮	4277			
～壽鏞	3344	～履祥	4162			
～森運	2730	～學華	4803			
43 ～載	3824	～開圻	3132			
～戴陽	3252	～間陶	4474			

～文	3081	26 ～穆淳	1919	**1722₇ 胥**	
03 ～詒經	2325	32 ～澄清	4611		
10 ～玉庭	4431	86 ～錫廣	2080	72 ～氏(任師尚之母)	3191
～元	3411				
～爾準	4497	**1323₆ 強**		**1723₂ 豫**	
～雲錦	4682	40 ～克捷	1877	00 ～立	2961
12 ～瑞珍	1966			21 ～師	2742
17 ～承宗	4061	**1413₄ 瑛**		48 ～敬	3619
23 ～峻均	2662				
24 ～德昭	2845	38 ～榮	3308	**1740₇ 子**	
25 ～仲噉	7999			60 ～思	1353
～傅庭	1630	**1710₇ 孟**			
27 ～繩武	1693	07 ～郊	3788	**1742₇ 邢**	
30 ～家蕭	2341	17 ～子	1356	22 ～崇先	4726
	4701		3704	60 ～昉	4106
～家泰	2760	22 ～繼曾	3121		
～之騄	1824	25 ～傳真	2326	**1750₇ 尹**	
～寶琦	3110	30 ～憲彝	3097	40 ～吉甫	1302
～宗濂	1782	51 ～軻	1356	60 ～昌衡	3460
35 ～連仲	3513		3704	80 ～會一	4337
37 ～鴻猷	3348	72 ～氏(林華之母)	2894		
40 ～奇逢	1608			**1752₇ 那**	
	4092	**1712₇ 耶**		00 ～彥成	1895
44 ～芳祖	2775	25 ～律楚材	3938	35 ～清安	1900
46 ～楫	2340				
50 ～中山	3081	**1712₇ 鄧**		**1762₀ 司**	
51 ～振烈	4749	12 ～聯姑	3151	24 ～徒雷登	8041
60 ～星衍	4437	～廷楨	4511	57 ～邦基	1673
～國封	3485	27 ～紹良	2070	71 ～馬遷	3724
～景楊	3542	28 ～復興	2491	～馬相如	1370
72 ～氏	2576	40 ～嘉縝	2616	～馬氏(鄒子蓮之妻)	3608
～氏(謝家賓之母)	3023	44 ～夢琴	1788	～馬光	3815
～氏(賈士毅之母)	3054	～萃英	3457		
～氏(劉備夫人)	1412	61 ～顯鶚	1933		
～氏(周昌之母)	1719	88 ～第武	2420		
77 ～覺	3830				
78 ～臨	1661	**1717₂ 瑤**		**1762₇ 邵**	
80 ～毓淮	2040	77 ～岡	4322	00 ～亨豫	4667
87 ～銘恩	2125				
1314₀ 武					
02 ～訓	2483				

03 ～斌綏	3065	
30 ～寶	3992	
47 ～懿辰	2132	
60 ～國霖	2516	

1918₀ 耿

00 ～文光	4709
37 ～淑田	3547

2022₇ 喬

44 ～若雯	1602

2023₂ 依

44 ～蘭泰	1775

2033₁ 焦

10 ～天福	3247
22 ～循	1888
	4461
40 ～袁熹	4292

2040₇ 季

24 ～德馨	3556
44 ～芝昌	2008
	4562
80 ～念詒	2184

2061₄ 雒

72 ～氏(鄒致鈞之母)	2978

2071₄ 毛

26 ～伯溫	4005
36 ～昶熙	2218
40 ～克寬	2364
60 ～昌傑	3629

2090₄ 采

50 ～青	3309

2120₁ 步

87 ～翔棻	3278

2121₇ 伍

12 ～廷芳	2574
47 ～朝樞	3471

2121₇ 盧

10 ～正衡	2899
17 ～弼	3338
27 ～象昇	1639
31 ～福基	2831
44 ～蔭溥	4452
45 ～坤	4505

2122₀ 何

00 ～慶涵	2268
16 ～璟	2215
22 ～出圖	4046
34 ～汝霖	1962
	4533
～淩漢	1923
38 ～淞	2633
44 ～蘋	2836
～世璂	4302
53 ～成濬	3425
60 ～景齊	3375
～景明	4007
72 ～剛德	2812
～氏(姚裕謙之母)	2517

2123₄ 虞

20 ～舜	3679

～集	3949

2128₆ 潁

12 ～孫師	3702

2133₁ 熊

10 ～元鍔	3383
48 ～枚	4405
50 ～春煦	3515
77 ～興麟	1654

2140₆ 卓

20 ～秉恬	1967

2150₆ 衛

50 ～中	8030

2191₁ 經

24 ～緯	2091

2210₈ 豐

26 ～稷	1462
71 ～臣秀吉	7979

2220₇ 岑

23 ～參	3786
24 ～德固	3386
50 ～春萱	2980
51 ～振祖	1856
	4439
80 ～毓英	2365
	4705

2221₄ 任

20 ～秉彝	3405

44 ～蘭生	2495
77 ～鳳翔	2764
86 ～錫汾	2727

2221₄ 崔

11 ～玨	1434
33 ～述	1821
40 ～大同	2784
～奎瑞	8009
～志道	2399
72 ～氏(邊錫紳之妻)	3018

2224₄ 倭

21 ～仁	2093
24 ～什訥	2086

2277₀ 山

24 ～崎嘉	7980
34 ～濤	1410

2290₁ 崇

10 ～雯	4853
26 ～保	2196
30 ～實	4678
71 ～厚	4698

2300₀ 卜

00 ～商	3703
40 ～士厚	3588

2323₄ 伏

25 ～生	1368
	3721
79 ～勝	1368
	3721

2324₂ 傅

00 ～慶泰	2971
～玄	1411
10 ～元貞	3403
12 ～弘烈	1760
21 ～熊湘	3438
22 ～山	4147
24 ～幼瓊	3006
48 ～增湘	3227
50 ～申甫	2570
72 ～氏(盧弼之妻)	3341

2350₀ 牟

77 ～同明	2939

2395₀ 織

60 ～田信長	7978

2421₁ 先

08 ～施	1352
27 ～絡	1372

2421₇ 仇

72 ～氏(吳葆誠之母)	2596

2423₁ 德

10 ～元	1804
35 ～清	4048
46 ～楞泰	4414

2424₇ 彼

26 ～得大帝	8037
	8038

2500₀ 牛

00 ～應徵	1723
37 ～運震	1774
44 ～蘊璋	3606
50 ～惠生	4862

2590₀ 朱

00 ～慶元	2481
～文治	1875
05 ～靖旬	2423
10 ～一新	2639
12 ～廷煥	1642
14 ～珪	4399
17 ～子元	3567
20 ～采	2396
23 ～允炆	3960
27 ～彝尊	4225
32 ～漸儀	1701
35 ～澧	1838
37 ～次琦	4631
～滌	3409
～祖謀	2875
38 ～道懷	2266
40 ～士恭	2064
～士煥	4821
～培元	3441
～希祖	3388
～熹	1497
	3880
42 ～彭年	4731
44 ～萬年	1702
～世昀	3529
47 ～根仁	2251
50 ～中孚	2712
52 ～哲臣	3000
53 ～軾	1752
	4300
57 ～賴	2480
72 ～氏(孫寶琦之母)	2247
～氏(汪喜孫之母)	1862

～氏(李寂庵之母)	2940	～應箕	1632	43 ～式芬	2044
73 ～駿聲	4553		4118	～樾	3368
77 ～用純	4222	～康之	2488	44 ～芳吉	3535
～學恭	2772	～慶坻	2669		4865
80 ～含元	2876	～文鎔	4581	～蔭培	2720
～念陶	3162	02 ～端甫	2128	～芝瑛	3143
86 ～錫梁	3257	09 ～麟徵	4111	～懋鼎	2707
88 ～筠	4386	10 ～玉綸	4404	～孝女(吳芬之女)	3514
		～玉搢	4350	～藹宸	3502
2600₀　白		～雯	4274	～甘來	1637
		～西隆	1851	～其昌	1997
23 ～俊彥	2842	～可讀	2165	～楚翹	2986
34 ～潢	1819	12 ～廷棟	4589	～桂	1914
77 ～居易	3795	～廷揆	1777	47 ～馨	3242
83 ～鎔	1905	～廷燮	3058	～桐林	2918
			4810	48 ～敬	4418
2620₀　伯		～延寵	7992	50 ～春陽	3435
		15 ～琰	1708	～貴	3562
09 ～麟	1835	17 ～子孝	4013	57 ～邦慶	1898
		～邵田	3445	60 ～昌綏	3142
2624₀　俾		20 ～重彝	3522	～昌壽	2129
		21 ～仁榮	2072	71 ～歷	4238
42 ～斯麥	8027	～熊	2090	72 ～氏(許起昆之母)	1737
	8028	～師祁	2043	～氏(黎元洪之妻)	3290
		22 ～鼎雲	3122	～氏(汪天與之母)	1713
2641₃　魏		24 ～偉業	4153	～氏(涂鳳壽之母)	2708
		～贊誠	2276	～氏(涂鳳書之母)	2687
00 ～裔介	4186	25 ～傑	2187	～氏(董金鑒之母)	4662
～方泰	1733	27 ～魯強	3571	～氏(趙惟熙之妻)	3572
17 ～承禧	2949	～紹詩	1771	～氏(劉世榕聘妻)	2804
27 ～象樞	4188		4351	～氏(陸潤庠之妻)	2546
28 ～徵	1419	～紹濂	4413	～氏(陸麟仲之母)	3612
	3764	30 ～騫	1801	～氏(周學熙之母)	2426
31 ～源	2029	～宗愛	4280	77 ～與弼	3969
38 ～瀚	1912	32 ～兆元	2895	80 ～鎬	2105
40 ～大中	4069	～澄	3946	83 ～鐵城	3478
47 ～杞	1495	34 ～汝綸	2532	84 ～鏜	4406
53 ～成憲	4440		4737	86 ～錫麒	1830
87 ～銀河	1805	40 ～大廷	4687	90 ～光堯	2537
		～大澂	2425	～省欽	4388
2643₀　吳		～士鑒	3141	94 ～煒	1763
			4823	98 ～悌	4017
00 ～應連	2033	～嘉紀	4193	99 ～燮	3244

~榮光　4508

2690₀ 和

15 ~坤　1849

2691₄ 程

00 ~文海　3948
　 ~文炳　2422
21 ~仁恩　4661
　 ~卓山　2551
22 ~山先生　4186
24 ~豔秋　3573
　 ~先甲　3215
30 ~良馭　2863
32 ~兆棟　1980
37 ~通　1538
44 ~懋恩　2303
　 ~世基　1832
61 ~顥　3833
70 ~璧光　2926
72 ~氏(汪母)　1691
77 ~學啟　2376
80 ~人鵠　2552
82 ~鍾齡　1957
90 ~炎震　3323

2712₇ 歸

40 ~有光　4020
44 ~莊　4180

2713₂ 黎

10 ~元洪　3040
　 　　　4807
17 ~承禮　2992
30 ~家崧　3578
　 ~安理　4428
40 ~培敬　4699

2720₇ 多

10 ~爾袞　1662
77 ~隆阿　2216

2721₇ 倪

10 ~元璐　4114
14 ~珪貞　3183
　 ~瓚　1521
　 　　　3950
17 ~承弼　1958
　 　　　4529

2723₄ 侯

00 ~方域　4191
27 ~峒曾　4107
37 ~鴻鑒　3238
60 ~晸　2054

2724₇ 殷

32 ~兆鏞　4625
34 ~邁　4026
44 ~葆誠　3020
46 ~梄臣　3185
72 ~氏　1791

2725₇ 伊

17 ~尹　1300
60 ~里布　1925
77 ~興額　2111

2726₁ 詹

10 ~天顏　1727
　 ~天佑　2975
72 ~氏(沈知蕭之母)　1975

2731₂ 鮑

00 ~康　2134
21 ~上傳　2322
31 ~源深　2176
33 ~心增　2748
44 ~桂星　4473
47 ~超　4703
50 ~貴卿　3131
53 ~咸昌　3043
72 ~氏(王錫光妻)　4637

2732₇ 鄔

40 ~吉人　2387

2742₇ 鄒

12 ~廷廉　2731
23 ~代鈞　2792
34 ~浩　1477
　 　　　3857
37 ~祖堂　2110

2760₃ 魯

12 ~瑞　2864
37 ~滌平　3473
72 ~氏(章錫琛之母)　3066

2771₂ 包

00 ~立身　3015
44 ~世臣　4513
80 ~令媄　2116

2791₇ 紀

40 ~大奎　1833
72 ~氏(李軌之母)　3232

2792₀　約			32 ～兆豐	2429		**3022₇　扁**	
			34 ～達邦	2249			
48 ～翰生	8016		35 ～迪惠	2259		47 ～鵲	1354
			36 ～澤醇	4552			
2792₂　繆			37 ～潤	4732		**3023₂　永**	
			40 ～士修	1773			
44 ～荃孫	2600		～士芬	2006		74 ～陞	2979
	4751		～蕭	4643			
60 ～昌期	1591		～志摩	3531		**3040₄　安**	
	4060		～嘉霖	3561			
98 ～燧	1746		～嘉賢	2443		37 ～祿山	1439
			～枋	4209		40 ～希范	4063
2794₀　叔			44 ～世昌	4783		60 ～國	1548
			～世光	2855			
60 ～旦	1301		45 ～棟	4582		**3073₂　良**	
			47 ～起渭	4509			
2796₂　紹			～桐	2237		17 ～弼	3360
			60 ～景軾	4702			
10 ～元	3557		65 ～映璞	3511		**3077₇　官**	
			72 ～氏(許纘曾之母)	1656			
2822₇　倫			～氏(張榕軒之妻)	2902		38 ～道尊	3609
			～氏(柴俊篯之母)	2905			
88 ～敘	3346		～氏(吳學廉之母)	2331		**3080₁　蹇**	
			～氏(馮祥光之母)	2691			
2829₄　徐			～氏(蔣光焴之繼母)	2062		80 ～念益	3359
			～氏(韓克均之妻)	1894			
00 ～廣縉	4605		77 ～堅	1776		**3080₆　寶**	
10 ～玉舉	1902		～同柏	4516			
～元潤	4550		～用儀	2330		12 ～廷	4738
～霞客	1621		～鵬志	3404		14 ～琳	1807
14 ～琪	2901		86 ～錫麟	3248		47 ～鋆	2103
20 ～孚遠	4126		88 ～篯齡	2094		77 ～熙	3135
21 ～貞孺	3591		90 ～光啓	1590			
～紫雲	1717		99 ～榮	2016		**3080₆　竇**	
22 ～豐玉	2183						
～鼎康	4846		**2998₀　秋**			27 ～叔英	2640
23 ～允福	2007					40 ～克勤	1729
27 ～紹楨	2972		14 ～瑾	3332		46 ～如田	2344
30 ～宜麐	3100						
～家傑	2214		**3012₃　濟**			**3080₆　賽**	
～宗幹	4600						
31 ～灝	2122		60 ～昌	2027		55 ～典赤瞻思丁	1515

80 ～金花	4831	

3090₁　宗

12 ～廷輔	2314
17 ～子戴	3053
24 ～德懋	1883
26 ～稷臣	2013
31 ～源翰	2415
36 ～澤	3855
43 ～婉	3279
60 ～杲	3863

3090₄　宋

00 ～育仁	2908
30 ～濂	1527
	3952
～之繩	1664
	4170
～之韓	4157
37 ～運貢	2810
40 ～在詩	4347
～希命	8011
46 ～如林	1859
48 ～教仁	3424
64 ～時烈	8006
	8007
67 ～鳴琦	4463
～瞻祖	4294
72 ～氏(趙廷鐸之母)	3357

3111₀　江

30 ～永	4329
34 ～淹	3762
38 ～瀚	2846
44 ～藩	4454
50 ～忠源	2163
80 ～人鏡	2274

3111₄　汪

00 ～康年	2943

	4799
～應軫	1550
01 ～龍標	3260
02 ～端	2019
10 ～丙新	4596
～雲龍	2823
13 ～琬	4213
20 ～喬年	1620
23 ～紱	4338
32 ～兆銘	3428
37 ～鴻遇	3111
38 ～肇鎔	2604
40 ～大燮	2912
～士鐸	2077
～喜荀	1978
44 ～茂萱	2645
～鈍	2242
47 ～鶴舲	3089
50 ～中	4409
72 ～氏(潘儀鳳祖母)	1950
88 ～筱村	3283
91 ～烜	1768
95 ～精衛	3428
97 ～輝祖	1799
	4391
99 ～榮寶	3365

3112₇　馮

10 ～玉潛	3314
11 ～开	3239
12 ～登府	4539
18 ～孜	1572
24 ～德馨	4615
40 ～古樁	4526
44 ～夢龍	1600
～夢禎	1577
46 ～恕	3108
50 ～春暉	1918
	4504
53 ～成修	4355
60 ～國璋	2879
72 ～氏(董舜年之妻)	3205

77 ～履咸	1785
～熙	2575
88 ～筱雲	2038
90 ～光元	2543

3126₆　福

15 ～珠	2757
53 ～成	2757
62 ～喇塔	1757
77 ～興	2200

3128₆　顧

00 ～廣圻	4478
～晉明	3410
～忘齋	3281
10 ～震福	3219
23 ～臧	3206
26 ～伯潛	2716
30 ～憲成	4052
40 ～大成	2324
～壽楨	4720
46 ～柏年	3186
47 ～起經	1557
67 ～嗣立	4298
72 ～氏(楊壽柟之妻)	3136
80 ～養謙	4044
90 ～炎武	1665
	4171

3168₆　額

30 ～宜都	1586

3213₄　濮

30 ～宗柏	2696

3216₉　潘

20 ～季馴	1564
30 ～守廉	2646

〜宰英	2349
35 〜冲穆	3590
37 〜祖楨	2560
〜祖蔭	4708
〜逢泰	4759
44 〜基泰	2195
〜世璜	1891
〜世恩	4489
〜菊潭	2848
50 〜夫人（汪希董之母）	3089
67 〜鳴球	4835
72 〜氏（梁壽臧之母）	4765
〜氏（簡照南之母）	2663
〜岳	3747
80 〜曾瑋	4670
〜曾綏	4641
〜曾沂	4579
〜曾塋	2112
86 〜錫恩	3107
90 〜小紅	3525

3390₄　梁

00 〜章鉅	4510
26 〜保三	2594
30 〜濟	4797
38 〜啓超	4836
40 〜士詒	3179
60 〜國治	4375
〜景先	2309
72 〜氏（許振禕側室）	2653
〜氏（周駿之母）	2927
80 〜善濟	3008

3411₁　冼

10 〜玉清	3521

3411₂　沈

02 〜端恪	4312
10 〜晉恩	2607
〜雲沛	2779

12 〜聯	3453
〜廷楓	1984
20 〜維鐈	4522
21 〜貞婉	2075
23 〜峻	4411
24 〜德潛	4320
26 〜保衡	2795
30 〜家本	2527
〜進忠	2887
〜定一	3427
〜寶昌	2256
32 〜兆霖	4616
〜近思	4310
37 〜祖藩	3331
40 〜嘉澍	3284
〜壽	3261
44 〜葆楨	2243
〜棫惪	1983
47 〜起元	4334
50 〜中堅	2579
60 〜思	1478
72 〜氏（許博明之母）	3220
〜氏（宋哲元之母）	3091
〜氏（陸日愛之母）	1951
〜氏（陳豪之妻）	2529
80 〜金鑒	3090
〜曾桐	2761
91 〜炳垣	2232

3413₁　法

44 〜藏	4067
〜若真	4179

3414₇　凌

12 〜廷堪	4441
44 〜萬鑢	3178
72 〜氏（顧長立之祖母）	2976
〜氏（趙鐵撑之母）	2833
94 〜煒	3104

3418₁　洪

00 〜亮吉	1829
	4416
10 〜爾振	2794
17 〜承疇	4112
24 〜德龍	7989
25 〜純彥	7989
30 〜適	3875
34 〜汝奎	4688
〜汝怡	3259
〜邁	3877
38 〜遵	3876
60 〜昌燕	2219
72 〜氏（吳祥鉞之妻）	2603
〜氏（鄭玉書之母）	3109

3426₀　褚

40 〜圭秀	3543

3611₀　況

82 〜鍾	3965

3611₇　溫

27 〜紹原	2113
34 〜達	1778
44 〜世霖	3189

3612₇　湯

03 〜斌	4218
10 〜爾和	3370
24 〜化龍	3267
63 〜貽汾	1952
	4521
80 〜金釗	4506

3630₀　迦

74 〜陵	4806

3630_2 邊

30 ～寶泉　3548
40 ～士峻　1860

3712_7 鴻

10 ～雪爪　7983

3721_0 祖

30 ～之望　1857

3722_7 祁

22 ～彪佳　1643
　　　　　4138
30 ～寓藻　4595
37 ～鴻鈞　3563
50 ～泰紹　1989

3730_2 通

00 ～廬老人　2479
12 ～琇　4184

3730_4 遲

72 ～氏(李正榮之母)　2230

3815_7 海

12 ～瑞　4027
35 ～清　4674

3819_4 涂

30 ～宗瀛　2160
　　　　　4648
77 ～鳳書　3315

3826_8 裕

08 ～謙　2021
50 ～泰　4554
71 ～厚　2507

3860_4 啓

20 ～秀　2510

4001_1 左

30 ～寶貴　2441
　～宗棠　2170
　　　　　4649
44 ～懋第　4127
　～孝同　2877
53 ～輔　4427
72 ～氏(邊寶泉之妾)　3192
　～氏(黃彭年之母)　2046
　～氏(陳瀚之妻)　2850
77 ～又宜　3316
90 ～光斗　4075

4003_0 太

26 ～伯　1299

4010_6 查

12 ～廷華　1901
22 ～繼佐　4132
40 ～有蕙　1926
43 ～城　1446
46 ～如濟　2352
94 ～慎行　4278

4020_7 麥

01 ～龍韜　3351

4022_7 有

40 ～吉忠良　7985
50 ～泰　2628

4022_7 南

41 ～柯兒琮　7977
90 ～懷仁　8035

4022_7 內

44 ～藤虎　7986

4024_7 皮

86 ～錫瑞　4767

4040_7 李

00 ～彥章　2028
　～商隱　3800
　～文佐　7998
　～文瀛　2966
　～文瀾　2587
　～文森　2361
　～文藻　1796
　～文田　2416
10 ～正雄　1655
　～丕基　3194
12 ～登輝　3245
　～聯群　3526
　～廷琳　3144
14 ～確　4108
17 ～承先　3503
　～承陽　3036
　～司特耳　8018
18 ～玒　8014
20 ～秉衡　2373
　～維楨　2826
21 ～穎檜　1892
　～經述　3564

24 ～贊卑	3623	～楣	2235	～光地	4269
～續賓	2222	50 ～東陽	3985	～光邦	1855
	4668	51 ～振聲	1714	～光炘	4635
25 ～純	3317	53 ～成芳	3291	～棠階	2052
26 ～白	1437	56 ～覯	3812	94 ～慎言	3536
	3769	60 ～星沅	2049	96 ～惺園	2606
27 ～紉蘭	3446	～日爍	1658		
～綱	1480	～日華	1592	**4062₁ 奇**	
	3860	～思敬	2612		
～紹賢	1549		4756	67 ～明保	2582
28 ～馥	3321	～恩繹	1945		
30 ～淮	2878	～昊	8015	**4064₁ 壽**	
～家駒	3209	61 ～顥	4221		
～安瀾	2197	64 ～時珍	1563	30 ～富	3055
～富孫	4467	65 ～映川	2806		
～宅仁	8001	67 ～明墀	2296	**4073₂ 袁**	
～謇臣	2067	72 ～剛己	3223		
～宗沅	2022	～氏(高燮之母)	2588	22 ～崇煥	1614
31 ～福培	2082	～氏(唐繼堯之母)	3001	24 ～德宣	3326
32 ～兆珍	2625	～氏(張福祐之妻)	2345	28 ～牧	4366
～兆洛	4485	～氏(尹會一之母)	4304	30 ～守定	4359
33 ～泌	3787	～氏(沈朝棟之母)	1818	～宏道	1595
～濱	2820	～氏(李鴻章之妹)	2317		4064
36 ～禔	7995	～氏(李曾廉之母)	3246	36 ～昶	2634
37 ～鴻章	2279	～氏(韓鼎晉之妻)	1863	40 ～克文	3496
～鴻藻	2234	～氏(趙延年之母)	2182	～嘉穀	3235
40 ～士彬	4721	～氏(秦駿英之母)	2967	～壽山	3558
～士銘	2688	～氏(費師洪之母)	3193	44 ～世凱	2933
～森	2199	～氏(陳士傑之妾)	3123	48 ～枚	1779
41 ～榞	2181	～氏(陳煥章之母)	2919	60 ～思韠	2502
44 ～基溥	4587	～氏(周履安之母)	2827	67 ～照藜	2732
～塨	4289	77 ～學侗	2173	～照蓉	2698
～世熊	1645	80 ～益	1442	80 ～金鎧	3201
	4136	～金鏞	2427	84 ～鎮嵩	2438
～世鴻	2565	～鏡燧	3124		
～世彬	1995	～慈銘	2353	**4080₁ 真**	
～菡	2045	81 ～鈉	3208		
～楚珩	2987	～頌臣	3319	24 ～德秀	3908
～樹棠	3549	82 ～鍾文	4658		
～材	1567	～鍾珏	4779	**4090₀ 木**	
～檣	7994	88 ～算	8012		
47 ～根源	3379	～箬汀	2258	44 ～蘭	1435
	4855	90 ～光久	4755		

4090₈　來

86 ～知德　　　　　　4035

4091₇　杭

94 ～愼修　　　　　　3177

4141₆　姬

60 ～旦　　　　　　　1301
　　　　　　　　　　3680
77 ～覺彌　　　　　　3480

4192₀　柯

14 ～劭忞　　　　　　2709

4212₂　彭

03 ～詒生　　　　　　3297
10 ～玉麟　　　　　　2204
　～玉雯　　　　　　4532
11 ～瓏　　　　　　　1668
30 ～定求　　　　　　1724
　　　　　　　　　　4275
37 ～祖賢　　　　　　2238
41 ～嫣　　　　　　　3298
44 ～蘊章　　　　　　4583
50 ～申甫　　　　　　2109
　～泰來　　　　　　4561
72 ～氏(袁復禮之祖母)　2786
　～氏(彭書年之父)　　2261

4220₀　蒯

24 ～德模　　　　　　2201
40 ～太淑人(錢子方母)　2198
90 ～光典　　　　　　2865

4241₃　姚

00 ～文馥　　　　　　2308

12 ～延著　　　　　　1725
17 ～鼐　　　　　　　4401
20 ～重華　　　　　　3679
22 ～綬　　　　　　　3976
30 ～良材　　　　　　2492
31 ～源淸　　　　　　2571
38 ～啓聖　　　　　　1690
40 ～培謙　　　　　　4343
44 ～華　　　　　　　3342
50 ～柬之　　　　　　1974
60 ～昆璧　　　　　　3586
72 ～氏貞女　　　　　2047
　～氏(張光烈之母)　　2301
　～氏(姚竹心之母)　　3213
　～氏(范公詒之母)　　2493
　～氏(葛世振之妻)　　1666
80 ～介山　　　　　　2808
86 ～錫光　　　　　　2832
98 ～燧　　　　　　　3944
99 ～瑩　　　　　　　4543

4301₀　尤

27 ～侗　　　　　　　4192
72 ～氏(曾樸之母)　　2740

4304₂　博

24 ～德羅　　　　　　8026
35 ～迪蘇　　　　　　2414
67 ～明　　　　　　　1810

4355₀　載

26 ～穆　　　　　　　2705

4373₂　裘

15 ～璉　　　　　　　4273

4385₀　戴

10 ～震　　　　　　　4376

18 ～致君　　　　　　3432
27 ～名世　　　　　　4284
38 ～肇辰　　　　　　2126
47 ～均元　　　　　　4415
72 ～氏(錢文選之母)　　2647
77 ～展誠　　　　　　3112

4390₀　朴

77 ～興文　　　　　　2585
　　　　　　　　　　4750

4410₀　封

88 ～竹軒　　　　　　2780

4410₄　董

08 ～說　　　　　　　1679
10 ～三謨　　　　　　1704
12 ～登山　　　　　　3495
25 ～仲舒　　　　　　3723
30 ～淳　　　　　　　1864
40 ～士仁　　　　　　3152
44 ～茗芬　　　　　　2519
　～其昌　　　　　　1583
60 ～黯　　　　　　　1373
67 ～鄂氏(清世祖之孝獻皇后)1740
72 ～氏(張鑒之母)　　3214
　～氏(周慶雲之母)　　2374
97 ～恂　　　　　　　4630

4410₇　蓋

63 ～喀圖　　　　　　1518

4410₇　藍

91 ～炳滇　　　　　　2421

4411₂　范

00 ～應龍　　　　　　1574

17 ～承謨	1707	～文彬	3009	**4429₄　葆**	
	4252	10 ～玉初	1812		
25 ～仲淹	1447	12 ～瑞麟	4825	37 ～初	3559
	3805	20 ～統	1417		
30 ～之傑	3229		3763	**4433₁　赫**	
～寅	2375	24 ～德宣	2017		
31 ～源濂	3343	40 ～培元	4665	80 ～舍里氏	3288
35 ～迪襄	2900	60 ～日曠	1715		
40 ～壽枏	2320			**4433₃　慕**	
60 ～景文	4099	**4422₇　蘭**			
64 ～曄	1416			17 ～翟	8042
72 ～氏(字於易)	1706	72 ～氏(蘭維毅之妹)	2755		
77 ～鳳翼	4074			**4439₄　蘇**	
90 ～光啓	3448	**4424₇　蔣**			
				12 ～廷魁	4613
4412₇　蒲		00 ～方夔	2851	26 ～保德	2158
		～文慶	2023	32 ～淵泉	2638
48 ～松齡	1699	10 ～元益	4361	46 ～觀生	1636
	4266	21 ～師轍	2649	53 ～軾	1463
		24 ～德鈞	2744		3834
4416₀　堵		25 ～健	3418	58 ～轍	3840
		28 ～攸銛	4481	60 ～國華	3050
22 ～胤錫	4128	30 ～宗漢	3568	72 ～氏	3620
43 ～城	4707	～宗海	1787	～氏(賀葆真之母)	2736
		31 ～福安	3025		
4421₄　莊		37 ～凝學	2131	**4442₇　萬**	
		38 ～祥墀	4456		
17 ～珣	3230	40 ～大鏞	3172	12 ～廷蘭	4372
23 ～俊元	2101	～士銓	4379	24 ～斛泉	4636
28 ～以臨	3488	44 ～尊	4718	30 ～瀛	3002
44 ～蘊寬	3101	47 ～超	4681	31 ～福麟	3391
60 ～景仲	4798	50 ～中正	3467	40 ～壽祺	4141
		71 ～階	2003	42 ～斯同	1709
4421₄　薩		77 ～開基	1842		4260
		80 ～介石	3467		
47 ～都拉	1525	～尊簋	3417	**4443₀　莫**	
		91 ～炳章	3037		
4422₂　茅				10 ～晉	1882
		4425₃　茂		72 ～氏(秦權之母)	2542
72 ～氏(季新益之母)	3068			77 ～與儔	1889
		44 ～苑居士	1811		4465
4422₇　蕭					
00 ～應登	1827				

4443₀ 樊

30	～宗師	1443
34	～達彙	2506

4445₆ 韓

00	～應寅	8003
14	～琦	1450
		3810
22	～對	4443
40	～嘉業	1848
44	～世忠	1483
	～其煌	1755
47	～超	4612
60	～國鈞	2859
		4792
72	～氏(何章海之母)	3249
	～氏(袁廷檮之母)	1823
80	～愈	3792
86	～錫胙	4365

4450₄ 華

17	～承彥	2520
23	～允誠	4101
53	～盛頓	8039
		8040

4453₀ 英

26	～和	4502
48	～翰	2369

4460₁ 耆

44	～英	1999

4472₇ 葛

00	～文濬	3098
09	～麟	4137

10	～雲飛	4558
20	～稚川	3125
38	～肇基	2106
44	～世振	1667
67	～嗣澎	3126
80	～金烺	2442

4474₁ 薛

13	～瑄	1537
		3967
27	～紹徽	4819
30	～之珩	3358
	～寶田	2194
31	～福成	2496

4477₀ 甘

72	～氏(張德勳之妻)	3224
77	～鵬雲	3004

4480₆ 黃

00	～庭堅	1472
		3841
10	～丕烈	4460
	～元康	2613
	～雲鵠	2328
11	～冀周	3099
16	～理	3468
	～璟	3292
17	～翼升	2224
18	～珍珠	3565
21	～虎臣	2428
	～虞再	1685
22	～崇翰	1582
24	～贊湯	4620
27	～郢	3392
	～叔琳	4315
	～紹箕	2774
30	～宜雙	2253
	～淳耀	1652
		4146

	～安	1606
	～宗羲	4158
37	～淑齋	3145
38	～遵庚	3382
	～遵憲	2671
		4763
	～道周	4094
40	～力田	2538
	～大暹	3436
	～奎	1769
	～喜	7991
	～袁	2544
42	～彭年	2297
43	～式度	2267
	～式三	1992
44	～藩之	2828
46	～觀	1534
	～如瑾	4236
50	～書霖	2920
53	～輔相	2024
	～輔辰	2059
60	～國瑾	2689
	～易	1825
	～景仁	4419
67	～嗣東	2627
72	～氏(謝永錫之母)	2569
77	～興	3265
	～賢彪	2715
80	～鏡堂	3059
	～尊素	4091
	～曾源	2896
83	～鉞	4422
87	～舒昺	4715

4490₀ 樹

91	～恒	3117

4490₁ 蔡

00	～襄	1454
10	～爾康	2897
12	～廷幹	2968

22 ～鑾登		4483
～鑾坡		1854
～邕		3641
		3737
37 ～逸麟		2921
44 ～封		1789
～蕙		1750
72 ～氏(侯祖望祖母)		2107
～氏(周繼源之母)		3447
86 ～鍔		3419
		4858
87 ～鈞		3293
97 ～煥文		4854

4490₄　葉

24 ～德輝		3051
26 ～伯英		2323
		4696
27 ～向高		4055
～紹袁		1626
		4103
38 ～瀚		3033
40 ～壽堂		2602
44 ～夢得		3858
～葆		4446
～恭綽		4857
～世倬		4429
60 ～昌熾		2702
72 ～氏		2367
～氏(梁敬錞之繼母)		2998
～氏(趙淦之妻)		3566
90 ～小鸞		1671

4491₀　杜

15 ～臻		1734
17 ～瓊		3970
20 ～受田		4548
46 ～墀		4468
50 ～貴墀		2306
53 ～甫		1441
		3772

72 ～氏(吳貫因之母)		2853
77 ～月笙		3479
80 ～鏞		3479
88 ～範		3909
97 ～煥章		4719

4491₄　權

22 ～山海		7990
40 ～士諤		8004
～幸		7993
60 ～量		4834

4491₄　桂

44 ～蔭		3063
～華		4002
47 ～超萬		1972

4498₆　橫

35 ～溝菊子		7988

4499₀　林

10 ～天齡		2379
17 ～召棠		1981
22 ～任寰		3617
25 ～仲怡		3202
～穗		4716
26 ～白水		3253
27 ～修竹		3618
～紹年		2699
32 ～兆恩		4034
38 ～啓		2523
40 ～希祖		4655
44 ～世燾		3070
～桂		4407
51 ～振翰		3626
62 ～則徐		1977
71 ～長民		3345
72 ～氏(謝璜麟之母)		3069
～氏(陳上齡之母)		1758

80 ～金秀		2839

4600₀　加

60 ～里波的		8034

4680₆　賀

12 ～瑞麟		4690
26 ～得霖		3465
34 ～濤		2683
40 ～嘉楨		2944
～壽慈		2127
44 ～葆真		3258
51 ～振麒		2257
72 ～氏(宗壽勳之祖母)		2888
86 ～錫璜		2315
～知章		1436

4692₇　楊

00 ～競詩		3517
～文啓		1646
～文會		2445
～讓梨		3589
06 ～韻芳		3251
07 ～調元		2728
08 ～敦頤		2929
10 ～一清		1544
～玉科		2363
12 ～廷彥		2240
～廷璋		1767
～廷理		2179
～廷樞		1635
20 ～重雅		3385
21 ～虎		3489
～貞女		2031
22 ～繼盛		1558
		4030
24 ～岐珍		2449
26 ～峴		4675
30 ～家駱		3601
～守敬		4735

～寓	3957	94 ～慎	4010	～具慶	1764
～賓	1726	96 ～懌曾	4462	88 ～銓	1485
31 ～源戀	3463				

4732₇ 郝

4792₀ 柳

33 ～浚	2378			14 ～琳軒	3390
35 ～漣	1597	60 ～景春	1712	60 ～是	1675
	4065				

4752₀ 鞠

4816₆ 增

36 ～遇春	1868			26 ～保	2319
	4450	21 ～經禮	7997		
38 ～裕芬	3604				

4762₀ 胡

4893₂ 松

40 ～士琦	3010	00 ～競英	3501	21 ～膚道人	3287
～有林	2347	10 ～爾平	3060	88 ～筠	4432
～希鈺	2010	20 ～舜陟	3859		
～壽枏	3153	30 ～寶璪	4345		

4895₇ 梅

	4824	～宗憲	1555	40 ～堯臣	3806
41 ～楷甫	1822	32 ～泓艇	3587	72 ～氏（朱士煥之母）	2608
44 ～芳	3580	33 ～心畊	3211	78 ～鑒源	4689
	4499	～邃	3577	82 ～鍾澍	4608
～芳相	2694	36 ～渭	4240	86 ～錦堂	2085
～芳燦	4435	37 ～淑瑗	3510		
～孝秩	2928	38 ～裕燕	2434		

4980₂ 趙

～華堂	3052	40 ～希林	3225		
～贊同	3044	44 ～夢昱	1509	00 ～亨鈴	1998
～樹	4741	～林翼	2174	～彦偶	2236
～樹椿	4671		4652	～文穎	2188
46 ～楫	2765	46 ～恕	3456	09 ～麟絨	3146
47 ～超格	4647	48 ～敬	4491	10 ～靈飛	4831
48 ～增新	3045	60 ～國瑞	3029	～元禮	3147
51 ～振彩	2930	～恩燮	2318	～爾巽	2589
52 ～靜秋	3532	～品霞	2651	～天錫	4785
60 ～國楨	4535	～景翼	3508	11 ～巧	3354
64 ～時	3849	62 ～則	3804	17 ～翼	4381
67 ～嗣昌	1622	67 ～嗣瑗	3173	20 ～秉文	3925
～照虹	3031	～煦	1731	23 ～俊卿	3026
72 ～氏	1369	72 ～氏（章鈺之妻）	3127	27 ～佩湘	1866
～氏（吳世珍之未婚妻）	2435	～氏（張母）	2254	30 ～之謙	2362
～氏（湯鎮之母）	3199	～氏（吳彭年之妻）	2225	～守純	4704
～氏（姜思孝祖母）	2207	～氏（程其昌曾祖母）	2947	～宧光	1585
～氏（曾彝進之母）	2931	～氏（劉峙之母）	3631		
～氏（符定一之母）	2749	77 ～居仁	3982		
88 ～銳	2866				
～筠貞	3406				
～簡	3904				
91 ～炳堃	4546				

34 ～汝愚	1507	
35 ～連吉	2581	
37 ～鴻翔	2762	
38 ～啓霖	2923	
	4796	
40 ～南星	1579	
41 ～楨	2898	
44 ～藩	2721	
～蓉軒	3062	
45 ～椿年	3128	
46 ～旭	4651	
47 ～聲	3401	
50 ～抃	3811	
～惠芬	3454	
60 ～景賢	2272	
64 ～時腴	1657	
67 ～昀	4633	
71 ～長齡	2073	
77 ～鳳	3491	
80 ～毓楠	2513	
～曾向	4680	
90 ～光	4603	
94 ～慎畛	1885	
97 ～耀	1573	

5000_6　史

18 ～致儼	1874
25 ～仲彬	1535
～傑	2178
28 ～悠厚	4746
44 ～夢蘭	2185
～其濬	2843
60 ～量才	3399
72 ～氏(李湘荃繼母)	1899

5000_6　申

24 ～緯	8013
37 ～涵盼	4264
～涵光	4195

5013_2　泰

26 ～伯	1299

5022_7　青

00 ～文勝	1533

5033_3　惠

77 ～興	3221

5090_4　秦

22 ～綏章	2684
24 ～德君	3574
～紘	3977
38 ～裕伯	1520
43 ～越人	1354
44 ～樹聲	2959
46 ～觀	3844
60 ～恩述	4805
90 ～光玉	3164
99 ～榮光	4742

5090_6　東

00 ～方朔	1371

5201_4　托

37 ～渾布	2066

5310_7　盛

00 ～康	2192
30 ～宣懷	2590
50 ～本傑	3038

5320_0　威

10 ～爾遜	8017

5320_0　成

00 ～文	4364
40 ～吉思汗	1508

5320_0　戚

22 ～繼光	4038

5533_7　慧

32 ～淨夫人(張絜之妻)	3622
34 ～遠	3753
53 ～成	2041

5560_6　曹

00 ～庭棟	4352
～廣權	2924
02 ～端	3958
10 ～玉研	3039
11 ～頂	1556
20 ～香蓉	4833
～秉璋	3583
25 ～傳	4309
37 ～祖蕃	3322
44 ～恭采	3455
50 ～蕭孫	4599
51 ～振鏞	1858
53 ～成達	2829
72 ～氏	2652
～氏(卓定謀之母)	2988
～氏(黃人望之母)	2925
77 ～學伶	1601
～學好	2034
～學閔	1786
86 ～錕	3005
～錫寶	4371

5580_6　費

21 ～師洪	3165

～紫蓮 3285	**6044₀ 昇**	4629
30 ～密 4217		～迦陵 3041
38 ～啓豐 3113	30 ～寅 4455	4806
44 ～樹蔚 3442		37 ～逢元 2302
60 ～景韓 3092	**6050₄ 畢**	44 ～孝連 2400
72 ～氏(張懷德之母) 2424		～犨 3422
	31 ～沅 4396	51 ～振玉 3102
5798₆ 賴	72 ～氏(孔繁灝之母) 2001	60 ～思舉 4466
		71 ～長祜 2592
35 ～清鍵 2621	**6060₀ 呂**	2692
		72 ～氏(陳三立之妻) 2809
5824₀ 敖	14 ～璜 4520	77 ～鳳蓁 4806
	17 ～珮芬 2747	90 ～惇衍 2193
80 ～公印 2313	20 ～維祺 4098	4659
	37 ～祖謙 1506	
6022₇ 易	3897	**6404₁ 時**
	38 ～海寰 4745	
10 ～雨仙 4863	40 ～壽生 3384	00 ～齋氏 1904
21 ～順鼎 2909	80 ～公(呂震之父) 3613	
27 ～佩紳 2339	91 ～恒安 1994	**6502₇ 嘯**
72 ～氏(易順鼎之母) 3303		
	6060₀ 冒	77 ～風 2996
6033₀ 恩		
	00 ～襄 4161	**6621₄ 瞿**
90 ～光 2717		
	6080₁ 是	10 ～元霖 2726
6040₀ 田		12 ～廷韶 2494
	80 ～鏡 4342	37 ～鴻禨 2711
00 ～文烈 2906		38 ～啓甲 3250
10 ～雯 4245	**6090₆ 景**	43 ～式耜 1627
27 ～絳雲 1921		50 ～中溶 4492
30 ～寶榮 2860	97 ～耀月 3437	
38 ～祚 2227		**6624₈ 嚴**
50 ～中玉 3196	**6091₄ 羅**	
72 ～氏(朱文若祖母) 2725		04 ～訥 4023
～氏(華承彥妻) 2572		10 ～玉森 4734
～氏(史履晉之母) 2335	10 ～正鈞 3458	～震直 1532
88 ～節篤 3527	20 ～信南 3231	27 ～修 2955
	23 ～代純 2617	4800
6040₄ 晏	25 ～傑 4818	28 ～以盛 2844
	26 ～崐琦 3421	～復 2771
14 ～璸 3555	31 ～河嶽 1938	4778
30 ～安瀾 4769	36 ～澤南 2108	71 ～辰 4683

6650₆　單		**7122₇　厲**		**7173₂　長**	
72 ～氏（朱綬光之母）	3049	46 ～觀	1772	28 ～齡	4445
		67 ～鶚	4340		
6702₀　明				**7210₀　劉**	
10 ～玉珍	1530	**7129₆　原**		00 ～廣盛	2539
		30 ～濟	4226	～文淇	4560
6706₂　昭				～文嘉	3451
67 ～明太子	1417	**7132₇　馬**		02 ～端棻	2937
	3763	00 ～文植	2246	12 ～弘甲	1683
		01 ～龍潭	2849	～廷琛	3159
6722₇　鄂		02 ～新貽	4679	17 ～乃祺	3539
10 ～爾泰	1761	10 ～玉崑	2482	～子肇	1484
	4324	～丕瑤	2391	18 ～璥	3477
		12 ～登洲	3544	21 ～衡	1941
6733₂　煦		17 ～君武	3400	～師培	3452
44 ～荂	4602	20 ～維騏	2620	22 ～嶽雲	2701
		21 ～步青	3378	～嶽晙	2385
6802₁　喻		24 ～先登	2648	23 ～台拱	1850
10 ～元升	1986		4628	24 ～德亮	2953
		26 ～得禎	1748	28 ～復	3506
7010₄　壁		30 ～守愚	2020	30 ～宣甫	2793
60 ～昌	2035	31 ～福祥	3333	～永亨	3581
		37 ～逢皐	1594	～永福	2470
7121₁　阮		38 ～海樓	2735	～永澄	4080
10 ～元	4470	～祥麟	3603	～定之	3971
40 ～大鋮	1599	40 ～士英	1628	～寶楠	2011
50 ～忠樞	3130	～吉樟	2915	～寶慈	3254
77 ～學浩	1893	～雄鎮	1756	～宗周	4081
		41 ～頡雲	2781	31 ～潛	4844
7122₀　阿		44 ～菊英	3139	33 ～心源	2677
		46 ～如龍	3499	～治襄	3133
40 ～克敦	4333	～相伯	2531	34 ～凌霨	2840
44 ～桂	1783	50 ～青雲	2233	35 ～清	1837
	4368	～素	3433	38 ～道一	3459
		60 ～恩溥	2245	40 ～大夏	1541
		72 ～氏（彭壽彭之母）	3190		3984
		79 ～騰蛟	1970	～士驥	3584
		80 ～毓秀	3349	～嘉斌	2936
				～壽曾	2504
				42 ～壎	3945

43 ～城	4125	
44 ～基	1528	
	3953	
～葆貞	2657	
～世蕃	1790	
～菊仙	3305	
45 ～坤一	2381	
47 ～郁芬	3476	
～朝宇	1692	
50 ～貴曾	2619	
53 ～咸炘	4864	
54 ～拱宸	2117	
55 ～典	2241	
60 ～景向	3464	
71 ～厚基	2556	
～長佑	2229	
～長華	4645	
72 ～氏(章鈺之母)	2514	
～氏(王伯群之母)	3016	
～氏(王錫振之姊)	2262	
～氏(張志強之母)	3616	
～氏(孫學曾之母)	3158	
～氏(邢端之母)	2661	
～氏(徐世昌之母)	2409	
～氏(祁寯藻之母)	1896	
～氏(袁世傳繼室)	3362	
～氏(黃樹成之母)	2938	
～氏(郝廷珍之母)	2209	
～氏(陳學講之妻)	3407	
～氏(金殿選之妾)	3498	
～岳昭	2310	
75 ～隕	3505	
77 ～熙祚	1716	
80 ～鏞	4700	
～含芳	2557	
81 ～榘	2210	
86 ～錦棠	2597	
87 ～銘傳	2439	
88 ～篤信	2756	
90 ～光賁	2584	
91 ～恒泰	4624	
96 ～焜	2997	

7210₁ 丘

28 ～復	3237
37 ～逢甲	4809

7221₄ 屋

38 ～滋	3187

7223₀ 瓜

10 ～爾佳氏(魁齡之姊)	2120

7224₇ 阪

50 ～本龍馬	7984

7277₂ 岳

12 ～飛	1486
	3867

7421₄ 陸

10 ～元鋐	4424
20 ～秀夫	1510
	3921
21 ～仁熙	3336
23 ～我嵩	4555
28 ～以莊	1887
30 ～寶忠	4764
～宗輿	3334
33 ～心源	2418
34 ～洪濤	4815
35 ～清原	1653
37 ～潤庠	2546
38 ～遊	3878
40 ～九淵	3899
～太夫人	2614
～嘉淑	4205
42 ～機	1414
	3749

44 ～世儀	1660
	4160
～世鏊	3402
～贄	3790
～樹棠	3494
～模	4556
55 ～費逵	4860
71 ～隴其	1694
	4227
72 ～氏(徐憙原之母)	2074
～氏(黃榮康祖母)	2202

7529₆ 陳

00 ～豪	2525
～慶容	4772
～慶年	3017
～文騄	2263
10 ～元祿	4686
11 ～麗娜	2063
～斐然	3408
12 ～瑞瀾	4757
～弘謀	4348
13 ～璸	4287
14 ～瓘	1476
	3852
～碻	4145
17 ～瑚	4182
～琛	4003
～子龍	4152
20 ～舜系	1678
21 ～衍	4789
～步賢	1935
22 ～鑾	1982
～循	3966
～繼儒	4053
23 ～獻章	3979
～傅良	3898
24 ～先沆	3072
～化成	1946
25 ～仲良	1961
～純德	1634
26 ～伯陶	2817

28 ～作霖	2477	47 ～杞	1814	**7712₇ 邱**	
	4729	48 ～翰	3255		
30 ～家禮	3161	～敬賢	3481	31 ～濳	3974
～家英	3528	50 ～中嶽	3592	46 ～如鑾	3014
～宸書	1815	～春瀛	3482		
～宏謀	4348	56 ～揚祐	3330	**7721₄ 隆**	
～良謨	1625	60 ～國瑞	2475		
～寶琛	2678	～恩壽	2474	38 ～裕皇后(清光緒帝后)	
～寶箴	2386	～昌紋	3490		3149
～宗蕃	3366	～景光	2135		
32 ～兆侖	4353	～杲仁	1418	**7722₀ 周**	
33 ～心一	4607	64 ～時利	3327		
～皷唐	2734	67 ～明	2954	00 ～亮工	4166
～皷宸	4794	～昭常	3160	～慶雲	3046
36 ～湜	2395	～盟	1682		4808
37 ～深	3523	70 ～璧	2752	～廣業	1797
～逼聲	2637		4775	08 ～敦頤	1456
38 ～瀚	2815	72 ～氏	2503		3813
～祥道	1474	～氏(吳寶炬曾祖母)	2102	15 ～建歧	2766
～肇	4586	～氏(沈祚延之妻)	3363	21 ～順昌	4090
40 ～大受	4356	～氏(清道光間人)	2265	～仁壽	3048
～大化	4363	～氏(黃宣雙之妻)	2253	～處	1413
～士元	4033	～氏(梅蘭芳之祖母)	2526		3748
～士杰	2311	～氏(陳鍾壽祖父)	3073	～衡	4619
～士枚	4598	～氏(陶欽之母)	1795	24 ～佳氏	1917
～克讓	2071	77 ～覺生	3553	～德潤	3519
～嘉樹	1963	～鵬年	4295	～德粹	3569
～去病	3277	～聞韶	3184	26 ～自齋	3181
～真卿	2598		4827	27 ～紹堂	2595
41 ～垣	3398	～開沚	2816	28 ～馥	2450
42 ～櫟	3923	～與義	3865		4727
44 ～夢蘭	2270	～夔舉	2410	30 ～之琦	4537
～芾	2868	80 ～夔龍	2870	～宗麟	2950
	4722	～毓瑞	4828	33 ～必大	3879
～恭尹	4237	81 ～矩	2733	36 ～遇吉	1641
～艾	2136	82 ～鍾英	4693	38 ～肇祥	3397
～孝起	3306	90 ～惟庚	2841	～啓運	4585
～華壬	3582	～惟壬	3203	40 ～嘉猷	4426
～華齡	4538	～光亨	4601	44 ～葵	3866
～若霖	4449	91 ～炳華	3071	47 ～起元	4066
～其元	2177		4812	～起渭	1751
～其美	3376	92 ～炘煜	2037		4296
～桂生	1881	97 ～燦	3347		

50 ～惠姬	1603	
54 ～挂帆	3299	
57 ～邦彦	1475	
	3854	

7726₄　居

35 ～禮斯克渥多斯喀夫人	8031
60 ～里夫人	8031

60 ～星詒	2408	
～星譽	2336	
～昺奎	2095	
72 ～氏(毛群麟之母)	3216	
～氏(徐善慶之母)	2729	
～氏(世英之妻)	2618	
～氏(黃芝畦之母)	2631	
77 ～際華	1886	
～學洙	3624	
～學熙	3067	
80 ～公	3680	
96 ～憬	4768	

7727₂　屈

10 ～平	1367
40 ～大均	4235
51 ～振華	2861
53 ～成霖	4332
65 ～映光	3439
71 ～原	1367

7722₀　陶

7736₄　駱

20 ～秉章	2025
	4591
44 ～慕韶	2991

19 ～琰	1543
23 ～俊人	3394
30 ～安	3954
31 ～潛	3754
32 ～淵明	3754
34 ～澍	1956
	4523
～汝鼐	4134
36 ～湘	4830
43 ～樑	1922
44 ～蘭嬰	3462
～模	2430
60 ～恩培	2083
72 ～氏(龍啓瑞之母)	3064
～氏(王承傅之母)	2785
80 ～倉	3175

7740₀　閔

44 ～蘿姑	2685
72 ～氏(袁乃寬之妻)	3166

7744₇　段

10 ～玉裁	1806
17 ～承澤	3540
34 ～祺瑞	3074
	4813
40 ～克己	3943
72 ～氏(張制之母)	3204
77 ～堅	3972

7722₇　鵬

87 ～翔	3533

7748₂　闕

72 ～氏(李根源之母)	2830

7724₇　服

07 ～部宇之吉	7987

7771₇　巴

37 ～祿	1911

72 ～岳特	3423

7777₂　關

10 ～天培	1959
17 ～羽	1377
	3740
24 ～德禪	3605
44 ～蔚煌	4758
46 ～槐	4421
60 ～冕鈞	3212
72 ～氏(陶明浚之母)	2990

7777₇　閻

10 ～爾梅	4142
44 ～若璩	4254
50 ～書堂	2982

7778₂　歐

00 ～亮	3134
17 ～司愛哈同	8019
	8020
	8021
	8022
	8023
24 ～特曼	8029
76 ～陽仙根	2084
～陽修	3807

7790₄　桑

50 ～春榮	3412

7810₇　鹽

80 ～谷世弘	7982

7923₂　滕

44 ～茂實	1482

8010₄ 全

00	～慶	2076
33	～述昭	3615
97	～耀東	2834

8010₉ 金

00	～應奎	1551
08	～謙光	7996
11	～璿	1744
13	～武祥	2553
20	～集	8005
26	～保權	3233
31	～福曾	2348
33	～梁	3374
		4850
36	～還	2867
37	～澪	8008
40	～燾	2835
47	～聲	4122
	～桐	2250
50	～申祜	2337
	～忠燮	2750
64	～時傑	8010
72	～氏(譚新嘉之母)	2695
	～氏(李盛鐸之妾)	3217
	～氏(楊警齋之妻)	1879
77	～履祥	3916
	～興祥	3373
83	～猷大	2811
90	～光筠	2208

8012₇ 翁

25	～傳煦	4801
27	～叔元	4239
33	～心存	2012
72	～氏(沈元鼎之母)	2999
77	～同書	2137
		4640
	～同龢	2388

	～學本	2368
80	～人鏡	1936

8020₇ 兮

26	～伯吉父	1302

8022₁ 俞

00	～廉三	2599
10	～正燮	4512
	～雪潭	3387
43	～樾	2269
72	～氏(馮恕之母)	2505
77	～興瑞	2039
80	～人鳳	3256

8033₁ 無

62	～影先生	2260

8040₄ 姜

20	～采	4149
30	～濂	8002
35	～禮	3286
40	～九齡	2487
44	～若證	4852
	～桂題	2578
47	～朝相	2796
60	～晟	4389
72	～氏(毛昶熙之母)	2026
80	～夔	3905

8050₂ 拿

14	～破侖	8024
		8025

8051₃ 毓

37	～朗	3307

8060₅ 善

12	～聯	2622

8060₆ 曾

17	～鞏	3820
23	～參	1351
25	～仲鳴	3530
27	～紀澤	2511
	～紀芬	4773
37	～運乾	3443
38	～肇焜	2797
46	～觀文	2211
60	～國荃	4692
	～國藩	2139
		4646
84	～鑄	2686

8060₇ 倉

60	～景愉	4664

8073₂ 公

00	～慶上人	7981

8090₁ 佘

72	～氏(屠振鵠之母)	2974

8090₄ 余

01	～龍光	4617
24	～德銓	2401
33	～治	4638
72	～氏(毛希蒙之母)	2907
90	～光倬	2203

8211₄ 鍾

72	～氏(孫仁之母)	2454

80 ～毓 4728

8315$_0$ 鐵

26 ～保 4433
28 ～齡 3296
30 ～良 3030

8315$_3$ 錢

00 ～文選 3269 4837
～文燦 3546
～玄同 3470
07 ～誦清 2343
08 ～謙 3614
～謙益 1607 4084
20 ～舜華 3579
21 ～能訓 3176
22 ～鼎銘 2321
28 ～以振 3356
30 ～寶琛 4544
31 ～福弟 3516
32 ～澄之 4167
33 ～泳 4448
34 ～汝霖 4194
40 ～大昕 1793 4385
～大昭 1826
～志泗 1720
～志澄 2630
～嘉福 2763
44 ～基厚 4861
～夢鯉 3395
～薇 4016
～世銘 4663
～林富 2402
47 ～鶴鳴 2673
48 ～敬忠 1605
50 ～泰吉 4573
～肅樂 4150
72 ～氏(馮熙成之妻) 2528
～氏(李鍾良之母) 2693
～氏(陸長佑之母) 2550
73 ～駿祥 2674
75 ～陳群 4335
77 ～卿文 2573
86 ～錦孫 3371
87 ～鏐 1444

8471$_1$ 饒

72 ～氏(徐國珩之母) 2394

8711$_5$ 鈕

44 ～樹玉 1872

8742$_7$ 鄭

00 ～文焯 2854 4786
～玄 1374 3641 3731
08 ～敦允 2015
10 ～玉釵 3295
18 ～珍 2099 4623
21 ～經 2068
33 ～梁 4258
36 ～涠年 3129
37 ～祖琛 1971
38 ～洽 1531
～裕孚 4859
～道馥 3266
44 ～孝胥 2948
53 ～成功 1686 4211
58 ～敷教 4121
67 ～鄤 1633 4116
72 ～剛中 3864
～氏(龔自闓之母) 1969
～氏(蔡寶善之母) 2591
77 ～鵬程 1920

8762$_2$ 舒

72 ～岳祥 3910
88 ～敏 1949

8822$_7$ 簡

97 ～耀登 3200

8824$_3$ 符

80 ～義玉 2749

8877$_7$ 管

00 ～庭芬 2053
12 ～廷獻 2632
30 ～寧 3739
37 ～洛聲 3154

8890$_2$ 策

77 ～眉 1624

8896$_1$ 籍

50 ～忠寅 3361

9022$_7$ 尚

10 ～可喜 1647

9022$_7$ 常

23 ～俊卿 3595
26 ～稷笙 3300
72 ～氏(賈宗彦之妻) 1800

9090$_4$ 米

44 ～芾 3847

～萬鍾	1596

9106₁ 悟

53 ～成	4476

9705₆ 憚

15 ～珠	1915

37 ～祖翼	2489
44 ～世臨	2213
80 ～毓鼎	3027

9942₇ 勞

17 ～乃宣	4747

9990₄ 榮

24 ～德生	4845
37 ～祿	2436

筆畫檢字表說明

一、本檢字表所收字均爲本書索引所收列的書名、著者及傳主首字。

二、每字按筆畫順序排列，筆畫數相同的，依起筆筆形（點、橫、豎、撇）排列。

三、每字後注明該字的四角號碼及附角。可據此查找到四角號碼索引中該字標目
　　下所收錄的全部書名、著者及傳主。

筆 畫 檢 字 表

一畫

一
一 1000_0
乙 1771_0

二畫

一
二 1010_0
十 4000_0
七 4071_0
丁 1020_0
刁 1712_0
乃 1722_7
又 7740_0

丨
卜 2300_0

丿
九 4001_7
八 8000_0
人 8000_0
入 8000_0

三畫

丶
亡 0071_0
之 3030_7

一
三 1010_1
干 1040_0
于 1040_0
下 1023_0
己 1771_7
子 1740_7
士 4010_0
土 4010_0
寸 4030_0
大 4003_0

丨
上 2110_0
口 6000_0
山 2277_0
小 9000_0

丿
千 2040_0
勺 2732_0
凡 7721_0
川 2200_0
女 4040_0
彡 2020_2

四畫

丶
斗 3400_0
卞 0023_0
六 0080_0
文 0040_0
方 0022_7
心 3300_0

一
王 1010_4
云 1073_1
井 5500_0
元 1021_1
天 1043_0
引 1220_0
五 1010_7
支 4040_7
木 4090_0
廿 4477_0
不 1090_0
尤 4301_0
太 4003_0
戈 5300_0
尹 1750_7
巴 7771_7
犬 4303_0
友 4004_7
孔 1241_0
瓦 1071_7

丨
少 9020_0
日 6010_0
中 5000_6
內 4022_7
止 2110_0
水 1223_0

丿
午 8040_0
壬 2010_4
牛 2500_0
毛 2071_4
丹 7744_0
月 7722_0
仁 2121_0
仇 2421_7
分 8022_7
今 8020_7
介 8022_0
公 8073_2
允 2321_0
兮 8020_7
勾 2772_0
勿 2722_0
升 2440_0
幻 2772_0
氏 7274_0

五畫

丶
半 9050_0
立 0010_8
玄 0073_2
永 3023_2

一
平 1040_9
玉 1010_3
邗 1742_7
正 1010_1
甘 4477_0
世 4471_7
本 5023_0
可 1062_0
古 4060_0

（第一欄）

字	四角號碼
左	4001$_1$
右	4060$_0$
司	1762$_0$
石	1060$_0$
布	4022$_7$
戊	5320$_0$
民	7774$_7$
弘	1223$_0$
皮	4024$_7$
加	4600$_0$

丨

字	四角號碼
北	1111$_0$
且	7710$_0$
甲	6050$_0$
申	5000$_6$
田	6040$_0$
史	5000$_6$
四	6021$_0$
出	2277$_2$

丿

字	四角號碼
生	2510$_0$
乍	8021$_1$
包	2771$_2$
句	2762$_0$
外	2320$_0$
冬	2730$_3$
丘	7210$_1$
代	2324$_0$
仕	2421$_0$
付	2420$_0$
白	2600$_0$
他	2421$_2$
仙	2227$_0$
印	7772$_0$
卯	7772$_0$
瓜	7223$_0$
台	2360$_0$
奴	4744$_0$
幼	2472$_7$
母	7750$_0$

六畫

、

字	四角號碼
江	3111$_0$
池	3411$_0$
汝	3414$_0$
宇	3040$_1$
守	3034$_2$
宅	3071$_4$
安	3040$_4$
冲	3510$_6$
冰	3213$_0$
次	3718$_2$
羊	8050$_1$
亦	0033$_0$
交	0040$_8$
祁	3722$_7$
米	9090$_4$

一

字	四角號碼
邢	1742$_7$
刑	1240$_0$
吉	4060$_1$
寺	4034$_1$
考	4420$_7$
老	4471$_1$
有	4022$_7$
地	4411$_2$
西	1060$_0$
再	1044$_7$
朴	4390$_0$
匡	7171$_1$
戎	5320$_0$
成	5320$_0$
百	1060$_0$
至	1010$_4$
艮	7773$_2$
列	1220$_0$
吏	5000$_6$
延	1240$_1$
廷	1240$_1$

（第三欄）

字	四角號碼
托	5201$_4$
扨	5801$_7$
芋	4440$_1$
芍	4432$_7$
芝	4430$_7$
那	1752$_7$
阪	7224$_7$
阮	7121$_1$

丨

字	四角號碼
光	9021$_1$
尖	9043$_0$
呂	6060$_0$
同	7722$_0$
回	6060$_0$
帆	4721$_0$

丿

字	四角號碼
朱	2590$_0$
先	2421$_1$
竹	8822$_0$
年	8050$_0$
名	2760$_0$
多	2720$_7$
危	2721$_2$
色	2771$_7$
伍	2121$_7$
伏	2323$_4$
仲	2520$_6$
仵	2824$_0$
任	2221$_0$
休	2429$_0$
仰	2722$_0$
伊	2725$_0$
行	2122$_1$
自	2600$_0$
向	2722$_0$
旭	4601$_0$
牟	2350$_0$
好	4744$_2$
如	4640$_0$
全	8010$_4$
合	8060$_1$

（第四欄）

字	四角號碼
邶	8722$_7$

七畫

、

字	四角號碼
沈	3411$_2$
沁	3310$_0$
汪	3111$_4$
沅	3111$_1$
沔	3112$_7$
沙	3912$_0$
汾	3812$_7$
弟	8022$_7$
宋	3090$_4$
辛	0040$_1$
言	0060$_1$
序	0022$_2$
冷	3813$_7$
初	3722$_0$
社	3421$_0$
良	3073$_2$
快	9503$_0$

一

字	四角號碼
戒	5340$_0$
志	4033$_1$
孝	4440$_7$
赤	4033$_1$
均	4712$_0$
圻	4212$_1$
車	5000$_6$
更	1050$_6$
酉	1060$_0$
李	4040$_7$
杉	4292$_2$
杏	4060$_9$
杜	4491$_0$
吾	1060$_1$
求	4313$_2$
扶	5503$_0$
抗	5001$_7$
抄	5902$_0$

抑	5702₀	伽	2620₀	直	4010₇	丨	
芙	4453₀	私	2293₀	東	5090₆	尚	9022₇
芮	4422₇	劬	2462₇	雨	1022₇	具	7780₁
花	4421₄	彤	7242₂	長	7173₂	非	1111₁
芳	4422₇	迎	3730₂	承	1723₂	叔	2794₀
苇	4422₇	近	3230₂	居	7726₄	虎	2121₇
芷	4410₁	狄	4928₀	建	1540₀	典	5580₁
芸	4473₁	含	8060₂	屈	7727₂	卓	2140₆
邴	1722₇	佘	8090₁	亞	1010₇	味	6509₀
改	1874₀	余	8090₄	孟	1710₇	岡	7722₀
君	1760₇			函	1077₈	忠	5033₆
甬	1722₇			坡	4414₇	昆	6071₁
邵	1762₇	**八畫**		杭	4091₇	昇	6044₀
劭	1462₇			林	4499₀	昊	6043₁
阿	7122₀	、		枝	4494₇	昌	6060₀
				枘	4795₀	果	6090₄
丨		泮	3915₀	板	4194₇	明	6702₀
		注	3011₄	扮	4892₇	易	6022₇
肖	9022₇	河	3112₀	松	4893₂	咀	6701₀
見	6021₀	沽	3416₀	抱	5701₁	固	6060₄
貝	6080₀	況	3611₀	拗	5402₇		
呆	6090₄	法	3413₁	迦	3630₀		
別	6240₀	泗	3610₀	述	3330₉	ノ	
步	2120₁	宗	3090₁	范	4411₂		
虹	5211₀	定	3080₁	茅	4422₂	采	2090₄
吹	6708₂	宜	3010₇	茂	4425₃	例	2220₀
吳	2643₀	官	3077₇	苕	4460₂	侍	2424₁
壯	2421₀	宛	3021₂	苧	4420₁	依	2023₂
岑	2220₇	宕	3060₁	英	4453₀	佩	2721₁
		京	0090₆	苞	4471₂	牧	2854₀
ノ		庚	0023₇	苟	4462₇	物	2752₀
		於	0823₃	苑	4421₂	彼	2424₇
希	4022₇	府	0024₀	茆	4472₇	周	7722₀
谷	8060₈	房	3022₇	苓	4430₇	和	2690₀
秀	2022₇	洗	3411₁	奇	4062₁	季	2040₇
我	2355₀	怙	9406₀	孤	1243₀	知	8640₀
告	2460₁	怡	9306₀	耶	1712₇	朋	7722₀
卓	2640₀			臥	7370₀	服	7724₀
邱	7712₇	一		巫	1010₈	肥	7721₇
何	2122₀			兩	1022₇	郁	2762₇
佐	2421₁	奉	5050₃	來	4090₈	匋	2772₀
伯	2620₀	武	1314₀	郁	4722₇	郎	2762₇
作	2821₁	青	5022₇	陋	7121₂	岱	2377₂
佟	2723₃	表	5073₂			岳	7277₂
似	2820₀	玩	1111₁				

阜	2740₇	恒	9101₆	韋	4050₆	屋	7221₄
念	8033₂			柔	1790₄	衍	2110₃
金	8010₉	**一**		陝	7423₈	衎	2140₁
舍	8060₄	奏	5043₀	陟	7122₁	後	2224₇
始	4346₀	春	5060₃	陡	7428₁	胝	7521₀
姑	4446₀	契	5740₄			弇	8044₆
姓	4541₀	封	4410₀	**丨**		俞	8022₁
		城	4315₀	貞	2180₆	俎	8781₀
九畫		政	1814₀	昭	6706₂	姚	4241₃
		赴	4380₀	冒	6060₀	紅	2191₀
、		珊	1714₀	是	6080₁	紀	2791₇
		郝	4732₇	星	6010₄	約	2792₀
洋	3815₁	勃	4442₇	思	6033₀		
洪	3418₁	柯	4192₀	毘	6071₁	**十畫**	
津	3510₇	相	4690₀	毗	6101₀		
洞	3712₀	枹	4791₂	界	6022₈	**、**	
洄	3610₀	柏	4690₀	虹	5111₀		
洛	3716₄	柞	4891₁	哈	6806₁	浣	3311₁
洣	3313₄	柳	4792₀	峒	2772₀	流	3011₃
客	3060₄	拼	5804₁	省	9060₂	凌	3414₇
宣	3010₆	拱	5408₁	幽	2277₀	浦	3312₇
室	3010₄	荆	4240₀			浭	3114₆
宥	3022₇	草	4440₆	**丿**		酒	3116₀
宦	3071₇	茗	4460₇	受	2040₇	涇	3111₁
美	8043₀	茹	4446₀	重	2010₄	涑	3519₆
姜	8040₄	荔	4442₇	科	2490₀	浙	3212₁
首	8060₁	勇	1742₇	秋	2998₀	涉	3112₁
前	8022₁	南	4022₇	香	2060₉	浶	3212₇
送	3830₃	眉	7726₇	急	2733₇	海	3815₇
逆	3830₄	退	3730₃	勉	2421₂	涂	3819₄
音	0060₁	查	4010₆	胎	7326₀	益	8010₇
帝	0022₇	砂	1962₀	胞	7721₂	朔	8742₀
計	0460₀	研	1164₀	風	7721₀	敉	8854₀
訃	0360₀	奎	4010₄	信	2026₁	宮	3060₆
冠	3721₄	胥	1722₇	侯	2723₄	宵	3022₇
亮	0021₇	故	4864₀	保	2629₄	家	3023₂
哀	0073₂	胡	4762₀	俄	2325₀	容	3060₈
施	0821₂	庞	7121₄	修	2722₂	窈	3072₇
疢	0018₉	厚	7124₇	段	7744₇	部	0762₇
扁	3022₇	咸	5320₀	泉	2623₂	記	0761₁
祖	3721₀	威	5320₀	皇	2610₄	剡	9280₀
祝	3621₀	屏	7724₁	禹	2042₇	凌	3414₇
神	3520₆	革	4450₆	追	3730₇	扇	3022₇

朗	3772₀	莊	4421₄	射	2420₀	望	0710₄
高	0022₇	荷	4422₁	烏	2732₇	扈	3021₇
郭	0742₇	荻	4428₉	皋	2640₃	啓	3860₄
病	0012₇	致	1814₀	航	2041₇	麻	0029₄
唐	0026₇	烈	1233₀	殷	2724₇	鹿	0021₁
席	0022₇	原	7129₆	留	7760₂	康	0023₂
庫	0025₆	翀	1510₆	師	2172₇	庸	0022₇
旅	0823₂	書	5060₁	徐	2829₄	庚	0023₇
效	0844₀	孫	1249₃	紡	2092₁	惜	9406₁
悟	9106₁	桑	7790₄	純	2591₇	惕	9602₇
梅	9805₇	展	7723₂	納	2492₇	悼	9104₆

一

		速	3530₉	翁	8012₇		
		通	3730₂	瓜	7223₀		
秦	5090₄	陸	7421₄	姬	4141₆	雪	1017₇
泰	5013₂	陳	7529₆	娛	4643₄	琅	1313₂
耕	5590₀	陶	7722₀	恕	4633₀	理	1611₄
耘	5193₁	陰	7823₁	拿	8050₂	救	4814₀
珠	1519₀			倉	8060₇	赦	5894₀
敖	5824₀					曹	5560₆
馬	7132₇	丨		十一畫		培	4016₁
班	1111₄	時	6404₁			堵	4416₁
都	4762₇	柴	2190₄			堀	4717₂
耆	4460₁	峻	2374₇	、		堊	1010₄
哥	1062₁	晏	6040₄			乾	4841₇
晉	1060₁	哭	6643₀	淡	3918₉	唾	6201₄
栗	1090₄	恩	6033₀	深	3719₄	麥	4020₇
貢	1080₆			淮	3011₄	梓	4094₁
袁	4073₂	丿		清	3512₇	梏	4493₁
真	4080₁	奚	2043₀	渚	3416₁	掖	5004₇
夏	1024₇	邕	2271₁	淺	3315₃	接	5004₄
耿	1918₀	乘	2090₁	鴻	3712₇	推	5001₄
校	4094₈	笋	8822₇	涵	3717₃	梅	4895₇
桂	4491₄	特	2454₁	梁	3390₄	戚	5320₀
梧	4196₁	秘	2390₀	淥	3713₂	盛	5310₇
桃	4291₃	胭	7620₀	淄	3216₃	爽	4003₄
桐	4792₀	倦	2921₂	寇	3021₄	萍	4414₉
振	5103₂	倍	2026₁	寄	3062₁	菏	4412₁
挽	57016	健	2524₀	宿	3026₁	萃	4440₈
莘	4440₁	俳	2121₁	毫	0071₄	菱	4440₇
華	4450₄	倭	2224₄	章	0040₆	著	4460₄
荳	4410₈	俾	2624₀	商	0022₇	菘	4493₂
莆	4422₇	倪	2721₇	訥	0462₇	萊	4490₈
莫	4443₀	倫	2822₇	許	0864₀	菊	4492₇
		息	2633₀	旌	0821₄		

問	7760_7
習	1760_2
翏	1720_2
屠	7726_4
張	1123_2
強	1323_6
陽	7622_7
隆	7721_4
丨	
堂	9010_4
常	9022_7
敞	9824_0
崇	2290_1
崔	2221_4
崗	2222_7
崧	2293_2
婁	5040_4
畢	6050_4
異	6080_1
野	6712_2
販	6184_7
曼	6040_7
啖	6908_9
晦	6805_7
晚	6701_6
國	6015_3
鄂	6722_7
過	3730_2
丿	
彩	2292_2
敏	8854_0
祭	2790_1
符	8824_3
偃	2121_4
偉	2425_6
偶	2622_7
偁	2224_7
船	2746_1
週	3730_2
逸	3730_1
婦	4742_7
鄉	2772_7
象	2723_2
細	2690_0
紹	2796_2
絅	2792_0
魚	2733_6
敘	8894_0
貪	8080_6
貧	8080_6
從	2828_1

十二畫

丶	
滋	3813_2
溈	3412_7
渤	3412_7
游	3814_7
湘	3610_0
湖	3712_0
湛	3411_1
湯	3612_7
湟	3611_4
善	8060_5
普	8060_1
尊	8034_6
曾	8060_6
富	3060_6
寒	3030_3
寓	3042_7
童	0010_4
馮	3112_7
詞	0762_0
詔	0766_2
詒	0366_0
勞	9942_7
斌	0344_0
敦	0844_0
補	3322_7
裕	3826_8
道	3830_6
遂	3830_3
遊	3830_4
惲	9705_6
惺	9601_4
愧	9601_3
一	
雲	1073_1
琴	1120_7
貳	4380_0
琬	1311_2
瑛	1413_4
瑯	1712_7
超	4780_6
越	4380_5
壹	4010_8
壺	4010_7
博	4304_2
喆	4466_1
粟	1090_4
項	1118_6
埇	4712_7
甦	1540_1
彭	4212_2
惠	5033_3
黃	4480_6
棣	4593_2
棲	4594_4
植	4491_7
椒	4794_0
提	5608_1
揚	5602_7
朝	4742_0
落	4416_4
萱	4410_6
斯	4282_1
散	4824_0
萬	4442_7
葛	4472_7
葉	4490_4
董	4410_4
葆	4429_4
敬	4864_0
葵	4443_0
達	3430_4
遐	3730_4
硯	1661_0
硤	1463_8
雁	7121_4
登	1210_8
婺	1840_4
畫	5010_6
孱	7724_7
尋	1734_6
費	5580_6
疏	1011_3
賀	4680_6
閔	7740_0
開	7744_1
閑	7790_4
靭	4752_0
雅	7021_4
丨	
棠	9090_4
景	6090_6
悲	1133_1
單	6650_6
晴	6502_7
黑	6033_1
鼎	2222_1
喻	6802_1
紫	2190_3
虛	2121_7
蛟	5014_8
貴	5080_6
跛	6414_7
丿	
舜	2025_2
番	2060_9
答	8860_1
策	8890_2
無	8033_1
甥	2612_7
嵇	2397_2
程	2691_4

焦	2033₁	靖	0512₇	肅	5022₇	鈴	8813₇
傅	2324₂	詩	0464₁	愍	7833₄		
備	2422₇	誠	0365₀	群	1865₁	**十四畫**	
喬	2022₇	廉	0023₇	遜	3230₉		
順	2108₆	廈	0024₇			丶	
御	2722₀	褚	3426₀	丨			
復	2824₇	福	3126₆	當	9060₆	演	3318₆
循	2226₄	煙	9181₄	歲	2125₃	漳	3014₆
猶	4826₁	慎	9408₁	虞	2123₄	滬	3311₇
須	2128₆			暄	6301₆	漂	3119₁
嬰	2140₄	一		煦	6733₂	漆	3413₂
皖	2361₁	裘	4373₂	愚	6033₃	滿	3412₇
絳	2795₄	雷	1060₃	圓	6080₆	漢	3413₄
然	2333₃	鄂	1722₇	嗚	6702₇	潢	3418₆
勝	7922₇	瑞	1212₇	嗤	6203₆	漁	3713₆
鄒	2742₇	載	4355₀	睕	6301₂	粹	9094₈
鄔	2732₇	賈	1080₆	蛻	5811₆	精	9592₇
媿	4641₃	塘	4016₃	路	6716₄	鄰	9722₇
創	8260₀	椿	4596₃	署	6060₄	鄭	8742₇
鈍	8511₇	楚	4480₁	蜆	5611₀	寧	3020₁
鈕	8711₅	楊	4692₇	嵊	2279₁	賓	3080₆
欽	8718₂	楓	4791₀			端	0212₇
翕	8012₇	楹	4791₇	丿		豪	0023₂
畬	8060₉	榆	4892₁	愛	2024₇	適	3030₂
舒	8762₂	槐	4691₃	亂	2221₀	韶	0766₂
飲	8778₂	嗇	4060₁	節	8872₇	齊	0022₃
		聖	1610₄	筠	8812₇	說	0861₆
十三畫		蒲	4412₇	筱	8824₈	誦	0762₇
		蓉	4460₈	雉	8041₄	廖	0022₂
丶		蓋	4410₇	稗	2694₀	榮	9990₄
		鄞	4712₇	遙	3730₇	槃	9923₂
溧	3119₄	靳	4252₁	解	2725₂	瘡	0016₁
溪	3213₄	蓮	4430₄	詹	2726₁	廣	0028₆
溫	3611₇	夢	4420₇	傭	2022₇		
滄	3816₇	蓬	4430₄	傳	2524₃	一	
滇	3418₁	蒯	4220₀	傷	2822₇	霆	1040₁
滌	3719₄	蒨	4422₇	微	2824₀	瑤	1717₂
漣	3513₄	蔭	4423₁	粵	2620₇	碧	1660₁
慈	8033₃	蒼	4460₇	綏	2294₄	嘉	4046₅
義	8055₄	搏	5304₂	經	2191₁	壽	4064₁
資	3780₆	損	5608₆	愈	8033₂	臺	4010₄
新	0292₁	感	5320₀	僉	8088₆	赫	4433₁
意	0033₆	碑	1664₀	會	8060₆	趙	4980₂

輔	5302_7	梟	2721_7	璊	1412_7	餘	8879_4
榕	4396_8	僵	2121_2	增	4816_6	儀	2825_3
樵	4092_7	僑	2222_7	墩	4814_0	德	2423_1
蔗	4423_1	魁	2421_0	赭	4436_0	衛	2150_6
慕	4433_3	熊	2133_1	震	1023_2	徵	2824_0
蔚	4424_0	獄	4323_4	醉	1064_8	滕	7923_2
蔡	4490_1	衛	2110_9	蕉	4433_1	膠	7722_2
蔣	4424_7	維	2091_4	蕺	4415_3	复	2724_7
戩	1365_0	綸	2892_7	揭	5202_7	魯	2760_3
摘	5002_7	綿	2692_9	撫	5803_1	樂	2290_4
誓	5260_1	鄲	7782_7	樊	4443_0	畿	2265_3
熙	7733_1			甌	7171_7	緘	2395_0
碩	1168_6	**十五畫**		歐	7778_2	緣	2793_2
厲	7122_7			賢	7780_6	編	2392_7
臧	2325_0	丶		樞	4191_6	練	2599_6
翟	1721_4			樓	4594_4	盤	2710_7
翠	1740_8	澇	3912_7	遷	3130_1	質	7280_6
鄧	1712_7	潭	3114_6	遼	3430_9	劉	7210_0
暨	7110_6	潮	3712_0	遲	3730_4	劍	8280_0
聞	7740_1	潛	3116_1	確	1461_4		
閨	7710_4	潤	3712_0	豫	1723_2	**十六畫**	
閩	7713_6	澗	3712_4	憨	1833_4		
閭	7760_6	潯	3714_6	履	7724_7	丶	
隨	7423_2	澄	3211_8	慰	7433_0		
		潘	3216_9	險	7828_6	濂	3013_7
		養	8073_2			濱	3718_6
│		導	3834_3	│		潞	3716_4
裴	1173_2	遵	3830_1	輝	9725_6	澤	3614_1
對	3410_0	審	3060_9	賜	6682_7	澧	3511_8
疑	2748_1	窮	3022_7	墨	6010_4	澴	3613_2
嘆	6403_4	窳	3023_2	齒	2177_2	澹	3716_1
圖	6060_4	毅	0724_7	影	6292_2	竇	3033_6
團	6034_3	談	0968_9	數	5844_0	辨	0044_1
蜀	6012_7	諸	0466_0	穎	2128_6	龍	0121_1
		課	0669_4	遺	3530_8	凝	3718_1
丿		調	0762_0			諶	0461_1
		論	0862_7	丿		諭	0862_1
銀	8713_2	慶	0024_7	稼	2393_2	磨	0026_1
銅	8712_0	褒	0073_2	稽	2396_1	廓	0722_7
管	8877_7	廚	0028_6	釋	2794_1	憶	9003_6
遞	3130_3			稷	2694_7		
毓	8051_3	一		黎	2713_2	一	
種	2291_4						
鳳	7721_0						
雒	2061_4	慧	5533_7	銷	8912_7	霍	1021_4

字	四角號碼	字	四角號碼	字	四角號碼	字	四角號碼
靜	5225_7	錫	8612_7	聯	1217_2	謫	0062_7
頭	1118_6	穆	2692_2	擬	5708_1		
駱	7736_4	學	7740_7	臨	7876_6		一
整	5810_1	歙	8718_2	鞠	4752_0	璿	1116_8
賴	5798_6	獲	4424_7	韓	4445_6	瓊	1714_7
翰	4842_7	獨	4622_7	趨	4780_2	聶	1014_1
樹	4490_0	興	7780_1	藏	4425_3	藩	4416_9
橫	4498_6	衡	2143_0	藍	4410_7	職	1315_0
橘	4792_7	邀	3830_4	舊	4477_7	蟄	4213_6
樸	4293_4	鮑	2731_2	貌	4421_6	藝	4473_1
橋	4292_7	駕	2732_7	彌	1122_7	觀	4611_6
頤	7178_6			闈	7760_1	醮	1762_2
奮	4060_1		十七畫	邁	3130_2	闕	7748_2
燕	4433_1					隴	7121_1
蕭	4422_7		、		丨		
薩	4421_4			螺	5619_3		丨
薇	4424_8	濱	3318_6	黻	3324_7	豐	2210_8
薛	4474_1	濟	3012_3	嶺	2238_6	顒	2128_6
壁	7010_4	濠	3013_2			題	6180_8
彊	1121_6	澔	3715_7		丿	黠	6732_7
據	5103_2	鴻	3712_7	鍵	8713_4	瞿	6621_4
操	5609_4	濫	3811_7	鍾	8211_4	蟬	5114_6
歷	7121_1	濮	3213_4	魏	2641_3		
閻	7771_6	濰	3011_4	黏	2116_0		丿
閻	7777_7	賽	3080_6	儲	2426_0	翻	2762_0
隧	7623_3	寒	3080_1	優	2124_7	鎌	8813_7
隱	7223_7	謙	0863_7	龜	2711_7	鎮	8418_1
		謝	0460_0	興	7780_1	簡	8822_7
	丨	齋	0022_3	績	2598_6	穢	2494_7
冀	1180_1	襄	0073_2	繆	2792_2	雙	2040_7
盧	2121_7	甕	0071_7	徽	2824_0	歸	2712_7
穎	2198_6	禮	3521_8	縷	2594_4	邊	3630_2
曇	6073_1	糜	0029_4	總	2693_0	織	2395_0
嘯	6502_7	應	0023_1			鯉	2631_4
縣	6299_3	燭	9682_7		十八畫		
默	6333_4						十九畫
黔	6832_7		一		、		
還	3630_3	環	1613_2				、
		霜	1096_3	潘	3316_9		
	丿	戴	4385_0	濺	3714_7	瀛	3011_7
儒	2122_7	檀	4091_6	瀏	3210_0	瀚	3812_7
錢	8315_3	檢	4898_6	額	3168_6	瀘	3111_7
錦	8612_7	懋	4433_9	顏	0128_6	譜	0866_1

識	0365_0	競	0021_6	續	2498_6	觀	4621_0
譚	0164_6	護	0464_7			鹽	7810_7
譙	0063_1	龐	0021_1	**二十二畫**			
廬	0021_7					丨	
懷	9003_2	一		、			
						鷺	6732_7
一		麗	1121_1	襲	0180_1		
		霽	1022_7	讀	0468_6	丿	
璽	1010_3	蘭	4422_7	瘐	0014_4	鱸	8111_7
飆	7731_0	醴	1561_8	鱗	0925_9	衢	2121_4
蘆	4421_7	闡	7750_6				
勸	4422_7			一		**二十五畫**	
蕙	4433_6	丨					
蘄	4452_1	曦	6805_3	霽	1022_3	、	
蘇	4439_4	黼	3322_7	懿	4713_8		
警	4860_1			聽	1413_1	灣	3212_7
攀	4450_2	丿		蘿	4491_4		
礦	1162_7	饒	8471_1	鑒	7810_9	**二十六畫**	
闖	7714_8	籍	8896_1	鷗	7772_7		
關	7777_2	纂	8890_3			、	
韜	4257_7	騰	7922_7	丨			
歠	7768_2	覺	7721_6	疊	6010_7	灤	3219_4
		繼	2291_3	體	7521_8	讚	0468_6
丨							
		二十一畫		丿		一	
羅	6091_4			鑄	8414_1	驥	7138_1
疇	6404_1	、		鑑	8811_7		
嚴	6624_8			邋	8830_3	**三十畫**	
蟻	5815_3	瀰	3112_7				
		鶺	8722_7	**二十三畫**		丿	
丿		夔	8024_7				
		顧	3128_6	丨		鸞	2232_7
鏡	8011_6			顯	6138_6		
簾	8823_7	一					
簫	8822_7	霸	1052_7	**二十四畫**			
蟹	2713_6	酈	1722_7				
繡	2592_7	巽	1144_8	、			
繩	2791_7	權	4491_4	贛	0748_6		
繪	2896_6	攝	5104_1				
				一			
二十畫		丿		靆	1062_7		
		鐵	8315_0	靈	1010_8		
、		儷	2121_1				
寶	3080_6	鶴	4722_7				
寶	3080_6						

圖書在版編目(CIP)數據

國家圖書館普通古籍總目.第五卷.傳記門/國家圖書館普通古籍組編. —北京:國家圖書館
出版社,2008.9

ISBN 978-7-5013-3651-7

Ⅰ.國…　Ⅱ.國…　Ⅲ.國家圖書館—古籍—圖書館目録—中國　Ⅳ.Z838

中國版本圖書館 CIP 數據核字(2008)第 129757 號

ISBN 978-7-5013-3651-7

9 787501 336517 >

書名	國家圖書館普通古籍總目·第五卷·傳記門
著者	國家圖書館普通古籍組　編

出版	國家圖書館出版社(原北京圖書館出版社)
	(100034 北京市西城區文津街 7 號)
發行	010—66139745　66151313　66175620　66126153
	66174391（傳真）　　　66126156（門市部）
E—mail	btsfxb@nlc.gov.cn（郵購）
Website	www.nlcpress.com→投稿中心
經銷	新華書店
印刷	三河弘翰印務有限公司

開本	787×1092(毫米)　1/16
印張	50.25
版次	2008 年 9 月第 1 版　2008 年 9 月第 1 次印刷
字數	500(千字)

書號	ISBN 978-7-5013-3651-7/Z·311
定價	260.00 圓

北京图书馆出版社更名启事

经中华人民共和国新闻出版总署批准，北京图书馆出版社于 2008 年 5 月起更名为国家图书馆出版社。

国家图书馆出版社成立于 1979 年，由中华人民共和国文化部主管，中国国家图书馆主办，初名书目文献出版社，1996 年改名为北京图书馆出版社。建社以来……

技术 http://www.nlcpress.com

地址：北京市西城区文津街 7 号

邮政编码：100034

E-mail：nlcpress@nlc.gov.cn

发行部电话：010–66126153、66139735、66175620、66126152

66121706、66126156（门市部）